Coleção **GRANDES TEMAS DO NOVO CPC** 9

Coordenador geral: FREDIE DIDIER JR.

JUSTIÇA MULTIPORTAS

Mediação, Conciliação, Arbitragem e outros meios adequados de solução de conflitos

Coleção **GRANDES TEMAS DO NOVO CPC** 9

Coordenador geral: FREDIE DIDIER JR.

JUSTIÇA MULTIPORTAS

Mediação, Conciliação, Arbitragem e outros meios adequados de solução de conflitos

COORDENADORES

Hermes Zaneti Jr.

Trícia Navarro Xavier Cabral

2ª edição

2018

EDITORA *Jus*PODIVM

www.editorajuspodivm.com.br

EDITORA *Jus*PODIVM
www.editorajuspodivm.com.br

Rua Mato Grosso, 164, Ed. Marfina, 1º Andar – Pituba, CEP: 41830-151 – Salvador – Bahia
Tel: (71) 3045.9051
• Contato: https://www.editorajuspodivm.com.br/sac

Capa: Rene Bueno e Daniela Jardim *(www.buenojardim.com.br)*

J96 Justiça Multiportas: mediação, conciliação, arbitragem e outros meios adequados de solução de conflitos / Hermes Zaneti Jr. e Trícia Navarro Xavier Cabral – Salvador: Juspodivm, 2018.

1024 p. (Coleção grandes temas do novo CPC, v. 9 / Coordenação geral, Fredie Didier Jr.)

Vários autores.

ISBN 978-85-442-2118-1.

1. Justiça Multiportas. 2. Mediação, Conciliação, Arbitragem. 3. Decisões judiciárias: espécies e formas. I. Zaneti Jr., Hermes. II. Trícia, Navarro Xavier Cabral. III. Título.

CDD 342.6643

Apresentação da Coleção

O CPC-2015 trouxe uma infinidade de novos temas para reflexão.

A coleção "Grandes Temas do Novo CPC", que eu coordeno, é composta por várias coletâneas, organizadas cada qual por grandes processualistas brasileiros, sobre os principais temas trazidos pelo novo Código de Processo Civil: normas fundamentais, precedentes, Direito probatório, Direito intertemporal, procedimentos especiais, negócios jurídicos processuais etc.

O propósito é evidente: apresentar um repertório inicial e mínimo para o início da aplicação da nova legislação, com textos ora panorâmicos ora centrados em algum aspecto dogmático, mas sempre com profundidade. Para usar uma imagem cara a muitos de nós, cunhada por Humberto Ávila: são textos de doutrina; não serão reportagens.

Fredie Didier Jr.

Foi membro da Comissão de Juristas Responsável pela Revisão do Projeto do Novo CPC na Câmara dos Deputados. Professor-associado da UFBA (graduação, mestrado e doutorado). Mestre (UFBA), Doutor (PUC/SP), Livre-docente (USP) e Pós-doutorado (Universidade de Lisboa). Advogado e consultor jurídico.

www.frediedidier.com.br

Nota à 2ª edição

A primeira edição deste livro foi publicada em um momento de grandes expectativas e incertezas para a comunidade jurídica no tocante à sedimentação dos métodos adequados de solução de conflitos no Brasil. A realidade, embora já demonstre a ampla aceitação das mudanças que estão em pleno vapor, não se alterou por completo. A razão é simples: os profissionais do direito estavam – e continuam – muito interessados por obras que abordem o tema de forma abrangente, permeando as diversas perspectivas e possibilidades.

Reforçamos o que já fora advertido antes, não há, nos textos, uma preocupação de unidade total. Salvo a convergência sobre o tema central, os textos dessa coletânea foram reunidos e pensados para possibilitar a maior reflexão possível e o avanço das questões mais polêmicas.

Procuramos autores e artigos dos mais variados setores, incluindo nomes nacionais e internacionais, diversificando ao máximo as potencialidades que o uso dos meios adequados diversos do Poder Judiciário poderia alcançar em nossa sociedade.

O maior desafio era vencer a barreira cultural, eliminando resistências que, em muitos casos, não se justificavam. E, apesar de todos os receios, podemos dizer que o Brasil hoje conta com um efetivo microssistema de métodos adequados de resolução de conflitos, que vem se aperfeiçoando ao longo do tempo e conseguindo cada vez mais adeptos.

No Poder Judiciário, a dificuldade maior era adequar a estrutura – material e pessoal – para implantar a audiência inaugural do art. 334, do CPC. E justamente em razão desses obstáculos, a maioria das unidades judiciárias passou a dispensar o ato, retirando dos jurisdicionados a oportunidade de autocomposição, ou, ao menos, de tentar compreender o contexto conflituoso em que se encontravam.

Importante ressaltar, porém, que as varas que apostaram na audiência, especialmente as de família, alcançaram elevados índices de acordo. Não obstante, observou-se que a ideia da autocomposição judicial foi ficando cada vez mais palatável aos juízes, advogados, partes e Ministério Público, embora os tribunais ainda se encontrem em fase de implementação da política nacional de tratamento adequado dos conflitos instituída pela Resolução nº 125/2010, do CNJ.

No âmbito extrajudicial, as conquistas foram maiores. Os mediadores privados, que já atuavam antes mesmo da edição das referidas Leis, ampliaram seus negócios profissionais, com a criação de diversas câmeras de mediação, conciliação e arbitragem. Cresceu de forma impressionante a procura por cursos de capacitação, nos moldes do CNJ, para fins de cadastro no referido órgão e também perante os tribunais, surgindo um novo mercado de trabalho.

Outro movimento interessante foi a criação de plataformas *on-line* para a solução consensual dos conflitos, cujos resultados têm sido exitosos, com mais agilidade, menos custo e imediato encerramento da disputa.

Além da criação das câmaras de mediação, conciliação e arbitragem, e de plataformas *on line*, as empresas têm feito mutirões para solucionar amigavelmente os conflitos, além de modificar por completo a sua política interna, visando diminuir a incidência de problemas que resultem na necessidade de ajuizamento de demandas judiciais.

O rompimento da barragem de Fundão, que resultou no Desastre do Rio Doce, ocorrido em 05 de novembro de 2015, é um exemplo de utilização da modalidade extrajudicial de autocomposição. A Fundação Renova, responsável por gerir os impactos da tragédia, implementou o Programa de Indenização Mediada (PIM), visando ressarcir danos sem custos e sem tramitação de ação judicial. Assim, os escritórios chamados de Centros de Indenização Mediada promovem atendimento à comunidade impactada, por meio da realização de secções de mediação e, em caso de acordo, o pagamento da indenização é feito via depósito ou cartão-benefício, no prazo de 90 (noventa) dias a partir da celebração do termo de acordo. Tudo é resolvido de forma desburocratizada. Iniciativas como essa, positivas na essência, precisam ser registradas, acompanhadas e verificadas para poder aumentar a credibilidade destes meios de autocomposição, atingindo o tratamento adequado do conflito.

No campo da Administração Pública, os avanços foram tímidos – mas, nem por isso, despercebidos. Na realidade, a abertura para a consensualidade tem permeado diversos ramos do Direito, inclusive os que envolvem elevado grau de interesse público, como o Direito Administrativo e o Direito Penal.

De qualquer forma, sabendo-se que o Poder Público é o maior litigante do País, revela-se promissor o uso de métodos consensuais de solução de conflitos que envolvam a Administração Pública, como se vê dos mutirões e programas destinados a resolver causas do INSS, da CEF, além de execuções fiscais e da mediação coletiva, entre outras possibilidades.

O ensino jurídico também tem se transformado, com a modificação da grade curricular das principais faculdades de direito brasileiras para incluir matérias e disciplinas que abordam os métodos adequados de resolução de disputas, o que, certamente, refletirá na qualidade dos profissionais do futuro.

A primeira edição foi lançada em um evento histórico realizado por um *pool* de instituições no auditório do Ministério Público do Estado do Espírito

Santo. A Escola da Magistratura do Espírito Santo, coordenada pelo Des. Samuel Meira Brasil Jr., o Centro de Aperfeiçoamento Funcional do MPES, coordenado pela Dra. Isabel Salvador Salomão, com apoio integral da Procuradora Geral de Justiça do MPES, Dra. Elda Márcia Moraes Spedo, e o PPGDir da UFES, coordenado pela Profa. Dra. Adriana Campos, receberam algumas das maiores autoridades nacionais para homenagear o Prof. Dr. Kazuo Watanabe no "Seminário Justiça Multiportas: Acesso à Justiça Poder Judiciário e Ministério Público".

Justamente pela grande receptividade desta obra e para continuar seu espírito, nesta 2ª edição, alguns artigos foram atualizados e outros foram inseridos.

Entre os artigos novos, cumpre destacar as brilhantes contribuições do nosso ilustre homenageado, o *Maestro*, Kazuo Watanabe, precursor e expoentes do tema no Brasil, e também de outros colegas da academia, a exemplo de Adriana Pereira Campos, Fernando Gama de Miranda Netto, Stela Tannure Leal, Henrique Ávila, Diogo Rezende de Almeida, Maria Carolina Vargas Simões, Fernanda Vasconcelos Gueiros Bernardes de Azevedo, José Herval Sampaio Junior, Susana Cremasco e João Luiz Lessa Neto.

Assim, espera-se que a obra cada vez mais dialogue com os leitores, com as carreiras e com a academia, a todos desde já agradecemos pelo apoio, divulgação e pela avaliação crítica.

Nossas boas-vindas aos novos autores, e nossos sinceros agradecimentos à editora JusPODIVM, mais uma vez, pela confiança no projeto.

Esperamos que a coletânea, nessa segunda edição, inspire os profissionais e estudantes de todo o País a trilhar caminhos mais legítimos para o alcance da justiça.

Boa leitura.

Verão/2018.

HERMES ZANETI JÚNIOR

Professor Adjunto de Direito Processual Civil na Graduação e Pós-Graduação *Stricto Sensu* da Universidade Federal do Espírito Santo - UFES

Pós-Doutor pela Università degli Studi di Torino

Doutor em Teoria do Direito pela Università degli Studi di Roma 3

Mestre e Doutor em Direito Processual pela Universidade Federal do Rio Grande do Sul

Promotor de Justiça no Ministério Público do Espírito Santo - MPES

Membro do Instituto Brasileiro de Direito Processual- IBDP, Instituto Ibero--americano de Direito Processual - IIDP e Associação Internacional de Direito Processual - IAPL

TRÍCIA NAVARRO XAVIER CABRAL

Pós-Doutoranda em Direito Processual pela Universidade de São Paulo - USP

Doutora em Direito Processual pela Universidade do Estado do Rio de Janeiro - UERJ

Mestre em Direito Processual pela Universidade Federal do Espírito Santo - UFES

Juíza Estadual no Tribunal de Justiça do Espírito Santo - TJES

Membro da Comissão Acadêmica do FONAMEC

Membro do Instituto Brasileiro de Direito Processual – IBDP

Sumário

CAPÍTULO 1

É urgente construir alternativas à justiça

José Renato Nalini[1]

Dentre as formulações elaboradas pelos pensadores maiores, a respeito da origem da sociedade, três ganharam dimensão clássica. São as concepções de Rousseau, Locke e Hobbes, cada qual a explicar – à sua maneira – o motivo pelo qual os homens vivem gregariamente.

A visão rousseauniana é idílica. O homem seria o bom selvagem, criatura solidária, desejosa de convívio harmônico e ansiosa pela fruição da paz coletiva. Essa visão paradisíaca nem sempre está presente num convívio atormentado por inúmeras ocorrências que a desmentem. Violência em vários tons, insensibilidade e indiferença, testemunhos inimagináveis de crueldade exercida pelo homem sobre seu semelhante.

Para John Locke, o homem não é um santo, mas nem um demônio. Viver em sociedade precisaria de limites. Estes seriam os freios sem os quais não haveria disciplina e nem ordem. O Estado ideal seria aquele provido de funções encarregadas de estabelecer as regras do jogo – o Parlamento – as de cumpri-las – o Governo – e a de resolver controvérsias – o Judiciário.

A menos otimista dentre as explicações para a existência do grupo é a de Thomas Hobbes que, no Leviatã, enxerga a criatura humana, a única pretensamente considerada racional, em permanente conflito com o próximo. O homem é o lobo do homem. Não há espaço no planeta em que a paz seja permanente, mas vivencia-se a guerra de todos contra todos e a vocação humana seria o eterno litígio.

Esta, aparentemente, a sensação que o Brasil fornece ao mundo. Uma população de 202 milhões de habitantes propicia o espetáculo de mais de 100 milhões de processos judiciais, como se toda a nação estivesse a demandar. Uma quarta parte de todo o movimento forense está na Justiça comum de São

---

1. Graduado em Direito pela Pontifícia Universidade Católica de Campinas em 1971. Mestre e Doutor em Direito Constitucional pela Universidade de São Paulo (USP). Desembargador aposentado do TJ/SP. Presidente do Tribunal de Justiça do Estado de São Paulo, gestão 2014/2015. Atualmente é Secretário de Educação do Estado São Paulo.

Paulo. Aqui tramitam mais de 25 milhões de ações, no Tribunal que, sem querer, é considerado o maior do planeta. São mais de 50 mil servidores, 2.501 magistrados e esse invencível número de demandas.

O Brasil tem outros números que assombram o restante do planeta. Mais de 700 mil sentenciados, o que lhe dá o 3º lugar no ranking da população carcerária mundial, superado apenas pela China e pela Rússia. Acaba de ultrapassar a Índia, muito mais populosa do que esta República Federativa.

A continuar nessa escala, o esgotamento do sistema é um passo irreversível. Pois a resposta tradicional à demanda por justiça é o crescimento vegetativo das estruturas. À indagação: – "O que falta para o Judiciário brasileiro?", a resposta clássica será: – "Faltam orçamento, estruturas materiais e pessoais! É urgente criar mais cargos, mais varas, mais tribunais!".

Será que isso se mostra possível? Neste momento de PIB negativo, de recessão econômica, de estagnação, de queda na arrecadação e de contingenciamentos, será viável que uma instituição continue a crescer em quantidade?

Pense-se que o sistema Justiça no Brasil é bastante sofisticado. Enquanto em Estados-Nação que já nos inspiraram, como França e Itália, existe uma só Magistratura, acolhendo juízes e membros do Ministério Público num único braço da Justiça, aqui o Parquet é uma instituição autônoma e de crescente prestígio e influência. A cada criação no âmbito da Magistratura, haverá repercussão no Ministério Público. Mas também na Defensoria Pública, nas Procuradorias, nas Polícias, nas delegações extrajudiciais – antigos cartórios – e na Administração Penitenciária.

Tudo isso não pode deixar de ser levado em conta por aqueles que têm a missão de sustentar o Estado. Daí a urgência de se pensar em outros caminhos.

O processo pode não ser a única solução para resolver um conflito entre as pessoas. Estas, no início da civilização, faziam justiça pelas próprias mãos. E a solução era temerária, pois não havia necessária proporção entre a ofensa e a reação. Daí o progresso da chamada lei de talião, a trazer a proporcionalidade: olho por olho, dente por dente.

Num estágio qualitativamente superior, encontrou-se o processo como a alternativa mais civilizada de composição de controvérsias. Entrega-se a um terceiro oficial e neutro – o Estado-juiz – a incumbência de solucionar os desentendimentos. Este o estágio civilizatório em que a humanidade hoje se encontra.

Mas a exaustão do modelo é algo que não pode ser desconsiderado. O processo judicial converteu-se na única resposta que se oferece para todo e qualquer embaraço no relacionamento. A procura pelo Judiciário foi tão excessiva, que o congestionamento dos tribunais inviabiliza o cumprimento de um comando fundante incluído na Carta Cidadã pela Emenda Constitucional 45/2004: a duração razoável do processo.

Além disso, a ciência processual sofisticou-se e converteu a cena judiciária numa verdadeira arena de astúcias. O processo já foi chamado de adjetivo à substância do direito material. A pugna dos processualistas para conferir autonomia científica ao processo foi vitoriosa. Às vezes tem-se a impressão que, em lugar de instrumento de realização do bem material, o processo se tornou finalidade em si mesmo. Há uma percentagem considerável de ações judiciais que terminam com respostas meramente processuais. O conflito continua e até mais acirrado, porque se adiciona à esperança de quem recorreu a juízo o desalento de ter despendido tempo e dinheiro, angústia e preocupação durante longo período e a resposta foi quase sempre inexplicável.

Como fazer o interessado entender o que significa "indeferimento da inicial por inépcia", ou "carência de ação", "ilegitimidade de parte", "decadência", "prescrição", "acolhimento de exceção", "prevalecimento da preliminar" e tantas outras respostas que podem terminar o processo, mas não encerram o conflito.

As respostas judiciais são técnicas, nem por isso solucionam o problema. Para encerrar uma lide, o brasileiro pode ser obrigado a percorrer quatro instâncias e se valer de dezenas de oportunidades de reapreciação do mesmo tema, ante um quadro recursal caótico.

Por isso cresce a preocupação e o interesse por adoção de alternativas ao processo convencional. O caos reinante impõe a busca dessas opções e a menção mais frequente é a adoção de métodos alternativos como a conciliação, mediação e arbitragem. São respostas mais atraentes para o mercado, pois a longa duração do processo, o seu custo global em valores tangíveis e intangíveis e a álea natural que o sistema envolve despertou alguns nichos da sociedade para a busca de meios mais racionais de se resolver uma questão concreta.

A conciliação parte do pressuposto de que a obtenção de acordo entre pessoas que se antagonizam é mais eficiente do que entregar a um técnico a outorga de uma solução neutral. Conciliar é harmonizar, é pacificar, é acalmar os ânimos. É uma estratégia mais eficiente e muito mais ética do que a decisão judicial. Esta pode desagradar ambas as partes envolvidas no litígio e é heterônoma. Ou seja: a vontade do Estado se sobrepõe à vontade dos interessados. É o Estado-juiz, com sua soberania e autoridade, que tarifa o sofrimento, a honra, a liberdade e o patrimônio dos envolvidos no conflito. Resposta inteiramente heterônoma, não interessa o que as partes pensam do problema. É uma invasão na esfera de autonomia que deveria caracterizar protagonistas conscientes de suas responsabilidades. Já a conciliação é solução autônoma, reflete a capacidade de cada qual escolher o que é melhor para si.

Na conciliação exerce-se outra modalidade de contraditório. Para o processo, ele é um princípio também sofisticado, com explicações técnicas e científicas nem sempre inteligíveis pelo leigo. Já o contraditório da conciliação é procurar entender o que vai na consciência do outro. Se existe um início de agressividade reforçada pelo ressentimento, aos poucos a conversa desarma os contendores. Quando se obtém uma solução, eles se sentiram partícipes. Sua vontade prevaleceu. Não foi uma imposição. Este o aspecto ético a realçar a mais valia dos métodos suasórios em que a parte protagoniza o encaminhamento do acordo.

O Tribunal de Justiça do Estado de São Paulo, alinhado com as diretrizes do CNJ – o Conselho Nacional de Justiça, colegiado também criado pela Emenda 45/2004, implementou os seus CEJUSCS – Centros Judiciais de Solução de Conflitos e Cidadania. Já são 125 os que funcionam no Estado, número de março de 2015. Têm uma estrutura flexível, funcionam de acordo com o empenho, boa vontade e fervor cívico de voluntários, entidades e da sociedade civil. Obtêm considerável êxito na composição dos envolvidos em conflitos. De forma direta, objetiva, desburocratizada e eficiente. A enorme vantagem: solucionam a controvérsia, não apenas encerram o processo.

A mediação é um sistema também utilizado no Brasil e inspirado na experiência norte-americana. Três os fatores que a recomendam: a) economia de tempo e dinheiro; b) controle do processo pelas partes; c) obtenção de acordos mais satisfatórios. Uma pesquisa levada a efeito pela Fundação para a Prevenção e Resolução Antecipada de Conflitos – PERC, a sigla em inglês – da Universidade de Cornell e da Pricewaterhouse Cooper LLP, conhecida como Cornell Survey, constatou que a mediação alcançou acordo em 78% dos casos.

A arbitragem é uma outra modalidade alternativa de grande utilização, principalmente em temas cuja expertise é bastante sofisticada. Existe há muito tempo no sistema, tanto que já integra o processo civil brasileiro. Seu uso, nos Estados Unidos, foi considerado menos favorável do que a mediação, embora também positivo. Em cotejo com a mediação, a arbitragem perde, porque a mediação : a) leva menos tempo; b) custa significativamente menos; c) propicia uma experiência mais satisfatória, de acordo com os partícipes.

Setores mais esclarecidos da nacionalidade já recorrem à mediação. Em 2014, por exemplo, a FIESP/CIESP firmou o Pacto Nacional de Mediação e reconheceu que negociação, mediação e conciliação mostram-se adequadas a inúmeros tipos de conflitos de interesse e evidenciam vantagens em comparação à solução judicial. A resolução de disputas por mecanismos consensuais é hoje uma prioridade a curto e a longo prazo.

Impõe-se a disseminação dessa cultura. Todos os que têm responsabilidades perante os destinos da Nação têm de se dedicar à reflexão cujo tema ora se aborda tão superficialmente. Decidir se os métodos alternativos são viáveis para a solução de determinado conflito é um processo que envolve mais arte do que ciência. Há de se ter em conta objetivos primordiais, objetivos legais e objetivos pragmáticos nessa análise do que será o melhor para a nacionalidade e neste momento histórico.

Em relação aos objetivos primordiais, parta-se de indagações como: a) qual a importância para os envolvidos no conflito em manterem o controle sobre o resultado da disputa? b) qual a importância da preservação do relacionamento entre os envolvidos no conflito? c) qual a importância no desenvolvimento de uma ética cidadã e protagonista.

O primordial, na adoção das alternativas, é edificar um ambiente em que o diálogo não seja substituído pela intervenção obrigatória, automática e excessivamente técnica do Estado. Isso não ajuda a construir uma cidadania ativa, proativa, protagonista, participativa. Existe um horizonte longínquo, mas muito desejável: a implementação da Democracia Participativa. Esta não virá se as pessoas continuarem tuteladas pela assistência judicial, que despreza a orientação jurídica, o aconselhamento, para automático e indesejável ingresso no sistema judicial.

Em relação aos objetivos legais, o interessado em se valer das alternativas deverá indagar: a) o tema que se discute é pacificado na jurisprudência? b) há necessidade de medica cautelar, antecipatória, coercitiva ou de urgência? c) há necessidade de produção de provas? d) qual o grau de certeza de vencer um processo judicial?

A depender da resposta, adotar-se-á um ou outro sistema. Nem tudo pode ser levado à negociação. Há temas de relevo, cuja complexidade pressupõe servir-se do Judiciário, preordenado à solução das grandes causas.

Quanto aos objetivos pragmáticos, o que se tem em vista é: a) quais os custos estimados da opção pela Justiça convencional ou por uma alternativa? b) qual a importância em se resolver rapidamente a disputa? c) o sigilo é importante no processo de resolução da controvérsia? d) qual a probabilidade de obtenção de significativa compensação financeira, a depender da opção feita?

Tudo sopesado, então a opção tranquilizará quem escolheu uma ou outra das veredas abertas para a obtenção do resultado que não deixa de ser a solução do conflito.

A vantagem mais significativa dos métodos alternativos é o potencial de efetivamente resolver problemas. A remoção do ritualismo e do formalismo exagerado, do procedimentalismo estéril, da burocracia ínsita ao sistema judiciário, oferece o ambiente de coloquialismo em que as partes chegam mais facilmente a fazer concessões e a assumir compromissos, mantida a qualdidade de relacionamento entre elas. Não é desprezível o fato de se manter um relacionamento saudável entre os envolvidos, mesmo depois de resolvida a pendência que os levou ao litígio e à tentativa de sua resolução.

Num comparativo entre a arbitragem e o processo judicial, tem-se, do lado da arbitragem, ser: adversarial, privada, alto nível de confidencialidade, partes podem escolher e modificar os procedimentos, possuem controle sobre agendamento, instrução limitada, árbitros com expertise no assunto, parâmetros escolhidos pelas partes podem ser aplicados pelos árbitros, como – por exemplo – lei de outro local, usos e costumes comerciais, soft law ou equidade. Também as decisões não formam precedentes, a sentença é final e vinculante e a arbitragem pode reduzir os custos do processo. Na verdade, o tempo é um fator a ser considerado e sempre representa economia para quem está a enfrentar o mercado e seus prazos.

Já o processo judicial é adversarial e público, tem regras de processo formais e inflexíveis. O andamento depende do volume de processos. O agendamento fica fora do controle das partes. A instrução é amplíssima. O juiz é um generalista encarregado de decidir sobre o que nem sempre conhece bem e tem de se apoiar em peritos e assistentes técnicos indicados pelas partes. A lei e os precedentes são aplicados no julgamento, todas as tutelas estão disponíveis, há um leque imenso e amplo de recursos. Caracteriza-se pela lentidão e altos custos, dentre os tangíveis e intangíveis.

Ocorre que o Brasil ainda é tímido na exploração de todas as possibilidades existentes e já comprovadas no direito anglo-saxão de alternativas ao juízo convencional. Centramos nosso interesse, primordialmente, em conciliação, mediação e arbitragem. Mas há inúmeros outros métodos de composição consensual de controvérsias, as ADR – Alternative Dispute Resolution não vinculantes. Dentre elas, salientem-se a arbitragem não vinculante, em que a decisão do árbitro é apenas aconselhadora, a figura do ouvidor confidencial, quando as partes submetem a um terceiro neutro, em caráter confidencial, suas posições para um acordo, a avaliação antecipada, com sessões confidenciais com cada uma das partes, a determinação dos fatos, o mini-júri, ou minitrail procedure, em que ocorre troca de informações de caráter adversarial seguida de negociações em nível de gestores, com ou sem assistência de terceiro neutro.

Ainda existe o rent a judge, a utilização de parcerias, assessorias de acordo, julgamento privado, julgamento sumário de júri. Há também processos híbridos, uma subcategorização dos tipos clássicos. Como exemplos, citem-se a mediação diretiva ou não diretiva, avaliativa ou facilitadora, arbitragem binding or not-binding, high/low, baseball, etc. São muitas e diversas as coisas diferentes que podem aparecer sob a rubrica ADR, que no Brasil poderia usar a sigla CCC – Composição Consensual de Controvérsias. Resta a ser explorada uma cornucópia de soluções que ainda não têm apelidos ou nicknames.

A criatividade brasileira poderia se apropriar da orientação e da ideia e formular caminhos novos para uma excessiva judicialização que conduz ao desalento e ao descrédito, quando os interessados não recebem, oportunamente, a resposta desejada.

Entretanto, um dos signos desta era em que nos encontramos imersos é a absoluta falta de consenso. Não falta quem critique as ADR. Sem falar no conservadorismo de quem não enxerga outra solução que não o processo judicial, que prefere contemplar no Judiciário a feição de expressão de soberania em lugar de serviço estatal encarregado de pacificar, de resolver problemas concretos, há outras críticas. Um primeiro argumento é de natureza ideológica: seu uso refletiria o interesse em liberar os órgãos regulares de justiça dos garbage cases, trash cases, waste-cases, enfim, os casos-lixo. Ou seja: aqueles casos de modesto valor econômico, escassa relevância jurídica, hipóteses repetitivas e pouco úteis para o progresso da ciência jurídica seriam remetidos para as vias alternativas.

Enquanto isso, a Justiça ordinária ficaria liberada para tratar dos casos mais importantes, de interesse para a elite econômica e política. Permaneceria, incólume e mais aliviada, a serviço exclusivo do establishment. Como reforço a essa postura, as ADR freariam o ativismo judicial, que incomoda o mesmo establishment, manifestando-se em lides que atendem aos consumidores, por exemplo, e prejudicam o todo-poderoso mercado.

Não se deve fugir à crítica, nem se furtar à profunda e sensata reflexão. Mas é importante reconhecer que o Estado contemporâneo assumiu tantas obrigações nesta era de abundância de direitos e de carência de responsabilidades e obrigações, que já não consegue exercer com eficiência muitas delas. E o quadro mais manifesto é a insuficiência da missão consistente no monopólio de julgar.

Vê-se obrigado a reparti-la com a iniciativa privada e com a sociedade civil, suas imprescindíveis parceiras. É urgente, para o futuro da Democracia, assumir a responsabilidade de um novo modelo de administração da justiça, um sistema integrado de resolução de controvérsias que não exclua a participação de qualquer interessado na pacificação.

Nunca se pense na redução da relevância do Judiciário. Mas penaliza vê-lo mergulhado em milhões de lides repetitivas, que obrigam um pessoal técnico e recrutado em árduo concurso de provas e títulos, a proferir, artesanalmente, soluções que já tiveram leading cases e que poderiam ser resolvidas na sistemática útil e exitosa das lides repetitivas.

Reservar o juiz para as novas questões, para as graves questões, para solucionar reais problemas, não a reiteração de pleitos idênticos e já solucionados, é disso que o Brasil está a necessitar.

Afinal, o Direito é ferramenta para resolver questões concretas, não para institucionalizá-las. A ineficiência sistêmica do equipamento estatal tendente a um crescimento vegetativo rumo ao infinito descredencia a Justiça e a converte em refúgio predileto dos violadores da lei. É ali o ambiente em que conseguem o tempo que o mercado não concede, as instituições financeiras não permitem e os credores não podem suportar.

Não é essa a vontade do brasileiro que assumiu o compromisso de auxiliar a nacionalidade a edificar uma Pátria justa, fraterna e solidária e sabe que uma Justiça eficiente é boa parte do sucesso dessa missão.

CAPÍTULO 2

Justiça Multiportas e tutela adequada em litígios complexos: a autocomposição e os direitos coletivos

Fredie Didier Jr.[1]

Hermes Zaneti Jr.[2]

SUMÁRIO: 1. GENERALIDADES. JUSTIÇA MULTIPORTAS (MULTI-DOOR JUSTICE) COMO JUSTIÇA ADEQUADA; 2. DA ALTERNATIVIDADE À ADEQUAÇÃO; 3. DA POSSIBILIDADE DE AUTOCOMPOSIÇÃO NOS PROCESSOS COLETIVOS E DA IMPOSSIBILIDADE DE RENÚNCIA AO DIREITO EM QUE SE FUNDA A AÇÃO COLETIVA; 4. O COMPROMISSO DE AJUSTAMENTO DE CONDUTA: EXTRAJUDICIAL E JUDICIAL;4.1. GENERALIDADES; 4.2. ÓRGÃOS PÚBLICOS LEGITIMADOS: MINISTÉRIO PÚBLICO, DEFENSORIA PÚBLICA, ADVOCACIA PÚBLICA (LEGITIMADOS PARA O COMPROMISSO EXTRAJUDICIAL OU JUDICIAL) E OS DEMAIS COLEGITIMADOS (LEGITIMADOS PARA O COMPROMISSO JUDICIAL); 4.3. A CONCREÇÃO DE DIREITOS E DEVERES A PARTIR DOS COMPROMISSOS DE AJUSTAMENTO DE CONDUTA;5. AUDIÊNCIA PRELIMINAR DE MEDIAÇÃO OU CONCILIAÇÃO (ART. 334, CPC); 6. NEGÓCIOS JURÍDICOS PROCESSUAIS COLETIVOS; 7. A AUTOCOMPOSIÇÃO EM AÇÃO DE IMPROBIDADE ADMINISTRATIVA;7.1. A REVOGAÇÃO DO ART. 17, §1º, LEI N. 8.429/1992. A NECESSÁRIA INTERPRETAÇÃO HISTÓRICA. A COLABORAÇÃO PREMIADA E O ACORDO DE LENIÊNCIA COMO NEGÓCIOS JURÍDICOS PROCESSUAIS ATÍPICOS NO PROCESSO DE IMPROBIDADE ADMINISTRATIVA; 7.2. A AUTOCOMPOSIÇÃO E O PEDIDO DE RESSARCIMENTO AO ERÁRIO;8. CONTROLE DA AUTOCOMPOSIÇÃO PELO JUIZ. O DEVER DE CONTROLE DO MÉRITO DO ACORDO E DA LEGITIMAÇÃO ADEQUADA; 9. LIMITES À AUTOCOMPOSIÇÃO NOS PROCESSOS COLETIVOS; 10. OUTRAS PONDERAÇÕES CONTRA O ACORDO JUDICIAL: FISCALIZAÇÃO DO DESEQUILÍBRIO ECONÔMICO E DE INFORMAÇÕES ENTRE AS PARTES; 11. O PRINCÍPIO DA PRIMAZIA DO JULGAMENTO DE MÉRITO, TUTELA INTEGRAL DO DIREITO, DISPARIDADE ECONÔMICA E A NECESSIDADE DE PRODUÇÃO DE PROVA ADEQUADA PARA A CONCILIAÇÃO OU MEDIAÇÃO: COISA JULGADA *REBUS SIC STANTIBUS*; 12. A POSSIBILIDADE DE IMPUGNAÇÃO PELOS COLEGITIMADOS POR MEIO DO RECURSO DE TERCEIRO INTERESSADO E OUTRAS AÇÕES DE IMPUGNAÇÃO AUTÔNOMAS; 13. DESIGN DE SISTEMAS DE DISPUTAS (DSD); 14. CONCLUSÕES.

---

1. Professor associado da Faculdade de Direito da Universidade Federal da Bahia (graduação, mestrado e doutorado). Mestre (UFBA, Doutor (PUC/SP), Pós-doutor (Universidade de Lisboa) e Livre-docente (USP). Advogado.
2. Professor Adjunto de Direito Processual Civil na Universidade Federal do Espírito Santo – UFES, graduação e mestrado. Pós-doutor em Direito pela Università degli Studi di Torino (2014). Doutor em Teoria do Direito e Filosofia do Direito pela Università di Roma 3, Scuola Dottorale Tullio Ascarelli (2014). Doutor (2005) e Mestre (2000) em Direito pela Universidade Federal do Rio Grande do Sul – UFRGS. Promotor de Justiça no MPES. Este artigo foi atualizado e é também resultado das pesquisas financiadas pela FAPES – Fundação de Amparo à Pesquisa e Inovação do Estado do Espírito Santo e do Grupo de Pesquisa Fundamentos do Processo Civil Contemporâneo (FPPC) – UFES.

1. GENERALIDADES. JUSTIÇA MULTIPORTAS (MULTI-DOOR JUSTICE) COMO JUSTIÇA ADEQUADA.

O processo civil está passando por uma radical transformação.

A justiça estatal clássica, adjudicada pelo juiz, não é mais o único meio adequado para a solução de conflitos. Ao lado desta justiça de porta única, surgem novas formas de acesso: a justiça se torna uma justiça multiportas.[3]

Nesta nova justiça, a solução judicial deixa de ter a primazia nos litígios que permitem a autocomposição e passa a ser *ultima ratio, extrema ratio.*[4] *Assim, do acesso à justiça dos tribunais passamos ao acesso aos direitos pela via adequada de composição*[5], da mesma forma que, no campo do processo, migramos da tutela processual, como fim em si mesmo, para a tutela dos direitos, como finalidade do processo.

A doutrina reafirma esta mudança, que significa, além da necessidade de adequação da justiça, a emergência da atipicidade dos meios de solução de conflitos: "o direito de acesso ao Direito, pilar fundamental do Estado de Direito, vem sofrendo profundas transformações. Deixou de ser um direito de acesso ao Direito através do direito de acesso aos tribunais para passar a ser um direito de acesso ao direito, de preferência sem contato ou sem passagem pelos tribunais [...] Agora, o direito de acesso aos tribunais é um direito de retaguarda, sendo seu exercício legítimo antecedido de uma série de filtros".[6]

---

3. A experiência da *Multi-door Corthouse* foi sugerida em 1976 por Frank Sander, Professor Emérito da *Harvard Law School*, cf. SANDERS, Frank. *The Pound Conference: Perspectives on Justice in the Future*. St. Paul: West Pub., 1979, já citado por VENTURI, Elton. Transação de direitos indisponíveis? *Revista de Processo*. Vol. 251, ano 41, p. 391-426. São Paulo: Ed RT, jan. 2016. Vale lembrar, como fez Eduardo Oteiza, que a origem do discurso norte americano sobre os meios alternativos para solução dos problemas judiciários já se encontrava em POUND, Roscoe. The causes of popular dissatisfaction with the administration of Justice. https://law.unl.edu/RoscoePound.pdf , acesso em 22.03.2016, apresentado na Annual Convention of the American Bar Association, em 1906. Cf., ainda, OTEIZA, *Punto de vista: MARC/ADR y diversidad de culturas: el ejemplo latinoamericano*, ítem 3. Sobre a influência da cultura no processo, em especial no que diz respeito aos sistemas de resolução de conflitos afirma a doutrina: "sistemas de resolução de disputas não existem na natureza – eles são criados pelo ser humano e possuem especificidade cultural [...] o processo é uma das mais importantes instituições através das quais a construção da vida social se opera." CHASE, Oscar G. *Direito, Cultura e Ritual: Sistemas de Resolução de Conflitos no Contexto da Cultura Comparada*. Trad.: Sergio Arenhart; Gustavo Osna. São Paulo: Marcial Pons, 2014, p. 191.
4. MARINONI, Luiz Guilherme; ARENHART, Sérgio Cruz; MITIDIERO, Daniel. *Novo Curso de Processo Civil. Tutela dos Direitos mediante o procedimento comum*. Volume 2. São Paulo: RT, 2015, p. 173; ANDREWS, Neil. In.: VARRANO, Vincenzo (a cura di). *L'Altra Giustizia: I Metodi di Soluzioni delle Controversie nel Diritto Comparato*. Milano: Giuffrè, 2007, p. 17/18. O caráter residual da justiça comum é comprovado pela experiência dos Estados Unidos e da Inglaterra. Citado por Andrews, os *Practice Directions – Protocols* afirmam "o processo jurisdicional deve ser a *extrema ratio*, e ... as demandas judiciais não devem ser promovidas prematuramente, quando é ainda provável uma transação".
5. A ideia de adequar o acesso à justiça aos direitos é defendida internacionalmente. A justiça não-estatal não é apenas alternativa, mas, em determinados casos, é a justiça mais adequada. O princípio que faculta essa possibilidade é justamente o princípio da adequação.
6. COSTA E SILVA, Paula. *A Nova Face da Justiça. Os Meios Extrajudiciais de Resolução de Controvérsias*. Lisboa: Coimbra Editora, 2009, p. 19/21. Sobre o princípio da atipicidade, idem, p. 24.

A busca pela tutela dos direitos adequada, tempestiva e efetiva, exige a adequação do acesso à tutela, ocorrendo uma passagem necessária da justiça estatal imperativa, com a aplicação do Direito objetivo como única finalidade do modelo de justiça, para a aplicação da justiça coexistencial, uma *mending justice* (uma justiça capaz de remendar o tecido social), focada na pacificação e na continuidade da convivência das pessoas, na condição de indivíduos, comunidade ou grupos envolvidos.[7]

2. DA ALTERNATIVIDADE À ADEQUAÇÃO.

O que importa atualmente, como visto, não é mais o selo da "alternatividade", de todo duvidosa, aposto à conciliação ou à mediação.

Primeiramente, é preciso respeitar a escolha dos interessados e garantir que ela seja feita em igualdade de condições (princípios da autonomia da vontade e da decisão informada, previstos no art. 166 do CPC).

Depois, é preciso considerar a "adequação" do meio – e a sua "alternatividade".[8] Aos olhos do CPC não há superioridade da justiça estatal em relação aos demais meios de solução de controvérsias.

Como afirmou a doutrina: "a única relação que, num Estado de Direito, pode legitimamente existir é uma relação de adequação. A mediação e a conciliação serão modos legítimos de resolução de conflitos se forem os modos adequados de resolução desses conflitos. Esta observação não é inconsequente pois ela repercute efeitos sobre a compatibilidade constitucional de soluções que impliquem a criação de entraves processuais ou desvantagens patrimoniais no acesso aos tribunais."[9]

Esse movimento ocorreu no âmbito da tutela dos direitos individuais; assim, pergunta-se: podemos negar este processo de evolução dos mecanismos de prestação jurisdicional na justiça coletiva? No processo coletivo não é nem poderia ser diferente. Embora cuide de direitos indisponíveis, cabe autocomposição em causas coletivas, não há dúvida.

---

7. Cf. CAPPELLETTI, Mauro. Notas sobre conciliadores e conciliação. Trad. Hermes Zaneti Jr. In.: CAPPELLETTI, Mauro. *Processo, Ideologias e Sociedade*. Trad. Hermes Zaneti Jr. Vol. 2. Porto Alegre: Sergio Antonio Fabris Editor, 2010, p. 183-200.
8. O CPC trata a adequação e a flexibilidade dos procedimentos como uma das suas premissas para atingir o objetivo da tutela adequada e efetiva. Ao contrário do CPC-1973, no qual o processo e o procedimento eram considerados normas de ordem pública, de caráter cogente e inderrogável pelas partes e pelo juiz, o que acarretava uma série de nulidades absolutas por inversão ou alteração procedimental, o CPC atual permite às partes e ao juiz estabelecerem o procedimento que mais se ajuste à solução do litígio, sendo controlada a escolha pela sua capacidade de prover na adequada solução, critério material de adequação ao direito tutelado, e não por um critério formal de adequação.
9. COSTA E SILVA, Paula. *A Nova Face da Justiça. Os Meios Extrajudiciais de Resolução de Controvérsias*, p. 35.

Recentemente, como veremos a seguir, alterações legislativas no Direito brasileiro reforçaram a previsão já existente na ação civil pública, que era a regra geral na matéria (art. 5º, § 6º, Lei n. 7.347/1985).

3. DA POSSIBILIDADE DE AUTOCOMPOSIÇÃO NOS PROCESSOS COLETIVOS E DA IMPOSSIBILIDADE DE RENÚNCIA AO DIREITO EM QUE SE FUNDA A AÇÃO COLETIVA.

Não é possível haver renúncia ao direito sobre o que se funda a ação coletiva, que não é de titularidade do legitimado extraordinário coletivo, mas do grupo; é possível, porém, cogitar o reconhecimento da procedência do pedido, por se tratar de benefício para o grupo – salvo em casos de situações jurídicas coletivas passivas, em que a tônica da indisponibilidade se mantém, pois interesses do grupo estarão no polo passivo do processo.

Em razão disso, não se pode negar que hoje, no Brasil, a autocomposição no processo coletivo se tornou muito comum, não obstante a regra do art. 841 do Código Civil.[10]

O estímulo a autocomposição inclusive resultou em edição de Resolução do CNMP sobre o Compromisso de Ajustamento de Conduta, Res. nº 179, a qual prevê expressamente que:

"Art. 1º O compromisso de ajustamento de conduta é instrumento de garantia dos direitos e interesses difusos e coletivos, individuais homogêneos e outros direitos de cuja defesa está incumbido o Ministério Público, com natureza de negócio jurídico que tem por finalidade a adequação da conduta às exigências legais e constitucionais, com eficácia de título executivo extrajudicial a partir da celebração".

Veja, inclusive, que, no caso de processo duplamente coletivo, somente será admissível a autocomposição, não sendo admissível a renúncia. Pois há grupos em ambos os polos, representados por substitutos processuais.

Assim, o que determina ou não a possibilidade de renúncia do direito é o fato de ele se tratar de um direito do grupo ou de um direito individual. Os direitos do grupo são tutelados em juízo pelos colegitimados, sendo indisponíveis

10. Art. 841 do Código Civil: "Só quanto a direitos patrimoniais de caráter privado se permite a transação". O CPC prefere autocomposição à transação, muito embora ainda se refira ao termo tradicional do direito civil quando fala das hipóteses de extinção do processo com julgamento de mérito (art. 487, III, b, CPC), impugnação do executado (art. 525, § 1º, VII e 535, VI, CPC) e título executivo extrajudicial (art. 784, IV, CPC). Em todas estas hipóteses devemos preferir a terminologia mais ampla e atual, substituindo transação por autocomposição. A transação continua a existir, por óbvio, mas é negócio jurídico ligado a concessões recíprocas, inadmissível no processo coletivo.

para os colegitimados, daí não se admitir a sua renúncia – os colegitimados não possuem legitimação extraordinária material.

Porém, por se tratar de legitimado por substituição processual, a autocomposição terá limites mais rigorosos, por não serem eles os próprios titulares do direito que veiculam a ação.[11]

Com estas observações podemos afirmar que é possível aplicar, então, por analogia, o regramento da autocomposição aos chamados direitos coletivos (*lato sensu*), basicamente, mas não só, pelas seguintes razões, enumeradas pela doutrina: *a)* no momento em que se reconhece constitucionalmente a tutela dos direitos coletivos, não se pode impedir a efetivação deles, cerceando a atuação de quem por eles compete lutar, especialmente se a autocomposição se mostrar o meio mais adequado; *b)* a indisponibilidade não será afetada, na medida em que visa, com a autocomposição, a sua maior efetivação;[12] c) a efetivação dos direitos exige sua concretização mediante interpretação e aplicação do direito ao caso concreto.[13]

Parece que a Res. nº 179 do Conselho Nacional do Ministério Público acatou este entendimento: "Art. 1º (...) § 1º Não sendo o titular dos direitos concretizados no compromisso de ajustamento de condutas, não pode o órgão do Ministério Público fazer concessões que impliquem renúncia aos direitos ou interesses difusos, coletivos e individuais homogêneos, cingindo-se a negociação *à interpretação do direito* para o caso concreto, à *especificação das obrigações adequadas e necessárias*, em especial o *modo, tempo e lugar de cumprimento*, bem como *à mitigação, à compensação e à indenização* dos danos que não possam ser recuperados" (g.n.).

A Resolução supõe que a interpretação e aplicação do direito ao caso concreto exige a atividade proativa do Ministério Público, que deve buscar,

---

11. Compreendeu o ponto GAVRONSKI, Alexandre Amaral. Autocomposição no novo CPC e nas Ações Coletivas. In: ZANETI JR., Hermes (coord.). *Processo Coletivo*. Salvador: JusPodivm, 2015, p. 350/351.
12. PEREIRA, Marco Antônio Marcondes. "Transação no curso da ação civil pública". *Revista de Direito do Consumidor*. São Paulo: RT, nº 16, p. 124-5. Como afirma Ana Luíza Nery: "a indisponibilidade dos direitos não é conceito absoluto, e sim relativo, permitindo que direitos transindividuais possam ser objeto de transação pelos legitimados para sua defesa". (NERY, Ana Luíza de Andrade. *Compromisso de ajustamento de conduta*. 2ª ed. São Paulo: RT, 2012, p. 151.) E arremata: "a negociação da melhor solução por meio do ajustamento é apenas o meio mais rápido e distante de demandas improfícuas e perenizadas, muitas vezes com resultados inferiores, o que semeia uma justiça desmoralizada". (ob. cit., p. 155).
13. O tema é debatido há muito tempo pela doutrina que lida com a metodologia jurídica, com a teoria do direito e com o direito constitucional, mas basta, aqui, para reforçar esta imperatividade da tutela dos direitos, em especial dos direitos complexos, citar os trabalhos de Alexandre Gavronski. Cf. GAVRONSKI, Alexandre Amaral. *Técnicas Extraprocessuais de Tutela Coletiva*. São Paulo: RT, 2011, esp. p. 116-184; GAVRONSKI, Alexandre Amaral. Autocomposição no novo CPC e nas Ações Coletivas. In: ZANETI JR., Hermes (coord.). *Processo Coletivo*. Salvador: JusPodivm, 2015, p. 333/362, esp. p. 352 (DIDIER JR, Fredie. Coleção Repercussões do Novo CPC. V. 8).

sempre, a interpretação das fontes e a aplicação do Direito em consonância com o art. 926 do CPC (estabilidade, integridade e coerência do Direito); além disso, pressupõe que, na hipótese de impossibilidade de recuperação integral *in natura* dos prejuízos causados ou de atingimento do resultado prático equivalente à tutela específica, os danos podem ser reparados por meio de medidas mitigatórias, compensatórias ou indenizatórias, inclusive cumulativamente, para atender ao fim da reparação integral.

Como veremos, a resolução acatou, ainda, a possibilidade de autocomposição em hipóteses configuradoras de improbidade administrativa (art. 1º, § 2º, Res. CNMP nº 179/2017).

4. O COMPROMISSO DE AJUSTAMENTO DE CONDUTA: EXTRAJUDICIAL E JUDICIAL.

4.1. Generalidades.

A Lei de Ação Civil Pública (art. 5º, § 6º, da Lei nº 7.347/1985), modificada pelo Código de Defesa do Consumidor, instituiu o chamado compromisso de ajustamento de conduta, negócio jurídico extrajudicial com força de título executivo, celebrado por escrito entre os órgãos públicos legitimados à proteção dos interesses tutelados pela lei e os futuros réus dessas respectivas ações.

Trata-se de modalidade específica de autocomposição, consistente em um verdadeiro negócio jurídico, para outros.[14] Não se deve mais falar aqui em transação, como falava parcela da doutrina. Contudo, quer se adote esta ou aquela concepção, o certo é que se trata de modalidade de acordo, com nítida finalidade conciliatória, na qual ocorre a interpretação do direito a ser aplicado e a fixação do tempo, modo e local para o seu adimplemento, sem que ocorram concessões quanto ao fundo indisponível do direito material.

A autocomposição é alcançada no mais das vezes pela negociação direta[15] entre o órgão público e o possível réu de ação coletiva.

A partir dos Pactos Republicanos pela justiça, frutos de uma estratégia internacional para a América Latina,[16] uma série de medidas foram

14. Sobre o assunto, entendendo tratar-se de negócio jurídico bilateral, RODRIGUES, Geisa de Assis. *Ação civil pública e termo de ajustamento de conduta*, p. 97-240; NERY, Ana Luíza de Andrade. *Compromisso de ajustamento de conduta*. 2ª ed., cit., p. 156.
15. Sobre a negociação direta conferir: CABRAL, Antonio do Passo; CUNHA, Leonardo Carneiro da. Negociação direta ou resolução colaborativa de disputas (*collaborative law*): "mediação sem mediador". In: ZANETI JR., Hermes; CABRAL, Trícia Navarro Xavier. *Justiça Multiportas*. Salvador: Juspodivm, 2016, p. 709-726.
16. OTEIZA, Eduardo. *Punto de vista: MARC/ADR y diversidade de culturas: el ejemplo latino americano. Texto de la conferencia dictada en el Congreso de la Asociación Internacional de Derecho Procesal sobre Modos*

adotadas no Brasil para disciplinar a autocomposição, inclusive nos processos coletivos.

A Resolução n. 02 de 21.06.2011, medida conjunta dos Conselhos Nacionais de Justiça e do Ministério Público, determina a criação de um cadastro nacional com informações sobre ações coletivas, inquéritos civis e termos de ajustamento de conduta firmados pelo Ministério Público. A Resolução n. 125/2010 do Conselho Nacional de Justiça e a Resolução n. 118/2014 do Conselho Nacional do Ministério Público tratam da mediação, conciliação, negociação e outras formas de conciliação.

Pelo compromisso de ajustamento de conduta, não se pode dispensar a satisfação do direito transindividual ofendido; não cabe a renúncia, mas, tão-somente, a regulação do modo como se deverá proceder à reparação dos prejuízos, à concretizar dos elementos normativos para a efetivação do direito coletivo.[17]

Isso não quer dizer que o "espaço de negociação" seja pequeno. Como afirma Ana Luíza de Andrade Nery, "o espaço transacional possível no compromisso de ajustamento de conduta não se refere a aspectos meramente formais do negócio (...) As partes poderão entabular, no compromisso, direitos e obrigações para ambas as partes, que lhe confiram caráter de máxima eficiência para os fins pretendidos pelos celebrantes. Assim, poderão ser previstas obrigações a serem cumpridas tanto pelo particular como pela entidade pública que celebra o ajustamento"[18].

A lição é correta é importantíssima. A autora dá excelente exemplo: imagine-se que, no compromisso, se ajuste um tempo maior para que o particular se adapte à exigência legal; nesse caso, se o ente público ajuizar ação civil pública, violando a cláusula em que se comprometia a esperar a adequação do particular, "evidentemente o ajuste será o fundamento da defesa judicial a ser apresentada pelo particular, que alegará, ainda, a violação ao dever legal de boa-fé, incidindo na conduta proibitiva do *venire contra factum proprium* por parte da Administração Pública"[19]. Rigorosamente, nem há necessidade de alegar o *venire contra factum proprium*; a situação é mais simples: trata-se de inadimplemento do compromisso.

Alternativos de Solución de Conflictos en la Universidad París 1, Sorbonne, 21/25-9-2005, www. academia.edu, acesso em 10.03.2016.

17. "De conseguinte, o compromisso tem que ser um meio através do qual se possa alcançar, pelo menos, tudo aquilo que seja possível obter em sede de eventual julgamento de procedência em ação judicial relacionada àquela conduta específica" (RODRIGUES, Geisa de Assis. *Ação civil pública e termo de ajustamento de conduta*, p. 175).
18. NERY, Ana Luíza de Andrade. *Compromisso de ajustamento de conduta*. 2ª ed., cit., p. 198.
19. NERY, Ana Luíza de Andrade. *Compromisso de ajustamento de conduta*. 2ª ed., cit., p. 198-199.

Enfim, o compromisso de ajustamento de conduta não pode ser compreendido como mera anuência, submissão ou concordância plena pelo administrado aos termos propostos pelo legitimado coletivo[20].

A partir da previsão normativa que autoriza o ajustamento extrajudicial da conduta, as partes litigantes podem firmar acordos em demandas coletivas, de modo que se ponha fim ao processo com resolução do mérito (art. 487, III, "b", CPC).[21]

Sobre o assunto, com precisão, Geisa de Assis Rodrigues, comparando a autocomposição judicial, nestas situações, com o compromisso de ajustamento de conduta previsto no art. 5º, § 6º, da Lei nº 7.347/1985:[22]

> "A conciliação judicial tem as mesmas limitações que o compromisso de ajuste de conduta. (...) Portanto, é cabível falar em ajuste de conduta judicial e extrajudicial, posto que mesmo se tratando de questão posta em juízo não há possibilidade de transigir sobre o objeto do direito, apenas sendo admissível a definição de prazos, condições, lugar e forma de cumprimento, ainda que se utilize o termo de transação".[23]

Geisa Rodrigues aponta as distinções entre o ajustamento de conduta judicial e o extrajudicial: a) a legitimidade para o ajuste judicial é mais ampla do que o extrajudicial, restrito aos órgãos públicos;[24] b) as implicações processuais que surgem do acordo judicial (extinção, com consequente produção da coisa julgada, ou suspensão do feito até o efetivo cumprimento do ajuste), estranhas ao extrajudicial; c) a formação, pelo acordo judicial, de título executivo judicial, enquanto o outro é extrajudicial.[25] De todo modo, o compromisso de ajustamento de conduta extrajudicial pode ser levado à homologação judicial (art. 515, III, CPC)[26].

É importante, registrar, que a legitimidade para a celebração do acordo (judicial ou extrajudicial) se submete às mesmas exigências de "representatividade adequada" para a caracterização da legitimidade *ad causam*[27]. Além disto,

---

20. NERY, Ana Luíza de Andrade. *Compromisso de ajustamento de conduta*. 2ª ed., cit., p. 142-143.
21. Sobre a possibilidade de acordo em demandas coletivas, apenas para ilustrar: MANCUSO, Rodolfo de Camargo. *Ação civil pública*, p. 225-38; PEREIRA, Marco Antônio Marcondes. "A transação no curso da ação civil pública". *Revista de Direito do Consumidor*. São Paulo: RT, 1995, nº 16, p. 116-128.
22. § 6º do art. 5º da Lei nº 7.347/1985: "Os órgãos públicos legitimados poderão tomar dos interessados compromisso de ajustamento de sua conduta às exigências legais, mediante cominações, que terá eficácia de título executivo extrajudicial".
23. RODRIGUES, Geisa de Assis. *Ação civil pública e termo de ajustamento de conduta*, p. 234.
24. Discorda, no particular, José Marcelo Vigliar, para quem há também limitação da legitimidade aos órgãos públicos para a conciliação judicial (*Ação civil pública*, p. 90). Não vemos como possa vingar essa limitação, já que judicialmente haverá, no mínimo, a participação do Ministério Público como *custos legis*.
25. RODRIGUES, Geisa de Assis. *Ação civil pública*, p. 332-6.
26. NERY, Ana Luíza de Andrade. *Compromisso de ajustamento de conduta*. 2ª ed., cit., p. 277.
27. NERY, Ana Luíza de Andrade. *Compromisso de ajustamento de conduta*. 2ª ed., cit., p. 201-202.

está submetida ao mesmo controle judicial de adequação em razão do objeto, além da possibilidade de impugnação, como se verá adiante.

Há julgado que esclarece muito bem a importância de permitir a autocomposição em direitos difusos relacionados ao cumprimento de obrigações de fazer e não fazer, desde que controlada pelo juízo e pela presença do interesse público primário e não só e exclusivamente pelo Ministério Público (STJ, 2ª T., REsp nº 299.400/RJ, rel. Min. Peçanha Martins, rel. p/ acórdão Min. Eliana Calmon, j. em 01.06.2006, publicado no DJ de 02.08.2006, p. 229), cuja ementa se transcreve e cujo conteúdo deve ser lido pelo estudioso, em razão da bela polêmica travada:

> "PROCESSO CIVIL – AÇÃO CIVIL PÚBLICA POR DANO AMBIENTAL – AJUSTAMENTO DE CONDUTA – TRANSAÇÃO DO MINISTÉRIO PÚBLICO – POSSIBILIDADE. 1. A regra geral é de não serem passíveis de transação os direitos difusos. 2. Quando se tratar de direitos difusos que importem obrigação de fazer ou não fazer deve-se dar tratamento distinto, possibilitando dar à controvérsia a melhor solução na composição do dano, quando impossível o retorno ao status quo ante. 3. A admissibilidade de transação de direitos difusos é exceção à regra".

Assim, em casos especiais, a regra geral pode ceder à realidade e, mediante controle do juiz e do Ministério Público, ser possível transacionar para atender a tutela específica da obrigação de fazer ou não fazer, de forma a propiciar o "equivalente" à efetivação da tutela específica,[28] bem como, a tutela que tenha por objeto a prestação pecuniária.

---

28. Questão preocupante nos acordos em causas coletivas diz respeito à eficácia *erga omnes* da coisa julgada surgida com a homologação judicial do acordo. Como é cediço, o regime de produção da coisa julgada nas demandas coletivas é distinto do regramento comum; a eficácia subjetiva da coisa julgada é um dos pontos distintivos determinantes. Assim, havendo homologação de acordo judicial em causa coletiva, haverá produção da coisa julgada *erga omnes*, impedindo a repropositura da demanda por qualquer dos colegitimados, inclusive por aqueles que não participaram da celebração do negócio jurídico. O acordo firmado não produz efeitos apenas em relação aos acordantes, pois o seu objeto é direito transindividual. Essas circunstâncias fazem com que admitamos a possibilidade de o *terceiro colegitimado ingressar com um recurso*, com vistas a questionar a homologação do acordo, postulando, assim, o prosseguimento do feito em direção à heterocomposição. Caso não se permita essa impugnação recursal do terceiro, estará sendo vedado o acesso do colegitimado ao Judiciário, pois, com a coisa julgada, nenhum juízo poderá reapreciar a causa – esse ponto também é fundamental, pois, nos litígios individuais, a coisa julgada surgida da homologação da transação não afeta o terceiro. Só lhe restaria a ação rescisória. Concordamos, pois, com as conclusões de Geisa de Assis Rodrigues: "A discordância dos demais colegitimados deve ser feita através da utilização dos mecanismos de revisão da decisão judicial, ou seja: recursos cabíveis ou ações autônomas de impugnação, dependendo do caso concreto. *A decisão homologando o ajuste formulado em juízo é uma decisão de mérito, e portanto, poderá ser acobertada pela intangibilidade panprocessual da coisa julgada material*" (*Ação civil pública e termo de ajustamento de conduta*, p. 237; também admitindo o questionamento do acordo pelo colegitimado, VIGLIAR, José Marcelo. *Ação civil pública*, p. 90).

4.2. Órgãos públicos legitimados: Ministério Público, Defensoria Pública, Advocacia Pública (legitimados para o compromisso extrajudicial ou judicial) e os demais colegitimados (legitimados para o compromisso judicial).

O § 6º, do art. 5º, da Lei n. 7.347/1985, determina que qualquer dos *órgãos públicos legitimados* poderá tomar dos interessados compromisso de ajustamento de sua conduta às exigências legais.

Apresentam-se três conclusões: 1) apenas os órgãos públicos poderão firmar o compromisso de ajustamento de conduta; 2) o Ministério Público não é o único órgão público que poderá firmá-lo; 3) não há disponibilidade sobre o objeto, sendo que o compromisso deverá estar estritamente vinculado às exigências normativas, incluindo os precedentes, e aos padrões da Dogmática Jurídica.

O Conselho Nacional do Ministério Público acrescentou a expressão exigências normativas (abrindo o sistema), acrescentando ainda a possibilidade de compensação ou indenização para os danos em que não for possível a tutela específica (art. 14 da Res. nº 23 do CNMP).

Não se pode esquecer que o art. 784, IV, CPC, reconheceu o caráter de título executivo extrajudicial também às transações referendadas pelo Ministério Público, pela Defensoria Pública, pela Advocacia Pública, pelos advogados dos transatores (válido para os processos coletivos apenas em se tratando de direitos disponíveis) ou por conciliador ou mediador credenciado por tribunal.

A Defensoria Pública pode celebrar compromisso de ajustamento de conduta, já que é um "órgão público" (art. 5º, § 6º, Lei n. 7.347/1985).

Por outro lado, não há nenhuma limitação quanto aos colegitimados em se tratando de autocomposição efetuada em juízo. Uma especial razão para isto é a presença, em todas as ações coletivas, do Ministério Público como fiscal do ordenamento jurídico; outra razão é a presença do juiz, como fiscal do acordo a ser homologado.

4.3. A concreção de direitos e deveres a partir dos compromissos de ajustamento de conduta.

Há, ainda, a possibilidade de concreção de direitos a partir do compromisso firmado.

O dogma da vinculação estrita do Direito à lei cede espaço à noção contemporânea de juridicidade, ou seja, a ideia de vinculação dos aplicadores do direito ao sentido da norma constitucional e infraconstitucional em conformidade à unidade narrativa da Constituição.[29]

No atual estado do nosso ordenamento jurídico, na presença de normas porosas, de tessitura aberta, na forma de pautas carentes de preenchimento, tais como os conceitos jurídicos indeterminados e cláusulas gerais (enunciados normativos) e os princípios (norma jurídica), é natural que existam graus de interesse público e uma disponibilidade motivada daí decorrente na determinação dos deveres descritos nas normas jurídicas. Além disto, a maior participação dos grupos poderá influenciar na concretização da norma (e.g. audiências públicas e *amicus curiae*, não por acaso ambos previstos no CPC).[30]

No compromisso de ajustamento de conduta, deve o órgão legitimado a celebrá-lo proceder a uma aplicação não jurisdicional do princípio da unidade narrativa da Constituição; assim, se devem evitar compromissos que não atendam à finalidade do ordenamento jurídico.

Note, contudo, que ao firmar um compromisso de ajustamento de conduta, mesmo quando a lei não tenha previsto o regramento específico para o caso, o órgão legitimado não tem o poder de dispor do direito material coletivo; por isso, o órgão vincula-se aos precedentes nos casos análogos e aos detalhes próprios do caso concreto e aos padrões da Dogmática Jurídica, para concretizar o direito coletivo. Isto porque, nos modelos abertos de aplicação do direito, a dogmática se amplia para além da lei, incluindo os precedentes e o trabalho da doutrina em uma compreensão hermenêutica do problema jurídico enfrentado.[31]

Por esta razão, acertada a ampliação do texto do art. 14 da Resolução nº 23 do Conselho Nacional do Ministério Público, para incluir, na definição do "ajustamento da conduta", além das exigências legais, outras exigências normativas,

---

29. OTERO, Paulo. *Legalidade e administração pública: o sentido da vinculação administrativa à juridicidade*. Lisboa: Almedina, 2003, p. 15, nota 1

30. A relação entre a participação democrática no processo, contraditório, as audiências públicas e o *amicus curiae* está marcada claramente nos enunciados do FPPC (Fórum Permanente de Processualistas Civis): "IV *FPPC-BH Enunciado nº 250 - (art. 138; art. 15). Admite-se a intervenção do amicus curiae nas causas trabalhistas, na forma do art. 138, sempre que o juiz ou relator vislumbrar a relevância da matéria, a especificidade do tema objeto da demanda ou a repercussão geral da controvérsia, a fim de obter uma decisão respaldada na pluralidade do debate e, portanto, mais democrática. (Grupo: Impacto do CPC no processo do trabalho)*"; "V FPPC-Vitória Enunciado nº 460. (arts. 927, §1º, 138) O microssistema de aplicação e formação dos precedentes deverá respeitar as técnicas de ampliação do contraditório para amadurecimento da tese, como a realização de audiências públicas prévias e participação de amicus curiae. (Grupo: Precedentes, IRDR, Recursos Repetitivos e Assunção de competência)"; "V FPPC-Vitória Enunciado nº 393. (arts. 138, 926, §1º, e 927, §2º) É cabível a intervenção de amicus curiae no procedimento de edição, revisão e cancelamento de enunciados de súmula pelos tribunais. (Grupo: Litisconsórcio e intervenção de terceiros)"; "IV *FPPC-BH Enunciado nº 175 - (art. 927, § 2º) O relator deverá fundamentar a decisão que inadmitir a participação de pessoas, órgãos ou entidades e deverá justificar a não realização de audiências públicas. (Grupo: Precedentes)*.".

31. ZANETI JR., Hermes. *A Constitucionalização do Processo*. São Paulo: Atlas, 2014; ZANETI JR., Hermes. *O Valor Vinculante dos Precedentes*, 2ª ed. Salvador: Jus Podivm, 2016.

incluindo-se as resoluções e decretos, bem como a interpretação dada pelos órgãos competentes às cláusulas gerais de tutela dos direitos coletivos lato sensu.

> Art. 14 da Res. nº 23 do CNMP: "O Ministério Público poderá firmar compromisso de ajustamento de conduta, nos casos previstos em lei, com o responsável pela ameaça ou lesão aos interesses ou direitos mencionados no artigo 1º desta Resolução, visando à reparação do dano, à adequação da conduta às exigências legais ou normativas e, ainda, à compensação e/ou à indenização pelos danos que não possam ser recuperados".

É fundamental repisar o que se tem dito alhures: é preciso compreender que o Direito não se resume à lei. A passagem "da lei para o ordenamento jurídico" também ocorreu no CPC/2015. Basta observar que o CPC, nos arts. 8º, 140 e 178, não fala em mais em lei, aplicação da lei, ou em fiscal da lei, como referia o CPC/1973 (art. 5º, LINDB, art. 126 e art. 82, CPC/1973); mas, em todos casos, seja na interpretação do direito (art. 8º), seja na aplicação (art. 140), seja na atuação do Ministério Público como interveniente, o legislador processual contemporâneo refere ao "ordenamento jurídico".

Esta mudança não é pequena nem se deu por acaso; ela segue a linha da constitucionalização do processo, pois, já no art. 1º, o CPC afirma que será interpretado e aplicado segundo os valores e normas previstos na Constituição.

5. AUDIÊNCIA PRELIMINAR DE MEDIAÇÃO OU CONCILIAÇÃO (ART. 334, CPC).

Uma das marcas do CPC-2015 é o estímulo à autocomposição.

Não por acaso, no rol das normas fundamentais do processo civil, estão os §§2º e 3º do art. 3º do CPC: "§ 2º O Estado promoverá, sempre que possível, a solução consensual dos conflitos. § 3º A conciliação, a mediação e outros métodos de solução consensual de conflitos deverão ser estimulados por juízes, advogados, defensores públicos e membros do Ministério Público, inclusive no curso do processo judicial".

Uma das técnicas de estímulo à autocomposição é a designação de uma audiência obrigatória de mediação ou conciliação, antes do oferecimento da resposta pelo réu (art. 334 do CPC). Trata-se de uma importante alteração no procedimento comum promovida pelo CPC-2015.

Surge, então, a seguinte questão: o art. 334 do CPC aplica-se no procedimento da ação civil pública? Ou seja: agora, na ação civil pública, o réu deve ser citado para comparecer à audiência, antes de apresentar a resposta?

A resposta é positiva.

Há várias razões.

Em primeiro lugar, a especialidade do procedimento da ação civil pública, em relação ao procedimento ordinário do CPC-1973, residia em basicamente dois pontos: a) possibilidade de tutela provisória satisfativa liminar (art. 12 da Lei n. 7.347/1985), que não existia, em 1985, ano da edição da lei de ação civil pública, no procedimento ordinário do CPC-1973 – essa possibilidade somente veio a existir com a nova redação do art. 273 do CPC-1973, feita em 1994; b) a apelação contra sentença não ter efeito suspensivo automático.

A sequência dos atos do procedimento da ação civil pública é a mesma do procedimento comum, portanto. Alterado o procedimento comum, altera-se o procedimento da ação civil pública, mantida eventual peculiaridade.

O pensamento estende-se à ação popular, pelas mesmas razões. Não se estende ao mandado de segurança coletivo, cujo procedimento é essencialmente diferente do procedimento comum – o que não impede que haja autocomposição, apenas não há a obrigatoriedade de realização dessa audiência preliminar, justamente por se tratar de rito sumário documental.

Em segundo lugar, não há proibição de autocomposição em causas coletivas, como visto. Ao contrário, a solução dos conflitos coletivos mediante o termo de ajustamento de conduta judicial ou extrajudicial é valorizada e incentivada.

Em terceiro lugar, não há qualquer razão que justifique a exclusão dos processos coletivos da política nacional de estímulo à solução negociada dos conflitos, imposta pelos §§2º e 3º do art. 3º do CPC.

Os argumentos de cunho doutrinário ligados à indisponibilidade do direito, à forte presença de interesse público e a ausência de participação dos grupos na tomada de decisão já foram enfrentados acima, mas cabe repisar que em nenhum caso se afasta a autocomposição como regra, apenas é exigível que ela seja adequada para a tutela dos direitos. Como vimos, muitas vezes ela é a forma mais adequada de tutela.

Em quarto lugar, no único caso em que disciplina expressamente um processo coletivo, o CPC impõe a realização da audiência preliminar de mediação e conciliação, antes mesmo da análise do pedido de tutela provisória – ações possessórias contra uma coletividade, reguladas pelo art. 565 do CPC. Trata-se de verdadeiro paradigma normativo de estímulo à solução consensual de conflitos coletivos: a) para todos os tipos de conflito, impondo a audiência de tentativa de autocomposição; b) para os conflitos coletivos passivos, impondo essa audiência, como audiência prévia de justificação, antes mesmo do exame do pedido de tutela provisória. É importante notar que nos conflitos de terra muitas vezes há conflito entre direitos fundamentais que devem ser preservados na máxima medida possível e justamente por isto reforçamos que a autocomposição é viável e adequada nestes casos.

Em quinto lugar, o parágrafo único do art. 33 da Lei n. 13.140/2015 expressamente determina que a "Advocacia Pública da União, dos Estados, do Distrito Federal e dos Municípios, onde houver, poderá instaurar, de ofício ou mediante provocação, *procedimento de mediação coletiva de conflitos relacionados à prestação de serviços públicos*". A prestação de serviços públicos é matéria de direito administrativo, interesse público, mas, na vida real, existem graus de satisfação que podem ser atendidos e implementados, logo a autocomposição, além de evitar processos intermináveis, resulta em menor resistência das partes no atendimento da medida acertada, garantindo mais efetividade.

Assim, somente não seria determinada a audiência de mediação e conciliação, prevista no art. 334 do CPC, no processo da ação civil pública, quando autor e réu do processo coletivo disserem expressamente que não pretendem resolver por autocomposição (art. 334, §4º, I, CPC).

Se o legitimado coletivo for um ente público (inclusive Ministério Público e Defensoria Pública), a recusa à autocomposição deve ser motivada. Isso porque, de acordo com o §3º do art. 3º do CPC, os entes públicos têm o dever funcional de estimular a autocomposição. No caso do Ministério Público, o Conselho Nacional do Ministério Público instituiu a Política Nacional de Incentivo à Autocomposição no Âmbito do Ministério Público, na Resolução n. 118/2014, da qual também decorre a exigência desse tipo de comportamento.

6. NEGÓCIOS JURÍDICOS PROCESSUAIS COLETIVOS.

O art. 190 do CPC é uma cláusula geral de negociação processual. Com base nele, é possível a celebração de negócios jurídicos processuais atípicos.[32]

Neste momento, cabe abordar o seguinte ponto: admite-se a celebração de negócios processuais atípicos em processos coletivos?

Sim, sem dúvida.

Não se deve afastar a possibilidade de negócios processuais coletivos[33-34]. Basta pensar em um acordo coletivo trabalhista, em que os sindicatos

32. DIDIER JR., Fredie. *Curso de Direito Processual Civil*. 18ª ed. Salvador: Editora Jus Podivm, 2016, v. 1, p. 384-399.

33. Enunciado n. 255 do Fórum Permanente de Processualistas Civis: "É admissível a celebração de convenção processual coletiva". Certamente, será muito frequente a inserção de convenções processuais em convenções coletivas de trabalho ou de consumo, por exemplo.

34. "(...) alguns exemplos interessantes que constituem objeto dos acordos coletivos processuais na França: (a) as conclusões finais das partes devem anunciar claramente as razões de fato e de direito; (b) comunicação entre tribunal e advogado por via eletrônica; (c) acordo para perícias firmado entre tribunal, ordem dos advogados e associação de peritos, para regulamentar a produção da prova e uniformizar critérios de fixação de honorários; (d) instituição de comissão mista de estudo para acompanhar processos e estudar as eventuais disfunções e apresentar propostas de alterações". (ANDRADE, Érico. "As novas

disciplinem aspectos do futuro dissídio coletivo trabalhista. Trata-se de negócio que visa disciplinar futuro processo coletivo, vinculando os grupos envolvidos, titulares do direito.

Alguns exemplos: a) escolha convencional de um perito; b) pacto de disponibilização prévia de documentos; c) pacto de produção antecipada de prova; d) o pacto sobre o dever de financiar o custo da prova; e) criação de hipótese negocial de tutela provisória de evidência (art. 311, CPC) etc.

Para que tais convenções processuais coletivas sejam celebradas, é preciso que haja legitimação negocial coletiva por parte do ente que a celebre. A Resolução n. 118/2014 do Conselho Nacional do Ministério Público disciplina a legitimidade do Ministério Público para a celebração de convenções processuais. Aplica-se, aqui, por analogia, também, o regramento das convenções coletivas de trabalho e convenções coletivas de consumo (art. 107, CDC).

7. A AUTOCOMPOSIÇÃO EM AÇÃO DE IMPROBIDADE ADMINISTRATIVA.

7.1. A revogação do art. 17, §1º, Lei n. 8.429/1992. A necessária interpretação histórica. A colaboração premiada e o acordo de leniência como negócios jurídicos processuais atípicos no processo de improbidade administrativa.

O art. 17, § 1º, Lei nº 8.429/1992, proibia expressamente "transação, acordo ou conciliação" no processo de improbidade administrativa.

Ele havia sido revogado pela Medida Provisória n. 703/2015. Já não era sem tempo. O dispositivo já estava obsoleto. Infelizmente, a MP 703/2015 caducou em maio de 2016, por não ter sido votada pelo Congresso Nacional. Contudo, pelo menos no âmbito do Ministério Público, como expressamente disciplina a Res. CNMP nº 179/2017: "É cabível o compromisso de ajustamento de conduta nas hipóteses configuradas de improbidade administrativa, sem prejuízo do ressarcimento ao erário e da aplicação de uma ou algumas das sanções previstas em lei, de acordo com a conduta ou ato praticado".

Os fundamentos para a constitucionalidade, legalidade e coerência de tal resolução com o ordenamento jurídico já estavam presentes. A proximidade entre a ação penal e a ação de improbidade é evidente e inquestionável, em

perspectivas do gerenciamento e da 'contratualização' do processo". *Revista de Processo*. São Paulo: RT, 2011, n. 193, p. 190.) Sobre o assunto, CADIET, Loïc. "Los acuerdos procesales en derecho francés: situación actual de la contractualización del processo y de la justicia en Francia", cit., p. 30-35, disponível em www.civilprocedurereview.com, consultado em 21.04.2014.

razão das sanções decorrentes, muito embora os regimes jurídicos sejam distintos, um de direito administrativo (civil em sentido amplo), outro de direito penal. A própria estruturação do processo da ação de improbidade administrativa, com uma fase de defesa prévia, semelhantemente ao que acontece no processo penal, é a demonstração cabal do quanto se diz. Há mais garantias ao réu na ação de improbidade por serem as sanções aplicáveis mais graves.

À época da edição da Lei n. 8.429/1992, o sistema do Direito Penal brasileiro era avesso a qualquer solução negociada. Não por acaso, falava-se em indisponibilidade da ação penal e em indisponibilidade do objeto do Processo Penal.

Sucede que, a partir de 1995, com a Lei n. 9.099/1995, instrumentos de justiça penal negociada começaram a ser previstos no Direito brasileiro. Desenvolveram-se técnicas de justiça penal consensual[35].

A transação penal (art. 76, Lei n. 9.099/1995) e a suspensão condicional do processo penal (art. 89, Lei n. 9.099/1995). Em ambos os casos, há negociação que produz consequências no âmbito do Direito Penal material.

O Processo Penal também sofreu transformações, com a ampliação das possibilidades de negociação entre autor e réu. A "colaboração premiada", negócio jurídico material e processual previsto em algumas leis (embora prevista em diversas leis, a regulamentação mais completa está na Lei n. 12.850/2013) é o principal exemplo desse fenômeno. Ao lado da "colaboração premiada" surgem institutos de *compliance* das empresas envolvidas, como é o caso do acordo de leniência (Lei Anticorrupção, Lei 12.846/2013).

A proibição de negociação prevista na Lei de Improbidade Administrativa era, na verdade, um reflexo da proibição no âmbito penal. Não havia sido admitida na improbidade em razão do princípio da obrigatoriedade para o MP e da visão que a tutela do interesse público era absolutamente indisponível, não admitia graus de tutela. Se agora é possível negociar a as consequências penais, mesmo nas infrações graves, não haveria razão para não ser possível negociar as sanções civis de improbidade. Pode-se estabelecer a seguinte regra: a negociação na ação de improbidade administrativa é possível sempre que for possível a negociação no âmbito penal, em uma relação de proporção.

A interpretação literal do comando do §1º do art. 17 da Lei n. 8.429/1992 levava uma situação absurda[36]: seria possível negociar sanções tidas como mais

35. Percebeu o ponto CABRAL, Antonio do Passo. "A Resolução n. 118 do Conselho Nacional do Ministério Público e as convenções processuais". *Negócios processuais*. Antonio do Passo Cabral e Pedro Henrique Pedrosa Nogueira (coord.). Salvador: Editora Jus Podivm, 2015, p. 545-546.

36. Situação "curiosa", como anotou CABRAL, Antonio do Passo. "A Resolução n. 118 do Conselho Nacional do Ministério Público e as convenções processuais", cit., p. 547.

graves pelo sistema, porque decorrente da prática de crimes (por definição, o ilícito mais reprovável), mas não seria possível negociar no âmbito de uma ação de improbidade administrativa. Além de absurda, a intepretação desse texto ignoraria completamente a diferença entre os contextos históricos da promulgação da lei (1992) e de sua aplicação.

A Lei 12.846/2013, chamada de Lei Anticorrupção, embora com âmbito de aplicação distinto (art. 30 da Lei n. 12.846/2013), compõe com a Lei de Improbidade Administrativa um microssistema legal de combate a atos lesivos à Administração Pública. O propósito da lei é regular "responsabilização objetiva administrativa e civil de pessoas jurídicas pela prática de atos contra a administração pública, nacional ou estrangeira" (art. 1º). Os arts. 16-17 dessa lei regulam o chamado "acordo de leniência", negócio jurídico de eficácia complexa. A interseção entre as leis permite que se entenda cabível acordo de leniência como negócio atípico em processo de improbidade administrativa. "A corregulação dos atos de improbidade decorrentes de corrupção denota, ainda uma vez, a clara opção do legislador brasileiro por permitir acordos em matéria de improbidade administrativa".[37]

A relação entre ambos ficou clara na edição da MP n. 703/2015. Segundo o texto da Medida Provisória (embora discutível do ponto de vista constitucional, por gerar a revogação de uma norma processual por medida provisória), a celebração dos acordos de leniência impede que os entes celebrantes ajuízem ou prossigam com ações coletivas anticorrupção, ações de improbidade de improbidade ou outras ações de natureza civil em face das empresas.

E mais, havendo participação do Ministério Público, o acordo impedirá o ajuizamento e o prosseguimento de ações ajuizadas por qualquer legitimado (art. 16, §§ 11 e 12, Lei n. 12.846/2013). A MP n. 703/2015, porém, caducou, em 30.05.2016, por não ter sido examinada pelo Congresso Nacional.

Necessário relembrar, também, o art. 1º, § 2º, da Res. CNMP nº 179/2017, já transcrito.

Mas há ainda um argumento dogmático mais simples para defender a revogação do art. 17, §1º, da Lei de Improbidade. O §4º do art. 36 da Lei n. 13.140/2015 (Lei da Mediação) expressamente admite a autocomposição em ação de improbidade administrativa: "§ 4º Nas hipóteses em que a matéria objeto do litígio esteja sendo discutida em ação de improbidade administrativa ou sobre ela haja decisão do Tribunal de Contas da União, a conciliação de que trata o *caput* dependerá da anuência expressa do juiz da causa ou do Ministro Relator".

---

37. CABRAL, Antonio do Passo. "A Resolução n. 118 do Conselho Nacional do Ministério Público e as convenções processuais", cit., p. 547.

Finalmente, como já defendíamos anteriormente, na dimensão ressarcitória/desconstitutiva da ação de improbidade, que é idêntica a qualquer ação civil pública ou ação popular, a autocomposição não apresenta qualquer problema. Especialmente se considerarmos que o CPC apresenta a possibilidade de homologação de autocomposição parcial (art. 354, par. ún., CPC).

Assim, podemos chegar a algumas conclusões: *a)* admitem-se a colaboração premiada[38] e o acordo de leniência como negócios jurídicos atípicos no processo de improbidade administrativa (art. 190 do CPC c/c o art. 4º da Lei 12.850/2013 e com os arts. 16-17 da Lei n. 12.846/2013); *b)* admite-se negociação nos processos de improbidade administrativa, sempre que isso for possível, na respectiva ação penal, observados, sempre, por analogia, os limites de negociação ali previstos[39]; *c)* admitem-se os acordos parciais, sendo considerados acordos sobre a parcela incontroversa; *d)* admite-se o compromisso de ajustamento de conduta em processos de improbidade administrativa, inclusive para a aplicação das sanções e para o ressarcimento, pelo menos no âmbito do Ministério Público (§ 2º, art. 1º, Res. CNMP nº 179/2017); *e)* caso já tenha sido ajuizada a ação de improbidade, há necessidade de homologação do acordo pelo juízo competente (§4º do art. 36 da Lei n. 13.140/2015).

7.2. A autocomposição e o pedido de ressarcimento ao erário.

Mesmo ao tempo de vigência do §1º do art. 17 da Lei de Improbidade Administrativa, o dispositivo não se aplicava à parcela do objeto litigioso do processo relativa ao pedido ressarcitório/desconstitutivo. Nesse caso, a proibição não incidia.

Impedir a autocomposição, nessas situações, seria criar um grande e desnecessário embaraço para a efetividade da tutela coletiva, mormente quando se sabe que, em muitos casos, o prejuízo ao Erário não é de grande monta e o pagamento da indenização em parcelas, por exemplo, acaba por revelar-se uma forma eficaz de adimplemento da dívida.

E ainda havia um argumento dogmático bem forte: o pedido ressarcitório poderia ser veiculado, autonomamente, em processo de ação civil pública, em que o acordo é plenamente possível, conforme já visto. Não se trata de pedido que pressupõe procedimento especial[40].

---

38. Sobre o tema, especificamente, DINO, Nicolao. "A colaboração premiada na improbidade administrativa: possibilidade e repercussão probatória". *A prova no enfrentamento à macrocriminalidade*. Daniel de Resende Salgado e Ronaldo Pinheiro de Queiroz (coords.). Salvador: Editora JusPodivm, 2015, p. 439-460.
39. A propósito, enunciado 617 do Fórum Permanente de Processualistas Civis: "A mediação e a conciliação são compatíveis com o processo judicial de improbidade administrativa".
40. Nesse sentido, mais recentemente, NERY, Ana Luíza de Andrade. *Compromisso de ajustamento de conduta*. 2ª ed., cit., p. 201.

8. CONTROLE DA AUTOCOMPOSIÇÃO PELO JUIZ. O DEVER DE CONTROLE DO MÉRITO DO ACORDO E DA LEGITIMAÇÃO ADEQUADA.

O juiz poderá controlar, na fase homologatória, o conteúdo da transação sobre o objeto litigioso: deixando de homologá-la, homologando-a parcialmente ou recomendando às partes alterações em determinadas cláusulas.

As partes colegitimadas poderão, portanto, peticionar ao juiz, antes da homologação, caso não tenham participado do acordo, solicitando a intervenção no processo (art. 5º, § 2º, Lei 7.347/1985) e requerendo a não homologação do acordo, sua homologação parcial ou a adaptação de determinadas cláusulas para garantia de sua adequação à tutela dos direitos. O Ministério Público como interveniente obrigatório poderá fazer o mesmo.

Em relação aos negócios processuais, cabe ao órgão julgador o controle da sua validade, nos termos do parágrafo único do art. 190 do CPC.

Nas ações individuais, os acordos não dependem de controle judicial, em regra. Na maior parte dos casos as partes litigam sobre direitos disponíveis, não há necessidade de intervenção do judiciário para assegurar os direitos.

Nos processos coletivos isto é diferente.

Primeiro, há necessidade de tutela do objeto litigioso do processo, presente o interesse público, por se tratar de direitos de natureza coletiva; segundo, há necessidade da participação dos grupos que serão afetados pela decisão e da participação dos colegitimados, pelo menos potencialmente, no âmbito do acordo a ser firmado; terceiro, há a intervenção obrigatória do Ministério Público em todas os processos que tratam dos direitos coletivos em sentido lato.[41]

41. No âmbito das *class actions* norte americanas ocorreu reforma em 2003 para estabelecer uma série de exigências nos acordos (*settlements*) em processos coletivos (*class action litigation*), alterando a *Rule 23* das *Federal Rules of Civil Litigation*. A mais importante diz respeito a admissão dos acordos apenas após a aprovação da Corte, portanto, a necessidade de controle judicial destes acordos tanto do ponto de vista do mérito, quanto do ponto de vista do devido processo legal. A Corte deverá garantir a oportunidade de todos que serão vinculados pelo acordo tomem conhecimento deste, mediante a notificação adequada. Como a proposta será vinculante, os membros deverão ser ouvidos e deverá ser verificado se a proposta é justa, razoável e adequada. No caso de litígios envolvendo danos individuais homogêneos (*class actions for damages*) a participação dos envolvidos será ainda mais intensa, permitindo o *opt out*, mesmo que não tenha sido essa a opção anterior ao acordo, permitindo-se igualmente a impugnação por parte dos membros do grupo que somente será desconsiderada por decisão da própria Corte. Assim: "(e) Settlement, Voluntary Dismissal, or Compromise. The claims, issues, or defenses of a certified class *may be settled, voluntarily dismissed, or compromised only with the court's approval*. The following procedures apply to a proposed settlement, voluntary dismissal, or compromise: (1) The court *must direct notice in a reasonable manner to all class members who would be bound by the proposal*. (2) If the proposal would bind class members, the court may approve *it only after a hearing and on finding that it is fair, reasonable, and adequate*. (3) The parties seeking approval must file a statement identifying any agreement made in connection with the proposal. (4) If the class action was previously certified under Rule 23(b)(3), *the court may refuse to approve a settlement unless it affords a new opportunity to request*

Existem duas formas de obter um título executivo judicial a partir de uma conciliação em direitos coletivos *lato sensu*.

A primeira é formular o compromisso de ajustamento de conduta em uma ação coletiva judicial já intentada, nos termos do art. 515, II do CPC, pois será título executivo judicial "a decisão homologatória de autocomposição judicial". A segunda, requerer a homologação judicial do compromisso, valendo-se dos permissivos do art. 515, III, que determina ser título executivo judicial "a decisão homologatória de autocomposição extrajudicial de qualquer natureza", e do art. 725, VIII, que prevê o procedimento de jurisdição voluntária de homologação de acordo extrajudicial.

A atividade do juiz nestes casos não será, contudo, meramente confirmatória do acordo, em juízo simplista de delibação, no qual se verificam apenas os aspectos formais de representação das partes. O juiz, nestas oportunidades, deverá proceder a um verdadeiro exame de mérito do compromisso, possibilitando até mesmo sua discordância, caso em que não será homologado o acordo, cabendo agravo de instrumento contra essa decisão, por interpretação analógica do disposto no inciso III do art.1.015 do CPC[42].

Note-se, justamente por isso, que o acordo judicial prescinde de aprovação pelo Conselho Superior do Ministério Público, uma vez que, judicializada a matéria, não há mais risco de arquivamento implícito do inquérito civil, passando o controle do órgão superior do Ministério Público ao juiz da causa. Além disto, este controle é necessário, pois mesmo as partes não-públicas, aquelas que não são legitimadas para o compromisso de ajustamento de conduta, na esfera extrajudicial, poderão requerer a homologação de acordo.

Não sendo o Ministério Público o autor do compromisso de ajustamento de conduta, a homologação em juízo dependerá obrigatoriamente da sua oitiva como fiscal da ordem jurídica, decorrência lógica do microssistema do processo coletivo. Se o Ministério Público interfere em todas as ações coletivas, também na homologação judicial de acordo extrajudicial no qual se transacionem direitos coletivos *lato sensu* sua oitiva é obrigatória.

---

exclusion to individual class members who had an earlier opportunity to request exclusion but did not do so. (5) Any class member may object to the proposal if it requires court approval under this subdivision (e); *the objection may be withdrawn only with the court's approval."* Cf. KLONOFF, Robert H. *Class Actions and Other Multy-Party Litigation*. St. Paul: Thomson Reuters, 2012, p. 283 e ss. Observe-se que há grande polêmica atual em relação à arbitragem coletiva, a Suprema Corte tem admitido cláusulas arbitrais que excluem *class actions* em contratos de consumo ou relações trabalhistas, cf. RESNIK, Judith. Diffusing disputes: the public in the private of arbitration, the private in courts, and the erasure of rights. *The Yale Law Journal*, 124: 2804, file:///C:/Users/hzaneti/Downloads/SSRN-id2601132.pdf, acesso em 24.03.2016.

42. DIDIER Jr., Fredie; CUNHA, Leonardo Carneiro da. *Curso de Direito Processual Civil*. 13ª. ed. Salvador: Editora Jus Podivm, 2016, v. 3, p. 217.

Um dos elementos que deverá ser controlado pelo juiz no momento da homologação do acordo judicial ou extrajudicial será a adequada representação das partes envolvidas, ou seja, a legitimação em concreto dos envolvidos para celebrarem o compromisso de ajustamento de conduta.

A decisão que não homologa ação para homologação de acordo extrajudicial é uma sentença, logo cabe apelação. Como vimos acima, o requerimento de homologação do acordo incidental negado desafia o agravo, por analogia ao disposto no art. 1.015, III, contudo, quando se trata de pedido para homologação de título executivo extrajudicial o recurso cabível será a apelação.

Por exemplo, se o acordo versar sobre danos ambientais nos quais se discuta para além da responsabilidade da empresa a responsabilidade do Estado e dos órgãos de fiscalização por omissão ou comissão a representação adequada por parte do Estado pode estar prejudicada, havendo conflito de interesses, pois o acordo pode ser indevidamente antecipado para fins de salvaguardar a responsabilidade do próprio Estado em ações futuras de responsabilidade.

É importante, registrar, que a legitimidade para a celebração do acordo (judicial ou extrajudicial) se submete às mesmas exigências de "representatividade adequada", exigidas no enfrentamento da legitimidade *ad causam*[43].

9. LIMITES À AUTOCOMPOSIÇÃO NOS PROCESSOS COLETIVOS.

A autocomposição não pode ser encarada como panaceia.

Posto indiscutivelmente importante, a autocomposição não deve ser vista como uma forma de diminuição do número de causas que tramitam no Judiciário[44] ou como técnica de aceleração dos processos a qualquer

43. NERY, Ana Luíza de Andrade. *Compromisso de ajustamento de conduta*. 2ª ed., cit., p. 201-202; DIDIER JR, Fredie; ZANETI JR., Hermes. *Curso de Direito Processual Civil – Processo Coletivo*. 9ª ed. Salvador: Jus Podivm, 2014, p. 295, vol. 4.

44. Com preocupação semelhante, Flávio Yarshell, que acrescenta: "a conciliação não pode e não deve ser prioritariamente vista como forma de desafogar o Poder Judiciário. Ela é desejável essencialmente porque é mais construtiva. O desafogo vem como consequência, e não como a meta principal. Essa constatação é importante: um enfoque distorcido do problema pode levar a resultados indesejados. Vista como instrumento de administração da máquina judiciária, a conciliação passa a ser uma preocupação com estatísticas. Sua recusa pelas partes – direito mais do que legítimo – passa a ser vista como uma espécie de descumprimento de um dever cívico e, no processo, pode fazer com que se tome como inimigo do Estado aquele que não está disposto a abrir mão de parte do que entende ser seu direito. Daí a reputar a parte intransigente como litigante de má-fé vai um passo curto. Isso é a negação da garantia constitucional da ação e configura quebra do compromisso assumido pelo Estado de prestar justiça. Esse mesmo Estado proíbe que o cidadão, salvo raras exceções, faça justiça pelas próprias mãos". ("Para pensar a Semana Nacional da Conciliação". Folha de São Paulo, 08.12.2009, p. A3.)

curso[45]. São outros os valores subjacentes à política pública de tratamento adequado dos conflitos jurídicos individuais e coletivos.

No caso dos processos coletivos: a) o incentivo, aos grupos de pessoas e aos colegitimados, à participação e elaboração da norma jurídica que regulará o caso; b) o respeito a liberdade de conformação das suas situações jurídicas e dos seus interesses, concretizada no direito ao autorregramento;[46] c) a percepção de que com a participação pode-se chegar a uma justiça mais adequada, mais célere e mais duradoura, do ponto de vista coexistencial, em matérias complexas e litígios nos quais o comportamento das partes precisa ser monitorado para além da decisão judicial que põe fim ao processo.

O respeito aos princípios da mediação e da conciliação, em especial a independência, a imparcialidade, a autonomia da vontade, a oralidade, a informalidade, e a decisão informada, é essencial para obter um resultado justo e equilibrado, que respeite o princípio da adequação.

É perigosa e ilícita, com base na disposição expressa do art. 165, § 2º, CPC, a postura de alguns juízes que constrangem as partes à realização de acordos judiciais. Não é recomendável, aliás, que o juiz da causa exerça as funções de mediador ou conciliador, muito embora isto não gere nulidade.

O ideal é que existam profissionais especialmente preparados para exercer esta função, o que não impede que o juiz homologue os acordos realizados pelas partes ou supervisione o processo de mediação ou conciliação.

O princípio da confidencialidade deve ser mitigado em razão do objeto nos processos coletivos, restringindo-se aos sigilos que digam respeito ao segredo industrial, a questões relacionadas à proteção da concorrência ou de outro interesse difuso e às vedações legais à publicidade. A regra é que os acordos devem ser públicos e preferencialmente os grupos atingidos deverão ter acesso prévio ao seu conteúdo.

45. Com o grave risco de celebração de "acordos inexequíveis e antissociais que busquem tão-somente a obtenção de um dado no plano estatístico de casos "resolvidos" ou que ofereçam uma falsa sensação apaziguadora e de adequação constitucional". (NUNES, Dierle; TEIXEIRA, Ludmila. "Conciliação deve se preocupar com a qualidade dos acordos". Revista Consultor Jurídico, 31.08.2012.)

46. Na doutrina, demonstrando a existência de litígios coletivos globais, locais e de difusão irradiada, cf. VITORELLI, Edilson. Tipologia dos litígios transindividuais: um novo ponto de partida para a tutela coletiva. In.: ZANETI JR., Hermes (coord.). *Repercussões do novo CPC - Processo Coletivo*. Salvador: Jus Podivm, p. 49-108 (Coleção Repercussões do Novo CPC, v. 8; coordenador geral, Fredie Didier Jr.) Como foi argumentado, não há "uma" sociedade estática, mas diversos interesses em conflito que precisam ter oportunidade de serem levados em consideração nas soluções autocompositivas, característica presente nos processos coletivos e denominada de "conflituosidade interna", que afasta as antigas presunções de "indivisibilidade" como dogma da tutela dos direitos de grupo.

10. OUTRAS PONDERAÇÕES CONTRA O ACORDO JUDICIAL: FISCALIZAÇÃO DO DESEQUILÍBRIO ECONÔMICO E DE INFORMAÇÕES ENTRE AS PARTES.

Demais disso, convém sempre ficar atento, em um processo de mediação e conciliação e negociação direta, ao desequilíbrio de forças entre os envolvidos (disparidade de poder ou de recursos econômicos)[47]. Trata-se de fator que comumente leva um dos sujeitos a celebrar acordo lesivo a seu interesse.

A propósito, eis o que afirma Owen Fiss:

> "A disparidade de recursos entre as partes pode influenciar o acordo de três formas. Primeiro, a parte mais pobre pode ser menos passível de reunir e analisar as informações necessárias à previsão da decisão do litígio, o que a deixaria em desvantagem no processo de negociação. Segundo, pode necessitar, de imediato, da indenização que pleiteia e, desse modo, ser induzida à celebração de um acordo como forma de acelerar o pagamento, mesmo ciente de que receberá um valor inferior ao que conseguiria se tivesse aguardado o julgamento. Todos os autores de ações judiciais querem suas indenizações imediatamente, mas um autor muito pobre pode ser explorado por um réu rico, pois sua necessidade é tão grande que o réu pode compeli-lo a aceitar uma quantia inferior àquela a que tem direito. Terceiro, a parte mais pobre pode ser forçada a celebrar um acordo em razão de não possuir os recursos necessários para o financiamento do processo judicial, o que inclui tanto as despesas previstas como, por exemplo, honorários advocatícios, quanto aquelas que podem ser impostas por seu oponente por meio da manipulação de mecanismos processuais como o da instrução probatória."[48]

Parcela desses problemas não ocorre ou pelo menos é mitigada nas ações coletivas brasileiras.

Antes de mais nada no modelo brasileiro ocorre a participação do Ministério Público seja como autor, seja como fiscal do ordenamento jurídico, em defesa dos direitos coletivos.

Em segundo lugar, o magistrado poderá controlar, como vimos, o conteúdo dos acordos no momento da homologação, justamente para impedir que ocorra prejuízo ao interesse dos membros do grupo que não participam do processo, é possível o recurso do colegitimado como terceiro interessado e, além disto,

47. Sobre o tema convém consultar o conhecido ensaio de Owen Fiss: FISS, Owen. "Contra o acordo". *Um novo processo civil*. Daniel Porto Godinho da Silva e Melina de Medeiros Rós (trad.). São Paulo: RT, 2004, p. 121 e segs.
48. FISS, Owen. "Contra o acordo", cit., p. 125.

a própria coisa julgada se submete à revisão *secundum eventum probationis* e às alterações dos fatos.

Em terceiro lugar poderá ocorrer, e é salutar que ocorra, a divulgação e publicização do acordo, se possível com audiências públicas e intervenção de *amicus curiae*, para o fim de permitir que os grupos interessados participem da tomada de decisão.

11. O PRINCÍPIO DA PRIMAZIA DO JULGAMENTO DE MÉRITO, TUTELA INTEGRAL DO DIREITO, DISPARIDADE ECONÔMICA E A NECESSIDADE DE PRODUÇÃO DE PROVA ADEQUADA PARA A CONCILIAÇÃO OU MEDIAÇÃO: COISA JULGADA *REBUS SIC STANTIBUS*.

O CPC adotou uma das premissas do processo coletivo consistente na primazia do julgamento de mérito. Esta premissa representa não somente o direito ao julgamento de mérito, mas também, o afastamento de todas as firulas processuais que possam prejudicar a tutela dos direitos.

Daí que nos processos coletivos a inexistência de prova, consistente na locução "salvo por insuficiência de provas", permite ao juiz deixar de julgar o mérito da demanda ao invés de aplicar o ônus da prova como regra de julgamento. Da mesma forma, o juiz poderá rever no futuro a decisão de mérito quando as partes apresentem prova nova capaz de por si só alterar o resultado do julgamento.

Em razão disto, quando o acordo celebrado se basear em prova insuficiente, ele poderá ser revisto, desde que surja nova prova capaz de por si só alterar o resultado do acordo, demonstrando que ocorreu tutela insuficiente do direito por falta de conhecimento das partes envolvidas a respeito da extensão do ilícito ou dano objeto do acordo.

A própria autocomposição em processos coletivos deve ser a mais bem informada possível (art. 166, princípio da decisão informada). Acordos muito precoces, sem as informações necessárias sobre os impactos, a extensão e as consequências do ilícito ou do dano e sem condições de afirmar quais as medidas necessárias ou mais adequadas para sua mitigação e reparação, tendem a ser prejudiciais à tutela dos direitos e devem ser controladas pelo juiz no momento da homologação.

A coisa julgada, caso exista homologação de acordo nestes casos, será *rebus sic stantibus*: sobrevindo circunstância de fato que altere a situação definida na sentença poderá ser reproposta nova ação.

Assim, se, em processo jurisdicional ambiental, o Ministério Público ou outro colegitimado celebrar acordo para instalação de um determinado equipamento para mitigar a poluição de uma indústria e, no curso do tempo, vem a ser descoberto que a tecnologia que fora utilizada está superada, deverá ser celebrado novo acordo ou, caso seja impossível, ajuizada nova ação para proteção integral do bem ambiental, com a atualização tecnológica.

A decisão de homologação anterior pode ser revista, no caso de haver novas provas e novos fatos, capazes de por si só alterar os elementos do acordo homologado.[49]

12. A POSSIBILIDADE DE IMPUGNAÇÃO PELOS COLEGITIMADOS POR MEIO DO RECURSO DE TERCEIRO INTERESSADO E OUTRAS AÇÕES DE IMPUGNAÇÃO AUTÔNOMAS

Aceita-se, nos planos doutrinário e jurisprudencial, que as partes litigantes firmem acordos em demandas coletivas, de modo a que se ponha fim ao processo com julgamento do mérito (art. 487, III, "b"). O assunto foi tratado longamente neste texto.

Consoante se pôde demonstrar, o regime de produção da coisa julgada nas demandas coletivas é distinto do regramento comum; a eficácia subjetiva da coisa julgada é um dos pontos distintivos determinantes. Assim, havendo homologação de acordo judicial em causa coletiva, haverá produção da coisa julgada *erga omnes*, impedindo a repropositura da demanda por qualquer dos colegitimados, inclusive por aqueles que não participaram da celebração do negócio jurídico. O acordo firmado não produz efeitos apenas em relação aos acordantes, pois o seu objeto é tutelar o direito coletivo, transindividual, de todo o grupo.

Essas circunstâncias fazem com que se admita a possibilidade de o terceiro colegitimado ingressar com um recurso, com vistas a questionar a homologação do acordo, postulando, assim, o prosseguimento do feito em direção à heterocomposição.

Nesse caso, não demanda o terceiro ação nova; exerce, pelo recurso, a ação cuja legitimidade também é sua e já fora exercida por outro colegitimado. Assume o processo no estado em que se encontra, sem alterá-lo objetivamente. Não há, com isso, supressão de instância. Aliás, o parágrafo único do art. 996 do CPC expressamente diz que cabe recurso de terceiro que se afirme substituto processual para a discussão da situação jurídica litigiosa – *refinamento promovido pelo CPC de 2015 que foi pouco notado pela doutrina, mas que, para o processo coletivo, é fundamental.*

---

49. Ideias defendidas por Marcelo Abelha Rodrigues, durante uma conversa informal na UFES, e também encontráveis em ABELHA RODRIGUES, Marcelo. Palestra – O TAC e a Coisa Julgada Rebus Sic Stantibus. São Paulo: Planeta Verde, XVIII Congresso de Direito Ambiental (comunicação oral), www. marceloabelha.com. br, acesso em 24.03.2015.

Caso não se permita essa impugnação recursal do terceiro, estará sendo vedado o acesso do colegitimado ao Judiciário, pois, com a coisa julgada, nenhum juízo poderá reapreciar a causa – este ponto também é fundamental, pois, nos litígios individuais, a coisa julgada surgida da homologação da autocomposição não afeta o terceiro. Só lhe restará a ação rescisória.

Concordamos, pois, com as conclusões de Geisa de Assis Rodrigues: "A discordância dos demais colegitimados deve ser feita através da utilização dos mecanismos de revisão da decisão judicial, ou seja: recursos cabíveis ou ações autônomas de impugnação, dependendo do caso concreto. A decisão homologando o ajuste formulado em juízo é uma decisão de mérito, e portanto poderá ser acobertada pela intangibilidade panprocessual da coisa julgada material".[50]

Homologada a autocomposição e transitada em julgado a decisão homologatória, a autocomposição poderá ser impugnada mediante ação autônoma no caso de novas provas (coisa julgada *secundum eventum probationis*) ou mediante ação rescisória[51]. O requisito, no primeiro caso, é a demonstração de que as provas novas são suficientes para gerar outro resultado e que o acordo firmado foi realizado sem conteúdo probatório suficiente para a definição dos direitos e obrigações. Não poderia ser diferente, uma vez que o título judicial decorrente do processo de conhecimento não pode ser mais fraco que o título judicial decorrente da homologação de autocomposição em juízo.

13. DESIGN DE SISTEMAS DE DISPUTAS (DSD)

O CPC tem uma disciplina muito aberta quanto aos meios de solução consensual dos conflitos. Embora tenha tratado aparentemente apenas da atividade dos mediadores e conciliadores, nos arts. 165 a 175, o CPC permite a partir destes artigos disciplinar o inteiro setor da autocomposição, estabelecendo normas que valem para qualquer atividade autocompositiva. Neste sentido, cresce, atualmente, a possibilidade de design de sistemas e processos para gerenciamento de disputas (DSD),[52] também denominado design de litígios e sistemas de disputa.

O design de sistemas de disputas parte da premissa que, em alguns conflitos muito específicos, quer pela complexidade da matéria, quer pelo número

---

50. RODRIGUES, Geisa de Assis. *Ação civil pública e termo de ajustamento de conduta – teoria e prática*. Rio de Janeiro: Forense, 2002, p. 237. Também admitindo o questionamento do acordo pelo colegitimado, José Marcelo Vigliar, *Ação Civil Pública*, p. 90.
51. Sobre a rescindibilidade, no CPC-2015, da decisão homologatória de acordo, DIDIER Jr., Fredie; CUNHA, Leonardo Carneiro da. *Curso de Direito Processual Civil*. 13ª ed. Salvador: Editora JusPodivm, 2016, v. 3, p. 429-430.
52. SANDER, Frank E. A.; BORDONE, Robert C.; MCEWEN, Craig A.; ROGERS, Nancy H. *Designing Systems and Processes for Managing Disputes*. New York: Wolters Kluwer, 2013.

de pessoas envolvidas, quer por algum outro fator, há uma ausência de adequação do processo judicial tradicional, sendo possível estabelecer convencionalmente uma arena extrajudicial na qual estes conflitos possam ser mais adequadamente tratados. Esta arena é exatamente o que se entende como *design* ou *desenho* específico do sistema de resolução do litígio.

O CPC admite essa estratégia ao mencionar que são cabíveis na mediação e conciliação - portanto, na autocomposição em geral – *todas as técnicas de negociação que possam se mostrar eficazes* e que *as partes têm o poder de definir as regras procedimentais aplicáveis* (art. 166 [...] § 3º. Admite-se a aplicação de técnicas negociais, com o objetivo de proporcionar ambiente favorável à autocomposição; § 4º A mediação e a conciliação serão regidas conforme a livre autonomia dos interessados, inclusive no que diz respeito à definição das regras procedimentais).

O § 2º do art. 3º do CPC fala, ainda, expressamente, em "outros métodos de solução de conflitos", o que permite compreender essa norma de encerramento como abertura do sistema para além dos modelos tradicionais de autocomposição, como a mediação e a conciliação.

Exemplos nacionais bem sucedidos desta atividade de desenho de sistemas de disputa podem ser encontrados nos casos dos acidentes aéreos da TAM (Câmara de Indenização 3054) e da AIR FRANCE (Programa de Indenização 447).[53]

Além destes, está em curso, atualmente, o Programa de Indenização Mediada – PIM, da Fundação Renova, que procura tutelar as vítimas do Desastre do Rio Doce.[54]

Percebe-se assim que a ideia do design de sistemas de disputas está inserida no contexto da justiça multiportas e da universalização de soluções consensuais ou extrajudiciais pensadas sobre medida para litígios complexos e de alta conflituosidade.

Entendemos que o processo coletivo pode ser um campo fértil para o desenvolvimento deste tipo de solução de conflitos.

53. FALECK, Diego. "Introdução ao design de sistemas de disputas: Câmara de Indenização 3054". *Revista Brasileira de Arbitragem*, nº 23, jul/set, 2009; ARAUJO, Nádia; FÜRST, Olivia. "Um exemplo brasileiro de uso da mediação em eventos de grande impacto: o programa de indenização do voo 447". *Revista de Direito do Consumidor*, vol. 91/104, p. 337/349, jan./fev., 2014.

54. Recentemente, no Desastre do Rio Doce (Caso Samarco) a Fundação Renova iniciou um programa para obter a mediação individual dos danos sofridos pela falta de água (PIM Água) e reparação geral (PIM Reparação Geral). O PIM (Programa de Indenização Mediada) ainda está em fase de implementação e foi questionado quanto a algumas cláusulas e práticas na sua confecção. Uma das críticas mais fortes se dá quanto a negociação por adesão que ocorre nas indenizações por falta de água, que tem para todos os lesados um valor único por região. É preciso acompanhar o tema para a verificação se a tutela obtida atendeu ou não aos critérios do design de solução de disputas previsto pela doutrina e se atendeu ou não ao critério da tutela adequada em relação aos direitos coletivos *lato sensu* protegidos pelo Ministério Público.

É importante perceber que o CPC reconheceu a livre autonomia dos interessados para definição das regras procedimentais (art. 166, § 4ª, CPC), cabendo ao Ministério Público, nos processos em que atua, assegurar que os procedimentos desenhados para a solução da controvérsia mediante autocomposição preservem o interesse público, os bens jurídicos tutelados e os direitos e garantias das partes a quem está vocacionado tutelar. A livre autonomia procedimental dos interessados impulsiona as soluções sob medida, através do DSD.

Como aponta Diego Faleck, para que esse procedimento seja potencializado e seus beneficiários possam confiar nos resultados do DSD devem ser levados em consideração, pelo menos, seis fatores: a) transparência; b) isonomia; c) apoio em critérios objetivos; d) eficiência; e) tratamento digno das partes, e f) participação governamental[55].

14. CONCLUSÕES

1 - Apesar de serem conhecidas como ADR - *Alternative Dispute Resolution* - as técnicas ligadas à Justiça Multiportas (*multi-door justice*) não são alternativas.

O que rege a possibilidade de opção é o juízo de adequação: se o meio for adequado, aplica-se a política nacional de conciliação e mediação.

Como o foco está na tutela dos direitos, serão as técnicas mais adequadas para a solução de litígios complexos que devem ser utilizadas, sejam elas técnicas judiciais ou extrajudiciais, seja a decisão por terceiro imparcial (jurisdição estatal ou arbitragem), seja a solução apresentada por autocomposição (mediação, conciliação, negociação direta ou outro meio de solução disponível).

2 - Nos processos coletivos, especialmente nas decisões ou processos estruturantes, casos em que existe a necessidade de implementação de políticas públicas que exigem uma justiça coexistencial, ou seja, que pela própria natureza a justiça deve ser desdobrada no tempo e sem ruptura social em razão das partes continuarem convivendo após o litígio, o cumprimento da decisão e a própria decisão estão para além da fixação de quem tem ou não tem razão; as técnicas de justiça consensual e autocomposição podem revelar-se nestes casos muito mais adequadas, pois seu objetivo não é a aplicação pura e simples da solução normativa previamente estabelecida;

3 - Portanto, o dever de estimular soluções autocompositivas, decorrente do princípio do estímulo à autocomposição (§ 2º, art. 3º, CPC), orienta a atuação

55. FALECK, Diego. Introdução ao design de sistemas de disputas: Câmara de Indenização 3054. *Revista Brasileira de Arbitragem*, nº 23, jul/set, 2009, p. 16-21.

de todos órgãos públicos envolvidos com a tutela coletiva dos direitos, que devem buscar a adequação da tutela, sua tempestividade e efetividade;

4 – Por se tratar de tutela mais adequada, devem ser admitidas a mediação, a conciliação e a negociação direta e outros meios de solução por autocomposição cabíveis mesmo em se tratando de direitos indisponíveis. Nos processos coletivos a legitimação dá-se por substituição processual e os colegitimados não podem dispor do direito material pertencente ao grupo, contudo dependerá da análise concreta a verificação dos graus de concreção do direito material para aferição, no caso, da disponibilidade ou não do direito material debatido. Por exemplo, a fixação consensual de reparação *in pecunia* depende de um juízo concretizador do direito à indenização e deve partir de critérios disponíveis, mas nem sempre exatos. Fixar a indenização para fins de compensação dos danos é uma tarefa de interpretação do direito aplicável, incluídas a legislação, os precedentes e a jurisprudência sobre casos análogos ou similares, quando houver;

5 - Os meios de solução de controvérsia, mediação, conciliação e negociação direta são marcados pela atipicidade e permitem que sejam utilizadas técnicas conforme a necessidade da tutela dos direitos. Assim, em um procedimento de conciliação o Ministério Público ou outro colegitimado poderá solicitar que se apliquem técnicas de mediação ou de negociação direta quando elas se mostrarem mais adequadas à solução da questão debatida;

6 - Na formulação da transação poderá ocorrer a concreção/concretização dos direitos pelos colegitimados, definindo os prejuízos a serem indenizados e o conteúdo de obrigações previstas a partir de cláusulas gerais, conceitos jurídicos indeterminados ou princípios jurídicos extraídos do texto legal e do ordenamento jurídico. O CPC substituiu a vinculação à mera legalidade pela adoção da legalidade ampla ou unidade do ordenamento jurídico (arts. 8º, 140, 178 e 926, *caput*), como exemplificado na conclusão número 4;

7 - Cabe ao juiz, mesmo quando não intervir como conciliador ou mediador, e ao Ministério Público, nas figuras de interveniente e agente, assegurarem-se de que foram adotadas todas as medidas necessárias para a autocomposição, inclusive insistindo na demarcação das questões sobre as quais deva operar a conciliação/mediação de forma a tornar transparente e público os objetivos do acordo e a revelar quais os "interesses" das partes, para além de suas "posições" no conflito;

8 - Muito embora as melhores técnicas exijam, para a preservação da confidencialidade, imparcialidade e do ambiente favorável e transparente para a conciliação, que os juízes não participem do procedimento como conciliadores e mediadores, sua atuação, na conciliação e mediação, em processos judiciais

complexos, pode mostrar-se necessária e útil para a obtenção de autocomposições qualificadas pela homologação judicial, especialmente quando se tratarem de matérias de interesse público relevante, como é o caso dos processos coletivos. Assim sendo, não prejudica ou gera qualquer nulidade no processo de conciliação/mediação o envolvimento do julgador nos litígios complexos. Da mesma forma a confidencialidade não pode impedir a publicação dos resultados do acordo, quando se tratar de matéria de interesse público;

9 - O princípio da confidencialidade deve ser mitigado em razão do objeto nos processos coletivos, restringindo-se aos sigilos que digam respeito ao segredo industrial, a questões relacionadas à proteção da concorrência ou de outro interesse difuso e às vedações legais à publicidade. A regra é que os acordos devem ser públicos e preferencialmente os grupos atingidos deverão ter acesso prévio ao seu conteúdo;

10 - As soluções autocompositivas exigem clareza quanto aos pontos em conflito, por essa razão é imprescindível para a autocomposição a produção da prova da extensão do dano ou da conduta ilícita;

11 – Caso sobrevenha prova que demonstre, por si só, a necessidade de tutela do bem jurídico coletivo - para além do que fora fixado no acordo, mesmo quando já homologado pelo juiz - será possível pleitear a revisão do acordo, por força da doutrina da coisa julgada *secundum eventum probationis* aplicável ao processo coletivo. A coisa julgada no processo coletivo se limita aos fatos debatidos na causa, e a sua revisão poderá ocorrer por ação autônoma;

12 – Conciliação, mediação e outras formas de autocomposição poderão ocorrer em quaisquer espécies de processos coletivos, inclusive nas ações de mandado de segurança coletivo, ações populares, ações civis públicas e ações de improbidade administrativa. Não há ofensa há obrigatoriedade e ao princípio da supremacia do interesse público. O acordo neste tipo de litígio visa preservar o interesse público que pode ser dimensionado de forma dinâmica, conforme o bem jurídico a ser preservado e a finalidade deste para a tutela dos direitos e sujeição aos deveres fundamentais envolvidos.

CAPÍTULO 3

Breve Ensaio sobre a Postura dos Atores Processuais em Relação aos Métodos adequados de Resolução de Conflitos[1]

Rodrigo Mazzei[2] *e Bárbara Seccato Ruis Chagas*[3]

SUMÁRIO: 1. INTRODUÇÃO; 2. AS PARTES; 3. OS AUXILIARES DA JUSTIÇA: CONCILIADORES E MEDIADORES; 3.1 OUTROS AUXILIARES DA JUSTIÇA: O OFICIAL DE JUSTIÇA; 4. ADVOGADOS, DEFENSORES PÚBLICOS E MINISTÉRIO PÚBLICO; 5. O JUIZ; 6. BREVE FECHAMENTO; REFERÊNCIAS.

1. INTRODUÇÃO

A partir da Constituição Federal de 1988, a ampliação do rol de direitos e garantias fundamentais, dentre os quais se devem destacar o acesso à justiça e a inafastabilidade do Judiciário, pode ser apontada como catalisadora do crescimento das ações judiciais. Soma-se a isso a globalização, a diversificação das relações sociais e, com a maior interação das pessoas, um número maior de conflitos surgidos.

O crescimento de demandas não se restringe ao ordenamento jurídico brasileiro. Humberto Lima de Lucena Filho[4] analisa que, com a crise do Liberalismo,

---

1. Trabalho elaborado a partir de reflexões desenvolvidas no Núcleo de Estudos em Arbitragem e Processo Internacional (NEAPI) e no Programa de Pós-graduação em Direito, ambos da Universidade Federal do Espírito Santo (UFES).
2. Pós-doutorado (UFES), Doutor (FADISP) e Mestre (PUC/SPC). Professor da UFES (graduação e mestrado). Diretor Geral da Escola Superior da Advocacia (OAB/ES). Vice Presidente do Instituto dos Advogados do Espírito Santo (IAEES). Professor coordenador do Núcleo de Estudos em Arbitragem e Processo Internacional (NEAPI-UFES).
3. Mestranda pela Universidade Federal do Espírito Santo (PPGDIR-UFES). Membro do Núcleo de Estudos em Arbitragem e Processo Internacional (NEAPI-UFES). Diretora temática da Escola Superior da Advocacia (OAB/ES): Métodos adequados de resolução de conflitos.
4. A cultura da litigância e o Poder Judiciário: noções sobre as práticas demandistas a partir da Justiça Brasileira. In: Conselho Nacional de Pesquisa e Pós-Graduação em Direito – CONPEDI. (Org.). Anais do XXI

o Estado é repaginado, ampliando a promoção dos direitos sociais, também chamados prestacionais, bem como sua tutela. De outro giro, Catarina Frade[5] analisa que o aumento do acionamento do Judiciário, cuja prestação também pode ser considerada como um serviço consumido pelo cidadão, relaciona-se geográfica e historicamente com a diversificação do consumo.

A situação de abarrotamento do Poder Judiciário brasileiro apresenta-se inegável. No relatório anual "Justiça em Números", de 2014, com base em dados colhidos no ano de 2013, realizado pelo Conselho Nacional de Justiça (CNJ), observa-se que o total de processos em estoque no Poder Judiciário brasileiro no referido período ultrapassou o montante de 66 milhões[6].

Em verdade, o que se percebe é que, uma vez previstas as garantias e os direitos fundamentais no texto constitucional de 1988, faz-se necessário implementar medidas para efetivá-los. Nesse sentido, passa-se a discutir a incrementação dos meios de resolução de conflitos para além da exclusiva imposição da decisão pelo Estado-juiz.

Nesse cenário de ampliação de direitos e garantias fundamentais pós-1988, em 2010, o Conselho Nacional de Justiça (CNJ) editou a Resolução nº 125, que dispõe sobre a Política Judiciária Nacional de tratamento adequado dos conflitos de interesses. O ato normativo apresenta as primeiras diretrizes gerais para a implementação dos meios não-adjudicatórios de resolução de conflitos, especialmente a mediação e a conciliação.

Finalmente, no presente ano de 2015, o tema volta a ser destaque nos meios jurídicos, diante do Novo Código de Processo Civil (CPC/2015). Em seu artigo 3º, o novo código determina que os métodos de solução consensual de conflitos deverão ser estimulados pelos atores do processo[7]. Em adição, ainda na *vacatio legis* do novo CPC, promulgou-se, a chamada "Lei de Mediação" (Lei 13.140/2015), com o objetivo de disciplinar a autocomposição de conflitos.

Neste contexto, os *métodos adequados de resolução de conflitos* têm sido abordados pelo meio jurídico sob duas principais óticas: de um lado, uma visão mais otimista, julgando que as alterações legislativas podem inaugurar um novo paradigma quanto à concepção de acesso à justiça e quanto ao tratamento dos

Encontro Nacional do Conselho de Pesquisa e Pós-Graduação em Direito – 'Sistema Jurídico e Direitos fundamentais Individuais e Coletivos'. 56 ed. Florianópolis: Fundação Boiteux, 2012, v. 21, p. 34-64.

5. A resolução alternativa de litígios e o acesso à justiça: A mediação do sobreendividamento. *Revista Crítica de Ciências Sociais (on line)*,65, Maio 2003: 107-128, disponível em ‹http://rccs.revues.org/1184›.
6. JUSTIÇA, Conselho Nacional de. *Justiça em números 2014*. Disponível em ‹ ftp://ftp.cnj.jus.br/Justica_em_Numeros/relatorio_jn2014.pdf›.
7. CPC/15, art. 3º, § 3º "A conciliação, a mediação e outros métodos de solução consensual de conflitos deverão ser estimulados por juízes, advogados, defensores públicos e membros do Ministério Público, inclusive no curso do processo judicial."

conflitos entre os cidadãos; de outro, uma perspectiva mais apreensiva, desacreditando na mudança, seja pela falta de crédito dos mecanismos em si, seja pelas carências estruturais do Estado brasileiro.

Importante esclarecer que o ensaio se vale da expressão *métodos adequados de resolução de conflitos*, em descarte a duas outras formas usualmente utilizadas, que podem causar alguns embaraços, a saber: (a) métodos alternativos de resolução de conflitos e (b) *métodos de solução consensual de conflitos*. O uso da palavra *adequada* na expressão permite, de plano, analisar que há *opções* entre os *diversos meios de solução dos conflitos*, tendo as partes escolhido justamente a opção mais *adequada*, isto é, a que melhor se amolda à situação concreta. Tal constatação, por si só, já indica que o uso da expressão *métodos alternativos* não é a mais feliz, pois pode conduzir a ideia de que não existe meio mais *adequado* (já que alternativas podem ser opções de mesma eficiência) ou, pior ainda, que a solução preferencial (ou mais comum) é a decisão por terceiro, sendo a *autocomposição* apenas uma alternativa àquela. Em relação ao descarte da expressão *métodos de solução consensual de conflitos* tal postura se dará apenas quando se voltar para solução outra que não a judicial, mas que reclama *heterocomposição*. Com efeito, há soluções (trilhas) que são *adequadas* à resolução do conflito, mas que não são *consensuais*, como é o caso clássico da arbitragem. Há, inclusive, no CPC de 2015, alguma confusão no uso das expressões, justificando a postura aqui firmada, consoante pode se verificar do art. 359, que trata a arbitragem como uma espécie de *solução consensual de conflitos*.[8]

Com base nos pontos fincados acima, o ensaio – de forma bem breve – busca propor reflexões iniciais sobre a mudança quanto ao tratamento dos conflitos no Brasil, com enfoque nos papéis dos atores processuais diante do litígio. Para tanto, traçar-se-á como norte o Código de Processo Civil Brasileiro de 2015, que representa a principal fonte normativa responsável por disciplinar a resolução de conflitos no ordenamento pátrio, sem prejuízo do necessário diálogo com a Lei 13.140/2015.

2. AS PARTES

Os primeiros sujeitos que analisaremos serão as partes. Não se trata de opção meramente arbitrária: ao trabalhar os métodos adequados de resolução

8. Senão vejamos a redação legal do art. 359: Instalada a audiência, o juiz tentará conciliar as partes, independentemente do emprego anterior de outros métodos de solução consensual de conflitos, como a mediação e a arbitragem. No sentido, com crítica a redação legal, confira-se: MAZZEI, Rodrigo; GONÇALVES, Tiago Figueiredo. In *Código de Processo Civil Comentado*. Helder Moroni Câmara (coord). São Paulo: Almedina, 2016, p. 537.

de conflitos, o enfoque deve ser distinto do litígio judicial. Isso porque, no processo judicial, tradicionalmente, as partes são personagens imprescindíveis, em teoria, mas, na prática, não exercem uma função tão efetiva, ao menos com convergência em busca da solução final (de mérito) da questão em pendenga. As partes, no processo, atuam por meio de seus advogados, que revestem o discurso de linguagem técnica, e o magistrado, ao final, num olhar retrospectivo para a situação litigiosa, outorga a decisão.

Nos métodos autocompositivos, por outro lado, as partes são efetivas protagonistas do procedimento[9]. O objetivo, especialmente da mediação[10], consiste em permitir que os interessados sejam capazes de identificar os pontos nodais das controvérsias e de implementar um diálogo[11]. Assim, há uma visão prospectiva – volta-se para o futuro, no intuito de que, a partir das habilidades desenvolvidas no curso do procedimento adequado, aquelas partes não só resolvam o conflito, como também sejam capazes de evitar novas demandas judiciais.

Nesse contexto, destacam-se – dentre outros – dois princípios orientadores dos métodos adequados de resolução de conflitos no novo cenário processual brasileiro: (i) o da *autonomia da vontade* e o (ii) da *confidencialidade*[12].

A autonomia da vontade[13] apresenta-se essencial, pois corrobora o que foi dito a respeito do protagonismo das partes quanto ao procedimento. Nesse sentido, as partes podem deliberar sobre as regras procedimentais

9. Vale ressaltar, neste ínterim, que a mudança de paradigma das partes em relação ao procedimento também pode ser observada no CPC/15 quanto aos negócios jurídicos processuais (*convenções processuais*), previstos de maneira no artigo 190 (cláusula geral dos negócios jurídicos atípicos). A respeito do tema, indica-se a leitura MAZZEI, Rodrigo; CHAGAS, B. S. R.. Os negócios jurídicos processuais e a arbitragem. In: Antonio do Passo Cabral; Pedro Henrique Nogueira. (Org.). *Negócios processuais*. 1ed. Salvador: Juspodivm, 2015, p. 521-539.
10. No tema mediação e conciliação segundo no Novo CPC, entre vários, confira-se: MAZZEI, Rodrigo; MERÇON-VARGAS, Sarah. Comentários aos artigos 165-175. In Novo Código de Processo Civil anotado e comoparado. Simone Diogo Carvalho Figueiredo (coord.). São Paulo: Saraiva, 2015, p. 203-215.
11. Nesse sentido, o § 3º do art. 165 do CPC/15 assevera que o mediador deve auxiliar "os interessados a compreender as questões e os interesses em conflito, de modo que eles possam, pelo restabelecimento da comunicação, identificar, por si próprios, soluções consensuais que gerem benefícios mútuos" (grifo nosso).
12. Tais princípios encontram-se previstos no *caput* do art. 166 do CPC/15: "Art. 166 A conciliação e a mediação são informadas pelos princípios da independência, da imparcialidade, da autonomia da vontade, da confidencialidade, da oralidade, da informalidade e da decisão informada." No que tange especificamente à mediação, a Lei 13.140/2015 apresenta princípios em seu art. 2º.
13. Para Fernando Gama de Miranda Netto e Irineu Carvalho de Oliveira Soares, "a autonomia da vontade deve ser subdividida em dois subprincípios, quais sejam: a voluntariedade e a autodeterminação". Princípios procedimentais da mediação no novo Código de Processo Civil. In ALMEIDA, Diogo Assumpção Rezende de; PANTOJA, Fernanda Medina; PELAJO, Samantha. *A mediação no novo Código de Processo Civil*. Rio de Janeiro: Forense, 2015. p. 216.

(CPC/15, art. 166, § 4º[14]) e escolher, de comum acordo, o terceiro imparcial que auxiliará na resolução do conflito (CPC/15, art. 168, *caput*[15]). Ainda, segundo a Lei de Mediação, as partes podem estipular em cláusulas escalonadas (art. 23[16]), condicionando o início da via judicial ou arbitral à prévia tentativa de resolução autocompositiva.

A confidencialidade, a seu turno, configura outro pilar dos procedimentos autocompositivos. Por se contrapor à publicidade dos atos processuais, encontra-se discriminada nos parágrafos 1º e 2º do art. 166 do CPC/15[17], bem como nos artigos 30 e 31 da Lei de Mediação[18]. Associada à oralidade e à informalidade, permite que as partes se expressem livremente, sem a preocupação de que alguma informação pessoal debatida possa ser usada contra si no julgamento do processo.

A confidencialidade é postura que deve ser respeitada para beneficiar (e proteger), essencialmente, às partes e, por isso, por elas pode ser

14. Art. 166 (...) § 4º A mediação e a conciliação serão regidas conforme a livre autonomia dos interessados, inclusive no que diz respeito à definição das regras procedimentais.
15. Art. 168. As partes podem escolher, de comum acordo, o conciliador, o mediador ou a câmara privada de conciliação e de mediação.
16. Art. 23. Se, em previsão contratual de cláusula de mediação, as partes se comprometerem a não iniciar procedimento arbitral ou processo judicial durante certo prazo ou até o implemento de determinada condição, o árbitro ou o juiz suspenderá o curso da arbitragem ou da ação pelo prazo previamente acordado ou até o implemento dessa condição. Parágrafo único. O disposto no caput não se aplica às medidas de urgência em que o acesso ao Poder Judiciário seja necessário para evitar o perecimento de direito.
17. Art. 166 (...) § 1º A confidencialidade estende-se a todas as informações produzidas no curso do procedimento, cujo teor não poderá ser utilizado para fim diverso daquele previsto por expressa deliberação das partes. § 2º Em razão do dever de sigilo, inerente às suas funções, o conciliador e o mediador, assim como os membros de suas equipes, não poderão divulgar ou depor acerca de fatos ou elementos oriundos da conciliação ou da mediação.
18. Art. 30. Toda e qualquer informação relativa ao procedimento de mediação será confidencial em relação a terceiros, não podendo ser revelada sequer em processo arbitral ou judicial salvo se as partes expressamente decidirem de forma diversa ou quando sua divulgação for exigida por lei ou necessária para cumprimento de acordo obtido pela mediação. § 1º O dever de confidencialidade aplica-se ao mediador, às partes, a seus prepostos, advogados, assessores técnicos e a outras pessoas de sua confiança que tenham, direta ou indiretamente, participado do procedimento de mediação, alcançando: I – declaração, opinião, sugestão, promessa ou proposta formulada por uma parte à outra na busca de entendimento para o conflito; II – reconhecimento de fato por qualquer das partes no curso do procedimento de mediação; III – manifestação de aceitação de proposta de acordo apresentada pelo mediador; IV – documento preparado unicamente para os fins do procedimento de mediação. § 2º A prova apresentada em desacordo com o disposto neste artigo não será admitida em processo arbitral ou judicial. § 3º Não está abrigada pela regra de confidencialidade a informação relativa à ocorrência de crime de ação pública. § 4º A regra da confidencialidade não afasta o dever de as pessoas discriminadas no caput prestarem informações à administração tributária após o termo final da mediação, aplicando-se aos seus servidores a obrigação de manterem sigilo das informações compartilhadas nos termos do art. 198 da Lei nº 5.172, de 25 de outubro de 1966 – Código Tributário Nacional.
Art. 31. Será confidencial a informação prestada por uma parte em sessão privada, não podendo o mediador revelá-la às demais, exceto se expressamente autorizado.

afastado, mediante comum acordo[19]-[20]. Correta, portanto, a orientação que foi firmada no Enunciado nº 62, produzido no encontro da Escola Nacional de Formação e Aperfeiçoamento de Magistrados (ENFAM) acerca do novo CPC, ao apontar que: "o conciliador e o mediador deverão advertir os presentes, no início da sessão ou audiência, da extensão do princípio da confidencialidade a todos os participantes do ato".[21]

Mister registar que há regras no próprio âmbito do CPC indicando que a confidencialidade não pode ser tratada de forma inflexível, sem a possibilidade de algum tipo de modulação, ainda que pontual. Como exemplo, pode se tirar o disposto no art. 154, VI, do CPC/15[22], que permite a qualquer das partes abrir a "porta" da autocomposição, apresentando proposta ao Oficial de Justiça quando de cumprimento de ato judicial.

Na exemplificação acima efetuada, a proposta inicial terá que ser colacionada nos autos, ou seja, exteriorizando proposição que não estará albergada pela confidencialidade. O caminho habitual será de que a contraparte examinará o que foi proposto, aceitando ou não o que foi cravado pelo proponente. Tal fato, contudo, não significa engessamento na trilha criada pelo legislador que, com iluminação na flexibilização e eficiência, poderá comportar outras posturas, como a apresentação de contraproposta por escrito ou mesmo que seja marcada audiência de conciliação (e/ou sessão de mediação, a depender do caso), para que as partes possam discutir termos que levem a autocomposição, ajustando-se a proposta inicial apresentada nos autos.

Portanto, no exemplo utilizado, ainda que ocorra publicidade em parte do procedimento, a confidencialidade deverá ser aplicada naquilo que

19. Nesse sentido, há ressalva expressa no art. 30 da Lei 13.140/15 (Lei da mediação).
20. Correto, portanto, o entendimento consolidado no Enunciado nº 56, advindo de encontro da Escola Nacional de Formação e Aperfeiçoamento de Magistrados (ENFAM) acerca do novo CPC. Confira-se a conclusão enunciada: "Nas atas das sessões de conciliação e mediação, somente serão registradas as informações expressamente autorizadas por todas as partes".
21. Saliente-se que a confidencialidade dever ser aplicada ainda que a autocomposição tenha ambiente no âmbito das operações efetuados no Ministério Público, consoante se infere do § 2º do art. 10 a Resolução nº 118/2014, editada pelo Conselho Nacional do Ministério Público (CNMP). Confira-se: Art. 10 (...) A confidencialidade é recomendada quando as circunstâncias assim exigirem, para a preservação da intimidade dos interessados, ocasião em que deve ser mantido sigilo sobre todas as informações obtidas em todas as etapas da mediação, inclusive nas sessões privadas, se houver, salvo autorização expressa dos envolvidos, violação à ordem pública ou às leis vigentes, não podendo o membro ou servidor que participar da mediação ser testemunha do caso, nem atuar como advogado dos envolvidos, em qualquer hipótese.
22. Art. 154. Incumbe ao Oficial de Justiça: (...) VI – certificar, em mandado, proposta de autocomposição apresentada por qualquer das partes, na ocasião de realização de ato de comunicação que lhe couber. Parágrafo único. Certificada a proposta de autocomposição prevista no inciso VI, o juiz ordenará a intimação da parte contrária para manifestar-se, no prazo de 5 (cinco) dias, sem prejuízo do andamento regular do processo, entendendo-se o silêncio como recusa.

couber, notadamente em relação às questões que envolvam a eventual negociação. Afigura-se, inclusive, que tal audiência (e/ou sessão) clamará a figura do especialista (conciliador e/ou mediador), não devendo ser conduzida exclusivamente pelo juiz. Trata-se de postura que deve ser prestigiada justamente para que a confidencialidade não seja prejudicada, em atenção à inteligência disposta no § 1º do art. 334 e do art. 139, V, já que tais dispositivos deixam claro que a autocomposição deve ser feita preferencialmente com auxílio de conciliadores e mediadores judiciais, sem contaminar o juiz como possível *decisor* da questão, caso a autocomposição seja infrutífera. Tanto assim que o parágrafo único do art. 154 é impositivo ao dispor que tal porta para autocomposição dar-se-á, a priori, "sem prejuízo do andamento regular do processo", ou seja, sem prejudicar a marcha processual conduzida pelo magistrado.[23]

Apresentado o dueto de princípios de destaque, deve-se analisar o protagonismo das partes em outra passagem do texto legal. Conforme se observa no *caput* do art. 334 do CPC/15, exige-se uma "audiência de conciliação *ou* de mediação"[24-25] preliminar obrigatória, cabendo ao autor e ao réu indicarem o desinteresse na autocomposição, conforme o § 5º do referido dispositivo. Ocorre que, em que pese a lei ter utilizado as expressões "conciliação" e "mediação" lado a lado, não podem ser consideradas sinônimas em hipótese alguma[26].

---

23. Outro exemplo de flexibilização da confidencialidade da autocomposição em relação ao juiz está na audiência de instrução e julgamento (art. 359), que prevê, em sua fase inicial, a abertura da fase conciliatória. Há de se observar, contudo, que percebendo o julgador que existe a possibilidade de composição, mas que o deslinde da negociação não é simples ou que comporta elementos que possam influenciar em seu julgamento, deverá ser efetuada a convocação de especialistas, aplicando-se a ideia do art. 139, VI, do CPC. Note-se que a redação do art. 359 nos conduz à compreensão de que o magistrado somente deve atuar na conciliação e modo residual, pois informa que a tentativa do juiz é uma postura diversa da tentada pelos métodos de solução consensual de conflitos, que reclamam especialistas. No sentido, confira-se: MAZZEI, Rodrigo; GONÇALVES, Tiago Figueiredo. In *Código de Processo Civil Comentado*. Helder Moroni Câmara (coord). São Paulo: Almedina, 2016, p. 537-538.
24. Art. 334. Se a petição inicial preencher os requisitos essenciais e não for o caso de improcedência liminar do pedido, o juiz designará audiência de conciliação ou de mediação com antecedência mínima de 30 (trinta) dias, devendo ser citado o réu com pelo menos 20 (vinte) dias de antecedência.
25. Tecnicamente seria uma *sessão* de mediação e não uma *audiência* de mediação.
26. Há atropelos ao longo do CPC/2015, confundindo audiência de conciliação com sessão de mediação, utilizando as palavras e expressões como sinônimas fossem, o que é equivocado. Como exemplo, veja que o art. 565 da nova codificação afirma que haverá "audiência de mediação" nos litígios coletivos pela posse de imóvel. O vacilo não é único, podendo se citar ainda o art. 695, que, ao tratar das ações de família, trata da "audiência de mediação e conciliação", dando a impressão de que as duas formas de autocomposição dar-se-ão simultaneamente na mesma "audiência". No último exemplo, fazendo a devida interpretação da regra legal, o Fórum Permanente de Processualistas Civis (FPPC) aprovou o Enunciado 67, que possui a seguinte redação: (art. 565) A audiência de mediação referida no art. 565 (e seus parágrafos) deve ser compreendida como a sessão de mediação ou de conciliação, conforme as peculiaridades do caso concreto. *(Grupo: Procedimentos Especiais)*

Em verdade, a conciliação e mediação são dois métodos autocompositivos distintos, como indica o próprio novo código de processo[27]. Sinteticamente[28], indica-se a conciliação para casos em que não há vínculo prévio entre as partes, de modo que se trata o problema de maneira pontual, por um terceiro imparcial que aponta sugestões de acordo para as partes. A mediação, por sua vez, indica-se para os conflitos inseridos em relações com um histórico entre as partes, de modo que um terceiro imparcial apenas auxiliará a que as partes mesmas restabeleçam o diálogo.

Pode-se perceber, pois, que a nomenclatura "métodos *adequados* de resolução de conflitos" se dá justamente porque são indicados conforme o tipo de divergência e de relação existentes entre os indivíduos. Nesse sentido, Fernanda Tartuce leciona:

> Como a genuína adesão se revela essencial para que o litigante possa participar do sistema consensual com maior proveito, conhecer a pertinência dos diversos meios é o passo inicial para que possa cogitar legitimamente sobre o interesse em sua utilização[29].

Nesse ínterim, coadunando a regra da audiência preliminar com a natureza dos métodos adequados de resolução de conflitos, essencial que o autor, na inicial, não se manifeste apenas em caso de recusar a autocomposição. Muito mais eficiente será o procedimento caso autor e réu, já em suas primeiras manifestações processuais, indiquem qual método preferem[30], com uma breve justificativa quanto à opção. Isso porque como o conciliador e o mediador são especialistas, havendo diferença de funções, a análise dos motivos que

27. Art. 165. (...) § 2º O conciliador, que atuará preferencialmente nos casos em que não houver vínculo anterior entre as partes, poderá sugerir soluções para o litígio, sendo vedada a utilização de qualquer tipo de constrangimento ou intimidação para que as partes conciliem. § 3º O mediador, que atuará preferencialmente nos casos em que houver vínculo anterior entre as partes, auxiliará aos interessados a compreender as questões e os interessados em conflito, de modo que eles possam, pelo restabelecimento da comunicação, identificar, por si próprios, soluções consensuais que gerem benefícios mútuos.
28. No sentido, de forma breve: MAZZEI, Rodrigo; MERÇON-VARGAS, Sarah. Comentários aos artigos 165-175. In Novo Código de Processo Civil anotado e comparado. Simone Diogo Carvalho Figueiredo (coord.). São Paulo: Saraiva, 2015, p. 203-205. Vale conferir, ainda, comparativo didático disponibilizado pelo Núcleo de Estudos em Arbitragem e Processo Internacional (NEAPI), da Universidade Federal do Espírito Santo (UFES), que elaborou tabela comparativa entre mediação, conciliação e arbitragem, disponível em ‹http://www.direito.ufes.br/sites/direito.ufes.br/files/field/anexo/Tabela%20Comparativa%20%E2%80%93%20Media%C3%A7%C3%A30%20x%20Concilia%C3%A7%C3%A30%20x%20Arbitragem.pdf›.
29. *Mediação no Novo CPC: questionamentos reflexivos*. In Novas Tendências do Processo Civil: estudos sobre o projeto do novo Código de Processo Civil. Org.: Freire, Alexandre; Medina, José Miguel Garcia; Didier Jr, Fredie; Dantas, Bruno; Nunes, Dierle; Miranda de Oliveira, Pedro (no prelo). Disponível em www.fernandatartuce.com.br/artigosdaprofessora.
30. Essa parece ser a melhor interpretação aplicável, inclusive para o art. 319 do CPC/15: "319. A petição inicial indicará (...) VII – a opção do autor pela realização ou não de audiência de conciliação ou de mediação".

levaram à opção por determinada técnica de autocomposição (ou mesmo a sua conjugação) são por deveras relevante, até mesmo no plano administrativo, a fim de que o profissional adequado seja convocado para a audiência e/ou sessão, conforme o caso.

Sem embargo, para que essa opção seja feita da melhor forma possível, essencial será a participação dos advogados e, por vezes, dos auxiliares da Justiça, apresentando as informações necessárias para as partes conhecerem os instrumentos à disposição, como será analisado a seguir.

3. OS AUXILIARES DA JUSTIÇA: CONCILIADORES E MEDIADORES

A segunda categoria de sujeitos a serem analisados deve ser a dos terceiros imparciais: os conciliadores e mediadores, considerados auxiliares da Justiça pelo art. 149 do CPC/15. São personagens elementares, pois, como figuras imparciais, responsabilizam-se por manter a isonomia entre as partes e por viabilizar o diálogo, seja por auxiliar na compreensão das questões (mediador), seja por sugerir soluções para o litígio (conciliador).

Nesse sentido, além da imparcialidade, dois outros princípios merecem destaque no que tange aos conciliadores e mediadores: o da independência e o da decisão informada.

O princípio da independência não consta expressamente em lei, senão apenas na Resolução nº 125/2010 do CNJ, como "dever de atuar com liberdade, sem sofrer qualquer pressão interna ou externa"[31], para realizar as sessões da melhor forma possível. Apesar de ser conceituado pela resolução como dever, trata-se de verdadeira garantia do mediador/conciliador, bem como das partes, pois há plena autonomia para desenvolver as sessões sem a obrigação ou pressão de firmar acordos permite que o procedimento se desenvolva no tempo e modo necessários para se estabelecer o diálogo.

Todavia, em que pese a necessidade de se implementar a independência e autonomia do mediador/conciliador, tal garantia pode estar em risco. Para melhor compreender a reflexão, vejamos o § 3º do art. 167 do CPC/15:

> Art. 167. Os conciliadores, os mediadores e as câmaras privadas de conciliação e mediação serão inscritos em cadastro nacional e em cadastro de tribunal de justiça ou de tribunal regional federal, que manterá registro de profissionais habilitados, com indicação de sua área profissional.

31. Resolução nº 125/2010 do CNJ, Anexo III – Código de Ética de Conciliadores e Mediadores Judiciais, art. 1º, § 5º.

> (...)
>
> § 3º Do credenciamento das câmaras e do cadastro de conciliadores e mediadores constarão todos os dados relevantes para a sua atuação, tais como o número de processos de que participou, o sucesso ou insucesso da atividade, a matéria sobre a qual versou a controvérsia, bem como outros dados que o tribunal julgar relevantes. (grifo nosso)

Para complementar, o § 4º do mesmo artigo prevê a publicação de tais dados pelos tribunais, ao menos anualmente. Em uma primeira análise, pode parecer que a intenção do legislador foi positiva, no sentido de garantir um bom acervo estatístico sobre as atividades realizadas nos tribunais. Contudo, uma leitura mais detida permite notar que a divulgação de tais dados, especialmente sobre o sucesso ou insucesso de cada mediador/conciliador poderá ser um complicador, caso crie um contexto de competitividade e cobrança[32] entre os auxiliares da Justiça.

A independência do mediador/conciliador, pois, pode não ser considerada como um princípio, especialmente devido à ausência de previsão expressa em lei. Não obstante, é inegável que configura condição indispensável para o pleno desenvolvimento da resolução adequada dos conflitos. Logo, caberá aos tribunais, com auxílio da doutrina, refletir sobre a melhor forma de coadunar a independência com a realização das estatísticas previstas no novo código.

O princípio da decisão informada, a seu turno, configura, ao mesmo tempo, um direito das partes e um dever ao mediador ou conciliador: daquelas, uma vez que lhes dá a garantia de que o procedimento não será arbitrário, mas sim devidamente informado e orientado; destes, pois se associa ao dever de informação do terceiro imparcial, previsto na Resolução nº 125/2010 do CNJ. Vejamos:

> Art. 2º. As regras que regem o procedimento da conciliação/mediação são normas de conduta a serem observadas pelos conciliadores/mediadores para seu bom desenvolvimento, permitindo que haja o engajamento dos envolvidos, com vistas à sua pacificação e ao comprometimento com eventual acordo obtido, sendo elas:

---

32. Corre-se o risco de se instaurar uma "harmonia coerciva", expressão cunhada por Paula Nader: no contexto da promulgação das novas leis pátrias que incentivam os métodos adequados, um discurso que ganha forças é o de que tais mecanismos devem desafogar o Judiciário. Neste ínterim, inegável verificar que, de fato, o abarrotamento da justiça estatal foi um dos principais motivos para o estímulo do debate acerca dos métodos adequados. Contudo, não se pode permitir que este ponto de origem seja também o norte para a implementação dos referidos métodos: se mediadores e conciliadores forem formados com a mentalidade de que devem – e dever com coerção, haja vista a exigência de resultados – acabar com processos, corre-se o risco de acordos serem outorgados, por mais paradoxal que esta afirmação se apresente. Para aprofundamento da reflexão: NADER, Laura. *Harmonia Coerciva: A Economia Política dos Modelos Jurídicos*. Disponível em ‹http://www.anpocs.org.br/portal/publicacoes/rbcs_00_26/rbcs26_02.htm›.

> § 1º. Informação – Dever de esclarecer os envolvidos sobre o método de trabalho a ser empregado, apresentando-o de forma completa, clara e precisa, informando sobre os princípios deontológicos referidos no capítulo I, as regras de conduta e as etapasdo processo. [33]

Para definir um sujeito como mediador ou conciliador extrajudicial não há maiores exigências, bastando ser terceiro imparcial que detenha a confiança das partes[34]. Todavia, a questão torna-se mais complexa ao tratar da figura do conciliador e do mediador judicial.

Na Lei 9.099/95 (Lei dos Juizados Especiais), o art. 7º dispõe que os conciliadores serão escolhidos preferencialmente entre bacharéis em Direito. A Resolução nº 125/2010 do CJN, a seu turno, prevê, no art. 12, que nos Centros Judiciários de Solução de Conflitos e Cidadania só poderão atuar conciliadores e mediadores capacitados na forma do referido ato normativo. O CPC/15, por sua vez, no art. 167 *caput* e § 1º, prevê a exigência de que os conciliadores e mediadores sejam inscritos em cadastro nacional, desde que preencham o requisito de capacitação mínima, qual seja, curso realizado por entidade credenciada, conforme definições estabelecidas pelo CNJ.[35] Finalmente, a Lei 13.140/2015, que é legislação posterior e especial, em relação ao CPC/15, acrescentou outro requisito aos mediadores judiciais: ser graduado há pelo menos dois anos em curso de ensino superior de instituição reconhecida pelo Ministério da Educação[36].

A capacitação mínima a que se refere a legislação consta prevista no "Anexo I – Cursos de Capacitação e Aperfeiçoamento" da Resolução nº 125/2010 do CNJ. No documento, há uma descrição sobre os módulos que devem compor o curso, traçando-se os objetivos a serem buscados e os métodos a serem utilizados. Tal requisito de formação justifica-se por se tratar de métodos peculiares para resolver litígios, exigindo do auxiliar da Justiça uma preparação especial.

---

33. Resolução nº 125/2010 do CNJ, Anexo III – Código de Ética de Conciliadores e Mediadores Judiciais, art. 2º.
34. Nesse sentido, o art. 9º da Lei 13.140/2015: "Art. 9º Poderá funcionar como mediador extrajudicial qualquer pessoa capaz que tenha a confiança das partes e seja capacitada para fazer mediação, independentemente de integrar qualquer tipo de conselho, entidade de classe ou associação, ou nele inscrever-se."
35. Sobre o cadastro de conciliadores e mediadores, no encontro da Escola Nacional de Formação e Aperfeiçoamento de Magistrados (ENFAM) envolvendo o novo CPC, editou-se o Enunciado nº 57, que possui a seguinte redação: "O cadastro dos conciliadores, mediadores e câmaras privadas deve ser realizado nos núcleos estaduais ou regionais de conciliação (Núcleos Permanentes de Métodos Consensuais de Solução de Conflitos – NUPEMEC), que atuarão como órgãos de gestão do sistema de autocomposição.
36. Art. 11. Poderá atuar como mediador judicial a pessoa capaz, graduada há pelo menos dois anos em curso de ensino superior de instituição reconhecida pelo Ministério da Educação e que tenha obtido capacitação em escola ou instituição de formação de mediadores, reconhecida pela Escola Nacional de Formação e Aperfeiçoamento de Magistrados – ENFAM ou pelos tribunais, observados os requisitos mínimos estabelecidos pelo Conselho Nacional de Justiça em conjunto com o Ministério da Justiça.

Contudo, apesar de parecerem justificáveis os requisitos, na prática, haverá grandes empecilhos ao recrutamento de mediadores e conciliadores.[37]

Em primeiro lugar, em que pese a Resolução do CNJ existir desde 2010, enorme parcela dos órgãos Judiciários ainda atua com mediadores e conciliadores sem qualquer preparo técnico para desempenho da função. Nesse sentido, uma rápida e objetiva busca no portal eletrônico do CNJ aponta inexistir sequer um instrutor de formação de conciliadores ou mediadores judiciais no Espírito Santo[38], ao menos até os dias de maio de 2016.[39] Ou seja, apesar dos mais de cinco anos de vigência da resolução, ainda não há instrutores disponíveis em todos os estados brasileiros para realizar a devida capacitação dos auxiliares da Justiça.

Em segundo lugar, imprescindível destacar a questão da remuneração. O art. 7º, VII, da Resolução nº 125/2010 do CNJ, faculta aos tribunais regulamentar a remuneração de conciliadores e mediadores. O CPC/15, a seu turno, faculta aos tribunais a criação de quadro próprio de tais auxiliares (art. 167, § 6º) ou, caso contrário, a Lei de Mediação determina a fixação pelos tribunais dos honorários, a serem custeados pelas partes (art. 13).

Contudo, até o presente momento, a maior parte dos tribunais não regulamentou a remuneração dos conciliadores e mediadores[40]. Para tornar a situação mais complexa, o CPC/15 prevê a permissão para que a mediação e a conciliação possam ser realizadas como trabalho voluntário (art. 169, § 1º). Logo, o que se teme é que a regulamentação dos honorários de mediadores e conciliadores não seja estabelecida, tornando o ofício ainda menos atraente para os profissionais interessados na área.

37. Diante do contexto atual, que denota a carência de profissionais especializados para conciliação e mediação, na função de auxiliar da justiça, no encontro da Escola Nacional de Formação e Aperfeiçoamento de Magistrados (ENFAM) sobre o novo CPC, o tema veio à baila, concluindo-se que "As escolas judiciais e da magistratura têm autonomia para formação de conciliadores e mediadores, observados os requisitos mínimos estabelecidos pelo CNJ" (Enunciado nº 58).

38. A pesquisa pode ser feita através do sistema de busca do CNJ, ‹ http://www.cnj.jus.br/programas-e-acoes/conciliacao-mediacao/pesquisa-de-instrutores›.

39. De forma mais grave ainda, há relatório formal de Comissão do TJES (efetuado com olhos nos principais reflexos normativos, estruturais e operacionais do novo Código de Processo Civil – Ato Normativo n. 170, de 17 de agosto de 2015), que expressamente indica que na entrada em vigor o Tribunal capixaba não havia criado mecanismos para formação de conciliadores e/ou mediadores. No relatório há o expresso reconhecimento de que não há no Espírito Santo conciliadores e/ou mediadores treinados, não estando o TJES apto aplicar o CPC/15 no particular. Mais ainda, em mensagem que se pretende recepção da magistratura local, indica-se que é inviável a aplicação imediata do art. 334 do novo código, recomendando a supressão de tal ato processual. Aponta-se, para se justificar o quadro (dentre outros motivos): (a) curta *vacatio legis* do novo CPC, (b) a falta de previsão de um cronograma na lei para a formação dos profissionais, (c) a carência de recursos financeiros. Disponível em: http://www.tjes.jus.br/PDF/Relat_TJES_NovoCPC_111115.pdf (em especial, páginas 50-54).

40. Sobre o tema, o estado de São Paulo aprovou em abril de 2015 o Projeto de Lei 1.005/13, que regulamenta o trabalho de mediação e conciliação e dispõe sobre o abono indenizatório. ‹ http://www.tjsp.jus.br/institucional/canaiscomunicacao/noticias/Noticia.aspx?Id=26353›.

Portanto, dois serão os grandes desafios no que tange aos terceiros imparciais: a disponibilização de devida capacitação técnica e o estabelecimento de honorários dignos, para atrair profissionais interessados e vocacionados para o desempenho da função.

3.1 Outros auxiliares da Justiça: o Oficial de Justiça

Sem prejuízo do foco central que se fará nos conciliadores e mediadores como auxiliares da justiça, não se pode negar a importância de outras figuras auxiliares, dentre as quais se destaca o oficial de justiça, em razão do disposto no art. 154, VI, da noviça codificação processual civil. Isso porque, em razão do dispositivo em voga (sem precedente de semelhança no CPC/73), a tal auxiliar da justiça caberá certificar, em mandado, proposta de autocomposição apresentada por qualquer das partes, na ocasião de realização de ato de comunicação que lhe couber.

Percebe-se, assim, que o dispositivo traz nova atribuição para o oficial de justiça, que se amolda ao modelo de processo que se quer estabelecer, de nítido estímulo à autocomposição (art. 3º do CPC/15). Assim, incumbe-lhe, quando da realização de ato de comunicação, certificar no mandado proposta de autocomposição apresentada pelo sujeito cientificado.

Não resta dúvida que no cumprimento do mister, o oficial de justiça deverá ter postura ativa, para que proativamente provoque a parte a *voluntariamente* oferecer a proposta, a qual muito dificilmente seria feita de maneira *espontânea*. Na verdade, estará o oficial de justiça esclarecendo um direito que é conferido à parte pela legislação, sendo oportuno, inclusive, que tal possibilidade conste no mandado, otimizando o labor do dito auxiliar da justiça.

De forma resumida, a partir da colheita da proposta, o juiz oportuniza manifestação da parte contrária em cinco dias, sem deixar de – ao mesmo tempo – dar prosseguimento ao feito, sendo o que o silêncio importa recusa da proposta.[41] Trata-se de porta interessante, que cria válvula para autocomposição a

41. Analisando o dispositivo, Rodrigo Mazzei e Tiago Figueiredo Gonçalves aduzem que: "Só a manifestação expressa implica aceitação (art. 111, segunda parte, do CC/02). A intimação a que alude o parágrafo único deve ser pessoal e não prejudicará o regular andamento do feito (parágrafo único). Assim, por exemplo, se a proposta foi feita em diligência de citação, o juiz intimará o autor para que se manifeste, sem prejuízo do prazo de contestação, que estará em curso. É importante frisar que a proposta de autocomposição pode ser apresentada por qualquer das partes, na ocasião de recebimento de qualquer ato de comunicação processual e que, embora não conste do dispositivo, deverá ser apresentada com modulação completa, a permitir que a contraparte, ao tomar ciência da certidão possa avaliar sua viabilidade. Portanto, o oficial deverá não só certificar que há proposta de autocomposição, como também indicar seus contornos mínimos, registrando, por exemplo, se o pagamento será à vista ou a prazo, se contempla juros e correção, prazo de validade da proposta, enfim, as condições ofertadas pelo interessado. Deve ser aplicado, com suas adaptações necessárias, o disposto nos arts. 427-435 do CC/02 (que

qualquer tempo, afastando incorreta dicção de que a parte apenas em momentos específicos (e formais) poderia ofertar propostas para autocomposição.

4. ADVOGADOS, DEFENSORES PÚBLICOS E MINISTÉRIO PÚBLICO

Na realização de mediação ou conciliação judicial, as partes obrigatoriamente devem estar acompanhadas por advogados ou defensores públicos, conforme previsto no § 9º do art. 334 do CPC/15[42] e art. 26 da Lei de Mediação[43], exceto nas hipóteses em que se dispensa o advogado, como ocorre no âmbito da Lei 9.099/95.

Observe-se, contudo, que na via autocompositiva extrajudicial, por outro lado, a presença de um profissional do direito não configura requisito indispensável para realização do procedimento. Não obstante, mesmo nos procedimentos não judiciais recomenda-se (mesmo quando não é exigido em lei[44]) o acompanhamento de tais profissionais, pois as partes emitirão vontades e firmarão compromissos com consequências jurídicas.

Assim, percebe-se desde logo a função informativa que os referidos profissionais exercem perante as partes: serão eles os responsáveis por orientar os sujeitos sobre os desdobramentos jurídicos das possíveis atitudes tomadas no procedimento, bem como por zelar pela observância dos direitos e garantias dos sujeitos do conflito. Há, no papel a ser exercido pelos advogados e defensores públicos, às claras, importante participação para que se alcance a chamada *decisão informada*. Com efeito, pelo princípio da decisão informada, aquele

tratam da proposta e sua aceitação para fim de formalização dos contratos), até mesmo para que a proposta de autocomposição não se eternize e não prejudique o curso natural do processo [Comentário ao art. 154. In *Código de Processo Civil Comentado*. Lenio Luiz Streck, Leonardo Carneiro da Cunha e Dierle Nunes (org). São Paulo, Saraiva, 2016].

42. Art. 334 (...) § 9º As partes devem estar acompanhadas por seus advogados ou defensores públicos.
43. Art. 26. As partes deverão ser assistidas por advogados ou defensores públicos, ressalvadas as hipóteses previstas nas Leis nºs 9.099, de 26 de setembro de 1995, e 10.259, de 12 de julho de 2001. Parágrafo único. Aos que comprovarem insuficiência de recursos será assegurada assistência pela Defensoria Pública.
44. A Lei nº 11.441/2007 é considerada um marco quando se aborda *desjudicialização* de situações vulgarmente postas como obrigatórias ao Poder Judiciário quando os interessados alcançam, fora do âmbito judicial, a autocomposição. Em resenha, a citada lei permitiu a realização de inventário, partilha, separação consensual e divórcio consensual pela via administrativa, formalizando tais atos através de escritura pública. Note-se, contudo, que a citada legislação exigiu – de forma obrigatória – a participação (*assistência*) de advogado nas referidas autocomposições. Trata-se, às claras, de influência da diretriz da *decisão informada*. As regras inseridas pela Lei nº 11.441/2007, na época em no ambiente de vigência do CPC/73, estão prestigiadas na codificação de 2015, com a sua recodificação expressa, consoante art. 610, § 2º, e 733, § 2º, do novo CPC.
Sobre o tema, de forma mais ampla, confira-se: ROSA, Karin Regina Rick. *Adequada atribuição de competência aos notários*. In CAHALI, Francisco José; FILHO, Antônio Herance; ROSA, Karin Regina Rick; FERREIRA, Paulo Roberto Gaiger. *Escrituras públicas – Separação, divórcio, inventário e partilha consensuais: análise civil, processual civil, tributária e notarial* – São Paulo: Editora Revista dos Tribunais, 2007.

que se submete à conciliação e/ou mediação tem o direito de ser alertado acerca da solução consensual em construção, seja no plano processual, seja no plano material, evitando que seja posteriormente surpreendido com o advento de uma consequência jurídica não prevista na autocomposição levada a cabo.[45]

Além disso, com o conhecimento técnico acerca dos métodos adequados de resolução de conflitos, bem como da prática forense, poderão também evidenciar aos contendores que a finalidade do processo não reside apenas em fazer justiça, mas também em buscar a pacificação – e esta, no mais das vezes, pode estar muito mais próxima dos meios autocompositivos, do que dos adjudicatórios[46].

Para desempenhar esse papel, fundamental que os procuradores adotem postura voltada para o consenso e para o diálogo. Atualmente, em que pese constar no art. 2º, VI, do Código de Ética e Disciplina da OAB o dever do advogado de "estimular a conciliação entre os litigantes, prevenindo, sempre que possível, a instauração de litígios", a maioria dos estudantes de direito passa os anos de faculdade sem dar importância para tal dispositivo. Como agravante, em muitas instituições de ensino superior, ainda não existem matérias destinadas ao estudo dos métodos adequados de solução de conflitos.

Como resultado desta cultura combativa, os profissionais do direito frequentemente atuam como *guerreiros*[47], encarando o processo como verdadeiro campo de batalha. Consequentemente, em vez de apaziguarem os ânimos das partes, contribuem para agravar as tensões pré-existentes, formando um círculo vicioso de conflito.

Com o fim de tentar modificar este paradigma, o CPC/15 traz, em seu art. 3º, § 3º, a determinação de que advogados, defensores públicos e membros do Ministério Público devem estimular a realização dos métodos consensuais de resolução de conflito. Em acréscimo, o art. 6º do novo código prevê o dever de cooperação[48] de *todos* os atores processuais.

---

45. No sentido, confira-se: MAZZEI, Rodrigo; MERÇON-VARGAS, Sarah. Comentários aos artigos 165-175. In Novo Código de Processo Civil anotado e comparado. Simone Diogo Carvalho Figueiredo (coord.). São Paulo: Saraiva, 2015, p. 206-207.
46. Segundo Rodrigo Mazzei: "A maioria dos registros existentes na antropologia jurídica indicam que o papel essencial do direito na resolução de conflitos não se verifica na real justiça do litígio, mas sim na conciliação das partes, na satisfação da sociedade com a decisão e, via de regra, no fim da violência que a decisão final implica". (Breve olhar sobre temas de processo civil a partir das linhas mestras de René Girard. *Revista Brasileira de Direito Processual – RBDPro*. Belo Horizonte: 2013, v. 21, n. 83 jul/set, p. 13-26.)
47. MAZZEI, Rodrigo. Breve olhar sobre temas de processo civil a partir das linhas mestras de René Girard. *Revista Brasileira de Direito Processual – RBDPro*. Belo Horizonte: 2013, v. 21, n. 83 jul/set, p. 13-26.
48. O *dever de cooperação* não pode ser absorvido de forma utópica, mas com postura que cada um dos sujeitos do processo de adotar em prol do desenvolvimento processual para a *solução* de mérito. Na verdade, representa uma noção do *dever-direito* de *participar*, uma participação que não é isolada, mas de todos atores do processo. Todos são *operários* (trabalhadores) que conjuntamente laboram com a bússola de solução final do processo. Com tais advertências, percebe-se que de *cooperação* deve ser

No particular, vale observar que as petições iniciais não são vetores que buscam (apenas) a resposta do réu, com olhos no caminho (quase sempre único) para uma sentença judicial que irá dirimir o conflito. No CPC/15, seguindo o procedimento comum, a citação tem como fim a convocação para uma audiência, a fim de que seja instaurada a autocomposição, seja através da conciliação, seja da mediação (com sessão própria), consoante pode se conjugar dos arts. 319, VII, e 334. Tal situação, certamente, implicará em mudança de *status* na redação da própria peça inicial, pois a confecção dos termos (em especial os fáticos) da postulação poderá gerar óbices para autocomposição, criando resistência pelo réu. Isso porque, a depender da intensidade com que os fatos sejam postos na petição exordial, o réu – mesmo de forma involuntária – poderá fechar a porta da autocomposição, adotando postura de combater o que foi deduzido na postulação da contraparte, até como uma "defesa de sua honra" ou para "desmentir" o versado na peça de abertura.

Não é à toa, portanto, que nas ações de família o legislador optou por um caminho – estranho ao nosso sistema até então – de citação do réu sem a cópia da contrafé, consoante pode-se inferir do § 1º do art. 695[49]. A ideia inspiradora do dispositivo foi justamente evitar que a petição inicial das ações de família, que de forma não incomum são agudas na narrativa fática, pudesse causar (acidentalmente) o fechamento da autocompocição. Assim, nas ações de família o mandado de citação conterá apenas os dados necessários à audiência (que buscará a conciliação e/ou mediação), não sendo acompanhada de cópia da petição inicial, sem prejuízo de ser a assegurado ao réu o direito de examinar seu conteúdo a qualquer tempo, postura esta que, provavelmente, será feita pelo seu defensor[50]. Estando o profissional que irá representar o réu imbuído do espírito da nova codificação, que trabalha com um sistema prioritário de autocomposição, a válvula criada pelo § 1º do art. 695 poderá ser exitosa, tal como o regramento geral do art. 334. Todavia, a se manter a postura de *guerreiro*, as alterações legislativas terão limitado efeito para o fim almejado: estimular a autocomposição.

Registre-se que a Defensoria Pública da União, conforme art. 4º, II, da Lei Complementar nº 80/1994, com redação modificada em 2009, apresenta a função

extraída a noção de que todos são *operários* e, por tal motivo, todos *trabalham* (= *laboram*) através de suas *participações* processuais. Entende-se, assim, que, com as devidas variações, o mesmo dever-direito pode ser posto como *cooperação*, *colaboração* ou *coparticipação*.

49. Art. 695. Recebida a petição inicial e, se for o caso, tomadas as providências referentes à tutela provisória, o juiz ordenará a citação do réu para comparecer à audiência de mediação e conciliação, observado o disposto no art. 694. (...) § 1º O mandado de citação conterá apenas os dados necessários à audiência e deverá estar desacompanhado de cópia da petição inicial, assegurado ao réu o direito de examinar seu conteúdo a qualquer tempo.

50. No tema, confira-se: MAZZEI, Rodrigo; GONÇALVES, Tiago Figueiredo. Comentários ao art. 695. In *Código de Processo Civil Comentado*. Helder Moroni Câmara (coord). São Paulo: Almedina, 2016, p. 853.

institucional de promover prioritariamente a solução extrajudicial dos litígios, valendo-se dos métodos adequados de resolução de conflitos. A referida lei prevê também que os defensores públicos federais deverão tentar a conciliação das partes, antes de promover a ação judicial cabível (art. 18, III)[51].

No que tange ao advogado, além da função informativa e orientadora que deve exercer perante seus clientes, a lei também possibilita que atue como mediador ou conciliador judicial. Nesta hipótese, determina o § 5º do art. 167 do novo código que os advogados conciliadores/mediadores judiciais estarão impedidos de exercer a advocacia nos juízos em que desempenham suas funções.

O dispositivo tem causado polêmica, pois impediria o exercício da advocacia para muitos advogados em grande número de processos[52], configurando mais um desestímulo à atuação como mediador/conciliador. A justificativa para tal dispositivo ser inserido no CPC/15 seria de evitar que o advogado atuante como conciliador/mediador obtivesse tratamento ou informações privilegiadas no juízo, de modo a ser favorecido em outros processos. Todavia, tal raciocínio não pode prevalecer, pois se vale de lógica contrária ao princípio da moralidade, tanto dos advogados, quanto dos servidores e magistrados.

Em verdade, deve haver um impedimento para o advogado que atua como mediador ou conciliador, porém adstrito às causas em que figurem as partes do conflito mediado ou conciliado. Nesse sentido, o CPC/15 prevê que "o conciliador e o mediador ficam impedidos, pelo prazo de 1 (um) ano, contado do término da última audiência em que atuaram, de assessorar, representar ou patrocinar qualquer das partes" (art. 172). A Lei de Mediação, publicada em junho de 2015, não prevê o impedimento do advogado perante o juízo, reproduzindo, no art. 6º, o teor do art. 172 do CPC/15.

Desta forma, diante da infeliz regra prevista no CPC/15, faz-se necessário um pequeno esforço interpretativo. Considerando ser a Lei de Mediação posterior e especial em relação ao novo código, deve prevalecer o regramento por ela estabelecido – ou seja, apenas o impedimento relativo às partes da mediação/conciliação, e não em relação ao juízo. Assim, a interpretação sistemática do ordenamento jurídico parece ser a mais adequada à realidade e às peculiaridades da prática forense, de modo a garantir a atuação dos profissionais de direito tanto como advogados, quanto como mediadores e conciliadores judiciais.

---

51. Acerca da Defensoria Pública no CPC/15, de forma sintética, confira-se: MAZZEI, Rodrigo; MERÇON-VARGAS, Sarah. Comentários aos artigos 165-175. In Novo Código de Processo Civil anotado e comparado. Simone Diogo Carvalho Figueiredo (coord.). São Paulo: Saraiva, 2015, p. 223-225.
52. Em comarcas de vara única, por exemplo, ter-se-ia o contexto de um advogado não poder advogar de modo algum, caso atuasse como mediador ou conciliador judicial.

Note-se que tal mudança de comportamento não deve ficar restrita apenas aos advogados e defensores públicos. Com efeito, já com as noções do novo sistema, que prestigia a autocomposição, o Conselho Nacional do Ministério Público (CNMP) editou a Resolução nº 118/2014, que dispõe sobre a Política Nacional de Incentivo à Autocomposição no âmbito do Ministério Público[53]. A referida resolução determina não só a orientação para que os agentes ministeriais busquem os meios consensuais, mas também a realização de cursos e preparações técnicas para capacitarem tais profissionais quanto a tais métodos.

A Resolução nº 118/2014, contudo, somente terá algum tipo de valor prático se os membros do Ministério Público estiverem abertos a trabalhar com os regramentos que envolvam a autocomposição, em especial a conciliação e mediação, pois a postura inquisitória – vulgarmente encravada em participes da classe – colocará por terra a pretensão (correta e positiva) lançada pelo CNMP. Observe-se que, ainda que com colorido diferente da conciliação e mediação, o Termo de Ajustamento de Conduta (TAC)[54] pode ser lançado como meio de resolução consensual dos conflitos. Contudo, em hipótese alguma, o TAC não devendo ser apresentado como modo de *pressão* para que determinadas questões sejam *resolvidas* no âmbito extrajudicial, sob pena de ajuizamento de ações pelo Ministério Público, já que tal postura contamina, dentre outros princípios, o da autonomia da vontade.

Em suma, a Resolução nº 118/2014 do CNMP somente terá algum desiderato positivo se os membros do Ministério Público, tais como os advogados e Defensores Públicos, compreenderem que a postura a ser adotada pelo profissional do direito no ambiente de solução consensual dos litígios é totalmente diversa da que assumem nos litígios judiciais. Trata-se, pois, de postura que requer uma reconfiguração do que se desenhou para a classe, justificado, na nossa visão, não apenas o treinamento dos profissionais, mas desejável especialização voltada aos caminhos da autocomposição e das soluções não judiciais dos conflitos.

Espera-se, portanto, que sejam afastados os obstáculos à atuação dos profissionais do direito perante mediações e conciliações. Ainda mais, almeja-se a implementação de medidas incentivadoras, desde os anos de graduação, até os cursos de capacitação profissional a serem promovidos pela OAB, pelo Ministério Público, pela Defensoria Pública e outras entidades que devem se responsabilizar pela construção de uma cultura da composição.

53. Sobre o Ministério Público no CPC/15, com comentários breves, confira-se: MAZZEI, Rodrigo; MERÇON-VARGAS, Sarah. Comentários aos artigos 165-175. In Novo Código de Processo Civil anotado e comparado. Simone Diogo Carvalho Figueiredo (coord.). São Paulo: Saraiva, 2015, p. 215-220.

54. Sobre o TAC, confira-se art. 5º, § 6º, da Lei da Ação Civil Pública (Lei n. 7.347/85, com as alterações da Lei n. 8.078/90), o art. 211 do Estatuto da Criança e do Adolescente – ECA (Lei n. 8.069/90) e art. 113 do Código de Defesa do Consumidor – CDC (Lei n. 8.078/90).

5. O JUIZ

Finalmente, a outra figura a ser analisada no presente ensaio consiste no magistrado. Tal como dito anteriormente, a ordem do estudo foi proposital: no contexto da solução adequada dos conflitos, o procedimento deve ser orientado para as partes, e não para o juiz. Isso porque, na via adjudicatória, o procedimento deve ser guiado pelo juiz, vez que ele detém a responsabilidade e a competência para elaborar a decisão final a ser outorgada às partes. Na via consensual, diferentemente, o procedimento busca o diálogo e o consenso, cabendo ao juiz um papel diferenciado.

Deve-se notar que se fala em "diferenciado" e não "menor" ou "pior". O magistrado continua a exercer papel essencial perante o processo, porém numa perspectiva mais gerencial. Nesse sentido, o já mencionado art. 3º do CPC/15, em seu § 3º, incumbe também ao juiz o dever de estimular os métodos de solução consensual dos conflitos, sendo reforçado pelos art. 139 e 359 do código, *in verbis*:

> Art. 139. O juiz dirigirá o processo conforme as disposições deste Código, incumbindo-lhe:
>
> (...)
>
> V – promover, a qualquer tempo, a autocomposição, preferencialmente com auxílio de conciliadores e mediadores judiciais. (grifo nosso)
>
> Art. 359. Instalada a audiência, o juiz tentará conciliar as partes, independentemente do emprego anterior de outros métodos de solução consensual de conflitos, como a mediação e a arbitragem.

Como se percebe da leitura dos dispositivos, o juiz continua a ser o responsável por dirigir o processo. Contudo, também deve estar atento, durante todo o procedimento, para a abertura de oportunidades para que a autocomposição possa ser tentada. Fez-se questão de analisar os dois artigos em sequência para se destacar a utilização do auxílio de profissionais capacitados para a conciliação e/ou mediação.

Ocorre que os métodos adequados, como analisado previamente, devem ser regidos pela confidencialidade, bem como pela independência e neutralidade do terceiro imparcial. Caso o juiz atue como mediador ou conciliador das partes e a tentativa reste frustrada, beira o impossível manter a neutralidade e a confidencialidade, diante das manifestações dos sujeitos do conflito. Isso porque, ainda que o magistrado busque ao máximo manter sua imparcialidade e garantir a isonomia entre as partes, poderá ficar contaminado pelas informações que ouviu, pelas atitudes que presenciou, pelas emoções que captou, o que pode comprometer tanto seu julgamento final, quanto uma futura tentativa de autocomposição[55].

Assim, nas passagens em que o código fala em promover e tentar a autocomposição entre as partes, deve-se interpretar no sentido de caber ao juiz identificar a possibilidade de se chegar a algum tipo de *acordo*. Verificando tal oportunidade, deverá o juiz encaminhar as partes para audiência (conciliação) e/ou sessão (mediação) com o profissional capacitado, para que então a autocomposição seja tentada, respeitando-se os princípios da neutralidade e da confidencialidade[56].

Ainda, o § 2º do art. 173 do CPC/15 atribui ao juiz o poder para aplicar sanção de afastamento ao mediador ou conciliador judicial com atuação inadequada. Também nesta hipótese, atua o juiz como um gestor, responsável por fiscalizar e garantir o bom andamento do procedimento autocompositivo. Por se tratar de decisão e aplicação de sanção, deverá o magistrado fundamentar o ato decisório, informando o fato ao tribunal, para determinar instauração do devido processo administrativo. [57]

Importante destacar que, para ser possível a execução de tais tarefas, faz-se imprescindível que o magistrado tenha pleno conhecimento sobre os métodos adequados de resolução de conflito. Afinal, será necessário conhecer em que situações quais meios são mais indicados, para encaminhar as partes ao profissional capacitado, bem como qual postura deve esperar do mediador/conciliador, para cogitar aplicação de afastamento de atividades. Logo, também o juiz deve receber treinamento e capacitação sobre o tema.

Percebe-se, portanto, que o juiz deve adotar postura diferenciada perante os processos, no que tange aos meios adequados de resolução de conflitos.

55. Sobre o tema, Fernanda Tartuce: "(...) a preservação do sigilo visa assegurar que, caso não alcançado um acordo na tentativa de autocomposição, os envolvidos não sejam prejudicados por terem participado e exposto eventuais fatos desfavoráveis. Assim, é essencial que o juiz não seja o condutor o meio consensual também porque, se infrutífera a via consensual, ele precisará julgar a demanda (...)". *Mediação no Novo CPC: questionamentos reflexivos.* In Novas Tendências do Processo Civil: estudos sobre o projeto do novo Código de Processo Civil. Org.: Freire, Alexandre; Medina, José Miguel Garcia; Didier Jr, Fredie; Dantas, Bruno; Nunes, Dierle; Miranda de Oliveira, Pedro (no prelo). Disponível em www.fernandatartuce.com.br/artigosdaprofessora.

56. No sentido, Humberto Theodoro Júnior: "Não basta, outrossim, prever simplesmente, como faz nosso Código de Processo Civil, que haverá sempre uma audiência de conciliação. O mais importante é que o conciliador seja preparado, técnica e psicologicamente, para promover a solução consensual e, para tanto, tudo aconselha que não seja o próprio juiz togado, isto é, a aquele a quem toca julgar contenciosamente o conflito." Celeridade e efetividade da prestação jurisdicional. Insuficiência da reforma das leis processuais. *Revista Páginas de Direito*, Porto Alegre, ano 8, nº 835, 21 de setembro de 2008. Disponível em: ‹http://www.abdpc.org.br/artigos/artigo51.htm›.

57. No tema, confira-se: MAZZEI, Rodrigo; MERÇON-VARGAS, Sarah. Comentários aos artigos 165-175. In Novo Código de Processo Civil anotado e comparado. Simone Diogo Carvalho Figueiredo (coord.). São Paulo: Saraiva, 2015, p. 213-214.

Mantém-se, ainda assim, com papel de fundamental importância, devendo apresentar conhecimento e sensibilidade para verificar as oportunidades de acordo, bem como as situações de necessária punição.

O magistrado não poderá negar que o CPC/15 trabalha com um *sistema multiportas*, que permite a solução não conflituosa das questões postas a sua apreciação, qualquer que seja a fase processual (art. 3º, § 3º), cuja trilha pode seguir em paralelo ao caminho para uma decisão judicial (art. 154, parágrafo único). Há de absorver que laborar com a autocomposição reclama capacitação específica, que na maioria das vezes não é feita com os magistrados, razão pela qual deverá a missão ser prioritariamente designada aos especialistas, auxiliares da justiça (conciliadores e mediadores), consoante se extrai do arts. 139, V, e 334, § 1º do CPC/15.

Em arremate, o magistrado deve compreender que a decisão final (por exemplo, uma sentença) não é o único fim que se busca no processo judicial, sendo, inclusive, na maioria das vezes, solução que causa traumas e não pacifica a questão nervosa que lhe é posta, culminado com o prolongamento da pendenga (com o manejo de diversos tipos de impugnação, inclusive, muitas vezes, por aquele que supostamente foi beneficiado com a decisão judicial). A solução consensual, com efetiva participação das partes e observados os princípios basilares da autocomposição, é, sem dúvida, muito mais pacífica, alcançando a eficiência (art. 8º) do CPC/15, um dos faróis na nova codificação.

6. BREVE FECHAMENTO

A existência dos métodos adequados de resolução de conflitos não configura novidade. Ao contrário, já são previstos no ordenamento jurídico brasileiro há tempos e em leis variadas. Todavia, nas últimas duas décadas, ganharam especial destaque, como um dos desdobramentos do acesso à Justiça e da efetividade.

Nesse contexto, o CPC/15 foi elaborado e sancionado com a intenção de consolidar os meios autocompositivos como mecanismos primordiais no tratamento da litigiosidade observada no Brasil. Há, com tal norte, no ventre da codificação de 2015 um sistema *multiportas*, que pode ser extraído facilmente a partir da leitura completa do seu art. 3º.

Contemporaneamente, a Lei de Mediação (Lei 13.140/2015) corrobora os esforços legislativos no mesmo sentido, devendo ser interpretada de maneira dialógica com o novo código e com os demais atos normativos – legais ou infralegais – que contribuam para a melhor implementação dos métodos adequados de resolução de conflitos.

Contudo, o esforço não pode ser meramente legislativo ou interpretativo: uma vez estabelecidas novas diretrizes na lei, imprescindível que os atores processuais se engajem na mudança de comportamento quanto aos conflitos. Nesse sentido, incumbe especialmente a mediadores, conciliadores, procuradores, ministério público e juízes desvencilharem-se dos vícios combativos do processo judicial, em prol de um paradigma colaborativo.

Os cidadãos, que incorporam o papel de partes, devem assumir o protagonismo na efetivação de direitos. Para isso, devem envidar esforços para participar ativamente da construção do procedimento de resolução de conflitos e, por via de consequência, empoderar-se como indivíduos pertencentes a uma sociedade civilizada, capaz de resolver seus próprios desentendimentos.

Acima de tudo, cabe a todos – atores diretos ou indiretos do processo, servidores ou "clientes" do Judiciário – compreender que a busca do processo não deve ser apenas por justiça, numa concepção de ganha/perde, mas sim pela pacificação. Afinal, apenas com a mudança de postura perante os conflitos é que se pode cogitar a construção de uma cultura baseada no diálogo.

REFERÊNCIAS

BRASIL, Ordem dos Advogados do. *Código de Ética e Disciplina*. Disponível em ‹http://www.oab.org.br/content/pdf/legislacaooab/codigodeetica.pdf›, acesso em 04 de maio de 2016.

FRADE, Catarina. A resolução alternativa de litígios e o acesso à justiça: A mediação do sobreendividamento. *Revista Crítica de Ciências Sociais (on line)*,65, Maio 2003: 107-128, disponível em ‹http://rccs.revues.org/1184›, acesso em 04 de maio de 2016.

JÚNIOR, Humberto Theodoro. Celeridade e efetividade da prestação jurisdicional. Insuficiência da reforma das leis processuais. *Revista Páginas de Direito*. Porto Alegre, ano 8, nº 835, 21 de setembro de 2008. Disponível em: ‹http://www.abdpc.org.br/artigos/artigo51.htm›, acesso em 04 de maio de 2016.

JUSTIÇA, Conselho Nacional de. *Justiça em números 2014*. Disponível em ‹ ftp://ftp.cnj.jus.br/Justica_em_Numeros/relatorio_jn2014.pdf›, acesso em 04 de maio de 2016.

______. *Pesquisa de Instrutores Certificados pelo CNJ*. Disponível em ‹ http://www.cnj.jus.br/programas-e-acoes/conciliacao-mediacao/pesquisa-de-instrutores›, acesso em em 04 de maio de 2016.

LUCENA FILHO, Humberto Lima de. A cultura da litigância e o Poder Judiciário: noções sobre as práticas demandistas a partir da Justiça Brasileira. In: Conselho Nacional de Pesquisa e Pós-Graduação em Direito – CONPEDI. (Org.). Anais do XXI Encontro Nacional do Conselho de Pesquisa e Pós-Graduação em Direito – 'Sistema Jurídico e Direitos fundamentais Individuais e Coletivos'. 56 ed.Florianópolis: Fundação Boiteux, 2012, v. 21, p. 34-64.

MAZZEI, Rodrigo. Breve Olhar Sobre os Temas de Processo Civil a Partir das Linhas Mestras de René Girard. *Revista Brasileira de Direito Processual*. Belo Horizonte: 2013, v. 21, n. 83 jul/set, p. 13-26.

MAZZEI, Rodrigo; CHAGAS, Bárbara S. R.. Os negócios jurídicos processuais e a arbitragem. In: Antonio do Passo Cabral; Pedro Henrique Nogueira. (Org.). *Negócios processuais*. 1 ed.Salvador: Juspodivm, 2015, v., p. 521-539.

MAZZEI, Rodrigo; GONÇALVES, Tiago Figueiredo. In *Código de Processo Civil Comentado*. Lenio Luiz Streck, Leonardo Carneiro da Cunha e Dierle Nunes (org). São Paulo: Saraiva, 2016.

_______. In *Código de Processo Civil Comentado*. Helder Moroni Câmara (coord). São Paulo: Almedina, 2016.

MAZZEI, Rodrigo; MERÇON-VARGAS, Sarah. In Novo Código de Processo Civil anotado e comparado. Simone Diogo Carvalho Figueiredo (coord.). São Paulo: Saraiva, 2015.

MIRANDA NETTO, Fernando Gama de; SOARES, Irineu Carvalho de Oliveira. Princípios procedimentais da mediação no novo Código de Processo Civil. In ALMEIDA, Diogo Assumpção Rezende de; PANTOJA, Fernanda Medina; PELAJO, Samantha. *A mediação no novo Código de Processo Civil*. Rio de Janeiro: Forense, 2015, p. 109-119.

NADER, Laura. *Harmonia Coerciva: A Economia Política dos Modelos Jurídicos*. Disponível em ‹http://www.anpocs.org.br/portal/publicacoes/rbcs_00_26/rbcs26_02.htm›, acesso em 04 de maio de 2016.

NEAPI, Direito UFES. *Tabela Comparativa – Mediação x Conciliação x Arbitragem*. Disponível em http://www.direito.ufes.br/sites/direito.ufes.br/files/field/anexo/Tabela%20Comparativa%20%E2%80%93%20Media%C3%A7%C3%A3o%20x%20Concilia%C3%A7%C3%A3o%20x%20Arbitragem.pdf›, acesso em 04 de maio de 2016.

PÚBLICO, Conselho Nacional do Ministério. *Resolução nº 118, de 1º de dezembro de 2014*. Disponível em ‹ http://www.cnmp.mp.br/portal/images/Normas/Resolucoes/Resolu%C3%A7%C3%A3o_n%C2%BA_118_autocomposi%C3%A7%C3%A3o.pdf›, acesso em 05 de fevereiro de 2015.

ROSA, Karin Regina Rick. *Adequada atribuição de competência aos notários. In* CAHALI, Francisco José; FILHO, Antônio Herance; ROSA, Karin Regina Rick; FERREIRA, Paulo Roberto Gaiger. *Escrituras públicas – Separação, divórcio, inventário e partilha consensuais: análise civil, processual civil, tributária e notarial* – São Paulo: Editora Revista dos Tribunais, 2007.

SÃO PAULO, Tribunal de Justiça de. *Sancionado Projeto de Lei que Institui Abono e Regulamenta Trabalho de Mediação e Conciliação*. Disponível em ‹ http://www.tjsp.jus.br/institucional/canaiscomunicacao/noticias/Noticia.aspx?Id=26353›, acesso em 04 de maio de 2016.

TARTUCE, Fernanda. *Mediação no Novo CPC: questionamentos reflexivos*. In Novas Tendências do Processo Civil: estudos sobre o projeto do novo Código de Processo Civil. Org.: Freire, Alexandre; Medina, José Miguel Garcia; Didier Jr, Fredie; Dantas, Bruno; Nunes, Dierle; Miranda de Oliveira, Pedro (no prelo). Disponível em ‹www.fernandatartuce.com.br/artigosdaprofessora›, acesso em 04 de maio de 2016.

CAPÍTULO 4

Os "Princípios" da Mediação e da Conciliação: uma Análise da Res. 125/2010 do CNJ, do CPC/2015 e da Lei 13.140/2015

Ravi Peixoto[1]

SUMÁRIO: 1. ASPECTOS INICIAIS DA MEDIAÇÃO E DA CONCILIAÇÃO; 2. OS PRINCÍPIOS E A REGULAÇÃO NORMATIVA DA MEDIAÇÃO E DA CONCILIAÇÃO; 2.1. PRINCÍPIO DA INDEPENDÊNCIA:; 2.2. PRINCÍPIO DA IMPARCIALIDADE E DA ISONOMIA ENTRE AS PARTES:; 2.3. PRINCÍPIO DA AUTONOMIA DA VONTADE:; 2.4. PRINCÍPIO DA CONFIDENCIALIDADE; 2.4.1. PESSOAS ATINGIDAS PELO DEVER DE CONFIDENCIALIDADE; 2.4.2. INFORMAÇÕES PROTEGIDAS; 2.4.3. EXCEÇÕES À CONFIDENCIALIDADE; 2.4.4. CONFIDENCIALIDADE E PODER PÚBLICO:; 2.4.5. DEVER DE INFORMAR SOBRE A CONFIDENCIALIDADE:; 2.4.6. CONSEQUÊNCIAS DA VIOLAÇÃO DA CONFIDENCIALIDADE; 2.5. ORALIDADE E INFORMALIDADE:; 2.6. DECISÃO INFORMADA; 2.7. BOA-FÉ:; 2.8. COMPETÊNCIA; 2.9. RESPEITO À ORDEM PÚBLICA E ÀS LEIS VIGENTES; 2.10. EMPODERAMENTO E VALIDAÇÃO; 3. CONCLUSÃO.

1. ASPECTOS INICIAIS DA MEDIAÇÃO E DA CONCILIAÇÃO

A conciliação e a mediação fazem parte das formas alternativas de resolução de conflitos em conjunto com a arbitragem. A diferença é que as primeiras são pacíficas, dependentes de autocomposição e a segunda depende da heterocomposição, resolvida por um terceiro, o árbitro.

É nítido que o CPC/2015 valoriza e aposta na utilização dessas formas alternativas e consensuais de resolução de conflitos, ao estabelecer uma norma promocional, incentivando-as no art. 3º, §§ 2º e 3º. Além disso, estabelece uma audiência de conciliação, que, para não ocorrer, depende da negativa de

1. Mestre em Direito pela UFPE. Membro da Associação Norte e Nordeste de Professores de Processo – ANNEP. Membro do Centro de Estudos Avançados de Processo – CEAPRO. Membro da Associação Brasileira de Direito Processual – ABDPRO. Membro do Instituto Brasileiro de Direito Processual – IBDP. Procurador do Município de João Pessoa. Advogado.

ambas as partes (art. 334, CPC), sendo quase obrigatória e ainda inseriu uma seção dedicada aos conciliadores e mediadores judiciais.[2]

Essa valorização do CPC/2015 faz parte de uma tendência da atuação do Poder Público, que, em 2010 já contava com a resolução n. 125, do CNJ tratando da matéria e, mais atualmente com a Lei 13.140/2015, que dispõe sobre a mediação como meio de solução de controvérsias entre particulares e sobre a autocomposição de conflitos no âmbito da administração pública.

A tendência de aposta nos meios alternativos de solução de conflitos não é exclusiva do direito brasileiro. Nos EUA, entre 1980 e 1998, o Congresso Americano elaborou cinco diferentes legislações incentivando a utilização desses meios alternativos.[3] Na União Europeia, foi editado, em 2008, uma Diretiva da Mediação[4] e, mais recentemente, em 2013 foi editada a Diretiva sobre a Resolução Alternativa de Litígios de Consumo.[5-6] A Alemanha, por exemplo, também tem apostado nos meios alternativos e pacíficos de resolução de conflitos, editando, desde 2000, algumas legislações incentivando-as, inclusive, permitindo que os Estados da Federação imponham, em algumas causas, um procedimento de conciliação obrigatório prévio.[7] A Itália, também, foi outro país em que a legislação foi reformada para incentivar a utilização dos meios alternativos e pacíficos de solução de conflitos.[8]

Esses métodos de resolução alternativas de conflitos fazem parte de um projeto de acesso à justiça,[9] mas o seu objetivo não é servir como armas a serem utilizadas para efetivar a duração razoável do processo, embora

2. Sobre o tema. Cf.: Ribeiro, Sergio Luiz de Almeida; LIBARDONI, Carolina Uzeda. Algumas observações sobre a obrigatoriedade da audiência de conciliação ou mediação no novo CPC. PEIXOTO, Ravi; MACEDO, Lucas Buril de; FREIRE, Alexandre. *Doutrina selecionada* – processo de conhecimento. Salvador: Juspodivm, 2015, v. 2.
3. CHASE, Oscar G. *Law, culture and ritual*. New York: New York University Press, 2005, p. 99. No capítulo 6 da referida obra, o autor traça elementos que motivaram essa aposta nos meios alternativos de justiça nos EUA.
4. Diretiva 2008/52/CE do Parlamento Europeu e do Conselho de 21.05.2008 relativa a certos aspectos da Mediação em matéria civil e comercial, Jornal Oficial da União Europeia n. L 136 de 25.5.2008, p. 3.
5. Diretiva 2013/11/UE do Parlamento Europeu e do Conselho de 21.05.2013 sobre a Resolução Alternativa de Litígios de Consumo, Jornal Oficial da União Europeia n. L 165 de 18.06.2013.
6. Uma breve menção a essa diretiva pode ser vista em: STÖBER, Michael. Os meios alternativos de solução de conflitos no direito alemão e europeu: desenvolvimentos e reformas. Tradução de Antonio do Passo Cabral e Letícia Studzinski. *Revista de Processo*. São Paulo: RT, v. 244, jun.-2015, p. 374-377.
7. Idem, ibidem, p. 366-368, 371-373. De forma mais detida, sobre a mediação na Alemanha: PEREZ, Adriana Han. A nova lei alemã de mediação. *Revista de Processo*. São Paulo: RT, v. 243, mai.-2015
8. Sobre essas reformas, cf: GRADI, Marco. La mediazione e la conciliazione delle controversie civili. PUNZI, C.. *Il processo civile. Sistema e problematiche*, Le riforme del quinquennio 2010-2014. Torino: Giappichelli, 2015.
9. CAPPELLETTI, Mauro; GARTH, Bryant. *Acesso à justiça*. Trad. de Ellen Gracie Northfleet. Porto Alegre: Safe, 1988, p. 81-87.

indiretamente possam ter esse efeito.[10] Trata-se de uma perspectiva equivocada e que pode provocar uma distorção no tratamento e na interpretação dos textos normativos que tratem da matéria.

Assumir essa forma de encarar a mediação e a conciliação implica, por exemplo, a utilização de "mutirões de conciliação", ao invés de permitir a construção de um diálogo paulatinamente.[11] Outra consequência observada há mais de vinte anos é a de juízes que, sob a motivação de diminuir a sua carga de trabalho, forçam as partes a conciliar.[12]

Além disso, uma aposta forçada nesses meios alternativos pode implicar o favorecimento apenas daqueles que possuem maior poder de barganha, a exemplos dos litigantes repetitivos, que se utilizariam desses meios consensuais como forma de não enfrentar todas as consequências jurídicas de suas ações.[13] Inclusive, uma das críticas à regulação do instituto pelo CPC/2015 é a de que teria partido do discurso de que esses meios alternativos teriam por função a resolução do problema da administração da justiça, com uma abordagem que parece tratá-los apenas como mais uma fase do processo litigioso judicial.[14] Não por acaso, tem-se uma audiência quase obrigatória de mediação e conciliação, em que o não comparecimento injustificado pode implicar sanção à parte de até dois por cento da vantagem econômica pretendida ou do valor da causa (art. 334, § 8º).

A perspectiva adequada parte do ponto de vista de que o processo civil tradicional não tem aptidão para resolver todas as demandas, sendo necessário que outras formas possam ser institucionalizadas. Frank E. A. Sander foi muito feliz com a sua alusão a um processo multiportas, utilizando-se da imagem de um fórum com várias portas e cada uma delas levando as partes a uma forma diferente de resolução de disputas.[15]

10. Nesse sentido: WATANABE, Kazuo. Política judiciária de tratamento adequado dos conflitos de interesse – utilização dos meios alternativos de resolução de controvérsias. MENDES, Aluisio Gonçalves de Castro; WAMBIER, Teresa Arruda Alvim. *O processo em perspectiva*: jornadas brasileiras de direito processual. São Paulo: RT, 2013, p. 243.
11. CUNHA, Leonardo José Carneiro da; AZEVEDO NETO, João Luiz Lessa. A mediação e a conciliação no projeto do novo CPC: meios integrados de resolução de disputas. DIDIER JR., Fredie *et al* (orgs). *Novas tendências do processo civil*. Salvador: Juspodivm, 2013, v. 3, p. 203-204.
12. BARBI, Celso Agrícola. O papel da conciliação como meio de evitar o processo e de resolver conflitos. *Revista de Processo*. São Paulo: RT, v. 39, jul./set.-1985, p. 121.
13. GONÇALVES, Marcelo Barbi. Meios alternativos de solução de controvérsias: verdades, ilusões e descaminhos no novo código de processo civil. *Revista de Processo*. São Paulo: RT, v. 242, abr.-2015, p. 619.
14. MEIRELLES, Delton Ricardo Soares; MARQUES, Giselle Picorelli Yacoub. A mediação no projeto do novo código de processo civil: solução para a crise do judiciário? DIDIER JR., Fredie *et al* (orgs). *Novas tendências do processo civil*. Salvador: Juspodivm, 2013, v. 3, p. 292 e 300.
15. SANDER, Frank J. A. Varieties of dispute processing. LEVIN, A. Leo; WHEELER, Russel R. *The pound conference*: perspectives of justice in the future. Saint Paul: West Publishing Co., 1979, p. 84.

É sob esse ponto de vista que a mediação e a conciliação fazem parte de um processo de acesso à justiça: como formas mais adequadas de resolver certos conflitos para além da heterocomposição por meio de uma decisão imposta pelo estado-juiz. Com essa perspectiva de um processo multiportas é que o interprete deverá analisar os textos normativos, buscando maximizar as possibilidades de cada uma das formas de resolução de litígios.

A inserção de um modelo multiportas no direito brasileiro não deve focar tão somente na busca de acordos (embora de certa forma o tenha feito, ao prever uma audiência de conciliação e mediação quase obrigatória). Especialmente no caso da mediação, mais importante do que o acordo é o restabelecimento dos laços e do diálogo entre as partes. O próprio legislador, embora tenha adotado uma perspectiva mais finalista de acordos no caso da audiência, ao definir a forma de trabalho do mediador, faz referência, no art. 165, § 3º, à necessidade de restauração do diálogo entre as partes.

Assim, o CPC/2015 parece ter ficado no meio do caminho, adotando uma opção mista entre os diferentes objetivos da mediação,[16] tendo o desejo de alcançar acordos e, ao mesmo tempo, incentivando a restauração das relações rompidas. A conciliação, por ser um procedimento mais simplificado e para conflitos pontuais, de fato, possui maior aptidão para ter, como objetivo primordial, a busca pela realização de acordos.

2. OS PRINCÍPIOS E A REGULAÇÃO NORMATIVA DA MEDIAÇÃO E DA CONCILIAÇÃO

No conjunto de textos normativos que fazem referência à mediação e à conciliação, o legislador faz menção aos princípios fundamentais dessas formas alternativas de solução de conflitos. No entanto, não parece que a terminologia "princípios" foi utilizada de forma técnica referente ao seu aspecto normativo em todos os casos. Em certos pontos, ora o legislador parecer fazer referência aos clássicos princípios fundamentais, que não teriam aspecto normativo, mas apenas seriam os fundamentos daqueles institutos, ora parece ter feito referência a normas com estrutura de regras.

Por mais relevante que seja a oralidade, esta não parece ter caráter de norma jurídica, mas tão somente de informar que as sessões e audiências devem ser realizadas de forma oral, sem a necessidade do registro de todas as informações. Seguindo o critério de Marcelo Neves, que adota o princípio como

16. ALMEIDA, Diogo Assumpção Rezende de. PANTOJA, Fernanda Medina. Técnicas e procedimento de mediação no novo Código de Processo Civil. ALMEIDA, Diogo Assumpção Rezende de; PANTOJA, Fernanda Medina; PELAJO, Samantha. *A mediação no novo código de processo civil*. Rio de Janeiro: Forense, 2015, p. 146.

uma norma apta ao "balizamento e a construção ou reconstrução de regras"[17], a imparcialidade não tem estrutura normativa de princípio, mas de regra, por ter aptidão de resolver as questões jurídicas. Se o mediador ou o conciliador for parcial, deve ser afastado, a exemplo da aplicação das hipóteses de impedimento e suspeição a esses auxiliares da justiça (art. 148, II, CPC). A mesma situação ocorre com o princípio da busca do consenso, introduzido pelo art. 2º, VI, da Lei 13.140/2015. Apenas estabelece que a decisão deve ser consensual, mas não tem aptidão para criar/interpretar outras regras. Se o mediador ou o conciliador for parcial, deve ser afastado, a exemplo da aplicação das hipóteses de impedimento e suspeição a esses auxiliares da justiça (art. 148, II, CPC).

No entanto, os demais princípios parecem ter estrutura normativa da referida espécie normativa, quais sejam a independência, a autonomia da vontade, a confidencialidade, a informalidade e a decisão informada. O art. 2º, II e VIII, da Lei 13.140/2015 ainda estabelece mais outros dois princípios para a mediação, quais sejam o da isonomia entre as partes e o da boa-fé. Existem ainda os princípios da competência, do respeito à ordem pública e às leis vigentes, do empoderamento e da validação no art. 1º, do Código de Ética de Mediadores e Conciliadores, que consta do anexo III, da resolução n. 125, do CNJ.

Portanto, a partir do conjunto dos textos normativos que tratam da mediação e da conciliação são identificados os seguintes "princípios: independência, imparcialidade, autonomia vontade, confidencialidade, oralidade, informalidade, decisão informada, busca do consenso, isonomia entre as partes, boa-fé, competência, respeito à ordem pública e às leis vigentes, empoderamento e validação.

Duas observações devem ser feitas. A primeira é que os princípios ora mencionados não são, de forma alguma, exaustivos. Por mais que sejam extensos, nada impede que outros sejam identificados, de forma implícita em outros textos normativos. A segunda é que esses são os princípios setoriais da mediação e da conciliação; os demais princípios fundamentais do processo também devem ser aplicados ao procedimento dos meios alternativos de solução de controvérsias com as devidas adaptações. Assim, por exemplo, as normas fundamentais (compostas por princípios e regras) que constam dos primeiros 12 artigos do CPC/2015 também condicionam a interpretação das regras atinentes a essas formas de solução de conflitos.

Feitas essas considerações, passamos, agora, a fazer um breve estudo de cada um desses "princípios" mencionados na legislação e como eles atuam nos meios alternativos de solução de conflitos.

---

17. NEVES, Marcelo. *Entre Hidra e Hércules*: princípios e regras constitucionais. São Paulo: Martins Fontes, 2013, p. 103.

2.1. Princípio da independência:

A independência do mediador e do conciliador tem por objetivo permitir que ele possa gerir as audiências e sessões sem sofrer pressões de qualquer ordem, sejam internas ou externas, não devendo, por exemplo, o juiz se intrometer no exercício de sua função. Aos facilitadores compete a condução do diálogo entre as partes para que possam encontrar, por si só, a melhor solução para o conflito existente. O inciso V, do art. 1º, do Código de Ética de Mediadores e Conciliadores, que consta do anexo III, da resolução n. 125, do CNJ, ao fazer referência à independência, por exemplo, garante ao mediador e ao conciliador o poder de recusar, suspender ou interromper as sessões se ausentes as condições necessárias para o seu desenvolvimento. Além disso, eles não têm a obrigação de redigir acordos ilegais ou inexequíveis.

2.2. Princípio da imparcialidade e da isonomia entre as partes:

Tal qual o juiz, os mediadores e os conciliadores devem ser imparciais, a eles também se aplicando as hipóteses de impedimento e suspeição (art. 148, II, CPC e art. 5º, *caput*, da Lei 13.140/2015, que se refere apenas aos mediadores).

Caso o próprio facilitador identifique ter sido abrangido por uma das hipóteses de suspeição ou impedimento, deverá comunicar, de preferência, em meio eletrônico a sua ocorrência. Deverá, ainda, devolver os autos ao juiz do processo, caso este já tenha sido iniciado ou ao coordenador do centro judiciário de conflitos, caso tenha ocorrido a utilização do setor de solução de conflitos pré-processual, devendo, em ambos os casos, haver nova distribuição (art. 170, *caput*, CPC/2015). O parágrafo único do art. 170, do CPC/2015 prescreve que, se a causa de impedimento for apurada apenas quando já iniciado o procedimento, a atividade deve ser interrompida, com a lavratura de ata com o relatório do ocorrido e solicitação de distribuição de novo facilitador. Entendemos que essa norma deve ser aplicada também para: a) hipóteses de suspeição identificadas posteriormente b) hipóteses de impedimento e suspeição supervenientes. Nessas hipóteses, tem-se o dever de interrupção do procedimento pela parcialidade do facilitador.

Constituindo dispositivo que deve ser aplicado por analogia também ao conciliador, o parágrafo único do art. 5º, da Lei n. 13.140/2015 impõe o dever de o facilitador revelar às partes, antes de aceitar a função, qualquer fato ou circunstância que possa gerar dúvida justificada quanto à sua imparcialidade. Esse texto normativo parece ir além do rol taxativo das hipóteses de impedimento e suspeição, inclusive porque, nessas hipóteses, o facilitador simplesmente não deveria aceitar a designação (art. 170, *caput*, CPC). Mais do que o juiz, que sequer é escolhido pelas partes, o facilitador deve ter a plena confiança das partes para que o diálogo efetivamente possa fluir. Qualquer indício de parcialidade pode impedir que qualquer das partes se recuse a se manter na sessão, impedindo a continuidade da resolução pacífica do conflito. No caso do parágrafo único do art. 5º, da Lei n. 13.140/2015, ele avisa de alguma possibilidade de fato que gere imparcialidade, cabendo às partes decidir se o aceitam, por exemplo, caso ele mencione que foi noivo de uma das partes, mas não são mais amigos íntimos, situação que não se encaixa de nenhuma das hipóteses de impedimento e suspeição. E, mesmo não se encaixando, poderia levantar dúvidas sobre sua imparcialidade.

Além disso, o inciso IV, do art. 1º, do Código de Ética de Mediadores e Conciliadores, que consta do anexo III, da resolução n. 125, do CNJ, impõe que tais profissionais atuem com ausência de favoritismo, preferência ou preconceito em relação às partes. Da mesma forma, também não poderá aceitar qualquer espécie de valores ou presentes. No entanto, a imparcialidade desse profissional deve dialogar com o princípio da igualdade material entre as partes. É nesse sentido que se permite a realização do *caucus*, mediante o diálogo particular com uma das partes de forma permitir que elas possam ter acesso às mesmas informações, pois, como destacado nos comentários ao art. 165, caso ela não seja garantida, a eficácia dos meios alternativos de solução de conflitos é extremamente diminuída.

2.3. Princípio da autonomia da vontade:

Se o CPC/2015 valoriza, dentro do processo litigioso, a autonomia da vontade com a criação da cláusula geral de negócios processuais (art. 190, CPC),[18] tal princípio tem ainda mais força na mediação e na conciliação.

Todo o procedimento desses meios alternativos de solução de conflitos será moldado a partir da livre autonomia dos seus participantes (art. 166, § 4º, CPC). Podem ser estabelecidos acordos quanto ao profissional a dirigir o procedimento, a sua quantidade, o número de sessões, a sua duração etc. Enfim, a autonomia da vontade nos meios de solução pacíficos de conflitos integra a organização do procedimento, a possibilidade de sua desistência a qualquer tempo e o alcance da solução, afinal, apenas dessa forma é que ele pode, efetivamente, ser pacífico e voluntário.

2.4. Princípio da confidencialidade

Também denominado de princípio do sigilo, a exigência de confidencialidade é essencial para a garantia de que as sessões de mediação ou conciliação

18. Sobre a temática dos negócios jurídicos processuais, cf.: CABRAL, Antonio do Passo; NOGUEIRA, Pedro Henrique. *Negócios processuais*. Salvador: Juspodivm, 2015.

possam ter maior chance de sucesso. Isso porque, garantindo que as informações utilizadas nessas sessões não possam ser utilizadas no referido processo judicial e em outros, isso permite que as partes se sintam mais à vontade para estabelecer um diálogo aberto. Do contrário, sempre haveria o receio de uma determinada informação desfavorável, a exemplo de uma parte que aborda o problema envolvido, reconhecendo sua culpa poder ser utilizada no litigio judicial. A principal função da confidencialidade é a de proteger os seus participantes no caso de ausência de acordo, impedindo que possam ser utilizadas em seu desfavor no processo judicial.[19]

A relevância do princípio da confidencialidade é tão grande, que, na Diretiva da Mediação editada em 2008 pela União Europeia, embora constem apenas algumas regras gerais, há menção expressa a ele em seu art. 7º.[20]

A principal função da confidencialidade é a de proteger os seus participantes no caso de ausência de acordo, impedindo que possam ser utilizadas em seu desfavor no processo judicial.[21]

Em decorrência do dever de confidencialidade, o facilitador não será obrigado a depor de fatos que envolvam o exercício de sua atividade, aplicando-se, no caso, o art. 448, II, do CPC/2015. Trata-se de um direito e de um dever essencial ao exercício de sua profissão.

A exigência da confidencialidade é um dos principais motivos pelos quais o juiz não pode atuar como mediador ou conciliador (para além da eventual falta de treinamento específico). É que, por um lado, as partes não iriam se sentir à vontade para fornecer dados confidenciais, que podem ser relevantes para que seja alcançado um consenso, por receio de que o juiz venha a ser influenciado caso não

19. KIRTLEY, Alan. The mediation privilege's transition from theory to implementation: designing a mediation privilege standard to protect mediation participants, the process and the public interest. *Journal of Dispute Resolution*, n. 1, 1995, p. 10.

20. Art. 7º Confidencialidade da mediação

1. Dado que se pretende que a mediação decorra de uma forma que respeite a confidencialidade, os Estados-Membros devem assegurar que, salvo se as partes decidirem em contrário, nem os mediadores, nem as pessoas envolvidas na administração do processo de mediação sejam obrigadas fornecer provas em processos judiciais ou arbitragens civis ou comerciais, no que se refere a informações decorrentes ou relacionadas com um processo de mediação, excepto:

a) Caso tal seja necessário por razões imperiosas de ordem pública do Estado-Membro em causa, em especial para assegurar a protecção do superior interesse das crianças ou para evitar que seja lesada a integridade física ou psíquica de uma pessoa, ou

b) Caso a divulgação do conteúdo do acordo obtido por via de mediação seja necessária para efeitos da aplicação ou execução desse acordo.

2. Nada no n.º 1 obsta a que os Estados-Membros apliquem medidas mais rigorosas para proteger a confidencialidade da mediação.

21. KIRTLEY, Alan. The mediation privilege's transition from theory to implementation: designing a mediation privilege standard to protect mediation participants, the process and the public interest. *Journal of Dispute Resolution*, n. 1, 1995, p. 10.

seja alcançado sucesso na negociação. E, por outro, o juiz dificilmente conseguiria manter a imparcialidade tendo conhecimento de dados confidenciais, que não seriam revelados em um processo judicial no momento de proferir a sentença.[22]

2.4.1. Pessoas atingidas pelo dever de confidencialidade

O dever de confidencialidade aplica-se não somente às partes, mas também ao conciliador, ao mediador, e aos membros de sua equipe, aos prepostos das partes, advogados, assessores técnicos e outras pessoas que tenham, direta ou indiretamente, participado do procedimento. (art. 166, § 2º, CPC c/c § 1º, do art. 30, da Lei n. 13.140/2015). O dever de confidencialidade também se estende para as sessões privadas realizadas pelo mediador, que apenas poderá revela-las com a autorização da parte (art. 31, da Lei n. 13.140/2015), dever que deve ser aplicado, analogicamente, à conciliação.

2.4.2. Informações protegidas

Especificamente acerca do texto normativo, a confidencialidade abrange todas as informações produzidas no curso do procedimento. Os incisos I a IV, do § 1º, do art. 30, da Lei n. 13.140/2015, tentam delimitar melhor que informações são essas, elencando as seguintes: a) declaração, opinião, sugestão, promessa ou proposta formulada por uma parte à outra na busca de entendimento para o conflito; b) reconhecimento de fato por qualquer das partes no curso do procedimento de mediação; c) manifestação de aceitação de proposta de acordo apresentada pelo mediador; d) documento preparado unicamente para os fins do procedimento de mediação.

2.4.3. Exceções à confidencialidade

Tais informações só podem ser utilizadas caso autorizadas pelas partes e em sua exata medida (art. 166, § 1º, CPC), nos casos em que a lei exija sua divulgação ou ela seja necessária para o cumprimento de acordo (art. 30, *caput*, da Lei n. 13.140/2015).

Além disso, ainda é possível a divulgação de informação obtida durante as sessões de mediação quando esteja relacionada com a ocorrência de crime

22. Nesse sentido: WATANABE, Kazuo. Cultura da sentença e cultura da pacificação. YARSHELL, Flávio Luiz; MORAES, Maurício Zanoide de. *Estudos em homenagem à professora Ada Pellegrini Grinover*. São Paulo: DPJ, p. 690. Fazendo referência ao árbitro, mas em lição igualmente aplicável ao processo jurisdicional estatal: SANDER, Frank J. A. Varieties of dispute processing. LEVIN, A. Leo; WHEELER, Russel R. *The pound conference*: perspectives of justice in the future. Saint Paul: West Publishing Co., 1979, p. 75-76.

de ação pública (art. 30, § 3º, da Lei n. 13.140/2015), que deve ser aplicado por analogia à conciliação.

O § 4º, do art. 30, da Lei n. 13.140/2015, ainda determina o afastamento da regra da confidencialidade para impor que todos prestem informações à administração tributária após o termo final da mediação, aplicando-se aos seus servidores a obrigação de manterem sigilo das informações compartilhadas nos termos do art. 198, do CTN. Ou seja, as informações que interessem à administração tributária devem ser divulgadas, apenas com o objetivo do adequado exercício da fiscalização tributária, mas o sigilo delas passa a abranger também os servidores que operem com essa fiscalização. Assim, essas informações só podem ser liberadas para a administração tributária, que não pode usá-la para outros fins além de verificar a eventual incidência de tributos.

2.4.4. Confidencialidade e poder público:

Há, na doutrina, certa preocupação em como conciliar o dever de confidencialidade e o princípio da publicidade da Administração Pública, em especial a partir da Lei de Acesso à Informação (Lei 12.527/2011), que passou a prescrever o sigilo como exceção. Além disso, a Administração Pública é regida, em termos gerais, pelo princípio da publicidade (art. 37, *caput*, da CF), havendo ainda menção à publicidade no poder Judiciário (art. 93, IX, da CF), reforçado e densificado pelo art. 8º, do CPC/2015.

De fato, é possível que a exigência de publicidade, na mediação, desencoraje algumas partes à realização de acordos com o poder público, justamente porque o seu interesse seria o sigilo. No entanto, haveria prevalência do interesse público na publicidade das informações, em detrimento do interesse no acordo sobre o litígio que envolva o poder público.[23]

A mesma lógica foi seguida na autorização dos entes públicos na realização da arbitragem. É provável imaginar que, por diversas vezes, a arbitragem tenha um caráter confidencial, justamente para evitar os problemas inerentes à existência de um litígio, tais como a desconfiança do mercado em relação a uma empresa, a divulgação de informações desfavoráveis aos participantes etc. No entanto, o art. 1º, § 3º, da Lei 9.307/1996, com a redação dada pela Lei 13.129/2015 afirma expressamente que "A arbitragem que envolva a administração pública será sempre de direito e respeitará o princípio da publicidade". Assim, por mais que seja possível que isso afaste a realização de

---

23. Nesse sentido, citando precedentes de cortes norte-americanas: LEATHERBURY, Thomas S.; COVER, Mark. Mediation public: exploring the conflict between confidential mediation and open government. *SMU Law Review* n. 46, 1993, p. 2229.

alguns procedimentos arbitrais com o poder público, mais uma vez prevaleceu o interesse público na transparência e na publicidade dos procedimentos que envolvam entes públicos. Essa mesma lógica deve ser aplicada à realização da mediação e da conciliação pelo poder público.

Por conta desses fatores, a mediação e a conciliação da qual faça parte o poder público não seriam abrangidas pelo dever de confidencialidade, com a exceção dos casos em que a própria Lei 12.527/2011 preserva o sigilo das informações.[24] Como exemplo, seria possível mencionar informações que violem o respeito à intimidade, vida privada, honra e imagem das pessoas (art. 31, *caput*), que traga riscos à soberania nacional, que envolvam segredos industriais (art. 23) etc.

2.4.5. Dever de informar sobre a confidencialidade:

O art. 14, da Lei n. 13.140/2015, afirma que no início da primeira reunião de mediação e, nos demais momentos em que julgue necessário, o mediador deve alertar as partes acerca da regra de confidencialidade, lição que também se aplica à conciliação. O enunciado n. 62 do ENFAM reforça esse dever do mediador, exigindo que esse alerta inclua também quais são as informações abrangidas pela confidencialidade. Muito embora já seja um conteúdo óbvio a ser extraído do art. 14, da Lei 13.140/2015, o referido enunciado tem alguma relevância para reforçar o conteúdo desse dever de alerta. A realização desse alerta sobre a confidencialidade tem por objetivo informar às partes que as informações produzidas não podem ser divulgadas, tentando promover um diálogo mais aberto.

2.4.6. Consequências da violação da confidencialidade:

Caso um dos sujeitos abrangidos pela confidencialidade a viole, podem surgir diversas possibilidades: a) caso as informações sejam utilizadas em processo judicial ou arbitral, tem-se violação dos deveres de boa-fé e lealdade, tornando a prova ilícita,[25] lição doutrinária que foi positivada pelo § 2º, do art. 30, da Lei n. 13.140/2015; b) cabimento de indenização casos essas informações causem danos a uma das partes.

---

24. SOUZA, Luciane Moessa; RICHE, Cristina Ayoub. Das câmaras de mediação. ALMEIDA, Diogo Assumpção Rezende de; PANTOJA, Fernanda Medina; PELAJO, Samantha. *A mediação no novo código de processo civil*. Rio de Janeiro: Forense, 2015, p. 183-185, 210, 219; SOUZA, Luciane Moessa de. *Meios consensuais de solução de conflitos envolvendo entes públicos e a mediação de conflitos coletivos*. Tese de Doutorado. Florianópolis: UFSC, 2010, p. 153.
25. CUNHA, Leonardo Carneiro da. Notas sobre ADR, confidencialidade em face do julgador e prova inadmissível. Disponível em: http://www.leonardocarneirodacunha.com.br/opiniao/opiniao-26-notas-sobre-adrconfidencialidade-em-face-do-julgador-eprova-inadmissivel/. Acesso às 17h, do dia 02 de julho de 2015.

2.5. Oralidade e informalidade:

A inserção da oralidade como aspecto fundamental da mediação e da conciliação visa incentivar que todas as tratativas sejam realizadas de forma oral. A oralidade seria, inclusive, uma forma de relacioná-la com o princípio da informalidade, que a diferencia da formalidade inerente ao processo civil estatal. Além disso, ainda teria por objetivo a aceleração do procedimento e a promoção da confidencialidade, registrando-se por escrito o mínimo possível.[26]

A informalidade incentiva que o procedimento de negociação seja o mais natural possível, sem formalidades, permitindo que as partes estejam em situação confortável e relaxada, garantindo um ambiente melhor para o diálogo. Além disso, a informalidade estaria também conexa a autonomia da vontade, permitindo amplas flexibilizações no procedimento negocial.

A própria linguagem, na mediação e na conciliação, deve ser simplificada. É que, nesses casos, ao contrário do que ocorre no processo judicial, em que contato é predominantemente entre juiz e advogados, que servem de ponte de comunicação para a parte, na mediação e na conciliação, há um contato direto entre as partes e o facilitador. Não se pode depender de uma "tradução simultânea" do advogado para com as partes acerca da linguagem jurídica, que pode impedir a fluidez do diálogo negocial. Portanto, a simplificação da linguagem é um elemento importante para o bom andamento da mediação e da conciliação, facilitando a comunicação direta entre as partes e o mediador.[27]

2.6. Decisão informada

O princípio da decisão informada, de acordo com o inciso II, do art. 1º, do Código de Ética de Mediadores e Conciliadores, que consta do anexo III, da resolução n. 125, do CNJ, faz referência ao dever de o facilitador manter as partes informadas quanto aos seus direitos e contexto fático no qual estão inseridas. Ele se relaciona com o da isonomia entre as partes, permitindo, por exemplo, com a realização do *cáucus*, reuniões particulares com uma das partes (art. 19, da Lei n. 13.140/2015), caso haja necessidade de um esclarecimento mais detalhado com relação a uma delas. As partes, tanto quanto possível, devem estar plenamente informadas para permitir que se possa alcançar um acordo que seja benéfico a ambas, impedindo que acordos abusivos sejam realizados.

26. MIRANDA NETTO, Fernando Gama; SOARES, Irineu Carvalho de Oliveira. Princípios procedimentais da mediação no novo código de processo civil. ALMEIDA, Diogo Assumpção Rezende de; PANTOJA, Fernanda Medina; PELAJO, Samantha. *A mediação no novo código de processo civil*. Rio de Janeiro: Forense, 2015, p. 113.
27. TARTUCE, Fernanda; BORTOLAI, Luís Henrique. Mediação de conflitos, inclusão social e linguagem jurídica: potencialidade e superações. *Civil Procedure Review*, v.6, n.2: 107-129, may-aug., 2015, disponível em: http://www.civilprocedurereview.com/, acesso 'as 14h, do dia 20 de agosto de 2015, p. 119 e ss.

2.7. Boa-fé:

A boa-fé é uma cláusula geral já existente no ordenamento jurídico, extraída da Constituição, mas que foi prevista expressamente no art. 5º, do CPC/2015. O que o art. 2º, VIII, da Lei 13.140/2015 faz é apenas reforçar a sua aplicação ao procedimento da mediação, muito embora à conciliação ela também se aplique pela disposição do CPC. Ela geralmente é conceituada como *"norma de conduta, impondo aos participantes de determinada relação jurídica que atuem de forma leal, respeitando a confiança legítima dos outros participantes"*.[28] Assim, trata-se de mais uma norma que irá limitar a conduta de *todos* os participantes da resolução pacífica de conflitos (partes e facilitador), vedando condutas desleais, como por exemplo, o constrangimento de uma das partes, a realização de condutas contraditórias etc.

2.8. Competência

O sendo da competência mencionado no Código de Ética dos Mediadores e dos Conciliadores foge ao conceito estritamente jurídico. Ao se falar em competência no direito processual, esse conceito é definido como o poder jurisdicional pertencente, em concreto, a cada órgão judicial.[29] Faz-se referência à delimitação da jurisdição pertencente a cada magistrado para conhecer de determinados processo.

No entanto, no Código de Ética dos Mediadores e dos Conciliadores, a competência é definida como o "dever de possuir qualificação que o habilite à atuação judicial, com capacitação na forma desta Resolução, observada a reciclagem periódica obrigatória para formação continuada" (art. 1º, III). Em outras palavras, *o conceito se refere à capacidade do facilitador em exercer a sua profissão de forma adequada*.

A doutrina elenca algumas características importantes para o bom desempenho da função de facilitador: "a) capacidade de escuta; b) atenção aos detalhes no comportamento das partes; c) flexibilidade e criatividade; d) paciência; e) visão (capacidade de aprofundar os níveis latentes ao conflito); f) empatia e capacidade de não julgamento; g) confiabilidade/ credibilidade".[30]

---

28. MARTINS-COSTA, Judith. *A boa fé no direito privado*. São Paulo: RT, 2000, p. 412; MENEZES CORDEIRO, António Manuel da Rocha e. *Da boa fé no direito civil*. Coimbra: Almedina, 2011, p. 632-660; SILVA, Clóvis V. do Couto e. *A obrigação como um processo*. Rio de Janeiro: FGV, 2006, p. 33. Sobre o tema, com mais vagar: PEIXOTO, Ravi. *Superação do precedente e segurança jurídica*. Salvador: Juspodivm, 2015, p. 85-98.
29. CUNHA, Leonardo José Carneiro da. *Jurisdição e competência*. São Paulo: RT, 2008, p. 98.
30. SOUZA, Luciane Moessa de. *Meios consensuais de solução de conflitos envolvendo entes públicos e a mediação de conflitos coletivos*... cit., p. 159-160.

O CPC/2015 apenas faz referência ao requisito de capacidade mínima para que o facilitador possa se cadastrar nos tribunais (art. 167, § 1º). Esse requisito será preenchido por meio de realização de curso em entidade credenciada, que deve ser definido pelo CNJ, em conjunto com o Ministério da Justiça.

No caso dos mediadores, o art. 11, da Lei 13.140/2015 estabeleceu que, para esses profissionais, estes devem ser graduados há pelo menos dois anos em instituição de ensino superior reconhecida pelo MEC, tenha realizado curso de capacitação em instituição reconhecida pela ENFAM e, tal qual o conciliador, que o referido curso deve observar os requisitos mínimos definidos pelo CNJ, em conjunto com o Ministério da Justiça.

Os requisitos exigidos pela Lei 13.140/2015 para o exercício da mediação não devem ser aplicados aos conciliadores. Se o art. 5º, XIII, da CF estabelece que é livre o exercício de qualquer profissão, atendidos as qualificações previstas em lei, é evidente que a regra é a liberdade no exercício da profissão. Portanto, as suas restrições jamais podem ser interpretadas de forma ampliativa, sempre tendendo a permitir maior liberdade no exercício das profissões. Tem-se ainda o art. 5º, II, da CF, que estabelece que alguém só pode ser obrigado a deixar de fazer algo por exigência legal, fortalecendo o exercício da liberdade de profissão para o conciliador. Assim, as maiores exigências estabelecidas para o exercício da função de mediadores apenas a eles devem ser aplicadas.

O CPC/2015 exige que, para a permissão da atuação dos facilitadores na mediação ou na conciliação institucionalizada, que eles passem por um duplo cadastro – um de âmbito nacional e um local – (art. 167, *caput*). Após o credenciamento dos facilitadores, os tribunais devem colher alguns dados relevantes acerca de sua atuação. O § 3º do art. 167, do CPC/2015, indica um parâmetro mínimo de quais seriam esses dasos, embora seja uma lista claramente exemplificativa, pois o texto normativo diz que deverão constar todos os dados relevantes "tais como" e, ao final, ainda permite que constem "outros dados que o tribunal julgar relevante". Nessa listagem exemplificativa, o texto normativo indica as seguintes informações: a) número de processos que participou; b) o sucesso ou insucesso da atividade e c) a matéria sobre a qual versou a controvérsia.

As informações constantes dos cadastros realizados pelo tribunal serão publicadas, ao menos, anualmente, de forma a permitir o conhecimento da população e ainda com finalidade de formar estatísticas e de avaliar o exercício da conciliação, da mediação, das câmaras privadas, dos mediadores e dos conciliadores. Essa publicidade concedida às informações das atividades dos conciliadores e mediadores é importante para permitir um controle público do exercício dessa função, inclusive permitindo às partes maiores elementos para que possam escolher um determinado facilitador.

No entanto, a utilização dessas informações não pode permitir que se adote uma perspectiva errônea no sentido de que esses meios alternativos teriam por função desafogar o Poder Judiciário. Não se pode estabelecer rankings com base em dados meramente estatísticos para a mediação e a conciliação. Isso pode acabar forçando os profissionais da área a ignorarem a necessidade do tempo e o número de sessões necessárias para cada litígio para que sejam melhores classificados. Por mais que esses dados possam ser úteis para verificar a experiência de cada profissional, impõe-se o desenvolvimento de dados que avaliem também de forma qualitativa o exercício da sua função e não apenas de forma quantitativa. Ora, mesmo na análise de sucesso na mediação, tal dado pode esconder a realização de acordos extremamente desvantajosos para as partes mais vulneráveis, ou mesmo que tenha se relacionado apenas com acordos mais fáceis de serem alcançados.[31]

Enfim, percebe-se que houve certa preocupação com a aptidão dos facilitadores para o exercício de sua profissão. Para além do requisito da participação em cursos, ainda se faz menção à divulgação de dados que ajudem o público a conhecer melhor a atuação de cada um desses profissionais. Além disso, o Código de Ética dos Mediadores e dos Conciliadores ainda faz menção à realização de reciclagem periódica.

2.9. Respeito à ordem pública e às leis vigentes

O respeito à ordem pública e às leis vigentes é conceituado pelo art. 1º, VI, do Código de Ética dos Mediadores e dos Conciliadores o conceitua como o "dever de velar para que eventual acordo entre os envolvidos não viole a ordem pública, nem contrarie as leis vigentes". O objetivo desta recomendação é a de que o próprio facilitador possa fazer um controle do conteúdo dos acordos de que faça parte.

Um aspecto que não foi observado pelo CPC/2015 é a dificuldade dos meios alternativos de solução de conflitos com o eventual desequilíbrio dos litigantes.[32] Como destaca a doutrina, o conciliador/mediador não tem condições e nem poderes para lidar com situações de desigualdade, em que uma parte consegue impor sua vontade em relação à outra. É comum que na justiça do trabalho sejam feitos acordos em 50% do valor requerido porque o empregador se utilizar da demora do processo para impor acordos extremamente desvantajosos para

31. Com a mesma preocupação: PINHO, Humberto Dalla Bernardina de. O Novo CPC e a Mediação: Reflexões e Ponderações. Disponível em: http://www.humbertodalla.pro.br/arquivos/O_novo_CPC_e_a_Mediacao.PDF. Acesso às 14h, do dia 03 de agosto de 2015, p. 14-15.
32. GONÇALVES, Marcelo Barbi. Meios alternativos de solução de controvérsias: verdades, ilusões e descaminhos no novo código de processo civil. *Revista de Processo*. São Paulo: RT, v. 242, abr.-2015, p. 624-625.

a parte autora. Nas causas previdenciárias, por exemplo, tem-se o INSS, que por vezes oferece acordos de apenas 70% dos valores pedidos, utilizando-se da mesma lógica trabalhista.[33]

A única previsão normativa que pode auxiliar na desigualação informacional dos litigantes encontra-se no art. 19, da Lei 13.140, que permite que o mediador se encontre individualmente como uma das partes, para que possa explicar a ela melhor os seus direitos, e seria uma forma de permitir que ambas tenham um mínimo de igualdade informacional. Não por acaso um dos princípios informadores da mediação é o da decisão informada (art. 166, *caput*, CPC). Se há uma forte desigualdade informacional entre as partes, esse princípio não será satisfeito e uma das partes terá grandes vantagens em relação à outra, podendo impor a sua vontade e alcançar um acordo que lhe seja apenas favorável, prejudicando o direito da parte contrária.

Assim, como o facilitador não tem tantas formas de diminuir a desigualdade material entre as partes, com a exceção de, eventualmente, ter conversas particulares com uma delas, para melhor informá-las, o dever de respeito à ordem pública e às leis vigentes parece atuar como um último esforço nesse sentido.

2.10. Empoderamento e validação

O empoderamento e a validação são definidos, respectivamente, pelos Incisos VII e VIII, do art. 1º do Código de Ética dos Mediadores e dos Conciliadores, como o "dever de estimular os interessados a aprenderem a melhor resolverem seus conflitos futuros em função da experiência de justiça vivenciada na autocomposição" e o "dever de estimular os interessados perceberem-se reciprocamente como seres humanos merecedores de atenção e respeito".

Esses são aspectos humanistas dos meios consensuais de solução de conflitos, que, segundo nos parece, possuem maior atuação na mediação. É que, enquanto "a conciliação visa o acordo, e a mediação tem o acordo como uma consequência".[34] O principal objetivo da mediação, é a construção de um diálogo adequado, que permite a reconstrução das relações rompidas. A conciliação, por sua vez, é indicada para conflitos pontuais, em que não se tem uma relação anterior.

33. GRINOVER, Ada Pellegrini. Justiça conciliativa. Disponível em: http://direitoprocessual.org.br/index.php?-meios-alternativos-de-solucao-de-controversias. Acesso às 14h, do dia 21 de agosto de 2015, p. 2.

34. SANTANNA, Ana Carolina Squadri; VERAS, Cristiana Vianna; MARQUES, Giselle Picorelli Yacoub. Independência e imparcialidade: princípios fundamentais da mediação. ALMEIDA, Diogo Assumpção Rezende de; PANTOJA, Fernanda Medina; PELAJO, Samantha. *A mediação no novo código de processo civil*. Rio de Janeiro: Forense, 2015, p. 129.

3. CONCLUSÃO

A mediação e a conciliação, embora já fossem estudadas e utilizadas no Brasil, têm recebido grande atenção estatal, sendo regulada por diversos diplomas normativos. Isso impulsiona a atenção da doutrina em desenvolver as técnicas disponíveis para melhor utilização dessas formas alternativas de solução de conflitos.

O objetivo deste texto foi o de auxiliar no início da construção de um conteúdo para os "princípios" setoriais da mediação e da conciliação. Se a função dessas normas jurídicas é a de conformar a interpretação das regras e, ainda, a de criar novas regras, é apenas com a construção do seu conteúdo que se pode alcançar uma maior efetividade desses meios de solução de conflitos. Além disso, como visto, há normas que são tratadas como princípios, mas que, ora não tem a sua estrutura normativa, atuando como regras, ora sequer possuem conteúdo normativo, servindo apenas como orientação da conduta dos facilitadores e de forma de estruturação do procedimento. Afinal, é importante ter o conhecimento da função de cada um deles no procedimento da mediação e da conciliação, a partir de uma delimitação mínima dos seus conteúdos.

CAPÍTULO 5

A Audiência de Conciliação ou de Mediação no Novo Código de Processo Civil

Aluisio Gonçalves De Castro Mendes[1] *e Guilherme Kronemberg Hartmann*[2]

SUMÁRIO: 1. ASPIRAÇÃO LEGISLATIVA E COMPARAÇÕES RITUAIS; 2. FIGURA DO CONCILIADOR E DO MEDIADOR E SUA ESCOLHA; 3. PROCEDIMENTO; 3.1. PRESENÇA E AUSÊNCIA; 3.2 DESIGNAÇÃO E REALIZAÇÃO; 3.3. ADIAMENTO E DISPENSA; 3.4. LITISCONSÓRCIO PASSIVO; 3.5. PAUTA DE AUDIÊNCIA: INTERVALO MÍNIMO ENTRE AS SESSÕES; FRACIONAMENTO DA SESSÃO E REALIZAÇÃO POR MEIO ELETRÔNICO; 4. REALIZAÇÃO DA AUDIÊNCIA DE CONCILIAÇÃO OU DE MEDIAÇÃO NOS PROCEDIMENTOS ESPECIAIS; 5. PALAVRAS FINAIS; REFERÊNCIA.

1. ASPIRAÇÃO LEGISLATIVA E COMPARAÇÕES RITUAIS

O Código de Processo Civil de 2015 (Lei nº 13.105, de 16/03/2015, vulgo NCPC) inova ao prever a audiência de conciliação ou de mediação *initio litis*, aplicável ao rito comum, na esteira de unificação dos procedimentos ordinário e sumário então ditados pelo CPC/1973 (art. 318, NCPC). Prossegue-se o percurso histórico legislativo de maturação quanto ao melhor "momento da conciliação", e sua "fundamentalidade", no processo civil (para se ficar no Código Buzaid, vide leis nº 8.952/1994 e 10.444/2002).

---

1. Pós-Doutor pela Universidade de Regensburg, Alemanha. Doutor em Direito pela UFPR. Mestre em Direito pela UFPR. Mestre em Direito pela Johann Wolfgang Goethe Universität (Frankfurt am Main, Alemanha). Especialista em Direito Processual Civil pela Universidade de Brasília (UnB). Professor nos cursos de graduação e pós-graduação da Universidade do Estado do Rio de Janeiro (UERJ) e da Universidade Estácio de Sá (Unesa). Diretor do Instituto Brasileiro de Direito Processual (IBDP). Membro do Instituto Ibero-americano de Direito Processual, da Associação Brasil-Alemanha de Juristas e da International Association of Procedural Law. Ex-Promotor de Justiça. Desembargador Federal. Diretor de Cursos e Pesquisas da Escola da Magistratura Regional Federal da 2ª Região (EMARF). Membro do Conselho Superior da Escola Nacional de Formação e Aperfeiçoamento de Magistrados (Enfam). Membro da Comissão de Juristas designados para o acompanhamento da redação final do novo Código de Processo Civil no Senado.
2. Mestre e Doutorando em Direito Processual pela Universidade do Estado do Rio de Janeiro (UERJ). Pós-Graduado em Direito Público e Privado pela Escola da Magistratura do Estado do Rio de Janeiro (EMERJ) e Universidade Estácio de Sá (UNESA). Professor nos cursos de pós-graduação da Escola da Magistratura do Estado do Rio de Janeiro (EMERJ), da Associação do Ministério Público do Rio de Janeiro (AMPERJ), da Universidade Cândido Mendes (UCAM), da Universidade Estácio de Sá (UNESA) e do IBMEC-RJ. Professor nos cursos de graduação da Universidade Federal do Rio de Janeiro (UFRJ) e da Universidade Estácio de Sá (UNESA). Ex-Coordenador do Escritório Modelo Cível da Universidade do Estado do Rio de Janeiro (UERJ). Advogado.

O propósito hodierno do legislador foi reduzir ao mínimo a distância entre a propositura da demanda e a realização da audiência, em recognição de que é no momento de encontro das partes e advogados adversos, que se tem mais praticável a combinação ou consumação de um acordo. À vista disso, lucra-se com a brevidade do feito, tendo em vista a economia de tempo e energia processual alcançada (art. 334, parágrafo 11º, NCPC); como também pelo apaziguamento factual dos ânimos então antagônicos, o que atende ao anseio preambular constitucional, em incentivo à solução pacífica das controvérsias.

Ao tratar das normas fundamentais do processo civil, o novel diploma enfatiza a resolução consensual de conflitos, seja pela conciliação [3], mediação [4] ou outros métodos (art. 3º, parágrafos 2º e 3º, NCPC). Tais mecanismos, estimulados tanto na esfera judicial, como se está a tratar, quanto na extrajudicial, canalizam uma solução construída, e não adjudicada [5] – afinal não há vencidos ou vencedores no acordo [6] –, ajustando uma nova formatação do acesso à justiça [7].

---

3. "A conciliação, por sua vez, também representa a intervenção de um terceiro. Todavia, o conciliador está voltado para a solução jurídica do conflito, com o estabelecimento de um acordo, que o próprio conciliador tentará propiciar, sugerindo ou interferindo nas suas bases" (MENDES, Aluisio Gonçalves de Castro. *Teoria Geral do Processo*. Rio de Janeiro: Lumen Juris, 2009).
4. Segundo o conceito legal, "considera-se mediação a atividade técnica exercida por terceiro imparcial sem poder decisório, que, escolhido ou aceito pelas partes, as auxilia e estimula a identificar ou desenvolver soluções consensuais para a controvérsia" (art. 1º, parágrafo único, lei nº 13.140/2015). Em sede doutrinária, um dos autores deste artigo trouxe à baila a seguinte definição: "A mediação é o meio pelo qual um terceiro procura, de modo imparcial, facilitar a resolução da controvérsia, buscando entender e atuar sobre as causas do litígio, para que as partes possam, de fato, encontrar uma solução que as satisfaça e que restabeleça o relacionamento saudável. Sob o prisma metodológico, entretanto, o mediador não tem como escopo e preocupação central a iniciativa, elaboração ou participação em torno da proposta de acordo a ser eventualmente firmado pelas partes" (MENDES, Aluisio Gonçalves de Castro. *Idem*). Destaque-se que importante passo na regulamentação da mediação foi dado pela edição da resolução nº 125/2010, do Conselho Nacional de Justiça, que dispôs sobre a Política Judiciária Nacional de tratamento adequado dos conflitos de interesses no âmbito do Poder Judiciário.
5. De acordo com a Exposição de Motivos da novel legislação, "pretendeu-se converter o processo em instrumento incluído no contexto social em que produzirá efeito o seu resultado. Deu-se ênfase à possibilidade de as partes porem fim ao conflito pela via da mediação ou da conciliação. Entendeu-se que a satisfação efetiva das partes pode dar-se de modo mais intenso se a solução é por elas criada e não imposta pelo juiz". Dimensionando a assertiva de forma imaginosa: "Inegavelmente a conciliação, em regra, minimiza os efeitos desagradáveis do litígio, o que pode resultar em benefício que extrapole o âmbito de interesse dos litigantes e repercutir na paz social. Como disse conceituado processualista (Kazuo Watanabe) certa feita, enquanto os litigantes, ao final do processo, não raro se inimizam, se o feito termina em conciliação, nada impede que celebrem o resultado com um copo de cerveja, no bar mais próximo" (CASTRO FILHO. Poderes conciliatórios do juiz. In: *Os poderes do juiz e o controle das decisões judiciais*: estudos em homenagem à professora Teresa Arruda Alvim Wambier / coordenação José Miguel Garcia Medina et al. São Paulo: RT, 2008, p. 319).
6. CAPPELLETTI, Mauro; GARTH, Bryant. *Acesso à justiça*, tradução de Ellen Gracie Northfleet. Porto Alegre: Sérgio Antônio Fabris Editor, 2002, p. 84.
7. Vale a reflexão: "(..) a sociedade precisa ter consciência de que deve buscar solucionar, por si própria, seus conflitos e, nos casos em que tal resultado não seja obtido, existirá uma alternativa: o Poder Judiciário. Este, sim, deve ser visto como o *meio alternativo de resolução de conflitos*, aquele que será usado nos casos em que a sociedade falhe e os litigantes não sejam capazes de encerrar seu litígio sem a participação da máquina judiciária" (CÂMARA, Alexandre Freitas. Mediação e conciliação na res. 125 do

Logo, o legislador intercede na direção da substituição da "cultura da sentença" pela "cultura da pacificação" [8], como forma de melhorar a qualidade da prestação jurisdicional, humanizando-a. Conta, para isso e por pressuposto, com um necessário comportamento cooperativo, encarnado pelo diálogo, das partes e de seus advogados (art. 6º, NCPC).

De certa maneira, a figura desta audiência, realizada antes do oferecimento da defesa, encontra paralelo no que já ocorre nos Juizados Especiais Cíveis (arts. 21/22, lei nº 9.099/1995), no mote de estímulo à solução consensual dos conflitos, evitando que a contestação do réu acentue a polarização entre as partes. Também é o que se tem parecido no "finado" rito sumário – com atenção à regra temporal transitória (art. 1.046, parágrafo 2º, NCPC) –, onde na audiência preliminar é buscado inicialmente o acordo, para só depois cogitar da apresentação da resposta do demandado, no mesmo ato processual (arts. 277/278, CPC/1973). De forma conclusiva, a nova sistemática codificada cultiva o modelo "conciliação-defesa" em substituição daquele tido por "defesa-conciliação", previsto no rito ordinário do Código que ora se transpõe [9].

Estabelece-se um filtro de litigiosidade, contando-se com os préstimos de conciliadores e mediadores judiciais (art. 139, V, NCPC). Com efeito, o ato do art. 334, NCPC deve ser reputado como a audiência "preambular" de conciliação ou de mediação, justamente por não ser necessariamente o único nesse aspecto.

Não se tem na novel audiência um momento propício para a fixação de pontos controvertidos e organização da instrução (diverso do art. 331, *caput* e parágrafo 2º, CPC/1973), porque ausente, até então, defesa e confrontação especificada e expressa de fatos – exceto a troca de argumentações que naturalmente irá se desenvolver no cotejo da audiência, algo que poderá nem constar na ata da audiência [10], tendo em vista tal ato ser escorado no princípio da confidencialidade (arts. 166, NCPC c/c 2º, VII, lei nº 13.140/15), justamente em auxílio à construção do deslinde amigável.

CNJ e no projeto de código de processo civil. In: *O processo em perspectiva*: jornadas brasileiras de direito processual. São Paulo: RT, 2013, p. 40).

8. WATANABE, Kazuo. A mentalidade e os meios alternativos de solução de conflito. In: *Mediação e gerenciamento de processo*: revolução na prestação jurisdicional. Coord. GRINOVER, Ada Pelegrini; WATANABE, Kazuo; LAGASTRA NETO, Caetano. Grinover, Watanabe, Lagastra. São Paulo: Atlas, 2007, p. 6-10.
9. Não era incomum se deparar com juízes que já se valiam desta prática, mesmo no rito ordinário do Código Buzaid, escorados na regra de que o magistrado pode exigir o comparecimento pessoal das partes em qualquer etapa do feito (art. 342, CPC/1973), inclusive logo depois de despachar a petição inicial, com a advertência de que o prazo para resposta do demandado somente teria fluência caso não obtido o acordo.
10. Enunciado nº 56 da Escola Nacional de Formação e Aperfeiçoamento de Magistrados – ENFAM: "Nas atas das sessões de conciliação e mediação, somente serão registradas as informações expressamente autorizadas por todas as partes". O sentido é de que nada do que foi tratado ou proposto em audiência, inexistindo composição, poderá servir como fundamento do decisório da causa.

Foi dificultada, ritualmente, a dispensa da audiência da conciliação ou de mediação (v.g. art. 334, parágrafo 4º, NCPC, abaixo analisado), ao contrário daquilo previsto para a audiência preliminar do extinto rito ordinário, em que a mera argumentação isolada de uma das partes, ou o fato de ser improvável a conciliação, já servia para a sua dispensa (art. 331, parágrafo 3º, CPC/1973).

2. FIGURA DO CONCILIADOR E DO MEDIADOR E SUA ESCOLHA

O conciliador e o mediador foram expressamente incluídos como auxiliares da justiça (art. 149, *in fine*, NCPC), tal a função relevante que desempenham no processo. Por isso mesmo, aplicam-se aos mesmos os motivos de impedimento e suspeição (arts. 148, II, NCPC c/c 5º, lei nº 13.140/2015).

Segundo a lei processual codificada, o conciliador atuará preferencialmente nos feitos em que não houver vínculo prévio entre as partes; e o mediador nas hipóteses em que este se verificar (art. 165, parágrafos 2º e 3º, NCPC). De fato, a ideia é que a mediação ocorra para as situações de relações continuativas, como aquela ocorrente entre familiares, vizinhos, ou pessoas que por algum motivo convivam intensamente. Isto porque a mediação atua justamente para resolver o vínculo, e não o problema isolado, definindo um espaço mínimo de convivência entre os litigantes; seu resultado tenta reconstruir, dentro do possível, o relacionamento entre as partes, ajudando estas a resolver suas disputas e administrar melhor os seus conflitos.

Vale exemplificar: (i) no *litígio coletivo pela posse de imóvel*, tem-se expressa previsão da realização de audiência de "mediação" (art. 565, NCPC), excluindo-se, *ope legis*, a atuação do conciliador *in casu*; (ii) nas *ações de família* (arts. 693/699, NCPC), embora a lei relate genericamente a realização de "audiência de mediação ou de conciliação", ter-se-á, também, a atuação do mediador como mais adequada.

Quanto aos limites de atuação, a legislação dispõe que o conciliador poderá "sugerir soluções para o litígio", enquanto o mediador "auxiliará os interessados a compreender as questões e os interesses em conflito", de modo que estes possam "identificar, por si próprios, soluções consensuais que gerem benefícios mútuos" (art. 165, parágrafos 2º e 3º, NCPC). As atividades são limítrofes, exigindo, destarte, acurada preparação do respectivo profissional para o desempenho de sua função [11].

---

11. Elaborado pelo Conselho Nacional de Justiça, o Código de Ética de Conciliadores e Mediadores Judiciais prevê imperativos de conduta aos "terceiros facilitadores", valendo o destaque quanto à "ausência de obrigação de resultado", exposto como o "dever de não forçar um acordo e de não tomar decisões

Quanto à escolha do auxiliar, na mediação judicial, tem-se regramento específico ditando que o mediador não estará sujeito à prévia aceitação da parte (art. 25, lei nº 13.140/15), muito embora isto não signifique que o mesmo não possa ser recusado, caso suscitada dúvida sobre sua imparcialidade (art. 5º, parágrafo único, lei nº 13.140/15). Aduz-se, nesse tino, que a mediação se escora na lógica da autonomia da vontade (arts. 166, NCPC c/c 2º, V, lei nº 13.140/15), constando elogiosa previsão sobre a opcionalidade de escolha do mediador na legislação processual codificada (art. 168, NCPC), em fórmula condizente e producente aos fins conciliatórios almejados, no sentido da entrega (não resistência) à atividade de negociar.

3. PROCEDIMENTO

3.1. Presença e ausência

A lei prega a obrigatoriedade de comparecimento da parte e de seu advogado e a punição para aquele que não comparecer injustificadamente à audiência, no caso, a cominação de multa de até dois por cento da vantagem econômica pretendida ou do valor da causa, revertida em favor da União ou do Estado, conforme a regra de competência (art. 334, parágrafo 8º, NCPC) – medida dura e que sobressai, na *ratio* legislativa, para que o enfoque conciliatório não fique restrito ao papel. Deve constar expressa advertência desta sanção na ordem de citação, sob pena de sua inaplicabilidade (arts. 250, III, NCPC).

Curioso é o legislador ter expressado apenas a "audiência de conciliação" neste tópico (art. 334, parágrafo 8º, NCPC), quando se percebe mais aceitável impor o comparecimento das partes justamente nas situações de "mediação", justamente pelo intuito de apaziguar o "vínculo", e não o problema isolado. É indubitável, entretanto, que a lei reputou o referido ato preambular não como um ônus, mas como um dever das partes, seja na conciliação ou na mediação, sob pena de ser sancionado.

Resta observar que o não comparecimento nada influencia no resultado do julgamento, exceto pela imposição da sanção mencionada. Assim, fica afastado o pronunciamento pela extinção do processo caso ausente o demandante; como também o reconhecimento da situação de revelia se o demandado não comparecer à referida audiência. Inclusive, a referida ausência não impede a designação de diversa audiência futura com fins conciliatórios ou de mediação, se assim convir às partes, a partir de atuação judicial (art. 139, V, NCPC).

---

pelos envolvidos, podendo, quando muito, no caso da conciliação, criar opções, que podem ou não ser acolhidas por eles" (art. 2º, III, Anexo III, Resolução nº 125/2010, CNJ).

Diga-se que a lei chancela a outorga de poderes pela parte a representante, mediante procuração específica, para comparecer à audiência (art. 334, parágrafo 10º, NCPC), embora isso não se demonstre plenamente adequado à hipótese de mediação, onde se objetiva reconstruir o vínculo entre partes acorrentadas pelo cotidiano.

Devem as partes, ou seus representantes, comparecer "acompanhadas por seus advogados ou defensores" (art. 334, parágrafo 9º, NCPC), em indicação legislativa de que o referido ato exige capacidade postulatória. A essencialidade da defesa técnica se extrai não só por esta se traduzir no ganho de confiança da parte para concretizar o acordo; mas, mormente, pelo fato de a eventual avença, homologada pelo juiz por sentença (art. 334, parágrafo 11º, NCPC), ter aptidão de definitividade (art. 487, III, "b", NCPC), devendo ser esclarecidas previamente às partes as consequências oriundas do negócio jurídico. Além disso, convém aclarar que a autocomposição pode gerar outras situações que não a transação, como a desistência [12] ou a renúncia da ação pelo autor, ou mesmo o reconhecimento da procedência do pedido pelo réu, de onde são extraídos diferentes efeitos jurídicos, provavelmente ignorados pelo leigo. Por fim, não estamos a tratar de um procedimento de menor complexidade que dispense a presença do advogado dependendo do valor da causa, como nos Juizados Especiais Cíveis (art. 9º, lei nº 9.099/1995), o que traz a ilação de que na situação de partes presentes e advogado(s) ausente(s), ter-se-á impedido o desfecho institucional da composição, naquele momento, exceto se nomeado um advogado dativo [13].

3.2 Designação e realização

Doravante, preenchidos os requisitos da petição inicial, e se não for o caso de julgamento pela improcedência liminar (art. 332, NCPC), o juiz "designará" audiência de conciliação ou de mediação, com antecedência mínima de 30 dias, devendo ser citado o réu com precedência ao menos de 20 dias da data designada para realização deste ato processual (art. 334, *caput*, NCPC) [14].

Tratam-se de prazos regressivos a serem contados da data da audiência para trás, com nítido propósito de franquear a organização da audiência e a

---

12. De qualquer maneira, a desistência autoral não exige a concordância do demandado, já que instituído o marco de estabilização a partir da apresentação da contestação (art. 485, parágrafo 4º, NCPC), algo inexistente até o momento ritual.
13. Se bem que, por questões práticas, não seria um disparate entender pela validade da transação realizada em audiência por partes capazes, mesmo sem advogado, quando não se identifique vício de vontade. Nesse sentido: STJ – REsp 337.188/SP, 4ª Turma, Rel. Min. Aldir Passarinho Junior, data do julgamento: 18/10/2001.
14. Nas ações de família, a citação deve ocorrer com a antecedência mínima de 15 dias da data designada para a audiência (art. 695, parágrafo 2º, NCPC).

realização das comunicações processuais, bem como, no último caso, de se permitir ao réu contratar advogado e de se inteirar sobre a demanda. Neste último caso, diga-se de passagem, por ter esta audiência único propósito de conciliação ou de mediação, e não de apresentação de defesa, melhor será compreender que a apuração do prazo dos 20 dias de antecedência para o demandado deve adotar o marco da comunicação processual do aviso de recebimento ou mandado com resultado positivo, aos autos, e não de sua juntada (interpretação ampla do art. 231, parágrafo 3º, NCPC).

Não há previsão de *prazo máximo* para realização desta audiência, sendo importante que a mesma não demore a ocorrer, sob pena de impactar prejudicialmente todo o procedimento [15]. Por sua vez, a exigência do *prazo mínimo* de 30 dias, entre a designação e a realização da audiência, também pode implicar no descumprimento da promessa de razoável duração do processo (art. 4º, NCPC), já que, em se tratando de prazo processual contado "em dias", terá este que seguir a regra de contagem apenas em dias úteis (art. 219, *caput* e parágrafo único, NCPC), alongando o procedimento em sua fase inicial, onde sequer se cogita de resistência. Seria mais razoável que o legislador ditasse "1 mês" como parâmetro mínimo de antecedência, porquanto se teria a contagem corrida, sem distinção de dias úteis ou não [16].

Ainda, se envolvida a Fazenda Pública ou outros entes de envergadura que possuam a benesse do prazo especial, ter-se-á aplicável, literalmente, o prazo em dobro (arts. 180 e 183, NCPC); assim, a distância mínima será de 60 dias (úteis) entre a designação e a realização da audiência (e não 30), devendo estes ser citados com 40 dias (úteis) de antecedência (e não 20).

A mesma discussão sobre a incidência do prazo especial se põe quanto ao demandado defendido pela Defensoria Pública (art. 186, NCPC), com o acréscimo do problema de somente se tomar conhecimento da situação de necessidade do réu, requisito para a defesa técnica pública (art. 134, CRFB), após a designação da audiência e da comunicação processual que se seguiu visando o respectivo comparecimento. Nesse caso, merece a prerrogativa processual diversa roupagem: para que o necessitado chegue à audiência consciente dos seus direitos e responsabilidades, em reverência à igualdade material, dever-se-á aplicar a duplicação, especialmente quanto ao prazo regressivo, levando

15. WAMBIER, Luiz Rodrigues; VASCONCELOS, Rita de Cássia Corrêa de. A eliminação da audiência preliminar no projeto do novo código de processo civil – a disciplina proposta no "relatório-geral Barradas". In: *Novas tendências do processo civil* – estudos sobre o projeto do novo CPC. FREIRE, Alexandre; DANTAS, Bruno; NUNES, Dierle et al (orgs.). Salvador, Jus Podivm, 2013, p. 537.
16. Como fez o legislador, à título de exemplo, ao tratar do prazo para abertura da ação de inventário e partilha, substituindo "60 dias" por "2 meses" (art. 983, CPC/1973, correlato ao art. 611, NCPC), justamente pelo objetivo de evitar a contagem do prazo somente em dias úteis e acelerar o respectivo ajuizamento.

em conta, também, a tradicional dificuldade de estrutura, o intenso volume de trabalho do referido órgão público, bem como o remoto contato entre defensor e assistido. O óbice é que isso faltamente imporá a redesignação da referida audiência, porquanto o prazo especial somente poderá ser concedido após a manifestação do defensor público com tal requerimento.

É de se frisar que a *designação* da audiência de conciliação ou de mediação poderá nem ocorrer se o direito envolvido não admitir transação (art. 334, parágrafo 4º, II, NCPC), como, por exemplo, numa ação que busque a invalidade do casamento. Deve o juiz ter uma leitura atenta da petição inicial justamente para identificar a impossibilidade de transação na hipótese, evitando a designação e quiçá realização de um ato processual desnecessário. Na dúvida sobre a indisponibilidade do direito envolvido – até porque alguns direitos tidos por indisponíveis permitem a conciliação (como reconhece o art. 3º, *in fine*, lei nº 13.140/15) –, ter-se-á como inafastável a designação desta audiência, inclusive pelo mote conciliatório do novo diploma. Cabe registrar que, no caso de direito que não admita transação, a resposta do réu deverá se dar no prazo de 15 dias conforme a modalidade de citação envolvida (arts. 231 e 335, III, NCPC).

Aliás, tendo o legislador tratado especificamente da diferença de tarefas do conciliador e do mediador (art. 165, parágrafos 2º e 3º, NCPC), deve ser exigido ao juiz, no despacho inicial de deferimento da inicial, com a devida cautela, identificar o tipo de litígio e a espécie de audiência adequada à hipótese, em verdadeira triagem, sob pena de deixar tal importante distinção para os conciliadores/mediadores, sobrando desinformação que comprometa o êxito de pacificação.

Antes disso, o autor deverá indicar na petição inicial sua opção pela realização ou não desta audiência preliminar (art. 319, VII, NCPC). Ainda que apurado o desinteresse autoral, será obrigatoriamente *designada* a audiência de conciliação ou de mediação, exceto em se tratando da hipótese retro esclarecida (art. 334, parágrafo 4º, II, NCPC). A intimação do demandante quanto à designação será feita na pessoa do advogado subscritor da inicial (art. 334, parágrafo 3º, NCPC), com exceção dos casos em que se exige intimação pessoal (v.g. art. 186, parágrafo 2º, NCPC [17]).

Uma vez designada, será expedido o mandado citatório do demandado – ou carta (art. 248, parágrafo 3º, NCPC) – que conterá a descrição da intimação para o

17. Há exegese que nos casos de o autor ser patrocinado pela Defensoria Pública, deverá o mesmo ser automaticamente intimado na forma pessoal para comparecer à audiência, por se tratar de providência a ser desempenhada pela própria parte, não bastando a mera intimação pessoal do defensor público (SILVA, Franklyn Roger Alves; ESTEVES, Diogo. *O prazo regressivo de 20 dias para audiência de conciliação ou de mediação*. Disponível em: ‹ http://www.conjur.com.br/2015-set-15/tribuna-defensoria-prazo-regressivo-20-dias-audiencia-conciliacao-ou-mediacao ›. Acesso em: 18 agosto 2015).

comparecimento a referida audiência, com a menção do dia, hora e local, além da necessidade de acompanhamento por advogado ou defensor público (art. 250, IV, NCPC). Vale o registro de que o referido mandado conterá cópia da petição inicial (art. 250, V, NCPC), o que servirá, inclusive, para que o réu saiba, de sobreaviso, sobre a intenção autoral quanto a realização da audiência preambular.

O réu, citado, poderá se manifestar pelo (i) cancelamento da audiência já designada, protocolando petição neste sentido com 10 dias de antecedência da audiência (art. 344, parágrafo 5º, NCPC). Tendo em vista que a citação válida deve ser realizada com antecedência de 20 dias, isso significa que o réu terá, no mínimo, 10 dias para peticionar neste sentido. Nesse caso, da data do protocolo desta petição fluirá o prazo de 15 dias para contestação (art. 335, II, NCPC). Tal faculdade chancelada ao demandado deve constar na comunicação processual inicial, em advertência colaborativa do juízo (arts. 250, II, NCPC).

Se o réu (ii) tiver interesse pela audiência, esta se realizará, ainda que o autor tenha se manifestado contrariamente. A legislação foi clara em exigir a discordância dupla para que a audiência não seja *realizada* (art. 334, parágrafo 4º, I, NCPC), em autorização para que a manifestação das partes, em conjunto, flexibilize o procedimento [18]. Nesse caso, o prazo de 15 dias para contestação correrá da data da audiência de conciliação ou mediação, ou da última sessão de conciliação, se for o caso (art. 335, I, NCPC).

Em síntese: se o autor se manifestar pela realização da audiência na inicial, esta fatalmente ocorrerá; se o autor optar pela não realização, mas o réu nela se interessar, a audiência também se realizará de forma obrigatória [19]. Como se nota, dificilmente esta audiência não irá ocorrer, dado que a sua realização culmina por gerar a postergação do início do prazo defensivo do réu [20].

Um prognóstico prático que se pode fazer é que caso o autor não pretenda a audiência, assim optando na inicial, terá o seu advogado que ficar demasiadamente atento ao processo, decerto sobre a manifestação do réu pelo respectivo cancelamento, até 10 antes da data em que foi a mesma designada. O problema prático é que o cartório terá um prazo relativamente curto para o

18. Enunciado nº 61 da Escola Nacional de Formação e Aperfeiçoamento de Magistrados – ENFAM: "Somente a recusa expressa de ambas as partes impedirá a realização da audiência de conciliação ou mediação prevista no art. 334 do CPC/2015, não sendo a manifestação de desinteresse externada por uma das partes justificativa para afastar a multa de que trata o art. 334, § 8º".

19. "Nem uma nem outra parte têm possibilidade de, sozinha, escapar da audiência preliminar" (THEODORO JR., Humberto. *Curso de direito processual civil* – teoria geral do direito processual civil, processo de conhecimento e procedimento comum, vol. I. 56 ed. rev., atual e ampl. Rio de Janeiro: Forense, 2015, p. 779).

20. Já se alertou que pelo menos um dos litigantes intenta tomar em mau sentido as prescrições legais, mormente para manter lento o passo do processo (MOREIRA, José Carlos Barbosa. O processo, as partes e a sociedade. In: *Temas de direito processual*, série 8. São Paulo: Saraiva, 2004, p. 29-40, p. 33).

processamento desta petição, de modo a proceder ao alerta ao autor sobre o cancelamento da audiência (pela discordância dupla), quanto mais na situação de alegação de incompetência territorial pelo réu, cuja petição pode ser protocolada em foro longínquo daquele onde se processa a demanda (art. 340, NCPC). Como se vê, não foram à toa as expressões *"imediatamente"* e *"preferencialmente por meio eletrônico"* constantes neste último dispositivo.

Como a nova legislação do processo implanta tal audiência preliminar como ato processual praticamente inerente ao procedimento, cabe compreender que o *silêncio do autor* quanto à manifestação sobre o interesse nesta audiência não se sujeita à necessidade de intimação para emenda/correção; não compromete a sua realização; nem implica no seu cancelamento, sendo defeso entendê-lo como tácita falta da vontade de conciliar. Nesse entendimento, basta dizer que a lei exige a manifestação expressa do desinteresse, e não do interesse na realização do ato. Ademais, se a falta de manifestação pretérita do réu resulta na realização da audiência (não realização do ônus previsto no art. 334, parágrafo 5º, *in fine*, NCPC), há de se entender, paralelamente, que a inércia autoral nesta indicação inicial importará na mesma consequência, realizando-se o referido ato processual.

3.3. Adiamento e dispensa

A regra da discordância dupla amolda-se sistematicamente à lógica privatista assumida pelo novo *codex*, já que a vontade das partes, em conjunto, passa a ser determinante para o desenvolvimento do procedimento (art. 190, NCPC), na exclusão desta audiência de caráter preliminar [21]; todavia, fragiliza o método consensual ao obrigar a realização da audiência de conciliação ou de mediação quando uma das partes não a deseje ("se um não quer, dois não conciliam"), burocratizando e aumentando os custos do procedimento [22]. Não é por outro motivo que a lei de mediação sublinha que "ninguém será obrigado

21. Convém ressaltar a possibilidade de negócio processual entre as partes justamente para que a referida audiência seja excluída do procedimento (nesse sentido: enunciado nº 19 do Fórum Permanente de Processualistas Civis – FPPC).

22. Apesar da clareza do texto normativo, há doutrina abalizada que defende a distância da sua interpretação literal: "Apesar do emprego, no texto legal, do vocábulo 'ambas', deve-se interpretar a lei no sentido de que a sessão de mediação ou conciliação não se realizará se *qualquer das partes* manifestar, expressamente, desinteresse na composição consensual. (...). É que um dos princípios reitores da mediação (e da conciliação) é o da voluntariedade, razão pela qual não se pode obrigar qualquer das partes a participar, contra sua vontade, do procedimento de mediação ou de conciliação (art. 2º, § 2º, da Lei nº 13.140/2015)" (CÂMARA, Alexandre Freitas. *O novo processo civil brasileiro*. São Paulo: Atlas, 2015, p. 199); "Basta que uma não queira para frustrar o ato. Não faz sentido, ao menos quando o objetivo que se persegue é a autocomposição, que a vontade de uma parte obrigue a outra a comparecer à audiência (ainda mais sob pena de multa)" (BUENO, Cassio Scarpinella. *Manual de direito processual civil*: inteiramente estruturado à luz do novo CPC – Lei n. 13.105, de 16-3-2015. São Paulo: Saraiva, 2015, p. 272).

a permanecer em procedimento de mediação" (art. 2º, parágrafo 2º, lei nº 13.140/2015), o que contrapõe a lógica da exigência de discordância dupla.

De fato, quem não procede pela própria vontade, tende a se mostrar mais reticente ao que encontra, o que acabará por inibir acordos. Nessa lógica, deveria a audiência preambular constituir um recurso aberto a quem deseje aproveitá-lo, de modo que o tempo e sua prática, e não a imposição de comparecimento, dê cabo à disseminação e aceitação popular [23].

No raciocínio de censura, um certeiro exemplo em que a audiência desperdiçará energia processual se dará quando o demandante afirme na inicial a opção pelo ato conciliatório, mas o réu pretenda alegar ser parte ilegítima ou não ser o responsável pelo prejuízo invocado (art. 339, NCPC), o que não inibirá a realização da mesma. O problema é que o legislador tratou da alegação desta questão processual na contestação (arts. 337, XI; e 338, NCPC), o que se dá, em tese, após a realização da famigerada audiência. Convém que se dê uma exegese diversa, *in casu*, para que tal alegação prévia sirva para suspender a realização da audiência, em analogia do que se tem quanto à arguição de incompetência territorial (art. 340, parágrafo 3º, NCPC).

Não se defende que a audiência seja excluída para tal hipótese, e sim que seja retirada a obrigatoriedade procedimental de que a mesma seja realizada quando já se tenha prévia manifestação deste naipe formulada pelo demandado. *In casu*, convém deixar tal ato para depois (*adiamento*), quando estabilizado o elemento subjetivo da demanda, inclusive porque o rumo de quem figurará no pólo passivo depende do crivo autoral (art. 339, parágrafos 1º e 2º, NCPC).

Acresça-se, argumentativamente, que a legislação processual codificada permite a prática de atos processuais antes do termo inicial do prazo (art. 218, parágrafo 4º, NCPC), o que atua de forma a corroborar a possibilidade de manifestação do demandado neste sentido, antes mesmo da abertura do seu prazo para contestar. Em outras palavras, a petição do réu de cancelamento da audiência (art. 334, parágrafo 5º, *in fine*, NCPC) pode abarcar matéria própria da contestação, nada impedindo, até, que seja a mesma a própria contestação.

---

23. Segue lúcida observação crítica à obrigatoriedade da mediação: "Se se tiver em conta o que se expôs, a mediação deve ser obviamente voluntária para ambos litigantes. Não podem ser compelidos a comparecer à mediação porque, nesse caso, a pacificação começa com uma coerção inadmissível. É possível que, sendo voluntária a mediação, se celebre um número menor de mediações, o que está claro. Mas uma taxa de satisfação social será, sem dúvida, mais alta. E se, deste modo, essa taxa for crescendo pouco a pouco, o recurso à mediação se dará espontaneamente com mais freqüência" (NIEVA-FENOLL, Jordi. *Mediação: uma "alternativa" razoável ao processo judicial*. Revista eletrônica de direito processual. Ano 8, vol. 14, p. 224/225. Disponível em: < http://www.e-publicacoes.uerj.br/index.php/redp/article/view/14537/11009 >. Acesso em: 21 junho 2015.

Não é preciso ir muito longe para elencar outras hipóteses de *adiamento*. Segue o mesmo panorama a situação de o réu pretender o chamamento ao processo de coobrigado pela dívida, o que, nos conformes legais, deve ser feito na contestação (art. 131, NCPC). A realização da audiência preambular sem a presença daquele que será "chamado" arruinará o ânimo conciliatório do demandado (chamante), já que uma eventual composição firmada entre as partes originárias não constituirá título executivo contra o terceiro (art. 132, NCPC), porquanto ainda não integrado ao feito. O ideal é que a manifestação pelo chamamento ao processo se dê logo no peticionamento prévio que vise o cancelamento da audiência (art. 334, parágrafo 5º, *in fine*, NCPC), sendo serviente, assim, para a determinação de seu "adiamento", para que se permita a escorreita comunicação processual do chamado para comparecer.

Por sua vez, pode-se contabilizar mais um entrave de inibição conciliatória entre as partes originárias na audiência preambular quando se tenha a hipótese de denunciação da lide a ser formulada pelo réu (art. 126, *in fine*, NCPC). Isto porque o eventual acordo entre as partes originárias impedirá o exercício, neste mesmo feito, do direito de regresso antecipado do demandado contra o terceiro. Ademais, quando envolvida relação de seguro, hipótese frequente de denunciação da lide, a seguradora-denunciada, em muitas situações, dita tanto os rumos da defesa do segurado-denunciante (art. 128, I, NCPC), como também das próprias bases de um eventual acordo, devendo aquela, assim, ser integrada ao feito previamente para participar da audiência de conciliação.

Ocorre que há situações em que se demonstra razoável reconhecer pela *dispensa* da audiência preambular, devendo ser repreendida a exegese pela realização "coativa" do ato, no exato sentido da presença da parte se dar apenas para evitar a imposição da sanção. Em verdade, mais sensato seria que a audiência preambular fosse dispensada mesmo nos casos em que se tenha uma única manifestação pela sua não realização, mas desde que sob razões fundadas que tornem inverossímil a conciliação entre as partes, conforme entender o julgador. Em última *ratio*, se é dever do juiz reprimir medidas protelatórias (art. 139, III, NCPC), velando pela efetividade do feito, outro não pode ser o caminho interpretativo; a intervenção judicial se impõe para obstar a burocratização do ato.

Saliente-se que a desobrigação de comparecimento ganha mais peso nas hipóteses sujeitas à "conciliação", porque, nos casos de "mediação", o arquétipo obrigatório bem se amolda, ao menos, por infundir o restabelecimento da comunicação entre as partes, algo importante em amparo da pacificação do vínculo.

A afirmativa de dispensa se amolda à hipótese em que o réu apresente, na petição de cancelamento, manifestação defensiva incompatível com a intenção de conciliar, seja em caráter processual ou de mérito, como na alegação processual embasada de perempção ou coisa julgada (art. 337, V e VII, NCPC), ou na defesa direta de mérito em que se relate peremptoriamente a negativa quanto ao fato constitutivo alegado pelo autor.

A ilação vale também para o pólo ativo, quando o autor logo na petição inicial demonstre justificadamente sua opção, e convicção, de que o ato conciliatório será infundado (art. 319, VII, NCPC). Um exemplo implacável disto é quando já se tenha frustrada a prévia tentativa de mediação extrajudicial (arts. 21/23, lei nº 13.140/2015), o que constitui motivo mais do que suficiente para não repetição do ato em juízo.

Aliás, nessa hipótese de o demandante não desejá-la expressa e fundamentalmente, um formato sugestivo para impedir que a audiência se transforme num escudo defensivo procrastinatório, mormente para a situação de litigante passivo contumaz, seria seguir a exegese de que se o demandado silenciar quanto ao protocolo da petição prévia com pedido de cancelamento do ato, o que não impede a realização do mesmo, passa-se a se presumir o seu interesse em conciliar, devendo este último, obrigatoriamente, apresentar proposta de acordo, em patamares razoáveis, sob pena de comportamento contraditório processual (art. 80, IV, NCPC), incidindo a imposição de multa pela litigância de má-fé (art. 81, NCPC). Em aplicação direta da diretriz cooperativa fixada pelo art. 6º, NCPC, se o réu *também* não queria acordar, que assim se manifestasse antes pelo cancelamento da audiência, sob pena de ser sancionado. Convém que a aplicação da penalidade conste no mandado citatório, incluindo a indicação autoral pela não realização do acordo (art. 250, II e III, NCPC).

Não se pode finalizar este tópico sem abordar que um diverso e relevante entrave em oposição à obrigatoriedade da audiência de conciliação ou de mediação é o da *remuneração do conciliador ou do mediador*, inexistindo regulamentação legal satisfatória na nova lei do processo sobre quem pagará pelo ato processual (vide art. 169, NCPC), por vezes indesejado. A lei da mediação, também em *vacatio legis*, dita que a remuneração será custeada pelas partes, exceto na hipótese de gratuidade (art. 13, lei nº 13.140/2015). Cabe dizer que o custo pode atuar como forma de incentivo negativo à aceitação do ato processual, de forma não contributiva para a superação da cultura do litígio; trazendo percalços, também, à interpretação sobre a obrigatoriedade de comparecimento.

3.4. Litisconsórcio passivo

Procurou a legislação pormenorizar a hipótese de litisconsórcio passivo, caso em que o desinteresse na audiência terá que ser manifestado por todos os litisconsortes (art. 334, parágrafo 6º, NCPC). A solução legal pelo pronunciamento de todas as partes envolvidas (pólos ativo e passivo) prestigia a realização do ato conciliatório, podendo até ser dito que o sistema aplicado é o da integral discordância, exigindo tripla, quádrupla ou múltiplas negações, tendo em vista o número de litisconsortes. Nesse caso, segundo o novo texto expresso, o prazo da contestação de cada litisconsorte correrá da data de apresentação de seu respectivo pedido de cancelamento de audiência (art. 335, parágrafo 1º, NCPC: "para cada um dos réus").

Decerto, a fluência isolada do prazo indica o afastamento do regramento que previa a fluência do prazo comum aos litisconsortes, sendo contada da juntada do último aviso citatório cumprido (art. 241, III, CPC/1973). Entretanto, considere-se que consta na nova lei processual uma disposição com sentido correspondente àquela revogada, na expressão de que "quando houver mais de um réu, o dia do começo do prazo para contestar corresponderá à última das datas a que se referem os incisos I a VI do *caput*" (art. 231, parágrafo 1º, NCPC), trazendo certa dubiedade sobre o *dies a quo* da fluência do prazo para contestação havendo litisconsórcio passivo. Esta conjectural antinomia normativa, cabe compendiar, deve ser aparada pela aplicação do último regramento apenas às hipóteses em que *não foi designada* a audiência de conciliação ou de mediação (v.g. art. 334, parágrafo 4º, II, NCPC).

Já quando *designada* a tocante audiência, algumas reflexões merecem ser postas, mormente pelo constatável imbróglio ocasionado pela situação em que um litisconsorte se manifeste previamente pelo cancelamento da audiência, diante do seu factível desconhecimento prévio sobre o interesse do outro demandado na realização do respectivo ato processual – cuja soma de condutas, como se sabe, é determinante para tanto –, fazendo pairar incertezas quanto ao termo inicial para apresentação da peça defensiva.

É preciso depurar bem as situações. Segundo a lei, (i) caso a audiência se realize sem que ninguém se manifeste previamente pelo cancelamento da mesma, o prazo para contestação de todos os litisconsortes correrá da data da respectiva audiência de conciliação, ainda que qualquer dos demandados não compareça (art. 335, I, NCPC), hipótese em que o ausente será devidamente apenado (art. 334, parágrafo 8º, NCPC).

De outra maneira, dita a lei que (ii) caso a audiência seja cancelada em conformidade com a manifestação negativa de todos os litisconsortes passivos, acompanhando a vontade autoral de dispensa, será aplicado o prazo individual para a contestação, nos termos da data da petição de cada um deles (art. 335, parágrafo 1º, NCPC).

Discorra-se, em terceira via, que (iii) caso a audiência se realize pelo fato de que apenas um dos demandados tenha se manifestado antes pelo seu cancelamento – o que não impede a ocorrência da sessão conciliatória –, o prazo para contestação também deverá ser contado individualmente para este litisconsorte, conforme sua isolada manifestação, muito embora a legislação não tenha ressalvado tal hipótese (o art. 335, parágrafo 1º, NCPC, remete ao art. 334, parágrafo 6º, NCPC, que cogita da situação de manifestação de "todos os litisconsortes" pelo cancelamento, algo inocorrente neste exemplo).

Esta solução traz o inconveniente da possibilidade fática de que a peça de resistência de um dos litisconsortes possa ser juntada aos autos antes da audiência, encolerizando o ânimo de acordo daqueles que dela tiverem conhecimento. Além disso, a oportunidade de ciência prévia por um dos réus da forma e daquilo que o outro se defende, de modo que possa "montar" sua contestação nesta conformidade – o que ganha relevo quando as teses defensivas sejam incombináveis, por certo no litisconsórcio simples/comum, onde a decisão pode ser diferente e adversa para os litisconsortes –, distancia-se da lógica de reverência à ampla defesa e isonomia, com o agravo de se tratar do processo de conhecimento [24].

Finalmente, evidencia-se que as regras ora abordadas valem tanto para o litisconsórcio necessário ou facultativo, relacionados à obrigatoriedade ou não de cumulação subjetiva, com relevo no exercício do contraditório; quanto para o litisconsórcio unitário ou simples/comum, com referência à uniformidade ou não da decisão a ser prolatada. Em todas as hipóteses, sem distinção, não se afasta o intuito de realização da sessão de conciliação ou de mediação contando com a presença de todas as partes envolvidas – muito embora o acordo em audiência possa ser obtido e homologado, dependendo do caso e dentro dos limites das posições jurídicas, mesmo na ausência de um dos litisconsortes, se este não restar prejudicado.

3.5. Pauta de audiência: intervalo mínimo entre as sessões; fracionamento da sessão e realização por meio eletrônico

O legislador visa resguardar um lapso temporal adequado para a tentativa de composição entre as partes, impondo um regramento de organização da pauta de audiências para que se respeite o *intervalo mínimo de vinte minutos entre o início de cada uma delas*, intercalando os atos praticados nos diversos processos com audiência designada para aquele dia (art. 334, parágrafo 12º, NCPC). Cabe reconhecer que, diante da conturbada realidade forense, e da difícil fiscalização de seu atendimento, tem-se nesta regra um viés nitidamente programático. De qualquer maneira, a fórmula vale isoladamente para os atos praticados numa exclusiva sala de mediação ou conciliação, afinal o centro

24. Outra acepção é feita no processo de execução (v.g. art. 915, parágrafo 1º, NCPC).

judiciário pode (e deve) contar com quantitativo maior de auxiliares de justiça atuantes, de forma a facilitar a desobstrução da pauta.

De outro modo, relate-se a possibilidade de *fracionamento da sessão de conciliação ou de mediação* de um único feito, realizando-se outra(s), desde que não se exceda o prazo de dois meses da data de realização da primeira sessão (art. 334, parágrafo 2ª, NCPC). O desiderato é chancelar a aproximação das partes e/ou a reflexão sobre as discordâncias opostas.

É de se ter atenção que não se cogita do prazo de dois meses intercalado entre cada uma das sessões, e sim da fixação de um limite temporal máximo para que se desenvolva todo o procedimento conciliatório, culminando num intervalo mínimo entre as respectivas sessões.

Em lógica inversa, a nova sessão somente será designada caso ambas as partes expressamente e de comum acordo requererem sua realização ("concordância dupla"), como reconhece a lei específica (art. 28, lei nº 13.140/2015); algo que encontra justificativa no fato de o procedimento da conciliação ou da mediação ser regido pela livre autonomia dos interessados (art. 166, parágrafo 4º, NCPC). Sem contar que é livre o acordo pela suspensão convencional do feito, desde que não supere seis meses (art. 313, II, e parágrafo 4º, NCPC).

Podem ser citados exemplos práticos menos badalados de redesignação da audiência: (i) ausência do advogado de uma das partes na primeira sessão, caso seja este o fator impeditivo da realização do acordo (noção do art. 334, parágrafo 9º, NCPC); (ii) objetivo de comparecimento de diversa pessoa (terceiro), afinal a autocomposição judicial pode incluir sujeito estranho ao processo (art. 515, parágrafo 2º, NCPC).

Finalmente, frise-se que o legislador previu a possibilidade de realização da *audiência de conciliação ou de mediação por meio eletrônico* (art. 334, parágrafo 7º, NCPC), em referência ao ato praticado por videoconferência, cujo recurso tecnológico tem apoio na legislação do processo eletrônico (lei nº 11.419/2006). O intuito é evitar o deslocamento da parte que resida em diversa comarca, seção ou subseção judiciária daquela onde tramita o processo judicial, algo também previsto para a colheita de depoimento pessoal (art. 385, parágrafo 3º, NCPC). Vale dizer que tal possibilidade deve ser compatibilizada com respeito ao princípio da confidencialidade (arts. 166, NCPC c/c 2º, VII, lei nº 13.140/15).

4. REALIZAÇÃO DA AUDIÊNCIA DE CONCILIAÇÃO OU DE MEDIAÇÃO NOS PROCEDIMENTOS ESPECIAIS

Interessa compassar a figuração desta audiência em procedimentos especiais regulados no próprio código ou em legislação extravagante, sendo eleitos alguns dentre aqueles de maior numerosidade prática como exemplos de visualização.

Na tipologia procedimental básica, cabe aplicar aos demais ritos especiais codificados, supletivamente, as normas do rito comum previsto no Código de Processo Civil (arts. 318, parágrafo único, NCPC). O mesmo vale para os procedimentos previstos em lei esparsa, cujas disposições especiais permanecem em vigor, socorrendo-se do rito comum naquilo que for compatível (arts. 1.046, parágrafo 2º, NCPC).

Nas (i) *ações de família*, com expressa previsão na nova lei processual, será considerada obrigatória a audiência de "mediação" – o fato de se tratar de relação continuativa exclui a indicação de "conciliação" (art. 165, parágrafos 2º e 3º, NCPC) –, até porque o rito específico somente remete ao "comum" depois de realizada a mesma ("a partir de então", conforme art. 697, NCPC). Corrobora a assertiva o fato de que o réu é citado para comparecer à audiência sem que o respectivo mandado conste a cópia da petição inicial (art. 695, parágrafo 1º, NCPC) [25]. Ademais, o próprio interesse social reclama a intervenção estatal no sentido da pacificação das famílias, o que justifica a assertiva de que "todos os esforços serão empreendidos para a solução consensual da controvérsia" nesse tipo de causa (art. 694, NCPC).

Quanto aos (ii) *Juizados Especiais Cíveis*, procedimento bem usual na sociedade brasileira contemporânea, também cabe definir os impactos oriundos da tipologia instituída pela nova lei processual. Embora não tenha sido objetivo direto do legislador alterar o regime deste microssistema – quando quis, fez-se expressa referência de alteração (vide arts. 1.062 ao 1.066, NCPC) –, pode-se conceber aplicável subsidiariamente o novo regramento codificado ao menos quanto à especificação das figuras do conciliador e do mediador, sua habilitação e atuação; e possivelmente da realização da primeira audiência do rito tido como sumaríssimo no contexto dos centros judiciários de solução de conflito, em razão do perfeito ajuste aos princípios norteadores do sistema de Juizados Especiais Cíveis (art. 2º, lei nº 9.099/1995). A própria referência às leis nº 9.099/1995 e 10.259/2001, quando da dispensa da figura do advogado ou defensor público na mediação judicial (art. 26, lei nº 13.140/2015), faz reconhecível a aplicação desta tipologia, especificamente quanto à atuação do mediador, aos referidos ritos [26].

---

25. "O sentido do regramento é promover a tentativa conciliatória antes da ciência do réu dos termos da inicial, algo que supostamente pode contribuir para evitar um clima de beligerância entre os demandantes" (CARNEIRO, Paulo Cezar Pinheiro; PINHO, Humberto Dalla Bernardina de (coords.). *Novo código de processo civil*: anotado e comparado: lei n. 13.105, de 16 de março de 2015. Rio de Janeiro: Forense, 2015, p. 385).
26. Enunciado nº 397 do Fórum Permanente de Processualistas Civis – FPPC: "(Arts. 165 a 175, § 3º; Lei 9.099/1995, Lei 10.259/2001, Lei 12.153/2009) A estrutura para autocomposição, nos Juizados Especiais, deverá contar com a conciliação e a mediação"

Além do mais, outra importação que pode se demonstrar proveitosa aos fins de acesso à justiça é a de se facultar a ausência da parte na audiência, tendo em vista a permissão de que a mesma constitua representante para nela comparecer, por meio de procuração específica, com poderes para negociar e transigir (art. 334, parágrafo 10º, NCPC), embora possa se questionar a aplicação desta norma aos Juizados Especiais, diante da previsão expressa contida na lei especial (art. 51, I, lei nº 9.099/1995).

Por sua vez, nas (iii) *ações locatícias*, onde há previsão explícita de aplicação subsidiária do Código de Processo Civil (art. 79, lei nº 8.245/1991), bem como de que a ação de despejo seguirá o "rito ordinário" (art. 59, lei nº 8.245/1991) – o que deve ser lido, de agora em diante, como "rito comum" (art. 318, NCPC) –, faz-se crer, pela natureza do litígio, uma perfeita sintonia para aplicabilidade do novo regime procedimental que contempla esta audiência preambular conciliatória ou de mediação [27].

5. PALAVRAS FINAIS

Tais observações iniciais, realizadas no período de assimilação da nova legislação processual e, também, da metodologia, atual à época, de solução de processos através do incentivo estatal à mediação, têm claro cunho prático e de fomento ao debate.

Muito vem se falando sobre os prós e contras da "quase obrigatória" realização da audiência preambular de conciliação ou de mediação do rito comum. Nesta resenha foram perseguidas hipóteses de enfrentamento, em arrazoado que faz reconhecer casos que merecem solução ritual distinta de se tê-la como ato inicial inerente ao procedimento. É preciso adequar a realização da audiência àquilo vivenciado no feito, postergando-a para momento futuro (adiamento), nos casos pertinentes, a permitir a prévia estabilização subjetiva da demanda; ou mesmo para excluí-la (dispensa), quando verificada manifestação estribada de repulsa à realização do ato, ainda que de forma isolada, pelo demandante ou demandado, sempre a critério do juiz.

"Aparadas as arestas", no mais, cabe festejar a evolução procedimental havida, que prestigia a conciliação e mediação na fase preambular do feito, em mais um passo para fecundar a cultura da pacificação em detrimento da cultura da sentença.

27. Nesse sentido: ROQUE, Andre Vasconcelos. *Novo CPC e a lei de locações: um tiro pela culatra?*. Disponível em: ‹ http://jota.info/novo-cpc-e-a-lei-de-locacoes-um-tiro-pela-culatra ›. Acesso em: 31 julho 2015.

REFERÊNCIAS

BUENO, Cassio Scarpinella. *Manual de direito processual civil*: inteiramente estruturado à luz do novo CPC – Lei n. 13.105, de 16-3-2015. São Paulo: Saraiva, 2015.

CÂMARA, Alexandre Freitas. *O novo processo civil brasileiro*. São Paulo: Atlas, 2015.

_________. Mediação e conciliação na res. 125 do CNJ e no projeto de código de processo civil. In: *O processo em perspectiva*: jornadas brasileiras de direito processual. São Paulo: RT, 2013.

CAPPELLETTI, Mauro; GARTH, Bryant. *Acesso à justiça*, tradução de Ellen Gracie Northfleet. Porto Alegre: Sérgio Antônio Fabris Editor, 2002.

CARNEIRO, Paulo Cezar Pinheiro; PINHO, Humberto Dalla Bernardina de (coords.). *Novo código de processo civil*: anotado e comparado: lei n. 13.105, de 16 de março de 2015. Rio de Janeiro: Forense, 2015.

CASTRO FILHO. Poderes conciliatórios do juiz. In: *Os poderes do juiz e o controle das decisões judiciais*: estudos em homenagem à professora Teresa Arruda Alvim Wambier / coordenação José Miguel Garcia Medina et al. São Paulo: RT, 2008, p. 317-321.

CHIOVENDA, Giuseppe. *Procedimento oral*. Revista Forense, 1938, vol. 74.

DIDIER JR., Fredie. *Curso de direito processual civil*: introdução ao direito processual civil, parte geral e processo de conhecimento. 17 ed. Salvador: Jus Podivm, 2015.

NIEVA-FENOLL, Jordi. *Mediação: uma "alternativa" razoável ao processo judicial*. Revista eletrônica de direito processual. Ano 8, vol. 14, p. 213/228. Disponível em: ‹ http://www.e-publicacoes.uerj.br/index.php/redp/article/view/14537/11009 ›. Acesso em: 21 junho 2015.

FREITAS, José Lebre. *Introdução ao processo civil*: conceito e princípios gerais. 2 ed. Coimbra: Coimbra, 2006.

MENDES, Aluisio Gonçalves de Castro. *Teoria Geral do Processo*. Rio de Janeiro: Lumen Juris, 2009.

MENDES, Aluisio Gonçalves de Castro; SILVA, Larissa Clare Pochmann da Silva; ALMEIDA, Marcelo Pereira de. *O novo Código de Processo Civil Comparado: Lei nº 13.105, de 16/03/2015, Lei nº 5.869, de 11/01/1973 e Legislação Especial*. 2ª ed. Rio de Janeiro: GZ, 2015.

_________. *Novo Código de Processo Civil Comparado e Anotado*. Rio de Janeiro: GZ, 2015.

MOREIRA, José Carlos Barbosa. O processo, as partes e a sociedade. In: *Temas de direito processual*, série 8. São Paulo: Saraiva, 2004, p. 29-40.

REDONDO, Bruno Garcia; SANTOS, Welder Queiroz dos Santos; SILVA, Augusto Vinícius Fonseca e; VALLADARES, Leandro Carlos Pereira (coords.). *Coleção repercussões no novo CPC: juizados especiais*, v. 7. Salvador, Juspodivm, 2015.

RODRIGUES, Daniel Colnago. Comentários ao art. 334, NCPC. In: *Comentários ao novo Código de Processo Civil* / coord. Antonio do Passo Cabral, Ronaldo Cramer. Rio de Janeiro: Forense, 2015.

ROQUE, Andre Vasconcelos. *Novo CPC e a lei de locações: um tiro pela culatra?*. Disponível em: ‹ http://jota.info/novo-cpc-e-a-lei-de-locacoes-um-tiro-pela-culatra ›. Acesso em: 31 julho 2015.

SILVA, Franklyn Roger Alves; ESTEVES, Diogo. *O prazo regressivo de 20 dias para audiência de conciliação ou de mediação*. Disponível em: ‹ http://www.conjur.com.br/2015-set-15/tribuna-defensoria-prazo-regressivo-20-dias-audiencia-conciliacao-ou-mediacao ›. Acesso em: 18 agosto 2015.

THEODORO JR., Humberto. *Curso de direito processual civil* – teoria geral do direito processual civil, processo de conhecimento e procedimento comum, vol. I. 56 ed. rev., atual e ampl. Rio de Janeiro: Forense, 2015.

WAMBIER, Luiz Rodrigues; VASCONCELOS, Rita de Cássia Corrêa de. A eliminação da audiência preliminar no projeto do novo código de processo civil – a disciplina proposta no "relatório-geral Barradas". In: *Novas tendências do processo civil* – estudos sobre o projeto do novo CPC. FREIRE, Alexandre; DANTAS, Bruno; NUNES, Dierle et al (orgs.). Salvador, Jus Podivm, 2013.

WATANABE, Kazuo. A mentalidade e os meios alternativos de solução de conflito. In: *Mediação e gerenciamento do processo. revolução na prestação jurisdicional*. Coord. GRINOVER, Ada Pelegrini; WATANABE, Kazuo; LAGASTRA NETO, Caetano. Grinover, Watanabe, Lagastra. São Paulo: Atlas, 2007.

CAPÍTULO 6

A Audiência do Art. 334 do Código de Processo Civil: da Afronta à Voluntariedade às Primeiras Experiências Práticas

Ana Cândida Menezes Marcato[1]

SUMÁRIO: 1. A EXPANSÃO DOS MEIOS DE RESOLUÇÃO DE CONFLITO:; 2. O NOVO CÓDIGO DE PROCESSO CIVIL E O ESTÍMULO AO SISTEMA MULTIPORTAS DE RESOLUÇÃO DE CONFLITOS; 3. A VOLUNTARIEDADE NA MEDIAÇÃO E A AUDIÊNCIA DO ART. 334, CPC; 4. A ADEQUADA INTERPRETAÇÃO SISTEMÁTICA; 5. PRIMEIRAS EXPERIÊNCIAS PRÁTICAS; REFERÊNCIAS BIBLIOGRÁFICAS.

1. A EXPANSÃO DOS MEIOS DE RESOLUÇÃO DE CONFLITO

O processualista moderno é, em verdade, um crítico, capaz de perceber que o bom processo conduz à garantia de efetiva Justiça ao maior número possível de pessoas, em tempo razoável e com qualidade suficiente; assim, busca-se a universalização da tutela jurisdicional, para que o acesso ao Poder Judiciário não seja apenas uma promessa formal, mas, sim, uma realidade.[2] Ele é, ainda, aquele que reconhece que o acesso ao judiciário estatal não é suficiente para garantir a forma mais adequada de resolução das inúmeras facetas de conflito existentes.

Essa nova postura do processualista é fruto de mudança de atitude gradativa, observada por Mauro Cappelletti e Bryant Garth em três movimentos

1. Advogada. Sócia de Marcato Advogados. Mestre em Direito Processual pela Faculdade de Direito da Universidade de São Paulo. Educação Executiva em Mediação de Disputas no Programa de Negociação da Harvard University. Especialista em Arbitragem pela Fundação Getúlio Vargas – FGV. Membro do IBDP e do CBAr. Membro da atual Diretoria do Ceapro.
2. Esse artigo reflete adaptação e expansão do raciocínio desenvolvido em artigo anterior de minha autoria: "Audiência de conciliação ou mediação do art. 334 do NCPC: facultativa ou obrigatória? Afronta à voluntariedade da mediação?", *in Novo Código de Processo Civil, Impactos na Legislação Extravagante e Interdisciplinar*, p. 41-49.

De acordo com Cândido Rangel Dinamarco, "Nasce um novo processo civil", *Reforma do Código de Processo Civil*, p. 1-17, p. 1/2.

principiados em 1965, denominados de *ondas renovatórias*[3]: a primeira delas, relacionada à assistência judiciária para as pessoas de baixa renda; a segunda, à preocupação com os direitos difusos (coletivos como um todo); e a terceira, visando à reforma interna da técnica processual de acordo com seus pontos sensíveis.[4] A terceira onda, e mais recente, foi chamada por Cappelletti e Garth de *"enfoque de acesso à justiça"*; esta, além de incluir as propostas anteriores, representava uma *"tentativa de atacar as barreiras ao acesso de modo mais articulado e compreensivo"*, abrangendo o claro incentivo aos chamados *"meios alternativos de resolução de disputas"* (ADRs) como formas de resolução abrangendo maior proximidade das partes e menor formalismo.[5]

A fórmula de acesso à justiça visualizada por esses doutrinadores engloba, portanto, a obtenção de resultados justos, pelo meio mais adequado e em tempo razoável. Nas palavras de Cappelletti e Garth, *"o 'acesso' não é apenas um direito social fundamental, crescentemente reconhecido; ele é, também, necessariamente, o ponto central da moderna processualística. Seu estudo pressupõe um alargamento e aprofundamento dos objetivos e métodos da moderna ciência jurídica."*[6]

Percebe-se, portanto, a existência de viés do acesso à justiça relacionado à expansão dos meios de resolução de conflitos. De fato, desde a terceira onda renovatória de Cappelletti desenvolveu-se não apenas a ampliação ao acesso exclusivo ao judiciário estatal[7], mas, também, a expansão de acesso às formas ditas, num primeiro momento, "alternativas" de resolução de conflito – e, hoje, já firmadas como métodos adequados de resolução de disputas.

É sabido, por um lado, que a hegemonia do judiciário estatal como única forma de resolução de conflitos de há muito é questionada e criticada; por outro, é certo que a possibilidade de convivência do processo judicial com mecanismos ditos "alternativos" de resolução de disputas – como, por exemplo, a mediação, a arbitragem, a conciliação e a negociação – não é novidade.[8]

Realmente, a análise dos mecanismos adequados de solução de controvérsias demonstra que sua evolução já vem ocorrendo pelo menos desde a década de 90: i) por um lado, com a Lei de Arbitragem, que entrou em vigor em 1996 e foi declarada constitucional em 2001, por meio do julgamento do SE 5206/

3. *Acesso à justiça*, p. 31 e seguintes. Ver, também de Mauro Cappelletti, "Problemas de reforma do processo civil nas sociedades contemporâneas", *Revista de processo*, nº 65, p. 127-143, p. 130 e seguintes.
4. Ver também Cândido Rangel Dinamarco, "Nasce um novo processo civil", p. 4.
5. *Acesso à justiça*, p. 31, 68-71.
6. *Acesso à justiça*, p. 13.
7. Por meio, por exemplo, das Leis dos Juizados Especiais e do alargamento da assistência jurídica.
8. A esse respeito, conferir Paulo Eduardo Alves da Silva, *in Negociação, Mediação e Arbitragem – Curso básico para programas de graduação em direito*, p. 1/3.

STF, confirmando e implementando a sua utilização (Lei 9.307/96); ii) de outro, com a mediação, que passou a ganhar destaque legislativo em 1998, por meio de um Projeto de Lei da então Deputada Zulaiê Cobra, tendo se desenvolvido e dado vida a um Projeto de Lei, do Senado.[9]

Essa escalada de importância se consolidou em 2010, com a edição da Resolução 125 do Conselho Nacional de Justiça, dispondo sobre *"a política judiciária nacional de tratamento adequado dos conflitos de interesses no âmbito do Poder Judiciário"*.[10] Tamanha foi a importância da Resolução, que passou a ser considerada como marco legal para a *"política pública judiciária, pela qual a resolução consensual dos conflitos seria paulatinamente organizada na sociedade civil a partir do próprio Poder Judiciário"*; inclusive, Paulo Eduardo Alves da Silva esclarece que, a partir desse marco legal, *"os tribunais organizaram os seus setores de conciliação judicial e, em alguns casos, capitanearam a organização de núcleos comunitários de solução de conflitos"*.[11]

Assim, percebe-se que um dos pontos de destaque do art. 1º da Resolução 125/CNJ consiste, justamente, na obrigatoriedade de o Poder Judiciário, além da solução adjudicada mediante sentença, oferecer outros mecanismos de solução de controvérsia, em especial os chamados meios consensuais, como a mediação e a conciliação.

Fruto dessa evolução, é promulgada a Lei nº 13.140/2015 – considerada o Marco Legal da Mediação no Brasil, em vigor desde dezembro de 2015 -, contendo, já em sua exposição de motivos, justificativas acerca da necessidade de criação de sistema de mediação afinado com o novo diploma processual e com a Resolução 125 do CNJ.

Ainda nessa mesma linha, o Novo Código de Processo Civil, ao entrar em vigor em 18 de março de 2016, acrescentou mais um elemento à promessa de concretização desse chamado da Resolução 125/CNJ: a implementação e o reforço, em seu bojo, de técnicas de mediação, conciliação e arbitragem.

---

9. O projeto de Lei da Câmara, de Zulaiê Cobra, era o de nº 4.827/98; tramitou, em seguida, o PL 517/11, composto pelos projetos 405 e 434/2013, de iniciativa do Senado, aprovado na Câmara, com o nº 7.169/14, em 7/4/15.
A respeito da evolução da Mediação no Brasil, conferir "O instituto da mediação e a versão da Câmara dos deputados para o Projeto do Novo Código de Processo Civil Brasileiro", *in Novas tendências do processo civil*, V.2, p. 679/683, de Humberto Dalla Bernardina de Pinho.
Ainda a esse respeito, Fernanda Tartuce apresenta dados de uma conferência de Adolfo Braga, pontuando um crescimento significativo da utilização da mediação no Brasil nos últimos tempos, já que, em 1997, havia no País 18 instituições de mediação e arbitragem, número que saltou para 77 em 2004. *Medição nos conflitos civis*, p. 209.
10. O texto da resolução e as Emendas Regimentais nºs 1 e 2, que deixaram ainda mais claros os objetivos que norteiam a política pública de solução adequada de conflitos, podem ser consultados em www.cnj.jus.br.
11. *Negociação, Mediação e Arbitragem – Curso básico para programas de graduação em direito*, p. 9.

2. O NOVO CÓDIGO DE PROCESSO CIVIL E O ESTÍMULO AO SISTEMA MULTIPORTAS DE RESOLUÇÃO DE CONFLITOS

Desde a exposição de motivos do então Anteprojeto do Novo Código de Processo Civil, ainda lá em 2010, havia a promessa de estímulo à solução multiportas de conflitos. Realmente, naquela oportunidade o Ministro Luiz Fux, Presidente da Comissão de juristas encarregada da elaboração do Anteprojeto, já destacava a pretensão de converter o processo em instrumento incluído no contexto social em que produzirá efeito, conferindo-se, portanto, "ênfase à possibilidade de as partes porem fim ao conflito pela via da mediação ou da conciliação"; isso porque, *"entendeu-se que a satisfação efetiva das partes pode dar-se de modo mais intenso se a solução é por elas criada e não imposta pelo juiz."*[12]

Essa promessa parece atender ao alerta antigo do mais recente Ex-Presidente do Tribunal de Justiça do Estado de São Paulo, José Renato Nalini, que, já em 1994, pontuava que a Carta Magna, ao ampliar a noção de acesso à justiça, delegou ao Poder Judiciário o compromisso de multiplicar as portas de acesso à proteção dos direitos.[13]

Nessa medida, e como bem explicita Fernanda Tartuce, *"revela-se pertinente a existência de um sistema pluriprocessual de enfrentamento de controvérsias, configurado pela presença no ordenamento de diversos mecanismos diferenciados para o tratamento dos conflitos, compreendendo mediação, arbitragem e processo judicial, entre outros"*. De fato, *"a oferta de diferenciados mecanismos de realização de justiça não faz com que estes se excluam; antes, podem e devem interagir os variados métodos, eficientemente, para proporcionar ao jurisdicionado múltiplas possibilidades de abordagem e composição eficiente das controvérsias"*.[14]

Portanto, essa multiplicação de acesso à meios de proteção dos direitos é conhecida como o modelo de processo multiportas, expressão calcada por um professor da Universidade de Harvard, em 1976, justamente para concretizar a noção de que há mais de uma técnica adequada para a solução dos conflitos, de acordo com as particularidades do caso concreto, além da justiça civil comum.[15]

Dito isso, vale reforçar que o Novo Código de Processo Civil[16] contém em seu bojo a promessa de um sistema multiportas, além de incorporar a direção

12. Disponível para consulta: ‹http://www.senado.gov.br/senado/novocpc/pdf/anteprojeto.pdf›. Acesso em: 14 de abril de 2016.
13. O juiz e o acesso à justiça, p. 32/33.
14. *Mediação nos conflitos civis*, p. 87/88
15. A esse respeito, conferir as considerações de Leonardo Carneiro da Cunha e João Luiz Lessa de Azevedo Neto, em "A mediação e a conciliação no projeto de novo CPC: meios integrados de resolução de disputas", in *Novas tendências do processo civil*, vol. 3, p. 202/204.
16. Lei 13.105/2015.

das normas da Resolução nº 125/CNJ, solidificando o uso dos meios consensuais de resolução de disputas. Realmente, basta o cotejo do diploma de 1973 com o de 2015, para constatar que a atual legislação intensificou e aprofundou a utilização da conciliação – muito mais tímida no CPC ainda vigente –, e trouxe todo um regramento próprio para a mediação – inexistente no CPC/73.[17]

Trata-se de mudança de cultura e de concepção e, por consequência, de mudança efetivamente estrutural: necessidade de formatação do método de ensino nas faculdades de direito, formando advogados, juízes e promotores aptos à atuação perante a nova realidade; de formação de profissionais técnicos capacitados e cadastrados junto aos Tribunais; de criação de espaço físico etc.

Exemplos clássicos da adoção desse sistema multiportas no Novo CPC são encontrados nos artigos 3º e 334: o primeiro, declara expressamente a possibilidade de a apreciação a lesão de direitos se dar por meio de arbitragem, além de estimular a utilização da conciliação, mediação e outros métodos de solução consensual; o segundo, determina a designação de audiência de conciliação ou mediação previamente à apresentação da contestação, quando preenchidos os requisitos, cabendo ao juiz – ou aos técnicos dos Cejuscs – a função de analisar qual dos métodos de solução consensual é mais condizente com a disputa no caso concreto, encaminhando-o à via adequada para essa audiência prévia.

Mais especificamente no que tange à mediação, o novo diploma processual incorpora, ainda, as seguintes e principais alterações (arts. 165 a 175): i) dever de criação de centros judiciários de solução consensual de conflitos (Cejuscs); ii) existência de princípios norteadores da mediação; iii) capacitação de mediadores em entidades credenciadas; iv) credenciamento de mediadores e Câmaras de Mediação junto aos quadros dos Tribunais; v) previsão de remuneração dos mediadores em tabela fixada pelo Tribunal; vi) causas de impedimento e descredenciamento dos mediadores; e vii) possibilidade de criação de Câmaras específicas à resolução consensual de conflitos no âmbito administrativo.

---

17. O Novo Código, logo de início, vem informado por um modelo processual cooperativo, contemplando a admissibilidade de arbitragem e o estímulo aos meios consensuais de resolução de conflitos, conforme enunciado no art. 3º. A esse respeito, Leonardo Carneiro da Cunha e João Luiz Lessa de Azevedo Neto, ainda falando da redação dada ao projeto, que não se alterou muito com relação a essa matéria, afirmam que "*Da leitura do projeto observa-se que os meios alternativos de resolução de disputas deixam de ser apenas alternativos, passando a compor um quadro geral dos meios de resolução de disputas; passam a ser meios integrados de resolução de disputas. A dicotomia (resolução judicial X meios alternativos) fica atenuada. Não se fala mais no meio de resolução de disputas e suas alternativas, mas se oferece uma série de meios, entrelaçados entre si e funcionando num esquema de cooperação, voltados à resolução de disputas e pacificação social*", "A mediação e a conciliação no projeto de novo CPC: meios integrados de resolução de disputas", in *Novas tendências do processo civil*, vol. 3, p. 200.

3. A VOLUNTARIEDADE NA MEDIAÇÃO E A AUDIÊNCIA DO ART. 334, CPC

A mediação é a atividade de facilitação da comunicação entre as partes, objetivando uma compreensão mais apurada acerca dos contornos da situação controvertida, propiciando aos envolvidos não apenas diferentes ângulos de análise, mas, também, a posição de protagonistas da solução consensual.[18]

Nas palavras do mediador californiano, Gary Friedman, conhecido, dentre outras atividades, por sua participação no *Program on Negotiation* da Universidade de Harvard, *"Mediation in a voluntary process in which the parties make decisions together based on their understanding of their own views, each other's, and the reality they face"*; portanto, *"the mediator works as a non-coercive neutral to help the parties negotiate an agreement that serves them better than their alternatives"*.[19]

Extrai-se do próprio conceito de mediação uma série de diretrizes essenciais à sua prática; contudo, com vistas ao objeto restrito desse estudo, cabe destacar o elemento da autonomia da vontade (ou da voluntariedade, da autodeterminação).

Consubstancia-se em uma das principais diretrizes da prática da mediação, fazendo parte de sua essência e abrangendo o procedimento como um todo. Justamente por isso, Adolfo Braga Neto traz alerta explícito a respeito da importância desse elemento:

> "A autonomia das vontades possui um protagonismo muito relevante, senão o mais, pois o caráter voluntário da mediação constitui-se a grande mola propulsora da atividade. Este elemento garante o poder das pessoas em optar pelo processo ao conhecê-lo. Em outras palavras, só existirá o processo se as pessoas efetivamente quiserem dele fazer parte e, para tanto, é fundamental que se conheçam seus objetivos, seu dinamismo, bem como seu alcance e limitações. (...) Com base nas observações expostas, conclui-se que a mediação de conflitos não possui qualquer caráter ou elemento impositivo. Ela existirá caso as pessoas efetivamente desejem que ela exista, tomará o rumo que elas determinarem e ao mesmo tempo incluirá temas por elas identificados e que estejam dentro de seus interesses discuti-los. (...) Por isso, não há como impor a mediação, suas regras e muito menos as questões a serem discutidas."[20]

18. Fernanda Tartuce trata das técnicas para obtenção dessa finalidade, dentre elas, a provocação da reflexão dos indivíduos. *Mediação nos conflitos civis*, p. 208.
19. And Jack Himmelstein, *in Challenging conflict – Mediation through understanding*, p. 31.
20. *Negociação, Mediação e Arbitragem – Curso básico para programas de graduação em direito*, p. 105. Ainda a esse respeito, vale o alerta de Fernanda Tartuce: "o consentimento para aderir à técnica mediadora deve ser genuíno, assim como legítima deve ser sua concordância em aderir ao resultado obtido com a mediação", *Mediação nos conflitos civis*, p. 212.

Não se descuidou do tratamento desse princípio informador da mediação no texto do Novo Diploma Processual e da Lei de Mediação.

De um lado, o novel diploma processual prevê, em seu art. 166, § 4º[21], que a mediação será informada pelo princípio da autonomia da vontade, aplicável, inclusive, na condução do procedimento em si. De outro, o art. 2º, V, e § 2º, da Lei de Mediação[22], dispõem que a mediação será orientada pelo princípio da autonomia da vontade das partes e que ninguém será obrigado a permanecer em procedimento de mediação.

Fica claro, portanto, que o princípio da voluntariedade permeia não apenas as escolhas relacionadas ao procedimento de mediação quando já em curso, mas, e principalmente, a própria adesão à técnica mediadora.

Nesse cenário, a análise do art. 334, § 4º, I e II, NCPC[23], traz ingrata surpresa ao operador do direito. Isso porque, sua interpretação literal sugere a obrigatoriedade da realização da audiência de mediação, quando presentes os requisitos. Em outras palavras, preenchendo a petição inicial os requisitos essenciais, não sendo o caso de improcedência liminar do pedido, tratando-se de matéria em que permitida a autocomposição e não havendo discordância de ambas as partes, a designação da audiência pelo juiz será obrigatória.[24]

Cuidando-se, então, de matéria em que possível a autocomposição, e não havendo interesse do réu, por exemplo, na designação de audiência de mediação, esse será obrigado a comparecer à audiência designada pelo juiz caso o autor não se oponha à sua realização.

A interpretação literal desse dispositivo dá azo, portanto, ao reconhecimento de afronta ao princípio da voluntariedade da mediação e, consequentemente, aos arts. 166, § 4º, CPC/2015 e art. 2º, V, da Lei de Mediação.

---

21. Art. 166. A conciliação e a mediação são informadas pelos princípios da independência, da imparcialidade, da autonomia da vontade, da confidencialidade, da oralidade, da informalidade e da decisão informada. (...) § 4º A mediação e a conciliação serão regidas conforme a livre autonomia dos interessados, inclusive no que diz respeito à definição das regras procedimentais.
22. Lei 13.140/2015: Art. 2º A mediação será orientada pelos seguintes princípios: V – autonomia da vontade das partes; (...) § 2º Ninguém será obrigado a permanecer em procedimento de mediação.
23. Art. 334. Se a petição inicial preencher os requisitos essenciais e não for o caso de improcedência liminar do pedido, o juiz designará audiência de conciliação ou de mediação com antecedência mínima de 30 (trinta) dias, devendo ser citado o réu com pelo menos 20 (vinte) dias de antecedência.
(...) § 4º A audiência não será realizada:
I – se ambas as partes manifestarem, expressamente, desinteresse na composição consensual;
II – quando não se admitir a autocomposição.
24. Interpretação que, inclusive, vem sendo reiterada pela Escola Nacional da Magistratura, ao formular o Enunciado de nº 61 prevendo, categoricamente, que *"somente a recusa expressa de ambas as partes impedirá a realização da audiência, não sendo a manifestação externada por uma das partes justificativa para afastar a multa"*.

Trata-se de óbvia contradição intrínseca do diploma processual: de um lado, busca atender a promessa de solução multiportas e de acesso aos meios adequados de solução de disputas; de outro, ao assim proceder, acaba ferindo um dos princípios basilares da mediação quando estritamente interpretado esse artigo específico.[25]

De outro turno, o dispositivo correspondente a esse na lei de mediação apimenta ainda mais a discussão, uma vez que não contempla a exceção da designação da audiência por oposição de ambas as partes, consignando, apenas, que, preenchidos os pressupostos, *"o juiz designará a audiência de mediação"*.[26]

A esse respeito, Thiago Rodovalho conclui que a designação da audiência é obrigatória: seja porque o dispositivo da lei de mediação exprime um poder-dever do magistrado, devendo o mesmo designá-la; seja porque há incompatibilidade entre os diplomas e "é inquestionável que a lei de mediação se sobrepõe à regulamentação do NCPC, pois se trata de lei especial (*lex specialis derogat generali) e de lei posterior (lex posterior derogat legi priori), dos critérios para resolver antinomias entre normas*". E vai além, afirmando que esse modelo inclui o Brasil no circuito de países estrangeiros que já adotam a mediação obrigatória com sucesso, razão de sua convicção pessoal de que se trata de um grande avanço.[27]

---

25. Fernanda Tartuce já apontava, em 2008, os desafios: "*Todavia, deve haver significativa cautela e adequação da postura do magistrado ao realizar a 'sugestão' às partes quanto à adoção de outros mecanismos, a fim de evitar não só situações de constrangimento ou intimidação às partes, como também a indevida procrastinação do processo, em prejuízo de sua tão desejada celeridade*", *Mediação nos conflitos civis*, p. 93.
Por outro lado, interessante a notícia de como funciona o sistema em outros Países: na Inglaterra, as *Civil Procedure Rules* contêm regra que determina o encorajamento das partes a usar os ADRs, mas a *English Court of Appeal* já se manifestou limitando o poder de a *Hight Court* impor a tentativa de mediação às partes; dessa forma, mesmo sem a imposição da mediação, houve significativa redução do número de demandas e considerável aumento do número de mediações (vide "O instituto da mediação e a versão da Câmara dos deputados para o Projeto do Novo Código de Processo Civil Brasileiro", p. 684/685, de Humberto Dalla Bernardina de Pinho). O sistema italiano é de *opt out*, ou seja, todos os litígios são submetidos à mediação privada antes de se recorrer ao judiciário estatal, tratando-se de requisito pré-processual de admissibilidade das ações. Tem-se notícia de que o percentual de acordo esteja na faixa dos 70% e, mesmo se apenas 4% obtivessem acordo, a economia propiciada já compensaria os custos das mediações sem acordo. Conforme exposição de Gabriela Assmar, no GNT de seguro, arbitragem e mediação, ocorrido no contexto do IX Congresso de Direito Securitário da AIDA, em 27/3/15, SP. No Canadá, em Quebec, há um serviço de pré-mediação obrigatório na apreciação dos conflitos familiares, conforme nos esclarece Fernanda Tartuce, em *Mediação no Novo CPC: questionamentos reflexivos*, p. 8 – acesso em 13/4/16 em:
file:///C:/Users/ana/Downloads/Media%C3%A7%C3%A3o%20no%20novo%20CPC-Tartuce%20(1).pdf
26. Art. 27, lei 13.140/2015.
27. *Mediação obrigatória?*, publicado no Portal Processual, acesso em 15/09/2015, em: http://portalprocessual.com/mediacap-obrigatoria

4. A ADEQUADA INTERPRETAÇÃO SISTEMÁTICA

O incentivo à mediação deve ocorrer sempre com olhos postos em sua base principiológica e em sua interpretação sistemática; em outras palavras, incentivo à implementação e utilização da mediação, feito ao arrepio de seus princípios basilares, não é salutar e não deve ser encorajado, sob pena de efeito reverso e perverso.

Dito isso – e considerando que não houve revogação expressa de qualquer dos diplomas legais pelo outro e que as suas estruturas de princípios e diretrizes são similares -, faz todo sentido a interpretação que prevê a utilização do diálogo das fontes diante da aparente antinomia dos dispositivos no CPC/2015 e da lei de mediação. Em outras palavras, as normas jurídicas não se excluem, mas se complementam, sendo plausível reconhecer a viabilidade de *"subsunção concomitante do Novo CPC e da Lei de Mediação"*, devendo o intérprete, em caso de dúvida quanto à aplicação das normas, *"conduzir sua conclusão rumo à resposta que mais se coadune com os princípios da mediação"*.[28]

Assim, a análise sistemática dos diplomas que cuidam da mediação judicial (NCPC e LM), especialmente voltada à sua base principiológica, convence do desacerto na designação obrigatória da audiência de mediação, quando ausente o elemento volitivo de uma ou de ambas as partes (seja com base no NCPC, seja com base na lei de mediação). Este posicionamento não é imune a críticas e a entendimentos contrários, contudo, a virtude parece estar em respeitar à máxima potência o princípio da autonomia da vontade e designar a audiência de mediação apenas e tão somente com a concordância de ambas as partes.

Essa compreensão ganha especial reforço nos casos em que já houve tentativa prévia e infrutífera de autocomposição extrajudicial, comprovada nos autos por qualquer das partes; nesse caso específico, ousamos ir além e defender que faltaria o elemento elencado no inciso II, § 4º, do art. 334, NCPC, uma vez que esse litígio específico não seria passível de autocomposição (porque já tentada e já frustrada).

5. PRIMEIRAS EXPERIÊNCIAS PRÁTICAS

As primeiras experiências práticas de aplicação do art. 334, passado um mês da entrada em vigor do novo código[29], infelizmente, confirmam a preocupação acima externada.

---

28. Vale conferir o raciocínio integral desenvolvido por Fernanda Tartuce a respeito da interação do NCPC e da lei de mediação, *Mediação nos conflitos civis*, 2ª edição, p. 264-269.
29. Esse artigo foi entregue em abril de 2016.

Já há notícia de que o cenário que tem se desenvolvido é o seguinte[30]:

i) empresas incluindo em seus contratos, com base na previsão de negócio jurídico processual do art. 190, NCPC, cláusulas de *opt-out* da audiência de mediação do art. 334;

ii) nas Comarcas em que não há Cejusc instalado, juízes afirmando que eles próprios farão a audiência de mediação, circunstância inadmissível, seja porque o juiz não é mediador e não possuí a qualificação técnica necessária, seja porque fere a confidencialidade e pode comprometer a imparcialidade do juiz com o resultado final;

iii) ainda nas Comarcas em que não há Cejuscs, juízes postergando a designação dessa audiência para momento oportuno, apenas se houver manifesto interesse de ambas as partes, com fundamento nos princípios da eficácia e da duração razoável, e na possibilidade de flexibilização das regras processuais;

iv) juízes deixando de designar a audiência do art. 334, mesmo antes de ouvir as partes, seja porque não há estrutura preparada para a sua efetivação (Cejuscs e mediadores treinados), seja porque a quantidade excessiva de feitos tramitando, em contraposição, por vezes, à pequena quantidade de estrutura de Cejuscs finalizada, estenderia a pauta de audiências para períodos superiores a um ano.

Conclui-se, portanto, que o êxito dessa promessa de um sistema multiportas de resolução de conflitos depende, obrigatoriamente, de que seja possível suplantar os desafios para a sua implementação: os de ordem estrutural (estrutura física para recebimento dos Cejuscs, contratação de pessoal, organização de agendas e rotinas); os de ordem educacional (preparação dos operadores do direito, dos funcionários dos Cejuscs e dos mediadores); e os de ordem cultural (criação de novos paradigmas sobre a utilização dos meios consensuais).[31-32]

30. Notícias extraídas de informações disponibilizadas em grupos de debates sobre o NCPC e em troca das decisões mais recentes.

31. A esse respeito, vide interessante artigo de João Luiz Lessa Neto, "O Novo CPC adotou o modelo multiportas!!! E agora?", *Revista de processo*, nº 244, p. 427-441.

32. A respeito do acesso à justiça estatal e aos números a ele relacionados, vale conferir o último relatório da Justiça em Números, do CNJ, ao final de 2013, contemplando a existência de 8 magistrados para cada 100 mil habitantes, além de 95 milhões de ações tramitando, somando-se os casos novos e os processos pendentes de baixa (http://www.cnj.jus.br/relatorio-justica-em-numeros/#p=justicaemnumeros – acesso em 13/4/16).

REFERÊNCIAS BIBLIOGRÁFICAS

ALVES DA SILVA, Paulo Eduardo. *Negociação, Mediação e Arbitragem – Curso básico para programas de graduação em direito.* Coordenação Carlos Alberto de Salles, Marco Antônio Garcia Lopes Lorencini e Paulo Eduardo Alves da Silva. São Paulo, Método, 2013.

AZEVEDO NETO, João Luiz Lessa de. "A mediação e a conciliação no projeto de novo CPC: meios integrados de resolução de disputas". *Novas tendências do processo civil*, Vol. 3, p. 202-204.

_______. "O novo CPC adotou o modelo multiportas!!! E agora?!", *Revista de Processo*, ano 40, Vol. 244, junho 2015, p. 427-441.

BRASIL. Câmara dos Deputados. Projeto de Lei de Mediação nº 7.169/2014. Disponível em http://www.camara.gov.br/proposicoesWeb/fichadetramitacao?idProposicao=606627. Acesso em 12/4/15.

BRASIL. Congresso Nacional. Senado Federal. Projeto de Lei de Mediação nº 517/2011. Disponível em http://www.senado.gov.br/atividade/materia/detalhes.asp?p_cod_mate=101791. Acesso em 12/4/15.

BRASIL. Conselho Nacional de Justiça. Relatório Justiça em Números. Disponível em http://www.cnj.jus.br/relatorio-justica-em-numeros/#p=justicaemnumeros. Acesso em 11/4/15.

CAPPELLETTI, Mauro. GARTH, Bryant. *Acesso à justiça*. Tradução de Ellen Gracie Northfleet. Porto Alegre, Sérgio Antonio Fabris Editor, 1988.

CARNEIRO DA CUNHA, Leonardo. "A mediação e a conciliação no projeto de novo CPC: meios integrados de resolução de disputas". *Novas tendências do processo civil*, Vol. 3, p. 202-204.

DINAMARCO, Cândido Rangel. *A reforma do código de processo civil*. 5ª ed. São Paulo, Malheiros, 2001.

_______. "Nasce um novo processo civil". *Reforma do Código de Processo Civil*. Coordenação Sálvio de Figueiredo Teixeira, São Paulo, Saraiva, 1996, p. 1-17.

FRIEDMAN, Gary; HIMMELSTEIN, Jack. *Challenging conflict – Mediation through understanding*. American Bar Association, 2008.

MENEZES MARCATO, Ana Cândida. "Audiência de conciliação ou mediação do art. 334 do NCPC: facultativa ou obrigatória? Afronta à voluntariedade da mediação?". *Novo Código de Processo Civil, Impactos na Legislação Extravagante e Interdisciplinar*, Coordenadores Mirna Cianci, Lúcio Delfino, Bruno Dantas, Fredie Didier Jr., Leonardo Carneiro da Cunha, Luiz Henrique Volpe Camargo e Bruno Garcia Redondo, Volume 1, p. 41-49, São Paulo, Saraiva, 2015.

NALINI, José Renato. *O juiz e o acesso à justiça*. São Paulo, Revista dos Tribunais, 1994.

PINHO, Humberto Dalla Bernardina de. "O instituto da mediação e a versão da Câmara dos deputados para o Projeto do Novo Código de Processo Civil Brasileiro". *Novas tendências do processo civil*, Vol. 2, p. 679-683.

RODOVALHO, Thiago. *Mediação obrigatória?*. Acesso em 15/9/15 em: http://portalprocessual.com/mediacao-obrigatoria

TARTUCE, Fernanda. *Mediação nos conflitos civis*. São Paulo, Método, 2008.

_______. *Mediação nos* conflitos civis, 2ª edição, São Paulo, Método, 2015.

_______. *Mediação no novo CPC: questionamentos reflexivos*. Acesso 12/4/15 em: file:///C:/Users/ana/Downloads/Media%C3%A7%C3%A3o%20no%20novo%20CPC-Tartuce%20(1).pdf

CAPÍTULO 7

Negócios Jurídicos Processuais sobre Mediação e Conciliação

Júlia Lipiani[1] e *Marília Siqueira*[2]

SUMÁRIO: 1. CONSIDERAÇÕES INTRODUTÓRIAS; 2. NEGÓCIO JURÍDICO PROCESSUAL; 2.1. CONCEITO; 2.2. A CLÁUSULA GERAL DE NEGÓCIO PROCESSUAL NO CÓDIGO DE PROCESSO CIVIL; 3. OS NEGÓCIOS JURÍDICOS PROCESSUAIS ACERCA DA MEDIAÇÃO E DA CONCILIAÇÃO; 3.1. NEGÓCIOS JURÍDICOS PROCESSUAIS SOBRE O MEDIADOR OU CONCILIADOR E SOBRE A CÂMARA PRIVADA DE MEDIAÇÃO OU CONCILIAÇÃO; 3.2. NEGÓCIOS JURÍDICOS PROCESSUAIS SOBRE O PROCEDIMENTO DE MEDIAÇÃO OU CONCILIAÇÃO; 3.3. NEGÓCIOS JURÍDICOS PROCESSUAIS SOBRE AS SITUAÇÕES JURÍDICAS DOS SUJEITOS ENVOLVIDOS NA MEDIAÇÃO OU CONCILIAÇÃO; 4. SÍNTESE CONCLUSIVA; REFERÊNCIAS BIBLIOGRÁFICAS.

1. CONSIDERAÇÕES INTRODUTÓRIAS

Liberdade. Ao que nos parece, esta é a palavra de ordem do novo Código de Processo Civil (CPC), tendo dois eixos principais de sustentação: celebração de negócios processuais típicos e atípicos pelas partes e estímulo à utilização dos métodos alternativos de solução de controvérsias[3]. O próprio órgão julgador passa a ter, também, um espaço de liberdade mais amplo para a adequação das regras processuais ao caso concreto.

A lógica é muito simples: o procedimento estanque e inflexível a ninguém favorece; era preciso que fossem dadas ferramentas aos atores do processo para que o procedimento e, de forma mais ampla, as situações jurídicas irradiadas no processo tivessem a tônica da relação que lhe fosse subjacente.

Os mecanismos estabelecidos no CPC acabaram por conferir dois instrumentos para adequação do processo (procedimento e situações jurídicas): (i) quando estiverem dispostas, elas, as próprias partes, poderão dar os contornos

---

1. Especialista em Direito Processual Civil pela Faculdade Baiana de Direito. Graduada em Direito pela Universidade Federal da Bahia. Advogada em Salvador/BA.
2. Mestranda em Direito Processual Civil pela Universidade de São Paulo. Pós-graduanda em Direito Empresarial pela Fundação Getúlio Vargas (GvLaw). Graduada em Direito pela Universidade Federal da Bahia. Advogada em São Paulo/SP.
3. Nesse sentido, Fredie Didier Jr sugere a existência de um microssistema de proteção do exercício livre da vontade no processo. DIDIER JR, Fredie. Princípio do respeito ao autorregramento da vontade no Processo Civil. *In*: CABRAL, Antonio do Passo; e NOGUEIRA, Pedro Henrique (Coord.). *Negócios Processuais*. Salvador: Juspodivm, 2015, p. 23.

da solução ou do caminho para a solução de seu litígio, e (ii) quando assim não estiverem, caberá ao magistrado, nas hipóteses em que for pertinente, ajustar regras para alcançar a melhor solução da controvérsia.

Aqui, particularmente, interessam-nos os casos em que há uma disposição negocial entre as partes, seja antes ou durante do processo; se antes, a predisposição então existente conformará regras que poderão ser impostas quando estiver instaurado o litígio; se durante, abre-se a possibilidade não só de condução pacífica, efetivamente colaborativa e adequada do processo, mas, também, de finalização do litígio por meio de autocomposição.

O novo Código de Processo Civil, portanto, consagra o direito fundamental à liberdade no processo, por meio do exercício do autorregramento da vontade, o que, como bem percebeu Fredie Didier Jr., fez surgir um novo (e relevante) princípio processual: o princípio do respeito ao autorregramento da vontade no processo – expressão por ele cunhada e ora adotada -, o qual deve ser inserido no rol de normas fundamentais do processo civil[4].

Uma das grandes novidades que permite, com certa facilidade, confirmar a constatação aqui exposta, é a cláusula geral de negociação processual que decorre do artigo 190, CPC. E o motivo é simples: a possibilidade de celebração de negócios processuais[5] não constitui inovação do CPC/2015[6], a novidade está, justamente, na possibilidade de celebração de negócios processuais *atípicos*.

Afinal, o exercício do autorregramento da vontade sempre esteve, de alguma forma, presente no processo, nunca tendo sido a vontade para ele irrelevante[7]. Tanto é assim que, com relação aos negócios típicos, a inovação não está na sua previsão, pois já eram existentes no CPC/1973, a exemplo da convenção sobre ônus da prova e o foro de eleição, mas, sim, nas novas modalidades previstas no CPC, como a escolha convencional do perito, o saneamento consensual e o calendário processual.

4. DIDIER JR., Fredie. *Curso de Direito Processual Civil: civil*: introdução ao direito processual civil, parte geral e processo de conhecimento. 17 ed. Salvador: *JusPodivm*, 2015, v. 1., p 132
5. De acordo com Pedro Nogueira: "o autorregramento da vontade se define como um complexo de poderes, que podem ser exercidos pelos sujeitos de direito, em níveis de amplitude variada, de acordo com o ordenamento jurídico". NOGUEIRA, Pedro Henrique Pedrosa. *Negócios Jurídicos Processuais: Análise dos provimentos judiciais como atos negociais.* cit., p. 122. É este o conceito ora adotado.
6. A eleição convencional de foro, art. 111, o acordo sobre suspensão dos atos do procedimento, art. 265, II, convenção sobre ônus da prova, art. 333, parágrafo único, a convenção de arbitragem, art. 301, IX, a convenção sobre distribuição do ônus da prova, art. 435, I são exemplos de acordos processuais já previstos no Código de Processo Civil de 1973, a evidenciar que a possibilidade de celebração de convenções processuais em si não se trata de uma inovação do CPC/2005, muito embora se reconheça que também com relação a elas houve inovação pelo redimensionamento de sua relevância para o processo.
7. Em sentido contrário: DINAMARCO, Cândido Rangel. *Instituições de Direito Processual Civil.* 6 ed. São Paulo: Malheiros, 2009, v. II, p. 481-485.

Ao lado dos negócios processuais, dando força à consagração do direito à liberdade no processo, há o evidente estímulo à solução consensual dos conflitos, seja pela existência de um capítulo dedicado à mediação e à conciliação (artigos 165 a 175), pela estruturação do procedimento de modo a pôr a tentativa de autocomposição como ato anterior ao oferecimento de contestação (artigos 334 e 695), ou, ainda, pela permissão de homologação judicial de acordo extrajudicial de qualquer natureza (art. 515, III e 725, VIII), ou de inclusão de matéria estranha ao objeto litigioso no acordo judicial (art. 515, § 2º).[8]

Unindo-se os dois eixos, estimula-se, a um só tempo, que as partes alcancem consensualmente a solução do seu litígio, evitando a interferência estatal na pacificação social, o que confere maior estabilidade às relações, e que elas mesmas estabeleçam os contornos do procedimento e das situações jurídicas envolvidas do processo de negociação. Celebram-se, assim, negócios sobre o procedimento de negociação e o próprio negócio final de solução do conflito, o que impõe bem compreender que "negociar" não é ganhar, mas, em verdade, satisfazer, da melhor forma, os interesses de *ambas* as partes.

O presente ensaio, fazendo uma análise conjunta destas duas manifestações negociais presentes no Código de Processo Civil, pretende analisar, tanto pela perspectiva da cláusula geral de negócio processual decorrente do art. 190 do Código de Processo Civil, quanto a partir dos negócios típicos, previstos neste código e na Lei n. 13.140/2015, as (im)possibilidades de negócios jurídicos processuais relacionados à mediação e à conciliação, bem como os limites do exercício da liberdade na aplicação dos negócios tipicamente previstos.

2. NEGÓCIO JURÍDICO PROCESSUAL

2.1. Conceito

Na definição proposta por Pontes de Miranda[9], o negócio jurídico[10] é o ato jurídico cujo suporte fático tem como um dos elementos essenciais a manifestação da

8. DIDIER JR. Fredie. *Curso de direito processual civil*: introdução ao direito processual civil, parte geral e processo de conhecimento. Ob. cit., p. 134.
9. Na definição de Pontes de Miranda, fato jurídico é o fato ou complexo de fatos sobre o qual incidiu uma regra jurídica; é a regra jurídica que discrimina o que entra e, por omissão, o que não entra no mundo jurídico. Fato jurídico é, pois, o suporte fático que, após a incidência da norma jurídica, é jurisdicizado, entrando no mundo jurídico – plano da existência do mundo do direito. O negócio jurídico é espécie de fato jurídico.MIRANDA, Pontes de. *Tratado de direito privado*. 4 ed. São Paulo: Revista dos Tribunais, 1983, Tomo 02, p. 183-185. Na definição de Emílio Betti, fatos jurídicos são "aqueles fatos a que o direito atribui relevância jurídica, no sentido de mudar as situações anteriores a eles e de configurar novas situações, a que correspondem novas qualificações jurídicas". BETTI, Emílio. *Teoria geral do negócio jurídico*. Tomo I. Campinas: LZN, 2003, p. 12.
10. Conceitos de teoria geral como negócio jurídico, direito subjetivo, capacidade jurídica e pessoa jurídica eram estranhos ao direito romano da antiguidade. WIEACKER, Franz. História do direito privado moderno. Tradução de A. M. Botelho Hespanha. 3. ed. Lisboa: Fundação Calouste Gulbenkian, 1967, p. 254.

vontade, com o poder de criar, modificar ou extinguir direitos, pretensões, ações ou exceções, tendo como pressuposto deste poder o autorregramento da vontade[11].

A vontade, portanto, não cria efeitos, apenas constitui o suporte fático de incidência de regra jurídica; somente após a jurisdicização do fato, transformando-se em fato jurídico, é que se irradiarão os efeitos correspondentes. O negócio jurídico e a vontade não se confundem; a vontade não é o negócio, ela é elemento do seu suporte fático.

Este conceito foi difundido por Marcos Bernardes de Mello, que formulou, a partir dele, a seguinte definição para o negócio jurídico:

> [...] é o fato jurídico cujo elemento nuclear do suporte fático consiste em manifestação ou declaração consciente de vontade, em relação à qual o sistema jurídico faculta às pessoas, dentro de limites predeterminados e de amplitude vária, o poder de escolha de categoria jurídica e de estruturação do conteúdo eficacial das relações jurídicas respectivas, quanto ao seu surgimento, permanência e intensidade no mundo jurídico.[12]

No conceito acima transcrito, concilia-se a vontade (manifestação ou declaração consciente de vontade) e a autonomia privada (poder de escolha de categoria jurídica e de estruturação do conteúdo eficacial das relações jurídicas respectivas). Em última análise, sempre haverá uma norma jurídica decorrente de texto normativo estatal para incidir no fato da vida, do que irradiarão os efeitos jurídicos nela previstos.

A diferença residirá na possibilidade de, por vontade negocial, ser escolhida a espécie de categoria eficacial, bem assim a variação referente à irradiação e intensidade de cada categoria[13], ou seja, residirá na amplitude do poder de escolha que a norma confere aos indivíduos[14].

11. MIRANDA, Pontes de. *Tratado de direito privado*. 4 ed. São Paulo: Revista dos Tribunais, 1983, Tomo 03, p. 3.
12. MELLO, Marcos Bernardes de. *Teoria do fato jurídico: plano da existência*. São Paulo: Saraiva, 2014, p. 245.
13. MELLO, Marcos Bernardes de. *Teoria do fato jurídico: plano da existência*. cit., p. 237.
14. Quanto à amplitude do poder de escolha, José de Oliveira Ascensão ensina que a autonomia pode se localizar em quatro zonas de atuação: de negociação, referente à fase prévia à vinculação; de criação (modelos negociais atípicos), que permite às partes criar novas figuras contratuais que melhor se adequem às suas necessidades; de estipulação, que cuida da faculdade de estabelecer o negócio jurídico; e de vinculação, que se limita à aceitação das partes a vincular-se ou não. Esta última zona seria o mínimo necessário à afirmação da autonomia da vontade e, portanto, à caracterização do negócio jurídico, ainda quando ausentes todas as outras. ASCENSÃO, José de Oliveira. *Direito Civil – Teoria geral*. V. 02. 3 ed. São Paulo: Saraiva, 2010, p. 80/81.

O negócio jurídico é espécie de fato jurídico e, por isso mesmo, um conceito jurídico fundamental[15], o que permite sua aplicação nos diversos subdomínios do conhecimento jurídico[16], a exemplo do direito processual[17].

Com base nas definições de negócio jurídico de Pontes de Miranda e Marcos Bernardes de Mello acima expostas, Fredie Didier Jr.[18], Paula Sarno Braga[19] e Pedro Nogueira desenvolveram os seus conceitos de negócio jurídico processual, os quais, por terem a mesma essência, serão adotados neste ensaio. Eis o conceito de negócio processual proposto por Pedro Nogueira:

> [...] fato jurídico voluntário em cujo suporte fático, descrito em norma processual, esteja conferindo ao respectivo sujeito o poder de escolher a categoria jurídica ou estabelecer, dentro dos limites fixados no próprio ordenamento jurídico, certas situações jurídicas processuais[20].

Como se percebe, entende-se que o traço distintivo dos negócios jurídicos para os demais fatos voluntários reside na noção de autorregramento da vontade, retirando-se relevância do sujeito que pratica o ato e da necessidade de a manifestação de vontade integrar ou não a cadeia típica formadora do procedimento[21].

É a partir desta noção de negócio jurídico processual, ora fixada como premissa teórica, que será desenvolvido raciocínio acerca dos negócios processuais relativos à mediação e à conciliação. A base normativa utilizada, entretanto, irá variar: em caso de negócios atípicos, o fundamento será o artigo 190

15. NOGUEIRA, Pedro Henrique Pedrosa. *Negócios Jurídicos Processuais: Análise dos provimentos judiciais como atos negociais*. Salvador: Tese de Doutorado da UFBA, 2001, p. 109.
16. PASSOS, José Joaquim Calmon de. *Esboço de uma teoria das nulidades aplicadas às nulidades processuais*. Rio de janeiro: Forense, 2009, p. 53.
17. NOGUEIRA, Pedro Henrique Pedrosa. *Negócios Jurídicos Processuais*. cit., p. 109. Nesse sentido, Francesco Carnelutti: "O conceito de negócio jurídico, elaborado pelos cultores do Direito privado, não podia deixar de se transplantar para o terreno do Direito público, e especialmente para o Direito processual, tão logo que neste se descobrisse a existência de direitos subjetivos, exatamente porque direito subjetivo e negócio jurídico são termos correlatos: o Direito privado, ou, geralmente, o Direito material, representa apenas a zona de emergência do mesmo, da qual o conceito se estendeu depois para a todo o território do Direito." CARNELUTTI, Francesco. Sistema de direito processual civil: da estrutura do processo. v. 03. São Paulo: Classic Book, 2000, p. 122.
18. Segundo Fredie Didier Jr., a caracterização de um ato como negócio jurídico deve-se observar o direcionamento da vontade não apenas à prática do ato, mas, também, à produção de um determinado efeito jurídico, visto que, "no negócio, há escolha da categoria jurídica, do regramento jurídico para uma determinada situação". DIDIER JR., Fredie. *Curso de direito processual civil: introdução ao direito processual civil e processo de conhecimento*. 16 ed. Salvador: Juspodivm, 2014, p. 291.
19. "Serão negócios processuais quando existir um poder de terminação e regramento da categoria jurídica e de seus resultados (com limites variados)" (BRAGA, Paula Sarno. *Primeiras reflexões sobre uma teoria do fato jurídico processual: plano de existência*. Revista de processo, ano 32, n. 148, jun./2007, p. 312).
20. NOGUEIRA, Pedro Henrique Pedrosa. *Negócios Jurídicos Processuais*. cit., p. 137.
21. NOGUEIRA, Pedro Henrique Pedrosa. *Negócios Jurídicos Processuais*. cit., p. 138

do Código de Processo Civil, que veio consagrar a atipicidade da negociação processual, ao passo que, na hipótese de negócio típico, será aplicado o dispositivo correspondente. Por se tratar de uma novidade, passa-se a dispensar algumas linhas ao artigo 190; os dispositivos legais referentes aos negócios típicos serão tratados no tópico correspondente ao negócio a que ele se refere.

2.2. A cláusula geral de negócio processual no Código de Processo Civil

Para além de autorizar expressamente a realização de negócio jurídico processual, pondo fim a qualquer discussão acerca de sua existência, o art. 190, *caput*, do CPC vem consagrar a atipicidade desta negociação, estabelecendo, como dito, uma cláusula geral de negócio processual; eis o seu teor:

> Art. 190. Versando o processo sobre direitos que admitam autocomposição, é lícito às partes plenamente capazes estipular mudanças no procedimento para ajustá-lo às especificidades da causa e convencionar sobre os seus ônus, poderes, faculdades e deveres processuais, antes ou durante o processo.
>
> Parágrafo único. De ofício ou a requerimento, o juiz controlará a validade das convenções previstas neste artigo, recusando-lhes aplicação somente nos casos de nulidade ou inserção abusiva em contrato de adesão ou em que alguma parte se encontre em manifesta situação de vulnerabilidade.

Note-se que o dispositivo acima transcrito tanto autoriza a negociação acerca de alterações no procedimento, quanto a convenção[22] acerca de ônus, poderes, faculdades e deveres processuais, o que poderá ser feito antes ou durante o processo[23]. É possível perceber que a última parte do *caput* cuida, justamente, de situações jurídicas processuais, ou seja, de efeitos jurídicos irradiados de fatos jurídicos processuais.

De acordo com a redação do artigo, é preciso que se verifiquem, no negócio processual, os seguintes requisitos: *(i)* a discussão deduzida em juízo deve envolver direitos passíveis de autocomposição (nesse caso, a parte já estaria autorizada pelo ordenamento jurídico a, inclusive, renunciar integralmente o

22. Os negócios bilaterais podem ser divididos em contratos e convenções ou acordos; nos contratos, os interesses são contrapostos, ao passo que, nos acordos ou convenções, as vontades convergem a um interesse comum. Entende-se, a princípio, que o legislador utilizou o termo de forma genérica, muito embora se saiba que os contratos processuais são celebrados em número bem menor.
23. Com o mesmo entendimento, há o enunciado n. 257 do Fórum Permanente de Processualistas Civis (FPPC): O art. 190 autoriza que as partes tanto estipulem mudanças do procedimento quanto convencionem sobre os seus ônus, poderes, faculdades e deveres processuais.

direito litigioso, de modo que "quem pode o mais, pode o menos"); *(ii)* partes capazes; e *(iii)* existência de situação de equilíbrio entre as partes[24].

Com isso, ao tempo em que se democratiza o procedimento, prestigiando e favorecendo as soluções de controvérsias obtidas pelos próprios litigantes[25], preocupa-se em evitar abusos de direito ou opressão de uma das partes[26]. Abre-se espaço para um maior diálogo entre partes, juiz, e, também, conciliadores e mediadores, ampliando a possibilidade de adequação às exigências específicas do litígio[27] ou à vontade das partes de convencionar sobre seus ônus, poderes, faculdades e deveres processuais.

O modelo proposto pelo Código de Processo Civil vem consagrar a possibilidade de adaptação do procedimento, de escolha da categoria jurídica, bem assim de regramento do conteúdo das situações jurídicas processuais, como resultado de uma atitude cooperativa e consensual das partes e do julgador.

A previsão legal não faculta apenas a realização de acordo de procedimento, visto que a última parte do *caput* cuida, justamente, de situações jurídicas processuais, ou seja, de efeitos jurídicos irradiados de fatos jurídicos processuais. O art. 190 do CPC constitui, portanto, a consagração do permissivo estabelecido pelo sistema jurídico de outorga às pessoas do poder de autorregramento da vontade no processo; outorga-se, pois, o poder de manifestação de vontade processual e com ele uma maior autonomia na condução da resolução do litígio por elas protagonizado.

---

24. A interpretação e, consequentemente, a possibilidade de flexibilização destes requisitos ainda devem ser submetidas à efetiva crítica doutrinária, de modo que, neste ensaio, opta-se por não adotar um posicionamento restrito acerca da verificação dos requisitos acima citados para a validade do negócio. No que concerne à disponibilidade do direito objeto da demanda, por exemplo, entende-se que a sua indisponibilidade não impede a realização de negócio processual, quando o objeto do negócio não tiver o potencial de fulminar o direito objeto da demanda. Nesse sentido, é o posicionamento de Diogo Rezende: "A impossibilidade de disposição do direito material não afeta, em regra, a possibilidade de disposição de direito processual. [...] Mas a questão não é tão simples. Pode ocorrer de o direito material indisponível ser afetado indiretamente por uma convenção que regule direito processual.[...] A indisponibilidade do direito material, embora não acarrete na automática vedação às convenções processuais na relação jurídica em que o conflito é discutido, é capaz de motivar a invalidação ou a ineficácia de disposição de direito processual quando esta se revelar modo de disposição indireto do direito material indisponível." (ALMEIDA, Diogo Assumpção Rezende de. *Das convenções processuais no processo civil*. Rio de Janeiro: Tese de Doutorado da UERJ, 2014, p. 177/178). A respeito do tema, há, ainda, o Enunciado n. 135 do Fórum Permanente de Processualistas Civis (FPPC): A indisponibilidade do direito material não impede, por si só, a celebração de negócio jurídico processual.
25. NOGUEIRA, Pedro Henrique Pedrosa. A cláusula geral do acordo de procedimento no projeto do novo CPC (PL 8.046/2010). In: *Novas tendências do processo civil: estudos sobre o Projeto do Novo Código de Processo Civil*. v. 01. Salvador: Juspodivm, 2013, p. 17.
26. NOGUEIRA, Pedro Henrique Pedrosa. *A cláusula geral do acordo de procedimento no projeto do novo CPC (PL 8.046/2010)*. cit., p. 17.
27. NOGUEIRA, Pedro Henrique Pedrosa. *A cláusula geral do acordo de procedimento no projeto do novo CPC (PL 8.046/2010)*. cit., p. 18.

No entanto, o poder de autorregramento da vontade não é absoluto, a ele são estabelecidos limites que decorrem do sistema considerado em sua integralidade; tais limitações, inclusive, constituem um dos maiores desafios da doutrina. Isso porque a abertura própria das cláusulas gerais – que se caracterizam pela dupla indeterminação, no antecedente e no consequente – demandam um maior esforço interpretativo na (re)construção de seu conteúdo[28-29].

Fixadas estas premissas, passa-se a analisar as possibilidades negociais relativas à mediação e à conciliação, sem ter, no entanto, qualquer pretensão de exaurimento; como já noticiado, serão analisados, também, nesse âmbito, os negócios processuais tipicamente previstos e os limites ao exercício da liberdade na aplicação deles.

3. OS NEGÓCIOS JURÍDICOS PROCESSUAIS ACERCA DA MEDIAÇÃO E DA CONCILIAÇÃO

3.1. Negócios jurídicos processuais sobre o mediador ou conciliador e sobre a câmara privada de mediação ou conciliação

De início, tratemos da possibilidade de as partes celebrarem negócios acerca do mediador ou do conciliador: a pessoa, alheia ao conflito, que intervém do

---

28. O intérprete atribui significado ao texto, diante do suporte fático sobre o qual incidirá a norma de direito. Isso porque, como bem salienta Humberto Ávila, o significado não é intrínseco ao conteúdo da palavra, mas algo que depende da sua aplicação e interpretação. Desse modo, o intérprete não apresenta o significado prévio do texto normativo, ele, em verdade, constrói exemplos do uso da linguagem. O intérprete também reconstrói sentidos, na medida em que existem "significados incorporados ao uso linguístico e construídos na comunidade do discurso". De fato, os signos, pela aplicação rotineira, adquirem um significado comumente difundido, muitas vezes pela repetição da situação fática de sua aplicação, impondo ao julgador, na interpretação do texto, não a construção do sentido, mas a sua reconstrução. A construção ou reconstrução de significados, no entanto, deve ser limitada, a fim de se evitar "um descompasso entre a previsão constitucional e o direito constitucional concretizado". ÁVILA, Humberto. *Teoria dos princípios: da definição à aplicação dos princípios jurídicos*. 14 ed. São Paulo: Editora Malheiros, 2013, p. 34/37.
29. Nesse contexto, Leonardo Greco afirma que a definição dos limites entre os poderes do juiz a autonomia das partes está diretamente vinculada a três fatores: a disponibilidade do direito material, o equilíbrio entre as partes e a observância dos princípios e garantias fundamentais do processo no Estado Democrático de Direito, ao que ele chama de ordem pública processual. (GRECO, Leonardo. *Os atos de disposição processual – Primeiras reflexões*. cit., p. 10). Loïc Cadiet, por sua vez, afirma que existe uma gradação na neutralização da liberdade contratual no âmbito do processo: quanto mais o tratamento do litígio estiver no poder do juízo, mais o processo será indisponível, tornando nulas as cláusulas cujo objeto seja o processo; isso porque, nos acordos cujo objeto seja a adaptação do procedimento judicial às necessidades das partes, a instituição judiciária está envolvida, na sua organização ou no seu funcionamento. (CADIET, Loïc. *Les conventions relatives au procès em droit français: sur la contractualisation du règlement des litiges*. Revista de Processo, ano 33, n. 160, jun/2008, p. 68.). Barbosa Moreira, em 1984, já chamava atenção para a ausência de estabelecimento de critérios restritivos para as convenções processuais atípicas, ponderando que, muito embora não seja certa a segurança deste caminho, o mais difundido dos critérios é o que se baseia na distinção entre normas processuais cogentes e normas processuais dispositivas, para admitir maior liberdade de convenção para aquelas e restringir para estas. (MOREIRA, José Carlos Barbosa. *Convenções das Partes Sobre Matéria Processual*. Revista de Processo, ano 9, vol. 33, jan./mar. 1984, p. 184-185).

forma imparcial, promovendo o diálogo entre as partes envolvidas, de acordo com os princípios previstos no Código de Processo Civil e na Lei n. 13.140/2015, a fim de viabilizar a solução consensual da controvérsia[30].

Conforme disposto no art. 4º da Lei de Mediação[31] e no art. 168[32] do Código de Processo Civil, as partes do conflito poderão celebrar negócio processual (típico, neste caso), para escolha do profissional que atuará como mediador ou conciliação no seu caso, bem como para escolha da câmara privada de mediação e conciliação na qual a solução consensual do conflito será buscada.

Essa possibilidade coaduna-se com o princípio do respeito ao autorregramento da vontade no processo, já que promove a primazia da autonomia das partes neste aspecto[33]. Assim, coaduna-se também com o objetivo primordial da autocomposição como técnica de solução de litígios, já que, sendo uma forma de participação dos indivíduos na elaboração da norma jurídica que regulará o seu caso[34], enseja uma solução mais adequada do conflito, com maior aptidão à pacificação social.

De acordo com o § 1º do mencionado art. 168 do CPC[35], o mediador ou conciliador escolhido poderá ou não estar cadastrado no tribunal de justiça (exigência constante no art. 167[36], ao lado da necessidade de inscrição em cadastro nacional). Trata-se de efetivação da liberdade de escolha dada às partes, que não estarão restritas a um universo de indivíduos quando da seleção daquele que atuará como mediador ou conciliador do conflito. As partes estarão, assim, livres para optar por um mediador ou conciliador de sua confiança, ainda que ele não esteja cadastrado no tribunal de justiça local.

---

30. TARTUCE, Fernanda. In: *Breves comentários ao novo Código de Processo Civil.* WAMBIER, Teresa Arruda Alvim et al; (coord). São Paulo: Editora Revista dos Tribunais, 2015, p. 520.
31. Art. 4º O mediador será designado pelo tribunal ou escolhido pelas partes.
32. Art. 168. As partes podem escolher, de comum acordo, o conciliador, o mediador ou a câmara privada de conciliação e de mediação.
33. TARTUCE, Fernanda. In: *Breves comentários ao novo Código de Processo Civil.* Ob. cit. p. 534.
34. DIDIER JR. Fredie. *Curso de direito processual civil*: introdução ao direito processual civil, parte geral e processo de conhecimento. Ob. cit., p. 280; ; CUNHA, Leonardo Carneiro da; AZEVEDO NETO, João Luiz Lessa de. Mediação e conciliação no Poder Judiciário e o Novo Código de Processo Civil. In: *Novo CPC doutrina selecionada*: parte geral. Vol. 01. MACEDO, Lucas Buril de; PEIXOTO, Ravi; FREIRE, Alexandre (org.). Salvador: Juspodivm, 2015, p. 264 e 266; WATANABE, Kazuo. Acesso á justiça e meios consensuais de solução de conflitos. In: *Tribunal Multiportas: investindo no capital social para maximizar o sistema de solução de conflitos no Brasil.* ALMEIDA, Rafael Alves de; ALMEIDA, Tânia; CRESPO, Mariana Hernandez (org). Rio de Janeiro: Editora FGV, 2012, p. 89; STÖBER, Michael. *Os meios alternativos de solução de conflitos no direito alemão e europeu: desenvolvimento e reformas.* In: Revista de Processo, vol. 244, jun/2015, p. 361-380.
35. § 1º O conciliador ou mediador escolhido pelas partes poderá ou não estar cadastrado no tribunal.
36. Art. 167. Os conciliadores, os mediadores e as câmaras privadas de conciliação e mediação serão inscritos em cadastro nacional e em cadastro de tribunal de justiça ou de tribunal regional federal, que manterá registro de profissionais habilitados, com indicação de sua área profissional.

Neste ponto, importante fazer uma observação: esta previsão, ao contrário do que pode parecer à primeira vista, não implica estar absolutamente dispensado o cadastro do indivíduo designado como mediador ou conciliador pelas partes[37-38]. Em verdade, o que se quer dizer é que, as partes poderão escolher mediador ou conciliador que não esteja cadastrado no momento da escolha, no entanto, para que o escolhido possa exercer a função para a qual foi selecionado, deverá realizar o cadastro necessário, sob pena de tornar inócua a exigência do art. 167, pautada na importância do cadastro imposto (já que os mediadores e conciliadores deverão passar por curso de capacitação, com programa definido pelo CNJ em conjunto com o Mistério da Justiça, além de passarem por reciclagens periódicas)[39].

Deste modo, é preciso que o indivíduo escolhido para atuar como mediador ou conciliador esteja apto à inscrever-se no cadastro nacional e do tribunal de justiça, ou, ainda que não esteja apto, possa tornar-se. Ou seja, o sujeito impedido de cadastrar-se como mediador ou conciliador não poderá ser escolhido para exercer essa função pelas partes (a exemplo do juiz, ainda que fosse negociada a exceção à confidencialidade).

Contudo, essa ressalva vale apenas para as hipóteses de mediação ou conciliação judicial. Para as hipóteses de mediação extrajudicial, a Lei n 13.140/2015 prevê expressamente, em seu art. 9º[40], que a atuação do indivíduo enquanto mediador extrajudicial prescinde de sua inscrição em qualquer tipo de conselho, entidade de classe ou associação, de modo que, o profissional escolhido para atuar neste tipo de mediação não precisará estar cadastrado junto ao tribunal local no momento da sua seleção pelas partes, bem como no momento do exercício da função.[41]

Ainda que não houvesse a previsão legal, chegaríamos a essa conclusão uma vez que não seria razoável submeter aqueles que não atuam no âmbito judicial ao controle do Poder Judiciário.

---

37. DIDIER JR. Fredie. *Curso de direito processual civil*: introdução ao direito processual civil, parte geral e processo de conhecimento. Ob. cit., p. 277.
38. Em sentido oposto: TARTUCE, Fernanda. In: *Breves comentários ao novo Código de Processo Civil*. Ob. cit. p. 534.
39. DIDIER JR. Fredie. *Curso de direito processual civil*: introdução ao direito processual civil, parte geral e processo de conhecimento. Ob. cit., p. 277.
40. Art. 9º Poderá funcionar como mediador extrajudicial qualquer pessoa capaz que tenha a confiança das partes e seja capacitada para fazer mediação, independentemente de integrar qualquer tipo de conselho, entidade de classe ou associação, ou nele inscrever-se.
41. Sobre a solução do conflito normativo entre o Código de Processo Civil e a Lei de Mediação: TARTUCE, Fernanda. *Interação entre novo CPC e Lei de Mediação: Primeira reflexões*. Disponível em: ‹http://portalprocessual.com/interacao-entre-novo-cpc-e-lei-de-mediacao-primeiras-reflexoes/›. Acesso em: 15/09/2015; DUARTE, Zulmar. *A difícil conciliação entre o Novo CPC e a Lei de Mediação*. Disponível em: ‹http://jota.info/a-dificil-conciliacao-entre-o-novo-cpc-e-a-lei-de-mediacao›. Acesso em: 15/09/2015.

Assim, qualquer pessoa em que as partes depositem alguma confiança poderá atuar como mediador/conciliador extrajudicial. Inclusive, por exemplo, é possível cogitar que um juiz exerça esta função, desde que tenha sido acordada a exceção à confidencialidade, conforme será exposto em tópico posterior.

Além do negócio processual típico mencionado, as partes poderão celebrar, ainda, negócios atípicos acerca do mediador ou conciliador e da câmara de mediação ou conciliação, por força do art. 190 do CPC.

Nesse sentido, reflita-se que, se às partes é facultado escolher especificamente o mediador ou conciliador, logicamente também lhes é facultado limitar consensualmente os critérios dessa escolha futura. Assim, por exemplo, podem as partes negociar, antevendo a necessidade específica do caso que eventualmente enseje litígio, no sentido de estabelecer que o mediador ou conciliador deverá, oportunamente, ser escolhido dentre um grupo determinado de pessoas, a exemplo de sujeitos pertencentes a uma categoria profissional. O mesmo se aplica às câmaras privadas de mediação ou conciliação, que poderão ser limitadas àquelas de determinada localidade, por exemplo.

3.2. Negócios jurídicos processuais sobre o procedimento de mediação ou conciliação

A mediação ou conciliação, por serem meios de autocomposição de conflitos, pressupõe a negociação entre as partes para alcance da solução; a negociação, por sua vez, para que mais bem atinja seu objetivo final, qual seja, satisfazer, da melhor forma possível, os interesses de ambas as partes, variará sempre de acordo com o tipo do litígio, a sua complexidade, a relação e grau de desgaste ou aproximação das partes, além de outras peculiaridades verificadas em cada caso.

Por isso mesmo, os aspectos do procedimento de negociação deverão ser adequados às exigências do caso concreto, sendo o negócio processual o instrumento existente à disposição das partes para adequarem a mediação/conciliação às nuances do seu caso. Aqui, cabe, de logo, fixar a premissa de que, necessariamente, os mediadores/conciliadores deverão se submeter ao quanto acordado pelas partes, não cabendo, por falta de competência, sequer a análise de validade do negócio, o que somente poderá ser feito pelo magistrado, na hipótese de o acordo ser a ele submetido[42].

42. Nesse caso, se, posteriormente, houver identificação, pelo magistrado, de vício na convenção processual, duas serão as possibilidades: invalidação do acordo ao final celebrado entre as partes ou convalidação do acordo, seja sanando o vício, seja pelo seu aproveitamento dada a ausência de prejuízo.

Nesse tópico, o objetivo é apresentar, sem pretensão de exaurimento, algumas possibilidades de negócios para adequação do procedimento de mediação/conciliação, salientando que a sua aplicação dependerá sempre do caso concreto, pois são as características do conflito (subjetivas e objetivas) e a escolha do mecanismo de solução de controvérsia que será adotado que darão o tom e os contornos do procedimento.

É, no caso concreto, por exemplo, que se verá quantas reuniões serão necessárias para conclusão do acordo, se os advogados deverão estar presentes em todas, algumas ou nenhuma das etapas, a necessidade de reuniões entre as partes sem os mediadores, ou apenas os mediadores com cada uma das partes isoladamente, se haverá ou não procedimento para apresentação de documentos, pois casos há em que não existem sequer documentos a serem apresentados e outros em que eles são essenciais.

Impossível, pois, seria a tarefa de exaurir todos os tipos de convenções sobre o procedimento negocial, razão por que se optou por alertar a respeito das possibilidades negociais que reputamos mais importantes, nesse contexto.

(i) No que concerne à duração do procedimento que levará à autocomposição, as partes poderão estabelecer um prazo para encerramento do procedimento de mediação ou conciliação, sem prejuízo de haver prorrogação, se entenderem conveniente.

O art. 28 da Lei n. 13/140/2015 permite a negociação acerca do prazo para conclusão do procedimento que objetiva a autocomposição ao determinar que o procedimento da mediação deverá ser concluído em até sessenta dias, salvo quanto as partes requererem, consensualmente, a sua prorrogação.

O estabelecimento do prazo terá duas finalidades: informar, previamente, às partes que, ao seu término, caso não haja acordo ou prorrogação, a qualquer tempo poderá ser instaurado ou continuado o procedimento de contencioso; e possibilitar seu planejamento no curso das tratativas. Nada impede, entretanto, que, de comum acordo, as partes renunciem ao prazo previamente estipulado para, antes de seu fim, encerrar a tentativa de autocomposição e retomar ou iniciar procedimento judicial ou arbitral, conforme o caso.

Na hipótese de não haver previsão quanto ao prazo (na mediação/conciliação extrajudicial) ou em caso de prorrogação tácita, e, no curso do procedimetno de mediação/concliação, uma das partes não mais queira dar continuidade às tratativas (considerando que as partes não são obrigadas a permanecer em procedimento de mediação ou conciliação, se assim não quiserem), deverá informar à outra que iniciará ou prosseguirá com o procedimento judicial/arbitral. O dever de informação é uma das concretizações do dever de cooperação, cujo alcance não se limita aos procedimentos judiciais, devendo, também, ser observados nas mediações extrajudiciais.

(ii) As partes poderão, ainda, excluir a participação dos advogados no procedimento de mediação/conciliação, mesmo que ele ocorra no curso do procedimento judicial. Essa possibilidade já é expressa quando se tratar de mediação extrajudicial, nos termos do artigo 10, Lei 13.140/2015, e, ao que nos parece, não há razão para não a aplicar à mediação judicial, afinal, a presença do advogado no processo judicial decorre de sua capacidade postulatória, da qual as partes não são dotadas.

É dizer: ele será necessário para a prática de atos em juízo, porém, não há razão para impedir que ambas as partes dispensem sua participação nos momentos em que estiverem elas e os mediadores/conciliadores, uma vez que para isso não se exige a capacidade postulatória. Previsão nesse sentido segue na linha acima pontuada de que cada caso possui suas peculiaridades, a exemplo dos litígios de família, que envolvem questões absolutamente íntimas, as quais as partes certamente podem preferir não expor aos seus advogados, pelas mais diversas razões.

Saliente-se que esta dispensa somente será possível, por exigência decorrente da isonomia, quando *ambas* as partes dispensarem a presença de seus advogados, em consonância com a previsão do parágrafo único do referido artigo 10.

(iii) Uma das inovações mais relevantes promovidas pelo novo Código de Processo Civil foi a previsão de produção antecipada de prova sem o requisito da urgência, colocando as partes também como destinatárias da prova. Quebra-se o paradigma até então existente de que a prova era produzida para o juiz, para assumir que o conhecimento dos fatos é (principalmente) de interesse das partes, que podem muito bem não ter plena convicção das situações jurídicas por ela titularizadas[43].

Entre as hipóteses em que é possível a produção antecipada de provas, está justamente a situação em que *"a prova a ser produzida seja suscetível de viabilizar a autocomposição ou outro meio adequado de solução de conflito"*; é o que estabelece o artigo, 381, II, CPC/2015.

Com isso, torna-se plenamente possível e, em muitos casos, aconselhável que as partes acordem a necessidade de produção de prova antes de dar início

43. Sobre o tema, conferir: YARSHELL, Flávio Luiz. *Antecipação da prova sem o requisito da urgência e o direito autônomo à prova*. São Paulo: Editora Malheiros, 2009.

à mediação/conciliação ou que, determinem a sua suspensão, após a primeira reunião, para que se faça uso deste instrumento processual. Veja-se que o preenchimento do requisito do inciso II acima transcrito será facilitado (e muito) se já estiver em curso o procedimento de mediação.

A respeito da produção de prova, pode ser que não seja sequer necessário recorrer ao mecanismo do artigo 381, podendo as partes convencionarem, no curso do próprio procedimento de mediação/conciliação, a contratação de perito para elaboração de parecer técnico, a oitiva de testemunhas para serem ouvidas perante elas e o mediador/conciliador, a apresentação de documentos (este ponto será desenvolvido no tópico seguinte) ou outros meios de prova que sejam cabíveis. A convenção com esse objeto poderá ser feita no curso da negociação ou mesmo antes, quando forem estabelecidas regras do procedimento para mediação/conciliação futura.

(iv) Outro ponto relevante é a necessidade, em muitos casos, de adoção de medidas de urgência no curso do procedimento de mediação/conciliação. Nessas situações, as partes deverão, primeiro, tentar estabelecer um acordo quanto a esta questão e, somente se não for possível a autocomposição, é que se deverá recorrer ao Poder Judiciário para requerimento da medida de urgência, ainda que o processo esteja suspenso, nos termos do artigo 16, § 2º, Lei 13.140/2015.

Por outras palavras, em caso de se ter iniciado um procedimento de autocomposição, até as questões urgentes deverão, primeiramente, passar pela tentativa de acordo pelas partes; nada impede que, no curso da negociação, sejam feitos pequenos acordos sobre questões urgentes ou até mesmo acessórias, o que, se for frutífero, poderá gerar bons reflexos no acordo final, pela constituição de credibilidade entre os negociantes.

Esta obrigação, portanto, deverá compor uma das cláusulas sobre o procedimento, a fim de que atuações surpresas não prejudiquem os avanços eventualmente conseguidos no curso da negociação.

(v) Por fim, nos casos de direitos disponíveis – com relação aos indisponíveis já há previsão legal –, as partes podem, também, estabelecer, como condição de eficácia de seu acordo, a homologação judicial; veja-se que essa não é uma exigência legal, mas pode ser que as partes a prevejam, o que tem coerência sistêmica, uma vez que o próprio Código de Processo Civil, no artigo 725, VIII, possibilita a instauração de procedimento judicial para homologação de acordo extrajudicial de qualquer natureza ou valor, bem como pelo permissivo expressamente contido no artigo 20, parágrafo único, Lei 13.140/2015.

3.3. Negócios jurídicos processuais sobre as situações jurídicas dos sujeitos envolvidos na mediação ou conciliação

Além de negócios jurídicos processuais acerca do mediador ou conciliador, da câmara privada de mediação ou conciliação e do procedimento de mediação ou conciliação, as partes envolvidas na mediação ou conciliação podem celebrar acordos processuais acerca dos seus ônus, poderes, faculdades e deveres, tanto por expressa previsão legal, quanto pela aplicação da cláusula geral prevista no art. 190 do CPC.

(i) Como primeiro exemplo de negócio jurídico processual acerca das situações jurídicas dos sujeitos envolvidos na autocomposição, tem-se a convenção sobre a confidencialidade inerente ao procedimento em questão.

O princípio da confidencialidade, conforme descrito no art. 166, § 1º, do CPC, *"estende-se a todas as informações produzidas no curso do procedimento, cujo teor não poderá ser utilizado para fim diverso daquele previsto por expressa deliberação das partes"*. Há, neste dispositivo, expressa permissão para que as partes convencionem acerca das finalidades para as quais poderão ser utilizadas as informações produzidas no procedimento em questão; negócio processual típico, portanto.

A confidencialidade na mediação/conciliação tem a função de proteger e dar segurança aos sujeitos nela envolvidos, para que possam negociar com absoluta transparência e abertura, sem receio de que as informações prestadas e produzidas sejam eventualmente usadas contra si[44]. Desse modo, em atenção à autonomia da vontade das partes, nada mais lógico do que lhes possibilitar o afastamento desta proteção e segurança, caso vislumbrem alguma vantagem pessoal (que não precisa ser justificada).

Diante disso, é evidentemente lícita às partes a celebração de negócio jurídico para restringir ou afastar a confidencialidade, de modo que, poderão, se assim entenderem, autorizar a divulgação de todas as informações produzidas no curso do procedimento de mediação/conciliação, inclusive nos autos do processo, ou de parte delas (apenas dos documentos apresentados, por exemplo), por algum, alguns, ou todos os sujeitos que participarem da mediação/conciliação.

Este negócio processual típico poderá ser celebrado com finalidade específica, dando ensejo a negócios processuais atípicos, a exemplo daqueles acerca

44. TARTUCE, Fernanda. In: *Breves comentários ao novo Código de Processo Civil*. Ob. cit. p. 526; CUNHA, Leonardo Carneiro da; AZEVEDO NETO, João Luiz Lessa de. *Mediação e conciliação no Poder Judiciário e o Novo Código de Processo Civil*. Ob. cit., p. 264.

da participação de terceiros no procedimento de mediação/conciliação (como assistente das partes ou de uma delas, por exemplo); acerca da escolha de um juiz, que poderá vir a julgar a causa, como mediador/conciliador extrajudicial; acerca da atuação do individuo que autuou na tentativa de autocomposição do litígio como árbitro da causa.

(ii) Como segunda hipótese de negócio jurídico processual que cuida das situações jurídicas dos sujeitos envolvidos na mediação/conciliação, pode-se cogitar do acordo para obrigatoriedade de realização de mediação/conciliação extrajudicial prévia ao ajuizamento de ação judicial, como uma verdadeira "cláusula de mediação"[45], nos moldes da chamada cláusula de arbitragem.

Este negócio processual constitui acordo pelo qual as partes comprometem-se a não ingressar em juízo sem antes submeter eventual litígio à tentativa de solução consensual, por meio da mediação ou da conciliação.

Preenchidos os requisitos de validade comuns a todos os negócios jurídicos processuais, conforme parágrafo único do art. 190 do CPC, este acordo é plenamente possível[46].

Se o direito de ação não pode ser imposto às partes (inclusive lhes sendo facultada a escolha pelo procedimento arbitral, em renúncia à jurisdição), é lógico concluir-se que o ingresso em juízo possa ser, convencionalmente, postergado e condicionado à tentativa de solução consensual do conflito. Ou seja, considerando que as partes não estão obrigadas a pleitear a tutela jurisdicional para resolução da sua demanda, nada impede que convencionem a postergação e condicionamento do ingresso em juízo (menos, portanto, do que a renúncia à jurisdição).

Esta possibilidade é comum na Inglaterra, onde se popularizou a utilização da chamada cláusula de resolução de disputas em multicamadas, que, combinando mecanismos de ADR (*alternative dispute resolutions*), estabelece a necessidade de que a tentativa de resolução da disputa seja feita, inicialmente, por meio de negociação entre as partes, posteriormente, por meio de mediação, e, somente em não havendo sucesso nessas duas tentativas, por meio de ação judicial.[47]

Ao celebrarem este negócio jurídico, as partes podem impor alguns limites, a exemplo do tempo de duração da mediação ou conciliação anterior ao processo (conforme já se cogitou no tópico precedente, relativo ao procedimento

---

45. ANDREWS, Neil. *Mediação e arbitragem na Inglaterra*. Revista de Processo, vol. 211, set 2012, p. 281
46. GRECO, Leonardo. *Os atos de disposição processual – Primeiras reflexões*. Revista eletrônica de direito processual. 1ª Edição. Outubro/Dezembro de 2007, p. 16.
47. ANDREWS, Neil. *Mediação e arbitragem na Inglaterra*. Ob. cit.

da mediação) ou de exceções para que se possibilite a tutela jurisdicional do litígio antes da mediação/conciliação[48], bem como estabelecer o procedimento da mediação/conciliação anterior e critérios para que essa etapa seja considerada cumprida e finalizada para fins de possibilidade de ajuizamento de ação judicial.

Conforme se discutiu no V Fórum Permanente de Processualistas Civis[49], as partes poderão, quando da negociação estabelecendo a obrigatoriedade de mediação/conciliação extrajudicial prévia ao ajuizamento de ação correspondente, acordar a dispensa da audiência de mediação e conciliação obrigatória, prevista no art. 334 do CPC. Deste modo, contribuirão para a celeridade e otimização de eventual processo jurisdicional, uma vez que as tratativas de negociação já terão sido previamente realizadas sem sucesso.

A inobservância deste pacto de mediação/conciliação extrajudicial prévia obrigatória, se suscitada pelas partes (já que, tratando-se de contrato, não é executável de ofício[50]), deverá ensejar a extinção da ação sem resolução do mérito, por ausência de interesse processual, com base no art. 485, inciso VI, do CPC.[51-52]

(iii) As partes podem, ainda, por exemplo, celebrar contrato criando o dever mútuo de apresentação de documentos relevantes para o litígio durante o procedimento de mediação/conciliação, espelhando-se na *disclosure* (ou *discovery*) do direito anglo-saxão[53].

---

48. "(...) as obrigações de paz não são propriamente pactos de renúncia à tutela jurisdicional, mas de postergação do ingresso em juízo, enquanto se desenrolam as negociações dentro dos órgãos representativos da comunidade. Essa postergação deve ter um limite de tempo razoável e não pode impedir o imediato ingresso em juízo sempre que qualquer das partes necessitar de alguma modalidade de tutela de urgência." (GRECO, Leonardo. *Os atos de disposição processual – Primeiras reflexões*. Ob. cit., p. 16.)
49. É o que ficou consignado no Enunciado n. 19 do Fórum Permanente de Processualistas Civis: "(art. 190) São admissíveis os seguintes negócios processuais, dentre outros: (...) pacto de mediação ou conciliação extrajudicial prévia obrigatória, inclusive com a correlata previsão de exclusão da audiência de conciliação ou de mediação prevista no art. 334; (...). (Grupo: Negócio Processual; redação revista no III FPPC- RIO e no V FPPC-Vitória)".
50. Neste sentido, Fredie Didier Jr. explica que: "O inadimplemento de um negócio processual celebrado pelas partes é fato que tem que ser alegado pela parte adversária; caso não o faça, no primeiro momento que lhe couber falar, considera-se que houve novação tácita e, assim, preclusão do direito de alegar o inadimplemento." (DIDIER JR. Fredie. *Curso de direito processual civil*: introdução ao direito processual civil, parte geral e processo de conhecimento. Ob. cit., p. 391). A propósito, também o Enunciado n. 252 do Fórum Permanente de Processualistas Civis: "(art. 190) O descumprimento de uma convenção processual válida é matéria cujo conhecimento depende de requerimento. (Grupo: Negócios Processuais)."
51. GRECO, Leonardo. *Os atos de disposição processual – Primeiras reflexões*. Ob. cit., p. 16.
52. Na Inglaterra, por outro lado, a cláusula de mediação enseja a suspensão do litígio instaurado, pelo Tribunal, até que seja cumprida a etapa prévia necessária. (ANDREWS, Neil. *Mediação e arbitragem na Inglaterra*. Ob. cit.)
53. Também neste sentido, o Enunciado n. Enunciado n. 19 do Fórum Permanente de Processualistas Civis: "(art. 190) São admissíveis os seguintes negócios processuais, dentre outros: (...) pacto de disponibilização prévia de documentação (pacto de disclosure), inclusive com estipulação de sanção negocial,

A obrigação de *disclosure*, exigida no sistema do *common law*, tem por uma das suas finalidades[54] a facilitação do acordo, já que, conhecendo todos os documentos relevantes relativos à causa em questão, as partes terão maiores condições de avaliar a viabilidade da demanda judicial e a plausibilidade do acordo negociado, chegando a uma solução consensual tão justa quanto aquela a se chegaria pela via jurisdicional.

Por isso é que se vislumbra a possibilidade de as partes, tanto na mediação/conciliação judicial quanto (e principalmente) na mediação/conciliação extrajudicial, concordarem em apresentar todos os documentos pertinentes ao objeto da discussão, que possam ter influência nos argumentos trazidos por ambas as partes e, consequentemente, no deslinde da questão, a fim de aumentar as chances de que a tentativa de solução consensual seja frutífera.

Para tanto, poderão tomar por base o procedimento de *disclosure* adotado na Inglaterra[55] ou Estados Unidos[56] por exemplo, a respeito da forma de apresentação dos documentos, das obrigações acessórias a este dever, das limitações ao dever de apresentação e documentos e das sanções decorrentes do descumprimento das obrigações em questão. Por exemplo, no direito inglês, se a parte deixa de apresentar um documento relevante ou de permitir a sua apreciação pela outra parte durante a *disclosure*, este documento não poderá ser utilizado em eventual processo judicial futuro[57].

De todo modo, como se trata de negócio jurídico atípico, poderão as partes estabelecer as suas próprias regras para apresentação de documento, criando novos critérios, limitações, obrigações e sanções não previstas no direito anglo-saxão, a exemplo de critérios diversos para classificação de um documento como relevante, ou da criação de multas pela não apresentação de documentos assim considerados.

sem prejuízo de medidas coercitivas, mandamentais, sub-rogatórias ou indutivas; (...). (Grupo: Negócio Processual; redação revista no III FPPC- RIO e no V FPPC-Vitória)".

54. "A *disclosure* (anteriormente conhecida como *discovery*) entre adversários (partes potenciais ou definidas) atende a quatro finalidades (e compilou-se uma lista semelhante de benefícios perante as CPR): pode determinar a igualdade de acesso a informações; pode facilitar acordos; evita o chamado 'julgamento de emboscada', ou seja, situação em que a parte não é capaz de reagir devidamente a uma revelação surpresa, no final da audiência; e, finalmente, auxilia o tribunal a conhecer detalhes precisos a respeito dos fatos, quando for o momento de julgar o mérito." (ANDREWS, Neil. *O moderno processo civil:* formas judiciais e alternativas de resolução de conflitos na Inglaterra. Orientação e revisão da tradução por Teresa Arruda Alvim Wambier. São Paulo: Revista dos Tribunais, 2009, p. 127.)
55. LOUGHLIN, Paula; GERLIS, Stephen. *Civil Procedure*. 2 ed. London: Cavendish Publishind Limited, 2004, p. 425-453.
56. HAZARD, Geoffrey C.; TARUFFO, Michele. *American Civil Procedure:* an introduction. London: Yale University Press, 1973, p. 114-118.
57. LOUGHLIN, Paula; GERLIS, Stephen. *Civil Procedure*. Ob. cit., p. 427.

(iv) Ainda sobre os negócios processuais que alteram as situações jurídicas dos sujeitos envolvidos na mediação/conciliação, analisemos o acordo para dispensa da audiência de mediação ou conciliação obrigatória[58].

O novo Código de Processo Civil, no art. 334[59], determina que o juiz designará a mencionada audiência, se a petição inicial preencher os requisitos essenciais e não for o caso de improcedência liminar do pedido, em consonância com a norma fundamental que privilegia a solução consensual de conflitos de forma geral, constante no art. 3º, §§ 2º e 3º do CPC. Nos § 4º, inciso I, e § 5º do citado art. 334[60], há exceção à regra, no sentido de que a audiência em questão não será realizada se as partes manifestarem, de forma expressa, desinteresse na solução consensual do conflito; há, portanto, previsão de negócio processual típico[61].

No entanto, alguns autores[62] têm defendido que a Lei de Mediação, especial e posterior relativamente ao CPC[63], seria incompatível com o diploma processual neste ponto, afastando a possibilidade de negociação neste sentido, já que a dispensa da audiência de mediação pelas partes não foi prevista na referida lei.

Este não se apresenta, no entanto, como o entendimento mais adequado.

Primeiro porque, a Lei de Mediação, no seu art. 27[64], limitou-se a reproduzir parcialmente o teor do *caput* do art. 334 do CPC, sem fazer qualquer outra referência à audiência obrigatória de mediação. Isso não quer dizer, entretanto,

---

58. Conforme Enunciado n. 19 do Fórum Permanente de Processualistas Civis: "(art. 190) São admissíveis os seguintes negócios processuais, dentre outros: (...) pacto de exclusão contratual da audiência de conciliação ou de mediação prevista no art. 334; (...). (Grupo: Negócio Processual; redação revista no III FPPC- RIO e no V FPPC-Vitória)".
59. Art. 334. Se a petição inicial preencher os requisitos essenciais e não for o caso de improcedência liminar do pedido, o juiz designará audiência de conciliação ou de mediação com antecedência mínima de 30 (trinta) dias, devendo ser citado o réu com pelo menos 20 (vinte) dias de antecedência.
60. § 4º A audiência não será realizada: I – se ambas as partes manifestarem, expressamente, desinteresse na composição consensual; II – quando não se admitir a autocomposição. § 5º O autor deverá indicar, na petição inicial, seu desinteresse na autocomposição, e o réu deverá fazê-lo, por petição, apresentada com 10 (dez) dias de antecedência, contados da data da audiência.
61. Alexandre Freitas Câmara entende que a manifestação de apenas uma das partes no sentido de inexistir interesse na solução consensual é bastante para que a audiência inicial de conciliação ou de mediação não seja realizada (CÂMARA, Alexandre Freitas. *O novo processo civil brasileiro*. São Paulo: Atlas, 2015, 199), de modo que tratar-se-ia, portanto, de negócio jurídico processual típico unilateral.
62. DUARTE, Zulmar. *A difícil conciliação entre o Novo CPC e a Lei de Mediação*. Ob. cit; RODOVALHO, Thiago. *Mediação obrigatória?*. Disponível em: ‹http://portalprocessual.com/mediacao-obrigatoria/›. Acessado em: 17/09/2015.
63. Sobre a solução do conflito normativo entre o Código de Processo Civil e a Lei de Mediação: TARTUCE, Fernanda. *Interação entre novo CPC e Lei de Mediação: Primeira reflexões*. Ob. cit.; DUARTE, Zulmar. *A difícil conciliação entre o Novo CPC e a Lei de Mediação*. Ob. cit.
64. Art. 27. Se a petição inicial preencher os requisitos essenciais e não for o caso de improcedência liminar do pedido, o juiz designará audiência de mediação.

que a negociação sobre a dispensa desta audiência esteja proibida. Não existe qualquer incompatibilidade entre o CPC e a Lei de Mediação neste ponto; em verdade, o diploma processual traz previsão que não foi tratada na mencionada lei, de modo que permanece vigente tal previsão (assim como outras não tratadas diversamente na lei especial).

Segundo porque, o entendimento ora combatido vai de encontro ao autorregramento da vontade (princípio que rege o direito processual civil, além do direito privado[65]), violando o direito que todo sujeito tem de regular juridicamente os seus interesses, de poder definir o que reputa melhor e mais adequado para a sua existência[66-67].

A autonomia privada implica a possibilidade de os sujeitos definirem e regularem os seus interesses; a imposição de uma audiência de mediação/conciliação sem que se possa optar pela sua dispensa, consensualmente, limita de forma desarrazoada tal autonomia.

Além disso, o fato de a designação de uma audiência de mediação e conciliação constituir um dever do juiz não tem aptidão para excluir a possibilidade de as partes, por meio de consenso, afastarem este dever[68]. Isso porque, o mencionado dever é imposto ao magistrado como forma de proteção do interesse das partes, para buscar a solução mais adequada do conflito, de modo que, os interessados podem afastá-lo, se assim entenderem melhor.

Ainda, não há como se cogitar desta conclusão uma vez que a autonomia das partes é princípio que caracteriza a mediação, de forma essencial. Deste

65. "Não há razão para minimizar o papel da liberdade no processo, sobretudo quando se pensa a liberdade como fundamento de um Estado Democrático de Direito e se encara o processo jurisdicional como método de exercício de um poder. Há, na verdade, uma tendência de ampliação dos limites da autonomia privada na regulamentação do processo civil." (DIDIER JR. Fredie. *Curso de direito processual civil*: introdução ao direito processual civil, parte geral e processo de conhecimento. Ob. cit., p. 132-133.)
66. DIDIER JR. Fredie. *Curso de direito processual civil*: introdução ao direito processual civil, parte geral e processo de conhecimento. Ob. cit., p. 132.
67. "Por isso, o caminho adotado no Novo Código de Processo Civil foi o de não estabelecer uma audiência de conciliação obrigatória, mas estimular casos que podem ser adequadamente tratados por conciliação ou mediação a seguirem essa rota, antes de prosseguir para um processo litigioso. O processo fortemente sugere uma audiência inicial de conciliação, que pode ser dispensada por ambas as partes, respeitando, assim, a sua autonomia." (CUNHA, Leonardo Carneiro da; AZEVEDO NETO, João Luiz Lessa de. *Mediação e conciliação no Poder Judiciário e o Novo Código de Processo Civil*. Ob. cit., p. 267.). Para Sérgio Luiz de Almeida Ribeiro e Carolina Uzeda, afigura-se "(...) intrigante a obrigatoriedade do comparecimento à audiência de conciliação ou mediação, sobretudo porque uma das maiores bandeiras daqueles que participaram da elaboração do texto [Novo CPC] foi a adoção de sistema democrático, de ampla liberdade e participação." (RIBEIRO, Sérgio Luiz de Almeida; LIBARDONI, Carolina Uzeda. Algumas observações sobre a obrigatoriedade da audiência de conciliação ou mediação no Novo CPC. In: *Novo CPC doutrina selecionada*: processo de conhecimento e disposições finais e transitórias. v. 02. MACEDO, Lucas Buril de; PEIXOTO, Ravi; FREIRE, Alexandre (org.). Salvador: JusPodivm, 2015, p. 148.)
68. Defendendo entendimento contrário: RODOVALHO, Thiago. *Mediação obrigatória?*. Ob. cit.

modo, deve ser reconhecido às partes o direito de participarem livremente de acordo, bem como de se retirarem da mediação, a qualquer momento[69].

Por fim, deve-se ter em mente que a imposição da audiência de mediação e conciliação carece de utilidade prática e vai de encontro à finalidade dos institutos (a busca da solução mais adequada e a consequente pacificação social), já que, ainda que estejam obrigadas a participar da audiência, as partes jamais poderão ser obrigadas a realizar o acordo. E considerando que já manifestaram a sua intenção em não realizar este acordo, estando evidente a ausência de disposição para a negociação, é bastante provável que o mero comparecimento forçado à assentada não tenha aptidão para alterar essa situação[70-71]. Ao não se permitir o autorregramento da vontade das partes nesses casos estar-se-ia prolongando desnecessariamente a litispendência e, consequentemente, adiando a busca da solução mais adequada e a pacificação social escopo do processo.

É importante salientar que, em determinados casos, a solução consensual não será a mais adequada, seja pela inexistência de espírito amigável entre as partes, seja pela discordância relativa à existência do próprio direito discutido, ou por outros motivos aferíveis no caso concreto, de acordo com a especificidade de cada conflito, de modo que a imposição de audiência com essa finalidade, nestes casos, é absolutamente inútil, sobretudo quando as partes sinalizam a ausência de interesse na autocomposição.

---

69. CALMON, Petrônio. *Fundamentos da Mediação e da Conciliação*. Rio de Janeiro: Forense, 2007, p. 122.
70. Com entendimento semelhante, Humberto Dalla Bernardina de Pinho afirma que "Por outro lado, não concordamos com a idéia de uma mediação ou conciliação obrigatória. É da essência desses procedimentos a voluntariedade. Essa característica não pode ser jamais comprometida, mesmo que sob o argumento de que se trata de uma forma de educar o povo e implementar uma nova forma de política pública. (...) Sujeitar a admissibilidade da ação a uma tentativa prévia e obrigatória de mediação, num caso de grande complexidade, acarretará uma das seguintes situações: a) as partes farão uma mediação simulada e, após duas ou três sessões dirão que o acordo é impossível, preenchendo, dessa forma, a condição legal que lhe foi imposta; b) as partes se submeterão a um procedimento superficial, e verdadeira questão subjacente aquele conflito, que funciona como motor propulsor oculto de toda aquela litigiosidade, não será sequer examinada; c) as partes se recusarão a participar do ato, por saberem que não há condições de viabilidade no acordo, e o juiz rejeitará a petição inicial, por ausência de condição de procedibilidade, o que, provavelmente, vai acirrar ainda mais os ânimos. Nenhuma dessas hipóteses parece estar de acordo com a índole pacificadora da moderna concepção da jurisdição." (PINHO, Humberto Dalla Bernardina de. O marco legal da mediação no direito brasileiro. In: GABBAY, Daniela Monteiro et al; (coord). *Justiça Federal: inovações nos mecanismos consensuais de conflitos*. Brasília: Gazeta Jurídica, 2014, p. 81 e 82.)
71. De acordo com Andrews, ao analisar a mediação na Inglaterra: "(...) a mediação não deveria ser imposta às partes se for evidente que existe insuficiente disposição compartilhada para o engajamento numa discussão construtiva. Assim, a mediação é possível apenas se ambas as partes estiverem dispostas a discutir sua disputa, a examinar o mérito de suas posições de boa-fé e, finalmente, a considerar fazer concessões, sejam táticas ou magnânimas (contundo, um Tribunal pode, às vezes, ser justificado a sugerir a mediação mesmo se ambas as partes pareçam, inicialmente, opostas a ela). (ANDREWS, Neil. *Mediação e arbitragem na Inglaterra*. Ob. cit.)

(v) Se as partes podem dispensar consensualmente a audiência obrigatória de mediação e conciliação, poderão, seguindo a mesma lógica e tendo em vista a possibilidade de que sejam firmados negócios processuais atípicos, celebrar acordo para impossibilitar que a audiência não ocorra, criando, inclusive, mecanismos de coerção para o comparecimento. Tem-se o quinto exemplo de acordo processual sobre as situações jurídicas dos sujeitos processuais envolvidos na mediação.

Assim, é possível cogitar que os indivíduos, em um contrato, estabeleçam previsão de obrigatoriedade de tentativa de mediação em caso de litígio, de modo que lhes será defesa a manifestação de desinteresse na solução consensual. E, a fim de efetivar a obrigatoriedade da participação nesta audiência, além da previsão contratual neste sentido, as partes poderão, ainda, estabelecer penalidade em caso de não comparecimento à sessão, a exemplo de multa a ser revertida em favor da outra parte[72].

(vi) Nesta linha de pensamento, pode-se cogitar da criação, por meio de convenções processuais, de diversas sanções relacionadas à mediação e à conciliação.

Por exemplo, podem as partes estabelecer multa pela não-aceitação de proposta razoável de acordo, sem motivo satisfatório. Cabe explicar que a razoabilidade da proposta muito provavelmente será verificada quando proferida decisão final no processo, e não necessariamente quando da sua apresentação. Assim, caso a decisão se afigure idêntica ou muito semelhante à proposta apresentada e rejeitada, a parte que não a aceitou pode ser obrigada a pagar multa à outra parte, por força do negócio cogitado.

Ainda, inspirando-se em sanção existente no direito inglês[73], os adversários podem estabelecer, por meio de negócio jurídico, sanção pela não participação na mediação/conciliação requerida pela outra parte ou sugerida pelo órgão julgador, sem justificativa plausível ou demonstração de que se afastou a possibilidade de mediação por razões objetivamente satisfatórias[74]. Estas sanções podem ser, como na Inglaterra, a suspensão do processo ou a imposição ao pagamento de custas que não seriam antes devidas[75], bem como podem ser estabelecidas multas a serem revertidas para a parte adversa, por exemplo.

---

72. Corroborando esta ideia, o enunciado n. 17 do Fórum Permanente de Processualistas Civis (FPPC): "(art. 190) As partes podem, no negócio processual, estabelecer outros deveres e sanções para o caso do descumprimento da convenção (Grupo: Negócio Processual; redação revista no III FPPC-Rio)."
73. ANDREWS, Neil. *Mediação e arbitragem na Inglaterra*. Ob. cit.; ANDREWS, Neil. *O moderno processo civil:* formas judiciais e alternativas de resolução de conflitos na Inglaterra. Ob. cit., p. 2271-272.
74. ANDREWS, Neil. *Mediação e arbitragem na Inglaterra*. Ob. cit.
75. ANDREWS, Neil. *O moderno processo civil:* formas judiciais e alternativas de resolução de conflitos na Inglaterra. Ob. cit., p. 265, 270-275.

Outro exemplo de sanção a ser estabelecida é a multa pelo descumprimento da obrigação de sigilo, além da implicação já decorrente desta violação (a não admissibilidade das informações confidenciais como prova no procedimento judicial[76]), a ser revertida em favor da parte prejudicada pela divulgação indevida.

4. SÍNTESE CONCLUSIVA

Conforme exposto, o novo Código de Processo Civil consagrou o direito fundamental à liberdade no processo por meio de um conjunto de normas que evidenciam a relevância da vontade das partes (constituindo um microssistema de proteção do exercício da liberdade[77]), dentre as quais se destacaram os negócios jurídicos processuais, tanto os típicos, quanto os atípicos (permitidos pela cláusula geral de negociação processual também prevista no CPC), e o estímulo à solução consensual de conflitos, quando for a mais adequada. O Código permite e incentiva, então, a um só tempo, que as partes alcancem consensualmente a solução do seu litígio e que elas mesmas estabeleçam os contornos do procedimento e das situações jurídicas envolvidas no processo, inclusive durante a fase de negociação.

Diante disso, o presente ensaio, em uma análise conjunta destas duas manifestações negociais presentes no Código de Processo Civil, analisou as possibilidades de negócios jurídicos processuais atípicos relacionados à mediação e à conciliação, bem como os limites do exercício da liberdade na aplicação dos negócios tipicamente previstos também relacionados aos meios alternativos de solução de conflitos mencionados.

Quanto aos negócios processuais envolvendo o mediador/conciliador e a câmara privada de mediação e conciliação, viu-se que o CPC e a Lei de Mediação prevêem expressamente a sua possibilidade, de modo que as partes podem escolher a câmara privada a que submeterão seu conflito, bem como o mediador/conciliador, desde que, no caso de mediação/conciliação judicial, ele esteja inscrito ou apto a se inscrever no cadastro de mediadores e conciliadores previsto no art. 167. Podem as partes, ainda, realizar negócios atípicos acerca do mediador/conciliador, limitando, por exemplo, o grupo dentre o qual este terceiro será selecionado no futuro, por exemplo.

---

76. CUNHA, Leonardo Carneiro da. *Notas sobre ADR, confidencialidade em face do julgador e prova inadmissível*. Disponível em: ‹http://www.leonardocarneirodacunha.com.br/opiniao/opiniao-26-notas-sobre-adrconfidencialidade-em-face-do-julgador-eprova-inadmissivel/›. Acessado em: 26/09/2015.
77. DIDIER JR., Fredie. *Curso de direito processual civil*: introdução ao direito processual civil, parte geral e processo de conhecimento. Ob. cit., p. 134.

Quanto aos negócios processuais acerca do procedimento da mediação/conciliação, conclui-se que é lícito às partes negociarem acerca (i) do prazo para conclusão do procedimento de mediação/conciliação, sem prejuízo da possibilidade de prorrogação; (ii) da dispensa de advogado, tanto no caso de mediação/conciliação extrajudicial, quanto de mediação/conciliação judicial; (iii) da produção antecipada de provas, durante o procedimento de mediação/conciliação; (iv) da adoção de medidas de urgência no curso deste procedimento; (v) da necessidade de homologação do acordo firmado em procedimento de conciliação/mediação, quando ela não for imposta por lei.

Quanto aos negócios processuais acerca das situações jurídicas dos sujeitos envolvidos na mediação/conciliação, viu-se que, por meio destes acordos, as partes podem: (i) afastar ou restringir a confidencialidade do procedimento de mediação e conciliação; (ii) instituir a obrigatoriedade de realização de mediação/conciliação extrajudicial prévia ao ajuizamento de ação judicial, por meio de uma cláusula de mediação/conciliação; (iii) criar o dever mútuo de apresentação de documentos relevantes para o litígio durante o procedimento de mediação/conciliação, espelhando-se na *disclosure* do direito anglo-saxão; (iv) dispensar consensualmente a audiência de conciliação e mediação obrigatória no processo jurisdicional; (v) impossibilitar a dispensa da audiência de conciliação e mediação obrigatória; (vi) estabelecer sanções em razão, por exemplo, da não-aceitação de proposta razoável de acordo, sem motivo satisfatório, da não participação na mediação/conciliação requerida pela outra parte ou sugerida pelo órgão julgador, sem justificativa plausível, ou do descumprimento da obrigação de sigilo.

Essas foram as considerações que se entendeu serem mais importantes acerca dos negócios jurídicos processuais sobre e mediação e a conciliação, para tentativa de contribuição na tarefa de construir as bases para aplicação dos negócios jurídicos processuais no âmbito da solução consensual de conflitos.

REFERÊNCIAS BIBLIOGRÁFICAS

ALMEIDA, Diogo Assumpção Rezende de. *Das convenções processuais no processo civil*. Rio de Janeiro: Tese de Doutorado da UERJ, 2014.

ANDREWS, Neil. *O moderno processo civil:* formas judiciais e alternativas de resolução de conflitos na Inglaterra. Orientação e revisão da tradução por Teresa Arruda Alvim Wambier. São Paulo: Revista dos Tribunais, 2009.

__________. *Mediação e arbitragem na Inglaterra*. Revista de Processo, vol. 211, set/2012, p. 281.

ÁVILA, Humberto. *Teoria dos princípios: da definição à aplicação dos princípios jurídicos*. 14 ed. São Paulo: Editora Malheiros, 2013.

BRAGA, Paula Sarno. *Primeiras reflexões sobre uma teoria do fato jurídico processual: plano de existência*. Revista de processo, ano 32, n. 148, jun./2007.

BETTI, Emílio. *Teoria geral do negócio jurídico*. Tomo I. Campinas: LZN, 2003.

CADIET, Loïc. *Les conventions relatives au procès em droit français: sur la contractualisation du règlement des litiges*. Revista de Processo, ano 33, n. 160, jun/2008.

CALMON, Petrônio. *Fundamentos da Mediação e da Conciliação*. Rio de Janeiro: Forense, 2007.

CÂMARA, Alexandre Freitas. *O novo processo civil brasileiro*. São Paulo: Atlas, 2015.

CARNELUTTI, Francesco. Sistema de direito processual civil: da estrutura do processo. v. 03. São Paulo: Classic Book, 2000.

CUNHA, Leonardo Carneiro da. *Negócios jurídicos processuais no processo civil brasileiro*. Disponível em: ‹https://www.academia.edu/10270224/Negócios_jur%C3%ADdicos_processuais_no_processo_civil_brasileiro ›. Acesso em: 17 de setembro de 2015

__________. *Notas sobre ADR, confidencialidade em face do julgador e prova inadmissível*. Disponível em: ‹http://www.leonardocarneirodacunha.com.br/opiniao/opiniao-26-notas-sobre-adrconfidencialidade-em-face-do-julgador-eprova-inadmissivel/›. Acessado em: 26/09/2015.

CUNHA, Leonardo Carneiro da; AZEVEDO NETO, João Luiz Lessa de. Mediação e conciliação no Poder Judiciário e o Novo Código de Processo Civil. In: *Novo CPC doutrina selecionada*: parte geral. Vol. 01. MACEDO, Lucas Buril de; PEIXOTO, Ravi; FREIRE, Alexandre (org.). Salvador: Juspodivm, 2015, p. 259-270.

DIDIER JR, Fredie. *Curso de direito processual civil*: introdução ao direito processual civil, parte geral e processo de conhecimento. v.01. 17. ed. Salvador: Juspodivm, 2015.

__________. Princípio do respeito ao autorregramento da vontade no Processo Civil. *In*: CABRAL, Antonio do Passo; e NOGUEIRA, Pedro Henrique (Coord.). *Negócios Processuais*. Salvador: *Juspodivm*, 2015.

__________. *Novo CPC. Litisconsórcio necessário por força de negócio jurídico*. Edital n. 184. Disponível em: ‹‹www.frediedidier.com.br/editorial/editorial-184/››. Acessado em: 30.09.2015.

__________. *Fonte normativa da legitimação extraordinária no novo Código de Processo Civil: a legitimação extraordinária de origem negocial*. Revista de processo, ano 39, vol. 232, jun./2014.

DINAMARCO, Cândido Rangel. *Instituições de Direito Processual Civil*. 6 ed. São Paulo: Malheiros, 2009, v. II.

DUARTE, Zulmar. *A difícil conciliação entre o Novo CPC e a Lei de Mediação*. Disponível em: ‹http://jota.info/a-dificil-conciliacao-entre-o-novo-cpc-e-a-lei-de-mediacao›. Acesso em: 15/09/2015.

FARIAS, Cristiano Chaves de; ROSENVALD, Nelson. Curso de Direito Civil: direito dos contratos. 2. ed. Salvador: *Juspodivm*, 2012.

GRECO, Leonardo. *Os atos de disposição processual – Primeiras reflexões*. Revista eletrônica de direito processual. 1ª Edição. Outubro/Dezembro de 2007.

HAZARD, Geoffrey C.; TARUFFO, Michele. *American Civil Procedure*: an introduction. London: Yale University Press, 1973.

LOUGHLIN, Paula; GERLIS, Stephen. *Civil Procedure*. 2 ed. London: Cavendish Publishind Limited, 2004.

MELLO, Marcos Bernardes de. *Teoria do fato jurídico: plano da existência*. São Paulo: Saraiva, 2014.

MIRANDA, Pontes de. *Tratado de direito privado*. 4 ed. São Paulo: Revista dos Tribunais, 1983, Tomo 03.

MOREIRA, José Carlos Barbosa. Convenções das partes sobre matéria processual. In: *Temas de direito processual civil*. Terceira Série. São Paulo: Saraiva, 1984

__________. Temas de direito processual Ensaios e Pareceres. São Paulo: Saraiva, 1977.

__________. *Convenções das Partes Sobre Matéria Processual*. Revista de Processo, ano 9, vol. 33, jan./mar. 1984.

NOGUEIRA, Pedro Henrique Pedrosa. A cláusula geral do acordo de procedimento no projeto do novo CPC (PL 8.046/2010). In: *Novas tendências do processo civil: estudos sobre o Projeto do Novo Código de Processo Civil*. v. 01. Salvador: *Juspodivm*, 2013.

__________. *Negócios Jurídicos Processuais: Análise dos provimentos judiciais como atos negociais*. Salvador: Tese de Doutorado da UFBA, 2001.

PASSOS, José Joaquim Calmon de. *Esboço de uma teoria das nulidades aplicadas às nulidades processuais*. Rio de janeiro: Forense, 2009.

PINHO, Humberto Dalla Bernardina de. O marco legal da mediação no direito brasileiro. In: GABBAY, Daniela Monteiro et al; (coord). *Justiça Federal: inovações nos mecanismos consensuais de conflitos*. Brasília: Gazeta Jurídica, 2014, p. 35/90.

RIBEIRO, Sérgio Luiz de Almeida; LIBARDONI, Carolina Uzeda. Algumas observações sobre a obrigatoriedade da audiência de conciliação ou mediação no Novo CPC. In: *Novo CPC doutrina selecionada*: processo de conhecimento e disposições finais e transitórias. v. 02. MACEDO, Lucas Buril de; PEIXOTO, Ravi; FREIRE, Alexandre (org.). Salvador: JusPodivm, 2015, p. 141-154.

RODOVALHO, Thiago. *Mediação obrigatória?*. Disponível em: ‹http://portalprocessual.com/mediacao-obrigatoria/›. Acessado em: 17/09/2015.

SCHREIBER, Anderson. *A proibição do comportamento contraditório: tutela da confiança e venire contra factum proprium*. Rio de Janeiro: Renovar, 2005.

STÖBER, Michael. *Os meios alternativos de solução de conflitos no direito alemão e europeu: desenvolvimento e reformas*. In: Revista de Processo, vol. 244, jun/2015, p. 361-380.

TARTUCE, Fernanda. *Interação entre novo CPC e Lei de Mediação: Primeira reflexões*. Disponível em: <http://portalprocessual.com/interacao-entre-novo-cpc-e-lei-de-mediacao-primeiras-reflexoes/>. Acesso em: 15/09/2015.

WAMBIER, Teresa Arruda Alvim et al; (coord). *Breves comentários ao novo Código de Processo Civil*. São Paulo: Editora Revista dos Tribunais, 2015.

WATANABE, Kazuo. Acesso á justiça e meios consensuais de solução de conflitos. In: *Tribunal Multiportas: investindo no capital social para maximizar o sistema de solução de conflitos no Brasil*. ALMEIDA, Rafael Alves de; ALMEIDA, Tânia; CRESPO, Mariana Hernandez (org). Rio de Janeiro: Editora FGV, 2012.

WIEACKER, Franz. História do direito privado moderno. Tradução de A. M. Botelho Hespanha. 3. ed. Lisboa: Fundação Calouste Gulbenkian, 1967.

YARSHELL, Flávio Luiz. *Antecipação da prova sem o requisito da urgência e o direito autônomo à prova*. São Paulo: Editora Malheiros, 2009.

CAPÍTULO 8

O Código de Processo Civil de 2015 e a Conciliação nos Processos Envolvendo a Fazenda Pública[1]

Cláudio Penedo Madureira[2]

SUMÁRIO: 1. INTRODUÇÃO; 2. PARTICULARIDADES DA CELEBRAÇÃO DE ACORDOS PELA FAZENDA PÚBLICA; 2.1. O REGIME JURÍDICO ADMINISTRATIVO E A VINCULAÇÃO DOS AGENTES ESTATAIS AO DIREITO; 2.2. REFLEXOS DO REGIME JURÍDICO ADMINISTRATIVO SOBRE A ATUAÇÃO DA FAZENDA PÚBLICA EM JUÍZO; 2.3. FUNDAMENTO CONSTITUCIONAL PARA A DISPOSIÇÃO SOBRE DIREITOS E INTERESSES DEDUZIDOS PELA FAZENDA PÚBLICA EM CONTRARIEDADE AO DIREITO; 2.4. MODALIDADES DE CONCILIAÇÃO ABERTAS PARA A FAZENDA PÚBLICA: TRANSAÇÃO OU COMPOSIÇÃO DO LITÍGIO?; 3. EXERCÍCIO TEÓRICO DE COMPATIBILIZAÇÃO DO RITO PROCESSUAL AO MODUS OPERANDI DA CELEBRAÇÃO DE ACORDOS PELA FAZENDA PÚBLICA; 3.1. CONCILIAÇÃO EM PROCESSOS ENVOLVENDO A FAZENDA PÚBLICA: AUTONOMIA DA VONTADE VERSUS VINCULAÇÃO DOS AGENTES ESTATAIS AO DIREITO; 3.2. ADEQUAÇÃO DO RITO PROCESSUAL ÀS ESPECIFICIDADES DA FORMAÇÃO DA DECISÃO ADMINISTRATIVA PELA DISPOSIÇÃO QUANTO A DIREITOS E INTERESSES DEDUZIDOS EM JUÍZO PELA FAZENDA PÚBLICA; 3.2.1. ENFRENTAMENTO DO TEMA A PARTIR DA TENSÃO ENTRE OS PRINCÍPIOS DA ORALIDADE, DA INFORMALIDADE E DO ACESSO À JUSTIÇA; 3.2.2. IMPOSSIBILIDADE TEÓRICA DE OS ADVOGADOS DA FAZENDA PÚBLICA DELIBERAREM SOBRE ACORDOS NO CURSO DA AUDIÊNCIA; 4. CONCLUSÕES; 5. REFERÊNCIAS BIBLIOGRÁFICAS.

1. INTRODUÇÃO

A simples leitura do texto do Código de Processo Civil de 2015 revela que o legislador conferiu singular importância à utilização da conciliação[3] como método de solução consensual de conflitos. São exemplos contundentes dessa opção político-legislativa a veiculação de imposição normativa a que os atores processuais (juízes, advogados, defensores públicos e membros do Ministério Público) estimulem a conciliação no processo (art. 3º, p. 3º[4]) e a que os tribunais

---

1. Este trabalho foi concebido no contexto de pesquisa financiada pela Fundação de Amparo à Pesquisa e Inovação do Espírito Santo – FAPES (Edital nº 06/2015 – UNIVERSAL INDIVIDUAL), vinculada ao Programa de Pós-Graduação em Direito da Universidade Federal do Espírito Santo – UFES, que estuda "A conciliação como meio alternativo para a resolução de controvérsias jurídicas envolvendo a Fazenda Pública".

2. Doutor em Direito pela PUC/SP. Mestre em Direito Processual pela UFES. Professor do Programa de Pós-Graduação em Direito da UFES (Mestrado em Direito). Procurador do Estado do Espírito Santo e Advogado.

3. E também da mediação, que, por opção metodológica, não será abordada neste trabalho.

4. CPC-2015. "Art. 3º [...] § 3º A conciliação, a mediação e outros métodos de solução consensual de conflitos deverão ser estimulados por juízes, advogados, defensores públicos e membros do Ministério Público, inclusive no curso do processo judicial".

instituam centros judiciários para a resolução consensual de conflitos (art. 165[5]). O legislador também pôs a claro que a conciliação deve ser buscada mesmo nos processos envolvendo a Fazenda Pública[6], quando determinou textualmente ao Estado que promova a solução consensual dos conflitos (art. 3º, p. 2º[7])[8] e quando previu a instituição de câmaras de conciliação e mediação na Administração Pública (art. 174[9]).

Posto isso, o problema que se coloca é como conciliar esses dispositivos processuais e, por extensão, as normas administrativas de sede constitucional e infraconstitucional que autorizam a disposição sobre direitos e interesses deduzidos em juízo pela Fazenda Pública – que admitem a celebração de transações em demandas que não valem a pena sob o ponto de vista financeiro, desde que observados os limites legais, e que orientam a composição do litígio, por incidência dos princípios constitucionais da legalidade administrativa, da supremacia do interesse público sobre o privado e da indisponibilidade do interesse público, quando se verifica, nos casos concretos, que a parte adversária tem razão, *o que põe em evidência que a decisão administrativa que orienta o acordo não se fundamenta na vontade do agente estatal, que não é autônoma, mas vinculada ao Direito*; e que em geral as condicionam (a transação e a composição do litígio) a pronunciamento dos chefes das procuradorias, *desnaturando*, assim, *a compreensão de que os representantes da Fazenda Pública podem deliberar livremente sobre acordos no curso das audiências*

5. CPC-2015. "Art. 165. Os tribunais criarão centros judiciários de solução consensual de conflitos, responsáveis pela realização de sessões e audiências de conciliação e mediação e pelo desenvolvimento de programas destinados a auxiliar, orientar e estimular a autocomposição".
6. Sobre o assunto, cf.: (MADUREIRA, Claudio. *Advocacia Pública*. Belo Horizonte: Fórum, 2015); (MADUREIRA, Claudio; RAMALHO, Lívio Oliveira. *Juizados da Fazenda Pública: estruturação dos Juizados Especiais da Fazenda Pública Estadual e Municipal (Lei nº 12.153/09) em vista da Teoria dos Microssistemas e das Particularidades da Celebração de Acordos pelo Poder Público*. Salvador: Juspodivm, 2010); (MADUREIRA, Claudio. A Advocacia Pública e o controle da juridicidade do agir administrativo. *Revista da Procuradoria Geral do Estado do Espírito Santo*, v. 14, p. 41-66, 2015); (MADUREIRA, Claudio; RAMALHO, Lívio Oliveira. A conciliação nos Juizados da Fazenda Pública. *Fórum Administrativo*, v. 128, p. 42-53, 2011); (MADUREIRA, Claudio. Poder público, litigiosidade e responsabilidade social. *Fórum Administrativo*, v. 126, p. 9-22, 2011); (MADUREIRA, Claudio; COLODETTI, Bruno. A autonomia funcional da advocacia pública como resultado de sua importância para a aplicação legítima do direito no Estado Democrático Constitucional Brasileiro. *Fórum Administrativo*, v. 103, p. 54-65, 2009).
7. CPC-2015. "Art. 3º [...] § 2º O Estado promoverá, sempre que possível, a solução consensual dos conflitos".
8. Disposição normativa que por óbvio não deve ser interpretada como simples orientação ao Estado-Juiz para que promova a solução consensual dos conflitos. Afinal, essa orientação aos membros do Poder Judiciário já está explicitada no parágrafo 3º do artigo 3º do código de 2015, que dispõe que "a conciliação, a mediação e outros métodos de solução consensual de conflitos deverão ser estimulados por juízes, advogados, defensores públicos e membros do Ministério Público, inclusive no curso do processo judicial". E, como se sabe, a lei não contém palavras inúteis.
9. CPC-2015. "Art. 174. A União, os Estados, o Distrito Federal e os Municípios criarão câmaras de mediação e conciliação, com atribuições relacionadas à solução consensual de conflitos no âmbito administrativo, tais como: I – dirimir conflitos envolvendo órgãos e entidades da administração pública; II – avaliar a admissibilidade dos pedidos de resolução de conflitos, por meio de conciliação, no âmbito da administração pública; III – promover, quando couber, a celebração de termo de ajustamento de conduta".

designadas no processo[10] -, aos preceitos do novo código que relacionam a conciliação à autonomia da vontade (art. 166 e p. 4º[11]), admitindo, inclusive, a utilização de técnicas negociais com o propósito de proporcionar ambiente favorável à autocomposição (art. 166, p. 3º[12]), assim como ao enunciado prescritivo que concebe audiência de conciliação que terá lugar ainda antes da apresentação de defesa pela parte requerida (art. 334[13]), com aqueles que parecem atribuir exclusivamente ao autor a decisão sobre pertinência da sua realização no processo (art. 319, VII[14] c/c art. 334, p. 4º, I[15]) e com aquele outro que procura conferir ao não comparecimento ao ato solene a conotação de ato atentatório à dignidade da justiça, passível de aplicação de multa às partes litigantes, inclusive à Fazenda Pública (art. 334, p. 8º[16]). Este estudo tem por objetivo enfrentar esse problema teórico, com o propósito de descrever, a partir de uma interpretação sistemática do Direito, como deverá se processar, na vigência do código de 2015, a conciliação nos processos envolvendo a Fazenda Pública. Para tanto, partirei da descrição do modo como se processa, no âmbito administrativo, a deliberação pela disposição sobre direitos e interesses deduzidos em juízo pelo poder público, para, na sequência, procurar compatibilizar essas especificidades da parte processual Fazenda Pública ao fundamento geral indicado pelo legislador como motivador dos acordos judiciais (autonomia da vontade) e ao procedimento adotado pelo novo código para a sua concretização nos casos concretos (realização de audiências de conciliação).

2. PARTICULARIDADES DA CELEBRAÇÃO DE ACORDOS PELA FAZENDA PÚBLICA

De antemão, cumpre descrever o modo como se processa, no âmbito administrativo, a deliberação pela disposição sobre direitos e interesses deduzidos

10. A propósito, cf.: (MADUREIRA, Claudio. *Advocacia Pública*, cit.) e (MADUREIRA, Claudio; RAMALHO, Lívio Oliveira. *Juizados da Fazenda Pública*, cit.).
11. CPC-2015. "Art. 166. A conciliação e a mediação são informadas pelos princípios da independência, da imparcialidade, da autonomia da vontade, da confidencialidade, da oralidade, da informalidade e da decisão informada. [...] § 4º A mediação e a conciliação serão regidas conforme a livre autonomia dos interessados, inclusive no que diz respeito à definição das regras procedimentais".
12. CPC-2015. "Art. 166. [...] § 3º Admite-se a aplicação de técnicas negociais, com o objetivo de proporcionar ambiente favorável à autocomposição".
13. CPC-2015. "Art. 334. Se a petição inicial preencher os requisitos essenciais e não for o caso de improcedência liminar do pedido, o juiz designará audiência de conciliação ou de mediação com antecedência mínima de 30 (trinta) dias, devendo ser citado o réu com pelo menos 20 (vinte) dias de antecedência".
14. CPC-2015. "Art. 319. A petição inicial indicará: [...] VII – a opção do autor pela realização ou não de audiência de conciliação ou de mediação".
15. CPC-2015. "Art. 334. [...] § 4º A audiência não será realizada: I – se ambas as partes manifestarem, expressamente, desinteresse na composição consensual".
16. CPC-2015. "Art. 334 [...] § 8º O não comparecimento injustificado do autor ou do réu à audiência de conciliação é considerado ato atentatório à dignidade da justiça e será sancionado com multa de até dois por cento da vantagem econômica pretendida ou do valor da causa, revertida em favor da União ou do Estado".

em juízo pelo poder público, ou, mais especificamente, como é tomada, no âmbito da Advocacia Pública (onde se situam os advogados do poder público, comumente chamados advogados públicos ou procuradores), uma decisão por apresentar defesa no processo, ou, em vez disso, por reconhecer o pedido ou formular proposta de acordo, bem como à sua resolução por interpor recurso contra uma determinada decisão judicial, ou, diversamente, por deixar de articular pretensão recursal. Essa orientação administrativa, que é adotada no âmbito interno da Administração Pública, conquanto não se funde primariamente em institutos de direito processual, tem evidentes reflexos sobre o desenvolvimento do processo, que pode ter o seu desfecho abreviado por uma decisão eminentemente técnica manifestada pelo corpo jurídico da Fazenda Pública.

A isso se poderia objetar que o poder público não faz acordos, que não deixa de apresentar defesas e recursos, porque a atividade de seus advogados é plenamente vinculada. Nesse sentido se posicionou Caio Mário da Silva Pereira em trabalho publicado no ano de 1977, portanto há quase quarenta anos. Na oportunidade, Pereira observou que o advogado público, mesmo reconhecendo o caráter ilegal do ato, não pode se negar a defender sua legalidade, à consideração de que esse profissional "não pode ser o Juiz da Administração Pública"[17]. Conforme Pereira, cumpre ao procurador, "dentro da sua possibilidade de convencimento, levar a sua palavra de orientação, o seu conselho à Administração Pública, se nela enxerga uma lesão ao direito individual", mas lhe é defeso "defender a legalidade do ato contra a tese sustentada pela Administração Pública"[18]

A validade dessa objeção pressupõe, todavia, que se possa responder afirmativamente ao seguinte questionamento, que tantas vezes escapa à percepção dos juristas e dos operadores do Direito: será possível conciliar a imposição do princípio administrativo da legalidade quanto apenas dever a Administração Pública interferir na esfera das disponibilidades jurídicas do cidadão dentro dos limites especificados pelo ordenamento jurídico-positivo (que, como se verá adiante, confere contornos efetivos aos princípios da supremacia do interesse público sobre o privado e da indisponibilidade do interesse público) com a atuação de um advogado público que, mesmo reconhecendo a ilegalidade do ato impugnado, persiste a defendê-lo em juízo, apresentando defesa e recursos no processo?

A resposta a esse questionamento é, evidentemente, negativa. Com efeito, como terei a oportunidade de demonstrar nos tópicos que se seguem, a

17. PEREIRA, Caio Mário da Silva. A advocacia do Estado. *Revista da Procuradoria Geral de São Paulo*, n.10, p. 73-89, jun. 1977. p. 77.
18. PEREIRA, Caio Mário da Silva. A advocacia do Estado, cit., p. 77.

Fazenda Pública, dada a incidência dos princípios administrativos da legalidade, da supremacia do interesse público sobre o privado e da indisponibilidade do interesse público, não está autorizada a, em juízo, contestar o incontestável, ou sustentar o insustentável, contrapondo-se, assim, ao Direito pátrio, ainda que a pretexto de ampliar as suas receitas e/ou de minimizar as suas despesas.

2.1. O regime jurídico administrativo e a vinculação dos agentes estatais ao Direito

Dalmo de Abreu Dallari conceitua o Estado como "ordem jurídica soberana que tem por fim o bem comum de um povo situado em um território"[19-20]. Ora, se o Estado, enquanto institucionalização política de uma sociedade, resulta de uma ordem jurídica, por óbvio não lhe assiste, sob qualquer perspectiva, desafiá-la. Destarte, a sua atuação frente à sociedade pressupõe atenção aos limites que lhe atribui essa mesma ordem jurídica. Afinal, como ensina Maria Sylvia Zanella Di Pietro, "a lei [...] estabelece também os limites da atuação administrativa que tenha por objeto a restrição ao exercício de [...] direitos em benefício da coletividade"[21].

Disso decorre a noção de legalidade, que, na feliz observação de Celso Antônio Bandeira de Mello, traduz o propósito político "de submeter os exercentes do poder em concreto – o administrativo – a um quadro normativo que embargue favoritismos, perseguições e desmandos"[22]. Até porque, como lecionam Eduardo García de Enterría e Tomás-Ramón Fernández, "a legalidade a que a Administração está sujeita é antes de tudo uma técnica para garantir a liberdade", de tal sorte que "a violação à legalidade que leve o cidadão a suportar o que a lei não permite é uma agressão à sua liberdade e sua oposição a isto é uma defesa dela"[23].

Nessa senda, Bandeira de Mello acentua que "através da norma geral, abstrata e por isso mesmo impessoal", isto é, da "lei, editada, pois, pelo Poder Legislativo – que é o colégio representativo de todas as tendências (inclusive minoritárias) do corpo social", pretendeu-se "garantir que a atuação do

19. DALLARI, Dalmo de Abreu. *Elementos de Teoria Geral do Estado*. 20ª ed. São Paulo: Saraiva, 1998. p. 118.
20. Sobre a argumentação que se segue, cf.: MADUREIRA, Claudio. *Advocacia Pública*, cit., p. 33-41/passim.
21. DI PIETRO, Maria Sylvia Zanella. *Direito Administrativo*. 13ª ed. São Paulo: Atlas, 2001. p. 67.
22. MELLO, Celso Antônio Bandeira de. *Curso de Direito Administrativo*. 27ª ed. São Paulo: Malheiros, 2010. p. 100.
23. ENTERRÍA, Eduardo García de; FERNÁNDEZ, Tomás-Ramón. *Curso de Derecho Administrativo, vol. II*. 11ª ed. Madri, Thomson Civitas, 2008. p. 48; *apud* MELLO, Celso Antônio Bandeira de. A noção jurídica de "interesse público". In: MELLO, Celso Antônio Bandeira de. *Grandes temas de direito administrativo*. São Paulo: Malheiros, 2010. p. 186.

Executivo nada mais seja senão a concretização dessa vontade geral"[24]. Por esse motivo é que os agentes estatais têm a sua atuação vinculada aos estritos limites do que lhes determinam a lei e a Constituição. Cumpre-lhes, pois, em suas atividades cotidianas, aplicar corretamente o Direito, servindo, assim, aos interesses juridicizados pelos legítimos representantes do povo.

Ocorre que, dia após dia, ações judiciais são propostas por particulares em face do poder público, justamente sob a invocação de hipotética negativa de fruição a direitos subjetivos fundados em regras e princípios que compõem o ordenamento jurídico-positivo; sendo que, como mostra a experiência, diversas dessas demandas são solucionadas pelo Poder Judiciário contrariamente às posições nelas sustentadas pelos entes estatais. Depreende-se, então, em concreto, um hiato entre a prática e a teoria, isto é, entre a imposição jurídico-normativa a que os agentes públicos apliquem corretamente o Direito e a verificação casuística de que, por vezes, essa tarefa administrativa não é exercida a contento.

Isso ocorre porque o Estado, como elemento orgânico de uma sociedade, sustenta numerosas responsabilidades e pretensões, que o conduzem, cotidianamente, aos litígios judiciais; mas também porque comumente se supõe que competiria aos agentes estatais, em vista do conteúdo do princípio da indisponibilidade do interesse público, a defesa incondicional do erário; contexto em que cumpriria aos advogados públicos, como profissionais de atividade jurídica vinculada, posicionarem-se contrariamente às suas convicções jurídicas, sustentando o insustentável, ou contestando o incontestável, como forma de legitimar opções políticas e administrativas pré-concebidas pelos governantes e demais gestores públicos, num contexto em que não lhes caberia dispor sobre direitos e interesses deduzidos em juízo pela Fazenda Pública[25].

Todavia, semelhante inclinação teórica representa outro daqueles inconscientes coletivos que por vezes se instalam nas mentes dos juristas, e que culminam por afetar o Direito, no campo de sua aplicação, prejudicando a sua realização, até que descobertos e subjugados pelo debate científico. Afinal,

---

24. MELLO, Celso Antônio Bandeira de. *Curso de Direito Administrativo*, cit., p. 100.
25. Essa situação é representada com exatidão na seguinte passagem da obra de Maria Sylvia Zanella Di Pietro: "A regra é que as autoridades administrativas, mesmo quando revelam inconformismo com a submissão à lei e ao Direito – que muitas vezes constituem entraves aos seus objetivos – consultam a advocacia pública, ainda que a lei não exija sempre essa consulta. É interessante que, mesmo quando quer praticar um ato ilícito, a autoridade quer fazê-lo com base em parecer dado pelo órgão jurídico; para esse fim, ela pede, pressiona, exige um parecer que lhe convenha. Ela quer, na realidade, dar uma aparência de legalidade a um ato ilegal; e, para esse fim, quer refugiar-se atrás de um parecer jurídico. Na hora da responsabilidade, poderá proteger-se com a escusa de que agiu com base em parecer do órgão jurídico" (DI PIETRO, Maria Sylvia. Advocacia Pública. *Revista Jurídica da Procuradoria Geral do Município de São Paulo*, São Paulo, n. 3, p. 11-30, dez 1996. p. 18).

como observa Luciane Moessa de Souza, o Estado, "como fonte praticamente exclusiva da emanação de normas jurídicas de cunho geral, [...] deveria ser o primeiro a dar o exemplo no seu cumprimento"[26].

Em rigor, não resta alternativa ao Estado brasileiro[27]. Com efeito, o agente estatal, na lição de Hely Lopes Meirelles, "não pode [...] deixar de cumprir os deveres que a lei lhe impõe, nem renunciar a qualquer parcela dos poderes e prerrogativas que lhes são conferidos", precisamente porque "os deveres, poderes e prerrogativas não lhe são outorgados em consideração pessoal, mas sim, para serem utilizados em benefício da comunidade administrada"[28]. Daí falar-se em legalidade estrita, a vincular a Administração Pública e seus agentes, que, conforme observa Bandeira de Mello, é "fruto da submissão do Estado à lei"[29]; e que se encontra positivada, entre nós, como princípio de sede constitucional, na medida em que restou assentada pelo poder constituinte originário no *caput* do artigo 37 da Constituição[30-31].

Di Pietro destaca a absoluta importância da legalidade para o regime jurídico administrativo, quando afirma que "este princípio juntamente com o de controle da Administração pelo Poder Judiciário, nasceu com o Estado de Direito e constitui uma das principais garantias de respeito aos direitos individuais"[32]. Nesse mesmo sentido se posiciona Romeu Felipe Bacellar Filho, quando expõe que esse princípio decorre "do Estado de Direito, respeitadas as nuances da construção do significado desse conceito em cada país"[33]. Trata-se, pois, como ensinam José Joaquim Gomes Canotilho e Vital Moreira, de "instrumento normativo de vinculação jurídico-constitucional da Administração"[34].

---

26. SOUZA, Luciane Moessa de. Consultoria jurídica no exercício da advocacia pública: a prevenção como melhor instrumento para a concretização dos objetivos do Estado brasileiro. In: GUEDES, Jefferson Carús; SOUZA, Luciane Moessa de (Coord.). *Advocacia de Estado*: questões institucionais para a construção de um Estado de justiça. Belo Horizonte: Fórum, 2009. p. 167.
27. Sobre a argumentação que se segue, cf.: MADUREIRA, Claudio. *Advocacia Pública*, cit., p. 34-38/passim.
28. MEIRELLES, Hely Lopes. *Direito Administrativo Brasileiro*. 16ª ed. São Paulo: Revista dos Tribunais, 1991. p. 77.
29. MELLO, Celso Antônio Bandeira de. *Curso de Direito Administrativo*, cit., p. 100.
30. CRFB. "Art. 37. A administração pública direta e indireta de qualquer dos Poderes da União, dos Estados, do Distrito Federal e dos Municípios obedecerá aos princípios de legalidade, impessoalidade, moralidade, publicidade e eficiência e, também, ao seguinte: (Redação dada pela Emenda Constitucional nº 19, de 1998)".
31. Cf.: BACELLAR FILHO, Romeu Felipe. A noção jurídica de interesse público no direito administrativo brasileiro. In: BACELLAR FILHO, Romeu Felipe; HACHEM, Daniel Wunder (Coord.). *Direito administrativo e interesse público*: estudos em homenagem ao Professor Celso Antônio Bandeira de Mello. Belo Horizonte: Fórum, 2010. p. 96.
32. DI PIETRO, Maria Sylvia Zanella. *Direito Administrativo*, cit., p. 67.
33. BACELLAR FILHO, Romeu Felipe. A noção jurídica de interesse público no Direito Administrativo Brasileiro, cit., p. 96.
34. CANOTILHO, José Joaquim Gomes de; MOREIRA, Vital. *Fundamentos da Constituição*. Coimbra: Coimbra Editora, 1991. p. 84.

Por força desse princípio é que, na preciosa observação de Meirelles, "enquanto na administração particular é lícito fazer tudo o que a lei não proíbe, na Administração Pública só é permitido fazer o que a lei autoriza"[35]. Ou, como expressa Bandeira de Mello, "ao contrário dos particulares, os quais podem fazer tudo que não lhes seja proibido, a Administração pode fazer apenas o que lhe seja de antemão permitido por lei"[36-37]. Ou, ainda, como sintetiza Di Pietro, "a Administração Pública só pode fazer o que a lei permite"[38].

Disso resulta que os agentes estatais em geral e os advogados públicos em particular encontram-se vinculados, em suas atividades cotidianas, ao irrestrito cumprimento do Direito[39]. Mesmo a atividade administrativa desenvolvida pelos agentes estatais quando se propõem a defender o erário, assim como aquela desempenhada pelos advogados públicos quando atuam na consultoria jurídica e nas ações judiciais em que toma parte o poder público, deve ser exercida com o propósito de possibilitar a integral fruição dos direitos subjetivos assegurados pelo ordenamento jurídico-positivo. Afinal, como assevera Di Pietro, "os poderes atribuídos à Administração têm o caráter de poder-dever; são poderes que ela não pode deixar de exercer, sob pena de responder pela omissão"[40-41].

Vê-se, pois, que os agentes estatais devem cultivar, em suas atividades cotidianas, uma correta aplicação do Direito; mesmo quando, em concreto, dela puder resultar contrariedade a interesses transitoriamente defendidos pelo poder público, comumente designados como interesses secundários, segundo a classificação de Renato Alessi[42]. É que esses interesses não se apresentam

---

35. MEIRELLES, Hely Lopes. *Direito Administrativo Brasileiro*, cit., p. 78.
36. MELLO, Celso Antônio Bandeira de. Legalidade – discricionariedade: seus limites e controle. In: MELLO, Celso Antônio Bandeira de. *Grandes temas de direito administrativo*. São Paulo: Malheiros, 2010. p. 57.
37. Sobre o assunto, consulte-se, ainda: MELLO, Celso Antônio Bandeira de. *Curso de Direito Administrativo*, cit., p. 76 e 101.
38. DI PIETRO, Maria Sylvia Zanella. *Direito Administrativo*, cit., p. 68.
39. Quando me reporto ao conteúdo do princípio da legalidade administrativa estou a referir à vinculação da Administração e de seus agentes não apenas à lei em sentido formal, mas ao Direito quando considerado em sua integralidade. Isso significa dizer que a Administração e seus agentes também se encontram vinculados aos enunciados prescritivos que compõem o texto constitucional, e que devem, por isso, quando de sua referência às leis, interpretá-las e aplicá-las em consonância com a Constituição (MADUREIRA, Claudio. *Advocacia Pública*, cit., p. 34-38/passim).
40. DI PIETRO, Maria Sylvia Zanella. *Direito Administrativo*, cit., p. 70.
41. Em perfeita sintonia com essa conceituação, Clovis Beznos critica o emprego da expressão *poder-dever*, recomendando a sua substituição pela expressão *dever-poder*, à consideração de que "a Administração, na competência que lhe é atribuída para curar dos interesses públicos, de onde lhe decorre um poder de agir, tem em contrapartida um dever de atuar, configurando antes tal atribuição um dever-poder, do que um poder-dever" (BEZNOS, Clovis. Procuradoria Geral do Estado e defesa dos interesses públicos. *Revista de Direito Público*, São Paulo: Revista dos Tribunais, ano 23, n. 93, jan./mar. 1990. p. 138).
42. Cf.: ALESSI, Renato. *Sistema instituzionale del diritto amministrativo italiano*. 3 ed. Milão: Giuffrè, 1960. p. 197.

como legítima expressão do interesse público, mas se qualificam, simplesmente, como interesses particulares do Estado.

Ao ensejo, recobro a observação de Bandeira de Mello no sentido de que o Estado, "independentemente do fato de ser, por definição, encarregado de interesses públicos", também pode sustentar "tanto quanto às demais pessoas, interesses que lhe são particulares, individuais, e que, tal como os interesses delas, concebidas em suas meras individualidades, se encarnam no Estado enquanto pessoa"[43]. Esses interesses não são, conforme Bandeira de Mello, "interesses públicos", mas se qualificam, em verdade, como interesses individuais (ou particulares) do Estado, que só podem ser perseguidos pelo poder público quando instrumentais à realização do interesse público[44]. Para esse professor paulista, o interesse público consiste "no interesse do Estado e da sociedade na observância da ordem jurídica estabelecida"[45], pressupondo, assim, uma correta aplicação do Direito; e funciona, destarte, como limitador da intervenção estatal na esfera das disponibilidades jurídicas do cidadão, de modo a que essa intervenção se opere apenas nas hipóteses taxativamente admitidas pelo ordenamento jurídico-positivo[46].

Com essas observações, Bandeira de Mello procura por a claro que "uma coisa é a estrutura do interesse público" e outra, completamente diferente, é "a inclusão e o próprio delineamento, no sistema normativo, de tal ou qual interesse que, perante este mesmo sistema, será reconhecido como dispondo desta qualidade"[47]. Nessa concepção, não necessariamente constitui "interesse público a norma, medida ou providência que tal ou qual pessoa ou grupo de pessoas estimem que deva sê-lo [...], mas aquele interesse que como tal haja sido qualificado em dado sistema normativo"[48-49]. O interesse público terá, então, conforme Bandeira de Mello, a conotação que o Direito lhe atribuir. Afinal, "tratando-se de um conceito jurídico [...], é óbvio que a concreta individualização dos diversos interesses qualificáveis como públicos só pode ser encontrada no próprio direito positivo"[50].

Assim, "não é por outro motivo, senão para alcançar o interesse público, que a Administração Pública, antes de tudo, está presa ao princípio da

---

43. MELLO, Celso Antônio Bandeira de. A noção jurídica de "interesse público", cit., p. 188.
44. MELLO, Celso Antônio Bandeira de. A noção jurídica de "interesse público", cit., p. 188.
45. MELLO, Celso Antônio Bandeira de, *Curso de Direito Administrativo*, cit., p. 72.
46. Ao ensejo, cf., também: MADUREIRA, Claudio Penedo. Poder público, litigiosidade e responsabilidade social, cit.
47. MELLO, Celso Antônio Bandeira de. A noção jurídica de "interesse público", cit., p. 190.
48. MELLO, Celso Antônio Bandeira de. A noção jurídica de "interesse público", cit., p. 190.
49. Quanto ao particular, ler também: MELLO, Celso Antônio Bandeira de. *Curso de Direito Administrativo*, cit., p. 68.
50. MELLO, Celso Antônio Bandeira de. *Curso de Direito Administrativo*, cit., p. 67.

legalidade", como expressa, em doutrina, Romeu Felipe Bacellar Filho[51]. O que se dá é que a legalidade se apresenta, como anota Bandeira de Mello, como decorrência natural do interesse público, bem como da sua indisponibilidade pela Administração[52]. Disso resulta que, sob a ótica da atuação da Administração Pública e de seus agentes, a realização do interesse público deve guardar irrestrita compatibilidade com o Direito, adequando-se, assim, aos ditames da legalidade administrativa.

Assim, também sob a ótica da realização do interesse público (que se qualifica, pelas razões dantes expostas, como interesse do Estado e da sociedade na observância da ordem jurídica estabelecida[53]) os agentes estatais encontram-se vinculados ao Direito. Posto isso, e considerando o objetivo deste trabalho, resta investigar de que modo essa compreensão, ínsita ao regime jurídico administrativo, interfere (ou pelo menos estaria apta a interferir) na deliberação da Advocacia Pública, nos casos concretos, sobre a pertinência (ou impertinência) da celebração de acordos no processo judicial.

2.2. Reflexos do regime jurídico administrativo sobre a atuação da Fazenda Pública em juízo

O constituinte conferiu aos advogados públicos as atividades de consultoria jurídica e de contencioso judicial; como sobressai da leitura dos artigos 131[54] e 132[55] da Constituição de 1988[56]: o primeiro desses dispositivos atribui à Advocacia Geral da União a representação jurídica da União Federal (atividade contenciosa) e a consultoria e o assessoramento do Poder Executivo (atividade consultiva); o outro, confere essas mesmas atribuições aos Procuradores dos Estados e do Distrito Federal[57]. A despeito de a Carta da República não o

51. BACELLAR FILHO, Romeu Felipe. A noção jurídica de interesse público no Direito Administrativo Brasileiro, cit., p. 95.
52. MELLO, Celso Antônio Bandeira de. *Curso de Direito Administrativo*, cit., p. 75.
53. MELLO, Celso Antônio Bandeira de, *Curso de Direito Administrativo*, cit., p. 72.
54. CRFB. "Art. 131. A Advocacia-Geral da União é a instituição que, diretamente ou através de órgão vinculado, representa a União, judicial e extrajudicialmente, cabendo-lhe, nos termos da lei complementar que dispuser sobre sua organização e funcionamento, as atividades de consultoria e assessoramento jurídico do Poder Executivo".
55. CRFB. "Art. 132. Os Procuradores dos Estados e do Distrito Federal, organizados em carreira, na qual o ingresso dependerá de concurso público de provas e títulos, com a participação da Ordem dos Advogados do Brasil em todas as suas fases, exercerão a representação judicial e a consultoria jurídica das respectivas unidades federadas. (Redação dada pela Emenda Constitucional nº 19, de 1998)".
56. Sobre a argumentação que se segue, cf.: MADUREIRA, Claudio. *Advocacia Pública*, cit., p. 94-106/passim.
57. Muito embora esse dispositivo não refira textualmente à representação extrajudicial e ao assessoramento, e nem restrinja essa última atividade e a consultoria jurídica ao âmbito do Poder Executivo, de um modo geral as Constituições Estaduais assim o fizeram, mantendo simetria com o modelo concebido pela Carta da República para a Advocacia Pública Federal. Com efeito, das vinte e sete unidades federadas apenas seis (Bahia, Ceará, Mato Grosso, Pará, Piauí e Rio Grande do Sul) não restringem, em suas

estabelecer expressamente, essas atividades típicas também foram adjudicadas à Advocacia Pública Municipal[58].

A atividade de consultoria jurídica destina-se à orientação dos agentes estatais sobre como deve se dar a aplicação do Direito. Afinal, como leciona Ricardo Marcondes Martins, "o Estado de Direito [...] veda o arbítrio dos agentes públicos", vinculando a atuação estatal à aplicação de normas jurídicas, o que faz com que, em concreto, o exercício da função pública pressuponha a concretização do ordenamento posto por esses agentes estatais[59-60]. Nessa sua atividade consultiva, os advogados públicos são chamados a se manifestar em processos administrativos instaurados para a prática de atos cuja confecção dependa de prévia análise jurídica, como ocorre, por exemplo, nos processos que demandam a análise de minutas de editais de licitação, contratos, acordos, convênios ou ajustes, de que trata o parágrafo único do artigo 38 da Lei nº 8.666/1993[61]. Cumpre-lhes, ainda, responder a consultas jurídicas que lhes são formuladas pela Administração Pública, como se verifica, exemplificativamente, quando deles se requer o esclarecimento de dúvida relativa a direitos subjetivos manifestados por servidores públicos, ou à concessão de aposentadorias e pensões, ou, ainda, à correta incidência de tributos, entre outras situações concretas. Também lhes é remetida, com frequência, a análise da constitucionalidade de minutas de projetos de lei e de outros atos normativos (decretos, resoluções, portarias, etc.).

No contencioso judicial, por sua vez, os advogados públicos atuam como partícipes da atividade cognitiva desenvolvida pela comunidade de intérpretes no campo da aplicação do Direito[62]. Sua missão nesse âmbito é procurar convencer o Poder Judiciário de que as posturas defendidas pela Administração Pública encontram amparo no ordenamento jurídico-positivo.

Em regra, essas posturas são lícitas, ou dotadas de juridicidade, precisamente porque, por concepção, a sua produção pressupõe a observância aos

---

respectivas Constituições, a atividade consultiva de suas procuradorias ao âmbito do Poder Executivo (cf.: MADUREIRA, Claudio. *Advocacia Pública*, cit., p. 95-101/passim).

58. Cf.: MADUREIRA, Claudio Penedo. Instituição de procuradorias jurídicas no âmbito dos Municípios: uma imposição constitucional. *Revista Fórum Municipal e Gestão de Cidades*, a. 2, n. 5, p. 28-39, maio/junho de 2014.
59. MARTINS, Ricardo Marcondes. Regime estatutário e estado de direito. *Revista Trimestral de Direito Público*, São Paulo: Malheiros, n.55, 2011. p. 141-142.
60. Sobre o assunto, cf., também: MARTINS, Ricardo Marcondes. *Efeitos dos vícios do ato administrativo*. São Paulo: Malheiros, 2008. p. 64-102.
61. Lei 8.666. "Art. 38 [...] Parágrafo único. As minutas de editais de licitação, bem como as dos contratos, acordos, convênios ou ajustes devem ser previamente examinadas e aprovadas por assessoria jurídica da Administração. (Redação dada pela Lei nº 8.883, de 1994)".
62. Cf., a propósito: MADUREIRA, Claudio Penedo. *Direito, processo e justiça: o processo como mediador adequado entre o direito e a justiça*. Salvador: Juspodivm, 2013. p. 117-268, passim.

textos normativos. Afinal, a Administração Pública e seus agentes têm sua atuação vinculada aos ditames da legalidade, e por isso devem se preordenar, na esfera administrativa, a uma correta aplicação do Direito. Além disso, esses profissionais devem promover, em suas atividades cotidianas, a realização do interesse público, nesse âmbito compreendido como interesse do Estado e da sociedade na observância da ordem jurídica estabelecida[63]. Disso resulta o que em doutrina se convencionou chamar presunção de legitimidade dos atos administrativos[64].

Essa presunção, todavia, é relativa, admitindo prova em contrário, em especial quando questionada em juízo[65]. Com efeito, podem ocorrer, na prática, equívocos na aplicação do Direito pela Administração Pública, preordenados, sobretudo, pela circunstância de nem todos os agentes estatais haverem sido formados para aplicar as regras e princípios que compõem o ordenamento jurídico-positivo.

Esses equívocos devem ser corrigidos pela Advocacia Pública quando do exercício da sua atividade consultiva, sob a invocação do instituto da autotutela[66]. Porém, ressalvada a hipótese de decadência do direito de rever o ato praticado[67], esses erros jurídicos não se convalidam, em concreto, se essa atividade corretiva não for exercida ao tempo oportuno. Posto isso, é imperioso que os advogados públicos, quando depreenderem, no exercício de sua atividade contenciosa, que o ato sobre o qual divergem as partes foi praticado em desrespeito ao Direito pátrio, abstenham-se da apresentação de defesa e recursos no processo.

Jefferson Carús Guedes propõe, ainda, para os casos em que se depreender equívocos da Administração Pública na aplicação do Direito, em prejuízo a direitos subjetivos do cidadão, o emprego da conciliação (*latu sensu*), "como forma consensuada de pôr fim ao conflito (material ou processual)", a ser

---

63. Cf.: MELLO, Celso Antônio Bandeira de. *Curso de Direito Administrativo*, cit., p. 72.
64. A propósito, reporto-me, ainda, à seguinte passagem da obra de Hely Lopes Meireles: "Os atos administrativos, qualquer que seja a sua categoria ou espécie, nascem com a presunção de legitimidade, independentemente de norma legal que a estabeleça. Essa presunção decorre do princípio da legalidade da Administração, que, nos Estados de Direito, informa a atuação governamental (MEIRELLES, Hely Lopes. *Direito Administrativo Brasileiro*, cit., p. 135).
65. Cf. MELLO, Celso Antônio Bandeira de. *Curso de Direito Administrativo*, cit., p. 419.
66. Ao ensejo, cf., por todos: MELLO, Celso Antônio Bandeira de. *Curso de Direito Administrativo*, cit., p. 71.
67. Que se opera após 05 (cinco) anos da sua realização, conforme se depreende do texto do artigo 54 da Lei Federal nº 9.784/1999 ("Art. 54. O direito da Administração de anular os atos administrativos de que decorram efeitos favoráveis para os destinatários decai em cinco anos, contados da data em que foram praticados, salvo comprovada má-fé"). Esse dispositivo disciplina a decadência do direito de a Administração Pública Federal rever os seus atos, mas também pode ser aplicável aos Estados e Municípios, na falta de lei estadual/local, como já decidiu o Superior Tribunal de Justiça (STJ, AGA 506167, Relatora Ministra Maria Thereza de Assis Moura, Sexta Turma, Fonte DJ/DATA: 26/03/2007).

empregada "por hipóteses ou espécies diversas, tais como a desistência, a renuncia, o reconhecimento do direito ou a transação"[68]. Assim, para além da abstenção da Advocacia Pública quanto à apresentação de defesa e recursos, também se apresentam como meios concretos para a promoção da juridicidade do agir administrativo no exercício da atividade contenciosa a manifestação, nos processos em que a Fazenda Pública figura como ré, do reconhecimento da procedência do pedido[69], assim como a desistência das ações por ela ajuizadas e a renúncia (nesses processos deflagrados pelos entes estatais) ao direito em que se funda o litígio[70]. Ao lado desses mecanismos, os advogados públicos também podem procurar induzir a conciliação (*stricto sensu*) nos processos.

Assim, a exemplo da atividade consultiva, também o contencioso deve ser exercido, num Estado de Direito, como forma de conferir juridicidade à atuação da Administração Pública[71]. Nesse campo, a incidência da legalidade administrativa[72], somada à imposição do regime jurídico administrativo a que a

---

68. GUEDES, Jefferson Carús. Transigibilidade de interesses públicos: prevenção e abreviação de demandas da Fazenda Pública. In: GUEDES, Jefferson Carús; SOUZA, Luciane Moessa (Coord.). *Advocacia de Estado: questões institucionais para a construção de um Estado de justiça*. Belo Horizonte: Fórum, 2009. p. 245.

69. Em rigor, a verificação de que o ato impugnado nega fruição a direitos subjetivos reconhecidos pelo ordenamento jurídico-positivo recomenda o reconhecimento do pedido formulado pelo autor, nos termos do inciso II do artigo 269 do Código de Processo Civil. Trata-se, conforme Jefferson Carús Guedes, de "um reconhecimento das pretensões da parte adversária", que tem por efeito a extinção do processo com resolução de mérito (GUEDES, Jefferson Carús. Transigibilidade de interesses públicos: prevenção e abreviação de demandas da Fazenda Pública, cit., p. 247).

70. Como a sentença que extingue o processo por desistência não faz coisa julgada material, permitindo, assim, a reapresentação da demanda, também se justifica na espécie a renúncia ao direito em que se funda a ação, nos termos do inciso V do artigo 269 do *codex* processual, hipótese em que a extinção induzirá resolução do mérito, que impede a propositura de nova ação com idêntico objeto. Cogita-se da renúncia nas hipóteses em que a Advocacia Pública verificar a inexistência do direito subjetivo material deduzido na ação; como ocorre, por exemplo, quando se tem em vista a propositura de execução fiscal contra pessoa física ou jurídica que não realizou o fato gerador descrito na lei para a incidência do tributo cobrado. Nesse caso, não será possível, e tampouco admissível, a propositura de nova ação judicial contra o mesmo sujeito passivo, justificando-se, destarte, a formulação da renúncia à pretensão, e não apenas da desistência. Se, todavia, o equívoco jurídico depreendido relacionar-se unicamente a questões processuais (como ocorre, por exemplo, quando há inscrição em dívida ativa, com ulterior ajuizamento de execução fiscal, de crédito atinente às relações privadas da Administração Pública) o procurador vinculado ao feito deverá requerer à procuradoria autorização para manifestar a desistência da ação proposta, de modo a que permaneça viável o ajuizamento da demanda judicial adequada.

71. Cf.: MADEIRA, Danilo Cruz. O papel da Advocacia Pública no Estado Democrático de Direito. *Revista Virtual da AGU*, ano 10, n. 107, dez. 2010. Disponível em: ‹http://www.agu.gov.br/sistemas/site/TemplateImagemTextoThumb.aspx?idConteudo=152998&id_site=1115&ordenacao=1›. Acesso em: 23 out. 2012. p. 16.

72. Que precisa ser compreendida num sentido amplo, como juridicidade, de modo a também abarcar o cumprimento das regras e princípios insculpidos no texto constitucional. A propósito, merece ser destacada passagem doutrinária em que Romeu Felipe Bacellar Filho procura explicitar o pensamento de Carmen Lúcia Antunes Rocha (ROCHA, Carmen Lúcia Antunes. *O princípio constitucional da igualdade*. Belo Horizonte: Lê, 1990. p. 78-79, 81, 84) acerca do relacionamento entre a legalidade e a juridicidade. Nas palavras de Bacellar Filho, Rocha considera que "o princípio da legalidade [...] conserva o nome de legalidade, embora signifique, hoje, juridicidade, de sorte que quando a Constituição refere-se à legalidade [...] deve-se ler juridicidade" (BACELLAR FILHO, Romeu Felipe. A noção jurídica de interesse público no Direito Administrativo Brasileiro, cit., p. 97).

Administração Pública e seus agentes preordenem-se à realização do interesse público[73], conferem aos advogados públicos o controle interno da juridicidade do agir administrativo. Conforme Seabra Fagundes, esse controle administrativo (ou autocontrole) "tem por objetivos corrigir os defeitos de funcionamento interno do organismo administrativo, aperfeiçoando-o no interesse geral", bem como "ensejar reparação a direitos ou interesses individuais que possam ter sido denegados ou preteridos em consequência do erro ou omissão na aplicação da lei"[74]. Assim, inclusive nos processos judiciais os advogados públicos devem procurar apontar eventuais equívocos jurídicos cometidos no exercício da função administrativa.

Não foi essa a opinião manifestada por Caio Mário da Silva Pereira, referida na introdução deste trabalho, quando expos que um membro da Advocacia Pública, mesmo reconhecendo o caráter ilegal do ato, não pode se negar a defender sua legalidade, por não se apresentar como "o Juiz da Administração Pública"[75-76]. Aliás, há até quem sustente, no plano empírico, que também na atividade consultiva os procuradores devam procurar atender interesses secundários manifestados pelo poder público, ou, talvez, por seus gestores[77]. Sendo assim, Pereira manifesta, nessa passagem doutrinária, posição intermediária sobre o tema, segundo a qual na consultoria os advogados do poder público devem orientar uma correta aplicação do Direito, perseguindo, assim, o interesse público primário, necessitando, contudo, abster-se de fazê-lo quando desempenham atividade contenciosa, contexto em que lhes cumpriria dedicar-se incondicionalmente à defesa das pretensões deduzidas em juízo pelo poder público, atuando, portanto, inclusive na defesa de interesses secundários.

Ocorre que, tecnicamente, a qualificação de um interesse como público pressupõe a sua coincidência com o interesse primário[78]. A propósito da distinção teórica entre interesses primários e secundários, Ricardo Marcondes Martins observa, reportando-se diretamente à doutrina de Renato Alessi[79], que o in-

73. O que pressupõe, sob acepção teórica adotada neste trabalho, uma correta aplicação do Direito, ou, na expressão empregada por Celso Antônio Bandeira de Mello, a observância da ordem jurídica estabelecida (MELLO, Celso Antônio Bandeira de. *Curso de Direito Administrativo*, cit., p. 72).
74. FAGUNDES, Miguel Seabra. *O Contrôle dos Atos Administrativos pelo Poder Judiciário*. 4.ª ed. Rio de Janeiro: Forense, 1967. p. 108.
75. PEREIRA, Caio Mário da Silva. A advocacia do Estado, cit., p. 77.
76. Conforme Pereira, cumpre ao procurador, "dentro da sua possibilidade de convencimento, levar a sua palavra de orientação, o seu conselho à Administração Pública, se nela enxerga uma lesão ao direito individual", mas lhe é defeso "defender a legalidade do ato contra a tese sustentada pela Administração Pública" (PEREIRA, Caio Mário da Silva. A advocacia do Estado, cit., p. 77).
77. Cf., a título de exemplo, o posicionamento do Ministro Nelson Jobim por ocasião do julgamento do mérito da Ação Direta de Inconstitucionalidade nº 2.581.
78. MARTINS, Ricardo Marcondes. Arbitragem e administração pública: contribuição para o sepultamento do tema. *Revista Trimestral de Direito Público*, São Paulo: Malheiros, n. 54, 2011. p. 200.
79. Nas palavras de Alessi, oportunamente trascritas por Martins (MARTINS, Ricardo Marcondes. Arbitragem e administração pública: contribuição para o sepultamento do tema, cit., p. 198): "Questi interessi pubblici,

teresse primário corresponde ao "complexo de direitos individuais prevalentes em uma determinada organização jurídica da coletividade", ao passo que o interesse secundário comporta "o interesse da administração enquanto aparato organizativo, unitariamente considerado"[80]. Entre nós, essa distinção foi propagada por Celso Antônio Bandeira de Mello, para quem o interesse primário qualifica-se como dimensão pública dos interesses individuais, porque se refere ao plexo de interesses dos indivíduos enquanto partícipes da sociedade, ao passo que o interesse secundário é o interesse particular (ou individual) do Estado, enquanto pessoa jurídica autônoma[81-82]. Assim, adverte Martins, o "interesse público secundário, enquanto interesse juridicamente reconhecido, não possui autonomia", precisamente porque "só é juridicamente acatado pelo ordenamento se for coincidente com o primário", pelo que, "noutros termos, o interesse secundário será um interesse juridicamente reconhecido somente quando for também um interesse primário"[83]. Trata-se, para esse professor paulista, "de uma armadilha conceitual: a Administração só pode perseguir o interesse primário e, por isso, só pode perseguir o chamado interesse secundário quando este for interesse primário"[84]. Destarte, ou interesse secundário coincide com o interesse primário, qualificando-se, assim, como interesse público, ou não se trata de interesse público. Nisso se funda a formação de uma terceira corrente doutrinária, à qual me filio, e que procuro minudenciar na linhas que se seguem, segundo a qual os advogados públicos devem orientar uma correta aplicação do Direito tanto em âmbito consultivo, quanto no exercício do contencioso judicial, porque se encontram vinculados à legalidade administrativa e porque se dedicam, por imposição do regime jurídico administrativo, à realização do interesse público, compreendido como interesse do Estado e da sociedade na observância da ordem jurídica estabelecida[85], portanto como resultado de uma correta aplicação do Direito.

---

colletivi dei quali i'lamministrazione deve curare il soddisfacimento, non sono, si noti bene, semplicimente, l'interesse dell'amministrazione intesa come apparato organizzativo, sebbene quello che è stato chiamato l'interesse colletivo primario, formato dal complesso degli interessi individuali prevalenti in una determinata organizzazione guiridica della collettivittà, mentre l'interesse dell'apparato unitariamente considerato, sarebbe semplicemente uno degli interessi secondari che possono essere realizzati soltano in caso di coincidenza, e nei limiti di siffatta coincidenza con l'interesse colletivo primario" (ALESSI, Renato. *Principi di Diritto Amministrativo*, v. 1. Milano: Giuffrè, 1966. p. 200-201).

80. MARTINS, Ricardo Marcondes. Arbitragem e administração pública: contribuição para o sepultamento do tema, cit., p. 197-198.
81. MELLO, Celso Antônio Bandeira de. *Curso de Direito Administrativo*, cit., p. 65-66.
82. Quanto ao particular, cf., ainda: MARTINS, Ricardo Marcondes. Arbitragem e administração pública: contribuição para o sepultamento do tema, cit., p. 198.
83. MARTINS, Ricardo Marcondes. Arbitragem e administração pública: contribuição para o sepultamento do tema, cit., p. 201.
84. MARTINS, Ricardo Marcondes. Arbitragem e administração pública: contribuição para o sepultamento do tema, cit., p. 201.
85. MELLO, Celso Antônio Bandeira de. *Curso de Direito Administrativo*, cit., p. 72.

Em estudo publicado no início da década de noventa, Clovis Beznos sustentou que a adesão do poder público ao polo ativo da lide em uma ação popular, nos termos do parágrafo 3º do artigo 6º da Lei nº 4.717/1955[86], não constitui simples faculdade, mas conduta obrigatória[87]. Quanto ao particular, Beznos expressa que esse dispositivo legal "fixa que a atuação da entidade jurídica, ao lado do autor popular, haverá de se verificar quando isso 'se afigurar útil ao interesse público'"[88]. Assim, verificando o procurador que o ato impugnado é contrário ao interesse público (o que denota, sob a acepção teórica adotada neste trabalho[89], a sua contrariedade ao Direito pátrio), cumpre-lhe adotar as providências necessárias à reversão desse ato, o que, na hipótese descrita por Beznos, pressupõe a promoção da adequada adesão do poder público ao polo ativo da ação popular. Disso decorre a conclusão do publicista no sentido de que "não é facultativo o ingresso no polo ativo da demanda popular à pessoa jurídica, mas sim absolutamente obrigatório, toda a vez que o interesse público assim o determinar"[90-91].

Nessa mesma direção se posiciona Bandeira de Mello, quando dispõe que "nada obstante seja comum a resistência administrativa em cumprir suas obrigações quando o fazê-lo implica reconhecer injuridicidade prévia de sua conduta", essa sua resistência "não é procedimento juridicamente plausível"[92]. Para esse professor paulista, "este equívoco, não raro corrente, liga-se a uma errônea compreensão da verdadeira missão do Estado", pois "seu primeiro dever é o de obedecer à ordem jurídica", isto é, "de cumpri-la, de lhe dar atendimento"[93]. Por isso não se admite ao poder público "resistir a pretensões jurídicas alheias fundadas"[94]. Em mesma sintonia manifesta-se Ricardo Marcondes Martins, quando expressa que, "por definição, a Administração Pública pretende cumprir corretamente sua função,

86. Lei 4.717. "Art. 6º A ação será proposta contra as pessoas públicas ou privadas e as entidades referidas no art. 1º, contra as autoridades, funcionários ou administradores que houverem autorizado, aprovado, ratificado ou praticado o ato impugnado, ou que, por omissas, tiverem dado oportunidade à lesão, e contra os beneficiários diretos do mesmo. [...] § 3º A pessoa jurídica de direito público ou de direito privado, cujo ato seja objeto de impugnação, poderá abster-se de contestar o pedido, ou poderá atuar ao lado do autor, desde que isso se afigure útil ao interesse público, a juízo do respectivo representante legal ou dirigente".
87. BEZNOS, Clovis. Procuradoria Geral do Estado e defesa dos interesses públicos, cit., p. 138.
88. BEZNOS, Clovis. Procuradoria Geral do Estado e defesa dos interesses públicos, cit., p. 138.
89. Que também é assimilada por Clovis Beznos, quando o define o interesse público como "síntese dos interesses da coletividade, emanados das normas e princípios constantes do ordenamento jurídico, de onde decorrem os valores prevalentes relativos à mesma coletividade" (BEZNOS, Clovis. Procuradoria Geral do Estado e defesa dos interesses públicos, cit., p. 138).
90. BEZNOS, Clovis. Procuradoria Geral do Estado e defesa dos interesses públicos, cit., p. 138.
91. Aliás, para Beznos, a sua "omissão nessa hipótese poderá inclusive caracterizar o delito de prevaricação, preconizado pelo art. 319, do Estatuto Penal" (BEZNOS, Clovis. Procuradoria Geral do Estado e defesa dos interesses públicos, cit., p. 138).
92. MELLO, Celso Antônio Bandeira de. Direito a férias anuais. *Revista de Direito Público*, São Paulo, ano 21, n. 85, p.157-160, jan./mar. 1988. p. 160.
93. MELLO, Celso Antônio Bandeira de. Direito a férias anuais, cit., p. 160.
94. MELLO, Celso Antônio Bandeira de. Direito a férias anuais, cit., p. 160.

pretende sempre atender da melhor forma possível ao Direito", e que por isso, "é a primeira interessada na correção das antijuridicidades cometidas pelos agentes públicos"[95]. Daí que, conforme Martins, "a Administração só deve litigar em juízo quando estiver convicta de que a pretensão do administrado não é agasalhada pelo Direito", num contexto em que se "não acreditar na juridicidade de sua tese defensiva, ela não deve litigar, deve corrigir a ilicitude administrativa"[96]. No pormenor, recobro, ainda, a lição de Josaphat Marinho, quando denuncia que "o propósito de recorrer, mesmo quando já soberanamente vencida a sustentação da causa, continua, em vários setores, como um desserviço à ordem jurídica"[97]. Marinho também observa que nas desapropriações, "há casos múltiplos em que a resistência ao pagamento das indenizações se desdobra pela execução, com apelos intermináveis"; e destaca, em arremate, que essas práticas revelam que os procuradores ainda não se libertaram "das peias da Administração rebelde ao reconhecimento do direito dos particulares"[98].

Vê-se, pois, que resta superado na doutrina jurídica o entendimento (colhido da práxis jurídica e oportunamente manifestado por Caio Mário da Silva Pereira em trabalho científico[99]) quanto a deverem os advogados públicos defender em juízo o ato impugnado mesmo quando convencidos da sua ilegalidade. Posto isso, não tenho dúvida em afirmar que a depreensão, por esses profissionais, de que o ato impugnado em uma dada ação judicial, ou de que a pretensão sustentada em demanda proposta pelo poder público não encontra abrigo no ordenamento jurídico-positivo a eles impõe a adoção das medidas necessárias a reverter-lhe os efeitos, seja pela veiculação de opinamento jurídico que recomende às autoridades administrativas o reconhecimento da sua nulidade (como sugeriu Pereira no trabalho anteriormente referido), seja pela identificação de meios que lhes permitam dispor em juízo sobre interesses transitoriamente defendidos pelo poder público, mas que, em concreto, verificaram-se incompatíveis com os ditames da legalidade administrativa, bem como com a realização do interesse público.

2.3. Fundamento constitucional para a disposição sobre direitos e interesses deduzidos pela Fazenda Pública em contrariedade ao Direito

Esse é o ponto! A adoção de semelhantes posturas tem por finalidade adequar o agir administrativo aos ditames da legalidade estrita, de modo a induzir

95. MARTINS, Ricardo Marcondes. Mandado de segurança e controle judicial da função pública. *Revista de Processo*, São Paulo: Revista dos Tribunais, ano 33, n. 163, set. 2008. p. 89-90.
96. MARTINS, Ricardo Marcondes. Mandado de segurança e controle judicial da função pública, cit., p. 90.
97. MARINHO, Josaphat. Advocacia pública. *Revista da Procuradoria Geral do Estado de São Paulo*, n. 21, dez. 1983. p. 17.
98. MARINHO, Josaphat. Advocacia pública, cit., p. 17.
99. Cf.: PEREIRA, Caio Mário da Silva. A advocacia do Estado, cit., p. 77.

a realização do interesse público pelos agentes estatais. Ou seja, a disposição, pelos advogados públicos, sobre direitos e interesses transitoriamente defendidos pelo poder público mas contrários ao Direito pátrio é pressuposto necessário ao atendimento não apenas ao princípio da legalidade, mas também ao princípio da supremacia do interesse público sobre o privado[100].

Esse último princípio é inferido do texto constitucional[101], e tem fundamental importância para a estruturação do Direito Administrativo Brasileiro. Basta ver que Celso Antônio Bandeira de Mello o posicionou como princípio basilar do regime jurídico administrativo, juntamente com o princípio da indisponibilidade do interesse público[102].

Ocorre que, sob certa ótica, a disposição, pelos advogados públicos, sobre direitos e interesses deduzidos em juízo pela Fazenda Pública em tese estaria a se contrapor à indisponibilidade do interesse público. A isso refere Jefferson Carús Guedes quando aduz que "a ideia inicial que promana desse princípio concebe a coisa pública como insuscetível de negociação", num contexto em que atos de disposição estariam proscritos à Administração Pública[103]. Guedes discorda dessa suposição, mas adverte que, na prática, a disposição sobre direitos e interesses sustentados pelo poder público é ainda prejudicada, entre outros fatores, "pelo baixo nível de regulamentação disponível"[104].

Creio ser possível afastar esse impedimento por simples exercício hermenêutico. Com efeito, à suposição de que a disposição sobre direitos e interesses deduzidos em juízo pela Fazenda Pública estaria condicionada à edição de leis autorizativas[105] oponho a constatação de que, em rigor, essa autorização pode ser extraída da própria Constituição, porque decorre da aplicação direta dos princípios legalidade e da supremacia do interesse público sobre o privado, bem como, como passarei a demonstrar, do próprio princípio da indisponibilidade do interesse público.

Ao ensejo, Bandeira de Mello ensina que "a indisponibilidade dos interesses públicos significa que sendo interesses qualificados como próprios da coletividade – internos ao setor público – não se encontram à livre disposição de

100. Sobre a argumentação que se segue, cf.: MADUREIRA, Claudio. *Advocacia Pública*, cit., p. 315-318/passim.
101. Cf.: MELLO, Celso Antônio Bandeira de. *Curso de Direito Administrativo*, cit., p. 96.
102. A propósito, cf., por todos: MELLO, Celso Antônio Bandeira de. *Curso de Direito Administrativo*, cit., p. 69-87, passim.
103. GUEDES, Jefferson Carús. Transigibilidade de interesses públicos: prevenção e abreviação de demandas da Fazenda Pública, cit., p. 251.
104. GUEDES, Jefferson Carús. Transigibilidade de interesses públicos: prevenção e abreviação de demandas da Fazenda Pública, cit., p. 252.
105. Conforme, inclusive, cheguei a sustentar em trabalhos anteriores; cf.: (MADUREIRA, Claudio Penedo. *Juizados da Fazenda Pública*, cit.) e (MADUREIRA, Claudio Penedo. Poder público, litigiosidade e responsabilidade social, cit., p. 9-22).

quem quer que seja", e que mesmo o "órgão administrativo que os representa não tem disponibilidade sobre eles, no sentido de que lhes incumbe apenas curá-los – o que é também um dever – na estrita conformidade do que predispuser a *intentio legis*"[106]. Por isso é que, em suas palavras, na Administração Pública "os bens e os interesses não se acham entregues à livre disposição de vontade do administrador", pois quem os titulariza "é o Estado, que, em certa esfera, os protege e exercita através da função administrativa, mediante o conjunto de órgãos"[107]. Esses órgãos, por sua vez, são qualificados por Bandeira de Mello como "veículos da vontade estatal consagrada em lei"[108].

Destarte, muito embora os agentes estatais em geral não possam, por deliberação própria, dispor sobre interesses deduzidos em juízo pela Fazenda Pública, a Administração Pública poderá fazê-lo, sempre que verificar, sob a mediação da Advocacia Pública, que a adoção dessa medida corresponde ao que Bandeira de Mello convencionou chamar "vontade estatal consagrada em lei"[109]. Assim, o dogma da indisponibilidade não tem aplicação quando se depreende, em concreto, que a posição sustentada em juízo pelo poder público vai de encontro ao Direito pátrio, contrapondo-se, assim, a essa vontade estatal consagrada em lei[110]. Aliás, na hipótese, o interesse circunstancial ou transitório subjacente ao ato sobre o qual divergem as partes não se qualificará como interesse público (para esse efeito compreendido como interesse do Estado e da sociedade na observância da ordem jurídica estabelecida[111]), apresentando-se, em verdade, como simples interesse particular do Estado[112], que só pode ser perseguido pelo poder público quando instrumental à realização do interesse público[113].

Posto isso, a incidência do princípio da indisponibilidade do interesse público, longe de constituir impedimento jurídico a que os advogados públicos disponham, em juízo, sobre direitos e interesses transitoriamente defendidos pela Fazenda Pública mas contrários ao Direito pátrio, torna impositivo o ato de disposição. Em primeiro lugar porque esses interesses transitórios, na medida em que se demonstram contrários ao Direito, não correspondem ao interesse

106. MELLO, Celso Antônio Bandeira de. *Curso de Direito Administrativo*, cit., p. 73-74.
107. MELLO, Celso Antônio Bandeira de. *Curso de Direito Administrativo*, cit., p. 74.
108. MELLO, Celso Antônio Bandeira de. *Curso de Direito Administrativo*, cit., p. 74.
109. MELLO, Celso Antônio Bandeira de. *Curso de Direito Administrativo*, cit., p. 74.
110. MELLO, Celso Antônio Bandeira de. *Curso de Direito Administrativo*, cit., p. 74.
111. MELLO, Celso Antônio Bandeira de. *Curso de Direito Administrativo*, cit., p. 72.
112. Afinal, conforme Bandeira de Mello, o Estado "independentemente do fato de ser, por definição, encarregado de interesses públicos, [...] pode ter, tanto quanto às demais pessoas, interesses que lhe são particulares, individuais, e que, tal como os interesses delas, concebidas em suas meras individualidades, se encarnam no Estado enquanto pessoa" (MELLO, Celso Antônio Bandeira de. A noção jurídica de "interesse público", cit., p. 188).
113. MELLO, Celso Antônio Bandeira de. A noção jurídica de "interesse público", cit., p. 188.

público, e por isso não são interesses indisponíveis. Em segundo lugar porque se a equívoca aplicação do Direito pela Administração induz, na face oposta, negativa a direitos subjetivos assegurados pelo ordenamento, que resultam da observância da ordem jurídica estabelecida, o interesse público residirá justamente na disponibilidade desses interesses transitórios (ou meramente secundários). Sendo assim, a adoção de semelhante postura é impositiva não apenas por exigência dos princípios da legalidade administrativa e da supremacia do interesse público sobre o privado, mas também por decorrência da indisponibilidade do interesse público.

De igual modo será viável a celebração de acordos pela Fazenda Pública quando se puder depreender, na casuística, que a demanda não vale a pena, quando avaliada em seus aspectos financeiros. Também nessa hipótese orientam a composição os princípios constitucionais da legalidade administrativa, da supremacia do interesse público sobre o privado e da indisponibilidade do interesse público, por força dos quais somente será admitida a transação quando a lei assim o autorizar e nos limites da respectiva autorização legislativa[114]. Mas a eles se conjugam, no caso concreto, o princípio constitucional da eficiência, que se destina, na lição de Maria Sylvia Zanella Di Pietro, a "alcançar os melhores resultados na prestação do serviço público"[115]. Afinal, a constatação nos casos concretos de que a demanda não vale a pena e de que a lei autoriza o acordo culmina por impor aos agentes estatais, como medida de eficiência, que procurem compor com a parte adversária.

2.4. Modalidades de conciliação abertas para a Fazenda Pública: transação ou composição do litígio?

A conciliação é o modo pelo qual se realiza uma transação. A transação, por sua vez, é meio hábil a prevenir ou findar um litígio, mediante concessões mútuas das partes envolvidas na controvérsia, conforme descrita pelo artigo 840 do Código Civil[116]. Assim, a transação tem conteúdo material, relacionando-se, portanto, a interesses cuja titularidade é debatida na contenda, enquanto que a conciliação tem conteúdo processual, e por isso diz respeito à maneira como esses interesses se realizam no processo[117].

Mas a conciliação nem sempre tem por objeto uma transação. É que, como cediço, os litígios podem resolver-se mediante conciliação também nas hipóteses em que há a simples composição entre as partes litigantes.

114. Retomarei esse ponto no tópico subsequente.
115. DI PIETRO, Maria Sylvia Zanella. *Direito Administrativo*, cit., p. 83.
116. CCB. "Art. 840. É lícito aos interessados prevenirem ou terminarem o litígio mediante concessões mútuas".
117. MADUREIRA, Claudio Penedo; RAMALHO, Lívio Oliveira. *Juizados da Fazenda Pública*, cit., p. 40.

Com efeito, os litígios existem porque as partes divergem entre si, ainda que momentaneamente, sobre determinadas questões práticas de sua vida. Por isso, a função do juiz em uma contenda judicial reside precisamente em dizer quem tem razão, em dispor, como sujeito imparcial, e como aplicador do Direito, sobre qual será a solução mais adequada para a divergência estabelecida entre os litigantes. Para tanto, cumpre-lhe servir-se da dialeticidade do processo, que implica que se confira às partes a prerrogativa de expor suas razões em juízo[118]. Nessa conjuntura, não é raro que as partes, de posse dos esclarecimentos prestados pelos seus adversários, deliberem por se reconciliar no processo, pondo fim ao litígio.

Por óbvio, esse acordo não necessariamente pressupõe concessões mútuas entre os litigantes, de modo a instrumentalizar-se sempre sob a forma de transação. Afinal, é previsível, e também desejável, que as partes, ou que qualquer delas, se divisar que a sua pretensão (parte autora) ou a sua resistência à pretensão de seu adversário (parte ré) tende a ser rejeitada (porque não se amolda às exigências do Direito pátrio) decida-se, como forma de abreviar o curso do processo e também de reduzir os seus custos com a sua instauração/manutença[119], por renunciar ao direito deduzido em juízo (parte autora)[120] ou, talvez, por reconhecer a procedência do pedido (parte ré)[121]. Também poderá ocorrer, na casuística, de o réu, em vista desse mesmo objetivo, deixar de contestar o litígio; ou de as partes (qualquer delas) deliberarem por não interpor recursos contra a decisão judicial que acolhe a tese do seu adversário[122]. Em situações como tais, ter-se-á espécie de composição do litígio, que certamente não se resolve, nessas hipóteses, mediante concessões mútuas (transação). Todavia, além do emprego desses mecanismos, as partes também podem abreviar o desfecho da causa manifestando ao juízo o seu interesse em conciliar-se, ou reconciliar-se. Daí que,

---

118. Sobre o assunto, cf.: (MITIDIERO, Daniel Francisco. *Colaboração no processo civil*: pressupostos sociais, lógicos e éticos. São Paulo: Revista dos Tribunais, 2009); (ZANETI JÚNIOR, Hermes. *Processo constitucional*: o modelo constitucional do processo civil brasileiro. Rio de Janeiro: Lumen Juris, 2007) e (MADUREIRA, Claudio Penedo. *Direito, processo e justiça: o processo como mediador adequado entre o direito e a justiça*, cit.).

119. Principalmente quando essa parte é a Fazenda Pública encarregada manter, dentro de sua esfera de poder, e com recursos orçamentários próprios, aparato judicial cuja magnitude pode ser reduzida com a adoção de medidas simples, tendentes à prevenção de demandas e à redução da litigiosidade entre o poder público e a sociedade que o mantém; ponto que será retomado na sequência.

120. O que redundará no deslinde da relação processual cognitiva, com resolução de mérito, com fundamento no inciso V do artigo 269 do Código de Processo Civil ("Art. 269. Haverá resolução de mérito: [...] V – quando o autor renunciar ao direito sobre que se funda a ação").

121. O que também ensejará o deslinde da relação processual cognitiva, com resolução de mérito, pela hipótese descrita no inciso II do mesmo artigo 269 da lei processual civil ("Art. 269. Haverá resolução de mérito: [...] II – quando o réu reconhecer a procedência do pedido").

122. Hipótese que o feito seguirá o seu curso natural, comportando, se for o caso, decisão de mérito, pautada no inciso I do artigo 269 do Código de Processo Civil ("Art. 269. Haverá resolução de mérito: [...] I – quando o juiz acolher ou rejeitar o pedido do autor").

como esclarece Jefferson Carús Guedes, "a conciliação, em geral, não requer reciprocidade de concessões entre partes para a prevenção ou término do conflito", a menos que seja implementada mediante transação[123].

Em rigor, são de duas ordens distintas as motivações aptas a embasar uma deliberação da Fazenda Pública pela celebração de acordos no processo: (i) ou se verifica que a parte adversária tem razão, o que significa dizer que o Direito assegura a ela a fruição de determinado direito subjetivo e/ou que é legítima a sua resistência à pretensão articulada pelo poder público; (ii) ou se depreende que a demanda não vale a pena, quando considerados os seus custos e os seus benefícios[124].

Na primeira hipótese (o administrado tem razão), o acordo a ser proposto pela Fazenda Pública precisa assegurar ao cidadão a efetiva realização do interesse público ou, num plano mais geral, uma correta aplicação do Direito pela Administração Pública. Por isso, não há espaço, na espécie, para a celebração de transação, que é instituto regido pela lei material civil (art. 840). O que se dá é que o poder público não pode tomar do administrado o que ele tem direito, ainda que com o propósito de justificar o acordo. Até porque o acordo se justifica, sob essa modalidade, pela tão só circunstância de o administrado ter razão. Então, é vedado aos advogados da Fazenda Pública condicionar a implementação do acordo ao estabelecimento de concessões mútuas entre as partes, porque não vige nas relações de direito público o princípio da autonomia da vontade[125], e porque incide, na espécie, o princípio da indisponibilidade do interesse público, que impõe à Administração Pública e a seus agentes a observância da ordem jurídica estabelecida[126]. Assim, quando a Advocacia Pública depreender que o administrado tem razão, ou seja, que os agentes estatais incorreram em equívoco quando da aplicação originária do Direito, cumpre-lhe assegurar a fruição do direito sustentado pela parte adversária tal como ela o teria fruído se a Administração não tivesse se equivocado por ocasião da realização do ato impugnado. Nesse caso, o acordo aventado não poderá ser implementado sob a forma de transação (que exige concessões mútuas entre as partes), consistindo, portanto, em simples composição do litígio.

Fincada essa premissa, cumpre indagar, ainda, sobre a viabilidade da realização de transação pelo poder público. Tenho que a resposta a esse questionamento deve ser afirmativa. A transação é possível, mas apenas quando se verifica, em concreto, a segunda motivação aventada para a realização da conciliação nas

---

123. GUEDES, Jefferson Carús. Transigibilidade de interesses públicos: prevenção e abreviação de demandas da Fazenda Pública, cit., p. 247.

124. A argumentação que se segue tem por base: MADUREIRA, Claudio Penedo; RAMALHO, Lívio Oliveira. *Juizados da Fazenda* Pública, cit. p. 120-124, passim.

125. Retomarei esse ponto na sequência.

126. Cf.: MELLO, Celso Antônio Bandeira de. *Curso de Direito Administrativo*, cit., p. 72.

demandas de que participa o poder público, ou seja, quando a manutenção da ação judicial não vale a pena. Ocorre que, para o caso, o acordo somente poderá ser implementado se a lei expressamente o autorizar, pois não se fundando o ajuste em erro jurídico, não se cogitará, na hipótese, de violação aos princípios da legalidade administrativa, da supremacia do interesse público sobre o privado e da indisponibilidade do interesse público, o que significa dizer que não se aplica às transações a autorização genérica conferida pela Constituição à disposição sobre direitos e interesses deduzidos em juízo pelo poder público.

Exemplificando, suponha-se que uma lei editada por determinada unidade federada (União, Estado ou Município) estabeleça que para causas de valor inferior a dois salários mínimos o procurador vinculado ao feito está autorizado a celebrar acordos no processo. Imagine-se, ainda, que essa lei condicione a celebração do ajuste a que a parte adversária abra mão, digamos, de vinte por cento do proveito da causa[127]. Nesse caso, o acordo poderá ser instrumentalizado sob a forma da transação.

Mas essa não será, todavia, uma regra absoluta. Se a Advocacia Pública depreender, da análise de caso concreto, que a parte adversária tem razão, isto é, que a contenda, quando analisada à luz do Direito, deverá ser decidida de forma desfavorável à Fazenda Pública, o acordo aventado, ainda que também se funde na compreensão de que a ação judicial não vale a pena, e que exista lei autorizativa da transação, deverá ser instrumentalizado sob a forma composição do litígio, portanto sem que se exija do administrado a renúncia a parcela da prestação a que tem direito. Do contrário, estar-se-ia contrariando o interesse público (que impõe aos agentes públicos uma correta aplicação do Direito), assim como os princípios da legalidade administrativa, da supremacia do interesse público sobre o privado e da indisponibilidade do interesse público.

3. EXERCÍCIO TEÓRICO DE COMPATIBILIZAÇÃO DO RITO PROCESSUAL AO *MODUS OPERANDI* DA CELEBRAÇÃO DE ACORDOS PELA FAZENDA PÚBLICA

O Código de Processo Civil de 2015 relaciona a conciliação no processo – entre outros princípios – à autonomia da vontade (art. 166), estabelece que

127. Não sobeja lembrar, a propósito, que a lei deve especificar esse limite, pois onde o legislador não restringe direitos, não pode ao intérprete fazê-lo. Assim decidiu o Supremo Tribunal Federal neste recente julgado, relativo à especificação da contagem dos prazos nos Juizados Especiais Federais: "RECURSO – JUIZADO ESPECIAL – OPORTUNIDADE – DOBRA INEXISTENTE. Consoante dispõe o artigo 9º da Lei nº 10.259/2001, em se tratando de processo originário de juizado especial, não há a contagem de prazo em dobro prevista no artigo 188 do Código de Processo Civil. Descabe distinguir onde a lei não distingue, para, com isso, dar origem à dualidade de prazos" (STF, RE 466834-AgR-AgR-RJ, Rel. Min. Marco Aurélio, 1.ª T, DJe-191, p. 09-10-2009).

"a mediação e a conciliação serão regidas conforme a livre autonomia dos interessados" (art. 166, p. 4º) e admite a "aplicação de técnicas negociais com o objetivo de proporcionar ambiente favorável à autocomposição" (art. 166, p. 3º). Em perfeita coerência com essa premissa, o legislador concebeu um modelo de processo que se inicia com a realização de uma audiência de conciliação, quando dispôs que o juiz deverá designá-la sempre que "a petição inicial preencher os requisitos essenciais e não for o caso de improcedência liminar do pedido" (art. 334), e sugeriu que é prerrogativa do autor optar se deseja (ou não) realizá-la, quando elencou entre os requisitos da petição inicial "a opção do autor pela realização *ou não* de audiência de conciliação ou de mediação" (art. 319, VII) e quando assentou que, no que concerne à vontade dos litigantes, o ato solene apenas "não se realizará se ambas as partes manifestarem, expressamente, desinteresse na composição consensual" (art. 334, p. 4º, I). Esses dispositivos parecem indicar que, no regime do novo código, o comparecimento à audiência de conciliação é obrigatória para a parte requerida; inclusive pela Fazenda Pública; ilação que é reforçada pela previsão, no parágrafo 8º do seu artigo 334, no sentido de que "o não comparecimento injustificado do autor ou do réu à audiência de conciliação é considerado ato atentatório à dignidade da justiça e será sancionado com multa de até dois por cento da vantagem econômica pretendida ou do valor da causa, revertida em favor da União ou do Estado".

Ocorre que, pelas razões dantes expostas, os acordos celebrados pela Fazenda Pública não se fundamentam no princípio da autonomia da vontade, e por isso dificilmente serão instrumentalizados no curso das audiências de conciliação reclamadas pelo legislador processual. Precisamente porque, por tudo quanto até aqui se afirmou e também pelo que terei a oportunidade de adiante expor e demonstrar, não é dado aos advogados da Fazenda Pública dispor, em audiência, por decisão pessoal sua, portanto sem consultar as suas respectivas chefias nas procuradorias, sobre direitos e interesses deduzidos em juízo pelo poder público.

3.1. Conciliação em processos envolvendo a Fazenda Pública: autonomia da vontade *versus* vinculação dos agentes estatais ao Direito

O legislador processual estabelece, no *caput* do artigo 166 do código de 2015, que a conciliação será informada, entre outros princípios, pela autonomia da vontade. O problema é que a Administração Pública, na precisa observação de Humberto Ávila, "não possui autonomia da vontade", devendo, em rigor, "executar a finalidade instituída pelas normas jurídicas constantes na lei, dando-lhes ótima aplicação concreta"[128]. Nesse mesmo sentido se posiciona Ricardo Marcondes Martins, quando acentua que o regime privado, porque "baseado na liberdade individual e na autonomia da vontade, na assegurada possibilidade de busca de interesses egoísticos", incompatibiliza-se "com a natureza do Estado, que, por definição, é um ente instrumental", isto é, "existe para o cumprimento de uma função, vale dizer, para a busca do bem comum, para a concretização do interesse público"[129].

Assim, a ideia subjacente à indisponibilidade do interesse público impede que advogados públicos deliberem, autonomamente, por dispor sobre direitos e interesses titularizados pelo poder público. Sua atuação, nesse campo, é orientada pelo Direito, dada a incidência da legalidade administrativa e a imposição a que os agentes estatais realizem o interesse público, para esse efeito compreendido como interesse do Estado e da sociedade na observância da ordem jurídica estabelecida[130]. Destarte, conformam a disposição sobre direitos e interesses deduzidos em juízo pela Fazenda Pública os princípios constitucionais da legalidade administrativa, da supremacia do interesse público sobre o privado e da indisponibilidade do interesse público.

Isso significa dizer que nos processos judiciais em que é parte a Fazenda Pública os acordos não podem ser justificados pela disposição pessoal dos agentes estatais em realizá-los (autonomia da vontade), apenas podendo ser implementados quando se verificar, nos casos concretos, ou que o ato administrativo impugnado não é conforme ao Direito, isto é, que a parte adversária tem razão (composição do litígio), ou que a demanda não vale a pena e que há disposição legislativa a autorizar a celebração da avença mediante concessões mútuas entre as partes (transação).

Disso resulta, ainda, que as técnicas negociais referidas no parágrafo 3º do artigo 166 da lei processual não são eficazes para induzir a conciliação nos processos em que a Fazenda Pública figura como parte, porque não têm o condão de proporcionar um ambiente favorável à autocomposição, que apenas poderá se realizar – reitere-se – nas hipóteses taxativamente admitidas pelo direito positivo. Tampouco será viável a negociação do procedimento aplicável aos processos, nos moldes cogitados pelo parágrafo 4º do mesmo dispositivo, porque mesmo para esse propósito os advogados públicos necessitariam de autorização legislativa específica.

---

128. ÁVILA, Humberto. Repensando o princípio da supremacia do interesse público sobre o particular. In: SARMENTO, Daniel (Org.). *Interesses públicos versus interesses privados*: desconstruindo o princípio da supremacia do interesse público. Rio de Janeiro: Lumen Juris, 2005. p. 173.
129. MARTINS, Ricardo Marcondes. Arbitragem e administração pública: contribuição para o sepultamento do tema, cit., p. 200.
130. MELLO, Celso Antônio Bandeira de. *Curso de Direito Administrativo*, cit., p. 72.

Essa constatação indica a necessidade de adequação do rito processual às especificidades da formação da decisão da Advocacia Pública pela disposição quanto a direitos e interesses deduzidos em juízo pela Fazenda Pública; como terei a oportunidade de demonstrar o tópico subsequente, com o qual encerro a minha exposição.

3.2. Adequação do rito processual às especificidades da formação da decisão administrativa pela disposição quanto a direitos e interesses deduzidos em juízo pela Fazenda Pública

Se a Fazenda Pública não se orienta, quando delibera sobre a viabilidade da celebração de acordos no processo, pelo princípio da autonomia da vontade (como sugerem o artigo 166 do código de 2015 e os seus parágrafos 3º e 4º), não há sentido em se aplicar a ela modelo de processo que se inicia com uma audiência de conciliação em que sua participação é obrigatória, concebida com o propósito de possibilitar a celebração de acordos fundados na autonomia da vontade (que sobressai do *caput* do artigo 334 e uma leitura conjugada do inciso VII do artigo 319 com o inciso I do parágrafo 4º do artigo 334).

Em rigor, o próprio texto do código de 2015 refuta a obrigatoriedade da realização da audiência de conciliação nos processos em que a Fazenda Pública figura como parte. Basta ver que o legislador, ao mesmo tempo que conferiu ao autor a opção pela realização ou não da audiência de conciliação (art. 319, VII) e determinou aos juízes que a designassem sempre que verificassem que a petição inicial preencher os requisitos legais e que não se justificar a improcedência liminar dos pedidos (art. 334), especificou, textualmente, no inciso II do parágrafo 4º do artigo 334 da lei processual[131], que a audiência não será realizada quando não se admitir a autocomposição[132]. Assim, verificação, nos casos concretos, de que é inviável a celebração de acordos no processo, afasta a incidência do disposto no inciso I do parágrafo 4º do artigo 334 da lei processual, que sugere que a audiência de conciliação somente poderia ser afastada se ambas as partes assentirem com a sua supressão. Posto isso, e considerando que a verificação, na casuística, sobre se o acordo é viável, ou se não pode ser realizado, demanda análise técnica dos advogados públicos – que exercem, por taxativa disposição constitucional (arts. 131 e 132), as atividades de representação processual e consultoria jurídica

131. CPC-2015. "Art. 334 [...] § 4º A audiência não será realizada: [...] II – quando não se admitir a autocomposição".

132. Esse dispositivo foi editado em consonância com o regramento do código de 1973, que prescrevia que a audiência preliminar apenas poderia ser designada se a causa versasse sobre direitos que admitam conciliação (art. 331), e dispunha que se o direito deduzido em juízo não admitir a conciliação, ou se as circunstâncias da causa evidenciassem ser improvável a sua obtenção, o juiz deveria sanear o processo, dando a ele regular seguimento (art. 331, § 3º).

do poder público, orientando, nesse contexto, a interpretação do Direito na esfera administrativa e, *ultima ratio*, a possibilidade da concretização da avença, quer porque a parte adversária tem razão, quer porque o caso concreto se enquadra nas hipóteses em que a lei admite transação fundada na constatação de que a demanda não vale a pena – é suficiente ao afastamento da audiência de conciliação a veiculação, pela Fazenda Pública, de petição que informe ao juízo a impossibilidade da autocomposição.

Sendo assim, é recomendável, por razões de economia processual, que, nos processos envolvendo a Fazenda Pública, o juiz, no ato de citação, inste seus advogados a se manifestarem sobre a viabilidade da celebração do acordo, determinando-lhes, na oportunidade, que, se considerarem inviável a autocomposição, apresentem a sua contestação no prazo legal. Nesse contexto, a Fazenda Pública poderá, por um lado, manifestar-se pela inadmissibilidade da conciliação, hipótese em que apresentará a sua defesa, possibilitando com isso a regular e célere tramitação do feito. Poderá, ainda, anuir com a possibilidade de conciliação, hipótese em que poderá desde logo apresentar a sua proposta de acordo, o que poderá inclusive induzir a composição entre as partes independentemente da realização do ato solene.

3.2.1. Enfrentamento do tema a partir da tensão entre os princípios da oralidade, da informalidade e do acesso à justiça

Não desnatura essa conclusão a observação do legislador, no *caput* do artigo 166 do código de 2015, quanto a também orientar a conciliação o princípio da oralidade, já que, conforme Chiovenda, a oralidade evoca a prevalência da palavra como meio de expressão, mas não abdica do uso dos meios escritos de documentação dos atos processuais[133]. O que com isso quis dizer o processualista italiano é que, conquanto os sujeitos que atuam no processo (peritos,

133. Chiovenda descreve a oralidade a partir da apresentação de cinco aspectos que, unidos, compõem o seu sentido, e orientam a sua aplicação ao mundo fenomênico (CHIOVENDA, Giuseppe. *Instituições de direito processual civil, vol. 3*. Trad. Paolo Capitanio com notas de Enrico Tullio Liebman. 2 ed. Campinas: Bookseller, 2000. p. 61-67, passim). O primeiro dos aspectos relatados por Chiovenda diz respeito à prevalência da palavra como meio de expressão, porém combinada com o uso dos meios escritos de documentação dos atos processuais, a que ora me refiro. O segundo aspecto é a *imediatidade*, caracterizada pela imediação da relação entre o juiz e as pessoas cujas declarações o magistrado deve colher e apreciar. O terceiro aspecto diz respeito à identidade física do juiz, que se relaciona intimamente com a *imediatidade*. Para o processualista italiano, pouco adianta o contato do juiz com as partes, ou com as testemunhas, ou com os peritos se, em tais oportunidades, ou no momento da prolação da decisão da causa, outro magistrado vier a presidir o feito. O quarto aspecto assenta-se sobre a necessidade de concentração do conhecimento da causa, e de todos os seus apêndices, em um mínimo de audiências possível. O quinto e último aspecto é a irrecorribilidade das decisões interlocutórias, que se justifica como meio de prevenir a paralisação da colheita das provas, ou do desenvolvimento dos debates, eis que após estes eventos (que, como regra, têm lugar na audiência) deverá ser prolatada a decisão final, esta sim passível de

testemunhas, partes, etc.) devam manifestar-se preferencialmente sob a forma oral, tal não impõe a completa exclusão da escrita no procedimento[134]. Na hipótese analisada, desaconselha a realização da audiência preliminar o princípio processual da informalidade, igualmente mencionado pelo artigo 166 do código de 2015, que prevalece sobre a oralidade, na ponderação de interesses[135], porque a oralidade foi instituída no regime processual por ele instaurado com a específica finalidade de otimizar a composição dos litígios, não podendo ser invocada, em detrimento da informalidade, com o exclusivo propósito de conduzir os advogados a Fazenda Pública à presença do juiz simplesmente para dizerem de viva voz que não têm interesse em celebrar um acordo, quando se demonstra mais consentâneo com a consecução dessa finalidade afastar a realização da audiência de conciliação nos casos em que houver prévia manifestação do poder público pela inviabilidade da composição no caso concreto.

A ser de outro modo ter-se-ia violação ao princípio constitucional do acesso à justiça (art. 5º, XXXV[136]), quando analisado sob a ótica do direito de descesso à justiça[137], insculpido, no texto da Carta da República, no corpo do direito fundamental do jurisdicionado à duração razoável do processo (art. 5º, LXXVIII[138]). Dele sobressai que ao cidadão deve ser assegurado não somente o ingresso na Justiça para reclamar tutela de que necessita (acesso ao Poder Judiciário), mas também sair da justiça, e em prazo razoável (descesso à Justiça), com a entrega de uma prestação jurisdicional que lhe assegure a justiça (acesso à justiça como acesso a uma ordem jurídica justa[139]). Por óbvio, a imposição, em concreto, da realização de ato processual (audiência de conciliação) que de antemão se sabe inefetivo (porque a Fazenda Pública informou previamente a inviabilidade

---

ser hostilizada pela via recursal. A propósito, cf.: MADUREIRA, Claudio Penedo; RAMALHO, Lívio Oliveira. *Juizados da Fazenda Pública*, cit., p. 65-69/passim.

134. CHIOVENDA, Giuseppe. *Instituições de direito processual civil*, cit., p. 62-63.

135. A propósito, não sobeja lembrar a distinção conceitual entre regras e princípios, enquanto espécies normativas. Na lição de Robert Alexy, os princípios, diversamente das regras (que são normas que ordenam, proíbem, permitem ou autorizam algo definitivamente), não contêm um *dever definitivo*, mas um *dever-prima-facie*, de modo que a eventual colisão entre eles é resolvida mediante o emprego da ponderação (ALEXY, Robert. *A institucionalização da razão*. In: ALEXY, Robert. *Constitucionalismo discursivo*. Tradução de Luís Afonso Heck. Porto Alegre: Livraria do Advogado, 2007. p. 37). Destarte, havendo tensão entre princípios, cumpre ao intérprete decidir, a par das especificidades do caso, se prevalece, para a hipótese, um ou outro princípio, ou se deve sobressair vencedora na espécie tese intermediária, capaz de aplicá-los conjugadamente em menor ou maior medida (Cf.: MADUREIRA, Claudio Penedo. *Direito, processo e justiça: o processo como mediador adequado entre o direito e a justiça*, cit., p. 171-201/ passim).

136. CRFB. "Art. 5º [...] XXXV – a lei não excluirá da apreciação do Poder Judiciário lesão ou ameaça a direito.

137. Ao ensejo, cf., por todos: ALVIM, J. E. Carreira. *Justiça: acesso e descesso*. Disponível na internet: ‹http://jus2.uol.com.br/doutrina/texto.asp?id=4078›, acesso em 05/11/2009.

138. CRFB. Art. 5º [...] LXXVIII – a todos, no âmbito judicial e administrativo, são assegurados a razoável duração do processo e os meios que garantam a celeridade de sua tramitação".

139. Cf.: WATANABE, Kazuo. *O acesso à justiça e a sociedade moderna*. In: GRINOVER, Ada Pellegrini, DINAMARCO, Cândido Rangel e WATANABE, Kazuo [Coord.]. *Participação e processo*. São Paulo: Revista dos Tribunais, 1988. p. 128.

da celebração de acordo na hipótese dos autos) inequivocamente exigirá um maior dispêndio de tempo para a conclusão do processo. Destarte, privilegiar a oralidade em detrimento da informalidade na hipótese analisada corresponderia a prejudicar, ainda, o acesso adequado do jurisdicionado à justiça.

Uma outra objeção que poderia ser levantada a essa proposta que veiculo para a resolução do problema teórico enfrentado neste artigo consiste na afirmação de que a regra jurídica consignada no inciso II do parágrafo 4º do artigo 334 do código de 2015 apenas seria aplicável nas hipóteses em que a conciliação fosse abstratamente vedada. Essa interpretação padece do mesmo vício anteriormente levantado. Afinal, de que aproveitaria à efetividade do processo impor o comparecimento à audiência de conciliação de parte processual que não opera sob o regime da autonomia da vontade e que, posto isso, não pode modificar, em audiência, posicionamento anteriormente manifestado pela impossibilidade de acordo? No entanto, permito-me debatê-la, em argumento de reforço, consistente na constatação, à luz de conteúdos próprios do Direito Administrativo, que em geral os advogados públicos não possuem autorização para dispor, em audiência, portanto sem a autorização prévia de seus superiores hierárquicos nas procuradorias, sobre direitos e interesses deduzidos em juízo pela Fazenda Pública.

3.2.2. *Impossibilidade teórica de os advogados da Fazenda Pública deliberarem sobre acordos no curso da audiência*

Tem-se afirmado em doutrina que a circunstância de os advogados públicos exercerem atividades contenciosas e consultivas em favor dos entes estatais e, sobretudo, deles realizarem o controle da juridicidade do agir administrativo (impondo, assim, à Administração, por exigência dos princípios da legalidade administrativa, da supremacia do interesse público sobre o privado e da indisponibilidade do interesse público, uma criteriosa aplicação do Direito), confere a esses profissionais a necessária independência (ou autonomia) técnica[140]. Devo destacar, nesse contexto, a importância do magistério de Diogo de Figueiredo Moreira Neto[141], que talvez tenha sido um dos primeiros autores a enfrentar o tema em trabalhos científicos[142].

---

140. Sobre a argumentação que se segue, cf.: MADUREIRA, Claudio. Advocacia Pública, cit., p. 243-249/passim.
141. MOREIRA NETO, Diogo de Figueiredo. A Advocacia de Estado revisitada: essencialidade ao Estado Democrático de Direito. In: GUEDES, Jefferson Carús; SOUZA, Luciane Moessa (Coord.). *Advocacia de Estado: questões institucionais para a construção de um Estado de justiça*. Belo Horizonte: Fórum, 2009. p. 41.
142. Reporto-me, nesse ponto, aos seguintes trabalhos, ambos publicados no ano de 1991: (MOREIRA NETO, Diogo de Figueiredo. As funções essenciais da justiça na Constituição de 1988. *Revista de Direito da Procuradoria Geral do Rio de Janeiro*, v. 43, 1991) e (MOREIRA NETO, Diogo de Figueiredo. As funções essenciais à justiça e as procuraturas constitucionais. *Revista da Procuradoria Geral do Estado de São Paulo*, dez. 1991).

Conforme Moreira Neto, essas atividades típicas desempenhadas pelos advogados públicos (por ele designadas como atividades-fim) "visam ao estabelecimento, manutenção, cumprimento e aperfeiçoamento da ordem jurídica"[143], pois "o dever precípuo cometido aos Advogados e Procuradores de qualquer das entidades estatais *é indiscutivelmente o de sustentar e de aperfeiçoar a ordem jurídica*"[144]. Assim, qualquer interesse deduzido em juízo pela Fazenda Pública estará sempre subordinado ao Direito, "devendo, por isso, recusar-se, o Advogado de Estado, a atuar por mero interesse arrecadatório, quando despido de legitimidade", bem como "recusar-se a advogar com fins emulatórios", ou, ainda, "negar-se a recorrer sistematicamente contra jurisprudência pacificada ou apenas com intenções protelatórias", assim como "recusar-se a obedecer a ordens hierárquicas que depassem da organização burocrática dos serviços", de modo a interferir "na condução formal e material dos processos administrativos e judiciais a seu cargo"[145]. Enfim, "os Advogados de Estado [...] *não podem se eximir de atuar como órgãos independentes, sempre que se trate, prioritariamente, da defesa da ordem jurídica*"[146]. E tal se dá precisamente porque "os interesses da Fazenda do Estado, como, de resto, quaisquer interesses do aparelho de Estado, são disponíveis", e por isso "cedem ante os interesses que lhe são constitucionalmente supraordinados"; enquanto que "o interesse da preservação da ordem jurídica [...] é sempre constitucionalmente indisponível, como interesse primário da sociedade posto à sua cura"[147].

Disso resulta, conforme Moreira Neto, que "os Advogados de Estado não necessitarão de autorização hierárquica ou de beneplácito superior para atuarem de acordo com sua ciência e sua consciência", portanto "como órgãos tecnicamente independentes", porque, do contrário, "teriam frustrada sua missão de controle da juridicidade plena [...] e a missão de mantenedores e aperfeiçoadores da ordem jurídica", que "devem desempenhar como agentes constitucionais essenciais à justiça"[148]. Assim, para o publicista, "a própria Constituição lhes assegura a independência técnico-funcional", porque "acima do dever de pugnar pelos específicos interesses que lhes são confiados, paira o interesse

143. MOREIRA NETO, Diogo de Figueiredo. A Advocacia de Estado revisitada: essencialidade ao Estado Democrático de Direito, cit., p. 41.

144. MOREIRA NETO, Diogo de Figueiredo. A Advocacia de Estado revisitada: essencialidade ao Estado Democrático de Direito, cit., p. 41.

145. MOREIRA NETO, Diogo de Figueiredo. A Advocacia de Estado revisitada: essencialidade ao Estado Democrático de Direito, cit., p. 42.

146. MOREIRA NETO, Diogo de Figueiredo. A Advocacia de Estado revisitada: essencialidade ao Estado Democrático de Direito, cit., p. 43.

147. MOREIRA NETO, Diogo de Figueiredo. A Advocacia de Estado revisitada: essencialidade ao Estado Democrático de Direito, cit., p. 43.

148. MOREIRA NETO, Diogo de Figueiredo. A Advocacia de Estado revisitada: essencialidade ao Estado Democrático de Direito, cit., p. 43.

geral de sustentar a própria ordem jurídica que os define e acautela", por ele qualificado como "um *prius*, sem o qual nenhum interesse estaria protegido"[149].

Nesse mesmo sentido se posiciona Alexandre Magno Fernandes Moreira Aguiar, quando expressa que "para o efetivo exercício do controle interno, é indispensável que exista independência do profissional que o realize, sob pena de se tomar suscetível a pressões políticas em sentido contrário ao prescrito no ordenamento jurídico"[150]. Por isso é que, para Aguiar, "o advogado público conta com verdadeira independência funcional, que, a despeito de não estar prevista expressamente na Constituição Federal, pode ser inferida a partir de seus dispositivos", em especial do princípio da legalidade e da exigência de controle interno da Administração Pública[151]. Trata-se, pois, em suas palavras, "de um verdadeiro princípio constitucional implícito que regula não só a atividade dos advogados públicos, mas também toda a Administração Pública, que deve obediência aos ditames do Estado Democrático de Direito"[152].

Por sua vez, Rommel Macedo procura relacionar a inviolabilidade conferida pela Constituição (art. 133[153]) aos advogados (entre eles os advogados públicos) à sua independência (ou autonomia) no exercício de suas competências constitucionais (arts. 131 e 132), pressuposto necessário a que esses profissionais possam manifestar seus posicionamentos jurídicos com liberdade[154]. A propósito, Macedo acrescenta que essa independência (ou autonomia) técnica foi taxativamente reconhecida aos advogados públicos no âmbito da Advocacia Pública Federal por ocasião da prolação do Parecer nº GQ-24 da Advocacia-Geral da União (que foi devidamente aprovado pelo Presidente da República, e que por isso suscita cumprimento obrigatório por órgãos e entidades da Administração Federal[155]), no corpo do qual se assentou que "a positividade da disciplina

149. MOREIRA NETO, Diogo de Figueiredo. A Advocacia de Estado revisitada: essencialidade ao Estado Democrático de Direito, cit., p. 46.

150. AGUIAR, Alexandre Magno Fernandes Moreira. Para que serve o advogado público? In: GUEDES, Jefferson Carús; SOUZA, Luciane Moessa de (Coord.). *Advocacia de Estado: questões institucionais para a construção de um Estado de justiça*. Belo Horizonte: Fórum, 2009. p. 56.

151. AGUIAR, Alexandre Magno Fernandes Moreira. Para que serve o advogado público?, cit., p. 57.

152. AGUIAR, Alexandre Magno Fernandes Moreira. Para que serve o advogado público?, cit., p. 57.

153. CRFB. "Art. 133. O advogado é indispensável à administração da justiça, sendo inviolável por seus atos e manifestações no exercício da profissão, nos limites da lei".

154. MACEDO, Rommel. A advocacia pública consultiva e a sustentabilidade jurídico-constitucional das políticas públicas: dimensões, obstáculos e oportunidades na atuação da Advocacia-Geral da União. In: GUEDES, Jefferson Carús; SOUZA, Luciane Moessa de (Coord.). *Advocacia de Estado*: questões institucionais para a construção de um Estado de justiça. Belo Horizonte: Fórum, 2009. p. 474.

155. Quanto ao particular, cf. o que dispõe o parágrafo 1º do artigo 40 da Lei Complementar Federal nº 73/1993, que resta vazado nos seguintes termos: "Art. 40. Os pareceres do Advogado-Geral da União são por este submetidos à aprovação do Presidente da República. § 1º O parecer aprovado e publicado juntamente com o despacho presidencial vincula a Administração Federal, cujos órgãos e entidades ficam obrigados a lhe dar fiel cumprimento".

específica dos servidores públicos, na condição de advogados, não lhes tolhe a isenção técnica ou independência da atuação profissional"[156].

Também Danilo Cruz Madeira leciona que essa independência (ou autonomia) técnica do advogado público "é pressuposto indispensável para o exercício completo de sua função constitucional"[157]. Por decorrência dela, adverte Madeira, esse profissional não pode ser "constrangido, em momento algum, em sua atividade pelo Administrador"[158]. Afinal, "fosse lícito aos poderes constituídos imiscuir-se nas funções essenciais à justiça, ditando-lhes os comportamentos e inculcando-lhes as suas 'vontades políticas'", o discurso constitucional dos artigos 127 e seguintes da Constituição "seria letra morta, inócua tentativa de estatuir limites (de justiça) à atividade do Estado"[159], como expressa noutro trabalho Derly Barreto Silva Filho.

Essas considerações revelam que a doutrina jurídica afirma, com base no ordenamento jurídico-positivo, em especial no regime constitucional, a independência (ou autonomia) técnica dos advogados públicos, inclusive por referência à consideração de que seriam inconstitucionais, por ofensa aos artigos 131 e 132 da Carta de 1988, bem como aos princípios da legalidade, da supremacia do interesse público sobre o privado e da indisponibilidade do interesse público, as normas administrativas que porventura interfiram no exercício de suas atividades típicas. Entretanto, a jurisprudência do Supremo Tribunal Federal procura distinguir essa *autonomia técnica*, que lhes é conferida em razão da sua condição de advogados, da *autonomia funcional* atribuída pela Constituição da República aos membros do Ministério Público, à consideração de que os procuradores estariam impedidos de dispor sobre direitos e interesses deduzidos em juízo sem autorização de seus superiores hierárquicos nas procuradorias[160].

---

156. MACEDO, Rommel. A advocacia pública consultiva e a sustentabilidade jurídico-constitucional das políticas públicas: dimensões, obstáculos e oportunidades na atuação da Advocacia-Geral da União, cit., p. 474-475.

157. MADEIRA, Danilo Cruz. O papel da Advocacia Pública no Estado Democrático de Direito, cit., p. 22.

158. MADEIRA, Danilo Cruz. O papel da Advocacia Pública no Estado Democrático de Direito, cit., p. 22.

159. SILVA FILHO, Derly Barreto. O controle da legalidade diante da remoção e inamovibilidade dos advogados públicos. *Revista dos Tribunais*, São Paulo: Revista dos Tribunais, ano 89, n. 772, fev. 2000. p. 51.

160. O Supremo Tribunal Federal, embora não adjudique aos advogados públicos a *autonomia funcional* atribuída pela Carta da República aos membros do Ministério Público (garantia que se projeta "principalmente na esfera individual", de modo que "cada membro do MP [...] deve ter respeitada sua convicção", não podendo por isso "ser compelido a atuar contra seu entendimento" [ROTHENBURG, Walter Claudius. Comentários aos arts. 127 ao 130. In: BONAVIDES, Paulo; MIRANDA, Jorge; AGRA, Walber de Moura. *Comentários à Constituição Federal de 1988*. Rio de Janeiro: Forense, 2009. p. 1.634], num contexto em que "nem seus superiores hierárquicos podem ditar-lhes ordens no sentido de agir dessa ou daquela maneira dentro de um processo" [MORAES, Alexandre de. *Direito Constitucional*. 6ª ed. São Paulo: Atlas, 1999. p. 458]), assentou, quando do julgamento da Ação Direta de Inconstitucionalidade nº 470, que os procuradores possuem *autonomia técnica*, que decorre da sua própria condição de advogados, observando, contudo, que essa sua *autonomia técnica* distingue-se da *autonomia funcional* conferida ao órgão ministerial pela circunstância de os advogados públicos não possuírem autorização constitucional para reconhecer o direito posto

Essa afirmação do Excelso Pretório, segundo a qual os procuradores somente poderiam dispor sobre direitos e interesses deduzidos em juízo mediante autorização dos dirigentes das procuradorias a que se encontram vinculados, conduz à investigação sobre a existência de hierarquia entre advogados públicos[161]. É que muito embora esses profissionais estejam submetidos ao regramento do Estatuto da Advocacia, que estabelece de forma taxativa que não há hierarquia nem subordinação entre advogados (art. 6º[162]), também lhes são aplicáveis os estatutos administrativos de seus respectivos serviços jurídicos.

A propósito, Maria Sylvia Zanella Di Pietro leciona, abordando os limites do poder hierárquico na Administração Pública, que "pode haver distribuição de competências dentro da organização administrativa", com a exclusão "da relação hierárquica com relação a determinadas atividades"[163]. Nesse contexto, o exemplo empregado pela professora paulista para demonstrar essa sua afirmação reside precisamente na atuação dos órgãos consultivos, "que, embora incluídos na hierarquia administrativa para fins disciplinares, por exemplo, fogem à relação hierárquica no que diz respeito a suas funções", por exercerem "determinadas atividades que, por sua própria natureza, são incompatíveis com uma determinação de comportamento por parte do superior hierárquico"[164-165].

---

em juízo sem a autorização de seus superiores hierárquicos nas procuradorias. Esse posicionamento sobressai das manifestações, naquele processo, dos Ministros Marco Aurélio e Sepúlveda Pertence; e foi retomado pelo Excelso Pretório quando do julgamento do mérito da Ação Direta de Inconstitucionalidade nº 291, a partir do diálogo mantido entre os Ministros Carlos Brito e Marco Aurélio, que põe em evidência que não estava em discussão naquele processo a *autonomia (ou independência) técnica* da Advocacia Pública. Prevaleceu, assim, no Tribunal Constitucional, quanto ao particular da atribuição (ou não) de autonomia técnica à Advocacia Pública, o posicionamento firmado por ocasião do julgamento da Ação Direta de Inconstitucionalidade nº 470; quando se afirmou que os procuradores possuem "autonomia profissional" (conforme designada pelo Ministro Sepúlveda Pertence naquele julgamento, mas que também pode ser qualificada como "independência técnica", na expressão empregada mais recentemente pelo Ministro Carlos Britto, ou como "autonomia técnica", no jargão comumente utilizado pela doutrina jurídica), que decorre da sua própria condição de advogados; assentando-se, todavia, que essa autonomia não deve ser confundida com a autonomia *autonomia funcional* atribuída pela Constituição aos membros do Ministério Público; precisamente porque, na opinião prevalente naquele julgamento, a circunstância de os advogados públicos manterem essa "autonomia profissional" não os autoriza a reconhecer o direito posto em juízo sem a autorização de seus superiores hierárquicos nas procuradorias. Sobre o assunto, cf.: MADUREIRA, Claudio. *Advocacia Pública*, cit., p. 227-249/passim.

161. Sobre a argumentação que se segue cf.: MADUREIRA, Claudio. *Advocacia Pública*, cit., p. 243-248/passim.
162. Lei 8.906. "Art. 6º Não há hierarquia nem subordinação entre advogados, magistrados e membros do Ministério Público, devendo todos tratar-se com consideração e respeito recíprocos".
163. DI PIETRO, Maria Sylvia Zanella. *Direito Administrativo*, cit., p. 92.
164. DI PIETRO, Maria Sylvia Zanella. *Direito Administrativo*, cit., p. 92
165. Para uma síntese do posicionamento de Di Pietro sobre o tema, cf. a seguinte passagem doutrinária: "A atividade de consultoria está fora da hierarquia administrativa. Com efeito, sabe-se que duas ideias são básicas na organização administrativa: uma delas é a distribuição de competências; e o próprio direito positivo prevê quais órgãos que compõem a Administração Pública e faz uma distribuição de competência entre esses órgãos todos. Mas não basta essa previsão legal de competências; sabe-se que na Administração Pública toda competência está prevista em lei. Além da ideia de distribuição de competências,

Em idêntica direção se posiciona Alexandre Aguiar, para quem "o poder hierárquico deve ser interpretado sistematicamente, verificando-se a compatibilidade do exercício desse poder com a natureza da função do advogado público"[166]. Aguiar expressa que "o advogado público deve obedecer à hierarquia da entidade em que atua, mas apenas em questões puramente administrativas, como escala de férias, distribuição de processos e fixação de horários", advertindo que "essa hierarquia desaparece quando se trata do conteúdo das manifestações do advogado público, que tem a liberdade de expressão garantida como qualquer advogado"[167].

Essas observações de Di Pietro e Aguiar também são justificadas, quando se tem em foco o conteúdo e a qualidade das manifestações jurídicas exaradas, pela advertência de Luciane Moessa de Souza no sentido de que "o desempenho de funções gerenciais em órgãos da Advocacia Pública não implicará necessariamente maior grau de conhecimentos jurídicos sobre um assunto", pois "é perfeitamente possível que o 'subordinado' seja um eminente estudioso/doutrinador sobre tema de sua atuação, ao passo que o 'superior hierárquico' detenha conhecimentos superficiais sobre o assunto"[168]. Porém, Souza admite, a despeito disso, a possibilidade de o advogado público ser influenciado, em suas manifestações, "por argumentos jurídicos sólidos", expressados "mediante um debate coletivo na instituição, no qual tenham participação os maiores

há a necessidade de estabelecer-se uma relação de coordenação e de subordinação entre os vários órgãos administrativos, a fim de se assegurar uniformidade de orientação, unidade de direção. Esta segunda ideia corresponde àquilo que se chama *princípio da hierarquia*. Toda a Administração Pública é organizada de tal maneira que os órgãos inferiores ficam subordinados aos superiores, até chegar, num escalonamento, ao Chefe do Poder Executivo. O Chefe do Poder Executivo expede as suas orientações, instruções, normas para subordinados e os órgãos subordinados, por sua vez, preparam, fornecem elementos para que os órgãos superiores tomem as suas decisões. [...] A distribuição de competências pode ser feita de maneira diferenciada: alguns órgãos recebem maior rol de competências; às vezes, a competência é distribuída entre vários órgãos de maneira concorrente, outras vezes é distribuída com exclusividade. Quanto maior for o grau de concorrência de competências, maior a possibilidade de controle dos órgãos superiores sobre os órgãos subordinados, porque eles têm competências dentro de uma mesma matéria; nesses casos, o órgão superior sempre tem a possibilidade de controle dos órgãos inferiores. [...] Sendo a competência absolutamente exclusiva, isto afasta qualquer possibilidade de controle e o órgão fica praticamente fora da hierarquia da Administração Pública, no que diz respeito a essa função. [...] Dentre os órgãos em que isto ocorre estão precisamente os *consultivos*. Ainda que eles funcionem junto ao um Ministério ou a uma Secretaria de Estado ou do Município, eles estão fora da hierarquia, não recebem ordens, instruções, para emitir o parecer neste ou naquele sentido. Quem emite um parecer tem absoluta liberdade de apreciar a lei e de dar a sua interpretação. Isto é inerente à própria função, mais do que ao órgão; ou ele é independente, ou não precisa existir" (DI PIETRO, Maria Sylvia. Advocacia Pública, cit., p. 18-19).

166. AGUIAR, Alexandre Magno Fernandes Moreira. Para que serve o advogado público?, cit., p. 57.

167. AGUIAR, Alexandre Magno Fernandes Moreira. Para que serve o advogado público?, cit., p. 57.

168. SOUZA, Luciane Moessa de. Autonomia institucional da advocacia pública funcional de seus membros: instrumentos necessários para a concretização do Estado Democrático de Direito. In: GUEDES, Jefferson Carús; SOUZA, Luciane Moessa (Coord.). *Advocacia de Estado*: questões institucionais para a construção de um Estado de justiça. Belo Horizonte: Fórum, 2009. p.120.

especialistas no tema"[169]; refutando, com isso, a afirmação de que é "incabível a tomada de decisões coletivas sobre estratégias jurídicas em processos judiciais, ou a adoção de pareceres jurídicos conjuntos, ou ainda, a possibilidade de adoção de pareceres vinculantes para os próprios advogados públicos"[170]. Em suas próprias palavras, "é evidente que exigências de natureza administrativa (no que diz respeito às regras de ordem formal), ou a complexidade do tema (no que diz respeito à tomada coletiva de decisões)", ou, ainda, "razões de eficiência administrativa (no que tange aos pareceres vinculantes) podem limitar a independência funcional ao advogado público"[171].

Nesse mesmo sentido se posiciona Rommel Macedo, para quem a independência dos procuradores "não exclui a necessidade de observância das disposições legais e constitucionais, bem como das súmulas e demais manifestações às quais a lei atribua efeito vinculante"[172]. Ou, num sentido mais amplo, "não impede a existência de instâncias no âmbito da instituição, com o objetivo de garantir a uniformização dos entendimentos a serem adotados"[173].

Não há dúvidas de que a defesa do poder público, assim como a sua orientação pela advocacia consultiva, deve ser feita de forma harmônica, de modo a impor à Administração Pública uma atuação uniforme[174]. É que os órgãos administrativos, porque estão submetidos aos princípios constitucionais da impessoalidade e da eficiência, não podem se posicionar de forma contraditória frente aos casos concretos, sob pena e risco de que se verifique na casuística a fruição de direitos reconhecidos pelo ordenamento por alguns administrados concomitantemente com a sua negativa a outros administrados que se encontram em idêntica posição frente o problema. Dessa forma, a hierarquização dos posicionamentos jurídicos firmados no âmbito da Advocacia Pública apresenta-se, em rigor, como exigência do próprio regime jurídico administrativo.

Na prática, essa hierarquização de posicionamentos é inevitável. Imagine-se, a título de exemplo, que um advogado público, consultado sobre a existência de relação jurídica que autorize o Estado a tributar determinado

169. SOUZA, Luciane Moessa de. Autonomia institucional da advocacia pública funcional de seus membros: instrumentos necessários para a concretização do Estado Democrático de Direito, cit., p. 121.
170. SOUZA, Luciane Moessa de. Autonomia institucional da advocacia pública funcional de seus membros: instrumentos necessários para a concretização do Estado Democrático de Direito, cit., p. 121.
171. SOUZA, Luciane Moessa de. Autonomia institucional da advocacia pública funcional de seus membros: instrumentos necessários para a concretização do Estado Democrático de Direito, cit., p. 121.
172. MACEDO, Rommel. A advocacia pública consultiva e a sustentabilidade jurídico-constitucional das políticas públicas: dimensões, obstáculos e oportunidades na atuação da Advocacia-Geral da União, cit., p. 475.
173. MACEDO, Rommel. A advocacia pública consultiva e a sustentabilidade jurídico-constitucional das políticas públicas: dimensões, obstáculos e oportunidades na atuação da Advocacia-Geral da União, cit., p. 475.
174. MACEDO, Rommel. A advocacia pública consultiva e a sustentabilidade jurídico-constitucional das políticas públicas: dimensões, obstáculos e oportunidades na atuação da Advocacia-Geral da União, cit., p. 475.

contribuinte, manifeste, em parecer, que o tributo não é devido. Suponha-se, ainda, que o procurador chefe da procuradoria tributária discorde dessa sua opinião jurídica, e que, para não interferir na liberdade de manifestação profissional do procurador que exarou esse primeiro parecer, em vez de simplesmente deixar de aprovar-lhe a manifestação, profira novo parecer no processo, assentando dessa feita que o tributo é devido. Conjecture-se, por fim, que o procurador geral, de posse dos dois pareceres anteriormente exarados, discorde de uma e outra manifestação jurídica, e que, para não avançar sobre a liberdade profissional dos seus subscritores, profira, então, um terceiro parecer no processo, manifestando-se, por exemplo, pela incidência da norma tributária, mas reconhecendo a prescrição parcial do crédito.

Diante desse quadro, como deverá agir a Administração Pública? Na impossibilidade de acatar os três pareceres, visto que contraditórios entre si, poderia o órgão fazendário escolher a manifestação jurídica que melhor lhe aprouvesse?

Creio que a resposta a esse questionamento é bastante simples: cumpre ao órgão fazendário acatar o parecer exarado pelo procurador geral, dada a sua precedência hierárquica sobre as demais manifestações. Essa precedência não decorre da circunstância de a sua manifestação ser mais valiosa, ou da suposição de que ela comporte melhor fundamentação jurídica; mas se assenta, precisamente, na constatação de que é necessário estabelecer um critério objetivo para a solução de semelhante controvérsia; sob pena e risco de a procuradoria deslegitimar-se como órgão jurídico quando proferidas em seu âmago manifestações tecnicamente contraditórias; num contexto em que, se estivesse aberta para o gestor a possibilidade de escolha entre qual posicionamento adotar, seria dele, gestor, e não da procuradoria, a última manifestação jurídica sobre o tema enfrentado.

Essa constatação não permite afirmar que os advogados públicos estariam impedidos de se manifestar com a necessária liberdade nos processos a que se encontram vinculados. Conforme Rommel Macedo, os membros da Advocacia Pública "estão sujeitos à subordinação apenas do ponto de vista administrativo, vez que, sob o prisma funcional, não se há de falar em subordinação, mas sim em instâncias"[175]. Essa observação de Macedo não se contrapõe à liberdade de manifestação conferida pelo ordenamento jurídico-positivo aos advogados, entre eles os advogados públicos. A esses profissionais é assegurado manifestar seus entendimentos com plena liberdade, mas sem perder de vista que essas suas manifestações se encontram sujeitas, a bem da uniformização dos

175. MACEDO, Rommel. A advocacia pública consultiva e a sustentabilidade jurídico-constitucional das políticas públicas: dimensões, obstáculos e oportunidades na atuação da Advocacia-Geral da União, cit., p. 475.

posicionamentos jurídicos firmados em âmbito estatal, à sua oportuna apreciação por instancias superiores[176-177].

Disso resulta a necessária distinção entre a liberdade de manifestação profissional dos procuradores (independência profissional), que decorre da sua condição de advogados, e a *autonomia técnica* da procuradoria. É que a Advocacia Pública, conquanto não se subordine juridicamente ao Poder Executivo ou a qualquer outro poder, órgão ou entidade[178], deve se apresentar frente aos casos concretos como estrutura orgânica hierarquizada, de modo a orientar, mediante o emprego de expedientes internos que possibilitem a uniformização de seus posicionamentos jurídicos, uma atuação administrativa desprovida de contradições, assegurando com isso a efetiva fruição dos direitos reconhecidos pelo ordenamento aos administrados. Nessa conjuntura, os procuradores mantêm plena liberdade para expressar suas convicções jurídicas, que podem, todavia, ser ulteriormente submetidas, a bem da uniformização dos posicionamentos do poder público acerca da aplicação do Direito, a outras instâncias decisórias instituídas dentro das procuradorias[179].

Posto isso, também a deliberação da Advocacia Pública sobre a possibilidade de celebração de acordos nos processos em que a Fazenda Pública figura como parte está a demandar posicionamento da procuradoria enquanto instituição, não sendo suficiente à sua instrumentalização o posicionamento isolado do procurador que atua no processo, a ser manifestado no curso da audiência de conciliação designada nos termos do artigo 334 do código de 2015. Precisamente por esse motivo é que, de um modo geral, as normas administrativas não conferem aos advogados públicos autorização genérica para promover a conciliação nos processos, mas a prerrogativa de solicitar às suas respectivas procuradorias autorização para fazê-lo[180]. No âmbito federal, a legislação

176. MACEDO, Rommel. A advocacia pública consultiva e a sustentabilidade jurídico-constitucional das políticas públicas: dimensões, obstáculos e oportunidades na atuação da Advocacia-Geral da União, cit., p. 475.

177. Isso não constitui, sob qualquer aspecto, uma *capitis diminutio* dos procuradores, e tampouco afeta a sua independência como profissional do Direito. A propósito, basta ver que mesmo em âmbito judicial é recorrente a submissão dos posicionamentos firmados pelos juízes aos órgãos de jurisdição superior, contexto em que, como cediço, é relativamente comum a depreensão, nos casos concretos, da sua reforma total ou parcial.

178. Sobre o assunto, cf.: MADUREIRA, Claudio. *Advocacia Pública*, cit., p. 220-226.

179. Sobre a argumentação que se segue cf.: MADUREIRA, Claudio. *Advocacia Pública*, cit., p. 248-249/passim.

180. Exceção de faz às conciliações realizadas pela União Federal e autarquias e fundações públicas no âmbito dos Juizados Especiais Federais, visto que a Lei nº 10.259/2010 estabelece, textualmente, que "representantes judiciais da União, autarquias, fundações e empresas públicas federais "ficam autorizados a conciliar, transigir ou desistir, nos processos da competência dos Juizados Especiais Federais" (art. 10, p. único). Esse dispositivo não pode ser aplica aos Estados e Municípios, porque, dada a incidência do princípio federativo, norma federal não pode disciplinar o modo como se dará a disposição sobre direitos e interesses dos Estados e dos Municípios. Além disso, a opção político-normativa nele consignada, consistente em conferir ao procurador isoladamente, e não à procuradoria como instituição, parece

confere ao Advogado-Geral da União (dirigente máximo da Advocacia Pública Federal)[181], e não aos Advogados da União, Procuradores da Fazenda Nacional e Procuradores Federais[182] que atuam sob o seu comando, a decisão sobre a possibilidade de desistir, transigir, acordar e firmar compromisso nas ações de interesse da União[183], com vistas a encerrar litígios. Disposições semelhantes são encontradas nas leis administrativas que disciplinam o funcionamento das Procuradorias Gerais dos Estados de Alagoas[184], do Ceará[185], do Espírito Santo[186], de Goiás[187], do Maranhão[188], do Pará[189], da Paraíba[190], do Piauí[191], do Paraná[192], do

desafiar o posicionamento do Supremo Tribunal Federal (dantes referenciado) acerca dos contornos da autonomia técnica da Advocacia Pública.

181. Ainda que, para determinados casos, mediante atuação conjunta com Ministro de Estado, ou com titular da Secretaria da Presidência da República.

182. Sobre a estrutura tripartite da Advocacia Pública Federal cf.: MADUREIRA, Claudio. *Advocacia Pública*, cit., p. 133-163.

183. LC 73. "Art. 4º – São atribuições do Advogado-Geral da União: [...] VI – desistir, transigir, acordar e firmar compromisso nas ações de interesse da União, nos termos da legislação vigente".

184. LCE 07. "Art. 11. Compete ao Procurador-Geral do Estado: [...] VI – decidir, mediante autorização do Governador do Estado, sobre o não ajuizamento, desistência, *transação, compromisso* e confissão nas ações judiciais de interesse do Estado e das autarquias e fundações públicas, bem como para a dispensa de inscrição na Dívida Ativa" (destaques pessoais).

185. LCE 58. "Art.8º Compete ao Procurador-Geral do Estado: [...] V – *desistir, firmar compromissos ou acordos* e, ainda, *confessar, nas ações de interesse do Estado*, quando autorizado pelo Governador do Estado" (destaques pessoais).

186. LCE 88. "Art. 6º- São atribuições, responsabilidades e prerrogativas do Procurador Geral do Estado: [...] c) a *realização de acordo* em processos administrativos ou judiciais (redação dada pela LC 666/2012)" (destaques pessoais)

187. LCE 58. "Art. 5º São atribuições do Procurador-Geral, sem prejuízo de quaisquer outras previstas em lei ou regulamento: [...] VI – nas demandas em que o Estado de Goiás seja parte e ressalvado o disposto no art. 38-A: a) desistir, *transigir, firmar compromisso*, reconhecer a procedência do pedido e confessar, quando a pretensão desistida ou obrigação assumida não exceder a 1.000 (mil) salários mínimos. [...] Art. 38-A. O procurador do Estado fica autorizado a *conciliar, transigir, confessar, deixar de recorrer, desistir de recursos interpostos, concordar com a desistência e com a procedência do pedido*, nas demandas cujo valor não exceda a 60 (sessenta) salários mínimos e naquelas em que houver renúncia expressa ao montante excedente" (destaques pessoais).

188. LCE 20. "Art. 4° – Ao Procurador-Geral do Estado, de livre nomeação do Governador, dentre cidadãos maiores de trinta anos, de notório saber jurídico e reputação ilibada, compete, sem prejuízo de outras atribuições: [...] XXIII – desistir, *transigir, firmar compromissos* e confessar nas ações de interesse da Fazenda do Estado, de acordo com a lei e quando expressamente autorizado pelo Governador" (destaques pessoais).

189. LCE 41. "Art. 5º Ao Procurador Geral do Estado incumbe: [...] IV – autorizar a *realização de acordos judiciais* até o limite de 50.000 (cinquenta mil) UPF-PA, exceto nas causas tributárias" (destaques pessoais).

190. LCE 86. "Art. 9º. A Procuradoria Geral do Estado será dirigida pelo Procurador Geral do Estado, nomeado em cargo de provimento em comissão, por Ato do Chefe do Poder Executivo, dentre advogados de notório saber jurídico e reputação ilibada, incumbindo-lhe: [...] V – *transacionar, firmar acordo e termo de compromisso* mediante delegação expressa do Governador" (destaques pessoais).

191. LCE 56. "Art. 57º Além das proibições previstas no Estatuto dos Servidores Civis, aos Procuradores do Estado é vedado especialmente: I – *transigir, confessar*, desistir ou *acordar em juízo*, ou fora dele, salvo quando expressamente autorizados pelo Conselho Superior da Procurador-Geral do Estado" (destaques pessoais).

192. LCE 26. "Art. 5º. Ao Procurador Geral do Estado, além do disposto no inciso VI, do artigo 44, da Lei nº 8.485, de 3 de junho de 1987, compete (Redação dada pela Lei Complementar 40 de 08/12/1987): [...] III – desistir, *transigir, fazer acordo, firmar compromisso*, confessar, receber e dar quitação, mediante prévia

Rio Grande do Norte[193], de Rondônia[194], de Roraima[195], do Rio Grande do Sul[196], de Santa Catarina[197], de Sergipe[198] e de São Paulo[199], entre outras.

Destarte, se é verdade que somente após ouvirem seus superiores hierárquicos nas procuradorias é que os procuradores poderão manifestar-se, nos processos em que atuam, pela viabilidade da celebração de composição do litígio ou transação com a parte adversária, a conclusão que se impõe é que esses profissionais não estão autorizados a dispor, no curso das audiências de conciliação designadas nos processos, sobre direitos e interesses deduzidos em juízo pela Fazenda Pública. E se eles não podem fazê-lo individualmente, ou autonomamente, quando confrontados, nas audiências, com o juiz e com a parte adversária, é natural que se conclua, também quando se avalia a possibilidade (ou não) de conciliação num plano abstrato, que é inviável a autocomposição, nos moldes preconizados pelo artigo 344 do código de 2015 (acordos firmados em audiência), nos processos envolvendo a Fazenda Pública. Também por esse motivo lhes é aplicável a regra jurídica consignada no inciso II do parágrafo 4º do artigo 334 da lei processual civil, que afasta a designação de audiências de conciliação quando não se admite a autocomposição.

4. CONCLUSÕES

Está claro, então, que apenas é viável a realização de conciliação em processos envolvendo a Fazenda Pública quando seus advogados depreenderem, na

---

autorização do Governo do Estado (Renumerado pela Lei Complementar 40 de 08/12/1987)" (destaques pessoais).

193. LCE 240. "Art. 11. O Procurador-Geral do Estado dirige e representa a Procuradoria Geral do Estado, incumbindo-lhe: [...] IV – autorizar a desistência, *transação, acordo e termo de compromisso* nos processos judiciais de interesse da Fazenda Pública estadual" (destaques pessoais).

194. LCE 620. "Art. 11. Ao Procurador Geral do Estado de Rondônia cabe o desempenho das seguintes atribuições: [...] III – *transigir*, desistir, confessar, *firmar compromisso*" (destaques pessoais).

195. LCE 71. "Art. 7º Compete ao Procurador-Geral do Estado: [...] VI – desistir, *transigir, acordar e firmar compromisso* nas ações de interesse do Estado, nos termos da legislação vigente, ou por determinação ou autorização específica do Governador" (destaques pessoais).

196. LCE 11.742. "Art. 12 – Ao Procurador-Geral do Estado compete: [...] III – reconhecer a procedência do pedido, *transigir*, desistir, *firmar compromisso*, receber e dar quitação, nas ações em que a Procuradoria-Geral do Estado esteja no exercício da representação judicial" (destaques pessoais).

197. LCE 317. "Art. 7º Compete ao Procurador-Geral do Estado: [...] § 2º A matéria relativa à desistência e dispensa de ações, ao reconhecimento da procedência do pedido e *outros atos jurídicos análogos* será disciplinada em lei e a relativa à dispensa de recursos no Regimento Interno da Procuradoria Geral do Estado" (destaques pessoais).

198. LCE 27. "Art. 7º. – Compete ao Procurador-Geral do Estado: [...] VII – desistir, *transigir, formar composição* e confessar, nos feitos de interesse do Estado, mediante autorização do Governador do Estado" (destaques pessoais).

199. LCE 478. "Artigo 6º – Compete ao Procurador Geral, sem prejuízo de outras atribuições previstas em lei ou regulamento: [...] VI – desistir, *transigir, firmar compromisso* e confessar nas ações de interesse da Fazenda do Estado, autorizado pelo Governador" (destaques pessoais).

casuística, que a parte adversária tem razão (composição do litígio) ou que há autorização legislativa à celebração de acordos, mediante concessões mútuas entre as partes, porque a demanda não vale a pena quando considerados os seus custos e os seus benefícios (transação). Posto isso, e porque os acordos celebrados pela Fazenda Pública têm por fundamento a vinculação dos agentes estatais ao Direito, de que tratam os princípios constitucionais da legalidade administrativa, da supremacia do interesse público sobre o privado e da indisponibilidade do interesse público, e não o princípio da autonomia da vontade, identificado pelo artigo 166 do código de 2015 como fundamento geral para o estabelecimento de conciliação no processo, o modelo de processo judicial concebido pelo legislador com o propósito de induzir a autocomposição entre partes livres para transigir conforme a sua vontade, que tem por características a designação de audiência de conciliação de comparecimento obrigatório para as partes, precisa ser adaptado às especificidades da formação da decisão administrativa que orienta, nos casos concretos, ou a conciliação com a parte adversária, ou a apresentação de defesa e recursos.

Disso resulta, aliás, a opção do próprio legislador processual, no inciso II do parágrafo 4º do artigo 334 do código de 2015, por dispensar a realização da audiência de conciliação "quando não se admitir a autocomposição". Por esse motivo, é recomendável, por razões de economia processual, que, nos processos envolvendo a Fazenda Pública, o juiz, no ato de citação, inste seus advogados a se manifestarem desde logo sobre a viabilidade (ou inviabilidade) da celebração de acordo, determinando-lhes, ainda, que, se considerarem inviável a autocomposição, apresentem a sua contestação no prazo legal; contexto em que a Fazenda Pública poderá se posicionar pela inviabilidade do acordo, apresentando, assim, a sua peça defesa; podendo, ainda, anuir com a possibilidade de conciliação, hipótese em que lhe é facultado apresentar proposta de acordo nos autos, cuja aceitação pela parte adversária, após devidamente intimada pelo juízo, poderá, inclusive, induzir a composição entre as partes independentemente da realização do ato solene.

Porém, mesmo quando não se verificar, na prática, a adoção desse procedimento pelo juiz, sempre que houver nos autos manifestação formal da Fazenda Pública no sentido da inviabilidade da autocomposição no caso concreto, não resta ao Poder Judiciário outra alternativa que não o afastamento da audiência de conciliação. Do contrário, ter-se-ia violação ao princípio constitucional do acesso à justiça, quando analisado sob a ótica do direito de descesso à justiça, insculpido, no texto da Carta da República, no corpo do direito fundamental do jurisdicionado à duração razoável do processo, que assegura ao cidadão não somente o ingresso na Justiça para reclamar tutela de que necessita (acesso ao Poder Judiciário), mas também sair da justiça, e em prazo razoável (descesso à justiça), com a entrega de uma prestação jurisdicional que lhe assegure a justiça (acesso à justiça como acesso a uma ordem jurídica justa). Afinal, a imposição, na casuística, da realização de ato processual (audiência de conciliação) que de antemão se sabe inefetivo (porque a Fazenda Pública informou previamente a inviabilidade da celebração de acordo na hipótese dos autos e porque, pelo que restou demonstrado neste trabalho, seus advogados não têm autonomia para modificar essa decisão administrativa no curso da audiência) inequivocamente exigirá um maior dispêndio de tempo para a conclusão do processo, com sérios prejuízos à efetividade do processo.

Por tais razões, não se aplicam aos processos envolvendo a Fazenda Pública a orientação normativa colhida do inciso VII do artigo 319 do código de 2015 e do inciso I do parágrafo 4º do seu artigo 334, que parecem atribuir exclusivamente ao autor a decisão sobre pertinência da realização da audiência de conciliação reclamada pelo legislador processual. Também não lhes é aplicável, pelos mesmos fundamentos, o disposto no parágrafo 8º do artigo 334, que procura conferir ao não comparecimento ao ato solene a conotação de ato atentatório à dignidade da justiça, passível de aplicação de multa às partes litigantes, inclusive à Fazenda Pública. Porém, deve estar claro que os advogados da Fazenda Pública, para evitar a realização de audiências de conciliação desnecessárias (por aplicação do inciso VII do artigo 319 do código de 2015 e do inciso I do parágrafo 4º do seu artigo 334) e a aplicação de multa aos órgãos ou entidades por eles representados (por aplicação do parágrafo 8º do artigo 334), devem noticiar ao Poder Judiciário, tão logo sejam comunicados do ajuizamento da ação, se é viável (ou inviável), sob a ótica do poder público, a celebração de acordos no processo, de modo a orientar uma decisão do Poder Judiciário pela aplicação da regra jurídica consignada no inciso II do parágrafo 4º do artigo 334, que afasta a realização da audiência de conciliação "quando não se admitir a autocomposição".

Todavia, não há, aqui, a pretensão de apresentar respostas definitivas às indagações formuladas no corpo deste trabalho, ou construir única via interpretativa capaz de solucionar os problemas de que se ocupa. O que se almeja, em rigor, é que essas breves considerações sobre o tema possam suscitar no futuro questionamentos e debates tendentes à sua consolidação no plano da Ciência, com reflexos positivos para a resolução das contendas suscitadas no campo da aplicação do Direito.

5. REFERÊNCIAS BIBLIOGRÁFICAS

AGUIAR, Alexandre Magno Fernandes Moreira. Para que serve o advogado público? In: GUEDES, Jefferson Carús; SOUZA, Luciane Moessa de (Coord.). Advocacia de Estado: questões institucionais para a construção de um Estado de justiça. Belo Horizonte: Fórum, 2009.

ALESSI, Renato. Principi di Diritto Amministrativo, v. 1. Milano: Giuffrè, 1966.

ALESSI, Renato. Sistema instituzionale del diritto amministrativo italiano. 3 ed. Milão: Giuffrè, 1960.

ALVIM, J. E. Carreira. Justiça: acesso e descesso. Disponível na internet: ‹http://jus2.uol.com.br/doutrina/texto.asp?id=4078›, acesso em 05/11/2009.

ALEXY, Robert. A institucionalização da razão. In: ALEXY, Robert. Constitucionalismo discursivo. Tradução de Luís Afonso Heck. Porto Alegre: Livraria do Advogado, 2007.

ALEXY, Robert. Constitucionalismo discursivo. Tradução de Luís Afonso Heck. Porto Alegre: Livraria do Advogado, 2007.

ÁVILA, Humberto. Repensando o princípio da supremacia do interesse público sobre o particular. In: SARMENTO, Daniel (Org.). Interesses públicos versus interesses privados: desconstruindo o princípio da supremacia do interesse público. Rio de Janeiro: Lumen Juris, 2005.

BACELLAR FILHO, Romeu Felipe. A noção jurídica de interesse público no direito administrativo brasileiro. In: BACELLAR FILHO, Romeu Felipe; HACHEM, Daniel Wunder (Coord.). Direito administrativo e interesse público: estudos em homenagem ao Professor Celso Antônio Bandeira de Mello. Belo Horizonte: Fórum, 2010.

BACELLAR FILHO, Romeu Felipe; HACHEM, Daniel Wunder (Coord.). Direito administrativo e interesse público: estudos em homenagem ao Professor Celso Antônio Bandeira de Mello. Belo Horizonte: Fórum, 2010.

BEZNOS, Clovis. Procuradoria Geral do Estado e defesa dos interesses públicos. Revista de Direito Público, São Paulo: Revista dos Tribunais, ano 23, n. 93, jan./mar. 1990.

BONAVIDES, Paulo; MIRANDA, Jorge; AGRA, Walber de Moura. Comentários à Constituição Federal de 1988. Rio de Janeiro: Forense, 2009.

CANOTILHO, José Joaquim Gomes de; MOREIRA, Vital. Fundamentos da Constituição. Coimbra: Coimbra Editora, 1991.

CHIOVENDA, Giuseppe. Instituições de direito processual civil, vol. 3. Trad. Paolo Capitanio com notas de Enrico Tullio Liebman. 2 ed. Campinas: Bookseller, 2000.

DALLARI, Dalmo de Abreu. Elementos de Teoria Geral do Estado. 20ª ed. São Paulo: Saraiva, 1998.

DI PIETRO, Maria Sylvia. Advocacia Pública. Revista Jurídica da Procuradoria Geral do Município de São Paulo, São Paulo, n. 3, p. 11-30, dez 1996.

DI PIETRO, Maria Sylvia Zanella. Direito Administrativo. 13ª ed. São Paulo: Atlas, 2001. p. 67.

ENTERRÍA, Eduardo García de; FERNÁNDEZ, Tomás-Ramón. Curso de Derecho Administrativo, vol. II. 11ª ed. Madri, Thomson Civitas, 2008. p. 48; apud MELLO, Celso Antônio Bandeira de. A noção jurídica de "interesse público". In: MELLO, Celso Antônio Bandeira de. Grandes temas de direito administrativo. São Paulo: Malheiros, 2010.

FAGUNDES, Miguel Seabra. O Contrôle dos Atos Administrativos pelo Poder Judiciário. 4.ª ed. Rio de Janeiro: Forense, 1967.

GUEDES, Jefferson Carús; SOUZA, Luciane Moessa de (Coord.). Advocacia de Estado: questões institucionais para a construção de um Estado de justiça. Belo Horizonte: Fórum, 2009.

GUEDES, Jefferson Carús. Transigibilidade de interesses públicos: prevenção e abreviação de demandas da Fazenda Pública. In: GUEDES, Jefferson Carús; SOUZA, Luciane Moessa (Coord.). Advocacia de Estado: questões institucionais para a construção de um Estado de justiça. Belo Horizonte: Fórum, 2009.

MACEDO, Rommel. A advocacia pública consultiva e a sustentabilidade jurídico-constitucional das políticas públicas: dimensões, obstáculos e oportunidades na atuação da Advocacia-Geral da União. In: GUEDES, Jefferson Carús; SOUZA, Luciane Moessa de (Coord.). Advocacia de Estado: questões institucionais para a construção de um Estado de justiça. Belo Horizonte: Fórum, 2009.

MADEIRA, Danilo Cruz. O papel da Advocacia Pública no Estado Democrático de Direito. Revista Virtual da AGU, ano 10, n. 107, dez. 2010. Disponível em: ‹http://www.agu.gov.br/sistemas/site/TemplateImagemTextoThumb.aspx?idConteudo=152998&id_site=1115&ordenacao=1›. Acesso em: 23 out. 2012.

MADUREIRA, Claudio. Advocacia Pública. Belo Horizonte: Fórum, 2015.

MADUREIRA, Claudio. A Advocacia Pública e o controle da juridicidade do agir administrativo. Revista da Procuradoria Geral do Estado do Espírito Santo, v. 14, p. 41-66, 2015.

MADUREIRA, Claudio Penedo. Direito, processo e justiça: o processo como mediador adequado entre o direito e a justiça. Salvador: Juspodivm, 2013.

MADUREIRA, Claudio Penedo. Instituição de procuradorias jurídicas no âmbito dos Municípios: uma imposição constitucional. Revista Fórum Municipal e Gestão de Cidades, a. 2, n. 5, p. 28-39, maio/junho de 2014.

MADUREIRA, Claudio. Poder público, litigiosidade e responsabilidade social. Fórum Administrativo, v. 126, p. 9-22, 2011.

MADUREIRA, Claudio; COLODETTI, Bruno. A autonomia funcional da advocacia pública como resultado de sua importância para a aplicação legítima do direito no Estado Democrático Constitucional Brasileiro. Fórum Administrativo, v. 103, p. 54-65, 2009.

MADUREIRA, Claudio; RAMALHO, Lívio Oliveira. A conciliação nos Juizados da Fazenda Pública. Fórum Administrativo, v. 128, p. 42-53, 2011.

MADUREIRA, Claudio; RAMALHO, Lívio Oliveira. Juizados da Fazenda Pública: estruturação dos Juizados Especiais da Fazenda Pública Estadual e Municipal (Lei nº 12.153/09) em vista da Teoria dos Microssistemas e das Particularidades da Celebração de Acordos pelo Poder Público. Salvador: Juspodivm, 2010.

MARINHO, Josaphat. Advocacia pública. Revista da Procuradoria Geral do Estado de São Paulo, n. 21, dez. 1983.

MARTINS, Ricardo Marcondes. Arbitragem e administração pública: contribuição para o sepultamento do tema. Revista Trimestral de Direito Público, São Paulo: Malheiros, n. 54, 2011.

MARTINS, Ricardo Marcondes. Efeitos dos vícios do ato administrativo. São Paulo: Malheiros, 2008.

MARTINS, Ricardo Marcondes. Mandado de segurança e controle judicial da função pública. Revista de Processo, São Paulo: Revista dos Tribunais, ano 33, n. 163, set. 2008.

MARTINS, Ricardo Marcondes. Regime estatutário e estado de direito. Revista Trimestral de Direito Público, São Paulo: Malheiros, n.55, 2011.

MEIRELLES, Hely Lopes. Direito Administrativo Brasileiro. 16ª ed. São Paulo: Revista dos Tribunais, 1991.

MELLO, Celso Antônio Bandeira de. A noção jurídica de "interesse público". In: MELLO, Celso Antônio Bandeira de. Grandes temas de direito administrativo. São Paulo: Malheiros, 2010.

MELLO, Celso Antônio Bandeira de. Curso de Direito Administrativo. 27ª ed. São Paulo: Malheiros, 2010.

MELLO, Celso Antônio Bandeira de. Direito a férias anuais. Revista de Direito Público, São Paulo, ano 21, n. 85, p.157-160, jan./mar. 1988.

MELLO, Celso Antônio Bandeira de. Grandes temas de direito administrativo. São Paulo: Malheiros, 2010.

MELLO, Celso Antônio Bandeira de. Legalidade – discricionariedade: seus limites e controle. In: MELLO, Celso Antônio Bandeira de. Grandes temas de direito administrativo. São Paulo: Malheiros, 2010.

MITIDIERO, Daniel Francisco. Colaboração no processo civil: pressupostos sociais, lógicos e éticos. São Paulo: Revista dos Tribunais, 2009.

MORAES, Alexandre de. Direito Constitucional. 6ª ed. São Paulo: Atlas, 1999.

MOREIRA NETO, Diogo de Figueiredo. A Advocacia de Estado revisitada: essencialidade ao Estado Democrático de Direito. In: GUEDES, Jefferson Carús; SOUZA, Luciane Moessa (Coord.). Advocacia de Estado: questões institucionais para a construção de um Estado de justiça. Belo Horizonte: Fórum, 2009.

MOREIRA NETO, Diogo de Figueiredo. As funções essenciais à justiça e as procuraturas constitucionais. Revista da Procuradoria Geral do Estado de São Paulo, dez. 1991.

MOREIRA NETO, Diogo de Figueiredo. As funções essenciais da justiça na Constituição de 1988. Revista de Direito da Procuradoria Geral do Rio de Janeiro, v. 43, 1991.

PEREIRA, Caio Mário da Silva. A advocacia do Estado. Revista da Procuradoria Geral de São Paulo, n.10, p. 73-89, jun. 1977.

ROCHA, Carmen Lúcia Antunes. O princípio constitucional da igualdade. Belo Horizonte: Lê, 1990.

ROTHENBURG, Walter Claudius. Comentários aos arts. 127 ao 130. In: BONAVIDES, Paulo; MIRANDA, Jorge; AGRA, Walber de Moura. Comentários à Constituição Federal de 1988. Rio de Janeiro: Forense, 2009.

SARMENTO, Daniel (Org.). Interesses públicos versus interesses privados: desconstruindo o princípio da supremacia do interesse público. Rio de Janeiro: Lumen Juris, 2005.

SILVA FILHO, Derly Barreto. O controle da legalidade diante da remoção e inamovibilidade dos advogados públicos. Revista dos Tribunais, São Paulo: Revista dos Tribunais, ano 89, n. 772, fev. 2000.

SOUZA, Luciane Moessa de. Autonomia institucional da advocacia pública funcional de seus membros: instrumentos necessários para a concretização do Estado Democrático de Direito. In: GUEDES, Jefferson Carús; SOUZA, Luciane Moessa (Coord.). Advocacia de Estado: questões institucionais para a construção de um Estado de justiça. Belo Horizonte: Fórum, 2009.

SOUZA, Luciane Moessa de. Consultoria jurídica no exercício da advocacia pública: a prevenção como melhor instrumento para a concretização dos objetivos do Estado brasileiro. In: GUEDES, Jefferson Carús; SOUZA, Luciane Moessa de (Coord.). Advocacia de Estado: questões institucionais para a construção de um Estado de justiça. Belo Horizonte: Fórum, 2009.

WATANABE, Kazuo. O acesso à justiça e a sociedade moderna. In: GRINOVER, Ada Pellegrini, DINAMARCO, Cândido Rangel e WATANABE, Kazuo [Coord.]. Participação e processo. São Paulo: Revista dos Tribunais, 1988. p. 128.

ZANETI JÚNIOR, Hermes. Processo constitucional: o modelo constitucional do processo civil brasileiro. Rio de Janeiro: Lumen Juris, 2007.

CAPÍTULO 9

Magistratura & Mediação

Juliana Loss de Andrade[1]

SUMÁRIO: 1. GENERALIDADES; 2. MAGISTRADOS E O INÍCIO DA MEDIAÇÃO; 3. MAGISTRADOS E O PROCESSO DE MEDIAÇÃO; 4. MAGISTRADOS E O FIM DA MEDIAÇÃO; 5. CONSIDERAÇÕES FINAIS.

1. GENERALIDADES

Com o interessante nome *Mediation meets judges*[2] foi lançada em 2014 uma iniciativa com o apoio da União Europeia que busca aproximar juízes e profissionais da mediação. A ideia é promover um ambiente em que ferramentas práticas sejam oferecidas aos magistrados e que, com isso, sejam impulsionados o encaminhamento e o uso da mediação em conexão com os órgãos jurisdicionais.

Essa necessidade de criar um ambiente de troca de conhecimento e formulação de boas práticas é fruto de um momento em que os recentes marcos legais da mediação em matéria cível e empresarial enfrentam os primeiros anos de vigência no velho mundo. Desde a Diretiva 52/2008, a norma comunitária exigia que todos os países membros da União Europeia inserissem ou adaptassem seus ordenamentos afim de contemplar a mediação nessas áreas do Direito Privado, ao menos no que diz respeito a conflitos de natureza transnacional. Como resultado, a maioria das legislações vigentes ampliou a inserção ou aprimoramento da mediação para conflitos de qualquer natureza privada.

Assim, há de certa forma um intento de nivelar a oferta desse método consensual, o que favorece o diálogo entre profissionais e a construção de uma política de administração de justiça harmonizada entre países. Além das normativas e projetos da União Europeia, também contribuem para esse fenômeno, instituições como o Conselho da Europa por meio de Recomendações e relatórios sobre eficiência da Justiça, e em um nível pontual, outras instituições como o Grupo de Magistrados Europeus pela Mediação (GEMME)[3], que não obstante ser preponderantemente constituído por magistrados, tem como cuidado e

1. Mediadora. Coordenadora Técnica do Núcleo de Mediação da Fundação Getúlio Vargas. Professora de Negociação e Mediação do Instituto Brasileiro de Mercados de Capitais.
2. Informações sobre o programa Mediation meets judges estão disponíveis em: http://www.mediationmeetsjudges.eu/
3. Informações sobre o GEMME estão disponíveis em: http://www.gemme.eu/

como chave de seu êxito, o cuidado de inserir acadêmicos e profissionais de relevância na prática da mediação.

Entre projetos, iniciativas e grupos, é interessante notar que a magistratura é ator essencial para o movimento que insere a mediação no aparato clássico da justiça. Essa realidade é confirmada quase que globalmente por personagens primordiais que, de dentro da magistratura, fomentam movimentos semelhantes em culturas jurídicas distintas a exemplo do Reino Unido, onde as famosas reformas promovidas por *Lord Woolf* em meados da década de 90 abordaram o papel da corte no encorajamento do uso amplo da mediação.

Por outro lado, embora os magistrados estejam sempre presentes no trilho histórico da mediação judicial, em alguns países a institucionalização[4] da mediação acontece como consequência de *a)* uma prática assimilada e eventualmente refletida em um texto normativo depois ou, *b)* como uma vontade de líderes importantes, em regra consolidada em um texto normativo, até chegar à prática. Ou seja, é possível que a mediação seja inserida natural e gradualmente pela prática, mas também é possível que essa prática seja um estágio da concretização de uma intenção normativa ou política apoiada por líderes de alto nível. Essa última hipótese parece ser o caso do Brasil, que contará em breve com a vigência do novo marco legal da mediação.

Aliás, a própria comissão de preparo do Projeto de Lei foi presidida por um magistrado, o que demonstra a vontade política de estímulo aos meios consensuais de resolução de conflitos. Além de seu papel político, a magistratura encara agora a missão de criar e utilizar instrumentos práticos que orientem a institucionalização de nosso novo mecanismo dentro do sistema de Justiça.

Tarefa nada simples, a atuação de magistrados pode esbarra em dificuldades relacionadas a estrutura, à resistência da comunidade jurídica e especialmente à falta de conhecimento das peculiaridades desse processo. Mas em que pontos magistrados e mediação se encontram? Alguns desses pontos são tratados na sequência.

2. MAGISTRADOS E O INÍCIO DA MEDIAÇÃO

Bastam as vontades das partes para que o processo de mediação extrajudicial se inicie. Independentemente de qualquer atuação no judiciário, não há obstáculos a que as partes possam optem por um processo de mediação para

4. A institucionalização da mediação acompanha um movimento mundial. Além da Europa, países como Índia, Singapura, Rússia e outros ampliaram a oferta desse mecanismo de *Alternative Dispute Resolution* nas últimas décadas.

resolver seus conflitos. Aliás, nessa modalidade, a mediação possui bastante flexibilidade e informalidade, a ponto da própria Lei 13.140/2015 dispensar em seu artigo 9º a exigência de que o mediador integre qualquer tipo de conselho, entidade de classe ou associação.

Ainda que não exista exigência legal ou condição de procedibilidade, a mediação extrajudicial é bastante indicada em fase pré-processual, isto é, antes que as partes formalizem suas disputas em processo contencioso judicial ou arbitral. Antes do início processual, os juízes ainda não possuem um contato direto específico com as disputas, o que não impede que programas dos próprios tribunais fomentem essa o uso da via consensual antes do início do processo judicial. Ao contrário, é justamente nessa linha a arquitetura teórica dos tribunais multiportas pregadas por Frank E. Sander[5], porquanto pressupõe que vários métodos, serviços e informações sejam ofertados ao cidadão. Frequentemente a apresentação da demanda implica em uma escalada de conflitos e um prejuízo maior na comunicação e uma escalada do conflito, até porque a estrutura processual autor-réu reflete posições adversariais que não permitem uma reflexão sobre a questão sob a perspectiva colaborativa.

No entanto, a partir da ideia de que na maior parte das vezes magistrados só terão acesso aos conflitos quando iniciado o processo, é preciso observar como esses dois processos de resolução de conflitos se entrelaçarão no âmbito da mediação judicial. O processo judicial sofre impactos, e naturalmente o processo de mediação também, a ponto de muitos teóricos da mediação se preocuparem pelos efeitos da institucionalização no processo de mediação.

Por mediação judicial aqui entende-se não a mediação conduzida diretamente pelo juiz[6], mas mediações que supõem um conflito já judicializado, ou seja, em que o conflito abordado já seja objeto de uma demanda apresentada ao judiciário. Em regra, a atingir esse ponto, é provável que o espaço para diálogo seja menos propício do que em conflitos tratados por medição extrajudicial, pela ascensão do nível de escalada do conflito mencionada anteriormente.

O aumento da tensão conflitiva pode influenciar em um nível relativamente inferior de acordos, mas de qualquer forma a proporção de êxito desses

5. SANDER, Frank E. "Varieties of Dispute Processing" in *The Pound Conference: Perspectives on Justice in the Future* . A. Levin & R. Wheeler eds., West, 1979.

6. Existem questionamentos sobre a possibilidade de que o magistrado atue como mediador. Alguns países permitem essa atuação, outros limitam o magistrado ao exercício de seus poderes conciliatórios e não propriamente à mediação. Por fim, há sistemas em que os magistrados podem atuar como mediadores, com a ressalva de que não atuem como julgadores no mesmo caso.

processos ainda é bastante elevada. Em entrevista realizada com Mélanie Germain, representante do Centre de Médiation et Arbitrage de Paris[7] (CMAP), por exemplo, verifica-se que a proporção de acordos em mediações encaminhadas pelo judiciário ao centro alcança um nível de 65% enquanto nas mediações extrajudiciais desconectadas de qualquer processo judicial, o número de acordos gira em torno de 85 e 90%.

Um dos trunfos do sucesso das mediações se encontra justamente em uma atuação do magistrado, já que ele atua como filtro dessas disputas, sejam elas recém iniciadas, seja durante o processo. Daí a importância de programas como o referido inicialmente como *Mediators meets judges*, com o objetivo de aproximar e preparar essa classe para a seleção e encaminhamento dos casos à mediação. Como produto, é preciso uniformizar e desenvolver a forma como as partes serão atraídas à mediação, o que pode acontecer em audiência, por cartas, ou mesmo por outras vias como chamadas telefônicas e vias digitais. Além disso, o magistrado, no ato do diagnóstico, o magistrado pesa questões como os benefícios da mediação para aquele caso, o interesse das partes, a possibilidade de disposição e transação das questões objeto do conflito, entre outros elementos. Assim, ter esse espaço de troca e produção de informação e boas práticas é um passo importante na formação desses novos caminhos para a realização da pacificação.

A real mudança de cultura de resolução de conflitos só sairá do papel – da lei e da literatura jurídica – se realmente houver um trabalho conjunto da magistratura com outros profissionais da mediação. A qualidade do serviço de mediação é indispensável, para que partes e magistrados possam confiar no processo. Por outro lado, a confiança da magistratura é essencial, seja em forma de ação (por meio do encaminhamento de casos, por exemplo), seja em forma de abstenção (por meio do respeito à confidencialidade e do reconhecimento de validade de acordos, por exemplo)

O marco legal da mediação e o Novo Código de Processo Civil conferem hoje ferramentas ao juiz para se tornar um importante ator. A necessidade de informação e formação dos magistrados no Brasil para manejar o encaminhamento a novos processos é semelhante à experiência suíça relatada por Isabelle Hering [8]: "Agora que aos juízes foram dados as ferramentas legais e um novo papel – iniciadordo processo de mediação -, eles têm que entender o processo de mediação, reconhecer suas vantagens e a missão do mediador. "

7. Entrevista concedida à autora no ano de 2015 para produção de estudo comparativo entre Brasil, França e Singapura.
8. HERING, Isabelle. Mediation in Switzerland. In PINHO, Humberto D. B., ANDRADE, Juliana L. Contemporary Tendencies in Mediation. Madrid: Dykinson. 2015. P. 146. Tradução livre.

Não é preciso que o magistrado domine as técnicas de mediação, mas, sim, que ele entenda a aplicabilidade do processo e em como as partes podem ser auxiliadas até o acordo. O diagnóstico dos casos é um ponto essencial em que o magistrado pode contribuir com a institucionalização da mediação. Muitas vezes esse encaminhamento vai além de um ato formal e inclui um trabalho difícil de convencimento que não pode coagir, mas pode persuadir as partes ao intento do diálogo. Assim, a criação de meios que favoreçam a troca de informações entre magistrados e mediadores pode ser bastante útil em um primeiro momento da inserção da mediação no sistema brasileiro. O risco é que esses espaços não incluam outros profissionais, o que acaba por limitar a diversificação das informações trazidos ao debate. A conexão entre magistrados e outros profissionais é importante para que se conheça a prática dos dois mundos, e que magistrados também possam fazer chegar aos mediadores suas preocupações não de forma impositiva, mas como produto de um ambiente dialógico.

3. MAGISTRADOS E O PROCESSO DE MEDIAÇÃO

Uma vez iniciado o processo de mediação ou encaminhado o caso, há questões relacionadas ao processo de mediação para as quais o juiz deve estar preparado. Talvez uma das grandes preocupações seja na conscientização de que a confidencialidade é realmente um pilar do processo de mediação que deve ser respeitado para que a via tenha credibilidade e confiança das partes. É a confidencialidade que possibilita ao mediador entrar em questões onde o processo judicial não vai e identificar oportunidades de criação de valor e áreas de possível acordo. O respeito dessa confidencialidade é de interesse de todos para que as partes continuem se sentindo em uma troca segura em que podem revelar a integralidade de seus interesses, emoções e perspectivas.

Outra possibilidade é que por questões de necessidade imediata de alguma decisão sobre um ponto em que as partes ainda não chegaram a uma solução conjunta, o magistrado seja chamado a decidir sobre alguma medida de urgência, que não impede que o processo de mediação siga seu curso.

Na pendência do processo de mediação, a Lei 13.140/2015 ainda prevê no art. 16 que se houver processo judicial ou arbitral em curso, as partes requererão ao juiz ou ao árbitro a suspensão do processo por prazo suficiente para a solução consensual do litígio. Ainda que parece automática essa suspensão, quer parecer mais prudente que a escolha pela suspensão seja deixada às partes.

Pode parecer contraditório, mas um dos receios comuns que algumas partes e advogados resistentes podem ter é justamente o atraso do processo em razão da tentativa de mediação, o que poderia significar uma perda de tempo. Em tais casos, é possível que as partes não queiram suspender o curso do processo judicial, situações em que parece prudente deixar à escolha das partes a suspensão ou não, até porque por vezes um ato praticado dentro do processo pode favorecer o abandono de posições dentro da mediação. Para ilustrar, imagine-se um processo sob pendência de julgamento em segunda instância, no qual um voto do relator de um recurso contraria totalmente a expectativa de vitória de uma parte. Nessa situação, é possível que essa parte, antes resistente à tentativa de acordo, ou presa a uma posição, passe a enxergar uma zona de acordo antes não vislumbrada por ela e se interesse pela mediação.

Da mesma forma, é possível que um ato processual complique a realização de um acordo, mas no fim das contas, a flexibilidade preconizada no processo de mediação indica precisamente que são as partes que devem ter autodeterminação sobre as questões substanciais da discussão, mas também sobre aquelas relativas ao processo que será trilhado para resolvê-la.

Com o desenvolvimento da mediação e a possível suspensão do processo judicial, o magistrado aguarda o resultado do processo de mediação. Esse resultado pode ser o acordo integral ou parcial das partes sobre o conflito objeto do processo, ou o pode ser o não acordo. Nesta última hipótese o magistrado retoma seu papel de resolver o conflito por meio de um julgamento baseado em direito.

4. MAGISTRADOS E O FIM DA MEDIAÇÃO

Ao fim da mediação, a redação do parágrafo único do art.20 do Novo Código de Processo Civil prevê que *na hipótese de celebração de acordo, constitui título executivo extrajudicial e, quando homologado judicialmente, título executivo judicial.*

Assim, tanto na mediação judicial como na mediação extrajudicial, é possível que o acordo seja homologado em juízo. Naturalmente, com o processo judicial em curso, não é preciso iniciar um processo somente com esse fim. De toda forma, caso seja a vontade das partes, o ordenamento admite a possibilidade de homologação dos acordos obtidos também em mediação extrajudicial.

A essa altura, a atuação do juiz é crucial. A homologação deve atentar para os limites normativos do acordo e não propriamente sobre os benefícios do conteúdo para as partes. A ideia da mediação se orienta pela autonomia das partes e, ressalvadas questões que desbordem as balizas da norma, a apreciação do juiz deve ser de garantir o respeito ao direito. Sobre a experiência de mediação nos tribunais, Nancy Welsh[9] explica que a revisão de acordos por juízes normalmente se limita a identificar erro, fraude, coerção, falha de representação, influência indevida.

Mais uma vez, a intervenção excessiva de magistrados no conteúdo dos acordos pode ser prejudicial para a institucionalização da mediação, que para se tornar atraente às partes deve ter o respaldo da eficácia das decisões tomadas na negociação. O mesmo raciocínio vale para a execução de acordos eventualmente não cumpridos, o que, sabe-se, tem impacto pequeno, já que um dos benefícios da mediação é que implica em um alto índice de cumprimento de acordos.

Não só o fim do processo de mediação implica em uma interação diferente entre magistrados e mediação. Além de atuar em diferentes momentos, como visto, o fim da judiciatura pela aposentadoria também traz um fenômeno interessante.

São numerosas as experiências internacionais[10] em que antigos magistrados atuam como mediadores e, no Brasil, é nítido o interesse desse grupo no conhecimento da e desenvolvimento da mediação. É o caso de um programa de mediação em segunda instância organizado e conduzido por antigos magistrados no Tribunal de Justiça do Rio de Janeiro. Todos naturalmente capacitados em mediação e buscam a continuidade de sua atuação agora em outra função.

Essa atividade de magistrados aposentados como mediadores aparece entre outras experiências já mencionadas por Jennifer W. Reynolds[11] em um estudo sobre o que os juízes tratam quando escrevem sobre mediação, já que os juízes frequentemente supervisionam os sistemas ou projetos de mediação, decidem sobre quais casos devem ser encaminhados à mediação, além de atuar como mediadores durante o exercício da judicatura ou depois de aposentados. Por outro lado, o exercício da mediação por magistrados ainda representa uma pequena parte das mediações, pois na maioria dos sistemas, a regra é que a mediação privada é mais utilizada, como apontam os resultados na Europa no relatório da Comissão para Eficiência da Justiça do Conselho da Europa (CEPEJ)[12].

9. WELSH, Nancy, Making Deals in Court-Connected Mediation: What's Justice Got to Do with It?. Washington University Law Quarterly, Vol. 79, 2001. P. 831

10. Instituições conhecidas como o Centre for Effective Dispute Resolution no Reino Unido e JAMS nos Estados Unidos incluem constantemente em suas listas mediadores que já atuaram como juízes no passado.

11. REYNOLDS, Jennifer W. Judicial review: what judges write when they write about mediation (Março 2013). State Yearbook on Arbitration & Mediation, Vol. 5, 2013.

12. European Commission for the Efficiency of Justice (CEPEJ), European judicial systems. Edition 2014 (data 2012): Efficiency and quality of justice 76 (Council of Europe), disponível em (acesso em. 27 de outubro, 2015) P 50.

5. CONSIDERAÇÕES FINAIS

Inspirada nos modelos de juiz Júpiter, Hércules e Hermes propagados na obra de François Ost[13], a magistrada e professora da escola judicial espanhola, Rosa Freire Pérez questiona sobre qual seria a posição do juiz diante da mediação, se espectador, participante ou garante? Em sua visão, as três modalidades servem de resposta:

> "O juiz é **espectador**, porque o processo de mediação propriamente dito se desenvolve fora do tribunal e é, ademais, confidencial, razão pela qual deve limitar-se a observar de longe. É **particfipante** porque na maioria das ocasiões escolhe a causa ou o litígio ab initio para a mediação (...) e recebe seus frutos, aos quais dá forma reconhecida juridicamente. Também é **garante**, da qualidade do processo, apreciando com um olhar crítico o conteúdo dos acordos e observando com seus próprios olhos as pessoas que participaram no mesmo para constatar que seus direitos e garantias sejam respeitados"[14]

Essa perspectiva de diferentes atuações da magistratura relacionados ao uso da mediação atende à exigência desse novo papel desempenhado pelo juiz na institucionalização da mediação. Além dessas intervenções dentro do processo judicial, o juiz atuará nesse sentido também como elemento de administração da justiça. Alguma parcela de magistrados sempre será resistente, resistência essa que não é privilégio da categoria, afinal o mesmo acontece com dentro da Advocacia, Ministérios Público e até da Academia. E é por isso que magistrados que desempenham o papel de líderes na criação dessa nova cultura são extremamente relevantes e devem ser usados como referência para outros magistrados.

Essa vontade de mudança precisa ser traduzida em instrumentos concretos como: guias de boas práticas, questionários que facilitem diagnósticos, criação de pontos de contato entre magistrados líderes e magistrados eventualmente ainda não habituados nessa tarefa. Tudo isso orientado por espaços de diálogo com a comunidade acadêmica e com mediadores, para que as condutas estejam alinhadas e organizadas para melhor atender ao cidadão. Nessa linha, tanto o Núcleo Permanente de Métodos Consensuais de Solução de Conflitos (NUPEMEC) como o Centro Judiciário de Solução de Conflitos e cidadania (CEJUSC)

---

13. OST, François. Júpiter, Hércules y Hermes: tres modelos de juez. Revista sobre enseñanza del derecho. Año 4, número 8, 2007. P. 101-130.
14. FREIRE PEREZ, Rosa. La posición del juez ante la mediación: ¿espectador, participante o garante? *In* SOLETO, Helena. Mediación y resolución de conflictos. Técnicas y ámbitos. Madrid: Tecnos, 2013. P. 416-421. Tradução livre.

concentram grandes expectativas nessa nova etapa pós regulamentação da mediação como nova porta processual dentro do sistema de justiça.

A mediação traz como bandeira a flexibilidade e informalidade, de maneira que esses valores devem guiar também sua institucionalização. A criação de um marco legal é importante, mas o sucesso e o que se fará desse documento é algo que depende de condutas ainda no porvir, mas iniciadas desde então. O papel da magistratura nesse movimento inclui, como visto, diferentes atuações e demanda além de formação e informação, meios de estabelecimento de uma nova sinergia com outros profissionais.

CAPÍTULO 10

Reflexões sobre a Negociação e a Mediação para o Ministério Público

Luciano Badini[1]

SUMÁRIO: 1. INTRODUÇÃO; 2. AS ONDAS DE ACESSO À JUSTIÇA; 3. A MODERNA TEORIA DO CONFLITO E O MINISTÉRIO PÚBLICO; 4. NEGOCIAÇÃO, MEDIAÇÃO E CONCILIAÇÃO NA RESOLUÇÃO CNMP Nº 118/2015; 5. O NOVO CPC E O MINISTÉRIO PÚBLICO; 6. A LEI DE MEDIAÇÃO E O MINISTÉRIO PÚBLICO.

1. INTRODUÇÃO

Recentemente foi formalizado acordo de cooperação técnica entre o Ministério Público do Estado de Minas Gerais, através do Núcleo de Resolução de Conflitos Ambientais (NUCAM/MPMG) e o Centro de Pesquisa em Direito e Meio Ambiente (CDMA) da Escola de Direito da Fundação Getúlio Vargas no Rio de Janeiro (FGV DIREITO RIO); esse acordo objetiva permitir a publicação de obra com resultados de projeto de pesquisa sobre "Resolução Consensual de Conflitos Ambientais".

A rigor, vasto e estruturado questionário foi submetido aos membros do MPMG e os resultados obtidos, de certa forma, revelam posicionamentos e reflexões correntes do Ministério Público brasileiro, a exemplo do que observamos em ações educacionais presenciais destinadas a agentes políticos e administrativos dos MPs em todo o país.

---

1. Promotor de Justiça da Comarca de Belo Horizonte, com ingresso no Ministério Público do Estado de Minas Gerais em junho de 1993. Coordenador do Centro de Apoio Operacional das Promotorias de Justiça de Defesa do Meio Ambiente, Patrimônio Histórico e Cultural, Habitação e Urbanismo do Ministério Público do Estado de Minas Gerais (CAOMA). Vencedor do Prêmio "Innovare" 2010, categoria "Ministério Público", tema "Justiça sem Burocracia", concedido pelo Instituto "Innovare". Membro colaborador do Conselho Nacional do Ministério Público, representando o CNMP na Estratégia Nacional de Não Judicialização (ENAJUD) do Ministério da Justiça. Coautor do Manual de Negociação e Mediação para Membros do Ministério Público, lançado em dezembro de 2014 pela Secretaria de Reforma do Judiciário do Ministério da Justiça, pelo Conselho Nacional do Ministério Público (CNMP) e pelo Colégio de Diretores de Escolas do Ministério Público do Brasil (CDEMP).

Em síntese, na perspectiva de 98,1% dos 431 promotores de Justiça mineiros que responderam ao questionário apresentado pela Fundação Getúlio Vargas, a solução extrajudicial do conflito ambiental afigura-se mais adequada que a via judicial de resolução do litígio, sendo certo que 93,5% já celebraram os chamados termos de ajustamento de conduta (TAC) ou participaram da formalização de acordos judiciais.

Todavia, apenas 40,05% dos agentes políticos que participaram da enquete revelaram ter participado de ação educacional, ainda que breve, com a temática da negociação de conflitos.

Há de se registrar que, em 2009, iniciou-se no MPMG a capacitação dos membros em negociação de conflitos; por essa razão, acredita-se, o percentual dos que jamais foram sensibilizados ou informados sobre métodos de negociação ou mediação talvez seja ainda mais elevado, visto que o interesse institucional por esta temática é recente e, em regra, incentivado pelo advento do novo Código de Processo Civil.

Ora, naturalmente, tem-se que, a par do reconhecimento da relevância e da priorização da solução extrajudicial – notadamente em determinadas searas, como a da defesa do meio ambiente –, não há formação adequada em métodos eficientes destinados à construção do acordo ou, quiçá, ao resgate do diálogo entre as partes do conflito.

Referida carência não é apenas dos integrantes do MP brasileiro, mas, seguramente, vivenciada pelos nossos operadores do Direito, cuja formação acadêmica original é orientada ao fomento do litígio e não à solução destes com qualidade e eficiência. Aliás, tal fato revela um dos motivos que contribuem para a significativa – e sempre crescente – marca de 95 milhões de processos pendentes de julgamento no Brasil, apurados pelo Conselho Nacional de Justiça (CNJ, 2013).

2. AS ONDAS DE ACESSO À JUSTIÇA

> A negociação e a mediação, métodos autocompositivos de resolução de conflitos, inserem-se no contexto do movimento mundial de acesso à Justiça, precisamente na "terceira onda" ou no "terceiro estágio".
>
> Em síntese, em meados da década de 1970, os juristas Mauro Cappelletti e Bryant Garth[2] estudaram a temática do acesso à

2. Em relação ao tema, recomenda-se CAPPELLETTI, Mauro; GARTH, Bryant. *Acesso à Justiça*. Tradução de Ellen Gracie Northfleet. Porto Alegre: Sergio Antonio Fabris Editor, 1988.

Justiça no mundo, formatando, com colaboradores de cerca de 25 países, o chamado "Projeto Florença", que resultou no atual "Movimento de Acesso à Justiça" e revolucionou o Direito de vários países, inclusive o brasileiro.

As soluções encontradas por este grupo seleto de juristas, liderados por Cappelletti e Garth, foram dispostas nas chamadas "ondas de acesso à Justiça".

A primeira onda, relembremos, relativa à assistência judiciária aos mais carentes, teve amplo reflexo no Brasil, com criação e estruturação das Defensorias Públicas, por exemplo.

A segunda onda preocupou-se com a representação em Juízo dos interesses difusos e coletivos. Em nosso país, o Ministério Público assumiu o protagonismo na implementação do segundo estágio de acesso à Justiça ao titular a propositura de ações civis públicas para amparar, salvaguardar e viabilizar o exercício de direitos difusos consagrados no texto constitucional.

Pois bem, o Ministério Público, genuíno produto da segunda onda, hoje é reconhecidamente o legitimado que mais se utiliza as ações coletivas no Brasil e que, proporcionalmente, maior êxito alcança.

Ocorre, contudo, que vivenciamos atualmente o terceiro estágio (ou terceira onda) do movimento de acesso à Justiça, que é bem mais amplo e direciona-se ao chamado "enfoque global de acesso à Justiça", no qual se inserem "a conciliação e mediação como instrumentos para a simplificação e resolução de litígios", conforme anteciparam os Professores Cappelletti e Garth, há quatro décadas.

Há uma clara e manifesta influência da terceira onda no II Pacto Republicano do Estado brasileiro por sistema de Justiça mais acessível, ágil e efetivo, firmado pelos Presidentes dos três Poderes da República em abril de 2009, que consagra o compromisso de "fortalecer a mediação e conciliação, estimulando a resolução de conflitos por meios autocompositivos, voltados à maior pacificação social e menor judicialização"[3].

Em conclusão, para a consolidação da terceira onda de acesso à Justiça no Brasil, algumas medidas simples, mas eficazes, podem e devem ser internalizadas por aqueles que desejam uma Justiça mais célere, eficiente, inclusiva e democrática, quais sejam: a) a capacitação dos operadores do Direito em técnicas de mediação

3. BRASIL. Presidência da República. Casa Civil. II Pacto Republicano de Estado por um Sistema de Justiça mais Acessível, Ágil e Efetivo. Brasília, DF, 13 de abril de 2009. *DOU*, maio 2009. Disponível em: <http://www.planalto.gov.br/ccivil_03/Outros/IIpacto.htm>. Acesso em: 10 nov. 2015.

e negociação de conflitos, já que temos, até hoje no Brasil, uma formação acadêmica marcadamente voltada e orientada ao fomento do litígio; b) o reconhecimento de que acesso à Justiça não é acesso ao litígio, mas à solução deste com eficiência e agilidade, mediante a utilização de métodos autocompositivos, que não devem ser considerados como uma alternativa secundária à Justiça formal, mas como via igualmente preferencial destinada ao tratamento adequado de conflitos; c) o uso do inquérito civil não mais como mero instrumento destinado ao exercício responsável da ação civil pública, mas como instrumento vocacionado à formalização do consenso em seara extrajudicial.

Este é, portanto, o momento histórico de legitimação e reconhecimento dos meios autocompositivos de solução de conflitos, que seguramente permitirá, em breve, que não se confunda celeridade com superficialidade; negociação, com negociata; eficiência com processo formal e adversativo; capacidade para o diálogo com cumplicidade.

3. A MODERNA TEORIA DO CONFLITO E O MINISTÉRIO PÚBLICO

Em regra, os agentes políticos e administrativos do MP brasileiro têm uma visão negativa do "conflito", associando-o a divergência, lide, briga, desgaste, guerra, sofrimento, dor.

Diversamente, a moderna teoria do conflito sugere que este tem aspectos positivos e pouco explorados, a exemplo da prevenção da estagnação, estímulo aos interesses e curiosidades, é, em síntese, "a raiz das mudanças pessoais e sociais", na clássica expressão de Morton Deutsch[4].

Seguramente orientado por estes aspectos positivos e pelo fato de o Ministério Público ter se transformado, no último quarto de século, numa instituição indutora de políticas públicas e, como tal, inserida no contexto dos mais diversos e sensíveis conflitos nacionais, o Conselho Nacional do Ministério Público (CNMP) editou, em dezembro de 2014, a Resolução nº 118, que instituiu a Política Nacional de Incentivo à Autocomposição no âmbito do Ministério Público[5].

A referida política tem algumas finalidades claras como, por exemplo, viabilizar a capacitação em métodos autocompositivos de membros e servidores forjados num ambiente acadêmico que estimula o litígio; acompanhamento

4. DEUTSCH, Morton. *The Resolution of Conflicts*: Constructive and Destructive Processes. New Haven, CT; London: Yale University Press, 1973.
5. CONSELHO NACIONAL DO MINISTÉRIO PÚBLICO. Resolução nº 118, de 1º de dezembro de 2014. Brasília, DF, 1º de dezembro de 2014. *DOU*, 27 jan. 2015.

estatístico; mapeamento de boas práticas; realização de pesquisas e inclusão da temática da autocomposição em concursos de ingresso para agentes políticos e administrativos da Instituição.

Sem embargo, a Resolução CNMP nº 118/2014 recomendou a implementação, nas unidades e nos ramos do MP, dos chamados Núcleos Permanentes de Incentivo à Autocomposição; estes deverão definir formato, carga horária e conteúdo de ações educacionais destinadas à capacitação em autocomposição e formação de mediadores, implementação de sistema de registro e estatística, inclusão da temática da autocomposição em concursos de ingresso para membros e servidores da Instituição.

4. NEGOCIAÇÃO, MEDIAÇÃO E CONCILIAÇÃO NA RESOLUÇÃO CNMP Nº 118/2015

A Resolução nº 118/2014 do CNMP, que instituiu a Política Nacional de Incentivo à Autocomposição, atribui ao Ministério Público brasileiro a implementação e a adoção de mecanismos de autocomposição, entre os quais estão negociação, mediação, conciliação, processo restaurativo e convenções processuais.

Inicialmente, tem-se por necessário um breve registro, notadamente num cenário assustador de um processo para cada dois cidadãos brasileiros: os métodos autocompositivos não devem ser considerados como alternativa secundária à Justiça formal, mas como via igualmente preferencial destinada ao tratamento adequado de conflitos.

Resta incontroverso que o ato normativo em tela apresenta um rosário de virtudes, destacando-se a sedimentação e a rígida distinção conceitual entre negociação, mediação e conciliação.

Não raro, observa-se certa imprecisão conceitual, com a utilização indistinta e inadequada de tais termos para as mais diversas situações vivenciadas na rotina da (moderna) atuação institucional.

Ocorre, contudo, que a apontada imprecisão terminológica resta, atualmente, superada, não se aceitando, doravante, equívocos tão comuns observados em manifestações orais ou formais de agentes políticos e administrativos da Instituição.

Com efeito, a contribuir para o rigor conceitual perfilha-se o Manual de Negociação e Mediação para Membros do Ministério Público[6], obra produzida

6. BRASIL. Ministério da Justiça. Escola Nacional de Mediação e Conciliação. *Manual de Negociação e Mediação para Membros do Ministério Público*. Brasília, DF, Ministério da Justiça, 2014.

pelo Conselho Nacional do Ministério Público (CNMP), Ministério da Justiça – através da Secretaria de Reforma do Judiciário e Escola Nacional de Mediação (ENAM) – e pelo Colégio de Diretores de Escolas e Centros de Estudos e Aperfeiçoamento Funcional do Brasil (CDEMP).

Observe-se, inicialmente, que o Capítulo III da Resolução nº 118/2015 foi destinado às "Práticas Autocompositivas no âmbito do Ministério Público", reservando-se a "Seção I" à "Negociação".

Não foi por mero acaso que a "negociação" inaugurou o referido capítulo; houve a intenção deliberada de realçar a importância desta modalidade de prática autocompositiva para os integrantes do MP.

O art. 8º, caput, da Resolução nº 118/2015 recomenda a negociação para "as controvérsias ou conflitos em que o Ministério Público possa atuar como parte na defesa de direitos e interesses da sociedade, em razão de sua condição de representante adequado e legitimado coletivo universal [...]".

Há uma indisfarçável prevenção, em nosso meio, com o termo "negociação", eventualmente por ser confundido com "negociata" ou "transação", o que remeteria à falsa ideia de mútuas e ilimitadas concessões.

Tecnicamente, contudo, consoante recomenda o art. 8º, denomina-se "negociação" o processo de autocomposição do conflito em que o Ministério Público atua como parte na defesa de direitos e interesses sociais, como não raro observa-se, e.g., nas searas de defesa do meio ambiente e do consumidor.

A rigor, portanto, consoante leciona o Professor Alexandre Amaral Gavronsky (BRASIL, 2014, p. 150), na tutela coletiva, "[...] o Ministério Público atua como autêntico negociador, compondo, diretamente com o responsável pela lesão ou ameaça, a solução jurídica destinada a assegurar a efetividade dos direitos em questão".

Com efeito, conclui GAVRONSKY (BRASIL, 2014, p. 153), "**É, sem dúvida,** possível a negociação em tutela coletiva sem que haja disposição sobre direitos coletivos pelos legitimados a defendê-los, residindo o equívoco fundamental, justamente, na confusão entre esta negociação e a transação do direito civil" .

Este, na verdade, parece ser o ponto essencial a ser superado: a "confusão" e, em consequência, a prevenção e a resistência à utilização de terminologia, agora institucionalmente reconhecida como adequada para definir o processo de autocomposição do conflito em que o Ministério Público atua como parte na defesa de direitos ou interesses sociais.

No mesmo sentido, aliás, a lição de Marcelo Pedroso Goulart, que, em obra de consulta obrigatória[7] (GOULART, 2013, p. 202-203), destaca que o Ministério Público Resolutivo, "ao politizar sua atuação, ocupa novos espaços, habilita-se como negociação e indutor de políticas públicas, age integradamente e em rede com os demais sujeitos políticos coletivos nos mais diversos níveis – local, regional, intraestatal, estatal, regional supraestatal e global. O Judiciário torna-se espaço excepcional de sua atuação".

Ora, ainda que aparentemente exaustivo, é sempre oportuno reafirmar, especialmente na terceira onda de acesso à Justiça – para cuja implementação impõe-se a superação da tradicional resistência interna das Instituições aos meios autocompositivos –, que não se confunde negociação com negociata; eficiência, com processo formal e adversativo; capacidade para o diálogo com cumplicidade.

Diversa, a mediação é recomendada, na forma do art. 9º da Resolução nº 118/2014, para a solução de controvérsias ou conflitos que envolvam relações jurídicas nas quais se afigura importante a "direta e voluntária ação de ambas as partes divergentes".

Em síntese, portanto, trata-se de mecanismo de autocomposição assistida em que um terceiro, imparcial e neutro, auxilia as partes envolvidas no conflito a construir uma avença mutuamente satisfatória.

Não bastasse isso, a conciliação, segundo expressa orientação da Resolução nº 118/2014 (art. 11), destina-se aos conflitos "que envolvam direitos ou interesses nas áreas de atuação do Ministério Público como órgão interveniente e nos quais sejam necessárias intervenções propondo soluções para a resolução das controvérsias ou dos conflitos".

Em resumo, a conciliação não é estruturada como a mediação; além disso, o conciliador faz propostas para o acordo, diversamente do mediador, que estimula, fomenta, utiliza instrumentos e ferramentas para que os envolvidos construam, por si, o acordo satisfatório para as partes.

5. O NOVO CPC E O MINISTÉRIO PÚBLICO

O incentivo à internalização e à popularização dos meios autocompositivos apresenta-se como um dos manifestos objetivos do novo Código de Processo Civil brasileiro (NCPC), desiderato evidenciado em diversas passagens do referido diploma processual.

---

7. GOULART, Marcelo Pedroso. *Elementos para uma Teoria Geral do Ministério Público*. Belo Horizonte: Arraes, 2013. p. 202-203.

De feito, o art. 3º, caput, do NCPC, consagra o chamado "Princípio da Inafastabilidade da Jurisdição" ao prescrever que "não se excluirá da **apreciação jurisdicional** ameaça ou lesão a direito[8]" (grifo nosso).

A Constituição Federal (CF) de 1988, aliás, já previa o mencionado princípio, com uma sutil distinção: enquanto a CF refere-se à apreciação do Poder Judiciário, o NCPC remete à "apreciação jurisdicional", decerto em razão da ênfase conferida pelo novo Código aos métodos autocompositivos.

Deveras, o art. 3º § 2º, do NCPC estabelece que o Estado promoverá, "sempre que possível", a solução consensual dos conflitos.

É bem de ver que o art. 3º encontra-se inserido no capítulo destinado às normas fundamentais do Processo Civil; como corolário, tem-se que os preceitos e diretrizes insertas neste capítulo orientam toda a interpretação, notadamente a teleológica, do novel caderno processual.

Nesta quadra, o art. 3º, § 3º, do NCPC merece especial destaque para os agentes políticos e administrativos do Ministério Público brasileiro, ao estabelecer que a "conciliação, a mediação e outros métodos de solução consensual de conflitos deverão ser estimulados por juízes, advogados, defensores públicos e membros do Ministério Público, **inclusive** no curso do processo judicial" (grifo nosso).

Naturalmente, o referido dispositivo legal há de ser aplicado à "negociação", por esta se inserir, naturalmente, entre os "outros métodos de solução consensual de conflitos".

Sem embargo, no rol de práticas autocompositivas no âmbito do Ministério Público elencadas no Capítulo III da Resolução nº 118/2014 do CNMP, restam formalmente reconhecidas a negociação, a mediação, a conciliação, práticas restaurativas e convenções processuais.

Em suma, portanto, caberá ao Ministério Público, institucionalmente e através de seus agentes políticos e administrativos, estimular negociação, mediação e conciliação inclusive no curso do processo judicial; vale dizer, esta diretriz deverá ser observada necessariamente e, sempre que possível, em outros espaços de atuação ministerial, especialmente na condução de inquéritos civis.

Tradicionalmente, registre-se, os inquéritos civis – ou os procedimentos administrativos, preliminares, preparatórios –, máxime após o advento da Constituição Federal de 1988, foram destinados à viabilização do exercício

8. BRASIL. Presidência da República. Casa Civil. Lei nº 13.105, de 16 de março de 2015. Código de Processo Civil. Brasília, DF, 16 de março de 2015. *DOU*, mar. 2015. Disponível em: ‹http://www.planalto.gov.br/ccivil_03/_Ato2015-2018/2015/Lei/L13105.htm›. Acesso em: 11 nov. 2015.

responsável da ação civil pública. Em outras palavras, cabia (e ainda cabe) ao Ministério Público instruir adequadamente o inquérito civil para que, a seguir, a Instituição pudesse manejar a competente ação civil pública, judicializando, portanto, o conflito.

Tem-se, pois, o deliberado escopo do inquérito civil na segunda onda de acesso à Justiça: permitir a judicialização com a materialidade confortada por embasamento técnico qualificado e a autoria revelada pela prova, não raro oral, produzida na seara inquisitorial.

Pois bem, no terceiro estágio antevisto por Cappelletti, Garth e seus pares, há de se priorizar a simplificação de procedimentos e a "mediação como instrumento de resolução de conflitos", diretrizes manifestamente internalizadas pelo texto do novo Código de Processo Civil, consentâneas, portanto, com o atual movimento de acesso à Justiça.

Neste cenário, os inquéritos civis não são mais meros instrumentos destinados a viabilizar o exercício responsável da ação civil pública (segunda onda), visto que se transformaram em procedimentos orientados e vocacionados prioritariamente à formalização do consenso em seara extrajudicial (terceira onda).

Ora, caberá ao agente político do Ministério Público, sempre que possível, utilizar-se de métodos de solução consensual de conflitos para a construção do acordo em seara extrajudicial, afigurando-se igualmente adequada a solução supletiva quando o consenso se revela inviável: o resgate do diálogo entre as partes antes em conflito.

Outra inovação do novo Código de Processo Civil merece destaque para os membros do Ministério Público, qual seja, o chamado "negócio jurídico processual".

O art. 190 do NCPC dispõe que, "versando o processo sobre direitos que admitam autocomposição, é lícito às partes plenamente capazes estipular mudanças no procedimento para ajustá-lo às especificidades da causa e convencionar sobre os seus ônus, poderes, faculdades e deveres processuais, antes ou durante o processo".

A Resolução nº 118/2014 do CNMP reconheceu, entre as práticas autocompositivas no âmbito do MP, as "convenções processuais", conferindo-se ao agente político, observada a lei processual, "em qualquer fase da investigação ou durante o processo, celebrar acordos visando constituir, modificar ou extinguir situações jurídicas processuais".

O CNMP, aliás, orienta que as convenções processuais sejam celebradas de maneira dialogal e colaborativa, podendo ser documentadas como cláusulas de termos de ajustamento de conduta (art. 17, Resolução nº 118/2014).

Há, portanto, manifesta semelhança entre o "negócio jurídico processual" e a "convenção processual", acordos de procedimento destinados à otimização da atividade jurisdicional.

Pois bem, por força de tais dispositivos, o conteúdo dos termos ou compromissos de ajustamento de conduta (TAC) deverá ser revisto e ampliado, com esta readequação promovida, de maneira "dialogal e colaborativa", nos autos do Inquérito Civil.

A rigor, doravante, nos termos de ajustamento de conduta não se fará constar apenas forma, prazo e local do cumprimento da obrigação, mas, de igual sorte, em seus autos, poderão ser celebrados os chamados "negócios jurídicos processuais", com fundamento no art. 190 do NCPC e no art. 16 da Resolução nº 118/2014 do CNMP.

Por fim, há de se registrar que os negócios jurídicos processuais, a serem celebrados nos autos do Inquérito Civil, poderão dispor, por exemplo, sobre custeio do meio de prova, escolha consensual de perito e reconhecimento de perícia realizada por técnico do MP ou nomeado pelo *Parquet*; tal entendimento se encontra consagrado em enunciado aprovado no Congresso Nacional do Ministério Público realizado em 2015, na cidade do Rio de Janeiro.

6. A LEI DE MEDIAÇÃO E O MINISTÉRIO PÚBLICO

A Lei nº 13.140, de 26 de junho de 2015, já consagrada como a "Lei de Mediação", dispõe sobre a mediação entre particulares como meio de solução de controvérsias e sobre a autocomposição de conflitos no âmbito da administração pública.

Na forma de seu art. 1º, parágrafo único, considera-se mediação "a atividade técnica exercida por terceiro imparcial sem poder decisório, que, escolhido ou aceito pelas partes, as auxilia e estimula a identificar ou desenvolver soluções consensuais para a controvérsia"[9].

Observa-se manifesta simetria entre o conceito consagrado pela "Lei de Mediação" e a orientação deduzida no art. 9º, *caput*, da Resolução nº 118/2014 do CNMP.

A rigor, não há nenhuma restrição, no texto legal em comento, à condução de mediação pelo Ministério Público.

A mediação, método autocompositivo de resolução de conflitos, poderá ser conduzida por agentes políticos e administrativos do Ministério Público

9. BRASIL. Presidência da República. Casa Civil. Lei nº 13.140, de 26 de junho de 2015. Brasília, DF, 26 de junho de 2015. *DOU*, 29 jun. 2015. Disponível em: ‹http://www.planalto.gov.br/ccivil_03/_Ato2015-2018/2015/Lei/L13140.htm› . Acesso em: 12 nov. 2015.

devidamente capacitados, conclusão que se impõe, inclusive, por força do próprio art. 3º, § 3º, do NCPC, que determina que a mediação seja estimulada por membros do Ministério Público, inclusive no curso do processo judicial.

Neste sentido, a expressa orientação consolidada em enunciado aprovado no recente Congresso Nacional do Ministério Público (2015) ao reconhecer que "o acordo produzido no processo de mediação, uma vez referendado pelo membro do Ministério Público, tem eficácia de título executivo extrajudicial, conforme previsão do art. 20, parágrafo único, da Lei 13.140/2015 e art. 784, IV da Lei 13.105/2015, devendo ser levado à homologação judicial quando: a) houver processo judicial suspenso relativo àquele conflito; b) a lei exigir que o ato seja constituído ou declarado por decisão judicial".

Ao final, outro aspecto da Lei nº 13.140/2015 merece registro, notadamente para o Ministério Público: o art. 32 consagra a possibilidade de criação de câmaras de prevenção e resolução administrativa de conflitos pela União, pelos Estados, pelo Distrito Federal e pelos Municípios.

Um bom exemplo do alcance desta norma reside na Câmara de Prevenção e Resolução de Conflitos instituída pelo Governo do Estado de Minas Gerais e a Procuradoria-Geral de Justiça, em atenção à Resolução Conjunta EMG/PGJ nº 1, de 11 de setembro de 2015, "destinada ao tratamento consensual, nos limites da lei e na estrita defesa do interesse público, de conflitos judiciais e extrajudiciais entre o Estado de Minas Gerais, por si ou por meio de sua Administração direta ou indireta, e o Ministério Público do Estado de Minas Gerais"[10].

Em síntese, a Câmara tem por finalidade implementar medidas, inclusive preventivas, que permitam a redução da litigiosidade e dos conflitos envolvendo o Poder Público, notadamente os de natureza coletiva, a celebração de termos de compromisso nos limites da lei, bem como o estímulo ao diálogo para a solução consensual de conflitos submetidos à apreciação do Poder Judiciário.

> Trata-se, seguramente, de uma iniciativa alentadora, num cenário em que devemos contribuir para a superação interna aos meios autocompositivos em nossas instituições, corporações e na sociedade civil. Do contrário os 95 milhões de processos judiciais em curso no Brasil – revelados por dados do Conselho Nacional de Justiça em 2013 – deixarão, em bem pouco tempo, de representar uma real preocupação, para se transformar numa vergonhosa meta.

10. MINAS GERAIS. Secretaria-Geral da Governadoria. Resolução Conjunta EMG/PGJ nº 1, de 11 de setembro de 2015. Belo Horizonte, 11 de setembro de 2015. *Minas Gerais*, Belo Horizonte, 16 set. 2015. Disponível em: <http://jornal.iof.mg.gov.br/xmlui/bitstream/handle/123456789/151671/caderno1_2015-09-16%2080.pdf?sequence=1>. Acesso em: 12 nov. 2015

CAPÍTULO 11

De Fiscal da Lei à Fiscal da Ordem Jurídica. A Solução Consensual dos Conflitos como novo Espaço de Atuação Institucional

Alexandre Sikinowski Saltz[1]

Não se pretende, aqui, tecer considerações sobre a origem e a evolução do Ministério Público[2]. Mas não se pode perder de vista que, no Brasil, a Instituição, desde as suas origens, desempenhou funções de acusador criminal e de fiscal da lei, expressão que ingressou no cenário jurídico com o Código Civil de 1916 e que ganhou chancela no Código de Processo Civil de 1939[3].

Mas foi a Constituição de 1988 que deu nova roupagem institucional ao Ministério Público e o inscreveu no rol das funções essenciais à justiça, ressaltando que as atividades por ele – Ministério Público – desempenhadas equivalem-se às dos demais Poderes.

Maria Sylvia Zanella Di Pietro afirma que

> O Ministério Público é, provavelmente, de todas as instituições da área jurídica, a que detém, hoje, o maior rol de atribuições e responsabilidades em termos de defesa da ordem jurídica e dos interesses sociais e individuais indisponíveis (...).

---

1. Promotor de Justiça.
2. Sobre o tema, sugere-se a leitura do texto escrito pela Professora Maria Sylvia Zanella Di Pietro, intitulado **O Ministério Público como Instituição Essencial à Justiça**, bem como do testemunho de Antônio Araldo Feraz Dal Pozzo, em artigo denominado **Atuação Extrajudicial do Ministério Público: Dever ou Faculdade de Agir?**, ambos em obra coletiva Ministério Publico: reflexões sobre princípios e funções institucionais, RIBEIRO, Carlos Vinicius Alves (org.). São Paulo: Atlas, 2002, p. 3-12 e 303-316, respectivamente.
3. Ronaldo Porto Macedo Junior lembra que a manifestação do Ministério Público, depois das partes, prevista pelo CPC de 1939, inaugurou o "parecerismo' que marcará toda uma tradição de práxis jurídica do Ministério Público até os dias de hoje." (O Ministério Público 500 Anos Depois do Descobrimento. *In* 500 Anos e o Direito no Brasil, Cadernos de Direito e Cidadania II. São Paulo: Artchip, 2000, p. 73-88.

> As suas atribuições são muito amplas. O artigo 127 da Constituição diz, de forma muito genérica e usando termos vagos e indeterminados, que o Ministério Público é instituição permanente, essencial à função jurisdicional do Estado, incumbindo-lhe a defesa da ordem jurídica, do regime democrático e dos interesses sociais e individuais indisponíveis
>
> Tradicionalmente, o Ministério Público desempenhava, como se viu, as funções de fiscal da lei e de titular da ação penal. Hoje, ampliou-se o rol de ações de que é titular como autor, movimentando o Poder Judiciário, mediante a propositura de diferentes tipos de ações (...)[4].

Na mesma linha, Marcelo Zenkner, assevera que a grande mudança promovida pela Constituição de 1988 na fisionomia institucional foi conceder-lhe o "poder de iniciativa", lembrando que "o acionamento da máquina judiciária seria a 'veia processual ativa do Ministério Público', promovendo efetivamente e *motu próprio*, a defesa e proteção dos direitos superiores, pertencentes à coletividade."[5]

Lenio Luiz Streck, dissertando sobre o Ministério Público pós-88, lembra que

> O Ministério Público, alçado à condição análoga à de um poder de Estado, figura, em face das responsabilidades que lhe foram acometidas, no epicentro dessa transformação do tradicional papel do Estado e do Direito. É dizer, pois: de um Ministério Público protetor dos interesses individuais, na moldura de uma sociedade liberal-individualista, salta-se para um novo Ministério Público, que claramente deve(ria) assumir uma postura intervencionista em defesa do regime democrático e dos direitos fundamentais-sociais.[6]

O presente estudo, sem descurar da atuação como órgão agente, buscará analisar uma das consequências possíveis da atuação como fiscal da ordem jurídica, nova moldura conferida pelo legislador ordinário com a edição da Lei nº 13.105/2015, adequando a legislação processual civil a vontade do constituinte. E diz-se fiscal da ordem jurídica porque a atuação fiscalizatória não se restringe à lei, senão a todos os direitos consagrados pela lei maior.

---

4. **O Ministério Público como Instituição Essencial à Justiça**, em obra coletiva Ministério Publico: reflexões sobre princípios e funções institucionais, RIBEIRO, Carlos Vinicius Alves (org.). São Paulo: Atlas, 2002, p. 8.
5. **Ministério Público e Solução Extrajudicial dos Conflitos.** RIBEIRO, Carlos Vinicius Alves (org.). Ministério Público: reflexões sobre princípios e funções institucionais. São Paulo: Atlas, 2010 – p. 317-338.
6. **Ministério Público e Jurisdição Constitucional na Maioridade da Constituição – uma Questão de Índole Paradigmática.** RIBEIRO, Carlos Vinicius Alves (org.). Ministério Público: reflexões sobre princípios e funções institucionais. São Paulo: Atlas, 2010 – p. 183-212.

Nesse contexto é que surge o desafio da implementação das novas técnicas autocompositivas, corolário de uma nova interpretação do princípio do acesso à justiça.

Vale lembrar que em 1978 Mauro Cappelletti e Bryant Garth analisaram o significado do acesso à justiça a partir de obstáculos que entravavam a efetivação dos direitos. Três ordens de problemas foram identificadas, a saber: 1) de natureza econômica, destacando a pobreza, a falta de acesso à informação e a falta de representação adequada; 2) de natureza organizacional, consistente na existência de direitos difusos; 3) de natureza procedimental, decorrente da inadequação das formas tradicionais de resolução dos conflitos.

Também na década de 1970, Boaventura de Souza Santos, em estudo empírico, vivenciado na Favela do Jacarezinho/RJ, mostrou as dificuldades de acesso à chamada "justiça oficial" e as estratégias criadas pelos cidadãos para resolverem seus conflitos e satisfazerem seus interesses. Apontou a existência de "procedimentos estatais e não estatais de resolução de conflitos". Pela primeira vez, e esse é o destaque importante, foi dito que a justiça não é realizada apenas pelo Estado.

Outras tantas preocupações manifestaram-se em estudos financiados pelo Banco Mundial, quando se pretendeu aprofundar o direito do acesso à justiça para além da atuação judicial e da aplicação da lei. Eliane Botelho Junqueira, uma das estudiosas, falando sobre a atuação do Brasil relativamente ao tema, alertava

> (...) não integrou o access-to-justice movement, que foi objeto de análise de Cappelletti e Garth e que, ao contrário do movimento de simplificação de procedimentos e identificação de alternativas aos tribunais, pautas típicas dos países centrais, o debate no Brasil girava em torno da organização de direitos coletivos e das limitações do Poder Judiciário e sistema jurídico, como um todo, de tutelar adequadamente as demandas coletivas típicas (...)

Ou seja, ao tempo em que provado que o processo judicial não seria forma adequada de resolução de todos os conflitos, e que a cidadania poderia encontrar formas de resolvê-los sem a presença do Estado, o modelo judiciário brasileiro não buscava alternativas ao processo.

Voltava à atualidade a advertência de Norberto Bobbio no sentido de que não adianta só reconhecer direitos ou declará-los formalmente. O mais importante seria como efetivá-los, como garanti-los, evitando que fossem violados continuamente.[7] O NCPC trilha novos rumos e apresenta ferramentas para a mudança de paradigma, apontando os responsáveis pela implementação.

7. Bobbio, Norberto. **A Era dos Direitos**. 4 º Reimpressão. Editora Campus: Rio de Janeiro, 1992, p. 25.

O déficit de efetivação de direitos impõe seja repensado o postulado do acesso à justiça.

Recorde-se, por importante, que acesso à justiça nada tem a ver com acesso ao Judiciário. Lá, busca-se a resolução do conflito de variadas formas; aqui, através do terceiro imparcial, a melhor dicção possível do direito via processo.

Os números retratam que a cultura demandista impera. Segundo informações do Ministério da Justiça tramitam hoje no Brasil cerca de 95,14 milhões de processos, sendo que, desse estoque, 28,3 milhões são novos (ajuizados no ano de 2013).

O diagnóstico conclui que

> Em linhas gerais, há um crescimento da litigiosidade de forma mais acentuada que os recursos e as despesas. Enquanto que no último ano (2013), houve um crescimento de 1,5% nos gastos totais, 1,8% no número de magistrados e 2% no de servidores, tramitam cerca de 3,3% a mais de processos nesse período, sendo 1,2% a mais de casos novos e 4,2% de casos pendentes de anos anteriores.[8]

Criar novas formas de acesso à justiça e de resolução de conflitos, não adversariais, com práticas colaborativas e autocompositivas, descongestionando o Judiciário, é um dos desafios propostos pelo Novo Código de Processo Civil aos operadores do direito em geral e, ao Ministério Público, pela função de fiscal da ordem jurídica, em especial.

Acesso à justiça, segundo destaque de José Eduardo Cardozo, nos dias de hoje, também compreende a duração razoável do processo e a utilização de mecanismos extrajurisdicionais[9], muitos deles já disponibilizados ao Ministério Público. Nessa linha, relativamente à primeira onda de acesso à justiça, coube ao Ministério Público defender direitos indisponíveis daqueles que não têm assistência judiciária. Para a segunda onda, destacamos o protagonismo emprestado pela Lei da Ação Civil Pública e pelo Código de Proteção e Defesa do Consumidor. Na terceira onda, onde estão *"fórmulas para a simplificação dos procedimentos, especialmente para o julgamento das pequenas causas e recurso a formas quase-judiciárias ou não judiciárias de conciliação e mediação como instrumento para simplificação e resolução dos litígios"*, listam-se o inquérito civil, o termo de ajustamento de conduta, as audiências públicas, as recomendações.

---

8. BRASIL. Justiça em números 2014: ano base 2013/CNJ. Brasília.
9. CARDOZO, José Eduardo. **O Acesso à Justiça no Brasil: desafios e perspectivas.** Manual de Boas Práticas de Acesso à Justiça – Mercosul e Estados Associados. Brasília: Secretaria de Reforma do Judiciário do Ministério da Justiça, 2012, p. 44.

Ao lado da atuação jurisdicional, chamada de demandista, temos o Ministério Público resolutivo, com atuação extrajurisdicional. Sobre esse, vale lembrar.

> O novo perfil constitucional do Ministério Público impõe uma releitura da atuação jurisdicional da instituição. A capacitação dos membros e servidores da instituição para a resolução das controvérsias, conflitos e problemas por meio do diálogo e do consenso é um caminho necessário a ser trilhado pelo Ministério Público como instituição constitucional fundamental de acesso à justiça. A negociação e a mediação são técnicas legitimas para ampliar e consagrar a dimensão constitucional do Ministério Público como garantia fundamental de acesso à justiça da sociedade.[10]

E, para implantar a nova realidade

> Cabe ao Ministério Público provocar essa mudança de foco do debate. Estender a temática das soluções consensuais para a seara coletiva é, sem dúvida, missão para a qual o Ministério Público pode contribuir de modo diferenciado, com toda a sua experiência, assegurando maior racionalidade, agilidade e efetividade ao sistema. Enfim, estender para a tutela coletiva a mentalidade de conciliação que orienta o terceiro estágio do movimento do acesso à justiça e, também, potencializar os métodos autocompositivos, extrapolando o viés exclusivamente individual que se lhes tem dado no debate entre os Poderes."[11]

Aliás, essa vocação do Ministério Público vem, de há muito, sendo proclamada por Hugo Nigro Mazzilli.

> Entretanto, a possibilidade de acesso a Justiça não é efetivamente igual para todos: são gritantes as desigualdades econômicas, sociais, culturais, regionais, etárias, mentais.
>
> (...)
>
> Pois justamente para preservar aqueles valores democráticos, bem como para assegurar um adequado equilíbrio tanto na fase pré-processual, como dento da própria relação processual, é que surge o papel do Ministério Público. Destinado constitucionalmente à defesa da ordem jurídica, do regime democrático e dos interesses sociais e individuais indisponíveis, ao Ministério Público se confere tanto a iniciativa de algumas ações, como a intervenção noutras tantas delas.

---

10. GAVRONSKI, Alexandre Amaral e ALMEIDA, Gregório Assagra. **O movimento do acesso à Justiça no Brasil e o Ministério Público.** *In* Manual de Negociação e Mediação para Membros do Ministério Público. Brasília: Ministério da Justiça. 2014, p. 60.
11. Idem. Ibidem, p. 71.

> (...)
>
> Longe, porém, de um papel apenas destinado a colaborar com as prestação jurisdicional do Estado, seja como órgão agente, seja como órgão interveniente, o ofício do Ministério Público desenvolve-se também na esfera extrajudicial.[12]

E conclui

> Enfim, ora o Promotor de Justiça exerce sua tarefa, seja na área preventiva – tarefa esta de pacificação social e composição de conflitos, ora exerce o Promotor de Justiça seus misteres na fase posterior à violação da lei – é o que faz quando age como órgão autor ou órgão interveniente, quer provocando a atuação jurisdicional, quer nela intervindo.
>
> Tanto numa das hipóteses, como noutra, em todas suas atividades o Ministério Público sempre atua na defesa daquele interesse público primário, em busca de relevantes valores democráticos, em especial em busca do acesso do cidadão à prestação jurisdicional e à Justiça.

O desafio é antigo e pressupõe, para a sua qualificação, uma mudança de paradigma na atuação dos atores da cena judiciária. O Poder Judiciário deixa de ser mero declarador de direitos para avançar na busca da efetivação dos direitos fundamentais. O Ministério Público há de promover justiça[13].

A promoção da justiça pressupõe eficiência da atuação institucional, e esta se liga diretamente com "a ampliação da atuação extrajudicial como forma de pacificação de conflitos, a atuação como forma proativa, efetiva, preventiva e resolutiva e a celeridade procedimental."[14]

Sobre o retorno que o Ministério Público deve dar à sociedade como modo de alcançar os objetivos estratégicos, de forma constante e impessoal, Paulo Valério Dal Pai Moraes sugere lance-se mão de alguns princípios, forjadores de

12. MAZZILLI, Hugo Nigro. O Acesso à Justiça e o Ministério Público. *Revista Justitia*, 146, São Paulo. P. 68-78. 1989.
13. GAVRONSKI, Alexandre Amara e ALMEIDA, Gregório Assagra de lembram que "Impõe-se sempre ter presente que, enquanto a missão do Poder Judiciário é *realizar* a justiça, a do Ministério Público é *promovê-la*. E só promove uma justiça ágil, célere e efetiva uma instituição que se conecta com o seu tempo e realidade que a envolve, tomando as lições do passado, agindo com adequação e mirando o futuro. E o futuro do direito, neste século XXI, certamente passa pelo incremento dos métodos autocompositivos." (Manual de Negociação e Mediação para Membros do Ministério Público. Brasília: Ministério da Justiça. 2014, p. 43).
14. A afirmação é de Paulo Valério Dal Pai Moraes, analisando o mapa estratégico do Ministério Público Brasileiro elaborado pelo Conselho Nacional do Ministério Público. *Noções Preliminares*. In Manual de Negociação e Mediação para Membros do Ministério Público. Ministério da Justiça: Brasília, 2014, p. 22.

uma "cultura" institucional. O primeiro deles, e relacionado ao tema objeto do presente, é o "princípio da paz", que, nas suas palavras, vem assim explicado.

> Para ter paz, é preciso que se efetive uma postura educativa, pedagógica mesmo, na qual se implemente a desvalorização dos métodos adversariais de troca de ideias e de informações e de adotem as práticas colaborativas e autocompositivas de solução de conflitos, de controvérsias e de problemas.
>
> A educação sobre as práticas colaborativas e autocompositivas para a paz, portanto, é a única maneira para que se possa transformar a cultura interna e externa da nossa instituição, priorizando-se o consenso e reservando-se os caminhos processuais e a disputa de posições para as situações em que não seja possível o entendimento direito entre os envolvidos na questão."[15]

Essa vocação transformadora do Ministério Público, estimuladora de métodos autocompositivos e colaborativos, já integra o rol de atuação institucional, iniciando pelo singelo, mas importantíssimo, atendimento de partes, passando pela recomendação, pelas audiências coletivas e públicas realizadas, até a celebração do termo de ajustamento de conduta.

Na análise da relação Lei nº 13.105/2015 *versus* atuação do Ministério Público percebe-se que lei processual apenas repetiu e chancelou os espaços que foram palmilhados pelo redesenho de atuação institucional produzido pela Constituição Federal de 1988.

E não poderia ser diferente.

O novo Código de Processo Civil parte do pressuposto de que será interpretado à luz da Constituição Federal[16], porque é ela que molda, da cor e da vida ao ordenamento jurídico pátrio. Cria-se um modelo a ser obrigatoriamente seguido pelo aplicador e pelo intérprete. O modelo de acatamento às regras constitucionais-processuais[17].

Nessa linha, percebe-se no NCPC foi mais além da visão tradicional do processo[18], porque também prevê outros meios de resolução de conflitos, trazendo

---

15. MORAES, Paulo Valerio Dal Pai. *Noções Preliminares.* **In** Manual de Negociação e Mediação para Membros do Ministério Público. Ministério da Justiça: Brasília, 2014, p. 23-24.
16. Lei nº 13.105/2015 – Art. 1º – O processo civil será ordenado, disciplinado e interpretado conforme os valores e as normas fundamentais estabelecidos na Constituição da República Federativa do Brasil, observando-se as disposições deste Código.
17. Cássio Scarpinella Bueno diz que os princípios constitucionais são o "mínimo existencial do direito processual civil". Manual de Direito Processual Civil: inteiramente estruturado à luz do novo CPC – Lei 13.105, de 16-3-2015. São Paulo: Saraiva, 2015, 39.
18. Na obra citada, p. 35, Cássio Scarpinella Bueno diz que "O direito processual civil é o ramo do direito que se volta a estudar a forma de o Poder Judiciário (estado-Juiz) exercer a sua atividade fim, isto é, prestar

para o palco processual institutos como a mediação, a negociação, a arbitragem, alterando substancialmente a estrutura do procedimento comum.

O acesso à justiça ganha, assim, novos matizes, irradiados pela releitura do artigo 5º, XXXV, da Constituição Federal.

A grande novidade foi anunciada por Scarpinella:

> O dispositivo também permite interpretação no sentido de que o acesso ao Estado-juiz nele assegurado não impede, muito pelo contrário, que o Estado, inclusive o Judiciário, busque e, mais que isso, incentive a busca de outros mecanismos de solução de conflitos, ainda que não jurisdicionais. Uma coisa é negar, o que é absolutamente correto, que nenhuma lesão ou ameaça a direito possa ser afastada pelo Poder Judiciário. Outra, absolutamente incorreta, é entender que somente o Judiciário e o exercício da função jurisdicional podem resolver conflitos, como se fosse esta uma competência exclusiva sua. É incorreta essa compreensão totalizante do Poder Judiciário e, por isso mesmo, que o estudo dos chamados meios alternativos (no sentido de não jurisdicionais) é tão importante (...)[19]

Percebe-se claramente que a nova matriz processual civil, para além do incentivo à conciliação judicial, estimula a utilização de técnicas alternativas de composição de conflitos.

O princípio constitucional do acesso à justiça passa a ser sinônimo de acesso à ordem jurídica justa e garante às pessoas formas substanciais de resolução do conflito, com mecanismos judiciais e extrajudiciais. Essa releitura do princípio traz ao cenário jurídico métodos autocompositivos de resolução como alternativas ao modelo tradicional. O Novo Código de Processo Civil, seguindo o rumo da Lei nº 13.140/2015 (*Dispõe sobre a mediação entre particulares como meio de solução de controvérsias e sobre a autocomposição de conflitos na administração pública...*), da Resolução CNMP nº 118/2014 (*Dispõe sobre a Política Nacional de Incentivo à Autocomposição no âmbito do Ministério Público e dá outras providências*), e da Resolução CNJ nº 125/2010 (*Dispõe sobre a Política Judiciária Nacional de tratamento adequado de conflitos de interesses no âmbito do Poder Judiciário e dá outras providências*) privilegia a "solução consensual dos conflitos" (art. 3º, § 2º, Lei 13.105/2015).

Tratando "das normas fundamentais do processo civil", ponto de partida e padrão hermenêutico do novo sistema processual civil, diz o novo Código:

---

a tutela jurisdicional a partir do conflito de interesse (potencial ou já existente) que exista entre duas ou mais pessoas."

19. Obra citada, p. 41.

> Art. 3º Não se excluirá da apreciação jurisdicional ameaça ou lesão a direito.
>
> (...)
>
> § 2º O Estado promoverá, sempre que possível, a solução consensual dos conflitos.
>
> § 3º A conciliação, a mediação e outros métodos de solução consensual de conflitos deverão ser estimulados por juízes, advogados, defensores públicos e membros do Ministério Público, inclusive no curso do processo judicial.

A inafastabilidade da jurisdição ganhou novos contornos. Pretende solucionar o conflito e não apenas o processo, tanto que a resolução do mérito passa a ser sinônimo de efetividade, como se vê da leitura do artigo 4º do Novo Código de Processo Civil. E a novidade reside no fato de que não será necessário processo judicial para tanto.

A mudança, além de ampliar os mecanismos de acesso à justiça, também é importante reforço para garantir a "duração razoável do processo", no sentido de reduzir o número de atos processuais, fazendo mais eficiente a prestação jurisdicional.

Marcelo Zenkner afirma que a morosidade judicial causa injustiças, desprestígio do Judiciário, insegurança jurídica e até mesmo pesados custos econômicos. Socorrendo-se de outros doutrinadores, lembra que a demora na prestação jurisdicional causa "erosão da lei e da ordem" e que julgamentos tardios perdem, progressivamente, seu sentido reparador porque, dependendo do tempo transcorrido, qualquer decisão será injusta[20].

E complementa

> Muito mais importante que um processo efetivo é uma 'justiça de resultados', razão pela qual a utilização da via jurisdicional deve ser utilizada apenas em caráter residual ou subsidiário. Não é outra a linha de atuação sugerida pela Ministra do Superior Tribunal de Justiça Fátima Nancy Andrighi, 'Urge a adoção de medidas tendentes a eliminar o fosso entre os conflitos sociais e sua possível solução, até pelo cultivo nesta mesma sociedade de meios de se chegar a acordos por elas mesmas, utilizando a complicada máquina judiciária em casos extremos, diante da efetiva impossibilidade de composição'.[21]

20. Obra citada, p. 319.
21. Obra citada, p. 320.

Os métodos autocompositivos, as formas alternativas de resolução de conflitos, apresentam-se como alternativas à crise do processo, seja porque facilitam o acesso à justiça, seja porque impactam positivamente a duração razoável do processo.

Joel Dias Figueira Júnior[22], falando sobre os caminhos a serem perseguidos antes mesmo da inauguração do processo, diz

> Os métodos alternativos de solução dos conflitos são melhor compreendidos quando enquadrados no movimento universal de acesso à justiça, à medida que aparecem como novos caminhos a serem trilhados facultativamente pelos jurisdicionados que necessitam resolver seus litígios, de forma diferenciada nos moldes tradicionais da prestação de tutela oferecida pelo Estado-juiz. A expressão Alternative Dispute Resolution (ADR) tem sido comumente concebida não apenas no sentido técnico, mas, sobretudo, nos expedientes não judiciais destinados à resolução de conflitos.

Ao Ministério Público é possível atuar e intervir na conciliação/mediação tanto na esfera judicial (estimulando-a, como prevê o artigo 3ª, § 3º, do novo Código e nos processos onde atuar como fiscal da ordem jurídica) quanto na extrajudicial (art. 175), regulamentada por lei específica, no caso, a Lei nº 13.140/2015.[23]

Há inequívoca tendência mundial pelo uso das *Alternative Dispute Resolution* (ADRs) que, na base, traz consigo a ideia de negociação. Para bem situar o contexto da discussão e o tamanho do desafio institucional necessário recordar alguns conceitos.

Usaremos aqui as concepções trazidas por Paulo Valério Dal Pai Moraes[24], estudioso do tema que consegue, com sua experiência, concretizar os conceitos à realidade da atuação ministerial.

Abordaremos, além dos conceitos de mediação e de conciliação, os de conflito, controvérsia e problema.

Negociação é o gênero que tem por espécies a mediação, a conciliação, a transação e a arbitragem. Etimologicamente, vem de "negar o ócio", vale dizer, pressupõe uma conduta ativa e representa "uma estratégia de administração de conflitos, controvérsias e problemas, que se vale de práticas de comunicação, de psicologia e de aspectos culturais, com o objetivo de atender a alguma

22. Arbitragem, jurisdição e execução. São Paulo: Revista dos Tribunais, 1999, p. 114.
23. Ao Ministério Público do Trabalho também é possível atuar como árbitro nos dissídios trabalhistas, conforme prevê o artigo 83, inc. XI, da LC 75/93.
24. MORAES, Paulo Valerio Dal Pai. *Noções Preliminares*. In Manual de Negociação e Mediação para Membros do Ministério Público. Ministério da Justiça: Brasília, 2014, p. 21-37.

necessidade que somente possa ser satisfeita por intermédio da troca de informações, bens, valores e interesses."

Lembra o doutrinador que há duas formas de negociação: competitiva e colaborativa.

Na primeira, como o próprio nome sugere, há busca pelo maior ganho possível (não apenas ganho financeiro), sem qualquer preocupação com o interlocutor. O modelo é do "ganha-perde" e, por conseguinte, há pouca ou nenhuma adesão ao resultado, de cunho nitidamente formal. É mais demorada e baseada em modelos rígidos, formais e inflexíveis. O processo judicial é exemplo desse modelo.

Na colaborativa busca-se compatibilizar os interesses de ambos, proporcionando um "ganha-ganha". Há mais adesão dos envolvidos porque ambos estão comprometidos com o resultado, substancialmente resolutivo. É informal, flexível e mais célere.

A análise dos dois modelos evidencia, nessa quadra, a opção do NCPC pela negociação colaborativa, especialmente porque o grande objetivo do sistema de justiça *lato sensu* é o de resolver litígios.

Retornamos aos ensinamentos de Moraes, para quem **conflito** é o antagonismo de posições ou de interesses onde haja resistência por parte de um dos envolvidos. Já na **controvérsia** não há resistência, mas apenas de divergência. **Problema**, a seu turno, é um desafio a enfrentar, baseado em questão fática, sem a coexistência de conflito ou controvérsia.

Mediação é um processo autocompositivo segundo o qual as partes em disputa são auxiliadas por uma terceira pessoa, neutra ao conflito, abrangendo os interesses, sentimentos e questões das mesmas partes envolvidas.[25]

Já na **conciliação** o terceiro tem posição mais ativa, apresentando uma apreciação do mérito ou uma recomendação de solução tida por ele (conciliador) como justa. Não se limita a auxiliar as partes a chegarem por elas a um acordo, podendo aconselhar e tentar induzi-las ao resultado.

Conciliação e mediação são espaços de resolução de conflitos, controvérsias e problemas.

Não se trata de verdadeira novidade legislativa, porque a construção de soluções justas e legais está na essência da atuação do Ministério Público. Por oportuna, colaciona-se a lição de Marcos Paulo de Souza Miranda[26].

25. O conceito é de André Gomma Azevedo. **In** Manual da Mediação Judicial. Ministério da Justiça: Brasília. 2209. P. 42-153.

26. A Recomendação Ministerial como Instrumento Extrajudicial de Solução de Conflitos Ambientais. In: *Temas Atuais do Ministério Público: a atuação do Parquet nos 20 anos da Constituição Federal*. CHAVES, Cristiano et al. (Coord.). Rio de Janeiro: Lumen juris, 2008, p. 366.

> Não se concebe hodiernamente que os membros do Ministério Público – mormente os que atuam na defesa de direitos difusos e coletivos – se transformem em meros e contumazes repassadores de demandas ao Poder Judiciário, como se acometidos de chamado 'complexo de Pilatos', caracterizado por lavar as mãos e transferir a responsabilidade pela resolução de determinado problema de terceira pessoa.

A busca da conciliação não causará maiores perplexidades porque mantida a tradicional forma de atuar, embora provoque a Instituição às mudanças que o novo código propõe.

Prosseguirá o Ministério Público propondo, estimulando e acompanhando conciliações seja nas ações onde atuar como fiscal da ordem jurídica, como por exemplo as situações dos artigos 303, II; 308, § 3º; 334, "caput"; e 694, todos do NCPC.

Também o fará naquelas onde for parte (artigos 3º, § 3º e 334, "caput"). Nesse particular, diante da cogência processual na busca da autocomposição, abrir-se-á interessante discussão. É possível que o Ministério Público transacione com os interesses que representa? Em caso positivo, qual o limite para tanto? E que tipo de controle será exercido?

A resposta à primeira indagação há de ser positiva, porque, repita-se, tanto o Novo Código de Processo Civil, quanto a Lei nº 13.140/2015 (*"Dispõe sobre a mediação entre particulares como meio de solução de controvérsias e sobre a autocomposição de conflitos no âmbito da administração pública ..."*) criaram novo paradigma de resolução dos conflitos baseados na utilização de métodos autocompositivos.

Para responder o segundo questionamento, invoca-se texto escrito por Alexandre Amaral Gavronski, intitulado *Potencialidades e limites da negociação conduzida pelo Ministério Público*.[27]

De pronto, Gavronski pontua

> O grande desafio da atuação do Ministério Público nessa seara é que a legitimidade coletiva a ele atribuída pela Constituição (art. 129, III) e as responsabilidades decorrentes de sua função de defensor dos direitos constitucionais ou ombudsman (art. 129, II), ou mesmo de outras funções previstas em lei e compatíveis com a finalidade institucional (art. 129, IX, c/c art. 127), como a de intervir

27. GAVRONSKI, Alexandre Amaral. *Potencialidades e limites da negociação conduzida pelo Ministério Público* In Manual de Negociação e Mediação para Membros do Ministério Público. Ministério da Justiça: Brasília, 2014, p. 147-167.

> em processos que envolvam determinados interesses individuais indisponíveis (de incapazes, por exemplo), destinam-se à promoção da defesa e de respeito a direitos e interesses dos quais não é titular: os direitos difusos, coletivos stricto sensu, individuais homogêneos e os individuais indisponíveis. Paralelamente, a configuração constitucional do Ministério Público, incumbido de promover a justiça, impõe-lhe uma postura ativa, diferente do Poder Judiciário, incumbido de realizar a justiça quando provocado, dele se esperando imparcialidade.
>
> Sendo assim, para o adequado uso dos métodos autocompositivos à luz de sua configuração e responsabilidades constitucionais, o Ministério Público deve identificar como adotar uma postura ativa, mesmo não sendo o titular desses objetos da composição.

E a resposta pressupõe a superação de uma postura tradicional que vê apenas no Poder Judiciário legitimidade para resolver conflitos e controvérsias.

Esse perfil do Ministério Público *promotor de justiça*, sobre o qual já falamos, seja em ações coletivas, seja em ações individuais implica em "limites a essa sua atuação". Um deles, justamente, relaciona-se à fixação da linha demarcatória da disponibilidade do direito.

Para situar o problema e encaminhar resolução invoca-se, novamente, o magistério de Gavronski.

> De qualquer modo, trate-se de legitimidade autônoma para a condução do processo para defesa dos direitos e interesses difusos e coletivos, trate-se de legitimidade extraordinária para defesa dos direitos e interesses individuais homogêneos, a doutrina especializada é praticamente unânime em afirmar que, atuando o legitimado coletivo em defesa de direitos de outrem, não pode dispor desses direitos. **A legitimidade em questão é para a atuação processual e extraprocessual** (esta, como sustentamos, por extensão) destinada à ***defesa* dos direitos e interesses difusos, coletivos *stricto sensu* e individuais homogêneos, não para a relação de direito material.** Destarte, **não pode o legitimado, não sendo titular dos direitos que deve defender, deles dispor nem a eles renunciar;** (...)
>
> Daí se dizer que **os direitos coletivos *(lato sensu)* são indisponíveis para os legitimados coletivos,** independente da natureza desses direitos, ou seja, se materialmente disponíveis ou indisponíveis pelo próprio titular.
>
> Da indisponibilidade dos direitos coletivos pelo Ministério Público, como legitimado que é para a sua defesa, muitos concluem pela

> impossibilidade de negociação em tutela coletiva pelo Ministério Público (...)
>
> Esta conclusão parte da premissa de que a negociação ou autocomposição importa, necessariamente, na disposição sobre o direito, premissa que está amparada na concepção de transação que orienta o direito privado e está disciplinada nos arts. 84-850 do Código Civil.
>
> A premissa é equivocada. É sem dúvida, possível negociação em tutela coletiva sem que haja disposição sobre os direitos coletivos pelos legitimados a defende-los, residindo o equívoco fundamental, justamente, na confusão entre essa negociação e a transação do direito civil. Sem dúvida, a negociação em tutela coletiva não comporta, como a transação, concessões sobre o conteúdo dos direitos (renúncias), ao menos não por parte dos legitimados coletivos em relação aos direitos coletivos que defendem, titularizados por terceiros que não participam, via de regra, da negociação. Da negociação em tutela coletiva resulta, sempre, um negócio jurídico sui generis, marcado pela nota da indisponibilidade dos direitos legitimados coletivos.[28]

O que leva alguns ao entendimento da impossibilidade de negociar direitos coletivos, difusos e individuais homogêneos é a confusão entre *disposição* e *concretização* desses direitos.

A pedra de toque é o fato de que o Ministério Público, adaptado aos desafios que a Constituição impôs, quando "negocia" os direitos cuja defesa lhes foi conferida, "está *concretizando o direito*, vale dizer, interpretando o direito posto – não apenas a regra jurídica aplicável ao caso, mas todo o sistema jurídico – à luz da situação concreta no intuito de identificar a *norma do caso concreto*. Ele está identificando qual(is) regra(s) e princípio(s) jurídico(s) se aplica(m) para determinada situação e de que modo." A única diferença da concretização feita pelo Poder Judiciário é que a esta se agrega o instituto da coisa julgada, concedendo-lhe o atributo da imutabilidade.[29]

Para a terceira indagação, além do controle social, há o controle judicial – sempre presente haja vista o princípio da inafastabilidade, e aquele realizado pelos órgãos de fiscalização internos – Conselho Nacional do Ministério Público, Conselho Superior (no caso dos Ministérios Públicos Estaduais) e pelas Câmaras de Coordenação e Revisão (para o Ministério Público Federal).

---

28. Idem. Ibidem.
29. GAVRONSKI, Alexandre Amaral. *Potencialidades e limites da negociação conduzida pelo Ministério Público* In Manual de Negociação e Mediação para Membros do Ministério Público. Ministério da Justiça: Brasília, 2014, p. 147-167.

Veja-se que, ainda que o Magistrado que preside ação proposta pelo Ministério Público, onde não se optou pela conciliação ou mediação (art. 319, VII, NCPC), invocando a tese da indisponibilidade do direito, deixar de, ao receber a petição inicial, aprazar audiência de conciliação (art. 334, "caput", NCPC), poderá o réu pedi-la na contestação ou a qualquer tempo (art. 3º, § 3º, NCPC). É impensável, portanto, não se divisar no horizonte próximo do Ministério Público agente a ocorrência de práticas autocompositivas.

Na mediação é que se verificam novos desafios Institucionais, porque descortinada uma nova modalidade de velar pela fiscalização da ordem jurídica constitucional através da busca de uma decisão justa.

A partir da leitura do artigo 168, "caput", do NCPC[30], tem-se por viável que, tomando conhecimento de situação que autoriza o início do procedimento de mediação, poderá o Ministério Público oferecer-se às partes para conduzí-lo. Esse conhecimento do fato se dará através do atendimento de partes ou de representações direcionadas à Instituição, muitas delas hoje indeferidas porque embasadas de direitos individuais disponíveis.

Conhecendo o fato poderá atuar como mediador extrajudicial[31], inaugurando o procedimento ditado pelo artigo 21 e seguintes da Lei nº 13.140/2015.[32]

Não se aplicam aos membros do Ministério Público que atuarem na mediação a restrição imposta pelo artigo 172, e a determinação emanada do artigo 167 do NCPC. Esta, porque a prática de atividades autocompositivas faz parte do rol das funções institucionais dos integrantes da Instituição; aquela, em face do tipo de representação processual desempenhada pelo *Parquet*.

A criação de Núcleos Permanentes de Incentivo à Autocomposição, a formação e capacitação de membros e servidores, a "valorização do protagonismo institucional na obtenção de resultados socialmente relevantes que promovam a justiça de modo célere e efetivo", dentre outros (arts. 2º e 7º, Resolução CNMP nº 118/2014), são etapas a serem implantadas. Mas a adoção, apenas, de providências administrativas e organizacionais não será insuficiente. Necessário será mudar o paradigma, atuar como uma instituição que persiga a pacificação

---

30. Art. 168 – As partes podem escolher, de comum acordo, o conciliador, o mediador ou a câmara privada de conciliação e de mediação.
31. A figura do mediador extrajudicial consta no artigo 9º da Lei nº 13.140/2015, assim redigido ˜ Poderá funcionar como mediador extrajudicial qualquer pessoa capaz que tenha a confiança das partes e seja capacitada para fazer mediação, independentemente de integrar qualquer tipo de conselho, entidade de classe ou associação, ou nele inscrever-se.
32. Sobre a dinâmica do processo de Mediação, seus princípios e conteúdo, sugere-se a leitura de ARLÉ, Danielle de Guimarães Germano, BADINI, Luciano e BORGES, Vladimir da Matta Gonçalves, **A Mediação no** âmbito **do Ministério Público. In** Manual de Negociação e Mediação para Membros do Ministério Público. Ministério da Justiça: Brasília, 2014, p. 241-287..

social através de novas práticas colaborativas, substituindo a atuação de *custos legis* pela de *custos societatis*.

O desafio será experenciar um novo modelo de intervenção, desapegado do mero formalismo e orientado pela vanguarda na busca de soluções resolutivas não apenas do processo, mas do conflito, seja como parte, seja como interveniente processual, seja como guardião da ordem jurídica ou apenas como Instituição indispensável à função jurisdicional, agora reconfigurada ante as inovações do novo código.

A moderna conformação do acesso à justiça, para além do simples *a day in court*, garante às pessoas o alcance à solução efetiva do conflito, através dos meios judiciais e extrajudiciais. Seguindo a tendência mundial de redução da litigiosidade e da judicialização, da cultura do diálogo e dos métodos colaborativos, o Novo Código de Processo Civil erigiu a solução consensual dos conflitos como sendo uma "norma fundamental do processo civil". Essa verdadeira mudança de paradigma impõe ao Ministério Público adotar mecanismos de autocomposição nos processos onde atuar como parte e fiscal, bem como orientar as partes e a sociedade em geral sobre a aplicabilidade de tais mecanismos. Da mesma forma, a criação de núcleos de mediação no âmbito da Instituição permitirá a busca de soluções consensuadas a litígios que hoje não contam com a atuação do Ministério Público, haja vista o eventual caráter individual e disponível dos direitos envolvidos. Evolui-se do status de *custos legis* para o de *custos societatis (custos juris)*, criando um novo espaço de agir.

A melhor forma de resolver conflitos provém das práticas colaborativas[33]. A consensualidade é o modo mais eficaz de colocar-se solução justa ao litígio.

Fenômenos sociais cada vez mais complexos exigem a busca por mecanismos de participação e de pacificação. O Ministério Público, especialmente por sua vocação democrática a vanguardista, não pode dar às costas à nova realidade.

---

33. Os números retratam a importância da via consensual. MARCOS PAULO DE SOUZA MIRANDA (A recomendação ministerial como instrumento extrajudicial de resolução de conflitos ambientais. In: Temas atuais do Ministério Público. Cristiano Chaves et al (coord.). Rio de Janeiro: Lumen Juris, 2008, p. 372) registra que AA"Uma pesquisa realizada na Comarca de São Paulo veio confirmar que a via judiciária de resolução de conflitos é muito lenta e que a construção do consenso, através da utilização do Inquérito Civil em conjunto com o TAC, implica a efetiva resolução de conflitos ambientais. Por isso, de todos os conflitos ambientais instaurados no período de 2001 a 2004 em São Carlos-SP, a maioria vem sendo resolvida através da assinatura de TAC (63%), em detrimento das ACPs ajuizadas perante o Poder Judiciário (3%), restando outros 34% em fase de negociação. Segundo a pesquisa, o tempo médio de resolução de conflitos através de TAC é de um ano em meio, ao passo que as ACPs pendentes representam 60% das ajuizadas em 1997, 80% das ajuizadas em 1998, e a partir de 1999 nenhuma havia sido resolvida até 2005."

CAPÍTULO 12

Novo Código de Processo Civil – O Ministério Público e os Métodos Autocompositivos de Conflito – Negociação, Mediação e Conciliação[1]

Paulo Valério Dal Pai Moraes[2]

SUMÁRIO: 1 – INTRODUÇÃO; 2. BREVES CONSIDERAÇÕES SOBRE O CONFLITO:; 3 – MÉTODOS AUTOCOMPOSITIVOS – NEGOCIAÇÃO, MEDIAÇÃO E CONCILIAÇÃO; 3.1 – NEGOCIAÇÃO:; 3.2 – MEDIAÇÃO:; 3.3. CONCILIAÇÃO; 4 – MÉTODOS AUTOCOMPOSITIVOS E O MINISTÉRIO PÚBLICO.

1. INTRODUÇÃO

O novo Código de Processo Civil veio à sociedade sob a denominação de Lei nº 13.105, publicada no Diário Oficial da União de 16 de março de 2015.

Como é natural que aconteça, principalmente no contexto profissional no qual estamos inseridos, repleto de entendimentos, posições e controvérsias, alguns entendem que o novo CPC contém avanços; outros, nem tanto; e há os que dizem que nada mudará substancialmente.

A postura que nos parece mais adequada – aliás, sempre, e não só ao abordar este tema – é a de respeito às diferentes manifestações sobre o significado

1. Artigo completo publicado no livro Reflexões sobre o novo Código de Processo Civil. Organizadores Cláudio Barros Silva e Luciano de Faria Brasil. Porto Alegre: Livraria do Advogado Editora, 2016.
2. Procurador de Justiça do Estado do Rio Grande do Sul. Possui graduação em Ciências Jurídicas e Sociais pela Universidade Federal do Rio Grande do Sul (1985), especialização em Direito Processual Civil (1989) e mestrado em Direito do Estado pela Pontifícia Universidade Católica do Rio Grande do Sul (1997). Atua como conferencista e capacitador na Área da Negociação e resolução de conflitos e de problemas, com trabalho predominante junto ao setor público. Integra a Comissão de Acompanhamento dos Projetos de Alteração do Código de Defesa do Consumidor e o Conselho Científico do Brasilcon – Instituto Brasileiro de Política e Direito do Consumidor, bem como o Conselho Científico da Revista Luso-Brasileira de Direito do Consumidor. Integra o MPCON – Associação Nacional do Ministério Público do Consumidor.

da nova Lei, porque toda jovem construção normativa precisa ser lapidada pelos olhares divergentes, a fim de que sejam adequadamente implementados, pela interpretação construtiva e ética, os dispositivos que regularão o processo civil e todas as estruturas afins.

Então, partindo do respeito, do diálogo e da esperança, pois sem eles fica difícil viver e conviver, é possível concluir que o novo CPC traz, no seu conjunto, avanços na regulação das questões processuais e extraprocessuais, se comparado com a atual legislação, mas também apresenta grandes problemas que precisaremos solucionar.

De fato, em que pese existirem alterações, até mesmo profundas, que poderão trazer alguma perplexidade para a boa resolução dos conflitos sociais, é inegável que precisamos saudar as alterações positivas, como forma de promover a convergência e o estabelecimento de uma aura de consenso em torno de algumas questões que terão a mais fácil concordância de todos.

Passarei, desta forma, a realizar uma abordagem prospectiva e reflexiva sobre alguns pontos que parecem fundamentais na nova legislação, sem qualquer cunho de completude ou mesmo de esgotamento da matéria, até porque o intuito deste trabalho é o afloramento de ideias, para que os (as) leitores (as) possam debater os temas, devendo surgir da confluência das diversas opiniões as sínteses que orientarão nossa caminhada na busca do aprimoramento institucional.

Alguns dos objetivos primordiais da nova legislação são a implementação de uma *postura funcional*, capaz de resolver *problemas* – aqui usamos a expressão *problemas*, porque apresenta uma dimensão mais ampla do que *conflitos* e *controvérsias*[3] [4]– e de realizar os *valores constitucionais*, por intermédio da

3. A distinção que é feita entre ***conflito*** e ***controvérsia*** é necessária, porque o ***conflito*** se caracteriza por um antagonismo de posições ou de interesses, onde exista a resistência por parte de um dos envolvidos. Já a ***controvérsia*** não possui tal característica da resistência, sendo identificada, apenas, pela divergência, na qual não exista resistência. A palavra ***resistência***, portanto, é que estabelece a distinção.

4. É o usado o conceito de "problema", pois em várias situações da atuação Ministerial não existem conflitos a resolver. Por exemplo, na atuação preventiva em que é feito trabalho objetivando que sejam implementados os Planos de Prevenção Contra Incêndio – PPCI em condomínios, casas de espetáculo, bares, restaurantes, hotéis etc, pode não haver conflito, o que acontecerá se os instados a cumprir as exigências legais aceitarem imediatamente implementar o que é determina a Lei. Nesta situação, apena haverá um "problema", que será resolvido por intermédio de uma negociação direta entre os membros da Instituição e aquele que precisava regularizar a segurança do estabelecimento ou do condomínio. Um segundo exemplo seria a formalização de convênios entre o Ministério Público e outras instituições públicas. Para a formalização do documento serão utilizadas técnicas de negociação para solucionar o "problema", não se falando em conflito, pois, na maior parte das vezes, ele não existe. Ex.: convênios entre o Ministério Público e as Universidades Federais para a análise de combustível adulterado. O Ministério Público se comprometia a oferecer o material humano, veículos de coleta, investigação, e as Universidades ofereciam seus laboratórios, o material, as análises e os laudos técnicos, sem que houvesse qualquer conflito.

obtenção de decisões *mais rentes à realidade fática* subjacente à causa. Para tanto, a utilização de métodos *simplificados* e *flexíveis* apresenta-se como uma estratégia útil para a concretização do *princípio da duração razoável do processo*, mas com segurança e estabilidade jurídica, prevendo o novo CPC várias situações processuais tendentes a evitar a dispersão da jurisprudência (artigos 982, § 3º, e 1.036).

Feito esse breve panorama introdutório, é marcante na nova Lei a substancial alteração no que tange ao modelo de Justiça do Brasil, pois acabam sendo definitivamente institucionalizados instrumentos que objetivam efetivar o princípio da adaptabilidade[5], por meio do qual são adotadas as técnicas de resolução de problemas mais adequadas, tendo em vista as peculiaridades do caso concreto, o que abrange aspectos como o custo financeiro endo e extraprocessual, a celeridade, a manutenção dos relacionamentos, a exequibilidade da solução, os custos emocionais da disputa e tantas outras realidades que envolvem as questões controvertidas em sociedade.

Nesse desiderato, emergem a **negociação, a conciliação e a mediação, no espaço judicial e extrajudicial**, como alterações importantíssimas, nas quais o Ministério Público terá uma função estrutural, tanto criando suas próprias vias de resolução de problemas – isso merece uma profunda e calma reflexão -, como, no mínimo, participando ativamente dos espaços que busquem dirimir controvérsias em questões coletivas com relevância social (o conceito de relevância social está no art. 82, § 1º, do CDC, sendo, todavia, aplicável a todas as áreas do Direito, tendo como requisitos a dimensão do dano, as características do dano ou a relevância do bem jurídico protegido) e individuais com a marca da indisponibilidade.

Veja-se que já no artigo 3º, § 2º, do novo CPC, é dito que o "...Estado promoverá, sempre que possível, a solução consensual dos conflitos", continuando no § 3º para ressaltar que "A conciliação, a mediação e outros métodos de solução consensual de conflitos deverão ser estimulados por juízes, advogados, defensores públicos e membros do Ministério Público, inclusive no curso do processo.".

Ou seja, há um mandamento legal, localizado na parte inicial do novo Diploma, expressando, de maneira ostensiva, que existe outro papel sendo atribuído ao Ministério Público, que é a promoção, nos espaços de negociação,

5. Em André Gomma de Azevedo, *Perspectivas Metodológicas do processo de mediação: apontamentos sobre a autocomposição no direito brasileiro*. Estudos de Arbitragem e Negociação. Vol. 2. Disponível em HTTP://www.ascos.org.br/livros/estudos-de-arbitratem-mediacao-e-negociacao-vol2/se, acessado em 03.12.2013.

de conciliação e de mediação, de uma profunda transformação social, objetivo este já eleito pelo Conselho Nacional do Ministério Público como prioritário.

Para tanto, basta que se leia no site do CNMP o que consta no Mapa Estratégico Nacional, e lá se constatará que nossa missão de defesa da ordem jurídica e dos interesses sociais e individuais indisponíveis tem como visão de futuro uma *Instituição reconhecida como transformadora da realidade social e essencial à preservação da ordem jurídica e da democracia.* A fim de que essa missão, de fato, aconteça, dois dos três processos eleitos no Mapa Estratégico do CNMP são relevantes: a) ***a eficiência da atuação institucional***, por intermédio da *ampliação da atuação extrajudicial como forma de pacificação de conflitos*, da atuação *proativa, efetiva, preventiva* e *resolutiva* e da *celeridade procedimental;* b) ***comunicação e relacionamento***, principalmente pela via da *facilitação do diálogo do cidadão com o Ministério Público* e da *intensificação de parcerias de trabalho em rede de cooperação com os setores público, privado, sociedade civil organizada e comunidade em geral.*

Voltando à nova lei processual, o § 3º do artigo 3º prevê "...inclusive no curso do processo". Por isso comentei na introdução deste texto que o novo CPC trata dos espaços estritamente judiciais e também dos espaços afins, querendo com isso demonstrar a dimensão de um amplo e diferenciado entendimento de acesso à *Justiça*, que extrapola a dimensão processual e invade a esfera extraprocessual. Nesse desiderato, a norma em questão determina a entes públicos como a nossa Instituição Ministerial a tarefa de serem os estimuladores de uma nova ordem jurídica que extrapola o formalismo do processo físico ou eletrônico, direcionando-se para a efetiva produção de justiça à sociedade.

Talvez a nova estrutura esteja alicerçada no *Multidoors Courthouse* (Fórum de Múltiplas Portas), que teve início no final da década de 1970, por uma proposta de Frank Sander[6], no qual o Poder Judiciário é visto como um "centro de resoluções de disputas, com distintos processos, baseados na premissa de que há vantagens e desvantagens de cada processo que devem ser consideradas em função das características específicas de cada conflito"[7]. Nessa concepção de múltiplas portas e de uma atuação eficiente para além do processo, o Ministério Público aparecerá como protagonista de caminhos que dão acesso aos direitos fundamentais, mas usando um instrumental novo e diverso das ferramentas ordinariamente utilizadas nas lides levadas aos Tribunais.

---

6. Em André Gomma de Azevedo. *Perspectivas metodológicas do processo de mediação: apontamentos sobre a autocomposição no direito processual.* Disponível em HTTP://www.ascos.org.br/livros/estudos-de-arbitra-tem-mediacao-e-negociacao-vol2/se..., acessado em 03.12.2013.
7. André Gomma. Obra citada, p. 7.

Antecipando-se a tudo isso, o Conselho Nacional do Ministério Público e a Escola Nacional de Mediação e Conciliação do Ministério da Justiça promoveram a criação do Guia de Negociação e Mediação Para Membros do Ministério Público[8], publicado em novembro de 2014, e que traz as novas diretrizes institucionais no campo dos métodos autocompositivos, objetivando a resolução de conflitos e de problemas.

Da mesma forma, foi publicada em 27 de janeiro de 2015 a Resolução do CNMP n° 118, que "Dispõe sobre a Política Nacional de Incentivo à Autocomposição no âmbito do Ministério Público e dá outras providências". Nela estão previstas normas sobre negociação, mediação, conciliação, processo restaurativo e convenções processuais.

O seu artigo 1º é autoexplicativo:

> **Art. 1º** Fica instituída a POLÍTICA NACIONAL DE INCENTIVO À AUTOCOMPOSIÇÃO NO ÂMBITO DO MINISTÉRIO PÚBLICO, com o objetivo de assegurar a promoção da justiça e a máxima efetividade dos direitos e interesses que envolvem a atuação da Instituição.
>
> **Parágrafo único.** Ao Ministério Público brasileiro **incumbe implementar e adotar mecanismos de autocomposição, como a negociação, a mediação, a conciliação, o processo restaurativo e as convenções processuais,** bem assim prestar atendimento e orientação ao cidadão sobre tais mecanismos. (grifos meus)

Já no artigo 7º é dito:

> Art. 7º Compete às unidades e ramos do Ministério Público brasileiro, no âmbito de suas atuações:
>
> **I** – o desenvolvimento da Política Nacional de Incentivo à autocomposição no âmbito do Ministério Público;
>
> **II** – a implementação, a manutenção e o aperfeiçoamento das ações voltadas ao cumprimento da política e suas metas;
>
> **III – a promoção da capacitação, treinamento e atualização permanente de membros e servidores nos mecanismos autocompositivos de tratamento adequado dos conflitos, controvérsias e problemas;**
>
> **IV** – a realização de convênios e parcerias para atender aos fins desta Resolução;

8. Disponível no site do CNMP.

V – a inclusão, no conteúdo dos concursos de ingresso na carreira do Ministério Público e de servidores, dos meios autocompositivos de conflitos e controvérsias;

VI – a manutenção de cadastro de mediadores e facilitadores voluntários, que atuem no Ministério Público, na aplicação dos mecanismos de autocomposição dos conflitos.

VII – a criação de Núcleos Permanentes de Incentivo à Autocomposição, compostos por membros, cuja coordenação será atribuída, preferencialmente, aos profissionais atuantes na área, com as seguintes atribuições, entre outras: (grifos meus)

Possível verificar, então, que o Ministério Público Brasileiro está em plena sintonia com um dos alicerces do Novo Código de Processo Civil, e mesmo com a realidade insuperável de, hoje, bem mais do que 100 milhões de processos judiciais no Brasil (noticiados pelo Conselho Nacional de Justiça[9]), cabendo a nós, portanto, obedecer aos ditames legais e procurar implementá-los, com vista à outorga de melhores condições de vida às populações e à proteção do interesse público e da relevância social das questões surgidas nas comunidades. Este é o objetivo do presente trabalho.

2. BREVES CONSIDERAÇÕES SOBRE O CONFLITO

Poderíamos definir a palavra "conflito" como um desacordo agudo ou um antagonismo de interesses, ideias, valores ou posturas, em que existe uma resistência recíproca por parte dos envolvidos.

As causas dos conflitos são, de um modo geral, bens, princípios, territórios, valores, relações pessoais, aspectos esses que evidenciam ser bastante produtivo enfrentar a resolução de controvérsias dessa espécie a partir da pauta da *oportunidade*, pois a complexidade e a criatividade do ser humano não devem ser desprezadas, mas sim potencializadas, de forma que a síntese dos processos de conversação resulte na produção de algo melhor e mais adequado para todos.

Portanto, cabe a cada um de nós neutralizar ou, no mínimo, compreender as barreiras culturais, ideológicas, burocráticas e atinentes ao efetivo conhecimento da legislação, a fim de evitá-las ou, até mesmo, conformá-las de maneira útil à produção de resultados de consenso, o que se pode fazer com perseverança, otimismo e técnica, sendo as principais delas a capacidade de realmente escutar e de respeitar o interlocutor.

9. Em http://www.conjur.com.br/2015-set-15/brasil-atinge-marca-100-milhoes-processos-tramitacao, acesso em 04.12.15, RELATÓRIO DO CONSELHO NACIONAL DE JUSTIÇA, publicado em 15.09.2015.

Os métodos para a resolução de conflitos podem ser divididos de maneira sintética[10] em adversariais e não adversariais. Os métodos adversariais assim poderiam ser caracterizados:

- Partes se enfrentando;
- Um terceiro supre a vontade das partes e toma a decisão;
- Se um ganha o outro perde. Tudo ou nada;
- A decisão é baseada na lei ou em precedente, mas não necessariamente resolve o problema satisfazendo as partes.

Os métodos não adversariais são:

- Partes juntas e cooperativas;
- Partes mantêm controle do procedimento e acordam a própria decisão;
- Todos se beneficiam com a solução que criaram;
- A decisão a que chegaram resolve o problema em conformidade com os interesses, sem o auxílio da lei ou de precedente.

Quanto às formas de resolução de conflitos, poderíamos resumir em:

- Autotutela (ou autodefesa) – imposição pela violência moral ou física de uma vontade sobre outra. Ex.: legítima defesa, estado de necessidade, desforço imediato;
- Autocomposição – partes chegam voluntariamente ao acordo que construíram, sem intervenção vinculativa de terceiro. Podendo ser dividida em:
  - o a.1. direta ou bipolar. Ex.: negociação;
  - o a.2 assistida, triangular ou indireta. Ex.: mediação e conciliação;
- Hetorocomposição – imposição de uma decisão por um terceiro, ao qual as partes estão vinculadas. Caracteriza-se pela lide, substutividade e definitividade. Pode ser:
  - o b.1. pura – processo judicial;
  - o b.2. arbitragem.

10. Precisamos destacar que existem inúmeros outros métodos de resolução de conflitos. Apenas a título de exemplo e para ilustrar, Elena I. Highton e Gladys S. Alvarez, em Mediación para Resolver Conflictos, 2ª Ed., 3ª reimp., Buenos Aires: Ac-Hoc, 2008, referem além da negociação, mediação, conciliação e arbitragem a *medaloa* (se oferece para atuar como árbitro pelo sistema de arbitragem da última oferta feita pelos envolvidos), "Alto-bajo", pericia arbitral, avaliação neutra prévia, perito neutro, esclarecedor de questões de fato, conselheiro especial, *ombudsman* e tantos outros.

A partir de tais classificações didáticas, discorrerei sobre os aspectos mais relevantes da negociação, da mediação e da conciliação, aplicáveis ao Ministério Público.

3. MÉTODOS AUTOCOMPOSITIVOS – NEGOCIAÇÃO, MEDIAÇÃO E CONCILIAÇÃO

3.1. Negociação:

No âmbito da mediação[11] e da conciliação – que, grosso modo, objetivam assistir e facilitar a negociação entre os envolvidos –, poderão e deverão ser adotadas técnicas de negociação. Fundamental, então, rapidamente desmitificar a expressão *negociação*, porque, para alguns, estaria associada às práticas de troca de bens, comércio, valores econômicos etc., quando, em realidade, não é esse o verdadeiro sentido da palavra.

A palavra *negociar*, etimologicamente, significa "negar o ócio"[12]. Ou seja, é necessário que o sujeito esteja ativo, que tenha consciência do caminho que vai da ignorância ao conhecimento. Demanda-se, igualmente, levar em consideração – como parte ou possibilidade do processo – o erro[13]. Nesse sentido, reafirma-se que, nas relações humanas, não existem receitas prontas para desvendar o outro e convoca todas as pessoas a se relacionarem.

Dessa forma, o termo *negociação* que será utilizado aqui não se refere a negócios comerciais, mas a toda forma de solução alternativa – alguns usam o termo *adequada* – de conflitos, controvérsias ou problemas, que tenha o condão de proporcionar ajuste por intermédio de uma boa troca de informações, em suma, de uma boa comunicação.

Em nível mundial, tais métodos que se valem da negociação são chamados de *Alternative Dispute Resolution* (ADRs), expressão que, para o português, pode ser traduzida como Métodos Alternativos de Solução de Conflitos – MASCs.

Na base de tais métodos está a negociação. A negociação, grosso modo e para fins didáticos, contempla a existência de dois métodos básicos, quais sejam:

---

11. A mediação, segundo GARCEZ, José Maria Rossani, em *Negociação. ADRS. Mediação. Conciliação e Arbitragem.* Rio de Janeiro: Lumen Juris. 2.a edição revista e ampliada. 2003. P. 35., é aquela em que "...um terceiro, imparcial, auxilia as partes a chegarem, elas próprias, a um acordo entre si, através de um processo estruturado."
12. MORAES, Paulo Valério Dal Pai e MORAES, Márcia Amaral Corrêa. *A Negociação Ética para Agentes Públicos e Advogados.* Belo Horizonte: Editora Fórum. 2012. p. 75 e seguintes.
13. CABRAL, Ana Paula; ARAÚJO, Elaine Sampaio. Produzimos o conhecimento que nos produz uma reflexão. IN Revista Profissão Docente, www.uniube.br acessado em 18/09/2010.

- o competitivo, ou distributivo[14];
- o colaborativo, ou integrativo[15].

O método competitivo caracteriza-se quando um dos interlocutores objetiva maximizar vitórias sobre o outro. É o chamado *ganha-perde*, no qual o resultado substantivo, objetivo, tem valor preponderante, em detrimento do resultado subjetivo representado pela criação de um bom relacionamento entre os envolvidos.

Já a postura colaborativa tem como preocupação do negociador atender aos *interesses de ambos*, de modo a que seja obtido um resultado substantivo (objetivo), mas, na mesma medida, aprimorado o relacionamento. É o chamado *ganha-ganha*, que tem na distinção entre *posição* e *interesse* a chave para a consecução do consenso. ***Posição* é a postura inicial demonstrada pelo negociador, mas que poderá não corresponder ao seu real** *interesse*, ou seja, ao que o negociador efetivamente deseja para a satisfação das suas necessidades.

O exemplo clássico fornecido pela Escola de Negociação de Harvard é o caso da laranja e das duas meninas que a disputavam. Ambas possuíam a mesma *posição*: "quero a laranja". A mãe das meninas, não suportando mais a disputa, pegou uma faca, cortou a fruta ao meio e deu uma parte para cada filha. A primeira, insatisfeita com a atitude, pergunta por que a mãe fez aquilo, pois desejava a laranja inteira para fazer um orifício em uma das extremidades e sorver o suco da fruta. Com apenas metade, isso não seria possível. Este era o seu *interesse*: sorver o suco da fruta diretamente. A segunda filha, da mesma forma, ficou insatisfeita, pois queria somente a casca da laranja para fazer letrinhas, conforme havia aprendido em aula. Com metade da laranja, não teria o material necessário para tanto. Esse era o seu *interesse*. Em realidade, a mãe das meninas poderia ter feito apenas uma pergunta: "para que vocês querem a laranja?"

Após a resposta, não precisaria adotar a conduta inadequada que efetivou. Bastaria descascar a laranja e entregar a fruta para a primeira e toda a casca para a segunda filha. Assim, teria a satisfação das duas partes envolvidas no conflito, com o estabelecimento de uma conclusão ganha-ganha.

Tal singelíssimo exemplo, com as modificações e adaptações incluídas no exemplo original da Escola de Harvard, bem informa sobre as propostas simples, mas poderosas, que a negociação pode proporcionar àqueles que, de

14. Sobre a negociação distributiva, de maneira minuciosa, ver LEWICKI, Roy L., SAUNDERS, David M. e MINTON, John W.. *Fundamentos da Negociação*. Porto Alegre: Editora Bookman, 2ª edição.2002. pp. 76 até 115.
15. Sobre a negociação integrativa, de maneira minuciosa, ver LEWICKI, Roy L., SAUNDERS, David M. e MINTON, John W.. *Fundamentos da Negociação*. Porto Alegre: Editora Bookman, 2ª edição.2002. pp. 116 a 140.

fato, objetivam solucionar de maneira adequada conflitos, controvérsias e problemas.

Outro exemplo para elucidar a distinção entre posição e interesse é dado pela doutrina da negociação. Trata-se de uma questão comercial em que uma grande empresa Suíça desejava fabricar um produto de beleza e, para tanto, a matéria prima seria um arbusto somente existente em Madagascar. Para viabilizar o negócio em termos de custos, a empresa concluiu que precisaria da exclusividade do plantio e, em troca disso, ofereceu 2 bilhões de dólares para o governo de Madagascar. Ocorre que uma empresa americana também descobriu que o mesmo arbusto seria a matéria prima básica para o seu produto alimentício, culminando por entrar na negociação e por oferecer 2 bilhões e alguns milhões a mais do que a proposta da empresa Suíça, iniciando-se, então, leilão, que não teve fim e gerou um imenso impasse. Após meses de estagnação do negócio, um *expert* da área da negociação resolveu perguntar para os representantes da empresa Suíça porque a planta era tão fundamental e qual parte da mesma que precisavam. Como resposta, disseram que necessitavam das folhas. Percebendo a oportunidade que se descortinava a partir de tal informação, o negociador dirigiu-se aos representantes da empresa americana e fez as mesmas perguntas, obtendo como resultado que o produto alimentício seria feito com as raízes do arbusto. Com isso, ou seja, valendo-se da mais poderosa técnica de negociação, que é o "uso de perguntas", foi descoberto que a empresa Suíça utilizaria apenas as folhas, sendo que a empresa americana as raízes e, desta forma, a exclusividade poderia ser entregue para ambas, potencializando os ganhos de todos, pois, em tais circunstâncias, o governo de Madagascar acabou recebendo a oferta de 4 bilhões de dólares de ambas, pois as duas empresas poderiam trabalhar em conjunto o plantio, diminuindo custos e maximizando lucros.

Também no exemplo acima verificamos que a posição de cada uma das empresas era: "quero a exclusividade no plantio e ofereço 2 bilhões por ela".

Todavia, não era este o interesse. O interesse era a produção dos seus produtos valendo-se de partes específicas da planta. Quando as duas empresas chegaram ao entendimento de que poderiam trabalhar juntas na plantação do arbusto, por intermédio da criatividade, da criação de opções e de um maior conhecimento das distintas realidades que envolviam a produção de cada uma, se fez a conciliação e todos saíram ganhando. Esta é a postura colaborativa ganha-ganha, que está alicerçada na compreensão da fundamental distinção entre *posição* e *interesse*.

Os métodos competitivos ainda se caracterizam pela adoção de posturas inflexíveis, rígidas e formais, ao passo que os colaborativos, pelo oposto. Os procedimentos judiciais refletem com precisão os métodos competitivos, em que um dos lados pretende ganhar e fazer com que o outro perca. Nesse desiderato, são aplicadas condutas inflexíveis, rígidas e formais, geralmente estabelecendo-se uma linguagem escrita e submetendo-se esses procedimentos a rituais que organizam esse tipo de comunicação, a fim de que seja estabelecido o contraditório e permitida a ampla defesa recíproca.

A rigidez das colocações, geralmente lineares e com propostas carentes de alternativas, faz com que a relação se torne formal, estando um dos interlocutores, ou ambos, atrelados, exclusivamente, ao resultado substantivo, material, objetivo, nenhuma importância tendo o relacionamento para o futuro. O método colaborativo adota posturas exatamente contrárias a essas, caracterizando uma negociação mais maleável e dinâmica. Além disso, a estratégia competitiva está alicerçada na doutrina, na jurisprudência e nos pareceres, enquanto a colaborativa busca a solução do conflito nos fatos expostos à mesa por ambas as partes, no diálogo sobre eles, com o objetivo de que seja encontrado um resultado equânime para todos, por intermédio do consenso. No modelo competitivo, vigora a *personalização*, o prazer raivoso de subjugar, a autoestima, o exibicionismo. O colaborativo é *despersonalizado*; nele são afastadas abordagens pessoais (chamadas de *defesas competitivas*), pois o objetivo é solucionar o problema.

Ainda é possível verificar no modelo competitivo a chamada *queda de braço* – disputa por *posições* – ao passo que, na opção colaborativa, são pretendidas soluções melhor acomodadas aos interesses. Como resultado, aquele que perdeu a disputa, muitas vezes, acaba não cumprindo o acordo, motivando a já conhecida maior inadimplência e a menor adesão. O resultado das negociações colaborativas é inverso a esse, havendo maior adesão e adimplência, porque o comprometimento espontâneo de ambos é sentido pelos envolvidos como produto da vontade de cada um deles, o que estimula a que, por coerência, cumpram o pactuado.

Por derradeiro, a postura competitiva resulta em maior demora, porque nela é um contra o outro. Na postura colaborativa, obtém-se maior celeridade, pois é um a favor do outro. Mesmo pontuando que o método colaborativo é o mais adequado para todos, em cursos e aulas de negociação é fundamental o conhecimento do método competitivo, a fim de que possam ser neutralizados seus efeitos e, assim, realinhada a negociação.

3.2. Mediação:

A mediação é uma negociação cooperativa facilitada por um terceiro imparcial – não neutro[16]. Esse terceiro deve auxiliar as partes a conversarem, a

16. Faço o alerta, porque não há como as pessoas serem neutras. Elas têm sua história de vida, sua cultura, convicções e não podem simplesmente neutralizar toda a *bagagem* que as acompanha quando de uma mediação, assim, como acontece, também, com os julgadores. Preconizo, então, que o mediador deva se pautar pela imparcialidade.

escutarem, a perguntarem, a entenderem os sinais não verbais de linguagem (proxêmica, cinésica, paralinguística, tacêsica, cronêmica e outras), de modo a que sejam orientadas para a produção de um resultado consensual por elas criado.

Outra característica da mediação utilizada no Brasil, e que talvez seja a marca que a distingue da conciliação, é que ela é informal, porém *estruturada*. Isso quer dizer que não está sujeita a regras processuais, mas segue um rito de eficácia. Destarte, quando é tratado de mediação, ao menos no Direito brasileiro, devemos considerar o cenário no qual são seguidas fases, tais como: 1) Preparação da mediação; 2) Apresentação das regras da mediação na declaração de abertura da interlocução; 3) Narração dos fatos pelas partes e identificação dos problemas; 4) Detecção dos interesses e necessidades; 5) Recontextualização ou reenquadramento; 6) Geração de opções; 7) Seleção das opções; 8) Propostas; 9) Acordo; 10) Avaliação da mediação.

Os motivos para que assim seja estão atrelados ao conceito de mediação incluso no artigo 165, § 3º, do novo CPC:

> § 3º O mediador, que atuará preferencialmente nos casos em que houver vínculo anterior entre as partes, auxiliará aos interessados a compreender as questões e os interesses em conflito, de modo que eles possam, pelo restabelecimento da comunicação, identificar, por si próprios, soluções consensuais que gerem benefícios mútuos.

A referência a um vínculo anterior quer significar que existirão questões emocionais em jogo. Por isso, é fundamental a utilização da técnica da mediação, a qual se vale de um tempo maior de interlocução, do manejo do alívio dos sentimentos pela externalização das posições e dos interesses, a fim de que seja alcançado um ponto de relativa objetivação e criatividade, que é o ambiente apropriado para que as partes encontrem, por elas próprias, a solução do conflito. O objetivo da mediação, portanto, é o empoderamento, e não o acordo, porque tem como foco a implementação de uma pedagogia social, por intermédio da qual as pessoas possam, por elas mesmas, resolver seus problemas.

Também é a mediação no CPC *não coercitiva*. As partes precisam aceitar participar da mediação, pois é um cenário de autoajuste. Isso está particularmente claro no artigo 334, § 4º, I, e § 5º, do novo CPC:

> Art. 334. Se a petição inicial preencher os requisitos essenciais e não for o caso de improcedência liminar do pedido, o juiz designará audiência de conciliação ou de mediação com antecedência mínima de 30 (trinta) dias, devendo ser citado o réu com pelo menos 20 (vinte) dias de antecedência.

> (...)
>
> § 4º A audiência não será realizada:
>
> I – se ambas as partes manifestarem, expressamente, desinteresse na composição consensual.
>
> (...)
>
> § 5º O autor deverá indicar, na petição inicial, seu desinteresse na autocomposição, e o réu deverá fazê-lo, por petição, apresentada com 10 (dez) dias de antecedência, contados da data da audiência.

Transformadora. O objetivo da mediação igualmente estaria em alterar as relações entre os litigantes pelo controle da comunicação entre eles, pela mudança das suas percepções relativamente às suas histórias e pelo equilíbrio de forças[17]. A grande transformação estaria no empoderamento acima comentado e na educação sobre as técnicas de negociação, para que as partes aprendam a resolver os futuros conflitos, valendo-se do reconhecimento mútuo de interesses e sentimentos, com vistas à aproximação e à humanização pela empatia. É importante esse alicerce da mediação, porque seu principal objetivo é a formação da filosofia da paz, por meio da qual as pessoas precisam apreender a praticar posturas que possam resultar no autoajuste, com o auxílio da adequada comunicação, evitando que se acomodem e haja o deslocamento do problema para as Instituições de Estado, como forma de resolver conflitos que podem ser solucionados diretamente pelos envolvidos.

O *controle das partes* é outra característica básica da mediação, na medida em que são elas que terão o controle sobre a controvérsia, criando pontos de consenso a partir da criatividade, do respeito e da compreensão das razões de cada um. Assim, têm as partes o poder de continuar o procedimento de mediação ou, a qualquer tempo, extingui-lo, caso concluam que o acordo não é possível. Também podem adiar a conversa para outra sessão, ou organizar os diálogos da forma que, eventualmente, seja mais profícua, em situações de interlocuções conjuntas, separadas, com advogados ou de qualquer outra forma que possa viabilizar o consenso.

Não opinativa. Esta característica parte do entendimento que uma parte da doutrina possui sobre o tema quanto à existência de basicamente dois tipos de posturas do mediador, quais sejam a avaliadora e a facilitadora. Na avaliadora, o mediador assume uma posição mais interventiva: avalia e emite prognósticos, recomendações, podendo pressionar as partes para que fechem o acordo

17. André Gomma citando Baruch Bush e Joseph Folger – The Promise of Mediation, em ‹www.arcos.org.br/livrosestudosdemediaçãov.2›. Acessado em 03.12.2013.

(avaliador-restrito), chegando, até mesmo, a oferecer propostas (avaliador-amplo)[18]. Na postura facilitadora, o mediador é menos ativo nas pressões, devendo as partes, por si só, encontrarem o consenso, dando a elas um sentimento de efetiva participação e controle sobre a resolução do problema. Entendem os adeptos da postura facilitadora que ela é mais profícua para o efeito de que as partes se autoajustem, encontrem as soluções e se empoderem, com vistas à futura resolução de conflitos.

Ainda alinharia como particularidade da mediação a ênfase no futuro, orientando as partes para que não perquiram de culpas ou do passado, devendo focar-se no presente e na prospecção de alternativas úteis e criativas para resolverem as controvérsias.

Precisa ser *confidencial*, promovendo a credibilidade e a confiança nesse espaço de obtenção do consenso, aspecto esse fundamental para que as partes se sintam livres e manifestem suas opiniões, sentimentos, emoções e ideias, sem qualquer barreira ou medo de que venham a sofrer prejuízos decorrentes do que aconteceu nas sessões de mediação. Por fim, são exigidas paciência e suficiência de tempo para o bom desenvolvimento do procedimento de mediação, porque, normalmente, estão envolvidos sentimentos, valores, diferenças culturais e necessidades existenciais, questões essas que precisam de um maior amadurecimento, reflexões, liberação de tensões e de tudo mais que seja necessário para que as pessoas possam manter uma comunicação profícua e humana.

Para tanto, o mediador intervém buscando manter ou converter as partes em negociadores reflexivos e razoáveis, com o fim de que possam trocar dados e ideias sobre seus interesses, comunicando-se sem interferências recíprocas. Isso pode ser feito por meio das técnicas chamadas *uso de perguntas, situações hipotéticas, escuta ativa, respeito* e *validação dos envolvidos*, buscando gerar empatia entre as partes. Cabe ao mediador, portanto, estabelecer um ambiente construtivo, o que é conseguido pela fixação de regras para o diálogo, começando pelo respeito ao facilitador como líder, a obediência à agenda de trabalho e ao processo de mediação, mas sempre dando oportunidade de conversa e intercâmbio.

É importante, por isso, que o mediador ajude as partes a clarificarem seus valores e exigências mínimas, diminuindo exigências pouco razoáveis e afrouxando posições rígidas e inflexíveis, objetivando buscar ganhos conjuntos, o que é feito pela promoção de posturas colaborativas, já vistas anteriormente.

18. GOMMA, André de Azevedo citando Leonard L. Riskin, da Universidade do Missouri, em *Estudos de Arbitragem em Mediação e Negociação*. Brasília: Editora Brasília Jurídica, Universidade de Brasília, 2002.

Ainda é atribuição do bom mediador manter viva a chama da negociação, zelando para que não sejam cortados os canais de comunicação e evitando extremos que levem à inadequada ocorrência da impossibilidade de retorno ao veio do consenso.

Por fim, cabe ao mediador desenhar e redigir com as partes os núcleos de um possível acordo.

Entendo como fundamentais tais abordagens, para que seja possível identificar em que circunstâncias a mediação poderá ser aplicável às situações de trabalho do Ministério Público.

3.3. Conciliação

Conciliar provém do latin *conciliare*, que é reunir, compor e ajustar os ânimos divergentes. Conciliação diferencia-se da mediação, porque esta é mais ritualística, demorada, enquanto a conciliação é rápida, ágil e informal. O conciliador faz propostas de soluções, diversamente do mediador. Portanto, o conciliador intervém diretamente para a obtenção do acordo, enquanto o mediador é um facilitador que busca o empoderamento das partes.

Essas referências estão em sintonia com o artigo 165, § 2º, do CPC novo:

> § 2º O conciliador, que atuará preferencialmente nos casos em que não houver vínculo anterior entre as partes, poderá sugerir soluções para o litígio, sendo vedada a utilização de qualquer tipo de constrangimento ou intimidação para que as partes conciliem.

A menção à ausência de vínculo anterior entre as partes remete para a existência de conflitos objetivos, tais como relacionamentos de consumo massificado entre bancos e seus milhões de clientes, planos de saúde, ou, no caso de conflitos individuais, acidentes de trânsito, nos quais não estarão em jogo questões emocionais complexas e antigas.

Também é característica da conciliação a *canalização das discussões para áreas onde o acordo é mais provável*, inclusive sugerindo uma quantidade específica, quando esse seja o ponto de discórdia, para que o acordo aconteça, isso logo após a escuta dos pontos de vista divergentes.

O conciliador poderá comentar sobre os riscos da não resolução por acordo, assim como as consequências pessoais e judiciais que poderão decorrer da falta de consenso.

Por vezes, exercendo a sua maior possibilidade de intervenção, ao conciliador caberá convencer alguma parte de que sua visão é distorcida da realidade ou que representa exigência indevida, de modo a mostrar as vantagens de um acordo antecipado, ressaltando os prós e os contras que o acordo acarretará para cada uma das partes. Ainda pode o conciliador oferecer novas fórmulas de acordo não pensadas antes, sugerir que se repartam as diferenças e informar como foram tratados casos semelhantes, aspectos esses que bem ressaltam as diferenças da conciliação e da mediação.

4. MÉTODOS AUTOCOMPOSITIVOS E O MINISTÉRIO PÚBLICO

Não há como negar que a palavra *mediação* se tornou um *meme*[19], sendo utilizada por todos, indistintamente, como sinônimo de tudo que represente conciliação, acordo, consenso, principalmente no espaço jurídico.

Todavia, na forma antes apontada, não é assim. A mediação é um cenário em que um terceiro imparcial auxilia as partes em conflito a negociarem uma solução que seja adequada para ambas, não por intermédio de uma intervenção propositiva de um acordo, mas sim com o objetivo de regular a boa comunicação colaborativa entre aqueles que estão em conflito.

Partindo desse referencial, é possível identificar que o Ministério Público trabalha em maior medida com a *negociação*, e não precipuamente com a *mediação*.

No momento é cabível tal afirmação, porque os cenários de conflitos, de controvérsias e de problemas dos quais participa a nossa Instituição e seus integrantes evidenciam a inicial polarização de posições e de interesses.

Com efeito, seja atuando na defesa do meio ambiente, das questões de saúde, do consumidor, urbanismo, infância e juventude, seja nos espaços

19. DAWKINS, Richard. *O Gene Egoísta*. Tradução de Rejane Rubino. São Paulo: Companhia das Letras. 2007. Páginas 329 e 330: "Afinal de contas, o que os genes têm de tão especial? A resposta é que eles são replicadores...Trata-se da lei segundo a qual toda a vida evolui pela sobrevivência diferencial das entidades replicadoras. O gene, a molécula de DNA, é por acaso a entidade replicadora mais comum no nosso planeta...Penso que um novo tipo de replicador surgiu recentemente neste mesmo planeta. Está bem diante de nós. Está ainda na sua infância, flutuando ao sabor da corrente no seu caldo primordial, porém já está alcançando uma mudança evolutiva a uma velocidade de deixar o velho gene, ofegante, muito para trás. O novo caldo é o caldo da cultura humana. Precisamos de um nome para o novo replicador, um nome que transmita a ideia de uma unidade de transmissão cultural, ou uma unidade de *imitação*. `Mimeme´ provém de uma raiz grega adequada, mas eu procuro uma palavra mais curta que soe mais ou menos como `gene´. Espero que meus amigos classicistas me perdoem se abreviar mimeme para *meme*... Exemplos de memes são melodias, ideias, *slogans*, as modas no vestuário, as maneiras de fazer potes ou de construir arcos. Tal como os genes se propagam no *pool* gênico saltando de corpo para corpo através dos espermatozoides ou dos óvulos, os memes também se propagam no *pool* de memes saltando de cérebros para cérebros através de um processo que, num sentido amplo, pode ser chamado de imitação... Meu coleta N. K. Humphrey resumiu claramente...`Quando planta um meme fértil na minha mente, você literalmente parasita o meu cérebro, transformando-o num veículo de propagação do meme, da mesma maneira que um vírus pode parasitar o mecanismo genético de uma célula hospedeira.´"

atinentes à área criminal, em que são costumeiras interlocuções relativamente à delação premiada, conflitos carcerários etc, o (a) representante do Ministério Público participa como parte, como ator e não como um terceiro imparcial.

Isso deve ser bem compreendido, porque a Instituição Ministerial precisa definir o seu correto perfil como órgão de Estado frente aos métodos autocompositivos, não podendo haver confusão com outros Entes Públicos, sob pena ser iniciado trabalho nessa área a partir de alicerces frágeis e inadequados para a nossa realidade institucional.

Trabalha o Ministério Público predominantemente com negociação (*negativa do ócio*, ressalto sempre), pois, na eventualidade de não ser obtido o consenso, terá o Agente Ministerial que adotar medidas adversariais, tal como o ajuizamento de demandas judiciais.

Por tais razões, precisamos debater com profundidade as práticas de negociação atinentes à comunicação não verbal, aos estudos sobre percepção, empatia, a neurobiologia da cooperação, vieses cognitivos psicológicos, estilos de negociadores, estilos de persuasão, fases de uma negociação complexa, a conversa com pessoas difíceis, e mesmo a negociação intrapessoal, pois essas ferramentas auxiliarão a transformação da Instituição e da própria sociedade.

Este primeiro alerta, todavia, não invalida que os membros e servidores do Ministério Público possam e devam trabalhar com mediação.

Isso não invalida, também, que, por exemplo, em cenários de negociação envolvendo vários colegas e interlocutores, um dos membros do Ministério Público se valha de técnicas de mediação (uma coisa é trabalhar com técnicas de mediação, outra é ser mediador no sentido legal do termo) para tentar estabelecer a convergência entre seus demais colegas e os interlocutores. Em tais situações, é preciso que fique claro, não quer dizer que o Agente Ministerial específico é um mediador, mas, apenas, que é um negociador se valendo de técnicas de mediação, tais como a inversão de papeis, a despolarização do conflito, o reconhecimento e validação do que é dito pelos participantes da controvérsia, a recontextualização, e tantas outras práticas disponíveis a todos que estudam e praticam os métodos autocompositivos.

Todavia, deve ser dito que, em várias situações, os Agentes Ministeriais participam de cenários nos quais deverão atuar legitimamente como *terceiro imparcial* e não como parte – *player*.

Nessas situações, o que normalmente acontece é uma atividade de *conciliador* e não de *mediador*. Ressalto esse aspecto, porque existe uma conceituação legal para a mediação e o reconhecimento da figura do mediador, inclusa na Lei nº 13.140/2015 (Lei de Mediação) e no novo Código de Processo Civil.

A Lei nº 13.140/2015 estabelece vários requisitos para que a pessoa possa ser mediador judicial ou extrajudicial. Transcrevo algumas disposições importantes:

> Art. 7º O mediador não poderá atuar como árbitro nem funcionar como testemunha em processos judiciais ou arbitrais pertinentes a conflito em que tenha atuado como mediador.
>
> Art. 9º Poderá funcionar como mediador extrajudicial qualquer pessoa capaz que tenha a confiança das partes e seja capacitada para fazer mediação, independentemente de integrar qualquer tipo de conselho, entidade de classe ou associação, ou nele inscrever-se.
>
> Art. 11. Poderá atuar como mediador judicial a pessoa capaz, graduada há pelo menos dois anos em curso de ensino superior de instituição reconhecida pelo Ministério da Educação e que tenha obtido capacitação em escola ou instituição de formação de mediadores, reconhecida pela Escola Nacional de Formação e Aperfeiçoamento de Magistrados – ENFAM ou pelos tribunais, observados os requisitos mínimos estabelecidos pelo Conselho Nacional de Justiça em conjunto com o Ministério da Justiça.
>
> Art. 30. Toda e qualquer informação relativa ao procedimento de mediação será confidencial em relação a terceiros, não podendo ser revelada sequer em processo arbitral ou judicial salvo se as partes expressamente decidirem de forma diversa ou quando sua divulgação for exigida por lei ou necessária para cumprimento de acordo obtido pela mediação.

Pela simples leitura do artigo 7º já concluiríamos pela existência de grande problema para que o membro do Ministério Público atuasse como mediador, nos moldes preconizados pela Lei. É que há o impedimento legal para que, posteriormente, venha a trabalhar em causa envolvendo as pessoas mediadas, o que pode facilmente acontecer em Comarcas menores, nas quais o Promotor (a) eventualmente precisará atuar como fiscal da lei ou mesmo interpondo alguma medida judicial.

Não fora por isso, é necessário para ser mediador que a pessoa esteja capacitada (art. 9º), qualificação essa que até é possível de ser obtida, mas ainda não é comum dentre os colegas do Ministério Público.

Igualmente existe o problema da confidencialidade, devendo o mediador manter sigilo sobre os temas abordados na mediação, o que vale tanto para procedimentos arbitrais como judiciais.

Por último, mesmo o procedimento extrajudicial de mediação segue um rito determinado pela Lei nº 13.140/2015, conforme determinam seus artigos 21 e seguintes, o qual, normalmente, não é seguido pelos colegas, pois preferem ter uma maior liberdade de procedimento, sendo esse mais um dos motivos pelos quais afirmo que os cenários em que membros do Ministério Público de um modo geral atuam como terceiros imparciais podemos chamar de conciliações, e não de mediações.

De qualquer forma, a criação de estruturas próprias de mediação e de conciliação não está vedada ao Ministério Público, que pode atuar naquelas matérias que estejam afinadas com a sua vocação constitucional, alicerçado em convênios com o Poder Judiciário e com outros órgãos e instituições, com o fito de garantir o eficiente cumprimento dos consensos eventualmente obtidos. Isso está diretamente autorizado pelo artigo 175 do novo CPC, quando refere que as disposições da seção sobre mediadores e conciliadores judiciais não "...excluem outras formas de conciliação e mediação extrajudiciais vinculadas a órgãos institucionais ou realizadas por intermédio de profissionais independentes, que poderão ser regulamentadas por lei específica.". O artigo 784, IV, do novo CPC, ampara essa possibilidade, ao prever que "o instrumento de transação referendado pelo Ministério Público, pela Defensoria Pública, pela advocacia pública..." é título executivo extrajudicial.

No Brasil, já existem práticas de mediação sendo trabalhadas pelo Ministério Público. Um excelente exemplo são os 11 centros de mediação comunitária criados pelo Promotor de Justiça Francisco Edson Landim, de Fortaleza, experiência essa paradigmática para nossa instituição e que tem obtido o consenso em conflitos atinentes a questões familiares e a problemas de vizinhança, dentre outros.

No Estado do Rio de Janeiro, existe o GMRC – Grupo de Mediação e Resolução de Conflitos[20] – do Ministério Público, que trabalha tanto com demandas internas encaminhadas por Promotores (as) e Procuradores (as) de Justiça, como também a partir de pedidos externos.

No Amapá, existe o "Programa MP Comunitário"[21], inclusive com dois ônibus itinerantes, que realiza trabalho de mediação comunitária em geral, sendo coordenador o colega André Luiz Dias de Araújo.

Em Recife, foi criado, em 2009, o "Núcleo de Justiça Comunitária de Casa Amarela"[22], uma iniciativa da Prefeitura do Recife, do Ministério Público Estadual e da Defensoria Pública, a partir de projeto piloto do MPPE, cuja coordenadora é a colega Sineide Canuto.

---

20. Ver em http://www.mprj.mp.br/cidadao/projetos-e-campanhas/gmrc, acessado em 04.09.2015.
21. Disponível em http://www.mpap.mp.br/o-que-e-mp-comunitario, acessado em 04.09.2015
22. Disponível em http://siteantigo.mppe.mp.br/index.pl/clipagem20092705_nucleo e http://www.mppe.mp.br/mppe/index.php/cidadao/nucleos-e-gts, acessados em 08.09.2015.

Entretanto, no exercício da atuação direta, conciliação parece ser o cenário dos métodos autocompositivos mais apropriado para os membros do Ministério Público, até mesmo por causa das próprias características dos profissionais da nossa Instituição, que têm uma postura interventiva, tendente à busca do consenso e eminentemente propositiva.

Com efeito, está no DNA dos membros do Ministério Público a proposta de soluções, a emissão de opiniões sobre possibilidades de acordo, a criação de opções e tantas outras ações que bem traduzem um perfil proativo mais compatível com a conciliação e não com a mediação.

Ainda ressalto que o artigo 236, § 3º, da nova Lei Processual, admite a "... prática de atos processuais por meio de videoconferência ou outro recurso tecnológico de transmissão de sons e imagens em tempo real", sendo razoável interpretar que o mesmo possa ser feito em nível extrajudicial pelo Ministério Público, oportunizando a realização de reuniões complexas com vários colegas ou mesmo entre eles e outros interlocutores.

Isso facilitará e economizará muito dinheiro público, atualmente gasto em diárias e custos em geral de viagens para vários agentes públicos, que poderiam se reunir em seus locais de trabalho, por intermédio do uso da tecnologia.

No meio empresarial é assim que as coisas acontecem para diminuir gastos e tornar a empresa competitiva. Por que no setor público a coisa é diferente? Talvez pela mera questão cultural e pela falsa convicção de que o dinheiro público nunca acaba!

Como visto, a criatividade e a inovação passarão a ser nossas duas maiores ferramentas de trabalho, cabendo aos agentes desse novo Ministério Público do terceiro milênio experienciar essas novidades e, muito mais do que isso, oportunidades em termos de atuação profissional, o que promoverá o retorno à nossa origem institucional antes representada pelas expressões "Promotora Pública" e "Promotor Público".

É possível que essa seja a grande chance de recuperarmos nossa identidade e unidade como Instituição.

Da mesma forma, devemos estar preparados para os novos cenários de consenso nos quais estaremos inseridos como membros do Ministério Público. Serão interlocuções não necessariamente presididas por magistrados, mas por conciliadores e mediadores.

Esse é um ponto aparentemente singelo. Entretanto, em verdade, não é. Isso, porque temos toda uma tradição de trabalho atrelada ao Poder Judiciário, às suas estruturas, seus rituais e seus personagens, não sendo fácil para muitos aceitar as mudanças. Portanto, são compreensível as resistências, não sendo poucas as críticas de colegas no sentido de que não se sentem à vontade em audiências presididas por um assistente social, um psicólogo ou mesmo um advogado.

De fato, temos muito a refletir sobre nossas posturas, e, ressignificando, talvez, algumas delas, aceitarmos que não fomos forjados nas Universidades e na própria formação institucional a partir dos métodos consensuais, mas, bem ao contrário disso, essencialmente nas práticas adversariais. Os conciliadores e mediadores, por sua vez, são profissionais treinados para a facilitação do consenso, e, provavelmente, estejam mais preparados para tais vivências de pactuação, do que os membros do Ministério Público, motivo pelo qual, no mínimo, merecem respeito.

Mesmo assim, tenho a convicção de que, passados os momentos iniciais de ajuste às novas estruturas consensuais, e implementadas as capacitações e os estudos sobre negociação, mediação e conciliação nas estruturas da nossa Instituição, tais perplexidades irão sendo reduzidas, fazendo com que prevaleça o princípio da vinculação ao interesse (PVI)[23]. No caso, a satisfação do interesse público e do interesse social.

Espero que essas breves palavras possam ser úteis!

---

23. MORAES, Paulo Valério Dal Pai e MORAES, Márcia Amaral Correa de. *A Negociação Ética para Agentes Públicos e Advogados*. Belo Horizonte: Editora Fórum, 2012, páginas 116 a 126.

CAPÍTULO 13

A (In)Disponibilidade do Interesse Público: Consequências Processuais (Composições em Juízo, Prerrogativas Processuais, Arbitragem, Negócios Processuais e Ação Monitória) – Versão Atualizada para O CPC/2015[1]

Eduardo Talamini[2]

SUMÁRIO: 1. INTRODUÇÃO; 2. O DIREITO MATERIAL: A INDISPONIBILIDADE DO INTERESSE PÚBLICO, SEU NÚCLEO ESSENCIAL E SUAS GRADAÇÕES; 3. O DEVER DE SUBMISSÃO À LEGALIDADE, INDEPENDENTEMENTE DE DETERMINAÇÃO JUDICIAL; 4. O PRINCÍPIO GERAL DA NÃO-NECESSARIEDADE DA INTERVENÇÃO JURISDICIONAL NAS RELAÇÕES DE DIREITO PÚBLICO; 5. INDISPONIBILIDADE DO DIREITO MATERIAL *VERSUS* INDISPONIBILIDADE DA PRETENSÃO À TUTELA JURISDICIONAL ESTATAL; 6. O DIREITO PROCESSUAL; 6.1. OS MECANISMOS ESTRITAMENTE PROCESSUAIS DE INDISPONIBILIDADE; 6.2. O DEVER DE A ADMINISTRAÇÃO CUMPRIR SUAS OBRIGAÇÕES PERMANECE DEPOIS DE INSTAURADO O PROCESSO JUDICIAL; 7. A EVENTUAL RENÚNCIA A DIREITOS PELO PARTICULAR, NA COMPOSIÇÃO COM A ADMINISTRAÇÃO; 8. LIMITES E CONDICIONANTES À COMPOSIÇÃO EM EXAME; 9. TRANSAÇÃO PROPRIAMENTE DITA; 10. ARBITRAGEM E PODER PÚBLICO; 10.1. O REQUISITO DA "DISPONIBILIDADE"; 10.2. O REQUISITO DA PATRIMONIALIDADE; 10.3. SÍNTESE; 10.4. PANORAMA DOUTRINÁRIO E JURISPRUDENCIAL; 11. NEGÓCIOS PROCESSUAIS E ADMINISTRAÇÃO PÚBLICA; 12. AÇÃO MONITÓRIA E FAZENDA PÚBLICA; 13. ENCERRAMENTO.

---

1. O presente texto consiste em atualização, para o CPC/2015, daquele antes publicado na Revista de Processo, v. 128, 2005, p. 59-78 e também no *Curso de Direito Administrativo* (coord. M. Harger), Rio de Janeiro, Forense, 2007, p. 409-429. Basicamente, atualizaram-se as referências normativas e o seu exame. Acrescentou-se tópico dedicado aos negócios processuais. No mais, mantiveram-se, as referências jurisprudenciais e doutrinárias do texto anterior.
2. Livre-docente (USP). Doutor e Mestre (USP). Professor de direito processual civil, processo constitucional e arbitragem (UFPR). Advogado em Curitiba, São Paulo e Brasília.

1. INTRODUÇÃO

O interesse público, em si, é indisponível. Esse é um dado que não se discute. Porém, o tema não comporta soluções simplistas, generalizadoras.

Afinal, a indisponibilidade do interesse público não implica que o Poder Público não possa ou não deva, em certas condições, submeter-se a pretensões alheias ou mesmo abdicar de determinadas pretensões. Eis o motivo pelo qual no título do presente texto o prefixo *in* está grafado entre parênteses – como uma espécie de provocação. Há uma série de nuances e matizes a considerar.

Procurar-se-á fazer isso mediante *flashes*, considerações pontuais, para aos poucos se chegar a um resultado mais sistemático.

Basicamente cinco questões processuais serão aqui examinadas à luz da indisponibilidade do interesse público: (i) as prerrogativas processuais dos entes administrativos; (ii) a possibilidade de a Administração Pública celebrar composições e transigir em juízo; (iii) o cabimento de arbitragem em matéria que envolva o interesse público; (iv) os limites aos negócios processuais celebrados pela Fazenda Pública e (v) a admissibilidade da ação monitória contra a Fazenda Pública.

2. O DIREITO MATERIAL: A INDISPONIBILIDADE DO INTERESSE PÚBLICO, SEU NÚCLEO ESSENCIAL E SUAS GRADAÇÕES

Primeiro, cabe examinar o tema sob o prisma do direito material.

A indisponibilidade do interesse público é decorrência direta do princípio constitucional republicano: se os bens públicos pertencem a todos e a cada um dos cidadãos, a nenhum agente público é dado desfazer-se deles a seu bel-prazer, como se estivesse dispondo de um bem seu particular.

Mais ainda: existem valores, atividades e bens públicos que, por sua imprescindibilidade para que o Estado exista e atue, são irrenunciáveis e inalienáveis. Vale dizer, no que tange ao núcleo fundamental das tarefas, funções e bens essencialmente públicos, não há espaço para atos de disposição.

Mas essa afirmação comporta gradações.

Existem atividades e bens que, em vista de sua absoluta essência pública, não podem ser abdicados ou alienados, ainda que mediante alguma contrapartida e nem mesmo com expressa autorização legal. Por exemplo, não se concebe que sequer por meio de lei o Poder Público possa renunciar, ainda que parcial ou pontualmente, ao seu poder de legislar ou à titularidade do poder de polícia. Do mesmo modo, não se admite que o Poder Público possa desfazer-se de uma parte do território nacional, ainda que autorizado por lei.

Já em outros casos, embora o bem jurídico seja indisponível, outros valores constitucionais podem justificar que, mediante lei, o Estado renuncie a determinadas decorrências ou derivações do bem indisponível. Assim, a potestade tributária é indisponível, mas é possível lei autorizando a remissão, a anistia, do crédito fiscal.

3. O DEVER DE SUBMISSÃO À LEGALIDADE, INDEPENDENTEMENTE DE DETERMINAÇÃO JUDICIAL

Ainda no campo do direito material, há outra ponderação a fazer-se. As constatações a respeito da indisponibilidade do interesse público não afetam outra diretriz fundamental da atuação pública: a Administração, uma vez constatando que não tem razão em dado conflito, tem o *dever* de submeter-se aos parâmetros da legalidade.

Em regra, tal submissão independe da instauração de processo judicial. Trata-se de imposição inerente à própria relação material de direito público: se o Estado constata que o particular tem determinado direito em face dele, cabe-lhe dar cumprimento tal direito.

Isso é decorrência direta do princípio constitucional da legalidade (CF, art. 37, *caput*). Se a todo sujeito de direito a imposição de cumprir seus deveres já se colocaria, aos entes e agentes da Administração Pública ela se põe com ainda maior vigor. Para eles, a legalidade não é apenas um limite, uma baliza, mas vetor fundamental da sua atuação.

Concerne, ainda, à imposição de que a Administração Pública paute suas condutas de acordo com o princípio da boa-fé. No Brasil, tal princípio tem assento constitucional, também no *caput* do art. 37 da Constituição, que determina à Administração o respeito ao princípio da moralidade. Há reprovação qualificada (justamente porque constitucional) à postura desleal da Administração Pública. Se a Administração constata que a posição jurídica do particular é correta, não lhe é dado valer-se de artifícios ou subterfúgios para subtrair-se ao cumprimento do dever dali extraível.

Por outro lado, o princípio da indisponibilidade do interesse público, na acepção antes vista, tampouco desautoriza a constatação ora feita. A Administração Pública não está dispondo, "abrindo mão", do interesse público quando dá cumprimento a direito alheio. E isso pela óbvia razão de que, nessa hipótese, se não há direito em favor da Administração, não há que se falar em interesse público. De há muito, a doutrina já esclareceu que interesses pragmáticos da Administração que não encontrem amparo no ordenamento *não constituem interesse público*, são meros interesses secundários, ilegítimos. O interesse de que o agente público deve buscar a satisfação não é, simplesmente, o interesse da Administração como sujeito jurídico em si mesmo ("interesse secundário"), mas, sim, o "interesse coletivo primário", formado pelo complexo de interesses prevalecentes na coletividade.[3] Nesse passo, cumprir deveres e reconhecer e respeitar direitos do administrado é *atender ao interesse público*. Só assim estará sendo observado o interesse público primário, que é o verdadeiro e único interesse público.

Como se verá, o reconhecimento da razão do particular precisará se dar mediante devido processo administrativo; o cumprimento do dever junto ao particular precisará ser deferido pela autoridade administrativa competente – e assim por diante. Mas o fundamental é que é possível – mais do que possível, é dever da Administração – cumprir direitos alheios ou abdicar de pretensões infundadas quando constata que não tem razão.

4. O PRINCÍPIO GERAL DA NÃO-NECESSARIEDADE DA INTERVENÇÃO JURISDICIONAL NAS RELAÇÕES DE DIREITO PÚBLICO

Tome-se como exemplo o dever de a Administração indenizar os prejuízos indevidamente causados ao particular. Exemplifique-se ainda com o dever que a Administração tem de anular os seus próprios atos ilegítimos praticados em detrimento da esfera jurídica de particulares (Lei 9.784/1998, art. 53 c/c art. 55). Considere-se igualmente o dever que a Administração contratante tem de recompor os contratos administrativos, inclusive quando a equação econômico-financeira estiver desequilibrada em desfavor do particular contratado. O art. 65, IV, "d", da Lei 8.666/1993 prevê a celebração de alteração contratual destinada a recompor o equilíbrio contratual. A despeito da redação literal da regra, o dispositivo encerra um *dever* – não uma faculdade – da Administração Pública de promover o reequilíbrio, através de ato consensual com o contratado.[4]

Tudo isso pode e deve ser feito independentemente de ingresso em juízo.

Nesse ponto, cabe fazer o contraste com determinadas situações de direito material para as quais o processo judicial é verdadeiramente indispensável.

---

3. ALESSI, Renato. *Sistema instituzionale del Diritto Amministrativo Italiano*. Milão: Giuffrè, 1953, p. 151-152. Veja-se, também, MELLO, Celso Antônio Bandeira de. *Curso de Direito Administrativo*. 17ª ed. São Paulo: Malheiros, p. 63.
4. A esse respeito, vide FILHO, Marçal Justen. *Comentários à Lei de Licitações*. 10ª ed. São Paulo: Dialética, 2004, p. 530 e; SUNDFELD, Carlos Ari. *Licitações e Contrato Administrativo*. São Paulo: Malheiros, 1994, p. 241, entre outros.

O exemplo normalmente lembrado é o da persecução penal. Vigora o princípio da necessariedade do processo penal. Por mais que o acusado esteja convencido de que é culpado e deve ser punido, é indispensável um processo judicial para tanto.

O mesmo se passa no âmbito civil, com determinadas situações que envolvem o estado das pessoas, tais como a separação judicial, o divórcio ou mesmo a falência e a insolvência. Em todos esses casos, a ação judicial é necessária; o processo judicial é indispensável. Não basta a própria parte reconhecer que não tem razão, que deve, que é culpada... Apenas uma sentença judicial poderá produzir o resultado devido.

Nessas hipóteses, há a indisponibilidade não do direito material, mas da ação – ou melhor, da solução jurisdicional. Há a necessariedade da intervenção judicial.

Em regra, nas relações da Administração Pública isso não acontece.[5] Os direitos eventualmente existentes podem e devem ser cumpridos independentemente da instauração de um processo judicial. Vale dizer: a ação judicial e a intervenção jurisdicional, em princípio, *não são necessárias* no âmbito das relações de direito público.

5. INDISPONIBILIDADE DO DIREITO MATERIAL VERSUS INDISPONIBILIDADE DA PRETENSÃO À TUTELA JURISDICIONAL ESTATAL

A rigor, a diferença entre as duas hipóteses ora destacadas não reside propriamente na diversidade de acepções do vocábulo "(in)disponibilidade", considerado em si mesmo. Antes, ela concerne ao *objeto* sobre o qual recai a indisponibilidade em um caso e em outro.

Em ambas as hipóteses, o termo "indisponibilidade" pode ser compreendido como impossibilidade de renúncia, abdicação, a uma posição jurídica.

Mas no primeiro caso (item 2, acima) a indisponibilidade incide sobre o *próprio direito material*. O sujeito abre mão do direito material de que é titular.

Na segunda hipótese (item 4, acima), o atributo da indisponibilidade concerne ao direito à proteção judiciária. As partes envolvidas no conflito, notadamente aquela que não tem razão, abdicam a possibilidade de submeter o litígio ao Poder Judiciário. Aquele que não tem razão deixa de valer-se do direito à

5. Exceções, impondo a necessariedade da intervenção judicial nas relações de direito público (não-criminais), são encontradas, p. ex., no art. 95, I, da Constituição, e nos arts. 12, par. ún., 16, 18 e 20, entre outros, da Lei 8.429/1992.

tutela da jurisdição estatal, e desde logo curva-se à razão do adversário. A renúncia, nesse caso, nada tem a ver com o direito material – que eventualmente nem sequer existe –, mas com a *pretensão de tutela judicial*.[6]

6. O DIREITO PROCESSUAL

Passando às considerações internas ao processo judicial, há um princípio fundamental a ser considerado. O processo, o direito processual, deve refletir fielmente os desígnios do direito material. Não cabe ao processo criar nem diminuir direitos. O processo é instrumento do direito material, de modo que regras e princípios processuais jamais podem ser utilizados para adulterar ou distorcer os resultados que adviriam se não estivesse sendo necessária a tramitação de um processo. Essa noção está sintetizada na insuperável formulação de CHIOVENDA, no sentido de que *o processo deve dar a quem tem direito tudo aquilo e precisamente aquilo a que ele tem direito*.[7]

Desse princípio geral são extraíveis dois diferentes tipos de decorrência que interessam para o presente tema.

6.1. Os mecanismos estritamente processuais de indisponibilidade

Por um lado, precisamente para evitar que a tramitação processual gere distorções em relação ao direito material, o direito processual prevê em certos casos aquilo que se poderia chamar de *mecanismos de indisponibilidade estritamente processual*. São cautelas, expedientes, que indisponibilizam determinadas posições jurídico-processuais independentemente de o direito material ser, em si mesmo, indisponível.

Há até exemplos alheios à esfera pública. No processo civil, o réu que está preso e o réu que é citado por edital ou hora certa são protegidos por mecanismos que lhes afastam conseqüências negativas que adviriam de sua inércia no processo (arts. 72, II, e 341, parágrafo único, CPC/2015: fica afastado o efeito

---

6. A pretensão de tutela judicial não se confunde com a pretensão de direito material, que é o poder de exigir concretamente o cumprimento de um dever de cunho prestacional e está no plano substancial. Também é inconfundível com o direito genérico de acesso à Justiça, que é abstrato e totalmente incondicionado (mesmo quando o pedido não cumpre minimamente os pressupostos de admissibilidade, o jurisdicionado tem o direito de receber do juiz a decisão que não conheça de sua demanda). A pretensão de tutela judicial é submetida a pressupostos de admissibilidade e se refere a um bem de vida específico, em face do qual tais pressupostos são aferidos. Sobre o tema, veja-se C. DINAMARCO, Tutela jurisdicional, em *Fundamentos do processo civil moderno*, 3ª ed., v. II, São Paulo, Malheiros, 2000, n. 429, p. 820-823, e LENT, *Diritto processuale civile tedesco* (trad. E. Ricci, da 9ª ed. alemã, de 1959), Nápoles, Morano, 1962, n. 36, p. 145-147.
7. CHIOVENDA, Giuseppe. Dell' azione nascente dal contrato preliminare. In: *Saggi di Diritto Processuale Civile (1894-1937)*. 3ª ed. reimp. Milão: Giuffrè, 1993, p. 110, vol. I.

principal da revelia, o ônus da impugnação específica etc.). Note-se que esses sujeitos em princípio têm a plena disposição de seus bens na esfera jurídico-material. Os mecanismos de indisponibilidade são apenas processualmente estabelecidos tomando em conta prováveis dificuldades que eles teriam para o adequado exercício da defesa.

Mecanismos de indisponibilidade *processual* são também previstos em prol da Fazenda Pública. Trata-se das regras destinadas a impedir que a simples omissão na prática de atos processuais, pelo representante da Fazenda em Juízo, venha a acarretar ao ente público conseqüências negativas que poderiam conduzir à sua derrota no processo. Assim, (i) não se dá o efeito principal da revelia quando estiver envolvido o "interesse público" (art. 345, CPC/2015); (ii) o Poder Público não tem o ônus de impugnar especificadamente fato a fato da inicial para que estes não se presumam verdadeiros, quando estiver envolvido o "interesse público" (art. 341, I, c/c 392, CPC/2015); (iii) não se concebe a confissão do Poder Público, quando presente o "interesse público" (art. 392, CPC/2015); (iv) em certos casos, há o reexame necessário de decisões contrárias à Fazenda Pública e suas autarquias e fundações (art. 496, I e II, CPC/2015) – e assim por diante.

Ao lado dessas prerrogativas de indisponibilidade, põem-se ainda outras em favor da Fazenda, também destinadas a eliminar dificuldades de sua atuação em juízo: (v) a prerrogativa dos prazos dilatados (prazos em dobro para recorrer e contestar –art. 188, CPC/2015,); (vi) o regime de execução por precatórios (CF, art. 100, e CPC/2015, arts. 534, 535 e 910); (vii) o poder para a formação unilateral de título executivo, mediante inscrição em dívida ativa – executável mediante via própria, a execução fiscal (Lei 6.830/1980); (viii) dispensa de caução em ação rescisória (art. 968, § 1º, CPC/2015); (ix) dispensa de adiantamento de custas (art. 91, CPC/2015) etc.

Atualmente, há uma tendência de crítica e mitigação desses mecanismos. A idéia é de que tais regras estão se tornando anacrônicas, na medida em que a Fazenda Pública hoje desfruta de adequados quadros incumbidos de sua defesa em juízo, estando eles sujeitos a suficientes mecanismos internos de fiscalização e controle. O regime de prerrogativas processuais perdura como um voto de desconfiança do Poder Público em seus próprios agentes. Por isso, no julgamento da liminar em ação direta de inconstitucionalidade em que se suspendeu a regra da Medida Provisória pela qual o Executivo pretendia dobrar o prazo para a propositura de rescisória pela Fazenda, o relator, Ministro Sepúlveda Pertence, de passagem indicou que já se fazia oportuna também a revisão das demais regras estabelecedoras de prazo dilatado (ADIn 1753-2, D. J.U. 12.06.98). O reexame necessário, por sua vez, está sendo progressivamente mitigado (v.g., MP 2.102-31/2001, art. 12; Lei 10.353/2001, que deu nova redação ao art. 475 do CPC/73; Lei 10.259/2001, art. 13, par. ún.; e, agora, o art. 496, do CPC/2015).

Mas por ora permanece vigente esse regime, e especialmente das quatro primeiras prerrogativas acima citadas pode-se extrair um princípio de indisponibilidade *processual* – e não necessariamente material – das posições da Fazenda em juízo. Essa indisponibilidade *processual* pode ser definida nos seguintes termos: não é dado ao agente incumbido da defesa do interesse público indiretamente dispor de bens abrangidos por tal interesse, através de sua simples inércia no curso do processo.

6.2. O dever de a Administração cumprir suas obrigações permanece depois de instaurado o processo judicial

O mesmo princípio pelo qual o processo tem de refletir de modo fiel aquilo que deveria legitimamente ocorrer no direito material gera ainda uma segunda decorrência.

Como visto, as relações de direito público, como regra, não exigem necessariamente a constituição de um processo judicial para que direitos e deveres dela derivados sejam cumpridos (nn. 3 e 4, acima).

A instauração de um processo judicial não interfere nessa diretriz.

As situações antes mencionadas, que poderiam ser espontaneamente resolvidas extrajudicialmente, continuam podendo ser igualmente compostas, dispensando-se decisão judicial, *mesmo depois de instaurado o processo.*

As obrigações que eram efetivamente devidas, e que por isso o ente público tinha de cumprir fora e antes do processo, continuam tendo de ser observados mesmo depois de instaurado o processo. Isso vale igualmente quando a Administração litiga como autora ou como ré; vale quando ela formula uma pretensão indevida ou quando resiste a uma pretensão alheia que é legítima.

Sustentar o contrário – sustentar que, uma vez instaurado o processo, o Estado não teria mais o dever de reconhecer que está errado – significaria imaginar que a litispendência imuniza a Administração de seu dever maior, de submeter-se à legalidade. Significaria supor que o processo, fenômeno eminentemente instrumental, teria o condão jurídico-material de mudar os parâmetros de legalidade, os critérios do correto agir público.

É por isso que, mesmo com um processo em curso, *permanece a possibilidade de o ente público reconhecer sua falta de razão e pôr fim ao litígio.* Mais do que possibilidade, a Administração tem o *dever* de agir assim.

O agente público tem o dever de agir dessa forma pelas mesmas razões que lhe impunham proceder assim fora e antes do processo: atendimento do interesse público primário, o respeito à legalidade e à moralidade administrativa.

A esses fundamentos, acrescenta-se outro: cabe ao agente público procurar mitigar os prejuízos que a Administração sofreria com a derrota judicial.

Retomem-se os exemplos aludidos anteriormente, do reequilíbrio contratual e da indenização por ato ilícito. É fácil constatar, nesses casos, as vantagens legítimas que podem ser obtidas pelo Poder Público quando desde logo se dispõe a compor a situação devida. Por exemplo, nos casos de reequilíbrio de equação, a composição espontânea, mediante ajuste entre a Administração e o particular, muitas vezes lhe permite redimensionar os encargos contratuais, em vez de ter de arcar com o pagamento de quantias para o contratado. Ou seja, em vez de reequilibrar pagando, reequilibra-se remodulando as obrigações do contratado. Do mesmo modo, quando reconhece que uma indenização é devida e a paga espontaneamente, a Administração pode eventualmente ajustar com o adversário um parcelamento ou uma dispensa de honorários.

Nesses casos, estará havendo algum modo de ajuste consensual em juízo, sem que se possa dizer que tenha havido *renúncia* a algum interesse legítimo, a algum direito efetivamente existente, da Administração Pública.

Então, tem-se nesses casos uma forma de composição em juízo. Há mesmo o reconhecimento de direito alheio – o que não é desautorizado pelo princípio geral da indisponibilidade do interesse público. A Administração não estará dispondo de um direito seu, mas apenas cumprindo deveres que lhe cabem. E poderá fazer isso mediante um acordo, um ajuste, com o adversário.

E a celebração desse ajuste implicará a extinção do processo judicial (art. 487, CPC/2015) ou a redução do seu objeto (art. 354, par. ún), na medida em que resolva a totalidade ou uma parte, respectivamente, da "lide".[8]

7. A EVENTUAL RENÚNCIA A DIREITOS PELO PARTICULAR, NA COMPOSIÇÃO COM A ADMINISTRAÇÃO

Mas tal constatação traz à tona a seguinte dúvida: é legítimo o particular que tem razão renunciar, nessa composição, ao seu direito ou a uma parte dos

8. Tratando da repercussão do acordo sobre o processo judicial, vide SILVA, Almiro do Couto e. Transação e Administração Pública – Irrevogabilidade – Regime jurídico. *Revista de Direito Público*, vol. 18, n. 73, 1985, p. 84-94 e; BORGES, Alice Maria Gonzales. Contrato administrativo – Correção monetária e juros de mora sobre pagamentos em atraso – Transação – Parcelamento da dívida. *Boletim de Direito Administrativo*, vol. 12, n. 11, 1996, p. 741-750.

seus direitos (p. ex., abrindo mão das verbas de sucumbência, aceitando um parcelamento etc.)?

Em primeiro lugar, considere-se que, por vezes, nem mesmo haverá propriamente uma renúncia do particular. Mais uma vez, cite-se como exemplo o reequilíbrio contratual, em que o particular, em vez de ser ressarcido em dinheiro, tem suas obrigações contratuais reduzidas ou postergadas.

De qualquer modo, eventuais concessões que o particular faça à Administração, em tais casos, obviamente não esbarrarão em nenhum óbice de indisponibilidade, pois as suas posições, nas relações obrigacionais com a Administração, são disponíveis.

Poder-se-ia cogitar, isso sim, é de ofensa ao princípio da moralidade e da boa-fé, por parte da Administração, quando esta passa a usar tal expediente de modo reiterado e sistemático para aviltar os direitos dos particulares. Vale dizer, é censurável a eventual postura da Administração de inicialmente resistir ao cumprimento de suas obrigações, embora desde logo sabedora da sua falta de razão, apenas para mais adiante obter uma composição com parcial renúncia a direitos pelo particular.

Mas essa constatação não afasta o cabimento de composições envolvendo os entes públicos. Apenas comprova a necessidade de reprimir de modo rigoroso o descumprimento de obrigações pela Administração. Reputar que o desvio de finalidade é a regra geral e proibir por isso a composição direta pelas partes equivaleria a tomar a patologia por normalidade. O desvio deve ser combatido, e não transformado em padrão, em premissa para outras conclusões.

8. LIMITES E CONDICIONANTES À COMPOSIÇÃO EM EXAME

Então, esse argumento não é um limite à possibilidade da composição de que se está cogitando. Mas existem, sim, algumas condicionantes e limitações a esse tipo de composição. São limites e condições que devem ser observados até para que se evitem fraudes, desvios e abusos:

(1°) é necessário prévio processo administrativo, no qual a Administração constate objetivamente que não tem razão quanto à posição que está defendendo em juízo. Na esfera federal, o Decreto presidencial de n° 4.250, de maio de 2002, entre outras disposições, estabelece que, se no momento da reunião de subsídios para a elaboração de uma defesa em juízo, o órgão administrativo verificar a plausibilidade da tese do particular, ele tem o dever de promover a imediata abertura de um processo administrativo para verificar se é o caso de reconhecimento de procedência da pretensão do adversário (art. 5°, par. ún., inciso I);

(2°) a composição em questão depende de expressa autorização da autoridade administrativa que teria competência para o cumprimento espontâneo da obrigação em questão (ou seja, não pode a composição ocorrer por ato autônomo do procurador que atua no processo judicial);

(3°) a composição não ficará necessariamente imune ao controle desenvolvido pelos órgãos incumbidos de fiscalizar a Administração (Tribunal de Contas, Poder Legislativo...);

(4°) deve-se respeitar o princípio da isonomia: há casos em que particulares estão todos em idêntica situação de conflito com a Administração, exatamente pelos mesmos fundamentos, e, tendo, portanto, a mesma razão. Nessa hipótese, não é possível a Administração "selecionar" arbitrariamente apenas alguns deles para a composição. Se todos estão na mesma situação e todos têm o mesmo grau de razão, a composição deve ser ofertada a todos. Nesses casos, cabe inclusive um ato geral regulando as condições da composição;

(5°) relacionado com esse limite anterior, há ainda outro: diz respeito aos casos em que já há condenação judicial transitada em julgado que se submete a regime dos precatórios (condenação ao pagamento de quantia). Nessa hipótese, a expressa previsão constitucional de respeito à ordem de preferência dos precatórios impede que a Fazenda Pública, sem a observância de parâmetros isonômicos, aleatoriamente opte pelo espontâneo cumprimento de determinadas condenações. Isso significaria violar a ordem dos precatórios.

9. TRANSAÇÃO PROPRIAMENTE DITA

Note-se que a hipótese até aqui examinada não envolve absolutamente renúncia da Administração a um direito que legitimamente detenha. Trata-se de composição naqueles casos em que se constata o acerto total ou parcial da posição do adversário. E isso – diferentemente da renúncia – independe de lei autorizadora.

Cabe mais um exemplo, para diferenciar a autocomposição nos casos em que a Fazenda constata que não tem razão daqueles outros casos em que autocomposição se dá com verdadeira renúncia, que depende de lei. Na execução fiscal, para cancelar a inscrição em dívida ativa ou substituí-la por outra em valor menor, mesmo no curso da execução, basta o Fisco constatar que errou na inscrição original, ou seja, basta averiguar que está cobrando algo indevido. Já para propriamente anistiar, perdoar uma dívida fiscal efetivamente devida, o Fisco depende de prévia lei que o autorize a tanto.

As composições que envolvam verdadeira renúncia, se e quando couberem, dependerão – essas sim – de autorização legislativa.

Porém, a autorização legislativa não precisa ser específica, pontual para cada caso. Muitas vezes, a depender dos valores constitucionais que a justificam, a autorização pode ser dada através de parâmetros gerais.

Aliás, na esfera federal, as principais autorizações legislativas para transações propriamente ditas – i.e., envolvendo inclusive renúncia a direitos – são autorizações razoavelmente genéricas.

Assim, a Lei 9.469/1997 estabeleceu parâmetros dentro dos quais os entes federais poderiam celebrar acordos (art. 1º). A Lei 13.140/2015, deu nova redação aos arts. 1º e 2º da Lei 9.469, em certa medida, flexibilizando tais balizas (p. ex., eliminou-se a exclusão das regras autorizadoras de transação relativamente aos litígios que versassem sobre imóveis, antes prevista no § 2º do art. 1º). Foram também eliminados os limites de valor fixados diretamente na lei – remetendo-se tal definição a atos regulamentares. Em tese, isso é positivo, pois permite a mais frequente atualização desses valores, impedindo que se tornem defasados ou mesmo irrisórios. Viabiliza-se também uma definição mais diferenciada de limites, conforme as diferentes modalidades de litígio. Contudo, o inconveniente do novo sistema está em que ele fica a depender da existência da efetiva regulamentação.

No fim de 2015, a AGU suspendeu a realização de acordos (E-mail Circular PGU-2015/018, de 29.12.2015), por uma suposta falta de regulamentação – adotando a (criticável) premissa de que as regulamentações anteriores não seriam transitoriamente aproveitáveis.

Ficavam excluídas de tal suspensão apenas as transações realizadas nos limites previstos na Lei dos Juizados Especiais (Lei 10.259/01), que autoriza transações propriamente ditas em causas de até 60 salários mínimos (art. 3º c/c art. 10 – a Portaria 109/2007 do Advogado Geral da União regula as condições dentro das quais os advogados da União e procuradores federais podem e devem fazer acordos nesses casos).

Em maio de 2016, a AGU expediu novo E-mail Circular (PGU-2016/022), autorizando a celebração de acordos com base na regulamentação já antes vigente, notadamente a Portaria PGU 02/2014 – mas impôs que tais transações fiquem condicionadas à incidência da regulamentação superveniente (o que, por óbvio, pode desestimular acordos enquanto não sobrevém a nova regulamentação).

10. ARBITRAGEM E PODER PÚBLICO[9]

Discutia-se, na época da versão original deste artigo, se era cabível a arbitragem envolvendo a Administração pública. A dúvida se punha porque a Lei de Arbitragem, até a edição da Lei 13.129/2015, limitava o processo arbitral aos litígios "*patrimoniais disponíveis*", sem tratar expressamente da convenção de arbitragem pela Administração Pública (Lei 9.307/1996, art. 1º).

A Lei 13.129/2015 alterou a Lei 9.307/1996, para, entre outras mudanças expressamente prever que *"a administração pública direta e indireta poderá utilizar-se da arbitragem para dirimir conflitos relativos a direitos patrimoniais disponíveis"*. A mudança, em si mesma, pouco esclareceu, pois permanece a pergunta ao significado de *"direitos patrimoniais disponíveis"*.

10.1. O requisito da "disponibilidade"

Para respondê-la deve-se retomar a distinção das duas acepções de "indisponibilidade" originadas propriamente do direito material, acima vistas:

- na primeira delas, a "indisponibilidade" põe-se como vedação à renúncia de um direito existente (n. 2);

- na segunda, a "indisponibilidade" configura-se como proibição de espontaneamente se reconhecer que não se tem razão e se submeter voluntariamente ao direito alheio: apenas a Jurisdição poderá dizer quem tem razão e aplicar as conseqüências jurídicas cabíveis. Essa hipótese é melhor definida como sendo de "necessariedade de intervenção jurisdicional" ou indisponibilidade da pretensão de tutela judicial (nn. 4 e 5).

Reitere-se: apenas a "indisponibilidade" na primeira dessas duas acepções em regra incide – e dentro de certos limites – sobre as relações de direito público propriamente ditas. Na segunda acepção, a "indisponibilidade" é excepcional inclusive no âmbito do direito administrativo. Limita-se, no direito público e no direito privado, a casos específicos, tais como aqueles antes mencionados. O princípio geral – repita-se – é o de que o Poder Público tem o dever de cumprir obrigações e respeitar direitos alheios independentemente de intervenção jurisdicional.

---

9. Remete-se a dois textos anteriores: TALAMINI, Eduardo. Cabimento de arbitragem envolvendo sociedade de economia mista dedicada à distribuição de gás canalizado. *Revista Brasileira de Arbitragem*, vol. 4, 2005, p. 44-64 e; TALAMINI, Eduardo. Arbitragem e parceria público-privada. In: TALAMINI, Eduardo; JUSTEN, Monica Spezia (org.). *Parcerias público-privadas: um enfoque multidisciplinar*. São Paulo: Revista dos Tribunais, 2005, p. 333-358.

E é apenas essa segunda acepção da "indisponibilidade" que tem relevo para a aferição do cabimento da arbitragem.

Como se disse, cabe a arbitragem sempre que a matéria envolvida possa ser resolvida pelas próprias partes, independentemente de ingresso em juízo. Se o conflito entre o particular e a Administração Pública é eminentemente patrimonial e se ele versa sobre matéria que poderia ser solucionada diretamente entre as partes, sem que se fizesse necessária a intervenção jurisdicional, então a arbitragem é cabível. Se o conflito pode ser dirimido pelas próprias partes, não faria sentido que não pudesse também ser composto mediante juízo arbitral sob o pálio das garantias do devido processo.

Esse é o significado razoável da regra do art. 1º da Lei 9.307/1996, quando alude ao cabimento da arbitragem *"para dirimir litígios relativos a direitos patrimoniais disponíveis"*. Na arbitragem, não se dispõe sobre o direito material, mas sobre o modo de composição do conflito. O objeto de disponibilidade é a pretensão de tutela judicial. É um negócio processual, e não substancial. Logo, o pressuposto de disponibilidade está igualmente no plano processual.

Aliás, a norma do art. 852 do atual Código Civil, mais recente do que a Lei de Arbitragem, foi mais clara ao definir por exclusão o campo objetivo de aplicabilidade da arbitragem: ficam de fora as *"questões de estado, de direito pessoal de família e de outras que não tenham caráter estritamente patrimonial"*. Obviamente, a expressão "questões de estado" nada tem a ver com "questões de direito público". Refere-se a *status* jurídico: estado familiar (*status familiae*), estado de cidadania (*status civitatis*) e o estado de liberdade (*status libertatis*). Vale dizer: matérias que se enquadram na acepção de "indisponibilidade" ora examinada.

Trata-se da única interpretação compatível não só com os princípios que norteiam a atuação pública, mas também com a função da arbitragem e os princípios que a inspiram.

Não é possível pretender invocar a primeira acepção de "indisponibilidade" há pouco referida para assim negar o cabimento da arbitragem envolvendo o Poder Público. *Não* é viável afirmar que, na medida em que o agente público não pode renunciar a direitos que a Administração detém, que na medida em que ele não pode abrir mão de posições jurídicas públicas, não poderia tampouco submeter os litígios da Administração ao processo arbitral. Sustentar isso implica ignorar o regime jurídico da arbitragem, bem como desprezar o regime de direito público.

Isso porque, por um lado, a arbitragem não é aposta, jogo de azar. Quem remete a solução de sua causa ao processo arbitral não a está submetendo ao "cara-ou-coroa" nem à "roleta-russa". Está buscando uma composição para o conflito em um processo pautado em parâmetros objetivos quanto ao seu desenvolvimento e ao conteúdo de suas decisões; um processo em consonância com as garantias do *due process of law*; um processo em que os julgadores devem ser imparciais e respondem penalmente, como agentes públicos, se não o forem (Lei 9.307/1996, arts. 17, 20, 21, § 2°, 26, II, 32...). E o respeito a todas essas garantias é controlável pelo Judiciário – pois apenas não cabe ação judicial para rever o mérito do julgamento do árbitro, mas cabe para controlar todos os aspectos do devido processo legal e da validade da arbitragem (Lei 9.307/1996, art. 33).

Portanto, ao se submeter uma pretensão ao juízo arbitral não se está renunciando a ela, não se está abrindo mão do direito material que eventualmente existe. Apenas se está abdicando do direito de obter do Judiciário a solução para a questão. Mas isso também ocorre quando a solução é obtida diretamente pelas partes sem ingressar em Juízo – o que, reitere-se, é em regra possível também nas relações de direito público.

Em segundo lugar, o princípio da isonomia não autoriza interpretação diferente. Não há fator diferencial que justifique tratamento discriminatório à Administração Pública nessa hipótese. Os aspectos que legitimam a arbitragem em qualquer outro caso também estão presentes quando a Administração está envolvida em um conflito. Não se justifica, portanto, interpretação restritiva da regra autorizadora da arbitragem.

Por fim, não se ignora haver a possibilidade de a Administração vir a ser derrotada na arbitragem. Mas, mesmo quando isso ocorrer, não terá havido nenhuma renúncia ou ato de disposição por parte da Administração. Significará apenas que ela não tinha razão quanto ao que pretendia. Portanto, sua derrota no processo arbitral não representará afronta ou menoscabo ao interesse público. Simplesmente, o interesse público não estará presente. Se não há direito em favor da Administração, não há que se falar em interesse público. Ou melhor, o interesse público não estará presente *em favor* da Administração.

Em suma, no que tange ao requisito da "disponibilidade do direito", a diretriz para o cabimento da arbitragem envolvendo a Administração Pública é sempre essa: cabe arbitragem toda vez que a matéria envolvida for do tipo que possa ser resolvida pelas próprias partes, independentemente de ingresso em juízo.

10.2. O requisito da patrimonialidade

A outra baliza para a arbitrabilidade objetiva é o caráter patrimonial do direito em disputa. Há parcial sobreposição entre esse parâmetro e o da indisponibilidade: alguns interesses jurídicos cujo reconhecimento e satisfação exigem necessariamente a intervenção do juiz revestem-se de caráter não-patrimonial. Outros, porém, embora "disponíveis" na acepção acima destacada, não se revestem de patrimonialidade – o que basta para afastar-lhes a arbitragem. Trata-se de uma opção do legislador infraconstitucional: não seria inviável que, respeitados os casos de necessariedade da intervenção judicial, a lei tornasse arbitráveis inclusive litígios não-patrimoniais.

De todo modo, o requisito em questão põe-se em termos bastante amplos e flexíveis. O interesse tem caráter patrimonial não apenas quando seu objeto diretamente se reveste de valor econômico. A patrimonialidade também se configura pela aptidão de o inadimplemento ser reparado, compensado ou neutralizado por medidas com conteúdo econômico.[10]

10.3. Síntese

Portanto, podem ser objeto de arbitragem todas as questões que versem sobre interesses eminentemente patrimoniais (i.e., cujo objeto tenha cunho econômico ou cujo inadimplemento possa ser reparado, compensando ou combatido por medidas com conteúdo econômico) cujo conflito poderia ser resolvido diretamente pelas partes, independentemente de ingresso em juízo.

O exemplo disso está no uso da arbitragem para a solução de disputas acerca do reequilíbrio da equação econômico-financeira nos contratos administrativos. A recomposição da equação é matéria que pode ser resolvida entre as partes, sem ter de recorrer ao Judiciário. A Administração não apenas tem a possibilidade, como tem o dever de, sempre que constatar o desequilíbrio da equação, promover sua recomposição independentemente de ingresso em juízo. Trata-se de entendimento absolutamente pacífico na doutrina e na jurisprudência. Portanto, esse é um tipo de questão que pode ser resolvida em processo arbitral.

10.4. Panorama doutrinário e jurisprudencial

Vem se firmando o entendimento de que é admissível o emprego da arbitragem em conflitos que envolvem interesses patrimoniais da Administração Pública.

---

10. Sobre a noção de "patrimonialidade", vide: COSTA, Almeida. *Direito das Obrigações*. 4ª ed. Coimbra: Coimbra Editora, 1984, p. 63-66; VARELA, Antunes. *Das obrigações em geral*. 7ª ed. Coimbra: Almedida, 1991, vol. 1, p. 102-107; VARELA, Antunes. *Direito das Obrigações: conceito, estrutura e funções da relação obrigacional, fontes das obrigações, modalidade das obrigações*. Rio de Janeiro: Forense, 1977, vol. I, p. 90-94; PEREIRA, Caio Mário da Silva. *Instituições de Direito Civil*. 10ª ed. Rio de Janeiro: Forense, 1990, vol. II, p. 2-6; GOMES, Orlando. *Obrigações*. 8ª ed. Rio de Janeiro: Forense, 1992, p. 20-21; LOPES, Serpa. *Curso de Direito Civil*. 5ªm ed. Rio de Janeiro: Freitas Bastos, 1989, vol. II, p. 23-25; FILHO, Marçal Justen. *Sujeição passiva tributária*. Belém: CEJUP, 1986, p. 79-80.

Na doutrina brasileira, há marcante tendência nesse sentido.[11]

Na jurisprudência, há célebre julgado do Supremo Tribunal Federal, no "caso Lage".[12] Reconheceu-se a legitimidade da arbitragem. É bem verdade que naquele caso o processo arbitral amparava-se em uma específica autorização legislativa, veiculada em Decreto-lei. Sob esse prisma, tal decisão não serve como precedente em prol da admissão genérica da arbitragem envolvendo a Administração. Mas na ocasião o Supremo Tribunal enfrentou pelo menos dois aspectos de grande relevância geral: (a) reputou constitucional o Decreto-lei no ponto em que previu a arbitragem. Nesse sentido, trata-se de precedente relevante para o exame da constitucionalidade de textos legais que expressamente prevêem a arbitragem para a solução de litígios de caráter público, como é o caso do art. 11, III, da Lei 11.079/2004 (Lei das Parcerias Público-Privadas – PPPs); (b) considerou também não haver inconstitucionalidade no caráter irrecorrível da sentença arbitral. Esse aspecto não é de menor importância. O cotejo entre o processo arbitral e o processo judicial permite concluir que há razoável correspondência no que tange às garantias processuais, exceto nesse ponto: em regra, não há duplo grau na arbitragem. Portanto, a única censura que se poderia pretender formular ao processo arbitral no que tange às garantias do devido processo fica assim superada: o Supremo reconheceu ser legítima não apenas a irrecorribilidade das decisões em si mesma – orientação hoje assente naquela Corte – como também a vedação de reexame do julgamento pelo Judiciário.

Na versão original deste texto, narrava-se que então recentemente, em pelo menos duas oportunidades o Judiciário havia reconhecido a possibilidade de arbitragem envolvendo a Administração em divergências contratuais de

11. TÁCITO, Caio. Arbitragem nos litígios administrativos. *Revista de Direito Administrativo*, vol. 210, 1997, p. 114-115; DALLARI, Adilson. Arbitragem na concessão de serviço público. *Revista Trimestral de Direito Público*, vol. 13, 1996, p. 8-9; GRAU, Eros Roberto. Da arbitrabilidade de litígios envolvendo sociedades de economia mista e da interpretação de cláusula compromissória. *Revista de Direito Bancário*, vol. 18, 2002, p. 401; NETO, Diogo de Figueiredo Moreira. Arbitragem nos contratos administrativos. *Revista de Direito Administrativo*, vol. 209, 1997, p. 89; SZKLAROWSKY, Leon Frejda. A arbitragem e a Administração Pública, disponível em https://jus.com.br/artigos/469/a-arbitragem-e-a-administracao-publica, acesso em 04/05/2016; WALD, Arnoldo. Arbitragem e os contratos administrativos, divulgado na internet: www.camarbra.com.br/wald.htm,; CARMONA, Carlos Alberto. *Arbitragem e processo: um comentário à Lei 9.307/96*. São Paulo: Malheiros, 1998, p. 52 e ss.; GRINOVER, Ada Pellegrini. Arbitragem e prestação de serviços públicos. *Revista de Direito Administrativo*, vol. 233, 2003, p. 377 e ss.; CALMON, Eliana. A arbitragem internacional entre entes públicos. Revista Ibero-Americana de Direito Público, vol. 6, 2002, p. 66; FILHO, Clávio Valença. Arbitragem e contratos administrativos. *Revista de Direito Bancário*, vol. 8, 2000, p. 373; LEMES, Selma. Arbitragem na concessão de serviços públicos: arbitrabilidade objetiva. Confidencialidade ou publicidade processual?, disponível em http://selmalemes.adv.br/artigos/artigo_juri15.pdf, acesso em 04/05/2016; OLIVEIRA, Gustavo Henrique Justino. A arbitragem e a nova contratualização administrativa. In: GUIMARÃES, Edgar (org.). *Cenários do Direito Administrativo: estudos em homenagem ao prof. Romeu Felipe Bacellar Filho*. Belo Horizonte: Fórum, 2004, p. 273 e ss.

12. STF, TRIBUNAL PLENO, AI 52.181/GB, Min. Rel. BILAC PINTO, j. 14.11.1973, DJ 15.02.1974, v. RTJ 68/382.

cunho econômico, mesmo sem haver específica lei autorizadora. A primeira dessas decisões, do Tribunal de Justiça do Distrito Federal, foi relatada pela hoje Ministra do Superior Tribunal de Justiça Nancy Andrighi.[13] A outra foi proferida pelo extinto Tribunal de Alçada do Paraná, confirmando sentença de primeiro grau, no "caso Compagás".[14] Ambas versavam sobre reequilíbrio de equação contratual.

O caso Compagás chegou posteriormente ao STJ, que confirmou a orientação adotada nos graus de jurisdição anteriores, em acórdão bastante completo e didático.[15] Antes de confirmar a orientação do TJPR no caso Compagás, o STJ proferiu outros julgamentos favoráveis à arbitragem envolvendo a Administração Pública.[16]

Convém atentar para o exato conteúdo de cada julgado sobre o tema. Em outro precedente bastante conhecido, no "caso El Paso", o Judiciário rejeitou o desenvolvimento de arbitragem envolvendo uma sociedade de economia mista. A magistrada prolatora da decisão liminar e da sentença nesse caso é a mesma que proferiu – e na mesma época – a sentença no "caso Compagás".[17] Do cotejo entre as duas decisões extrai-se que: (a) no "caso Compagás", reputou-se tratar-se de conflito eminentemente patrimonial, que poderia até ser composto diretamente entre as partes – cabendo, então, a arbitragem; (b) no "caso El Paso", reputou-se inválida a previsão contratual de uma arbitragem a desenvolver-se perante uma câmara arbitral fora do território nacional – o que ofenderia o art. 55, § 2º da Lei 8.666/1993. Ou seja, a censura não foi propriamente à arbitragem, mas ao deslocamento da competência para o exterior. Pode-se discordar da avaliação feita nesse segundo caso. Mas o dado fundamental é o de que, ao menos em suas premissas teóricas, a decisão no "caso El Paso" não constituiu um precedente no sentido da recusa generalizada da arbitragem envolvendo a Administração.

O Tribunal de Contas da União também já se pronunciou pela admissibilidade da arbitragem em contratos administrativos. Trata-se da Decisão 188/95 (Processo TC 006.098/93-2), que consiste em importante precedente sobre essa matéria. Naquela oportunidade, em reexame de decisão anterior, admitiu-se a arbitragem em contrato de concessão (inequivocamente sujeito às regras de

13. TJDFT, Conselho Especial, MS 1998.002003066-9, Des. Rel. NANCY ANDRIGHI, j. 18.05.1999, DJ 18.08.1999, v. *Revista Brasileira de Direito Bancário*, vol. 8, 2000, p. 359.
14. TAPR, 7ª CÂMARA CÍVEL, AC 247.646-0, Des. Rel. LAURO LAERTES DE OLIVEIRA, j. 11.02.2004, DJ 20.02.2004.
15. REsp 904.813, 3ª T., v.u., rel. Min. NANCY ANDRIGHI, j. 20.10.2011, *DJe* 28.02.2012.
16. REsp 612.439-RS, 2ª T., v.u., Min. J. OTÁVIO NORONHA, j. 25.10.2005, *DJU* 14.09.2006; REsp 606.345-RS, 2ª T., v.u., rel. Min. NORONHA, j. 17.05.2007, *DJe* 08.06.2007; MS-AgRg 11.308-DF, 1ª S., v.u., rel. Min. L. FUX, j. 28.06.2006, *DJU* 14.08.2006; MS 11.308-DF, 1ª S., v.u., rel. Min. FUX, j. 09.04.2008, *DJe* 19.05.2008.
17. Ambas estão publicadas na *Revista de Arbitragem e Mediação*, v. 2, 2004, p. 304 e ss. e 312 e ss.

direito público), apenas com a ressalva de que não fossem incluídas "*cláusulas que não observem estritamente o princípio da legalidade e a indisponibilidade do interesse público*".

11. NEGÓCIOS PROCESSUAIS E ADMINISTRAÇÃO PÚBLICA

O Código de Processo Civil de 2015 inova ao consagrar negócios jurídicos atípicos. Negócios jurídicos típicos sempre houve (cláusula de eleição de foro, cláusula de inversão do ônus da prova, suspensão convencional do processo etc.). O novo diploma confere às partes um poder geral de redefinir o procedimento ou de alterar a gama de posições jurídicas processuais.

O pressuposto objetivo genérico para celebração de convenções processuais é a aptidão de o "direito" submeter-se a "autocomposição" (CPC/2015, art. 190, *caput*).

Mas o termo aqui deve ser corretamente compreendido – na linha do que antes se disse acerca dos possíveis significados de (in)disponibilidade. Causa que comporta autocomposição não é apenas e exclusivamente aquela que envolva direito material disponível. Certamente, causas que envolvem direitos materiais disponíveis comportam autocomposição. Mas não somente elas.

Como já se viu, nem sempre a autocomposição é atingida por meio de um ato de renúncia a pretensões e direitos (o que pressupõe disponibilidade do direito material). Por vezes, a autocomposição é reflexo da constatação, pelo sujeito envolvido no litígio, de que ele não tem razão, total ou parcialmente, naquilo em que vinha pretendendo. Toda vez que alguém constata que sua posição é insubsistente no conflito, em princípio, é possível (e desejável pelo ordenamento) que chegue a uma composição com o adversário. Apenas muito excepcionalmente o ordenamento veda que alguém que constata não ter razão componha-se com a parte contrária. Nesses casos excepcionais – reitere-se – há indisponibilidade não do direito material, mas da pretensão de tutela judicial: é obrigatório submeter a causa ao Judiciário.

Em suma, autocomposição abrange *qualquer modalidade de solução extrajudicial do litígio*.

Assim, causas que envolvem a Administração Pública em regra comportam autocomposição (mediante regular processo administrativo), inclusive as fiscais (processo administrativo fiscal). Nesses casos, cumpre-se o requisito geral objetivo para a celebração de negócios jurídicos processuais.

Requisitos adicionais podem ser impostos, a depender do ato ou posição jurídico-processual a respeito de que se pretenda convencionar. Por exemplo, nas causas que admitam autocomposição, em regra as partes podem celebrar negócio jurídico prevendo julgamento em um único grau de jurisdição – suprimindo, portanto, o cabimento de apelação. Mas essa modalidade de negócio processual submete-se a um requisito específico: ela não será admissível em causas que se submetem ao duplo grau obrigatório (remessa ou reexame necessário – CPC/2015, art. 496).

12. AÇÃO MONITÓRIA E FAZENDA PÚBLICA

A possibilidade de ação monitória contra a Fazenda Pública também é questão a se resolver tomando em conta o sentido e os limites da indisponibilidade do interesse público.

Tal procedimento especial reveste-se de duas especiais peculiaridades que suscitaram controvérsia, em doutrina e jurisprudência, quanto à possibilidade de seu emprego perante o Poder Público: (1ª) o réu recebe *initio litis* uma decisão judicial (amparada em cognição sumária) que o incentiva a cumprir a obrigação, ofertando-lhe isenção de custas e honorários reduzidos em caso de pronto cumprimento (art. 701, *caput* e § 1º, CPC/2015). Discute-se se o cumprimento espontâneo desse comando pela Fazenda Pública não seria uma afronta à "indisponibilidade do interesse público"; (2ª) em caso de não-cumprimento e não oposição de embargos em quinze dias, a decisão inicial transforma-se em título executivo judicial, prosseguindo o processo na forma executiva (arts. 701, § 2º, e 702, § 8º, CPC/2015). Questiona-se se seria aplicável tal conseqüência contra a Fazenda Pública, quando os agentes incumbidos de sua defesa permanecessem inertes.

É admissível a ação monitória contra a Fazenda Pública. É o que tenho sustentado desde a primeira edição de meu livro sobre a tutela monitória – fazendo apenas uma ressalva.[18]

O cumprimento espontâneo do mandado monitório, naqueles casos em que a Fazenda ré constata não proceder a sua postura de inadimplemento, é perfeitamente possível. Nesse momento, ainda não há *condenação* da Fazenda Pública. O mandado monitório é uma última oportunidade que se dá ao réu para pagar, antes ainda da formação do titulo executivo. Portanto, o cumprimento do mandado pela Fazenda não viola o regime dos precatórios. Então, se a Administração sabe que não tem razão, sabe que deve, convém que ela cumpra o mandado monitório – inclusive porque isso lhe trará uma vantagem, que é a isenção de custas e o pagamento de honorários em menor percentual.

18. TALAMINI, Eduardo. *Tutela monitória*. Revista dos Tribunais, 1998, p. 153-155. Em sua segunda edição (Revista dos Tribunais, 2001), v. p. 179-182 e p. 368-369.

Obviamente, valem aqui todos os limites e condições antes mencionados: processo administrativo interno, autoridade administrativa competente etc. (n. 7, acima).

Mas, por outro lado, se não houver cumprimento do mandado nem oposição de embargos pela Fazenda Pública, não será possível a automática e direta formação do título executivo judicial, como previsto literalmente na disciplina da monitória.

Afinal, se no processo comum de conhecimento não se dá o efeito principal da revelia contra a Fazenda Pública; se a Fazenda Pública não tem o ônus de impugnar especificadamente fato a fato da inicial, para que estes não se presumam verdadeiros; se não se concebe a confissão da Fazenda Pública – e assim por diante; enfim, se não se admitem essas decorrências no processo comum de conhecimento (n. 5.1, acima), não seria coerente, dentro do sistema, que se tolerasse contra a Fazenda conseqüência ainda mais grave da inércia do réu no procedimento monitório: que é a automática formação de "título executivo".

Então, na hipótese de a Fazenda não pagar nem embargar, tem de ser adotada solução semelhante à que deu o Ministro CARLOS MARIO para a questão das execuções contra a Fazenda com base em título extrajudicial. Em vários acórdãos unânimes do extinto Tribunal Federal de Recursos, de que o Ministro CARLOS MARIO foi relator, admitiu-se execução fundada em título extrajudicial contra a Fazenda – mas com a ressalva de que, não havendo embargos à execução, o juiz, mesmo assim, deveria proferir uma sentença (em princípio não prevista no procedimento), que se sujeitaria ao reexame necessário (*nos casos em que coubesse reexame*), e, só depois, seria requisitado o pagamento, por intermédio do presidente do Tribunal.[19] Recentemente, já no Supremo Tribunal Federal, o Ministro Carlos Mário voltou a adotar esse entendimento ao tratar da execução contra a Fazenda fundada em título extrajudicial, tendo sido unanimemente acompanhado pela 2ª Turma daquela Corte.[20]

A mesma solução pode ser transportada para a monitória contra a Fazenda Pública. Se não houver embargos ao mandado, não se formará automaticamente o título executivo. Cumprirá ao juiz proferir uma sentença (não prevista no procedimento monitório) e submetê-la, quando for o caso, ao duplo grau obrigatório.

Essa solução já havia sido implicitamente adotada no acórdão que o Superior Tribunal de Justiça proferiu no REsp 196.580.[21] Em tal precedente, o Superior

19. *RTFR* 156/189; *RTFR* 147/187.
20. STF, 2ª TURMA, RE 421.233 AgR/PE, Min. Rel. CARLOS VELLOSO, j. 15.06.2004, DJ 06.06.2004.
21. STJ, 4ª TURMA, REsp 196.580-MG, Min. Rel. SÁLVIO DE FIGUEIREDO TEIXEIRA, j. 17.10.2000, DJ 18.12.2000.

Tribunal aceitou a monitória contra a Fazenda, mas ressalvou – mediante uma referência doutrinária – que incidiriam todas as salvaguardas processuais em prol do Poder Público, inclusive o reexame necessário. Entendeu ser viável o cumprimento espontâneo do mandado, naqueles casos em que a Fazenda ré constata não proceder a sua postura de inadimplemento – o que no acórdão foi qualificado como *"relatividade"* da indisponibilidade do interesse público. Em julgados posteriores, aquela Corte adotou de modo ainda mais explícito a solução aqui preconizada: admitiu o emprego da ação monitória, mas expressamente indicou que, se não houver embargos, não caberá a formação automática do título executivo.[22]

Mas, sob a égide do Código anterior, a questão jamais se pacificou plenamente: havia mais julgados do Superior Tribunal de Justiça admitindo a monitória contra a Fazenda (por vezes, sem a limitação acima destacada) –[23] e outros tantos que a rejeitavam.[24]

Seja como for, não fazia sentido – era puro formalismo, puro fetiche – ficar discutindo se cabia ou não monitória contra a Fazenda nos casos em que essa efetivamente já havia embargado o mandado monitório. Afinal, quando o réu embarga, tem-se mero procedimento comum (art. 702, *caput* e §§ 1º, 5º, 6º e 9º, CPC/2015) – ou seja, daí para a frente não há diferença em relação a uma ação comum de conhecimento. Então, se a Fazenda embargou, não teve prejuízo – e não há porque pretender discutir a questão.

O Código de Processo Civil de 2015 adotou a solução intermediária preconizada neste texto e em meus escritos anteriores. Expressamente previu o cabimento da ação monitória contra a Fazenda Pública (art. 700, § 6º). Mas igualmente estabeleceu a significativa ressalva, no sentido de que a não oposição de embargos à ação monitória pela Fazenda Pública não importará sempre a automática formação do título executivo judicial, dependendo tal eficácia do reexame necessário, nos limites em que vigora esse mecanismo (art. 701, § 4º).

22. STJ, 1ª TURMA, REsp 281.483/RJ, Min. Rel. MILTON LUIZ PEREIRA, Min. Rel. p/ acórdão JOSÉ DELGADO, j. 06.08.2002, DJ 07.10.2002; STJ, 1ª TURMA, REsp 631.773/RO, Min. Rel. JOSÉ DELGADO, j. 01.06.2004, DJ 09.08.2004.

23. STJ, 1ª TURMA, REsp 535.533/MG, Min. Rel. TEORI ALBINO ZAVASCKI, j. 02.10.2003, DJU 28.10.2003; STJ, 1ª TURMA, AgRg no REsp 249.559/SP, Min. Rel. FRANCISCO FALCÃO, j. 28.09.2004, DJU 03.11.2004; STJ, 1ª TURMA, REsp 596.981/SP, Min. Rel. LUIZ FUX, j. 13.04.2004, DJ 17.05.2004; STJ, 1ª TURMA, REsp 603.859/RJ, Min. Rel. LUIZ FUX, j. 01.06.2004, DJ 28.06.2004; STJ, 1ª TURMA, REsp 215.526/MA, Min. Rel. FRANCISCO FALCÃO, Min. Rel. p/ acórdão LUIZ FUX, j. 11.06.2002, DJ 07.10.2002.

24. STJ, 1ª TURMA, REsp 197.605/MG, Min. Rel. JOSÉ DELGADO, Min. Rel. p/ acórdão MILTON LUIZ PEREIRA, j. 14.11.2000, DJ 18.06.2001; STJ, 2ª TURMA, REsp 202.277/SP, Min. Rel. FRANCIULLI NETTO, j. 11.05.2004, DJU 06.09.2004; STJ, 2ª TURMA, REsp 603.799/RS, Min. Rel. FRANCIULLI NETTO, j. 08.06.2004, DJU 06.09.2004; STJ, 2ª TURMA, REsp 252.875/SP, Min. Rel. FRANCIULLI NETTO, j. 1º.06.2004, DJU 06.09.2004.

13. ENCERRAMENTO

Como afirmado no início, o prefixo entre parênteses não passa de provocação. O problema não está na *indisponibilidade*. Não se contesta que o interesse público, em seu núcleo essencial, é indisponível. A verdadeira questão reside em identificar *quando há* interesse público no caso concreto – ou até, muitas vezes: "*de que lado está*" o interesse público.

O interesse público não coincide necessariamente com as posições concretas defendidas por aqueles que ocupam os cargos públicos. A noção de interesse público não pode ser utilizada como um escudo, um pretexto para a Administração não cumprir os valores fundamentais do ordenamento. Deve-se combater essa invocação vazia, meramente retórica, do "interesse público" – tão mais perniciosa porque sempre se quer fazer acompanhar dos atributos da "supremacia" e "indisponibilidade", ínsitos ao verdadeiro interesse público.

O processo jurisdicional – que se propõe a assegurar a observância do ordenamento jurídico – deve estar atento a isso. Os problemas processuais relativos ao tema não comportam soluções simplistas, que se contentem com o mero "rótulo" do "interesse público".

15. ENCERRAMENTO

Como afirmado no início, o prefixo entre parênteses não passa de provocação. O problema não está na indisponibilidade. Não se contesta que o interesse público, em seu núcleo essencial, é indisponível. A verdadeira questão reside em identificar quando há interesse público no caso concreto – ou até, muitas vezes, "de que lado está" o interesse público.

O interesse público não coincide necessariamente com as posições concretas defendidas por aqueles que ocupam os cargos públicos. A noção de interesse público não pode ser utilizada como um escudo, um pretexto para a Administração não cumprir os valores fundamentais do ordenamento. Deve-se combater essa invocação vazia, meramente retórica, do "interesse público" – tão mais perniciosa porque sempre se quer fazer acompanhar dos atributos da "supremacia" e "indisponibilidade", ínsitos ao verdadeiro interesse público.

O processo jurisdicional – que se propõe a assegurar a observância do ordenamento jurídico – deve estar atento a isso. Os problemas processuais relativos ao tema não comportam soluções simplistas, que se contentem com o mero "rótulo" do "interesse público".

CAPÍTULO 14

Diffusing Disputes: The Public in the Private of Arbitration, the Private in Courts, and the Erasure of Rights[1]

Judith Resnik[2]

SUMÁRIO: 1. INTRODUCTION: DISPUTE DIFFUSION; 2. THE PUBLIC IN COURTS; 3. THE CREATION AND ERASURE OF RIGHTS; 4. LOCATING THE PRIVATE AND THE PUBLIC IN ARBITRATION; 4.1. THE PARADIGM OF MERCHANTS, CONTRACTS, AND CONSENT; 4.2. FROM WAFFLES TO CHEERIOS: EMPLOYEES, CONSUMERS, AND OBLIGATIONS TO ARBITRATE; 5. METRICS OF EFFECTIVE VINDICATION, ADEQUACY, AND UNCONSCIONABILITY; 5.1. GATEWAYS TO JUDGING ARBITRATION'S LEGITIMACY; 5.2. EFFECTIVE VINDICATION'S GENESIS IN AN "INTERNATIONAL COMMERCIAL TRANSACTION" AND UNDER THE SUPERVISION OF THE SECURITIES AND EXCHANGE COMMISSION; 5.3. JUDICIAL COST-BENEFIT ANALYSES AND THE QUESTION OF COLLECTIVE ACTIONS; 5.4. "MASS" ARBITRATION CLAUSES WITHOUT A MASS OF CLAIMS; 5.4.1. PUBLIC ACCESS TO, AND CONFIDENTIALITY IN, ARBITRATION; 5.4.2. ACCOUNTING FOR INDIVIDUAL CONSUMER AND EMPLOYEE ARBITRATIONS; 5.4.2.1. FINDING THE FILINGS; 5.4.2.2. LOCATING THE RULES AND FEE STRUCTURES; 5.4.2.3. CONCERNS ABOUT COMPLIANCE; 5.5. CONTRACTING FOR JUDGES IN A MARKET FOR COURTS; 5.6. REGULATED ARBITRATIONS: COURT-ANNEXED ARBITRATION IN FEDERAL COURTS, AGENCY SUPERVISION, AND EUROPEAN DIRECTIVES; 6. CONCLUSION: "NIGHTMARISH" SCENARIOS AND THE CONSTITUTION OF COURTS.

1. Trabalho publicado originalmente em: *Yale Law Journal n. 124, 2015, Yale Law School, Public Law Research Paper No. 543.*
2. Professor of Law at Yale Law School. Teaches about federalism, procedure, courts, prisons, equality, and citizenship.. Thanks are due to the *Yale Law Journal* and to Noah Messing for hosting *Arbitration, Transparency, and Privatization: A Seminar*, on October 23, 2014; to Dennis Curtis, William Genego, Linda Greenhouse, David Horton, Vicki Jackson, Amalia Kessler, Daniel Markovits, Uriel Procaccia, Margaret Jane Radin, Roberta Romano, Alan Schwartz, Joanne Scott, Reva Siegel, Nan Aron, Michelle Schwartz, Seana Shiffran, Tom Stipanowich, and Markus Wagner; to workshop participants at the University of Miami and Yale Law Schools; to Ryan Boyle of the American Arbitration Association and Donna Stienstra of the Federal Judicial Center; to Michael VanderHeijden for remarkable library support; to former research assistants Kathleen Claussen, James Dawson, Marissa Doran, Ruth Anne French-Hodson, Jason Glick, Adam Grogg, Andrew Sternlight, and Charles Tyler; to current research assistants Jason Bertoldi, Michael Clemente, John Giammatteo, Kate Huddleston, Mark Kelley, Diana Li, Adam Margulies, Marianna Mao, Chris Milione, Devon Porter, Benjamin Woodring, and Jonas Wang; and to Bonnie Posick for expert editorial advice.

1. INTRODUCTION: DISPUTE DIFFUSION

"To avoid the expense and delay of having a trial, judges encourage the litigants to try to reach an agreement resolving their dispute."

– "Understanding the Federal Courts/How Courts Work," website of the U.S. Courts, 2015[3]

"We may change any terms, conditions, rates, fees, expenses, or charges regarding your Services at any time."

– Wireless Provider "Customer Agreement," 2015[4]

–One reason to care about the changing mix of the public and the private in both venues is that the political authority and the moral legitimacy of courts and arbitration have depended on distinctions between public and private spheres. In theory, judges are agents of the state, charged with implementing its law through public decision making; arbitrators are creatures of contracts, obliged to effectuate the intent of the parties. The distinction is presumed to be constitutionally respectful and welfare-maximizing, enabling the enforcement of public rights and protecting the autonomy of contractual relationships.

Yet the two practices—adjudication and arbitration—are coming to be styled as fungible options on a "dispute resolution" (DR) spectrum. An increasingly common parlance (crisscrossing the globe) replaces the phrase "alternative dispute resolution" (ADR) with DR, so as to put courts—now deemed "Judicial Dispute Resolution" (JDR) or "Judicial Conflict Resolution" (JCR)[5]—on a continuum of mechanisms responding to conflicts. This formulation aligns courts with a range of options that clouds courts' identity as a unique constitutionally obliged mode of decision making.

The reasons for and the goals of this homogenization vary, as the field of DR is capacious. Among its proponents are those seeking to respond to the

3. *Civil Cases*, U.S. Cts., http://www.uscourts.gov/FederalCourts/UnderstandingtheFederal Courts/HowCourtsWork/CivilCases.aspx [http://perma.cc/BR9L-4WGC].
4. The quotation comes from *Wireless Customer Agreement*, AT&T § 1.3 (2015), http://www .att.com/legal/terms.wirelessCustomerAgreement-list.html [http://perma.cc/9XA6-E956] [hereinafter AT&T Wireless Customer Agreement] (emphasis omitted). Similar provisions are proffered by other wireless service providers. See, e.g., *General Terms and Conditions of Service*, Sprint, http://shop2.sprint.com/en/legal/legal_terms_privacy_popup.shtml?id16 =terms_and_conditions ("We may change any part of the Agreement at any time, including, but not limited to, rates, charges, how we calculate charges, discount, coverages, technologies used to provide services, or your terms of Service.").
5. Such shorthands appear in a variety of materials. See, e.g., The Multi-Tasking Judge: Comparative Judicial Dispute Resolution (Tania Sourdin & Archie Zariski eds., 2013) [hereinafter The Multi-Tasking Judge].

high demand for adjudicatory services by augmenting "paths to justice" so as to enhance access,[6] reformers aspiring to shape more collegial problem-solving processes,[7] entrepreneurs looking for business,[8] and potential defendants hoping to avoid the publicity and regulation that courts entail.[9] The methods include expanding the forms of process, increasing the power of private providers to issue binding judgments, and broadening the repertoire of providers. The shared aim is to produce resolutions enforceable by law.

"Dispute Diffusion" is the term I offer to capture these new commitments to the eclipse of court-based adjudication as the primary paradigm for government-authorized dispute resolution. Implementation in the United States comes through a mix of policymaking through statutes, rules, regulations, and court-made doctrines, which press trial-level judges to become conciliators, to deploy other individuals as "neutrals" to mediate or to arbitrate in courts, and to outsource decision making to the private market. Much of the work seeks to quiet conflict by relying on confidential interactions among disputants and decision makers. The claims filed, the methods used by decision makers, and the results are often outside the public's purview. An array of provisions—forming what I term "Alternative Civil Procedural Rules" (ACPR)—reflect the developing deregulatory norms. While conferring adjudicatory license on a variety of private processes, the ACPR rarely address the needs of indigent users, the independence of the decision makers, and the rights of the public to participate.

Some aspects of Dispute Diffusion can be attributed to private ordering,[10] but the focus in my discussion is not on international sovereign debt or trade arbitrations. Rather, my concerns are about mandates applied to hundreds of millions of consumers and employees, obliged to arbitrate not because of choice

6. See, e.g., Hazel Genn, Paths to Justice: What People Do and Think About Going to Law 148-66 (1999); Mauro Cappelletti, *Alternative Dispute Resolution Processes Within the Framework of the World-Wide Access-to-Justice Movement*, 56 Mod. L. Rev. 282 (1993).
7. See, e.g., Carrie Menkel-Meadow, *Whose Dispute Is It Anyway?: A Philosophical and Democratic Defense of Settlement (in Some Cases)*, 83 Geo. L. J. 2663 (1995).
8. See Bryant Garth, *From Civil Litigation to Private Justice: Legal Practice at War with the Profession and Its Values*, 59 Brook. L. Rev. 931, 950-53 (1993).
9. For example, advertising campaigns have characterized litigation as abusive, while defenders of court-based processes argue that critics have exaggerated the harms of lawsuits and undervalued the legitimacy of the injuries sought to be redressed. *See, e.g.*, Marc Galanter, *An Oil Strike in Hell: Contemporary Legends About the Civil Justice System*, 40 Ariz. L. Rev. 717, 731-33 (1998) (discussing how a lawsuit against a fast food restaurant, which had served scalding coffee that caused serious injuries, became a poster case for the misuse of courts); Elizabeth G. Thornburg, *Judicial Hellholes, Lawsuit Climates and Bad Social Science: Lessons from West Virginia*, 110 W. Va. L. Rev. 1097 (2008) (detailing anti-litigation organizations targeting jurisdictions for being insufficiently protective of business interests).
10. See, e.g., Emmanuel Gaillard, Legal Theory of International Arbitration (2010); A. Michael Froomkin, *ICANN's "Uniform Dispute Resolution Policy"—Causes and (Partial) Cures*, 67 Brook. L. Rev. 605 (2002); Markus Wagner, *Regulatory Space in International Trade Law and International Investment Law*, 36 U. Pa. J. Int'l L. 1 (2015).

but because public laws have constructed requirements to use private decision making in lieu of adjudication. The United States Supreme Court opened the floodgates during the last three decades, as it reinterpreted 1925 congressional legislation, now known as the Federal Arbitration Act (FAA), to require courts to enforce a myriad of arbitration provisions, promulgated by issuers of consumer credit, manufacturers of products, and employers.

The result has been the mass production of arbitration clauses requiring that claimants, alleging violations of federal and state statutory and common law wrongs, proceed single-file to decision makers designated by the clauses' providers. To assume the result is "mass arbitration" is to misunderstand how the provisions function; few who are cut off from using the courts and required (rather than choosing) to arbitrate do so, thereby erasing as well as diffusing disputes.

Procedural change is synonymous with the history of courts, as transnational exchanges shape and reshape both adjudication and arbitration. The development of new modes for responding to disputes and the proliferation of sites for resolution are not problems, per se. An important example is the growth of administrative adjudication, through which many (but not all) powers of courts are delegated to other kinds of judges who work under rules crafted through public exchanges and subjected to constitutional limitations.[11] In doctrinal terms, as long as the Court determines that the "process due" suffices, delegation to an alternative forum is permissible.[12]

But in the context of mandated arbitration, the Court has not exercised its obligation to analyze the alternatives and assess their quality. Rather, the Court has spun off decision making without imposing structured safeguards. The result is a system that ought to be seen as unconstitutional, in which state-enforced dispute resolution is outsourced to hundreds of unregulated providers whose rules are hard to find, processes generally closed, and outcomes difficult to know.

The burden of my discussion is to understand why and how new dispute resolution institutions are being constructed, to map their contours and values, and to analyze their constitutional and normative implications. The recent Supreme Court FAA case law has garnered a good deal of criticism for cutting off

11. *Goldberg v. Kelly*, 397 U.S. 254 (1970), is the iconic statement of the obligations that follow such adjudicators. A recent review of the interactions among federal administrative adjudicators comes from Bijal Shah, *Uncovering Coordinated Interagency Adjudication*, 128 Harv. L. Rev. 805 (2015). In the federal system, Article III imposes some constraints on the permissible scope of delegation to non-Article III judges. See, e.g., Stern v. Marshall, 131 S. Ct. 2594, 2608-09 (2013).
12. *Mathews v. Eldridge*, 424 U.S. 319 (1976), provides the oft-stated test evaluating the private and public interests at stake and the risks of error of not providing certain forms of process.

the production of law,[13] for undermining the role of Article III courts,[14] for limiting associational rights,[15] and for constricting access to law by enforcing bans on the collective pursuit of claims.[16] The reallocation of disputes through the FAA to non-public service providers should also be understood as a shadow conflict over public subsidies for litigants. Justices who object to reading the federal Constitution as imposing positive obligations to support civil litigants and who are leery of court-based class actions can avoid debates about the scope of such rights by obliging disputants to use single-file arbitration.[17] The consequence, as one researcher of arbitration provisions for employees has concluded, is a system that exacerbates inequalities.[18]

The FAA case law has also troubled contract and arbitration scholars,[19] because obligations to arbitrate arise not from negotiation but by signing (or clicking on) documents, some of which stipulate that the drafter of the provisions

13. J. Maria Glover, Feature, *Disappearing Claims and the Erosion of Substantive Law*, 124 Yale L.J. 3052 (2015).
14. See Peter B. Rutledge, Arbitration and the Constitution 15-53 (2012); Roger J. Perlstadt, *Article III Judicial Power and the Federal Arbitration Act*, 62 Am. U. L. Rev. 201 (2012).
15. See Burt Neuborne, *Ending* Lochner *Lite*, 50 Harv. C.R.-C.L. L. Rev. 183 (2015).
16. See Judith Resnik, *Fairness in Numbers: A Comment on* AT&T v. Concepcion, Wal-Mart v. Dukes, *and* Turner v. Rogers, 125 Harv. L. Rev. 78, 118-133 (2011); Myriam E. Gilles, *The End of Doctrine: Private Arbitration, Public Law and the Anti-Lawsuit Movement* (Benjamin N. Cardozo Sch. of Law, Jacob Burns Inst. for Advanced Legal Studies Research Paper No. 436, 2014), http://ssrn.com/abstract=2488575 [http://perma.cc/REK9-6NZQ].
17. For example, Justice Scalia has authored two opinions requiring single-file arbitrations despite evidence that absent the capacity to use collective action, claims will not be brought. See, e.g., Am. Express Co. v. Italian Colors Rest., 133 S. Ct. 2304 (2013); AT&T Mobility LLC v. Concepcion, 131 S. Ct. 1740 (2011), discussed *infra* notes 370-373, 422-437, 441-445 and accompanying text. Justice Scalia has also questioned the extent to which the Constitution requires governments to assist individuals seeking to use the courts. See, e.g., Lewis v. Casey, 518 U.S. 343, 349-350 (1996). Justice Thomas concurred in both of the arbitration rulings upholding class bans. *Italian Colors*, 133 S. Ct. at 2312-13 (Thomas, J., concurring); *AT&T v. Concepcion*, 131 S. Ct. at 1753-56 (Thomas, J., concurring). He has also objected to constitutional obligations to subsidize litigants. See Turner v. Rogers, 131 S.Ct. 2507, 2521 (2011) (Thomas, J., dissenting); M.L.B. v. S.L.J. *ex rel.* M.L.J., 519 U.S. 102, 130 (1996) (Thomas, J., dissenting). Both Justices Scalia and Thomas also joined in imposing limits on class actions. See Wal-Mart Stores, Inc. v. Dukes, 131 S. Ct. 2541 (2011).
18. Alexander J.S. Colvin, *Mandatory Arbitration and Inequality of Justice in Employment*, 35 Berkeley J. Emp. & Lab. L. 71 (2014). Colvin argues that mandated arbitration gives control over process to employers, lowers the bargaining capacity of employees, and limits access to counsel.
19. See Thomas E. Carbonneau, Toward a New Federal Law of Arbitration (2014); Margaret Jane Radin, Boilerplate: The Fine Print, Vanishing Rights, and the Rule of Law (2013); Oren Bar-Gill, Seduction by Contract 185, 196-97 (2012); Stephen J. Ware, *Vacating Legally-Erroneous Arbitration Awards*, 6 Y.B. on Arb. & Med. 56, 71-72 (2014). Some studies also raise the concerns that consumers signing such provisions are generally unaware of the clauses, which often have poor "readability scores"; moreover, if read, most consumers "wrongly believe" that the clauses do not preclude them from using courts through class actions. See *Arbitration Study: Report to Congress, Pursuant to Dodd-Frank Wall Street and Consumer Protection Act* § 1028(a), Consumer Fin. Protection Bureau § 1, at 11; § 2, at 27-28 (2015), http://files.consumerfinance.gov/f/201503_cfpb_arbitration-study -report-to-congress-2015.pdf [http://perma.cc/P5B9-JPSZ] [hereinafter *CFPB 2015 Arbitration Study*]; Jeff Sovern, Elayne E. Greenberg, Paul F. Kirgis & Yuxiang Liu, *"Whimsy Little Contracts" with Unexpected Consequences: An Empirical Analysis of Consumer Understanding of Arbitration* Agreements 8-11 (St. John's Legal Studies Research Paper Series, Paper No. 14-0009, Feb. 19, 2015), http://ssrn.com/abstract=2516432 [http://perma.ccs/LPM3-8KPG].

"may change any terms" unilaterally.[20] Deeming an obligation to proceed (almost always on an "individual basis"[21]) through a designated dispute resolution system to be an enforceable "contract" undervalues private law,[22] rightly admired for facilitating cooperative agreements, reflecting the will of the participants able to tailor obligations to their particular needs.

My argument is that the cumulative impact of recent Supreme Court decisions on arbitration also produces an unconstitutional system, providing insufficient oversight of the processes it has mandated as a substitute for adjudication and shifting control over third-party access away from courts and to the organizations conducting arbitrations and the commercial enterprises drafting arbitration clauses. Legal claims are a species of property, and open courts are the venues designated under constitutions to respond to claimed deprivations of those property rights. Limitations on rights—and new procedures for their vindication—are readily permissible but cannot, constitutionally, be imposed arbitrarily or be insulated from tests of fairness and lawfulness.

The Court's own explanations of its decisions licensing arbitration reflect the concern that procedural innovations should protect the rights at stake. The Court has repeatedly described its rulings as resting on the requirement that arbitration provide opportunities for the "effective vindication" of statutory rights,[23] and the Court has regularly drawn the analogy between arbitration mandates and forum selection clauses in which disputants designate one jurisdiction's court system or another.[24]

Thus, the Court's reallocation of adjudicatory authority to arbitration could be constitutional, were several conditions met. First, the Court would have to police the alternatives to assess the adequacy and fairness of the procedures

20. *AT&T Wireless Customer Agreement*, *supra* note 2, at § 1.3.
21. *Id.* at §§ 2.1-2.2; *see also CFPB 2015 Arbitration Study*, *supra* note 17, § 2, at 52 n.120.
22. Radin terms the decision to count such obligations as contracts to be a normative "degradation" of contract that erodes the moral foundations of contracts. Radin, *supra* note 17, at 19-28; *see also* Michelle E. Boardman, *Consent and Sensibility*, 127 Harv. L. Rev. 1967 (2014) (reviewing Radin, *supra* note 17).
23. See, e.g., Gilmer v. Interstate/Johnson Lane Corp., 500 U.S. 20, 28 (1991); Shearson/Am. Express, Inc. v. McMahon, 482 U.S. 220, 240-42 (1987); Mitsubishi Motors Corp. v. Soler Chrysler-Plymouth, Inc., 473 U.S. 614, 637 (1985). The doctrine's breadth is discussed *infra* Part IV.
24. "An agreement to arbitrate before a specified tribunal is, in effect, a specialized kind of forum-selection clause that posits not only the situs of suit but also the procedure to be used in resolving the dispute." Scherck v. Alberto-Culver Co., 417 U.S. 506, 519 (1974); *see also Mitsubishi Motors*, 473 U.S. at 628, 630-31. This "forum selection" analogy has been repeatedly invoked by the Court. See, *e.g.*, Stolt-Nielsen S.A. v. AnimalFeeds Int'l Corp., 559 U.S. 662, 698 (2010); EEOC v. Waffle House, Inc., 534 U.S. 279, 295-96 (2002); Cortez Byrd Chips, Inc. v. Bill Harbert Constr. Co., 529 U.S. 193, 199-201 (2000); Vimar Seguros y Reaseguros, S.A. v. M/V Sky Reefer, 515 U.S. 528, 533-34 (1995); Allied-Bruce Terminix Cos. v. Dobson, 513 U.S. 265, 289 (1995) (Thomas, J., dissenting); Rodriguez de Quijas v. Shearson/Am. Express, Inc., 490 U.S. 477, 482-83 (1989); Stewart Org., Inc. v. Ricoh Corp., 487 U.S. 22, 36-37 (1988) (Scalia, J., dissenting); *Shearson/Am. Express*, 482 U.S. at 255.

ex ante, to understand how they are used in practice, and to impose oversight on both process and outcomes ex post. When doing so, the Court would need to ensure that the alternatives provide egalitarian dispute resolution mechanisms, responsive to the asymmetries among disputants through fee waivers to the indigent, collective actions, or other means to protect opportunities for voice and participation. Second, the Court would have to require public access to the processes and outcomes, making the alternatives transparent and accountable so as to facilitate debates about both procedures and governing norms.

But the Court has not done so. Rather, the Court's expansion of the FAA—diffusing disputes through outsourcing to deregulated and variable processes—strips individuals of access to courts to enforce state and federal rights, strips the public of its rights of audience to observe state-empowered decision makers imposing legally binding decisions, and strips the courts of their obligation to respond to alleged injuries.

Evidence of these failures comes from data about the use of arbitration by consumers. Despite the heralding of arbitration as a speedy and effective alternative to courts, the mass production of arbitration clauses has not resulted in "mass arbitrations."[25] Instead, the number of documented consumer arbitrations is startlingly small. Arbitrations involving wireless service providers provide one example, which I have chosen because the Supreme Court addressed the ban on class arbitrations in that context in its 2011 decision involving AT&T Mobility.[26] According to information from the American Arbitration Association (AAA), designated by AT&T to administer its arbitrations and complying with state reporting mandates, 134 individual claims (about 27 a year) were filed against AT&T between 2009 and 2014.[27] During that time period, the estimated number of

---

25. The phrase is becoming part of debates on the FAA case law. *See generally* David Horton, *Mass Arbitrations and Democratic Legitimacy*, 85 U. Colo. L. Rev. 459 (2014).
26. *See* AT&T Mobility LLC v. Concepcion, 131 S. Ct. 1740, 1753 (2011).
27. The American Arbitration Association provides quarterly reports on consumer arbitration pursuant to the laws of various jurisdictions in which it operates. *Consumer Arbitration Statistics*, Am. Arb. Ass'n (2015), https://www.adr.org/aaa/faces/aoe/gc/consumer /consumerarbstat [https://perma.cc/8ZBZ-FX5T] (select the document "Provider Organization Report"). With the indefatigable, thoughtful, and innovative research assistance of a group of Yale Law School students whom I thanked at the outset, and with the guidance of Bonnie Posick's tracking of massive amounts of materials, we reviewed five years of data by downloading the file documenting arbitrations from July of 2009 through June (the second quarter) of 2014 and by filtering claims against AT&T. Because the AAA takes data from the website each quarter, the materials on the web as of the spring of 2015 no longer included some of what had been posted for 2009, and new materials had been added to provide information through the end of 2014. The data we analyzed ran from July 2009 through June of 2014; we downloaded the data to retain them. These data are hereinafter referenced as *AAA Data, July 2009-June 2014, Provider Organization Report*, and are on file with the author.

A preliminary word on methodology is in order. After downloading the five-year period detailed above, we then removed all claims filed by one firm after learning that it had filed the 1,149 claims in an effort to create de facto class actions, *see infra* notes 480-482 and accompanying text. Thus, we identified 134

AT&T wireless customers rose from 85 million a year to 120 million people, and lawsuits filed by the federal government charged the company with a range of legal breaches, including systematic overcharging for extra services and insufficient payments of refunds when customers complained.[28]

More generally, the AAA, which is the largest non-profit provider of arbitration services in the United States, averages under 1,500 consumer arbitrations annually;[29] its full docket includes 150,000 to 200,000 filings a year.[30] Thus, were arbitration providers to be in high demand, their capacity to respond would be limited. An estimated 290 million people have cell phones,[31] and "99.9% of subscribers" to the eight major wireless services are subject to arbitration clauses.[32] For those with credit card debt, about 50% face arbitration,[33] as do more than

---

individual claims. Thereafter, we sent summaries and drafts of our analyses to AAA's Vice President for Statistics and In-House Research, Ryan Boyle, who responded generously to our many inquiries and who provided materials and explanations of AAA's data and policies. That series of e-mails and telephone exchanges, from February through April of 2015 are hereinafter referenced as Boyle AAA 2015 Materials.

The record in the AT&T litigation included AAA data from five years between 2003-2007, and the numbers are parallel to those we identified for 2009-2014 in that fewer than two hundred consumer arbitration filings were recorded. *See* Brief of Civil Procedure and Complex Litigation Professors as Amici Curiae in Support of Respondents at 12, 20, *AT&T* v. *Concepcion*, 131 S. Ct. 1740 (No. 09-893), 2010 WL 3934621 (citing Declaration of Bruce L. Simon in Support of Plaintiffs' Opposition to Defendants' Amended Motion To Compel Arbitration, ¶¶ 8-9, Coneff v. AT&T Corp., 620 F. Supp. 2d 1248 (W.D. Wash. 2009) (No. 06-944), rev'd, 673 F.3d 1155 (9th Cir. 2012)). *See infra* note 485 and accompanying discussion.

28. AT&T, *Number of AT&T Wireless Subscribers from 2007 to 2014 (in 1,000s)*, Statista, http://www.statista.com/statistics/220692/number-of-atundt-wireless-subscribers-since -2007 [http://perma.cc/PU6N-FTP4]; *4Q 2014 AT&T By the Numbers*, AT&T (2014), http://www.att.com/Common/about_us/pdf/att_btn.pdf [http://perma.cc/3CEP-YPER]. *See, e.g.*, Complaint for Permanent Injunction and Other Equitable Relief at 3-4, FTC v. AT&T Mobility, LLC, No. 1:14-cv-3227 (N.D. Ga. Oct. 8, 2014), http://www.ftc.gov /es/system/files/documents/cases/141008attcmpt1.pdf [http://perma.cc/FK95-6AEX]; Stipulated Order for Permanent Injunction and Monetary Relief at 16, FTC v. AT&T Mobility, LLC, No. 1:14-cv-3227 (N.D. Ga. Oct. 8, 2014), http://www.ftc.gov/es/system /files/documents/cases/141008attstip2.pdf [http://perma.cc/Z4D3-JQTB]; *infra* notes 509-511 and accompanying text.
29. *AAA Data, July 2009-June 2014, Provider Organization Report, supra* note 25 (recording 7,303 claims labeled consumer arbitrations, excluding construction, real estate, and employment categories); *Analysis of the American Arbitration Association's Consumer Arbitration Caseload: Based on Consumer Cases Awarded Between January and August 2007*, Am. Arb. Ass'n, http:// www.adr.org/aaa/ShowPDF?doc=ADRSTG_004325 [https://perma.cc/LPG6-S6F9] ("Each year, the AAA administers approximately 1,500 consumer cases . . . ."). The AAA data from 2015 listed 1,063 filings in 2010; 1,425 arbitrations in 2011; 2,811 arbitrations in 2012; and 1,741 in 2013. Boyle AAA 2015 Materials, *supra* note 25.
30. *Statement of Ethical Principles for the American Arbitration Association, An ADR Provider Organization*, Am. Arb. Ass'n, http://www.adr.org/aaa/faces/s/about/mission /ethicalprinciples [http://perma.cc/Z4QY-9TNX] (describing the AAA as administering "approximately 150,000 cases" each year) [hereinafter *AAA Ethical Principles*]. The AAA provided us more recent data, indicating that annual filings (not limited to arbitration) were "203,084 in 2013 and 223,751 in 2014." Boyle AAA 2015 Materials, *supra* note 25.
31. The number of subscribers comes from Bar-Gill, *supra* note 17, at 187, 196-97.
32. *CFPB 2015 Arbitration Study, supra* note 17, § 2, at 26, 28 tbl.1. Most include a small claims court option, *id.* at § 1, at 15, and discussed *infra* notes 486-492 and accompanying text.
33. *CFPB 2015 Arbitration Study, supra* note 17, § 2, at 10; *see also Arbitration Study Preliminary Results: Section 1028(a) Study Results to Date*, Consumer Fin. Protection Bureau 22 (2013), http://files.consumerfinance.gov/f/201312_cfpb_arbitration-study-preliminary-results.pdf [http://perma.cc/LS7Q-HTFZ] [hereinafter *CFPB 2013 Preliminary Results*]. The CFPB noted that a class action antitrust settlement limited the use of

30 million employees.[34] Virtually all of these arbitration clauses bar class actions in courts or in arbitration, and to the extent that use of the court system is permitted, individuals are routed to small claims courts that also do not provide collective procedures.[35]

By way of contrast, thousands of courts operate in the state and federal systems, where civil filings are estimated to run between 25 and 47 million cases annually, excluding about 50-60 million juvenile and traffic cases.[36] Moreover, when a federally chartered agency, the Consumer Financial Protection Bureau (CFPB), looked at federal court filings between 2010 and 2012 in five consumer product markets, the CFPB identified 3,462 individual cases, or on average about 1,100 per year, in addition to 470 federal consumer class action filings.[37]

As the volume of filings suggests, the market *for courts* remains robust, including among those who have the capacity to draft their own contracts. Reviews of the contracts of companies with the resources to customize indicate that they do not regularly bind themselves to arbitrate, or that they sometimes seek to obtain the benefits of both arbitration and courts by bargaining for judicial review of arbitrators' rulings.[38] Yet the Supreme Court has also rejected parties' efforts to permit judicial oversight of arbitrators' decisions.[39]

Debate is underway about whether arbitration is cheaper or quicker than courts and whether consumers or employees do better or worse in either venue.[40] My goal is to turn attention to the underlying fact that almost no consum-

---

arbitration clauses for certain issuers for under four years, beginning in 2010. "If those issues still included such clauses, some 94% of credit card loans outstanding would now be subject to arbitration." *CFPB 2015 Arbitration Study, supra* note 17, § 2, at 9-11.

34. Alexander J.S. Colvin & Mark Gough, *Individual Employment Rights in the U.S.: Actors and Outcomes*, 68 ILR Rev. (forthcoming 2015) (manuscript at 2) (on file with author).

35. *CFPB 2015 Arbitration Study, supra* note 17, § 1, at 10. The small claims court option is encouraged by the AAA. See *Consumer Arbitration*, Am. Arb. Ass'n (2015), https://www .adr.org/aaa/faces/aoe/gc/consumer [https://perma.cc/QW23-RKGA] ("Consumers are not prohibited from seeking relief in a small claims court for disputes or claims within the scope of its jurisdiction.").

36. See *infra* figs.2 & 3; notes 131-132 and accompanying text.

37. . *CFPB 2015 Arbitration Study, supra* note 17, § 6, at 27-28. Filings ought not to be equated with decisions, as in some of the cases identified, defendants sought to stay litigation and filed motions to require arbitration. *Id.* § 6, at 8. Although CFPB researchers also sought to identify filings in a subset of states, they found that data challenges made that plan unworkable. *Id.* § 6, at 15. In terms of the class action research, the research included six consumer markets and also was able to locate 92 state court class action filings.

38. See Hall St. Assocs., v. Mattel, Inc., 552 U.S. 576, 579-80 (2008); Del. Coal. for Open Gov't, Inc. v. Strine, 733 F.3d 510, 512-13 (3d Cir. 2013), *cert. denied*, 134 S. Ct. 1551 (2014); *infra* notes 564-571, 654-668 and accompanying text (discussing *Strine*).

39. See *Hall St.*, 552 U.S. at 587-88.

40. See, e.g., Andrea Cann Chandrasekher & David Horton, *After the Revolution: An Empirical Study of Consumer Arbitration*, 103 Geo. L.J. (forthcoming 2015) (manuscript at 1) (on file with author); Christopher R. Drahozal & Samantha Zyontz, *An Empirical Study of AAA Consumer Arbitrations*, 25 Ohio St. J. on Disp. Resol. 843, 843-44 (2010); Christopher R. Drahozal, *Arbitration Costs and Forum Accessibility: Empirical Evidence*, 41 U. Mich. J. L.

ers or employees "do" arbitration at all. The lack of use reflects the minimal oversight of arbitration's fairness and lawfulness, the failure to require a comprehensive system of fee waivers, the bans on collective actions requisite to augmenting complainants' resources, and the limited access accorded third parties to the claims filed, the proceedings, and the results.

My purpose is not to idealize courts as the sole path to or the embodiment of justice.[41] Barriers to entry are significant, with lawyer fees ranking high on the list of obstacles.[42] Moreover, examples of "junk justice," in which the judicial process works its own unfairness, are plentiful. Illustrative is one study of 4,400 lawsuits filed by debt buyers in Maryland courts; unrepresented debtors regularly defaulted on amounts owed (averaging about $3,000)—all without trials, lawyers, or much judicial oversight.[43] The imposition of court-user fees and fines for those with limited resources imposes yet other harms, including endless debt cycles and the imprisonment of some for the failure to pay.[44] The Department of Justice's 2015 account of the failures of the municipal court in Ferguson, Missouri is another example, making vivid the disjuncture between government-empowered judges and just systems.[45] Rather than "administering justice or protecting the rights of the accused," the local court's goal was "maximizing revenue," and it did so through "constitutionally deficient" procedures that had a racially biased impact.[46]

Reform 813, 813-16 (2008); Report from Alexander J.S. Colvin & Mark D. Gough to the Am. Ass'n for Justice, Comparing Mandatory Arbitration and Litigation: Access, Process, and Outcomes (Apr. 2, 2014) (on file with author) [hereinafter Colvin & Gough Report]; *Do Class Actions Benefit Class Members? An Empirical Analysis of Class Actions*, Mayer Brown LLP 1-2 (Dec. 2013), http://www.mayerbrown.com/files/uploads/Documents/PDFs/2013 /December/DoClassActionsBenefitClassMembers.pdf [http://perma.cc/DT6J-T2YE]; *Consumer Arbitration Before the American Arbitration Association, Preliminary Report*, Searle Civ. Just. Inst. (2009), https://www.adr.org/aaa/ShowPDF?doc=ADRSTG_010205 [https: //perma.cc/9RAJ-HDF8].

In 2015, the Consumer Financial Protection Bureau added its analysis, based on studying 422 federal consumer financial class settlements approved between 2008 and 2012, and identifying the sizes of classes in about three-quarters of those cases and the amounts received. The CFPB study concluded that consumer class action settlements during those years had benefitted at least 160 million consumers by providing $2.7 billion in damages or in-kind relief. Further, the CFPB reported that settlements averaged $540 million, and lawyers' fees ranged from 16-24 percent. *See CFPB 2015 Arbitration Study, supra* note 17, § 1, at 16-17.

41. *See* Genn, *supra* note 4, at 148-66.
42. "The vast majority of ordinary Americans lack any real access to the legal system for resolving their claims and the claims made against them." Gillian K. Hadfield, *Innovating To Improve Access: Changing the Way Courts Regulate Legal Markets*, Daedalus, Summer 2014, at 83.
43. Peter A. Holland, *Junk Justice: A Statistical Analysis of 4,400 Lawsuits Filed by Debt Buyers*, 26 Loy. Consumer L. Rev. 179 (2014). Ninety-eight percent of the defaulting debtors lacked counsel. *Id.* at 208-09.
44. *See* Alicia Bannon, Mitali Nagrecha & Rebekah Diller, *Criminal Justice Debt: A Barrier to Reentry*, Brennan Center for Just. 13-26 (2010), http://www.brennancenter.org/sites /default/files/legacy/Fees%20and%20 Fines%20FINAL.pdf [http://perma.cc/J3AR-KRU2].
45. Civ. Rights Div., *Investigation of the Ferguson Police Department*, U.S. Dep't Just. 42-62 (Mar. 4, 2015), http://www.justice.gov/sites/default/files/opa/press-releases/attachments/2015/03 /04/ferguson_police_department_report.pdf [http://perma.cc/9EKY-NS43].
46. *Id.* at 42, 68-69.

Yet the ability to uncover the intricacies of how these systems fail comes from legal obligations of courts, which are required to maintain records and to permit public observation–opening paths to correct injustices, if popular will to do so exists.[47] Courts offer the potential for egalitarian redistribution of authority, and the possibility of public oversight of legal authority. Without public access, one cannot know whether fair treatment is accorded regardless of status. Without publicity, judges have no means of demonstrating their independence. Without oversight, one cannot ensure that judges, tasked with vindicating public rights, are loyal to those norms. Without independent judges acting in public and treating the disputants in an equal and dignified manner, outcomes lose their claim to legitimacy. And without public accountings of how legal norms are being applied, one cannot debate the need for revisions.

Below, in Part I, I identify the legal and historical frameworks that make courts obligatorily open, constitutionally regulated entitlements. This section offers glimpses of a large body of law, predicated on state and federal constitutions, requiring assessments of the fairness of procedures, imposing obligations to assist subsets of indigent litigants, and mandating that proceedings and documents be publicly accessible. In Part II, I put the Supreme Court's transformation of the FAA into the context of changing attitudes towards the role of courts. Through doctrinal shifts and revisions of federal procedural rules, adjudication lost its position of superiority, and arbitration gained its valence as a preferred method of dispute resolution. Trials came to be positioned as problematic, outlier failures of court-based procedures that had been redesigned to produce settlements.

Part III provides a genealogy of arbitration by tracing its movement from the private domain to public obligation. This analysis begins with nineteenth-century, trans-Atlantic models of consensual arbitration and moves through waves of U.S. Supreme Court interpretations, enlarging the scope of the 1925 statute and crafting explanations for the propriety of broadening the FAA's deployment. In the 1980s and thereafter, when mandating arbitration for consumers and employees who could not plausibly negotiate terms, the Court developed new rationales for the legitimacy of arbitration–lauding its informality, speed, and accessibility and attributing to it the capacity to provide "effective vindication" of statutory rights.

Part IV details the genesis of this doctrine of effective vindication and the Court's reluctance to give it meaning. The Court has neither required administrative, judicial, and public oversight nor ensured egalitarianism through policing

47. The breaches in Ferguson included the municipal court's failure to comply with obligations to make public its rules and processes. *Id.* at 97-98.

fees and facilitating collective arbitrations. By excavating data reported between 2009 and 2014 by arbitration providers, I detail how little evidence exists that arbitration offers a gateway to pursuit of individual claims. To illustrate that such limitations are not intrinsic to arbitration, I explore other models of arbitration, drawn from negotiated contracts relying on judges to review arbitrators' decisions; from state statutes dispatching judges as arbitrators; from Congress, which, since 1988, has authorized federal courts to offer "court-annexed arbitration" but permitted it only for certain claims and generally if freely chosen;[48] from federal regulation of securities arbitrations; and from European oversight of consumer arbitrations.

I close by returning to the constitutional law of courts and specifically to First Amendment rulings on rights of public access to adjudication. Under current doctrine, when third parties challenge closing proceedings, courts use the tradition of open trials as the benchmark by which to measure the utilities of openness and the impact of closure in particular processes. But as trials become a rarity in, rather than the centerpiece of, court-based procedures, reliance on that history provides no sure footing. Constitutional law needs instead to develop norms that state-empowered and state-enforced dispute resolution cannot be legitimate in democracies without open access to enable regular interactions among disputants, adjudicators, and the public. Thus, by way of conclusion, I explore the contingency of courts as public institutions, the risks of losing the political capital garnered by providing services to diverse disputants, and the political will that would be required to re-center courts and their alternatives on egalitarian and public law norms.

2. THE PUBLIC IN COURTS

Public courts seem so much like fixtures, supporting and supported by the ideology of a "day in court,"[49] that scant attention is paid to the legal sources and the contingencies producing the current understanding that courts welcome all comers. Given my claim that Dispute Diffusion renders courts vulnerable, a brief review is in order of the thicket of texts specifying roles for judges, witnesses, litigants, jurors, victims, and the public.

State and federal constitutions regulate judicial selection and tenure in office, impose mechanisms for protecting judicial independence, and define the

48. See Judicial Improvements and Access to Justice Act, Pub. L. No. 100-702, sec. 901, 102 Stat. 4642, 4660 (1988) (codified as amended in 1998 at 28 U.S.C. §§ 651-58); *infra* notes 573-583 and accompanying text.

49. See *generally* Susan S. Silbey & Patricia Ewick, The Common Place of Law: Stories from Everyday Life (1998); Susan S. Silbey, *The Courts in American Public Culture*, Daedalus, Summer 2014, at 140.

parameters of courts' jurisdiction. Detailed instructions can also be found in some constitutions, such as directions to Supreme Court Justices to write or publish opinions, to make rulings freely available, to let others publish them, or to explain reasons for dissent.[50]

The public gains two kinds of access rights to courts. Constitutional text, doctrine, and common law traditions establish the authority of individuals to bring claims to courts and the obligation of courts to welcome third parties to observe their proceedings. State constitutions regularly linked the two forms of access by mandating rights-to-remedies in open courts. The 1776 Delaware Declaration of Rights (echoing the Magna Carta as filtered through natural and common law traditions) provided:

That every Freeman for every Injury done him in his Goods, Lands or Person, by any other Person, ought to have Remedy by the Course of the Law of the Land, and ought to have Justice and Right for the Injury done to him freely without Sale, fully without any Denial, and speedily without Delay, according to the Law of the Land.[51]

The 1792 Constitution added that "[a]ll courts shall be open."[52] The first constitutions of Maryland (1776) and Massachusetts (1780), and the second of New Hampshire (1784) had similar directions,[53] while Pennsylvania's 1776 version instructed that all "courts shall be open, and justice shall be impartially

50. The constitutions of Arizona, California, and Michigan provide that opinions "shall be free for publication by any person." Ariz. Const. of 1910, art. VI, § 8 (1960); Cal. Const. of 1849, art. VI, § 12; Mich. Const. of 1963, art. IV, § 35. The California Constitution of 1849 was superseded by the California Constitution of 1879, which added the provision that Supreme Court opinions "shall be available for publication by any person," Cal. Const. of 1879, art. VI, § 16 (1966). The Michigan Constitution also directs that "[d]ecisions of the supreme court, including all decisions on prerogative writs, shall be in writing and shall contain a concise statement of the facts and reasons for each decision and reasons for each denial of leave to appeal. When a judge dissents in whole or in part he shall give in writing the reasons for his dissent." Mich. Const. of 1963, art. VI, § 6; *see also* Ky. Const. of 1792, art. V, § 4 (imposing the "duty of each judge of the Supreme Court, present at the hearing of such cause, and differing from a majority of the court, to deliver his opinion in writing. . . .").
51. Del. Declaration of Rights of 1776, art. 12.
52. Del. Const. of 1792, art. I, § 9; *see also* Ky. Const. of 1792, art. XII, § 13; Vt. Const. of 1777, ch. II, § XXIII.
53. See Md. Const. of 1776, Declaration of Rights, art. XVII ("That every freeman, for any injury done him in his person or property, ought to have remedy, by the course of the law of the land, and ought to have justice and right freely without sale, fully without any denial, and speedily without delay, according to the law of the land."); Mass. Const. of 1780, pt. 1, art. XI ("Every subject of the Commonwealth ought to find a certain remedy, by having recourse to the laws, for all injuries or wrongs which he may receive in his person, property, or character. He ought to obtain right and justice freely, and without being obliged to purchase it; completely, and without any denial; promptly, and without delay; conformably to the laws."); N.H. Const. of 1784, art. I, § 14 ("Every subject of this state is entitled to a certain remedy, by having recourse to the laws, for all injuries he may receive in his person, property or character, to obtain right and justice freely, without being obliged to purchase it; completely, and without any denial; promptly, and without delay, conformably to the laws.").

administered without corruption or unnecessary delay."[54] Early nineteenth-century formulations, such as the 1818 Connecticut Constitution and the 1819 Alabama Constitution, used the locution that such rights were to be accorded to "every person."[55] Those terms are echoed in many state constitutions that describe public rights to observe proceedings and to use courts.[56]

Criminal defendants garnered special protections with rights to disclosure of charges, representation, confrontation, speedy trials, and to jurors from the vicinage in which the crime took place.[57] Jury trial rights in criminal and civil cases put members of the public into courts as decision makers, thereby further anchoring the practice of open proceedings.[58] Victims of crimes gained constitutional recognition in the latter part of the twentieth century, when more than thirty state constitutions added provisions recognizing a role for victims in court proceedings.[59]

The federal Constitution does not specify remedial rights in the terms used frequently in state constitutions.[60] The phrase "open Court" appears only in

---

54. Pa. Const. of 1776, § 26. Pennsylvania's current constitutional provision is similar: "All courts shall be open; and every man for an injury done him in his lands, goods, person or reputation shall have remedy by due course of law, and right and justice administered without sale, denial or delay." Pa. Const. art. 1, § 11.
55. Ala. Const. of 1819, art. I, § 14 ("All courts shall be open, and every person, for an injury done him in his lands, goods, person, or reputation, shall have remedy by due course of law, and right and justice administered, without sale, denial or delay"); Conn. Const. of 1818, art. I, § 12 ("All courts shall be open, and every person, for an injury done to him in his person, property or reputation, shall have remedy by due course of law, and right and justice administered without sale, denial or delay."). The right to bring claims is linked to the right to represent oneself in civil as well as criminal cases. *See* Iannaccone v. Law, 142 F.3d 553, 556-58 (2d Cir. 1998). The scope of the protection of "every person" is discussed *infra* notes 90-94 and accompanying text.
56. See Jennifer Friesen, 1 State Constitutional Law: Litigating Individual Rights, Claims, and Defenses 6-91 to 6-92 (4th ed. 2006).
57. A summary is provided in Judith Resnik, *Constitutional Entitlements to and in Courts: Remedial Rights in an Age of Egalitarianism: The Childress Lecture*, 56 St. Louis U. L.J. 917, 1038-58 (2012).
58. See Jocelyn Simonson, *The Criminal Court Audience in a Post-Trial World*, 127 Harv. L. Rev. 2173, 2179-84 (2014). State constitutions protected civil juries, and the Seventh Amendment ensured preservation of civil jury trial rights in the federal system. *See* U.S. Const. amend. VII.
59. *See, e.g.*, La. Const. § 25 (1974) (providing victims the right to be "present and heard at all critical stages of preconviction and postconviction proceedings" or to decline to participate). A listing of states with such provisions is provided by *Issues: Constitutional Amendments*, Nat'l Center for Victims Crime (2012), http://www.victimsofcrime.org/our-programs /public-policy/amendments [http://perma.cc/D84C-8SAP].
60. During ratification, Virginia, North Carolina, and Rhode Island suggested the addition of a right-to-remedy clause and proffered language reminiscent of the provisions quoted above. North Carolina and Virginia proposed that the amendment read: "That every freeman ought to find a certain remedy, by recourse to the laws for all injuries and wrongs he may receive in his person, property, or character. He ought to obtain right and justice freely without sale, completely and without denial, promptly and without delay, and that all establishments, or regulations contravening these rights, are oppressive and unjust." 2 Documentary History of the Constitution of the United States of America: 1787-1870, at 268, 379 (Fred B. Rothman & Co. 1998) (1894). That and other proposals were not adopted, nor did such terms (again under consideration after ratification) become a part of the 1791 Bill of Rights. William C. Koch, Jr., *Reopening Tennessee's Open Courts Clause: A Historical Reconsideration of Article I, Section 17 of the Tennessee Constitution*, 27 U. Mem. L. Rev. 333, 372-75 (1997).

the little-read Treason Clause of Article III,[61] and the reference to "public trials" comes in relationship to the Sixth Amendment rights of criminal defendants. Yet the idea of federal courts as responding to claims of injury has a long history. In 1803, Chief Justice Marshall famously insisted on two precepts: that the "very essence of civil liberty certainly consists in the right of every individual to claim the protection of the laws, whenever he receives an injury," and that one "of the first duties of government is to afford that protection."[62] Repeatedly, and relatively unselfconsciously until the current wave of objections to implied causes of action,[63] the Supreme Court responded by ruling on the merits of a variety of claims of right, often predicated on statutes that did not specify the availability of private enforcement,[64] as well as on common law rights.[65]

The case law expressly addressing constitutionally obliged access to federal courts (for claims falling within the courts' jurisdiction) is relatively thin—prompted by instances when Congress limited access for a set of claimants

61. U.S. Const. art. III, § 3, cl. 1 (limiting treason convictions to those based either on the "Testimony of two Witnesses" or a "Confession in open Court").
62. Marbury v. Madison, 5 U.S. (1 Cranch) 137, 163 (1803).
63. *See, e.g.*, Armstrong v. Exceptional Child Ctr., Inc., 135 S. Ct. 1378 (2015); Douglas v. Indep. Living Ctr. of S. Cal., Inc., 132 S. Ct. 1204, 1213 (2012) (Roberts, C.J., dissenting); Gonzaga Univ. v. Doe, 536 U.S. 273 (2002); Alexander v. Sandoval, 532 U.S. 275 (2001).
64. A list of examples comes from the appendix to the brief in *Douglas v. Independent Living Center of Southern California*, detailing sixty-one cases in which preemption of state provisions was not based on claims filed under 42 U.S.C. § 1983. Brief for Respondents at app. 1a-11a, *Douglas*, 132 S. Ct. 1204 (Nos. 09–958, 09–1158, 10–283), 2011 WL 3319552.
65. One famous example is *Ex parte Young*, 209 U.S. 123 (1908), recognizing the ability of railroad stockholders to contest state rate regulation as confiscatory, in violation of the Fourteenth Amendment and of the Commerce Clause. Despite arguments that the suit was barred by sovereign immunity, the Court shaped a functional exception, permitting the lawsuit to proceed against a state official rather than the state itself, and explained that federal courts, like state courts, "should, at all times, be opened" to claimants "for the purpose of protecting their property and their legal rights." *Id.* at 165. *See generally* Barry Friedman, *The Story of* Ex Parte Young: *Once Controversial, Now Canon, in* Federal Courts Stories 247-99 (Vicki C. Jackson & Judith Resnik eds., 2010). In *Armstrong* v. *Exceptional Child Ctr., Inc.*, the majority decision by Justice Scalia positioned suits to "enjoin unconstitutional actions by state and federal officers [as] . . . the creation of courts of equity," rather than resting "upon an implied right of action contained in the Supremacy Clause." *Armstrong*, 135 S. Ct. at 1384. The dissent countered that *Ex Parte Young* has been characterized as "giving 'life to the Supremacy Clause.'" *Armstrong*, 135 S. Ct. at 1391 (Sotomayor, J., dissenting (quoting Green v. Mansour, 474 U.S. 64, 68 (1985))).
When federal courts enforced common law rights, questions have emerged about whether such rights were part of a general common law and could thus be interpreted and shaped by federal judges, or whether such rights derived from remedial structures provided by states. *See* Anthony J. Bellia Jr. & Bradford R. Clark, *The Original Source of the Cause of Action in Federal Courts: The Example of the Alien Tort Statute*, 101 Va. L. Rev. 609 (2015), Bellia and Clark interpret the history to demonstrate that "the local law of a particular sovereign . . . determined the causes of action that its courts could adjudicate," *id.* at 638, and that variation existed in "the forms and modes of proceeding" in England and various of the American states, *id.* at 637. The compromise, in their view, in the First Judiciary Act was that causes of action "were matters of local law," to which Section 34 required federal courts to apply state law, just as the federal courts had to borrow forms of proceeding from the states in which they sat. *Id.* at 639.

(such as those in detention at Guantánamo Bay),[66] specified that particular executive decisions (such as those relating to the deportation of immigrants) were not subject to judicial review,[67] or allocated final decision making to non-Article III courts (such as administrative adjudication of longshoremen's injuries).[68]

When facing efforts to limit litigants from bringing cases, the Supreme Court has responded at times by avoiding the issue because alternative routes to the federal judiciary existed or by reading provisions as not imposing barriers that their language suggested.[69] On rare occasions, the Court has overturned bans on judicial review.[70] A variety of constitutional bases undergird assumptions of court access. One source is Article III's vesting of "the judicial power" in a federal court system comprised of one Supreme Court and such lower courts that Congress chooses to create. Individuals in detention who seek to file claims have the additional resource of Article I's protections of habeas corpus;[71] when coupled with the doctrine that state courts have no power over individuals held by federal officials,[72] the argument for access to federal courts becomes robust. Further, constitutional specification of the writ of habeas corpus, of due process, and of petitioning rights supports access to challenge convictions and conditions of confinement.[73] The Court has concluded that custodians must not only facilitate communication by delivering prisoners' legal mail but must also permit inmates to communicate with lawyers and obtain legal materials.[74]

The First Amendment right "of the people . . . to petition the Government for redress of grievances" also provides a basis for more general access to the federal courts.[75] The choice of the word "government" (instead of the term "legislature"),[76] coupled with the history of legislative responses to public and

66. Boumediene v. Bush, 553 U.S. 723, 792 (2008).
67. INS v. St. Cyr, 533 U.S. 289, 292-93, 325-26 (2001).
68. Crowell v. Benson, 285 U.S. 22, 65 (1932).
69. See, e.g., *St. Cyr*, 533 U.S. 289; Felker v. Turpin, 518 U.S. 651 (1996); Reich v. Collins, 513 U.S. 106 (1994); *Ex parte* McCardle, 74 U.S. 506 (1869); *Ex parte* Yerger, 75 U.S. 85 (1869).
70. See, e.g., *Boumediene*, 553 U.S. 723; United States v. Klein, 80 U.S. 128 (1871).
71. U.S. Const. art. I, § 9.
72. *Tarble's Case*, 80 U.S. 397 (1871).
73. See, e.g., *Boumediene*, 553 U.S. 723; Bounds v. Smith, 430 U.S. 817 (1977); *Ex parte* Hull, 312 U.S. 546, 549 (1941).
74. See *Bounds*, 430 U.S. 817; Lewis v. Casey, 518 U.S. 343 (1996). The *Lewis* majority read *Bounds* narrowly to reduce its scope. In the post 9/11 Guantánamo detainee litigation, the Government argued unsuccessfully that access rights derived solely from habeas rights and that, once habeas petitions were denied, no constitutional access right remained. See Hope Metcalf & Judith Resnik, Gideon *at Guantánamo: Democratic and Despotic Detention*, 122 Yale L.J. 2504, 2507, 2543-45 (2013).
75. U.S. Const. amend. I.
76. James Madison proposed specifying access to the "legislature." See 1 Annals of Cong. 451 (1789) (Joseph Gales ed., 1834).

private parties' petitions,[77] supports reading the Clause to reference access to courts. The law thickened over the twentieth century[78] and, by 2011, Justice Kennedy described litigation as necessary for "informed public participation" which was, in turn, "a cornerstone of democratic society."[79] That decision–*Borough of Duryea v. Guarnieri*–illustrates the related point that constraints on litigation are permissible, if grounded in rationality.[80]

Fifth Amendment guarantees against deprivations of life, liberty, and property without due process, as well as against confiscation without just compensation, can also provide routes to court for determinations of whether the processes provided are those "due"[81] and the compensation "just."[82] The doctrine that legal claims themselves are a species of property[83] further supports access to courts, state or federal. Even the Court's interpretation of the Eleventh Amendment to divest federal courts of authority over claims brought against states could be read as an implicit endorsement of judicial power otherwise extending to civil litigants properly before the federal courts.[84]

Third-party rights to observe court proceedings likewise have various federal constitutional bases. Public rights of attendance (beyond the Treason Clause) start with the Sixth Amendment, which guarantees criminal defendants a "speedy and public trial" before a jury drawn from the vicinage.[85] When the

---

77. For example, in 1770, the Connecticut General Assembly acted akin to a court in responding to "150 causes, in law and equity, brought by petitioners." Stephen A. Higginson, Note, *A Short History of the Right To Petition Government for the Redress of Grievances*, 96 Yale L.J. 142, 144-146 (1986); *see also* Julie M. Spanbauer, *The First Amendment Right To Petition Government for a Redress of Grievances: Cut from a Different Cloth*, 21 Hastings Const. L.Q. 15 (1993).
78. See NAACP v. Button, 371 U.S. 415, 429-30, 452 (1963) (discussing the NAACP's right to litigate as a "form of political expression"); *see also* Cal. Motor Transp. Co. v. Trucking Unlimited, 404 U.S. 508 (1972) (noting the right of access to courts, protected by the underlying right to petition, meant that groups could coordinate to file suits or argue to agencies without violating antitrust laws).
79. Borough of Duryea v. Guarnieri, 131 S. Ct. 2488, 2499-2500 (2011).
80. The ruling narrowed the grounds on which Petition Clause claims by public employees arguing retaliation can be made. *Id.* at 2498-99.
81. U.S. Const. amend. V. See *generally* Charles A. Miller, *The Forest of Due Process of Law: The American Constitutional Tradition*, *in* 18 Nomos: Due Process 3 (J. Roland Pennock & John W. Chapman eds., 1977).
82. The questions of when a taking occurs and what constitutes just compensation are for the courts. See, e.g., Monongahela Navigation Co. v. United States, 148 U.S. 312 (1893); Fla. Power Corp. v. FCC, 772 F.2d. 1537 (11th Cir. 1985), *rev'd*, 107 S. Ct. 1107 (1987). More recently, the Court and scholars have addressed when judicial decisions constitute takings and whether analysis of their lawfulness should be based on the Takings or the Due Process Clause. See Stop the Beach Renourishment, Inc. v. Fla. Dep't of Envtl. Prot., 560 U.S. 702 (2010); Eduardo M. Peñalver & Lior Jacob Strahilevitz, *Judicial Takings or Due Process*, 97 Cornell L. Rev. 305, 324-28, 356-68 (2012).
83. See Sprint Commc'ns Co. v. APCC Servs., Inc., 554 U.S. 269 (2008); Logan v. Zimmerman Brush Co., 455 U.S. 422 (1982); Mullane v. Cent. Hanover Bank & Trust Co., 339 U.S. 306 (1950).
84. For discussion of the parameters of the Court's Eleventh Amendment jurisprudence, see Vicki C. Jackson & Judith Resnik, *Sovereignties–Federal, State, and Tribal: The Story of* Seminole Tribe of Florida v. Florida, *in* Federal Courts Stories, *supra* note 63, at 329, 329-358.
85. U.S. Const. amend. VI.

press and the public seek access, they rely on First Amendment speech and petition rights, inflected by common law English and American practices.[86]

Although the U.S. Supreme Court has yet to rule directly on access to civil trials and related proceedings, its holdings on public access to criminal trials, pre-trial suppression hearings,[87] and voir dire[88] have prompted lower court judges to conclude that parallel rights attach to civil trials, related proceedings, and most of the documents filed in court.[89] The formulation for determining whether a particular closure is lawful is often described as a mix of "experience" and "logic"[90]: that the First Amendment right of public access attaches when "the place and process have historically been open to the press and general public" and when "access plays a significant positive role in the functioning of the particular process in question."[91]

Two other facets of the public persona of courts—hospitality towards all persons regardless of color, gender, or age, and concerns for inter-litigant inequalities and asymmetries—are artifacts of social movements of the last two centuries. Although many states promised "every person" rights-to-remedies, that reference did not include vast swaths of the population. Married women, African-Americans, members of Indian tribes, and various other persons faced legal barriers to their direct pursuit of claims. Conflicts—in courts and on battlefields—turned judiciaries into venues obliged to recognize the juridical personhood of all persons and to accord them equal dignity.

The question of subsidies for poor litigants emerged in the mid-twentieth century as part of the domestic struggle over race relations, framed by efforts to distinguish America from "totalitarian regimes."[92] In a series of decisions, the Court concluded that unfairness resulted if some criminal defendants had resources to

86. See Press-Enter. Co. v. Superior Court (*Press-Enterprise I*), 464 U.S. 501, 505-10 (1984); Richmond Newspapers, Inc. v. Virginia, 448 U.S. 555, 564-73, 575-76 (1980) (plurality opinion); Judith Resnik, *Due Process: A Public Dimension*, 39 U. Fla. L. Rev. 405 (1987); *infra* notes 654-665 and accompanying text. Defendants' Sixth Amendment public trial rights may also produce a right or the "freedom" of the public to "listen." See *Richmond Newspapers*, 448 U.S. at 576-77.

87. Waller v. Georgia, 467 U.S. 39 (1984).

88. Presley v. Georgia, 558 U.S. 209 (2010).

89. A list of the circuits concluding that rights to civil trials were protected is provided in Del. Coal. for Open Gov't, Inc. v. Strine, 733 F.3d 510, 514 (3d Cir. 2013), *cert. denied*, 134 S. Ct. 1551 (2014); *see also* Courthouse News Serv. v. Planet, 750 F.3d 776, 786, 793 (9th Cir. 2014) (remanding for consideration of the scope of access to civil proceedings); N.Y. Civil Liberties Union v. N.Y.C. Transit Auth., 684 F.3d 286, 305 (2d Cir. 2011) (holding that the quasi-criminal administrative hearings held by the Transit Authority, which imposed sanctions, were unconstitutionally closed). Access to documents—at least those deemed "judicial" documents filed in civil cases as part of lawsuits—has likewise received protection. *See* United States v. Erie County, 763 F.3d 235 (2d Cir. 2014); Hartford Courant Co. v. Pellegrino, 380 F.3d 83 (2d Cir. 2004).

90. *See, e.g., Strine*, 733 F.3d at 515, discussed *infra* notes 564-571, 654-668 and accompanying text.

91. Press-Enter. Co. v. Superior Court (*Press-Enterprise II*), 478 U.S. 1, 8 (1986).

92. See Judith Resnik, *Detention, the War on Terror, and the Federal Courts*, 110 Colum. L. Rev. 579, 634-38 (2010).

pay fees for filing, transcripts for appeal, and lawyers, while others did not. The 1963 ruling in *Gideon v. Wainwright*,[93] guaranteeing the right to counsel for indigent felony defendants, was foreshadowed by the 1956 decision of *Griffin v. Illinois*, requiring that states fund transcripts for indigent defendants who would otherwise be unable to appeal.[94] Related precepts come from *Douglas v. California*, insisting that states providing appeals of criminal convictions appoint counsel for indigent defendants,[95] and *Miranda v. Arizona*, mandating that impoverished detainees, held for questioning by the police, be given *Gideon*-based rights to counsel.[96]

Constitutional entitlements for civil litigants emerged when a class of "welfare recipients residing in . . . Connecticut" argued that state-imposed fees of sixty dollars for filing and service precluded them from filing for divorce.[97] Writing for the Court in 1971, Justice Harlan held that the combination of "the basic position of the marriage relationship in this society's hierarchy of values and the . . . state monopolization" of lawful dissolution required the state, as a matter of due process, to provide fee waivers for those too poor to pay.[98]

The potential capaciousness of that precept was made plain by concurring Justices, each of whom would have proceeded under different legal theories. Justice Douglas objected that a Due Process approach was too "subjective" and instead rested the access right on the Equal Protection Clause, which he read to protect against "invidious discrimination . . . based on . . . *poverty*."[99] (Two years later, the Court rejected poverty as a suspect classification for purposes of equal protection.[100]) Justice Brennan agreed that the case presented a "classic problem of equal protection" as well as a due process violation; in his view, the state's legal monopoly meant that support was required for indigent litigants attempting to "vindicate any . . . right arising under federal or state law."[101]

The Court retreated in the face of high demand, limited resources, and a slippery slope of claimants.[102] The Court carved out the family as a special

---

93. 372 U.S. 335 (1963).
94. 351 U.S. 12 (1956).
95. 372 U.S. 353 (1963).
96. 384 U.S. 436, 472-74 (1966).
97. Boddie v. Connecticut, 401 U.S. 371, 372 (1971).
98. *Id.* at 374. *See generally* Frank I. Michelman, *The Supreme Court and Litigation Access Fees: The Right To Protect One's Rights—Part I*, 1973 Duke L.J. 1153.
99. *Boddie*, 401 U.S. at 385-86 (Douglas, J., concurring in the result).
100. San Antonio Indep. Sch. Dist. v. Rodriguez, 411 U.S. 1, 18-29 (1973).
101. *Boddie*, 401 U.S. at 386-88 (Brennan, J., concurring in part). The sole dissenter, Justice Black (who had authored the opinion in *Griffin v. Illinois*, 351 U.S. 12 (1956), requiring states to subsidize transcripts for appeals for criminal defendants), argued that the Court had invaded state prerogatives by imposing rules for civil litigants. *Boddie*, 401 U.S. at 389, 393-94 (Black, J., dissenting).
102. *See, e.g.*, United States v. Kras, 409 U.S. 434 (1973); Judith Resnik, *Money Matters: Judicial Market Interventions Creating Subsidies and Awarding Fees and Costs in Individual and Aggregate Litigation*, 148 U. Pa. L. Rev. 2119, 2133 (2000).

place in which Due Process doctrine generated substantive procedural entitlements, such as subsidized tests to establish paternity,[103] transcripts on appeal for indigents losing their status as parents,[104] and an exceedingly narrow right to counsel if facing termination of parental rights.[105] In 2011, a five-person majority Court concluded that procedural fairness—but not necessarily the appointment of lawyers—was also required before incarcerating civil contemnors, sued by co-parents for failure to pay child support.[106]

Struggles about access for "everyone" have also prompted inquiries into whether courts themselves were treating claimants fairly. In the early 1980s, the National Association of Women Judges (NAWJ), working in conjunction with the National Judicial Education Program (NJEP) of the NOW Legal Defense and Education Fund, pressed for inquiries into law's biases. Building on a history of judicial efforts to improve the administration of justice by studying problems ranging from case management to juvenile offenders,[107] the NAWJ and the NJEP sought to bring into focus the treatment of women in courts.

Chief judges in state and federal judiciaries responded by commissioning "task forces," looking at "gender bias," "racial and ethnic bias" and, occasionally, the intersection of the two.[108] More than sixty reports resulted; topics included interactions in courtrooms, judicial appointments of lawyers to committees and staff assignments, and the structures of various legal regimes governing violence, sentencing, incarceration, immigration, bankruptcy, household dissolution, child support, economic marginality, and discrimination. Thousands of pages documented how experiences varied by gender and race, and these reports prompted new rules and practices aiming to improve the inclusiveness of courts.[109]

103. Little v. Streater, 452 U.S. 1 (1981).
104. M.L.B. v. S.L.J., 519 U.S. 102 (1996).
105. Lassiter v. Dep't of Soc. Servs., 452 U.S. 18, 31-32 (1981) ("[N]either can we say that the Constitution requires the appointment of counsel in every parental termination proceeding. . . . [T]he decision whether due process calls for the appointment of counsel for indigent parents in termination proceedings [is] to be answered in the first instance by the trial court, subject to appellate review.").
106. Turner v. Rogers, 131 S. Ct. 2507 (2011). The Court concluded that courts had to ensure "a fundamentally fair determination," which did not necessarily require appointment of counsel. *Id.* at 2512. The Court specifically reserved the question of whether lawyers would have to be appointed when the state, rather than a private party also lacking counsel, was the opponent. *Id.* at 2520.
107. See Judith Resnik, *Asking About Gender in Courts*, 21 Signs 952, 952 (1996); Lynn Hecht Schafran, *Documenting Gender Bias in the Courts: The Task Force Approach*, 70 Judicature 280 (1987). The NOW Legal Defense and Education Fund changed its name to Legal Momentum. Legal Momentum (2014), https://www.legalmomentum.org [https://perma .cc/5FHA-V5P9].
108. Resnik, *supra* note 105, at 953.
109. *See id.* at 980-85. Issues of inclusiveness and diversity are under discussion in the field of arbitration. *See, e.g.*, Thomas J. Stipanowich & Zachary P. Ulrich, *Arbitration in Evolution: Current Practices and Perspectives of Experienced Commercial Arbitrators* 8 (Pepperdine Univ. Legal Studies Research Paper Series, Paper No.

The mix of public adjudication, rulemaking, litigant filings, task forces, accounting for funds, and the need to obtain more resources has turned courts into "a huge information system—an entity that receives, processes, stores, creates, monitors, and disseminates large quantities of documents and information."[110] In the federal system, the Attorney General of the United States began providing statistical tables on filings in 1871.[111] That task shifted in 1939 to the Administrative Office of the United States, which works with federal district and appellate courts to describe the demands placed on courts.[112]

With the advent of PACER (Public Access to Court Electronic Records), computer docketing puts federal court filings—except those sheltered based on concerns for national security and litigant safety—into a public database permitting readers to view pleadings and to track the submissions and dispositions in particular cases.[113] Aggregate statistics are compiled by the Administrative Office of the U.S. Courts, which reports yearly on the "business" of the federal courts.[114] More efforts are underway; the Chief Justice's 2014 "state of the judiciary" announced that his Court was "developing its own electronic filing system" to facilitate public access.[115]

Parallel data entry systems exist in all the states,[116] albeit often supported by fewer resources and with all the variations that federalism enables.[117] Illinois's

2014/30, 2014), http://ssrn.com /abstract=2519196 [http://perma.cc/9CJA-LGY7] (finding that of the 123 arbitrators responding to a survey, about eighty-five percent were men).

110. Richard Susskind, The End of Lawyers? Rethinking the Nature of Legal Services 201 (2008).
111. See Peter G. Fish, The Politics of Federal Judicial Administration 91-95 (1973); David S. Clark, *Adjudication to Administration: A Statistical Analysis of Federal District Courts in the Twentieth Century*, 55 S. Cal. L. Rev. 65, 97 (1981).
112. See 28 U.S.C. §§ 601-20 (2012). The Director of the Administrative Office files reports annually. *See, e.g., Judicial Business 2013*, U.S. Cts. (2013), http://www.uscourts.gov/Statistics /JudicialBusiness/2013.aspx [http://perma.cc/8J9U-8AWZ]. The history of the Administrative Office and its reports, and their use by the Judicial Conference of the United States, are examined in Judith Resnik, *Trial As Error, Jurisdiction as Injury: Transforming the Meaning of Article III*, 113 Harv. L. Rev. 924, 937-38 (2000).
113. See *PACER: Public Access to Court Electronic Records*, U.S. Cts., https://www.pacer.gov [http://perma.cc/94AA-3GCV]. Certain forms of personal information (such as social security numbers) are protected, and current federal appellate rules limit remote electronic access to documents in immigration cases. See Fed. R. Civ. P. 5.2(a)-(c); Fed. R. App. P. 25(a)(5).
114. *See, e.g., Judicial Business 2014*, U.S. Cts. (2014), http://www.uscourts.gov/Statistics /JudicialBusiness/2014.aspx [http://perma.cc/2Y9B-GG95].
115. See John G. Roberts, *2014 Year-End Report on the Federal Judiciary*, Sup. Ct. U.S. 7-9 (2014), http://www.supremecourt.gov/publicinfo/year-end/2014year-endreport.pdf [http://perma .cc/HFS5-5AZ7].
116. Robert C. LaFountain, Richard Y. Schauffler, Shauna M. Strickland & Kathryn A. Holt, *Examining the Work of State Courts: An Analysis of 2010 State Court Caseloads*, Nat'l Ctr. for State Cts. 1 (2012), http://www.courtstatistics.org/OtherPages/~/media/Microsites/Files /CSP/DATA%20PDF/CSP_DEC.ashx [http://perma.cc/NXV9-BYSX]; *State Court Guide to Statistical Reporting, Version 2.0*, Nat'l Ctr. for State Cts. (2014) http://www .courtstatistics.org/~/media/Microsites/Files/CSP/State%20Court%20Guide%20to%20Statistical%20Reporting%20v%202.ashx [http://perma.cc/ZRM8-YJAZ]; *Reporting Excellence Awards, 2014*, Nat'l Ctr. for State Cts. (2014), http://www.courtstatistics.org/Other -Pages/Awards.aspx [http://perma.cc/5VB9-48UH].
117. *See generally* Stephen C. Yeazell, *Courting Ignorance: Why We Know So Little About Our Most Important Courts*, Daedalus, Summer 2014, at 129.

Court Statistics Act, for example, calls for court officials to provide "information, statistical data, and reports bearing on the state of the dockets and business transacted by the courts and other matters pertinent to the efficient operation of the judicial system."[118] That state is the exemplar chosen here because it has an unusually large public arbitration program. In 2011, more than 41,000 cases were sent to "mandatory, non-binding, non-court procedure designed to resolve civil disputes by utilizing a neutral third party."[119] That program, created in 1987, was required to evaluate its "effectiveness" and "report the results" to the General Assembly annually[120] until 2012, when its separate data-collection obligations were repealed.[121]

These glimpses into the volume of filings and the infrastructures reflect the investments made in courts, even as judiciaries report themselves to be under-resourced.[122] Given diverse streams of income and the mix of public and private funds, estimating the actual dollars flowing into courts is difficult. A few figures from the federal system offer windows into the sums committed. In 1971, the federal judiciary received $145 million; by 2005, that allocation represented an increase from under one-tenth of a percent of the federal budget to two-tenths—for a total of $5.7 billion.[123] During the same period, staff positions more than doubled to 32,000,[124] providing a workforce responding to annual filings of about 350,000 to 400,000 civil and criminal cases and more than a million bankruptcy petitions.[125] And, despite budgetary constraints producing pressures to downsize facilities and staff, the

---

118. 70 Ill. Comp. Stat. Ann. 125/1 (West 2014). The Administrative Office of Illinois Courts (AOIC)—like its counterparts across the country—issues annual reports containing caseload statistics, disposition information, and more. *See, e.g., Annual Report of the Illinois Courts: Statistical Summary—2013*, Admin. Off. Ill. Cts. (2013), http://www.state .il.us/court/SupremeCourt/AnnualReport/2013/StatsSumm/2013_Statistical_Summary.pdf [http://perma.cc/FL95-3VGJ].
119. *Court-Annexed Mandatory Arbitration: Annual Report of the Supreme Court of Illinois to the Illinois General Assembly for State Fiscal Year 2011*, Admin. Off. Ill. Cts. 1 (2011), http://www.state.il.us/court/Administrative/ManArb/2011/ManArbRpt11.pdf [http://perma .cc/9FDM-BK9H] [hereinafter *Illinois Court-Annexed Arbitration–2011 Report*]; *see* 735 Ill. Comp. Stat. Ann. 5/2-1001A (West 2014).
120. Posted reports from 2004 to 2011 can be found on the Illinois courts' websites. *See Court-Annexed Mandatory Arbitration Annual Reports*, Ill. Cts., http://www.state.il.us/court /Administrative/ManArb/default.asp [http://perma.cc/L984-J7VJ].
121. 735 Ill. Comp. Stat. Ann. 5/2-1008A (West 2011), *repealed by* Act of May 30, 2012, Pub. Act No. 97-1099, § 10, 2012 Ill. Laws 5652; *see also Illinois Court-Annexed Arbitration–2011 Report*, Admin. Off. Ill. Cts., *supra* note 117, at 5; Telephone Interview by Chris Milione with staff of the Admin. Office of Ill. Courts (Nov. 24, 2014). The staff reconfirmed this information for the author on May 12, 2015 (e-mail on file with author).
122. See Michael J. Graetz, *Trusting the Courts: Redressing the State Court Funding Crisis*, Daedalus, Summer 2014, at 96.
123. Russell R. Wheeler, *Chief Justice Rehnquist as Third Branch Leader*, 89 Judicature, Nov.-Dec. 2005, at 116, 120.
124. *Id.*
125. The Chief Justice provided the data in his year-end report. See Roberts, *supra* note 113, appendix.

2015 budget for the federal judiciary was $6.7 billion, a $182 million (2.8%) increase over the 2014 allocation.[126]

Further, under the leadership of Chief Justice William Rehnquist, the federal judiciary obtained in the 1990s what one newspaper called the "largest public-building construction campaign since the New Deal: a 10-year, $10 billion effort to build more than 50 new Federal courthouses and significantly to alter or add to more than 60 others."[127] The courts tripled their dedicated space and, between 1996 and 2006, doubled it once more.[128] One way to summarize the monumentality of the federal court system is by a photograph of the Thomas F. Eagleton Federal Courthouse (Figure 1), which opened in 2000 in St. Louis, Missouri.[129]

126. The sum of $6.7 billion was appropriated in discretionary funds to the judiciary for the Fiscal Year 2015, *Judiciary's FY 2015 Meets Needs*, U.S. Cts. (Dec. 15, 2014), http://news .uscourts.gov/judiciarys-fy-2015-funding-meets-needs [http://perma.cc/28QQ-K6L8], an increase of $182 million (+2.8%) over the $6.5 billion appropriated for 2014. *Fiscal Year 2014: No Budget and a Government Shutdown – Annual Report 2013*, U.S. Cts., http:// www.uscourts.gov/FederalCourts/UnderstandingtheFederalCourts/AdministrativeOffice /DirectorAnnualReport/annual-report-2013/judiciary-funding/fy2014-no-budget-and-a-government-shutdown.aspx [http://perma.cc/4PT2-QZ8D].

127. Randy Gragg, *Monuments to a Crime-Fearing Age*, N.Y. Times Mag., May 28, 1995, at 36. The Chief Justice chaired the judiciary when it expanded its building footprint, while his leadership of the Court helped to produce substantial constriction of the remedial authority of the federal courts. See Judith Resnik, *Building the Federal Judiciary Literally and Legally: The Monuments of Chief Justices Taft, Warren, and Rehnquist*, 87 Ind. L.J. 823 (2012); *see also* Jason Mazzone & Carl Emery Woock, *Federalism as Docket Control* (Univ. of Ill. Coll. of Law Legal Studies Research Paper No. 15-18, 2015), http://ssrn.com/abstract=2573107 [http:// perma.cc/Y26V-WEVN].

128. *The Future of the Federal Courthouse Construction Program: Results of a Government Accountability Office Study on the Judiciary's Rental Obligations: Hearing Before the Subcomm. on Economic Dev., Public Bldgs. and Emergency Mgmt. of the H. Comm. on Transp. and Infrastructure*, 109th Cong. 269 (2006) (statement of David L. Winstead, Comm'r, Pub. Bldgs. Serv., Gen. Servs. Admin.).

129. *See Thomas F. Eagleton United States Courthouse, St. Louis, Missouri*, U.S. Gen. Servs. Admin. 18 (2001) [hereinafter *GSA Eagleton Courthouse booklet*]; *Thomas F. Eagleton U.S. Courthouse*, U.S. Gen. Servs. Admin. (2015), http://www.gsa.gov/portal/content/101471 [http://perma.cc /8XHH-QJ62]. Thanks to Magistrate Judge Noce for providing me with the image and information about the courthouse.

Figure 1.

thomas f. eagleton federal courthouse, st. louis, missouri, 2000

Architects: Hellmuth, Obata + Kassabaum, Inc. Photographer: The Honorable David D. Noce, U.S. Magistrate Judge for the Eastern District of Missouri. Photograph courtesy of and reproduced with the permission of the photographer.

Standing 557 feet, this building became the "largest Federal courthouse in the United States,"[130] at a cost of almost $200 million dollars to construct the more than one million square-foot structure.[131]

While courthouses have become iconic representations of government, twenty-first-century graphics require data.[132] Figure 2—comparing the volume of filings in federal and state courts in 2010—provides another set of proportions. This figure details the 360,000 civil and criminal federal trial court filings, joined by more than a million bankruptcy claimants. Those numbers are small when contrasted with the volume of state court annual filings, which number more than 47 million, when juvenile and traffic filings are excluded,[133] and some 100 million when, as in Figure 3, they are included.[134]

---

130. *GSA Eagleton Courthouse Booklet*, U.S. Gen. Servs. Admin., *supra* note 127, at 12. This building is not the largest courthouse in the country. For example, the 2001 structure built for the Brooklyn Supreme and Family Courts houses more than eighty courtrooms in more than 1.1 million square feet. With thirty-two stories, it is 473 feet high. *See Brooklyn Supreme and Family Courthouse, New York, USA*, Design Build Network (2015), http://www.designbuild-network.com/projects/brooklyn-supreme [http://perma.cc/GK54-CXH6].

131. See Gragg, *supra* note 125, at 36; *Eagleton Federal Courthouse*, City St. Louis, http:// web.archive.org/web/20070818174938/http://stlcin.missouri.org/devprojects/projinfo.cfm ?DevProjectID=47 [http://perma.cc/4FC9-DD5V] (putting the building's height at 567 feet).

132. See William H. Simon, *Courthouse Iconography and Chayesian Judicial Practice*, 24 Yale J.L. & Human. 419 (2012).

133. The sources for Figure 2 (Comparing the Volume of Filings: State and Federal Trial Courts, 2010) come from, on the federal side, *Federal Judicial Caseload Statistics: March 31, 2010*, U.S. Cts., tbls.C-1, D-1 & F (2010), http://www.uscourts.gov/Statistics /FederalJudicialCaseloadStatistics/FederalJudicialCaseloadStatistics2010.aspx [http://perma .cc/X7DU-XPKD]. Thus, the 2010 data ran from 2009 through 2010. Data on state filings come from the Court Statistics Project, *State Court Caseload Statistics: 2010*, Nat'l Ctr. for State Cts. (2013), http://www.courtstatistics.org/Other-Pages/StateCourtCaseload Statistics.aspx [http://perma.cc/Q35C-7K59]. The number of state filings is an estimate, as states do not uniformly report data on all categories.

134. Data for Figure 3 (Disaggregating State Trial Court Filings) were collected by Ruth Anne French-Hodson, Yale Law School, Class of 2012, and Jason Glick, Yale Law School, Class of 2012, with assistance from David Rottman of the National Center for State Courts. The data were revisited in 2015 by Jason Bertoldi, Yale Law School, Class of 2015. This information is derived from annual reports of caseload statistics published by the National Center for State Courts. See *State Court Caseload Statistics: An Analysis of 2008 State Court Caseloads*, Nat'l Ctr. for State Cts. 45 tbl.1, 64-68 tbl.5 (2010); *Examining the Work of State Courts: An Analysis of 2008 State Court Caseloads*, Nat'l Ctr. for State Cts. 38, 51, 56 (2010), http://www.courtstatistics.org/~/media/Microsites/Files/CSP/EWSC-2008-Online .ashx [http://perma.cc/DUU6-5QQY]; *State Court Caseload Statistics: Annual Report 1992*, Nat'l Ctr. for State Cts., 28, 43 fig. 1.60, 100 tbl.8 (1994); *State Court Caseload Statistics: Annual Report 1976*, Nat'l Ctr. for State Cts. 60 tbl.16 (1980). These statistics are estimates, as not all states report data in the same manner and in all categories.

Figure 2.

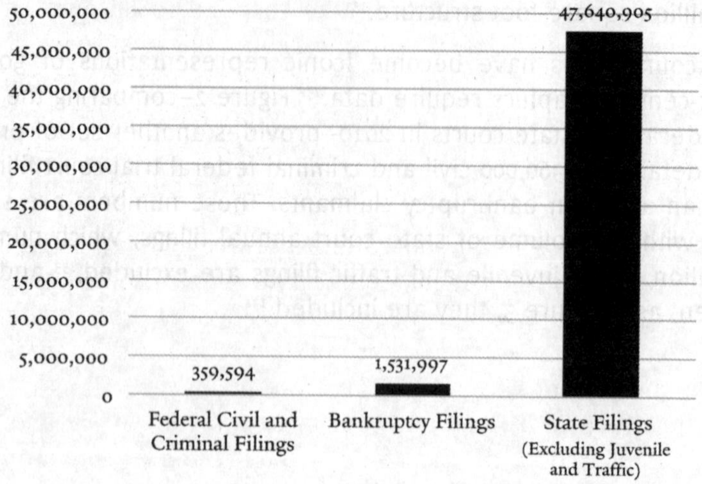

Comparing the volume of filings: state and federal trial courts, 2010

Figure 3.

disaggregating state trial court filings, 1976-2008

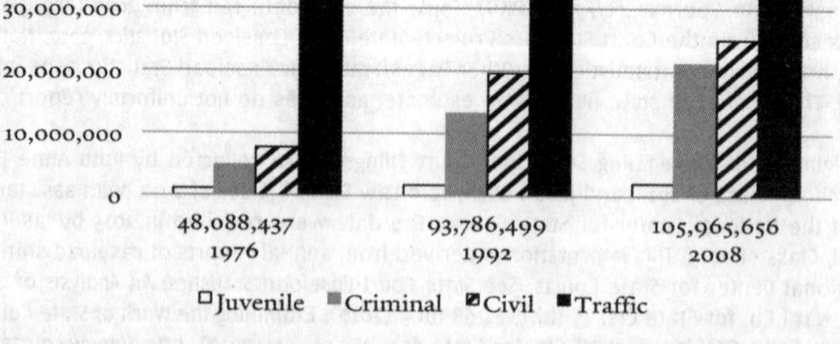

The filings are one measure of judiciaries' success. Courts are seen as hospitable to a variety of claimants, proceeding under a system not of their users' personal design but fashioned by bodies of rule-makers committed to procedural neutrality and subjected to public scrutiny. Courts are the rare venue aspiring to treat all comers equally and to respond to litigants' needs—with new forms to guide the millions of self-represented litigants, specialized clerks, information booths and kiosks, and targeted fee waivers for certain kinds of litigants.[135] The doors are open to outsiders, authorized to watch the democratic practices of government officials (judges, lawyers, and staff), as they are obliged to interact with each other and the disputants in a respectful manner.

And of course, these formal obligations are unevenly achieved in practice and at times dishonored. Painful contemporary examples come from some local courts that create streams of revenue by imposing fees and fines on indigent defendants.[136] In 2015, additional evidence of such practices surfaced in the wake of the police shooting of Michael Brown, an African-American man—prompting an investigation by the U.S. Justice Department into the police and municipal court in Ferguson, Missouri. The Justice Department's report detailed the court's absence of written rules (without "*any* information about [the court's] operations on its website"[137]), its failure to provide notice, the misinformation given, the imposition of needless court appearances, unjust license suspensions, unduly high fines, harsh penalties for missed appearances, retaliation, and biased waivers—all of which disproportionately harmed African Americans.[138]

Such problems are neither unique to Ferguson nor limited to the criminal justice and civil sanction system. The systemic questions of how to be fair in practice are ever-present. The many task forces commissioned by dozens of judiciaries in the 1980s and 1990s were one response, as courts sought to explore how racial, ethnic, and gender biases affected their practices.[139] State-commissioned Access-to-Justice task forces in more recent decades are another.[140]

---

135. In 2011, New York reported 2.3 million people in civil litigation without lawyers; in 2009, California counted 4.3 million litigants without lawyers. *See* Jonathan Lippman, *Equal Justice at Risk: Confronting the Crisis in Civil Legal Services*, 15 N.Y.U. J. Legis. & Pub. Pol'y 247, 248 (2012); Jonathan Lippman, *State Courts: Enabling Access*, Daedalus, Summer 2014, at 30. California data are provided in the report related to a statute creating a pilot program–named after Sargent Shriver–for civil legal assistance. *See* A.B. No. 590, 2009 Cal. Stat. 2498, 2499.

136. One report on criminal justice debt looked at California, Texas, Florida, New York, Georgia, Ohio, Pennsylvania, Michigan, Illinois, Arizona, North Carolina, Louisiana, Virginia, Alabama, and Missouri. The study found repeated incidents in which the failure to pay a "user fee" or a "fine" resulted in the imposition of additional fees, the incarceration of some–(resulting in a new form of "debtors' prison") as a result, and the dysfunction of the fee-fine system in terms of the costs to individuals and families and to the judiciaries imposing the charges. *See* Bannon, Nagrecha & Diller, *supra* note 42, at 1-5.

137. *Investigation of the Ferguson Police Department*, *supra* note 43, at 45.

138. *Id.* at 42-60; 68-69.

139. More than sixty reports were published by court systems as of the mid-1990s. *See* Resnik, *supra* note 105.

140. These access to justice efforts are summarized at *Resource Center for Access to Justice Initiatives*, Am. Bar Ass'n (2015), http://www.americanbar.org/groups/legal_aid_indigent _defendants/initiatives/

Those interventions and attempts are not, however, possible in closed systems. Public practices and recordkeeping are predicates to making plain how much needs to be fixed and to providing platforms for demands to do so. In 2015, the Justice Department's findings of violation of federal civil rights laws[141] prompted the resignations of several of Ferguson's officials and the decision of the Missouri Supreme Court to appoint an appellate judge to take charge of the municipality's court system.[142] Publicity was at the core of the Justice Department's remedies—calling for increased "transparency regarding court operations to allow the public to assess whether the court is operating in a fair manner."[143]

In sum, nothing is casual about the public's relationship with courts. Courts are funded by the public fisc and staffed by government employees working in buildings owned or rented by the government and subject to a thicket of government-crafted regulation. Courts are also public in the sense that the members of the public are entitled to file cases, to watch proceedings involving others in courts, and to know the identity of judges and staff, their salaries (set by law), their budgets, and the rationales for their rulings. Controversies about those investments and the quality of processes and outcomes regularly result.

Governments are also the beneficiaries of these exchanges. These multiple meanings of the "public" *in* courts are in service of the authority *of* courts. From criminal penalties to the reallocation of rights in commerce and in households, law's remedies entail coercion. Despite the conventional view that the federal Constitution has no positive entitlements, the judiciary is a counter-example, as a public service largely supported by public funds. The private sector relies on courts to protect economic growth and interpersonal obligations. Yet the dominant user is the government itself,[144] enforcing its norms through criminal prosecutions and civil litigation and guarding its contracts and proprietary interests. Moreover, governments benefit from their judges, who gain their legitimacy and protect their independence through the discipline of obligations to make known their procedures and to do much of their work before the public.

---

resource_center_for_access_to_justice/state_atj_commissions.html [http://perma.cc/95J9-HBV3] [hereinafter *Access to Justice Initiatives*].

141. *Investigation of the Ferguson Police Department*, *supra* note 43, at 69-78.

142. Order Transferring The Honorable Roy L. Richter, Eastern District, Missouri Court of Appeals, to the 21st Judicial Circuit (St. Louis County) (Mo. Mar. 9, 2015) (en banc) (citing the court's authority under the Missouri Constitution to order temporary transfers "as the administration of justice requires").

143. *Investigation of the Ferguson Police Department*, *supra* note 43, at 97.

144. For example, in 2013, the U.S. was a party as a plaintiff in 7,694 civil cases and a defendant in 40,545 civil cases, resulting in the U.S. being a party in 16.95% of the 284,604 civil cases filed in federal court. *See U.S. District Courts – Judicial Business 2013*, U.S. Cts. tbl.4, http://www.uscourts.gov/Statistics/JudicialBusiness/2013/us-district-courts.aspx [http:// perma.cc/2EN4-VH8L].

3. THE CREATION AND ERASURE OF RIGHTS

This structure is under siege through Dispute Diffusion, propelled by revised mandates to judges about how to handle cases and by the U.S. Supreme Court's new approach to arbitration clauses. Looking only at court-based procedural reform or only at the doctrine of the FAA is to miss the interaction between the two as they have been reconceptualized during the past four decades. Both processes are being reconfigured as variations on the dispute resolution theme, and that shift reflects new normative commitments–to diffusion, deregulation, and to the privatization of dispute resolutions that gain the force of law.

Start with arbitration. In 2002, Justice Thomas commented on the degree to which the Court had "expanded the reach and scope"[145] of the Federal Arbitration Act.[146] Designed in 1925 by merchants and lawyers,[147] the Act authorized federal courts to enforce contract clauses that committed the signatories to forgo decision making in courts and to be bound, instead by the decisions of arbitrators they choose. What that statute (reenacted "without any material change" and named the FAA in 1947[148]) provided were remedies–staying or dismissing pending lawsuits in favor of arbitration and enforcing awards when appropriate.

The scope of that remedy was once understood to be limited. During much of the FAA's first six decades, congressional power to enact the statute was linked to its authority under Article III to regulate the lower federal courts.[149]

---

145. EEOC v. Waffle House, 534 U.S. 279, 314 (2002) (Thomas, J., dissenting); *see also infra* notes 297-320 and accompanying text. Other Justices have offered similar analyses. In 1987, and again in 1991, Justice Stevens charged that the Court had "effectively rewritten the statute" by applying the FAA to statutory claims and to employees. Gilmer v. Interstate/Johnson Lane Corp., 500 U.S. 20, 43 (1991) (Stevens, J., dissenting) (quoting his discussion in *Perry v. Thomas*, 482 U.S. 483, 493 (1987) (Stevens, J., dissenting)). In 1995, Justice O'Connor described the Court's decisions as "building . . ., case by case, an edifice of its own creation." Allied-Bruce Terminix Cos. v. Dobson, 513 U.S. 265, 283 (1995) (O'Connor, J., concurring).
146. Federal Arbitration Act, Pub. L. No. 68-401, 43 Stat. 883 (1925) (codified as amended at 9 U.S.C. §§ 2-14 (2013)).
147. See Amalia D. Kessler, Feature, *Arbitration and Americanization: The Paternalism of Progressive Procedural Reform*, 124 Yale L.J. 2940 (2015).
148. . See H. Rep. No. 255, at 1 (1947) (discussing the enactment of title 9 of the U.S. Code into positive law).
149. This point was stressed to the Supreme Court by both the Chamber of Commerce and the AAA. *See, e.g.*, Brief for the Chamber of Commerce of the State of N.Y. & Am. Arb. Ass'n, Inc., as Amici Curiae Supporting Respondent, Marine Transit Corp. v. Dreyfus, 284 U.S. 263 (1932) (No. 172), 1931 WL 32404, at *14-15 [hereinafter AAA Marine Transit Brief].

Several Justices have likewise focused on Article III as the source of congressional power to enact the FAA. See Prima Paint Corp. v. Flood & Conklin Mfg. Co., 388 U.S. 395, 418 (1967) (Black, J., dissenting) ("[I]t is clear that Congress in passing the Act relied primarily on its power to create general federal rules to govern federal courts."); *see also* Southland Corp. v. Keating, 465 U.S. 1, 22, 25, 35 (1984) (O'Connor, J., dissenting) (calling the Court's application of the FAA a "newly discovered federal right" in conflict with the "unambiguous" legislative history, which made plain that Congress had relied on its power "to control the jurisdiction of the federal courts"). Thus, arbitration obligations would be enforced in cases filed under Article III courts' jurisdiction over admiralty, diversity, federal question and the like.

Because the Arbitration Act was "purely procedural in nature," it conferred "no new substantive right" and thus did not apply in state courts. The Act provided one site for the development of arbitration; other federal laws on labor-management agreements shaped another. The statutory endorsement of labor arbitration reflected unions' capacity to garner majoritarian approval of measures enhancing workers' authority. Thus, commercial and labor arbitrations were celebrated for their responsiveness to specially situated participants, many of whom were enmeshed in long-term commercial relationships.

The distinctions between the contractual rights created by agreement and public rights mandated by statute, between federal and state courts, and between judges and arbitrators were robust some fifty years after the FAA's enactment. As a consequence, a unanimous Court ruled in *Alexander v. Gardner-Denver Company* in 1974 that a labor-management agreement requiring arbitration of disputes did not preclude individual employees from pursuing statutory civil rights claims in court.[150] A decade later, in 1984, a unanimous Court likewise concluded that because arbitration "could not provide an adequate substitute" for adjudication, an unsuccessful arbitration under a collective bargaining agreement did not prevent an employee from filing a subsequent civil rights case.[151]

Undergirding these decisions were views about the integrity of adjudication, the functions of federal statutory rights, and the rationales for arbitration. Judges were loyal to the public (embodied by their commitment to "the law of the land"[152]) and arbitrators to the contract (in the context of labor, "the law of the shop"[153]). Thus, Justices read statutes protecting consumers and employees to limit the FAA's scope.[154] As Chief Justice Burger explained in 1981, "[l]eaving resolution of discrimination claims to persons unfamiliar with the congressional policies . . . could have undermined enforcement of fundamental rights Congress intended to protect."[155]

Further, until the mid-1980s, the FAA case law described litigation as entailing what arbitration lacked. Courts endowed disputants with a disciplined procedural structure, predicated on evidentiary standards, discovery, fact-finding, law application, and appellate review.[156] These attributes redistributed power to protect those without the clout to negotiate dispute resolution clauses (or much else) in contracts. Litigation's procedural neutrality was hence another reason

150. See Alexander v. Gardner-Denver Co., 415 U.S. 36, 44-60 (1974).
151. McDonald v. City of W. Branch, 466 U.S. 284, 289, 292 (1984).
152. See, e.g., *Gardner-Denver*, 415 U.S. at 57.
153. *Id.* at 53; *McDonald*, 466 U.S. at 290.
154. See, e.g., Wilko v. Swan, 346 U.S. 427, 437 (1953).
155. Barrentine v. Ark.-Best Freight Sys., 450 U.S. 728, 747 (1981) (Burger, C.J, dissenting).
156. See Bernhardt v. Polygraphic Co. of Am., 350 U.S. 198, 203 (1956); *Wilko*, 346 U.S. at 435-36.

not to enforce arbitration provisions when one side had "unequal bargaining power"[157] or "excessive" and "overwhelming economic power"[158] in a way that suggested "no genuine bargaining over the terms."[159]

Those were the views jettisoned thereafter, as new majorities on the Court concluded that the FAA could require individuals, signing form job applications or purchasing consumer products, to pursue statutory claims exclusively in arbitration. Further, the Court abandoned its reliance on Article III and insisted instead that the FAA was the product of Congress's Commerce Clause powers.[160] Rather than a procedural right applicable only in federal courts, the FAA became a federal substantive right, preempting state laws found by the Court to undermine its own broadening of the "liberal federal policy favoring arbitration."[161]

As a consequence, during the last three decades, the Court has ruled that the FAA can be used to bar access to courts when individuals claim breaches of federal securities laws;[162] when employees allege discrimination on the basis of age;[163] when employees file sex discrimination suits under state law;[164] when consumers assert rights under state consumer protection laws;[165] when merchants allege violations of the antitrust laws;[166] and when family members claim that negligent management of nursing homes resulted in the wrongful deaths of their relatives.[167] The bases for such obligations to arbitrate are not bargained-

157. Prima Paint Corp. v. Flood & Conklin Mfg. Co., 388 U.S. 395, 414 (1967) (Black, J., dissenting) (noting that members of Congress "expressed opposition to a law which would enforce even a valid arbitration provision contained in a contract between parties of unequal bargaining power."). The Court later rejected the dissenters' arguments that such inequality ought to constrain enforcement of arbitration clauses. See, e.g., Circuit City Stores, Inc. v. Adams, 532 U.S. 105, 132-33 (Stevens, J., dissenting) (explaining that the "potential disparity in bargaining power" between "large employers" and their employees ought to be one reason to exempt all "contracts of employment from mandatory arbitration").

158. Even when requiring arbitration, the Court noted that "overwhelming" or "excessive economic power" would be grounds for pause. See Shearson/Am. Express, Inc. v. McMahon, 482 U.S. 220, 226 (1987); Mitsubishi Motors Corp. v. Soler Chrysler-Plymouth, Inc., 473 U.S. 614, 627 (1985).

159. *Soler Chrysler-Plymouth*, 473 U.S. at 666 (Stevens, J., dissenting).

160. See Southland Corp. v. Keating, 465 U.S. 1, 10 (1984).

161. See AT&T Mobility LLC v. Concepcion, 131 S. Ct. 1740, 1745 (2011) (citations omitted); *see also Shearson*, 482 U.S. at 226; *Soler Chrysler-Plymouth*, 473 U.S. at 625.

162. Rodriguez de Quijas v. Shearson/Am. Express, Inc., 490 U.S. 477 (1989); *Shearson/Am. Express, Inc. v. McMahon*, 482 U.S. 220.

163. Gilmer v. Interstate/Johnson Lane Corp., 500 U.S. 20 (1991).

164. *Adams*, 532 U.S. at 105.

165. *AT&T v. Concepcion*, 131 S. Ct. 1740.

166. Am. Express Co. v. Italian Colors Rest., 133 S. Ct. 2304 (2013); *Soler Chrysler-Plymouth*, 473 U.S. 614.

167. Marmet Health Care Ctr., Inc. v. Brown, 132 S. Ct. 1201 (2012) (per curiam). On remand, the West Virginia Supreme Court sent the consolidated cases to the trial court for discovery and to "develop the evidence" on whether, aside from the reversed state "public policy" grounds, waivers of court access for those entering nursing homes were unenforceable under "state common law principles." Brown v. Genesis Healthcare Corp., 729 S.E.2d 217, 230 (W. Va. 2012). Congress had specifically considered the requirement to arbitrate claims against nursing homes but has not enacted legislation on the practice. *See* Fairness in Nursing Home Arbitration Act of 2012, H.R. 6351, 112th Cong. (2012); Fairness in Nursing Home Arbitration

for, and, in many contexts, consumers and employees cannot shop to avoid arbitration mandates. Deeming these obligations "contract" ignores what the opening epigraph from the wireless service provider exemplifies: producers of rights-waivers can unilaterally "change any terms, conditions, rates, fees, expenses or charges regarding your Services at any time . . . ."[168]

This novel approach to arbitration required new theories of its legitimacy. As consent and volition receded as the bases for enforcing rights-waivers, Justices developed different rationales—that arbitration was a better process than adjudication and did just as well as an enforcement mechanism for public rights. In many decisions, Justices complained that litigation was "costly and time consuming,"[169] or praised arbitration's capacity to produce "streamlined proceedings"[170] providing prospective litigants with opportunities adequate to "effectively vindicate" their federal rights.[171] Yet while regularly articulating that standard, the Court has not—to date—declined to enforce an arbitration mandate for its failure to provide adequate remedies.[172]

But to focus only on the Supreme Court readings of the FAA is to ignore the social and political movements revising attitudes towards litigation in the federal courts and beyond. Beginning in the 1970s, the flexibility and informality of various forms of ADR (not only arbitration) came to be praised as virtues—juxtaposed against the formal and public obligations of adjudication which were, in turn, gaining the negative valence of imposing undue costs on both disputants and the courts. Congress enacted statutes and agencies promulgated regulations commending arbitration, mediation, and other ADR methods for use by administrative agencies and in the federal courts.[173]

Act of 2009, H.R. 1237, 111th Cong. (2009); Fairness in Nursing Home Arbitration Act, S. 512, 111th Cong. (2009); *Mandatory Binding Arbitration: Is it Fair and Voluntary?: Hearing Before the Subcomm. on Commercial and Admin. Law of the H. Comm. on the Judiciary*, 111th Cong. 1 (2009) (statement of Alison E. Hirschel, Nat'l Consumer Voice for Quality Long-Term Care).

168. *AT&T Wireless Customer Agreement*, *supra* note 2, § 1.3; *see generally* Oren Bar-Gill & Kevin Davis, *Empty Promises*, 84 S. Cal. L. Rev. 1, 8-17 (2010) (discussing and documenting the "unilateral modification reality").
169. Barrentine v. Ark.-Best Freight Sys., 450 U.S. at 748 (Burger, C.J., dissenting).
170. *AT&T v. Concepcion*, 131 S. Ct. at 1748.
171. *See Soler Chrysler-Plymouth*, 473 U.S. at 614, and discussion *infra* Part IV.
172. See *infra* notes 397-409 and accompanying text. Lower courts have, as discussed *infra* notes 392-395 and accompanying text, upon occasion found arbitration provisions unenforceable and used a variety of explanations, some tied to effective vindication or burdensomeness or unconscionability.
173. See *infra* notes 198-207 and accompanying text. The debate in the lower courts about whether an agency's decision not to seek conciliation is judicially reviewable was resolved by the Supreme Court in 2015. In *EEOC v. Mach Mining, LLC*, 135 S. Ct. 1645 (2015), a unanimous Court authorized a narrow scope of review. At issue was whether statutory mandates that the EEOC "endeavor to eliminate" unlawful employment practices "by informal methods of conference, conciliation, and persuasion," 42 U.S.C. § 2000e-5(b) (2012), and that the EEOC may sue only if "unable to secure . . . a conciliation agreement acceptable to the commission," 42 U.S.C. § 2000e-(5)(f)(1), could be the basis for defendants asserting the EEOC's decision not to settle as an affirmative defense. The Court held that "[a] sworn affidavit from the EEOC stating that it has

Moreover, to look only at the United States is to miss the transnational crosscurrents of Dispute Diffusion.[174] The modern history of arbitration is marked by the establishment in 1899 of the Permanent Court of Arbitration[175] and by the Convention on the Recognition and Enforcement of Foreign Arbitral Awards, which came into force in 1959[176] and which the United States joined in 1970.[177] The Convention, an international counterpart to the FAA, requires contracting states to recognize awards made pursuant to private agreements to arbitrate.[178]

A measure of the transnational arbitration market comes from the American Arbitration Association, which was founded in 1926 to nurture the FAA. This nonprofit corporation calls itself "the world's leading provider of conflict management and dispute resolution services"[179] and describes its roster of thousands of "trained and qualified"[180] neutrals who, as noted, deal with more than 150,000 cases yearly, mostly from contracts—public and private—naming the AAA to administer arbitration.[181] By 2013, the AAA had seventy cooperative

---

performed" its statutory conciliation obligations "but that its efforts have failed will usually suffice." *Mach Mining*, 135 S. Ct. at 1656.

174. See Judith Resnik, *Globalization(s), Privatization(s), Constitutionalization, and Statization: Icons and Experiences of Sovereignty in the 21st Century*, 11 Int'l J. Const. L. 162 (2013); Neil Walker, *Beyond Boundary Disputes and Basic Grids: Mapping the Global Disorder of Normative Orders*, 6 Int'l J. Const. L. 373 (2008).
175. *Permanent Court of Arbitration: About Us*, Permanent Ct. Arb. (2009), http://www.pca-cpa .org/showpage.asp?pag_id=1027 [http://perma.cc/9X6D-HNQR].
176. Convention on the Recognition and Enforcement of Foreign Arbitral Awards, art. XII, *opened for signature* June 10, 1958, 330 U.N.T.S. 38 (entered into force June 7, 1959). As of the beginning of 2015 the "New York Convention" had 154 State Parties. See *Status: Convention on the Recognition and Enforcement of Foreign Arbitral Awards*, UNCITRAL, http://www.uncitral.org/uncitral/en/uncitral_texts/arbitration/NYConvention.html [http: //perma.cc/PWH5-E5YN].
177. 21 U.S.T. 2517, T.I.A.S. 6997.
178. Under the Convention, state parties can decline enforcement of awards on public policy grounds and may also condition enforcement on certain forms of reciprocity. For discussion of the scope of these exceptions, see Pierre Mayer & Audley Sheppard, *Final ILA Report on Public Policy as a Bar to Enforcement of International Arbitral Awards*, 19 Arb. Int'l 249 (2003); and Alan Scott Rau, *The New York Convention in American Courts*, 7 Am. Rev. Int'l Arb. 213 (1996). The interaction between entrepreneurship and sovereignty is mapped by several commentators. See, e.g., Yves M. Dezalay & Bryant Garth, *Constructing a Transatlantic Marketplace of Disputes on the Symbolic Foundations of International Justice*, in Contracting Beyond Boundaries: Private Regulation of International Trade and Finance in the Twentieth Century (Gregoire Mallard & Jerome Sgard eds.) (forthcoming), http: //ssrn.com/abstract=2549866 [http://perma.cc/5W6W-DFU3].
179. *American Arbitration Association Elects New Directors*, Am. Arb. Ass'n (2014), https://www .adr.org/aaa/ShowPDF;jsessionid=MYLjT7WG9hqmWcRnkdpyvQ2x3JGmG2yTQ8fwSGnzgC4L66htj9oV!-5119463?doc=ADRSTAGE2020833 [https://perma.cc/6L5C-SRNW].
180. *Mass Claims ADR Programs and Federal ADR Programs*, Am. Arb. Ass'n 1, http:// www.adr.org/aaa/ShowPDF?doc=ADRSTG_004209 [https://perma.cc/H949-ADUR].
181. The figure of 150,000 cases administered annually by the AAA comes from various sources. See Statement of Ethical Principles, *supra* note 28; Martin F. Gusy, James M. Hosking & Franz T. Schwarz, A Guide to the ICDR International Arbitration Rules 13 (2011) (reporting that the AAA "provides dispute resolution services in more than 150,000 cases annually . . . including arbitrations (of any sort), mediations, and other ADR processes"); *see also* Sebastian Perry, *Inside the ICDR: An Interview with Luis Martinez*, Am. Arb. Ass'n 4 (Oct. 19, 2011), http://www.adr.org/aaa/ShowPDF?doc=ADRSTG_022207 [http://perma .cc/D66U-UFNZ] (describing

agreements in forty-eight countries and its own international division, the International Centre for Dispute Resolution (ICDR).[182] These developments are part of larger patterns of globalization and privatization, celebrated by some as expanding the rule of law[183] and criticized by others as a neo-liberal privatization of power.[184]

Just as cross-continental exchanges shaped arbitration in the nineteenth and early twentieth centuries, contemporary interactions across networks of judges, lawyers, and repeat player litigants are transforming court-based procedures as well. During the last four decades, in several countries, programs to revisit the practices of civil litigation have aimed to refocus the work of trial-level judges, encouraging them to become case managers pressing for resolutions without adjudication. In the 1990s, England and Wales embraced pre-filing protocols to promote settlements through adoption of the "Woolf Reforms."[185] Australia and Canada have similar initiatives "remaking" or "privatizing" their courts.[186]

Returning to the United States, recall that Chief Justice Burger insisted in 1981 that, because courts had a distinctive role to play in enforcing race discrimination law, arbitration was inappropriate for such claims. In contrast,

that the AAA "handles over 150,000 cases a year"). More recent information from the AAA indicated that, in 2013 and 2014, it received more than 200,000 filings. *See* Boyle AAA 2015 Materials, supra note 25. Several federal agencies and many state programs, such as those for uninsured drivers and no-fault automobile insurance claims, rely on the AAA. See Brief for the Am. Arbitration Ass'n as Amicus Curiae at 2, Green Tree Fin. Corp.-Ala. v. Randolph, 531 U.S. 79 (2000) (No. 99-1235), 2000 WL 744161 [hereinafter AAA Green Tree Brief]; Brief for the Am. Arbitration Ass'n as Amicus Curiae in Support of Respondent at 15 n.9, Prima Paint Corp. v. Flood & Conklin Mfg. Co., 1967 WL 113919 [hereinafter AAA Prima Paint Brief]; *see also infra* notes 198-201 and accompanying text (describing regulations naming the AAA as the required arbitration provider).

The AAA is also the largest provider of arbitration services for employment. Alexander J.S. Colvin & Kelly Pike, *Saturns and Rickshaws Revisited: What Kind of Employment Arbitration System Has Developed?*, 29 Ohio St. J. on Disp. Resol. 59, 62 (2014). The for-profit provider JAMS, founded in 1979 by a former state-court judge, calls itself the "largest private alternative dispute resolution (ADR) provider in the world," dealing with about 12,000 cases a year and employing nearly 300 full-time neutrals in "mediating and arbitrating complex, multi-party business/commercial cases." *JAMS Fact Sheet*, JAMS, http://www.jamsadr.com /files/ Uploads/Documents/Corporate-Fact-Sheet.pdf [http://perma.cc/PQ76-VFBW].

182. *See* Brief for the Am. Arbitration Ass'n as Amicus Curiae in Support of Petitioner at 1, BG Grp. PLC v. Republic of Arg., 134 S. Ct. 1198 (2014) (No. 12-138), 2013 WL 4781545, at *2 [hereinafter AAA BG Group Brief]. As of 2015, the ICDR, which was established in 1996, provided "services in more than 80 countries." *See About the American Arbitration Association (AAA) and the International Centre for Dispute Resolution (ICDR)*, Am. Arb. Ass'n (20145), https://www.adr.org/aaa/faces/s/about [https://perma.cc/XMQ4-BGWT].
183. See, e.g., Sabino Cassese, The Global Polity: Global Dimensions of Democracy and the Rule of Law (2012).
184. See, e.g., Saskia Sassen, Territory, Authority, Rights: From Medieval to Global Assemblages (2006).
185. See Rt. Hon. Lord Woolf, Access to Justice: Final Report to the Lord Chancellor on the Civil Justice System of England and Wales (1996). Criticism of this approach comes from Hazel Genn, What is Civil Justice For? (2011).
186. *See generally* Trevor C.W. Farrow, Civil Justice, Privatization, and Democracy (2014); Sarah Murray, The Remaking of the Courts: Less-Adversarial Practices and the Constitutional Rule of the Judiciary in Australia (2014); The Multi-Tasking Judge, *supra* note 4.

he argued that Fair Labor Standards Act claims could be sent to arbitration, and he criticized his colleagues for being "oblivious to desperately needed changes to keep the federal courts from being inundated with disputes of a kind that can be handled more swiftly and more cheaply by other methods."[187] As the Chief Justice explained, all branches of the federal government were studying how "to remove . . . routine and relatively modest-sized claims . . . from the courts."[188] The Chief Justice was referencing—and championing—the "policy of favoring extrajudicial methods of resolving disputes."[189] The goal was to avoid having the "federal courts flooded by litigation increasing in volume, in length, and in a variety of novel forms."[190]

Increasing caseloads were problems to be solved, and interest in protecting the courts from too many or the wrong kind of cases prompted judicial action on and off the bench. In 1995, a special committee of the U.S. Judicial Conference (the federal judiciary's policymaking arm) provided a "long range plan" that forecast a "nightmarish" scenario of overwhelming demand for courts.[191] Extrapolating from the second half of the twentieth century, the report projected that, by 2010, 610,800 cases (more than double the number in 1995) would be filed.[192] To buffer against this possibility, the Judicial Conference urged Congress to send cases from federal courts to state courts and to administrative agencies, to avoid creating new federal rights whenever possible and, if cases proceeded in federal courts, to rely more on ADR.[193]

The judiciary's enthusiasm for stemming court filings resonated with leading members of industry, other members of government, and the legal academy. Through a series of statutes and rule reforms, mediation and arbitration—methods characterized in the 1980s by both Chief Justice Burger and the Federal Rules of Civil Procedure as extrajudicial procedures[194]—turned in the 1990s into everyday practices *inside* courts.[195] By 1993, judges gained the

---

187. Barrentine v. Ark.-Best Freight Sys., Inc., 450 U.S. 728, 753 (1981) (Burger, C.J., dissenting). At issue there was a Fair Labor Standards Act claim, which, the Chief Justice argued, stemmed from an "entirely different historical and legal context," making arbitration appropriate. *Id.* at 750.

188. *Id.* at 746.

189. *Id.* at 748; *see also* Warren Burger, *Isn't There a Better Way?*, 68 A.B.A. J. 274 (1982).

190. *Barrentine*, 450 U.S. at 748 (Burger, C.J., dissenting).

191. *See Long Range Plan for the Federal Courts*, Jud. Conf. U.S. 18 (Dec. 1995), http:// www.uscourts.gov/uscourts/FederalCourts/Publications/FederalCourtsLongRangePlan.pdf [http://perma.cc/WEY3-9UQ9] [hereinafter *1995 Long Range Plan*]. Some aspects of this report have been superseded by the *Strategic Plan for the Federal Judiciary*, Jud. Conf. U.S. (Sept. 2010), http://www.uscourts.gov/uscourts/FederalCourts/Publications/StrategicPlan 2010.pdf [http://perma.cc/5NBF-SG9C].

192. *1995 Long Range Plan*, *supra* note 189, at 15.

193. *Id.* at 23-39 (Recommendations 1-15); 70-71 (Recommendations 38-39).

194. See Fed. R. Civ. P. 16(c) (1983) (amended 1993); *Barrentine*, 450 U.S. at 748 (Burger, C.J., dissenting).

195. See Alternative Dispute Resolution Act of 1998, Pub. L. No. 105-315, 112 Stat. 2993 (codified at 28 U.S.C. §§ 651-58 (2012)); Civil Justice Reform Act of 1990, Pub. L. No. 101-650, 104 Stat. 5089 (1990) (codified at 28 U.S.C.

power to insist that litigants attend settlement conferences or use "neutrals" in efforts to end cases without adjudication.[196]

Thus, inside the federal courts, procedural revisions pushed significant aspects of court-based dispute resolution out of sight. The Federal Rules were amended to provide that discovery materials were no longer routinely filed in courts unless appended to motions; pre-discovery confidentiality agreements became routine,[197] and settlements conditioned on non-disclosure of terms became commonplace.[198] By 2014, proponents (including those on the Court) interested in constraining the perceived burdens imposed by federal litigation had put into place new restrictions on pleading and discovery, as well as new limits on the availability of implied causes of action, class actions, damages, and attorneys' fees.[199]

The Court is not the only public promoter or potential regulator of ADR. Since the 1970s, Congress has offered arbitration as a forum in which to pursue remedies under various federal statutes. For example, in 1978, Congress amended the Federal Insecticide, Fungicide, and Rodenticide Act of 1947 (FIFRA) to require sharing research costs by those seeking applications authorizing their use of chemicals covered by the act; if disputes arise, resolution is exclusively by arbitration.[200] The Amateur Sports Act of 1978 identifies arbitra-

§§ 471-82 (2012)).

196. See Fed. R. Civ. P. 16(c)(1)-(2), (f) (requiring the attendance or availability of parties at pretrial conferences; authorizing the court to take action on matters including "settling the case and using special procedures to assist in resolving the dispute when authorized by statute or local rule"; and authorizing sanctions for those failing to participate in good faith); *see also* Judith Resnik, *The Privatization of Process: Celebration and Requiem for the Federal Rules of Civil Procedure at 75*, 162 U. Pa. L. Rev. 1793, 1802-1806 (2014). *See generally* Resnik, *supra* note 110.

197. *See generally* Dustin B. Benham, *Proportionality, Pretrial Confidentiality, and Discovery Sharing*, 71 Wash. & Lee L. Rev. 2181 (2014). This article surveys cases on the sharing of information obtained in discovery, the use of "return-or-destroy" provisions required as a predicate either to discovery or to settlement, and a relaxed standard for granting protective orders of disclosures made. Benham calls for rules building in the sharing of discovery as part of the goal of increasing the efficiency of litigation. He argues that his proposals fit the paradigm of Federal Rule amendments addressing proportionality as a test of the permissible scope of discovery. Congress has proposed, but not enacted, obligations to make more materials available. See, *e.g.*, Sunshine in Litigation Act of 2014, S. 2364, 113th Cong. (2014).

198. Symposium, *Secrecy in Litigation*, 81 Chi.-Kent L. Rev. 301-590 (2006).

199. *See generally* Stephen B. Burbank & Sean Farhang, *Litigation Reform: An Institutional Approach*, 162 U. Pa. L. Rev. 1543 (2014).

200. Act of Sept. 30, 1978, Pub. L. No. 95-396, 92 Stat. 819 (codified as amended at 7 U.S.C. § 136a (2012)) ("If . . . the original data submitter and the applicant have neither agreed on the amount and terms of compensation nor on a procedure for reaching an agreement on the amount and terms of compensation, either person may initiate binding arbitration proceedings by requesting the Federal Mediation and Conciliation Service to appoint an arbitrator from the roster of arbitrators maintained by such Service."). This provision was upheld against challenges that it violated Article III by bypassing life-tenured judges. *See* Thomas v. Union Carbide Agric. Prods Co., 473 U.S. 568 (1985).

The procedures for FIFRA arbitrations are codified in 29 C.F.R. § 1440.1 (2014); those regulations authorize the AAA to run the proceedings. The rules detail the location of the arbitration, discovery and evidentiary

tion as the forum for resolving disputes between organizations, members, and a national governing body.[201] Two years later, in 1980, Congress amended the Employee Retirement Income Security Act to mandate arbitration for disputes between employers and multi-employer plan sponsors when employers withdraw from a plan.[202] In 1988, Congress altered its 1976 Federal Land Policy and Management Act to establish arbitration as the default for disputes over land appraisals.[203]

More generally, in 1996, Congress enacted the Administrative Dispute Resolution Act (ADRA), exhorting federal agencies to diffuse disputes by using providers other than judges and methods other than adjudication.[204] Both before the ADRA and after, administrative regulations commended the use of arbitration in a wide array of contexts, such as housing,[205] national parks,[206] patents,[207] disaster

procedures, and arbitrator compensation. 29 C.F.R. § 1440.1 (2014); 29 C.F.R. Pt. 1440, App. (2014). The rules provide that "[a]ny person having a direct interest in the arbitration is entitled to attend hearings," but that "[i]t shall be discretionary with the arbitrator to determine the propriety of the attendance of any other person." 29 C.F.R. Pt. 1440, App. Sec. 18(c) (2014). The AAA reported to us that it administered twenty-one FIFRA arbitrations in 2010 and between five and eight arbitrations per year from 2011-2013. See Boyle AAA 2015 Materials, *supra* note 25.

201. Amateur Sports Act of 1978, Pub. L. No. 95-606, § 205(c)(1), 92 Stat. 3045 (codified as amended at 36 U.S.C. § 220529 (2012)) ("The right to review by any party aggrieved by a determination . . . shall be to any regional office of the American Arbitration Association.").
202. Multiemployer Pension Plan Amendments Act of 1980, Pub. L. No. 96-364, § 4221(a)(1), 94 Stat. 1208 (codified as amended at 29 U.S.C. § 1401 (2012)) ("Any dispute between an employer and the plan sponsor of a multiemployer plan concerning a determination . . . shall be resolved through arbitration.").
203. Federal Land Exchange Facilitation Act of 1988, Pub. L. No. 100-409, § 3(a), 102 Stat. 1086, 1087 (codified as amended at 43 U.S.C. § 1716(d)(2) (2012)) ("If . . . the Secretary concerned and the other party or parties involved cannot agree to accept the findings of an appraisal or appraisals, the appraisal or appraisals shall be submitted to an arbitrator appointed by the Secretary from a list of arbitrators submitted to him by the American Arbitration Association for arbitration to be conducted in accordance with the real estate valuation arbitration rules of the American Arbitration Association."); *see also* 43 C.F.R. § 2201.4 (2014); 36 C.F.R. § 254.10 (2014) (detailing the arbitration procedure).
204. Administrative Dispute Resolution Act, Pub. L. No. 101-552, 104 Stat. 2736 (1990) (codified at 5 U.S.C. § 571 et seq. (2012)).
205. In 1990, the Department of Housing and Urban Development enacted regulations demanding that specified insurance plans "provide for binding arbitration proceedings arranged through a nationally recognized dispute settlement organization." 55 Fed. Reg. 41021 (Oct. 5, 1990) (codified at 24 C.F.R. § 203.204(g) (2014)).
206. In 2001, acting pursuant to the National Parks Omnibus Management Act of 1998, the National Park Service authorized concessioners to use arbitration in conflicts about the value of leasehold surrender interests, if contracts are terminated. See 66 Fed. Reg. 35082 (July 3, 2001). The method for selecting arbitrators is detailed in 36 C.F.R. § 51.51 (2014).
207. In 2004, the Patent and Trademark Office permitted binding arbitration "to determine any issue in a contested case" before the Patent Trial and Appeal Board. 69 Fed. Reg. 50003, 50016 (Aug. 12, 2004); 37 C.F.R. § 41.126(a) (2014). Both parties must agree in writing and specify which issues are to be arbitrated. See 37 C.F.R. § 41.126(b), (e) (2014). In 2012, in response to the Leahy-Smith America Invents Act, the Patent and Trademark Office expanded the availability of binding arbitration to patent derivation proceedings. See 37 C.F.R. § 42.410 (2014).

relief,[208] and telecommunications.[209] In addition, as discussed below, Congress has also shaped a special arbitration process in the federal courts.

On one account, the proliferation of sites *of* dispute resolution is an ode *to* adjudication, for which demand outstrips supply. The problem to be solved is insufficient capacity, as judges cannot respond to all in need of their attention. The goal is to equip those seeking redress with more "access to justice" (the term common in the United States for dozens of state-based task forces[210]) or with "paths to justice" (the phrase used in many other countries).[211] In practice, such alternatives need not be either court-exclusive or court-preclusive: non-court options can be pursued in addition to or on the way to filing in court.

Examples of such regulated innovations come from both sides of the Atlantic. In the United States, Congress created a system of "court-annexed arbitration," to which parties generally may give consent and for which trials de novo are permissible.[212] Many state systems have parallels.[213] In Europe, the preamble to a 2013 Directive on consumer alternative dispute resolution (CADR)[214]

208. The Federal Emergency Management Agency (FEMA) provides for arbitrations in certain contexts under the aegis of FEMA's Alternative Dispute Resolution Office. 44 C.F.R. § 295.42 (2012). In 2009, under the American Recovery and Reinvestment Act, 74 Fed. Reg. 44767, 44767 (Aug. 31, 2009), FEMA made final and binding arbitration available to resolve disputed Public Assistance applications related to hurricanes Katrina and Rita in projects worth more than $500,000. 44 C.F.R. § 206.209 (2014).

209. The Federal Communications Commission (FCC) makes arbitration available related to home run wiring ownership in multiple dwelling unit buildings. 47 C.F.R. § 76.804(a)(2) (2014), (b)(2); 62 Fed. Reg. 61016, 61017-20 (Nov. 14, 1997). In 1996, the FCC issued regulations related to Personal Communication Services licensees; "parties are encouraged to use expedited ADR procedures, such as binding arbitration, mediation, or other ADR techniques" for disputes. 47 C.F.R. § 24.251 (2014); 47 C.F.R. § 27.1188 (2014); *see also* 47 C.F.R. § 90.677(d) (2014) (permitting arbitration in the context of band reconfiguration separating cellular and non-cellular systems); 71 Fed. Reg. 52751 (Sept. 7, 2006) (same); 47 C.F.R. § 301.200 (2014) ("To the extent that the parties cannot resolve such dispute . . . they are strongly encouraged to use expedited alternative dispute resolution procedures, such as mediation or non-binding arbitration."); 78 Fed. Reg. 5310, 5314 (Jan. 25, 2013) ("[T]he final rule provides that any formal dispute resolution request must include a summary of the parties' prior efforts and attempts to resolve the dispute through negotiation, mediation, or non-binding arbitration.").

210. These access to justice efforts are summarized at *Access to Justice Initiatives*, *supra* note 138.

211. See, e.g., Genn, *supra* note 4.

212. *See* 28 U.S.C. §§ 651-658 (2012), discussed *infra* notes 573-597 and accompanying text.

213. Illinois is the example discussed here. *See infra* note 591 and accompanying text.

214. See Directive 2013/11, of the European Parliament and of the Council on Alternative Dispute Resolution for Consumer Disputes, 2013 O.J. (L 165/63) [hereinafter CADR 2013 Directive]. As of 2008, researchers reported that systems in place for consumer ADR in Europe responded to about half a million claims annually, and many of the processes were free of charge. See Christopher Hodges, Iris Benöhr & Naomi Cruetzfeldt-Banda, Consumer ADR in Europe 368, 380 (2012).

In addition, regulations address online dispute resolution (ODR) and aim to create an EU-wide online platform for disputes arise out of online transactions and to link this platform to national ADR systems. *See* Regulation 524/2013, of the European Parliament and of the Council on Online Dispute Resolution for Consumer Disputes, 2013 O.J. (L 165/1) [hereinafter European ODR Regulation]. In February of 2015, the United Kingdom's Civil Justice Council issued a report recommending the adoption of Her Majesty's Online Court ("HMOC") for online dispute resolution. *Online Dispute Resolution for Low Value Civil Claims*, Civ. Just. Council 3 (Feb. 2015), http://www.judiciary.gov.uk /wp-content/uploads/2015/02/

explained that "the right to an effective remedy and the right to a fair trial are fundamental rights . . . . Therefore, ADR procedures shall not be designed to replace court procedures and shall not deprive consumers or traders of their rights to seek redress before the courts."[215] When coupled with new mechanisms for collective relief,[216] the European Directives aim to rectify what could be termed a market failure in adjudicatory structures by expanding the number of forums in and the modes of process through which consumers can pursue redress for alleged legal harms.[217] These mechanisms can function not only to resolve disputes but also as gateways to further pursuit in court.

An alternative account is that litigation is itself the problem to be solved—not only because it is costly and adversarial but also because its public, regulatory effects do harm to entrepreneurship, impose costs on consumers and employees, and fetter government officials' decision making.[218] These views have gained prominence in the United States, as what was once described as the

---

Online-Dispute-Resolution-Final-Web-Version1.pdf [http:// perma.cc/WT4P-HGML]. The Council anticipated that HMOC would not "fully replace any existing court," but would have "full jurisdiction over some types of disputes," and would be used to administer some processes within complex disputes. *Id.* at 21.

215. CADR 2013 Directive, *supra* note 212, at para. 45.

216. Commission Recommendation (EU) No. 2013/396 of 11 June 2013, on Common Principles for Injunctive and Compensatory Collective Redress Mechanisms in the Member States, 2013 O.J. (L 201/60) [hereinafter Commission Recommendation on Collective Redress]; *UK Consumer Rights Bill and Private Enforcement of Competition Law*, Olswang (Dec. 5, 2014), http://www.olswang.com/articles/2014/12/the-uk-consumer-rights-bill-and-private -enforcement-of-competition-law [http://perma.cc/QLN3-ELHN] [hereinafter *UK Consumer Rights Private Enforcement*]; *see also* Susanne Augenhofer, *Some Questions on Enforcement and Individual Redress—The Example of Regulation (EC) No 261/2004*, Europäische und internationale Dimension des Rechts [European and International Dimensions of Law]: Festschirft for Daphne Ariane Simotta 39 (Thomas Garber, Reinhold Geimer & Rolf A. Schütze eds., 2012). Discussion from a U.S. perspective is offered by S.I. Strong, *Regulatory Litigation in the European Union: Does the U.S. Class Action Have a New Analogue?*, 88 Notre Dame L. Rev. 899 (2012).

217. The concerns prompting the CADR Directive included the view that "most consumers don't take action" to pursue their claims. *See EU Debates Out-of-Court Scheme for Consumer Disputes*, EurActiv.Com (Apr. 15, 2013), http//www.euractive.com/food/policymakersmull -court-consumer-dispute-system-news-503274 [http://perma.cc/BUP7-P9VS] (quoting the EU Consumer Affairs Commissioner's concern). The Commission Recommendation on Collective Redress explains its goal as enabling more private enforcement of rights, to supplement public and individual methods. Commission Recommendation on Collective Redress, *supra* note 214, at para. 6.
In November of 2014, another Directive sought to expand enforcement of violations of EU competition law by authorizing both direct and indirect purchasers from an infringer to purse "full compensation" and the tolling of limitation periods when a "consensual dispute resolution process" is pursued. *See* Directive 2014/104, of the European Parliament and of the Council on Certain Rules Governing Actions for Damages Under National Law for Infringements of the Competition Law Provisions of the Member States and of the European Union, 2014 O.J. (L 349/1). A UK Consumer Rights bill to create opt-out collective actions for damages aims to facilitate private enforcement of that body of law. *See UK Consumer Rights Private Enforcement*, *supra* note 214.

218. As Benjamin Kaplan, the Reporter for the 1960s revisions to the Federal Rules of Civil Procedure, commented in 1989 at a symposium dedicated to the fiftieth Anniversary of the Federal Rules of Civil Procedure, the Rules "have worked to considerable (if not universal) satisfaction to support revolutions of the substantive law. The much-criticized discovery function and class action remain together the scourge of corporate and governmental malefactors." Benjamin Kaplan, *A Toast*, 137 U. Pa. L. Rev. 1879, 1881 (1989).

"old judicial hostility" to arbitration[219] has been replaced by hesitancy about, if not hostility towards, adjudication. The gestalt is captured by the other opening epigraph, coming from a 2015 page of the federal judiciary's website, helping visitors to understand how the "Federal Courts work."[220] There, the judiciary set off one text box to advise disputants "to avoid the expense and delay of having a trial" whenever possible.[221]

In addition to encouraging parties to exit the court system, judges superintend court-based settlement efforts.[222] As their procedures incorporate ADR, the practices of judges come to resemble those of neutrals and arbitrators. Together, that cohort and their work constitute a field (in the sociological sense proposed by Pierre Bourdieu),[223] in which reflexive exchanges normalize the avoidance of the public regulation entailed in adjudication in favor of diffusing disputes to diverse private sites. Control over access by third parties becomes a matter of largesse, rather than right.[224] At the high end of international arbitrations, the overlapping sets of lawyers and arbitrators are developing a community of norms. And for the small-dollar claims of consumers and employees, the repeat player purveyors of arbitration clauses overlap with ADR providers to designate certain organizations as authoritative decision makers. As adjudication becomes repositioned as the product of "unnecessary litigation," the rationales for public funding of courts weaken. Decisions to cut public investments in courts or to close courthouses become more difficult to contest.[225]

219. See, *e.g.*, Rodriguez de Quijas v. Shearson/Am. Express, Inc., 490 U.S. 477, 480 (1989).
220. *Civil Cases*, *supra* note 1.
221. *Id.*
222. See Fed. R. Civ. P. 16 (1983); Fed. R. Civ. P. 16; *supra* notes 192-194 and accompanying text.
223. Pierre Bourdieu, *The Force of Law: Toward a Sociology of the Juridical Field*, 38 Hastings L.J. 814, 816 (1987).
224. A parallel, coming from the quasi-criminal context, was the limited access accorded to proceedings conducted by the New York City Transit Authority (NYCTA), which had come to function as a low-level, criminal court. When individuals failed to pay fares, jumped turnstiles, or were otherwise misbehaving in the subway system of New York, the NYCTA issued notices of violations, totaling in one year about 125,000. See N.Y. Civil Liberties Union v. N.Y. City Transit Auth., 684 F.3d 286, 290-91 (2d Cir. 2011). Of that number, some 20,000 citations were contested at in-person hearings in which Transit Authority officers (lawyers appointed by the Authority's President and paid per-diem) presided. To attend, a prospective observer had, under Transit Authority rules, to obtain permission from respondent-defendants; each respondent had to agree, twice. *Id.* at 292. The Second Circuit, relying on the "experience and logic" test, see *supra* notes 88-89, concluded that the rule violated the First Amendment's protection of third-party access rights. While bracketing the reach of its ruling to other administrative proceedings, the Second Circuit held that the NYCTA's "'quasi-judicial' administrative hearing" was so like a "criminal trial" that openness was obligatory. *Id.* at 298-303.
225. See Hazel Genn, *What is Civil Justice For? Reform, ADR, and Access to Justice*, 24 Yale J.L. & Human. 397 (2012). Genn detailed how the UK, once a leader in providing legal aid and administrative tribunal redress, adopted a policy aiming for civil litigants to internalize the costs of litigation (aside from courthouse infrastructure expenses) under a fee-for-service model. In the United States, the Judicial Conference has authorized the closing of several federal courthouses, and its Facilities and Space Committee announced in 2013 that it had reduced the square footage of the courts by three percent. *31 Court Facilities To Be Downsized in First Year of Cost-Cutting Project*, Third Branch News (Oct. 15, 2013), http:// news.uscourts.gov/31-court-facilities-be-downsized-first-year-cost-cutting-project [http:// perma.cc/RN4G-95BN].

Earlier, I offered the phrase Dispute Diffusion to capture this developing normative orientation, aligning and conflating adjudication with its alternatives. Implementation comes through a host of statutes and regulations constituting what I termed Alternative Civil Procedure Rules (ACPR). Unlike the tidiness of the 1938 Federal Rules of Civil Procedure (numbered from 1 to 84) and their counterparts in each state (all of which are produced and disseminated by the governments of the issuing jurisdictions), locating ACPR requires much more effort. One needs to piece together sub-constitutional doctrine, statutes, and government-promulgated rules authorizing outsourcing, link such provisions to often hard-to-find manuals and protocols of hundreds of ADR providers, and learn whether specific arbitration clauses proffered when purchasing goods and services or applying for jobs impose modifications.[226]

The reason to group this array of sources together is to show their common function. Unsurprisingly, the many mini-codes of procedure incorporate some of the methods and values of the Federal Rules. And just as the substantive effects of the 1938 Federal Rules have come to be widely acknowledged,[227] so too must the substantive norms imported into the ACPR be brought into view.

At their inception, the 1938 Federal Rules aimed to ease barriers to the federal courts by shaping trans-substantive, uniform, national provisions that expanded opportunities for obligatory information exchange among the parties and that vested discretion in trial judges, who were empowered to render public decisions based on the claim's merits.[228] In the mid-1960s, rule revisions facilitated the filing of class actions—thereby enabling the entry of schoolchildren, prisoners, consumers, employees, and many others into court.[229] The way was paved by dozens of new federal statutory rights, the creation in 1974 of

226. In 2011, the Federal Judicial Center published an overview to provide an "initial report" on ADR practices in the federal district courts. Thanks are due to Donna Stienstra for a series of e-mails, clarifying the rules and resources on alternative dispute resolution in the federal courts. See Donna Stienstra, *ADR in the Federal District Courts: An Initial Report*, Fed. Judicial Ctr. (Nov. 16, 2011), http://www.fjc.gov/public/pdf.nsf/lookup/adr2011.pdf/$file /adr2011.pdf [http://perma.cc/W7F3-XPA9]. In addition, an entity called the Resolution Systems Institute (RSI), supported in part by the private ADR provider JAMS (derived from the acronym for its former name—Judicial, Arbitration, and Mediation Services), has created a database to provide a "state-by-state guide" with search tools to court-based ADR; the guide also includes references to explore federal local rules. *Court ADR Across the U.S.*, Resolution Sys. Inst. (2015), http://courtadr.org/court-adr-across-the-us/search.php [http://perma.cc/MA84-ZYYM].

227. See *generally* Robert M. Cover & Owen M. Fiss, The Structure of Procedure (1979).

228. See, e.g., Stephen B. Burbank, *The Rules Enabling Act of 1934*, 130 U. Pa. L. Rev. 1015, 1131-63 (1982); Arthur R. Miller, *Simplified Pleading, Meaningful Days in Court, and Trials on the Merits: Reflections on the Deformation of Federal Procedure*, 88 N.Y.U. L. Rev. 286 (2013); Judith Resnik, *Failing Faith: Adjudicatory Procedure in Decline*, 53 U. Chi. L. Rev. 494, 494-98, 502-15 (1986); David L. Shapiro, *Federal Rule 16: A Look at the Theory and Practice of Rulemaking*, 137 U. Pa. L. Rev. 1969, 1972-77 (1989).

229. See Theodore Eisenberg & Stephen Yeazell, *The Ordinary and the Extraordinary in Public Law Litigation*, 93 Harv. L. Rev. 465 (1980).

the Legal Services Corporation, and fee-shifting provisions for civil rights and employment discrimination plaintiffs.[230]

The influx of diverse claimants helped to clarify the political and social consequences of adjudication–the inevitable "substance" of rules of "practice and procedure"–that made plain the stakes of different procedural opportunities.[231] After heated debates about the processes for drafting rules, federal legislation in 1988 imposed new requirements: proposed changes had to go through a period of public notice and comment prior to their approval or modification by layers of committees, reviewing the rules before sending them to the Supreme Court. Further, the time for congressional override after promulgation by the Court was expanded, to run for 180 days.[232] Rule-making hearings became contested exchanges in which self-identified groups affiliated with "plaintiffs" or "defendants" sought to influence decisions on pleadings, discovery, aggregation, and trials.

The Alternative Civil Procedure Rules now emerging come in part from the public sector; new federal rules incorporating ADR go through the processes outlined above, just as rules for state-based arbitration or other forms of ADR go through those jurisdictions' requirements. Further, state regulations affect some of the rules; for example, California requires arbitration providers to waive fees for indigent claimants using arbitration within that state.[233]

But alternative rules are also produced by private providers, free to specify procedures without public input. The variability in ACPR renders it normatively deregulatory. To the extent that some providers–such as the AAA–solicit input from outsiders and are concerned about limiting expenses of parties, they do so by choice. Thus, the AAA's decisions to convene a task force to produce its 1998 "Consumer Due Process Protocol" imposing fee schedules with caps, to create ethical standards,[234] and to revise its rules and fee schedules are matters

230. See, e.g., Civil Rights Attorney's Fees Awards Act of 1976, 42 U.S.C. § 1988 (2012); Legal Services Corporations Act of 1974, 42 U.S.C. § 2996 (2012).
231. The Rules Enabling Act instructs that the rules of "practice and procedure" promulgated pursuant to its processes shall not "abridge, enlarge, or modify any substantive right." 28 U.S.C. §§ 2071(a), 2072(b) (2012).
232. See 28 U.S.C. §§ 2073-2074. An overview of the debate and the changes is provided in Owen M. Fiss & Judith Resnik, *Making and Reading Rules, in* Adjudication and its Alternatives: An Introduction to Procedure 1162-94 (2003).
233. See Cal. Civ. Proc. Code § 1284.3 (West 2015).
234. The AAA convened a National Consumer Disputes Advisory Committee in 1997, and the result was a protocol first issued in 1998. *See Consumer Due Process Protocol: Statement of Principles of the National Consumer Disputes Advisory Committee*, Am. Arb. Ass'n (2007), http://www.adr.org/aaa/ShowPDF?doc=ADRSTG_005014 [https://perma.cc /T2AQ-NYNE] [hereinafter *AAA Consumer Due Process Protocol*]. A first protocol grew out of a 1995 task force focused on labor and employment law. *See* Margaret M. Harding, *The Limits of the Due Process Protocols*, 19 Ohio St. J. on Disp. Resol. 369, 369, 373-74, 390-401 (2003). JAMS is another provider stating it imposes fairness standards. *See JAMS Policy on Consumer Arbitrations Pursuant to Pre-Dispute Clauses Minimum Standards of Fairness*, JAMS 2 (2009), http://www.jamsadr.com/files/Uploads/Documents/Jams-Rules/Jams_Consumer _Min-Std-2009.pdf [http://perma.cc/5W8F-X9JN].

of "internal policy."[235] Likewise, the AAA's standards of "Ethical Principles," such as "commitments to diversity" and "information disclosure and dissemination," are choices,[236] and many other ADR providers do not follow these AAA efforts at self-regulation. Further, the manufacturers and services that impose arbitration clauses make a host of choices; according to one review of 188 U.S.-based "social media providers," about forty percent mandated arbitration, and many did not meet the "due process fairness tests" of the AAA.[237] Indeed, identifying terms in arbitration clauses, ADR providers, and learning about their rules and caseloads are research projects in themselves.[238]

In addition to variability, ACPR do not insulate decision makers' independence from parties; rather, ACPR shape an insider system with its own political economy, reliant on a web of confidential interactions inhibiting connections to the body politic. One could—if energetic—search the fifty state websites to make a list of the name of every person appointed or elected to be a judge in state and federal courts. Further, one could review thousands of pages of data on court filings and outcomes and look at individual dockets, many of which are now on electronic filing systems.[239] And one could walk into the thousands of courthouses around the country to read files and to watch judges, when they are on the bench.

But no central registries account for the hundreds of ADR decision makers, the claims filed before them, their rules, fees, or outcomes. The AAA, for example, does not have a list of all the institutions identifying it as the administrator

235. The background of the AAA Advisory Committee on Consumer Disputes, explained *supra* note 232, is also discussed in an amicus brief submitted by the AAA, see AAA Green Tree Brief, *supra* note 179, at 3. The AAA commented that it had decided, "as a matter of internal policy," that consumer disputes with an amount in controversy under $10,000 would be processed under the rules of this Protocol "regardless of the rules, terms and conditions reflected in a pre-dispute clause." *Id.* at 4. *See infra* notes 509-514 and accompanying text, discussing changes in 2013 and 2014 to the AAA rules and fees.

236. *AAA Ethical Principles, supra* note 28.

237. Michael L. Rustad & Thomas H. Koenig, *Fundamentally Unfair: An Empirical Analysis of Social Media Arbitration Clauses*, 65 Case W. Res. L. Rev. 341 (2014).

238. For example, JAMS, "a leading for-profit provider in the U.S., does not publish data on its arbitration caseload." Thomas J. Stipanowich, *Reflections on the State and Future of Commercial Arbitration: Challenges, Opportunities, Proposals* 6 (Pepperdine U. Sch. of Law Legal Studies Research Paper Series, Paper No. 2014/29), http://ssrn.com/abstract=2519084 [http://perma.cc/X6TX-H683]. Stipanowich has noted the proliferation of "soft guidelines" through initiatives from providers including the International Bar Association and the International Institute for Conflict Prevention & Resolution. *Id.* at 10-11. Other researchers have offered specific accounts. See, *e.g.*, Erin O'Hara O'Connor & Peter B. Rutledge, *Arbitration, the Law Market, and the Law of Lawyering*, 38 Int'l Rev. L. & Econ. 87 (2014). The task is daunting; in 2010, more than 750 ADR systems were available across EU. See Hodges, Benöhr & Cruetzfeldt-Banda, *supra* note 212, at 389.

239. The information gathered is, nonetheless, far from complete. See Yeazell, *supra* note 115. Moreover, procedural reforms, discussed here and by others, are making access to court-based information more difficult. See *generally* Confidentiality, Transparency, and the U.S. Civil Justice System (Joseph W. Doherty, Robert T. Reville, & Laura Zakaras eds., 2012). Further, when arbitration providers are required to give data, their records may have more information than what is filed in courts, as the CFPB noted when analyzing the outcomes of class actions. *CFPB 2015 Arbitration Study, supra* note 17, § 6, at 3.

of their arbitrations,[240] and the AAA does not offer a public directory of its own arbitrators.[241] Instead, confidentiality is one of the AAA's Ethical Principles, committing the organization to keeping information about proceedings private.[242] Watching the work is also not an option. The major providers advertise confidentiality as a signature of their processes; the hearings are generally closed, and the rules permit arbitrators to bar third parties from attending hearings.[243] While many arbitration clauses are "silent on confidentiality,"[244] some oblige participants to keep information and outcomes private.[245]

Aggregate data and individual filings are also not made publicly accessible, except as required under federal or state law. For example, the AAA complies

240. Having a complete account would be difficult in that the AAA may not be aware that it is named in particular contracts as an arbitration administrator; apparently the AAA does not keep an internal list of all the government regulations or major manufacturers and employers that name it to be the administrator of arbitrations. Boyle AAA 2015 Materials 2015, *supra* note 25. Other analyses have identified some of the institutions and businesses empowering the AAA. For example, the *CFPB 2015 Arbitration Study, supra* note 17, § 2, at 34-35, concluded that the AAA was listed in 83 percent of the credit card arbitration clauses reviewed and in 86 percent of the mobile wireless arbitration clauses reviewed.

241. See Boyle AAA 2015 Materials, *supra* note 25. Public access to information about AAA arbitrators is available when seeking to select arbitrators. See *Arbitrator and Mediator Selection*, Am. Arb. Ass'n (2015), https://www.adr.org/aaa/faces/arbitratorsmediators /arbitratormediatorselection [https://perma.cc/6EBT-3IVJ]; *Introducing AAA Arbitrator Select*, Am. Arb. Ass'n (2015), https://www.adr.org/aaa/ShowPDF%3Fdoc%3DADRSTG _016003 [https://perma.cc/WFS8-6YBK] (click on "Arbitrator Select" link to download the pdf, *Introducing AAA Arbitrator Select*). A party choosing the "list only" service fills out a two-page form in which the party can indicate the dollar amounts of the claim and counterclaim if any; the nature of the dispute; the "reason for choosing AAA arbitrator select"; and the "desired qualifications for arbitrator(s)." *Introducing AAA Arbitrator Select*, Am Arb. Ass'n, *supra*, at 4-5. The AAA then provides lists of sets of arbitrators and their fees (ranging from $750, $1,500, or $2,000). *Id.* at 3. Searching and selection comes with a service charge of $500 for each arbitrator appointed. *Id.* In addition, state laws seeking information on arbitration providers offer another route to information. Those entities in compliance provide spreadsheets on which the names of arbitrators can be found. *See, e.g., AAA Data, July 2009-June 2014, Provider Organization Report, supra* note 25.

242. *AAA Ethical Principles, supra* note 28.

243. *See, e.g., Consumer Due Process Protocol, supra* note 232, Principle 12(2); *JAMS Comprehensive Arbitration Rules & Procedures*, JAMS (July 1, 2014), http://www.jamsadr.com/rules-comprehensive-arbitration/#Rule%20 26 [http://perma.cc/45KY-C2PZ] (limiting public access to proceedings before the Judicial Arbitration and Management Services); *Rules of Conditionally Binding Arbitration*, Better Bus. Bureau, http://www.bbb.org/council/programs-services/dispute-handling-and-resolution/dispute-resolution-rules-and-brochures/rules-of-conditionally-binding-arbitration#ConfidentialityofRecords [http://perma.cc/S386-Z69L] ("It is our policy that records of the dispute resolution process are private and confidential."). *But see* Pokorny v. Quixtar, Inc., 601 F.3d 987, 996-1002 (9th Cir. 2010) (finding unenforceable ADR provisions, including those requiring confidentiality, where they created one-sided advantages).

Arbitrators working under the AAA also adhere to its code of ethics, which states that the "arbitrator should keep confidential all matters relating to the arbitration proceedings and decision." *The Code of Ethics for Arbitrators in Commercial Disputes*, Am. Arb. Ass'n 7 (Mar. 1, 2004), https://www.adr.org/aaa/ShowProperty?nodeId=/UCM/ADRSTG_003867 [https://perma.cc/24B4-LVNX].

244. *CFPB 2015 Arbitration Study, supra* note 17, § 2, at 51-52. In six product markets, the study reported that in checking accounts, about twenty-eight percent of the market had confidentiality clauses while none existed in wireless providers' clauses. *Id.* tbl.10, 52-53.

245. Challenges to the legality of such clauses is discussed *infra* notes 453-454 and accompanying text. The AAA takes "no position on whether parties should or should not agree to keep the proceeding and award confidential between themselves." *AAA Ethical Principles, supra* note 28.

with state mandates requiring posting of data, but takes down that information when the obligation to post (generally for five-year periods) expires.[246] Some redacted employment awards are also made available.[247] Researchers seeking to capture trends need to obtain special access to ADR providers' files or archive data before those materials disappear from the Internet.

Complainants and their lawyers have parallel challenges. One consumer cannot know from arbitration dockets whether another won or lost based on identical allegations of overcharges or product defects, just as one employee cannot generally know if another succeeded on discrimination or on other claims of rights. Individual decisions come into the public purview through limited routes, such as when awards are contested; the rulings of arbitrators are generally enforceable in, albeit not directly reviewable by, courts.[248] As the AAA explained to the United States Supreme Court, which agreed with the argument against the appellate review called for in an arbitration clause, "finality"–translated as limited court oversight–is intended to produce economy.[249] Thus, the Court chose to close off judicial reconsideration even when the parties had sought court review of the lawfulness of the outcome of arbitration.[250]

4. LOCATING THE PRIVATE AND THE PUBLIC IN ARBITRATION

Contract, not coercion, was the centerpiece of arbitration in much of the nineteenth and twentieth centuries. The obligations to participate and to comply flowed from shared decisions to eschew the public arena. Negotiating parties could design their own idiosyncratic procedures, select their decision makers, and stipulate remedies to suit their preferences. Arbitrators in turn derived their power from and owed their loyalties to the parties' intent, rather than governing law. The "ability to tailor processes to fit particular circumstances and needs"[251] invited autonomous self-fashioning. Arbitration was seen to promote

246. Boyle AAA 2015 Materials, *supra* note 25; *infra* notes 464-466 and accompanying text. LexisNexis, as well as Westlaw, also offers some capacity for searching arbitral awards. See, e.g., Lexis Advance (typing "AAA Employment Arbitration Awards and AAA Labor Arbitration Awards" to access those collections). See *also Consumer Arbitration Rules*, Am. Arb. Ass'n, Rule 4-43(c) (Sept. 1, 2014), https://www.adr.org/aaa/ShowProperty?nodeId=/UCM /ADRSTAGE2021425ɑ [https://perma.cc/3LZB-UGDP] [hereinafter *AAA 2014 Consumer Arbitration Rules*] ("The AAA may choose to publish an award rendered under these Rules; however, the names of the parties and witnesses will be removed from awards that are published, unless a party agrees in writing to have its name included in the award.").

247. *CFPB 2015 Arbitration Study*, *supra* note 17, § 4, at 22.

248. See Hall St. Assocs. v. Mattel, Inc., 552 U.S. 576, 582-84 (2008). The limited grounds for review under the FAA are discussed *infra* Part IV.E.

249. See Brief for the Am. Arbitration Ass'n as Amicus Curiae in Support of Affirmance at 3, *Hall St.*, 552 U.S. 576 (No. 06-989), 2007 WL 2707884 [hereinafter AAA Hall Street Brief].

250. See *Hall St.*, 552 U.S. at 580-81; *see also infra* notes 545-556 (discussing *Hall Street).*

251. Stipanowich, *supra* note 236, at 9.

economic growth[252] and, as Michael Helfand discusses in this volume, the welfare and well-being of sub-communities.[253]

Arbitrations were also private in two other senses of that word. First, during the nineteenth century, parties who decided to arbitrate could not turn to the public system to enforce that obligation.[254] Rather, as a matter of "public" (the word chosen) policy, courts jealously guarded their monopoly on enforcing obligations[255] and declined to enforce agreements to arbitrate.[256] Second, the parties controlled the places in which arbitrations took place and could choose private venues, to which strangers had no right of entry.[257]

These facets of the private in arbitration have kept arbitration off-screen. While the public function of courts has produced many iconic images denoting the authority of the state, visual representations of accords to arbitrate are hard to come by. An exception is an engraving (Figure 4) by Bernard Picart.[258] As the French text explains at the bottom, two kings are depicted "swearing

252. One history of contract links its development in the West to the rise of humanism and individualism. See Uriel Procaccia, Russian Culture, Property Rights, and the Market Economy 32-49, 61-80 (2007).

253. Michael A. Helfand, Feature, *Arbitration's Counter-Narrative: The Religious Arbitration Paradigm*, 124 Yale L.J. 2994 (2015).

254. Recent research on English and colonial practice requires reassessing the view of the role played by the judiciary in enforcing arbitration agreements in earlier centuries. Under a 1698 statute, the British Parliament created a mechanism for parties to obtain referrals to arbitration and for the court to enforce awards through contempt powers. This approach was adopted in more than twenty American jurisdictions, including both before and after colonies became states. James Oldham & Su Jin Kim, *Arbitration in America: The Early History*, 31 Law & Hist. Rev. 241, 246-51 (2013).

255. H.R. Rep. No. 68-96, at 1-2 (1924); *see also* Amalia Kessler, *Deciding Against Conciliation: The Nineteenth Century Rejection of a European Transplant and the Rise of a Distinctively American Ideal of Adversarial Adjudication*, 10 Theoretical Inquiries L. 423 (2009).

256. *See* Ian R. Macneil, American Arbitration Law: Reformation, Nationalization, Internationalization 15-22 (1992).

257. Knowing the frequency with which arbitrations were open to third parties is difficult. Historians have identified examples of eighteenth and nineteenth century arbitrations that were conducted like trials, albeit without juries, and many such proceedings included spectators. *See* Amalia D. Kessler, Inventing American Exceptionalism: The Origins of American Adversarial Legal Culture, 1800-1877 (forthcoming) (on file with author); Bruce H. Mann, *The Formalization of Informal Law: Arbitration Before the American Revolution*, 59 N.Y.U. L. Rev. 443, 468 (1984). Moreover, a rich history of English arbitrations from pre-Roman Britannia through the Elizabethan Age documents the mélange of public and private that endowed third-party arbitrators with authority to resolve disputes and that included public access to many of the proceedings. See Derek Roebuck, Early English Arbitration (2008); Derek Roebuck, The Golden Age of Arbitration: Dispute Resolution under Elizbeth I (2015). My thanks to John Langbein for suggesting this resource.

By the time of the enactment of the federal legislation on arbitration in 1925, arbitrations were styled as closed processes, and since its founding in 1926, the AAA has described privacy as a central feature of arbitrations. See Frances Kellor, American Arbitration: Its History, Functions and Achievements (1948). Thus, in contemporary discussions, arbitration is often celebrated for offering the confidentiality that courts do not. *See, e.g.*, Del. Coal. for Open Gov't, Inc. v. Strine, 733 F.3d 510, 525 (3d Cir. 2013) (Roth, J., dissenting); *infra* notes 564-571, 654-668 and accompanying text.

258. Thanks to Michael Widener and Arthur Eyffinger for information on Picart and related imagery. Picart, who lived from 1673 to 1733, was known for his depictions of religious ceremonies and customs of diverse peoples. See Ilja M. Veldman, *Familiar Customs and Exotic Rituals: Picart's Illustrations for* Cérémonies et coutumes religieuses de tous les peuples, 33 Simiolus: Neth. Q. Hist. Art 94 (2008).

an alliance" confirmed by their handshake. The Renaissance Virtues of Justice and Peace embrace in the background; the eye of Providence looks down from above, and War, Ambition, Discord, Fraud, and Impiety are enchained below.

Figure 4.

traitez de paix, bernard picart, 1826

Frontispiece, Jean Dumont, Corps universel diplomatique du droit des gens. Courtesy of Lillian Goldman Law Library, Yale Law School.

Figure 5.

Original logo of the permanent court of arbitration

© Courtesy of the Permanent Court of Arbitration.

The Picart depiction was the frontispiece to a 1726 compilation of political treaties and commercial alliances (*Corps universel diplomatique du droit des gens* by Jean Dumont).[259] Its special resonance for arbitration comes from its use as the template for the first logo (see Figure 5) of the Permanent Court of Arbitration (PCA),[260] whose founding conferences provided "invaluable lessons" for those designing arbitrations in the United States.[261] The PCA has been housed since 1913 in the Peace Palace, which itself is an icon of volition because it has sheltered a series of international dispute resolution organizations to which no one can be "bidden."[262] Both the PCA and the International Court of Justice

259. See Jean Dumont, Baron de Carlscroon, Corps universel diplomatique du droit des gens: Contenant un recueil des traités d'alliance, de paix, de tréve, de neutralité, de commerce, d'échange (1726).

260. All rights to the former logo of the Permanent Court of Arbitration, shown in Figure 5, are held by the PCA; the image is reproduced with permission of the PCA and the assistance of its staff. In 2007, the logo was updated. The design remained but with fewer lines and without the "eye of providence" as a backdrop. See Judith Resnik & Dennis Curtis, Representing Justice: Invention, Controversy, and Rights in States and Democratic Courtrooms 284 fig.184 (2011).

261. Kellor, *supra* note 255, at 9.

262. Resnik & Curtis, *supra* note 258, at 255 (quoting Edward W. Bok, *Introduction* to Antonio Sanchez De Bustamante, The World Court, at xii (Elizabeth F. Read, trans., 1998) (1925)).

(ICJ), also housed at the Peace Palace and opening its courtroom in 1946 as the successor institution to the Permanent Court of International Justice, depend on parties' consent to their jurisdiction and lack direct coercive mechanisms to enforce their decisions.[263] Voluntarism thus sits at the center of arbitration.

4.1. The Paradigm of Merchants, Contracts, and Consent

The merchants and lawyers who forged the public law of arbitration in the United States sought federal legislation to enforce consensual agreements. A committee of the American Bar Association (ABA) drafted language for what became the 1925 United States Arbitration Act (USAA).[264] Joined by more than 120 organizations under the leadership of the Chamber of Commerce, the ABA pressed for enactment.[265]

The 1925 statute mandated that a "written provision in any maritime transaction or a contract evidencing a transaction involving commerce" was "valid,

---

263. The PCA publicly reported fifty-four "cases conducted" under its auspices during its first one hundred years. *Annual Reports: 108th Annual Report–2008: Annex* 2, Permanent Ct. Arb. 43-48 (2008), http://www.pca-cpa.org/showpage.asp?pag_id=1069 [http://perma.cc/ZZA6 -7SJZ]. The ICJ has received some 160 cases over the decades of its operation. *See List of All Cases*, Int'l Ct. Just., http://www.icj-cij.org/docket/index.php?p1=3&p2=2 [http://perma.cc /P4UD-HBAT]. Analyses of the history of the international tribunals houses at the Peace Palace, as well as of the filings and decisions, can be found in Resnik & Curtis, *supra* note 258, at 247-64.

Under PCA rules, public information is generally provided only if parties consent; legal obligations may also require some disclosures. *See Rules of Procedure: PCA Arbitration Rules 2012*, Perm. Ct. Arb. 18 (Dec. 17, 2012), http://www.pca-cpa.org/showpage.asp?pag_id=1188 [http://perma.cc/8D5U-DEQL]. That practice may change as the UNCITRAL Rules and Convention on Transparency begin to have broader influence. See *UNCITRAL Rules on Transparency in Treaty-Based Investor-State Arbitration*, UNCITRAL (Jan. 2014), http://www .uncitral.org/pdf/english/texts/arbitration/rules-on-transparency/Rules-on-Transparency -E.pdf [http://perma.cc/ZK2A-UXNU] [hereinafter UNCITRAL Transparency Rules]. The U.N. General Assembly recommended the use of these rules in all investment disputes. See G.A. Res. 68/109, ¶ 3, U.N. Doc. A/RES/68/109 (Dec. 16, 2013). Enforcement of rulings may come through national judiciaries. See Deyan Draguiev, *State Responsibility for Non-Enforcement of Arbitral Awards*, 8 World Arb. & Mediation Rev. 577 (2014).

264. United States Arbitration Act, Pub. L. No. 68-401, 43 Stat. 883 (1925). The act was repealed in 1947, when it was reenacted with minor editorial revisions and codified at 9 U.S.C. §§ 1-14 (2012). Federal Arbitration Act, ch. 392, Pub. L. No. 80-282, 61 Stat. 669 (1947). Details of those lobbying, drafting, and promoting the legislation can be found in Imre Szalai, Outsourcing Justice: The Rise of Modern Arbitration Laws in America (2013).

265. Focused efforts by New York State's Chamber of Commerce and its Bar Association's Committee on the Prevention of Unnecessary Litigation helped to move reforms in that state to the national stage. *Id.* at 56-70. *See also* AAA Prima Paint Brief, *supra* note 179, at *10 n.5 & app'x (describing the "partial list of 122 organizations which sponsored the Federal Arbitration Law," and including those organizations in an appendix); AAA Marine Transit Brief, *supra* note 147, at *5 ("Since the adoption of the first of the modern statutes in New York, in 1920, the use of arbitration has enjoyed a tremendous growth, and it has been adopted as a system for the settlement of disputes by a great number of trade associations and chambers of commerce, many of which have been assisted and advised in the installation of such systems by your petitioners. The construction and application of the United States Act is of special importance, both for the effect which it may have upon the construction and application of state acts with similar principles and provisions, and because it is the statute to which reference will usually be made when the arbitrations involve controversies between citizens of different states.").

irrevocable, and enforceable," subject to "such grounds as exist at law or in equity for the revocation of any contract."[266] The statute expressly exempted "contracts of employment of seamen, railroad employees, or any other class of workers engaged in foreign or interstate commerce."[267] Those workers were among the few employees whom Congress could clearly regulate under its Commerce Clause authority, as understood in the 1920s.[268] Furthermore, at the time, the federal courts did not have their own civil procedural rules. While the federal judiciary then had the power, under the doctrine of *Swift v. Tyson*, to shape general federal common law,[269] federal judges conformed most of their procedures to the rules of the states in which they sat.

The question of the constitutionality of the Arbitration Act reached the Supreme Court in 1932; the Court upheld the statute on the grounds that Congress had the authority to create such a remedy pursuant to its power under Article III to regulate admiralty jurisdiction.[270] Two years later, Congress enacted the Rules Enabling Act, authorizing the federal courts to create national procedural rules, which were promulgated by the Supreme Court in 1938.

As Amalia Kessler details in this volume, once in place, the U.S. Arbitration Act (reenacted and renamed the Federal Arbitration Act (FAA) in 1947) was promoted and nurtured by the American Arbitration Association, itself incorporated in 1926 to support this system of "self-regulation."[271] The mandate of the FAA made the promise to arbitrate a matter of public law, but many other aspects of arbitration remained in the private realm. The system was privately financed by contracting parties[272] and, because arbitrators were not to provide "information or publicity" about what transpired (unless parties directed otherwise),[273] participants controlled access to knowledge about arbitration's use and could screen it from public view.

266. . United States Arbitration Act, ch. 213, § 2, 43 Stat. 883 (1925) (current version at 9 U.S.C. § 2 (2012)).
267. *Id.* § 1. Despite protests by some judges (invoking the federal Jones Act and other protections specifically for seamen), lower courts have relied on the Convention on the Recognition and Enforcement of Foreign Arbitral Awards and the expansion of FAA law to apply mandated arbitration clauses to foreign nationals who are seamen. See, e.g., Lindo v. NCL (Bahamas), Ltd., 652 F.3d 1257 (11th Cir. 2011); Rogers v. Royal Caribbean Cruise Line, 547 F.3d 1148 (9th Cir. 2008).
268. This point, in the context of that era's Commerce Clause jurisprudence, is discussed in the dissents in *Circuit City, Inc. v. St. Clair Adams*, 532 U.S. 105 (2001). See *id.* at 124-25 (Stevens, J., dissenting); *id.* at 133-34 (Souter, J., dissenting).
269. 41 U.S. 1 (1842).
270. See Marine Transit Corp. v. Dreyfus, 284 U.S. 263 (1932).
271. See Kessler, *supra* note 145, at 2986 (quoting Kellor, *supra* note 255, at 27). In 1947, Congress repealed the United States Arbitration Act and enacted a revised version, entitled the Federal Arbitration Act. See Federal Arbitration Act, Pub. L. No. 80-282, 61 Stat. 669 (1947).
272. Kellor, *supra* note 255, at 40-41.
273. *Id.* at 242.

Yet Congress also authorized parties to come to federal courts to enforce or vacate arbitration awards.[274] When conflicts about either obligations to arbitrate or the outcomes are filed in court, the public gains access to information. As a consequence, litigated conflicts over the scope of the FAA are a treasure trove of insights (albeit not a random sample) into the changing terms and conditions under which arbitrations take place.

Until the 1980s, the Supreme Court put consent at the fore and read the statute as neither preclusive of other federal regulatory goals nor operative when parties had significantly different bargaining powers. The oft-cited exemplar is the unanimous 1953 decision of *Wilko v. Swan*, which involved a customer's allegations that a brokerage firm violated 1933 federal securities laws by making misrepresentations about the valuation of a stock.[275] The question was whether terms in an agreement calling for the settlement of controversies by arbitration were enforceable.[276]

Justice Reed, writing for the Court, did not rule out the FAA's application to statutes,[277] but his opinion raised two problems: the asymmetry in parties' bargaining capacity and the limits of the arbitration process. Even if some buyers and sellers "deal[t] at arm's length on equal terms," Justice Reed wrote, the federal securities laws were "drafted with an eye to the disadvantages under which buyers labor."[278] Moreover, the process of arbitration departed significantly from the rights provided in courts.[279] Arbitrators' awards "may be made without explanation of their reasons and without a complete record of their proceedings"—leaving one unable to examine "arbitrators' conception of the legal meaning of such statutory requirements as 'burden of proof,' 'reasonable care' or 'material fact.'"[280] In contrast, public decision making by judges, subject to appellate review, ensured compliance with congressional regulations protecting purchasers of stock.[281] Thus, if one party objected, the arbitration clause was not to be enforced.[282]

---

274. 9 U.S.C. § 16(a)(1) (2012).
275. 346 U.S. 427, 428-29 (1953).
276. Id. at 429-31.
277. Id. at 433-34.
278. Id. at 435.
279. Id. at 433-38.
280. Id. at 436.
281. Justice Jackson concurred, and Justice Frankfurter, joined by Justice Minton, dissented. They argued that no evidence had been presented that "the arbitral system as practiced in the City of New York" would not afford the rights to which the purchaser was entitled, as contrasted with the "tortuous course of litigation, especially in the City of New York." *Id.* at 439-40 (Frankfurter, J., dissenting).
282. *Id.* at 438 (majority opinion).

4.2. From Waffles to Cheerios: Employees, Consumers, and Obligations To Arbitrate

In the 1980s, the Supreme Court revisited its prior readings of the FAA. Rejecting the *Wilko* Court's concern that arbitration was a "method of weakening the protections afforded in the substantive law to would-be complainants,"[283] the Court reread congressional statutes to require that persons having signed an "agreement to arbitrate" be required to do so.[284] In a series of decisions, the Court concluded that enforcement was required unless objectors could meet their burden of demonstrating that a "contrary congressional command" altered the obligation to arbitrate,[285] that an "inherent conflict" existed between the relevant statutory right and arbitration,[286] or that the alternative dispute program was inadequate to "vindicate" statutory rights.[287]

Further, in 1984, in a key decision opening new arenas for the relocation of claims from courts to arbitration, the Supreme Court held—over several objections—that the FAA applied to state courts. The decision in *Southland Corp. v. Keating*[288] was written by Chief Justice Burger, who was, as noted, an ardent proponent of ADR but who was also known for supporting state autonomy from federal constitutional mandates.[289] Breaking ranks with fellow federalists Justices O'Connor and Rehnquist, Chief Justice Burger held that the FAA preempted California's Franchise Investment Law, which called for "judicial consideration of claims" brought under its aegis.[290] Justice Stevens (who dissented in all the cases expanding the FAA's reach from contract to statutory rights[291]) disagreed

283. Rodriguez de Quijas v. Shearson/Am. Express, Inc., 490 U.S. 477, 481 (1989).
284. *Id.* at 479; *see also* Shearson/Am. Express, Inc. v. McMahon, 482 U.S. 220, 238, 242 (1987) (holding that § 10(b)(5) claims under the 1934 Securities Exchange Act and claims under RICO were arbitrable); Mitsubishi Motors Corp. v. Soler Chrysler-Plymouth, Inc., 473 U.S. 614, 640 (1985) (enforcing obligations to arbitrate antitrust claims); Dean Witter Reynolds, Inc. v. Byrd, 470 U.S. 213, 223-24 (1985) (enforcing obligations to arbitrate claims brought under the 1934 Securities Exchange Act and related state law claims).
285. See *Shearson/Am. Express v. McMahon*, 482 U.S. at 226-27 ("The burden is on the party opposing arbitration, however, to show that Congress intended to preclude a waiver of judicial remedies for the statutory rights at issue.").
286. Gilmer v. Interstate/Johnson Lane Corp., 500 U.S 20, 26 (1991).
287. *Id.* at 28 ("[S]o long as the prospective litigant effectively may vindicate [his or her] statutory cause of action in the arbitral forum, the statute will continue to serve both its remedial and deterrent function." (quoting *Mitsubishi Motors*, 473 U.S. at 637)).
288. 465 U.S. 1 (1984).
289. For example, Chief Justice Burger pressed the National Center for State Courts to create programs to help state attorneys general improve their arguments before the United States Supreme Court. See Judith Resnik & Lane Dilg, *Responding to a Democratic Deficit: Limiting the Powers and the Term of the Chief Justice of the United States*, 154 U. Pa. L. Rev. 1575, 1601-04 (2006).
290. Southland Corp. v. Keating, 465 U.S. 1, 10 (1984).
291. See, e.g., *Gilmer*, 500 U.S. at 36 (Stevens, J., dissenting); Shearson/Am. Express, Inc. v. McMahon, 482 U.S. 220, 268 (1987) (Stevens, J., concurring in part and dissenting in part); *Mitsubishi Motors*, 473 U.S. at 640 (Stevens, J., dissenting).

about the displacement of state authority.[292] Justices O'Connor and Rehnquist argued that the FAA was based on Congress's Article III powers, that the FAA's text mentioned federal district courts specifically, and that it created a federal procedural remedy that had no application to state courts.[293] "Today's decision is unfaithful to congressional intent, unnecessary, and . . . inexplicable."[294]

The expansion of the FAA to consumers and to state courts was followed by the Court's rulings on employment contracts—confirming the "demise of the non-arbitrability doctrine."[295] In 1991, over the objections of a financial services manager bringing a claim under the Age Discrimination in Employment Act,[296] the Court explained that "[m]ere inequality in bargaining power . . . is not a sufficient reason to hold that arbitration agreements are never enforceable in the employment context."[297] In 2001, the Court dealt squarely with the question of the FAA's application to employees. *Circuit City Stores, Inc. v. Adams* held that, aside from seamen and railroad workers (expressly exempted by the statute), employees could—through job application forms or other documents—waive rights to bring state and federal anti-discrimination as well as common law claims in courts.[298]

The impact of the changing interpretation of the FAA can be seen in Figure 6, the "Application for Employment" that Waffle House ("America's Place to Work, America's Place to Eat") required prospective employees to sign. The document comes from the record in *EEOC v. Waffle House, Inc.*, decided by the U.S. Supreme Court in 2002.[299] From the hand-marked portion of the document, we learn that the

---

292. *Southland Corp.*, 465 U.S. at 18, 21 (Stevens, J., concurring in part and dissenting in part).

293. *Id.* at 22-36 (O'Connor, J., dissenting) (calling the Court's application, *id.* at 35, of the FAA a "newly discovered federal right"). This dissent also noted that Sections 3 and 4, implementing the FAA, expressly and only referenced the "United States district court[s]." *Id.* at 29. The FAA continues to be construed not to provide an independent source of federal jurisdiction but as governing cases otherwise properly before the federal courts. The test of when federal jurisdiction exists in cases seeking to enforce arbitration agreements under the FAA is not, however, straightforward. *See, e.g.*, Vaden v. Discover Bank, 556 U.S. 49 (2009).

A decade thereafter, Justice Scalia agreed, stating he stood "ready to join four other Justices in overruling" *Southland*. Allied-Bruce Terminix Cos. v. Dobson, 513 U.S. 265, 285 (1995) (Scalia, J., dissenting). Justice Thomas, joined by Justice Scalia, also dissented to argue that *Southland* ought to be overturned. *Id.* at 288, 291 (Thomas, J., dissenting) ("The FAA treats arbitration simply as one means of resolving disputes that lie within the jurisdiction of the federal courts.").

294. *Southland Corp.*, 465 U.S. at 36 (O'Connor, J., dissenting) (joined by Rehnquist, J.).

295. Christopher R. Drahozal & Peter B. Rutledge, *Contract and Procedure*, 94 Marq. L. Rev. 1103, 1113 (2011). As Drahozal and Rutledge map, the Court's expansion of the FAA overlapped with expanded enforcement of forum selection clauses. *See, e.g.*, Carnival Cruise Lines, Inc. v. Shute, 499 U.S. 585 (1991); *see also* Linda S. Mullenix, *Gaming the System: Protecting Consumers from Unconscionable Contractual Forum Selection and Arbitration Clauses*, 66 Hastings L.J. 719 (2015).

296. *Gilmer*, 500 U.S. 20.

297. *Id.* at 33.

298. 532 U.S. 105 (2001). On remand, the Ninth Circuit concluded that, under California law, the contract was not enforceable because it was a contract of adhesion. Circuit City Stores, Inc. v. Adams, 279 F.3d 889, 893 (9th Cir. 2002).

299. Joint Appendix, EEOC v. Waffle House, 534 U.S. 279 (2002) (No. 99-1823), 2001 WL 34093975, at *59, *61.

applicant, Eric Scott Baker, told the company that he could start work in two weeks, that he had a high school diploma, and that he drove a 1985 Buick Skyhawk.

Figure 6. [300]

waffle house employment application

WAFFLE HOUSE®

AMERICA'S PLACE TO WORK
AMERICA'S PLACE TO EAT®

APPLICATION FOR EMPLOYMENT

(PLEASE PRINT PLAINLY)

MUST BE COMPLETED IN THE RESTAURANT

TO BE COMPLETED UPON EMPLOYMENT	
Work Location ______	Rate ______
Position ______	Date ______

To Applicant: We deeply appreciate your interest in our organization and assure you that we are sincerely interested in your qualifications. A clear understanding of your background and work history will aid us in placing you in the position that best meets your qualifications and may assist us in possible future upgrading.

Date June 23, 1994
Social Security No. 251-75-4655
Name Bakor (Last) Eric (First) Scott (Middle) Telephone No. (803) 794-4777
Present Address 106 Oakdale St. (No., Street) Gaston (City) SC (State) 29053 (Zip)
Next of kin to be notified in event of emergency: Name: Robert G or Sylvia G Baker
Relationship: Father/Mother Address: 106 Oakdale St. Gaston SC 29053 Telephone No. (803) 794-4777

GENERAL INFORMATION

To Applicant: READ THIS INTRODUCTION CAREFULLY BEFORE ANSWERING ANY QUESTIONS IN THIS BLOCKED-OFF AREA. The Civil Rights Act of 1964 prohibits discrimination in employment practice because of race, color, religion, sex, or national origin. P.L. 90-202 prohibits discrimination on the basis of age with respect to individuals who are at least 40 years old.
The following requested information is needed for a bona fide occupational qualification, business necessity, or other legally permissible reasons. Answers to any questions below will not automatically bar employment to any applicant. Questions pertaining to race, color, sex, national origin, age, and marital status are necessary to insure our compliance with applicable discrimination laws.
Race: White Birthdate: 10/27/74 Sex: M Height: 5 ft. 8 in. Weight 158 lbs.
Marital Status: Single ✓ Engaged ___ Married ___ Separated ___ Divorced ___ Widowed ___
Number of dependents including yourself 0 Are you a citizen of the U.S.A.? yes
Have you ever been [illegible]
Have you ever been convicted of a crime in the past ten years? NO If yes, describe in full: [illegible]
Are you now or have you been a user of or addicted to: Drugs: NO Alcohol to excess [illegible]

What kind of car do you drive? Make Buick Model Skyhawk Year 1985
Will you use your car to get to work? yes
If not, what method of transportation will you use to get to work? ______
Position(s) applied for ______ Rate of pay expected $ ______ per/hr. $ ______ per/wk.
Would you work Full-Time ✓ Part-Time ___ Specify days and hours if part-time ______
Were you previously employed by Waffle House? NO If yes, when and where? ______
List any friends or relatives working for us and where NONE (Names)
If your application is considered favorably, on what dates will you be available for work? Two week From Today 19 94
Are there any other experiences, skills, or qualifications which you feel would especially fit you for work with the Company? I Pan A Crew, Work in The Food business For 4 years.
Have you been refused a Health Permit to work at any occupation? NO If yes, explain fully: ______
Can you lift 20 lbs to shoulder height? yes
Are you able to remain standing on your feet for a full 7-10 hour shift? yes
Are you able to sweep, mop, etc.? yes
MILITARY SERVICE: Are you a veteran? NO If yes, dates of service: ______ Branch: ______
Rank attained: ______ Date/Type of dismissal: ______
Are you a member of any Reserve organization or National Guard? NO

• IMPORTANT •
NOTICE TO APPLICANT

Before we can hire you, the Government requires that we review and verify certain information. Please bring the following items with you on your first day.

1. Drivers license with your picture AND
2. A U.S. social security card OR an original or certified copy of your birth certificate.

If you don't have any of the above, please tell the unit manager and he will tell you what other documents are acceptable for completing the I-9 form.

The parties agree that any dispute or claim concerning Applicant's employment with Waffle House, Inc., or any subsidiary or Franchisee of Waffle House, Inc., or the terms, conditions or benefits of such employment, including whether such dispute or claim is arbitrable, will be settled by binding arbitration. The arbitration proceedings shall be conducted under the Commercial Arbitration Rules of the American Arbitration Association in effect at the time a demand for arbitration is made. A decision and award of the arbitrator made under the said rules shall be exclusive, final and binding on both parties, their heirs, executors, administrators, successors and assigns. The costs and expenses of the arbitration shall be borne evenly by the parties.

© COPYRIGHT — WAFFLE HOUSE, INC. 1992 REV 4/93
FORM # 4002

EXHIBIT A

300. *Id.*

Name and Occupation	Address	Phone Number
Keith Gunter	P.O. Box 201 Gaston SC 29053	791-6601
Dennis Adams	104 Oakdale St. Gaston SC 29053	939-0747
Nita [illegible]	P.O. Box 146 Gaston SC 29053	796-7360

RECORD OF EDUCATION

School	Name and Address of School	Dates Attendance Mo./Year	Course of Study	Circle Last Year Completed	Did You Graduate?	GPA	List Diploma or Degree
High	Swansea High School	90 - 94	Business	1 2 3 (4)	☑ Yes ☐ No		Diploma
College				1 2 3 4	☐ Yes ☐ No		
Other (Specify)				1 2 3 4	☐ Yes ☐ No		

WORK EXPERIENCE (List below last three employers, starting with last one first)

	NAME AND ADDRESS OF COMPANY AND TYPE OF BUSINESS	FROM MO.	FROM YR.	TO MO.	TO YR.	DESCRIBE IN DETAIL THE WORK YOU DID	STARTING HOURLY RATE	LAST HOURLY RATE	REASON FOR LEAVING	NAME OF SUPERVISOR
I	Little Caesars Restaurant	2	94	–	–	P.I.C. Run crew, handle money (responsible), prep, clean, etc.	4.25	5.50	still employed.	PATTI; PHONE# 791-1704
		REFERENCE CHECKED BY:								
II	Winn-Dixie	6	93	7	94	Deli. Assistant, Run deli, [illegible], clean, etc.	4.35	4.35	School.	[illegible]; PHONE# –
		REFERENCE CHECKED BY:								
III	Bi-Lo	12	92	5	93	Bagger. Stocker	4.25	4.35	Manager, Medical condition.	[illegible]; PHONE#
		REFERENCE CHECKED BY:								

NOTICE TO EMPLOYEES

Failure to be truthful on the application may affect the applicant's subsequent ability to receive workers' compensation benefits.

The facts set forth above in my application for employment are true and complete. I understand that if employed, false statements or omission of facts called for on this application shall be considered sufficient cause for dismissal. You are hereby authorized to make any investigation of my personal history and financial credit record through any investigative or credit agencies or bureaus of your choice. I further understand that I am an "Employee at Will" and that Waffle House, Inc. does not guarantee my employment for any specific period of time.

In making this application for employment I also understand that an investigative consumer report may be made whereby information is obtained through personal interviews with my neighbors, friends, or others with whom I am acquainted. This inquiry includes information as to my character, general reputation, personal characteristics, and mode of living. I understand that I have the right to make a written request within a reasonable period of time to receive additional, detailed information about the nature and scope of this investigative consumer report.

I FULLY UNDERSTAND THAT IF ASSIGNED TO ANY POSITION WHEREBY MONIES, EQUIPMENT, OR OTHER SUPPLIES OF WAFFLE HOUSE, INC. ARE ASSIGNED TO ME, I SHALL BE ACCOUNTABLE FOR THE AFORESAID ITEMS AND LIABLE FOR ANY SHORTAGES IN SAME. I AGREE THAT WAFFLE HOUSE, INC. MAY DEDUCT FROM ANY MONIES DUE ME, AN AMOUNT TO COVER ANY SHORTAGES WHICH MAY OCCUR AND WILL INDEMNIFY WAFFLE HOUSE, INC. AGAINST ANY LEGAL LIABILITY FOR WITHHOLDING SAID SHORTAGES FROM MONIES DUE ME AS A RESULT OF MY EMPLOYMENT WITH WAFFLE HOUSE. IF THERE ARE ANY SHORTAGES OR LOSSES IN MONEY, FOOD, OR EQUIPMENT WHICH IS ASSIGNED TO ME OR TO WHICH I HAVE ACCESS, I AGREE TO SUBMIT TO A POLYGRAPH OR OTHER SCIENTIFIC EVALUATION TEST CONDUCTED IN COMPLIANCE WITH APPLICABLE LAW DURING ANY INVESTIGATION OF SUCH SHORTAGE OR LOSS, AS PART OF THIS APPLICATION PROCESS AND AS A CONDITION OF MY CONTINUED EMPLOYMENT, AT THE REQUEST OF WAFFLE HOUSE, INC. I AGREE TO SUBMIT TO TESTING TO DETERMINE MY USE OF DRUGS OR ALCOHOL. I UNDERSTAND THAT REFUSING TO SUBMIT TO A TEST OR A POSITIVE RESULT IN ANY TEST INDICATING DRUG OR ALCOHOL USE MAY RESULT IN MY IMMEDIATE TERMINATION FROM EMPLOYMENT.

IF THE POSITION TO WHICH I AM ASSIGNED SHALL BE A POSITION WHERE I NORMALLY RECEIVE TIPS, I UNDERSTAND THAT IT IS MY OBLIGATION TO REPORT ALL TIPS TO THE INTERNAL REVENUE SERVICE FOR INCOME TAX PURPOSES. THIS MAY BE DONE EITHER BY REPORTING THEM ON THE PRELIST OR ON MY TAX RETURN AT THE END OF THE YEAR. DELIBERATELY NOT REPORTING ALL INCOME COULD RESULT IN SEVERE PENALTIES.

I UNDERSTAND AND ACKNOWLEDGE THAT WAFFLE HOUSE IS TAKING A CREDIT AGAINST MY WAGES FOR TIPS RECEIVED. IN THE EVENT I DO NOT RECEIVE TIPS EQUAL TO THAT CREDIT. I SHALL NOTIFY MY UNIT MANAGER SO THAT MY TIPS CAN BE COUNTED AND AUDITED TO ESTABLISH WHAT LEVEL OF TIPS I AM MAKING. I UNDERSTAND WAFFLE HOUSE, INC. IS ALSO BOUND TO REPORT TO THE IRS THE AMOUNT OF THOSE TIPS THAT THEY COUNT. THE TIPS COUNTED WILL BE POSTED BY THE UNIT MANAGER ON THE PRELIST.

MEAL POLICY: As a part of your compensation, Waffle House allows its employees to eat during their shift at a reduced rate. This includes 1 full meal if your workday is 4 hours or less and 2 full meals if your workday is over 4 hours. In addition, beverages and snacks as desired are allowed. The only limitation is that dinner steaks, chicken and pork chops are not offered under this meal policy. Please try to eat the meal at some time during the shift. However, this should be during a slow time and must not interfere with customer service. To cover the cost of the meal, drinks, snacks and the time to eat these items, Waffle House will deduct from your paycheck an amount based on the number of hours worked that day. Please see your Unit Manager for the schedule of meal charges.

I have read and understand the above notice and agree to comply with the provisions above.

Signed this 23 day of June, 19 94 ______ Signature of Applicant

The printed terms imposed by Waffle House offered no equivalent personalization. Rather, the form instructed all applicants that Waffle House could "deduct from any monies due [them], an amount to cover any shortages which may occur" and that they had to "indemnify" the company "against any legal liability" for withholding wages.[301]Moreover, if "money, food, or equipment" to which he had access was alleged to be lost, applicants had "to submit to a polygraph" or other testing.[302]As to the resolution of disputes:

> The parties agree that any dispute or claim concerning Applicant's employment with Waffle House, Inc., or any subsidiary or Franchisee of Waffle House, Inc., or the terms, conditions or benefits of such employment, including whether such dispute or claim is arbitrable, will be settled by binding arbitration. The arbitration proceedings shall be conducted under the Commercial Arbitration Rules of the American Arbitration Association in effect at the time a demand for arbitration is made. A decision and award of the arbitrator made under the said rules shall be exclusive, final and binding on both parties, their heirs, executors, administrators, successors and assigns. The costs and expenses of the arbitration shall be borne evenly by the parties.[303]

Eric Baker signed the form on June 23, 1994 at a Waffle House in Columbia, South Carolina; he was offered and declined a job there. Some weeks later, and without filling out another application, Baker was hired at another Waffle House, miles away. Within a few weeks, Baker had a seizure (lasting "approximately thirty seconds") at work.[304] On September 5, 1994, Waffle House terminated Baker's employment.[305] Baker complained to the Equal Employment Opportunity Commission (EEOC) that Waffle House had violated his rights under the Americans with Disabilities Act of 1990 (ADA). After investigating, the EEOC filed an enforcement action against Waffle House in federal district court. Waffle House moved to dismiss and to compel the EEOC to go to arbitration.[306]

One issue, raised in defense, was the form's effect on the EEOC. An antecedent question was the form's relevance to Baker. In 1998, the district court judge held that, because Baker filed the form at one location but was hired at another, "it does not appear that Baker's acceptance of employment . . . was

301. *Id.* at *61.
302. *Id.*
303. *Id.* at *59.
304. EEOC v. Waffle House, Inc., No. Civ. A. 3:96-2739-0, 1998 WL 35168489, at *1 (D.S.C. Mar. 23, 1998).
305. *Id.*
306. *Id.*

made pursuant to the written application."[307] Likewise, a member of the Fourth Circuit concluded that under "fundamental principles of contract law," Mr. Baker had not entered into a written employment agreement.[308] But a majority of the Fourth Circuit determined that the "generic, corporation-wide employment application . . . followed Baker to whichever facility of Waffle House hired him."[309] While the EEOC was not a signatory, the "binding arbitration agreement between Baker and Waffle House" precluded the EEOC from seeking remedies for Mr. Baker, though not from requesting injunctive relief against Waffle House for discriminating on the basis of disability.[310]

In 2002, the Supreme Court disagreed. Writing for the majority, Justice Stevens concluded that the form did not limit the filing by the EEOC, which was authorized by Congress to "vindicate the public interest" as well as to seek victim-specific remedies.[311] The "proarbitration policy goals of the FAA do not require the agency to relinquish its statutory authority if it has not agreed to do so."[312] In dissent, Justice Thomas (joined by Chief Justice Rehnquist and Justice Scalia) read the form to preclude the EEOC from pursuing relief that the employee "has agreed not to do for himself."[313]

The Waffle House documents illustrate the distance between "fundamental principles of contract law" and the application Eric Baker signed. The oddity of characterizing such "pieces of paper" as contracts was explained in the 1970s by Arthur Leff, who wrote that contracts required "not only a deal but dealing."[314]

---

307. *Id.* at *2.
308. EEOC v. Waffle House, Inc., 193 F.3d 805, 817 (4th Cir. 2002) (King, J., dissenting). "Common sense tells us that a person who physically goes to the Wal-Mart in Lewisburg, West Virginia, is applying for a job at *that* Wal-Mart, not one in Richmond, Virginia, or Charlotte, North Carolina." *Id.* at 818.
309. *Id.* at 809 (majority opinion).
310. *Id.* at 809-13.
311. EEOC v. Waffle House, Inc., 534 U.S. 279, 290, 296-98 (2002). Given that Baker and Waffle House had not arbitrated, the issue of whether any mitigation would have been in order was not reached. *Id.* at 296-98. The view that employment forms ought not preclude public enforcement was championed by twenty-eight states (with Missouri in the lead) filing an amicus brief in support of the EEOC, seeking reversal of the appellate court's rule and raising concerns about its application to attorney general enforcement of consumer protection statutes. See Brief of the States of Missouri, Alaska, Arizona, Arkansas, California, Colorado, Florida, Hawaii, Illinois, Indiana, Iowa, Kansas, Louisiana, Maryland, Massachusetts, Minnesota, Montana, Nebraska, Nevada, New Jersey, New Mexico, New York, Ohio, Rhode Island, South Dakota, Utah, Vermont, West Virginia and the Commonwealth of the Northern Mariana Islands in Support of Petitioner, *Waffle House*, 534 U.S. 279 (No. 99-1823), 2001 WL 34131148. In the ruling's wake, state enforcement agencies have rebuffed efforts to find themselves precluded. See, *e.g.*, Rent-A-Center, Inc. v. Iowa Civil Rights Comm'n, 843 N.W.2d 727 (Iowa 2014); Joulé, Inc. v. Simmons, 944 N.E.2d 143 (Mass. 2011); People v. Coventry First LLC, 915 N.E.2d 616 (N.Y. 2009).
312. *Waffle House*, 534 U.S. at 294. The Court had suggested this approach in *Gilmer v. Interstate/Johnson Lane Corp.*, 500 U.S. 20, 28 (1991), in which Justice White discussed the point that requiring a registered securities representative to arbitrate his ADEA claim did not preclude the EEOC from enforcing the act.
313. *Waffle House*, 534 U.S. at 298 (Thomas, J., dissenting).
314. Arthur Allen Leff, *Contract as Thing*, 19 Am. U. L. Rev. 131, 132, 138 (1970).

Negotiations–even with form provisions–reduced "the possibility of monolithic one-sidedness."[315] Leff appreciated that contract theorists had, in the 1940s, shaped concepts such as duress, fraud, and unconscionability as part of the development of the doctrine of "contracts of adhesion;" Leff thought these arguments innovative but the wrong approach ("totally irrelevant"[316]) to materials that were not themselves contracts.[317] Rather, as "products of non-bargaining," such documents were "unilaterally manufactured commodities."[318] As a "thing," the law ought to regulate its quality, as it did other products.

But instead of limiting arbitration to negotiated contracts, the Court has licensed expansive use of that product, now described by opponents as "forced arbitration,"[319] while others offer terms such as "employer-promulgated plan"[320] or "pre-dispute arbitration."[321] Under the Court's approach, the range of statutes coming under the FAA's aegis has continued to expand. In 2012, the Court applied the FAA to litigants claiming violations of the Credit Repair Organization Act,[322] and in 2013, to a family restaurant, Italian Colors, which argued that the American Express Company had violated the Sherman Antitrust Act.[323] Signatures lost some of their relevance in 2009, when the Court required employees who had not signed a collective bargaining agreement to use arbitration instead of pursuing their age discrimination claims in court.[324]

---

315. *Id.* at 138, 140. Scholars of arbitration likewise stress its basis in informed consent, coupled with its "procedural integrity"–and identify these two components as proper subjects of judicial monitoring. See William W. Park, *Explaining Arbitration Law, in* Selected Topics in International Arbitration: Centennial Liber Amicorum (forthcoming 2015), http://www.williamwpark.com/documents/WWPExplainingArb29July.pdf [http://perma .cc/M46W-5NGP].
316. Leff, *supra* note 312, at 148.
317. *Id.* at 142-43.
318. *Id.* at 147. For instance, in 1962, the Supreme Court of California held that a "mass-made contract" (a life insurance policy sold in an airport vending machine) could not be "equate[d] [with a] bargaining table, where each clause is the subject of debate . . . ." Steven v. Fid. & Cas. Co., 377 P.2d 284, 293, 298 (Cal. 1962). I should add that my concern is not about boilerplate per se, which can enable egalitarian treatment across a set of contracting parties and lower the costs of contracting. See Alan Schwartz & Joel Watson, *Conceptualizing Contractual Interpretation*, 42 J. Legal Stud. 1 (2013). My focus instead is on mandates in non-negotiated documents to forgo the pursuit of public rights.
319. Alliance for Justice, *Lost in the Fine Print*, YouTube (Oct. 6, 2014), https://www.youtube .com/watch?v=tgC3N802Sjk [https://perma.cc/KG9D-3QVY].
320. The AAA provides distinct rules governing arbitration where the "dispute arises from an employer-promulgated plan." *Employment Arbitration Rules and Mediation Procedures*, Am. Arb. Ass'n 10 (Nov. 2009), https://www.adr.org/aaa/ShowProperty?nodeId=/UCM /ADRSTG_004362 [https://perma.cc/27RR-HRM2] [hereinafter *AAA Employment Arbitration Rules*]; *see also* Colvin & Gough, *supra* note 32, at 13. In 2014, the AAA changed its 2009 Employment Rules by revising its fee schedule. *See AAA Employment Arbitration Rules*, *supra*, at 35-40.
321. *CFPB 2015 Arbitration Study*, *supra* note 17, § 1, at 3.
322. CompuCredit Corp. v. Greenwood, 132 S. Ct. 665 (2012).
323. Am. Express Co. v. Italian Colors Rest., 133 S. Ct. 2304 (2013); *see also* Mitsubishi Motors Corp. v. Soler Chrysler-Plymouth, Inc., 473 U.S. 614 (1985).
324. See 14 Penn Plaza LLC v. Pyett, 556 U.S. 247, 269-72 (2009). The impact of this approach is on display in a 2012 opinion by a trial court judge who held that, by purchasing a car that included a ninety-day trial use

Judicial and legislative encouragement of arbitration has not been lost on the business community or on ADR providers. One measure of growth is production, and the numbers of clauses mandating arbitration are soaring across many sectors. A 1991 survey found fewer than four percent of firms requiring arbitration in employment; by 2007, another study found that more than forty-five percent of the firms did so.[325] In 2008, the estimate was that "a quarter or more of all non-union employees in the US"—thirty million employees—were covered.[326]

Many more consumers are obliged to use arbitration. The market for cell phones grew between 1990 and 2009 to include an estimated 291 million users in the United States and to produce revenues for the four major providers (AT&T, Verizon, Sprint, and T-Mobile) totaling $180 billion.[327] Virtually all

---

of a Sirius XM Radio, and a month later receiving in the mail a "Welcome Kit" from Sirius that mandated arbitration upon accessing the service, a consumer was prohibited from bringing a class action alleging violations of the Telephone Consumer Protection Act. Knutson v. Sirius XM Radio, Inc., Civil No. 12cv418 AJB, 2012 WL 1965337 (S.D. Cal. 2012). The Ninth Circuit reversed, pointing out that the customer had purchased nothing from the provider and that no evidence of consent existed. See Knutson v. Sirius XM Radio, Inc., 771 F.3d 559 (9th Cir. 2014).

A few statutory questions remain. Litigation has focused, for example, on the Fair Labor Standards Act (FLSA) and the National Labor Relations Act (NLRA). The FLSA, enacted in 1938, authorizes "one or more employees" to bring wage-and-hour claims "for and in behalf of himself or themselves and other employees similarly situated." 29 U.S.C. § 216(b) (2012). Co-employees must opt-in. *See id.* Given the statute's provision for a collective action decades before the 1966 class action rule, a few lower courts have held that litigation outcomes under the FLSA, including through settlements, cannot be sealed. See, e.g., Nutting v. Unilever Mfg., Inc., 2014 WL 2959481, at *5 (W.D. Tenn. June 13, 2014); Stalnaker v. Novar Corp., 293 F. Supp. 2d 1260, 1264 (M.D. Ala. 2003). *See generally* Elizabeth Wilkins, *Silent Workers, Disappearing Rights: Confidential Settlements and the Fair Labor Standards Act*, 34 Berkeley J. Emp. & Lab. L. 109 (2013).

Judges might likewise have decided that arbitration requirements—especially if precluding class arbitrations and resulting in confidential outcomes—would conflict with the FLSA. Instead, several circuits have sent individual FLSA claimants to arbitration. See Walthour v. Chipio Windshield Repair, LLC, 745 F.3d 1326 (11th Cir. 2014), *cert. denied*, 134 S. Ct. 2886 (2014); Sutherland v. Ernst & Young LLP, 726 F.3d 290 (2d Cir. 2013); Owen v. Bristol Care, Inc., 702 F.3d 1050 (8th Cir. 2013); Carter v. Countrywide Credit Indus., 362 F.3d 294 (5th Cir. 2004); Adkins v. Labor Ready, Inc., 303 F.3d 496 (4th Cir. 2002). In these cases, employees were sent to different providers—1) the American Arbitration Association, see Giordano v. Pep Boys—Manny, Moe & Jack, Inc., No. CIV. A. 99-1281, 2001 WL 484360, at *2 (E.D. Pa. March 29, 2001); Brief for Appellees at 5, Walthour v. Chipio Windshield Repair, LLC, 745 F.3d 1326 (11th Cir. 2014) (No. 13-11309); Brief for Appellee at 11-16, Sutherland v. Ernst & Young LLP, 726 F.3d 290 (2d Cir. 2013) (No. 12-304) (specifying the AAA or JAMS at the employee's choice); Brief for Appellants at 8-9, Adkins v. Labor Ready, Inc., 303 F.3d 496 (4th Cir. 2002) (No. 01-2304); 2) JAMS, *see* Brief for Appellee at 11-16, *Sutherland*, 726 F.3d 290 (No. 12-304) (specifying the AAA or JAMS at the employee's choice); 3) the National Arbitration Forum, see Brief for Appellants at 7, 28-34, *Carter*, 362 F.3d at 298 (No. 03-10484).

In contrast, the National Labor Relations Board had concluded that the NLRA prohibits waivers of class arbitrations and, in the fall of 2014, declined to follow a Fifth Circuit ruling that held otherwise. See D.R. Horton, Inc., v. NLRB, 737 F.3d 344 (5th Cir. 2013); Murphy Oil USA, Inc., 361 N.L.R.B. slip op. 27 (Oct. 28, 2014); D.R. Horton, Inc., 357 N.L.R.B. slip op. 184 (Jan. 3, 2012).

325. Mark D. Gough, *The High Costs of an Inexpensive Forum: An Empirical Analysis of Employment Discrimination Claims Heard in Arbitration and Civil Litigation*, 35 Berkeley J. Emp. & Lab. L. 91, 95-96 (2014). The 1991 data came from a review of about 100 contracts; the 2007 data came from a review of 757 U.S.-based companies.
326. Colvin & Gough, *supra* note 32, at 2.
327. Bar-Gill, *supra* note 17, at 185, 196-97 (relying on an estimate from the FCC).

providers of wireless services insist on mandatory arbitration, along with the option (discussed in more detail below) of using small claims court for individual actions.[328]

Financial services are another sector producing arbitration clauses. According to a 2015 study by the Consumer Financial Protection Bureau (CFPB), which was chartered in 2010 by the Dodd-Frank Wall Street Reform and Consumer Protection Act and authorized to regulate arbitration in that segment of the market,[329] approximately fifty percent of credit card loans are subject to arbitration,[330] and nearly all that were studied "expressly did not allow arbitration to proceed on a class basis."[331] Mandated arbitration is also common in web-based sales. As of the fall of 2014, Amazon imposed mandatory arbitration (with the small claims court alternative),[332] and Dropbox offered a 30-day window to opt out of arbitration.[333] And, as the case law at the Supreme Court reflects, some nursing homes require mandatory arbitration, including for claims of negligence resulting in wrongful death.[334]

The appetite to do more was evident in the spring of 2014, when General Mills—the manufacturer of the popular Cheerios cereal—put a notice on its website that through "interacting" by "joining our online community," "entering a sweepstakes," downloading coupons, or purchasing products "online or [in] physical stores," customers agreed that "any dispute . . . based in contract, tort, statute, fraud, misrepresentation, or any other legal theory," was to be resolved "by informal negotiations or through binding arbitration."[335] A barrage of

328. The CFPB review concluded that 87.5% of the major wireless providers (servicing over 99.9% of subscribers to these providers) have arbitration obligations, and 85% (servicing over 99.7% of arbitration-subject subscribers) also permit use of small claims court. *See CFPB 2015 Arbitration Study, supra* note 17, § 2, at 26, 33-34.
329. Dodd-Frank Wall Street Reform and Consumer Protection Act, 12 U.S.C. §§ 5481-5603 (2012).
330. *CFPB 2015 Arbitration Study, supra* note 17, § 1, at 9; § 2, at 10 fig.1, 31. See also *CFPB 2013 Preliminary Results, supra* note 31, at 21, 31.
331. *CFPB 2015 Arbitration Study, supra* note 17, § 2, at 44-45; *see also CFPB 2013 Preliminary Results, supra* note 31, at 62 n.146; *id.* at 13, 37. The 2015 study concluded that no issuers of credit cards had dropped arbitration clauses over the period studied, while a few added such provisions. *CFPB 2015 Arbitration Study, supra* note 17, § 2, at 11-12. The report also noted that in that segment of the market, the increase in such clauses was not as "dramatic" as some had predicted after the Supreme Court's 2011 decision in *AT&T Mobility LLC v. Concepcion*, 563 U.S. 321 (2011). *CFPB 2015 Arbitration Study, supra* note 17, § 2, at 12.
332. *Conditions of Use*, Amazon.com (2012), http://www.amazon.com/gp/help/customer/display .html/ref=footer_cou?ie=UTF8&nodeId=508088 [http://perma.cc/6SL2-V99Z].
333. *Terms of Service*, Dropbox (2015), https://www.dropbox.com/privacy#terms [https://perma .cc/D6TJ-EFP7].
334. *See supra* note 165 and accompanying text.
335. See Sarah Cole, *General Mills' Arbitration Clause*, Indisputably (Apr. 17, 2014), http:// www.indisputably.org/?p=5564 [http://perma.cc/9YFH-LQQS] (quoting General Mills' legal terms as of April 17, 2014); Stephanie Strom, *When 'Liking' a Brand Online Voids the Right To Sue*, N.Y. Times, Apr. 16, 2014, http://www.nytimes.com/2014/04/17 /business/when-liking-a-brand-online-voids-the-right-to-sue.html [http://perma.cc/9494 -AQAA]. According to the reports, General Mills instituted this approach after a federal district judge denied General Mills' motion to dismiss proposed class actions. The class actions alleged that the company

negative publicity prompted some retraction; General Mills reminded its customers that they had the "opportunity to opt out" by e-mail.[336] Thereafter, General Mills retreated further, and by the end of 2014, its website made no mention of arbitration.[337]

5. METRICS OF EFFECTIVE VINDICATION, ADEQUACY, AND UNCONSCIONABILITY

5.1. Gateways to Judging Arbitration's Legitimacy

Once the Supreme Court authorized arbitration for federal statutory and common law rights in the absence of bargaining, the Court needed an alternative account of the legitimacy of its actions. As discussed below, the Court first mentioned the idea of "effective vindication" in 1985 in the context of an antitrust claim arising out of a trilateral contract among transnational commercial parties. When expanding its imposition of arbitration to the mass production of arbitration clauses and applying its rule to consumers and employees, the Court reiterated that the legitimacy of doing so rested on arbitration's adequacy as a choice of forum in which to vindicate statutory rights.

Before detailing the development and application of this approach, a word is in order about lines of doctrine which, in theory, differentiate between federal statutory rights and state statutory or common law rights and which distribute authority to review arbitration clauses between judges and arbitrators. In the context of federal statutes, the Court reads the FAA as putting arbitration

---

had violated California's consumer laws by marketing "Nature Valley" bars as all-natural despite the use of genetically-modified ingredients. See Order on Motion to Dismiss, Rojas v. Gen. Mills, Inc., No. 12-cv-05099-WHO (N.D. Cal. Mar. 26, 2014); Class Action Complaint, Janney v. General Mills, 12-cv-03919-PJH (N.D. Cal. July 26, 2012), 2012 WL 3309433. Thereafter, the parties settled, and the cases were dismissed with prejudice. See Stipulation of Voluntary Dismissals with Prejudice, Janney v. Gen. Mills, Inc., No. 12-cv-05099-WHO (N.D. Cal. Nov. 19, 2014), 2014 WL 6771223; Settlement Agreement, *Janney*, No. 12-cv-05099-WHO (N.D. Cal. Nov. 7, 2014), http://cspinet.org/new/pdf/general-mills-settlement-agreement.pdf [http://perma.cc/EKP2 -NR47]. General Mills agreed to stop using the phrase "100% Natural" in advertising and labeling products containing certain artificial ingredients and to pay an undisclosed monetary settlement to the plaintiffs. *Id.*

336. Kirstie Foster, *Explaining Our Website Privacy Policy and Legal Terms*, Taste Gen. Mills (Apr. 17, 2014), http://www.blog.generalmills.com/2014/04/explaining-our-website-privacy -policy-and-legal-terms [http://perma.cc/3B27-RHPU] ("Downloading coupons, entering sweepstakes or subscribing to publications is entirely up to you. . . . And no. Nothing about this would impact current or pending lawsuits.").

337. See Kirstie Foster, *We've Listened—And We're Changing Our Legal Terms Back*, Taste Gen. Mills (Apr. 19, 2014), http://www.blog.generalmills.com/2014/04/weve-listened-and-were -changing-our-legal-terms-back-to-what-they-were [http://perma.cc/KZ76-RBUD]; *Legal Terms*, Gen. Mills, http://www.generalmills.com/en/Company/legal-terms [http://perma .cc/P5H8-RYPL]; Stephanie Strom, *General Mills Reverses Itself on Consumers' Right To Sue*, N.Y. Times, Apr. 20, 2014, http://www.nytimes.com/2014/04/20/business/general-mills -reverses-itself-on-consumers-right-to-sue.html [http://perma.cc/SR6P-5VF3].

clauses on an "equal footing" with any other contract provision[338] and then asks whether another federal statute specifically precludes the use of arbitration or, if not expressly precluded, whether an "inherent conflict" exists between arbitration and that statute. In these analyses, the Court often speaks about arbitration as effectively vindicating the specific statutory right pursued.[339] In contrast, when arbitration clauses relate to rights based on state law, the legal question is whether the mode of pursuing those rights must be arbitration as a matter of federal law.[340] Although this federal preemption issue might not invite inquiries other than whether the state law conflicts with the federal mandate, the Court sometimes also discusses the "adequacy" or "accessibility" of arbitration in preemption cases.

Thus the doctrinal lines are not crisp. The Court has linked "effective vindication" to discussions of arbitration's "adequacy"[341] and to the potential that arbitration imposes "prohibitively expensive" costs.[342] Indeed, the Court relied on its state preemption case (*AT&T Mobility LLC* v. *Concepcion*, licensing a ban on class arbitrations) to inform its ruling in a federal statutory rights case (*American Express* v. *Italian Colors*)—despite objections by the dissent, seeking to buffer federal statutory claims from the ruling in the AT&T litigation.[343]

Lower court decisions reflect the overlap in analyses. Some judges apply the test of "effective vindication" only to federal—and not state—statutory rights,[344] while others use the terms "effective vindication" and "adequacy" or "accessibility" in their decisions addressing contested arbitration clauses applying to court-based pursuit of federal and/or state rights.[345] Other phrases come into play, such as whether the obligation to arbitrate renders "illusory" federal or state statutes and common claims and whether using

338. See, e.g., Buckeye Check Cashing, Inc. v. Cardegna, 546 U.S. 440, 443 (2006).
339. *E.g.*, Gilmer v. Interstate/Johnson Lane Corp., 500 U.S. 20, 26-28 (1991); Shearson/American Express, Inc. v. McMahon, 482 U.S. 220, 226-27, 240-42 (1987).
340. This distinction is explained in *Ferguson v. Corinthian Colls., Inc.*, 733 F.3d 928, 936 (9th Cir. 2013).
341. See, *e.g.*, Am. Express Co. v. Italian Colors Rest., 133 S. Ct. 2304, 2311 (2013).
342. Green Tree Fin. Corp.-Ala. v. Randolph, 531 U.S. 79, 92 (2000).
343. *See Italian Colors*, 133 S. Ct. at 2320 (Kagan, J., dissenting); *infra* notes 406-410 and accompanying text.
344. This argument in part stems from Justice Kagan's dissent in *Italian Colors*, in which she sought to insulate the federal antitrust claims from the approach the Court had taken in the *AT&T Mobility LLC* v. *Concepcion* decision. *See Italian Colors*, 133 S. Ct., at 2320. Lower courts have followed suit. *See, e.g., Ferguson*, 733 F.3d at 936; Lombardi v. DirecTV, Inc., 546 F. App'x 715 (9th Cir. 2013); Torres v. CleanNet, U.S.A., Inc., No. 14-2818, 2015 WL 500163, at *6-7 (E.D. Pa. Feb. 5, 2015). Some pre-*Italian Colors* rulings also took this position. See, e.g., Orman v. Citigroup, Inc., No. 11 Civ. 7086, 2012 WL 4039850, at *4 (S.D.N.Y. Sept. 12, 2012).
345. See, *e.g.*, Kristian v. Comcast Corp., 446 F.3d 25, 37, 51 (1st Cir. 2006); Booker v. Robert Half Int'l, Inc., 413 F.3d 77, 80 (D.C. Cir. 2005); Damato v. Time Warner Cable, Inc., No. 13-CV-994 ARR RML, 2013 WL 3968765, at *10 (E.D.N.Y. July 31, 2013). Some courts view the *Italian Colors* decision as precluding this approach. See, e.g., *Torres*, 2015 WL 500163, at *7 n.6.

arbitration is unduly "burdensome."[346] The state-law doctrine of unconscionability also appears in the mix, at times linked to an analysis of effective vindication.[347]

The other facet of the case law requiring an introductory explanation is what is known as the "gateway" question: whether claims of ineffective or unconscionable provisions are to be decided by courts before parties can be sent to arbitration or decided by arbitrators as part of their interpretation of contracts and of arbitration procedures.[348] This arena was once understood to fall within state courts' domain but is now firmly under federal control. The current approach, shaped in 2010 by the Supreme Court, gives broad authority to arbitrators and "substantially" reduces the "role of courts in applying unconscionability doctrine to assess the enforceability of arbitration clauses."[349]

A painful illustration comes from a 2013 Second Circuit decision brought by a New Yorker, Bernardita Duran, challenging a provision requiring her to go to Arizona to contest the obligation to arbitrate.[350] Duran argued that it was unconscionable to require her to travel to Maricopa County, Arizona to press claims that a firm had violated federal statutes and New York's consumer laws by, she alleged, taking "$3,190.64 in fees" from her and causing her "overall debt to increase by over $4,500 in eight months."[351]

---

346. See, e.g., Hall v. Treasure Bay V.I. Corp., 371 F. App'x 311, 313 (3d Cir. 2010); Awuah v. Coverall N. Am., Inc., 554 F.3d 7, 13 (1st Cir. 2009).

347. See, e.g., *Hall*, 371 F. App'x at 313.

348. Howsam v. Dean Witter Reynolds, Inc., 537 U.S. 79, 84 (2002).

349. *CFPB 2015 Arbitration Study*, *supra* note 17, § 2, at 41; See Rent-A-Center, West, Inc., v. Jackson, 561 U.S. 63 (2010). As the CFPB put it, this ruling delegated to arbitrators "at least some of the issues that a court otherwise could decide." *CFPB 2015 Arbitration Study, supra* note 17, § 2, at 41; *see also* Buckeye Check Cashing, Inc. v. Cardegna, 546 U.S. 440 (2006). The *CFPB 2015 Arbitration Study* provided several examples of provisions delegating authority to arbitrators. See *CFPB 2015 Arbitration Study supra* note 17, § 2, at 43-44. The authority of arbitrators, if given by contract, has also been underscored in *Oxford Health Plans LLC v. Sutter*, 133 S. Ct. 2064 (2013), which held that arbitrators can interpret a contract to permit class arbitrations as a "form" of a civil action. In *BG Group, PLC v. Republic of Argentina*, 134 S. Ct. 1198 (2014), despite questions of interpretation of an international investment treaty that might be read to divest the arbitrators of jurisdiction, the Court likewise held that arbitrators, and not judges, can interpret contracts to assess their jurisdiction to arbitrate.

350. Duran v. J. Hass Grp., LLC, 531 F. App'x 146 (2d Cir. 2013). Other examples of the challenges of "gateway" questions include *UBS Financial Services v. West Virginia University Hospitals, Inc.*, 660 F.3d 643 (2d Cir. 2011); *Van Buren v. Pro Se Planning, Inc.*, 2014 WL 6485653 (E.D. La. 2014); and *Damato v. Time Warner Cable, Inc.*, 2013 WL 3968765 (E.D.N.Y. 2013).

351. See Complaint ¶ 6, Duran v. J. Hass Grp., LLC, No. 10-cv-4538 (E.D.N.Y. Oct. 5, 2010), 2010 WL 4236649. Duran also alleged that the lawyer who initially ran the firm was put on probation by Arizona's state bar. *Id.* ¶ 96. The district court had stayed the motion to compel arbitration until the Supreme Court held that Credit Repair Organizations Act claims could be subject to arbitration, *see* CompuCredit Corp. v. Greenwood, 132 S. Ct. 665 (2012), and thereafter held that because the "contract contains nothing to suggest that the parties intended the courts to decide venue," dismissal of the action was proper, *see Duran*, No. 10-cv-4538, 2012 WL 3233818, at *4 (E.D.N.Y. June 8, 2012).

The Second Circuit's summary order explained that, had Duran argued that the arbitration agreement was itself "unconscionable due to the forum selection clause," a judge would have had to decide that issue. But, because Duran's claim was only that the designation of Arizona (the "forum selection clause") was unconscionable, the issue was one for the arbitrator.[352] What the court called the "logical flaw" in the result was, it believed, dictated by the Supreme Court's precedent.[353] Nonetheless, the court recognized the impact: that by requiring arbitration over the validity of the forum selection clause to proceed pursuant to the terms of that forum selection clause, we may well be enforcing an invalid–and indeed unconscionable–contract. Even if the arbitrator ultimately decides that the merits of the dispute should not be arbitrated in Arizona, a round of arbitration will already have occurred in Arizona . . . .[354]

According to the 2015 Consumer Financial Protection Bureau study, Ms. Duran's travel challenges were not typical of the provisions it researched. Most credit card arbitration clauses (ninety-three percent) and all mobile wireless clauses addressed the place of arbitration; the vast majority located arbitrations convenient to the consumer. Yet Ms. Duran was also not the only consumer subjected to travel obligations. About eight percent of credit card clauses and about fourteen percent of wireless clauses did not require locating arbitrations proximate to the consumer.[355] Moreover, an analysis of obligatory arbitration provisions proffered by social media companies found that more than two dozen required that arbitrations be held in the "social media's home jurisdiction," rather than that of the consumer.[356]

In short, the public law of private arbitration is anything but simple, and three points emerge from the density of the doctrine. First, anyone interested in challenging obligations to arbitrate needs lawyers skilled in navigating a large body of doctrinal complexities, and hence, the Court's jurisprudence has imposed a substantial financial burden on individuals seeking to use courts instead of arbitration. Second, however muddy the legal approaches, federal judges are in control of decisions about when arbitration can be substituted

352. *Duran*, 531 F. App'x at 147.
353. *Id.* at 147 n.1.
354. *Id.* (citing Green Tree Fin. Corp.-Ala. v. Randolph, 531 U.S. 79 (2000)).
355. *CFPB 2015 Arbitration Study, supra* note 17, § 2, at 53-55. These clauses instead required the arbitration be at some specific location, without regard to the consumer's residence. *Id.* The AAA's Consumer Due Process Protocol also calls for doing so. *See Consumer Due Process Protocol, supra* note 232, at Principle 7 ("In the case of face-to-face proceedings, the proceedings should be conducted at a location which is reasonably convenient to both parties with due consideration of their ability to travel and other pertinent circumstances.").
356. Rustad & Koenig, *supra* note 235, at 392-93.

for litigation and about which procedural features are "fundamental" to arbitration.[357] The focus of the case law is not on market theories about whether consumers would be willing to sell their process rights in exchange for lower prices.[358] Nor do federal judges read the text of the FAA–referencing defenses to arbitrability based on contract law[359]–to mandate deference to state contract law.

Third, this body of federal law lacks directions on how courts do–and ought to–measure effective vindication, adequacy, accessibility, and burdensomeness. From whose vantage point–claimants, respondents, third parties, decision makers–is the evaluation made? Is the question comparative, with courts as the baseline? Is the analysis predicated on implicit assumptions about what constitutes optimal levels of enforcement of the law? Such questions are part of debates about the roles of private and public enforcement in producing compliance and about how to maximize the utility of interventions in light of the costs of compliance and of the pursuit of violators. And, of course, views on the desirability of individual and collective pursuit of rights–in public–ought to be informed by knowledge about the frequency of legal violations and the degree to which voluntary compliance remedies the breaches that occur.

Getting the requisite information is difficult. Data on court-based filings do not provide a full picture of the injuries that have occurred,[360] because individuals often lack the capacity to "name, blame, and claim."[361] Even if one is aware of legal injuries, the costs of pursuit may well make "lumping it" appropriate,

---

357. AT&T Mobility LLC v. Concepcion, 131 S. Ct. 1740, 1748 (2011), discussed *infra* notes 370-373, 422-437, 441-445 and accompanying text; *see also* DIRECTV, Inc. v. Imburgia, 170 Cal. Rptr. 3d, 190 (Ct. App. 2014), *cert. granted*, 83 U.S.L.W. 3267 (U.S. Mar. 23, 3015) (No. 14-462), discussed *infra* note 555.

358. The question of what is termed a "price effect" in boilerplate provisions of various kinds is explored by Omri Ben-Shahar, *Regulation Through Boilerplate: An Apologia*, 112 Mich. L. Rev. 883, 895-97 (2014) (reviewing Radin, *supra* note 17). Whether prices are affected by arbitration waivers is an empirical question. The 2015 CFPB study did not find any "statistically significant evidence of an increase in prices among those companies that dropped their arbitration clauses and thus increased their exposure to class action litigation risk." *CFPB 2015 Arbitration Study, supra* note 17, § 1, at 18. Nor did the CFPB identify reductions in the provision of credit. *Id.*
A different question is whether law ought to permit shopping for rights; Radin argued that law ought not license one party to "take" another's rights, as a kind of "private eminent domain." Radin, *supra* note 17, at 15.

359. 9 U.S.C. § 1 (2012) ("[N]othing herein contained shall apply to contracts of employment of seamen, railroad employees, or any other class of workers engaged in foreign or interstate commerce."); *id.* § 2 (stating that an arbitration agreement "shall be valid, irrevocable, and enforceable, save upon such grounds as exist at law or in equity for the revocation of any contract").

360. For example, one analysis from the 1980s concluded that of one hundred injuries where the stakes exceed $1,000, about ten result in pursuit of court remedies. David M. Trubek, Austin Sarat, William L.F. Felstiner, Herbert M. Kritzer & Joel B. Grossman, *The Costs of Ordinary Litigation*, 31 UCLA L. Rev. 72, 86 (1983).

361. See William L.F. Felstiner, Richard L. Abel & Austin Sarat, *The Emergence and Transformation of Disputes: Naming, Blaming, Claiming . . .*, 15 Law & Soc'y Rev. 631 (1980).

absent collective action.[362] Court filings are also an imperfect measure because of over-claiming as well as under-claiming.[363] Other variables include whether informal remedies provide relief, whether options exist to use different venues (small claims court, arbitration, class actions), whether the various venues have the capacity to deal with the number of claimants seeking their services, and the role played by the government, pursuing relief on its own or on others' behalf.

The quality of the procedures offered is also relevant in terms of user-friendliness and of the availability of assistance. For example, some courts have clerks specially trained in helping self-represented litigants, and courts routinely adjust or waive fees for litigants with limited or no resources. Further, when claimants can join together in collective actions, costs can be spread. The kind and nature of process also matter in an assessment of whether a system's procedural entailments are "proportionate" to the claims at stake—a concern increasingly present in federal civil rulemaking[364] and a standard-bearer in Europe.[365]

How might these assessments be made in practice? One might expect that if arbitration were a "better" process than adjudication and levels of legal claims were constant, the availability of arbitration would produce a rise in filings. Satisfaction rates via user surveys could also be illuminating; a proxy could be whether negotiating parties bargain to stay out of court altogether or seek judicial review. Analyzing outcomes and comparing providers, as the Government Accountability Office (GAO) has done for financial services arbitrations[366] and as a variety of researchers seek to do for employees and consumers,[367] could offer additional insights, especially if independent measures of the validity of claims are available.

In addition to empirical information, however incomplete, value judgments are required. For example, when describing arbitration as "cheaper," "more informal," and "speedier" than adjudication, is the implicit claim that arbitration

362. For example, a survey of more than 1,000 credit card holders reported that most believing they were wronged would cancel cards, approximately 10% would report a problem to a government agency, and 1.4% thought they would contact a lawyer or bring suits. *See CFPB 2015 Arbitration Study, supra* note 17, § 3, at 16-18.
363. Paul C. Weiler, Howard Hiatt, Joseph P. Newhouse, William G. Johnson, Troyen Brennan, and Lucian Leape, A Measure of Malpractice: Medical Injury, Malpractice Litigation, and Patient Compensation (1993).
364. Jonah B. Gelbach & Bruce H. Kobayashi, *The Law and Economics of Proportionality in Discovery*, Duke L. Center for Jud. Stud. (2014), http://law.duke.edu/sites/default/files/centers /judicialstudies/v_gelbach_kobayashi_duke_idps_2014.pdf [http://perma.cc/N3NU-PH25].
365. See Vicki C. Jackson, Feature, *Constitutional Law in an Age of Proportionality*, 124 Yale L.J. 3094 (2015).
366. See, e.g., U.S. Gov't Accountability Office, GAO/GGD-92-74, Securities Arbitration: How Investors Fare 35-40 (1992) [hereinafter GAO, 1992, How Investors Fare].
367. *See, e.g.*, Chandrasekher & Horton, *supra* note 38; Drahozal & Zyontz, *supra* note 38; Drahozal, *supra* note 38; Colvin & Gough Report, *supra* note 38; *Do Class Actions Benefit Class Members? An Empirical Analysis of Class Actions*, Mayer Brown LLP 1-2 (Dec. 2013), http://www.mayerbrown.com/files/uploads/Documents/PDFs/2013/December/DoClassActionsBenefitClassMembers.pdf [http://perma.cc/DT6J-T2YE].

permits more claimants to bring complaints, that it imposes fewer burdens on potential respondents, or both? What metric should be used to assess the impact of adjudication's expressive values? Returning to the question of the vantage point for such assessments, is the cost-benefit assessment internal to the disputants or ought third-party access to information about the proceedings be factored into the equation? Choosing goals depends in part on underlying narratives about the degree to which compliance with legal rules exists, the importance of compliance, the role of public exchange, and whether private efforts to enforce rights make a difference.

An example of efforts to increase private enforcement comes from the European Union, committed to protecting the right to an "effective judicial remedy."[368] A recent Directive on Consumer ADR consciously aims to expand the number of private claims pursued through alternative dispute resolution without precluding the use of courts thereafter.[369] In contrast to what might be termed this claim-expressive approach, the United States Supreme Court's use of the FAA to preclude court filings and to permit bans on collective actions is seen as "claim suppressive."[370] That shift, discouraging private enforcement, could be predicated on the view that compliance with legal rules is better achieved through other means[371] and thus that court-based procedures are inefficient or unnecessary, or on the view that too many pursue unwarranted claims.

Evaluating the tradeoffs in many arenas can be difficult, but some of the utilities and harms of collective action are obvious. As Justice Breyer in the *AT&T* case commented, given a "maximum gain to a customer for the hassle of arbitrating a $30.22 dispute is still just $30.22,"[372] individuals at risk of paying $125 in administrative fees were unlikely to pursue their claims ("only a lunatic or

368. Originally framed in terms of protection of fundamental human rights, the right to an effective remedy gained confirmation in Article 47 of the European Charter. *See Rights to Effective Remedies, in* The EU Charter of Fundamental Rights: A Commentary 1211-28 (Steve Peers, Tamara Hervery, Jeff Kenner & Angela Ward eds., 2014).

369. CADR 2013 Directive, *supra* note 212. Interest in developing consumer ADR came from concerns that judicial redress was "not always practical or cost-efficient for consumers or businesses." *See Commission Staff Working Paper Impact Assessment Accompanying the Directive on Consumer ADR and the Regulation on Consumer ODR*, Eur. Comm'n 13 (Nov. 29, 2011), http://www.europarl.europa.eu/document/activities/cont/201204/20120425ATT43950/20120425ATT43950EN.pdf [http://perma.cc/FF6L-W4RR]. Further, some industries viewed CADR as a means of defusing problems. Hodges, Benöhr, & Cruetzfeldt-Banda, *supra* note 212, at 396-97. Another factor was the sector of government involved; these consumer directives fell within the portfolios of ministers of business and finance rather than of justice.

370. See Myriam Gilles, *Individualized Injunctions and No-Modification Terms: Challenging "Anti-Reform" Provisions in Arbitration Clauses*, 69 U. Miami L. Rev. 469 (2015).

371. Regulatory options, for example, provide other routes. *See, e.g.*, Geoffrey P. Miller, *An Economic Analysis of Effective Compliance Programs* (NYU Law & Econ. Research Paper No. 14-39, 2014), http://ssrn.com/abstract=2533661 [http://perma.cc/JAP4-9YA6].

372. AT&T Mobility LLC v. Concepcion, 131 S. Ct. 1740, 1760 (2011) (Breyer, J., dissenting) (quoting Laster v. AT&T Mobility LLC, 584 F.3d 849, 855, 856 (9th Cir. 2009)).

a fanatic sues for $30").[373] A concern from the prospective defendants' vantage point was voiced by Justice Scalia, writing for the *AT&T* majority and asserting that class arbitrations created "in terrorem" effects, pressing companies into inappropriate settlements.[374] Thus, all members of the Court agreed that collectivity mattered; they disagreed about what weight to accord competing arguments about whether class actions usefully police misbehavior and provide individual benefits, disserve customers because companies increase the costs of products, or result in trivial remedies for individuals and unduly large fees for their attorneys.

The institutional question is which bodies—courts, legislatures, agencies, individuals and their lawyers—are to make such assessments about the tradeoffs between litigation and arbitration and the utilities of collective action. One can read the many federal statutes giving rise to private causes of action as congressional judgments attributing some value to private enforcement of the law, just as state constitutions, legislation, and common law endow individuals with rights to pursue injuries. Yet the Supreme Court has not given much weight to this court-based rights framework. As the majority in the *AT&T* litigation explained, it was relying on "our cases"[375] to read the FAA (which predated class actions and which makes no mention of arbitration's form in terms of the numbers of parties or other features) to require enforcement of arbitration obligations that include collective action bans. Further, rather than remand to require fact-finding, the Court has repeatedly stipulated the adequacy of arbitrations and rejected judicial monitoring of the outcomes.

Congress has thus far responded in a piecemeal fashion, episodically insulating a few businesses (such as car dealerships and chicken farms[376]) from

373. *Id.* at 1761 (Breyer, J., dissenting) (quoting Judge Posner's comment in *Carnegie v. Household Int'l, Inc.*, 376 F.3d 656, 661 (7th Cir. 2004)).

374. *Id.* at 1752. The lack of review stemmed from the Court's holding in *Hall Street*, discussed *infra* notes 545-556 and accompanying text. A review of the empirical information available on the trade-offs between class and individual actions is provided by Joanna C. Schwartz, *The Cost of Suing Business*, 65 DePaul L. Rev. (forthcoming 2016), http://ssrn.com/abstract =2589208 [http://perma.cc/Z9QN-BNZM].

375. *AT&T v. Concepcion*, 131 S. Ct. at 1749.

376. See Motor Vehicle Franchise Contract Arbitration Fairness Act, S. Rep. No. 107-266, at 1-2 (2002) (describing dealers as "virtual economic captives of automobile manufacturers" who proffer contracts on a "take it or leave it" basis) (codified at 15 U.S.C. § 1226 (2006)); Food, Conservation, and Energy Act of 2008, Pub. L. No. 110-246, § 11005, 122 Stat. 1651, 1653 (codified as amended at 7 U.S.C. § 197c (2006 & Supp. IV 2010)). Military personnel also have some protection. The 2007 Talent-Nelson Amendment exempts "covered" members of the armed forces and their dependents from mandatory arbitration in consumer credit disputes, which the Department of Defense has defined to include payday loans, vehicle title loans, and tax refund anticipation loans. See Talent-Nelson Amendment to the John Warner National Defense Authorization Act of 2007, Pub. L. No. 109-364, § 670(f)(4), 120 Stat. 2083, 2267 (2006) (codified at 10 U.S.C. § 987(f)(4) (2006)); 32 C.F.R. § 232.3(b)(1) (2014); 32 C.F.R. § 232.3(b)(1) (2007); *see also* Department of Defense Appropriations Act of 2010, Pub. L. No. 111-118, § 8116(a)(1), 123 Stat. 3409, 3454 (2009) (exempting Title VII claims related to military contractors from mandatory arbitration).

mandatory pre-dispute arbitration. Further, Congress has relied on the Securities and Exchange Commission (SEC) to oversee securities arbitrations and the GAO to report on their use; chartered the Consumer Financial Protection Bureau to consider regulation of mandatory arbitration of disputes about consumer financial products and services;[377] and specified the structure and reach of court-annexed arbitration in federal courts. But Congress has yet to impose general requirements addressing the kind of consent required to waive court access rights in light of the absence of bargaining, the quality of the procedural opportunities needed for arbitration, or the information that ought to be disclosed.[378] Below, I trace the emergence and application of the Court's legitimacy tests, and I explore the roles that Congress and federal agencies could play in structuring the proliferating Alternative Civil Procedure Rules and in regulating the diffuse sites in which they operate.

5.2. Effective Vindication's Genesis in an "International Commercial Transaction" and Under the Supervision of the Securities and Exchange Commission

The "judge-made" test of adequacy[379] was announced in 1985 in *Mitsubishi Motors Corp. v. Soler Chrysler-Plymouth, Inc.*, when the Court first applied the FAA to preclude litigation of a federal statutory right.[380] The context, as Justice Blackmun explained for the Court, was a trilateral contract involving an "international commercial transaction" that included an arbitration agreement.[381] As the

377. .The CFPB has the authority to issue regulations prospectively banning binding pre-dispute mandated arbitration agreements in the markets over which it has regulatory authority. See 12 U.S.C. § 5518(b) (providing that the Bureau, "by regulation, may prohibit or impose conditions or limitations" on arbitration agreements between consumers and financial product and service providers relating to "any future disputes between the parties" upon a finding that such regulations are "in the public interest and for the protection of consumers"). In May of 2015, 58 members of Congress called on the CFPB to issue rules "to prohibit the use of forced arbitration clauses in financial contracts and give consumers a meaningful choice after disputes arise." Press Release, Sen. Al Franken, Members of Congress Call on the Consumer Financial Protection Bureau To Issue a Strong Rule To Prohibit Use of Forced Arbitration (May 21, 2015), http://www.franken.senate.gov/?p=press_release&id =3152 [http://perma.cc/4XG5-SK3Q].

378. Proposals to do more have been made, both in draft legislation and in commentary. See, *e.g.*, Arbitration Fairness Act of 2015, S. 1133, 114th Cong. (2015); Arbitration Fairness Act of 2013, H.R. 1844, 113th Cong. (2013); Arbitration Fairness Act of 2013, S. 878, 113th Cong. (2013); Fairness in Nursing Home Arbitration Act of 2012, H.R. 6351, 112th Cong. (2012); Fairness in Nursing Home Arbitration Act of 2009, H.R. 1237, 111th Cong. (2009); Fairness in Nursing Home Arbitration Act, S. 512, 111th Cong. (2009); Sarah Rudolph Cole, *The Federalization of Consumer Arbitrations: Possible Solutions*, 2013 U. Chi. L. F. 271 (2013); Ramona L. Lampley, *"Underdog" Arbitration: A Plan for Transparency*, 90 Wash. L. Rev. (forthcoming 2015), http://ssrn.com/abstract=2574064 [http://perma.cc/CLS7-N6YY]. Thomas Carbonneau has also called for the revision of the FAA. See Carbonneau, *supra* note 17, at 95-134.

379. This is Justice Scalia's description. See Am. Express Co. v. Italian Colors Rest., 133 S. Ct. 2304, 2310 (2013).

380. 473 U.S. 614 (1985).

381. *Id.* at 616.

dissent described the claim, the Puerto Rican dealer, Soler Chrysler-Plymouth, alleged that the two other parties ("major automobile companies") were part of an "international cartel that has restrained competition in the American market . . . [and] allegedly prevented the dealer from transshipping some 966 surplus vehicles from Puerto Rico" to other U.S. dealers.[382]

Relying on a mix of the FAA and the Convention on the Recognition and Enforcement of Foreign Arbitral Awards (which the United States had joined fifteen years earlier), the majority sent the disputants—a Japanese automobile manufacturer, the Chrysler Corporation, and a Puerto Rican dealership—to arbitration.[383] The ruling could easily have been cabined: the three parties were businesses (albeit with different resources), and consent to the contract was not in question[384]—even if, as the dissent argued, there had been "no genuine bargaining over the terms of the submission" to arbitration.[385]

Further, one reading of the opinion was that it applied only to international cases. The Court cited the Convention that the United States had joined, committing itself to enforcement of international awards. "[E]ven assuming that a contrary result would be forthcoming in a domestic context,"[386] the Court emphasized the importance of "international comity, respect for the capacities of foreign and transnational tribunals, and sensitivity to the need of the international commercial system for predictability in the resolution of disputes."[387] Much of the opinion expressed confidence in arbitrators' willingness to enforce U.S. antitrust law and their ability to deal with its complexity. Given that the parties' "intentions" were for the international arbitral body to decide claims "arising from the application of American antitrust law," the Court expressed its confidence that the arbitrators were "bound to decide [the] dispute in accord with the national law giving rise to the claim."[388] The Court added what might have been an aside but, in retrospect, came to be read as its essential caveat: "so long as the prospective litigant effectively may vindicate its statutory cause of action in the arbitral forum, the statute will continue to serve both its remedial and deterrent function."[389]

382. *Id.* at 640 (Stevens, J., dissenting). Justice Stevens argued that the arbitration clause was part of the agreement between Soler and Mitsubishi and therefore did not bar the antitrust counter-claim that entailed a trilateral dispute, nor did the clause apply to claims outside the contract provisions relating to failure to perform. *Id.* at 643-45.
383. *Id.* at 616-18 (majority opinion).
384. The Court used "freely negotiated contractual choice of forum provisions" as the relevant benchmarks. See *id.* at 631.
385. *Id.* at 666 (Stevens, J., dissenting).
386. *Id.* at 629 (majority opinion).
387. *Id.*
388. *Id.* at 636-37.
389. *Id.* at 637.

The Court's next steps in the relocation of statutory claims to arbitration could also have been limited ones, dependent on supervision of arbitrations by federal agencies such as the SEC. In 1987, in *Shearson/American Express v. McMahon*, Justice O'Connor wrote for the Court to enforce a pre-dispute arbitration clause "between brokerage firms and their customers."[390] She explained that unlike the 1950s era of *Wilko v. Swan*, "the SEC has sufficient statutory authority to ensure that arbitration is adequate to vindicate Exchange Act rights, [such that] enforcement does not effect a waiver of 'compliance with any provision' of the Exchange Act."[391] The role played by the SEC in ensuring the quality of arbitral processes also counted in *Rodriguez de Quijas v. Shearson/American Express, Inc.*, which overruled *Wilko* expressly in 1989,[392] and in *Gilmer v. Interstate/Johnson Lane Corp.*, which enforced the FAA in a case alleging that a brokerage firm had engaged in age discrimination.[393]

Thus, these initial cases involved either international commercial transactions or domestic securities litigation that was subject to some administrative oversight. Disputes were diffused but in a limited category of cases and with the prospect of administrative oversight.

5.3. Judicial Cost-Benefit Analyses and the Question of Collective Actions

"Effective vindication" became the mantra thereafter, but the Court deemed that test to be satisfied without individually negotiated contracts, international transactions, or federal administrative oversight. Its approach has thus failed to develop a federal analogue of the unconscionability doctrines used by state courts to evaluate the structure of proposed arbitrations.[394]

Illustrative is a 2013 decision by the Supreme Court of Washington, which concluded that a four-sentence arbitration clause proffered by a debt adjustor,

390. 482 U.S. 220, 222 (1987).

391. *Id.* at 238. The partial dissenters–Justice Blackmun joined by Justices Brennan and Marshall–disagreed, arguing that SEC oversight of arbitration under the Exchange Act did not solve the problems identified in *Wilko*, in that arbitration provided neither a record nor judicial review and put the complainant in a forum "controlled by the securities industry." *Id.* at 242, 260 (Blackmun, J., concurring in part and dissenting in part). Justice Stevens wrote separately to record his dissent that *Wilko* applied. *Id.* at 268 (Stevens, J., concurring in part and dissenting in part).

392. 490 U.S. 477, 485 (1989).

393. 500 U.S. 20, 29 (1991). The SEC continues to exercise oversight over Financial Industry Regulatory Authority (FINRA) arbitrations, as discussed *infra* notes 599-618 and accompanying text.

394. Some lower courts have distinguished the inquiry into effective vindication on the one hand, and unconscionability doctrine on the other, while others have connected them. For example, the First Circuit concluded that the federal concern focused "more narrowly" on "illusoriness"–that "the arbitration regime . . . is structured so as to *prevent* a litigant from having access to the arbitrator to resolve claims, including unconscionability defenses." Awuah v. Coverall N. Am., 554 F.3d 7, 13 (1st Cir. 2009).

LDL Freedom Enterprises, Inc., was unconscionable in three ways.[395] First, that state's consumer law provided a four-year period in which to bring a claim, but the arbitration clause imposed a thirty-day statute of limitations.[396] Second, the amount at stake was $3,500 in actual damages, yet by requiring travel to California, the arbitration clause imposed prohibitive costs.[397] Third, the "loser pays" provision was one-sided, benefiting only the company.[398]

In contrast, the U.S. Supreme Court has not produced a single decision finding arbitration inadequate, inaccessible, or ineffective to vindicate rights.[399] For example, in 2000, Chief Justice Rehnquist, writing for the Court, rebuffed Larketta Randolph, who had alleged that Green-Tree Financial Corporation-Alabama had violated the Truth in Lending Act and the Equal Credit Opportunity Act.[400] Randolph argued that the arbitration clause had failed to address the question of costs, rendering the clause unenforceable.[401] Over Justice Ginsburg's objections for the four dissenters that the burden of detailing costs ought to lie with the "repeat player" and that the question of arbitration's accessibility required a remand,[402] the Court held that the opponent of arbitration had to demonstrate that costs would be "prohibitive."[403]

The difficulty of meeting that burden became vivid in the 2013 decision of *American Express v. Italian Colors*,[404] which like *Mitsubishi*, involved antitrust claims but this time in the "domestic context."[405] Justice Scalia, writing for the five-person majority, offered hypotheticals about what would constitute inadequacy. He reiterated the phrasing from *Randolph* about a "prohibitively expensive"

---

395. See Gandee v. LDL Freedom Enters., Inc., 293 P.3d 1197, 1201 (Wash. 2013). *See generally* James Dawson, Comment, *Contract After* Concepcion: *Some Lessons from the State Courts*, 124 Yale L.J. 233 (2014).
396. *Gandee*, 293 P.3d at 1201.
397. *Id.* at 1200 ("Gandee struggles financially (as presumably do all Freedom's customers) and the costs of arbitrating in California would exceed [Gandee's] claim.").
398. *Id.* at 1200-01.
399. Lower courts have found some obligations to arbitrate invalid, invoking a mix of unconscionability and effective vindication failings. *See, e.g.*, Chavarria v. Ralphs Grocery Co., 733 F.3d 916 (9th Cir. 2013); Boaz v. FedEx Customer Info. Servs., Inc., 725 F.3d 603 (6th Cir. 2013); Hall v. Treasure Bay V.I. Corp., 371 F. App'x 311, 313 (3d Cir. 2010) (finding the requirement that the employee pay the "entire costs" and that arbitrators not modify the employer's disciplinary measure to be substantively unconscionable in the context of a mix of state and federal claims); Morrison v. Circuit City Stores, Inc., 317 F.3d 646 (6th Cir. 2003). Yet in the wake of the 2011 and 2013 decisions in *AT&T* and *Italian Colors*, lower courts have retreated. *See, e.g.*, Duran v. J. Hass Grp., LLC, 531 F. App'x 146, 147-48 (2d Cir. 2013), discussed *supra* notes 348-352.
400. Green Tree Fin. Corp.-Ala. v. Randolph, 531 U.S. 79 (2000).
401. *Id.* at 90.
402. *Id.* at 96-97 (Ginsburg, J., dissenting).
403. *Id.* at 92 (majority opinion). In the lower courts, this ruling has permitted claims that costs can be prohibitive. *See, e.g.*, Valle v. ATM Nat'l, LLC, No. 14-CV-7993 KBF, 2015 WL 413449, at *6-7 (S.D.N.Y. Jan. 30, 2015), *appeal docketed*, No. 15-535 (2d Cir. Feb. 23, 2015) (severing a "loser pays" provision in part based on financial resources of the plaintiffs).
404. 133 S. Ct. 2304 (2013).
405. *Cf.* Mitsubishi Motors Corp. v. Soler Chrysler-Plymouth, Inc., 473 U.S. 614, 629 (1985).

process and added another example—that "a provision in an arbitration agreement forbidding the assertion of certain statutory rights"[406] could render arbitration "impracticable."[407]

But as Justice Kagan's dissent pointed out, those examples rang hollow because the case appeared to fit them. Italian Colors, a small business, had argued that American Express had "used its monopoly power to force merchants" to accept what was alleged to be a tying arrangement, unlawful under antitrust law.[408] The same contract included an arbitration provision barring class actions; the "variety of procedural bars that would make pursuit of an antitrust claim a fool's errand" immunized the company from liability.[409] The majority did not disagree that the costs of establishing an antitrust violation would be greater than any damages awarded to individual claimants but nonetheless enforced the single-file arbitration requirement.

Justice Scalia's majority ruling in *Italian Colors* explained that its outcome was forecast by his 2011 opinion in *AT&T Mobility LLC v. Concepcion*[410] (which "all but resolves this case"[411])—thereby anchoring the relationship of the adequacy inquiry that the Court undertook in that preemption case and its doctrine on effective vindication. At issue in *AT&T v. Concepcion* was, as noted, a bar on class actions in courts or in arbitration that was imposed in the documents accompanying the purchase of a wireless service.

The idea of "class arbitration" had gained currency after 2003, when the Supreme Court ruled in *Green-Tree Financial Corp. v. Bazzle*[412] that the question of whether a contract precluded class arbitration was to be determined initially by an arbitrator rather than a judge.[413] The marketplace of providers responded by

---

406. Am. Express Co. v. Italian Colors Rest., 133 S. Ct. 2304, 2310, 2315 (2013).
407. *Id.* at 2310-11 (citing Green Tree Fin. Corp.-Ala. v. Randolph, 531 U.S. 79, 90 (2000)); *see also Green Tree*, 531 U.S. at 92.
408. *Italian Colors*, 133 S. Ct. at 2313 (Kagan, J., dissenting).
409. *Id.; see* Einer Elhauge, *How* Italian Colors *Guts Private Antitrust Enforcement by Replacing It with Ineffective Forms of Arbitration*, 38 Fordham Int'l L.J. 771 (2015).
Whether the doctrine on arbitration would reach mandates prohibiting injunctive relief is not settled. *See* Gilles, *supra* note 368. One example comes from the proposed merger of AT&T. Customers sought to enjoin the merger by demanding arbitration; a judge held that the demand was not cognizable in arbitration but left open the possibility that the claims could be pursued in court. AT&T Mobility LLC v. Fisher, Civ. No. DKC 11-2245, 2011 U.S. Dist. LEXIS 124839, at *15-16 (D. Md. Oct. 28, 2011).
410. 131 S. Ct 1740 (2011).
411. *Italian Colors*, 133 S. Ct. at 2312.
412. 539 U.S. 444, 452-53 (2003).
413. *Id.* Justice Stevens concurred and argued that class-wide arbitrations were permissible under the FAA. *Id.* at 456 (Stevens, J., concurring in the judgment). Chief Justice Rehnquist, joined by Justices O'Connor and Kennedy dissented; they read the contract as precluding class-wide arbitration. *Id.* at 458-59 (Rehnquist, C.J., dissenting). Justice Thomas dissented, arguing that the FAA did not apply to proceedings in state courts. *Id.* at 460 (Thomas, J., dissenting).

fashioning a procedure for class arbitrations that incorporated aspects of the federal class action rule, and the AAA database reflected the use of that provision, with more than 280 such actions listed by 2009.[414]

But another sector of the market—potential defendants drafting arbitration clauses—had a different response. Many businesses wrote clauses prohibiting class arbitrations;[415] some offered the symmetry that "YOU WAIVE ANY RIGHT TO PURSUE ON A CLASS BASIS ANY SUCH CONTROVERSY OR CLAIM AGAINST US . . . AND WE WAIVE ANY RIGHT TO PURSUE ON A CLASS BASIS ANY SUCH CONTROVERSY OR CLAIM AGAINST YOU."[416] Such clauses were usually accompanied by an "anti-severability provision," stipulating that if a court found the clause unenforceable,

---

414. *Supplementary Rules for Class Arbitrations*, Am. Arb. Ass'n (2011), https://www.adr.org/aaa /ShowPDF?url=/cs/groups/commercial/documents/document/dgdf/mdao/~edisp/adrstg_004129.pdf [https://perma.cc/U2MN-3BDR]; *see also* Carole J. Buckner, *Toward a Pure Arbitral Paradigm of Classwide Arbitration: Arbitral Power and Federal Preemption*, 82 Denv. U. L. Rev. 301, 303 n.20 (2004); Judith Resnik, *Fairness in Numbers*, 125 Harv. L. Rev. 78, 122-23 (2011). Class arbitrations continue to be filed. *See Class Arbitration Case Docket*, Am. Arb. Ass'n (2015), http://www.adr.org/aaa/faces/services/disputeresolutionservices/casedocket [http://perma.cc/Y9E8-GV8K]; Boyle AAA 2015 Materials, *supra* note 25.

As the decision in AT&T reported, the AAA's searchable class action docket included, as of 2009, 283 class actions of which 121 were active and 162 "settled, withdrawn, or dismissed" without merits rulings. *AT&T v. Concepcion*, 131 S. Ct. at 1751 (citing Brief of Am. Arbitration Ass'n as Amicus Curiae in Support of Neither Party at 22-24, Stolt-Nielsen S.A. v. AnimalFeeds Int'l Corp., 130 S. Ct. 1758 (2010) (No. 08-1198), 2009 WL 2896309 [hereinafter AAA Stolt-Nielsen Brief]).

415. Brief of CTIA—The Wireless Ass'n as Amicus Curiae Supporting Petitioner at 18, *AT&T v. Concepcion*, 131 S. Ct. 1740 (No. 09-893), 2010 WL 709799; *see* Edward Wood Dunham, *The Arbitration Clause as Class Action Shield*, 16 Franchise L.J. 141 (1997). In addition, several arbitration contracts prohibit seeking relief "on behalf of the general public or other parties." See Gilles, *supra* note 368, at n.22.

416. Wireless Cellular Phone Document from AT&T (2002) (on file with author), and reproduced in Judith Resnik, *Whither and Whether Adjudication?*, 86 B.U. L. Rev. 1101, 1134-35. That provision was not sui generis. See, *e.g., Prepay Wireless Service Agreement*, Verizon Wireless (2000), http://www.verizonwireless.com/privacy_disclosures/prepay_wireless _svc.html [http://perma.cc/X3L6-8PPC] ("EVEN IF APPLICABLE LAW PERMITS CLASS ACTIONS OR CLASS ARBITRATIONS, YOU WAIVE ANY RIGHT TO PURSUE ON A CLASS BASIS ANY SUCH CONTROVERSY OR CLAIM AGAINST US . . . AND WE WAIVE ANY RIGHT TO PURSUE ON A CLASS BASIS ANY SUCH CONTROVERSY OR CLAIM AGAINST YOU.").

The AT&T 2014 service documents state that "you and AT&T are each waiving the right to a trial by jury or to participate in a class action." Further, the form states that it "evidences a transaction in interstate commerce, and thus the Federal Arbitration Act governs." *AT&T Wireless Customer Agreement*, AT&T, *supra* note 2, § 2.2.

The self-obliged symmetrical limitation aims to avoid questions about the enforceability of the provisions. See Iberia Credit Bureau, Inc. v. Cingular Wireless LLC, 379 F.3d 159 (5th Cir. 2004) (holding that state law may find unconscionable an agreement requiring consumers to arbitrate their claims but which permits the provider to choose between arbitration and litigation). A more recent decision questioned but did not decide whether symmetrical constraints were required. See THI of New Mexico at Hobbs Ctr., LLC, v. Patton, 741 F.3d 1162, 1170 (10th Cir. 2014); *see also* Alltel Corp v. Rosenow, 2014 Ark. 375, at 8-9 (holding unenforceable an arbitration agreement lacking mutuality and explaining "there is no mutuality of obligation where one party uses an arbitration agreement to shield itself from litigation, while reserving to itself the ability to pursue relief through the court system" (quoting Independence Cnty. v. City of Clarksville, 386 S.W.3d 395, 399 (Ark. 2012))).

the obligation to arbitrate would become unavailable and all claims had to be brought to court.[417]

The *AT&T* litigation thus became the first in which the Court addressed the lawfulness of preventing individuals from joining together in arbitration. The case had been filed by Vincent and Lisa Concepcion "on behalf of all consumers who entered into a transaction in California wherein they received a cell phone for free or at a discount . . . but were charged sales tax" in excess of that "payable [as] calculated on the actual discounted price."[418] The overcharge was $30.22, and the Concepcions alleged that the providers had violated California's consumer protection laws against deceptive and false advertising.[419] The Concepcions' theories were that the provider should either have absorbed the costs of the sales tax or not have advertised that the phones were free.[420]

California had both a statute and a decision (*Discover Bank v. Superior Court*)[421] addressing the procedural hurdles that the Concepcions faced. Under California law, when class waivers were in a "consumer contract of adhesion," predictably small damage disputes could arise between the parties,[422] and the "party with the superior bargaining power" was alleged to have "carried out a scheme to deliberately cheat large numbers of consumers out of individually small sums of money," a waiver would be unenforceable because it functioned to exempt the party from responsibility for the allegedly willful injury inflicted.[423]

The 2011 *AT&T* decision held California's rule preempted by the FAA because the rule stood as "an obstacle to the accomplishment and execution of the full purposes and objectives of Congress."[424] The *AT&T* Court rested its holding on "our cases,"[425] which ascribed two rationales to the FAA: "judicial enforcement

417. *See CFPB 2015 Arbitration Study*, *supra* note 17, § 2, at 45-46.

418. Complaint at ¶ 14, Concepcion v. Cingular Wireless LLC, No. 06 CV 0675 DMS (NLS) (S.D. Cal. Mar. 27, 2006), 2006 WL 1194855 [hereinafter Concepcion Complaint]; First Amended Complaint at ¶ 14, *Concepcion v. Cingular*, No. 06 CV 0675 DMS (NLS) (S.D. Cal. May 2, 2006), 2006 WL 1866797 [hereinafter Concepcion First Amended Complaint].

419. The Concepcions relied on the 1970 Consumer Legal Remedies Act. See Cal. Civ. Code § 1760 (West 2015). Further, invoking FTC regulations, the Concepcions argued that footnote or asterisk references to special conditions were inadequate to prevent misunderstanding. See Concepcion Complaint, *supra* note 416, at ¶¶ 23, 32-33, 46 (citing 16 C.F.R. § 251.1, which requires "extreme care" when offers advertise "free" goods or services, and which specifies that any obligations incurred must be explained "clearly and conspicuously at the outset"); Concepcion First Amended Complaint, *supra* note 416 at ¶¶ 23, 32-33, 46 (same).

420. If sales tax were required, the Concepcions argued, then the provider should have absorbed it rather than "illicitly shift[] the tax burden to [its] customers." Concepcion Complaint, *supra* note 416, at ¶ 17(b); Concepcion First Amended Complaint, *supra* note 416, at ¶ 17(b).

421. Cal. Civ. Code § 1668 (West 2015); Discover Bank v. Superior Court, 113 P.3d 1100 (Cal. 2005).

422. *Discover Bank*, 113 P.3d at 1110.

423. *Id.*; *see also* Cal. Civ. Code § 1668 (West 2015).

424. AT&T Mobility LLC v. Concepcion, 131 S. Ct. 1740, 1753 (2011) (citation omitted).

425. *Id.* at 1749.

of privately made agreements to arbitrate"[426] and elimination of the "costliness and delays of litigation."[427] Given that consumers could not negotiate arbitration provisions in cell phone documents (I have tried), the majority understandably focused less on consent and more on what it believed to be the procedural advantages of "bilateral" arbitration.[428]

The FAA's text, shaped in the 1920s, provided no descriptions of the form that arbitrations were to have. The Court imputed one through a purposive interpretation, inflected with assessments of the costs and benefits of class actions. The majority extolled the virtues of "bilateral arbitration"—a term introduced into FAA case law in 2010 by Justice Alito when ruling that silence in a contract about the availability of class arbitration could not be taken by arbitrators as the basis for authorizing a class process.[429] In the *AT&T* decision, bilateral arbitration came to embody "the principal advantage of arbitration—its informality."[430] Further, the *AT&T* majority praised the speed and relatively low cost of bilateral arbitration in contrast with the slow pace of class arbitration.[431]

As evidence, the Court drew (ironically, given its preemption of California's law) on another of that state's statutes, which mandated reporting by arbitration services.[432] Based on information provided by the AAA, the majority concluded that "the average consumer arbitration between January and August 2007 resulted in a disposition on the merits in six months, four months if the arbitration was conducted by documents only."[433] In contrast, of the 283 class arbitrations "opened" by the AAA, the "median time from filing to settlement,

426. *Id.* (citing Dean Witter Reynolds Inc. v. Byrd, 470 U.S. 213, 219 (1985)).
427. *Id.* (citing *Dean Witter Reynolds Inc.*, 470 U.S. at 220). The Court's focus on arbitration's "fundamental attributes," *id.* at 1748, as an affordable and accessible dispute resolution forum prompted the California Supreme Court to conclude that a state prohibition on waiving access to state labor hearings (a so-called "Berman hearing") was not preempted because such proceedings conferred the benefits of arbitration and therefore could be a step on the way to arbitration. See Sonic-Calabasas A, Inc. v. Moreno, 311 P.3d 184 (Cal. 2013), *cert. denied*, 134 S. Ct. 2724 (2014).
428. *AT&T v. Concepcion*, 131 S. Ct. at 1751.
429. Stolt-Nielsen S.A. v. AnimalFeeds Int'l Corp., 559 U.S. 662, 686-87 (2010) (discussing the "fundamental changes brought about by the shift from bilateral arbitration to class-action arbitration"). The word "bilateral" appeared earlier in conjunction with arbitration to describe a form of arbitration without discussing it as preferred by the FAA. See, e.g., Transp.-Commc'n Emps. Union v. Union Pac. R.R. Co., 385 U.S. 157, 177 (1966) (Fortas, J., dissenting) ("The Board is essentially a permanent bilateral arbitration institution created by statute for settling disputes arising in the context of an established contractual relationship.").
430. 131 S. Ct. at 1751 (noting that "class arbitration *requires* procedural formality").
431. *Id.*
432. See Cal. Civ. Proc. Code § 1281.96 (West 2015).
433. *AT&T v. Concepcion*, 131 S. Ct. at 1751 (citing *Analysis of the AAA's Consumer Arbitration Caseload*, Am. Arb. Ass'n (2007), https://www.adr.org/aaa/ShowPDF?doc=ADRSTG_004325 [https://perma.cc/MC87-483H]; AAA Stolt-Nielsen Brief, *supra* note 412, at 22-24).

withdrawal, or dismissal—not judgment on the merits—was 583 days, and the mean was 630 days."[434]

The majority decided that class arbitrations were "more likely to generate procedural morass than final judgment."[435] In addition, confidentiality and protection of absentees became "more difficult."[436] Data aside, the majority opined that class arbitrations gave plaintiffs too much power, creating the risk of "in terrorem" settlements; defendants had to "bet the company" because class arbitration provided "no effective means of review."[437] (In 2007, as discussed below, it was the Court that read the FAA narrowly and refused to permit "effective means of review."[438])

The distance between the statute's text and the Court's analysis can be seen from its holding that providers can prohibit aggregation but that the FAA itself does not preclude parties from agreeing to use class arbitrations.[439] Nor have courts concluded that the importation of various other procedures from the litigation system is impermissible. Summary judgment motions have become a feature of some employment arbitrations,[440] as has discovery. Parties can also shape appellate tiers within arbitration and choose time frames for decision making—rendering arbitration neither "speedy" nor "inexpensive."[441] Indeed, as illustrated by an AAA handbook, the category "arbitration" entails a host of procedural variations, depending on the submarket in which it is used.[442]

The 1925 statute's silence as to form reflects its historical context, authorizing enforcement when the practice was nascent and leaving ample room for arbitration's evolution, in use today for a range of disputes from high stakes, heavily lawyered, expensive commercial conflicts to family dissolutions. Not only was there a lack of evidence that the Act commanded or preferred bilateralism[443]

---

434. *AT&T v. Concepcion*, 131 S. Ct. at 1751.
435. *Id.*
436. *Id.* at 1750.
437. *Id.* at 1752. The lack of review stemmed from the Court's narrow reading of the FAA in *Hall Street Associates v. Mattel, Inc.*, 552 U.S. 576 (2008). *See infra* Part IV.E.
438. *See infra* Part IV.E.
439. *AT&T v. Concepcion*, 131 S. Ct at 1751. Further, in 2013, the Court concluded that when parties authorize arbitrators to interpret contracts and arbitrators conclude that class arbitration is permissible, that interpretation stands even if it is mistaken. *See* Oxford Health Plans, LLC v. Sutter, 133 S. Ct. 2064 (2013).
440. Colvin, *supra* note 16, at 81.
441. The CFPB found that almost thirty percent of the wireless providers and more than forty percent of the credit card clauses provided for appeal, usually to three arbitrators. Some required a monetary threshold, which the study thought would benefit businesses more than consumers. *CFPB 2015 Arbitration Study*, *supra* note 17, § 2, at 75-79.
442. See Handbook on Arbitration Practice, Am. Arb. Ass'n 207-74, 385-94 (2010). The chapters are entitled "Discovery and Evidence in Arbitration," *id.* at 207-74, and "A Practical Approach to Affording Review of Commercial Arbitration Awards: Using an Appellate Arbitrator," *id.* at 385-94.
443. *AT&T v. Concepcion*, 131 S. Ct. at 1756 (Breyer, J., dissenting).

but, as Justice Breyer argued in dissent, the FAA was shaped for commercial arbitration between disputants of "roughly equivalent bargaining power."[444] For the dissent, aggregate arbitrations were therefore consistent with what Congress had in mind for its statute's users.[445] Thus, rather than contrasting class and individual arbitrations, the dissent compared class arbitrations to class actions in court. Based on another California study, Justice Breyer noted that "class arbitrations can take considerably less time than in-court proceedings in which class certification is sought."[446] Moreover, a single class action was "surely more efficient than thousands of separate proceedings for identical claims."[447]

5.4. "Mass" Arbitration Clauses Without a Mass of Claims

The image of "thousands of separate proceedings" seems like the logical consequence of the massive production of arbitration clauses. To know definitely the numbers of filings would require a database of providers required to make public their systems and usage rates. The federal system imposes no such general requirements,[448] but a few states have mandated disclosures from their resident ADR providers of consumer arbitrations, and researchers (including those deployed by the federally created Consumer Financial Protection Bureau) have made forays into submarkets to try to find filings.

I offer details about how to research arbitration filings and the results of those inquiries in service of three points. First, Dispute Diffusion uncoupled from obligations of public access closes off systematic information about the volume and nature of the complaints. But for state regulation requiring data or the largesse of providers, we would know even less about arbitration in practice than we do. Second, the information available demonstrates the non-use

444. *Id.* at 1759.

445. *Id.*

446. *Id.* (citing Admin. Office of the Courts, *Class Certification in California: Second Interim Report from the Study of California Class Action Litigation*, Jud. Council Cal. 18 (2010), http://www.courts.ca.gov/documents/classaction-certification.pdf [http://perma.cc /LV62-UQCK]).

447. *Id.* at 1756.

448. As discussed *infra* note 463, the Financial Industry Regulatory Authority (FINRA) requires that data on arbitration awards be publicly available. FINRA Rules § 12904(h), Fin. Industry Reg. Authority (2015), http:// finra.complinet.com/en/display/display_main.html ?rbid=2403&element_id=4192 [http://perma.cc/WZ7T-CW3V] (noting that for customer disputes, "[a]ll awards shall be made publicly available"); *Id.* §§ 12904(h), 13904(h), http://finra.complinet.com/en/display/display_main.html?rbid=2403&element_id=4292 [http:// perma.cc/3UF7-PRBY] (providing the same rule for industry disputes); *see also Dispute Resolution Statistics*, Fin. Industry Reg. Authority (2015), http:// www.finra.org/ArbitrationAndMediation/FINRADisputeResolution/ AdditionalResources /Statistics [http://perma.cc/D2EA-A6PQ] (summarizing arbitration statistics) [hereinafter *FINRA Dispute Resolution Statistics*]; *FINRA Arbitration Awards Online*, Fin. Industry Reg. Authority (2015), http://finraawardsonline.finra.org [http://perma.cc/KF5Z-JRFD] (providing a searchable database of arbitration awards).

of arbitration. Because so few individuals, as contrasted with those eligible to bring claims, do so in the newly mandated system, arbitration works to erase rather than to enhance the capacity to pursue rights. Third, exploration of the individualized system demonstrates the importance of collectivity to the pursuit of small-value claims. The Court's enforcement of class action bans has been the key to losing the remedial role played by private enforcement of law.

In researching the use of arbitration, I chose filings involving AT&T because of its place in the case law and because its designated arbitration service, AAA, complies with mandates to disclose information. Two sets of data about consumer AT&T arbitrations exist. The *AT&T* litigation record included information on arbitration for five years between 2003 and 2007; during that interval, 170 individuals—averaging 34 a year—were in arbitration with the company.[449] More recent statistics come through research on five years from 2009 to 2014. By culling the AAA's web-based information, we identified 134 individual consumers—or about 27 per year—who filed claims through the AAA against AT&T.[450] Given the estimate that the number of AT&T subscribers rose over the course of this ten-year period from 46 to 120 million customers each year, the available data reveal that virtually none use arbitrations.

5.4.1. Public Access to, and Confidentiality in, Arbitration

An account of the route to the data is in order because, as Frances Kellor recounted in her 1948 book on the AAA, arbitration is a private process. The businesses that shaped it preferred to have their disputes off screen, and they obliged arbitrators to keep confidential what they learned and did.[451]

Decades later, that aura of privacy persists, even as the rule structure about confidentiality has become more complex. By authorizing disputants to go to court to confirm or vacate awards,[452] the FAA itself "appears to presume that

449. Brief of Civil Procedure and Complex Litigation Professors, *supra* note 25, at 20 (citing Declaration of Bruce L. Simon, *supra* note 25, at ¶¶ 8-9). These statistics include a period of time prior to AT&T's 2004 merger with Cingular. Cingular had been the second-largest provider of wireless services, and AT&T had been the third-largest. The new entity, under the AT&T name, provided services to 46 million. Coneff v. AT&T Corp., 620 F. Supp. 2d 1248, 1252 (W.D. Wash. 2009), *rev'd*, 673 F.3d 1155 (9th Cir. 2012).

450. See *AAA Data, July 2009-June 2014, Provider Organization Report, supra* note 25.

451. See, e.g., Kellor, *supra* note 255, at 72, 88. Kellor's role in shaping the AAA is discussed in Kessler, *supra* note 145. Whether a preference for confidentiality ought to be honored for companies with public investors is a question not explored here.

452. See 9 U.S.C. § 13 (2012); *see also* PDV Sweeny, Inc. v. ConocoPhillips Co., No. 14-cv-5183 (AJN), 2014 WL 4979316 (S.D.N.Y. Oct. 6, 2014) (concluding that arbitral award actions are "judicial documents" that are presumptively open); Martis v. Dish Network, No. 1:13-cv-1106, 2013 WL 6002208 (W.D. Mich. Nov. 12, 2013).

arbitration materials could become public."[453] Lawsuits filed about arbitration are, however, a small fraction of the claims arbitrated. Thus, public access relies primarily on the rules of ADR providers, the text of arbitration clauses, custom, and some federal and state regulations.

As noted, the major providers describe arbitration as a private process and authorize arbitrators to limit third-party access to hearings.[454] In addition, specific arbitration clauses may require confidentiality. Illustrative is one imposed in 2002 and since withdrawn by AT&T, instructing that: "Neither you nor [the company] may disclose the existence, content or results of any arbitration or award, except as may be required by law [or] to confirm and enforce an award."[455]

The legality of such rules is a subject of debate. In 2003, the Ninth Circuit held this provision unconscionable under California law,[456] but other circuits (the Second, Third, and Fifth) have not objected to such provisions.[457] Instead, those courts approached "confidentiality clauses [as] so common in the arbitration context"[458] that limited confidentiality would undermine the "character of arbitration itself."[459] Moreover, although the Supreme Court's case law does not much discuss confidentiality, the few references assume its existence and importance. For example, in 2010, Justice Alito quoted the AAA class arbitration rule, that "the presumption of privacy and confidentiality" did not apply to class actions as an example of the "fundamental changes" distinguishing bilateral and class-action arbitrations.[460] Likewise, Justice Scalia commented in *AT&T v. Concepcion* that confidentiality "becomes more difficult" with class action arbitrations.[461]

---

453. Richard Frankel, *State Court Authority Regarding Forced Arbitration After* Concepcion, *in* Pound Civ. Just. Inst, Forced Arbitrations and the Fate of the 7th Amendment: The Core of America's Legal System at Stake?,. 55, 70 (2014), http://www.poundinstitute .org/sites/default/files/docs/2014PoundReport2.24.15.pdf [http://perma.cc/MFQ9-VQKW].
454. As the AAA explains in its Ethical Principles, an "arbitration proceeding is a private process." *AAA Ethical Principles, supra* note 28.
455. Ting v. AT&T, 319 F.3d 1126, 1151 n.16 (9th Cir. 2003).
456. *Id.* at 1126; *see also* Pokorny v. Quixtar, Inc. 601 F.3d 987 (9th Cir. 2010). The Ninth Circuit, joined by some state courts, concluded that confidentiality either gives rise to or contributes to a contract's unconscionability. See, e.g., Schnuerle v. Insight Commc'ns Co., 376 S.W.3d 561, 578-79 (Ky. 2012).
457. See Guyden v. Aetna Inc., 544 F.3d 376, 384-85 (2d Cir. 2008); Iberia Credit Bureau Inc. v. Cingular Wireless LLC, 379 F.3d 159, 175-76 (5th Cir. 2004); Parilla v. IAP Worldwide Serv., VI, Inc., 368 F.3d 269, 279-81 (3d Cir. 2004). Further, one court concluded that a for-profit educational service could seek an injunction against former students to prevent them from disclosing the outcomes of arbitration. See ITT Educ. Serv., Inc. v. Arce, 533 F.3d 342 (5th Cir. 2008).
458. *Guyden*, 544 F.3d at 385.
459. *Id.* (quoting *Iberia Credit Bureau*, 379 F.3d at 175).
460. Stolt-Nielsen S.A. v. AnimalFeeds Int'l Corp., 559 U.S. 662, 686 (2010) (quoting from the class action arbitration rules provided as an Addendum to AAA Stolt-Nielsen Brief, *supra* note 412, at 10a).
461. AT&T Mobility LLC v. Concepcion, 131 S. Ct. 1740, 1750 (2011).

In practice, however, mandates to keep consumer information confidential are infrequent. The 2015 study by the CFPB concluded that in consumer debt, confidentiality was required in seven percent of the credit card clauses reviewed and in none of the arbitration obligations imposed by the wireless service providers.[462]

Yet, unlike courts, obliged by statutes and constitutions to account for their work, ADR providers are subject to fewer regulations, and First Amendment and Due Process rights of access have not thus far been read to apply directly to them. ADR providers do not routinely create public venues for observation of their proceedings, and many providers decline to make public the number and kinds of claims with which they deal, or do so only by way of a special arrangement with selected researchers.[463] Arbitrators continue to be bound by obligations of non-disclosure; companies do not routinely post decisions and disposition data, and individuals can only learn about filings and outcomes through networks linking similarly situated individuals and lawyers.

Important exceptions—from transnational conventions, federal regulations, and state law—permit windows into a few segments of the arbitration market. In 2013, UNCITRAL issued rules to govern transparency in treaty-based investor-state arbitration.[464] Domestically, federal regulation of public companies and

462. See *CFPB 2015 Arbitration Study*, *supra* note 17, § 2, at 52-53.

463. The 2015 AAA Materials cited here are one example, and thus I join several empirical analyses thanking the AAA for making available data that were not otherwise in the public domain. *See also* Colvin & Pike, *supra* note 179, at 59 n.1, 62 (noting that the AAA enabled full file reviews of 217 cases, thereby permitting access beyond what was available under state mandates); O'Connor & Rutledge, *supra* note 236, at 105. Further, Colvin and Gough note that the AAA uses a "broad interpretation" of California's disclosure requirements, thereby augmenting the public disclosure of information. Colvin & Gough, *supra* note 32, at 12.

464. UNCITRAL Transparency Rules, *supra* note 261. As the press release explained, while "confidentiality is often a valued feature of commercial arbitration," the public interest in arbitrations involving the state prompted the need to make such arbitrations more transparent and accessible. See Press Release, Comm. on Int'l Trade Law, General Assembly Adopts the United Nations Convention on Transparency in Treaty-Based Investor-State Arbitration, U.N. Press Release UNIS/L/210 (Dec. 11, 2014), http://www.unis.unvienna.org/unis/en /pressrels/2014/unisl210.html [http://perma.cc/9YPE-M68C].

The Transparency Rules require the arbitral tribunal, when exercising its discretion, to "take into account" the "public interest in transparency" along with the "parties' interest in a fair and efficient resolution of their dispute." UNCITRAL Transparency Rules, *supra* note 261, at art. 1, ¶ 4. The Rules also specify that when conflicts arise between arbitration rules and the Rules on Transparency, the latter "shall prevail." *Id.* art. 1, ¶ 7. Once arbitration is noticed, the Transparency Rules require that "the repository [] make all documents available in a timely manner, in the form and in the language in which it receives them"; that various documents, including a list of exhibits and expert reports, be made available to the public; that the tribunal permit third parties to submit information to it; and that hearings "shall be public" and the tribunal shall "facilitate public access," subject to the need to protect "confidential information" of some parts of the hearing. *Id.* art. 2-4, 6; *see also* Lise Johnson, *The Mauritius Convention on Transparency: Comments on the Treaty and Its Role in Increasing Transparency of Investor-State Arbitration* (Columbia Ctr. on Sustainable Inv. Policy Paper, 2014), http://ccsi.columbia.edu/files/2013/12/10.-Johnson-Mauritius-Convention-on -Transparency-Convention.pdf [http://perma.cc/WTF3-B5RK]; Julia Salasky, *The New UNCITRAL*

rules of the Financial Industry Regulatory Authority (FINRA)[465] require some disclosures. Further, as noted, a few states call for ADR providers to publish data on consumer arbitrations in "a computer-searchable format" (to use the terms of California's 2002 statute) on the web.[466]

California's 2002 mandate has become a key source of data. Arbitration providers are asked to furnish, for "each consumer arbitration," the name of the "nonconsumer party" (if "a corporation or other business entity"); the "type of dispute" (and for employees, details about their wage brackets); whether an attorney represented the consumer; the time from the demand made to disposition; the mode of disposition ("withdrawal, abandonment, settlement, award after hearing, award without hearing, default, or dismissal without hearing"); the prevailing party; the amount sought; the amount awarded and other relief

---

Rules and Convention on Transparency, London Sch. Econ. & Pol. Sci.: Investment & Hum. Rts. Project (Aug. 6, 2014), http://blogs.lse.ac.uk/investment-and -human-rights/portfolio-items/transparency-in-investment-treaty-arbitration-and-the-un -guiding-principles-on-business-and-human-rights-the-new-uncitral-rules-and-convention -on-transparency [http://perma.cc/5DJB-R42X].

465. *See* FINRA Rules §§ 12904(h), Fin. Industry Reg. Authority (2015), http://finra .complinet.com/en/display/display_main.html?rbid=2403&element_id=4192 [http://perma .cc/WZ7T-CW3V]; 13904(h), Fin. Industry Reg. Authority (2015), http://finra .complinet.com/en/display/display_main.html?rbid=2403&element_id=4292 [http://perma .cc/3UF7-PRBY] ("All awards shall be made publicly available."); *see also FINRA Arbitration Awards Online*, Fin. Industry Reg. Authority (2015), http://finraawardsonline.finra.org [http://perma.cc/DT7M-NRWC]; *Dispute Resolution Statistics*, Fin. Industry Reg. Authority (2015), http://www.finra.org/ArbitrationAnd-Mediation/FINRADisputeResolution /AdditionalResources/Statistics [http://perma.cc/H3FA-U5RP].

466. Cal. Civ. Proc. Code § 1281.96(a), (b) (West 2015) (originally enacted in 2002, effective 2003, and amended in 2014). The information gathered for my discussion on AAA filings was governed by the mandates of California's 2003 statute and hence subsequent references to the statute use that version.
In the 2014 revisions, California required that "[t]he information required by this section shall be made available in a format that allows the public to search and sort the information using readily available software." Cal. Civ. Proc. Code § 1281.96(b) (West 2015). Furthermore, the 2014 statute mandated that data are to be "directly accessible from a conspicuously displayed link." *Id.* § 1281.96(b). The statute—in 2003 and in 2014—also requires that paper copies be provided upon request, exempts companies doing fewer than fifty yearly consumer arbitrations from web-based quarterly reporting, and protects companies from liability for providing the information. *See id.* § 1281.96(a), (c)(2), (e). The 2014 amendment added additional disclosure requirements, including whether "arbitration was demanded pursuant to a pre-dispute arbitration clause and, if so, whether the pre-dispute arbitration clause designated the administering arbitration company." *Id.* § 1281.96(a)(1).
Maryland, Maine, and the District of Columbia enacted similar provisions after California's 2002 enactments. See D.C. Code § 16-4430 (2012); Me. Rev. Stat. tit. 10, § 1394 (2010); Md. Code Ann., Com. Law § 14-3903 (West 2011). The statutes vary slightly. Maryland, for example, also requires information on where arbitrations were conducted. Md. Code Ann., Com. Law § 14-3903(a)(11). Maine mandates that the information remain available for at least five years. Me. Rev. Stat. tit. 10, § 1394. The District of Columbia authorizes private parties and the Attorney General of the District of Columbia to seek injunctive relief and recover the costs of doing so; as of 2014, no reported case law has resulted. D.C. Code § 16-4430(i) (providing that "any affected person or entity, including the Attorney General of the District of Columbia, can request a court to enjoin the arbitration organization from violating the section and order such restitution as appropriate" and providing for recoupment of attorneys' fees and costs if those seeking to enjoin the arbitration organization prevail by settlement or court order). California's statute calls for compliance but specifies no particular method. Cal. Civ. Proc. Code § 1281.96(f) ("It is the intent of the Legislature that private arbitration companies comply with all legal obligations of this section.").

provided; and the arbitrator's name, fee, and the fee's allocation among the parties.[467]

Yet information remains spotty. A 2013 study, *Reporting Consumer Arbitration Data in California*, concluded that most providers were not in compliance with the state law;[468] only eleven of the twenty-six entities identified as arbitration providers filed any of the required information.[469] Not surprisingly, the AAA is a leader in compliance. As it describes on its webpage, *Consumer Arbitration Statistics*, the information is "made available pursuant to state statutes" and "updated on a quarterly basis, as required by law."[470]

The web-based materials are a revolving set; when a new quarter is posted, the older quarter is taken down, such that only five years of data are online. To understand the use of arbitration, we evaluated a lengthy chronicle of claims from across the country that were filed and closed from July 2009 to June 2014.[471] That list totaled 17,368 individual claims (sometimes related to the same case[472]),

---

467. Cal. Civ. Proc. Code § 1281.96(a). California's Judicial Council defined "consumer arbitration" in its *Ethics Standards for Neutral Arbitrators in Contractual Arbitration*. *See Ethics Standards for Neutral Arbitrators in Contractual Arbitration*, Cal. Jud. Council (2002), http:// www.courts.ca.gov/documents/ethics_standards_neutral_arbitrators.pdf [http://perma.cc /8RLM-BV5H]. A "consumer arbitration" is "an arbitration conducted under a predispute arbitration provision contained in a contract . . . with a consumer party . . . drafted by or on behalf of the nonconsumer party; and . . . [t]he consumer party was required to accept the arbitration provision in the contract." *Id.* at 3. A "consumer party" includes:

(1) [a]n individual who seeks or acquires, including by lease, any goods or services primarily for personal, family, or household purposes including, but not limited to, financial services, insurance, and other goods and services as defined in section 1761 of the Civil Code; (2) An individual who is an enrollee, a subscriber, or insured in a health-care service plan within the meaning of section 1345 of the Health and Safety Code or health-care insurance plan within the meaning of section 106 of the Insurance Code; (3) An individual with a medical malpractice claim that is subject to the arbitration agreement; or (4) An employee or an applicant for employment in a dispute arising out of or relating to the employee's employment or the applicant's prospective employment that is subject to the arbitration agreement.

Id. at 4.

468. David J. Jung, Jamie Horowitz, Jose Herrera & Lee Rosenberg, *Reporting Consumer Arbitration Data in California: An Analysis of Compliance with California Code of Civil Procedure § 1281.96*, Pub. L. Res. Inst. 9, 51 (2013), http://gov.uchastings.edu/docs/arbitration -report/2014-arbitration-update [http://perma.cc/9M5X-8LH2] [hereinafter *Reporting Consumer Arbitration Data*].

469. *Id.* at 1.

470. *Consumer Arbitration Statistics*, Am. Arb. Ass'n (2015), http://www.adr.org/aaa/faces/aoe /gc/consumer/ consumerarbstat [http://perma.cc/R2R7-MQRA].

471. *See AAA Data, July 2009-June 2014, Provider Organization Report*, *supra* note 25. The data described were obtained by "filtering" the Excel sheet columns through the "Data" tab and then electronically searching the document. We downloaded and stored the data to preserve that time-span of information. As noted, Lexis and Westlaw allow subscribers to search the texts of arbitral awards provided by the AAA with some redactions. See *supra* note 244.

472. The AAA provides an entry for each individual filing (whether singly or as part of a joint claim) and an entry for each respondent. For example, if a complaint is made against a car dealer and that car's manufacturer, the AAA would create two separate listings for each of the complaints. The AAA spreadsheet therefore contains 17,368 rows corresponding to each such individual filing. *See AAA Data, July 2009-June 2014, Provider Organization Report*, *supra* note 25. The AAA website stated that these 17,368 rows represented 16,436 cases filed after June 2009 and closed before July 2014. Because the AAA posts changes

of which 7,303 (or forty-two percent) fell in the consumer category, excluding real estate and construction.[473] The spreadsheets delineate seven categories: three kinds of consumer arbitrations (consumer, consumer construction, and consumer real estate), "employer promulgated employment," "other industry," residential construction, and residential real estate.[474]

Reading the entries, one generally learns the names of the business entity[475] and of arbitrators and lawyers (if appearing),[476] as well as whether the claim closed by settlement or award, the amounts sought, the fees,[477] and fee allocations between the disputants.[478] Of the 5,224 claims "terminated by an award," about half included a dollar figure.[479] The information on prevailing parties comes with the caveat that arbitrators are the source; the AAA has not "reviewed, investigated, or evaluated the accuracy or completeness" of such information.[480]

5.4.2. Accounting for Individual Consumer and Employee Arbitrations

Below, I detail some of the results of parsing these data as well as materials gathered by other researchers. My focus is on the use of arbitration, the rules and fee structures of the AAA, the provisions made for indigent claimants, and compliance with awards. The density of this account aims both to provide

quarterly to its web materials, this information no longer appears but is on file with the author. *Consumer Arbitration Statistics*, Am. Arb. Ass'n (2014) (on file with author).

473. *Id.*

474. *Id.* A few real estate claims, involving brokers, may be categorized by the AAA as falling under the general category of consumer complaints. Boyle AAA 2015 Materials, *supra* note 25

475. *See AAA Data, July 2009-June 2014, Provider Organization Report, supra* note 25. Individual consumers are not named; claims are listed by file numbers.

476. Enough information is included to calculate the number of arbitrations per year conducted by a particular arbitrator. *See AAA Data, July 2009-June 2014, Provider Organization Report, supra* note 25 (filtering the "Arbitrator_Name" column). For example, in claims against AT&T that were listed in the database, 598 individuals served as arbitrators of at least one claim. *See id.* (filtering arbitrator data in claims involving AT&T for "unique records only"); Memorandum from Adam Margulies to author, *Identifying Arbitrators* (Feb. 26, 2015) (on file with author).

477. The AAA changed its fee system in March 2013, as noted above. Boyle AAA 2015 Materials, *supra* note 25.

478. Information on the prevailing party appeared in 34% of the claims when awards are made, and the salary range of employees appeared in 37% of the 6,795 employment claims. *See AAA Data, July 2009-June 2014, Provider Organization Report, supra* note 25. These data were obtained by filtering the Provider Organization Report by category and subcategory. *See id.* For prevailing party data, we first filtered the "Type_of_Disposition" column for "Awarded" claims (5,224 claims), and then filtered the "Prevailing_Party" column so that it included only cells with information rather than "—," resulting in 1,760 claims, or 34% of 5,224 claims. Similarly, for salary range data, we first filtered the "TypeDispute" column for "Employer Promulgated Employment" claims (6,795 claims), and then filtered the "Salary_Range" column to include only cells with information rather than blank cells or cells indicating "Not Provided by Parties." The result was 2,546 claims, or 37% of 6,795 claims.

479. The zero appearing in the other half may reflect that no monetary relief was provided. *See id.* The "other relief" columns for both the business and the consumer are blank for all awarded claims.

480. *Id.*

information not otherwise available and to make plain the challenges entailed in doing so.

By way of a preview, seven conclusions emerge from this brief survey of available data. First, obtaining the information is labor-intensive, and the results are partial at best. Second, public records indicate that almost no individual consumers use arbitration. Third, navigating the sea of arbitration clauses and governing rules requires sophistication. Assistance—such as easily accessible forms on fee waivers and consumer-friendly user guides—is hard to find. Fourth, no comprehensive provisions enable indigent consumers to obtain waivers of filing fees. Fifth, the major ADR providers have little current capacity to administer a large number of arbitrations. Sixth, deciding on the optimal numbers of arbitrations requested or completed is difficult. But, and seventh, if the justification for applying the FAA to consumers is that it opens doors to dispute resolution that were otherwise closed, little evidence comes from the number of claimants using arbitration individually in the years since the Supreme Court expanded the aegis of the FAA and closed off collective action.

5.4.2.1. Finding the Filings

To create a manageable, focused inquiry, we reviewed the five-year span of AAA data to identify consumer arbitrations involving AT&T. Within the set of 7,303 consumer claims unrelated to commercial real estate or residential construction, the AAA 2009-2014 spreadsheet listed 1,283 brought against AT&T in any of its corporate forms.[481] Because one law firm confirmed that it filed 1,149 individual claims against AT&T Mobility,[482] a question emerged about whether those claims represented individual use of the system.[483] After learning from the

481. We identified 1,100 claims, of which 169 were filed against "AT&T Corporation"; 12 against "AT&T*"; and 2 against "AT&T Services, Inc." *Id.* In addition, one law firm filed two other claims against "Cingular Wireless" in 2013. *Id.* One claimant sought $1,477,099 from Cingular was awarded $485,152.22. The disposition of the other claim, which sought $723,549 from Cingular, was marked "administrative." *Id.* AT&T merged with Cingular Wireless in 2004. See *Cingular Timeline*, AT&T, https://www.att.com/Common/merger/files/pdf/Cingular_timeline7.pdf [https://perma.cc/2LUU-FG2D].

482. See *id.* (first, filtering "Nonconsumer" column for text containing "AT&T" or any similar title; second, filtering "Consumer Attorney Firm" for "Bursor & Fisher, PA"). The filings were made between July 2011 and November 2012. The AAA data listed 1,148. An interview confirmed that the firm had filed the additional claim on the AAA list, as well as a set of other claims related to a different legal argument. See Telephone Interview with L. Timothy Fisher, Bursor & Fisher (Feb. 11, 2015).

483. In January 2011, before the Supreme Court's decision in *AT&T Mobility LLC v. Concepcion*, that law firm had sought class action certification in a case alleging that "AT&T's billing system for iPhone and iPad data transactions" systematically overcharged consumers for data not provided or used. Hendricks v. AT&T Mobility LLC, 823 F. Supp. 2d 1015, 1017-18 (N.D. Cal. 2011). In October 2011, a federal district court held that the Supreme Court's ruling in *AT&T* precluded class certification, notwithstanding the argument about costs of pursuit, and that "large expenses interfer[ed] with the vindication of statutory rights." *Id.* at 1021.

firm that it had filed hundreds of arbitration claims (some related to "phantom" data charging and others to oppose a proposed AT&T merger with T-Mobile) in an effort to create two de facto class actions, we excluded that firm's filings from our count.[484]

Holding those filings aside, consumers brought 134 claims against AT&T, or an average of 27 per year.[485] (AT&T did not initiate any claims against consumers during the five-year period studied but did file a counterclaim in one of the consumer-initiated claims.[486]) That rate of consumer filings fits the picture provided in the record in Concepcions' litigation. Then, AT&T had almost seventy million customers by 2007 and, in the five years between 2003 and 2007, some 170 consumers—or about 34 a year—arbitrated under the AAA procedures with AT&T Mobility, AT&T Wireless, or Cingular Wireless.[487] (How many used the available pre-arbitration processes was not clear.)

---

484. Interview with L. Timothy Fisher, *supra* note 480. As Fisher recalled, the firm filed about 1,000 claims on phantom charges and a similar number related to the merger. Not all of those filings are listed on the AAA website. We learned that arbitration hearings were held in twenty-four of the over-charging claims. *Id.* The firm gave me a copy of one of the decisions, in which the complainant's expert and AT&T's witnesses testified and the arbitrator found against the complainant; the Award stated that the arbitrator's compensation of $750 was to be paid by AT&T under "the parties' arbitration agreement." Patrick Hendricks v. AT&T Mobility, LLC, Case No. 74-434-E-000041-12 (Award, Commercial Arb. Tribunal, Am. Arb. Ass'n May 21, 2012) (on file with author).

As for the effort to stop the merger, a district court granted an injunction against Sandra Smith, one of the "1,109 AT&T customers" represented by that firm, from trying to use arbitration to do so. Order at 2, AT&T Mobility LLC v. Smith, No. 11-cv-5157 (E.D. Pa. Oct. 7, 2011). The court relied on the AT&T clause stating that arbitrators were to decide all issues except those *"relating to the scope and enforceability of the arbitration provision." Id.* at 4. Further, AT&T had provided that arbitrators could not "preside over any form of a representative or class proceeding." *Id.* at 6. The court therefore concluded that AT&T would likely prevail on the argument that, functionally, Smith was barred by that clause because she was proceeding as a representative. *Id.* at 12-16.

Further, the court found that AT&T would suffer irreparable harm by having "its resources, attention, and witnesses" diverted from responding to the Department of Justice's lawsuit against the merger. *Id.* at 16, 2011 WL 5924460, at *9. In addition, the "compressed schedule" required by the AAA for arbitration imposed burdens that would "stretch" the company "too thin." *Id.* Finding that the balance of hardships and public interest tipped towards AT&T, the court enjoined the arbitration. *Id.* at 16-20. For a review of other decisions on the arbitrability of the merger, see *Schatz v. Cellco Partnership*, 842 F. Supp. 2d 594, 601-603 (S.D.N.Y. 2012).

485. One other law firm, Edelson McGuire, LLC, was listed as filing twenty claims. *See AAA Data, July 2009-June 2014, Provider Organization Report, supra* note 25 (first, filtering "Nonconsumer" column for text containing "AT&T"; second, filtering "Consumer Attorney Firm" for "Edelson McGuire, LLC"). That group of claims is included among the 134 claims because the number of individual filings by the firm was small and the amounts sought varied, as did the filing dates and the dispositions.

486. *See id.* (listing "Consumer" for each claim involving AT&T in the "Initiating_Party" column). Evidence for the potential counterclaim comes in the form of one non-blank entry—approximately $1287—within a column listing amounts claimed by the business.

487. See Brief of Civil Procedure and Complex Litigation Professors, *supra* note 25, at 20 (citing Declaration of Bruce L. Simon, *supra* note 25, at ¶¶ 8-9) (reporting on data collected from American Arbitration Association website statistics). The district court noted that AT&T has reported a higher figure (570) of customers who had pursued arbitration but had "failed to identify the nature or amount of these claims" or whether

During much of the period between 2003 and 2014, AT&T and its predecessor companies also noted that customers could use small claims court.[488] We sought to learn about those filings for a five-year period running from 2010 to 2014 in two jurisdictions, California and Illinois. Those states were chosen because of California's role in regulating arbitration, Illinois's large court-annexed arbitration program, the size of each state, and the capacity to access online some of the small claims court filings in counties in each state. In California, where accessible databases came from twenty-five of its fifty-eight counties (this set includes less than thirty percent of the state's population), we identified 66 cases in fifteen counties in the five years between 2010 and 2014 in which AT&T was a defendant and three in which it was a plaintiff.[489] Counties in Illinois had more web-accessible data, and during the same five-year period, we located 140 cases in fourteen counties that involved breach of contract or fraud.[490]

Given uneven access to data on small claims, these very preliminary numbers raise the possibility that more consumers (as well as AT&T itself) may be choosing the option of pursuing claims in court rather than in arbitration. The Consumer Financial Protection Bureau also sought to understand the role played by small claims courts. The CFPB found that, in 2012, fewer than 870 consumers filed against credit issuers in small claims court in a set of jurisdictions totaling about 85 million people; the CFPB identified credit card issuers turning to courts repeatedly—eighty percent of 41,000 claims—for debt collection.[491] Further, when

---

any involved deceptive advertising. Laster v. T-Mobile USA, Inc., No. 05-cv-1167, 2008 WL 5216255, at *13 (S.D. Cal. Aug. 11, 2008).

AT&T amended the terms of its arbitration provisions as the litigation was ongoing, and made the terms more consumer-friendly. As of 2015, for "any non-frivolous claim that does not exceed $75,000, AT&T will pay all costs of the arbitration." *AT&T Wireless Customer Agreement, supra* note 2, at § 2.1. In addition, AT&T offers to pay at least $10,000 as well as double attorneys' fees to any consumer who wins more in arbitration than was offered in settlement. *Id.* at § 2.2(4). AT&T has not made public the numbers of such claims paid.

488. *See AT&T Wireless Customer Agreement, supra* note 2, § 2.2(1). According to Andrew Pincus, who has represented AT&T, a small claims option was available in the AT&T provisions, as well as in those from its predecessor Cingular, since "at least mid-2003," and perhaps earlier. E-mail from Andrew Pincus, Partner, Mayer Brown LLP, to author (Feb. 18, 2015) (on file with author). Provisions from the 2003 and 2006 versions are also on file with author.

489. Memorandum from Diana Li, Jonas Wang, John Giammatteo, Marianna Mao, Ben Woodring & Chris Milione to author, *Small Claims Court Filings: A Preliminary Analysis* (March 16, 2015) (on file with author) [hereinafter *Small Claims Court Filings* memo]. These counties were: Santa Clara, Ventura, Santa Cruz, Fresno, Stanislaus, Placer, Kern, El Dorado, Contra Costa, San Joaquin, San Francisco, San Mateo, Monterey, Marin, and Mendocino.

490. *Id.* Those counties were Cook, Lake, St. Clair, Vermilion, Clinton, LaSalle, DuPage, Madison, Bard, Champaign, Winnebago, Macon, McHenry, and Jackson.

491. *CFPB 2015 Arbitration Study, supra* note 17, § 1, at 15-16; § 7, at 11-12. The CFPB encountered the challenges we had in that a central database for small claims courts does not exist, and access to data varies by jurisdictions. The CFPB data sampled case filings by selecting state databases that aimed to provide statewide data and that permitted party-name searches, by years; the CFPB supplemented its analysis through review of some county-level data from the "30 most populous counties in the United States." *Id.* § 7, at 5-6.

looking at federal court filings, during three years from 2010 to 2012, in five consumer product markets, the CFPB identified 3,462 individual cases or more than 1,100 per year, in addition to 470 consumer class action filings.[492]

The variables that could make courts more accessible than arbitration include fees that are sometimes lower (for example, counties in California charge from $30 to $75 per small claims court filing; in Illinois, the fees ranged from $35-$50 to $119-$337 per filing[493]), knowledge about how to use the system, and the ease of sharing information among claimants—in that all of these courts are open to the public.[494] Yet overall, relatively few individuals pursue claims anywhere. The CFPB's survey offered the explanation that the people surveyed rarely thought they would themselves bring cases.[495] What its data coupled with my research make plain is that the private enforcement of small-value claims depends on collective, rather than individual, action.

More information about the volume of filings in arbitration comes from the AAA 2009-2014 data, which reported that it conducts about 1,500 consumer arbitrations (as defined by the AAA) a year.[496] Paralleling those figures is research identifying 4,857 AAA consumer-filed arbitrations between 2009 and 2013.[497] The definition used by the AAA is somewhat narrower than what California counts as

492. *Id.* § 6, at 27-28, 16. The CFPB chose to exclude auto loans in its individual case analysis because a preliminary review identified 27,000 filings and that large number made manual inquiries too challenging. *Id.* § 6, at 11 & n.22. Hence it has likely undercounted the number of consumers seeking to use courts. Auto loans were part of its class action analysis. *Id.* In some of the individual cases within the CFPB count, motions to arbitrate were filed. *Id.* § 6, at 8. Although the CFPB also sought to identify individual filings in a subset of states, data challenges made that plan unworkable. *Id.* § 6, at 15. The CFPB did identify 92 state class actions in the counties it studied, of which 19 were removed to federal court. *Id.* § 6, at 16.

493. Memorandum from Diana Li, Jonas Wang, John Giammatteo, Marianna Mao, Ben Woodring & Chris Milione, *supra* note 487. That review relied on the California small claims fee schedule, *see Statewide Civil Fee Schedule*, Superior Ct. Cal. 5-6 (Jan. 1, 2015), http:// www.cc-courts.org/_data/n_0003/resources/live/2015CivilFeeSchedule.pdf [http://perma.cc /79LC-JEXJ], and on county websites that provided Illinois fee data. In California, those who have filed more than 12 small claims in California within the previous 12 months pay $100 to file the next claim. *Statewide Civil Fee Schedule, supra; see also Small Claims Court Filings* memo, *supra* note 487.

494. All courts permit individuals to look at files, if stored on site. Online access to filings is often available, in some courts without charges and in others behind a paywall. Search tools and the capacity to search in depth varied by county and state. See Memorandum from Diana Li, Marianna Mao, Jonas Wang, Benjamin Woodring, John Giammatteo, & Chris Milione, to author, *Public Access to Small Claims Court* (Feb. 28, 2015) (on file with author).

495. *CFPB 2015 Arbitration Study, supra* note 17, § 3, at 16-18.

496. From the data the AAA posted for 2009-2014, we tallied 1,054 consumer filings in 2010; 1,047 in 2011; 2,821 in 2012; and 1,535 in 2013. *See AAA Data, July 2009-June 2014, Provider Organization Report, supra* note 25 (excluding consumer construction and consumer real estate filings). This analysis parallels but is not identical to the numbers provided to us by the AAA, which listed 1,063 consumer filings in 2010; 1,425 in 2011; 2,811 in 2012; and 1,741 in 2013. Boyle AAA 2015 Materials, *supra* note 25.

497. Chandrasekher & Horton, *supra* note 38, at 33.

a consumer arbitration,[498] putting the figure at about 3,500 per year.[499] Another way to assess available information is to include the AAA data with those of other providers reporting consumer arbitrations under state mandates. On that count, filings averaged about 5,000 to 6,000 a year during the period from 2009 to 2014.[500]

---

498. Section 1281.96 of the California mandate on reporting consumer arbitrations requires disclosure of the "nature of the dispute involved as one of the following: goods; credit; other banking or finance; insurance; health care; construction; real estate; telecommunications, including software and Internet usage; debt collection; personal injury; employment; or other." Cal. Civ. Proc. Code § 1281.96(a)(3) (West 2015). The earlier version of that section, enacted in 2002, required disclosure of the "type of dispute involved, including goods, banking, insurance, health care, employment." *Id.* § 1281.96(a)(2) (West 2014); *see also* David S. Schwartz, *Mandatory Arbitration and Fairness*, 84 Notre Dame L. Rev. 1247, 1285 n.90 (2009).

499. *See AAA Data, July 2009-June 2014, Provider Organization Report, supra* note 25.

500. Specifically, in addition to the 17,368 entries over five years from the AAA, the data include filings from the Office of the Independent Administrator designated by Kaiser Foundation Health Plan, Inc. for its California health plan members. *Welcome*, Off. Indep. Administrator (2015), http://www.oia-kaiserarb.com [perma.cc/US6M-YSD3]. That office provides a non-searchable database listing 9,123 cases over a period of twelve years from January 2003 to December 2014. A searchable five-year database listed 3,294 arbitrations from January 2010 to December 2014. *Sortable Disclosure Table*, Off. Indep. Administrator (2015), http://www.oia-kaiserarb.com/51/consumer-case-information /disclosure-table-about-arbitrations-received-in-past-five-years-sortable/sortable-dislosure -table [http://perma.cc/R6A7-KX6U]. JAMS recorded 2,921 entries filed from 2009-2014. *JAMS Consumer Case Information*, JAMS (2015), http://www.jamsadr.com/consumercases [http://perma.cc/3F47-5YKW] (click to download "Consumer Case Information" Excel sheet).
Judicate West disclosed 2,250 arbitrations from 2006 to 2014, with 2,221 filed since 2009. *Quarterly Consumer Arbitration Disclosure*, Judicate W. (Dec. 31, 2014), http://www .judicatewest.com/files/forms/arb_forms/Quarterly_Cons_Arb_Disc.pdf [http://perma.cc /R2Z6-2KJR] (counting cases by determining the number of times "Case Number" appears and determining date range by searching by year for "Filing Date"). A manual search identified that twenty-nine of the arbitrations reported were filed before 2009. ADR Services, Inc. listed 2,181 arbitrations from January 2006 to October 2014, with 2,137 filed since 2009. *Consumer Arbitration Record*, ADR Servs. Inc. (Oct. 1, 2014), http://www.adrservices .org/pdf/Consumer%20Arbitration%20Record%202014.10.01.pdf [http://perma.cc/YTZ2 -R7EJ] (counting cases by determining the number of times "Case Number" appears; determining date range by searching by year for "Date Demand Received"). A manual search identified that forty-four of the arbitrations reported were filed before 2009.
Resolution Remedies reported 240 arbitrations from 2009 to 2014. *Consumer Arbitration Disclosure Report—Standard 8 Report*, Resol. Remedies (Oct. 2014), http://www .resolutionremedies.com/documents/Standard8Report-Oct2014.pdf [http://perma.cc/SWP3 -HAMY] (determining date range by searching by year for "Date"). Many of the entries, however, are labeled as mediations. In order to count the number of arbitrations, a case-sensitive search for "Arb" was conducted—after saving the document and opening outside the Google Chrome web browser, which did not allow a case-sensitive search—because a non-case-sensitive search for "arb" provides many erroneous hits. A cursory review of the 240 hits found via a case-sensitive search indicated no errors in the count. Alternative Resolutions Centers reported 170 arbitrations from January 2009 to September 2013. *ARC Consumer Arbitrations*, Alternative Resol. Centers (Apr. 1, 2014) (on file with author) (counting cases by determining the number of times "Case Name" appears; determining date range by searching by year for "Case Date"). Alternative Resolution Centers removed its old database and switched to a spreadsheet format. *See Disclosures*, Alternative Resol. Centers (2014), http://www.arc4adr.com/consumerreporting.html [http://perma.cc/FG72 -DWTW] (select "download spreadsheet"). National Arbitration and Mediation (NAM) reported eighteen arbitrations from September 2007 to July 2014, with all but one filed after July 2009. *NAM Consumer Arbitrations*, Nat'l Arb. & Med. (2014), http://www.namadr .com/Consumer_cases.cfm [http://perma.cc/Z2VK-TAA5].
Excluded from the count of the some 28,000 total consumer filings under the California mandate from 2009 to 2014 were 20,000, listed from 2009 to 2011, by the National Arbitration Forum (NAF). *See California CCP 1281.96 Reports*, Nat'l Arb. F., http://www.adrforum .com/main.aspx?itemID=563&hideBar=False&navID=188&news=3 [http://perma.cc/UW63 -M5GS]. Unlike the other providers, these filings are categorized by the arbitration's end date, and almost all were filed before 2009. NAF stopped administering new consumer

Above, I discussed the Consumer Financial Protection Bureau's inquiries into court filings. CFPB data on arbitrations go beyond my focus on claims involving AT&T; the CFPB looked at six credit-related markets for which, again, the AAA is the predominant provider of arbitration services.[501] The CFPB's 2013 Preliminary Results reported millions of consumers subject to arbitration and found an average of 415 individual AAA filings per year from 2010 to 2012 in four consumer product markets—credit card, checking account, payday loans, and prepaid cards.[502] In its 2015 report, the CFPB added two products, private student loans and auto loans,[503] to its analysis—bringing the three years' annual average up to 616.[504] About two-thirds were filed by consumers, while the remaining included disputes brought by both parties as well as those filed by companies.[505] A summary of the information we excavated and of that detailed by the CFPB is provided in Figure 7.[506]

Turning to employment, a 2008 study suggested that, across the country, at least thirty million employees were obliged to use arbitration.[507] The AAA was (again) the "largest provider" of employment-related arbitration; researchers estimated that about 1 in 10,000 employees used its system.[508] Between 2010 and 2013, the AAA reported 1,349 to 1,599 filings nationwide under employer-promulgated arbitration obligations.[509]

---

arbitrations on July 24, 2009, pursuant to a consent judgment, after the State of Minnesota brought suit alleging that NAF had undisclosed ties to the credit collection industry. *See* Minn. v. Nat'l Arbitration Forum., No. 27-CV-09-18550, 2009 WL 5424036 (Minn. Dist. Ct. July 17, 2009) (consent judgment); Press Release, Minn. Office of the Att'y Gen., National Arbitration Forum Barred from Credit Card and Consumer Arbitrations Under Agreement with Attorney General Swanson (July 19, 2009), http://pubcit.typepad.com/files / nafconsentdecree.pdf [http://perma.cc/VTH9-ECAY] (containing also Letter from Lori Swanson, Att'y Gen. of the State of Minn., to President, Am. Arbitration Ass'n (July 19, 2009)); *see also National Arbitration Forum To Cease Administering All Consumer Arbitrations in Response to Mounting Legal and Legislative Challenges*, Nat'l Arb. F., (July 19, 2009), http://www.adrforum.com/newsroom.aspx?itemID=1528 [http://perma.cc/QZA3-JG5M].

501. *See CFPB 2015 Arbitration Study*, *supra* note 17, § 1, at 10; § 2, at 34-35 (identifying the AAA as a provider in eighty-three percent of credit card arbitration clauses and in eighty-six percent of the surveyed mobile wireless arbitration clauses); Tables 4-5, § 2, at 36-39 (summarizing providers in contracts in the six sectors studied); *see also CFPB 2013 Preliminary Results*, *supra* note 31, at 13. ("The AAA is the predominant administrator for consumer arbitration about credit cards, checking accounts, and GPR prepaid cards.").
502. *CFPB 2013 Preliminary Results*, *supra* note 31, at 13.
503. *2015 CFPB Arbitration Study*, Consumer Fin. Protection Bureau, *supra* note 17, § 5, at 3. The median amount of consumers' "affirmative claim[s]" was $11,500. *Id.* § 1, at 12.
504. *Id.* § 1, at 11.
505. *Id.*
506. Another effort at identifying a subset of cases, those involving social media, comes from Rustad and Koenig, who located four social media arbitration dispositions over the course of a decade in AAA data. See Rustad & Koenig, supra note 235, at 369-72.
507. Colvin & Gough, *supra* note 32, at 2.
508. Colvin & Pike, *supra* note 179, at 82.
509. Boyle AAA 2015 Materials, *supra* note 25.

Figure 7. consumer filings with the aaa.

Sources	*Types*	*Estimates of Numbers of Consumers*	*Average Per Year*	*Total Over Years Analyzed*
AAA Data, Provider *Organization Report* (June 2009–July 2014)	AAA-defined consumer claims		1,460	7,303
	including: AAA claims involving AT&T	85-120 million consumers	27	134*
Consumer Financial Protection Bureau, *2015 Arbitration Study* (January 2010–December 2012)	AAA claims in credit card, prepaid card, checking account, payday, private student, and auto loan markets	including: 80 million credit-card consumers	616**	1,847

* *Consumers filed all 134 of the consumer claims involving AT&T.*

** *Consumers filed approximately two thirds, and companies about one third, of the 616 claims per year.*

The question is what to make of the small numbers of claims filed. The low filing rates for consumer arbitrations could reflect a lack of need to do so. Public enforcement may suffice, or manufacturers and service providers could generally be in compliance with legal obligations and voluntarily remedy the breaches that do occur. For example, in terms of informal resolutions, AT&T reported that it paid $1.3 billion in 2007 in "manual credits to resolve customer concerns and complaints." Further, AT&T's current promise to provide extra payments to consumers who succeed in arbitration creates an incentive for the company to settle claims. Yet AT&T does not publish data on its settlements or on when it pays premium awards after arbitration. Thus, one is left to speculate on whether AT&T's responsiveness explains the few claims filed or whether the accommodations made are but a small fraction of consumer complaints that could have been brought.

Support for a thesis of under-claiming comes from a series of federal agencies' complaints asserting that the major wireless service providers imposed illegal overcharges through a practice known as "cramming." In October of 2014, the Federal Trade Commission (FTC) filed a federal lawsuit alleging that AT&T had billed consumers $9.99 per month for unauthorized third-party subscriptions that were not clearly identified in its billing. According to the complaint, when customers noticed the charges and did complain, they received either inadequate refunds or none at all. The FTC alleged that AT&T kept between 35-40% of the unauthorized charges and that, as a result, in 2013 AT&T gained more than $160 million in revenue.

Four days after the filing, the FTC and AT&T announced a settlement, joined by the Federal Communications Commission (FCC) and several states, to return $80 million to consumers, to provide $20 million to the participating states, and to give $5 million to the U.S. Treasury. In December of 2014, the CFPB filed a similar lawsuit against Sprint and alleged "millions of dollars" of unauthorized third-party charges; that complaint estimated $2 billion were, annually, overcharged to consumers. Later that month, T-Mobile settled an FTC complaint lodged against it for cramming and agreed to refund $90 million in unwanted charges, to pay an $18 million fine to state attorneys general, and to pay $4.5 million to the FTC.

These government filings could be interpreted as providing all the legal remedies needed. Such efforts surely provide a buffer against the dearth of individual claims. Yet research by the Consumer Financial Protection Bureau describes how much the government itself relies on private enforcement as one way to ferret out illegal action. The CFPB concluded that when government entities pursued particular claims that were also the subject of class actions, the government filed its complaints in about two-thirds of the cases *after* those filed by private parties. That pattern highlights the inter-dependencies between public and private enforcement, as well as the importance of the capacity to pursue claims collectively.

If one argument for private enforcement comes from a policy analysis of the role it plays in enforcing obligations, another comes from law. State and federal legislation has authorized private rights of action, empowering individuals to bring claims. Such provisions reflect both majoritarian distrust of centralizing too much power in government and commitments to the entrepreneurialism of private enforcement. This mix of law and policy makes the absence of claims a source of concern.

5.4.2.2. Locating the Rules and Fee Structures

Two other factors—ease of knowing how to file claims and the costs of doing so—affect the likelihood of pursuing claims. In addition to the challenges of learning about other claimants, Dispute Diffusion makes it difficult to locate the governing rules and the fees involved in arbitration. Atop the rules of specific providers (like the AAA), arbitration clauses may be a source of procedures, as can be individual arbitrators, imposing their own specifications. Thus, just as the case law contesting arbitration clauses requires lawyer expertise if one is considering contesting any of the obligations imposed, using the arbitration system itself entails sophistication to learn which rules and fees apply.

A few details on the layers of rules that have governed arbitration within the AAA system illustrate the subtleties of deciding—from reading documents—which rules govern. For decades, the AAA has had Commercial Arbitration Rules; the AAA added what it now calls its *Consumer-Related Disputes: Supplementary Procedures* in 1999 to response to the concerns prompting the 1998 AAA-sponsored *Consumer Due Process Protocol*. The Consumer Supplement imposed no administrative fees on consumers seeking $75,000 or less and permitted consumers to pay no more than 50 percent of arbitrators' fees, which were capped at $125 for claims not exceeding $10,000. In 2013, the AAA revised its fee rules for consumer claims. The AAA instituted its own $200 administrative filing fee, to be paid by consumers (unless arbitration clauses specify that businesses absorb that fee). In addition, the AAA required businesses to pay all the arbitrators' fees and applied parallel provisions for its employer-promulgated rules.

In 2014, the Consumer Supplemental Protocol was replaced by a freestanding set of Consumer Arbitration Rules, not tied to an amount in controversy and to be used even when a consumer agreement specifies other rules. Although conversations with AAA staff clarified that the 2014 Consumer Rules displace others, AAA documents make reference to the possibility of substituting other rules, "such as the Real Estate or Wireless Industry Arbitration Rules, for the Commercial Dispute Resolution Procedures in some cases," as well as the Wireless Rules, which are now superseded by the Consumer Rules. In short, the various procedures and specific arbitration clauses offer more of a maze than a roadmap to which rules apply and how much discretion individual arbitrators have in a system that is unbounded by precedent.

The question of costs is one that the AAA describes as a matter left largely to its own judgment, exercised in reference to what courts and other dispute providers do and to the Consumer Due Process Protocol's commitment to costs being "reasonable." As noted, in 2013, the AAA instituted a filing fee for consumers, pegged it at $200, and continued applying that fee in the 2014 revisions.

But not all consumers have to pay that fee because, in 2002, as part of its packet of arbitration regulations, California required fee waivers for "indigent consumers," defined as those with incomes of less than "300 percent of the federal poverty guidelines." California instructed providers to give consumers notice of this option and to create forms for sworn declarations that a particular consumer qualified; providers were not to ask for additional information.

In compliance, the AAA has a form labeled "Waiver of Fees Notice for Use by California Consumers Only" and another document (not available on the web) for the rest of the country, entitled an "Affidavit in support of Reduction or Deferral of Filing and Administrative Fees." That affidavit form requires consumers outside of California to make detailed disclosures of assets, income, and liabilities and does not indicate the availability of full waivers. The AAA reports that it has given waivers when requests are made but that it does not track the numbers or kinds of waivers, deductions, or deferrals given. Thus, aside from California, robust and publicly accessible analogues to court-based "in forma pauperis" proceedings are not available in arbitration.

5.4.2.3. Concerns about Compliance

If the problems of rules and costs ex ante impose barriers to filing, uneven implementation of the awards made ex post may also discourage filing. Compliance analyses are hard to come by, and here I turn to information resulting from SEC regulation of the financial securities arbitrations, including under FINRA, and by way of reports from the Government Accountability Office (GAO). In the wake of the Supreme Court's rulings in the 1980s permitting enforcement of arbitration clauses related to securities transactions, concerns emerged about industry-based arbitrations administered by the National Association of Securities Dealers, the New York Stock Exchange, the American Stock Exchange, the Chicago Board Options Exchange, and the Municipal Securities Rulemaking Board. Responding to requests by members of Congress to study securities arbitrations, the Government Accountability Office (GAO) issued six reports between 1992 and 2003. A 2000 GAO study, sampling 247 claims out of 11,290 arbitrated by industry providers, found that an estimated $129 million of the $161 million (or about eighty percent) of awards to investors went "unpaid." A 2003 follow-up review concluded that in 2001, about $55 million of the $100.2 million in arbitration awards had gone unpaid—an improvement over the 1998 results, even as about half the successful investors did not receive funds.

5.5. Contracting for Judges in a Market for Courts

Another window into arbitration's relationship to legal rights comes from those with the capacity to shop for services. Some negotiated contracts build courts *into* their customized agreements. A 2008 study of high-value companies concluded that the firms left open the option of using courts when negotiating contracts with each other; fewer than one in ten contracts bound themselves to use arbitration exclusively. Yet three-quarters mandated arbitration for their consumers. Other customized agreements call for judicial oversight of arbitrations to ensure compliance with the contracts' directions. The legality of doing so reached the Supreme Court in 2008 in *Hall Street Associates v. Mattel, Inc.* –providing another illustration of the role of public law in structuring the parameters of "private" arbitration.

The case was atypical in that the particular contract was forged as a settlement of a federal lawsuit relating to the termination and indemnification obligations of a tenant (Mattel) to its landlord (Hall Street). After Mattel won a bench trial on the termination question, the parties agreed that arbitrators would decide indemnification—with the caveat that a court "shall vacate, modify or correct any award: (i) where the arbitrator's findings of fact are not supported by the substantial evidence, or (ii) where the arbitrator's conclusions of law are erroneous." Hall Street, which lost the arbitration, argued that the arbitrator erred as a matter of law by not including an Oregon Water Quality Act provision as a measure of environmental contamination.

The question of the enforceability of that provision was litigated under the FAA, which authorizes judges to void arbitration awards "procured by corruption, fraud, or undue means"; when evidence exists of "partiality or corruption in the arbitrators"; when arbitrators are "guilty of misconduct" in conducting the hearing or otherwise prejudicing a party; or "where the arbitrators exceeded their powers, or so imperfectly executed [their powers] . . . ." Not mentioned directly are errors of law, perhaps because in the 1920s, arbitrators were "supposed to apply the contract" and not necessarily "apply the law."

Given that the contract at issue in *Hall Street* stipulated review for errors of law, the Court could have upheld judicial review under the FAA's excess-of-powers provision. Doing so could have had a wider impact, permitting judicial oversight of arbitrations predicated on the effective vindication/adequacy rationale. Alternatively, the Court could have read the FAA as celebrating the authority of parties to negotiate provisions, including contracting for courts' jurisdiction. Or the Court could—as the New Zealand Supreme Court has since concluded—have held that the agreement for judicial review was integral to the contract and that its invalidation undid the decision to arbitrate.

Instead, Justice Souter, writing for the Court, read the FAA's direction that courts "must grant" confirmation of arbitration orders as preventing the Court from interpreting the FAA's excess-of-powers provision to authorize judicial oversight; further, the Court read the FAA grounds as exclusive, precluding parties from adding additional bases on which to review awards. That narrowness made "sense" because it maintained "arbitration's essential virtue of resolving disputes straightaway." The Court fashioned the procedural rule by substituting its preferences—for speed in this instance—over the parties' preferences for oversight by judges.

Yet the majority added the caveat that parties could provide for "enforcement under state statutory or common law, . . . where judicial review of different scope is arguable." As a consequence, a few state courts have read *Hall Street* to permit them to accord review more expansive than under the FAA—as a matter of state "procedure" rather than arbitration's "substance"—and therefore as not preempted by the FAA. The result is a dialogue among judges in different jurisdictions about the values and priorities of the public law of private arbitration. Some state courts have endorsed judicial review and explained their rulings as respecting freedom of contract and as enhancing arbitration's appeal (pun intended).

Illustrative is a decision by the Texas Supreme Court, which reviewed a contract specifying that an arbitrator did "not have authority (i) to render a decision which contains a reversible error of state or federal law, or (ii) to apply a cause of action or remedy not expressly provided for under existing state or federal law." Given that arbitration's "essential virtue" was agreement and that parties could choose arbitration for a variety of reasons ("speed and cost, . . . flexibility, privacy, and in some instances, expertise"), the Texas Court permitted judicial review. Moreover, the court rejected what it called "haste" as either a primary or a good goal for arbitration. Rather, parties ought to be allowed "an alternative to litigation" without needing to be "willing to risk an unreviewable decision." Under this approach, the parties' arbitrators become—if an appeal is filed—de facto lower court judges, working under higher courts' supervision.

The desirability of decisions by judges is also evident in a 2009 enactment by the Delaware legislature, seeking to maintain the state's "preeminence" in corporate dispute resolution by redesigning procedures to make its courts competitive with private sector dispute resolution providers. The legislature offered an arbitration program run by the Chancery Court's judges and held in their courthouses. To be eligible, at least one of the disputants had to be incorporated in Delaware, at least a million dollars had to be at stake, and disputants had to pay $12,000 in filing fees and $6,000 daily to the state thereafter. Filings were not to be on the public docketing system, and the public was not permitted to attend hearings. The decisions were to be enforceable as judgments, subject to review by the Delaware Supreme Court, which had not, as of 2013, provided rules about whether appeals would also be confidential.

As a federal district judge would later describe it, litigants could purchase what was "essentially a civil trial" conducted by Delaware's Chancery judges. That decision finding the procedure unconstitutional came in response to a challenge by the "Delaware Coalition for Open Government," arguing that Delaware's legislation violated the public's First Amendment's right to observe court proceedings. Delaware's Chancery Court judges appealed and lost again in a split decision in which the Third Circuit concluded that "Delaware's government-sponsored arbitration" could not constitutionally be held in a courthouse yet be closed to the public.

The relevance of the Delaware legislation to the meaning of "effective vindication" comes from its provision that litigants with resources could be provided state-employed judges, authorized to resolve their conflicts—in private. As one amicus supporting a petition for certiorari to overturn the Third Circuit explained, businesses were "weary of private arbitration" and sought "predictability" by turning to the Chancery judges. These individuals were "first-rate adjudicator[s]," schooled in its law, well-known for their "efficient case management" and for their rules requiring hearings within three months of filing. Moreover, when going to court, parties had "to comport themselves civilly, to assess their positions soberly, and to present their cases in a way that respects the other demands on the judge's time."

5.6. Regulated Arbitrations: Court-Annexed Arbitration in Federal Courts, Agency Supervision, and European Directives

Outsourcing dispute resolution depends on law, which currently imposes a form of regulation—licensing variability, permitting privacy, prohibiting much by way of court oversight, and according a great deal of authority to private providers to preclude collective redress. The "public" is thus pervasive in the "private" of arbitration. But other forms of regulation are possible, and such rules could impose obligations of egalitarian access and public accountability on arbitration.

To make plain that the current norms of the Alternative Civil Procedural Rules are not inevitable and that its deregulatory diffusion could be replaced with transparent systems, I provide a few examples of yet other "alternatives" that do create mechanisms for oversight of decision makers, that aim to protect disputants' volition, and that authorize public access and court review. Each of the processes has its critics, yet each illustrates methods for organizing publicly endorsed arbitration. Thus, were the Supreme Court seeking ways to implement its tests of effective vindication and adequacy, it has models upon which to draw. Federalism is one font of innovation, and above I discussed state-based innovations such as California's fee waiver rules and reporting mandates and Illinois's court-arbitration program. A second resource is Congress, which has created a different form of arbitration for cases filed in the federal courts. Agency oversight is a third model, and a fourth comes from regulatory efforts in Europe.

In the 1980s, Congress encouraged federal courts to offer an array of court-based ADR and created special procedures for "court-annexed arbitration."

Congress authorized federal judges to appoint lawyers to conduct trial-like hearings and to enjoy judge-like powers to issue subpoenas, convene hearings, and enter awards. But the provisions imposed constraints very different from those the Court has licensed through its reading of the FAA.

Specifically, in the 1988 "Judicial Improvements and Access to Justice Act," Congress selected ten district courts that could mandate court-annexed arbitration, but not in all cases. Instead, this option was available only when cases involved monetary damages under $100,000; for cases involving civil rights and constitutional claims, the statute permitted judges to refer cases to arbitration only if the parties consented and if the issues were not "novel."

A decade later, Congress revisited the parameters in the "Alternative Dispute Resolution Act of 1998," which required all federal district courts to "authorize, by local rule . . ., the use of alternative dispute resolution processes in all civil actions," including the "use of arbitration." The criteria for eligible cases shifted a bit. Congress prohibited arbitrations when actions were "based on an alleged violation of a right secured" by the Federal Constitution and when the relief sought exceeded $150,000. Congress also directed district courts to establish standards for those appointed as arbitrators, who were subject to rules of disqualification applicable to federal judges and protected for their "quasi-judicial functions" with "the immunities and protections that the law accords to persons serving in such capacity."

In addition, under the heading "Safeguards in Consent Cases," Congress required federal courts to ensure that consent to arbitration was given "freely and knowingly" and that "no party or attorney" was to be "prejudiced for refusing to participate in arbitration"; the ten districts originally authorized in 1988 to provide arbitration continued, however, to have the option of mandating its use for eligible cases. Congress also provided for trial de novo in which the action was to be "treated . . . as if it had not been referred to arbitration." Thus, unlike other forms of ADR for which federal judges have the power to require attendance, the general mandate from Congress was to make arbitration voluntary. Moreover, unlike the obligations enforced by the Supreme Court under the FAA, federal court-annexed arbitrations do not preclude parties who want to proceed to trial from doing so.

Another distinction between FAA and court-annexed arbitration is the potential for the public to attend proceedings. The 1988 provisions did not discuss confidentiality but did require that awards could not be "made known" to judges assigned to the cases. Further, neither information adduced during arbitration nor awards made, if any, were admissible evidence in any trials subsequent to the arbitration. In the 1998 amendments, Congress required district courts to protect the "confidentiality of the alternative dispute resolution processes" through prohibitions on "disclosure of confidential dispute resolution communications."

The statute could be read to suggest that arbitration proceedings fell within the parameters of "confidential dispute resolution communications." But the statute does not speak directly to this issue, and little reported case law addresses it. Through review of some local rules and discussions with court staff, we learned that, as of 2014, court-annexed arbitrations were open to the public in the two federal court districts reporting hundreds of court-annexed arbitrations yearly, that litigants were encouraged to use open courtrooms in a third, and that arbitrations were private (if held) in six federal court districts. An example of open arbitrations in the states comes from Illinois, which is both a high-volume jurisdiction and one that provides public access to arbitration.

Two other parallels between court-annexed arbitration and FAA-based arbitration merit discussion: costs and use. In 1999, the Judicial Conference of the United States concluded that federal courts' local rules should address the compensation of "neutrals" and clarify whether they would serve "pro bono or for a fee." The related commentary called for participants "unable to afford the cost of ADR . . . [to be] excused from paying." Pursuant to this mandate, for example, the Eastern District of Pennsylvania specified in 2014 that the hourly fees were to be paid by funds from the federal judiciary.

As for the frequency of use, four of the ten districts originally licensed in 1988 to create court-annexed arbitration programs continued, as of 2014, to provide court-annexed arbitration. After the 1998 amendments, six additional districts established programs, and the volume of cases varied widely, from districts in which hundreds of cases went through its program yearly to those in which no court-annexed arbitrations had been held in a year or more. These numbers indicate that some sets of disputants volunteer to arbitrate when the option is provided; to understand which groups select to do so requires more than courts records can provide.

As noted above, administrative agencies can also be a source of rules—illustrated here by the public-private system put into place for securities-regulation arbitrations in the wake of the Court's rulings enforcing arbitration mandates. In the late 1990s, the American Stock Exchange and the Municipal Securities Rulemaking Board closed their arbitration systems, leaving the National Association of Securities Dealers and the New York Stock Exchange to administer arbitrations. In 2007, they formed FINRA, overseen by the SEC, which became "the sole U.S. private-sector provider of member firm regulation for securities firms that do business with the public." FINRA's work includes "rule writing, firm examination, enforcement, and arbitration and mediation functions."

The Government Accountability Office has issued a series of reports critical of the industry's arbitrations. FINRA's rules respond to some of those concerns, even as the rules continue to prompt critical commentary and litigation about FINRA's procedures for controlling the selection of arbitrators and its failure to require open hearings. FINRA has methods for entities to register and for individuals, required to have five years of professional experience and training, to do so as well. FINRA delineates between "public" and "non-public" arbitrators based on whether they have affiliations with the security industry. In light of complaints about the arbitral forum's control over arbitrator panel selection, a computer generates randomized lists from which parties choose arbitrators.

FINRA rules leave open the possibility of collective action in courts by precluding enforcement of provisions requiring waivers of class actions, while requiring that arbitrations under its aegis are individual and not collective actions. FINRA's Rules and its Codes of Arbitration Procedure for Consumer and Industry Disputes had, before the Court's class action arbitration decisions, barred enforcement of a pre-dispute arbitration agreement in a putative class action unless class certification was denied, a class was decertified, or a court found that a consumer was not part of the class. Responding to a challenge to these provisions in light of *AT&T v. Concepcion* and *Italian Colors*, FINRA's Board of Governors held in the spring of 2014 that these rules remained "valid and enforceable" and accorded with the Exchange Act's "core" purpose of the "protection of investors."

Aggregate data about FINRA arbitration filings are also made available: between 2007 and 2013, the numbers ranged from about 3,200 to 7,100 a year. Prior to the issuance of an award, all information is private. Once an award is made, it can be found on FINRA's website, which includes the names of the parties and their counsel, as well as the relief requested and awarded, if any. The caveat is that, as in courts and other arbitration systems, many cases do not end in an award. Moreover, FINRA does not provide data on unpaid awards, although it can suspend members who fail to pay.

A brief consideration of Europe—once serving as the arbitration model for the U.S.—is in order. Under the directive on consumer ADR (CADR) that I mentioned in Part I, European rules require providers to register and to create means to ensure "independence," "transparency," the "adversarial principle," "effectiveness," and "fairness." The Consumer ADR Directive regulates fees, ADR providers' independence and impartiality, the transparency of procedures and obligations to create web-based data about complaints, the time to disposition, and compliance with awards.

In addition to specifying that pre-dispute agreements against consumers are not enforceable, the regulations call for information about how CADR affects compliance with legal obligations and whether the procedures enhance consumer access to remedies. ADR entities are to comply "with the requirements" on "confidentiality and privacy," and Member States are to "ensure that ADR entities make publicly available any systematic or significant problems." Researchers on CADR have suggested that it could be "constitutionally dangerous for a CADR system to decide the rights and wrongs of a dispute other than on the basis of the law," and that assessments ("key performance indicators") had to rely on lawfulness as a metric.

An EU Regulation details how providers are to establish a platform for On-line Dispute Resolution (ODR), how to submit complaints, and how to create a database of complaints so that the "Commission shall have access . . . for . . . monitoring the use and functioning" while protecting personal data and confidentiality. In addition, EU countries permit monitoring through a public "Union-wide data base of consumer complaints" and a "Consumer Markets Scoreboard" evaluating access to and use of ADR. A European Commission Recommendation to expand methods of collective redress describes ADR as an "efficient way of obtaining redress in mass harm situations," and states that such procedures should "always be available alongside, or as a voluntary element of, judicial collective redress."

Policing can also come from courts, such as a 2010 ruling, *Alassini v. Italian Telecom*, in which the European Court of Justice concluded that the company's online ADR program was not an impermissible and disproportionate burden on rights to a fair hearing, but with several caveats that created a framework for national courts to assess ADR programs. Thus, ADR efforts could not impose a "substantial delay" in bringing legal proceedings and, when needed, time-bars were to be tolled; forms of judicial "interim measures" were to remain available, and for those unable to use electronic ADR procedures, accommodations had to be made.

6. CONCLUSION: "NIGHTMARISH" SCENARIOS AND THE CONSTITUTION OF COURTS

A return to the United States and to the federal courts—the font of contemporary arbitration law—provides my conclusion. Recall that in 1995, the U.S. Judicial Conference's long-range planners projected that federal court filings would soar to 610,000 by 2010, producing the "nightmarish" scenario of overwhelming numbers. The Long Range Plan raised the specter that "civil litigants who can afford it will opt out of the court system entirely for private dispute resolution providers." Further, "the future may make the jury trial—and perhaps the civil bench trial as well—a creature of the past." The projected denouement was that the "federal district courts, rather than being forums where the weak and the few have recognized rights that the strong and the many must regard, could become an arena for second-class justice."

With these assumptions, the federal courts would largely "become criminal courts and forums for those who cannot afford private justice." Therefore, as Chief Justice William Rehnquist explained in his foreword to the 1995 *Long Range Plan*, a "conservation" effort was needed to preserve the "core values of the rule of law," "equal justice, judicial independence, national courts of limited jurisdiction, excellence, and accountability"—values that were challenged by the "limited financial resources of the federal government."

With the advantage of hindsight, we can know that rather than the 610,000 filings anticipated in 1995 for 2010, some 360,000 cases were begun that year. As of 2014, filing data were reported as holding "steady"; in 2014, total "filings for civil cases and criminal defendants" numbered about 376,000. Moreover, a review of filings during the past 110 years—graphed in Figure 8—suggests that if the current trend line remains stable, both the rate of filings and the number of civil and criminal cases may decline.

Figure 8.

growth rate and fluctuation of total district court filings, 1905-2013

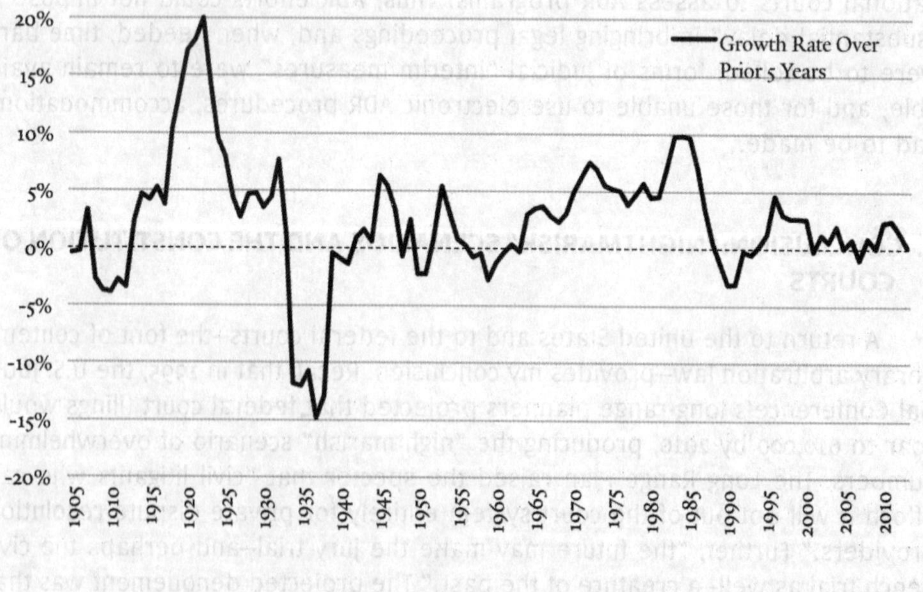

But the aspirations of the federal judiciary's *Long Range Plan*—that civil trials not be "a creature of the past" and that the federal courts be preserved as "forums where the weak and the few have recognized rights that the strong and the many must regard" —are dimming. The moniker of the "vanishing trial" makes that point. In the 1960s, trials took place in about ten percent of the civil cases brought to federal courts. By 2010, trials began in about one case out of 100 civil cases filed.

Of course, judges do adjudicatory work other than trials, and hence another metric is relevant: "bench presence." After reviewing statistics gathered by the Administrative Office of the U.S. Courts, researchers reported a "steady year-over-year decline in total courtroom hours" from 2008 to 2012 that continued into 2013. Federal judges spent less than two hours a day on average in the courtroom, or about "423 hours of open court proceedings per active district judge."

In contrast, the market for alternative judges is booming. The AAA's significant expansion during the last decades can be tracked through its Supreme Court amici filings that, when pieced together, detail the growth. The AAA's docket grew from 1,750 arbitrations in 1950 to 13,000 in 1966, of which sixty-four percent were proceedings against uninsured motorists. Within fifteen years, the number of annual proceedings had increased to more than 40,000, of which, the AAA noted, "a number of them were international." By 2000, the AAA was offering long-term tallies. Between 1926 (when it began) and 1999, the AAA had dealt with about 1.7 million cases, "most of [which were] arbitrations." In 2007, the total was over two million cases, and in 2012, the figure was close to 3.7 million. By then, the AAA had entered into cooperative agreements with sixty-six organizations in forty-six countries. In terms of its annual docket, filings are up from 150,000 a year in 2007 to about 200,000 per year.

As public judges move to the periphery of dispute resolution and shift their own procedures to privatize much of their interaction with disputants, another effect of Dispute Diffusion and its Alternative Civil Procedure Rules emerges: the impact on the public's right to observe court processes. Above I argued that, insofar as can be known in light of a host of closed proceedings and limited quantitative data, this diffusion of disputes has resulted in a good deal of erasure of private enforcement of federal and state litigation rights. Thus, the cumulative effect of the Court's FAA expansion works an unconstitutional deprivation of litigants' property and court access rights. I close by expanding the analysis of how this outsourcing, coupled with the privatization of judicial processes in courts, puts at risk the other kind of access-to-court right, that of the public's authority to observe and, with it, the rationales for robust public support of court services.

To do so, I return to the constitutional challenge to Delaware's "arbitration" program, which I used as an example of resourced parties seeking to rely on publicly appointed judges to resolve their disputes, albeit in private. When ruling that Delaware could not constitutionally hold closed arbitrations in its courthouses, the Third Circuit drew on Supreme Court decisions in criminal cases, described as applying a test of "experience" and "logic." The Court has held that the First Amendment protects public access to criminal proceedings, if they were traditionally accessible (the "experience" prong), as long as access "plays a significant positive role in the functioning of the particular process in question" (the "logic" in the test). The Third Circuit's majority explained that "Delaware proceedings are conducted by Chancery Court judges in Chancery Court during ordinary court hours, and yield judgments that are enforceable in the same way as judgments resulting from ordinary Chancery Court proceedings. Delaware's proceedings derive a great deal of legitimacy and authority from the state." As the concurring opinion by Judge Fuentes put it, "the air of [an] official State-run proceeding" made the limit on public access unconstitutional.

But as I have detailed, experiences in courts are changing and, with them, the logic supporting open processes. Dispute Diffusion values speed, finality, deregulated variability, and confidentiality. As these values come to dominate in and out of courts, the "positive significance" of openness diminishes, reflexively (again in Bourdieu's sociological terms). As judges turn themselves into just another set of actors in the dispute resolution market providing conciliation services, rationales for constitutionally obligatory openness erode, as do arguments for substantial public support and structural independence.

The debate between the majority and dissent in the Delaware litigation illustrates this conflict of values. The majority underscored the benefits to the public of knowing how "Delaware resolves major business disputes" and discounted arguments about the harms that public access would cause. In the end, public "faith in the Delaware judicial system" was the more weighty consideration when finding a "First Amendment right of access to Delaware's government-sponsored arbitrations."

In contrast, the dissent in *Strine* focused on the centrality of privacy, the importance of insulating both the process and the outcomes of arbitrations from public scrutiny, the needs of the state to stay competitive, and the role of parties' consent. In this account, offering confidentiality ("one of the primary reasons why litigants choose arbitration") facilitated resolution by assuring parties that sensitive information would not be made public. Further, Delaware sponsored this form of arbitration "as a part of its efforts to preserve its position as the leading state for incorporations in the U.S." Given that parties volunteered for the program, the dissent argued that the exercise of judicial power derived from their authority, rather than that of the state. Thus, a mix of empirical claims about what prospective users would do ("go elsewhere" if Delaware's proceedings were not closed) and normative views about the importance of state-based procedures successfully competing in the marketplace of dispute resolution rendered openness the lesser value.

This disagreement among the appellate judges illuminates the doctrinal weakness of the current First Amendment test of access rights. The logic prong lacks a normative compass, putting it at risk of collapsing into the "judgment of experience" as new procedures come to the fore. Alternatively, the experience prong is irrelevant because openness may have value regardless of past practices. Indeed, in searching for footings, judges engage with what Jeremy Bentham termed "publicity," and they proffer, albeit often without citation, variations on his themes –that openness forwards informed discussions of government, fosters perceptions of fairness, checks corruption, enhances performance, discourages fraud, and permits communities to vent emotions in cases involving crimes.

As the Delaware litigation also illustrates, the case law on public access focuses on whether proceedings in court are trial-like or predicates to trials. What the doctrine has yet to take into account is that being "trial-like"–in the absence of trials and "bench presence"–ought not to be the only measure of constitutional obligations of openness for dispute resolution. When judges take on the role of "neutrals" or authorize others to do so with "quasi-judicial" status, and when judges outsource their authority to the private sector, these "quasi-judicial" acts need to be subjected to public scrutiny. Information is needed because the difficulties of producing fair and binding outcomes for the millions of individuals who are now rights-holders are enormous. Public debates need to explore what kinds of injuries ought to be redressable and, if so, how.

In a 1976 article analyzing an earlier wave of Supreme Court constitutional analyses of the parameters of legitimate adjudication, Jerry Mashaw insisted that the "search" for "value" in due process law did not necessarily end in trial-like proceedings akin to those then associated with courts. What was required were public mechanisms to evaluate the quality of decision making to ensure accuracy, to respect the dignity of disputants, and to accord them equal treatment. The measures he proposed–administrative oversight, transparency, accounting, and judicial review –could all come into play to implement what the Supreme Court has come to call the "effective vindication" of rights. The complement to all of his methods is the concept of publicity, making exchanges between disputants and the state accessible in various ways so as to enable outsiders to evaluate the shape of the procedures developed and their outcomes.

In sum, the Supreme Court was right to invoke the idea of "effective vindication of rights," but wrong not to require oversight to accomplish that aim. The constitutional predicates of legitimate coercion are at stake, as are the property and political rights of citizens. Whether conducted by state-paid or by privately financed entities, dispute resolution charged by the state with vindicating legal obligations has to be regulated to ensure equality of access through mandating fee waivers for indigence and overseeing the quality of decision makers. The alternatives must be publicly available and accountable so as to permit analyses of whether their processes and results constitute law, justice, or both. In courts and their alternatives, constitutional democracies require public engagement with the substantive and procedural rules that are the predicates for the power to render enforceable judgments.

CAPÍTULO 15

Transação de Direitos Indisponíveis?

Elton Venturi[1]

SUMÁRIO: 1. O ENIGMA DOS DIREITOS INDISPONÍVEIS; 2. AUTOTUTELA E DIREITOS INDISPONÍVEIS; 3. DIREITOS INDISPONÍVEIS, ADJUDICAÇÃO PÚBLICA E MEIOS ALTERNATIVOS DE RESOLUÇÃO DE CONFLITOS; 4. TRANSAÇÃO E DIREITOS INDISPONÍVEIS; 5. O CONTROLE SOBRE A LIVRE MANIFESTAÇÃO DAS VONTADES DOS TITULARES DOS DIREITOS INDISPONÍVEIS E A PONDERAÇÃO SOBRE A RAZOABILIDADE DO PROCEDIMENTO NEGOCIAL;5.1. O MEIO AMBIENTE É NEGOCIÁVEL?; 5.2. A PROBIDADE ADMINISTRATIVA É NEGOCIÁVEL?; 5.3. A LIBERDADE INDIVIDUAL E A PRETENSÃO PUNITIVA ESTATAL SÃO NEGOCIÁVEIS?;6. DISPONIBILIDADE DOS DIREITOS INDISPONÍVEIS?; REFERÊNCIAS BIBLIOGRÁFICAS

1. O ENIGMA DOS DIREITOS INDISPONÍVEIS

Apesar de inexistir expressa conceituação legal no ordenamento brasileiro a respeito da locução *"direitos indisponíveis"*, pode-se dizer que existe uma compreensão generalizada no sentido de se tratar de uma especial categoria de direitos cujo interesse público de efetiva proteção torna irrenunciáveis, inalienáveis e intransmissíveis por parte de seus próprios titulares.[2]

A marca da indisponibilidade, assim, revelaria uma legítima opção intervencionista do Estado no campo das liberdades individuais e sociais no sentido de, paradoxalmente, por via de vedações ou restrições do exercício de certos direitos ou interesses, protegê-los contra lesões ou ameaças provenientes de seus próprios titulares ou de terceiros.

Em que pese a indefinição conceitual,[3] a qualificação de *indisponibilidade* historicamente tem servido como ferramenta técnico-jurídica que objetivaria,

---

1. *Professor da Universidade Federal do Paraná e da Universidade Tuiuti do Paraná (Curitiba – Brasil). Procurador Regional da República. Estágio de pós-doutoramento na Faculdade de Direito da Universidade de Lisboa. *Visiting Scholar* na Universidade da Califórnia – U.C. Berkeley Law School. *Visiting Scholar* na Universidade de Columbia – Columbia Law School. (*eventuri@uol.com.br*)
2. FERRAJOLI, Luigi. *Los fundamentos de los derechos fundamentales*. Madri: Edito- rial Trotta, 2001, p. 32.
3. Segundo, Letícia de Campos Velho MARTEL, "A doutrina publicista brasileira refere, com poucas exceções, que os direitos fundamentais são indisponíveis. Na mesma esteira, os privatistas soem afirmar que os direitos da personalidade são indisponíveis e os internacionalistas que os direitos humanos o são. Ainda, no âmbito do direito penal, é forte a ideia de que o consentimento da vítima (ou ofendido) não produz efeitos jurídicos, quando se tratar (o que é normalmente o caso) da proteção de 'bens' ou de 'direitos indisponíveis'. Também na ambiência dos direitos sociais, assevera-se que são

em tese, a melhor proteção de determinados interesses ou direitos considerados fundamentais, tanto a título individual como coletivo.

Por vezes confundida com a própria *fundamentalidade* e *inalienabilidade* dos direitos de personalidade (vida, liberdade, dignidade, honra)[4] ou dos direitos sociais transindividuais (patrimônio público, meio ambiente, moralidade administrativa, saúde, educação, bem-estar social), a indisponibilidade parece ter se tornado no sistema de justiça brasileiro expressão emblemática e autoexplicativa cuja mera menção bastaria por si mesma para justificar a hiperproteção e, paradoxalmente, a ultrarrestrição do pleno exercício ou abdicação dos direitos fundamentais.

É evidente que uma compreensão mais ou menos liberal que se possa adotar a respeito do significado dos direitos indisponíveis depende de uma multiplicidade de fatores econômicos, sociais, político-ideológicos e, é claro, jurídicos. Entretanto, se não parece possível apontar *a priori* para um *estático* e *correto* conceito a respeito da indisponibilidade dos direitos, *direcionar-se sua interpretação pragmaticamente*, no objetivo de projetar melhores resultados quanto à sua efetiva proteção, certamente é tarefa que desafia a prestação da justiça no século XXI.

A marca da indisponibilidade dos direitos gera relevantes efeitos materiais, com consequentes afetações no campo do direito processual. Somente a partir da definição da natureza jurídica dos direitos torna-se possível determinar-se os possíveis fóruns resolutivos de conflitos (judicial ou extrajudicial), bem como o cabimento e os limites mais ou menos abrangente de eventuais soluções consensuais (dentre as quais, a transação).

indisponíveis. É assim que ocorre no ramo trabalhista e previdenciário e, também, quanto aos direitos à saúde e à educação. Apesar de, em um primeiro olhar, juristas de vários ramos do direito adotarem a premissa da indisponibilidade dos direitos fundamentais, não se pode inferir a inexistência de um problema quanto ao assunto. De um lado, a Constituição não expressa a indisponibilidade dos direitos fundamentais. De outro, questões práticas recebem respostas que se distanciam da premissa de indisponibilidade. A afirmação geral da indisponibilidade dos direitos fundamentais torna-se fluída, seja em face de elementos teóricos, seja em face da realidade que cotidianamente a desafia, mediante múltiplos exemplos de disposição e das consequências previstas em lei a respeito da consideração de um determinado direito como indisponível. O que se percebe, então, é que muitos juristas seguem referindo, de modo laudatório, que os direitos fundamentais são indisponíveis. Apresentam os casos de disposição de direitos fundamentais (ou da personalidade) como anomalias incapazes de afetar o epíteto indisponíveis. É pouco comum que se elabore a definição do que se compreende por "direito fundamental", para que se possa ter claro exatamente o que é indisponível. Por vezes, a ideia é de que o bem protegido pelo direito é que não pode ser afetado pelo próprio titular; noutras, tem-se a noção de que terceiros não podem interferir em direito alheio, mesmo com o consentimento do titular". *Direitos Fundamentais Indisponíveis: limites e padrões do consentimento para a autolimitação do direito à vida*. Tese de Doutorado, UERJ, 2010. Disponível em http://works.bepress.com/leticia_martel/, p. 18-19.

4. NOVAIS, Jorge Reis. Renúncia a direitos fundamentais. In: MIRANDA, Jorge (Org.). *Perspectivas constitucionais nos 20 anos da Constituição de 1976*. Coimbra, Coimbra Editora, v. I, 1996, p. 292.

Daí a necessidade de se avaliar o sentido e o alcance que a indisponibilidade deve assumir nos diversos sistemas de justiça.

Tradicionalmente tem se entendido que apenas conflitos envolvendo *direitos patrimoniais disponíveis* seriam passíveis de solução por via da adjudicação privada (arbitragem) ou de mecanismos resolutórios consensuais (conciliação, mediação ou transação), na medida em que nenhum óbice seria oponível quanto às prerrogativas de gozo e de exercício pelos respectivos titulares. A admissibilidade dos meios alternativos de resolução de conflitos, aliás, sempre foi condicionada e reservada às disputas concernentes aos direitos patrimoniais disponíveis.[5]

Por tal razão, a tarja do interesse público tem direcionado toda e qualquer disputa envolvendo os direitos indisponíveis à necessária adjudicação pelo Poder Judiciário. Ainda assim, generalizam-se orientações doutrinárias e jurisprudenciais no sentido da inviabilidade de que, mesmo no âmbito de processos judiciais, pudessem os direitos indisponíveis ser objeto de soluções consensuais – sobretudo quando envolvessem negociações que tipificassem autênticas transações.

De fato, para além da histórica aversão do sistema de justiça brasileiro à utilização de mecanismos extrajudiciais para a resolução consensual de conflitos envolvendo direitos considerados indisponíveis, sequer se tem admitido *acordos judiciais* que tenham como objeto conflitos relacionados a tais interesses ou direitos. Eles são considerados tão especiais que sequer a própria vontade dos seus titulares (indivíduos, grupos sociais ou toda a sociedade) seria suficiente ou mesmo relevante para substituir ou influir na vontade do Estado (representado pelo magistrado), considerado seu único e melhor garantidor.[6]

O desafio do presente ensaio tem a ver com ao menos dois *tabus* criados em torno da misteriosa figura dos direitos indisponíveis, e que parecem estar acarretando a frustração de sua adequada proteção: a sua *inegociabilidade* e a *exclusividade da solução puramente adjudicatória do Estado a respeito dos conflitos que os envolvem.*

Daí a proposta de investigação, que parte da crítica ao conceitualismo pelo qual os direitos indisponíveis são compreendidos para explorar a oportunidade

---

5. Sob tal lógica, aliás, foi construído o modelo arbitral brasileiro, que define como possível objeto do procedimento arbitral os "litígios relativos a direitos patrimoniais disponíveis" (art. 1º da Lei nº 9.307/96). De igual forma orienta a recente Lei de Mediação (Lei nº 13.149/2015), cujo art. 3º determina que "Pode ser objeto de mediação o conflito que verse sobre direitos disponíveis ou sobre direitos indisponíveis que admitam transação. § 1º A mediação pode versar sobre todo o conflito ou parte dele. § 2º O consenso das partes envolvendo direitos indisponíveis, mas transigíveis, deve ser homologado em juízo, exigida a oitiva do Ministério Público."
6. Segundo o art. 841 do Código Civil brasileiro, "Só quanto a direitos patrimoniais de caráter privado se permite a transação".

de uma possível reinvenção da adjudicação pública e do gradativo emprego de outros métodos resolutivos, tais como a autotutela e os chamados meios alternativos de solução de conflitos (conciliação, mediação, negociação e arbitragem).

2. AUTOTUTELA E DIREITOS INDISPONÍVEIS

Previamente à análise de como poderiam funcionar os meios resolutivos consensuais e adjudicatórios para a resolução de conflitos envolvendo os direitos indisponíveis, sugerimos uma singela, mas provocativa, digressão ao tema da autotutela, considerada pela doutrina processual como *equivalente jurisdicional*, no intuito de provocar uma reflexão a respeito de sua possível admissibilidade (legalidade e legitimidade) para a mesma finalidade.

Apesar de ser considerado historicamente um modelo rudimentar e por vezes brutal para a solução de conflitos, a autodefesa representa uma das noções mais elementares de proteção dos interesses ou direitos por parte de seus próprios titulares, independentemente da intervenção de um terceiro para a solução da disputa.

A análise dos limites pelos quais os modernos sistemas de justiça admitem ainda hoje o excepcional emprego da autotutela pode revelar muito a respeito do grau de pragmatismo que os fundamenta.

Uma maior tolerância ao emprego da autodefesa indica um sistema mais liberal, que não apenas garante a autonomia privada como a prioriza. Ao contrário, quanto maiores as restrições ao seu uso, mais evidente a intenção intervencionista do *Welfare State*, fundada na confiança de que deve e pode substituir-se aos cidadãos para garantir não apenas a declaração, mas também a proteção dos seus direitos.

No sistema de justiça brasileiro, a autotutela pode ser empregada apenas em específicas hipóteses autorizadas *numerus clausus* pelo legislador, fora das quais é passível de qualificação como "exercício arbitrário das próprias razões", sendo tipificada criminalmente.[7]

As clássicas autorizações para o emprego da autotutela defluem do direito penal, de onde se destacam a previsão da legítima defesa[8], do estado de necessidade[9] e do estrito cumprimento do dever legal (exercício regular do

7. "Art. 345 - Fazer justiça pelas próprias mãos, para satisfazer pretensão, embora legítima, salvo quando a lei o permite: Pena - detenção, de quinze dias a um mês, ou multa, além da pena correspondente à violência."
8. "Art. 25 - Entende-se em legítima defesa quem, usando moderadamente dos meios necessários, repele injusta agressão, atual ou iminente, a direito seu ou de outrem".
9. Art. 24 - Considera-se em estado de necessidade quem pratica o fato para salvar de perigo atual, que não provocou por sua vontade, nem podia de outro modo evitar, direito próprio ou alheio, cujo sacrifício, nas circunstâncias, não era razoável exigir-se".

direito).[10] Entretanto, outras hipóteses podem ser destacadas no âmbito do direito administrativo (direito de revogação dos atos administrativos por parte da própria Administração Pública), do direito do trabalho (direito de greve) e do direito civil (desforço imediato para a defesa da posse).[11]

Inserida dentre as garantias fundamentais de todo ser humano,[12] a autotutela e seus limites comportariam séria e despreconceituosa reavaliação e atualização dentro dos diversos sistemas de justiça.

Nesse sentido, ao menos no campo dos fundamentais direitos de personalidade, parece possível afirmar que a garantia do emprego da autotutela reflete a existência de um *especial regime jurídico protetivo* integrado pela Constituição Federal e pelo Código Civil, conforme sustenta Thaís Goveia Pascoaloto VENTURI:

"(...) para além de a literalidade da redação do referido dispositivo (art. 12 do Código Civil) abrir margem para que se conclua tratar-se de autorização ordinária para o exercício da autotutela na defesa dos direitos de personalidade (sobretudo se combinado com os parágrafos únicos dos artigos 249 e 251 do mesmo Código Civil), pode-se afirmar que *o direito à autodefesa possui assento diretamente constitucional no Brasil*, mais especificamente, para a proteção do direito à vida, à liberdade, à igualdade, à segurança e à propriedade. Com efeito, ao inaugurar o título II, atinente aos "Direitos e Garantias Fundamentais", a Constituição Federal brasileira, em seu art, 5º, *caput*, estabelece que 'Todos são iguais perante a lei, sem distinção de qualquer natureza, garantindo-se aos brasileiros e aos estrangeiros residentes no País a *inviolabilidade* do direito à vida, à liberdade, à igualdade, à segurança e à propriedade, nos termos seguintes (...)'. Ora, *se o que se objetiva assegurar primordialmente, como direito fundamental, é a "inviolabilidade" e não a "reparação dos danos causados" à vida, liberdade, igualdade, segurança e propriedade, parece claro que, em relação a tais direitos, antes mesmo de o Estado prestar as mais eficientes formas de tutela imagináveis, abre-se ao próprio titular do direito a autorização, intuitiva até, de que atue, sempre que necessário e urgente, para autotutelar-se contra qualquer ameaça razoável da sua violação*. Dessa forma, em que pese todo o preconceito ideológico contra o emprego da autotutela nos sistemas jurídicos atuais, parece certo que o tema merece ser cuidadosamente revisitado, no

10. "Art. 23 - Não há crime quando o agente pratica o fato: I - em estado de necessidade; II - em legítima defesa; III - em estrito cumprimento de dever legal ou no exercício regular de direito".
11. "Art. 1.210. O possuidor tem direito a ser mantido na posse em caso de turbação, restituído no de esbulho, e segurado de violência iminente, se tiver justo receio de ser molestado. § 1º O possuidor turbado, ou esbulhado, poderá manter-se ou restituir-se por sua própria força, contanto que o faça logo; os atos de defesa, ou de desforço, não podem ir além do indispensável à manutenção, ou restituição da posse".
12. Conforme extrai-se do art. 12 da Declaração Universal dos Direitos Humanos, "*Ninguém deverá ser submetido a interferências arbitrárias na sua vida privada, família, domicílio ou correspondência, nem ataques à sua honra e reputação. Contra tais intromissões ou ataques todas as pessoas têm o direito à proteção da lei*".

intuito de se verificar um possível redimensionamento e refundamentação do exercício da autodefesa, sobretudo no que diz respeito à proteção dos direitos fundamentais. A toda evidência, não se deseja defender a volta do emprego da "vingança privada", da "força bruta" ou da "lei do mais forte" para justificar, indevidamente, a autodefesa dos direitos. Muito ao contrário, apenas se suscita a viabilidade de, sem descurar do possível e necessário controle jurisdicional *a posteriori*, referentemente ao uso arbitrário das próprias razões e ao abuso do direito (a serem viabilizados por via da aplicação de princípios tais como o da razoabilidade, o da proporcionalidade e o da boa-fé), abrir-se definitivamente o caminho para a aceitação de uma renovada forma de autotutela que, consentânea com os valores e as necessidades da vida social do século XXI, demonstre-se apta a se antecipar ou a complementar a tutela estatal, nem sempre presente, nem sempre acessível, nem sempre célere, nem sempre efetiva".[13]

A possível identificação de um regime jurídico especial de proteção aos direitos fundamentais indisponíveis traz consigo, portanto, uma primeira e interessante provocação relativamente à funcionalidade dos modelos protetivos diante da ameaça ou lesão àqueles. Nesse caminho, a reavaliação do emprego da autotutela é apenas um primeiro passo.

3. DIREITOS INDISPONÍVEIS, ADJUDICAÇÃO PÚBLICA E MEIOS ALTERNATIVOS DE RESOLUÇÃO DE CONFLITOS

A imprescindibilidade da adjudicação pública como modelo resolutório de todo e qualquer conflito envolvendo direitos indisponíveis sempre constitui premissa absoluta no sistema de justiça brasileiro.

Para além de negar ostensivamente soluções conciliatórias no âmbito de referidas disputas, o sistema jurisdicional nacional ainda cuidou de introduzir relevantes alterações nos processos pelos quais se pretende a adjudicação de tais causas, na medida em que se presume a existência de interesse público. Dentre as alterações procedimentais endereçadas à garantia dos interesses indisponíveis e públicos, talvez a mais ilustrativa diga respeito à intervenção obrigatória do Ministério Público, chamado então a exercer concretamente suas funções constitucionais (art. 127, da CF) pertinentes à fiscalização e proteção da ordem jurídica, do regime democrático e dos direitos difusos, coletivos e individuais indisponíveis.[14]

13. VENTURI, Thaís Goveia Pascoaloto. *Responsabilidade civil preventiva*. São Paulo, Malheiros, 2014, p. 294-295.
14. Sobre a intervenção do Ministério público no processo civil brasileiro, VENTURI, Elton. A voz e a vez do interesse público em juízo: (re)tomando a sério a intervenção *custos legis* do Ministério Público no novo processo civil brasileiro. *Revista de processo nº 246*. São Paulo, Revista dos Tribunais, Agosto 2015.

Dessa forma, sempre perseverou a ideia segundo a qual conflitos envolvendo direitos individuais fundamentais (tais como a vida e a liberdade) ou direitos relativos a incapazes seriam considerados impassíveis de transação e, portanto, de solução acordada por qualquer mecanismo extrajudicial ou judicial que se resumisse à mera homologação. Pela mesma lógica, conflitos relativos a direitos transindividuais difusos (tais como a moralidade administrativa, a preservação do meio ambiente ecologicamente equilibrado e o patrimônio público) não poderiam ser resolvidos consensualmente por via de transações, persistente a ideologia e a política da adjudicação pública como o único caminho.

A histórica formatação garantista do modelo processual, assim, pode ser apontada como uma das principais causas da exclusividade da adjudicação pública dos conflitos referentes aos direitos indisponíveis.

Entretanto, há algo de novo no sistema de justiça nacional, capaz de provocar profundas reavaliações da filosofia e da prática da solução de conflitos, inclusive quando correlacionados aos direitos indisponíveis.

É possível afirmar que o Brasil vive um histórico momento no qual se procura criar um novo *sistema de justiça multiportas*, por via da institucionalização dos chamados meios alternativos de resolução de conflitos. Tal como ocorrido nos Estados Unidos da América a partir da década de 1970, quando o colapso do sistema jurisdicional levou à idealização e implementação de um "sistema multiportas" baseado em programas de *alternative dispute resolution* anexos aos Tribunais, o Brasil agora aposta na instauração de modelo similar.[15]

15. A instauração de um novo sistema multiportas de solução de conflitos (*Multi-door Courthouse*) foi sustentada em histórica conferência proferida em 1976, pelo professor emérito da *Harvard Law School*, Frank SANDER (*The Pound conference : perspectives on justice in the future : proceedings of the National Conference on the Causes of Popular Dissatisfaction with the Administration of Justice* / sponsored by the American Bar Association, the Conference of Chief Justices, the Judicial Conference of the United States. Edited by A. Leo Levin and Russell R. Wheeler, St. Paul, Minn. West Pub. Co., 1979). Na ocasião, para além de sugerir alterações na legislação de direito material no intuito de conter a litigiosidade – inclusive por via de uma atuação legislativa preventiva (*preventive laws*) – Frank Sander destacou a necessidade de se conjugar o tradicional mas combalido sistema jurisdicional de disputas com os demais meios alternativos de solução de conflitos (*alternative dispute resolution*). Assim, a depender de variados critérios tais como a natureza do conflito, o tipo de relacionamento existente entre as partes disputantes, o valor econômico do conflito, os custos envolvidos no procedimento escolhido para sua resolução e o tempo estimado para a resolução, os diferentes mecanismos (mediação, negociação, conciliação e arbitragem) deveriam ser empregados prévia ou concomitantemente ao processo judicial, com flexibilidade procedimental a permitir a utilização conjugada dos mesmos. Frank Sander defendeu que o Poder Judiciário deveria ser reorganizado para garantir um adequado gerenciamento dos diversos procedimentos, criando programas alternativos de resolução, chegando inclusive a sugerir que em cada foro judicial fossem destacados espaços próprios para a sua realização, transformando as estruturas judiciais em verdadeiros centros de resolução de conflitos (*Court Resolution Centers*). O impacto da *Pound Conference* foi avassalador. A partir das ideias nela expressadas iniciou-se um intenso debate acadêmico e um maior interesse dos advogados em explorar as ADR's, o que acabou culminando, já na década dos anos 1990, na institucionalização dos meios alternativos de resolução de conflitos. Em

A arbitragem, regulada pela Lei nº 9.307/96, foi recentemente reformada (Lei nº 13.129/2015) para, dentre outras inovações, autorizar o emprego do procedimento arbitral envolvendo o Poder Público. Por força do novo código de processo civil (Lei nº 13.105/2015) e da recente Lei da Mediação (Lei nº 13.140/2015), o emprego de procedimentos conciliatórios e mediatórios passaram a ser incentivados tanto em juízo como fora dele.

Muito embora a reforma noticiada continue a parametrizar como alvo de atuação dos mecanismos consensuais os conflitos envolvendo *direitos disponíveis*, ao menos alguma abertura aparece na medida em que a Lei de Mediação alude ao cabimento do procedimento mediatório para a solução de conflitos que envolvam *direitos indisponíveis passíveis de transação.*[16]

Em que pese o obscuro significado da expressão, a nova previsão legislativa pode ser considerada um importante marco na busca pela maior adequação dos procedimentos resolutórios no Brasil, apta a influenciar uma gradativa relativização da nebulosa e paternalista concepção que tem marcado o debate a respeito da inegociabilidade e da exclusividade da solução adjudicatória referentemente aos conflitos de direitos indisponíveis no país.

Ao que tudo indica, a aposta nas soluções consensuais para as disputas – a envolver técnicas e procedimentos diversos – pode implicar a reinvenção do sistema de justiça brasileiro, fundamentada na coordenação entre os chamados "meios alternativos de solução de conflitos" e o indispensável controle jurisdicional.

Para tanto, cabe distinguir as técnicas de autocomposição possivelmente utilizáveis em procedimentos resolutórios consensuais (que podem corresponder a negócios jurídicos processuais ou materiais), assim como esclarecer o que exatamente significam "direitos disponíveis", "direitos indisponíveis" e "direitos indisponíveis transacionáveis".

A confusão entre tais categorias acarreta profundas inconsistências no sistema resolutivo, inviabilizando indevidamente soluções consensuais não apenas legítimas (do ponto de vista social) como válidas (do ponto de vista constitucional).

1998 foi editado o *Alternative Dispute Resolution* Act, pelo qual se determinou que todas as Cortes Federais dos EUA deveriam criar programas próprios de ADR (*Court – Connected programs*), modelo este que acabou sendo replicado pelas Cortes Estaduais. Diante da diversidade de regulamentações dos procedimentos de mediação pelas Cortes americanas, em 2001 foi editado o *Uniforme Mediation Act*, cujo principal objetivo foi criar uma uniformidade regulatória.

16. Conforme o art. 3º da Lei nº 13.140/2015, "Pode ser objeto de mediação o conflito que verse sobre direitos disponíveis ou sobre direitos indisponíveis que admitam transação".

A conciliação, a negociação e a mediação são os principais mecanismos que, empregados judicial ou extrajudicialmente, objetivam conquistar soluções consensuais para a controvérsia. Tais soluções consensuais podem assumir as mais variadas formas, incidindo sobre as próprias pretensões materiais em disputa ou tão somente sobre as pretensões processuais.

Tanto a conciliação como a transação podem ser compreendidas seja como procedimento, seja como possível resultado de soluções consensuais.

Assim, *v.g.*, a conciliação pode versar especificamente sobre o exercício do direito de ação, o que ocorre quando as partes, de comum acordo, solicitam ao juiz a extinção da ação sem resolução de mérito. Outras vezes, ainda, a conciliação pode incidir sobre as próprias pretensões materiais, tal como ocorre nas clássicas hipóteses de reconhecimento jurídico do pedido ou de renúncia ao direito em que se funda a ação.

Na verdade, *transação* constitui espécie do gênero conciliação (acordo), qualificada pela existência de recíprocas concessões de pretensões de direito material, tal como expressamente dispõe o art. 840 do Código Civil, segundo o qual "É licito aos interessados prevenirem ou terminarem o litígio mediante concessões mútuas".

A transação tem sido regulada e tratada sob uma clássica ótica patrimonial privada (dentro das relações contratuais), qualificando-se como autêntico *negócio jurídico bilateral* que gera direitos e obrigações.

A feição contratualista da transação, portanto, parece explicar (sem justificar) a automática repulsa gerada quando se discute sua admissibilidade evolvendo interesses ou direitos considerados indisponíveis, tais como o patrimônio público, a improbidade administrativa, o meio ambiente, a liberdade, a vida, enfim, os direitos fundamentais individuais e coletivos.[17]

Contudo, como nunca é o suficiente destacar, *as categorias jurídicas só têm razão de ser se funcionalmente puderem gerar proteção eficiente aos direitos*. Daí a relevância e atualidade da reavaliação tanto do significado da transação enquanto negócio jurídico como, também, do significado da indisponibilidade.

17. Nesse sentido, anote-se precedente do Superior Tribunal de Justiça: "Segundo o disposto nos arts. 840 e 841 do novo Código Civil, a transação que previne ou põe fim ao litígio tem como características (*i*) a existência de concessões recíprocas entre as partes, o que pressupõe se tratar de direito disponível e alienável; (*ii*) ter por objeto direitos patrimoniais de caráter privado, e não público. Assim, *in casu*, por se tratar de direito indisponível, referente a dinheiro público, é manifestamente ilegítima a transação pecuniária homologada em primeiro grau". (REsp 1198424/PR, Rel. Ministro Mauro Campbell Marques, Segunda Turma, julgado em 12/04/2012, DJe 18/04/2012).

4. TRANSAÇÃO E DIREITOS INDISPONÍVEIS

A inapropriada e automática correlação entre indisponibilidade e inalienabilidade (donde se extrairia, portanto, a inegociabilidade)[18] corresponde a sofisma presente na cultura de diversos países, dentre eles o Brasil. Justificada no interesse público à mais adequada proteção dos direitos indisponíveis - mesmo que contra a vontade de seus titulares -, a proibição de qualquer negociação que os envolva muitas vezes tem implicado a absoluta ausência de sua proteção adequada.

Essa realidade é tão mais aparente e especialmente grave nos países cujos sistemas de justiça não garantem prestação jurisdicional efetiva e em tempo razoável.[19]

Paradoxalmente, assim, a extrema essencialidade dessa categoria de direitos ou interesses parece funcionar contra a sua própria existência e proteção efetiva.

O tema, portanto, merece ser rediscutido ampla e profundamente, ponderando-se razões lógico-jurídicas e pragmáticas no intuito de se alcançar soluções razoáveis para a máxima efetividade dos direitos fundamentais.[20]

O mero fato de um interesse ou direito ser considerado "indisponível", insista-se, não pode implicar sua automática inegociabilidade.[21]

---

18. Jorge Reis NOVAIS bem destaca a distinção entre titularidade e capacidade de exercício de direitos fundamentais: "parece evidente que, no plano dos conceitos, uma coisa é ter a titularidade de uma posição jurídica de direito fundamental e outra, perfeitamente distinta, é ter a capacidade, fáctica ou jurídica, de concretamente invocar essa posição no exercício concreto das faculdades ou poderes que a integram". Renúncia a direitos fundamentais. In: MIRANDA, Jorge (Org.). *Perspectivas constitucionais nos 20 anos da Constituição de 1976*. Coimbra: Coimbra, v. I, 1996, p. 282.
19. Sensível em relação aos óbices opostos tradicionalmente contra soluções conciliadas envolvendo interesses coletivos, conclui Neil ANDREWS: Non è forse meglio che vi sia una qualche forma di giustizia consensuale, dotata dei caratteri della flessibilità e della pubblicità, piuttosto che il diritto formale ad un processo, in pratica però inibito da costi elevatissimi e dall'estremo tecnicismo richiesto per trattare controversie complesse che coinvolgono centinaia o perfino migliaia di persone? Si prendano in seria considerazione le riflessioni di Lord Brougham, un Lord Chancellor del diciannovesimo Secolo, pronunciate in Parlamento nel 1830 durante l'approvazione della legge istitutiva delle *County Courts*: "better something of justice than nothing - it may be slovenly justice, but as precious a thing is justice (...) I should rather even slovenly justice than the absolute, peremptory, and inflexible denial of all justice". Controversie collettive, transazione e conciliazione in Inghilterra. *Revista de Processo*, vol. 169, Mar/2009, p. 62.
20. Conforme Walter Claudius ROTHENBURG, "Deve-se sempre procurar extrair dos direitos fundamentais o máximo de conteúdo e realização que possam oferecer, de onde uma maximização ou otimização, não apenas em termos teóricos - que devem ultrapassar a linguagem genérica e adotar disposições específicas -, mas igualmente de repercussão prática, assim que se busque uma real implementação dos direitos fundamentais (efetividade dos direitos fundamentais), a despeito das vicissitudes - como a ausência de regulamentação suficiente ou a não-inclusão entre as prioridades políticas de governo. Há de se ter em vista que a elaboração teórica dos direitos fundamentais encontra-se bastante apurada mas, infelizmente, não se faz acompanhar de uma prática efetiva". Direitos fundamentais e suas características. *Revista dos Tribunais* – Cadernos de Direito Tributário e Finanças Públicas – nº 29 – outubro-dezembro de 1999.
21. Nesse sentido, como sustenta Eduardo TALAMINI, "Já em outros casos, embora o bem jurídico seja indisponível, outros valores constitucionais podem justificar que, mediante lei, o Estado renuncie a

Evidentemente, não se desconsideram as "razões de interesse público" fundantes da noção de indisponibilidade dos direitos, muito menos os supremos e humanistas valores que conduziram à teoria constitucional da proteção estatal dos direitos fundamentais essenciais, até mesmo contra a vontade dos seus próprios titulares.

Contudo, não se pode olvidar a especial dinâmica desses temas, que impõe constantes reavaliações sob contextos históricos, espaciais e sociais diversos. E se isso é verdade, seria então ainda correto negar-se sistematicamente e aprioristicamente a *negociabilidade* (transação) do interesse público e dos demais direitos considerados indisponíveis, ainda que isto pudesse significar sua melhor proteção e concretização?

Um caminho para a compreensão a respeito da viabilidade da transação de direitos indisponíveis pode ser trilhado a partir da assunção de uma *teoria liberal dos direitos fundamentais*, como provocativamente sustenta Virgílio Afonso da SILVA:

"É comum que se faça referência à irrenunciabilidade ou à e à inegociabilidade dos direitos fundamentais. Mas por que seriam os direitos fundamentais irrenunciáveis e inegociáveis? Essas características decorrem da estrutura desses direitos? São alguma consequência lógica? São uma convenção? Ou são um mero *lugar comum generalizante* contra o qual, dada sua consolidação, ninguém se atreve a argumentar? Uma análise um pouco mais profunda poderia, de início, suscitar algumas contradições entre a história e a função primordial dos direitos fundamentais, de um lado, e características como a irrenunciabilidade e a inalienabilidade, de outro. Os direitos fundamentais, junto com a separação de poderes, são conquistas essencialmente liberais e sempre serviram – não somente na sua origem, mas também nos dias atuais – como forma de evitar a ingerência estatal em esferas estritamente individuais. Ora, se os direitos fundamentais são essencialmente direitos de liberdade do cidadão, nada mais coerente que aceitar a liberdade de não exercitá-los, de deles dispor ou de a eles renunciar. Renunciar a direitos fundamentais seria um exercício do direito geral de liberdade, imanente à essência dos direitos fundamentais. Essa é uma posição que, embora aceite algumas ressalvas e limitações e ainda que possa causar desconforto em alguns autores, é perfeitamente compatível com uma *teoria liberal* acerca dos direitos fundamentais".[22]

---

determinadas decorrências ou derivações do bem indisponível. Assim, a potestade tributária é indisponível, mas é possível lei autorizando a remissão, a anistia, do crédito fiscal". A *(in)disponibilidade do interesse público: consequências processuais (composições em juízo, prerrogativas processuais, arbitragem e ação monitória)*. Disponível em www.academia.edu/231461.

22. SILVA, Virgílio Afonso da. *A constitucionalização do direito: os direitos fundamentais nas relações entre particulares*. Tese de Livre Docência – USP. São Paulo, 2004, p.163-167.

Admitindo-se não apenas a validade e legitimidade da teoria liberal dos direitos fundamentais, mas sobretudo as pragmáticas perspectivas que abre para a resolução de conflitos sociais, então a indisponibilidade - mesmo que idealizada como decorrência da inalienabilidade e da irrenunciabilidade dos direitos assim qualificados -, *não pode implicar presunção de inegociabilidade*, ao menos por três motivos:

i) A transação não importa necessariamente renúncia ou alienação dos direitos. Há diferentes modelos negociais que redundam, evidentemente, consequências distintas relativamente à cessão de direito material que caracteriza os processos de transação;

ii) Ao contrário do que se poderia pensar, *a titularidade dos direitos indisponíveis não é afastada – senão reafirmada - por conta do respeito à autonomia das vontades direcionadas à realização de eventuais transações sobre os mesmos;*

iii) Ainda que assim não fosse, *não parece mais razoável que o Estado simplesmente restrinja ou impeça o pleno exercício das titularidades sobre os direitos indisponíveis – e, portanto, de eventualmente se negociá-los - sob abstratas presunções de que estaria tutelando toda a sociedade ou os seus titulares contra si mesmos,* na medida da sua incapacidade de livre manifestação de vontades.

Como adiante se destaca, a diversidade e a legitimidade de fóruns administrativos, jurisdicionais e até mesmo privados de fiscalização a respeito da manifestação de vontades dos titulares dos direitos considerados indisponíveis (diretamente ou por via de sistemas de adequada representatividade, como ocorre com os direitos difusos, coletivos e individuais homogêneos no Brasil por parte do Ministério Público), não apenas viabiliza como compele o Estado a submeter pretensões de restrição ou de vedação do pleno exercício dos direitos a concretos testes de ponderação.

Por óbvio, isso tem direta implicação quanto à possibilidade de transação envolvendo os direitos indisponíveis.

O verdadeiro sentido de *interesse público* residente no conceito dos direitos indisponíveis parece depender da coordenação entre o respeito da autonomia privada e, ao mesmo tempo, dos interesses sociais. Nesse sentido, no mais das vezes, a única maneira de se afirmá-los e tutelá-los adequadamente será uma análise cuidadosa, caso a caso, a respeito da validade e da legitimidade da manifestação volitiva dos seus titulares, ainda que contraposta a interesses considerados coletivos ou públicos.

Até porque, como adiante se destaca, *negociar os direitos – inclusive os indisponíveis – pode se revelar a melhor ou a única opção para sua efetiva proteção.*

A incompreensão do sistema de justiça brasileiro quanto à necessidade e real possibilidade de soluções verdadeiramente conciliadas envolvendo direitos indisponíveis pode ser medida pela já antiga prática do mecanismo do *Compromisso de Ajustamento de Condutas*, previsto originariamente na Lei da Ação Civil Pública[23] e agora também inserido no novo CPC.[24]

Trata-se de um bom exemplo de importante mecanismo resolutório extrajudicial de conflitos coletivos cuja utilização, todavia, frequentemente tem sido deturpada justamente por conta da falsa premissa de que *não poderia instrumentalizar autêntica negociação*, diante da "indisponibilidade" dos direitos difusos, coletivos e individuais homogêneos.

Segundo preponderante orientação doutrinária e jurisprudencial, o objetivo do compromisso de ajustamento de condutas seria restrito à regulação de comportamentos e ou previsões sancionatórias para a parte à qual se imputa a prática ilegal e ou lesiva, "conciliando-se" apenas aspectos relacionados a prazos e formas de cumprimento de obrigações ou de deveres inerentes à preservação integral dos direitos transindividuais, mas que em hipótese alguma afetassem sua essência indisponível.[25]

Não é difícil concluir, assim, que ao se negar um sentido verdadeiramente negocial para o Compromisso de Ajustamento de Condutas desvirtuam-se completamente a sua natureza e a sua finalidade compositiva.[26]

Tais desvirtuamentos dão origem a pelo menos dois sérios problemas, relacionados à efetividade (pragmática) e à validade (legalidade) do instrumento.

Em primeiro lugar, a ausência de genuína transação (concessões recíprocas), sob a justificativa da indisponibilidade dos direitos ou interesses em disputa, implica a ausência de qualquer real incentivo para que o conflito seja

23. "Art. 6º, § 6º: Os órgãos públicos legitimados poderão tomar dos interessados compromisso de ajustamento de sua conduta às exigências legais, mediante cominações, que terá eficácia de título executivo extrajudicial".
24. O art. 784, IV, do CPC qualifica como título executivo extrajudicial "o instrumento de transação referendado pelo Ministério Público, pela Defensoria Pública, pela Advocacia Pública, pelos advogados dos transatores ou por conciliador ou mediador credenciado por tribunal".
25. Assim constou da redação conferida ao art. 50 do Projeto de Lei nº 5.139/2009, que objetivava implementar no Brasil um código de processos coletivos: "O compromisso de ajustamento de conduta terá eficácia de título executivo extrajudicial, sem prejuízo da possibilidade de sua homologação judicial, hipótese em que terá eficácia de título executivo judicial. Parágrafo único. Quando o compromisso de ajustamento de conduta versar sobre bem indisponível, poderão ser estipuladas regras quanto ao prazo e ao modo de cumprimento das obrigações assumidas".
26. Defendendo uma interpretação aberta e flexível no sentido funcionalizar os compromissos de ajustamento de conduta como mecanismos verdadeiramente negociais, que redundariam em uma espécie de "transação híbrida" a envolver princípios mitigados de direito público e de direito privado, vide o essencial trabalho de Ana Luiz de Andrade NERY, *Compromisso de ajustamento de conduta*, 2ª ed., São Paulo, RT, 2012.

resolvido, pragmaticamente, da melhor forma possível para todos. Afastada *ab initio* qualquer possibilidade de negociação relativamente à essência do conflito coletivo, a mera regulação de "prazos e formas" para o cumprimento da obrigação não é conciliação (muito menos transação), senão retórico reforço a disposições constitucionais, legais ou contratuais consideradas indiscutíveis e imutáveis. Daí que a assinatura de ajustes de conduta, não raras vezes, revela-se pouco útil e insuficiente para garantir concretamente a melhor ou a possível proteção dos direitos ou interesses em discussão.[27]

Pior, sob a ótica da validade, transfigurados muitas vezes em *mecanismos de imposição de condutas*, os compromissos de ajustamento correm sério risco de ser considerados ilegais por não obedecerem a típicas condições de validade contratual. É curioso reparar, nesse particular, como a jurisprudência começa a encará-los sob uma ótica eminentemente contratual (transação) apontando, consequentemente, para sua negociabilidade.[28]

---

27. Conforme sustenta Cássio Scarpinella BUENO a respeito dos limites do compromisso de ajustamento de condutas, "Esse compromisso tem o valor de garantia mínima em prol do grupo, classe ou categoria de pessoas atingidas, não pode ser garantia máxima de responsabilidade do causador do dano, sob pena de admitirmos que lesados fiquem sem acesso jurisdicional. Entender-se o contrário seria dar ao compromisso extrajudicial que verse interesses difusos ou coletivos a mesma concepção privatista que tem a transação no direito civil, campo em que a disponibilidade é a característica principal. Graves prejuízos decorreriam para a defesa social, a admitir esse entendimento. Não sendo os órgãos públicos referidos no dispositivo os verdadeiros titulares do interesse material lesado, o compromisso de ajustamento que tomam passa a ter o valor de determinação de responsabilidade mínima, não constitui limite máximo para a reparação de uma lesão ao meio ambiente ou a qualquer outro interesse difuso, coletivo ou individual homogêneo". As class actions norte-americanas e as ações coletivas brasileiras: pontos para uma reflexão conjunta. *Revista de processo*, vol. 82, abr/1996, p. 92.

28. ADMINISTRATIVO. DANO AMBIENTAL. INQUÉRITO CIVIL. TERMO DE AJUSTE DE CONDUTA. ART. 5º, § 6º, DA LEI 7.347/85. TÍTULO EXECUTIVO EXTRAJUDICIAL. IMPOSIÇÃO PELO MINISTÉRIO PÚBLICO. CERCEAMENTO DE DEFESA. COAÇÃO MORAL. VIOLAÇÃO DO CONTRADITÓRIO E DA AMPLA DEFESA. EXCESSO DE COBRANÇA. MULTA MORATÓRIA. HOMOLOGAÇÃO DE TERMO DE AJUSTAMENTO PELO CONSELHO SUPERIOR DO MINISTÉRIO PÚBLICO. ART. 9º, §§ 2º E 3º DA LEI 7347/85. O Termo de Ajustamento, por força de lei, encerra transação para cuja validade é imprescindível a presença dos elementos mínimos de existência, validade e eficácia à caracterização deste negócio jurídico. (...) Consectariamente, é nulo o título subjacente ao termo de ajustamento de conduta cujas obrigações não foram livremente pactuadas, consoante adverte a doutrina, verbis:"(...) Para ser celebrado, o TAC exige uma negociação prévia entre as partes interessadas com o intuito de definir o conteúdo do compromisso, não podendo o Ministério Público ou qualquer outro ente ou órgão público legitimado impor sua aceitação. Caso a negociação não chegue a termo, a matéria certamente passará a ser discutida no âmbito judicial. (FARIAS, Talden, Termo de Ajustamento e Conduta e acesso à Justiça, in Revista Dialética de Direito Processual, São Paulo, v.LII, p. 121). (...) 5. O Tribunal a quo à luz do contexto fático-probatório encartado nos autos, insindicável pelo Egrégio Superior Tribunal de Justiça, consignou que: (a) o Termo de Ajustamento de Conduta in foco não transpõe a linde da existência no mundo jurídico, em razão de o mesmo não refletir o pleno acordo de vontade das partes, mas, ao revés, imposição do membro do Parquet Estadual, o qual oficiara no inquérito; (b) a prova constante dos autos revela de forma inequívoca que a notificação da parte, ora Recorrida, para comparecer à Promotoria de Defesa Comunitária de Estrela-RS, para "negociar" o Termo de Ajustamento de Conduta, se deu à guisa de incursão em crime de desobediência; (c) a Requerida, naquela ocasião desprovida de representação por advogado, firmou o Termo de Ajustamento de Conduta com o Ministério Público Estadual no sentido de apresentar projeto de reflorestamento e doar um microcomputador à Agência Florestal de Lajeado, órgão subordinado ao Executivo Estadual do Rio Grande do Sul; (e) posteriormente, a parte, ora Recorrida,

Por tais razões, é preciso ir além. A desmistificação de algumas premissas havidas como absolutas a respeito da indisponibilidade dos direitos (em especial a dos transindividuais) deve assumir papel provocativo.

Nesse caminho, destacamos as críticas francas e competentes de Antonio GIDI a respeito do dogmatismo e do formalismo conceitualista que historicamente têm barrado a possibilidade de soluções consensuais em disputas envolvendo os direitos difusos e coletivos.

Com sua ampla experiência doutrinária e prática tanto no sistema de justiça norte-americano como no brasileiro, GIDI defende a necessidade de superação da barreira da indisponibilidade para, com os devidos cuidados, abrir-se caminho para verdadeiras transações coletivas.

A síntese do pensamento do jurista baiano, defendendo a necessidade da regulamentação no Brasil dos acordos coletivos, pode ser assim transcrita:

"Os autores que se opõem à possibilidade de acordo coletivo, o fazem por dois motivos: a) o direito de grupo pode até ser disponível, mas o legitimado não tem poder de disposição sobre ele ou b) o próprio direito de grupo é indisponível. (...)

Mas o principal argumento levantado contra a transação coletiva é a própria indisponibilidade dos direitos de grupo (difusos, coletivos e individuais homogêneos). Como veremos adiante, ainda que esses direitos fossem realmente indisponíveis, pelo simples fato de serem difusos, coletivos e individuais homogêneos, não há motivo para se insurgir contra a possibilidade de transação no processo coletivo (em seu conceito tradicional de concessões mútuas), considerando equivocadamente que isso afrontaria a principiologia da tutela coletiva dos direitos. (...)

Pouco importa, portanto, decidir *a priori*, de forma meramente teórica, se os direitos difusos e coletivos são disponíveis ou indisponíveis. O importante é saber se, sob a fiscalização do grupo, com sua notificação e participação, com controle judicial sobre a adequação do representante e do mérito do acordo, poderá um acordo ser homologado pelo juiz e vincular o grupo. Essa é a questão prática que precisa ser enfrentada. Não se pode chegar à sua resposta através de considerações meramente dogmáticas, pois ela tem caráter nitidamente político. Enfim, trata-se de uma escolha política, que não pode ser resolvida através da subsunção dos fatos a uma classificação jurídica.

sob patrocínio de advogado, manifestou sua inconformidade quanto aos termos da avença celebrada com o Parquet Estadual, requerendo a revogação da mesma, consoante se infere do excerto do voto condutor dos Embargos Infringentes à fl. 466. (STJ, 1ª Turma, REsp 802.060/RS, Rel. Ministro Luiz Fux, julgado em 17/12/2009, DJe 22/02/2010).

Se o acordo não for adequado para tutelar os interesses do grupo titular do direito, o juiz não o aprovará e, se aprovar, não haverá coisa julgada, uma vez que o representante não foi adequado. (...)

A resposta bem pode ser que os direitos difusos e coletivos são disponíveis e este é o procedimento para homologação de acordos. Ou, se os direitos difusos e coletivos são indisponíveis, diante de tal controle judicial, o acordo será autorizado. O que não convence é dizer que, apenas porque os direitos difusos e coletivos são teórica e aprioristicamente considerados indisponíveis, não há nenhuma possibilidade de acordo. Trata-se de resposta formalista, que não satisfaz nem do ponto de vista dogmático nem pragmático e demonstra o grau de imaturidade do nosso direito".[29]

A polêmica gerada em torno do assunto revela conflitos político-ideológicos de difícil coordenação, mas de necessário enfrentamento para que se possa evoluir no caminho da implementação de um novo sistema de justiça consensual e colaborativa no Brasil, compreendido mediante a integração dos meios alternativos de resolução de conflitos e a jurisdição.

5. O CONTROLE SOBRE A LIVRE MANIFESTAÇÃO DAS VONTADES DOS TITULARES DOS DIREITOS INDISPONÍVEIS E A PONDERAÇÃO SOBRE A RAZOABILIDADE DO PROCEDIMENTO NEGOCIAL

Nesse sentido, talvez a mais importante das premissas que necessita ser reavaliada diz respeito à *apuração da liberdade de manifestação da vontade de seus titulares e da adequação e legitimação do procedimento negocial*. Isso se revela decisivo para a verificação da negociabilidade concreta dos direitos (ainda que qualificados como indisponíveis).

De fato, se é possível encontrar alguma conexão que ligue tanto a orientação doutrinária como a da jurisprudência dos tribunais superiores em torno do tema "direitos indisponíveis", tal ligação estaria atrelada à possibilidade ou não de sua abdicação parcial ou total por força da manifestação de vontade de seus próprios titulares.[30]

---

29. GIDI, Antonio. *Rumo a um código de processo civil coletivo – a codificação das ações coletivas no Brasil*. Forense, Rio de Janeiro, 2008, p. 273-278.

30. Conforme conclui Letícia de Campos Velho MARTEL, "Dentre todos os sentidos, quer os doutrinários, quer os legislativos e jurisprudenciais, opera-se a prevalência da conexão do conceito de indisponibilidade com a *manifestação* do titular para abdicar o direito. Então, ainda que haja certo descompasso, é possível delinear uma *tendência*. No entanto, a tendência é obscura, pois não há coerência e aprofundamento na delimitação de qual é o objeto de abdicação, quais os casos e formas nos quais ela pode ser admitida, quais são seus limites; tampouco há congruência quanto a ser a indisponibilidade uma característica intrínseca a alguns direitos ou uma opção normativa que grava certos direitos. Tudo isso conduz à inexorável afirmação de que efetivamente existe um problema conceitual por detrás da ideia

Assim, por exemplo, a partir da constatação (ou, mais comumente, da *presunção*) de que indivíduos absolutamente hipossuficientes e desassistidos encontrar-se-iam desprovidos de liberdade para manifestarem suas vontades referentes a atos de disposição de seus próprios direitos fundamentais, parece mais do que justificável e necessária a intervenção protetiva que o Estado deve conferir ao cidadão que atenta contra sua própria fundamentalidade.[31]

Coisa totalmente diversa ocorre, contudo, em situações nas quais se consegue inferir claramente que a intenção de disposição do direito fundamental por seu próprio titular é livre e consciente. Nessas hipóteses, a intromissão regulatória do Estado ou de outros particulares, travestida pela expressão "indisponibilidade" e muitas vezes guiada por razões fundamentalistas ou meramente paternalistas, viola desproporcionalmente o também fundamental direito constitucional de respeito à autonomia das vontades.[32]

De igual forma, em um Estado no qual existam e funcionem estruturas institucionais democráticas e independentes (tais como o Poder Judiciário, o Ministério Público, a Imprensa, e as Organizações Sociais, dentre outras), bem como procedimentos de representatividade social que permitam a adequada manifestação da vontade dos cidadãos (tal como as audiências públicas), não parece razoável que o interesse público e os direitos difusos e coletivos sejam considerados inegociáveis ou intransacionáveis, pela mera e abstrata rotulagem da indisponibilidade.

Diante dessa realidade institucional, resta indagar: é ainda a melhor opção para o sistema de justiça brasileiro que os conflitos relacionados aos direitos indisponíveis sejam sempre "resolvidos" por via do modelo solitário e impositivo da adjudicação estatal? Não seria mais adequado, legítimo e democrático que tais conflitos fossem abertos a francas negociações, garantida a intervenção

---

de indisponibilidade dos direitos fundamentais. E o problema não reside apenas na conceituação de *indisponível*, mas também na de *direito*, e, mais especificamente, de *direito fundamental*. Quando um conceito é confuso, pode ser usado como um joguete na argumentação jurídica e facilitar demasiadamente a perda da coerência interna da interpretação. A análise ora realizada demonstra que não há, mesmo sob a melhor luz, um fio de integridade, uma teia inconsútil que permita reconhecer, com clareza e utilidade, o que são, quais são e, especialmente, quais os efeitos jurídicos dos chamados direitos fundamentais indisponíveis." *Direitos Fundamentais Indisponíveis: limites e padrões do consentimento para a autolimitação do direito à vida*. Tese de Doutorado, UERJ, 2010. Disponível em: http://works.bepress.com/leticia_martel/, p. 35-36.

31. Daí a razão pela qual os tribunais brasileiros, exemplificativa e genericamente, têm negado transações a respeito de direitos trabalhistas ou a imposição de convenções arbitrais em contratos consumeristas de adesão. Presumido o déficit informacional, conclui-se pelo vício da manifestação das vontades de trabalhadores e consumidores, que assim não estariam aptos a negociar legítima e validamente.
32. Sobre o conceito de indisponibilidade e o direito fundamental à autonomia das vontades, Juan Manuel SOSA SACIO, Sobre el carácter "indisponible" de los derechos fundamentales. *Gaceta Constitucional* nº 9. Disponível em https://www.academia.edu/3827685.

de todos os atores públicos e privados envolvidos, para além da aprovação meritória pelo Poder Judiciário?

A resposta parece óbvia, inevitável.

É preciso compreender que muito embora os direitos indisponíveis, em regra, não comportem alienação (e, portanto, transação), não se pode afastar aprioristicamente a possibilidade de, por via de um juízo de ponderação a respeito de proporcionalidade e de razoabilidade, admitir processos de negociação nos conflitos a seu respeito, na medida em que isso se revele, concretamente, mais vantajoso à sua própria proteção ou concretização.[33]

No intuito de provocar melhor reflexão a respeito da viabilidade e da justificação da negociação de direitos indisponíveis, destacamos apenas alguns dos exemplos que podem ser retirados da experiência empírica dos sistemas de justiça nacional e internacional.

5.1. O meio ambiente é negociável?

O direito ao meio ambiente ecologicamente equilibrado é garantido constitucionalmente no Brasil,[34] sendo de inegável natureza difusa, fundamentalíssima e, portanto, indisponível.

Mas, por conta dessa qualificação hiperprotetiva do meio ambiente, seriam os conflitos ambientais insuscetíveis de verdadeira transação?

A resposta positiva, comum entre os juristas e operadores do sistema de justiça brasileiro, revela muito como a abstração e a dogmatização conceitualista é irreal ou surreal na sociedade do século XXI, *que assiste, muitas vezes sem perceber, a verdadeiras negociações envolvendo o próprio meio ambiente*.

De fato, a verdade é que já há muitos anos o mundo inteiro negocia a respeito do chamado *"direito de poluir"*, sendo o Brasil, inclusive, um dos seus maiores beneficiários.[35]

---

33. Sin embargo, queda aún sin responder por la jurisprudencia cómo deben tratarse aquellas enajenaciones de derechos fundamentales en caso de que exista plena autonomía; esto es, si aplicará la ponderación de derechos, o si, desde una posición decididamente paternalista (y hasta perfeccionista), presumirá siempre que la disposición de un derecho implica una situación de heteronomía y, por lo tanto, que el negocio jurídico deviene en nulo por inconstitucional. Con lo anotado hasta el momento, consideramos que hay una sola respuesta adecuada al ordenamiento constitucional para estos casos: la ponderación de bienes. SACIO, Juan Manuel Sosa. Sobre el carácter "indisponible" de los derechos fundamentales. *Gaceta Constitucional nº 9*. Disponível em https://www.academia.edu/3827685.
34. "Art. 225. Todos têm direito ao meio ambiente ecologicamente equilibrado, bem de uso comum do povo e essencial à sadia qualidade de vida, impondo-se ao Poder Público e à coletividade o dever de defendê-lo e preservá-lo para as presentes e futuras gerações".
35. Informação disponível em http://www.brasil-economia-governo.org.br/2012/08/13/o-que-e-o-mercado-de-carbono-e-como-ele-opera-no-brasil.

Apesar de toda a repugnância que a mera referência a tal realidade possa acarretar, sobretudo na academia da *civil law*, a negociação ambiental é um fato incontestável. Na última década, os chamados "créditos de carbono" tornaram-se uma *commodity*, mercadoria negociada com preços estabelecidos pelo mercado internacional a valores entre U$ 5,00 (cinco dólares) e U$ 17,00 (dezessete dólares).[36]

Mas, por que de fato se negocia (transaciona) um direito tão indisponível, inalienável e inegociável, segundo sua clássica definição jurídico-conceitual?

A resposta é simples. Negocia-se o direito de poluir precisamente porque se chegou à conclusão (empírica) de que talvez seja esse um caminho mais eficiente, por paradoxal que possa parecer, para uma melhor preservação do meio ambiente.[37]

Na medida em que os países investem em tecnologias de geração de energia limpa e diminuem a emissão de CO2, creditam-se por via desse mercado. Assim, a negociação dos créditos de carbono representa importante instrumento de incentivo à progressiva introdução de políticas ecológicas e desincentivo à poluição. Só no ano de 2014, esse modelo gerou transações de aproximadamente US$ 90 bilhões de dólares ao redor do mundo.[38]

Enquanto isso, alheio à realidade e ao pragmatismo, *o sistema de justiça brasileiro insiste em cultuar o dogma da inegociabilidade dos conflitos ambientais, apegando-se ao conceitualismo inerente à indisponibilidade dos direitos fundamentais.*

Apesar de encarregado constitucionalmente da efetiva proteção dos direitos difusos, coletivos e individuais indisponíveis, o Ministério Público Federal possui orientação normativa no sentido da não submissão de conflitos envolvendo questões ambientais a tentativas de soluções consensuais, mesmo

36. Segundo dados divulgados em reportagem do jornal New York Times (edição de 24/06/2014, disponível em http://www1.folha.uol.com.br/fsp/newyorktimes/172558-cresce-mercado-para-quoto-direito-de--poluirquot.shtml). Ainda segundo a mesma reportagem, especialistas que apoiam o '*cap and trade*' - (limite e negociação), que surgiu como uma arma básica contra o aquecimento global - afirmam que "um mecanismo de mercado pode atingir mais profundamente a economia do que qualquer outra abordagem, modificando o comportamento até de pessoas e empresas que poderiam não se importar com o aquecimento global".

37. Como explica Patrícia Maria Rodrigues dos SANTOS, a negociação internacional dos créditos de carbono tem por objetivo a redução da emissão dos gases do chamado efeito estufa, o que acabou gerando um valor monetário à poluição "já que tais créditos são certificados emitidos quando ocorre a redução de emissão de GEE. Por convenção, uma tonelada de dióxido de carbono (CO2) corresponde a um crédito de carbono". *Créditos de carbono: Aspectos jurídicos e ambientais*. Disponível em http://www.ambito-juridico.com.br.

38. Segundo dados divulgados em reportagem do jornal New York Times (edição de 24/06/2014, disponível em http://www1.folha.uol.com.br/fsp/newyorktimes/172558-cresce-mercado-para-quoto-direito-de--poluirquot.shtml.

por via do instrumento do compromisso de ajustamento de condutas.[39] Os tribunais, seguindo a mesma lógica, sequer admitem designar audiências de tentativa de conciliação para tais conflitos porque entendem tratar-se de "perda de tempo".[40]

A mera referência à indisponibilidade do direito ao meio ambiente ecologicamente equilibrado não comporta mais a simples e fácil negação de procedimentos verdadeiramente negociais a respeito dos conflitos que cotidianamente o envolvem.

5.2. A probidade administrativa é negociável?

A moralidade administrativa foi expressamente inserida no texto constitucional brasileiro de 1988 (art. 37, *caput*), constituindo, ao lado da legalidade, da impessoalidade, da publicidade e da eficiência, princípio reitor da Administração Pública.

Dessa forma, a probidade no exercício da função pública passou a ser reconhecida como autêntico *interesse difuso*, cuja indisponibilidade foi reafirmada por força da previsão infraconstitucional do art. 17, §1º da Lei nº 8.429/92 (Lei de Improbidade Administrativa), que veda qualquer espécie de solução consensual (acordo, conciliação ou transação) no âmbito das ações que objetivam sancionar as práticas de improbidade.

A absoluta inegociabilidade da propositura da demanda de improbidade pelas entidades legitimadas (Ministério Público e pessoa jurídica de direito público interessada), assim como da aplicação do conjunto de sanções previstas pelo art. 12 da Lei nº 8.429/92, segundo entendeu o legislador nacional,

39. É o que determina o Enunciado nº 01/2005, da 4ª Câmara de Coordenação e Revisão: "Ementa: Intervenções em Áreas de Preservação Permanente. Termo de Ajustamento de Conduta. Impossibilidade de homologação. ENUNCIADO: Termos de Ajustamento de Conduta que violem dispositivo legal não são passíveis de homologação, a exemplo dos que visam a regularizar intervenções em Área de Preservação Permanente."

40. "EMENTA: AGRAVO DE INSTRUMENTO. AÇÃO CIVIL PÚBLICA. AMBIENTAL. EDIFICAÇÕES EM ÁREA DE PRESERVAÇÃO PERMANENTE. DIREITO À PRESERVAÇÃO DO MEIO AMBIENTE (ART. 225, DA CRFB). CEJUSCON. INSUFICIENTE COMBATE AOS FUNDAMENTOS DECISÓRIOS - IMPROVIMENTO DO RECURSO. 1. Diante da manifestação do Ministério Público Federal atuante em Laguna (SC), autor da ação civil pública, entendo que não merece reparos a r. decisão do MM. Juiz Coordenador do CEJUSCON - Centro Judiciário de Solução de Conflitos e Cidadania da Subseção de Florianópolis (SC), que determinou a devolução dos autos ao juízo de origem (Laguna), 'tendo em vista a manifestação do Ministério Público Federal, que rejeitou qualquer possibilidade de acordo judicial, porque "A inclusão dessas ações na pauta do CEJUSCON, apenas prejudicará o êxito dessa iniciativa e o bom andamento dos trabalhos desse Centro, com audiências de conciliação frustradas, pois como é sabido, ao Ministério Público Federal é vedado transacionar sobre direitos indisponíveis, no caso, direito à preservação do meio ambiente (art. 225, da CRFB), direito fundamental difuso." 2. Agravo de instrumento desprovido. (TRF4, AG 5020599-66.2013.404.0000, Terceira Turma, Relatora p/ Acórdão Marga Inge Barth Tessler, juntado aos autos em 28/11/2013).

constituiria mecanismo protetivo do fundamental e indisponível direito difuso à moralidade administrativa.

Contudo, terá sido esse efetivamente o melhor caminho para orientar o sistema de justiça nacional a perseguir e punir os atos de improbidade, assim como para garantir a integral ou a mais completa indenização ou compensação dos danos deles decorrentes?

Trata-se de assunto de extrema relevância que merece melhor debate e enfrentamento, no intuito de viabilizar a maior eficácia possível no combate à corrupção e à impunidade, assim como na pretensão de integral compensação pelos possíveis danos patrimoniais e extrapatrimoniais causados pela prática do ato de improbidade.

Nesse sentido, e na linha de sustentação do presente ensaio, o preciosismo da regra disposta no art. 17, §1º da LIA ilustra com perfeição de que forma o dogmatismo e o conceitualismo que gravitam em torno dos direitos indisponíveis são capazes de enfraquecer ou inviabilizar sua efetiva proteção.

Muito embora os princípios da obrigatoriedade e da inegociabilidade das punições legalmente estabelecidas para os atos de improbidade administrativa sejam perfeitamente justificáveis em valores éticos, morais e jurídicos, fato é que, pragmática e paradoxalmente, de tão ótima (teoricamente) a regra depõe contra a efetividade da punição dos responsáveis e pela reparação dos prejuízos causados ao patrimônio público e à sociedade.

É essa uma das possíveis conclusões extraíveis de recente e importante pesquisa sobre a aplicação da lei de improbidade administrativa no Brasil, realizada pelo Conselho Nacional de Justiça e coordenada por dois dos mais respeitáveis processualistas especializados em tutela coletiva.[41]

Nesse estudo – que pode ser considerado um dos mais relevantes já realizados no país – foram colhidas informações sobre o processamento e o julgamento de ações de improbidade administrativa em diversos tribunais estaduais e federais nos últimos anos.

Como já se presumia, apesar do número significativo de condenações havidas, a ineficiência dos meios executivos das obrigações impostas aos réus acaba tornando o sistema das ações de improbidade administrativa mais um grande exemplo de ineficiência e de impunidade.

Das conclusões da pesquisa do CNJ, extraímos:

41. *Lei de improbidade administrativa: obstáculos à plena efetividade do combate aos atos de improbidade.* Coordenação Luiz Manoel Gomes Júnior, equipe Gregório Assagra de Almeida... [et al.]. Brasília, Conselho Nacional de Justiça, 2015, disponível em www.cnj.jus.br.

"Em termos de identificação da influência de aspectos processuais na permanência de situações de impunidade, verificou-se que não há uma atuação mais precisa e incisiva na fase de execução dos julgados. O ressarcimento dos prejuízos causados não tem recebido a mesma prioridade que o ajuizamento do processo de conhecimento. (...)

Mecanismos como a indisponibilidade adequada de bens (suficientes para o ressarcimento, sem abuso ou de forma a impedir o funcionamento das empresas), a hipoteca judiciária e a execução provisória, na parte condenatória, não são adequadamente utilizados".[42]

O baixo índice de adimplemento das obrigações impostas em sentenças condenatórias - aí incluídos o ressarcimento ao erário - nada mais representam do que a insuficiência e inadequação do modelo adjudicatório que "resolve" a disputa sem garantir qualquer adequada reparação ou compensação dos interesses ou direitos difusos lesados.

Pela evolução do sistema de justiça brasileiro, sobretudo no que diz respeito aos mecanismos utilizados para investigação, retribuição e reparação de danos causados pela prática de atos ilícitos, tanto na esfera penal, civil e administrativa, parece cada vez mais claro não haver espaço para que perseverem proibições legislativas absolutas à busca de soluções consensuais que se revelem, a um só tempo, razoáveis e eficientes. Tanto mais autorizadas e aplicadas tais soluções devem ser quanto maiores o controle de todas as autoridades públicas competentes (jurisdicionais e administrativas) e a transparência pela qual sejam esclarecidas para a sociedade civil.[43]

Apenas a título de exemplo, não parece haver justificativa razoável para se negar a extensão do regime jurídico da chamada *delação premiada* (adiante analisado) às ações de improbidade administrativa. As convenções materiais e processuais livremente negociáveis entre as partes, expressamente previstas para aplicação no âmbito de ações penais no art. artigo 4º, da Lei n.º 12.850/2013, têm se revelado importante mecanismo para a efetividade do desbaratamento de organizações criminosas e o ressarcimento de lesões ao erário e à sociedade.

Ora, se há expressa autorização legislativa para *o mais*, vale dizer, para a *negociabilidade sobre aspectos da pretensão punitiva penal estatal* (interesse ou direito difuso igualmente indisponível), com maior razão deve se entender

42. Idem, p. 76

43. Sobre a possibilidade de homologação judicial de transações envolvendo condutas de improbidade administrativa, GODOY, Gabriel. *Acordo e mediação na ação de improbidade administrativa*. Revista eletrônica JOTA. Pub. 03082015, disponível em http://jota.info/acordo-e-mediacao-na-acao-de-improbidade-administrativa.

aplicável o mesmo regime jurídico, quando for o caso, *à pretensão sancionatória cível* relativa à punição por atos de improbidade administrativa.

Apesar da verificação de uma inicial reação jurisprudencial contrária à extensão do regime da delação premiada às ações de improbidade,[44] a aplicação da analogia em tal hipótese parece ainda mais consistente e relevante na medida em que, muitas vezes, a mesma conduta pode ser qualificada a um só tempo como crime e como ato de improbidade administrativa, suscitando a aplicação de ambos os regimes punitivos. Nesses casos, a restrição da negociação entre acusação e defesa a respeito exclusivamente da punibilidade criminal, mantendo-se inegociáveis aspectos sancionatórios afeitos à improbidade, pode implicar o total fracasso dos objetivos de eficiência das respostas repressivas e preventivas devidas pelo Estado.

Interessante novidade sobre a possibilidade de negociação a respeito das sanções de improbidade administrativa, contudo, surge agora com a previsão constante na nova lei de mediação brasileira (Lei nº 13.140/15).

Ao regular os procedimentos de mediação para solução consensual de conflitos envolvendo a Administração Pública Federal, a nova legislação (art. 36, §4º) autoriza que, "Nas hipóteses em que a matéria objeto do litígio esteja sendo discutida em ação de improbidade administrativa ou sobre ela haja decisão do Tribunal de Contas da União, a conciliação de que trata o *caput* dependerá da anuência expressa do juiz da causa ou do Ministro Relator".

Ou seja, ao que parece, passa-se a oportunizar ajustes consensuais a respeito *da forma ou do modo* da aplicação das sanções previstas pela Lei nº 8.429/92 aos acusados de quaisquer das práticas qualificadas como de improbidade.

Muito embora não se definam expressamente quaisquer limites para referida transação, nada impede que, respeitada a indispensável fiscalização jurisdicional com a prévia intervenção do Ministério Público,[45] possa ela versar

44. Nesse sentido: "Não se afigura juridicamente possível a extensão dos benefícios da delação premiada aos requeridos em ação de improbidade, uma vez que se trata de benefício penal e a legislação não prevê qualquer extensão dos benefícios à esfera cível, como fez o julgador. De fato, diferentemente do que ocorre na ação civil pública regida pela Lei nº 7.347/85, em se tratando se ação civil por ato de improbidade administrativa, não há que cogitar na mitigação do princípio da indisponibilidade do interesse público, por aplicação, na espécie, do estabelecido no art. 17, § 1º, da Lei nº 8.429/92" (TRF-1, 4ª Turma, AC 1741520044014200, Relatora Clemência Maria Almada Lima de Ângelo (conv.), j. 08/04/2014, pub. 02/06/2014). Na mesma linha: TJ-DF - Apelação/Reexame necessário APO 20050110533584-DF, pub. 15/04/2014; TJ-SP - Apelação APL 00137418020028260053, pub. 29/07/2015; TJ-PR - Apelação APL 12433100 PR 1243310-0 (Acórdão) (TJ-PR), pub. 30/04/2015.

45. Nesse sentido, parece inócua a previsão da nova Lei de Mediação segundo a qual a mera "autorização" do Ministro Relator de procedimentos fiscalizatórios no âmbito do Tribunal de Contas bastaria à efetivação da transação administrativa. Por óbvio, nenhum acordo travado meramente na seara

sobre o *quantum* sancionatório entendido razoável e efetivo para a resolução da disputa.[46]

Dessa forma, quer parecer que se trata de *regra que revoga tacitamente o disposto pelo art. 17, §1º da LIA*, abrindo espaço para acordos nas ações de improbidade administrativa. Se passa a ser possível solução conciliada no âmbito administrativo, ainda que o acordo verse sobre controvérsia em relação à qual pende investigação de improbidade, com muito maior razão parece ser possível sustentar o cabimento de acordos no âmbito da própria ação de improbidade administrativa.

5.3. A liberdade individual e a pretensão punitiva estatal são negociáveis?

O direito de liberdade, um dos pilares fundamentais justificadores da garantia do devido processo legal, da revolução francesa e de todas as demais declarações de direitos do mundo moderno, é intuitivamente considerado indisponível e, portanto, absolutamente inegociável.

Direito individual fundamental,[47] a liberdade dos cidadãos também constitui objetivo constitucional da República Federativa do Brasil.[48]

A proteção da indisponibilidade incidente sobre o direito de liberdade no país ainda pode ser medida pela existência de diversos mecanismos de sua tutela que incluem o *habeas-corpus*, a absoluta excepcionalidade das prisões cautelares e a garantia de que ninguém será considerado culpado antes do trânsito em julgado de uma decisão condenatória criminal.

Mas, ainda que considerado todo o protecionismo constitucional do direito de liberdade, mesmo assim seria possível afirmar ser ele impassível de mecanismos conciliatórios, e mais especificamente, de transação?

Na verdade, não é difícil encontrar-se exemplos capazes de abalar a firmeza da afirmação, acrescentando novos ingredientes à discussão.

---

administrativa (tal como o é a dos Tribunais de Contas) pode ser oposto contra a fiscalização jurisdicional e a intervenção do Ministério Público, sempre que se detectar a existência de interesse público. Se assim é, versando o acordo administrativo sobre questão relativa a atos de improbidade administrativa, a única possibilidade dele implicar solução definitiva para o conflito de interesses é a homologação judicial.

46. Defendendo o acertamento da devolução da perda patrimonial acarretada pelo ato de improbidade administrativa inclusive por via de compromisso de ajustamento de conduta, Ana Luiza Andrade Nery, *Compromisso de ajustamento de conduta*, p. 201.
47. "Art. 5º Todos são iguais perante a lei, sem distinção de qualquer natureza, garantindo-se aos brasileiros e aos estrangeiros residentes no País a inviolabilidade do direito à vida, à liberdade, à igualdade, à segurança e à propriedade, nos termos seguintes".
48. "Art. 3º Constituem objetivos fundamentais da República Federativa do Brasil: I - construir uma sociedade livre, justa e solidária".

A negociação sobre aspectos ligados direta ou indiretamente ao direito de liberdade é realidade em diversos sistemas de justiça, na medida em que determinados mecanismos ou procedimentos negociais oferecem evidentes vantagens tanto para os titulares do direito de liberdade como para a sociedade em geral.

Talvez o exemplo mais contundente e excepcional de procedimento negocial que implica direta transação do direito de liberdade seja extraível da figura norte-americana da *plea bargain*.[49]

Trata-se de verdadeiro acordo travado entre o acusado e o Estado, representado pela promotoria (federal ou estadual), por via do qual aquele compromete-se a confessar (reconhecer sua culpabilidade) ou, ainda, apesar de não reconhecer a culpa, concordar em não contestar a imputação do cometimento do crime no intuito de evitar o desenrolar do processo e o consequente julgamento pelo tribunal do juri. Para além disso, o acusado ainda pode ser instado a cooperar na investigação criminal, ou testemunhar contra demais acusados pelo mesmo crime.

Em troca, o acusado pode se beneficiar da redução da gravidade das imputações criminais (ou seja, sofrer imputações menos severas), da abdicação de algumas das acusações por parte da promotoria e, claro, da redução muitas vezes significativa das sanções privativas de liberdade.[50]

A 6ª Emenda à Constituição norte-americana garante que em todos os processos criminais os acusados têm direito a assistência jurídica capaz de contrariar as provas da acusação. Ainda, garante julgamentos céleres e públicos, efetuados por tribunais de jurados imparciais – só autorizados a condenar os acusados por unanimidade de votos a respeito da culpabilidade, sem qualquer dúvida razoável.

Não obstante todas essas garantias processuais, os acordos realizados pelos acusados diretamente com os promotores têm notabilizado o sistema de justiça criminal.

Em que pese a grande discussão atualmente travada no sistema de justiça norte-americano sobre a razoabilidade e a constitucionalidade deste tipo de

49. Sobre o tema: MCDONALD, William F. *Plea bargaining: critical issues and common practices*. 1943- Washington, D.C. U.S. Dept. of Justice, National Institute of Justice: 1985, c1982. http://hdl.handle.net/2027/mdp.39015014884863; FEELEY, Malcolm M. *Legal Complexity and the Transformation of the Criminal Process: The Origins of Plea Bargaining*, 31 *Isr. L. Rev.* 183 (1997), disponível em http://scholarship.law.berkeley.edu/facpubs/743.

50. Em defesa do instituto, Plea Bargains & Prosecutors: An Exchange. Robert SWARTZ and Michael M. BAYLSON, reply by Jed S. Rakoff. *The New York Review of Books*. December 18, 2014. Disponível em http://www.nybooks.com/articles/archives/2014/dec/18/pleabargainsprosecutorsexchange.

acordo a versar sobre a liberdade, só no ano de 2013, na justiça federal dos EUA, excluídos os processos criminais extintos sem julgamento de mérito (8% da totalidade), 97% dos processos remanescentes foram encerrados por acordos entre os acusados e os *federal prosecutors* por via do instrumento da *plea bargain*, sendo que apenas 3% dos processos criminais restantes foi a efetivo julgamento de mérito.[51]

Muito se questiona a respeito da razoabilidade do procedimento do sistema do *plea bargain*, inicialmente em virtude da evidente pressão (verdadeira *coação*, segundo alguns) incidente sobre os acusados que, muitas vezes, dispõem de poucas horas ou dias para aceitar ou não os termos do acordo proposto.

Para além disso, ao menos no âmbito federal, os acordos são realizados diretamente entre a promotoria e os acusados, sem a efetiva intervenção dos juízes que, no mais das vezes, apenas se restringem a homologá-los, sem qualquer avaliação sobre a legalidade do procedimento negocial ou mesmo a respeito da justiça do seu mérito.

O *liberalismo*, o *pragmatismo* e o *excepcionalismo* do direito norte-americano explicam, em muito, a impressionante e absoluta preponderância dos acordos como forma de solução dos conflitos, sejam criminais, sejam cíveis, enquanto os índices de adjudicação estatal não passam de 2% de todos os processos iniciados.

Não se trata, por agora, de aplaudir ou desprezar o modelo norte-americano da *plea bargain*, responsável aliás, em grande parte, pela maior população carcerária mundial – aproximadamente 2,2 milhões de pessoas.[52] Trata-se tão somente de constatar que, certo ou errado, bem ou mal, *a transação envolvendo diretamente o indisponível direito de liberdade ocorre todos os dias no sistema criminal dos EUA*, lá sendo apontada como imprescindível para evitar o colapso do sistema jurisdicional criminal.

Mas não é apenas o exemplo drástico e emblemático da *plea bargain* norte-americana que pode ilustrar a negociabilidade do direito de liberdade.

No Brasil isso também ocorre, em hipóteses e proporções evidentemente diversas, mas que também colocam em discussão a transigibilidade da pretensão punitiva estatal que, na verdade, corresponde a um interesse ou direito tipicamente difuso.

51. Criticando o instituto, Why innocent people plead guilty? Jed S. RAKOFF. *The New York Review of Books*. Disponível: www.nybooks.com/articles/archives/2014/nov/20/whyinnocentpeoplepleadguilty.
52. Conforme informe do *International Centre for Prison Studies* (ICPS), acessível em http://www.prisonstudies.org/country/united-states-america.

Assim, por exemplo, o chamado *sursis processual*[53], a *transação penal*[54] e *a composição dos danos civis,*[55] previstas na Lei dos juizados especiais (Lei nº 9.099/95), apesar de aplicáveis tão somente para contravenções penais ou crimes considerados de menor potencial ofensivo,[56] não deixam de constituir mecanismos consensuais resolutivos já em pleno funcionamento no sistema de justiça criminal brasileiro e que, segundo gradativamente vem se entendendo, poderiam suscitar a implementação da chamada *"justiça restaurativa"* no país.[57]

Contra o argumento de que não seriam exatamente instrumentos de negociação sobre a *liberdade* e sobre a *pretensão punitiva estatal*, é bom lembrar que, incidindo em processos criminais cuja pretensão condenatória inclui a privação da liberdade, à toda evidência tanto a suspensão condicional do processo penal como a transação penal devem ser consideradas modalidades compositivas. Isso porque, mesmo indireta ou reflexamente, dizem respeito ao exercício do direito de liberdade e do direito difuso social à persecução e punição criminal.

Outro relevante e intrigante instituto que deve ser investigado enquanto instrumento compositivo consensual diz respeito à *delação premiada*.

53. "Art. 89. Nos crimes em que a pena mínima cominada for igual ou inferior a um ano, abrangidas ou não por esta Lei, o Ministério Público, ao oferecer a denúncia, poderá propor a suspensão do processo, por dois a quatro anos, desde que o acusado não esteja sendo processado ou não tenha sido condenado por outro crime, presentes os demais requisitos que autorizariam a suspensão condicional da pena".

54. "Art. 76. Havendo representação ou tratando-se de crime de ação penal pública incondicionada, não sendo caso de arquivamento, o Ministério Público poderá propor a aplicação imediata de pena restritiva de direitos ou multas, a ser especificada na proposta".

55. "Art. 74. A composição dos danos civis será reduzida a escrito e, homologada pelo Juiz mediante sentença irrecorrível, terá eficácia de título a ser executado no juízo civil competente. Parágrafo único. Tratando-se de ação penal de iniciativa privada ou de ação penal pública condicionada à representação, o acordo homologado acarreta a renúncia ao direito de queixa ou representação."

56. "Art. 61. Consideram-se infrações penais de menor potencial ofensivo, para os efeitos desta Lei, as contravenções penais e os crimes a que a lei comine pena máxima não superior a 2 (dois) anos, cumulada ou não com multa".

57. Conforme a Resolução nº 12, do Conselho Econômico e Social da Organização das Nações Unidas – ONU, datada de 24 de julho de 2002, "Processo restaurativo significa qualquer processo no qual a vítima e o ofensor, e, quando apropriado, quaisquer outros indivíduos ou membros da comunidade afetados por um crime, participam ativamente na resolução das questões oriundas do crime, geralmente com a ajuda de um facilitador. Os processos restaurativos podem incluir a mediação, a conciliação, a reunião familiar ou comunitária (*conferencing*) e círculos decisórios (*sentencing circles*)". No Brasil, o art. 7º da Resolução nº 125/2010, do Conselho Nacional de Justiça (que dispõe sobre a Política Judiciária Nacional de tratamento adequado dos conflitos de interesses no âmbito do Poder Judiciário), determina que os Núcleos Permanentes de Métodos Consensuais de Solução de Conflitos deverão "centralizar e estimular programas de mediação penal ou qualquer outro processo restaurativo, desde que respeitados os princípios básicos e processos restaurativos previstos na Resolução nº 2002/12 do Conselho Econômico e Social da Organização das Nações Unidas e a participação do titular da ação penal em todos os atos".

Previstos sucessivamente em diversas legislações criminais,[58] os mecanismos da delação premiada e dos acordos de leniência constituem o mais moderno instrumento de combate ao crime organizado no Brasil, tendo especial serventia para os crimes de corrupção.

Da análise do procedimento inaugurado por via da Lei nº 12.850/2013, infere-se tratar de mecanismo consensual pelo qual "O juiz poderá, a requerimento das partes, conceder o perdão judicial, reduzir em até 2/3 (dois terços) a pena privativa de liberdade ou substituí-la por restritiva de direitos daquele que tenha colaborado efetiva e voluntariamente com a investigação e com o processo criminal, desde que dessa colaboração advenha um ou mais dos seguintes resultados: I - a identificação dos demais coautores e partícipes da organização criminosa e das infrações penais por eles praticadas; II - a revelação da estrutura hierárquica e da divisão de tarefas da organização criminosa; III - a prevenção de infrações penais decorrentes das atividades da organização criminosa; IV - a recuperação total ou parcial do produto ou do proveito das infrações penais praticadas pela organização criminosa; V - a localização de eventual vítima com a sua integridade física preservada (art. 4º)".

Parece evidente que *a delação premiada e o acordo de leniência constituem verdadeiras técnicas compositivas transacionais* que, se não aptas a definir exatamente as sanções criminais a serem aplicadas pelo magistrado, implicam importantes consequências quanto ao direito de liberdade dos réus colaboradores, reduzindo significativamente o tempo de emprisionamento e o próprio regime de cumprimento da pena privativa de liberdade.

58. Inicialmente a delação premiada foi prevista pelo art. 8º, parágrafo único, da Lei 8.072/1990 (Lei de crimes hediondos), favorecendo com redução de um a dois terços da pena os delatores partícipes ou associados a quadrilhas voltadas à prática de crimes de tortura, tráfico de drogas e terrorismo, desde que auxiliassem a persecução penal e o desmantelamento do grupo criminoso. Subsequentemente, a delação premiada passou a ser prevista nos crimes de extorsão mediante sequestro, desde que facilitada a libertação da vítima (art. 159, § 4º, Código Penal); nos crimes contra o Sistema Financeiro Nacional e contra a ordem tributária (art. 16, parágrafo único, da Lei 8.137/1990, incluído pela Lei 9.080/1995); e nos crimes praticados por organização criminosa (art. 6º, Lei 9.034/1995). Com a edição da Lei nº 9.613/1998 (combate à lavagem de dinheiro e evasão de divisas) e da Lei nº 9.807/1999 (proteção de testemunhas), a delação premiada ganhou renovado impulso e efetiva aplicação prática, na medida em que, para além da promessa de redução significativa das penas aos delatores, também incluíram-se outros incentivos aos colaboradores, tais como a condenação a regime prisional menos gravoso (aberto ou semiaberto), a substituição da pena privativa de liberdade por restritiva de direitos ou até mesmo o perdão judicial (art. 1º, § 5º, Lei 9.613/1998). Em 2011, a colaboração premiada foi incluída na nova lei de drogas (art. 41 da Lei nº 11.343/2006), sendo sua aplicação estendida pela na Lei nº 12.529/2011 aos crimes contra a ordem econômica, regulando-se também a partir daí os chamados "acordos de leniência", cabíveis nas hipóteses nas quais inexistam ainda provas suficientes para assegurar a condenação do colaborador que, mediante confissão de sua participação no ilícito, deve cooperar plena e permanentemente com as investigações. Finalmente, a Lei nº 12.850/2013 (Lei de combate às organizações criminosas) regulamentou o procedimento para a realização da delação premiada e dos acordos de leniência.

A constatação de que o direito de liberdade e a pretensão punitiva estatal já vêm sendo negociados, ao menos em hipóteses nas quais o procedimento negocial revela-se apto a garanti-los de alguma forma pragmaticamente útil ao seus titulares e, ao mesmo tempo, implementa maior eficiência ao sistema de justiça, mais do que despertar a curiosidade dos juristas nacionais, pode impulsionar a adoção de novas técnicas e procedimentos que almejem similares objetivos.

6. DISPONIBILIDADE DOS DIREITOS INDISPONÍVEIS?

Se, gradativamente, os mais clássicos direitos fundamentais qualificáveis como indisponíveis vêm sendo objeto de autênticas negociações ao redor do mundo e no Brasil, com crescente respaldo dos diversos sistemas de justiça, não seria esta então a demonstração empírica da necessidade de uma redefinição ou readaptação conceitual a respeito da indisponibilidade?

Nesse sentido, uma intrigante provocação pode ser resumida na indagação: seriam os direitos indisponíveis, paradoxalmente, disponíveis?

Endossando a conclusão sustentada por Robert ALEXY a respeito de serem os direitos fundamentais *disponíveis prima facie*, Letícia de Campos Velho MARTEL aponta possível caminho para uma mais adequada e contemporânea compreensão do fenômeno da indisponibilidade:

"A *restrição* de direitos fundamentais é, no molde de Alexy, heterônoma. Já a disposição é autônoma. Isso justifica plenamente diferenciá-las. Para relações tão diferentes, métodos diferentes de análise. Exigir de um indivíduo que somente disponha de posições jurídicas subjetivas de direito fundamental que titulariza se seu ato atender à necessidade, à adequação e à proporcionalidade em sentido estrito significa igualá-lo à figura do Estado, que, de regra, não é titular do direito geral de liberdade e de outros direitos fundamentais do modo como são os particulares. Poder-se-ia exigir do sujeito que seus fins, com a disposição, fossem *constitucionalmente determinados?* Claro que não. (...) Disto se conclui que a disposição de posição jurídica subjetiva de direito fundamental não é sinônimo de restrição de posições jurídicas subjetivas de direito fundamental. Seguindo as conclusões expressas linhas acima, tem-se que a proibição da disposição, por ato estatal, é que deve ser tratada como *restrição* ou *violação* de direitos fundamentais, em especial o direito geral de liberdade. O enunciado normativo estatal que proibir a disposição ou que a regular haverá de ser apreciado segundo o método de exame das restrições. Com isso não se quer dizer, sobremaneira, que todo e qualquer ato de disposição de posições jurídicas de direito fundamental *deve ser* permitido. Haverá inúmeros casos nos quais a proibição se mostrará uma restrição e, portanto, acorde à Constituição.

Haverá inúmeros casos nos quais a exigência de condições e requisitos, por vezes bastante fortes, mostrar-se-á uma restrição e, portanto, constitucional. Todavia, haverá inúmeros casos nos quais a proibição de dispor poderá ser uma violação de direitos e, portanto, inconstitucional".[59]

A identificação dos direitos fundamentais como *disponíveis prima facie*, apesar de evidentemente controversa, revela-se libertadora, lógica e eficiente para fundamentar a relativização de um exacerbado e persistente paternalismo, perceptível no sistema de justiça brasileiro, que em muitos casos escraviza bem mais do que liberta, retrocede bem mais do que avança a verdadeira proteção dos direitos fundamentais.

Por outro lado, ainda que não se reconhecesse uma *plena disponibilidade prima facie* dos direitos fundamentais, parece cada vez mais evidente a necessidade de se reconhecer o *relativismo conceitual* que reveste o tema da indisponibilidade dos direitos.[60]

Tanto para os legisladores como para os operadores do sistema de justiça, não podem mais bastar para justificar a restrição da disposição dos direitos considerados "indisponíveis" abstratas e retóricas presunções a respeito da hipossuficiência e da incapacidade de manifestação volitiva dos seus titulares - que historicamente têm justificado academicamente sua absoluta inegociabilidade.

A viabilidade cada vez mais evidente de apuração da real e livre intenção dos titulares dos direitos individuais e transindividuais indisponíveis em exercê-los, abdicá-los ou negociá-los, passa a exigir do Estado justificativas bem mais sólidas e empíricas todas as vezes em que pretender intervir restritivamente sob a desculpa de proteção do interesse público.

A reconstrução do sistema de justiça brasileiro, que começa tardiamente a apostar nas soluções consensuais, passa a também depender de uma realista e pragmática reavaliação do sentido e do alcance da indisponibilidade dos direitos.[61]

---

59. MARTEL, Letícia de Campos Velho. Direitos Fundamentais Indisponíveis: limites e padrões do consentimento para a autolimitação do direito à vida. Tese de Doutorado, UERJ, 2010. Disponível em http://works.bepress.com/leticia_martel/, p. 81-83.

60. Defendendo a relativização do conceito dos direitos indisponíveis, Ana Luiza de Andrade NERY. Compromisso de ajustamento de conduta – teoria e análise de casos práticos. 2º Ed. São Paulo, Editora Revista dos Tribunais, 2012, p. 142-156.

61. O Supremo Tribunal Federal já admitiu, ainda que em caráter excepcional, a validade de acordo judicial envolvendo direitos considerados indisponíveis, em importante precedente assim ementado: "Poder Público. Transação. Validade. Em regra, os bens e o interesse público são indisponíveis, porque pertencem à coletividade. É, por isso, o Administrador, mero gestor da coisa pública, não tem disponibilidade sobre os interesses confiados à sua guarda e realização. Todavia, há casos em que o princípio da indisponibilidade do interesse público deve ser atenuado, mormente quando se tem em vista que a solução adotada pela Administração é a que melhor atenderá à ultimação deste interesse. Assim, tendo o acórdão

REFERÊNCIAS BIBLIOGRÁFICAS

ANDREWS, Neil. Controversie collettive, transazione e conciliazione in Inghiterra. *Revista de Processo*, vol. 169. São Paulo, Revista dos Tribunais, Mar/2009.

BUENO, Cássio Scarpinella. As class actions norte-americanas e as ações coletivas brasileiras: pontos para uma reflexão conjunta. *Revista de processo*, vol. 82. São Paulo, Revista dos Tribunais abr/1996.

FEELEY, Malcolm M. *Legal Complexity and the Transformation of the Criminal Process: The Origins of Plea Bargaining*, 31 *Isr. L. Rev.* 183 (1997), disponível em http://scholarship.law.berkeley.edu/facpubs/743.

FERRAJOLI, Luigi. *Los fundamentos de los derechos fundamentales*. Madri, Editorial Trotta, 2001.

GIDI, Antonio. *Rumo a um código de processo civil coletivo – a codificação das ações coletivas no Brasil*. Rio de Janeiro, Forense, 2008.

GODOY, Gabriel. Acordo e mediação na ação de improbidade administrativa. *Revista eletrônica JOTA*. Pub. 03/08/2015, disponível em http://jota.info/acordo-e-mediacao-na--acao-de-improbidade-administrativa.

MARTEL, Letícia de Campos Velho. *Direitos Fundamentais Indisponíveis: limites e padrões do consentimento para a autolimitação do direito à vida*. Tese de Doutorado. UERJ, 2010. Disponível em http://works.bepress.com/leticia_martel/

MCDONALD, William F. *Plea bargaining: critical issues and common practices*. 1943- Washington, D.C. U.S. Dept. of Justice, National Institute of Justice: 1985, c1982. http://hdl.handle.net/2027/mdp.39015014884863.

NERY, Ana Luiza de Andrade. *Compromisso de ajustamento de conduta – teoria e análise de casos práticos*. 2ª Ed. São Paulo. Revista dos Tribunais, 2012.

NOVAIS, Jorge Reis. Renúncia a direitos fundamentais. In: MIRANDA, Jorge (Org.). *Perspectivas constitucionais nos 20 anos da Constituição de 1976*. Coimbra, Coimbra Editora, v. I, 1996.

RAKOFF, Jed S. Why innocent people plead guilty? *The New York Review of Books*. Disponível em www.nybooks.com/articles/archives/2014/nov/20/whyinnocentpeoplepleadguilty.

---

recorrido concluído pela não onerosidade do acordo celebrado, decidir de forma diversa implicaria o reexame da matéria fático-probatória, o que é vedado nesta instância recursal (Súm. 279/STF). Recurso extraordinário não conhecido" (STF - RE: 253885 MG, Relator: Ellen Gracie, Data de Julgamento: 04/06/2002, Primeira Turma, Data de Publicação: DJ 21-06-2002, p. 0118). No mesmo sentido, ilustre-se precedente do STJ: "PROCESSO CIVIL – AÇÃO CIVIL PÚBLICA POR DANO AMBIENTAL – AJUSTAMENTO DE CONDUTA – TRANSAÇÃO DO MINISTÉRIO PÚBLICO – POSSIBILIDADE. 1. A regra geral é de não serem passíveis de transação os direitos difusos. 2. Quando se tratar de direitos difusos que importem obrigação de fazer ou não fazer deve-se dar tratamento distinto, possibilitando dar à controvérsia a melhor solução na composição do dano, quando impossível o retorno ao status quo ante. 3. A admissibilidade de transação de direitos difusos é exceção à regra. 4. Recurso especial improvido" (REsp 299.400/RJ, Rel. Ministro Francisco Peçanha Martins, Rel. p/ Acórdão Ministra Eliana Calmon, Segunda Turma, julgado em 01/06/2006, DJ 02/08/2006, p. 229).

ROTHENBURG, Walter Claudius. Direitos fundamentais e suas características. *Revista dos Tribunais* – Cadernos de Direito Tributário e Finanças Públicas - nº 29 - out./dez./1999.

SACIO, Juan Manuel Sosa. Sobre el carácter "indisponible" de los derechos fundamentales. *Gaceta Constitucional nº 9*. Disponível em https://www.academia.edu/3827685.

SANDER, Frank. *The Pound conference : perspectives on justice in the future : proceedings of the National Conference on the Causes of Popular Dissatisfaction with the Administration of Justice* / sponsored by the American Bar Association, the Conference of Chief Justices, the Judicial Conference of the United States. Edited by A. Leo Levin and Russell R. Wheeler, St. Paul, Minn. West Pub. Co., 1979.

SANTOS, Patrícia Maria Rodrigues dos. *Créditos de carbono: Aspectos jurídicos e ambientais*. Disponível em http://www.ambito-juridico.com.br.

SILVA, Virgílio Afonso da. *A constitucionalização do direito: os direitos fundamentais nas relações entre particulares*. Tese de Livre Docência – USP. São Paulo, 2004.

SWARTZ, Robert and BAYLSON, Michael M. Plea Bargains & Prosecutors: An Exchange. *The New York Review of Books*. December 18, 2014. http://www.nybooks.com/articles/archives/2014/dec/18/pleabargainsprosecutorsexchange.

TALAMINI, Eduardo, "*A (in)disponibilidade do interesse público: conseqüências processuais (composições em juízo, prerrogativas processuais, arbitragem e ação monitória)*. Disponível em www.academia.edu/251401.

VENTURI, Elton. A voz e a vez do interesse público em juízo: (re)tomando a sério a intervenção *custos legis* do Ministério Público no novo processo civil brasileiro. *Revista de processo nº 246*. São Paulo, Revista dos Tribunais, Agosto/2015.

VENTURI, Thaís Goveia Pascoaloto. *Responsabilidade civil preventiva*. São Paulo, Malheiros, 2014.

CAPÍTULO 16

Conciliação – As técnicas de negociação e a nova política judiciária instituída pelo Novo CPC na Justiça Federal

Américo Bedê Júnior[1]
Cristiane Conde Chmatalik[2]

SUMÁRIO: INTRODUÇÃO. DA HETEROCOMPOSIÇÃO ÀS TÉCNICAS ALTERNATIVAS DE RESOLUÇÃO DO CONFLITO; 1. A IMPORTÂNCIA DA NEGOCIAÇÃO COMO TÉCNICA DE RESOLUÇÃO DE CONFLITOS; 2. MEDIAÇÃO E CONCILIAÇÃO: DIFERENÇAS CONCEITUAIS; 3. A CONCILIAÇÃO NA JUSTIÇA FEDERAL DA 2ª REGIÃO – RIO DE JANEIRO E ESPÍRITO SANTO; 4. A NOVA LEI DE MEDIAÇÃO: BREVES REFLEXÕES; 5. O NOVO CÓDIGO DE PROCESSO CIVIL E A CONCILIAÇÃO; 6. CONCLUSÃO. DA ESPERANÇA DE UMA NOVA PRÁTICA CONSENSUAL NO JUDICIÁRIO BRASILEIRO.

INTRODUÇÃO. DA HETEROCOMPOSIÇÃO ÀS TÉCNICAS ALTERNATIVAS DE RESOLUÇÃO DO CONFLITO.

No presente estudo, busca-se analisar a negociação integrativa como melhor técnica conciliatória básica para compreendermos a sistemática da conciliação no Código de Processo Civil (Lei n.13.105, de 16-3-2015), que enfatizou a realização de treinamentos e preparação para a audiência de conciliação que contará com profissionais habilitados para tanto e que serão auxiliares da Justiça.

Através de como se estabeleceu a conciliação no Código de Processo Civil, a busca por outros métodos adequados de resolução de conflitos se tornou facilitada . Atualmente, a pessoa que pretende uma resposta rápida do Estado-Juiz para a solução de seu conflito tem à sua disposição uma fase prévia procedimental de resolução do conflito.

1. Professor do Programa de Posgraduação Stricto Sensu em direitos Fundamentais da FDV-ES. Doutor e mestre em Direitos Fundamentais pela FDV/ES. Juiz Federal titular da 2 vara Federal criminal de Vitória-ES.
2. Mestre em Direito da Cidade pela UERJ. Coordenadora do Núcleo Permanente de Solução de Conflitos e Cidadania do TRF- 2ª Região, Juíza Federal titular do 2º Juizado Especial Federal Cível de Vitória-ES.

O sistema processual civil brasileiro veio a contemplar a visão da Justiça Multiportas (Multi-door Corthouse foi sugerida em 1976 por Frank Sander, Professor Emérito da Harvard Law School, cf. SANDERS, Frank. The Pound Conference: Perspectives on Justice in the Future. St. Paul: West Pub., 1979), o que em brevíssimo resumo inicia a tese de que ao lado da justiça estatal clássica surjam outros meios alternativos de solução de conflito. Ao longo de quase 40 anos de estudos sobre esse tema tem-se comprovado uma série de benefícios para as partes envolvidas.

O Código de Processo Civil, Lei n.13.105/2015, que entrou em vigor em 17 de março de 2016, fixou parâmetros claros para a obrigatoriedade das audiências de conciliação, expressamente no art. 334, *caput* e parágrafo 4º, inciso I. Já o art. 3º, em seus parágrafos 2º e 3º, previu, respectivamente, o Estado como promovedor da solução consensual dos conflitos; e a conciliação, a mediação e outros métodos de solução consensual de conflitos como categoria (excepcional ou não[3]) do princípio constitucional da inafastabilidade de jurisdição e acesso à Justiça, que são plenamente compatíveis com o referido princípio.

O objetivo da lei é claro, resolver os conflitos antes mesmo deles se agravarem. Conflitos sempre vão existir e a realidade atual do Poder Judiciário brasileiro tem demonstrado, através de pesquisas recentes realizadas pelo CNJ, que há uma ação judiciária para cada dois brasileiros, sendo esse um número altíssimo se levarmos em consideração a estrutura disponível para a solução dos conflitos.

Segundo o Relatório Justiça em Números do Conselho Nacional de Justiça (CNJ), tramitaram na Justiça Federal no ano de 2012 cerca de 11 milhões de processos[4].

O contexto ainda se agrava mais diante dessa crescente cultura da litigância e da clara deficiência do Poder Judiciário em resolver todos os conflitos que chegam anualmente as suas portas. Os métodos de resolução de conflitos interpessoais têm se mostrado de grande eficiência ao redor do mundo, como forma viável, ágil e barata de solução de conflitos.

É indispensável que exista um investimento em treinamento para que as possibilidades criadas no texto da novel lei não sejam efetivadas em virtude da

3. Há um conflito aparente entre os métodos consensuais de resolução de conflitos e o Princípio da Inafastabilidade de jurisdição. Doutrinadores de escol como Ada P. Grinover, Cândido Dinamarco (Teoria Geral do Processo, 2007, Ed. Malheiros, p. 145) delimitam a jurisdição como uma das funções do Estado. Autores mais modernos, como Fredie Didier Jr (Curso de Direito Processual Civil, 2009, Ed. Juspodivm, p. 77-78), destacam a autotutela, autocomposição, mediação e o julgamento de conflito por tribunais administrativos como equivalentes jurisdicionais.
4. Cf. Relatório Justiça em Números 2012, disponível em http://www.cnj.jus.br/programas-de-a-a-z.

cultura da heterocomposição e da busca da única solução correta a ser encontrada/produzida pelo juiz. Será preciso um novo olhar.

Muito dessa escolha irá depender de quem está envolvido no conflito, com quem está envolvido, qual disputa está em jogo, quais são os objetivos e requer uma compreensão de quais mecanismos dentro do processo são ofertados e disponíveis para as partes, sob pena de serem desperdiçados.

O presente estudo, então, visa à demonstração dessas mudanças no texto processual civil e a importância do aprendizado das técnicas negociais no implemento dos métodos de resolução dos conflitos.

1. A IMPORTÂNCIA DA NEGOCIAÇÃO COMO TÉCNICA DE RESOLUÇÃO DE CONFLITOS

A negociação é um meio básico de conseguir o que se quer de outrem. Todas as pessoas já se envolveram em situações de negociação, ainda que meramente intuitivas, sendo o desenvolvimento das suas técnicas de grande utilidade para a vida comum.

É importante ressaltar que a mediação/conciliação[5] é uma solução dos conflitos construída pelas próprias partes, não limitadas pelos critérios legais de resolvê-los, bastando que se trate de interesses legítimos, não proibidos pela ordem jurídica, não há como limitá-los.

A utilização da negociação pressupõe uma série de técnicas difundidas precipuamente por um grupo de estudiosos da denominado Escola de Harvard, que tem como expoentes os autores do livro Como Chegar ao Sim, dos autores William Ury e Roger Fisher, primeiramente editado nos Estados Unidos em 1981. Desde então o conflito é uma indústria em crescimento e a negociação torna-se para o Poder Judiciário uma forma adequada de solução de inúmeros conflitos que de outra forma não teriam solução.

Todas as negociações são diferentes, mas os elementos básicos não se alteram, por isso as técnicas utilizadas são bastante rígidas, pois nos auxiliam na hora da resolução do conflito. A relação existente entre as pessoas envolvidas no conflito tende a se confundir com o problema. Deste modo, é importante a identificação de questões (pontos controvertidos), interesses e sentimentos. O bom conciliador deve se concentrar nos interesses reais, o que efetivamente deseja (subjacente), que será descoberto ao longo da conciliação e não somente nos interesses aparentes, o que uma parte imagina querer, o que ela diz

5. Conceitos diferenciados, mas nos ateremos à definição utilizada pelo CPC.

desejar (superfície) e muito menos nas posições. A imagem que surge é apenas a ponta de um enorme iceberg, em que o interesse é sua parte maior e oculta. As posições são algo que a pessoa decidiu e firmou como certo, já o interesse motiva a pessoa, são os motores silenciosos por trás das posições.

Assim, a conciliação de interesses funciona muito melhor porque atrás de posições opostas existem muito mais interesses em comum do que conflitantes.

O propósito da negociação integrativa (baseada em interesses)[6] é verificar interesses subjacentes, um exemplo seria a indenização por danos morais, o banco pagar uma indenização pura e simples (posição: receber o dinheiro). O real interesse pode ser apenas uma "ajuda" – a pessoa quer se sentir respeitada, moralmente restaurada e pessoalmente valorizada, um pedido de desculpas, e não apenas em receber um valor justo/injusto. (Interesse: múltiplos, tais como um pedido de desculpa, o reconhecimento do erro da outra parte, restabelecer sua moral perante terceiros, etc.)

A barganha posicional põe o relacionamento e a substância em conflito; agrava o emaranhamento do processo, esta lida com os interesses do negociador, tanto pela substância, como pelo bom relacionamento, colocando um contra o outro.

A técnica consiste em separar a relação da substância – lidar diretamente com o problema pessoal, mas não se deixar envolver pelos problemas psicológicos colocados.

A importância da aplicação das técnicas de negociação consiste em evitar a polarização – lidar com um problema substantivo e manter uma boa relação de trabalho não precisam ser metas conflitantes. No início, as partes tendem a perceber a relação entre elas em dois polos: um lado integralmente correto e o outro integralmente errado. Essa percepção valoriza a culpa. A despolarização do conflito traz uma proposta de conciliação que busca solucionar o conflito, sendo imprescindível, para tanto, que as partes comecem a demonstrar *empatia* (ver o conflito a partir de uma lente conciliatória).

O conciliador, para lidar com problemas psicológicos, utiliza técnicas psicológicas, como a de se colocar no lugar da pessoa; se as emoções se intensificarem, encontre meios para que cada pessoa envolvida possa extravasá-la. Se houver mal-entendidos, trabalhe no sentido de aprimorar a comunicação. Mostrar como enquadrar (redefinir) as questões de forma neutra e como pontos a serem resolvidos por ambos, para ajudar as partes a enquadrarem as

6. Fisher, Ury e Patton. Como chegar ao sim, A negociação de acordos sem concessões, 2ª Ed., Imago

questões por elas mesmas e trabalharem em conjunto a fim de satisfazerem seus interesses.

Deve-se ter a percepção que muitas vezes o conflito está na mente das pessoas e não na realidade objetiva, assim por mais útil que seja a realidade objetiva, é a realidade tal como cada lado a vê que, em última instância, constitui o problema de uma negociação e abre caminho para a sua solução.

Afinal, todos os problemas de pessoas se encaixam em três categorias: percepção, emoção e comunicação. Pôr-se no lugar do outro – cada lado de uma negociação pode ver apenas os méritos de sua situação e apenas os méritos de sua situação e apenas as falhas da do outro lado.

Não se deve deduzir as intenções do outro a partir de seus próprios medos. É extremamente fácil incorrer no hábito de atribuir a pior das interpretações ao que o outro lado diz ou faz.

Outro erro nas negociações é atribuir culpa – é altamente contraproducente, pois colocado sob ataque, o outro lado torna-se defensivo e resiste ao que você tem a dizer. Ele deixa de ouvir, ou então procura retaliar com seu próprio ataque. A atribuição de culpa enreda firmemente as pessoas no problema. Devem-se buscar benefícios mútuos, harmonizando interesses individuais com interesses comuns, inventando meios de facilitar a decisão do outro.

Sem a utilização de algumas regras da comunicação, não há negociação. A negociação é um processo de comunicação bilateral com o objetivo de se chegar a uma decisão conjunta.[7]

Separar as pessoas do problema não é algo que se possa fazer uma só vez e depois esquecer; é preciso continuar a trabalhar nesse sentido. A abordagem básica consiste em lidar com as pessoas como seres humanos e com o problema segundo seus méritos. Como realizar esta última tarefa? É simples, mas é preciso fazer muito treinamento e não cairmos no risco da interpretação retrospectiva que procura enxergar no novo as práticas já arraigadas nos intérpretes do direito.

2. MEDIAÇÃO E CONCILIAÇÃO: DIFERENÇAS CONCEITUAIS

Alguns autores diferenciam a mediação da conciliação. Quando se utiliza o termo "conciliação" de conflitos, em geral, estão se referindo "a métodos

7. Como chegar ao sim, obra citada

que buscam simplesmente alcançar um acordo entre as partes com relação ao objeto do conflito"[8].

Nesse sentido, seria a principal diferença entre mediação e conciliação a atuação do conciliador como sendo mais ativa na condução das partes; e do mediador como facilitador do diálogo, estando expressamente proibido de exercer qualquer intervenção direta na vontade das partes. A conciliação como uma forma de atuação no curso do processo judicial[9] e a mediação como método melhor utilizado fora do âmbito do Poder Judiciário, por requerer uma série de ações que dificultariam o andamento do processo.

O CPC, não alheio a essa questão conceitual, traz em seu artigo 165, §§ 2º e 3º, a distinção entre os dois métodos, quando dispõe que:

> § 2º O conciliador, que atuará preferencialmente nos casos em que houver vínculo anterior entre as partes, poderá sugerir soluções para o litígio, sendo vedada a utilização de qualquer tipo de constrangimento ou intimidação para que as partes conciliem.
>
> § 3º O mediador, que atuará preferencialmente nos casos em que houver vínculo anterior entre as partes, auxiliará aos interessados a compreender as questões e os interesses em conflito, de modo que eles possam, pelo restabelecimento da comunicação, identificar, por si próprios, soluções consensuais que gerem benefícios mútuos.

Os parágrafos 2º e 3º traçam a distinção básica entre o conciliador e o mediador na sua atuação, sendo o conciliador utilizado preferencialmente nos casos em que não houver vínculo anterior entre as partes, e o mediador em que preferencialmente houver esse vínculo.

Atente-se que o legislador foi extremamente técnico e fez a distinção entre os métodos dando ênfase na Teoria da Negociação explicada no item anterior, ao ressaltar que o mediador, sempre capacitado e treinado, auxiliará as partes a compreenderem as "questões" e os "interesses" em conflito, consagrando a Teoria da Negociação Integrativa e da Comunicação, que levam ao empoderamento[10] das partes e a solução dos conflitos por elas mesmas.

---

8. Moessa, Luciane. Curso on line organizado pela CEAD-UNB e realizado pela ENAM – Escola Nacional de Mediação. Texto: Relação Consensual de Conflitos Coletivos envolvendo Políticas Públicas
9. Calmon, Petrônio. 2007, p.144.
10. Emporamento é conceituado como "dever de estimular os interessados a aprenderem a melhor resolverem seus conflitos futuros em função de experiência de justiça vivenciada na autocomposição" , conceito contido no Anexo III da Resolução n. 125/2010 do CNJ em seu art. 1º , inciso VII, com redação dada pela Emenda n. 1, de 31 de janeiro de 2013.

A despeito da diferenciação estabelecida pelo Código de Processo Civil, há de se buscar, na prática, quais técnicas e métodos serão mais adequados para o caso em concreto. Pensamos que num conflito envolvendo questões de reparação de danos materiais e morais, as partes envolvidas têm vínculo anterior e, muitas vezes, querem continuar essa relação contratual, sendo a mediação a forma mais correta de resolver tal conflito.

O mesmo ocorre em relação à questão de alta complexidade envolvendo desapropriações ou ações de demolição, questões ambientais, temas passíveis de solução consensual e que podem estar postas no âmbito da Justiça Federal. Ou, ainda, questões envolvendo ações envolvendo crianças e adolescentes sequestrados do país.

A mediação, nesses casos, trata-se de solução mais eficiente a longo prazo, pois a conciliação poderia trazer uma solução mais imediata e simples para a questão, mas sem atingir o real interesse das partes envolvidas.

Por essas e outras razões é que alguns autores, como Luciane Moessa, defendem que as mediações sempre seriam mais adequadas para a solução de conflitos envolvendo o Poder Público:

> "Assim sendo, pode-se concluir que a mediação é o método de soluções de conflitos mais adequado para as disputas que envolvam o Poder Público, em todas as suas manifestações, sendo preferível a abordagem ampla e uma prática que seja, sempre que possível, pedagógica e transformativa, possibilitando às pessoas e organizações envolvidas aprender em cada conflito, a fim de administrarem de forma produtiva os novos problemas que inevitavelmente surgirão em seu relacionamento futuro.[11]"

Por fim, é fundamental buscarmos o conhecimento de tais conceitos e sua distinção, mas de forma mais corrente temos a conciliação como o método mais utilizado no âmbito da Justiça Federal, pela ausência de cursos e treinamentos acerca das técnicas a serem utilizadas e pela não distinção, na prática, do método.

É mister ressaltar que já houve o aumento considerável do credenciamento de mediadores/conciliadores formados pelas técnicas e métodos propagados pelo Conselho Nacional de Justiça – CNJ, nos moldes da Resolução n. 125/2010, e, a despeito do Manual de Mediação Judicial[12], material básico fornecido pelo CNJ, estar mais voltado para a mediação, método mais utilizado na Justiça Estadual,

---

11.
12. Azevedo, André Gomma (org.). 2009. Manual de Mediação Judicial (Brasília/DF: Ministério da Justiça e Programa das Nações Unidas para o Desenvolvimento – PNUD)

este foi se aperfeiçoando para se adaptar aos fatos e situações que ocorrem na Justiça Federal. Há atualmente um equilíbrio dos membros do Comitê Gestor da Conciliação instituído no âmbito do Conselho Nacional de Justiça e formado por juízes federais, estaduais e do trabalho, numa composição paritária, de modo a atender os anseios e diferenças desses ramos de justiça.

3. A CONCILIAÇÃO NA JUSTIÇA FEDERAL DA 2ª REGIÃO – RIO DE JANEIRO E ESPÍRITO SANTO

Há alguns anos a Justiça Federal está disciplinada pela Resolução n. 125/2010 do CNJ, que estabeleceu diretrizes para a implementação da política pública de tratamento adequado dos conflitos a serem observadas pelos Tribunais.

No âmbito da 2ª Região, junto ao Tribunal Regional Federal foi criado o Núcleo Permanente de Solução de Conflitos e Cidadania – NPSC, em 15/04/2011, através da Resolução n. 15, de 15/04/2011, logo após tendo sido criados os Centros de Solução de Conflito e Cidadania na Seção Judiciária do Rio de Janeiro e do Espírito Santo. Foram criados nos últimos dois anos vários centros de conciliação no interior do Rio de Janeiro - nas subseções judiciárias de Volta Redonda, Campo Grande, São Pedro da Aldeia, Nova Iguaçu, Friburgo e São Gonçalo, ficando a cargo dos centros da Capital organizarem e apoiarem as audiências de conciliações a serem realizadas em outras subseções do interior que ainda não tenham seus centros.

De acordo com as diretrizes traçadas pela Resolução n. 125/2010, do Conselho Nacional de Justiça, temos avançado muito na interlocução com os diversos órgãos federais e empresas públicas federais que atuam na competência da Justiça Federal, estimulando sua participação nas atividades de conciliação.

Realizamos desde o ano de 2012, todos os anos, tanto a capacitação de conciliadores e mediadores no Rio de Janeiro como no Espírito Santo, certificando-os de acordo com o material didático fornecido pelo CNJ e na forma da Resolução do CNJ n.125/2010.

Cumpre destacar que, ao nosso sentir, no âmbito da Justiça federal não há matéria que não possa ser objeto de conciliação, já tendo sido realizados mutirões de conciliação nos Juízos, Juizados ou Varas com competência na área cível, criminal, fazendária, previdenciária e no âmbito do Tribunal.

Contudo, não contamos com uma legislação específica ainda. O PL 7169/2014, de autoria do Senador Ricardo Ferraço, aprovado em 2015, a Lei Federal n. 13.140/2015, há um capítulo exclusivo (Capítulo II, Da Autocomposição de Conflitos em que for parte Pessoa Jurídica de Direito Público) que menciona o Poder Público e a possibilidade de composição de conflitos no âmbito da

Administração Pública, sem tal menção a Justiça Federal ficaria mais uma vez sem regulamentação específica. A matéria está disciplinada no art. 32 a 40, da referida Lei.

Em relação à edição de norma específica pelo CJF em relação à Conciliação, desde 2015 estamos caminhando para a elaboração de um texto conjunto das cinco regiões, junto ao Conselho da Justiça Federal, através da Portaria Corregedoria-Geral nº 148 de 10/04/2015, publicado em 29 de abril de 2015, que resultou em inúmeras portarias e resoluções editadas disciplinando a matéria (vide Portal CJF), mas que nos trouxe a principal norma que disciplina a matéria que é a Resolução n. CJF-RES- 2016/398 de 04 de maio de 2016, que dispõe sobre a política de resolução de conflitos no âmbito da Justiça Federal.

Com essa nova diretriz normativa passamos a ter uma norma voltada exclusivamente para a Justiça Federal e com estabelecimento de uma estrutura mínima necessária dos Centros de Conciliação, dotadas de servidores/conciliadores com dedicação exclusiva e de acordo com o Código de Processo Civil e a Lei de Mediação.

4. A NOVA LEI DE MEDIAÇÃO: BREVES REFLEXÕES

Via de regra a mediação é um procedimento extrajudicial, contudo, nada impede que as partes, já tendo iniciado a etapa jurisdicional, resolvam retroceder em suas posições e tentar a via conciliatória.

Geralmente o próprio juiz ou um servidor por esse indicado eram os conciliadores nos casos de audiências conciliatórias no curso do processo. A nova lei de mediação inicia um novo procedimento em que preferencialmente o mediador/conciliador será uma pessoa preparada que atuará como auxiliar da atividade judiciária, sendo equiparado a servidor público, para efeitos da legislação penal (art8o), e terá as mesmas hipóteses legais de impedimento e suspeição dos juízes (art. 5º).

Do mesmo modo que o CPC, a Lei de Mediação prevê que se a petição inicial preencher os requisitos essenciais o juiz designará audiência de mediação.

A parte que mais interessa no âmbito da Justiça Federal, pois nos atinge diretamente, é a previsão de autocomposição de conflitos em que a parte for pessoa jurídica de direito público.

O art. 32 dessa lei prevê que a União, os estados, o Distrito Federal e os Municípios poderão criar câmaras de prevenção e resolução administrativa de conflitos, no âmbito dos respectivos órgãos da Advocacia Pública. A Advocacia Geral da União já conta com a experiência da Câmara de Conciliação e Arbitragem da Administração Federal – CCAF[13], câmaras que funcionam em alguns estados da federação, notadamente em Brasília/DF, mas atuando mais nos conflitos entre entes públicos. Por exemplo, dívidas de IPTU de prédios da União, ou cobranças de tarifas pela União pela utilização de área pública, dentre outras questões.

O art. 39 da nova lei expressamente prevê a mediação para essas hipóteses, ao requerer que antes de ser proposta ação em que figurem concomitantemente nos polos ativo e passivo, órgãos ou entidades de direito público que integrem a administração pública federal, deverá haver autorização prévia pelo Advogado-Geral da União. Isso porque muitas vezes tínhamos ações de dois entes da própria Administração Pública federal litigando entre si.

O art. 35 é que se revela de maior abrangência no âmbito judicial, pois autoriza a União, em seu inciso I, através da Advocacia-Geral da União a abrir um procedimento de transação por adesão nos casos, por exemplo, de jurisprudência pacífica do Supremo Tribunal Federal ou dos tribunais superiores.

A Advocacia Geral da União vem buscando expandir sua atuação em diferentes áreas de composição de conflitos, intervindo da melhor forma de buscar uma solução consensual, por exemplo, no pagamento de verbas já disciplinadas pelo Supremo Tribunal Federal no âmbito dos recursos repetitivos em relação à poupança envolvendo a Caixa Econômica Federal.

O que essa lei avança é a regulamentação da atividade conciliatória em si, pois antes era feita sem um procedimento detalhado ou sem as garantias que a lei disciplina, ao resguardar, por exemplo, o advogado público que queira conciliar, em seu art.40, ao prever que os servidores e empregados públicos que participarem do processo de composição extrajudicial do conflito, somente poderão ser responsabilizados civil, administrativa ou criminalmente quando, mediante dolo ou fraude, receberem qualquer vantagem patrimonial indevida, permitirem ou facilitarem sua recepção por terceiro, ou para tal concorrerem.

Outra inovação positiva é que as mediações podem ser feitas via *internet* ou qualquer outro meio de comunicação à distância, desde que as partes estejam de acordo. Nas questões de sequestro internacional de crianças pode vir a ser uma alternativa de composição do conflito.

É fundamental que os advogados[14]apresentem as vantagens dos meios consensuais ao cliente, devendo ter uma atuação ativa antes e durante a sessão

---

13. Prevista no art. 18 do Decreto 7.392/2010
14. Sobre o tema ver o artigo de Fernanda Tartuce. Advocacia e meios consensuais: novas visões, novos ganhos.in Processo de Conhecimento e Disposições Finais e Transitórias. Org lucas Macedo; Ravi Peixoto e Alexandre freire. jusPodium. Salvador, 2015.

de consensual, uma vez que as partes são protagonistas ativos do procedimento consensual.

5. O NOVO CÓDIGO DE PROCESSO CIVIL E A CONCILIAÇÃO

Em relação à edição do novo CPC, Lei 13.105, de 16/03/2015 e à Resolução CNJ n. 125/2010, temos algumas ponderações acerca da parte específica que trata dos Conciliadores e Mediadores, arts. 165 a 175.

Algumas normas da Resolução 125 poderão ser adaptadas de acordo com o que prescreve o CPC. Na realidade em relação ao CPC vamos ter um grande avanço em relação ao Código de Processo Civil de 1979 em matéria de Conciliação e Mediação. Contudo, a Resolução CNJ 125/2010 já tinha sido bastante inovadora e o CPC atual veio a regulamentar a matéria nesse ponto de capacitação e formação de conciliadores no âmbito da Justiça Federal.

A Justiça Federal tem necessidade de cursos voltados exclusivamente para a Justiça federal, que tem suas especificidades. A proposta, portanto, seria a aprovação de um modelo de curso de Formação Básica envolvendo exclusivamente a Justiça federal.

É fundamental realizarmos um modelo gerencial para a obtenção de melhores resultados, com aperfeiçoamento constante. A gestão de qualidade das conciliações judiciais tem como objetivo melhorar a prestação do serviço de conciliação judicial com competência (técnica, ambiental, social e ética) e padronização das atividades desenvolvidas voltadas para a Justiça Federal.

O art. 165 do CPC trata da criação de centros judiciários de solução consensual de conflitos e traz a necessidade de criação de mais centros para atender a obrigatoriedade das audiências de conciliação. Sem dúvida que alguns centros já foram criados nos moldes da Resolução do CNJ 125 e quanto a isso não há grandes mudanças, mas a atividade dos centros será muito mais efetiva e abrangente de acordo com o novo Código. A composição e organização desses centros serão definidas pelo respectivo Tribunal, observadas as normas do CNJ. Assim, o CNJ irá dar concretude às regras do novo CPC.

A necessidade primordial está em se estruturar os Centros de modo que possam atender às demandas das Varas e do próprio Tribunal. Há necessidade de um número maior de servidores e equipamentos específicos que atendam à Conciliação, como móveis especiais (mesas redondas, por exemplo), além de equipamentos de informática para as mesas de conciliação, estrutura de recepção (dotadas de televisão, espaço para criança, salas específicas para perícias médicas, etc).

O art. 166 trata dos princípios informadores da mediação e conciliação e é praticamente uma reprodução da Resolução 125/2012, não haverá grandes alterações. O novo Código fala em oralidade e informalidade[15], deixando de fora a competência, o empoderamento e a validação[16], previstos no Anexo III, art. 1º da Resolução CNJ 125/2010, com redação dada pela Emenda n. 1, de 31 de janeiro de 2013, constantes da parte referente ao Código de Ética de Conciliadores e Mediadores Judiciais.

O parágrafo 3º, do art. 166 prevê a aplicação de técnicas negociais, que deverão ser aplicadas, podendo haver menção a esse aspecto numa futura alteração da Resolução do CNJ.

O parágrafo 4º fala em livre autonomia dos interessados em relação, inclusive, as regras procedimentais. Em casos de mediação, principalmente, serão revistas às regras procedimentais por conta da necessidade de haver um prazo maior para a realização da mediação. Contudo, nas conciliações, que são mais comuns na Justiça federal, corre *a latere* essa tentativa de conciliar, não havendo necessidade de suspensão do processo ou alargamento de prazos.

O art. 167 traz um ponto muito importante a respeito do cadastro nacional de conciliadores e mediadores, inclusive das câmaras privadas de conciliação, que serão os habilitados para o exercício da conciliação.

O parágrafo 6º, do art. 167, inova ao deixar uma opção aos tribunais de criarem um quadro próprio de conciliadores e mediadores, a ser preenchido por concurso público de provas e títulos.

Sendo que ressalvada a hipótese de um quadro próprio de concursados, os tribunais deverão remunerar o conciliador e mediador pelo seu trabalho através de uma remuneração prevista em tabela fixada pelo tribunal, conforme parâmetros a serem estabelecidos pelo CNJ, ou pelo CJF, no caso da Justiça Federal, conforme o art. 169 do CPC. Essa é outra questão que deverá ser disciplinada pelo CNJ, de modo a se garantir isonomia e efetividade a essa norma. Hoje muitos tribunais contam com o trabalho voluntário, não remunerado, como é no caso do TRF – 2ª Região.

O art. 174 inova mencionando que a União, os Estado, o Distrito Federal e os Municípios criarão câmaras de mediação e conciliação, com atribuições relacionadas à solução consensual de conflitos no âmbito administrativo. Com isso,

---

15. Princípios inerentes ao procedimento célere dos Juizados Especiais
16. Competência – dever de possuir qualificação que habilite à atuação judicial, com capacitação na forma desta Resolução, observada a reciclagem periódica obrigatória para a formação continuada; Validação – dever de estimular os interessados perceberem-se reciprocamente como seres humanos merecedores de atenção e respeito. Conceitos do Anexo III, da Resolução 125/2010, já mencionada.

a União terá que disciplinar a matéria criando câmaras administrativas e o CNJ poderá antecipar a importância da não jurisdição da demanda e a preferência que o Código fez pelo estímulo a medidas de solução consensual dos conflitos, prevista já no art. 3º, parágrafos 2º e 3º, do novo Código, em que o Estado promoverá, sempre que possível, a solução consensual de conflitos.

Os artigos 172 e 173 tratam acerca da exclusão dos mediadores e conciliadores por falta grave, ficando impedidos por 1(um) ano de atuarem, assessorarem, representarem ou patrocinarem qualquer das partes, prazo que não era previsto na Resolução 125/2010.

6. CONCLUSÃO. DA ESPERANÇA DE UMA NOVA PRÁTICA CONSENSUAL NO JUDICIÁRIO BRASILEIRO

As alterações são bastante positivas, pois trazem uma disciplina para a matéria, que passa a ter uma regulamentação detalhada, que independerá da boa vontade do juiz ou do servidor, já que os Tribunais estão expressamente com a responsabilidade de instituir os Centros de Conciliação e treinar e capacitar mediadores e conciliadores, dentro da política de resoluções de conflitos vigente, cabendo à Justiça Federal a construção de soluções adequadas às reais necessidades de seus jurisdicionados com a utilização dos métodos adequados de resolução de conflitos, dando maior satisfação aos interessados envolvidos; maior rapidez à solução dos conflitos e teremos também uma diminuição enorme dos custos envolvidos numa demanda judicial, que pode durar anos.

CAPÍTULO 17

Existe Possibilidade de Acordo no Novo CPC?

Irapuã Santana do Nascimento da Silva[1]

SUMÁRIO: I. INTRODUÇÃO; II. APLICABILIDADES DA MEDIAÇÃO/CONCILIAÇÃO; III. DAS BARREIRAS DA NEGOCIAÇÃO; IV. PRINCÍPIO DA IGUALDADE; V. POLÍTICA DE MEDIAÇÃO/CONCILIAÇÃO; VI. VÍCIOS DE VONTADE; VII. CONCLUSÃO; REFERÊNCIAS BIBLIOGRÁFICAS

I. INTRODUÇÃO

O presente trabalho pretende analisar a modificação do momento em que a audiência de conciliação é realizada, que deixa de ser após a fase postulatória e passa a ser logo após o recebimento da petição inicial.

Em tempos de reforma processual, muito se discute sobre a melhor forma de se otimizar a atuação do poder jurisdicional de maneira a propiciar à população um serviço satisfatório do ponto de vista da tutela adequada e efetiva num decurso de tempo razoável dos anseios da sociedade.

A professora Ada Pellegrini Grinover, em uma palestra sobre controle judicial das políticas públicas, propõe um novo alcance do art. 5º, XXXV da Constituição Federal ao expor a necessidade de que o acesso à Justiça deve ser de uma tutela adequada, imbricando diretamente com o princípio da efetividade e devido processo legal.

Neste sentido, cabe ressaltar o ensinamento do eminente professor Dinamarco (Cândido Rangel Dinamarco, 2005) quando afirma que a jurisdição é um poder, uma função e uma atividade ao mesmo tempo. O primeiro aspecto apontado pelo autor é o poder de decidir imperativamente e impor estas decisões aos jurisdicionados dos casos levados até ele para seu julgamento. O segundo ponto é a função de promover a pacificação dos conflitos através do processo. Por último, resta a atividade, pois ocorre um complexo de atos promovidos pelo juiz no processo.

Sob a perspectiva da pacificação social, mesmo não sendo a última finalidade do processo, mas um dos escopos do Estado, no sentido de atender as

1. Mestre em Direito Processual (UERJ).Assessor do Ministro Luiz Fux no STF. Procurador do Município de Mauá-SP. Consultor Voluntário da Educafro.Professor da pós-graduação da Uniceub.

necessidades de seu povo, é preciso disponibilizar um amplo acesso aos meios de resolução de eventuais conflitos que possam surgir, concretizando assim, o princípio do amplo acesso à justiça.

Um trabalho clássico sobre o tema é do eminente processualista Mauro Cappelletti (Mauro Cappelletti, 1978), o qual propôs ondas renovatórias a fim de se alargar a incidência do princípio, que é também previsto constitucionalmente no ordenamento nacional.

Hoje não resta a menor dúvida de que a mediação se insere num contexto de auxílio à resolução de conflitos, sendo aceito por grande parte da doutrina e jurisprudência como uma forma de jurisdição.

Entretanto, além de prever as formas como a jurisdição será prestada, é preciso também se preocupar com os meios pelos quais estas diversas formas de jurisdição serão efetivadas.

No âmbito específico da mediação, esta questão também não pode ser deixada de lado.

II. APLICABILIDADES DA MEDIAÇÃO/CONCILIAÇÃO

A mediação deve sempre ser objetivada, até mesmo para fins de otimização do tempo que se leva para a resolução de um conflito. Porém, há certos critérios para sua execução, tanto de forma efetiva, quanto de forma legítima.

A imposição de uma decisão irá resolver o conflito imediato, mas o juiz deve se preocupar também com os efeitos que esta decisão cria (Ada Pellegrini Grinover, 2013). Isto quer dizer que, numa decisão que obriga as partes a prestar determinados deveres, imporá sempre a existência de uma zona de tensão na relação jurídica, o que é absolutamente nocivo à sua continuidade.

Por este motivo, uma solução que emane das próprias partes diretamente interessadas na relação jurídica que foi levada a juízo, é muito mais benéfica, visto que ambas sairiam satisfeitas do litígio.

A mediação visa a estabelecer um diálogo com as partes e entre as partes, saindo do modelo adversarial de maneira a possibilitar um desfecho que seja minimamente razoável e efetivo para quem detém o direito e para quem deva realizar a respectiva prestação.

Neste sentido, cabe trazer a reflexão do professor Owen Fiss aponta uma característica muito interessante sobre a efetividade da mediação, que influencia de melhor maneira e deve ser vivamente incentivada em relações jurídicas de ordem continuada.

Assim, somente através do diálogo amplamente arraigado do princípio da boa-fé objetiva que nasce a legitimidade da utilização da mediação para a resolução de conflitos na nossa sociedade.

Uma consequência lógica do princípio da boa-fé, como requisito necessário para uma boa execução de mediação, é a imprescindibilidade da existência concreta do princípio da igualdade.

Não seria forçoso afirmar que inexiste negociação justa sem que as partes estejam em razoáveis condições de igualdade. Caso não haja equilíbrio na relação jurídica, não haverá mediação, mas sim o uso da força pela parte que tiver mais condições para conseguir uma solução amplamente vantajosa no processo.

A partir do panorama brevemente apresentado, cumpre destacar, numa análise superficialmente pormenorizada, que não estabelecerei diferença semântica entre os institutos da conciliação e da mediação por dois motivos: (i) não há unanimidade sobre suas definições, chegando ao ponto de alguns autores nacionais tratá-los como sinônimos (Amom Albernaz Pires, 2002) e também porque (ii) o objeto do presente estudo busca a análise externa de ambos os institutos, sendo indiferente uma separação entre eles.

A mediação e a conciliação são grandes alternativas para a problemática da atividade judiciária que assola há muito tempo os ordenamentos jurídicos existentes pelo mundo no concernente à superlitigância e o emperramento da máquina.

Desta forma, a mediação passou a ser objetivada sempre que possível, até mesmo para fins de otimização do tempo que se leva para a resolução de um conflito. No entanto, há certos critérios para sua execução, tanto de forma efetiva, quanto de forma legítima. Neste sentido, a exposição ora apresentada tem a finalidade de traçar as linhas gerais do objeto de estudo do presente trabalho, de forma a ventilar algumas provocações reflexivas acerca do tema.

Uma das primeiras características da mediação é a sua voluntariedade. Portanto, sua realização deve ser incentivada e, de maneira alguma imposta. Entretanto, os sistemas contemporâneos (principalmente do romano-germânico), estão caminhando na contramão deste posicionamento, instituindo a mediação obrigatória para impor um filtro ao acesso à justiça, tendo como um dos argumentos de que não há princípios absolutos. Contudo, o problema de obstar o acesso à Justiça é o esvaziamento do próprio direito a ser resguardado, tendo em vista que sem a possibilidade ou mecanismos adequados e efetivos de sua exigência, acaba-se na situação de sua não existência concreta[2].

2. Nicola Picardi, em sua obra *"Jurisdição e processo*, ed. Forense, Rio de Janeiro, 2008", ressalta a função garantidora da jurisdição que têm como característica a possibilidade de assegurar a dedução de um direito pelo jurisdicionado como forma de proteção e efetividade da Carta Constitucional.

É possível citar a Itália, como exemplo, pois uma lei de seu ordenamento que determinava a tentativa de mediação como condição de procedibilidade foi julgada inconstitucional, mas tão somente pelo critério formal, porque a espécie utilizada não era adequada para tal finalidade[3]. Para sanar tal vício e permanecer com o mesmo direcionamento, recentemente fora editada uma nova lei, retificando o vício formal anteriormente apontado pela Corte Constitucional italiana, que expôs a necessidade da previsão da matéria em um Decreto Executivo, que aguarda aprovação do parlamento[4].

Aqui no Brasil, há o exemplo das famosas Comissões de Conciliação Prévia na Justiça do Trabalho, que foram julgadas inconstitucionais pelo Supremo Tribunal Federal no ADI 2160, em 2009[5].

Interessante notar, todavia, que existe uma espécie de conciliação obrigatória no sistema brasileiro sobre o qual não há discussão: as audiências previstas na lei 9099/95, nas quais a ausência do réu em qualquer uma das

---

3. Decisão da Corte Constitucional da Itália: La fattispecie qui in esame è, invece, diversa: a parte la differenza di contesto, essa delinea un istituto a carattere generale, destinato ad operare per un numero consistente di controversie, in relazione alle quali, però, alla stregua delle considerazioni sopra svolte, il carattere dell'obbligatorietà per la mediazione non trova alcun ancoraggio nella legge delega.
Né varrebbe addurre che l'ordinamento conosce varie procedure obbligatorie di conciliazione, trattandosi di procedimenti specifici, per singoli settori, in relazione ai quali nessun rapporto di derivazione è configurabile in riferimento all'istituto in esame.
Infine, quanto alla finalità ispiratrice del detto istituto, consistente nell'esigenza di individuare misure alternative per la definizione delle controversie civili e commerciali, anche al fine di ridurre il contenzioso gravante sui giudici professionali, va rilevato che il carattere obbligatorio della mediazione non è intrinseco alla sua ratio, come agevolmente si desume dalla previsione di altri moduli procedimentali (facoltativi o disposti su invito del giudice), del pari ritenuti idonei a perseguire effetti deflattivi e quindi volti a semplificare e migliorare l'accesso alla giustizia.
In definitiva, alla stregua delle considerazioni fin qui esposte, deve essere dichiarata l'illegittimità costituzionale dell'art. 5, comma 1, del d.lgs. n. 28 del 2010, per violazione degli artt. 76 e 77 Cost. La declaratoria deve essere estesa all'intero comma 1, perché gli ultimitre periodi sono strettamente collegati a quelli precedenti (oggetto delle censure), sicché resterebbero privi di significato a seguito della caducazione di questi. Íntegra disponível em http://www.ordineavvocatitreviso.it/sito/images/stories/2.DISPOSITIVO_C._COST._272-12.pdf
4. Informação amplamente divulgada na imprensa e comunidade jurídica italianas. Disponível em http://www.altalex.com/index.php?idnot=63374. Importante salientar que a classe dos advogados exercem enorme pressão para o parlamento não aprovar por receio de perda de mercado.
5. Decisão Supremo Tribunal Federal: Por reputar caracterizada, em princípio, a ofensa ao princípio do livre acesso ao Judiciário (CF, art. 5º, XXXV), o Tribunal, por maioria, deferiu parcialmente medidas cautelares em duas ações diretas de inconstitucionalidade — ajuizadas pela Confederação Nacional dos Trabalhadores no Comércio - CNTC e pelo Partido Comunista do Brasil - PC do B, pelo Partido Socialista Brasileiro - PSB, pelo Partido dos Trabalhadores - PT e pelo Partido Democrático Trabalhista - PDT — para dar interpretação conforme a Constituição Federal relativamente ao art. 625-D, introduzido pelo art. 1º da Lei 9.958/2000 — que determina a submissão das demandas trabalhistas à Comissão de Conciliação Prévia — a fim de afastar o sentido da obrigatoriedade dessa submissão — v. Informativos 195 e 476. Vencidos os Ministros Octavio Gallotti, relator, e Cezar Peluso, que indeferiam a liminar. ADI 2160 MC/DF, rel. orig. Min. Octávio Gallotti, red. p/ o acórdão Min. Marco Aurélio, 13.5.2009. (ADI-2160)

duas legalmente previstas importa necessariamente sua revelia; para o credor, por outro lado, o não comparecimento gera a contumácia, mesmo que sua falta ocorra por motivo justificado, sendo importante observar que a justificativa tem a estrita consequência de desincumbir, a partir da discricionariedade do magistrado, a obrigatoriedade do pagamento das custas e taxas judiciárias do processo, que por sua vez inexistem na gigantesca maioria dos casos[6].

Voltando à hipótese de relação continuada mencionada anteriormente, cabe destacar que a imposição de uma decisão, por certo, irá dizer o direito pertinente, mas a resolução do conflito, mesmo que imediatamente, não ocorrerá necessariamente, pois as partes podem simplesmente não concordar com a solução internalizada na relação pelo Estado. É por este motivo que o juiz deve se preocupar também com os efeitos que sua decisão cria (Ada Pellegrini Grinover, 2013). Nesta esteira, revela-se que a adjudicação imporá, por muitas vezes, a existência de uma zona de tensão na relação jurídica, o que é absolutamente nocivo à sua continuidade.

Por este motivo, uma solução que emane das próprias partes diretamente interessadas na relação jurídica que foi levada a juízo, é muito mais benéfica, visto que ambas, *prima facie*, sairiam satisfeitas do litígio.

Daí surge a plena aplicabilidade da mediação, que visa ao estabelecimento de um diálogo com as partes e entre elas, escapando do modelo adversarial de maneira a possibilitar um desfecho que seja minimamente razoável e efetivo para quem detém o direito e para quem deva realizar a respectiva prestação.

Assim, oportuno afirma que é através do diálogo amplamente arraigado do princípio da boa-fé objetiva que nasce a legitimidade da utilização da mediação para a resolução de conflitos na nossa sociedade.

Como outro ponto de ligação com o qual se comunica todo este sistema, a boa-fé incide no instituto, haja vista a realizações de concessões, negociações, propostas e contrapropostas, no processo de acordo que somente serão possíveis com a existência da confiança tanto no órgão mediador quanto na parte contrária.

---

6. Lei 9.099/95 – Art. 20. Não comparecendo o demandado à sessão de conciliação ou à audiência de instrução e julgamento, reputar-se-ão verdadeiros os fatos alegados no pedido inicial, salvo se o contrário resultar da convicção do Juiz.

   Art. 51. Extingue-se o processo, além dos casos previstos em lei:

   I - quando o autor deixar de comparecer a qualquer das audiências do processo;

   § 2º No caso do inciso I deste artigo, quando comprovar que a ausência decorre de força maior, a parte poderá ser isentada, pelo Juiz, do pagamento das custas.

III. DAS BARREIRAS DA NEGOCIAÇÃO

Contudo, encontram-se algumas barreiras para a efetivação da negociação, as quais podem ser classificadas como pessoais, as impostas pelos que estão diretamente envolvidos num processo de negociação, ou institucionais, quando advêm de entidades ou grupos políticos e sociais organizados, que se referem à falta de confiança em outras figuras que não o juiz, falta de informação acerca da matéria e a sua respectiva falta de uma sistematização bem estruturada (Humberto Dalla Bernardina Pinho, 2007).

No que tange especificamente às barreiras pessoais, ocorre uma subclassificação, sendo a primeira delas circunscrita à estratégia, que está embasada na barganha, onde cada um dos litigantes quer maximizar os seus ganhos e diminuir os benefícios do outro. A segunda é a utilização de um preposto para negociar em nome do titular do direito, o que dificulta a comunicação, pois fica evidenciada a impossibilidade de perceber a real intenção da parte. A terceira é a cognitiva, ligada à capacidade das pessoas em processar informações e lidar com riscos e incertezas. A quarta consiste na tendência, quase que automática, de as pessoas rejeitarem propostas feitas pela outra parte, mesmo que lhes pareça satisfatória, por pura desconfiança (Humberto Dalla Bernardina Pinho, 2007).

Outro trabalho importantíssimo a respeito do tema em voga é do professor de Harvard, Roger Fisher, que ensina como uma boa negociação deve ser feita, através de quatro parâmetros essenciais: (i) separar a pessoa do problema, (ii) concentrar-se no interesse final e não somente tentar marcar uma posição, (iii) observar/criar uma variedade de possibilidades e (iv) fixar o resultado com algum padrão objetivo (Roger Fisher, 2005).

IV. PRINCÍPIO DA IGUALDADE

Transportando para o caso em tela, é preciso repisar a necessidade de que as partes tenham plena consciência de tudo que pode acontecer quando do momento das tratativas para celebração do acordo, revelando-se também neste sentido a igualdade negocial, concentrando-se no interesse final, para obter um grau relevante de previsibilidade de se atingir um resultado a partir de um padrão objetivo.

José Carlos Barbosa Moreira já alertava há muito tempo que a paridade de armas deve ser assegurada a qualquer custo no curso do processo. Desta maneira, o uso *ex officio* de poderes de instrução pelo juiz não desequilibra a balança da justiça: ao contrário, pode concorrer, e com frequência concorre, para equilibrá-la (José Carlos Barbosa Moreira, 2007).

Recorde-se, nesta esteira, que o órgão judicial não deve ser indiferente ao resultado do processo. O juiz consciente de sua missão, que é fazer justiça, necessariamente quer vencedor o litigante que tem o melhor direito, não o que tem mais recursos ou o melhor advogado (José Carlos Barbosa Moreira, 2007).

Atribuir ao órgão judicial as faculdades indispensáveis para conduzir o processo a um resultado justo de maneira alguma é um sinal de autoritarismo. Afirmar que a ingerência do juiz no processo para equilibrar a relação é ratificar sua imparcialidade, enquanto fechar os olhos para tal situação é que se incorreria numa omissão cruel.

Ora, se durante o processo, há instrumentos que possibilitem o julgador de equilibrar a relação processual, na mediação estes mesmos mecanismos não devem ser olvidados, mesmo havendo um caráter mais célere e rarefeito quando se tem como comparação um ato complexo (mediação) e o processo como um conjunto de atos (simples e complexos) sobre os quais incidem de sobremaneira os princípios constitucionais.

Entretanto, por diversos motivos expostos a seguir, de natureza extraprocessual, as garantias que devem servir de parâmetros de atuação das partes e executadas pelo órgão jurisdicional não são cumpridas.

V. POLÍTICA DE MEDIAÇÃO/CONCILIAÇÃO

A mediação surge como uma via alternativa ao processo judicial. Sob este manto de discurso, diante da situação em que se encontra a política judiciária nacional, torna-se imperioso encontrar uma solução para a superlotação de processos que ocorre atualmente.

Então, inicia-se uma corrida desgovernada para exterminar este problema, pois quanto maior o número de processos dentro do Poder Judiciário, maior a lentidão de seu processamento, maior a demora do advento da decisão final e nem se pretende mencionar o tempo que levará até o trânsito em julgado e o recebimento (ou não) do bem jurídico pretendido na inicial.

Uma solução simplista para um problema muito complexo! Não se pode incentivar a mediação com o fito de ajudar a incinerar os processos judiciais. O professor Leonardo Greco faz uma alegoria interessante sobre o tema, afirmando ser o mesmo caso descabido de um hospital realizar reformas no interesse exclusivo dos médicos e não dos doentes e querer que haja diminuição da entrada dos enfermos. Não atingindo o cerne da questão, nunca será resolvido o problema da superlotação processual (Leonardo Greco, 2013).

A mediação, conforme já foi exposto, deve ser feita no interesse das partes, de forma a haver maior efetividade da tutela do bem que foi objeto da pretensão, possibilitando o cumprimento da finalidade sociológica. Todavia, ao se inverter a ordem de prioridades, é gerada discrepância em todos os atos subsequentes.

Em outras palavras, ao se estabelecer uma política de incentivo à mediação para a satisfação tão somente do Poder Público, o instituto já está maculado desde sua origem, gerando, na maior parte das vezes, um prejuízo para o próprio jurisdicionado.

No Brasil já se tornou muito comum a campanha nacional da mediação, as semanas da mediação, inúmeras propagandas com o *slogan* "Conciliar é legal". Nos Juizados Especiais Cíveis do Tribunal de Justiça do Estado do Rio de Janeiro ocorrem mutirões de audiências de conciliação, onde vários conciliadores e juízes leigos ficam em várias mesas dispostas em fileiras, realizando centenas de audiências durante o dia.

Não se pode defender que estas práticas realizadas aos montes e desordenadamente sejam em favor das partes, porque não estão presentes quaisquer dos princípios e garantias processuais previstos na nossa Constituição. Um processo que é resolvido sem preocupação formal alguma, às pressas, é um processo ruim.

O princípio da celeridade não pode imprimir uma velocidade tal que literalmente atropele todos os outros princípios constitucionais. A celeridade não está, como se verá mais adiante, sequer em favor do autor, mas sim do cumprimento de metas estabelecidas pelos próprios tribunais.

O princípio da eficiência e da duração razoável do processo, tão em voga atualmente, são desvirtuados diariamente por um interesse meramente político com o objetivo de demonstrar à população que o Poder Judiciário está trabalhando, proferindo milhões de decisões por ano.

O Desembargador Alexandre Câmara alerta que esta má interpretação de princípios leva a decisões de baixa qualidade pelo fato de ser humanamente impossível responder de maneira adequada com a quantidade de ações que ingressam no Judiciário todos os anos e assevera que o princípio da eficiência impõe que os jurisdicionados sejam contemplados com decisões de qualidade num prazo razoável e que tal prazo não deve durar nem um dia a mais do que deveria; entretanto, e mais importante, também não deve durar nem um dia a menos do que deveria (Alexandre Freitas Câmara, 2013).

O contraditório participativo, a oralidade, a razoabilidade e a motivação devem estar presentes sempre no processo. Estes princípios funcionam como garantias de ambas as partes da demanda. Com isto surge a indagação: com uma audiência marcada a cada cinco minutos, qual princípio garantidor do devido processo legal está presente nestes tipos de eventos?

Os demandantes não dialogam suficientemente, tampouco o mediador, que está preocupado com a próxima audiência e com o cumprimento da meta estabelecida para o dia.

Sendo assim, inexiste um limite que garanta que a efetivação destes princípios, que resguardam o processo e que dão legitimidade à atuação do Poder Judiciário.

Cabe também realizar uma análise legislativa neste aspecto e, para tanto, interessa recorrer ao texto do atual CPC, que disciplina a matéria apresentando o procedimento ordinário com a petição inicial, as espécies de resposta, chegando, logo após, ao capítulo do Julgamento Conforme o Estado do Processo. Neste momento há a previsão de extinção do processo, nos termos dos arts. 267 e 269, passando pelo Julgamento Antecipado da lide e, se não for o caso de qualquer destas hipóteses, o CPC determina que, versando a lide sobre direitos disponíveis, o juiz marcará audiência preliminar, a qual tem por escopo a obtenção da transação (art. 331 do CPC[7]). Tal objetivo é extraído a partir de uma interpretação *a contrario sensu* do §3º do mesmo dispositivo ora analisado, pois caso se trate de um o litígio que verse sobre direito indisponível ou se não houver possibilidade de acordo, sequer ocorrerá a audiência.

Portanto, é uma medida que se toma por benéfica, visto que o caso estará minimamente desenhado de forma a possibilitar às partes prever a viabilidade da realização de uma transação, quando se observa que as partes apresentaram todos os argumentos de fato e de direito que detinham em seu favor.

No entanto, adotando os moldes existentes nos Juizados Especiais, o novo CPC transferiu o momento desta audiência para um momento anterior à apresentação de uma resposta do réu:

> Art. 334. **Se a petição inicial preencher os requisitos essenciais e não for o caso de improcedência liminar do pedido, o juiz designará audiência de conciliação** ou de mediação com antecedência mínima de 30 (trinta) dias, devendo ser citado o réu com pelo menos 20 (vinte) dias de antecedência.

---

7. Art. 331. Se não ocorrer qualquer das hipóteses previstas nas seções precedentes, e versar a causa sobre direitos que admitam transação, o juiz designará audiência preliminar, a realizar-se no prazo de 30 (trinta) dias, para a qual serão as partes intimadas a comparecer, podendo fazer-se representar por procurador ou preposto, com poderes para transigir.
§ 1o Obtida a conciliação, será reduzida a termo e homologada por sentença.
§ 2o Se, por qualquer motivo, não for obtida a conciliação, o juiz fixará os pontos controvertidos, decidirá as questões processuais pendentes e determinará as provas a serem produzidas, designando audiência de instrução e julgamento, se necessário.
§ 3o Se o direito em litígio não admitir transação, ou se as circunstâncias da causa evidenciarem ser improvável sua obtenção, o juiz poderá, desde logo, sanear o processo e ordenar a produção da prova, nos termos do § 2o.

> § 4º A audiência não será realizada:
>
> I – se ambas as partes manifestarem, expressamente, desinteresse na composição consensual;
>
> II – no processo em que não se admita a autocomposição.
>
> § 5º O autor deverá indicar, na petição inicial, seu desinteresse na autocomposição, e o réu, por petição, apresentada com dez dias de antecedência, contados da data da audiência.
>
> Art. 335. O réu poderá oferecer contestação, por petição, no prazo de 15 (quinze) dias, **cujo termo inicial será a data:**
>
> I – **da audiência de conciliação** ou da última sessão de conciliação, quando qualquer parte não comparecer ou, comparecendo, não houver autocomposição;
>
> II – **do protocolo do pedido de cancelamento da audiência de conciliação ou de mediação** apresentado pelo réu, quando ocorrer a hipótese do art. 334, § 4º, inciso I; (grifei)

Tal proposta de modificação se deu, basicamente, por força dos princípios da celeridade e efetividade, que balizam todo o procedimento do novo CPC. Entretanto, como se verá adiante, infelizmente, esta transposição para realização anterior à contestação visando à concretude dos princípios mencionados anteriormente, acaba por inviabilizá-los por dois motivos: (i) não observância do princípio da igualdade e (ii) dificuldade de negociação.

Nos Estados Unidos, o *adversary system* para a colheita de provas ocorre na *pre-trial*, ou seja, antes de se ingressar com uma ação no Judiciário, no momento em que se prepara a demanda, há a colheita de provas. Temos então uma fase pré-processual em que as partes já produziram as provas e deram plena ciência à outra dos argumentos e provas que possuem pró e contra.

Então, após o término desta produção probatória pré-processual é que geralmente ocorrem os famosos acordos, na grande maioria dos casos, que não chegam a ingressar no Judiciário, pois há um grau de previsibilidade muito grande do que pode ocorrer, auxiliando de maneira muito eficaz a forma como se procederá a negociação.

Ao suplantar uma etapa importantíssima do processo, qual seja a resposta, estar-se-ia retirando do autor a possibilidade de se obter um grau maior de conhecimento acerca da sua lide e, consequentemente, da negociação, inviabilizando-a e podendo ser prejudicial para ambos, visto que, conforme o argumento e provas trazidos pelo réu, ele poderia ter uma margem de negociação mais abrangente, ajudando todo o procedimento.

Desta forma, a relação entre autor e réu continua desequilibrada, haja vista que o réu terá mais informações do que o autor e, ao se pensar em uma relação que materialmente já é desigual por conta de maior aparato técnico, jurídico ou econômico do réu, por exemplo, esta situação fica muito difícil de superar *in concreto*.

Destarte, posicionar a audiência após análise da inicial com o objetivo de tentar desde logo obter um acordo para encerrar o processo, gerará, em regra, o seu atraso ou o esvaziamento da norma, funcionando como uma espécie do que se poderia denominar de barreira legal, pois ou as partes comparecem e não celebram acordo, ou informam que não possuem interesse na realização da audiência, ou, em um quadro recorrente do Juizado Especial e do procedimento sumário, conforme se verificará a seguir, celebram um acordo viciado, não atingindo qualquer finalidade do processo ou princípio constitucional.

Sendo assim, não havendo nenhum princípio constitucional incidindo em um ato processual, ele é passível de declaração de nulidade? Havendo decisão favorável ao autor da ação proposta, persistiria interesse de agir em eventual ação anulatória por ele proposta? Quais os limites da instrumentalidade das formas?

Estas são apenas algumas dentre tantas questões que a responder ou pelo menos indicadas como casos a se refletir de uma maneira mais minuciosa.

VI. VÍCIOS DE VONTADE

O problema de se inverter o interesse na implementação de uma instituição é exatamente de desvirtuá-lo e, por conseguinte, gerar prejuízos aos que se utilizaram dele.

No momento em que não são observados os requisitos mínimos para a realização de um ato processual, quando realizado, ele será nulo, a menos que se atinja a sua função e que não traga prejuízo a outrem.

Pois bem, ao invés de incentivar, o Poder Público força o jurisdicionado a realizar o acordo e, mesmo o autor auferindo algum rendimento da transação realizada, é da natureza deste ato negocial a concessão do que pretendia receber, traduzindo-se, por conseguinte, em causa de prejuízo ao particular, sob o argumento de uma resposta célere escolhido racional e livremente.

Tal afirmativa não poderia ser mais reprovável, quando esta pressão exercida pelo Poder Público é feita de maneira omissiva, principalmente quando se observa que grande parte das ações que tramitam no nosso país é em face dos órgãos da Administração Pública e, nos Juizados Especiais, de particulares em face de sociedades empresárias de grande porte (Conselho Nacional de Justiça, 2011).

O particular que litiga com grandes sociedades empresárias ou com a Fazenda Pública está em nítida desvantagem e a "inversão do ônus da prova" ou a "responsabilidade objetiva" não são o bastante para equilibrar tal calvário.

Ao propor uma ação nestas hipóteses, o indivíduo tem plena ciência de que haverá uma série de obstáculos à sua vida normal que durará por anos até o eventual recebimento do que lhe é devido, consoante uma solução que é meramente passageira, visto que os réus manterão inalteradas suas atividades de forma desidiosa.

Desta forma, ao se deparar com a opção de mediação judicial, o indivíduo recai numa das hipóteses de vício de vontade, visto que se não aceitar, teme, inclusive, a improcedência da ação, acabando por aceitar o que lhe é oferecido, pois é melhor um mau acordo do que uma péssima solução de advento muito posterior.

Esta situação é extremamente vantajosa para os empresários e a Fazenda Pública, sendo encampada pelo Poder Judiciário, que deveria repeli-lo completamente, visto que a igualdade, por meio da paridade de armas é claramente inexistente.

Owen Fiss ensina, analisando o sistema americano – e neste passo há grande semelhança com o ordenamento pátrio –, que o acordo é também realizado em função dos recursos disponíveis para cada uma das partes para financiar o litígio e que estes recursos são frequentemente distribuídos de forma desigual (Owen Fiss, 1985).

O doutrinador segue indicando, corroborando todo o exposto até o momento, que esta disparidade pode afetar a mediação de três maneiras. O primeiro, a parte mais pobre pode ser menos capaz de acumular e analisar as informações necessárias para prever o resultado do litígio e, assim, fica em desvantagem no processo de negociação.

Em segundo lugar, a parte pode precisar da indenização que pretende imediatamente e, por este motivo, ser induzida a transacionar como uma forma de acelerar o pagamento, mesmo que tenha consciência de que receberá menos agora do que poderia, caso ele aguardasse o julgamento. É claro que todo autor de uma demanda quer sua imediata reparação, mas um autor mais carente pode ser explorado por um réu rico, porque sua necessidade é tão grande que o réu pode forçá-lo a aceitar uma soma que é menor do que o valor que seria concedido normalmente no julgamento.

Em terceiro lugar – razão esta mais restrita aos países cujo processo requer uma soma relevante de valores para custear –, a parte mais pobre pode ser forçada a compor porque ela não detém recursos para financiar o litígio, para cobrir tanto as suas próprias despesas projetadas, como o tempo de seu advogado, ou as despesas que seu adversário pode impor através da manipulação de mecanismos processuais. Assim, o acordo que, em tese, beneficia o autor, permitindo-lhe evitar os custos dos processos judiciais, não se verifica no plano fático, pois o réu, diante deste quadro, pode antecipar os custos do requerente e, se o caso for julgado totalmente, diminuir esse montante da sua oferta. O autor menos favorecido torna-se, portanto, vítima dos custos do litígio que ele mesmo se instala.

Acompanhando esta lição, encontra-se perfeita identificação no relatório elaborado pela justiça de Hong Kong, segundo o qual 87% dos processos de indenização pessoal terminavam em acordo (CIVIL JUSTICE REFORM. Final Report. Chief Justice's Working Party on Civil Justice Reform, 2004). Este dado, em um primeiro momento, também parece ótimo, se não fosse pelo mesmo motivo apontado por Owen Fiss – ou seja, que, por conta do maior poderio econômico da parte contrária, o mais vulnerável acabava por aceitar um acordo muito aquém do valor que merecia.

Conseguintemente, a existência de um direito se torna meramente teórica, se a sua aplicação leva tanto tempo que o socorro chega tarde demais para ter valor. Neste sentido, Lord Woolf indica o atraso como uma fonte adicional de sofrimento para as partes que já sofreram danos, adiando a compensação ou outro recurso a que a parte tenha direito, podendo agravar ou prolongar a lesão original, levando ao colapso das relações e dos negócios. Este retardamento consciente do passo processual pode também gerar prejuízos quanto à busca da verdade, no que diz respeito às provas, torna-se muito mais difícil elucidar os fatos, v.g., porque memórias se apagam e as testemunhas não podem ser rastreadas. Além disto, o réu, ao ser citado e ter um processo contra si na Justiça, está submetido a efeitos deveras nefastos notoriamente sabidos sob os prismas psicológico, financeiro e social; sendo uma pequena empresa, pode perder clientes, ter seu crédito retirado e ver sua imagem ser danificada (The Right Honourable the Lord Woolf, *Master of the Rolls*, 1996).

Porém, como bem apontado por Owen Fiss, a mediação tem a mesma função do processo comum, com uma grande diferença de ordem econômica para os cofres públicos. Assim, quando se "estimula" a mediação, ocorre a falsa propaganda de que a justiça está sendo realizada e ainda se economiza a parte orçamentária, gerando a equivocada aplicação do princípio da eficiência.

Ao não atentar para a quantidade de obstáculos enfrentados pela parte mais fraca, obrigando-a omissivamente a aceitar um acordo manifestamente irrisório, o próprio Judiciário acaba por dar causa à geração de alguma das espécies de vício de vontade previstas no Código Civil (CC-02)[8].

8. CC – Art. 151. A coação, para viciar a declaração da vontade, há de ser tal que incuta ao paciente **fundado temor de dano iminente e considerável à sua pessoa, à sua família, ou aos seus bens.**

O eventual acordo que decorra de tal procedimento que não observou os parâmetros aqui explicitados não deveria, em hipótese alguma, ser encorajado pelo Judiciário, porque não atinge o ponto nodal do problema, que é, em geral, a má prestação do serviço. Quando se fixa uma indenização única e exclusivamente voltada às baixas condições do autor, recorrendo a uma tabela estabelecida pelo próprio magistrado, a empresa ou a Administração continuarão com os serviços mal aparelhados e defeituosos.

A solução ideal seria interferir diretamente na equação que o empresário ou administrador realiza, no sentido de aplicar severas indenizações em ações coletivas eventualmente propostas, bem como o encaminhamento de cópia dos autos à Agência Reguladora competente a fim de tomar providências cabíveis, opinando pela aplicação de uma vultosa multa pelo serviço prestado de forma falha.

Porém, ao não observar estas normas importantíssimas para o bom desempenho na administração da justiça, o Judiciário acaba por gerar prejuízo à parte que lhe pediu socorro e dá ensejo ao surgimento de defeitos do negócio jurídico celebrado em âmbito judicial.

Por este motivo, aliado à completa falta de incidência de princípios processuais e constitucionais basilares, é que defende a possibilidade de se ingressar com uma ação anulatória ou ação rescisória para desfazimento do acordo celebrado, seja através da mediação ou conciliação ou mesmo extrajudicialmente, visto que o defeito ocorrido sob o manto do poder jurisdicional apenas agrava as condições em que se deram as negociações, haja vista a sensação de segurança e confiabilidade que um ato mais solene emanado do Poder Público passa ao indivíduo.

A última questão interessante que também demonstra o uso da força, valendo-se de uma posição mais vantajosa é o caso exposto por Diego Cantoario que ocorre no Tribunal de Justiça de Minas Gerais sobre conciliação tangente a precatórios.

Uma Central de Conciliação de Precatórios foi criada pela Resolução nº. 417/2003 do referido tribunal, surgindo com diversas regulamentações (Diego Martinez Fervenza Cantoario, 2013). Basicamente as negociações são feitas por ordem de entrega dos precatórios para proposta de acordo. Esta fila começa pelo maior deságio para o menor, estando todos cientes que o orçamento vinculado ao pagamento dos precatórios é restrito.

Art. 156. Configura-se o estado de perigo quando alguém, **premido da necessidade de salvar-se, ou a pessoa de sua família, de grave dano conhecido pela outra parte, assume obrigação excessivamente onerosa.**

Art. 157. Ocorre a lesão quando uma pessoa, **sob premente necessidade, ou por inexperiência, se obriga a prestação manifestamente desproporcional ao valor da prestação oposta.**

O cidadão que venceu em juízo, obteve o direito reconhecido judicialmente, esperaria por anos para obter seu ressarcimento e deve observar que o seu vizinho abriu mão de parte do crédito para receber no momento. Este caso é ainda mais gritante de vício de vontade, pois é público que o regime dos precatórios é extremamente deficitário, no que consta ao pagamento de suas dívidas, ainda levando em consideração que a audiência é única e definitiva, agrava muito mais para o credor dos débitos estatais, reduzindo de sobremaneira a carga negociativa de que ele poderia dispor.

Quando se observa que é inserida no banco de dados a estatística de 100% de êxito nas conciliações, resta clara a falta de confiabilidade dos percentuais como fonte de parâmetro de qualidade da prestação jurisdicional, conforme verificamos anteriormente no caso de Hong Kong em confronto com as precisas observações de Owen Fiss.

VII. CONCLUSÃO

Destarte, após estes pequenos apontamentos sobre aspectos relevantes dos reflexos da mediação, tão certo quanto se afirmar que se trata de um instrumento de grande potencial na distribuição da justiça, é a constatação de que carece de um tratamento mais qualificado do ponto de vista de sua aplicação por parte do Poder Público, que deve investir na formação de magistrados, conciliadores e juízes leigos para que sejam aplicados os princípios constitucionais dentro do processo e na ocasião das audiências, preservando sempre o diálogo entre as partes e as instituições envolvidas de forma ampla com influência direta e maciça da boa-fé objetiva, estruturando o sistema judiciário dos pontos de vista interno e externo, de forma alcançar uma resposta adequada aos anseios da sociedade, atingindo os problemas no ponto exato em que surgem.

REFERÊNCIAS BIBLIOGRÁFICAS

AGUIAR SILVA, José Carlos Pestana de. *Problemas de Derecho Procesal*. Buenos Aires. 1963.

ALCALÁ-ZAMORA Y CASTILLO, Niceto. *Proceso, autocomposición y autodefensa: contribución al estudio de los fines del proceso*. 3ª ed. México : UNAM, 1991

ALMEIDA, Tania. *Século XXI: a mediação de conflitos e outros métodos não-adversariais de resolução de controvérsias*. Resultado – Revista de Mediação e Arbitragem Empresarial, v. 2, n. 18, p. 9-11, mar./abr. 2006.

ÁLVAREZ, Gladys Stella. *La mediación y el acceso a justicia*. Buenos Aires: Rubinzal-Culzoni, 2003.

AMARAL SANTOS, Moacyr. *Comentários ao Código de Processo Civil*. Rio de Janeiro. Forense. vol. 4.

AUERBACH, Jerold S. *Justice Without Law? Resolving Disputes Without Lawyers.* New York: Oxford University Press, 1983. http://links.jstor.org/sici?sici=0002-8762(198404)89%3A2%-3C533%3AJWLRDW%3E2.0.CO%3B2-F

AVERY, Michel et al. Building United Judgment: A Handbook for Consensus Decision

Making. 731 State Street, Madison, WI 53703: Center for Conflict Resolution, 1981.

AZEVEDO, André Gomma de (Org.). *Manual de mediação judicial*, 2009, disponível no endereço: http://www.tjpe.jus.br/concilia/publicacoes/2009-11-24-12-44-Manual_de_Media%C3%A7%C3%A3o_Judicial.pdf.

BARBOSA MOREIRA, José Carlos. *Breve noticia sobre la conciliación en el proceso civil brasileño, in Temas de Direito Processual*, 5ª série, Rio de Janeiro: Saraiva, 1994, pp. 95/101.

______________. Temas de Direito Processual – 9ª série, Rio de Janeiro: Saraiva, 2007.

BEDAQUE, José Roberto. *Direito e Processo*, São Paulo, Malheiros, 1995.

__________. Efetividade do processo e técnica processual. ed. Malheiros, São Paulo, 3ª ed., 2010.

BIDART, Adolfo Gelsi. *"El Tiempo y el Proceso"*, *Revista de Processo*, vol. 34, 1985.

BRASIL. Constituição (1988). Constituição da República Federativa do Brasil. Brasília, DF: Senado, 1988.

BRASIL. Lei 5.869, de 11 de janeiro de 1973. Institui o Código de Processo Civil Brasileiro. Brasília: Congresso nacional, 1973.

BRASIL. Lei 9.099, de 26 de setembro de 1995. Dispõe sobre os Juizados Especiais Cíveis e Criminais e dá outras providências. Brasília: Congresso nacional, 1995.

BRASIL. Lei 10.406, de 10 de janeiro de 2002. Institui o Código Civil. Brasília: Congresso nacional, 2002.

BRASIL. Lei 13.105, de 16 de março de 2015. Institui o Código de Processo Civil. Brasília: Congresso nacional, 2015.

BRASIL. Supremo Tribunal Federal. Ação Direta de Inconstitucionalidade 2160. Relator(a): Min. Carmen Lúcia. Julgamento: 13/05/2009.

CABRAL, Antonio do Passo. *A duração razoável do processo e a gestão do tempo no projeto de novo código de processo civil.* In: FREIRE, Alexandre; DANTAS, Bruno; NUNES, Dierle; DIDIER JR, Fredie; MEDINA, José Miguel Garcia; FUX, Luiz; CAMARGO, Luiz Henrique Volpe; OLIVEIRA, Pedro Miranda de (Coord.). Novas tendências do processo civil. Salvador: Jus Podivm, 2013, p. 75-99.

CALMON, Petrônio. *Fundamentos da Mediação e da Conciliação.* Rio de Janeiro: Editora Forense, 2008.

CÂMARA, Alexandre Freitas. Palestra realizada no Congresso Internacional de Direito Processual Civil: "Processo Civil entre Eficiência e Garantia". Universidade do Estado do Rio de Janeiro. 2013.

CANTOARIO, Diego Martinez Fervenza. Duração Razoável – Um Mandamento Constitucional para a Execução por Quantia Certa Contra os Entes Públicos. 2013

CAPPELLETTI, Mauro, *Os Métodos Alternativos de Solução de Conflitos no Quadro do Movimento Universal de Acesso à Justiça*, in Revista de Processo, vol. 74, São Paulo: Revista dos Tribunais, 1994, pp. 82/97.

________. *Acesso à Justiça*, Porto Alegre, Sergio A. Fabris, 1988.

________. *Principii Fondamentali e Tendenze Evolutive del Processo Civile nel Diritto Comparatto*, Buenos Aires, 1973.

CHASE, Oscar. *A Excepcionalidade Americana e o Direito Processual Comparado*, in REPRO, vol. 110, Ano 28, São Paulo: Revista dos Tribunais, abril – junho / 2003, pp 115/139.

________.*I Metodi Alternativi di Soluzione delle controversie e la cultura del processo: il caso degli stati uniti d´america, in VARANO, Vicenzo. L´altra giustizia. I Metodi Alternativi di Soluzione delle Controversie nel Diritto Comparato*, Giuffré, Milano, 2007, pp. 131/156

CINTRA, Araujo; GRINOVER, Ada Pellegrini; DINAMARCO, Cândido Rangel. *Teoria do Processo*, São Paulo, RT,

CIPRIANI, Franco. *Il processo civile italiano tra efficienza e garanzie*. *In*: Rivista Trimestrale de Diritto e Procedura Civile. Ano LVI, nº 4. Dezembro de 2002.

CIVIL JUSTICE REFORM. Final Report. Chief Justice's Working Party on Civil Justice Reform, 2004. Disponível em: http://www.legco.gov.hk/yr06-07/english/bc/bc57/papers/bc-570611cb2-1960-e.pdf

CLARKE, A. *The future of civil mediation. Civil Mediation Council*, at http://www.judiciary.gov.uk/Resources/JCO/Documents/Speeches/mr_mediation_conference_may08.pdf, acesso em janeiro de 2012.

COMOGLIO, Luigi Paolo. *Durata ragionevole del giudizio e forme alternative di tutela*. Revista de Processo. Vol. 151. São Paulo: RT, 2007.

COONEY, J. F. (1993). *Face to face – the art of negotiating how when and why, Public utilities fortnightly*, v. 131, n. 16, 1993, p. 10-17.

CRUZ E TUCCI, José Rogério. *Garantias Constitucionais Da Duração Razoável E Da Economia Processual No Projeto Do Código De Processo Civil*. Revista de Processo. vol. 192. p. 193. Fev / 2011. DTR 2011/1167.

DAKOLIAS, Maria. *A Strategy for Judicial Reform: The Experience in Latin America*. Virginia Journal of International Law Association, v. 36, n. 1, p. 167-231, Fall 1995.

________. *Court Performance around the world: a comparative perspective*. Washington, DC: The World Bank, July 1999. (World Bank Technical Paper; n. 430). Disponível em: ‹http://www.worldbank.org›. Acesso em: 24 jun. 2009.

DAMASKA, Mirjan R. *The Faces of Justice and State Authority*, New Haven: Yale, 1991.

DELGADO, José et al. *Mediação: um projeto inovador*. Brasília: Conselho da Justiça Federal; Centro de Estudos Judiciários, 2003. (Série cadernos do CEJ; v. 22). Disponível em: ‹http://www.jf.jus.br›. Acesso em: 25 jun. 2009.

DEUTSCH, M. The Resolution of Conflict: Constructive and Destructive Processes. New Haven, CN. Yale University Press, 1977.

DINAMARCO, Cândido Rangel. *A Instrumentalidade do Processo*. 13ª ed. São Paulo: Malheiros, 2008.

___________________. Nova era do processo civil. 3ª ed. Malheiros: São Paulo, 2009.

FISHER, R.; URY, W. L.; PATTON, B. Como Chegar ao Sim: A Negociação de Acordos sem Concessões. 2ª. Edição revisada e ampliada. Rio de Janeiro: Imago, 2005.

FISS, O.M. *Against Settlement*, 93 Yale Law Journal 1073-90, may 1984.

________. (trad. Carlos Alberto de Salles). *Um Novo Processo Civil – estudos norte-americanos sobre jurisdição, constituição e sociedade*, São Paulo: Revista dos Tribunais, 2004.

FUX, Luiz. *Tutela de Segurança e Tutela da Evidência: Fundamentos Da Tutela Antecipada*. São Paulo: Saraiva, 1996.

FUX, Luiz (Org.). *O novo processo civil brasileiro. Direito em expectativa (reflexões acerca do projeto do novo Código de Processo Civil)*. Rio de Janeiro: Forense, 2011.

GABBAY, Daniela Monteiro. *Mediação & Judiciário no Brasil e nos Estados Unidos: condições, desafios e limites para a institucionalização da mediação no judiciário*. Brasília: Gazeta Jurídica, 2013.

___________________. CUNHA, Luciana Gross (Coord.). *O Desenho de Sistemas de Resolução Alternativa de Disputas para Conflitos de Interesse Público*. Série Pensando o Direito, n. 38/2011.

____________________. *Meios alternativos de solução de conflitos*. São Paulo: Coleção FGV de Bolso, 2014.

___________________; TAKAHASHI, Bruno (Coord.). *Justiça Federal: inovações nos mecanismos consensuais de solução de conflitos*. Brasília: Gazeta Jurídica, 2013.

___________________. *Negociação*. In PELUSO, Antonio Cezar; RICHA, Morgana (Coord.). Conciliação e Mediação: estruturação da Política Judiciária Nacional. Editora Forense Jurídica (Grupo Gen), 2011.

GOLDBERG, Stephen B., SANDER, Frank E.A., ROGERS, Nancy H., COLE, Sarah R. *Dispute Resolution – Negotiation, Mediation, and Other Processes, 4th edition*, New York: Aspen Publishers, Inc, 2003.

GRECO, Leonardo. *Instituições de Direito Processual Civil*. vol. I. 3ª ed. Forense: Rio de Janeiro, 2011.

GRINOVER, Ada Pellegrini. Palestra realizada no Seminário sobre Controle Judicial de Políticas Públicas. Procuradoria Geral do Estado do Rio de Janeiro. 2013

GUINCHARD, Serge et alii. *Droit processuel – Droit commun et droit comparé du procès équitable*. 5ª ed. Paris: Dalloz, 2009.

HILL, Flavia Pereira. *A Nova Lei de Mediação Italiana*. Artigo disponível no vol. VI da Revista Eletrônica de Direito Processual, disponível no endereço http://www.redp.com.br, acesso em 10 de janeiro de 2011.

KLIPPEL, Rodrigo; ARAÚJO, José Henrique Mouta; DIDIER JR, Fredie (Org.). *O Projeto do Novo Código de Processo Civil.* Salvador: JusPodivm, 2011.

LI, K. W.; KILGOUR, D. M.; HIPEL, K. H. (2003). *Status quo analysis of an environmental conflict,* In: Proceedings of the IEEE International Conference on Systems, Man and Cybernetics, v. 4, 2003, p. 3700-3705.

LITTLEJOHN, S.; DOMENICI, K.L. (1999). *Objetivos e Métodos de Comunicação na*

Mediação. In: Novos paradigmas em mediação – Capítulo 12, Artmed Editora, Porto Alegre, p. 209-224

MANCUSO, Rodolfo de Camargo. *A resolução dos conflitos e a função judicial no Contemporâneo Estado de Direito.* São Paulo: Revista dos Tribunais, 2009.

MONTENEGRO FILHO, Misael. *Projeto do novo código de processo civil - confronto entre o CPC atual e o projeto do novo CPC - com comentários às modificações substanciais.* São Paulo: Atlas, 2011.

MOORE, W. Christopher. *O processo de mediação.* Tradução Magda França. Porto Alegre: Artmed, 1988.

MUÑOZ, Helena Soleto. *La Mediación: Método de Resolución Alternativa de Conflictos en el Proceso Civil Español, in Revista Eletrônica de Direito Processual,* ano 3, vol. 3, janeiro a junho de 2009, disponível no site http://www.redp.com.br.

OLIVEIRA, Carlos Alberto Alvaro. *Do formalismo no processo civil - proposta de um formalismo valorativo,* 3ª edição. São Paulo: Editora Saraiva, 2009.

PADILHA, Rosemary Damaso. *A mediação no cenário jurídico.* Palestra proferida no Conselho Regional de Psicologia – CRP Curitiba, 1999. Disponível em: ‹http://www.amanapaz.com.br/artigos.html›. Acesso em: 24 jun. 2009.

________________________. *Mediação sistêmico-integrativa: família e escola construindo uma cultura de paz.* Curitiba: Amanapaz, 2004.

PANTOJA, Fernanda Medina. Mediação Judicial, in PINHO, Humberto Dalla Bernardina de (organizador). *Teoria Geral da Mediação à luz do Projeto de Lei e do Direito Comparado.* Rio de Janeiro: Lumen Juris, 2008, p. 192.

PICARDI , Nicola. Jurisdição e processo. ed. Forense: Rio de Janeiro, 2008.

PIRES, Amom Albernaz. Mediação e Conciliação: breves reflexões para uma conceituação adequada. In: Azevedo, André Goma de (org.). Estudos de Arbitragem, Mediação e Negociação. Brasília: Brasília Jurídica, 2002.

PINHO, Humberto Dalla Bernardina de. *Mecanismos de Solução Alternativa de Conflitos: algumas considerações introdutórias,* in Revista Dialética de Direito Processual, vol 17, pp. 09/14, São Paulo: Oliveira Rocha, 2004.

_______________________________. *A mediação e o código de processo civil projetado.* Revista de Processo | vol. 207 | p. 213 | Mai / 2012DTR201238932. Disponível em: ‹http://moodle.cead.unb.br/agu/course/view.php?id=9›.

________________ [organizador]. *Teoria Geral da Mediação à luz do Projeto de Lei e do Direito Comparado*, Rio de Janeiro: Lumen Juris, 2008.

________________. *Mediação: a redescoberta de um velho aliado na solução de conflitos, in "Acesso à Justiça: efetividade do processo, (org. Geraldo Prado)*, Rio de Janeiro: Lumen Juris, 2005, pp. 105/124.

PIRIE, Andrew. *Alternative Dispute Resolution Skills, Science and the Law*. Toronto: Irwin Law, 2000.

RODRIGUES JÚNIOR, Walsir Edson. *A Prática da Mediação e o Acesso à Justiça*. Belo Horizonte: Editora Del Rey, 2006.

SCARSELI, Giuliano. *Sulla Necessità Di Ampliare L'ambito Dei Titoli Esecutivi Nonché L'accesso All'esecuzione Forzata*. *In*: Judicium. Il processo civile in Italia e in Europa. www.judicium.it.

SILVA, Irapuã Santana do Nascimento da. Problemas Extrajurídicos do Estado de Direito e a Edição da Lei Justa. 2013.

SPENGLER, Fabiana Marion; SPENGLER NETO, Theobaldo. *Mediação enquanto política pública: a teoria, a prática e o projeto de lei*. Santa Cruz do Sul, Edunisc, 2010. http://www.unisc.br/portal/pt/editora/e-books/95/mediacao-enquanto-politica-publica-a-teoria-a-pratica-e-o-projeto-de-lei-.html.

TARUFFO, Michele. *La composizione delle liti: la conciliazione*, in Autodisciplina, conciliazione, arbitrato, Milano, 1997.

TARUFFO, Michele. Verità negoziata?, Riv. trim. dir. proc. civ., 2008, Suppl., 69 ss.

________________. "Leyendo a Ferrajoli: consideraciones sobre la jurisdicción", in Páginas sobre justicia civil. ed. Marcial Pons: Madrid, 2009.

________________. Idee Per Una Teoria Della Decisione Giusta. 2013.

TAVARES, Fernando Horta. *Mediação, processo e constituição: considerações sobre autocomposição de conflitos no novo código de processo civil*. In: FREIRE, Alexandre; DANTAS, Bruno; NUNES, Dierle; DIDIER JR, Fredie; MEDINA, José Miguel Garcia; FUX, Luiz; CAMARGO, Luiz Henrique Volpe; OLIVEIRA, Pedro Miranda de (Coord.). Novas tendências do processo civil. Salvador: Jus Podivm, 2013, p. 57-74.

THEODORO JÚNIOR, Humberto. Curso de Direito Processual Civil, vol. 1. 41ª edição. Rio de Janeiro: Forense, 2004.

WAMBIER Luiz Rodrigues; VASCONCELOS, Rita de Cássia Corrêa de. *O Projeto Do Novo Código De Processo Civil E A Eliminação Da Audiência Preliminar Um Retrocesso Na Efetividade, Celeridade E Razoável Duração Do Processo*. Revista de Processo. vol. 199. p. 195. Set / 2011. DTR 2011/2446.

WATSON , Garry D QC. From an adversarial to a managed system of litigation: A comparative critique of Lord Woolf's interim report, in Roger Smith (ed), Achieving Civil Justice, Legal Action Group 1996.

CAPÍTULO 18

Análise comparativa entre a Lei de Mediação e o CPC/2015

Trícia Navarro Xavier Cabral[1]

1. A EVOLUÇÃO LEGISLATIVA DA MEDIAÇÃO

O estudo e a utilização da mediação de conflitos têm evoluído muito no Brasil, tanto na parte legislativa, quanto na parte prática[2], e, embora ainda seja comumente confundida com a conciliação, trata-se de instituto mais complexo e completo na solução de conflitos envolvendo relações continuadas, pois se preocupa em identificar o pano de fundo da disputa, resolvendo a controvérsia e restaurando as relações sociais entre os envolvidos. Por essa razão, a mediação demanda a intervenção de um terceiro mais capacitado para facilitar a comunicação entre as partes.[3]

Desse modo, a mediação possui finalidades e formalidades próprias, que visam, primordialmente, restabelecer vínculos afetivos ou de convivência, ao contrário da conciliação, em que o conflito é tratado de maneira mais superficial, objetivando primordialmente o encerramento da disputa, sem se voltar para as questões emocionais que envolvem a controvérsia.

Registre-se que a conciliação, ao contrário da mediação, possui uma estrutura legal já consolidada no CPC/73 e em outras leis especiais, demonstrando a

---

1. Pós-Doutoranda em Direito Processual pela USP. Doutora em Direito Processual pela UERJ. Mestre em Direito Processual pela UFES. Juíza Estadual no Espírito Santo. Membro da Comissão Acadêmica do FONAMEC. Membro-efetivo do IBDP. tricianavarro@hotmail.com
2. PINHO, Humberto Dalla Bernardina de. Mediação – a redescoberta de um velho aliado na solução de conflito. In: PRADO, Geraldo (Org). *Acesso à justiça*: efetividade do processo. Rio de Janeiro: Lumen Juris, 2005.
3. GALVÃO FILHO, Mauricio Vasconcelos; WEBER, Ana Carolina. Disposições gerais sobre a mediação civil. In: PINHO, Humberto Dalla Bernardina de (Org.). *Teoria geral da mediação à luz do projeto de lei e do direito comparado*, Rio de Janeiro: Lumen Juris, p. 03-58, 2008.

existência de grande disparidade entre as fontes legislativas que tratavam da conciliação e da mediação, tendo em vista que esta última ainda não havia sido regulamentada.

Nesse contexto, fez-se necessário a devida normatização da mediação para que o instituto fosse definitivamente sacramentado em nosso ordenamento jurídico, auxiliando na busca por uma Justiça de mais qualidade e por uma sociedade mais pacífica.

A mediação já foi legalmente introduzida em diversos ordenamentos jurídicos como na Argentina[4], no Uruguai, no Japão[5], na Austrália, na Itália[6], na Espanha, na França[7], entre outros.

O Conselho da União Europeia, inclusive, emitiu a Diretiva nº 52, de 21 de maio de 2008, definindo a mediação como um processo estruturado no qual duas ou mais partes em litígio tentam, voluntariamente, alcançar por si mesmas um acordo sobre a resolução de seu litígio, com a ajuda de um mediador.

Assim, há uma forte tendência mundial[8] de se resolver os conflitos de interesses por outras vias que não a imposição de um provimento judicial.

No Brasil, a autorização e o incentivo aos mecanismos adequados de solução de controvérsias podem ser extraídos de diversos preceitos legais, a começar pelo preâmbulo da Constituição Federal de 1988[9], indicando que o Judiciário e os demais Poderes (Executivo e Legislativo) são igualmente responsáveis pela harmonia social. O texto constitucional ainda institui no art. 4º,

---

4. Cf.: ABREVAYA, Sergio Fernando. *Mediação prejudicial*. 1ª ed. Buenos Aires: Historica Emilio J. Perrot, 2008. (ColecciónVisión Compartida).
5. Sobre o tema: TANIGUCHI, Yasuhei. How much does japonese civil procedure belong to the civil law and to the common law. In: CHASE, Oscar G.; WALKER, Janet. *Common law, civil law, and the future of categories*. Toronto: Lexis Nexis, p. 111-224, 2010, p. 210-211.
6. Ver: TROCKER, Nicolò. Processo e strumenti alternativi di composizione delle liti nella giurisprudenza dela Corte constituzionale. *Diritto processuale civile e Corte Constituzionale*. Roma: Edizioni Scientifiche Italiane, p. 439-487, 2006.
7. FERRAND, Frédérique. *La conception du procès civil hors de France*. De la commémoration d´um code à l´autre: 200 ans de procédure civile en France. Paris: Lexis Nexis SA, 2006.
8. Nos Estados Unidos, o assunto é tratado por: MOORE, Christopher W. *The Mediation Process* – Practical Strategies for Resolving Conflict. 3rd Edition. San Francisco: Jossey-Bass, 2003. Ver ainda: CHASE, Oscar G. I metodi alternativi di soluzione dele controversie e la cultura del processo: il caso degli Stati Uniti D'America. In: VARANO, Vincenzo (Org.). *L'altragiustizia*: il metodi alternativi di soluzione dele controversie nel diritto comparato. Milano: Dott. A. Giuffrè Editore, p. 129-156, 2007.
9. "Nós, representantes do povo brasileiro, reunidos em Assembleia Nacional Constituinte para instituir um Estado Democrático, destinado a assegurar o exercício dos direitos sociais e individuais, a liberdade, a segurança, o bem-estar, o desenvolvimento, a igualdade **e a justiça como valores supremos de uma sociedade fraterna, pluralista e sem preconceitos, fundada na harmonia social e comprometida, na ordem interna e internacional, com a solução pacífica das controvérsias**, promulgamos, sob a proteção de Deus, a seguinte CONSTITUIÇÃO DA REPÚBLICA FEDERATIVA DO BRASIL." (grifei).

inciso VII[10], a solução pacífica dos conflitos como um princípio que rege as suas relações internacionais.

Além disso, a conciliação e a mediação se inserem entre os mecanismos legítimos de acesso à justiça, previsto no art. 5º, XXXV, da Constituição Federal do Brasil, na medida em que resolvem a controvérsia de maneira adequada e, portanto, mais justa. São, portanto, instrumentos capazes de solucionar conflitos de modo apropriado, que ajudam a reduzir o número de processos judiciais, e ainda combatem o desvirtuamento da função judicial do Estado, conferindo uma leitura contemporânea do acesso à justiça.

A mediação e a conciliação também foram objeto do II Pacto Republicano, assinado em 13.04.2009 pelos três Poderes da Federação, em que, dentre os compromissos assumidos, constava o de "[...] Fortalecer a mediação e a conciliação, estimulando a resolução de conflitos por meios autocompositivos, voltados a maior pacificação social e menor judicialização [...]".

Por sua vez, o Conselho Nacional de Justiça, atento à necessidade de implementação de mecanismos adequados de solução de conflitos como forma de melhorar a justiça brasileira, vem tomando diversas iniciativas para fomentar o assunto, como o Projeto "Movimento pela Conciliação" liderado pelo CNJ e coordenado por Lorenzo Lorenzoni e Germana Moraes, o qual ensejou, em 29.11.2010, a edição da Resolução nº 125/10, posteriormente complementada pela Recomendação nº 50/2014, que aborda a Política Judiciária Nacional de tratamento adequado dos conflitos de interesses no âmbito do Poder Judiciário e dá outras providências, e que, dentre as questões abordadas, estabelece a criação de Juízos de resolução alternativa de conflitos, verdadeiros órgãos judiciais especializados na matéria.

Denota-se, pois, que mesmo antes da existência de legislação específica sobre a mediação, o tema já vinha sendo amplamente difundido no âmbito acadêmico, sendo que a sua prática também vinha sendo percebida dentro dos órgãos do Poder Judiciário. Como antes mencionado, a técnica se funda na livre manifestação de vontade das partes e na escolha por um instrumento mais profundo de solução do conflito.

No âmbito infraconstitucional, a primeira proposta de regulamentação da mediação no Brasil surgiu com o Projeto de Lei nº 4.827/1998, apresentado à Câmara dos Deputados pela Deputada Federal Zulaiê Cobra, objetivando

10. Art. 4º A República Federativa do Brasil rege-se nas suas relações internacionais pelos seguintes princípios: I - independência nacional; II - prevalência dos direitos humanos; III - autodeterminação dos povos; IV - não-intervenção; V - igualdade entre os Estados; VI - defesa da paz; **VII - solução pacífica dos conflitos**; VIII - repúdio ao terrorismo e ao racismo; IX - cooperação entre os povos para o progresso da humanidade; X - concessão de asilo político.

institucionalizá-la como método de prevenção e solução consensual de conflitos. Registre-se que o referido Projeto foi apresentado em 10.11.88, ou seja, praticamente um mês após a promulgação da Constituição da República, ocorrida em 05.11.1988.

Com a aprovação pela Câmara dos Deputados, o Projeto foi enviado ao Senado Federal, onde sofreu fusão com o Projeto de Lei de uma comissão específica criada pelo Instituto Brasileiro de Direito Processual (IBDP), coordenada pela Professora Ada Pellegrini Grinover. O Projeto Substitutivo (PLC 94/2002) foi apresentado pelo Senador Pedro Simon, tendo o plenário do Senado Federal confirmado o texto substitutivo oriundo da Comissão de Constituição e Justiça, em 11.07.2006.

A Emenda do Senado classificou a mediação em: i) judicial ou ii) extrajudicial, e iii) prévia ou iv) incidental, determinando, em seu artigo 34, que a mediação incidental ao processo fosse obrigatória[11], fixando o procedimento nos artigos seguintes. Em síntese, logo após a distribuição da petição inicial, o mediador receberia uma cópia do processo judicial e intimaria as partes para comparecimento em dia, hora e local designados por ele, quando então seria realizada a mediação.

Na sequência, o Projeto de Lei foi reenviado à Câmara dos Deputados para a apreciação das modificações elaboradas pelo Senado. Na Câmara, o relator, Deputado José Eduardo Martins Cardoso (PT/SP), apresentou Parecer e Relatório, opinando favoravelmente pela aprovação do Projeto, diante da sensível melhora ofertada pelo Senado Federal.

O Projeto aguardava a sua aprovação final desde então, mas foi devolvido "sem manifestação" à Comissão de Constituição e Justiça e da Cidadania no dia 16.12.2010 – um dia após a aprovação pelo Senado Federal do Projeto de Lei para o novo Código de Processo Civil.

Em 12.07.2011 houve a apresentação do Parecer do Relator Deputado Arthur Oliveira Maia, aprovado em 19.6.2013 e encaminhado à publicação em 04.07.13, tendo sido esta a última movimentação legislativa.[12]

Não obstante, em 2011 foi apresentado no Senado Federal o PLS 517/11, de iniciativa do Senador Ricardo Ferraço do Espírito Santo, objetivando regular de modo abrangente a mediação, suprindo a lacuna existente em nossa legislação.

11. Interessante ressaltar que a primeira Constituição do Brasil, de 1824, já previa a autocomposição obrigatória nos seguintes termos: "Art. 161. Sem se fazer constar, que se tem intentado o meio da reconciliação, não se começará Processo algum.". Disponível em: http://www.planalto.gov.br/ccivil_03/Constituicao/Constituicao24.htm. Acesso em: 15.11.2015.
12. Disponível em: http://www.camara.gov.br/proposicoesWeb/fichadetramitacao?idProposicao=21158. Acesso em: 07.06.2015.

O Projeto, após ser consolidado pelas propostas apresentadas pela Comissão de Juristas instituída pelo Ministério da Justiça e presidida pelo Ministro do Superior Tribunal de Justiça (STJ) Luiz Felipe Salomão, teve o texto aprovado e encaminhado à Câmara dos Deputados como Projeto de Lei nº 7169/2014.

Em seguida houve a apresentação e análise de Emendas e, em 07.04.2015, o texto foi aprovado pela Comissão de Constituição e de Justiça e de Cidadania da Câmera, retornando ao Senado para a votação final do marco legal da mediação.

Ao final, o texto foi colocado em pauta do Plenário do Senado em caráter de urgência e aprovado no dia 02.06.2015, seguindo para a sanção Presidencial, que ocorreu em 26.06.2015, dando ensejo à publicação da Lei nº 13.140/15, em 29.06.2015.

Registre-se, ainda, que tramita no Senado a Proposta de Emenda à Constituição nº 108, de 2015, que: "Inclui entre os direitos e deveres individuais e coletivos o estímulo pelo Estado à adoção de métodos extrajudiciais de solução de conflitos." A proposta acrescenta inciso LXXIX ao art. 5º da Constituição Federal, para estabelecer o emprego de meios extrajudiciais de solução de conflitos como um direito fundamental. A última movimentação de sua tramitação ocorreu em 13/07/2017, estando pronta a proposta para pauta na Comissão de Constituição, Justiça e Cidadania do Senado[13].

Já a reforma do Código de Processo Civil teve o início dos trabalhos legislativos em 2009, quando o presidente do Senado Federal instituiu uma Comissão de Juristas presidida pelo Ministro Luiz Fux para a formatação de um novo Código de Processo Civil. O Anteprojeto foi apresentado ao Senado em 08.06.2010, e convertido no Projeto de Lei do Senado n. 166/2010, o qual, aprovado, seguiu para a Câmara dos Deputados e tramitou como Projeto de Lei n. 8.046/10, tendo ocorrido diversas modificações, com a inclusão de outras técnicas processuais inovadoras. Aprovado em 26.03.2014, o Projeto retornou ao Senado, onde foram acolhidas algumas Emendas dos parlamentares, as quais suprimiram ou corrigiram materialmente os dispositivos constantes do Projeto da Câmara, chegando-se a uma versão final, aprovada em 17.12.2014. Após revisão e sanção presidencial, o novo Código de Processo Civil foi publicado no DOU em 17 de março de 2015, e entrou em vigor em 18 de março de 2016.

Saliente-se, por fim, que o CPC/15 menciona a conciliação, a mediação e a arbitragem em diversas passagens, deixando clara a intenção do legislador de fomentar a utilização de variados métodos de resolução de controvérsias.

13. Disponível em: http://www25.senado.leg.br/web/atividade/materias/-/materia/122592. Acesso em: 30.01.2018.

2. PRINCIPAIS ASPECTOS DA LEI DE MEDIAÇÃO

O tempo de maturação e desenvolvimento da Lei n. 13.140/15 foi essencial para que o novo regramento fosse efetivamente completo e capaz de alcançar diferentes formas de conflitos e contemplar no campo processual e material as questões essenciais para a aplicação da mediação no Brasil.

A primeira grande conquista está estabelecida logo no primeiro artigo, permitindo a incidência da mediação como meio de solução de controvérsias entre particulares e também em conflitos no âmbito da Administração Pública. Trata-se de importante quebra de paradigma, já que admite expressamente a categoria dos direitos indisponíveis, mas transigíveis, eliminando as discussões doutrinárias sobre o tema.

O conceito de mediação está previsto no parágrafo único do art. 1º, sendo relevante ressaltar que a lei preferiu utilizar a expressão "atividade técnica", fugindo da controvérsia sobre a natureza jurídica do instituto, se processo, procedimento, contrato, negociação assistida, equivalente jurisdicional, jurisdição, entre outras destacadas na doutrina.

O artigo 2º indica os princípios aplicáveis à mediação, que são: imparcialidade, isonomia, oralidade, informalidade, autonomia de vontade, busca do consenso, confidencialidade e boa-fé.

Outro destaque na Lei foi o estabelecimento dos requisitos dos mediadores extrajudiciais (artigo 9º), bem como a necessidade de se suspender a reunião de mediação caso uma parte esteja assistida por advogado e a outra não, a fim de que esta última constitua um defensor.

Em relação ao procedimento, a Lei traz três subseções (artigos 14 a 29): as disposições comuns, o procedimento extrajudicial e o procedimento judicial.

Na primeira, destaca-se a previsão no artigo 20, parágrafo único, de que o acordo celebrado no procedimento de mediação constitui título executivo extrajudicial e, se homologado pelo juiz, título executivo judicial. Trata-se de importante conquista, já que confere à mediação efeitos processuais capazes de garantir o cumprimento do acordo celebrado entre as partes, estimulando a utilização do mecanismo.

No procedimento extrajudicial, a Lei previu um detalhamento que dará segurança jurídica para o uso da mediação fora do Poder Judiciário, o que, a médio prazo, poderá significar uma redução de demandas judiciais.

Já os artigos 30 e 31 tratam da confidencialidade de forma extensiva, abrangendo todas as informações e todos os participantes do ato, impedindo, inclusive, que os dados sejam utilizados como prova em processo de arbitragem ou judicial, excetuando, apenas, as informações de ordem tributária.

Por sua vez, nos artigos 32 a 40, a nova legislação regulamenta a mediação em conflitos envolvendo a Administração Pública, destacando-se o parágrafo único do artigo 33 que autoria a Advocacia Pública a instaurar mediação coletiva. Este dispositivo é de suma importância, uma vez que permitirá a utilização da mediação em conflitos de grande expressão social, financeira, política ou religiosa, resolvendo de modo uniforme o conflito e de forma mais apropriada.

A título de curiosidade sobre as potencialidades de utilização da mediação no âmbito da Administração Pública para solucionar controvérsias de relevância coletiva, insta registrar o trabalho realizado pelo mediador e escritor William Ury, cofundador do Programa de Harvard em Negociação e um dos principais especialistas do mundo em negociação e mediação. Entre suas conquistas como mediador na área pública estão o fim da guerra da Indonésia e o impedimento de uma na Venezuela, além de resolução de questões climáticas, religiosas, étnicas e empresariais, demonstrando a imensa possibilidade de aplicação da mediação no campo da Administração Pública.[14]

Nas disposições finais da Lei, o artigo 42 prevê o uso da mediação a outras formas de solução de conflitos, como mediações comunitárias, escolares e serventias extrajudiciais, excluindo, apenas, as relações de trabalho, que deverão ser reguladas por lei própria.

Por fim, o artigo 46 autoriza o uso da mediação pela internet ou outro meio de comunicação que permita a transação à distância, o que, nos dias atuais, pode representar um intercâmbio prático e eficaz entre os mecanismos de solução de disputas.

3. A MEDIAÇÃO E O NOVO CPC

A reforma do Código de Processo Civil que entrou em vigor em 18 de março de 2016 reconheceu o instituto da mediação como um mecanismo hábil à pacificação social.

Entre outras questões de ordem prática, a Comissão de Juristas do Senado Federal entendeu ser oportuna a fixação de disciplina a respeito, e assim fez constar da Exposição de Motivos do Projeto de Lei no 166/2010: "Como regra, deve realizar-se audiência em que, ainda antes de ser apresentada contestação, se tentará fazer com que autor e réu cheguem a acordo. Dessa audiência, poderão participar conciliador e mediador e o réu deve comparecer, sob pena de se qualificar sua ausência injustificada como ato atentatório

14. Sobre o ilustre mediador cf.: http://www.williamury.com/. Acesso em 20.06.2015.

à dignidade da justiça. Não se chegando a acordo, terá início o prazo para a contestação.".

Dessa forma, após relevante alteração de texto realizada pela comissão técnica designada para elaborar o relatório-geral do Senador Valter Pereira, o CPC/15 estabeleceu como regra a audiência de conciliação ou mediação no início do procedimento, e ainda tratou dos mediadores e dos conciliadores, representando um grande avanço para o reconhecimento das referidas técnicas de autocomposição.

Deixe-se assente que a conciliação e a arbitragem, ao contrário da mediação, já possuíam previsão legal no Código de Processo Civil de 1973 e em algumas legislações especiais, de modo que o reconhecimento e a inclusão da mediação como método adequado de resolução de disputas se mostrou atual e importante para complementar o conjunto de instrumentos aptos a atender ao jurisdicionado em seus conflitos.

A nova codificação estabelece como um de seus principais objetivos o incentivo à utilização das técnicas adequadas de solução consensual de controvérsias, conforme se vê do artigo 3º, § 3º, inserido no capítulo inicial que trata das normas fundamentais do processo civil.

Além disso, o novo Código trata dos mediadores e conciliadores judiciais, atribuindo-lhes a qualidade de auxiliares da justiça (art. 149), estando sujeitos, inclusive, aos motivos de impedimento e suspeição (art. 148, II).

Ademais, o CPC/2015 destinou a Seção V, do Capítulo III, para regulamentar as atividades dos conciliadores e mediadores judiciais e entre outras matérias, previu: a) a criação de Centros Judiciários de Solução Consensual de Conflitos pelos Tribunais, destinados à realização de audiências e pelo desenvolvimento de programas para auxiliar, orientar e estimular a autocomposição (art. 165); b) os princípios que informam a conciliação e a mediação (art. 166); c) o cadastro e a capacitação de conciliadores e mediadores (art. 167); d) a possibilidade de as partes escolherem, de comum acordo, o conciliador ou mediador (art. 168); e) as formas de remuneração dos conciliadores e mediadores (art. 169); f) os casos de impedimento (art. 170); g) a impossibilidade temporária do exercício da função (art. 171); g) o prazo de impedimento de um ano para o conciliador e mediador assessorar, representar ou patrocinar as partes (art. 172); h) as hipóteses de exclusão do cadastro (art. 173); i) a criação de câmaras de mediação e conciliação para a solução de controvérsias no âmbito da administração pública (art. 174); j) a possibilidade de outras formas de conciliação e mediação extrajudiciais (art. 175).

Portanto, resta agora ao Poder Judiciário implementar as mudanças estruturais e utilizar adequadamente essas ferramentas em prol dos jurisdicionados.

4. COMPARATIVO ENTRE A LEI DE MEDIAÇÃO E O CPC/2015

Conforme mencionado, o CPC/2015 estabelece como uma de suas premissas o incentivo ao uso de formas não adjudicatórias de solução de conflitos, como a mediação e a conciliação.

E comparando a regulamentação da mediação no CPC/2015 e na Lei de Mediação, verifica-se que há discrepâncias pontuais, mas que não prejudicam a aplicação do instituto, até porque em caso de eventual conflito a lei especial, em regra, deve se sobrepor à geral.

No nosso ordenamento, havendo conflito aparente, deve prevalecer a interpretação que compatibiliza normas aparentemente antinômicas. No entanto, em caso de antinomias normativas reais, existem recursos hermenêuticos capazes de superar o conflito.

Com efeito, o sistema dispõe de princípios que solucionam as antinomias normativas e determinam em cada caso a norma que deve prevalecer (hierarquia, cronológico e especialidade). E em regra, nos conflitos normativos envolvendo a mediação, deve ser aplicado o princípio da especialidade, ao menos em relação às normas de direito material.

De qualquer forma, considerando que a Lei de Medição foi projetada já sob a perspectiva do novo CPC, sua compatibilização ideológica é absoluta, no sentido de ampliar e incentivar o uso da mediação nos âmbitos judiciais e extrajudiciais.

Resta então a análise dos temas mais importantes que foram tratados nas duas legislações.

4.1. Incidência e conceito da mediação

Inicialmente, quanto ao campo de incidência, vê-se que a Lei de Mediação e o CPC/2015 são aplicáveis tanto aos particulares quanto à Administração Pública, sendo que naquela o assunto está regulamentado nos artigos 32 a 40 e neste último no artigo 174.

Em relação ao conceito, o parágrafo único, do artigo 1º, da Lei de Mediação previu a mediação como atividade técnica exercida por terceiro imparcial, sem poder decisório, que auxilia e estimula a identificar ou desenvolver soluções consensuais para a controvérsia.

O CPC/2015, embora não tenha estabelecido um conceito próprio para a mediação, ao dispor sobre a atuação do mediador no artigo 165, § 3º, acabou estipulando alguns contornos para a aplicação da mediação, que são: a) incide em casos em que houver vínculo anterior entre as partes; b) auxilia a compreender as questões e os interesses em conflito; c) busca o restabelecimento da comunicação; d) possibilita que as próprias partes identifiquem soluções consensuais que gerem benefícios mútuos.

4.2. Escolha do mediador e princípios

Quanto à escolha do mediador, a Lei de Mediação (art. 1º, parágrafo único) diz que pode ser aceito ou escolhido pelas partes, repetindo a regra no art. 4º, *caput*. O CPC/2015 também prevê essa possibilidade no artigo 168, com a ressalva do § 2º de que, inexistindo consenso entre partes, haverá distribuição entre os mediadores cadastrados no tribunal.

No que tange aos princípios, a Lei de Mediação estabelece oito, enquanto o CPC/2015 prevê apenas sete, havendo coincidência em relação a cinco: imparcialidade, oralidade, informalidade, autonomia da vontade e confidencialidade.

Assim, os princípios da isonomia, busca do consenso e boa-fé complementam os demais princípios estabelecidos na lei especial, enquanto que os da independência e decisão informada só foram contemplados pelo CPC/2015.

Não obstante, para a devida análise do assunto, deve-se considerar o disposto no art. 1º, do Anexo III, da Resolução 125/2010, do CNJ, que prevê oito princípios e garantias da conciliação e mediação judiciais, acrescentando aos já mencionados: o da competência, respeito à ordem e às leis vigentes, empoderamento e validação.

4.3. Objeto da mediação e a atividade dos mediadores

A Lei de Mediação prevê no artigo 2º, § 1º, a possibilidade de previsão contratual de *cláusula de mediação*, que consiste no dever de as partes comparecerem à primeira reunião, não sendo, contudo, obrigatória a sua permanência na mediação (art. 2º, §2).

Ademais, a lei especial, no artigo 3º, define o objeto da mediação como sendo os direitos disponíveis e os indisponíveis transigíveis, bem como que pode versar sobre todo o conflito ou parte (§1º). No caso de consenso envolvendo direitos indisponíveis transigíveis a lei exige homologação judicial e a oitiva do Ministério Público (§ 2º). Note-se que essas regras também devem ser aplicadas no âmbito judicial, ainda que não previstas no CPC/2015.

Sobre a atividade dos mediadores, o art. 4º, §1º, da Lei de Mediação diz que devem conduzir a comunicação entre as partes buscando o entendimento e o consenso, e facilitando a resolução do conflito. Neste aspecto no art. 165,

§3º, foi mais minucioso, conforme já mencionado, mas não há qualquer incompatibilidade entre as normas.

4.4. Impedimento e suspeição do mediador

O impedimento e a suspeição do mediador também estão regulamentados nas duas legislações.

Na Lei de Mediação o artigo 5º estabelece que são aplicáveis ao mediador as mesmas hipóteses de impedimento e suspeição do juiz, acrescentando no parágrafo único que o mediador tem o dever de revelar às partes, antes da aceitação da função, qualquer fato ou circunstância que gere dúvida justificada sobre a sua imparcialidade, momento em que poderá ser recusado por qualquer delas.

Já no CPC/2015, o art. 148, II dispõe que os motivos de impedimento e de suspeição se aplicam aos auxiliares da justiça, o que inclui o mediador, nos termos do art. 149. Contudo, na seção que aborda os conciliadores e mediadores, o art. 170 e seu parágrafo único tratam apenas da hipótese do impedimento, não se referindo à suspeição, o que, na prática, poderá gerar questionamentos.

Contudo, após uma interpretação sistêmica conclui-se o dispositivo não excluiu os casos de suspeição, mas apenas criou regra mais específica para o impedimento, justamente em razão de os motivos serem graves e objetivamente considerados.

Assim, constatado o impedimento, a comunicação deve ser imediata, de preferência por meio eletrônico, devolvendo-se os autos ao juiz para nova distribuição, ou então, se o motivo for apurado quando já iniciado o procedimento, a atividade será interrompida.

Como se vê a lei não deu qualquer margem de postergação ou negociação se a causa for de impedimento, rigidez esta que parece não ser exigida no caso de suspeição, embora recomendada.

4.5. Da impossibilidade do exercício da mediação

Sem correspondência na Lei de Mediação, o art. 171 do CPC/2015 estabelece que, em caso de impossibilidade temporária do exercício da função, o mediador informará ao Centro, preferencialmente por meio eletrônico, para que durante o período de impossibilidade não haja novas distribuições.

O art. 6º da Lei de Mediação e o art. 172 do CPC/2015 preveem que o mediador fica impedido por um ano, a contar do término da última audiência em que atuou, de assessorar, representar ou patrocinar qualquer das partes.

Além disso, o art. 7º, da Lei de Mediação, diz que é absoluto e permanente o impedimento para que o mediador atue como árbitro ou funcione como testemunha em processos judiciais ou arbitrais pertinentes ao conflito de que tenha participado.

De outra banda, o art. 167, §5º, do CPC/2015 estabelece mais uma espécie de impedimento, que é de o mediador que for advogado exercer a advocacia nos juízos em que desempenhem suas funções. A extensão desse impedimento tem despertado debates acirrados, tendo em vista a limitação que se cria para a atuação de advogados como mediador. A discussão gira em torno da expressão "juízo", ou seja, se o impedimento seria apenas quanto a unidade judiciária ou se abrangeria toda a Comarca.

Não obstante, ainda sobre o tema, em Seminário realizado no mês de agosto de 2015 em Brasília intitulado "O Poder Judiciário e o Novo Código de Processo Civil", foi criado o enunciado 60 que diz: "À sociedade de advogados a que pertença o conciliador ou mediador aplicam-se os impedimentos de que tratam os arts. 167, §5, e 172 do CPC/2015".

Contudo, uma interpretação descontextualizada do dispositivo poderia inviabilizar a atuação dos advogados como conciliadores ou mediadores, especialmente em Comarcas menores, pois o profissional teria que escolher entre o exercício da advocacia e a atuação como facilitador. Diante dessa controvérsia, foi aprovado no II FONAMEC de 22 de outubro de 2015 o Enunciado 47, prevendo que não se aplica aos advogados atuantes nas Comarcas o impedimento do art. 165, §5º, do CPC/15, uma vez que o conciliador ou mediador cadastrado não se vincula ao juízo do processo, mas ao CEJUSC, órgão sem caráter de jurisdição *strictu sensu*.

Portanto, como se vê há todo um sistema protetivo da função do mediador para que não haja questionamentos quanto à sua imparcialidade, preservando-se, ainda, a confidencialidade inerente à sua atuação.

4.6. O tratamento dos mediadores

Outro aspecto abordado pela Lei de Mediação foi a equiparação do mediador e de seus assessores a servidores públicos para fins penais (art. 8º), o que também confere segurança e credibilidade à função.

Nos artigos 9 e 10, a Lei de Mediação regulamenta os requisitos para o mediador extrajudicial, sendo relevante o parágrafo único do art. 10 que diz que se uma parte estiver acompanhada de advogado o procedimento será suspenso até que todas estejam assistidas. A preocupação deste dispositivo foi obviamente estabelecer a igualdade de armas entre as partes, sendo que, em se tratando de procedimento extrajudicial em que não há um controle estatal, se faz oportuna a exigência legal de equilíbrio entre os participantes.

Já o tratamento dos mediadores judiciais na Lei de Mediação e no CPC/2015 é de complementariedade. Com efeito, o artigo 11 da lei especial estabelece como requisitos para ser mediador pessoa capaz graduada há dois anos em curso de ensino superior reconhecido pelo Ministério da Educação, com capacitação em mediação pela ENFAM (Escola Nacional de Formação e Aperfeiçoamento de Magistrados) ou pelos Tribunais, observados os requisitos mínimos fixados pelo Conselho Nacional de Justiça.

Registre-se que a Lei não exige formação em Direito, o que na prática pode criar algumas dificuldades na formulação da autocomposição e, consequentemente, ensejar problemas em caso de eventual execução do acordo. Daí a importância de que as partes estejam assistidas por advogado ou Defensor Público, minimizando possíveis descompassos jurídicos.

Por sua vez, o art. 167, §1º, do CPC/2015 dispõe que o mediador judicial deve ter capacitação mínima por meio de curso por entidade credenciada e conforme parâmetros do Conselho Nacional de Justiça em conjunto com o Ministério da Justiça, e, de posse do certificado, requerer sua inscrição no cadastro nacional[15] e no cadastro no Tribunal de Justiça ou no Tribunal Regional Federal. Além disso, o §2º do mesmo dispositivo legal diz que o registro poderá ser precedido de concurso público. Assim, os tribunais poderão criar cargos de mediador que integração o quadro da estrutura judiciária permanentemente, cuja atribuição deverá ser, se não específica, mas ao menos com atuação exclusiva nos CEJUSCS para justificar a capacitação exigida.

Ademais, o art. 12 da Lei de Mediação prevê que os tribunais devem criar e manter cadastro atualizado dos mediadores habilitados a atuar em mediação judicial, cuja inscrição deve ser requerida (§1º), ficando os tribunais responsáveis pela regulamentação do processo de inscrição e desligamento de seus mediadores (§2º).

Nesse tema o CPC/2015 regulamenta de forma mais detalhada a matéria. Com efeito, o art. 167 dispõe sobre a necessidade de cadastro nacional e local (tribunal), não só dos mediadores, mas também das câmaras privadas, cujo registro indicará a área de atuação dos respectivos profissionais. Não obstante, o credenciamento deve conter todos os dados relevantes sobre a câmara ou mediador para a devida classificação, com publicação ao menos anualmente da relação para fins estatísticos e avaliação pela sociedade (§4º).

15. O CNJ está desenvolvendo esse cadastro nacional, cuja inscrição será individual, mas facultativa, que permitirá que mediadores públicos e privados, bem como as câmaras privadas insiram seus dados e qualificações e possam ser escolhidos para atuar em qualquer Estado da Federação.

E ao contrário da Lei de Mediação, o CPC/2015 também regulamenta as hipóteses de exclusão no art. 173, bem como a forma de fazê-lo administrativamente, o que é importante para orientar os tribunais e para padronizar o procedimento.

A Lei de Mediação, no art. 13, diz que a remuneração dos mediadores deve ser fixada pelos tribunais e paga pelas partes, sendo que o art. 4º, §2º, estabelece que aos necessitados será assegurada a gratuidade da mediação. No CPC/2015, o art. 169 prevê que a tabela remuneratória será fixada pelo tribunal, conforme parâmetros do CNJ. Acrescenta no §1º que a mediação pode ser exercida por trabalho voluntário, observada a regulamentação sobre o assunto, e que o tribunal fixará percentual de audiências gratuitas pelas câmaras em contrapartida ao credenciamento (§2º).

Contudo, o CPC/2015 não inclui a remuneração dos mediadores/conciliadores como despesas processuais, deixando a dúvida sobre se eles serão detentores de cargo público ou se receberão pela tabela fixada pelo tribunal[16], conforme parâmetros do CNJ.

Por outro lado, o artigo 82 do CPC/2015 diz que caberá à parte interessada o pagamento desse custo. Assim, se o autor e o réu demonstrarem desinteresse e houver acordo, as despesas serão deliberadas no ato, mas, se não houver acordo, o vencido deverá paga-las ao final (art. 82, §2º, CPC/15).

4.7. Do procedimento

O procedimento na Lei de Mediação está previsto no Capítulo I, Seção III, e nas Subseções I, II e III, que tratam das disposições comuns, da mediação extrajudicial e da mediação judicial, respectivamente. Portanto, são comuns às normas processuais apenas a primeira e a última subseção.

Nas disposições comuns, o art. 14 atenta para a necessidade de se alertar sobre as regras da confidencialidade na primeira reunião de mediação.

Já o art. 166, §3º do CPC/2015 autoriza a aplicação de técnicas negociais para proporcionar ambiente favorável à autocomposição. Não obstante, o §4º estabelece a livre autonomia das partes sobre as regras procedimentais, o que, sem dúvida, é um atrativo para o uso da mediação.

---

16. O Estado de São Paulo publicou em 23/04/2015 a Lei A Lei Estadual nº 15.804/2015 que estabelece os valores para a remuneração e a carga horária de atuação dos conciliadores e mediadores inscritos no Cejusc (Centros Judiciários de Solução de Conflitos e Cidadania). O texto prevê jornada semanal máxima de 16 horas semanais (mínimo de duas e máximo de oito horas diárias), com remuneração de 2 UFESPs (Unidades Fiscais do Estado de São Paulo), ou R$ 42,50, por hora. Hoje, quem atua como mediador e conciliador nos Centros, presta trabalho voluntário.

Em relação aos mediadores, a Lei de Mediação prevê no art. 15 a possibilidade de inclusão de outros mediadores, enquanto que o CPC/2015, no art. 168, §3º, no mesmo sentido, diz que, se for recomendável, pode haver a designação de mais de um mediador.

O art. 16 da Lei de Mediação estabelece que a submissão das partes à mediação suspende o processo arbitral ou o judicial, ainda que já em curso, por decisão irrecorrível (§1º), sem prejuízo da concessão de medidas urgentes pelo juiz ou pelo árbitro (§2º). Trata-se de importante reflexo processual, indicando que o legislador priorizou a mediação em relação aos outros mecanismos de solução de conflito.

Outro relevante aspecto processual da Lei de Mediação está no art. 17, que considera instituída a mediação a data marcada para a primeira reunião, ficando suspenso o prazo prescricional enquanto perdurar o procedimento (parágrafo único), sendo que as reuniões posteriores só poderão ser marcadas com a anuência das partes (art. 18).

Sobre os atos dos mediadores, o art. 19 possibilita reuniões com as partes, em conjunto ou separadamente[17], e ainda permite que solicite informações que repute pertinentes.

No encerramento, o mediador deve lavrar um termo final, relatando a celebração de acordo ou então demonstrando a não obtenção do acordo pelas partes (art. 20). Por sua vez, o parágrafo único do art. 20 estabelece que a celebração do acordo constitui título executivo extrajudicial e, quando homologado judicialmente, título executivo judicial. Trata-se de importante regra de cunho material que possibilita a execução imediata em caso de eventual descumprimento, afastando a necessidade de amplo processo cognitivo, o que confere credibilidade e efetividade ao instituto.

No que tange ao procedimento judicial, tanto a Lei de Mediação (art. 24) quanto o CPC/2015 (art. 165) estabelecem a necessidade de os tribunais criarem CEJUSCS, cuja composição e organização serão definidas pelo próprio tribunal, seguindo orientações do CNJ.[18]

Sobre a escolha dos mediadores, o art. 25 da Lei de Mediação dispõe que, na *mediação judicial*, eles não estarão sujeitos à prévia aceitação das partes.

17. O *caucus* é a técnica em que o mediador se reúne separadamente com cada parte para testar possíveis opções que podem ajudar na solução do conflito.

18. Para este fim, o CNJ criou um "Guia de Conciliação e Mediação: orientações para implantação de CEJUSCs", com o passo a passo das etapas necessárias para a facilitação e padronização desses órgãos. Disponível em: http://www.cnj.jus.br/files/conteudo/destaques/arquivo/2015/06/1818cc2847ca50273fd110eafdb8ed05.pdf. Acesso em: 18.08.2015.

Contudo, o CPC/2015 autoriza no art. 168 que as partes escolham, de comum acordo, o mediador, que pode ou não estar cadastrado no tribunal (§1º), mas desde que possua a respectiva formação (§2º), sendo que, inexistindo acordo sobre o profissional, haverá distribuição alternativa e aleatória entre os cadastrados, respeitado o princípio da igualdade dentro da mesma área de atuação (art. 167, §2º).

Nesse ponto há quem entenda que a Lei de Mediação teria revogado esse aspecto do CPC/15 relativo à possibilidade distribuição alternativa e aleatória entre os mediadores cadastrados, de modo que a escolha fosse feita de modo meritocrático. Nesse caso, o tribunal deveria regulamentar essa forma de escolha. No 2º FONAMEC realizado em São Paulo a sugestão foi a de que autor e réu escolhessem cada um 10 mediadores, cujos cadastros se cruzariam para definir o mediador comum. Se não houvesse convergência entre os escolhidos, deveria ocorrera uma segunda rodada, com a escolha com outros 10 mediadores, e assim por diante. Se não desse certo, a opção seria fazer uma audiência no CEJUSC para a escolha do mediador.

O art. 26 da Lei de Mediação dispõe que as partes devem estar assistidas por advogados ou por Defensores Públicos aos que comprovarem insuficiência de recursos (parágrafo único), ressalvadas as hipóteses de dispensa dos Juizados Especiais. Embora esta regra não tenha sido reproduzida no CPC/2015, o seu art. 103 exige o requisito da capacidade postulatória, suprindo, assim, eventuais dúvidas sobre o tema.

Por sua vez, o art. 27 da Lei de Mediação estabelece que, se a petição inicial preencher seus requisitos essenciais e não for o caso de improcedência do pedido, o juiz designará audiência de mediação. Essa mesma regra está prevista no art. 334, "caput" do CPC/2015. Contudo, na lei processual, exige-se ainda que a audiência seja marcada com uma antecedência mínima de 30 (trinta) dias, e que o réu seja citado com pelo menos 20 (vinte) dias de antecedência.

O art. 28 da Lei de Mediação diz que o procedimento deverá ser concluído em até sessenta dias, contados da primeira sessão, salvo se as partes acordarem a prorrogação. Já o art. 334, §2º, do CPC/2015 dispõe que o procedimento não poderá exceder 02 (dois) meses da data da realização da primeira sessão. O § 3º do CPC/2015 também prevê que a intimação do autor será feita na pessoa do seu advogado, regra esta não prevista na lei especial.

A referida audiência só não ocorrerá: a) quando o direito em debate não admitir autocomposição; e b) se ambas as partes, expressamente, manifestarem o desinteresse na composição consensual (art. 334, §4º).

Observa-se, pois, que é vedado ao juiz dispensar o ato, mesmo que o acordo seja improvável. Ademais, a lei não admite a recusa de apenas uma das partes.

Diante disso, conclui-se que o CPC/2015 pretendeu oportunizar que, logo no início do processo, que as partes pudessem dialogar sobre conflito, não só para se tentar um acordo, mas também para que elas pudessem conhecer melhor os contornos fáticos e jurídicos do litígio, inclusive para fins de ampla defesa. Temos que lembrar que a audiência preliminar prevista no art. 331 do CPC/73 só ocorria após a apresentação de contestação e réplica, o que, na prática representava dois ou três anos de tramitação do feito sem que as partes tivessem tido qualquer contato ou conversa. Tratou-se, pois, de percepção salutar do legislador.

Segundo o art. 334, §5º, do Código, o réu será citado para comparecer à audiência de mediação (ou conciliação), podendo indicar o seu desinteresse na autocomposição, por petição, apresentada com 10 (dez) dias de antecedência, contados da data da audiência, sendo que, em caso de litisconsórcio, todos devem se manifestar (§ 6º), exigência que não restou especificada na Lei de Mediação. A audiência também poderá ser realizada por meio eletrônico (art. 334, §7º).

E conforme já mencionado, como sanção ao não comparecimento injustificado de qualquer das partes à audiência, a ausência será considerada ato atentatório à dignidade da justiça, com a aplicação de multa de até dois por cento da vantagem econômica pretendida ou do valor da causa, revertida em favor da União ou do Estado (art. 334, §8º). Registre-se que a parte pode constituir representante, por meio de procuração específica com poderes para negociar e transigir (§10º).

Sobre essa possibilidade de representação por procurador, a questão deve ser um pouco mais amadurecida em relação à mediação, em razão de esse meio de resolução de conflito possuir técnicas e finalidades distintas da conciliação. Se a controvérsia versar prioritariamente sobre aspectos patrimoniais, talvez não haja grandes problemas. Porém, se a situação emocional for mais expressiva, não fará sentido participação de procurador na audiência ou na sessão de mediação. Essa reflexão e esse controle devem ser exercidos pelo magistrado.

Se houver acordo, o parágrafo único, do art. 28, da Lei de Mediação estabelece que os autos serão encaminhados ao juiz, que determinará o arquivamento do processo ou, se requerido pelas partes, homologará o acordo e o termo final da mediação por sentença, determinando o arquivamento do processo.

Notem-se aqui algumas impropriedades procedimentais da lei especial em relação à lei processual. Primeiro porque o juiz não poderá simplesmente determinar o arquivamento do feito se as partes não requererem a homologação do acordo, devendo dar um comando judicial que encerre o processo, ainda que por perda de interesse superveniente (art. 485, VI, do CPC/2015). Depois porque, se o acordo versar apenas sobre parte do conflito, o feito deverá prosseguir em relação aos demais pedidos (art. 354, CPC/2015). Ademais, o §11, do art. 334 é impositivo ao determinar que a autocomposição, no âmbito judicial, deverá ser homologada por sentença.

De outra banda, o art. 29 da Lei de Mediação diz que se o conflito for solucionado pela mediação antes da citação do réu, não serão devidas custas judiciais finais. Trata-se de situação difícil de equacionar com o CPC/2015 ou, ao menos, de difícil aplicação prática, já que a lei processual exige que o réu seja citado com vinte dias de antecedência da audiência, oportunidade em que a audiência já restou designada pelo juiz. Assim, a única hipótese possível de aplicação dessa norma é se as partes fizerem acordo extrajudicial e o autor pedir a sua homologação antes da citação do réu, pois não há como o réu comparecer à audiência sem ser previamente citado, sendo que, ainda que a diligência de citação não tenha sido formalmente cumprida e ele compareça espontaneamente ao ato, esta conduta será considerada válida para fins de citação, nos termos do art. 239, § 1º, do CPC, e somente com o encerramento do ato e em não tendo havido transação, terá início o prazo para contestação (art. 335, I).

Não bastasse, ao falar em "custas finais", a Lei de Mediação, além de não se ater às despesas relativas ao ato de mediação em si, ainda estabelece uma hipótese legal de dispensa de receita, o que pode ser questionado.

Registre-se que, segundo o caput do artigo 82, do CPC/2015, incumbe às partes o pagamento das despesas dos atos que realizarem ou requererem no processo, antecipando o pagamento desde o início até a sentença final. Desse modo, ou o autor já pagou as custas processuais devidas e não haverá despesas remanescentes ou então, no acordo, desde que homologado, as partes deverão deliberar sobre responsável pelas mesmas. De qualquer forma, esse benefício criado com o intuito de incentivar a mediação judicial, será de pouca ou nenhuma utilidade prática, o que certamente será identificado pelos jurisdicionados.

Nesse aspecto o CPC/15 foi mais certeiro e abrangente, ao estabelecer no art. 90, §3º, que se a transação ocorrer antes da sentença, as partes ficam dispensadas das custas remanescentes. Trata-se de regra que efetivamente incentiva à autocomposição em momento precoce.

Ressalte também que o §12, do art. 334, do CPC/2015 diz que as pautas das audiências de mediação serão organizadas de modo a respeitar o intervalo *mínimo* de 20 (vinte) minutos entre o início de uma e de outra seguinte. Porém, embora a lei fale em intervalo mínimo, no caso de procedimento de mediação o tema merecia um tratamento diferenciado diante das particularidades da atividade, sendo que de duas uma: ou a lei não deveria estabelecer tempo mínimo ou este deveria ser de ao menos uma hora de intervalo para que a sessão tenha a qualidade necessária, com mais chances de êxito.

O que deve ser lembrado pelos operadores do direito é que essa fase inicial de fomentação da mediação no Brasil requer uma especial cautela e um maior rigor com o estabelecimento de um ambiente favorável à sua implementação, não só no que tange à capacitação dos mediadores, mas também em relação à correta aplicação das técnicas essenciais para se alcançar o sucesso do instituto, o que inclui a disponibilidade de tempo adequado para as sessões de mediação, sob pena de se tornar uma etapa procedimental legal, mas absolutamente fria, mecânica, e descompromissada.

Nesse contexto, conclui-se que o tratamento uniforme conferido pelo CPC/2015 a institutos diferentes como a mediação e a conciliação, não levou em consideração importantes aspectos materiais que distinguem os referidos mecanismos, o que deverá ser alvo de observação e controle pelos magistrados.

4.8. A confidencialidade

Conforme já mencionado, os artigos 30 e 31 da Lei de Mediação tratam da confidencialidade de forma extensiva, abrangendo todas as informações, todos os participantes, e impedindo, inclusive, que os dados sejam utilizados como prova em processo de arbitragem ou judicial, excetuando, apenas, as informações de ordem tributária, aplicando-se, ainda, às sessões privadas.

No CPC/2015 o tema está previsto no art. 166, §1º, que diz que a confidencialidade abrange todas as informações produzidas no curso do procedimento, sendo que o teor ali produzido só poderá ser usado para fins diversos com autorização expressa das partes. Por sua vez, o §2º do mesmo artigo estabelece que, em razão do sigilo, o mediador e os membros de sua equipe não poderão divulgar fatos ou elementos decorrentes da mediação.

Com efeito, o princípio da confidencialidade é de suma importância para a credibilidade da mediação, pois permite que os participantes exponham os verdadeiros motivos do conflito, possibilitando o alcance de soluções mais próprias dos reais interesses das partes.

Por isso, é primordial que seja estabelecida uma relação de confiança entre as partes e os mediadores, bem como no procedimento em si, fazendo com que esse diferencial gere credibilidade e preferência entre os mecanismos de solução de controvérsias disponíveis.

4.9. Mediação e Administração Pública

Tanto a Lei de Mediação quanto o CPC/2015 tratam da utilização da mediação e da conciliação em conflitos envolvendo a Administração Pública. Sem dúvida, essa previsão legal representa uma quebra de paradigmas envolvendo a possibilidade de disputas que envolvam interesse público serem também resolvidas mediante acordo, com benefícios para todos os envolvidos.

A questão, que sempre foi alvo de intensos debates na doutrina, começa a ter uma interpretação condizente com o grau de interesse público envolvido, permitindo que controvérsias transacionáveis, ainda que referentes a direitos indisponíveis, sejam passíveis de autocomposição, sepultando, assim, restrições injustificáveis e sem efetividade.

No CPC/2015 o assunto está disposto no artigo 174 do CPC/2015, que diz que União, Estados, Distrito Federal e Municípios criarão câmaras de mediação e conciliação para a resolução de conflitos no âmbito administrativo, exemplificando em três incisos as hipóteses de cabimento.

Na Lei de Mediação a matéria é tratada nos artigos 32 a 40, com um grau de detalhamento bem mais completo, o que conferirá a segurança jurídica necessária para a aplicação do instituto. Ela aborda a necessidade de criação de órgãos específicos para a mediação, as hipóteses de cabimento, os efeitos processuais, a possibilidade de mediação coletiva, aspectos procedimentais.

Não obstante, a Lei regulamenta a transação por adesão nos conflitos entre a Administração Pública, suas autarquias e fundações, disciplinando, inclusive, questões tributárias e de responsabilização de servidores e empregados que participem da composição extrajudicial.

De todos os aspectos previstos na Lei em relação à Administração Pública, tem-se que a criação de órgãos especializados para a realização da mediação é medida que se faz imperiosa para garantir a padronização de procedimento e a capacitação dos indicados a atuar nessa espécie de resolução de conflito, o que certamente contribuirá para a uniformização de soluções e, por via reflexa, garantirá a isonomia de tratamento entre os envolvidos.

4.10. Disposições gerais

Concluindo as disposições legais sobre o assunto, o CPC/2015 estabelece no artigo 175 que não estão excluídas outras formas de conciliação e mediação extrajudiciais de órgãos institucionais ou profissionais independentes, regulada por lei específica, sendo que o parágrafo único ressalta que os dispositivos se aplicam às câmaras privadas de conciliação e mediação.

Essa abrangência normativa também constou da Lei de Mediação, no artigo 42, que exemplificou as mediações comunitárias, escolares e por serventias extrajudiciais, embora tenha deixado para a lei própria regular sobre as relações de trabalho (parágrafo único).

A Lei de Mediação ainda dispôs no artigo 41 que a Escola Nacional de Mediação e Conciliação deve criar banco de boas práticas e manter relação de mediadores e instituições de mediação, iniciativa que permite a multiplicação de ideias e experiências bem-sucedidas.

O artigo 43 da Lei de Mediação possibilita à Administração Pública a criação de câmaras para a resolução de conflitos entre particulares, que versem sobre atividades por eles reguladas ou supervisionadas.

Por sua vez, o artigo 46 da Lei de Mediação diz que a mediação poderá ser feita pela internet ou por outro meio de comunicação à distância, inclusive envolvendo parte domiciliada no exterior (parágrafo único). Trata-se, sem dúvida, de norma essencial para a sociedade moderna, que a cada dia descobre novos meios de comunicação. Com efeito, a legitimação do uso das variadas formas de interação entre as pessoas servirá para facilitar o contato e desburocratizar a resolução dos conflitos, o que ajudará a divulgar positivamente o instituto da mediação, já que representará um modelo de justiça e de pacificação até então não encontrados no Poder Judiciário.

5. DIREITO INTERTEMPORAL

Tema bastante polêmico relativo ao CPC/2015 diz respeito à criação, como regra, de audiência de conciliação/mediação como ato inicial do procedimento comum, ou seja, antes da apresentação da contestação pelo réu. Com isso, o réu será citado para comparecer à audiência de conciliação ou mediação (art. 334) e, somente com o encerramento do ato e em não tendo havido transação, terá início o prazo para contestação (art. 335, I).

Como o CPC/2015 estabeleceu uma *vacatio legis* de 01 (um) ano, ele entra em vigor em 18.03.2016, de modo que as ações ajuizadas a partir dessa data passarão a adotar o referido procedimento, o que trará grandes impactos estruturais aos tribunais.

Por sua vez, a Lei de Mediação previu um prazo de *vacatio legis* de 180 dias, entrando em vigor no dia 26.12.2015.

Da análise comparativa das duas legislações, viu-se que não há incompatibilidades grosseiras, sendo ambas, na verdade, até complementares em relação a várias questões.

No entanto, no que tange ao procedimento judicial, essa diferença temporal de vigência dos dois regramentos pode causar dúvidas objetivas quanto à incidência da norma relativa à audiência de mediação.

A primeira diz respeito ao momento de aplicação da audiência inicial de mediação. Isso porque a Lei de Mediação entra em vigor quase três meses antes do CPC/2015, sendo que o art. 27 da lei especial prevê que: "*Se a petição inicial preencher os requisitos legais e não for o caso de improcedência liminar do pedido, o juiz designará audiência de mediação.*"

Dessa forma, a norma sobre a audiência de mediação será imediatamente aplicada ou só quando da entrada em vigor do CPC/2015? Afinal, o momento de sua designação deve ocorrer na vigência da lei especial ou somente quando da entrada em vigor da lei geral? E como ficaria a comunicação do réu? E as regras sobre os mediadores? E o pagamento das custas? Enfim, e os demais regramentos sobre o procedimento de mediação judicial? Com a entrada em vigor da Lei de Mediação antes do CPC/2015, como equacionar as disposições daquela com o CPC/73 ainda vigendo?

Essas dúvidas são normalmente resolvidas pelo direito intertemporal estabelecido na Lei de Introdução às Normas do Direito Brasileiro (Decreto-Lei nº 4.657 de 1942 alterado pela Lei nº 12.376 de 2010), especialmente em seu art. 2º, que regula eventual conflito de normas.

Não obstante, os conflitos de leis no tempo normalmente são estudados à luz de normas que já entraram em vigor e sobre atos ou fatos que já se exauriram. Mas no caso da mediação a situação é peculiar, pois são duas leis que ainda não entraram em vigor, sendo que a primeira a entrar (Lei de Mediação) teve o CPC/2015 como referência e não o contrário, e ambas ainda regulam atos ainda não praticados. Assim, como poderia o artigo 27 da Lei de Mediação ser aplicado antes da entrada em vigor da lei processual?

Inicialmente se mostra importante identificar a natureza jurídica da Lei de Mediação, já que somente em caso de coincidência de tipologia da norma poderá se falar em conflito e, daí serão analisadas as soluções de prevalência entre uma e outra.

A Lei de Mediação é especial e posterior ao CPC/2015. Além disso, seu conteúdo indica que, embora seja primordialmente de direito material, ou seja, que cria o instituto da mediação e aborda outras matérias afins, também contém dispositivos de cunho exclusivamente processual, como é o caso dos art. 27 a 29 sobre o procedimento judicial.

Essas circunstâncias tornam o direito intertemporal em questão ainda mais peculiar, pois embora a Lei de Mediação seja especial, posterior e entre em vigor antes do CPC/2015, as normas de natureza puramente processual não devem ser aplicadas de imediato, mas somente a partir da vigência do Código de Processo Civil, a fim de se evitar conflitos procedimentais.

Assim, verifica-se que no caso em tela, considerando que não se trata de conflito de normas propriamente dito, não deve ser prestigiado nem o critério da especialidade e nem o da cronologia da lei, mas sim o momento da vigência da lei para que o sistema tenha uma funcionalidade coerente.

Nesse contexto, as normas estabelecidas no art. 334 do CPC/2015 em relação à designação da audiência de mediação, a comunicação do réu, às regras sobre os mediadores, ao pagamento das custas, e os demais regramentos sobre o procedimento de mediação judicial devem se sobrepor às regras de procedimento estabelecidas na Lei de Mediação.

Por conseguinte, não dá para considerar necessária ou obrigatória a audiência de mediação antes da entrada em vigor da lei processual. Com efeito, não seria adequado falar em obrigatoriedade da audiência de mediação por imposição da Lei de Mediação, tornando, assim, prejudiciais as teses de inconstitucionalidade e de incompatibilidade entre a Lei de Mediação e o CPC/2015.

Portanto, o direito intertemporal no que tange às questões relacionadas à mediação ganhou uma nova hipótese de aplicação, cuja interpretação deve ser condizente com a realidade apresentada.

6. REFERÊNCIAS

ABREVAYA, Sergio Fernando. *Mediação prejudicial*. 1ª ed. Buenos Aires: Historica Emilio J. Perrot, 2008. (ColecciónVisión Compartida).

CHASE, Oscar G. I metodi alternativi di soluzione dele controversie e la cultura del processo: il caso degli Stati Uniti D'America. In: VARANO, Vincenzo (Org.). *L'altragiustizia*: il metodi alternativi di soluzione dele controversie nel diritto comparato. Milano: Dott. A. Giuffrè Editore, p. 129-156, 2007.

FERRAND, Frédérique. *La conception du procès civil hors de France*. De la commémoration d´um code à l´autre: 200 ans de procédure civile en France. Paris: Lexis Nexis SA, 2006.

GAJARDONI: Fernando. *Novo CPC*: Vale apostar na conciliação/mediação? Disponível em: ‹http://jota.info/novo-cpc-vale-apostar-na-conciliacaomediacao›. Acesso em 20 fev. 2015.

GALVÃO FILHO, Mauricio Vasconcelos; WEBER, Ana Carolina. Disposições gerais sobre a mediação civil. In: PINHO, Humberto Dalla Bernardina de (Org.). *Teoria geral da mediação à luz do projeto de lei e do direito comparado*, Rio de Janeiro: Lumen Juris, p. 03-58, 2008.

MOORE, Christopher W. *The Mediation Process* – Practical Strategies for Resolving Conflict. 3rd Edition. San Francisco: Jossey-Bass, 2003.

PINHO, Humberto Dalla Bernardina de. Mediação – a redescoberta de um velho aliado na solução de conflito. In: PRADO, Geraldo (Org). *Acesso à justiça*: efetividade do processo. Rio de Janeiro: Lumen Juris, 2005.

TANIGUCHI, Yasuhei. How much does japonese civil procedure belong to the civil law and to the common law. In: CHASE, Oscar G.; WALKER, Janet. *Common law, civil law, and the future of categories*. Toronto: Lexis Nexis, p. 111-224, 2010, p. 210-211.

TROCKER, Nicolò. Processo e strumenti alternativi di composizione delle liti nella giurisprudenza dela Corte constituzionale. *Diritto processuale civile* e *Corte Constituzionale*. Roma: Edizioni Scientifiche Italiane, p. 439-487, 2006.

CAPÍTULO 19

Mediação

Cesar Felipe Cury[1]

SUMÁRIO: 1. INTRODUÇÃO; 2 – A CONSTITUIÇÃO FEDERAL, O PÓS-POSITIVISMO E O ACESSO À JUSTIÇA; 3 – ACESSO À JUSTIÇA, *MULTI-DOOR COURTHOUSES E ALTERNATIVE DISPUTE RESOLUTION*; 4 – MÉTODOS CONSENSUAIS COMO ACESSO DEMOCRÁTICO À SOLUÇÃO JUSTA DOS CONFLITOS; 5 – NOVOS DIREITOS E A HIPERJUDICIALIZAÇÃO; 6 – HIPERJUDICIALIZAÇÃO, DEMANDAS DE MASSA E ACESSO À JUSTIÇA; 7 – HIPERJUDICIALIZAÇÃO, DEMANDAS DE MASSA E ACESSO À JUSTIÇA; 8 - PROCESSO JUSTO E ACESSO À SOLUÇÃO JUSTA; 9 - SOLUÇÃO JUSTA E MÉTODOS CONSENSUAIS; 9.1 – EQUIVALENTES PROCESSUAIS; 10 - O PROCESSO COMO *ULTIMA RATIO* – OS LIMITES DA JURISDIÇÃO; 10.1 - PROCESSO JUSTO, MÉTODOS CONSENSUAIS E IDENTIDADE DE PRINCÍPIOS; 10.2- O RESGATE DA SOLUÇÃO CONSENSUAL; 10.3 - SOLUÇÃO CONSENSUAL E O NOVO CÓDIGO DE PROCESSO CIVIL; 11. - LEI N. 13140/15 E MEDIAÇÃO OBRIGATÓRIA; 11.1 - A CONSTITUCIONALIDADE DA MEDIAÇÃO OBRIGATÓRIA; 11.2. - MEDIAÇÃO OBRIGATÓRIA E AUTONOMIA DA VONTADE; 11.3 - MEDIAÇÃO PRÉ-PROCESSUAL PRIVADA – CENTROS JUDICIÁRIOS DE SOLUÇÃO DE CONFLITOS; 12. *PRE-ACTION PROTOCOLS*; 13 - CONCLUSÃO

1. INTRODUÇÃO

O acesso à Justiça é um primado constitucional elevado à condição de garantia fundamental e que permite a qualquer pessoa física ou jurídica reclamar a atuação estatal por meio de um processo justo.

No entanto, a sociedade moderna e a evolução tecnológica apresentam novos anseios que não podem ou não são adequadamente tratados pelo modelo convencional do processo judicial, o que tem resultado no uso crescente e repetitivo do sistema de Justiça sem que o judiciário consiga atender ao volume e diversidade de demandas.

Nesse cenário, composto ainda pela nova ordem constitucional, é que se permite realizar uma releitura contextualizada de conhecidas categorias do direito e do processo civil, como a das condições da ação, mais especialmente a do interesse de agir pela via a utilidade e adequação, assim como a reintrodução no ambiente jurídico brasileiro dos equivalentes jurisdicionais de que falava Carnelutti há mais de meio século, como forma de tratamento centrado na dignidade humana e direcionado ao atendimento mais artesanal e cuidadoso, buscando a pacificação dos conflitos subjacentes antes que a mera solução do processo.

1. Cesar Felipe Cury é Desembargador do TJRJ, Presidente do Núcleo Permanente de Métodos Consensuais de Solução de Conflitos, vice-presidente do Fórum Nacional de Mediação e Conciliação, professor da pós-graduação da ESAJ e da EMERJ e mestrando em Direito pela UNESA.

2. A CONSTITUIÇÃO FEDERAL, O PÓS-POSITIVISMO E O ACESSO À JUSTIÇA

A Constituição Federal brasileira garante o acesso à Justiça ao estabelecer que **"a lei não excluirá da apreciação do Poder Judiciário lesão ou ameaça a direito"**[2].

Trata-se de garantia de caráter principiológico que fundamenta o próprio sentido do Estado Democrático de Direito ao assegurar a inafastabilidade do Judiciário como Poder de Estado ao qual incumbe o exercício da jurisdição e a indeclinabilidade da decisão judicial[3].

Em outras palavras, a disposição constitucional significa que o acesso ao Poder Judiciário não pode ser negado, ou extraordinariamente condicionado - o que, em última análise, importaria em sua própria negação – e que o juiz não pode pronunciar o *non liquet* e se eximir de decidir.

Embora um pouco mais tardiamente, o Direito Constitucional brasileiro alcançou o status significativo das democracias modernas, e, em passo com o constitucionalismo contemporâneo, ou do direito constitucional do pós-positivismo[4], está centrado na **dignidade humana**, princípio que permeia todo o direito infraconstitucional, atingindo de modo horizontal inclusive as relações privadas[5].

Esse influxo alcança o novo Código de Processo Civil.

Logo em sua primeira parte[6], na Exposição de Motivos, o legislador revela o caráter pragmático do princípio da dignidade humana está comprometido com a **solução de problemas.**

O processo, em si considerado, não é mais o centro da atividade jurisdicional, e passa a ser visto por sua **"natureza fundamental de método de resolução de conflitos, por meio do qual se realização valores constitucionais"**[7].

Nessa direção, o codificador avançou e previu a possibilidade de que solução dos conflitos ocorra através de outros mecanismos de composição, endo ou extraprocessual e preferencialmente consensuais, como a mediação e a conciliação, mas também adversariais, como a arbitragem[8].

Com esse passo, o legislador ordinário absorve e integra ao Direito Processual o **sentido democrático do constitucionalismo moderno**, que influencia e

2. Art. 5º., inciso XXXV,
3. PORTANOVA, Rui. Princípios do Processo Civil. Porto Alegre: Livraria do Advogado, 2005. p. 92.
4. BARROSO, Luis. Curso de Direito Constitucional Contemporâneo. Rio de Janeiro: Saraiva, 2015. p. 281
5. SARMENTO, Daniel. Direitos Fundamentais e Relações Privadas. Rio de Janeiro: Lumen Juris, 2006. 185
6. Livro I, Título Único, Capítulo I – Das Normas Fundamentais do Processo Civil
7. Exposição de Motivos à Lei n. 13105/15 - Código de Processo Civil
8. Art. 3º do CPC/15 reprodução a norma constitucional do art. 5º, inc. XXXV.

permeia não apenas os demais ramos do direito, mas também os Poderes instituídos e o próprio o Judiciário, flexibilizando o sentido da jurisdição e do processo adversarial como modelo único de pacificação de conflitos da sociedade.

3. ACESSO À JUSTIÇA, *MULTI-DOOR COURTHOUSES* E *ALTERNATIVE DISPUTE RESOLUTION*

Em verdade, essa flexibilização vem conquistando espaço ao longo dos anos, em passo com o movimento pela democratização do acesso ao Judiciário.

Pelo menos desde a segunda metade do século passado, quando se começou a discutir sobre os limites do modelo adversarial convencional, se tem considerado cada vez com maior vigor que o processo judicial clássico, como ferramenta para a prestação jurisdicional – compreendidos no trinômio jurisdição, ação e processo – nem sempre representa a melhor e mais adequada forma de solução para todo e qualquer conflito.

Ainda na década de 70, nos EUA, com a ***Pound Conference***[9], se demarca o início do movimento pela democratização do Judiciário e a identificação e desenvolvimento científico de novas formas de solução de conflitos, para além da prestação jurisdicional adversarial.

A partir de então, Frank Sander inicia os estudos acerca da utilização desses métodos para-judiciários de solução de conflitos, com a sua disponibilização à população desde o sistema de justiça, a que denominou de *multi-door Courthouse*, ou Tribunal multiportas.

Em paralelo, ainda na mesma década, tem início o projeto de pesquisa promovido pela Fundação Ford - Projeto Florença, realizado por Mauro Cappelletti e Bryant Garth – o primeiro, professor da Universidade de Florença e à época Diretor do Instituto de Estudos Jurídicos Comparados, e o segundo Diretor da *American Bar Association* e Professor da *Indiana University School of Law*.

Esse teve como principal objeto de pesquisa a identificação dos entraves ao acesso à justiça, sob os enfoques dogmáticos – como os sistemas de normas estatais e o normativismo – e empírico, e que resultou em acentuadas críticas à concepção excessivamente formalista e dogmática do direito e da perspectiva unidimensional da Justiça como aplicadora das disposições legais[10].

9. Conferência realizada em homenagem ao discurso proferido por *Roscoe Pound*, considerado um dos *fouding fathers* do direito norte-americano, na *American Bar Association*, sobre *"The causes of popular dissatisfaction with the administration of Justice"*.
10. CAPPELLETTI, Mauro, *Métodos Alternativos de Solução de Conflitos no quadro do Movimento Universal de Acesso à Justiça*, Rio de Janeiro: Revista de Processo, set.14, v. 74, pp. 281/302.

Com uma concepção tridimensional do direito - que, segundo o doutrinador italiano, "exige, primeiro, que nos tornemos conscientes da necessidades, problemas e expectativas sociais básicas" - o movimento analisou os obstáculos e buscou os caminhos para superar as dificuldades de acesso à solução justa e adequada dos conflitos da sociedade.

O referido professor identificou três principais obstáculos que impedem ou dificultam sobremodo o acesso à Justiça.

O primeiro aspecto, de natureza econômica e que reflete a ausência ou de informação e acesso à representação adequada, por motivo de pobreza, foi tratado com ênfase no apoio à assistência e orientação jurídica ao cidadão.

O segundo obstáculo, de natureza organizacional, correspondia ao fenômeno socioeconômico da coletivização dos direitos, ou aos direitos metaindividuais, de minorias sociais que encontraram na representação dos direitos e interesses difusos ou coletivos uma forma de tratamento mais eficiente[11].

O obstáculo processual, assim denominado pela **inadequação** da solução mais comumente utilizada – o tradicional processo litigioso – ao tratamento de determinadas espécies de conflitos, desafiou "a busca por reais alternativas aos juízos ordinários e aos procedimentos usuais", o que resultou na proposição de oferecimento pelos tribunais de modelos alternativos à via adversarial, preferencialmente por métodos consensuais, como a mediação e a conciliação.

4. MÉTODOS CONSENSUAIS COMO ACESSO DEMOCRÁTICO À SOLUÇÃO JUSTA DOS CONFLITOS

A conciliação, a mediação e a arbitragem em verdade são institutos há tempos conhecidos e utilizados. O redescobrimento desses e de outros métodos tem agora como causa a preocupação com o tratamento adequado a determinados problemas contemporâneos da sociedade, e não a substituição ao processo judicial com fins puramente estatísticos.

Esses métodos estão inseridos no contexto do acesso à Justiça que se deve assegurar a segmentos cada mais extensos da população. Essa é uma das principais e básicas características da democracia a que se deve acrescentar como dimensão social ao Estado de Direito, como proclamam as constituições de países europeus, inclusive a francesa, a alemã e, mais recentemente, a

11. "As reformas inspiradas no enfoque do acesso à Justiça conceberam e experimentaram uma série de expedientes destinados a proporcionar tutela efetiva a esses interesses coletivos e/ou difusos", como o *"Relator Actor, o Ombudsman, e, nos países do Common Law, as class actions. "Nos países da Europa continental, a action collective (na França e na Bélgica), ou Verbandsklage (na Alemanha e na Áustria) ", além da ação popular, no Brasil, são alguns exemplos.* CAPPELLETTI, op. cit.

espanhola, na linha do que estabelece a Convenção Europeia dos Direitos do Homem, interpretada pela Corte Europeia de Estrasburgo[12].

Sob o sentido da **adequação**, os métodos consensuais tendem a uma visão mais consentânea com o direito moderno e mais próxima à complexidade das relações da sociedade atual, distanciada, portanto, da concepção puramente dogmática e abstrata da aplicação da lei.

Trata-se da percepção de que determinados conflitos são melhor conduzidos e tratados através de modelos não adversariais, preferencialmente conduzidos em ambiente extraprocessual.

5. NOVOS DIREITOS E A HIPERJUDICIALIZAÇÃO

A evolução da democracia e consequentemente do direito constitucional, ao lado do desenvolvimento socioeconômico e tecnológico, acompanha o surgimento de uma série de novos direitos, legalmente tutelados pelo acréscimo da dimensão social ao Estado Democrático e do que é exemplo a Constituição Federal de 1988.

Nesse passo, é curial que a esse avanço social e tecnológico surja nova e diversificada soma de conflitos, e, designadamente em relação ao fenômeno de massa, em número proporcional ao das interações nas sociedades modernas.

Esses conflitos encontraram as instituições oficiais, e especialmente o Judiciário, inabilitados para o tratamento adequado e a tempo razoável dessa diversidade de temas e do novo contingente de ações judiciais que aportaram nos tribunais. Esse é a realidade verificada em países tanto da tradição continental, quanto da *common law*.

No Brasil, entretanto, essa é uma situação exponencial. Trata-se de fenômeno inaudito de judicialização, cujas causas apenas recentemente começaram a ser estudadas, mas que já permitem algumas conclusões.

Ao lado do forte aspecto cultural que privilegia a apresentação dos conflitos à solução pelo sistema convencional de justiça, um código processual binário centrado prioritariamente no tratamento adversarial e na solução adjudicada não conseguiu traduzir em solução efetiva as demandas que passaram a aportar de modo incontido nos tribunais a partir da última década no século passado.

---

12. A Convenção Europeia estabeleceu que a assistência judiciária tem que ser prestada em causas criminais, mas a interpretação conferida pela Corte de Estrasburgo estendeu a garantida também aos processos cíveis, conforme a decisão proferida no caso *Airey vs Ireland*, de 3/10/1979. *In Publications of the European Corto f Human Rights*, Série A, vol. XXXII.

O fenômeno da hiperjudicialização se exacerba em especial a partir do agigantamento do mercado interno assentado na produção e consumo em escala em passo com a inapetência dos mecanismos empresarias e regulatórios para a acolhimento e resolução das disputas.

6. HIPERJUDICIALIZAÇÃO, DEMANDAS DE MASSA E ACESSO À JUSTIÇA

Por outro lado, o sistema dos juizados especiais cíveis, concebidos para o tratamento dos conflitos interpessoais de reduzida expressão e limitado desafio jurídico-legal, sofre um rearranjo em suas características para abarcar as demandas de massa seriadas, contribuindo assim para o esgotamento dos recursos materiais e humanos do judiciário, direcionados para o atendimento de parcela da população que à ausência de qualquer outra opção válida acorre ao judiciário para de modo inteiramente gratuito e informal obter a solução de conflito muitas vezes sem prévia iniciativa resolutória.

O resultado é que o sistema de juizados especiais se encontra em estado de pré-colapso, operando em muitos estados no limite de sua capacidade valendo-se principalmente das agendas concentradas de conciliação para atender às demandas em que são envolvidas sobretudo as empresas concessionárias de serviços públicos.

Esse modelo acarreta inúmeras distorções, dentre as quais o gerenciamento das sessões de conciliação e audiências de instrução e julgamento a partir das próprias empresas demandadas, cujo volume de processos é critério definidor da agenda e pauta a rotina dos juizados.

Nessa sequência, os tribunais se esforçam cada vez mais em estabelecer convênios e parceiras, muitas vezes sob determinados incentivos, com empresas formadoras de grandes volumes de demandas, às quais solicita empenho, inclusive de ordem material, e dedicação ao estabelecimento de critérios e rotinas que permitam a viabilização das sessões de conciliação e de acordos.

Tal ordem de fatores, antes de se constituir em um direcionamento que aponta a solução estrutural do fenômeno, acaba por acentuar a desfuncionalidade do sistema, agravando de modo sintomático o quadro já dramático dos grandes tribunais.

Como destaca Rodolfo Mancuso[13], apoiado em pesquisa realizada por Maria Teresa Sadek e Rogério Bastos Arantes, "o *déficit* de qualidade na resolução de conflitos em nosso país deriva de três fatores: (i) política judiciária calcada no incessante aumento da estrutura física; (ii) avaliação de desempenho por

13. MANCUSO, Rodolfo de Camargo. Revista dos Tribunais, out.2009, vol.888 – p. 9/36.

critério quantitativo (*in put out put* de processos); (iii) tendência à judicialização dos conflitos, e o seu corolário: resistência a (ou desconhecimento de) outros modos de resolvê-los".

Com efeito, ao longo dos anos, o Judiciário tem se limitado a responder à crescente demanda com o mero incremento dos recursos materiais, com mais prédios, juízes, servidores e equipamentos, sem atentar que o problema não encontra solução apenas em novas estruturas físicas ou rotinas internas, desafiando antes um novo arranjo institucional.

O modelo judiciário adversarial de solução adjudicada encontra-se em estado de saturação, e não há no cenário sociológico qualquer sinal de que os fatores determinantes irão arrefecer. O desenvolvimento econômico ainda por muito tempo estará baseado na produção de bens e serviços massificados, o que mantém a expectativa de que os conflitos dessa espécie continuem a marcha ascendente que têm mostrado pelo menos nos últimos dez anos.

Nesse ponto, vale a advertência de Morin[14], que ensina que quando o paradigma dominante tem cada vez mais dificuldades em poder prestar contas de fenômenos e das observações, uma revolução instaura um período de ciência extraordinária, quando a ciência é impelida por forças antitéticas que na realidade a vitalizam, permitindo assim uma evolução paradigmática.

A mesma lição pode ser buscada em Thomas Kuhn.[15]

7. CONSTITUIÇÃO, JURISDIÇÃO, PROCESSO E ACESSO À SOLUÇÃO JUSTA – NOVOS PARADIGMAS

A evolução paradigmática passa necessariamente por uma nova concepção do Direito Constitucional e da Constituição e pela releitura do direito fundamental de acesso à Justiça, entronizado no art. 5º, inc. XXXV, da Constituição Federal.

O acesso à Justiça tem sido concebido quase que exclusivamente sob o prisma do exercício da jurisdição. Com efeito, o Judiciário tem como função institucional primordial dizer o direito, em caráter de definitividade, em interpretação às normas jurídicas constitucionais e legais, assentada a jurisdição[16] na Teoria Geral do Processo, ao lado da ação e do processo.

14. MORIN, Edgar, *Ciência com Consciência*, Rio de Janeiro: Bertrand Brasil, 2015, p. 53.
15. KUHN, T. S. The Structure of Scientific Revolutions. 2 ed., enlarged. Chicago and London: University of Chicago Press 1970
16. De acordo com Alexandre Câmara, Jurisdição pode ser definido como *"a função estatal de solucionar os casos concretos (causas) que são submetidos ao Estado, através do processo, aplicando a solução juridicamente correta"*. CÂMARA, Alexandre. *O Novo Processo Civil Brasileiro*. Rio de Janeiro: 2015, Atlas, p. 30.

Como leciona Leonardo Greco[17], desde a antiguidade, ainda no Direito Romano do século III a.C., em período de *cognitio extraordinária*, a jurisdição tem sido basicamente uma função exclusivamente estatal.

Num sentido prevalentemente dogmático, o preceito normativo constitucional de acesso à Justiça tem sido instrumentalmente garantido pelo direito processual ao viabilizar a busca da tutela judicial do direito controvertido.

Essa leitura estrita, contudo, adquire novas possibilidades a partir da consolidação do que em doutrina se convencionou denominar "neoconstitucionalismo", ou "constitucionalismo avançado", ou ainda "constitucionalismo de direitos".

Com efeito, o neoconstitucionalismo representa um novo paradigma jurídico[18], designando um novo modelo jurídico que traduz o Estado Constitucional de Direito que existe em alguns países europeus, como a Itália, Alemanha e Espanha. Sucede, na lição de Luis Roberto Barroso, o constitucionalismo liberal, com sua ênfase nos aspectos de organização do Estado e na proteção de um elenco limitado de direitos de liberdade[19].

Esse novo modelo jurídico apresenta como peculiaridade o caráter normativo das disposições constitucionais e a conquista de sua efetividade, caracterizada pela consolidação da posição da Constituição no centro do sistema jurídico, "onde desfruta não apenas da supremacia formal que sempre teve, mas também de uma supremacia material, axiológica.

Compreendida como uma ordem objetiva de valores e como um sistema aberto de princípios e regras, a Constituição transforma-se no filtro através do qual se deve examinar todo o direito infraconstitucional".[20]

Esse novo paradigma constitucional, mais democrático e voltado ao atendimento efetivo dos anseios sociais, que se irradia[21] e permeia todo sistema jurídico-normativo e sob cujo seu influxo se deve empreender a atividade hermenêutica, é justamente o que confere validade à releitura atualizada dos preceitos jurídico-legais à luz do modelo constitucional.

Pois bem, uma interpretação desavisada e meramente dogmática do art. 5º, inc. XXXV, da CF/88, pode conduzir à conclusão de que todo e qualquer anseio ou desentendimento pode ser apresentado à solução pelo judiciário,

17. GRECO, Leonardo, *Instituições de Processo Civil*. Rio de Janeiro: 2015, Editora Forense, p. 69.
18. ARIZA, Santiago Sastre, *La Ciencia Juridica ante el Neoconstitucionalismo*, *in* Neoconstitucionalismo, Edición de Miguel Carbonell, México, Ed. Trotta, 2009, p. 239.
19. BARROSO, Luis Roberto. *Curso de Direito Constitucional Contemporâneo*. Rio de Janeiro: Saraiva, 2015, p. 109.
20. BARROSO, Luis Roberto. *Op. cit.*, p. 111.
21. ALEXY, Robert. *Teoria dos Direitos Fundamentais*. Rio de Janeiro: Malheiros, 2014, p. 521.

sem qualquer condicionamento prévio ou incidental – à exceção, por óbvio, do atendimento às exigências do processo e da ação.

Essa percepção que predomina nas cortes brasileiras, na advertência de Mancuso "tem contribuído para a asfixiante sobrecarga do serviço judiciário – a chamada judicialização do cotidiano – levando a que conflitos de pequena monta e parca ou nenhuma complexidade venham de pronto judicializados, quando, antes, e superiormente, poderiam e deveriam passar por certos estágios de decantação e maturação, que operam como uma filtragem(...)"[22]

Ainda de acordo com o eminente autor, "o inciso XXXV do art. 5º da vigente CF/1988, dispondo que a lei não pode subtrair à apreciação judicial históricos de lesão sofrida ou temida, tem merecido, ao longo do tempo, uma leitura que a descolou da realidade judiciária contemporânea, tomando ares tão ufanistas como irrealistas. Com isso, daquele singelo enunciado se têm extraído premissas, garantias, deveres, direitos, enfim, proposições diversas contando-se, dentre essas ilações exacerbadas: a garantia de acesso à Justiça, a universalidade da jurisdição, a ubiquidade da justiça, tudo, ao fim e ao cabo, estimulando o demandismo judiciário e por pouco não convertendo o direito de ação em dever de ação".[23]

A esses aspectos ainda se deve acrescentar que a prodigalidade do acesso gratuito ao sistema de justiça – especialmente nos juizados especiais – traduz-se em verdadeiro estímulo à judicialização, não raro de modo inconsequente, como anotam Luciana Gross e Daniela Gabbay[24].

Do que foi dito, uma abordagem ponderada e aderente à realidade judiciária nacional conduz necessariamente à conclusão de que a prescrição negativa constitucional, ao vedar a exclusão da apreciação jurisdicional de lesão ou ameaça a direito, por certo está endereçada ao legislador, ao qual a Constituição emite um comando de abstenção à produção de material legislativo sobre fato ou direito tendente a impedir ou dificultar o acesso à jurisdição.

E não poderia mesmo ser diferente. A literalidade do dispositivo reproduzido pelo codificador contém carga axiológica e uma hierarquia de valores que não podem ser endereçadas ao cidadão comum, que não tem o poder de determinar restrição ou subtração de qualquer tema ao Judiciário.

---

22. *Op. Cit.*, p. 250.
23. *Op. Cit.*, p. 194.
24. GABBAY, Daniela Monteiro e CUNHA, Luciana Gross. *"Litigiosidade, Morosidade e Litigância repetitiva no Judiciário"*. São Paulo: Direito GV e Saraiva, 2012, p. 144. De acordo com as autoras, "ao restringir a concessão da gratuidade processual, estar-se-ia limitando os incentivos para a judicialização de conflitos previdenciários", recorrentes nos Juizados Especiais Federais, lógica inteiramente aplicável aos Juizados Cíveis Estaduais em relação às demandas decorrentes das relações de consumo.

8. PROCESSO JUSTO E ACESSO À SOLUÇÃO JUSTA

Com essa reinterpretação, o conceito de acesso à Justiça ganha outro significado.

De fato, a principiologia constitucional que impregna o CPC/15 confere os contornos ao que Comoglio denominou de *processo giusto*.

Inspirado nos valores éticos constitucionais e centrados os direitos e garantias fundamentais na dignidade[25] humana, o processo justo procura viabilizar o acesso à solução justa, que respeita os direitos fundamentais em busca da verdade real, garantindo-se a atividade estatal para uma prestação jurisdicional efetiva (solução adequada) em prazo razoável.

Para Humberto Theodoro Jr., "por acesso à Justiça hoje se compreende o direito a uma *tutela efetiva* e *justa* para todos os interesses dos particulares agasalhados pelo ordenamento jurídico"[26]. Leonardo Greco, por sua vez, "explica que o conteúdo de tal acesso é implementado através das chamadas *garantias fundamentais do processo* ou do que vem sendo denominado de *processo justo*.[27] "

Para se alcançar uma solução justa, através de um processo justo, Comoglio estabelece como parâmetros "garantias de natureza *individual*, como as *estruturais*, ou seja, o acesso à justiça se dá, individualmente, por meio do direito conferido a todas as pessoas naturais ou jurídicas de dirigir-se ao Poder Judiciário e dele obter resposta acerca de qualquer pretensão, contando com a figura do juiz natural e com sua imparcialidade; com a garantia do contraditório e da ampla defesa, com ampla possibilidade de influir eficazmente na formação das decisões que irão atingir os interesses individuais em jogo; com o respeito à esfera dos direitos e interesses disponíveis do litigante; com presta~~ao da assistência jurídica aos carentes, bem como com a preocupação de assegurar a paridade de armas entre os litigantes na disputa judicial; e com a coisa julgada, como garantia da segurança jurídica e da tutela jurisdicional efetiva".[28]

"Do ponto de vista estrutural, o acesso à Justiça exige que concorra, por parte dos órgãos e sistemas de atuação do Judiciário, a observância de

---

25. Segundo Alexy, "El Estado constitucional democrático se caracteriza por seus princípios fundamentales que han halado em la Ley Fundamental uma clara expresión. Se trata de los princípios fundamentales de la dignidad humana, de la libertad y de la igualdad, así como los principios relativos a la estructura y los fines del Estado de Derecho, democrático y social". ALEXY, Robert, *Los Derechos Fundamentales en el Estado Constitucional Democrático in* Neoconstitucionalismo, edição de Miguel Carbonell. México: Editora Trotta, 2009. p. 31.
26. *Op. Cit.*, p. 74
27. *Op. Cit.*, p. 831.
28. COMOGLIO, Luigi Paolo; FERRI, Corrado; TARUFFO, Michele. *Lezioni sul processo civile. I – Il processo ordinário di cognizione*. 4. Ed. Bolonha: Il Mulino, 2006, p. 61-62.

garantias como a da impessoalidade e permanência da jurisdição; a da independência dos juízes; a da motivação das decisões; a do respeito ao contraditório participativo; a da inexistência de obstáculos ilegítimos; a da efetividade qualitativa, capaz de dar a quem tem direito tudo aquilo a que faz jus de acordo com o ordenamento jurídico; a do respeito ao procedimento legal, que, entretanto, há de ser flexível e previsível; a da publicidade e da duração razoável do processo; a do duplo grau de jurisdição; e, enfim, a do respeito à dignidade humana, como o direito de exigir do Estado o respeito aos seus direitos fundamentais".[29]

Esse conjunto de predicados, de natureza constitucional, confere os contornos que caracterizam o **processo justo**, entendido como meio mais eficiente de acesso à solução justa dos conflitos pelo Judiciário.

9. SOLUÇÃO JUSTA E MÉTODOS CONSENSUAIS

Todavia, esse mesmo conjunto de princípios e garantias constitucionais pode ser validamente identificado em outros modelos de solução de conflitos, mesmo adversarial e extrajudiciários.

Com efeito, o moderno sentido de acesso à solução justa compreende algo mais do que o acesso ao sistema de Justiça convencional e à sentença como forma exclusiva de resolução.

Tanto isso é verdade que o legislador do código, ao preconizar as virtudes da solução consensual de conflitos por meios alternativos como a conciliação e a mediação, endereçou ao Estado a obrigação de promover, sempre que possível, a solução consensual dos conflitos[30], sem embargo da previsão da solução por arbitramento.

No art. 3º, §3º, do CPC/15, o legislador obriga ainda os profissionais do direito a estimular a conciliação, a mediação e outros métodos de solução consensual de conflitos, *inclusive no curso do processo judicial*, sinalizando que essa deve ser uma atividade preferencialmente extraprocessual e extrajudiciária, privada, portanto.

9.1. Equivalentes Processuais

Carnelutti, o mestre italiano da primeira metade do século passado, já antecipava que "a composição da lide também se pode obter por meios diferentes

29. GRECO, Leonardo. *Op. cit.*, p. 832.
30. Art. 3º, §2º, do CPC/15

do processo civil; colocada como função dele tal composição, entende-se que, para denotar tais meios, pode servir o conceito de ***equivalente***".

Ainda de acordo com o ilustre processualista, "a noção de **equivalente processual** resolve-se em duas hipóteses: ou a lide compõe-se por obra das próprias partes, ou compõe-se por obra de um **terceiro diferente do ofício judicial**. No primeiro caso pode-se falar de *autocomposição* da lide; já que não intervém o emprego daquele método que recebe o nome de processo, a autocomposição e também a composição *extraprocessual* da lide".[31]

10. O PROCESSO COMO *ULTIMA RATIO* – OS LIMITES DA JURISDIÇÃO

O princípio constitucional do art. 5º, inc. XXXV, reproduzido no art. 3º do CPC/15, consagra a inafastabilidade da apreciação pelo Judiciário de lesão ou ameaça a direito. E o faz, como não poderia deixar de ser, através da garantia de um processo justo, que observe os paradigmas elencados entre os arts. 1º a 12 do CPC/15.

O processo, não é demais relembrar, é o instrumento que permite o exercício da jurisdição, institutos que, ao lado da ação, compõem a tríade de sustentação da Teoria Geral do Processo.[32]

O processo justo, na apropriada expressão de Comoglio, citada por Greco[33], é aquele que se desenvolve centrado na dignidade humana e instrumentaliza os valores constitucionais, "impregnado de todas as suas garantias fundamentais".

Como instrumento, o processo – e a jurisdição – não se constitui em mecanismo exclusivo ou indispensável à composição dos conflitos.

Ao contrário.

O eminente Min. Luiz Fux preleciona que "o aceso à jurisdição deve ser excepcional, haja vista que, numa sociedade harmônica, o ideal, mercê do cumprimento espontâneo do direito, é a própria autocomposição, que otimiza sobremodo o relacionamento social".[34]

Por outro turno, Carnelutti preconizava limites objetivos para a função processual e o exercício da jurisdição. Para ele, a jurisdição tem como finalidade a composição ou a prevenção da lide, mas tem também os seus limites, seja em razão do custo superior ao benefício que se busca através do processo, ou

31. CARNELUTTI, Francesco. *Instituições do Processo Civil. V. I.* Classic Book, 2000, p. 156
32. GRECO, Leonardo. *Op. Cit.*, p. 228
33. *Op. Cit.*, p. 228
34. FUX, Luiz. *Teoria Geral do Processo Civil.* Forense:2014, p. 48.

quando "*reconhecida a coexistência com o próprio ordenamento de outros ordenamentos jurídicos, considere que através de um deles possa conseguir-se a tal prestação com menor custo ou maior utilidade*".[35]

Esse é o viés pelo qual se introduz no debate moderno o conceito de que o acesso à Justiça por um processo justo é antes a busca por uma **solução justa**.

10.1. Processo Justo, Métodos Consensuais e Identidade de Princípios

Conforme lição de Greco[36], o conceito de jurisdição é um conceito em evolução, como a história evidencia, mais aberto e menos ortodoxo, consentâneo com o sentido de modernidade que privilegia mais o atendimento às necessidades fundamentais e interesses das partes do que o cumprimento preciso e rígido dos comandos legais.

Por isso, e pela progressiva inaptidão do processo, a sociedade contemporânea, espontaneamente ou por indução de políticas públicas promovidas pelo Estado, tem procurado instituir os seus próprios mecanismos de solução de conflitos paraestatais, diante da expansão das aspirações de justiça que o judiciário estatal não tem sido capaz de responder de modo inteiramente satisfatório.

A se observar com isenção, ver-se-á que todos aqueles predicados que perfazem o conceito de **processo justo** estão presentes nos meios consensuais de solução de conflitos, o que legitima os institutos dispostos à sociedade para a pacificação de suas disputas.

10.2. O Resgate da Solução Consensual

O assoberbamento do Judiciário talvez tenha despertado no legislador a ênfase na busca por outros mecanismos de solução de conflitos, como a mediação e a conciliação. Esses institutos, além da arbitragem, no entanto, são antigos conhecidos dos brasileiros, e, ainda que utilizados de maneira assistemática, pela previsão espasmódica na legislação pátria, já eram contemplados na Constituição Imperial de 1824[37].

Desde então, ainda que carente de uma estruturação normativa e de uma política pública que privilegiasse o uso da mediação e da conciliação, os

35. Op. Cit., p. 144
36. Op. Cit., p. 70
37. "Art. 160. Nas causas cíveis, e nas penaes civilmente intentadas, poderão as partes nomear Juízes árbitros. Suas sentenças serão executadas sem recurso, se assim o convencionarem as mesmas partes". "Art. 161. Sem se fazer constar que se tem intentado o meio da reconciliação, não se começará processo algum".

mecanismos consensuais de solução de conflitos foram previstos em inúmeros textos legislativos, sinalizando a timidez com que o país enveredou por esse caminho.

A Constituição de 1946 criou na Justiça do Trabalho uma cultura da consensualidade formal que persiste até os dias atuais, tendo sido seguida pelo Código de Processo Civil de 1973 que previa nos artigos 447 a 449 uma fase de conciliação nas audiências do procedimento ordinário, sem embargo da posterior introdução do inc. IV ao art. 125 pela Lei 8.952/94, que determinava que o juiz buscasse, a qualquer tempo, conciliar as partes.

Instâncias judiciais e para-judiciárias foram desde então acrescentadas ao ordenamento jurídico, como a lei que criou os juizados de pequenas causas[38], as comissões coletivas de consumo[39], os juizados especiais cíveis e criminais[40], a arbitragem[41], os órgãos de solução de disputas desportivas[42] e os juízes de paz[43], além do movimento pela desjudicialização dos procedimentos especiais de jurisdição voluntária[44], incentivado pela Emenda Constitucional 45/2004, que criou o CNJ e a partir da qual se passou a desenvolver uma estratégia de estímulo à solução consensual de conflitos sob a égide da Res. 125/2010 e recepcionado e ampliado pelo legislador de 2015.

10.3. Solução Consensual e o Novo Código de Processo Civil

O novo Código de Processo Civil prevê a mediação e a conciliação (além da arbitragem) em inúmeros dispositivos, percebendo-se pela redação do art. 3º a clara opção, pelo legislador, pelo modelo multiportas, que flexibiliza o exercício da jurisdição para contemplar no âmbito judicial mecanismos de solução alternativos à adjudicação estatal.

Como antes referidos, os princípios constitucionais, absorvidos pelo legislador do Código e que conformam os pressupostos do **processo justo**, encontram-se também no art. 166, que trata da conciliação e da mediação.

Esses métodos autocompositivos são operados sob o primado da independência, da imparcialidade do facilitador e da livre autonomia da vontade dos interessados, em procedimento flexível, cujas regras podem ser definidas pelos próprios participantes, confidencial e informal. A oralidade e a decisão informada

38. Lei n. 7244/84.
39. Lei n. 8078/90
40. Lei n. 9099/95
41. Lei n. 9307/96
42. Lei n. 9958/00 e CF/88 art. 217, §1º.
43. Art. 98, II, CF/88
44. Como, por exemplo, a Lei 11441/2007, a Resolução 35/2007 CNJ e EC 66/2010

são outros dois parâmetros para a mediação e a conciliação. A busca do consenso admite a utilização de técnicas negociais, mas a isonomia entre as partes deve ser absolutamente preservada. O princípio da boa-fé está garantido pela adesão voluntária e pelo interesse na resolução da controvérsia pela via consensual[45].

Os métodos autocompositivos, como a Mediação e a Conciliação, institucionalizados e sistematizados pela Lei da Mediação e pelo CPC/15, com os princípios que os informam e pelas regras com que devem ser manejados, proporcionam à sociedade uma opção verdadeiramente válida e eficaz para tratamento e solução de seus conflitos, fazendo todo sentido que neste primeiro momento se empegue com ênfase o estímulo a que alude o art. 3º, §§ 2º e 3º, do CPC/15, em razão da "atávica característica do cidadão brasileiro de promover uma delegação da resolução dos conflitos ao judiciário, fato facilmente demonstrável pela hiperjudicialização de conflitos, mesmo daqueles que ordinariamente em outros sistemas são resolvidos pela ingerência das próprias partes mediante autocomposição".[46]

E essa parece ser mesmo a preocupação do legislador, diante do claro propósito de se investir na solução autocompositiva extrajudicial, permitindo inclusive a utilização de outros métodos além da conciliação e da mediação.

Logo no art. 3º, § 3º, do CPC/15, se pontua que o consenso deve ser buscado prioritariamente em ambiente extrajudiciário, como uma espécie de filtro, como antes ressaltado.

No art. 334, para os processos em geral, há um segundo filtro, judicial, prevista a realização de sessão de conciliação e mediação após a admissão da inicial, haja ou não pedido de provimento provisório[47].

Relevadas algumas inconveniências e imprecisões terminológicas, o referido dispositivo prevê a necessidade de realização da sessão de mediação ou de conciliação em casos que admitam a autocomposição e que não poderá ser obstada por vontade unilateral, senão pelo consenso entre os litigantes (art. 334, §§ 4º e 5º, CPC/15).

A confiança na pela solução consensual é de tal ordem que o legislador procura preservar os institutos ao estabelecer que as sessões sejam realizadas por mediadores e conciliadores judiciais (art. 334, § 1º) devidamente capacitados e em locais próprios, distintos das salas de audiências, tendo sido prevista

45. Art. 166 do COC/15; Res. 125/2010 CNJ e Anexo III (Emenda Constitucional 01/2013 - Código de Ética); Lei n. 13140/15, art. 2º.
46. THODORO JR, Humberto; NUNES, Dierle; BAHIA, Alexandre Melo Franco; PEDRON, Flavio Quinaud. *Novo CPC – Fundamentos e Sistematização*. Rio de Janeiro: Forense, 2015, p. 241.
47. Art. 334. Se a petição inicial preencher os requisitos essenciais e não for o caso de improcedência liminar do pedido, o juiz designará audiência de conciliação ou de mediação com antecedência mínima de 30 (trinta) dias, devendo ser citado o réu com pelo menos 20 (vinte) dias de antecedência.

para tanto a criação e instalação de Centros Judiciários para Solução Consensual de Conflitos (art. 165).

11. LEI N. 13140/15 E MEDIAÇÃO OBRIGATÓRIA

Poder-se-ia concluir que a realização de mediação ou a conciliação é facultativa desde que ambas as partes, ao tempo apropriado, manifestem seu desinteresse pela busca da solução consensual.

No entanto, com a edição da Lei de Mediação, em cujo art. 27 está disciplinado que "se a petição inicial preencher os requisitos essenciais e não for o caso de improcedência liminar do pedido, o juiz designará a audiência de mediação", algumas questões têm sido suscitadas em relação à predominância do texto legislativo ante o aparente conflito de normas.

O Código de Processo Civil, editado em 16 de março de 2015, encontra-se em período de *vacatio legis* até o dia 18 de março de 2016.

A Lei n. 13140, de 26 de junho de 2015, por outro turno, também em *vacatio*, tem vigência a partir de 28 de dezembro de 2015.

Como se trata de lei especial (*lex specialis derogat generali*) e posterior (*lex posterior derogat legi priori*), não há dúvida de que a Lei de Mediação deve prevalecer sobre a lei geral do CPC/15.

Nesse sentido, a previsão do art. 27 da Lei de Mediação revoga o art. 334, §§4º e 5º do CPC/15, ante sua total incompatibilidade, pela ausência de previsão de possibilidade de recusa à sessão de composição.

Trata-se, como se deflui do texto, da instituição da mediação obrigatória no ordenamento jurídico, o que, por sua vez, suscita o debate em torno de sua constitucionalidade.

11.1. A Constitucionalidade da Mediação Obrigatória

A intepretação sobre a constitucionalidade deve começar pela própria Constituição.

A Constituição Federal, logo em seu preâmbulo, estabelece como valores fundamentais a harmonia social e da ordem interna através da solução pacífica das controvérsias:

> *"Nós, os representantes do povo brasileiro, reunidos em Assembleia Nacional Constituinte para instituir um Estado Democrático, destinado a assegurar o exercício dos direitos sociais e individuais, a liberdade, a segurança, o bem-estar, o desenvolvimento, a igualdade e*

> *ajustiça como valores supremos de uma sociedade fraterna, pluralista e sem preconceitos, fundada na harmonia social e comprometida, na ordem interna e internacional com a **solução pacífica das controvérsias**, promulgamos sob a proteção de Deus, a seguinte Constituição da República Federativa do Brasil".*

É constitucional toda e qualquer norma inscrita em uma Constituição rígida. O preâmbulo de uma Constituição não é diferente. Situado no vértice do ordenamento jurídico, dotado de supremacia, serve como fundamento de validade de todas as demais normas[48], traduzido como princípios.

A discussão parece ademais desnecessária. A obrigatoriedade da conciliação integra o ordenamento jurídico e faz parte do cotidiano judiciário há décadas, sem que nenhum questionamento sério tenha jamais obstado essa rotina. O exemplo mais visível são os juizados especiais cíveis, pelos quais a tramitação das ações passa necessariamente pela sessão prévia de autocomposição. Demais disso, há recomendação expressa no CPC vigente para a tentativa de consenso, de uso quase sempre discricionário por parte do juiz, sem que se tenha apontado sinal de inconstitucionalidade.

O art. 27 da Lei de Mediação sem dúvida emite um comando ao julgador, o qual, verificando tratar-se de hipótese em que é permitia a solução pelo consenso (art. 3º. §2º), deverá providenciar a realização da sessão de mediação ou conciliação.

A redação do dispositivo não permite qualquer discricionariedade por parte do juiz. Trata-se de norma cogente, com carga de obrigatoriedade e que não pode ser refutada.

Do exposto se conclui que a partir de dezembro de 2015 a mediação judicial será obrigatória, devendo juízes e tribunais se prepararem adequadamente para contemplarem em suas rotinas a etapa prévia de busca da solução pelo consenso.[49]

11.2. Mediação Obrigatória e Autonomia da Vontade

O caráter voluntário da mediação e da conciliação (art. 2º, V, da Lei de Mediação e art. 166 do COPC/15) não elide a obrigatoriedade de realização da primeira reunião.

---

48. BARROSO, Luis Roberto. *O Direito Constitucional e a Efetividade de suas Normas*. Ed. Renovar: Rio de Janeiro, 2ª edição, 1993, p. 73.
49. Os tribunais deverão se preparar adequadamente para a realização da etapa de conciliação e mediação, cujas sessões serão realizadas nos Centros Judiciários de Solução de Conflitos (art. 24 da Lei de Mediação; art. 165 do CPC/15) por mediadores e conciliadores devidamente capacitados (arts. 11 e 12 da Lei de Mediação; art. 334, §1º, do CPC/15)

A sessão de conciliação e de mediação deve ser instalada, independentemente da perspectiva de continuação ou resultado.

Trata-se de política pública, fundada em princípio constitucional, acolhida pelo legislador ordinário.

Sabe-se, ao demais, que previamente ao início da mediação ocorre a etapa que se denomina de pré-mediação, de natureza meramente informativa, permitindo que as pessoas envolvidas conheçam os princípios e os procedimento e avaliem se se trata do método de eleição para a solução de seus conflitos.

Na lição de Tânia Almeida, "na pré-mediação, mediadores oferecem dados sobre o instituto da mediação que serão transformados, ou não, em informação e em conhecimento pelos mediandos"[50].

Com isso, ainda que não haja adesão ao procedimento, ou não se consiga o dimensionamento material do conflito ou o alcance do acordo, as partes sem dúvida estarão melhor informadas, e poderão se preparar para o eventual prosseguimento da disputa judicial, inclusive com o gerenciamento mediante a negociação processual (art. 190 do CPC/15). Por isso devem as partes estar adequadamente assistidas por advogado.

A obrigatoriedade da mediação, nesse sentido, ganha o reforço sociológico da indução da consensualidade como política pública, permitindo que pelo acesso ao novo mecanismo seja o instituto conhecido e mais rapidamente absorvido e incorporado pela sociedade, o que contribui para o processo de pacificação social.

A autonomia da vontade e a voluntariedade estão preservadas na mediação judicial, podendo uma ou ambas as partes recusar aderir ao procedimento. No entanto, essa faculdade deverá ser exercida em tempo certo e em local e de modo apropriado, cumprindo assim a exigência legal[51] do art. 27 da Lei de Mediação.

Com isso, entende-se que a manifestação antes prevista para o momento da apresentação da inicial e da contestação, no prazo a que alude o art. 334, §5º, do CPC/15, poderá ser feita após a sessão de apresentação da Mediação.

---

50. ALMEIDA, Tânia. *Caixa de Ferramentas em Mediação*. Dash Editora, 2014, p. 158.
51. Convém anotar que a ausência injustificada à sessão de mediação ou conciliação é considerado ato atentatório à dignidade da Justiça (art. 334, §8º, CPC/15) e poderá importa, na mediação extrajudicial (art. 22, §2º, IV, da Lei de Mediação), na assunção de 50% de custas e honorários caso venha a ser vencedora em procedimento judicial posterior que envolva o escopo da mediação.

11.3. Mediação Pré-Processual Privada – Centros Judiciários de Solução de Conflitos

Os interessados na solução do conflito em que estejam envolvidos não precisam buscar a mediação incidental ao processo. Podem fazê-lo antes e independentemente de ação judicial por meio de pessoa de sua confiança que auxilie ou facilite o restabelecimento do diálogo e a solução do desacordo, nos exatos termos do art. 9º da Lei de Mediação.

Podem ainda os interessados se valer dos Centros Judiciários de Solução de Conflitos para busca da composição em momento anterior e independentemente do ajuizamento da ação (art. 24 da Lei de Mediação), o que concretiza que o acesso à Justiça, entendido como acesso à solução por meio do processo judicial, torna-se de fato uma opção, e não mais um ônus ou uma obrigação.

Mancuso adverte que "uma leitura superficial ou menos avisada do que se contém na chamada garantia de acesso à Justiça (ou universalidade/ubiquidade da Jurisdição), extraída – um tanto *à outrance* – do art. 5º, XXXV, da CF/1988, pode levar à percepção de que todo e qualquer conflito pode e deve ser desde logo submetido a um órgão judicial, sem nenhuma condição ou exigência prévias, como fora o Judiciário um 'guichê geral de reclamações', receptivo a todo universo de interesses contrariados ou insatisfeitos que grassam ao interno da coletividade. Por essa concepção aberta e, até, banalizada, a resposta judiciária aparece franqueada, sem qualquer filtro ou qualquer outro cuidado, a toda pessoa física ou jurídica de direito privado ou público, que agite um histórico de dano sofrido ou temido"[52].

Cândido Dinamarco aponta que o direito à tutela jurisdicional, geralmente associado ao princípio inscrito no art. 5º XXXV da CF/88, é o estágio mais elevado da escalada que se inicia com a mera faculdade de ingresso em juízo, e que deve passar ainda pela ação e pelo efetivo direito ao provimento de mérito, para somente então se chegar à tutela.

Ainda de acordo com o emérito processualista, não há que se confundir o singelo direito de acessar um órgão judicial (direito de demandar) com o verdadeiro exercício do direito de ação, o qual, uma vez cumpridamente exercido, assegura o pronunciamento judicial sobre o fulcro da controvérsia, seja ou não fundada a pretensão material.

Desde que o direito processual moderno conquistou sua autonomia científica e que Büllow, em sua obra *Teoria das exceções dilatórias e dos pressupostos*

52. MANSUCO, Rodolfo, *op. Cit.*, p. 247

processuais, de 1868, apresentou a teoria da relação jurídica processual, o processo e o direito material estão desvinculados, rompidos os alicerces daquela concepção imanentista ou civilística, de assento romanístico.

Por isso, não decorre que do direito material em disputa se deva manejar necessariamente o processo – como se este fora um mero desdobramento em exercício do direito material –, nem se deva buscar imediatamente no Judiciário a resposta à controvérsia.

O conceito distorcido do direito fundamental de acesso à Justiça para solução da crise de direito material, pela via da ação e do processo, acabou por ser apropriado como um dado cultural e aspecto do exercício da cidadania, como se todo e qualquer problema, por mais trivial, somente pudesse ser tratado de modo adversarial.

A decorrência desse modelo cultural resultou no fenômeno do demandismo, ou do excesso de judicialização por determinados segmentos sociais, cada vez mais amplos, e, consequentemente, na crise numérica de processos que colapsa o Judiciário.

Toda crise traz em si a virtude da revisão de valores à procura de solução. Com a crise do Judiciário não é diferente. Por isso, novos conceitos sobre determinadas categorias, sobretudo da Teoria Geral do Processo, acabam por ser revisitadas e merecer uma releitura mais consentânea com o momento contemporâneo.

O direito de ação, a par de sua autonomia e abstração, não é incondicionado. Ao contrário, para o exercício do direito de ação é preciso que se tenham presentes determinadas condições.

Nesse sentido, Liebman[53] leciona que a ação não pode ser entendida no sentido comum, não cabe a qualquer um e não tem sentido genérico. Ao contrário, a ação se refere a uma *fatispécie* determinada, exatamente individualizada e condicionada a alguns requisitos que devem verificar-se caso a caso em via preliminar, comumente de modo implícito. Um desses requisitos, ou condição, é o interesse de agir[54], previsto no art. 17 do CPC/15.

Sob esse prisma, o interesse de agir, na dimensão da necessidade e utilidade do acesso à Justiça, passa por uma releitura atualizada e contextualizada

53. LIEBMAN, Enrico Tullio. *L'azione nella teoria del processo civile*. In: **Problemi del processo civile.** Napoli: Morano Editore, 1962, p. 46

54. Há quem sustente que as condições da ação devem ser analisadas juntamente com o mérito da causa, *v.g.*, Eduardo de Avelar Lamy (*Condições da ação na perspectiva dos direito s fundamentais*. Revista de Processo, n. 173, p. 110) e Luiz Guilherme Marinoni e Sérgio Cruz Arenhart (*Curso de Processo Civil*, v. 2, 6ª ed. São Paulo: Saraiva, 2006)

diante da existência e disponibilidade de inúmeras opções e instâncias para solução de conflitos.

Ao contrário de que se pode imaginar, não se trata de falta de legitimidade do Judiciário, fruto da insatisfação da sociedade, ou da tentativa de substituí-lo por mecanismos não adversariais, como se esses fossem a solução do problema da sobrecarga de trabalho no sistema de justiça convencional.

Antes, a releitura do interesse de agir passa pela perspectiva e pelo sentido de adequação. Vale lembrar que a "finalidade do processo contencioso é tipicamente repressiva: fazer cessar a contenda, o que não quer dizer fazer que cesse o conflito, que é imanente, e sim o compor mediante o direito".[55]

O Judiciário apresenta-se com uma estrutura robusta e burocratiza, como de resto praticamente todo aparato estatal, e o seu instrumento de manejo - o processo -, por mais versátil que se mostre, não alcança com satisfação todo o largo espectro de demandas e interesses que possam ser submetidos à Jurisdição.

Nesse passo, compromissos institucionais como o da economicidade e eficiência quase sempre restam comprometidos, enquanto que as garantias preconizadas o artigo 4º do CPC/15 raramente são concretizadas.

Do que foi dito, conclui-se que o Judiciário deve permanecer como uma cláusula de reserva, como uma última instância à auto ou heterocomposição do conflito de interesses. Essa vertente reducionista de que fala Mancuso (*op. cit.*, p. 252) remete às lições de Carnelutti ainda na primeira metade do século passado, quando o processualista italiano preconizava que o Judiciário deveria encontrar limites à função processual, designadamente em relação às "lides ou negócios absolutamente irrelevantes para o Estado", o qual pode ainda **"recusar a prestação processual para a composição de uma lide ou para o desenvolvimento de um negócio quando, reconhecida a coexistência cm o próprio ordenamento de outros ordenamentos jurídicos, considere que através de um deles possa conseguir-se a tal prestação com menor custo ou maior utilidade"**.[56]

Para tanto, o referido processualista insistia na institucionalização dos denominados **"equivalentes do processo civil"**, aos quais atribuía as vantagens da composição com o mesmo resultado do processo judicial, mas com o **mínimo de esforço.**

Daniel Roberto Fink, citado por Mancuso, refere ser "oportuno lembrar que a solução judicial por via da sentença condenatória deve ser o último

55. CARNELUTTI, Francesco. *Op. Cit.*, p. 76.
56. *Op. Cit.*, p. 68.

recurso (o *last resort* a que alude a doutrina jurídica norte-americana). A busca da prestação jurisdicional só pode ser resultado inequívoco da impossibilidade de solução extrajudicial. Há várias razões para que assim o seja, inclusive de natureza processual – interesse de agir".[57]

O ordenamento jurídico brasileiro, com a edição da Lei de Mediação e do CPC/15, passa a contar com a institucionalização da mediação e da conciliação pré-processual e incidental[58], privada[59] e em ambiente judiciário[60].

A existência legal de mecanismos desses mecanismos preordenados ao tratamento adequado do direito controvertido – de modo justo, tempestivo e a custo razoável - contextualiza a releitura da utilidade, da necessidade e da adequação da busca do judiciário para se reconhecer ausente o interesse de agir.

A análise do conjunto normativo que compõe atualmente o sistema de solução de conflitos indica a preferência do legislador pelo modelo integrado de composição para incluir a conciliação, a mediação e outros métodos adversariais e consensuais no repertório de possibilidades disponíveis à sociedade dentro e fora do sistema de Justiça.

Isso porque mediadores e conciliadores autônomos ou reunidos em Câmaras Privadas poderão exercer a atividade compositiva sobre diretos transigíveis.

A sociedade terá então de fato à sua disposição o aparato judicial e extrajudicial para a apresentação de suas controvérsias.

A previsão de mediação obrigatória trará ainda o benefício de introduzir na cultura social a paulatina preferência pelo tratamento prévio e não adversarial dos conflitos. Esse entendimento é ainda mais reforçado se se considerar que a única hipótese de se evitar a mediação judicial obrigatória é a demonstração de se já haver tentado previamente a composição pelo consenso, para o que contribuirá se os juízes e tribunais acolherem o entendimento de que o interesse acionário está condicionado à submissão da controvérsia à autocomposição.

12. *PRE-ACTION PROTOCOLS*

Diogo Rezende[61] adverte, contudo, que "as experiências estrangeiras demonstram que a simples instituição legal da obrigatoriedade, sem o

57. *Op. Cit.*, p. 253.
58. Art. 168 CPC/15
59. Art. 21 e seguintes da Lei n. 13140/15
60. Art. 24 da Lei n. 13140/15
61. ALMEIDA, Diogo de Assumpção Rezende e outros. 'Possíveis diretrizes para a regulamentação legal da mediação', in Arbitragem e Mediação. Rio de Janeiro: Forense, p. 325.

desenvolvimento de um programa mais amplo para a difusão e implementação do novo método, não se revela suficiente para o fim de permitir a assimilação do novo paradigma".

Essa advertência sugere que se avance ainda mais em direção a uma cultura de pacificação através do tratamento consensual e extrajudicial dos conflitos.

A experiência inglesa dos *pre-action protocols*, neste momento de sincretismo metodológico, pode ser validamente empregada para o gerenciamento prévio de eventuais situações de conflitos, numa espécie de pacto prévio que potencializa a solução consensual ou delimita o âmbito da discussão judicial.

A observação é de *Lord* Woolf:

> "A minha visão da justiça civil é a de que as disputas devem ser, sempre que possível, resolvidas sem o processo".[62] A afirmação do jurista inglês consta justamente da parte de seu Relatório dedicada aos protocolos pré-processuais, levando a crer que, mais do que qualquer outro mecanismo, são eles os responsáveis por assegurar a implementação da "cultura do acordo" perfilhada pelo Código.[63]

A avaliação de Luigi Paolo Comoglio[64] acerca da experiência inglesa dos *pre-actions protocols* é de que *"cui scopo precípio è quello di evitare o, comunque, di prevenire l'instaurazione di determinate categorie e di liti giudizale, si da favorite ls stipulatizione do accprdi transattivi amte causam o eventualmen l'esperimento del tutto volontario, di procesudure Alternative di risoluzione extra judicium dele controversie, ove disponibilize. Posto che, nell'ottica e nello spirito de questi protocols, l'esercizio dell'azione giurisdizionale dovrebbe essere considerato quale uma extrema ratio* (...)"

A ideia não é nova, e a ela Carnelutti já se referia em seu *Sistema*[65], assim aos protocolos como às convenções e cláusulas compromissórias, conforme se tratasse de uma lide *iam nata* ou *nondum nata*.

De acordo com Mancuso, na doutrina italiana atual, Nicolò Trocker fala de uma "*giurisdizione condizionata*, que "*non si riduce ovviamente alle sole ipotesi fin qui prese inconserazione e in cui è lo Stato stesso che limita, temporaneamente, l'intervento de propri organi giurisdizionali. La realtà giuridica moderna di presenta*

62. *Lord* Woolf, *Access to Justice Final Report*, fonte cit., Seção III, Capítulo 10, § 2.
63. LOUGHLIN, Paula and GERLIS, Stephen. *Civil Procedure*, 2nd ed. London: Cavendish Publishing, 2004, p. 77.
64. La durata ragionevole del processo e le forme Alternative di tutela. *Rivista di Diritto Processuale*, n. 3, 2ª série, mai-jun.2007, p. 601-602
65. Sistema, I, p. 527, e II, p. 116

moltiplici forme di codizionamento o addiritura do esclusione dela giurisdizione (statale) basatesu accordi contratturali, unilateral o clausole statutarie. Na sequência, colacionando Eduardo Fazzalari (Diffusione del processo e compiti dela dotrina. *Studo on onore di Achille Donato Giannini.* Milão: Giuffrè, 1961. P. 525 e 531), Trocker prossegue: *"Basta volgere lo sguardo 'ai molteplici ordinamenti che ruotano nell'orbita di quello statuale' e si 'cogliera súbito la loro tendenza ad organizzare, nelproprio seno e per i propri membri,uma sai pur rudimentale forma de giustizia'. 'Gli schemi del processo sono presenti nei partiti, nei sindacati, nelle associazioni sportive, negli ordini professionali e fianco nei microcosmi privati'\.E questa giustizia 'interna' talvota sostituisce, talvota precede (in ordine cronológico) quella amministrata dallo Stato".*

Os *pre-action protocols* podem se tornar realidade no Brasil como mais uma opção de tratamento artesanal e preventivo dos conflitos em potencial, contribuindo assim para uma cultura de solução consensual e de pacificação social.

Em larga medida, pode ser utilizada inclusive para pactuação da adoção obrigatória da mediação como preliminar à judicialização da disputa.

Para além da previsão do art. 22 da Lei de Mediação – que estabelece os parâmetros para a mediação formalmente pactuada –, o art. 166 do CPC/15 submete o procedimento à vontade das partes, assim como o art. 190 do CPC/15 permite a celebração de convenção mesmo antes do início do processo, o que se traduz em incentivo à adaptação ou adequação do processo à conveniência dos interessados e ao melhor atendimento à demanda.

13. CONCLUSÃO

O legislador brasileiro, consentâneo com os movimentos de acesso qualificado à Justiça e à solução justa atualizou o sistema processual para nele integrar mecanismos não adversariais e extrajudiciais de solução de conflitos, permitindo ainda o manejo da disputa e do processo através do dimensionamento negociado e calendarizado entre as próprias partes e o juiz.

Essa flexibilização conforma melhor o sentido de justiça contemporâneo, e contempla de modo mais amplo a possibilidade de atendimento às demandas atuais da sociedade.

A mudança do paradigma da mera adequação dos fatos à lei para o novo paradigma da busca pela solução efetiva e a tempo razoável exigirá o comprometimento principalmente dos profissionais do direito e uma persistente disposição da sociedade em alcançar um modo mais adequado de tratamento e solução de seus conflitos, seguro de que o Judiciário, como uma cláusula de reserva, permanecerá disponível para a última palavra sobre o direito.

BIBLIOGRAFIA

WOOLF, Lord. Access to Justice Final Report, Seção III, Capítulo 10, § 2.

LOUGHLIN, Paula and GERLIS, Stephen. Civil Procedure, 2nd ed. London: Cavendish Publishing, 2004, p. 77.

ALMEIDA, Diogo de Assumpção Rezende e outros. 'Possíveis diretrizes para a regulamentação legal da mediação', in Arbitragem e Mediação. Rio de Janeiro: Forense, p. 325.

LIEBMAN, Enrico Tullio. *L'azione nella teoria del processo civile*. In: **Problemi del processo civile.** Napoli: Morano Editore, 1962, p. 46

MARINONI, Luiz Guilherme e ARENHART, Sérgio Cruz. *Curso de Processo Civil*, v. 2, 6ª ed. São Paulo: Saraiva, 2006.

ALMEIDA, Tânia. *Caixa de Ferramentas em Mediação*. Dash Editora, 2014.

BARROSO, Luis Roberto. *O Direito Constitucional e a Efetividade de suas Normas*. Ed. Renovar: Rio de Janeiro, 2ª edição, 1993

COMOGLIO, Luigi Paolo; FERRI, Corrado; TARUFFO, Michele. *Lezioni sul processo civile. I – Il processo ordinário di cognizione*. 4. Ed. Bolonha: Il Mulino, 2006

THODORO JR, Humberto; NUNES, Dierle; BAHIA, Alexandre Melo Franco; PEDRON, Flavio Quinaud. *Novo CPC – Fundamentos e Sistematização*. Rio de Janeiro: Forense, 2015

PORTANOVA, Rui. Princípios do Processo Civil. Porto Alegre: Livraria do Advogado, 2005

CÂMARA, Alexandre Freitas. *O Novo Processo Civil Brasileiro*. Atlas: 2015

BARROSO, Luis. Curso de Direito Constitucional Contemporâneo. Rio de Janeiro: Saraiva, 2015. p. 281

SARMENTO, Daniel. Direitos Fundamentais e Relações Privadas. Rio de Janeiro: Lumen Juris, 2006.

CAPPELLETTI, Mauro, *Métodos Alternativos de Solução de Conflitos no quadro do Movimento Universal de Acesso à Justiça*, Rio de Janeiro: Revista de Processo, set.14, v. 74

MANCUSO, Rodolfo de Camargo. Revista dos Tribunais, out.2009, vol.888 – p. 9/36.

_ Acesso à Justiça. RT: 2011

MORIN, Edgar, *Ciência com Consciência*, Rio de Janeiro: Bertrand Brasil, 2015.

KUHN, T. S. The Structure of Scientific Revolutions. 2 ed., enlarged. Chicago and London: University of Chicago Press 1970

GRECO, Leonardo, *Instituições de Processo Civil*. Rio de Janeiro: 2015, Editora Forense, p. 69.

ARIZA, Santiago Sastre, *La Ciencia Juridica ante el Neoconstitucionalismo, in* Neoconstitucionalismo, Edición de Miguel Carbonell, México, Ed. Trotta, 2009, p. 239.

BARROSO, Luis Roberto. *Curso de Direito Constitucional Contemporâneo*. Rio de Janeiro: Saraiva, 2015, p. 109.

ALEXY, Robert. *Teoria dos Direitos Fundamentais*. Rio de Janeiro: Malheiros, 2014

GABBAY, Daniela Monteiro e CUNHA, Luciana Gross. *"Litigiosidade, Morosidade e Litigância repetitiva no Judiciário"*. São Paulo: Direito GV e Saraiva, 2012,

CARNELUTTI, Francesco. *Instituições do Processo Civil. V. I*. Classic Book, 2000.

FUX, Luiz. *Teoria Geral do Processo Civil*. Forense: 2014.

PINHO, Humberto Dalla Bernardino; *Código de Processo Civil Anotado e Comparado*. Forense: 2015.

CAPÍTULO 20

Audiência(s) e Sessão(ões) de Mediação na Lei de Mediação (Lei nº 13.140/2015) e no novo Código de Processo Civil Brasileiro (Lei nº 13.105/2015)

Mauricio Vasconcelos Galvão Filho[1]

SUMÁRIO: 1. INTRODUÇÃO; 2. DA AUDIÊNCIA DE MEDIAÇÃO; 3. DA SESSÃO DE MEDIAÇÃO; 4. DA AUSÊNCIA DE MELHOR MÉTODO E DA EXISTÊNCIA DO MEIO MAIS ADEQUADO; 5. DA PRIMEIRA AUDIÊNCIA JUDICIAL DE MEDIAÇÃO COMO AUDIÊNCIA FACULTATIVA DE PRÉ-MEDIAÇÃO: DA ADEQUADA INTERPRETAÇÃO DO ARTIGO 334 DO CÓDIGO DE PROCESSO CIVIL DE 2015; 6. DA AUDIÊNCIA OU SESSÃO DE PRÉ-MEDIAÇÃO OU INICIAL; 7. UMA ANÁLISE MAIS DETALHADA DAS AUDIÊNCIAS OU SESSÕES DE MEDIAÇÃO; 8. DO TERMO DE ADESÃO A MEDIAÇÃO: SUA IMPORTÂNCIA, A QUESTÃO DO SIGILO E OS SEUS REQUISITOS MÍNIMOS; 9. DO TÉRMINO DA MEDIAÇÃO E DA LAVRATURA DO TERMO DE CONCLUSÃO DA MEDIAÇÃO (COM ACORDO OU SEM ACORDO); 10. CONSIDERAÇÕES FINAIS.

1. INTRODUÇÃO

O presente estudo se alinha com a temática da obra ("Lei de Mediação: um novo modelo de resolução de conflitos") e neste aspecto, busca realizar uma análise sobre os **institutos técnicos da audiência e sessão no âmbito da Mediação no Direito brasileiro**, especialmente com a entrada em vigor da Lei de Mediação brasileira (Lei nº 13.140, de 26 de junho de 2015) e do novo Código de Processo Civil brasileiro (Lei nº 13.105, de 16 de março de 2015), o qual enfaticamente prevê que a "conciliação, a mediação e outros métodos de solução

1. Bacharel em Ciências Jurídicas e Sociais pela Faculdade de Direito da UFRJ (2001). Especialista em Direito Público e Privado pela UNESA/EMERJ (2005). Mestre em Direito (Linha: Processual) pela Faculdade de Direito da UERJ (2009). Advogado de KOELER & GALVÃO SOCIEDADE DE ADVOGADOS. Membro da Comissão de Mediação de Conflitos da OAB/RJ, desde 2010. Membro do Comitê Brasileiro de Arbitragem (CBAr), do Instituto Brasileiro de Ciências Criminais - IBCCRIM, do Instituto Brasileiro de Direito Processual Constitucional - IDBPC e do Instituto MEDIARE. Fundador da Revista Eletrônica de Direito Processual da UERJ (REDP). Autor de artigos e coautor de livros jurídicos.

consensual de conflitos deverão ser estimulados por juízes, advogados, defensores públicos e membros do Ministério Público, inclusive no curso do processo judicial."[2]

É um momento de revolução na prática de prevenção e solução de controvérsias e conflitos no Direito brasileiro, com estas duas legislações destinadas a regulamentar o instituto da Mediação que ao longo das últimas décadas vem sendo utilizado e aplicado no Brasil com base em práticas consuetudinárias, alguns modelos contratualizados ou convencionais (p. ex.: códigos e normas originárias de Câmaras ou Centros de Mediação existentes no nosso País) e no Direito Comparado.

Todo um modelo de solução de conflitos baseado na prevalência da solução adjudicada jurisdicional será colocado em questionamento, diante de novas possibilidades[3] de lidar com as questões que ocorrem no cotidiano social.

Arriscaríamos dizer que estamos às vésperas de um ponto de transição, de mutação ou de ruptura, pois o que até então realizamos e acreditamos, ou simplesmente fomos por vezes de forma inconsciente conduzidos a utilizar poderá passar a ser um "lampejo" ou "sombras presentes" de um passado não transposto.

É comum nos nossos dias a expressão "crise da Justiça", existindo diversas obras que se dispuseram a investigar as prováveis causas, os motivos, os fundamentos, bem como procurar meios de ultrapassar a situação da anunciada e propalada crise.

Mas, um ponto que parece passar muitas vezes negligenciado, é que a crise da Justiça pode decorrer da inadequação do modelo adjudicado para a solução da massa de conflitos que até então vinha sendo tratada de modo uniforme, como se só existisse esta forma, este caminho, esta possibilidade para lidar com a complexidade das relações humanas, sociais, nacionais e internacionais[4].

---

2. CPC/2015, art. º, §3º.
3. "Os métodos consensuais, de que são exemplos a conciliação e a mediação, deverão ser estimulados por todos os profissionais do Direito que atuam no processo, inclusive durante seu curso (art. 3º, § 3º). E que as soluções consensuais são, muitas vezes, mais adequadas do que a imposição jurisdicional de uma decisão, ainda que esta seja construída democraticamente através de um procedimento em contraditório, com efetiva participação dos interessados. E é fundamental que se busquem soluções adequadas, constitucionalmente legítimas, para os conflitos, soluções estas que muitas vezes deverão ser consensuais." – CÂMARA, Alexandre Freitas. *O novo processo civil brasileiro*. São Paulo: Atlas, 2015. P. 5
4. "Tal como foi enfatizado pelos modernos sociólogos, as partes que tendem a se envolver em determinado tipo de litígio também devem ser levadas em consideração (146). Elas podem ter um relacionamento prolongado e complexo, ou apenas contatos eventuais. Já foi sugerido que a mediação ou outros mecanismos de interferência apaziguadora são os métodos mais apropriados para preservar os relacionamentos (147). As partes, ademais, podem diferir grandemente em poder de barganha, experiência

Bom, quanto as questões internacionais, é evidente a impossibilidade, em regra, de Cortes nacionais darem solução impositiva e adjudicada às questões "transfronteiriças" que são postas. Questões envolvendo países ou organismos internacionais em verdadeiros conflitos ou litígios internacionais não se adequam ao modelo nacional de jurisdição, de soluções decorrentes do exercício da jurisdição estatal de um determinado Estado.

As questões internacionais são um campo amplo de aplicação de outros métodos de prevenção ou solução de diferenças, controvérsias ou conflitos, como a Mediação.

Mas no cenário interno, ao contrário de se distanciar deste quadro, cada vez mais parece que as "tintas que irão colorir a paisagem diária" são bem próximas das que "colorem" os casos internacionais.

A **metodologia de tratamento estático e hermético dos conflitos de interesses**, através de **análise de "fotografias" ou "recortes fáticos e jurídicos de determinado momento histórico"**, parece cada vez mais não se adequar num contexto humano e social em constante movimento e mudança, e aquela **"técnica fotográfica de descrição de realidades fáticas"** não consegue lidar com **"situações que se traduzem em filmes que abordam, muitas vezes, o passado, o presente e o futuro"**, ou seja, aos **"vídeos da vida real"**.

Na cultura da sentença pautada na crença (por vezes injustificada) do poder da adjudicação, as partes de um processo judicial podem buscar solução para as questões deduzidas à luz das experiências passadas, ou seja, uma constante tentativa de reconstruir algo que não mais existe, de reparar algo que foi algum dia danificado e, mesmo no caso das tutelas específicas destinadas a produzir efeitos no futuro, de prevenir determinado ato ou fato de acordo com um modelo instituído de acordo com o que ocorreu no passado. Mas e o presente? E o futuro?

A modelagem fechada, hermética e estática do processo judicial muitas vezes enclausura aqueles que são partes numa demanda judicial num "universo paralelo", enquanto a realidade continua a transcorrer e o tempo escorre entre os dedos. E, para muitos, este modelo não pode se manter como o único caminho para a prevenção ou solução de disputas, controvérsias e conflitos, especialmente aqueles que se demonstram complexos pelos fatos ou características que lhes permeiam.

Imaginemos relações humanas e comerciais que terão que se desenvolver no presente e para o futuro independente de determinada ocorrência no passado.

---

ou outros fatores já comentados anteriormente no presente estudo sob o título "Possibilidades das Partes"." – CAPPELLETTI, Mauro et GARTH, Bryant. *Acesso à Justiça – tradução de Ellen Gracie Northfleet*. Porto Alegre: Sergio Antonio Fabris Editor, 2002. P. 72.

Por exemplo, vamos imaginar que um fornecedor de veículos (um lojista) ficou em determinado mês inadimplente com o pagamento da participação da indústria que produzia os bens que ele vendia. As partes não chegam a um ponto de consenso e a indústria resolve propor uma ação judicial visando a cobrança dos valores devidos contra aquele fornecedor que era na época seu fornecedor, que continua sendo e que provavelmente assim continuará por longa data. Pois bem, será a solução adjudicada a mais adequada para resolver um pontual problema de débito e crédito existente entre dois parceiros comerciais referente a uma simples parcela de um contrato de trato sucessivo e que se mantem vigente? Será que não existe um outro meio mais adequado para a obtenção do pagamento dos valores devidos? Será que a relação destas duas partes, por si só, não seria mais importante tanto para a indústria, como para o fornecedor, do que conseguir obter uma sentença judicial favorável por um fato do passado devidamente delimitado?

Nas relações abrangidas pelo Direito de Família, muitos são os exemplos de situações que não se resumem aquela **"fotografia antiga que as partes guardam nas suas memórias"**.

Será que o casal que está se divorciando não poderia ter um ambiente mais adequado para buscar uma adequada composição para as questões decorrentes do término do seu relacionamento que não seja perante um magistrado de carreira que prolataria uma sentença visando a solução daquela situação do passado, renascida no presente?

O desenvolvimento de relações entre pais e filhos não seriam melhor construídas em situações de crise mediante processos de diálogo do que perante processos judiciais impositivos da vontade de um terceiro que por uma abstração jurídica substitui com poderes concretos a vontade daqueles pais que possuem uma relação em crise?

Na seara contratual, tantos seriam os exemplos, de tantos campos distintos, que basta imaginar a complexidade de contratos societários, de participações societárias, de contratos empresariais, de contratos financeiros de longo prazo, de questões de propriedade intelectual, de controvérsias sobre políticas de administração de empresas ou de grupo econômicos, de fatos que envolvam sigilo empresarial, sigilo bancário etc.

Uma pequena e restrita lista de alguns possíveis casos, que já evidencia a inadequação de um modelo unitariamente adjudicativo destinado a resolver tudo e para todos.

É chegada a hora da mudança de paradigma, não apenas por mudar, mas para efetivamente se **buscar novos caminhos para os déficits de serviços de**

Justiça evidenciados em nosso cotidiano e que fazem parte das críticas sociais, científicas e acadêmicas.

E a Mediação se apresenta, junto com outros métodos, como um dos instrumentos técnico-científicos destinados a contribuir com o desenvolvimento de um novo modelo de Justiça e de solução de problemas que não seja pautado exclusivamente na figura da solução imposta por uma sentença proferida por um magistrado, em decorrência da análise de uma fotografia do mundo insculpida por longo tempo, através de grandes dispêndios de recursos, em páginas físicas ou virtuais de processos judicias.

Mas, destaque-se, não se propõe nada mágico, também não se propõe milagres e soluções definitivas.

A mudança de paradigma precisa, como qualquer evento da natureza ou humano, de análise empírica e dentro do seu campo de atuação, para que os observadores possam compreender as virtudes e os prejuízos decorrentes de cada opção que se realiza, de modo que apenas com a prática da Mediação é que poderemos ter a identificação dos êxitos e dos problemas vinculados a este instrumento.

E dentro deste contexto, é oportuno analisar dois instrumentos que também são inerentes a mediação que são a audiência e a sessão, sendo o primeiro também comum no modelo de resolução judicial de resolução de conflitos.

Não se pretende inovar, mas apresentar estes dois instrumentos por uma perspectiva que possa lhes permitir, segundo as crenças aqui depositadas, a máxima produção de efeitos no processo de mediação, seja na esfera judicial (mediação judicial), seja na esfera extrajudicial (mediação extrajudicial).

A **audiência** para os fins deste trabalho é conceituada como **um ato do procedimento de mediação, em que os Mediandos (ou seja, as partes da mediação) se reúnem na presença de um ou mais terceiros (Mediadores ou Comediadores) para deliberar de forma pública sobre questões inerentes a mediação, seja para a definição dos requisitos para a passagem para as sessões, seja na própria prática da mediação em situações em que se demanda a publicidade ampla do procedimento**, como se pode imaginar em questões de meio ambiente, questões relacionadas ao orçamento público e outros temas que pela sua natureza demandam o espaço público para o desenvolvimento de qualquer tipo de diálogo.

Por sua vez, a **sessão** (também para os fins do estudo proposto) é conceituada como **um ato do procedimento de mediação, em que os Mediandos se reúnem na presença de um ou mais terceiros (Mediadores ou Comediadores) para deliberar de forma reservada ou privada sobre questões relacionadas**

a mediação, que devem ser tratadas em sigilo (total ou parcial), seja pela natureza da matéria ou pela escolha das partes (desde que não exista nenhuma obrigação constitucional – p. ex.: a incidência do artigo 37, *caput*, da CRFB/1988 – ou legal, que impeça este sigilo ou reserva de acesso a dados por terceiros não participantes ou intervenientes no processo de mediação).

Portanto, **a diferença ora proposta se refere ao grau de publicidade e ao grau de sigilo de cada ato do processo de mediação**, de modo que assim identificamos e separamos cada um dos instrumentos, o que acreditamos que será útil quando cada um deles começar a ser analisado em separado nas próximas linhas.

2. DA AUDIÊNCIA DE MEDIAÇÃO

Não se pode afirmar, pelo que parece, que a publicidade ou o sigilo sejam qualidades inerentes ao processo de mediação.

O tratamento dos dados e informações como públicos (de amplo e livre acesso) ou sigilosos (de acesso restrito e limitado), decorre das matérias e questões abrangidas, da vontade das partes e das opções normativas impostas pela sociedade (através do Poder Legislativo), e não da própria mediação. A mediação *per si* não dita o que seja público ou sigiloso, sendo tal qualificação proveniente daqueles fatores externos.

Todavia, não se estranhe ao ler em muitas obras que o sigilo seria uma qualidade inata a mediação. Ousamos discordar, e acreditamos que no final da exposição das ideias, talvez o nosso ponto de vista possa contar com a sua adesão.

Pois bem, diante desta situação em que o ato do procedimento de mediação poderá ser público ou sigiloso, torna-se importante analisarmos os **dois centros de gravidade ao redor dos quais se desenvolverá o processo de mediação**[5], quais sejam **a audiência e a sessão**.

---

5. Quanto a participação do Advogado no processo de mediação, destaca-se:
"A advocacia eficaz na mediação tem quatro aspectos distintos: (1) a preparação do caso para a mediação; (2) a preparação do cliente para a mediação; (3) a advocacia durante a sessão de mediação; e (4) a advocacia ligada à mediação após a sessão de mediação. Do ponto de vista prático, o primeiro e o segundo aspectos consistem de muitos dos mesmos passos que você dá ao planejar sistematicamente uma negociação: a coleta e a organização das informações; a análise das questões relativas à administração do tempo; a identificação de questões, os objetivos e os interesses básicos das partes; a avaliação dos pontos fortes e dos pontos fracos; o estabelecimento da posição de abertura e das condições mínimas; a estimativa das condições mínimas da outra parte e de sua posição de abertura; a consideração de resultados empatados e possíveis concessões e trocas; o planejamento das estratégias e das táticas apropriadas; e a determinação do formato da apresentação, da agenda e de questões ligadas a comunicações.' Na preparação para a mediação, todavia, você precisará tomar algumas providências

Já conceituada nas linhas acima, **a audiência se adequa a ideia de publicidade e de amplo acesso de terceiros não interessados ou intervenientes ao conteúdo[6] do que está sendo objeto de diálogo no processo de mediação.**

E nos casos submetidos a audiência, a lógica parece nos conduzir a acreditar, que esta publicidade é algo inerente e necessário, quase essencial a legitimidade daquela mediação.

A **audiência de mediação** se desenvolverá, então, com as seguintes **características**:

a) **os Mediandos deverão ser alertados pelo mediador (mediadores ou comediadores) de que aquele procedimento de mediação será conduzido e pautado pela publicidade**, de modo que tudo o que for apresentado naquele procedimento poderá sofrer escrutínio público;

b) **o Mediador (ou Comediadores) deve compreender que a sua atuação não se volta apenas a possibilitar e facilitar o diálogo entre os Mediandos, mas também tem a obrigação de garantir a publicidade da mediação (através da utilização de recursos de exposição apropriados), bem como a utilização de linguagem que seja apropriada ao procedimento de mediação, mas também seja suficiente para ser compreendida por aquela coletividade ou sociedade que poderá acompanhar a mediação;**

c) a **publicidade poderá contribuir para o aumento dos participantes na mediação**, em decorrência da identificação de outras pessoas que tenham interesses conjuntos com qualquer dos mediandos, em relação a questão ou questões deduzidas no âmbito da mediação;

d) a **publicidade é elemento de legitimidade e de controle da mediação**, pelos participantes e pela sociedade, especialmente nos casos em que

---

adicionais, até mesmo informar o cliente sobre a natureza do processo de mediação, sobre o papel do mediador e sobre o papel do cliente na conferência de mediação." – COOLEY, John W. *A advocacia na mediação – tradução René Loncan*. Brasília: Editora Universidade de Brasília, 2001. P. 74

6. "É bastante comum, em conflitos envolvendo políticas públicas, seja na área de saúde ou de meio ambiente, para ficar apenas em dois exemplos mais comuns, que não seja possível aguardar o deslinde de um processo de mediação –ainda que este seja muitíssimo mais rápido que um processo judicial –para se adotarem medidas requeridas de imediato em razão da urgência do problema.
Ainda que não seja possível aguardar a conclusão de um processo de mediação, todavia, isso não implica dizer que não seja possível designar uma única sessão de mediação, no prazo de 72 horas após eventual decisão liminar, para que as partes em conflito (e isso deve incluir titulares individuais do direito reivindicado), em diálogo intermediado pelo mediador nomeado pelo juízo, possam trazer elementos aptos a construir uma solução provisória para o conflito. Como já escrevi em outra ocasião (2007, p. 159), o artigo 2° da Lei n° 8.437/92 deixa claro o cabimento de concessão de liminares em mandados de segurança coletivos e nas medidas cautelares que antecedam o ajuizamento de ações civis públicas:" – SOUZA, Luciane Moessa de. *Mediação de conflitos coletivos: a aplicação dos meios consensuais à solução de controvérsias que envolvem políticas públicas de concretização de direitos fundamentais*. Belo Horizonte: Fórum, 2012. P. 136

envolvem temas que possam transpor meros direitos individuais dos que se encontram nas posições de mediandos;

e) a **audiência deverá ser documentada (por escrita, áudio ou vídeo), para fins de registro e controle tanto da condução da mediação, quanto das escolhas e decisões dos mediandos em relação ao objeto da mediação.** Este ponto merece destaque, por se opor ao sigilo, inclusive de registros, que se desenvolve ordinariamente na seara das sessões de mediação.

3. DA SESSÃO DE MEDIAÇÃO

A **sessão de mediação**, de regra pautada pela questão do sigilo (parcial ou total), desenvolver-se-á, então, com as seguintes **características**:

a) **os Mediandos deverão ser alertados pelo Mediador (ou Comediadores) de que aquele procedimento de mediação será conduzido e pautado pelo sigilo[7], o qual será definido voluntariamente ou por previsão legal prévia;**

b) **o Mediador (ou Comediadores) devem compreender que a sua atuação não se volta apenas a possibilitar e facilitar o diálogo entre os Mediandos, mas também tem a obrigação de garantir o sigilo do que for exposto na sessão de mediação**, de modo que o que cada mediando expuser seja preservado;

c) **o sigilo se destina a garantir a segurança e a confiança dos participantes daquela mediação**, marcado pela restrição de acesso externo aos dados e informações que são apresentados pelos Mediandos;

d) **o sigilo é elemento de confiança, estabilidade e segurança para a participação dos Mediandos na Mediação;**

e) a **sessão deve ser documentada de forma resumida ou sintética (ou caso decidam assim os Mediandos, nem ser documentada)**, só constando do termo de sessão o essencial para a identificação da data da sessão, do local em que foi realizada, bem como os dados essenciais dos Mediandos e Mediador (ou Comediadores), como por exemplo, o nome completo dos Mediandos, e sua identificação civil (carteira de identidade, carteira de classe e CPF ou CNPJ), devendo ser preservado o sigilo do que for apresentado em cada sessão e ao longo do procedimento.

7. "Para tanto, exige-se que os participantes sejam plenamente capazes de decidir, pautando-se o processo na livre manifestação da vontade dos participantes, na boa-fé, na livre escolha do mediador, no respeito e na cooperação no tratamento do problema e na confidencialidade. Esta última pressupõe que as questões discutidas numa sessão de mediação sejam cobertas pelo sigilo, que compreende o mediador e as partes." – LUCHIARI, Valeria Ferioli Lagrasta. *Mediação judicial: análise da realidade brasileira: origem e evolução até a Reolução n. 125, do Conselho Nacional de Justiça.* Rio de Janeiro: Forense, 2012. P. 14.

4. DA AUSÊNCIA DE MELHOR MÉTODO E DA EXISTÊNCIA DO MEIO MAIS ADEQUADO

Realizadas pequenas considerações quanto as possíveis diferenças entre a audiência e a sessão no âmbito do processo de mediação, cumpre-nos refletir que não estamos diante de uma disputa de certo ou errado, de pior e melhor, de único caminho, mas do meio mais adequado para servir a condução do processo de mediação de acordo com as determinações constitucionais e legais e a vontade das partes (que são denominadas, como já visto, de Mediandos).

Esta é **mais uma mudança do paradigma tradicional dos sistemas de resolução de conflitos que a Mediação traz ao nosso cotidiano, qual seja a inexistência de melhor meio, mas a possibilidade de escolha do método mais adequado, com primazia para o que se poderia denominar de princípio da adequação dos meios na mediação**.

Pelo **princípio da adequação dos meios**, que pode retirar suas matizes ideológicas dos princípios constitucionais implícitos da proporcionalidade e de razoabilidade, pode-se **compreender que todos os envolvidos na mediação devem buscar os meios, métodos e caminhos mais adequados a prevenção ou solução da disputa, da controvérsia ou do conflito existente entre os Mediandos, de acordo com o princípio da flexibilidade[8] do procedimento da mediação.**

Com isto, modificam-se até os parâmetros quanto a alegação de nulidade e anulabilidade dos atos do procedimento de mediação, pois a verificação do defeito deverá observar a adequação dos meios e métodos, e consequentemente, dos atos do procedimento de mediação, devendo-se preservar tudo aquilo que se demonstre adequado àquele processo e que não implique em violação a nenhuma norma constitucional ou legal de natureza imperativa.

Por outro lado, com a modificação do paradigma de um modelo SIM x NÃO para um modelo de ADEQUAÇÃO, dá-se ênfase a autonomia da vontade das partes e as finalidades da Mediação.

A Mediação não se destina necessariamente a conduzir as partes a obtenção de um acordo, mas a outros propósitos mais sensíveis e profundos como

8. "O plano da apresentação na mediação deve ser flexível. Uma sessão de mediação não é tão estruturada quanto o processo de julgamento, em que os advogados normalmente sabem, em todas as fases, quem tem o direito de fazer perguntas ou de falar. Ao contrário, o ambiente na mediação normalmente é bastante informal, porque o fluxo e o refluxo da discussão são influenciados por uma variedade de fatores, incluindo-se as personalidades das partes e de seus advogados e o estilo do mediador. Leve este fato em consideração ao conceber seu plano para a mediação. Conhecer as características da sessão de mediação típica e ter um plano de ação sólido para conduzir o andamento pela espontaneidade natural da mediação pode auxiliá-lo em muito no controle do nervosismo e da apreensão que precedem a mediação." - COOLEY, John W. *A advocacia na mediação – tradução René Loncan*. Brasília: Editora Universidade de Brasília, 2001. P. 92.

o estabelecimento ou restabelecimento do diálogo entre os Mediandos, o que poderá resultar numa reflexão sobre o motivo da divergência ou do conflito e que, por vezes; independente do que resultar daquele processo de mediação; poderá conduzir as partes da disputa a uma nova compreensão da disputa ou conflito, e até a sua solução em decorrência daquele diálogo retomado.

5. DA PRIMEIRA AUDIÊNCIA JUDICIAL DE MEDIAÇÃO COMO AUDIÊNCIA FACULTATIVA DE PRÉ-MEDIAÇÃO: DA ADEQUADA INTERPRETAÇÃO DO ARTIGO 334[9] DO CÓDIGO DE PROCESSO CIVIL DE 2015.

Destinando-se este breve estudo tratar dos instrumentos da audiência e sessão de mediação, temos que um tema apresentado no novo Código de Processo Civil (Lei nº 13.105/2015) merece uma cuidadosa abordagem.

Não obstante o novo CPC (Lei nº 13.105/2015) utilize a expressão audiência de mediação no seu artigo 334, parece importante esclarecer que a luz da técnica da mediação entendemos que não se deve falar, realmente, que a primeira audiência que venha a ser realizada seria uma audiência de mediação em sentido estrito, pois, por dever de cautela e por rigor científico, deve-se compreender que nesta primeira audiência judicial, na verdade, as partes serão apresentadas ao que seria a Mediação, ou seja, uma verdadeira audiência

---

9. "Art. 334. Se a petição inicial preencher os requisitos essenciais e não for o caso de improcedência liminar do pedido, o juiz designará audiência de conciliação ou de mediação com antecedência mínima de 30 (trinta) dias, devendo ser citado o réu com pelo menos 20 (vinte) dias de antecedência.
§ 1º O conciliador ou mediador, onde houver, atuará necessariamente na audiência de conciliação ou de mediação, observando o disposto neste Código, bem como as disposições da lei de organização judiciária.
§ 2º Poderá haver mais de uma sessão destinada à conciliação e à mediação, não podendo exceder a 2 (dois) meses da data de realização da primeira sessão, desde que necessárias à composição das partes.
§ 3º A intimação do autor para a audiência será feita na pessoa de seu advogado.
§ 4º A audiência não será realizada:
I - se ambas as partes manifestarem, expressamente, desinteresse na composição consensual;
II - quando não se admitir a autocomposição.
§ 5º O autor deverá indicar, na petição inicial, seu desinteresse na autocomposição, e o réu deverá fazê-lo, por petição, apresentada com 10 (dez) dias de antecedência, contados da data da audiência.
§ 6º Havendo litisconsórcio, o desinteresse na realização da audiência deve ser manifestado por todos os litisconsortes.
§ 7º A audiência de conciliação ou de mediação pode realizar-se por meio eletrônico, nos termos da lei.
§ 8º O não comparecimento injustificado do autor ou do réu à audiência de conciliação é considerado ato atentatório à dignidade da justiça e será sancionado com multa de até dois por cento da vantagem econômica pretendida ou do valor da causa, revertida em favor da União ou do Estado.
§ 9º As partes devem estar acompanhadas por seus advogados ou defensores públicos.
§ 10. A parte poderá constituir representante, por meio de procuração específica, com poderes para negociar e transigir.
§ 11. A autocomposição obtida será reduzida a termo e homologada por sentença.
§ 12. A pauta das audiências de conciliação ou de mediação será organizada de modo a respeitar o intervalo mínimo de 20 (vinte) minutos entre o início de uma e o início da seguinte."

de apresentação à mediação, o que na prática da mediação é denominada de **audiência ou sessão de pré-mediação**[10].

Este esclarecimento é muito importante, pois as partes de um processo judicial não serão e não deverão ser lançadas imediatamente dentro de uma Mediação, mas apresentadas ao instituto e, após estarem devidamente esclarecidas, apresentar sua opção livre, espontânea e individual em optar pela adoção ou não por este método de prevenção ou solução de conflitos, na busca de um caminho para o enfrentamento da questão que possuem entre si.

Pode parecer um mero preciosismo teórico, mas este destaque é de grande importância prática, já que no que se denomina no texto do novo CPC como sendo a primeira audiência judicial de mediação, entendemos que não se poderá falar em mediação propriamente dita, mas na preparação para uma eventual mediação, caso as partes posteriormente assim desejem no pleno exercício de sua autonomia da vontade, logo, em audiência de pré-mediação.

Além disto, sendo certo que a primeira audiência se refere a uma reunião de pré-mediação, tem-se mais um motivo para abordar uma **questão que já se demonstra controvertida as vésperas da vigência do novo CPC/2015 em meados de março de 2016, qual seja: é obrigatória a participação das partes do processo judicial na primeira audiência de mediação?**

Muitos sustentam que sim[11], que seria obrigatória a presença das partes na primeira audiência de mediação, caso apenas uma delas tenha se manifestado pela sua realização, ou caso uma das partes tenha se omitido quanto a

10. "No primeiro contato do mediador com os participantes, realizar-se-á a fase de pré-mediação, onde lhes será explicado o método em si, demonstrada a necessidade de cooperação e a opção por uma postura não adversarial e serão fixados os honorários do mediador. Pode ocorrer que algum ou todos os participantes desistam de utilizar a mediação nesse momento, sem que se adentre na primeira etapa efetiva do método. Caso contrário, serão realizadas as demais atividades de descoberta de interesses, facilitação e negociação, com vistas à composição do litígio, o que pode ocorrer em uma ou em inúmeras sessões." – ALMEIDA, Diogo Assumpção Rezende de Almeida. *Da Mediação Prévia* in *Teoria Geral da Mediação -...- coord. Humberto Dalla Bernardina de Pinho*. Rio de Janeiro: Lúmen Juris, 2007. P. 170.

11. Merece destaque, para reflexão, a seguinte lição doutrinária anterior ao novo CPC em sentido contrário ao que defendemos:
"Vimos, para o nosso alento, que há uma mobilização pelo processo colaborativo ou cooperativo, graças aos esforços do Conselho Nacional de Justiça, da OAB, do Ministério da Justiça e de instituições da cidadania, com suas implicações sobre o que se anuncia quanto ao projeto do novo Código de Processo Civil e a legislação sobre mediação entre os particulares e a composição de conflitos no âmbito da administração pública. **Expressamos, no entanto, a nossa apreensão, em face de o legislador ainda não ter compreendido quão fundamental é a obrigatoriedade dos litigantes participarem de pelo menos uma sessão de mediação judicial, antes da citação da parte ré. Além de efetivos e altamente eficazes, consoante a experiência internacional, esses encontros obrigatórios de mediação costumam ensejar surpreendentes diálogos e entendimentos, possibilitando elevados percentuais de soluções consensuadas, com reconhecidos ganhos de tempo, de custos e de satisfação para todos os interessados."** – grifos nossos. VASCONCELOS, Carlos Eduardo de. *Mediação de conflitos e práticas restaurativas*. 3ª ed ver., atual. e ampl. – Rio de Janeiro: Forense; São Paulo: Método, 2014. P. 286.

realização ou não da audiência, já que alguns defendem que **pelo espírito do novo CPC, do momento em que ele privilegia novos caminhos para a solução dos conflitos, tal proposta ideológica deveria ser interpretada em favor da omissão de manifestação formal ser compreendida como uma opção tácita pela mediação, o que, portanto, conduziria a realização da primeira audiência de mediação.**

Outros sustentam que a obrigatoriedade da primeira audiência decorreria da necessidade de impor a sociedade a criação de uma cultura de mediação, de modo que a obrigatoriedade da primeira audiência compeliria as partes a terem um contato mínimo com o instrumento e que, assim, seria maior a probabilidade de sua adoção.

Com todo o respeito as opiniões no sentido contrário, **não nos parece razoável, nem tecnicamente correto afirmar que a primeira audiência de mediação dentro de um processo judicial seja considerada obrigatória sem a prévia, formal e expressa manifestação de vontade neste sentido de ambas as partes envolvidas** e neste sentido nos alinhamos com a doutrina de Alexandre Freitas Câmara[12], apresentando apenas alguns argumentos em acréscimo abaixo.

Em **primeiro** lugar, como posto, **na verdade a primeira audiência não é de mediação, mas de pré-mediação** para apresentar as eventuais interessados o que seria a mediação, suas possibilidade, suas técnicas, seus princípios, os direitos e os deveres dos participantes.

Logo, tratando-se a primeira audiência de uma audiência de pré-mediação, já temos por certo que não se pode compelir ninguém a participar de uma audiência de mediação por força de lei ou de forma cogente ou coagida, quando sequer esta audiência existe.

12. "Aqui é preciso fazer uma observação: o inciso I do § 4º do art. 334 estabelece que a audiência não será realizada se ambas as partes manifestarem, expressamente, desinteresse na composição consensual. Uma interpretação literal do texto normativo poderia, então, levar a se considerar que só não se realizaria a sessão de mediação ou conciliação se nem o demandante, nem o demandado, quisessem participar desse procedimento de busca de solução consensual, não sendo suficiente a manifestação de vontade de uma das partes apenas para evitar a realização daquela reunião. Assim não é, porém. Apesar do emprego, no texto legal, do vocábulo "ambas", deve-se interpretar a lei no sentido de que a sessão de mediação ou conciliação não se realizará se qualquer das partes manifestar, expressamente, desinteresse na composição consensual. Basta que uma das partes manifeste sua intenção de não participar da audiência de conciliação ou de mediação para que esta não possa ser realizada. E que um dos princípios reitores da mediação (e da conciliação) é o da voluntariedade, razão pela qual não se pode obrigar qualquer das partes a participar, contra sua vontade, do procedimento de mediação ou conciliação (art. 2^, § 2^, da Lei nº 13.140/2015). A audiência, portanto, só acontecerá se nem o autor nem o réu afirmarem expressamente que dela não que rem participar (e o silêncio da parte deve ser interpretado no sentido de que pretende ela participar da tentativa de solução consensual do conflito)." - CÂMARA, Alexandre Freitas. *O novo processo civil brasileiro*. São Paulo: Atlas, 2015. P. 199.

Além disto, em **segundo** lugar, **é forçoso (para não dizer bastante equivocado) reconhecer que o ser humano ou que sociedades empresárias ou comerciais optem por algum tipo de procedimento por serem obrigadas a tanto.** Na contemporaneidade, tal visão beira um retorno a modelos antigos de intervencionismo estatal desenfreado, ou de imposição de modelos pré-concebidos de solução de problemas como ocorria na submissão de causas a decisão do Rei, numa época mais antiga da história humana.

Pelo contrário, **pautando-se a mediação pelo princípio da autonomia da vontade, deve-se partir de uma premissa fundamental de que as partes só estão e se manterão em mediação por sua livre, espontânea e dirigida vontade de estar em Mediação.** Qualquer imposição de Mediação, viola este princípio estrutural da mediação. Além de violar o **princípio da autonomia da vontade que possui suas matizes constitucionais tanto no âmbito das garantias individuais** (art. 5º, inciso II, CRFB/1988[13]) **como na seara dos princípios gerais da atividade econômica** (decorrendo no texto constitucional das expressões "livre iniciativa", "livre concorrência" e "livre exercício de qualquer atividade econômica" que rege as atividades negociais, comerciais e empresariais em nosso País, conforme posto no artigo 170 e incisos da CRFB/1988[14]), o que lançaria uma penumbra de inconstitucionalidade a esta proposta interpretativa.

Outra questão delicada, reside na **falsa compreensão de que a obrigatoriedade da mediação serviria como publicidade em favor da mediação,** o que, respeitosamente, só podemos discordar. **Não é obrigando alguém a utilizar determinado caminho, que se fará que a pessoa goste daquele caminho, que resolva continuar naquele caminho ou que volte a utilizá-lo no futuro quando se deparar com situações semelhantes.**

A Mediação não deve ser imposta. A Mediação deve ser proposta, difundida diuturnamente, "boca a boca", de modo que os seus méritos e os seus

---

13. "Art. 5º Todos são iguais perante a lei, sem distinção de qualquer natureza, garantindo-se aos brasileiros e aos estrangeiros residentes no País a inviolabilidade do direito à vida, à liberdade, à igualdade, à segurança e à propriedade, nos termos seguintes:
...
II - ninguém será obrigado a fazer ou deixar de fazer alguma coisa senão em virtude de lei;"
14. "Art. 170. A ordem econômica, fundada na valorização do trabalho humano e na livre iniciativa, tem por fim assegurar a todos existência digna, conforme os ditames da justiça social, observados os seguintes princípios:
...
III - função social da propriedade;
IV - livre concorrência;
...
Parágrafo único. É assegurado a todos o livre exercício de qualquer atividade econômica, independentemente de autorização de órgãos públicos, salvo nos casos previstos em lei."

resultados se transformem na melhor propaganda e publicidade que a mesma poderia desejar possuir.

Do momento em que a Mediação começar a contribuir para a melhoria das lides judiciais e, mais do que tudo, para o aperfeiçoamento das relações sociais e da vida em sociedade, um número maior de pessoas físicas e jurídicas buscarão este instrumento para a prevenção e solução de suas disputas, problemas, conflitos e controvérsias, pois as possibilidades deste instrumento técnico são muito amplas, especialmente em virtude de seu aparato técnico e de sua flexibilidade.

A qualidade e os resultados positivos do instrumento técnico, sem dúvida alguma, serão o seu propulsor e projetarão sobre a mediação uma legitimidade instrumental inquestionável perante aqueles que são os seus destinatários.

Não se deve impor a alguém que medeie.

Isto viola o próprio núcleo essencial da Mediação pautado na plena autonomia das vontades.

Deve-se apresentar o instrumento com as suas características e possibilidades, seus limites, bem como os resultados que pode alcançar, para que cada uma das pessoas envolvidas opte de forma livre, voluntária, legítima e discricionária por utilizar ou não a Mediação.

Por tudo isto, dentre outros argumentos que também poderiam ser lançados, é que **defendemos que a primeira "audiência de mediação" (leia-se, audiência de pré-mediação) seja absolutamente facultativa**[15], mas que a mediação seja assegurada como um direito constitucional[16] e um caminho para todos aqueles que tenham e manifestem interesse neste sentido.

E, por consequência, não se pode falar em aplicação de multa ou qualquer penalidade pecuniária ou processual a qualquer das partes no caso de não

15. "A maior crítica à mediação mandatória sempre foi a ofensa ao princípio da auto-determinação das partes, que comprometeria a manifestação legítima de suas vontades. Os defensores da *mandatory mediation*, contudo, argumentam que a coerção para mediar (isto é, a obrigatoriedade de as partes comparecerem à sessão de mediação) seria diferente da coerção na mediação (ou seja, aquela exercida durante a sessão)." – PANTOJA, Fernanda Medina. *Da Mediação Incidental* **in** *Teoria Geral da Mediação -...- coord. Humberto Dalla Bernardina de Pinho*. Rio de Janeiro: Lúmen Juris, 2007. P. 189.

16. A natureza de direito constitucional da Mediação, como meio instrumental adequado para a prevenção e/ou solução de disputas, controvérsias ou conflitos decorre da ideia constante do Preâmbulo da Constituição Cidadã de 1988 (dentre outras normas e princípios expressos e implícitos) que prevê de forma expressa que a Constituição se destina a "instituir um **Estado Democrático**, destinado a assegurar o exercício dos direitos sociais e individuais, a liberdade, a segurança, o bem-estar, o desenvolvimento, a igualdade e a **justiça** como valores supremos de uma **sociedade fraterna, pluralista e sem preconceitos, fundada na harmonia social** e **comprometida, na ordem interna e internacional, com a solução pacífica das controvérsias**, ..." – grifos nossos.

comparecimento ou participação, pois não se pode punir uma parte por não participar de um ato processual de natureza facultativa e que se pauta primordialmente na voluntariedade.

6. DA AUDIÊNCIA OU SESSÃO DE PRÉ-MEDIAÇÃO OU INICIAL

Na forma acima exposta, temos que a primeira audiência ou sessão a ser realizada no âmbito judicial não será de mediação em sentido estrito, mas de pré-mediação.

A pré-mediação[17] é uma audiência ou sessão em que o Mediador (ou Co-mediadores) expõem para as partes:

a) o que é Mediação como método de prevenção u solução de litígios ou conflitos[18];

b) explica a forma e o funcionamento ideal de uma Mediação;

c) apresenta os princípios que regem a Mediação;

d) indica as normas legais aplicáveis, de forma que seja compreensível para aquelas partes;

---

17. "Essa etapa corresponde no tempo à primeira sessão de mediação, ou seja, o primeiro encontro das partes com o mediador, que, como já foi mencionado acima, é profissional diverso do "pré-mediador" e, portanto, não conhece as partes. Assim, cabe ao mediador receber os mediados, fazer com que todos se identifiquem e se apresentem reciprocamente, bem como estabelecer as regras básicas de tratamento que deverão ser observadas durante o procedimento, tais como, respeito mútuo, sinceridade e escuta ativa (escutar com atenção).
Ainda cabe ao mediador esclarecer os mediados sobre o procedimento da mediação, o seu papel na condução dos trabalhos, como facilitador do diálogo, e os seus deveres de sigilo e imparcialidade. Em relação às partes, deve enfatizar a necessidade de cooperação, boa-fé e respeito mútuos.
Por fim, convém que o mediador observe a postura das partes e sua expressão corporal, modificando a sua distribuição na sala, se necessário.
Em resumo, nesse primeiro contato, além do esclarecimento sobre o procedimento da mediação, deve o mediador criar um ambiente de confiança e respeito, aproximando-se das partes (acolhendo-as), a fim de que, ao compreenderem o funcionamento dos trabalhos, assumam o propósito de participar e cooperar, permitindo melhores resultados." - LUCHIARI, Valeria Ferioli Lagrasta. *Mediação judicial: análise da realidade brasileira: origem e evolução até a Resolução n. 125, do Conselho Nacional de Justiça.* Rio de Janeiro: Forense, 2012. P. 32.
18. "... os participantes de uma audiência de conciliação ou de sessões de mediação devem ser informados acerca do procedimento ao qual estão se submetendo, para que não sejam surpreendidos com conseqüências inesperadas. Em muitos países, quando as partes optam por participar de sessões de mediação, no primeiro encontro é realizada uma sessão de informações para que os participantes recebam esclarecimentos essenciais sobre o procedimento, tal como, a quantidade de encontros que poderá ser, em princípio, necessária em virtude da complexidade do conflito e o que eles podem esperar em relação à resolução do problema em que estão envolvidos. Conscientes do procedimento a quem se submeterão, as partes iniciam efetivamente o processo de mediação e o encontro seguinte é marcado pelo mediador. No Brasil estas informações são prestadas já na primeira sessão de mediação ou no início da audiência de conciliação." – PAUGARTTEN, Michele Pedrosa. *Novo processo civil brasileiro: métodos adequados de resolução de conflitos.* Curitiba: Juruá, 2015. P. 202.

e) explica a participação do Mediador (ou Comediadores), seus direitos, seus deveres, o dever de sigilo e tudo mais que interessar as partes quanto a atividade daquele terceiro imparcial;

f) esclarece sobre a participação das partes (que serão qualificadas como Mediandos) na Mediação, seus direitos, seus deveres, a questão do sigilo e o poder de decisão dos Mediandos quanto ao mesmo (seja quanto a extensão – parcial ou total - , seja quanto a sua profundidade – quais matérias seriam abrangidas e de que forma -), e demais questões que sejam do interesse de cada mediando;

g) apresenta aos Mediandos o "Termo de Adesão a Mediação", ou seja, um documento serão expostos os detalhes convencionados pelas partes para aquela mediação, bem como que servirá como prova documental de que aquelas partes se submeteram a um procedimento de mediação. Inclusive, não se tratando de mediador remunerado judicialmente (ou seja, mediador que tenha a sua remuneração paga pelo Tribunal de Justiça ou Tribunal Regional Federal em que atue, ou que se subordine aos parâmetros remuneratórios previstos pelo Conselho Nacional de Justiça – CNJ ou pelo Tribunal de vínculo), é interessante que sejam pré-fixados os parâmetros de remuneração do Mediador (ou Comediadores) e o tempo inicial previsto para o desenvolvimento do procedimento de mediação, de modo que as partes tenham ciência do dispêndio financeiro que terão com a mediação;

h) caso seja possível, deve o Mediador (ou Comediadores) lavrar um Termo ou uma Ata da Audiência ou Sessão de Pré-Mediação, de modo que fique registrado que aquelas partes compareceram aquele ato e que foram devidamente informadas sobre o que representa a mediação e todos os seus detalhes e características estruturais.

Por tudo isto, a audiência ou sessão de pré-mediação ultrapassa um mero ato simbólico ou de sugestão para as partes aderirem ou não a uma mediação, sendo uma etapa inicial importante de esclarecimento para todos os envolvidos.

7. UMA ANÁLISE MAIS DETALHADA DAS AUDIÊNCIAS OU SESSÕES DE MEDIAÇÃO

Na dinâmica da mediação, ao contrário do processo judicial, a realização de audiências e sessões de mediação é parte integrante e indissociável da prática.

Serão nestes espaços de diálogo que o trabalho do Mediador (ou Comediadores) e o desenvolvimento do diálogo dos Mediandos irá se desenvolver.

Por isto, uma nova mudança de paradigma emergirá da relação das partes (no caso devidamente qualificadas como Mediandos), ao ser assegurado o seu **"dia na Mediação"** (em direta analogia ao postulado de "dia na Corte", presente no Direito Processual), ou melhor, tantos dias na Mediação quantos sejam necessários para o restabelecimento e desenvolvimento do diálogo e a busca do consenso.

Encontra-se posto um primeiro destaque então: **as audiências e sessões de mediação[19] são o *locus* da Mediação.**

Mas devemos destacar algumas outras coisas.

Diante da proposta dogmática ora apresentada de diferenciação entre a audiência e a sessão pelo grau de publicidade e de sigilo entre uma e outra, não vemos óbice a realização de tantas audiências quanto se necessite, mesmo tratando-se de um processo de construção de diálogo em espaço público e sob escrutínio de terceiros.

Pelo contrário, diante da natureza das questões encaminhadas para a Mediação, a realização de diversas audiências poderá contribuir para o aumento da compreensão coletiva ou social do problema e para a construção de uma legitimidade para os caminhos de busca de solução e construção do consenso.

Basta se imaginar, por exemplo, uma hipótese de mediação de uma importante questão ambiental que envolva diversas partes de diversos Municípios e 2 (dois) Estados brasileiros. A realização das audiências permitirá que as partes (Mediandos) tragam para a mesa de Mediação todas os dados e informações de que dispõem, permitindo um amplo e profundo diálogo sobre as diversas matizes da questão ambiental.

---

19. Quanto a participação dos Advogados na Mediação, vale destacar a seguinte lição:
"A atuação dos advogados na sessão de mediação, além de subsidiar os clientes com informações jurídicas relevantes, pode ter duas utilidades, quais sejam, (i) propiciar maior igualdade entre as partes na condução das negociações, impedindo que o estilo de uma imponha decisões à outra, e (ii) avaliar a viabilidade jurídica das propostas e do acordo que porventura seja obtido ao final do procedimento, impedindo a constituição de obrigações inexeqüíveis." - ALMEIDA, Diogo Assumpção Rezende de Almeida. *Da Mediação Prévia* in *Teoria Geral da Mediação -...- coord. Humberto Dalla Bernardina de Pinho*. Rio de Janeiro: Lúmen Juris, 2007. P. 173.
E ainda:
"Quando o mediador entender que é o caso de as partes participarem da sessão de mediação acompanhadas de advogado, cabe a ele recomendar nesse sentido, explicando os motivos que o levaram a entender imprescindível o aconselhamento jurídico. As partes poderão aceitar ou não a recomendação. Na primeira hipótese, deverão comparecer à sessão designada com seus advogados ou solicitar ao mediador a requisição de designação de advogado dativo, à Defensoria Pública ou, na sua falta, à Ordem dos Advogados do Brasil. Não podendo ocorrer o pronto atendimento à solicitação por estes órgãos, será designada nova data para a realização da sessão, comunicando-se desde já a todos os participantes." - ALMEIDA, Diogo Assumpção Rezende de Almeida. *Da Mediação Prévia* in *Teoria Geral da Mediação -...- coord. Humberto Dalla Bernardina de Pinho*. Rio de Janeiro: Lúmen Juris, 2007. P. 176.

Ao contrário da imposição de um único caminho a seguir em decorrência de uma sentença adjudicada, no processo de mediação as partes poderão estabelecer prioridades e construírem uma solução de consenso que busque soluções para os problemas do passado e do presente, bem como busque prevenir os problemas futuros, não somente pela análise de uma simples "fotografia encartada no resultado da cognição em processo judicial", mas em decorrência de um estudo e discussão sobre um complexo "vídeo do passado e do presente e que poderá ter novos capítulos no futuro", sendo o vídeo construído por todos aqueles atores que poderão ser direta ou indiretamente afetados por aquela questão ambiental.

Por isto, como já dito em linhas anteriores, **a sistemática das audiências e das sessões nos conduzem a uma nova quebra de paradigma em relação ao modelo hermético e estático do processo jurisdicional clássico marcado pela centralidade e pontualidade** (um único objeto a ser tratado), **de modo que nos deparamos com um instrumento que poderá tratar de forma ampla ou descentralizada e com multifoco ou multipontos** (diversos objetos a serem tratados).

Inclusive, é importante ressaltar que a Mediação traz outra mudança de paradigma em relação ao processo civil comum, pois enquanto este é obrigado a trabalhar com a ideia de estabilização de partes e limites subjetivos dos efeitos da coisa julgada à luz dos termos da demanda deduzida em Juízo, na Mediação a capacidade de diálogo e construção dos Mediandos é o verdadeiro limite, até porque a mediação poderá passar por processo de expansão e alcançar pessoas que inicialmente (na petição inicial ou na contestação) sequer tinham sido indicadas como partes naquele processo judicial donde brotou um processo de mediação incidental.

E, disto, outra mudança de paradigma: **enquanto o processo judicial tradicional se pauta na força da coisa julgada das decisões judiciais para impor modificações na realizada fática mediante medidas executórias, ou seja, a necessidade de imposição da vontade do terceiro (magistrado) às partes (especialmente aquela que perdeu ou sucumbiu) por meios diretos e indiretos de coação pessoal ou patrimonial, a Mediação através do seu procedimento dialógico pauta a legitimidade e a força do que restar acordado pelo grau de adesão e consenso alcançado pelos Mediandos, de modo que as audiências e sessões ganham mais poder ao deixarem de serem meros espaços de repetição de argumentos e alegações já deduzidas no processo judicial, para se transformarem em espaço de construção consensual de solução para questão que interessa aos Mediandos com a expansão de uma legitimidade e de uma obrigatoriedade de cumprimento em virtude da adesão de cada mediando ao procedimento de mediação que perante estes se desenvolve e onde eles**

são os principais atores, seus próprios atores de suas vidas reais, dos seus problemas reais e construtores dos seus futuros pautados não mais na beligerância e conflito, mas no entendimento, no diálogo e no consenso.

Logo, as **audiências e sessões de mediação são espaço de legitimidade coletiva dos caminhos que ali forem apresentados.**

Por um outro prisma, tendo em mira questões práticas, vale a pena fazer algumas reflexões sobre aspectos da audiência e da sessão de mediação.

A audiência de mediação, no âmbito do novo Código de Processo Civil, é prevista como uma etapa do processo judicial, não automática e que se desenvolverá perante o NUPEMEC e os CEJUSCS[20] (caso o respectivo Tribunal os tenha instalado), ou ainda, perante o próprio órgão judicial em que o processo judicial esteja em processamento, desde que sob a condução de um Mediador (ou Comediadores).

Todavia, o primeiro detalhe a se recordar é do destaque feito nas linhas anteriores de que o que é chamado pelo CPC/2015 de primeira audiência de mediação, na verdade deve ser compreendida como audiência de pré-mediação, dentro da técnica da Mediação.

Importante destacar que, não obstante algumas pessoas possam não entender que existe diferença prática entre audiência de mediação e audiência de pré-mediação, um destaque poderá, por si só, demonstrar a seriedade desta diferença.

Na audiência de mediação já se encontra iniciado a Mediação e os Mediandos já estão cientes do que é a Mediação, dos seus direitos e deveres, da publicidade ou sigilo, dos custos e do papel do Mediador (ou Comediadores).

Já na audiência de pré-mediação, como já diz o próprio nome, ainda não no encontramos numa Mediação, mas numa etapa antecedente em que as partes são apresentadas a Mediação, a todos os seus detalhes e lhes é facultado decidir entre a utilização ou não daquele instrumento para busca de prevenção ou solução das questões que existem entre aquelas pessoas ou instituições.

Por isto, como já posto, defende-se neste estudo que a primeira audiência prevista no novo CPC se trata de uma audiência de pré-mediação,

---

20. "Incumbe, pois, aos tribunais criar centros judiciários de solução consensual de conflitos, os quais devem ser os responsáveis pela realização dos procedimentos de mediação e de conciliação e pelo desenvolvimento de programas destinados a auxiliar, orientar e estimular a autocomposição (art. 165; art. 24 da Lei nº 13.140/2015). A composição e organização destes centros deve ser feita pelos tribunais, respeitadas as disposições estabelecidas pelo Conselho Nacional de Justiça (art. 165, § 1º; art. 24, parágrafo único, da Lei nº 13.140/2015)." - CÂMARA, Alexandre Freitas. *O novo processo civil brasileiro*. São Paulo: Atlas, 2015. P. 118.

com todas as consequências daí decorrentes, inclusive, a impossibilidade de previsão ou aplicação de multa em desfavor da parte que não comparece a esta pré-mediação, por absoluta ausência de previsão legal no novo Código de Processo Civil, que só fez previsão de multa contra aquele que deixa de comparecer à audiência de conciliação, conforme previsto no artigo 334 §8º do CPC/2015.

Nesta sistemática, propomos a seguinte sequência de atos do procedimento de mediação :

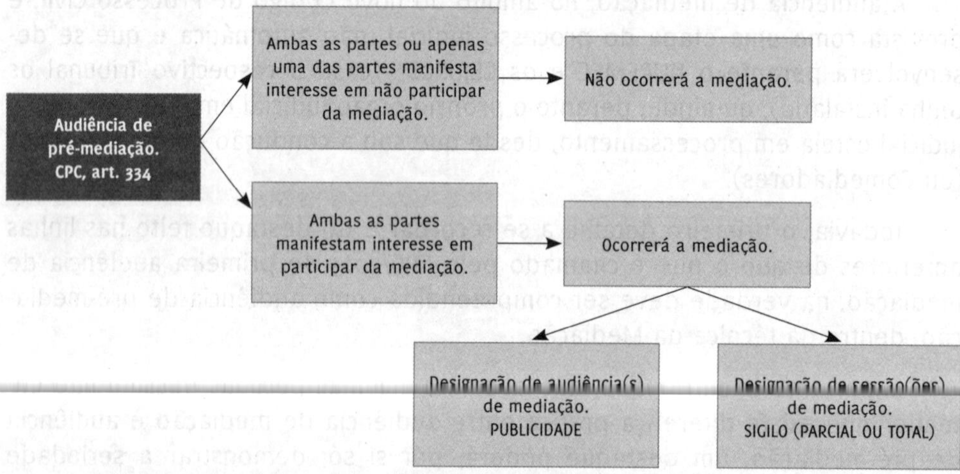

8. DO TERMO DE ADESÃO A MEDIAÇÃO: SUA IMPORTÂNCIA, A QUESTÃO DO SIGILO E OS SEUS REQUISITOS MÍNIMOS

Um ponto que entendemos por demais importante e que demanda uma verdadeira mudança de comportamento, especialmente para aqueles que já atuam no campo da Mediação, consiste na lavratura de **termo de adesão a mediação.**

Pois bem, o que é um termo de adesão a mediação?

O termo de adesão a mediação, na modelagem aqui proposta, tem a **natureza jurídica de contrato multilateral** (Mediandos e Mediador ou Comediadores) e se destina a documentar:

1) a **qualificação pessoal dos Mediandos** (sugere-se nome completo, número do documento de identidade, número do CPF e domicílio pessoal ou profissional) que irão participar do processo de mediação;

2) a **qualificação pessoal do Mediador (ou dos Comediadores)** - (sugere-se nome completo, número do documento de identidade, número

do CPF e domicílio pessoal ou profissional) que foram escolhidos pelos Mediandos para a condução do processo de mediação;

3) a **data da audiência de pré-mediação e a data do início da mediação;**

4) o **grau de sigilo (total, parcial ou nenhum)** convencionado pelos Mediandos para o processo de mediação, ou se é caso de mediação pública (sem sigilo);

5) a **previsão expressa, para fins de publicidade e ciência de todos os envolvidos, da existência de restrição de que o Mediador ou Comediador funcione como testemunha ou seja convocado para se manifestar ou esclarecer qualquer fato relacionado aquela Mediação;**

6) a **forma de remuneração do Mediador ou Comediador e do Centro ou Câmara de Mediação, no caso de Mediação Extrajudicial ou de Mediação Incidental realizada fora do Poder Judiciário**, ou, ainda, o esclarecimento dos envolvidos no caso de **hipótese de incidência do benefício da gratuidade de justiça e ausência de cobrança dos honorários e das despesas enquanto se mantiver tal situação legal**; e

7) o **local e a data em que será firmado o termo de adesão a mediação.**

Note-se que estes **elementos não são exaustivos, nem obrigatórios.**

Os Mediandos e o Mediador (ou Comediadores) poderão entender de suprimir alguns deles (o que não se recomenda, até por segurança de todas as pessoas envolvidas na Mediação) ou acrescentar outros itens que deverão constar do termo de adesão a mediação.

Perceba-se que **o termo de adesão a mediação servirá como um "divisor de águas" entre um estado prévio a mediação (o que se dará até a audiência de pré-mediação) e a submersão das partes na Mediação**, com todos os seus direitos, deveres e responsabilidades.

Além disto, o **termo de adesão a mediação servirá para a proteção da pessoa do Mediador ou do Comediador**, que terá a sua disposição uma prova documental de que participou ou da etapa prévia a instituição da Mediação, ou que participou efetivamente da própria Mediação (mesmo que apenas parcialmente, pois, mesmo que seja substituído no curso do processo de mediação, deverá prevalecer as restrições de sigilo que a legislação brasileira e a prática habitual da Mediação impõem aos mediadores).

Interessante refletir que a lavratura do termo de adesão a mediação jamais deve se constituir em um momento de dissenso ou conflito entre os Mediandos ou entre estes e o Mediador, pois deve ser esclarecido para todos que aquele documento visa trazer segurança para todos os envolvidos, bem com tranquilidade para aqueles Mediandos que trarão para a mesa da mediação detalhes que normalmente não exporiam sem a presença de uma garantia de sigilo, ou seja, de que aqueles dados ou informações não poderiam ser utilizados contra ele em outros locais, extraídos diretamente do ambiente da Mediação.

9. DO TÉRMINO DA MEDIAÇÃO E DA LAVRATURA DO TERMO DE CONCLUSÃO DA MEDIAÇÃO (COM ACORDO OU SEM ACORDO).

Por outro lado, se no início é prudente e adequado a celebração do termo de adesão a mediação, no final deve ser elaborado e firmado pelos Mediandos e Mediador (ou Comediadores) o **termo de conclusão ou término da mediação**.

Note-se que se recomenda que o termo de conclusão ou término seja firmado caso as partes alcancem o acordo ou mesmo que nenhum acordo seja obtido, para fins de ficar demarcado que a partir daquele momento as partes não se encontram mais no âmbito da mediação.

No caso da mediação resultar em acordo ou consenso, a celebração do termo de conclusão normalmente se dará pela própria lavratura do termo de acordo, onde as partes irão expor o que restou estabelecido pelas mesmas, quais são os direitos, deveres e responsabilidades de cada uma, quais os objetivos que se pretende alcançar através daquele acordo e todos os demais detalhes que entenderem por oportuno.

Na outra hipótese, ou seja, de mediação chegar ao fim sem as partes alcançarem o consenso, recomenda-se que o Mediador (ou Comediadores) oriente as partes a celebrarem o termo de conclusão da mediação, de modo que fique certo e determinado que a partir do momento seguinte a celebração as partes não mais se encontrarão em mediação, para todos os fins convencionais e legais.

Seja na hipótese de **termo de conclusão com acordo**, seja de **termo de conclusão sem acordo**[21], parece oportuno que o termo possua as seguintes **informações mínimas**:

21. "Em princípio, todos os conflitos interpessoais podem ser trabalhados na mediação e, se esta não culminar num acordo, pelo menos os participantes terão esclarecido o conflito e aprendido a dialogar entre si de forma respeitosa e produtiva, pois o verdadeiro objetivo do mediador não é obter um acordo, mas sim restabelecer o diálogo entre as partes, permitindo que melhorem o relacionamento, para que, por si sós, cheguem às soluções de seus problemas.
Assim, como a mediação visa, em última análise, a pacificação dos conflitantes, seus recursos técnicos são utilizados, inclusive, como estratégia preventiva, criando ambientes propícios à colaboração recíproca, com o objetivo de evitar a quebra da relação entre as partes. E, por esse motivo, a mediação

1) a **qualificação pessoal dos Mediandos** (sugere-se nome completo, número do documento de identidade, número do CPF e domicílio pessoal ou profissional) que participaram do processo de mediação;

2) a **qualificação pessoal do Mediador (ou dos Comediadores)** - (sugere-se nome completo, número do documento de identidade, número do CPF e domicílio pessoal ou profissional) que efetivamente participou da condução do processo de mediação;

3) a **data da conclusão da mediação e da lavratura do termo de conclusão**;

4) a **previsão expressa, para fins de confirmação da ciência de todos os envolvidos, da existência de restrição de que o Mediador ou Comediador funcione como testemunha ou seja convocado para se manifestar ou esclarecer qualquer fato relacionado aquela Mediação;**

5) o **local e a data em que será firmado o termo de conclusão da mediação.**

10. CONSIDERAÇÕES FINAIS

Como indicado ao longo destas linhas, o adequado estudo e tratamento prático da(s) audiência(s) e da sessão(ões) de Mediação serão fundamentais para o correto desenvolvimento da prática de mediação, pois estes ambientes serão o *locus* de desenvolvimento do processo de mediação.

Compreendê-los e desenvolvê-los é tarefa diuturna tanto dos Mediadores e Comediadores, quanto das Partes e Mediandos, pois naquele espaço físico ou virtual é que se dará a mediação.

Tendo presente que a documentação da Mediação será acessória e por vezes inclusive mínima (reservando-se a documentação aos itens que os Mediandos entendam por fundamentais, caso entendam que algo deverá ficar efetivamente registrado, pois podem entender por não existir qualquer documento versando sobre a mediação), deveremos abandonar a lógica da construção da solução de litígios e controvérsias através de uma ampla instrução de autos de processos físicos ou eletrônicos, passando a compreender que a atividade de mediação se dá no desenvolvimento do próprio processo de mediação.

---

representa uma fusão das teorias e das práticas das disciplinas da psicologia, da assessoria, do Direito e de outros serviços do campo das relações humanas, sendo interdisciplinar." - LUCHIARI, Valeria Ferioli Lagrasta. *Mediação judicial: análise da realidade brasileira: origem e evolução até a Reolução n. 125, do Conselho Nacional de Justiça*. Rio de Janeiro: Forense, 2012. P. 14.

Por tudo isto, confiamos que a prática e a Academia irão se debruçar sobre tal tema, de modo que a audiência e a sessão de mediação se transformem em efetivos instrumentos de efetividade e legitimidade da mediação no Direito brasileiro.

CAPÍTULO 21

A Mediação como forma de Reconhecimento e Empoderamento do Indivíduo

Brunela Vieira de Vincenzi[1] e *Ariadi Sandrini Rezende*[2]

SUMÁRIO: 1. INTRODUÇÃO; 2. A MEDIAÇÃO COMO ALTERNATIVA DE RESOLUÇÃO DE CONFLITOS; 3. CONCEITO DE MEDIAÇÃO; 4. MEDIAÇÃO E O NOVO CÓDIGO DE PROCESSO CIVIL; 5. A EMANCIPAÇÃO DO INDIVÍDUO: CONTRIBUIÇÃO DA TEORIA CRÍTICA; 6. A LUTA POR RECONHECIMENTO DE AXEL HONNETH: O AMOR, O DIREITO E A SOLIDARIEDADE; 7. O EMPODERAMENTO DO INDIVÍDUO ATRAVÉS DA MEDIAÇÃO; CONCLUSÃO; REFERÊNCIAS BIBLIOGRÁFICAS.

1. INTRODUÇÃO

Diante da crescente insatisfação dos indivíduos com as decisões judiciais e da complexidade social, em contraposição aos instrumentos jurisdicionais que se apresentam insuficientes e ineficientes para atender de forma satisfatória o processo de reconhecimento do indivíduo, faz se necessário buscar outros meios de solução de conflitos.

Vivenciamos diuturnamente o processo de reconhecimento do individuo sendo abalado e desestabilizado pelas decisões advindas de nosso Poder

---

1. Graduada em Direito pela Universidade Federal do Espírito Santo (1997), mestra em Direito Processual pela Universidade de São Paulo (2002) e Doutora em Constitucional e Filosofia pela Johann Wolfgang Goethe Universität – Frankfurt am Main (2007) com Bolsa de Doutorado Integral durante o mesmo período concedida pela CAPES em cooperação com o DAAD (Deutscher Akademischer Austauschdienst). Estágio de Pós-Doutorado no Núcleo de Estudos da Violência da Universidade de São Paulo e no Institut für Sozialforschung em Frankfurt am Main, na Alemanha (2009-2010). Atuou entre 1998 e 2009 como advogada no Brasil, em São Paulo; e de 2010 a dezembro de 2012 como Advogada Europeia na Alemanha. Parecerista da Revista de Estudos Constitucionais, Hermenêutica e Teoria do Direito (RECHTD). Pós-Douramento em andamento no Programa de Pós-Graduação da Universidade Federal do Espírito Santo – UFES, com bolsa integral PNPD/CAPES (2013-2014), sobre o tema Crise de Confiança nas Instituições Democráticas da Estrutura do Sistema Judiciário no Brasil. Atualmente é Professora Efetiva da Faculdade de Direito da Universidade de Vila Velha e Professora Adjunta do Departamento de Direito da Universidade Federal do Espírito Santo – UFES, onde leciona na graduação e no mestrado, coordena o Núcleo de Prática Jurídica e preside a Comissão Interdisciplinar de Apoio aos Refugiados e Migrantes na UFES.
2. Mestranda em Direito pela Universidade Federal do Espírito Santo. Possui graduação em Direito pela Universidade Federal do Espírito Santo (2014). Possui interesse em acesso à justiça, teoria do reconhecimento, demandas das minorias e direito à saúde.

Judiciário. O equilíbrio e a reciprocidade não são escopos buscados pelo Poder Judiciário, devido às suas características próprias, afirmando que apenas um litigante assiste razão para o Judiciário.

A mediação mostra-se como forma de resolução de conflitos que menos agride o processo de reconhecimento do indivíduo, pois ela busca o melhor resultado para as duas partes. Ela não possui a característica de um duelo e sim de um entendimento, fazendo que não se formem perdedores ou vencedores e sim indivíduos que se empoderam de seus direitos e pactuam a forma de resolução de conflito que mais agrada a ambos. Ora, analisando este processo com a lente da teoria do reconhecimento de Axel Honneth, parece-nos a forma mais adequada para que o indivíduo não sofra bloqueios no seu processo de reconhecimento.

É importante analisar as dificuldades enfrentadas pelo Poder Judiciário para que se tragam procedimentos que visem prevenir e resolver controvérsias a partir das necessidades e dos interesses dos litigantes. A provocação dos tribunais passa a ser subsidiária, não devendo ser a primeira porta como alternativa para a solução do conflito. Esta necessidade tornou-se tão visível que foi disciplinada no Novo Código de Processo Civil e vem como uma forma inovadora de resolução de conflitos.

2. A MEDIAÇÃO COMO ALTERNATIVA DE RESOLUÇÃO DE CONFLITOS

Em um mundo cosmopolita e complexo, os indivíduos acabam convivendo com valores e costumes diferentes dos seus. Desta forma, o conflito torna-se inevitável nas relações intersubjetivas.

Nestes termos, o conflito decorre de expectativas, valores e interesses contrariados. Embora seja contingência da condição humana, e, portanto, algo natural, numa disputa conflituosa costuma-se tratar a outra parte como adversária, infiel ou inimiga, assentando as partes em campos opostos, dificultando cada vez mais a busca pelo interesse comum e a estabilidade. (DE VASCONCELOS, Carlos Eduardo, 2008)

Sobre o conflito leciona Carlos Eduardo de Vasconcelos:

> "O conflito não é algo que necessite ser enfrentado negativamente. É quase impossível uma relação interpessoal inteiramente consensual. Cada pessoa é dotada de uma originalidade única, com experiências e circunstâncias existenciais personalíssimas. A consciência do conflito como fenômeno essencial à condição humana é muito importante. Sem essa consciência tendemos a demonizá-lo ou a fazer de conta que não existe. Quando compreendemos a inevitabilidade do conflito, somos capazes de desenvolver

soluções autocompositivas. Quando o demonizamos ou não o encaramos com responsabilidade, a tendência é que ele se converta em confronto e violência."

O reconhecimento das diferenças é ponto primordial para dissolução do conflito. Além disso, é necessário que os agentes conflituosos sejam ouvidos e consigam, minimamente, se colocarem em uma situação de empatia para com o outro. Em suma, as relações, com sua pluralidade de percepções, sentimentos, crenças e interesses, são conflituosas. A transação desses conflitos é um trabalho comunicativo, diário, em nossas vidas. Nesse sentido, o conflito não tem solução. O que se podem solucionar são disputas pontuais, confrontos específicos.

3. CONCEITO DE MEDIAÇÃO

Mediação é o procedimento consensual de solução de conflitos, que visa busca facilitar ou viabilizar o diálogo entre as partes, para que melhor administrem seus problemas e consigam, *de per si*, alcançar uma solução. A pessoa encarregada de perquirir esta solução é o mediador. Ele deve ser apto, imparcial, independente e livremente escolhido ou aceito. Administrar bem um conflito é aprender a lidar com o mesmo, de maneira que o relacionamento com a outra parte envolvida não seja prejudicado. Cabe, portanto, ao mediador colaborar com os mediandos para que eles exercitem uma comunicação construtiva e identifiquem seus interesses e necessidades comuns.

A mediação esta alicerçada em uma colaboração multidisciplinar entre profissionais: da comunicação, da psicologia, da sociologia, da antropologia, do direito e da teoria dos sistemas. Com o auxilio destes diversos profissionais, busca-se difundir a ideia de que mediação não há adversários. Os mediandos atuam como corresponsáveis pela solução da contenda. O mediador busca identificar as expectativas, os reais interesses, necessidades, construir o reconhecimento, verificar as opções e levantar os dados de realidade, com vistas, primeiramente, à transformação do conflito ou restauração da relação e, só depois, à construção de algum acordo. (DE VASCONCELOS, Carlos Eduardo, 2008)

4. MEDIAÇÃO E O NOVO CÓDIGO DE PROCESSO CIVIL

A mediação dentro dos métodos de resolução alternativa de conflitos era a menos lembrada ou a menos aplicada dentro do direito. Esta afirmação pode ser constatada em uma simples análise na redação do Código de Processo Civil de 1973, pois a palavra mediação não é utilizada. Em contrapartida, a palavra conciliação e arbitragem, outros métodos alternativos de resolução de conflitos, aparecem diversas vezes no texto do código de 1973 e conseguiram certa aplicabilidade durante a vigência da legislação processual predita.

Contudo, este atual modelo tende a sofrer significativa modificação, pois, no dia 16 de março de 2014, foi sancionado no Novo Código de Processo Civil, que diferentemente do código anterior, contempla a mediação em diversas passagens de seu texto.

O artigo mais marcante e talvez mais importante para a mediação é o 335 que afirma: *"o juiz ao receber a petição inicial, verificará a presença ou não dos requisitos essenciais para a procedência do pedido, caso estes estejam presente, o magistrado marcará a audiência de conciliação e intimará as partes, sendo a do autor realizada na pessoa de seu advogado."* A audiência só será dispensada se tanto autor e réu demonstrarem desinteresse na mesma ou se o processo não admitir autocomposição.

Desta forma, o legislador estabeleceu uma audiência de conciliação ou mediação antes mesmo do recebimento da contestação pelo réu, cabendo ao juiz determinar quando teremos uma audiência de conciliação ou mediação.

É sabido que a mediação é indicada nos casos em que haja uma relação preexistente entre as parte e seja faça necessária a preservação da relação entre as mesmas, pois antes de se configurar o conflito estas possuíam um relacionamento equilibrado. A conciliação deve ser utilizada quando não há uma relação entre as partes. (RODRIGUES JUNIOR, Walsir, 2006)

Desta forma, a mediação foi disposta no Novo Código de Processo Civil de maneira propositiva para que as partes, antes de ser tornarem litigantes, possam se empoderar de seu direito e, com um diálogo: aberto, franco e empático, buscar a melhor alternativa para ambas as partes envolvidas. Desta forma, a decisão tomada ao final da mediação não será impositiva, tomada por um terceiro imparcial, e sim construída pelas próprias partes interessadas.

Diversamente do sistema processual que vigora, a mediação busca a estruturação de uma mudança cultural, principalmente no empoderamento dos indivíduos no que se refere às decisões que implicam na realidade em que se encontram inseridos. Desta forma, Waltrich e Spengler (2013, p. 172) apontam, a mediação, na condição de espécie do gênero justiça consensual, permite uma acepção de tratamento dos conflitos sociais e jurídicos, na qual o escopo de satisfação do desejo substitui a aplicação coercitiva de uma sanção. A mediação possibilita um tratamento igualitário entre os envolvidos, na condição de seres humanos, observando as características de cada indivíduo, não comportando qualquer forma de julgamento, mas sim fomentando uma compreensão recíproca e uma responsabilidade compartilhada.

Os meios alternativos de resolução de conflitos, mediação e conciliação, aplicados pelo Novo Código de Processo Civil certamente serão fonte de amadurecimento de nosso ordenamento jurídico, retirando a ideia de litigiosidade extrema que permeia os aplicadores do direito. Contudo, temos a consciência que este é um processo lento e gradativo, que deve ser incutido na mentalidade do estudante de direito desde seu ingresso na universidade.

5. A EMANCIPAÇÃO DO INDIVÍDUO: CONTRIBUIÇÃO DA TEORIA CRÍTICA

A "Teoria Crítica" propôs um programa de investigação interdisciplinar que tinha como marco teórico fundamental a obra de Marx e o marxismo, inaugurando, deste modo, um vertente intelectual.

Max Hokheirmer e Theodor Adorno desenvolveram a chamada *dialética do esclarecimento* que buscava investigar a razão humana e as formas sociais de racionalidade. Objetivava-se encontrar um modo de esclarecimento capaz de emancipar o sujeito proporcionando-lhe atuação política e social crítica. Concluíram que, na sociedade capitalista, a "razão instrumental" é a forma estruturante e única da racionalidade social. "Para Hokheimer e Adorno, a racionalidade como um todo reduz-se a uma função de adaptação à realidade, à produção do conformismo diante da dominação vigente" (NOBRE, 2003, p 11) Ao que nos parece nesse momento da pesquisa, essas constatações de Hokheimer e Adorno os mantêm próximo ao materialismo marxista. Também os colocam em aporia com o objetivo declarado da dialética do esclarecimento, que era encontrar a racionalidade capaz da emancipação. Tendo em vista que a única racionalidade do capitalismo é a instrumental, não é possível usá-la como forma de emancipação a ela mesma. A conclusão de Adorno e Hokheimer tendem a subsidiar o puro fatalismo marxista, e a revolução contra o sistema econômico como caminho anterior à emancipação social. Noutros termos, o direito não é capaz de emancipar os dominados, sendo necessária a revolução que modifique a estrutura econômica ou as próprias crises internas do capitalismo.

Jürgen Habermas não nega Hokheimer, Adorno e Marx, mas os diz incompletos. A seu ver, alguns aspectos decisivos das relações sócias são ignorados.

> (...) Habermas formulou um novo conceito de racionalidade. Para Habermas, a "racionalidade instrumental" identificada na dialética do esclarecimento como racionalidade única dominante e, por isso, objeto por excelência da crítica, não dever ser demonizada, mas é preciso, diferentemente, impor-lhes freios. Para tanto, Habermas irá formular uma teoria da racionalidade dupla face, em que a racionalidade instrumental convive com um outro tipo de racionalidade, a comunicativa. (NOBRE, 2003, p 13)

Com essa dupla forma de racionalidade, Habermas afirma que a ação instrumental se volta para o êxito, em que se calculam os melhores meios para os fins. Essa razão possibilita a manutenção da sociedade via trabalho. A racionalidade comunicativa, porém, tem por fim o entendimento, e não a manipulação de pessoas e objetos. Com esse modelo, Habermas apreende um conceito em que a racionalidade instrumental torna-se passível de limitação, posto que não pode obscurecer ou limitar as estruturas comunicativas profundas presentes nas relações sociais. A dúplice racionalidade proposta por Habermas permite a compreensão estratégica do Direito na contenção do poder econômico. Logo, as possibilidades de emancipação não estão bloqueadas

> De um lado o Estado de Direito pode ser visto como uma estrutura que coloca prevenções contra o assalto do sistema de Direito por parte de um poder não domesticado, antagônico com a necessidade de legitimação do direito. De outro lado os subsistemas econômico e burocrático-estatal são ancorados nas ordenações sócias do mundo da vida precisamente pelo Direito. (LUCHI, 2001, p.182)

A teoria de Habermas, assim como todos os pensadores da escola de Frankfurt, tem por objetivo encontrar meios de emancipação contra a racionalidade instrumental do capitalismo. Marx é ponto de partida de todos eles. Habermas, ao contrário de Adorno e Hokheimer, conseguiu relativo avanço na elucidação dos meios para a emancipação. Porém, sua divisão entre racionalidade comunicativa e mundo da vida tem se mostrado mecânica demais na explicação da sociedade. Honneth é principal revisor atual da teoria Habermasiana. Dentre as críticas, estão a falta de elucidação das formas com que a razão comunicativa interage com o sistema do mundo da vida. (NOBRE, 2003, p.17). Além disso, a divisão hermética das duas formas da sociedade esconde os conflitos políticos e sociais (NOBRE, 2003, p.16). Por fim, a principal revisão de Honneth a Habermas: a razão comunicativa, sim, está ao lado do sistema, mas ela não é dada previamente ao conflitos sociais, de forma a harmonizá-lo, mas são os conflitos quem constituem a razão comunicativa.

> O que mostra, por sua vez, que também o outro lado da distinção, a racionalidade comunicativa, foi pensada por Habermas como prévia ao conflito, de modo que a realidade social do conflito – estruturante da intersubjetividade, para Honneth – passa a ocupar um segundo plano, derivado, em que o fundamental está nas estruturas comunicativas. Com isso, o que é o elemento no qual se move e se constitui a subjetividade e a identidade individual e coletiva – a luta por reconhecimento – é abstraído da teoria, tornando-a desencarnada. Se Honneth concorda com Habermas sobre a necessidade de se construir a Teoria Crítica

> em bases intersubjetivas e com marcados componentes universalistas, defende também, contrariamente a este, a tese de que a base da interação é o conflito, e sua gramática, a luta por reconhecimento. (NOBRE, 2003, p.17)

O foco de Honneth, portanto, está na luta pelo reconhecimento. Diferente do marxismo clássico, a emancipação é possível através da moral e do Direito, tendo em vista que, ao lado da razão instrumental, é possível emancipar-se por razão comunicativa, desde que haja, no conflito social, o reconhecimento moral e político do indivíduo e das coletividades. Não obstante, não se trata de singela afirmação de que o Estado Capitalista, em si, garante emancipação e poder político a todos na medida em que todos possuem direito a voto. Essa afirmação já está diagnosticada como errada desde Marx. A sua negação é o diagnóstico e ponto de partida da teoria crítica de Frankfurt, que busca maios de se emancipar da razão instrumental do capitalismo para além do fatalismo marxista. Em suma, para Honneth, Marx estava certo, embora incompleto, no diagnóstico, porém equivocado na proposta normativa perante para a emancipação moral e política.

6. A LUTA POR RECONHECIMENTO DE AXEL HONNETH: O AMOR, O DIREITO E A SOLIDARIEDADE

> O exercício interpretativo sobre as possibilidades hodiernas de transformação da realidade social é concretizada por Honneth a partir da estrutura constitutiva da relação de reconhecimento, historicamente modificada pelo processo de desenvolvimento da sociedade moderna em oposição à sociedade anterior. Essa composição sob a categoria de igualdade jurídica universal enquanto conteúdo normativo das novas relações intersubjetivas são estabelecidas no bojo do processo de universalização do direito e individualização da moral. (CARVALHO,2011, p.39)

Ao tentar elucidar os processos de mudança social por meio da categoria do reconhecimento, Honneth adotou como alicerce a noção hegeliana de intersubjetividade constitutiva da natureza humana para afirmar que os indivíduos se sabem indivíduos a partir do contato com o outro, mediado por uma luta de por reconhecimento em três esferas da experiência humana: o amor, o direito e a solidariedade. O processo de construção das identidades individual e coletiva dos seres humanos depende, sob essa perspectiva, da relação intersubjetiva de reconhecimento, cuja ausência, decorrente de experimento de desrespeito social, pode originar uma ação social para reconhecimento do indivíduo. (HONNETH, 2003, p.155)

A teoria crítica esta presente na filosofia de Honneth, pois ele perquiri uma possibilidade de emancipação social. Honneth procura, outrossim, adotar o conflito social para compreender os processos de mudança social, cujo fundamento moral é a luta pelo reconhecimento, que, em última instância, é constitutiva dos processos de construção das identidades. Honneth privilegia os conflitos originados por uma experiência de desrespeito social que consegue alcançar afetivamente o indivíduo no sentido de violar o seu processo de autorrealização; o sentimento de injustiças experimentado coletivamente conduz a uma ação cuja finalidade é restabelecer as condições para o reconhecimento da dignidade dos indivíduos desrespeitados. Honneth explicita que, quando fala de força moral dos conflitos sociais, refere-se "aos atributos desejáveis ou obrigatórias das relações existentes entre os sujeitos", os quais resultam da estrutura de reconhecimento, quando pensados a partir de uma visão de justiça apregoa pelo reconhecimento da dignidade a partir de uma ordem social fundada na igualdade juridicamente respaldada; são os conflitos sociais por reconhecimento que se encontram, na teoria de Honneth, a orientação para emancipação, no sentido de escolhas espontâneas, e a possibilidade de um desempenho crítico que leve à mobilização. (CARVALHO,2011, p. 43)

A primeira forma de reconhecimento apresentada por Honnteh é o amor. (HONNETH, 2003, p.159) O amor é observado como núcleo fundamental de toda a moralidade, sendo responsável "pela base de autonomia necessária para a participação na vida pública." (HONNETH, 2003, p.178). Aquele torna-se de vital importância, pois naquele reside a possibilidade do alargamento da autoconfiança enquanto primordial para a autorrealização individual.

Quanto à forma de reconhecimento do direito, Honneth tenta elucidar como os indivíduos podem compreender a si mesmos como sujeitos de direito ao tentar determinar qual o tipo específico de reconhecimento e de autorrelação correspondente estão estruturalmente inscritos na relação jurídica. A princípio Honneth afirma que a forma de reconhecimento do direito, tendo em vista a elaboração de uma teoria que explique os processos de mudança social por meio da análise da estrutura das relações de reconhecimento, somente obteve condições de apreensão no contexto histórico das sociedades pós-tradicionais quando passaram a vigorar os princípios morais universalistas e uma ordem jurídica, na qual o valor da igualdade de todos os indivíduos se apresenta como um dos pilares de sustentação. (CARVALHO, 2011, p. 53)

Deste modo, a forma do reconhecimento do direito deve corresponder um respeito que seja capaz de conduzir ao reconhecimento do outro como pessoas de direito. O filósofo analisa o processo de construção e afirmação dos direitos fundamentais a partir da perspectiva dos três momentos relativos aos diretos de liberdade individual, aos direitos de participação política e aos direitos sociais.

(HONNETH, 2003, p.191) Ele fala de uma luta de ampliação dos direitos fundamentais sustentada pelo alicerce da igualdade no direito moderno, além de propiciar a ampliação do conteúdo material do direito, que de acordo com Honneth, altera o aspecto objetivo da qualidade do sujeito imputável moralmente; faz com que sejam alcançadas mais pessoas e, consequentemente, mais grupos. Para Honneth, isso significa que estão escritas na estrutura do reconhecimento do direito "duas possibilidades evolutivas", sendo a esfera jurídica local onde se desenvolvem uma luta por reconhecimento capaz de promover desenvolvidos sociais: "portanto, os confrontos práticos, que se seguem por conta da experiência denegada ou do desrespeito, representam conflitos em torno da ampliação tanto do conteúdo material como do alcance social do status de uma pessoa de direito. (HONNETH, 2003, p.194) Assim, como padrão do reconhecimento jurídico, os potenciais evolutivos retirados dessa forma são denominadas para Honneth de generalização e materialização. O conteúdo material do direito se amplia para considerar legalmente "as diferenças nas oportunidades disponíveis aos indivíduos para perceberem suas liberdades intersubjetivamente garantidas. (HONNETH, 2003, p.86)

O terceiro estágio de reconhecimento para Honneth é o da estima social. Ele tem em vista as relações de solidariedade que se tornam possíveis dentro do contexto moderno e que estão ligados à comunidade de valores construídos socialmente por meio de lutas por reconhecimento. Honneth explica que a estima social sofre dois processos de transformação, os quais se encontram em tensão: 1. o da universalização jurídica da "honra" até tornar-se "dignidade" e 2. o da privatização da "honra" até torna-se "integridade" (CARVALHO, 2011, p. 59). No primeiro, uma porção de reputação social de todos os indivíduos, agora, igualmente, valorados como sujeitos de direito, passando a ser protegido juridicamente sob a designa da dignidade humana.

Essa igualdade jurídica, em oposição à forma coletivista de consideração das propriedades individuais, exige a abertura das "convicções axiológicas socialmente integradas" para alcançar as "distintas formas de autorrealização pessoa" dos membros da sociedade e quanto elas contribuem praticamente para a realização dos objetivos sociais abstratamente definidos. Nesse toar, o entendimento sobre o quanto de contribuição de valores éticos partilhados, depende de uma continua atividade interpretativa das finalidades sociais; nessa "práxis exegética" reside uma "luta permanente" dos diversos grupos pela valorização social das suas formas particulares de vida.

7. O EMPODERAMENTO DO INDIVÍDUO ATRAVÉS DA MEDIAÇÃO

Na teoria do reconhecimento de Axel Honneth, o indivíduo depende da aquiescência intersubjetiva para formar sua personalidade e ser reconhecido como pessoa. Quando esta confirmação social não ocorre, surge uma lacuna psíquica na personalidade do indivíduo. Para Honneth, o motivo para tanto é a dependência constitutiva do ser humano da experiência: para alcançar uma auto relação bem sucedida, ele depende do reconhecimento intersubjetivo de suas capacidades e realizações. Logo na visão de Honneth, o individuo necessita da aprovação do outro para que seu processo de formação de personalidade esteja completo e em uma constante.

Desta forma, se ocorre um conflito na relação intersujetiva, o processo de reconhecimento esta afetado e prejudicado, pois os indivíduos acabam encontrando o dissenso e, de maneira egoística, acabam desqualificando as capacidades do seu ex adverso no conflito. Contudo, Honneth vislumbra no conflito uma forma dos indivíduos partirem para uma luta por reconhecimento para não persistirem nos problemas oriundos do desmerecimento e do desprestigio visto pelo outro indivíduo.

Em um mundo em que o conflito permeia as relações intersubjetivas, ocorre a colisão entre os exercícios dos direitos individuais. Quando isso ocorre, o sujeito de direitos expõe perante ao Poder Judiciário o resultado de sua autorreflexão. Desta forma, a reflexão individual passa a integrar a sentença judicial. Contudo, neste processo apenas um indivíduo parte na contenda cairá com seu reconhecimento restabelecido. Do outro lado, teremos um indivíduo frustrado, insatisfeito e com seu processo de reconhecimento abalado.

A mediação seria o meio pelo qual os indivíduos ponderariam sobre o conflito e em uma relação dialética entre autoafirmação e reconhecimento. Pelo agir comunicativo, o comportamento pode evoluir, circular e dialeticamente, entre a apropriação (autodeterminação) e a empatia (reconhecimento), fazendo com que não haja um vencedor no conflito e sim colaboradores que chegam a um consenso do que atende a ambos. Logo, possuímos um conflito solucionado e as partes envolvida possuindo o reconhecimento e a estima que necessitam para não corromperem o processo de formação de suas personalidades.

CONCLUSÃO

Esse trabalho buscou expor a importância da mediação como um dos meios de solução para os conflitos, ampliando sua visão à pacificação e ao reconhecimento, salientando assim, como benefício para a sociedade. No decorrer da pesquisa, pode-se observar que a mediação trabalha em solucionar, da forma menos traumática possível, conflitos oriundos de uma convivência heterogênea.

Os conflitos são inerentes à evolução humana, ou seja, os problemas que envolvem o homem são decorrentes de seu desenvolvimento natural. Assim, comprovou-se que se trata de um processo de não intervenção no processo de reconhecimento dos indivíduos. Dessa forma, a mediação, por ser um dos instrumentos de solução extrajudicial, consegue pacificar a lide dentro da relação intersubjetiva como um elo, sendo de uso adequado da comunicação, ou seja, pelo diálogo, consolidando reconhecimento entre as partes. Assim, constatou-se que a mediação é possível e eficiente, pois resgata o respeito e o afeto da humanização do conflito entre as partes através do diálogo e que, com isso, pode-se afirmar que a mediação é um auxílio para a pacificação no âmbito social.

Por fim, conclui-se que, sendo o conflito inerente ao processo natural do homem, este passa a entendê-lo e resolvê-lo com a humanização dos problemas e que com os princípios humanos, respaldados em meio ao diálogo da mediação, no sentido de valorizar a pessoa humana diante do litígio, torna-se capaz de solucionar os conflitos respeitando o processo de reconhecimento dos indivíduos.

REFERÊNCIAS BIBLIOGRÁFICAS

ADORNO, Theodor W.; HORKHEIMER, Max. Teoria tradicional e teoria crítica. In: ADORNO, Theodor W.; ARANTES, Otília B. F.; BENJAMIN, Walter; HABERMAS, Jürgen; HORKHEIMER, Max; LOPARIC, Zeljko. **Textos escolhidos.** São Paulo: Abril Cultural, 1975. (Os pensadores)

CARVALHO, Camila Magalhaes. Por uma perspectiva crítica de direitos humanos: o caso das cotas para a população negra no acesso ao ensino superior público. 2011. 178f. .Dissertação (Mestrado em Direito), USP, São Paulo. 2011.

DE VASCONCELOS, Carlos Eduardo. Mediação de conflitos e práticas restaurativas. **Editora Forense Jurídica**, v. 2, 2008.

FRASER, Nancy. "Da Redistribuição ao Reconhecimento? Dilemas da Justiça na Era Pós-Socialista". In: SOUZA, J. (org) Democracia Hoje. Brasília, ed. UNB, 2001.

HABERMAS, Jürgen. **Direito e democracia: entre facticidade e validade.** 2. ed Rio de Janeiro: Tempo Brasileiro, 2003. (2 volumes)

_________. Teoria da ação comunicativa. In: Freitag, Barbara. A teoria crítica: Ontem e Hoje. 3.ed. São Paulo: Editora brasiliense; 1990. p. 52-65.

HONNETH, Axel. **Freedom's Right: The Social Foundations of Democratic Life.** New York: Columbia University Press, 2014.

_________. **Luta por reconhecimento: a gramática moral dos conflitos sociais**. São Paulo: Ed34, 2003.

_________. Reconhecimento ou redistribuição? A mudança de perspectivas na ordem moral da sociedade. In: SOUZA, J.; MATTOS, P. (Org.).Teoria crítica no século XXI. São Paulo: ANNABLUM, 2007.

LUCHI, José Pedro. Propedêutica habermasiana ao Direito. **Sofia**, Vitória-ES, n.VII, p. 175-200, 2001.

NEVES, Marcelo. A força simbólica dos direitos humanos. **Revista Eletrônica de Direito do Estado**, n. 4, 2005.

NOBRE, Marcos. "Luta por reconhecimento: Axel Honneth e a Teoria Crítica". In: HONNETH, A. Luta por reconhecimento: a gramática moral dos conflitos sociais. São Paulo: Ed. 34, 2003, p.7-19.

RIBEIRO W. C.; JULIO, R..S. Direito e sistemas públicos de saúde nas constituições brasileiras. **Revista NEJ – Eletrônica**, Vol. 15 – n. 3 – p. 447-460, 2010.

RODRIGUES JUNIOR, Walsir Edson. **A prática da mediação e o acesso à justiça**. Belo Horizonte: Editora: Del Rey, 2006. p. 85-93.

STOTZ, E. N. **Caderno de monitoramento epidemiológico e ambiental**, Rio de Janeiro, nº4, p.1-24, set. 2013.

VINCENZI, Brunela Vieira de . É digno ser humano? Ou És digno, ser humano?**. Revista de Direito Constitucional e Internacional**, São Paulo, v. 21, p. 75-82, 2013.

_________. Guinada Semântica: Indivíduo, Pessoa, Individualização e Sujeito de Direitos Fundamentais. In: CARLINI, Angélica Luciá; NALINI, José Renato. (Org.).Direitos Humano e Formação Jurídica. 1.ed.. Rio de Janeiro: Editora Forense, 2009, p. 99-116.

TAYLOR, Charles. **Argumentos filosóficos. São Paulo: Loyola, 2000.**

CAPÍTULO 22

Conflitualidade Imanente e Resolutividade Construída: Perspectivas da Lei de Mediação sob as lentes da Oralidade

Emerson Garcia[1]

SUMÁRIO: 1. ASPECTOS INTRODUTÓRIOS; 2. A CONFLITUALIDADE IMANENTE À CONDIÇÃO HUMANA; 3. A RESOLUTIVIDADE CONSTRUÍDA PELO MEDIADOR; EPÍLOGO; REFERÊNCIAS BIBLIOGRÁFICAS.

1. ASPECTOS INTRODUTÓRIOS

A mediação, em seus contornos mais basilares, é um processo consensual de resolução de conflitos em que terceira pessoa, neutra e imparcial, o mediador, auxilia as partes na obtenção voluntária da melhor solução para a disputa que polariza os seus interesses. O mediador não impõe uma decisão às partes, o que denota atividade ontologicamente distinta daquela desempenhada pelo árbitro, escolhido justamente com esse objetivo. Diversamente ao que se verifica quando se submete o litígio à apreciação do Poder Judiciário ou à arbitragem, não se verifica a *substitutividade*,[2] já que, a exemplo do que ocorre na conciliação, as partes continuam a conduzir o processo decisório.[3]

---

1. Doutor e Mestre em Ciências Jurídico-Políticas pela Universidade de Lisboa. Especialista em Education Law and Policy pela European Association for Education Law and Policy (Antuérpia – Bélgica) e em Ciências Políticas e Internacionais pela Universidade de Lisboa. Membro do Ministério Público do Estado do Rio de Janeiro, Consultor Jurídico da Procuradoria-Geral de Justiça e Diretor da Revista de Direito. Consultor Jurídico da Associação Nacional dos Membros do Ministério Público (CONAMP). Membro da American Society of International Law e da International Association of Prosecutors (Haia – Holanda).
2. A substitutividade denota que alguém exerce atividade inerente a outrem. Cf. CHIOVENDA, Guiseppe. Instituições de Direito Processual Civil (*Istituzioni di Diritto Processuale Civile*), vol. II. Trad. de MENEGALE, J. Guimarães. São Paulo: Saraiva, 1969, p. 10-11. Se a atividade de substituição desempenhada pelo Poder Judiciário é ampla, projetando-se nos momentos cognitivo, decisório e executório, tal não se verifica, em relação ao árbitro, no momento executório. Apesar de sua decisão, pela sistemática legal brasileira, ter a natureza de título executivo judicial, os atos de coerção serão sempre praticados por órgão jurisdicional.
3. Alguns veem a mediação como um *subproduto* da conciliação. Cf. ANTAKI, Nabil. *Les contrats de médiation commerciale, in* SAMSON, Claude e MCBRIDE, Jeremy (org.). *Solutions de rechange au ràeglement des conflits*. Sainte-Foy: Les Presses de L'Université Laval, 1993, p. 2 (3).

Em certos aspectos, a mediação também se distingue da conciliação, na qual o conciliador costuma propor soluções diretas, não estando necessariamente comprometido com um processo de construção voluntária de alternativas para a superação do problema.[4] O mediador "é um *conciliador mais intervencionista*",[5] participando intensamente do processo de construção da solução adequada. A diferença entre as figuras, portanto, refle mais uma questão de atitude que de essência.

Em razão de suas próprias características, a mediação exige o desenvolvimento de concepções ideológicas, científicas e pragmáticas voltadas a esse objetivo, de modo a facilitar a compreensão mútua e a solução compartilhada de problemas. [6]

É nítida a vantagem oferecida pela mediação em termos de pacificação social, já que as próprias partes são direcionadas à obtenção da solução que mais se aproxima dos seus interesses. Cedem naquilo que entendem conveniente ceder. Insistem naquilo que descaracterizaria a própria essência do seu direito. Não é por outra razão que muitos Estados contemporâneos não só estimulam a mediação como criam estruturas orgânicas destinadas a esse objetivo.[7] No plano internacional, a mediação é historicamente utilizada como um meio de solução pacífica dos conflitos.[8] [9]

4. A participação das partes na busca voluntária da solução do litígio também é considerada uma das características essenciais do processo de mediação pela Seção 2 (1) do *Uniform Mediation Act*, de 2001, que busca orientar a uniformização da temática nos âmbito dos Estados-membros da Federação norte-americana. No mesmo sentido, tem-se o § 1º, Abs 1, da *Mediationsgesetz*, de 21 de julho de 2012, que regula a matéria no direito germânico (*"Mediation ist ein vertrauliches und strukturiertes Verfahren, bei dem Parteien mithilfe eines oder mehrerer Mediatoren freiwillig und eigenverantwortlich eine einvernehmliche Beilegung ihres Konflikts anstreben"*); e o § 1º, Abs. 1, da *Bundesgesetzes über Mediation in Zivilrechtssachen* (*Zivilrechts-Mediations-Gesetz – ZivMediatG*), que disciplina a temática na Austria.
5. ANTAKI. *Les contrats de médiation...*, p. 7.
6. Cf. BLACK, Henry Campbell. *Black's Law Dictionary*. 6ª ed. St Paul: West Publishing, 1990, p. 981.
7. No direito norte-americano, merece referencia o *Mediation and Conciliation Service*, órgão independente do governo federal, com competência para resolver os conflitos decorrentes de relações de trabalho mediante conciliação e mediação. Vide: 29 *U.S.C.A*, § 172 e ss..
8. Os meios de resolução pacífica de controvérsias no plano internacional são (1) a negociação direta, em que as partes, diretamente, chegam a um acordo; (2) o inquérito, no qual uma comissão é instituída para a apuração dos fatos; (3) os bons ofícios, em que outro sujeito de direito internacional busca aproximar as partes; (4) o grupo de contato, que tem o objetivo de obter informações a respeito do interesse das partes em negociar; (5) a mediação, em que um terceiro Estado participa das negociações, auxiliando na composição entre as partes (6) a conciliação, na qual uma comissão desvinculada das partes propõe uma solução; (7) a arbitragem, em que um terceiro, de natureza singular ou colegiada, decide a questão; e (8) a decisão judicial, na qual um tribunal permanente, cuja jurisdição é reconhecida pelas partes, resolve a questão. Cf. MIRANDA, Jorge. Curso de direito internacional público. Cascais: Principia, 2002, p. 262-263.
9. Sobre a evolução histórica dos meios de resolução alternativa de conflitos, vide o interessante trabalho de Jerome T. Barret: *A History of Alternative Dispute Resolution. The Story of a Political, Cultural, and Social Movement*. San Francisco: Josey-Bass, 2004.

No direito brasileiro, a Constituição de 1988, logo em seu preâmbulo, afirma o seu comprometimento, *"na ordem interna e internacional, com a solução pacífica das controvérsias"*. No plano infraconstitucional, a conciliação e a arbitragem há muito foram incorporadas à nossa realidade. Especificamente em relação à mediação, apenas em 2015 o instituto passou a receber tratamento legislativo autônomo.[10]

A Lei nº 13.105, de 16 de março de 2015, que veiculou o Novo Código de Processo Civil (NCPC) e cuja *vacatio legis* estende-se por um ano, a contar da sua publicação,[11] tratou da conciliação e da mediação em seus arts. 165 a 175. O conciliador atuará, preferencialmente, nas situações em que não haja vínculo anterior entre as partes e poderá sugerir soluções para o litígio. O mediador, por sua vez, atuará, preferencialmente, nos casos em que haja um vínculo anterior entre as partes e buscará conduzi-las à compreensão recíproca e à construção da solução adequada. Também foi prevista a criação, pelos entes federativos, de câmaras de mediação e conciliação, destinadas à solução consensual de conflitos no âmbito administrativo. O seu art. 175, por sua vez, dispõe que *"[a]s disposições desta Seção não excluem outras formas de conciliação e mediação extrajudiciais vinculadas a órgãos institucionais ou realizadas por intermédio de profissionais independentes, que poderão ser regulamentadas por lei específica"*. Previu-se, assim, a possibilidade de maior detalhamento desses institutos em lei própria.

Em momento posterior, foi promulgada a Lei nº 13.140, de 26 de junho de 2015, que dispôs sobre a mediação. Esse diploma normativo estabeleceu os princípios estruturais do instituto; o critério de escolha e a postura esperada dos mediadores extrajudiciais e judiciais; e o procedimento a ser seguido. Dispôs, ainda, sobre a autocomposição de conflitos em que figure como parte pessoa jurídica de direito público, cujo objetivo básico é o de estimular a resolução de disputas, individuais ou coletivas, judicializadas ou não, a partir da atuação de estruturas orgânicas criadas no âmbito da Administração Pública com esse objetivo específico.

A mediação pode ser vista como mais uma das pontes criadas pela ordem jurídica com o objetivo mor de estimular a consensualidade entre as partes e evitar que a disputa seja resolvida pelo Poder Judiciário, ator independente e cuja escolha é estranha à liberdade valorativa dos interessados. O acesso a

10. Os instrumentos de solução consensual de controvérsias estão incluídos na *terceira onda* de acesso à concepção material de justiça, sendo as duas primeiras integradas pela assistência judiciária e pela tutela dos interesses difusos. Cf. CAPPELLETTI, Mauro e GARTH, Bryant. Acesso à Justiça (*Access to justice – The Worldwide Movement to Make Rights Effective. A General Report*). Trad. de NORTHFLEET, Ellen Gracie. Porto Alegre: Sérgio Antonio Fabris Editor, 1988, p. 31 e 81; e CÂMARA, Alexandre Freitas. Arbitragem. Lei nº 9.307/1996. 3ª ed. Rio de Janeiro: Lumen Juris, 2002, p. 9.

11. NCPC, art. 1.045.

essa ponte ocorre por duas entradas distintas, a mediação judicial e a extrajudicial, conforme a questão esteja, ou não, judicializada, e o caminho é pavimentado pelos princípios, expressos ou implícitos, afetos a essa seara.

A dogmática contemporânea[12] tem reconhecido o caráter normativo dos princípios e a necessidade de serem sempre considerados pelo operador do direito ao delinear a solução do caso concreto. Apresentam maior abertura semântica, o que possibilidade a compressão ou o elastecimento do seu conteúdo com relativa facilidade, observando-se, sempre, os influxos sociais, e possuem uma natureza essencialmente conflitual, sendo relativamente comum que uma pluralidade de princípios colidentes se projete sobre a mesma situação concreta, de modo que o princípio prevalecente será identificado conforme as circunstâncias fáticas e jurídicas subjacentes ao caso.

A doutrina, ademais, costuma atribuir aos princípios uma funcionalidade bem diversificada. Podem assumir, por exemplo, as funções (1) interativa, de modo a permitir a penetração da moral no direito, com o correlato afastamento dos dogmas do positivismo clássico; (2) interpretativa, contribuindo para o delineamento do significado a ser atribuído aos enunciados normativos e facilitando a sua contínua adequação aos valores socioculturais; (3) integrativa, atuando no aperfeiçoamento do conteúdo de outros padrões normativos ou colmatando as lacunas existentes; e (4) ordenatória, fixando diretrizes comportamentais e servindo de paradigma para a aferição da juridicidade dos atos praticados no ambiente sociopolítico, o que a valoração simultânea dos fatos à luz das regras e dos princípios que lhes são subjacentes. De modo mais sintético, também é possível falarmos em funções positiva, em razão da influência que exercem na forma e na essência das decisões jurídicas, e negativa, por excluírem os valores colidentes e as normas que os prestigiem.[13]

Com os olhos voltados à importância assumida pelos princípios jurídicos, é fácil concluir que nenhuma atividade intelectiva voltada à individualização da norma de conduta e à sua consequente projeção na realidade pode desconsiderá-los. E com a mediação, instrumento destinado à solução consensual de conflitos, não poderia ser diferente. Nesse particular, o NCPC estabeleceu, em seu art. 166, *caput*, um conjunto de princípios comuns à conciliação e à mediação, que são os "*da independência, da imparcialidade, da autonomia da vontade, da confidencialidade, da oralidade, da informalidade e da decisão informada*".

12. Vide, de nossa autoria: Conflito entre Normas Constitucionais. Esboço de uma Teoria Geral. 2ª ed. São Paulo: Saraiva, 2015, p. 226-228; e Interpretação Constitucionais. A resolução das conflitualidades intrínsecas da norma constitucional. São Paulo: Atlas, 2015, p. 86 e ss.
13. Cf. LARENZ, Karl. *Derecho Justo, Fundamentos de Ética Jurídica (Richtiges Recht, Grundzüge einer Rechtsethik)*. Trad. de DÍEZ-PICAZO, Luis. 1ª ed. Reimp. Madrid: Civitas Ediciones, 2001, p. 33 e ss..

Pouco depois, o art. 2º da Lei nº 13.140/2015 estatuiu um rol específico de princípios direcionado à mediação, o qual não reproduz, em sua literalidade, o anterior, *verbis*: *"I – imparcialidade do mediador; II – isonomia entre as partes; III – oralidade; IV – informalidade; V – autonomia da vontade das partes; VI – busca do consenso; VII – confidencialidade; VIII – boa-fé"*. Como se percebe, somente o NCPC faz menção aos princípios da independência e da decisão informada, enquanto a Lei nº 13.140/2015 inova com os princípios da isonomia entre as partes, da busca do consenso e da boa-fé. Ainda que cada um desses princípios contribua para a melhor compreensão da mediação, é factível que alguns princípios expressos já estariam implícitos no próprio sistema, não sendo propriamente uma inovação.

Na medida em que o NCPC dispôs, em seu art. 175, que a disciplina geral por ele veiculada não excluía a possibilidade de regulamentação específica, é evidente que todos os princípios enunciados coexistem. Afinal, não colidem entre si. A partir dessa constatação, direcionaremos nossa breve abordagem ao princípio da oralidade, mas especificamente à sua inegável importância na operacionalização de todos os demais. Trata-se do princípio que instrumentaliza o processo de comunicação entre o mediador e as partes. E sem comunicação simplesmente não há mediação possível.

Se a oralidade é o cerne da mediação, espera-se que o mediador seja extremamente hábil ao manejá-la. Essa sentença é justificável ao constatarmos que a condição humana é, na essência, conflitual. Caberá ao mediador insurgir-se, em primeiro lugar, contra esse *standard* comportamental inato e, ato contínuo, construir as condições adequadas à resolutividade do problema, momento em que deverá estar atento a todas as nuances da linguagem. Para que esses objetivos sejam alcançados, é necessário que o mediador seja *"treinado em técnicas de negociação e de facilitação,"*[14] compreendendo, acima de tudo, a psicologia do agir humano e o modo como as pessoas interagem. Nesse treinamento, não podemos ignorar a advertência de Neuvians,[15] no sentido de que *"a mediação está fática e normativamente integrada ao plano de trabalho dos juristas"*, o que dignifica dizer que um mediador deve ter amplos conhecimentos da sistemática jurídica para que possa contribuir para a construção de uma solução que seja não só justa como também válida e exequível.

---

14. GUMBINER, Kenneth. *An overview of alternative dispute resolution, in* ATLAS, Nancy F., HUBER, Stephen K. e TRACHTE-HUBER, E. Wendy. *Alternative Dispute Resolution. The Ltigator's Hndbook*. USA: American Bar Association, 2000, p. 1 (6). A *Mediationsgesetz* alemã, de 21 de julho de 2012, dispõe, em seu § 5º, que o mediador deve receber treinamento regular e contínua atualização, de modo a ter conhecimento teórico e experiência prática que o habilitem a conduzir as partes no processo de mediação.
15. *Mediation in Familienunternehmen. Chancen und Grenzen des Vrfahrens in der Konfliktdynamik*. Heidelberg: Gabler Verlag, 2011, p. 177.

2. A CONFLITUALIDADE IMANENTE À CONDIÇÃO HUMANA[16]

A capacidade intelectiva e a racionalidade inerentes à espécie humana, ao conferirem características específicas ao ser e ao agir de cada indivíduo, tornam-se o estopim para o surgimento da conflitualidade, que se integra à própria rotina da convivência humana.[17] A pluralidade de racionalidades é naturalmente contrária à unidade de pensamentos. As zonas de convergência, conquanto existam, são sempre relativas, o que também assegura um amplo campo para o surgimento dos conflitos.

As zonas de conflito podem ser concebidas em diversos planos, principiando pelas relações intersubjetivas de base, envolvendo apenas duas pessoas com interesses antagônicos, e estendendo-se até alcançar contornos mais amplos, contrapondo Estados, conjuntos de Estados ou organizações internacionais, culminando no surgimento de situações de divergência entre esferas de poder totalmente autônomas entre si.[18]

As sociedades pluralistas contemporâneas, marcadas pela tolerância com as opiniões alheias, estimulam o conflito de individualidades,[19] o que decorre da constante tensão dialética entre os referenciais de identidade, imprescindível à coesão social, e diferença, não menos importante ao evolver da sociedade,[20] mutável por excelência, sempre direcionada pelas novas ondas da cultura.

De um modo tanto quanto paradoxal, apesar de a conflitualidade ser um padrão de oposição, não de convergência, ela não é necessariamente um fator de desagregação social. A divergência, em verdade, pode ser o primeiro passo para a convergência, sendo um fator de grande importância para o desenvolvimento social. Bobbio[21] já observara, em relação ao costume, que sua gênese está nos conflitos sociais existentes em dada sociedade, que, pouco a pouco, possibilitam o surgimento de zonas de consenso.

No âmbito das estruturas estatais de poder, os conflitos podem estar associados à dinâmica das relações institucionais, contribuindo para o exercício

16. As ideias aqui expostas seguem o que afirmamos em Interpretação Constitucional..., p. 12 e ss..
17. Cf. BEATY, David M.. *The Ultimate Rule of Law*. New York: Oxford University Press, 2004, p. 1.
18. Cf. FISCHER-LESCANO, Andreas e TEUBNER, Gunther. *Regime-Kollisionen. Zur Fragmentierung des globalen Rechts*. Frankfurt a. M.: Suhrkamp, 2006, p. 72 e ss..
19. Cf. FISCHER-LESCANO, Andreas. *Prozedurale Rechtstheorie: Wiethölter, in* BUCKEL, Sonja, CHRISTENSEN, Ralph e FISCHER-LESCANO, Andreas (orgs.). *Neue Theorien des Rechts*. 2ª ed. Stuttgart: Lucius & Lucius, 2009, p. 75 (84-85).
20. Cf. ROSENFELD, Michel. *L'égalité et la tension dialectique entre l'identité et la différence, in RDCA*, abr.-jun./2010, p. 177 (177 e ss.).
21. *Consuetudine (teoria generale), in Enciclopedia del Diritto*. Vol. IX (1961). Milano: Giuffrè, 2007, p. 426 (426, § 1º).

equilibrado e plenamente jurígeno do poder estatal. Essa, aliás, é a essência da própria teoria da divisão das funções estatais.

A racionalidade é indicativo de que cada ser humano está apto a concordar ou discordar, construir, obstar ou desconstruir. Em ambientes pluralistas, é uma individualidade com igual voz e importância, sendo impulsionado justamente por essa pluralidade, que surge a partir das inúmeras individualidades reunidas e enseja o surgimento de uma identidade coletiva. O respeito à diversidade é um pressuposto de revitalização do ambiente sociopolítico, que não permanece totalmente estagnado na cega observância a dogmas infalíveis e imutáveis. Esse respeito, à evidência, embora não exclua a plena aceitabilidade da crítica às opções alheias, é de todo infenso ao puro e simples desrespeito ao agir e ao pensar de outrem.[22]

Ao pluralismo encontra-se conectada uma imagem mais complexa de verdade, que tende a acompanhar as divergências inerentes a cada individualidade. Com isso, é reconhecido o caráter relativo da verdade, que passa a ser vista como um referencial de convergência, não de unidade, que pode ser alcançado por uma multiplicidade de percursos distintos.[23]

Desdobramento natural da racionalidade e da divergência, o conflito de interesses pode ser visto como a *"incerteza fundamental da espécie humana."*[24] Em inúmeras ocasiões, não é possível saber, *a priori*, o interesse preferente, o que enseja o surgimento de um estado de dúvida a respeito de cada individualidade e do próprio evolver do ambiente sociopolítico.

O conflito pode ser analisado numa perspectiva vertical ou horizontal.

No plano vertical, temos as relações entre indivíduo e poder, as quais, em ambientes democráticos, se manifestam tanto na formação como na coexistência entre essas figuras: no primeiro caso, na escolha daqueles que exercerão o poder em nome do povo; no segundo, no delineamento de direitos e deveres, de ações e abstenções. Nessas relações, é natural a existência de opiniões divergentes e, consequentemente, de conflitos.

Ainda no plano vertical, constata-se, na seara econômica, a ampla predominância do capitalismo e, por via reflexa, da livre iniciativa, o que torna inevitável a irrupção de conflitos entre a regulação estatal e a liberdade almejada

22. Cf. VOSSKUHLE, Andreas. *Religionsfreiheit und Religionskritik – Zur Verrechtlichung religiöser Konflikte, in EuGRZ*, 37. *Jg, Heft* 18-21, novembro de 2010, p. 537 (540).
23. Cf. COSTA, Pietro. *Diritti fondamentali (storia), in Enciclopedia del Diritto*. Annali II. Tomo 2. Milano: Giuffrè, 2008, p. 365, § 21.
24. DAHRENDORF, Ralf. Ensaios de Teoria da Sociedade. Trad. de MOREL, Regina Lúcia M. Rio de Janeiro-São Paulo: Zahar-EDUSP, 1974, p. 256-257.

pelos detentores dos meios de produção, os quais, não raro, estão em conflito entre si, com a classe operária e os próprios consumidores. As relações econômicas não só são o meio propício para conflitos como, em situações extremas, podem conduzir a rupturas, daí a constante preocupação com políticas de manutenção e inserção social, em especial para as classes menos favorecidas, que permanecem à margem do processo produtivo.

No plano horizontal, marcado pela linearidade das posições fático-jurídicas, o conflito põe em oposição individualidades marcadas pela racionalidade e que estão ao amparo da ordem jurídica. Aqui, a preeminência está restrita à maior envergadura dos argumentos e dos meios de prova apresentados, não à superioridade de um dos contendores em relação ao outro.

A necessária coexistência entre *pluralismo* e *divergência* torna frequentes os debates a respeito do modo de convivência entre ideias e pensamentos colidentes e entre maiorias e minorias,[25] o que, a depender dos balizamentos existentes, pode intensificar ou diminuir as situações de conflito. O pluralismo indica que não existem, na sociedade, critérios objetivos de bem, verdade e justiça. A realidade é mutável e mutável é, igualmente, o juízo valorativo que cada indivíduo faz ao seu respeito e a respeito da sociedade. É natural que cada grupo social tenda a privilegiar interesses específicos, bem como que uma pessoa normal tenha interesses comuns com grupos bem diferentes entre si.[26] É justamente dessa interação que deriva a estabilidade do ambiente sociopolítico e a consequente harmonia existencial entre interesses divergentes e aparentemente inconciliáveis.

O pluralismo deve ser reconhecido sob uma pluralidade de pontos de vista (artístico, religioso etc.), tendo especial relevo, para o ambiente democrático, em sua feição política.[27] Nesse particular, o pluralismo político é o alicerce estrutural de qualquer regime liberal, no qual inexiste uma verdade oficial, havendo, apenas, uma opinião majoritária, fruto da igual manifestação e consideração de todas as opiniões exaradas por cada individualidade. Deve-se lembrar que o livre aflorar de opiniões contribui para dinamizar a interação recíproca entre os grupos de interesses e o Estado, que atuam como participantes do discurso político,[28] impedindo a estagnação do debate.

---

25. Cf. HWANG, Shu-Pern. *Rechtsanwendung in der pluralistischen Demokratie, in Der Staat, 46. Band, Heft 3*, 2007, p. 442 (452-455).
26. Cf. CRAIG, Paul P.. *Public Law and Democracy in the United Kingdom and the United States of America*. Oxford: Clarendon Press, 1990, p. 60.
27. Cf. DEBBASCH, Charles, BOURDON, Jacques, PONTIER, Jean-Marie e RICCI, Jean-Claude. *Droit Constitutionnel et Institutions Politiques*. 3ª ed. Paris: Economica, 1990, p. 197.
28. Cf. JANOSKI, Thomas. *Citizenship and Society. A Framework of Rights & Obligations in Liberal, Traditional, and Social Democratic Regimes*. Cambridge: Cambridge University Press, 1998, p. 117.

Para que seja possível o reconhecimento e a correlata compatibilização das liberdades, inerentes à concepção de pluralismo, é necessária uma visão específica a respeito das distintas práticas existentes, tanto por parte dos contendores como pelo observador externo. Esse especial modo de ver a diversidade costuma ser retratado pelos referenciais de *neutralidade* ou de *tolerância*.

A neutralidade denota imparcialidade, impedindo a adesão explícita ou o apoio a qualquer dos posicionamentos existentes. A tolerância, por sua vez, assume contornos menos radicais, partindo da premissa de que a sociedade é integrada por inúmeras esferas existenciais, formadas por ideias e comportamentos, que não podem ser identificadas a partir de um entendimento pré-concebido.[29]

A tolerância apresenta contornos essencialmente negativos. Denota uma postura de abstenção em relação às posições divergentes,[30] mas não obsta a adesão àquelas consideradas convergentes. A neutralidade não só exige a abstenção como veda a adesão. No âmbito das estruturas estatais de poder, é comum a oscilação entre esses dois extremos: enquanto as questões religiosas costumam ser tratadas com neutralidade, de modo a prevalecer a laicidade do Estado, as econômicas, ainda que seja reconhecida a livre iniciativa, não costumam obstar a intervenção do Estado em setores específicos do mercado ou, mesmo, o aprimoramento da infraestrutura, oferecendo tratamento diferenciado aos setores considerados prioritários para a economia do País. Apesar de o pluralismo se compatibilizar com ambas, é preciso verificar, com cuidado, a funcionalidade de cada comportamento. Mediadores, conciliadores e árbitros, no exercício da função, hão de ser neutros, não meramente tolerantes, isso sob pena de não terem a imparcialidade indispensável ao exercício da função.[31]

Identificar corretamente os diversos grupos representativos da sociedade; compreender os respectivos referenciais de identidade e aspiração; e adotar práticas normativas e sociais, que permitam a sua integração e efetiva participação no espaço público, são indispensáveis para que a conflitualidade associada à sua existência seja apenas um antecedente à agregação e ao

29. Cf. VERZA, Annalisa. *Neutrality Toward Microdifferences, Toleration Toward Macrodifferences, in* TROPER, Michel e VERZA, Annalisa. *Legal philosophy: general aspects : (concepts, rights and doctrines) : proceedings of the 19th World Congress of the International Association for Philosophy of Law and Social Philosophy (IVR), New York, June 24-30, 1999*, Vol. 82 de *ARSP*. Sttutgard: Franz Steiner Verlag, 2002, p. 99 (99).
30. Cf. SADURSKI, Wojciech. *Freedom of Speech and Its Limits*. The Netherlands: Springer, 2001, p. 31-35.
31. SPENCER, David e BROGAN, Michael. *Mediation Law and Practice*. New York: Cambridge University Press, 2006, p. 91; HOPT, Klaus J. e STEFFEK, Felix. *Mediation: Comparison of Laws, Regulatory Models, Fundamental Issues, in* HOPT, Klaus J. e STEFFEK, Felix (org.). *Mediation. Principles and Regulation in Comparative Perspective*. Oxford: Oxford University Press, 2013, p. 3 (13).

aperfeiçoamento sociais, não um fator de desagregação.[32] A preservação da diversidade não prescinde de opções e ações políticas que reconheçam a sua existência e, além disso, estimulem o seu desenvolvimento, daí falarmos numa *"política de reconhecimento cultural"*.[33] Sem o reconhecimento dessa natureza, que é dinâmica e flexível,[34] não há tolerância e muito menos proteção. Acresça-se que a não inserção de certos grupos ou práticas no universo da cultura tende a marginalizá-los, comprometendo a sua própria existência.

Rawls[35] há muito observara que o *"ideal de cidadania"* impõe o dever moral, verdadeiro *"dever de civilidade"*, de estar disposto a ouvir os outros e de ser equânime ao decidir se é possível realizar ajustes para conciliar os próprios pontos de vista com os demais. Dessa maneira, será possível formar uma *"esfera de confiabilidade"*[36] no ambiente social, de modo que cada indivíduo possa ver os demais como semelhantes e companheiros, todos imbuídos do propósito de preservar e contribuir para a evolução da sociedade. O êxito do processo de mediação surge justamente a partir do desenvolvimento dessa esfera de confiabilidade.

Não é incomum que algumas ideias, atreladas a certos vetores ideológicos e que ensejem grande mobilização social, gerem a incondicional refutação à opinião alheia. Com isso, a tolerância é suprimida e o conflito contribui para a desagregação social. Quando nos deparamos com o que Sunstein[37] cognominou de *"polarização (ou radicalização) grupal"*, em que prevalece o egocentrismo, a adstrição aos próprios argumentos e a inexorável refutação da opinião alheia, a racionalidade é deixada de lado e o debate é marcado por elevadas doses de emotividade.

Não há processo de comunicação possível sem que cada participante anua em escutar e considerar os argumentos dos demais. Como realçado por Frankenberg,[38] caso o opositor seja *"declarado inimigo"*, são grandes as chances de que a comunicação seja infrutífera; caso o vejamos *"sob o signo da semelhança"*, apesar das divergências práticas, são grandes as chances de superá-las.

---

32. Cf. GEIS, George S.. *Internal Poison Pills*, *in* New York University Law Review. Vol. 84. nº 5, 2009, p. 1169 (1177-1192).
33. TULLY, James. *Une étrange multiplicité: le constitutionnalisme à une époque de diversité* (*Strange Multiplicity: Constitutionalism in an Age of Diversity*). Québec: Presses Université Laval, 1999, p. 2.
34. Cf. TULLY. *Une étrange multiplicité...*, p. 24-25.
35. O Liberalismo Político. Trad. de AZEVEDO, Dinah de Abreu. 2ª ed. 2ª imp. São Paulo: Editora Ática, 2000, p. 266.
36. SÉRVULO DA CUNHA, Sérgio. Fundamentos de Direito Constitucional. Vol. 2. São Paulo: Editora Saraiva, 2008, p. 551.
37. Por que os grupos vão a extremos, *in* Constituição e Crise Política, LEITE SAMPAIO, José Adércio (org.). Belo Horizonte: Del-Rey, 2006, p. 71 (71-72).
38. A Gramática..., p. 180.

3. A RESOLUTIVIDADE CONSTRUÍDA PELO MEDIADOR

A sessão de mediação deve ser iniciada com a apresentação das partes e do mediador.[39] Nesse momento, é importante que as partes sejam informadas das características que distinguem a mediação dos demais instrumentos de resolução não litigiosa de conflitos e dos objetivos a serem voluntariamente alcançados. O mediador, durante as explicações iniciais, deve esclarecer que não possui qualquer poder de coerção, bem como que sua atuação será marcada pela neutralidade. Com isso, buscará facilitar a construção de uma solução adequada pelas próprias partes, que devem concluir pela inconveniência de prosseguir na disputa.[40]

Após as explicações iniciais, cada uma das partes deve realizar um breve relato da sua versão do litígio, de modo a subsidiar o mediador a iniciar o processo de mediação. É importante que o mediador, logo de início, faça que cada uma das partes ouça com atenção os argumentos da outra, iniciando o processo de reflexão a respeito da possibilidade de concordar, total ou parcialmente, com as teses expostas. Para tanto, é necessária grande habilidade no uso da linguagem. Não raro, o mediador precisará atuar como verdadeiro *tradutor* de cada uma das partes, não só para permitir a compreensão da mensagem transmitida como também para, em muitas ocasiões, suavizar o rigor das palavras utilizadas.

É sabido que a linguagem pode despertar uma intensa carga emotiva. Toda mensagem exige o emprego de significantes pelo seu emissor, que nada mais são que as palavras da língua, e a sua correlata recepção pelo destinatário da mensagem, que irá interpretá-los e atribuir-lhes um significado. A comunicação linguística somente será aperfeiçoada caso seja compreensível a todos os participantes, daí a relevância de falarem a mesma língua. Além disso, é aconselhável que as palavras empregadas se ajustem ao nível cultural de ambos, de modo a evitar que a mensagem pensada pelo emissor seja diferente da mensagem compreendida pelo receptor.

Caso haja um desnível cultural entre as partes, é importante que o mediador atue, de maneira intensa e efetiva, para que seja possível a compreensão recíproca. Afinal, não há convergência que passe ao largo da prévia compreensão dos pontos de divergência inicialmente existentes.

Além de ajudar a contornar os percalços da comunicação, o mediador também deve estar atento às palavras que possam despertar uma intensa carga

39. Ainda que as estruturas de poder, a começar pelo Poder Judiciário, ofereçam o serviço de órgãos especializados em mediação, é perfeitamente possível que as partes celebrem contrato com esse objetivo, no qual podem delimitar não só o objeto litigioso como a própria forma de desenvolvimento do processo de mediação. Cf. ANTAKI. *Les contrats...*, p. 11
40. Cf. GUMBINER. *An overview of alternative dispute resolution...*, p. 1 (6).

emotiva no interlocutor. Não é preciso lembrar que, caso a carga seja negativa, o processo de mediação pode ser abortado logo em seu nascedouro.

Certos significantes, como *amor* e ódio, são preponderantemente emotivos, outros, como *cama* e *lençol*, são puramente descritivos. Ainda há aqueles que podem ser usados em sentidos bem diversificados, sendo frequentemente empregados na formação de metáforas, como reto e brilhante. Não é preciso lembrar que, apesar de a sensibilidade poder ser acentuada ou mesmo eliminada, conforme as características do contexto, ela se mostra particularmente intensa na comunicação verbal. Nesse caso, não só as palavras como também os gestos, a expressão facial e a entonação da voz são devidamente considerados pelo interlocutor. Já a comunicação escrita tende a ser menos pessoal e menos emotiva, o que decorre do fato de estar distanciada de uma realidade específica. Apesar disso, o distanciamento emocional e o tom impessoal, intensos nos textos abstratos,[41] não chegam ao extremo de ocupar uma posição de absoluta neutralidade. Assim ocorre porque as emoções, apesar de influenciadas pelo contexto, são igualmente despertadas pelos significantes utilizados.

Alguns significantes, em determinados contextos, provocam, de modo deliberado ou acidental, sentimentos de simpatia ou repulsa, acolhimento ou rejeição. Como observado por Berkeley,[42] existem significantes que podem despertar sentimentos de temor, amor, ódio, admiração e respeito antes mesmo que o intérprete forme um juízo de valor a respeito do sentido da expressão em que inseridos. É o que ocorre com os referenciais de justo e injusto, bem como com diversas palavras consagradas no ambiente democrático, como pluralismo, livre iniciativa e direitos humanos, ou nele estigmatizadas, como concentração de poder e arbítrio.

Significantes como correto e justo, além de conferirem uma posição de preeminência a quem os invoca, podem despertar, no interlocutor, o sentimento de que sua conduta está sendo enquadrada nos respectivos antônimos. Nesse caso, cabe ao mediador frisar que os juízos de valor realizados pelas partes são sempre tonalizados pelo colorido da parcialidade, não representando, no plano objetivo, uma sentença negativa a respeito do comportamento alheio.

Vale lembrar que o processo de formação das emoções evidencia a sua volatilidade, sendo comum que a mesma pessoa, em contextos diversos, tenha reações distintas em relação ao mesmo objeto ou à mesma ideia. Note-se, ainda, que os seres humanos nem sempre partilham emoções idênticas, o que

41. Cf. GIBBONS, John. *Forensic linguistics: an introduction to language in the justice system*. Vol. 32 de *Language in society*. Cornwall: Wiley-Blackwell Publishing, 2003, p . 23.
42. *A Treatise concerning the Principles of Human Understanding* (1710). Oxford: Jonathan Dancy, 1998, Introdução, p. 89 e ss., item 20.

termina por influenciar na compreensão do conteúdo e da funcionalidade da linguagem, bem como na atribuição de significados distintos a mensagens semântica e sintaticamente idênticas. O significado da mensagem recebe grande influência das *"paixões"*[43] do intérprete, que são delineadas a partir dos valores morais que formou no decorrer da vida.

Emoções diversas podem conduzir a interpretações distintas, o que não pode ser ignorado pelo mediador. Para que a emoção ceda lugar à racionalidade, é imperativo que estabilize os ânimos e busque fazer que as partes analisem o litígio com a maior objetividade possível, de modo que elas próprias contribuam para a construção da justiça do caso concreto.

O mediador também deve ser sensível à constatação de que as partes podem ter anuído em participar da mediação na esperança de obter uma solução menos custosa e demorada que aquela a ser oferecida pelo Poder Judiciário. Apesar disso, ainda podem trazer consigo uma lembrança negativa a respeito das divergências surgidas no curso da relação jurídica que culminou com o processo de mediação. Nesse caso, é preciso sejam convencidas da necessidade de reiniciar o processo argumentativo a partir de premissas objetivas, que são justamente os fatos que, no entender de cada uma delas, indicam a ruptura do acordado pela parte contrária. Nesse momento, juízos de valor, principalmente quando possam despertar sentimentos negativos, devem ser evitados.

Note-se que o mediador tem atuação decisiva na própria identificação da base da controvérsia. Cabe a ele formular questionamentos às partes com esse objetivo. Deve evitar, tanto quanto possível, realizar inferências lógicas a partir das informações parciais que lhe sejam transmitidas. Em outras palavras: toda informação há de ser fornecida pelas partes. O mediador não deve substitui-las, isso sob pena de romper a cadeia de voluntariedade que deve estar presente durante todo o processo e assumir a postura de juiz do caso.[44] Atua como um *"catalisador de disputas"*, não interferindo na sua substância.[45] Não raro, será necessária a formulação de perguntas e reperguntas concernentes ao mesmo aspecto, que devem ser feitas com alterações de linguagem e de

43. HOBBES, Thomas. Leviatã ou Matéria, Forma e Poder de um Estado Eclesiástico e Civil (*Leviathan, or Matter, Form and Power of a Commonweath Ecclesiastical and Civil*). Trad. de MARINS, Alex. São Paulo: Martin Claret, 2005, p. 81-82.

44. O mediador que atua como *facilitador* desempenha atividade bem semelhante à diplomacia, sendo esta a sua face mais comum. Não se exclui, no entanto, a possibilidade de as próprias partes solicitarem o desempenho de uma atividade mais ativa, de modo que passe a desempenhar um papel *valorativo*. Nesse último caso, avalia a manifestação das partes e formula suas próprias proposições a respeito do mérito da discussão. Cf. ARNAVAS, Don. *Alternative Dispute Resolution for Government Contracts*. Chicago: CCH, 2004, p. 11.

45. SERPA, Maria de Nazareth. Teoria e Prática da Mediação de Conflitos. Rio de Janeiro: Lumen Juris, 1999, p. 90.

contexto, de modo que as partes não se sintam pressionadas a aderirem ao ponto de vista do mediador.

Delimitado o objeto de controvérsia e conhecidos os fatores que conduziram à situação de oposição entre as partes na relação jurídica originária, declinadas expressamente, ou não, é o momento de o mediador atuar no processo de construção da solução. É natural que as partes possuam uma certa zona de concordância e, na medida em que se afastem dela, as divergências tendem a aumentar.[46] Cada parte deve ser instada a refletir sobre o conflito a partir de uma visão global, que necessariamente abrange aqueles aspectos tidos como favoráveis à outra parte. Também aqui o cuidado no uso da linguagem é simplesmente vital. A partir daí, as partes podem ser instadas a oferecer novas alternativas para a solução do problema, o que inicia uma nova fase de argumentação, que pode conduzir a uma conclusão final na medida em que os pontos de divergência sejam paulatinamente superados pelos pontos de convergência.

Essa visão rudimentar e simplificada da sessão de mediação é bem sugestiva a respeito da importância assumida pela oralidade. Não que sínteses, tabelas ou quaisquer outros tipos de arrazoados sejam vedados. A oralidade, em verdade, mostra-se essencial ao processo de convencimento, que, ressalvadas honrosas exceções, há de surgir a partir da comunicação verbal. O próprio êxito da mediação depende da capacidade de comunicação do mediador, já que a oralidade instrumentaliza o extenso rol de princípios afetos à mediação.

A começar pelos princípios afetos ao mediador, a sua equidistância entre as partes e a imunidade às influências exógenas que possam influir no seu comportamento, características inerentes à imparcialidade e à independência, serão continuamente avaliadas pelas partes a partir do seu comportamento, com especial ênfase para a forma como se expressa. Estritamente conectada a esses princípios, tem-se a necessidade de ser assegurada a isonomia de tratamento entre as partes, o que será avaliado conforme a maneira como são tratadas e a importância que é atribuída às suas manifestações.

No curso da mediação, deve ser privilegiada a autonomia da vontade das partes, que deve ser decisiva do início ao fim desse processo. A vontade será continuamente exteriorizada com o uso da linguagem, possibilitando que a parte externe o seu consentimento em relação aos rumos da mediação ou, caso deles discorde, contribua para o restabelecimento do rumo adequado. Com isso, será possível que o consenso, além de buscado, seja efetivamente alcançado, máxime em relação ao teor e às consequências da solução a ser delineada, que deve ser informada de modo claro e transparente.

46. Cf. SPENCER e BROGAN. *Mediation Law...*, p. 11-12.

No relacionamento entre as partes e o mediador, deve ser privilegiada a essência em detrimento da forma. Daí a preocupação com a informalidade. Quanto maior a proximidade entre os participantes do diálogo, maiores as chances de a mensagem ser recepcionada e efetivamente influir no comportamento dos destinatários. Esse é o objetivo do princípio da informalidade. E não há seara melhor para a sua concretização que a oralidade.

Em seu relacionamento, as partes e o mediador devem compartilhar as informações de que dispõem e buscar objetivos efetivamente amparados pela ordem jurídica. Esse comportamento é indicativo da sua boa-fé.[47] A mentira, além de dissolver qualquer elo de credibilidade, caminha em norte contrário à boa-fé. Na medida em que as negociações são verbalizadas, a oralidade também instrumentalizará a aferição desse princípio.

Por fim, a mediação deve ser informada pelo princípio da confidencialidade. Trata-se de verdadeiro contraponto existencial à oralidade. No curso da mediação, prepondera a fala informal, finalisticamente voltada à solução do problema; fora da mediação, cessa a oralidade e prepondera o silêncio a respeito de tudo que se passou no seu interior.

EPÍLOGO

O surgimento e a correlata proliferação dos métodos alternativos de resolução de litígios estão associados a uma múltipla causalidade, que principia pelos custos da relação processual tradicional, passa pela morosidade do Poder Judiciário, particularmente alarmante em países de modernidade tardia como o Brasil, e se estende à imprevisibilidade da decisão a ser proferida, já que o direito pode assumir contornos multifacetários a depender das lentes do intérprete.

De modo algo paradoxal, a mediação surge em decorrência de um conflito preestabelecido e pressupõe a consensualidade para o seu prosseguimento. De modo simples e objetivo: o conflito faz surgir a consensualidade que porá fim ao conflito. Essa equação ainda torna-se mais complexa ao lembrarmos que a essência humana, lastreada no referencial de racionalidade, é essencialmente conflitual.

A conflitualidade é inerente ao ambiente sociopolítico, sendo diretamente influenciada pelo pluralismo que caracteriza as democracias contemporâneas. Cada ser humano, por ser racional, pensa; uma pluralidade de seres humanos

47. A respeito das concepções metajurídicas e dogmáticas afetas à boa-fé, vide: CORDEIRO, Antonio Manuel da Rocha e Menezes. Da Boa Fé no Direito Civil. 3ª reimp. Coimbra: Almedina, 2007, p. 1160-1196.

tende a ter pensamentos diversos; a diversidade redunda em divergências de opinião e, consequentemente, em conflito. O mediador, portanto, já inicia a sua atividade em conflito com o *establishment*.

Para que a conflitualidade inata ceda lugar a uma resolutividade construída, é inestimável o papel desempenhado pela oralidade, o que exige grande habilidade do mediador no uso da linguagem. É a oralidade que irá instrumentalizar os demais princípios afetos à mediação, denotando, por exemplo, a imparcialidade do mediador, a isonomia entre as partes e a boa-fé que deve estar presente durante todo o processo de mediação.

O sucesso ou o insucesso da mediação será diretamente influenciado pela modo como a oralidade se projetará na realidade.

REFERÊNCIAS BIBLIOGRÁFICAS

ANTAKI, Nabil. *Les contrats de médiation commerciale, in* SAMSON, Claude e MCBRIDE, Jeremy (org.). *Solutions de rechange au ràeglement des conflits*. Sainte-Foy: Les Presses de L'Université Laval, 1993, p. 2.

ARNAVAS, Don. *Alternative Dispute Resolution for Government Contracts*. Chicago: CCH, 2004.

BARRET, Jerome T. *A History of Alternative Dispute Resolution. The Story of a Political, Cultural, and Social Movement*. San Francisco: Josey-Bass, 2004.

BEATY, David M.. *The Ultimate Rule of Law*. New York: Oxford University Press, 2004.

BERKELEY, George. *A Treatise concerning the Principles of Human Understanding* (1710). Oxford: Jonathan Dancy, 1998.

BLACK, Henry Campbell. *Black's Law Dictionary*. 6ª ed. St Paul: West Publishing, 1990.

BOBBIO, Norberto. *Consuetudine (teoria generale), in Enciclopedia del Diritto*. Vol. IX (1961). Milano: Giuffrè, 2007, p. 426.

BRUNI, Alessandro. *Codice dela Conciliazione. In Italia e alll'Estero*. Dogana: Maggioli Editore, 2008.

CÂMARA, Alexandre Freitas. Arbitragem. Lei nº 9.307/1996. 3ª ed. Rio de Janeiro: Lumen Juris, 2002.

CAPPELLETTI, Mauro e GARTH, Bryant. Acesso à Justiça (*Access to justice – The Worldwide Movement to Make Rights Effective. A General Report*). Trad. de NORTHFLEET, Ellen Gracie. Porto Alegre: Sérgio Antonio Fabris Editor, 1988.

CORDEIRO, Antonio Manuel da Rocha e Menezes. Da Boa Fé no Direito Civil. 3ª reimp. Coimbra: Almedina, 2007.

CHIOVENDA, Guiseppe. Instituições de Direito Processual Civil (*Istituzioni di Diritto Processuale Civile*), vol. II. Trad. de MENEGALE, J. Guimarães. São Paulo: Saraiva, 1969.

COSTA, Pietro. *Diritti fondamentali (storia), in Enciclopedia del Diritto*. Annali II. Tomo 2. Milano: Giuffrè, 2008, p. 365.

CRAIG, Paul P.. *Public Law and Democracy in the United Kingdom and the United States of America*. Oxford: Clarendon Press, 1990.

DAHRENDORF, Ralf. Ensaios de Teoria da Sociedade. Trad. de MOREL, Regina Lúcia M.. Rio de Janeiro-São Paulo: Zahar-EDUSP, 1974.

DEBBASCH, Charles, BOURDON, Jacques, PONTIER, Jean-Marie e RICCI, Jean-Claude. *Droit Constitutionnel et Institutions Politiques*. 3ª ed. Paris: Economica, 1990.

FISCHER-LESCANO, Andreas e TEUBNER, Gunther. *Regime-Kollisionen. Zur Fragmentierung des globalen Rechts*. Frankfurt a. M.: Suhrkamp, 2006.

FISCHER-LESCANO, Andreas. *Prozedurale Rechtstheorie: Wiethölter, in* BUCKEL, Sonja, CHRISTENSEN, Ralph e FISCHER-LESCANO, Andreas (orgs.). *Neue Theorien des Rechts*. 2ª ed. Stuttgart: Lucius & Lucius, 2009, p. 75.

FRANKEMBERG, Günther. Por que os grupos vão a extremos, *in* Constituição e Crise Política, LEITE SAMPAIO, José Adércio (org.). Belo Horizonte: Del-Rey, 2006, p. 71.

GARCIA, Emerson. Conflito entre Normas Constitucionais. Esboço de uma Teoria Geral. 2ª ed. São Paulo: Saraiva, 2015.

__________. Interpretação Constitucional. A resolução das conflitualidades intrínsecas da norma constitucional. São Paulo: Atlas, 2015.

GEIS, George S.. *Internal Poison Pills, in New York University Law Review*, vol. 84. nº 5, 2009, p. 1.169.

GIBBONS, John. *Forensic linguistics: an introduction to language in the justice system*. Vol. 32 de *Language in society*. Cornwall: Wiley-Blackwell Publishing, 2003.

GUMBINER, Kenneth. *An overview of alternative dispute resolution, in* ATLAS, Nancy F., HUBER, Stephen K. e TRACHTE-HUBER, E. Wendy. *Alternative Dispute Resolution. The Ltigator's Hndbook*. USA: American Bar Association, 2000, p. 1.

HOBBES, Thomas. Leviatã ou Matéria, Forma e Poder de um Estado Eclesiástico e Civil (*Leviathan, or Matter, Form and Power of a Commonweath Ecclesiastical and Civil*). Trad. de MARINS, Alex. São Paulo: Martin Claret, 2005.

HOPT, Klaus J. e STEFFEK, Felix. *Mediation: Comparison of Laws, Regulatory Models, Fundamental Issues, in* HOPT, Klaus J. e STEFFEK, Felix (org.). *Mediation. Principles and Regulation in Comparative Perspective*. Oxford: Oxford University Press, 2013.

HWANG, Shu-Pern. *Rechtsanwendung in der pluralistischen Demokratie, in Der Staat*, 46. *Band, Heft* 3, 2007, p. 442.

JANOSKI, Thomas. *Citizenship and Society. A Framework of Rights & Obligations in Liberal, Traditional, and Social Democratic Regimes*. Cambridge: Cambridge University Press, 1998.

LARENZ, Karl. *Derecho Justo, Fundamentos de Ética Jurídica* (*Richtiges Recht, Grundzüge einer Rechtsethik*). Trad. de DÍEZ-PICAZO, Luis. 1ª ed. Reimp. Madrid: Civitas Ediciones, 2001.

MIRANDA, Jorge. Curso de direito internacional público. Cascais: Principia, 2002.

NEUVIANS, Nicola. *Mediation in Familienunternehmen. Chancen und Grenzen des Vrfahrens in der Konfliktdynamik*. Heidelberg: Gabler Verlag, 2011.

RAWLS, John. O Liberalismo Político. Trad. de AZEVEDO, Dinah de Abreu. 2ª ed. 2ª imp. São Paulo: Editora Ática, 2000.

ROSENFELD, Michel. *L'égalité et la tension dialectique entre l'identité et la différence, in RDCA*, abr.-jun./2010, p. 177.

SADURSKI, Wojciech. *Freedom of Speech and Its Limits*. The Netherlands: Springer, 2001.

SERPA, Maria de Nazareth. Teoria e Prática da Mediação de Conflitos. Rio de Janeiro: Lumen Juris, 1999.

SÉRVULO DA CUNHA, Sérgio. Fundamentos de Direito Constitucional. Vol. 2. São Paulo: Editora Saraiva, 2008.

SORTO, Fredys Orlando. Solução pacífica dos conflitos internacionais: Esquipulas II e a pacificação da América Central, *in* Revista de Informação Legislativa, Ano 30, nº 117, p. 339, jan.-mar./1993.

SPENCER, David e BROGAN, Michael. *Mediation Law and Practice*. New York: Cambridge University Press, 2006.

TULLY, James. *Une étrange multiplicité: le constitutionnalisme à une époque de diversité* (*Strange Multiplicity: Constitutionalism in an Age of Diversity*). Québec: Presses Université Laval, 1999.

VERZA, Annalisa. *Neutrality Toward Microdifferences, Toleration Toward Macrodifferences, in* TROPER, Michel e VERZA, Annalisa. *Legal philosophy: general aspects : (concepts, rights and doctrines) : proceedings of the 19th World Congress of the International Association for Philosophy of Law and Social Philosophy (IVR), New York, June 24-30, 1999*, Vol. 82 de *ARSP*, Sttutgard: Franz Steiner Verlag, 2002, p. 99.

VOSSKUHLE, Andreas. *Religionsfreiheit und Religionskritik – Zur Verrechtlichung religiöser Konflikte, in Europäische Grundrechte Zeitschrift*, 37. *Jg, Heft* 18-21, novembro de 2010, p. 537.

CAPÍTULO 23

Primeiras Impressões sobre a Confidencialidade e suas Exceções na Lei de Mediação Brasileira

Humberto Dalla Bernardina de Pinho[1]
Mariana Freitas de Souza[2]

Em sua redação final, a Lei nº 13.140/15 trata da confidencialidade e de suas exceções na Seção IV do Capítulo I, especificamente nos artigos 30 e 31.

Ao contrário do texto consagrado no art. 166, § 1º do novo CPC (Lei nº 13.105/15), a lei de mediação, apesar de consagrar a confidencialidade como princípio informador dessa modalidade de solução consensual de conflitos (art. 2º, inciso VII), admite exceções, como veremos mais a frente.

Durante o processo legislativo foi possível observar que cada um dos Projetos deu um tratamento diferenciado à questão. Veja o quadro comparativo abaixo:

1. Promotor de Justiça no Estado do Rio de Janeiro. Professor Associado de Direito Processual Civil na Faculdade de Direito na Universidade do Estado do Rio de Janeiro. Martin-Flynn Global Law Professor na University of Connecticut School of Law.
2. Advogada e Mediadora no Rio de Janeiro. Mestre em Direito pela Tulane Law School. Diretora do Centro Brasileiro de Mediação e Arbitragem (CBMA). Professora da Universidade Cândido Mendes e da Escola de Magistratura do Estado do Rio de Janeiro (EMERJ). Coordenadora na Comissão de Mediação de Conflitos da OAB/RJ.

PLS 517/11 – Sen. Ricardo Ferraço (mediação judicial e extrajudicial)	PLS 434/13 – Ministério da Justiça (mediação extrajudicial, judicial, pública e on line)	Senado – PLS 405/13 – Min. Luis Felipe Salomão (mediação extrajudicial e on line)
Art. 90 O procedimento da mediação é, em regra, confidencial e sigiloso. Neste caso, o mediador poderá conduzir reuniões privadas com cada uma das partes e seus advogados. Sobre tudo o que for dito pela parte e seus advogados ao mediador em reuniões privadas, poderá ser solicitada a confidencialidade em relação às outras partes e seus advogados. § 1o Cessa a confidencialidade: I. por dispensa expressa de todas as partes; II. quando a mediação envolva o Poder Público na qualidade de parte ou terceiro interveniente; III. quando o mediador tiver informações acerca de um crime ou da iminência de um crime. § 2o As exceções à confidencialidade devem ser interpretadas em caráter restritivo e apenas aplicadas mediante situações inequívocas.	Art. 18. Na mediação, a comunicação direcionada ao mediador e aos demais interessados é confidencial, exceto: I – por dispensa expressa de todas as partes; II – quando a mediação envolver o Poder Público na qualidade de parte ou de terceiro interveniente, ressalvadas as hipóteses de segredo de justiça; III – na hipótese de o mediador receber informações acerca de um crime ou da iminência de um crime e nos atos de improbidade e de infração administrativa. § 1o O mediador deve mencionar expressamente às partes as exceções à confidencialidade, no início da primeira sessão de mediação. § 2o Salvo acordo por escrito das partes em sentido contrário, o mediador não poderá ser obrigado a depor como testemunha em procedimentos judiciais sobre fatos conhecidos em decorrência de sua atuação como mediador.	Art. 16. § 2º Salvo disposição em contrário, o dever de confidencialidade se aplica às partes, seus advogados, assessores técnicos e outras pessoas de sua confiança que tenham, direta ou indiretamente, participado do procedimento de mediação. Art. 17. Poderá o mediador se reunir com as partes, em conjunto ou separadamente, ouvir terceiros e solicitar das partes informações que entender necessárias para o esclarecimento dos fatos e para facilitar o entendimento entre as partes. § 1º O mediador apenas poderá revelar às demais partes informação obtida em sessão privada se a parte prestadora dessa informação autorizar expressamente sua revelação. § 2º Toda informação relativa ao procedimento de mediação deverá ser tida como confidencial em relação a terceiros, salvo se as partes decidirem de forma diversa ou quando sua divulgação for exigida por lei ou for necessária para o cumprimento do acordo de mediação.

§ 3º O mediador deve mencionar expressamente às partes das exceções à confidencialidade, necessariamente no início da primeira reunião de mediação e sempre que julgar necessário.	§ 3º O dever de confidencialidade se aplica às partes, seus advogados ou defensores públicos, assessores técnicos e outras pessoas de confiança das partes que tenham, direta ou indiretamente, participado do procedimento de mediação, exceto por expressa disposição em contrário daquelas.	§ 3º Salvo acordo das partes em sentido contrário, o mediador não poderá figurar como testemunha em processos judiciais ou arbitrais para depor sobre fatos por ele conhecidos em decorrência da sua atuação como mediador. Art. 18. As partes no procedimento de mediação, o mediador e outras pessoas relacionados à administração do procedimento de mediação não poderão, no âmbito de processos arbitrais ou judiciais, invocar ou apresentar prova ou testemunhar acerca do seguinte: I – o convite de uma das partes para iniciar um procedimento de mediação ou sua disposição para participar desse procedimento; II – opiniões emitidas ou sugestões formuladas por uma das partes na mediação a respeito de um possível entendimento para o conflito; III – declarações formuladas ou fatos reconhecidos por alguma das partes no curso do procedimento de mediação; IV – propostas apresentadas na mediação; V – declaração de uma das partes sobre sua aceitação a uma proposta de acordo apresentada ao mediador; VI – qualquer documento preparado unicamente para os fins do procedimento de mediação.

		§ 1º O disposto no *caput* se aplica inclusive a processos arbitrais ou judiciais relativos ao conflito que seja ou tenha sido objeto do procedimento de mediação. § 2º As provas apresentadas em desacordo com o disposto no caput não serão admissíveis em processos arbitrais ou judiciais. § 3º O disposto no caput não se aplica nas hipóteses de a apresentação da prova ou de informação documental sobre ela ser exigida por lei ou ser necessária para fins de cumprimento ou execução do termo final de mediação.

Por sua vez, o art. 14 do antigo P.L. nº 4.827/98 também consagrava a confidencialidade como regra, e admitia uma única exceção: a expressa convenção das partes[3].

A confidencialidade se insere no rol das obrigações de não fazer. Trata-se da proibição imposta ao mediador e a todos os que participaram, direta ou indiretamente do procedimento, de expor a terceiros as informações obtidas durante o seu desenrolar.

Ou seja, a confidencialidade abrange não apenas o mediador, mas também as partes (mediandos), seus advogados, quando presentes, comediadores e observadores do processo de mediação, independentemente da sua natureza e do objetivo da observação.

A confidencialidade é regra universal em termos de mediação, até porque é uma das propaladas vantagens desse procedimento, e responsável por atrair muitos interessados[4].

3. PINHO, Humberto Dalla Bernardina de [organizador]. *Teoria Geral da Mediação à luz do Projeto de Lei e do Direito Comparado*, Rio de Janeiro: Lumen Juris, 2008, p. 47.
4. *"(...) Nos Estados Unidos, talvez seja o aspecto da mediação que é mais valorizado. Os processos judiciais, de um modo geral, são apresentados publicamente. Somente são resguardados, por segredo de justiça em função de lei ou decisão da Suprema Corte. Os mediadores estão, por dever ético, impedidos de discutir com pessoas alheias ao processo o que é revelado nas sessões de mediação, a não ser que essas revelações sejam autorizadas pelos participantes ou por ordem judicial (...)"*. SERPA, Maria de Nazareth. *Teoria e Prática da Mediação de Conflitos*. Rio de Janeiro: Lumens Iuris, p. 243-244.

Ademais, a confiança é o ponto central da mediação. Nesse passo, a confidencialidade é o instrumento que confere este elevado grau de compartilhamento. Assim, as partes se sentem à vontade para revelar informações íntimas, sensíveis e muitas vezes estratégicas, que certamente não exteriorizariam num procedimento orientado pela publicidade.

Importante assentar, ainda, que a confidencialidade resguarda a proteção do processo em si e de sua real finalidade, permitindo, com isso, que não se chegue a resultados distorcidos em favor daquele que se utilizou de comportamentos não condizentes com a boa fé[5].

Desse modo, uma vez compreendida a confidencialidade sob esses termos, verifica-se que ela se consubstancia em um importante fator de garantia de funcionalidade da própria mediação.

Não é por outro motivo que o Código Civil[6] e o novo Código de Processo Civil[7] expressamente ratificam esse entendimento, mediante a positivação do segredo profissional.

No campo penal[8],verifica-se que a revelação de segredo obtido em razão do exercício de profissão, ofício, função e ministério é conduta expressamente tipificada naquele código, sendo, portanto, passível de persecução criminal por parte do Estado.

Retornando ao exame dos dispositivos da Lei nº 13.140/15, fica claro que a regra geral é, de fato, a confidencialidade, que aliás já havia sido alçada ao patamar de princípio fundamental da mediação, por força do art. 2º, inciso VII da mesma lei.

---

5. *"(...) Se, entretanto, fosse possível que o mediador testemunhasse em juízo sobre as informações que obteve em razão da mediação, uma parte de má-fé poderia utilizar o processo de mediação para obter uma vantagem estratégica em uma futura disputa judicial. (...) sendo permitida a oitiva de mediadores, a testemunhas, a encenação perante o mediador de fatos irreais que podem beneficiar, no judiciário, a parte responsável pelo fingimento seria de grande tentação para partes de má-fé (...) Assim, permitindo que o mediador seja testemunha, seria possível que uma parte não colaborasse com o processo de mediação e fosse premiada pelo comportamento não cooperativo, pervertendo o sistema de incentivos descrito no início desse ponto (...)". A Confidencialidade na mediação.* In Estudos em Arbitragem, Mediação e Negociação. vol. II. André Gomma de Azevedo (org.)– Brasília: Grupos de pesquisa. 2004.
6. Art. 229. Ninguém pode ser obrigado a depor sobre fato: I – a cujo, respeito, por estado ou profissão, deva guardar segredo.
7. Art. 448. A testemunha não é obrigada a depor sobre fatos: (...) II – a cujo respeito, por estado ou profissão, deva guardar sigilo.
8. Violação de segredo professional. Art. 154. Revelar alguém, sem justa causa, segredo, de que tem ciência em razão de função, ministério, ofício ou profissão, e cuja revelação possa produzir dano a outrem: Pena – detenção, de 3 (três) meses a i (um) ano, ou multa.

O art. 30 da lei de mediação assim dispõe:

> Art. 30. Toda e qualquer informação relativa ao procedimento de mediação será confidencial em relação a terceiros, não podendo ser revelada sequer em processo arbitral ou judicial salvo se as partes expressamente decidirem de forma diversa ou quando sua divulgação for exigida por lei ou necessária para cumprimento de acordo obtido pela mediação.

Como é o consenso que rege toda a estrutura da lei, é permitido que as partes interessadas, de comum acordo, renunciem ao sigilo. Essa circunstância deve ser esclarecida, ao início do procedimento, pelo mediador.

É possível, ainda, que a divulgação seja exigida pela lei. Será o caso da mediação envolvendo a Administração pública e seus entes (art. 32 da lei), em razão do princípio da publicidade insculpido no art. 37 da Carta de 1988.

Finalmente, é possível também que a divulgação seja necessária ao cumprimento do acordo. Imagine-se, por exemplo, que ao fim da mediação as partes chegam a bom termo, e fica pactuado que uma delas deve cumprir determinada obrigação de fazer. Caso não haja o cumprimento voluntário, será preciso iniciar um processo de execução, que terá como título executivo o próprio termo de mediação (art. 784, inciso IV do novo CPC).

Em sendo necessária a judicialização, deverá ser observado o princípio da publicidade previsto no art. 189 do novo CPC.

O § 1º do art. 30 da lei prevê a extensão subjetiva e objetiva do dever de confidencialidade.

No plano subjetivo, como já vimos, ele alcança o mediador, as partes, seus prepostos, advogados, assessores técnicos e quaisquer outras pessoas de sua confiança que tenham, direta ou indiretamente, participado do procedimento de mediação.

No plano objetivo, esse dever abrange:

a) a declaração, opinião, sugestão, promessa ou proposta formulada por uma parte à outra na busca de entendimento para o conflito;

b) o reconhecimento de fato por qualquer das partes no curso do procedimento de mediação;

c) a manifestação de aceitação de proposta de acordo apresentada pelo mediador;

d) o documento preparado unicamente para os fins do procedimento de mediação.

O § 2º do art. 30 da lei determina que a prova apresentada em desacordo com as regras acima não será admitida em processo arbitral ou judicial. A disposição é de extrema relevância, na medida em que oferece uma garantia efetiva à parte que se dispôs a revelar informações muitas vezes íntimas ou mesmo estratégicas para um futuro processo, no afã de chegar a um acordo.

Imagine-se, por exemplo, que uma das partes, de má-fé, faz a outra crer que há possibilidade de acordo. Com isso, essa outra revela uma informação que estava sendo preservada para a fase instrutória de uma eventual e futura ação judicial. De posse da informação desejada, a outra abandona a mediação e reorganiza sua estratégia para o processo judicial, agora em situação de manifesta vantagem, e, como se isso não bastasse, produz em juízo aquele elemento de prova, salientando, ainda, que o mesmo foi revelado espontaneamente pela parte adversa.

Tal situação, por óbvio, não poderia prosperar.

Finalmente, nos §§ 3° e 4° do artigo 30 da lei vamos encontrar mais duas exceções à confidencialidade.

O § 3º dispõe que não está abrigada pela regra de confidencialidade a informação relativa à ocorrência de crime de ação pública.

Observe-se que o dispositivo ressalva apenas os crimes de iniciativa pública, ficando excluídas as figuras abrangidas pela ação penal privada, tais como o dano, a maioria dos crimes contra a honra, e o exercício arbitrário das próprias razões, para citar as mais comuns.

Por outro lado, o legislador não distingue entre as hipóteses de ação de iniciativa pública incondicionada ou condicionada à representação do ofendido. Aqui parece que o texto é falho.

A exceção à confidencialidade deveria contemplar apenas as hipótese de ação incondicionada pois, nas condicionadas, sempre haverá, pelo menos até a sentença, a possibilidade de retratação por parte do ofendido, o que é bastante comum, sobretudo nas hipóteses que se submetem ao procedimento dos juizados especiais criminais, como é o caso da ameaça, da lesão corporal e da lesão culposa na condução de veículo automotor.

Cremos, ainda, que o dispositivo deve ser interpretado restritivamente, a fim de alcançar apenas os crimes não sujeitos a causa de extinção da punibilidade. Assim, se houve alguma das hipóteses do art. 107 do Código Penal, entendemos que não deve haver rompimento da confidencialidade. Podemos citar como exemplos aqui os fenômenos da prescrição, da decadência ou mesmo da morte do agente.

E mais uma crítica: o dispositivo deveria abranger, também, notícias de atos de improbidade administrativa, assim definidos pela Lei n° 8.429/92. Tal afirmação se justifica na medida em que tais condutas são, na maioria das vezes, mais graves e com maior potencialidade lesiva do que certos crimes sujeitos à ação penal pública condicionada. Ademais, não custa lembrar que o art. 17, § 1° da referida lei não permite qualquer tipo de acordo ou consenso em matéria de improbidade.

Chegamos, então, ao § 4° do art. 30 da lei de mediação. Tal dispositivo prevê que "a regra da confidencialidade não afasta o dever de as pessoas discriminadas no caput prestarem informações à administração tributária após o termo final da mediação".

O dispositivo vem preencher lacuna então existente, e que já ocasionou conflitos entre o Fisco e contribuintes ligados a câmaras arbitrais. De fato, não nos parece razoável que o manto da confidencialidade possa ser estendido a ponto de ocultar da autoridade fiscal a movimentação financeira da câmara ou mesmo do mediador passível de incidência de tributos, como é o caso do imposto de renda ou mesmo do imposto sobre serviços.

Por fim, chegamos ao art. 31 da lei. Esse dispositivo regulamenta a confidencialidade aplicável às sessões privadas que podem ser conduzidas pelo mediador durante o procedimento.

Denominadas "caucus" por parte da doutrina, e abominadas por algumas escolas de mediação, como o tradicional P.O.N. da Harvard Law School, as sessões privadas são utilizadas pela maioria dos mediadores como valioso instrumento para a equalização e balanceamento do procedimento, sobretudo quando o profissional percebe que as partes estão em diferentes pontos de compreensão e entendimento, ou mesmo quando há indícios de que apenas uma delas está agindo de forma colaborativa.

As sessões privadas também são bastante utilizadas para que o mediador, juntamente com apenas uma das partes e seu advogado, conduza, junto com eles, o chamado "cheque de realidade", com o objetivo de fazer com que aqueles envolvidos analisem a fundo as consequências de seu comportamento durante o processo de mediação e as opções existentes caso não se atinja um consenso com a outra parte.

Toda e qualquer informação revelada na sessão privada não pode ser compartilhada com os demais personagens da mediação, salvo se houver expressa autorização daquele que a disponibilizou ou, a contrario senso, caso a parte que revelou a informação diga expressamente ao mediador que não compartilhe determinado dado com a outra parte.

Como se vê, a confidencialidade na mediação aparece de duas formas: no ofício do mediador, no que se refere a informações reveladas nas sessões privadas, e quando aplicada a todos os que estiverem presentes às sessões de mediação, como forma de preservar os atores daquele processo de qualquer exposição pública acerca da disputa ali travada.

Em ambas as situações, verifica-se a importância da confidencialidade para o processo de mediação e para a construção de confiança entre as partes e entre elas e o seu mediador. No entanto, somente a prática no Brasil dirá se a confidencialidade será de fato um dos princípios norteadores da mediação, ou se será excepcionada, como em casos, por exemplo, envolvendo entes públicos ou interesses de grande número de pessoas.

CAPÍTULO 24

A Experiência do Programa de Mediação de Conflitos da Secretaria Municipal de Cidadania e Direitos Humanos de Vitória: Proposta de Parceria entre Executivo e Judiciário

Karime Silva Siviero[1] e *Brunela Vieira de Vincenzi*[2]

---

1. Graduada e mestranda em Direito pela Universidade Federal do Espírito Santo. Advogada-Chefe do Núcleo de Prática Jurídica da Universidade Vila Velha.
2. Graduada em Direito pela Universidade Federal do Espírito Santo (1997), mestra em Direito Processual pela Universidade de São Paulo (2002) e Doutora em Constitucional e Filosofia pela Johann Wolfgang Goethe Universität – Frankfurt am Main (2007) com Bolsa de Doutorado Integral durante o mesmo período concedida pela CAPES em cooperação com o DAAD (Deutscher Akademischer Austauschdienst). Estágio de Pós-Doutorado no Núcleo de Estudos da Violência da Universidade de São Paulo e no Institut für Sozialforschung em Frankfurt am Main, na Alemanha (2009-2010). Atuou entre 1998 e 2009 como advogada no Brasil, em São Paulo; e de 2010 a dezembro de 2012 como Advogada Europeia na Alemanha. Parecerista da Revista de Estudos Constitucionais, Hermenêutica e Teoria do Direito (RECHTD). Pós-Doutoramento em andamento no Programa de Pós-Graduação da Universidade Federal do Espírito Santo – UFES, com bolsa integral PNPD/CAPES (2013-2014), sobre o tema Crise de Confiança nas Instituições Democráticas da Estrutura do Sistema Judiciário no Brasil. Atualmente é Professora Efetiva da Faculdade de Direito da Universidade de Vila Velha e Professora Adjunta do Departamento de Direito da Universidade Federal do Espírito Santo – UFES, onde leciona na graduação e no mestrado, coordena o Núcleo de Prática Jurídica e preside a Comissão Interdisciplinar de Apoio aos Refugiados e Migrantes na UFES, criada pela Portaria n. 2521 de 30 de outubro de 2014.

1. INTRODUÇÃO

> *Tornar o direito, por causa de sua formação, apenas acessível àqueles que sobre ele eruditamente se debrucem, constitui injustiça igual àquela que o tirano Dionísio cometeu quando mandou postar as tábuas da lei tão alto que nenhum cidadão as pudesse ler.*
>
> (Georg Wilhelm Friedrich Hegel)

Desde o advento da Resolução nº 125/2010 do Conselho Nacional de Justiça, os Tribunais de Justiça estão autorizados a celebrar convênios e parcerias com entidades públicas e privadas que desenvolvam programas de mediação de conflitos. O objetivo principal da norma consiste em instituir um sistema poroso e vascularizado de solução de conflitos que se articule a partir dos Núcleos e se estenda por todo o tecido social.

Nessa linha, o presente artigo pretende analisar como as boas práticas em mediação podem contribuir para a política de tratamento adequando de conflitos no Judiciário capixaba.

Considerando-se, portanto, o contexto do Estado do Espírito Santo, optou-se por relatar nas próximas linhas o funcionamento do Programa de Mediação de Conflitos vinculado à Gerência de Resolução de Conflitos da Secretaria Municipal de Cidadania e Direitos Humanos da cidade de Vitória (SEMCIG). A escolha foi determinada por critérios como o volume anual de casos atendidos, o tempo de duração do programa e a confiabilidade que ele inspira na população do entorno.

O estudo de caso abrangeu a análise de documentos e normas que regulamentam o serviço de mediação, a realização de visitas para observação *in loco* e entrevistas semiestruturadas com as mediadoras que atuam no local.

Importante registrar que para preservar a identidade e proteger as opiniões manifestadas pelas mediadoras, seus nomes foram suprimidos do texto. Outrossim, embora o programa de mediação investigado conte com uma equipe de cinco mediadoras, apenas três delas foram ouvidas, uma vez que as outras estavam afastadas do trabalho no período da pesquisa.

Acredita-se que a celebração de uma parceria entre o Núcleo Permanente de Métodos Consensuais de Solução de Conflitos (NUPEMEC) do Tribunal de Justiça do Espírito Santo e o Programa de Mediação de Conflitos da Secretaria Municipal de Cidadania e Direitos Humanos de Vitória contribuirá para o aprimoramento da mediação judicial, além de possibilitar que a experiência de sucesso seja replicada por outros Municípios capixabas.

2. REGULAMENTAÇÃO E FUNCIONAMENTO DO PROGRAMA

A Gerência de Resolução de Conflitos (GRC) da Casa do Cidadão foi instituída em janeiro de 2006 por meio do Decreto n° 12.635/06 – que estabelece a forma de organização e regulamenta o funcionamento das unidades administrativas da Secretaria Municipal de Cidadania e Direitos Humanos de Vitória (SEMCID).

Além da gerência, foram criados dois órgãos para operacionalizar suas atividades: a coordenação de Assistência Judiciária e a coordenação de Mediação de Conflitos que, em 2010, converteu-se na coordenação de Mediação de Conflitos (decreto nº 14.834), ampliando os serviços ofertados também para os conflitos de vizinhança.

Conforme dispõe o Regimento Interno da Secretaria de Cidadania e Direitos Humanos de Vitória[3], são atribuições da Coordenação de Mediação de Conflitos: (a) oferecer serviços de mediação de conflitos por meio de equipe técnica formada por profissionais da área do Direito, Serviço Social e Psicologia, a fim de promover a resolução pacífica de conflitos; (b) implantar e coordenar os Núcleos Populares de Mediação de Conflitos nos bairros de Vitória; (c) incentivar e propor a divulgação de estudos, pesquisas e inovações tecnológicas relativas às temáticas da mediação de conflitos; e, (d) subsidiar e participar de eventos e seminários sobre mediação de conflitos.

Com o objetivo de capacitar uma equipe para atuar na mediação, a Prefeitura Municipal de Vitória, através da SEMCID, ofertou cinco cursos para os servidores. O primeiro foi ministrado em parceria com a ONG baiana Juspopuli Escritório de Direitos Humanos, no ano de 2005[4]; o segundo, no ano seguinte, ministrado pela Clínica de Atenção Psicológica Social; o terceiro, em 2007, pelo Instituto Raízes da terra; e, finalmente, dois cursos pela Escola de Governo (2011 e 2014).

Interessante observar que a última capacitação foi disponibilizada não apenas às mediadoras do setor, mas para 20 servidores que atuam no setor.

---

3. Regimento Interno da Secretaria de Cidadania e Direitos Humanos. Disponível em: ‹http://sistemas.vitoria.es.gov.br/docOficial/?cod=1582›. Acesso em 27 set. 2014.
4. O Juspopuli Escritório de Direitos Humanos é uma organização não governamental que tem como missão contribuir para a efetivação dos direitos humanos, através da democratização do Direito e da promoção do acesso à Justiça.

O atendimento à população é realizado por uma equipe formada por assistentes sociais, assistentes administrativos e estagiários dos cursos de Direito e Serviço Social.

O programa de mediação desenvolvido pela Secretaria Municipal de Cidadania e Direitos Humanos de Vitória estrutura-se a partir de duas etapas básicas e fundamentais (o pré-atendimento e as sessões conjuntas). Contudo, a mediação pode prosseguir para uma terceira etapa (sessões privadas) ou ainda uma quarta e derradeira etapa (atendimento pela Defensoria Pública). Vejamos a seguir.

2.1. O pré-atendimento

O primeiro contato com o usuário do sistema (pré-atendimento) é feito por estagiários e assistentes administrativos sob a supervisão dos mediadores.

Ainda que se trate de uma etapa preliminar da mediação, o papel do servidor incumbido do pré-atendimento é de suma importância para a rigidez do processo. Esse é o momento em que as partes têm o primeiro contato com o ambiente da mediação, os escopos da justiça conciliatória e com a postura dialógica que precisam adotar para que os resultados sejam positivos.

Ainda nessa etapa inicial, que dura cerca de 20 minutos, os interessados também são esclarecidos sobre o papel do mediador e assegurados de que todas as informações fornecidas durante o procedimento permanecerão sigilosas.

Normalmente, as partes que procuram o setor de mediação ainda estão imbuídas com a lógica adversarial da justiça comum e procuram convencer o mediador de que estão com a razão, apresentando em minúcias a sua versão dos fatos, ao mesmo tempo, que, desabona a conduta da parte contrária.

Sobre esse ponto, é interessante registrar que uma das mediadoras ouvidas na pesquisa de campo reportou que, apesar das anotações feitas por um servidor nessa fase, muitas informações importantes acabam não sendo levadas a elas antes do início das sessões. Em sua opinião, o ideal seria que o pré-atendimento fosse realizado diretamente pela mediadora responsável pelo caso, em razão do contato direto com o interessado.

Todavia, não se pode ignorar que a postura combativa adotada, inicialmente, pelo interessado, pode influenciar o mediador que conduzirá as sessões. Por isso, pesa-se sobre programa de mediação da Secretaria de Cidadania e Direitos Humanos de Vitória o estabelecimento de que o profissional responsável pelo pré-atendimento seja pessoa diversa do mediador.

Cabe ao servidor da acolhida controlar a ansiedade das partes e deixar claro que o mediador não dispõe do poder e das prerrogativas decisórias como os juízes, mas que, ao contrário, a sua função consiste em criar condições para que as partes desenvolvam uma comunicação eficiente e assumam o papel de decidir, em comum acordo, sobre o desfecho do litígio.

Se o munícipe manifestar interesse em participar do processo de mediação, a outra parte envolvida no litígio é convidada a comparecer à sessão mediante o envio de carta-convite – que tanto pode ser entregue em mãos como remetida pelos correios com Aviso de Recebimento –, agendando-se dia e hora para a primeira sessão.

Nesse caso, o servidor do pré-atendimento registra na Ficha de Atendimento as informações socioeconômicas do interessado, a versão dos fatos por ele apresentada, as impressões extraídas da sua linguagem corporal durante o atendimento (postura agressiva, submissa, amedrontada etc.) e os dados pessoais da parte contrária.

Quando o servidor observa sinais de violência doméstica, deve suspender o atendimento e encaminhar o casal para a Coordenação de Atendimento às Vítimas de Violência e Discriminação (CAVVID) da Secretaria, onde são avaliados por uma equipe multidisciplinar de assistentes sociais e psicólogos[5]. Uma vez confirmada a suspeita de violência, o CAVVID assume a condução do caso. Se não, os interessados são redirecionados para o setor de mediação.

Os dados colhidos no pré-atendimento são encaminhados às mediadoras e servem de subsídio para a condução das sessões.

O não comparecimento de uma ou ambas as partes à sessão de mediação enseja a designação de nova data para o encontro. Contudo, após duas tentativas frustradas, declara-se extinta a tentativa de mediação e o munícipe interessado na solução do litígio é encaminhado à Defensoria Pública para ingressar com uma ação judicial.

Por outro lado, se as partes comparecem no dia e horário agendados, dá-se início à segunda etapa do processo, denominada de sessão conjunta.

5. Conforme explicam Andrea Fachetti Vaillant Moulin dos Santos *et alii*, "o serviço tem por objetivo trabalhar as dimensões das relações violentas, visando o fortalecimento dos mecanismos psicológicos e sociais para que a pessoa possa enfrentar e superar a situação de violência e/ou discriminação na qual está envolvida e, assim, alcançar mudança de comportamento e a garantia de seus direitos". SANTOS, Andrea Fachetti Vaillant Moulin dos; SILVA, Andressa Zenande da; MOTTA, Mauro Souza; BELTRAME, Regina Mara Ramos de Miranda; SILVA, Sheila Raquel Christo. *Gerência de Resolução de Conflitos (GRC)*, p. 145. In: Vitória: Direitos Humanos no Cotidiano. SANA, João José Barbosa; COLOMBO, Christóvão; PEREIRA, Tiago Alves (Orgs.). Vitória: Semente Editorial, 2013.

2.2. A Sessão Conjunta

Antes de iniciar a primeira sessão de mediação, os mediadores expõem para as partes as regras básicas sobre o funcionamento do processo, salientando a necessidade de cada um escutar o que o outro tem a dizer sobre o conflito, sem interferências.

As sessões de mediação duram em média cinquenta minutos e podem ser remarcadas quantas vezes for necessário para a resolução do litígio[6].

Após esclarecer eventuais dúvidas sobre o processo, o mediador inicia a escuta das partes. Em razão da informalidade das sessões e das especificidades dos casos trabalhados, não existe uma ordem cronológica predeterminada para a manifestação das partes. É comum, entretanto, que as mediadoras concedam a primeira oportunidade da fala àquele que procurou voluntariamente o Programa, para que exponha a sua versão dos fatos e justifique o interesse na mediação.

Nesse momento inicial da sessão, a interferência do mediador é a menor possível, possibilitando que as partes exponham os seus interesses, necessidades, angústias e possibilidades.

À medida que os mediados iniciam um diálogo mais produtivo entre si, as mediadoras abdicam aos poucos da função de escuta passiva e assumem uma postura mais diretiva na condução do processo, formulando perguntas e instigando os envolvidos a identificarem soluções satisfatórias para o caso concreto.

2.2.1. *A questão da imparcialidade*

O programa de mediação desenvolvido pelo SEMCID procura garantir a imparcialidade das mediadoras na condução do processo. Como esclarecem Andrea Fachetti Vaillant Moulin dos Santos *et alii* em artigo sobre a atuação da Gerência de Resolução de Conflitos da Secretaria de Cidadania e Direitos Humanos de Vitória:

> É dada às partes a oportunidade de falar de seus sentimentos e expectativas, e o direito de apontar as possibilidades de solução do conflito. Também são dadas oportunidades iguais de as partes

6. Como explica a primeira mediadora: "Nós temos uma hora para atender cada casal. Geralmente a gente fala que são cinquenta minutos de mediação e dez minutos para produzir relatório, produzir ofício para a Defensoria, alguma coisa assim. Mas a gente sabe que, às vezes, esse tempo não é suficiente, a gente tem que agendar novas mediações. Quando é conflito de vizinhança, a gente deixa dois horários já pré-agendados, porque sabemos o que vai acontecer. Eu já fiz uma mediação de vizinhança em que vieram todos os moradores do prédio. Eram só dois moradores que estavam em conflito, mas eles chamaram os quatro proprietários para vir, e eu nem sabia! Então foi uma mediação que nem tinha cadeira para todo mundo sentar. Mas vizinhança acaba, às vezes, rendendo mais, demandando mais tempo. Então, geralmente, quando é vizinhança, a gente deixa dois horários. Seriam duas horas para o atendimento".

> serem ouvidas. Prossegue-se a mediação com o profissional agindo de maneira imparcial, com vistas à resolução do conflito e, se possível, a construção do acordo entre as partes[7].

Contudo, uma das principais dificuldades relatadas pelas mediadoras do programa relaciona-se justamente à exigência de imparcialidade no tratamento das partes em conflito. Sobre a questão, a primeira mediadora ouvida relatou o seguinte:

> [a imparcialidade] é o mais difícil para o mediador. Principalmente quando a gente atende conflito de família, porque todos nós pertencemos a uma família, todos nós temos os nossos conflitos. Aqui [no programa de mediação de conflitos da Casa do Cidadão], coincidentemente, todas as mediadoras são casadas e quase todas têm filhos. Como é o meu caso. Então, quando tem menor de idade – principalmente, se for muito pequeno e o pai não tem interesse na criança – a imparcialidade fica bem comprometida, mas a gente tenta fazer com que prevaleça. O que a gente coloca, às vezes, é uma reflexão maior sobre isso, sobre o papel deles, enquanto pai, enquanto mãe, até para saber. Uma vez atendi um casal que eles queriam tratar da pensão, mas, na hora do atendimento, a gente percebeu que eles não tinham definido a guarda, e [a criança] ficava às vezes com um, às vezes com outro, conforme a conveniência. E a gente começou a refletir: e aí, quem vai ter a guarda? Esse filho vai ter que saber que ele vai ter uma casa. Que casa ele vai ter como referência? Então, às vezes, principalmente no meu caso, quando envolve filhos, a gente tenta fazer uma reflexão maior com as partes. A gente fala: quem toma a decisão são vocês, porque eles estão subordinados a vocês, mas, ao mesmo tempo, vocês tem que pensar o que é melhor para a criança, e não para cada um. Então, às vezes, a reflexão acaba sendo maior e, assim, não que interfira na imparcialidade, mas a gente fica um pouco meio na berlinda nessas situações.

Além disso, observou-se que as mediadoras do SEMCID não estavam familiarizadas com as divergências doutrinárias afetadas à possibilidade de o terceiro que atua no processo aproximar-se das partes ou intervir para reequilibrar as relações de força entre elas. Questionada sobre o seu posicionamento acerca da questão, a segunda mediadora afirmou:

> Eu nem sabia que tinha esse debate sobre a imparcialidade. Nunca li nada a respeito. Mas você dizendo isso acabo me identificando um pouco mais, pois, não que eu tome partido da pessoa, mas eu tento buscar a pessoa daquele lugar de anulação para participar

7. SANTOS, *et alii*, 2013, p. 145.

> [do processo decisional]. Agora, é um desafio, porque, às vezes, a pessoa está participando, embora esteja perdendo [com aquele acordo] – e não importa a sua opinião naquele momento. O que importa é focar na reflexão e, se essa for a vontade deles... Mas dá vontade de inferir. Mas tem que ter esse compromisso com a imparcialidade, porque senão você foge um pouco da técnica. Imparcialidade é importante, mas, às vezes, é necessário que você seja um pouco parcial em relação àquela pessoa que não está conseguindo se posicionar. Não no sentido de favorecer um mais do que o outro, mas para que o outro tenha condições de tomar decisão (anexo II).

Obviamente, os dissensos proposicionais e programáticos relacionados à neutralidade e à imparcialidade são complexos e demandam reflexões profundas. Precisamente por isso, acredita-se que seria proveitoso que o programa investisse, futuramente, em cursos capazes de provocar, entre os profissionais, discussões críticas sobre os limites e a possibilidade de interferência dos terceiros nas relações mediadas.

2.3. As Sessões Privadas

Embora as sessões privadas não sejam obrigatórias, em algumas circunstâncias a sua realização mostra-se necessária para o êxito da mediação. O agendamento das sessões privadas tanto pode ser requerido por uma das partes, como pela própria mediadora responsável.

As sessões privadas costumam ser agendadas pelas mediadoras quando os ânimos entre as partes estão muito exaltados e é aconselhável fazer uma pausa para recobrar as possibilidades de diálogo; quando há um evidente desgaste emocional dos envolvidos; quando é necessário esclarecer dúvidas pessoais das partes sobre alguns pontos da mediação; para recuperar a motivação de uma parte no processo, mostrando-lhe os benefícios da decisão consensuada; para consultar as partes sobre a viabilidade do cumprimento dos termos de um acordo; para identificar fatos ou, motivações ocultas ou informações confidenciais que não foram reveladas na sessão conjunta; para confirmar ou afastar suspeitas de desequilíbrio de poderes; ou, ainda, em conflitos familiares que envolvam filhos, para identificar o melhor interesse da criança ou do adolescente[8].

---

8. Nas palavras da primeira mediadora: "[...] A gente sabe que, numa situação de desequilíbrio, a mediação fica comprometida. Então a gente tem que fazer com que essa parte possa chegar a este patamar, né? E isso é com muita reflexão, buscando que ela possa refletir, que possa dar respostas, que possa propor... e tem casos que a gente consegue realmente isso, como tem casos que a gente vê que, realmente, isso não acontece. Mas a gente busca esse equilíbrio entre eles, que nem sempre isso vem pronto pra gente, mas

Os mediados, por sua vez, solicitam o agendamento de sessões privadas quando sentem a necessidade de apresentar suas razões, interesses, emoções, receios ou outras informações confidenciais que não seriam externadas na presença da outra parte; para sanar dúvidas sobre o processo de mediação; esclarecer sobre impressões equivocadas ou, finalmente, para expor os seus interesses e objetivos.

O programa orienta que as mediadoras esclareçam a ambas as partes sobre a finalidade da sessão privada e a possibilidade de solicitá-las a qualquer tempo. Com isso, evita-se que as partes sintam-se preteridas ou ameaçadas no processo.

2.4. A Sessão Conjunta Final e o encaminhamento à Defensoria Pública

Após a realização da Sessão Conjunta (e também das Sessões Privadas, se for o caso), frequentemente as partes chegam a diversas possibilidades de acordo, exercitando de maneira livre a criatividade. O passo seguinte consiste em avaliar, à luz de critérios objetivos e considerados justos por ambas as partes, as soluções encontradas para o deslinde da controvérsia.

Trata-se de uma etapa de fundamental importância, pois permite que as partes projetem para o futuro as consequências de suas escolhas e reflitam sobre a exequibilidade do que foi acordado. Esse exercício de abstração favorece a construção consciente e ponderada dos pactos, o que, consequentemente, aumenta as chances de cumprimento espontâneo.

Identificado o acordo que melhor atenda aos anseios das partes, passa-se à formatação de suas cláusulas. Os acordos de vizinhança não são formalizados por escrito, mas apenas ajustados verbalmente.

Já os acordos relacionados a conflitos familiares podem ser reduzidos a termo e homologados judicialmente. Assim, quando as partes manifestam interesse na homologação, as mediadoras encaminham a minuta do acordo celebrado para a Assistência Jurídica da Casa do Cidadão, que encaminhará o documento à Defensoria Pública Estadual ou dos Núcleos de Prática Jurídica conveniados para que sejam propostas as ações consensuais oportunas.

O encaminhamento das minutas formuladas pelas mediadoras às instituições conveniadas serve, não somente ao propósito de homologação judicial do

---

a gente tem que trabalhar isso, fazer com que reflitam. Tem caos que a gente tem que parar a mediação, fazer uma sessão privada, com uma das partes e com a outra para ajudar nesse empoderamento, para que a pessoa tenha condições de tomar a decisão final, e não simplesmente acatar. Decidir junto.

acordo, mas, antes disso, como um filtro jurídico apto a identificar possíveis ilegalidades no acordo, bem como cláusulas obscuras, contraditórias, omissas ou inexequíveis. Isso porque, como dito acima, as mediadoras que atuam no programa de mediação da Secretaria de Cidadania e Direitos Humanos de Vitória possuem formação em Serviço Social, então nem sempre as soluções encontradas coadunam-se com o ordenamento jurídico vigente[9].

A redação do acordo deve levar em conta as consequências jurídicas pretendidas pelas partes e a formação adequada do título executivo judicial.

Caso as partes não cheguem a um acordo – seja porque uma das partes desistiu de participar do processo, seja porque não foi possível conciliar os interesses e necessidades em conflito – as mediadoras redigem um termo de encerramento da mediação, nele identificando as partes envolvidas e registrando a finalização do processo sem a resolução do conflito. Os dados são arquivados apenas para fins estatísticos.

Os motivos que inviabilizaram o acordo não são registrados, nem tampouco as informações reveladas pelas partes durante as sessões, em razão do dever de sigilo. A regra, contudo, pode ser excepcionada mediante expressa manifestação das partes em sentido contrário.

3. ANÁLISE DE CASOS MEDIADOS PELO PROGRAMA

A fim de exemplificar melhor o processo de mediação desenvolvido pela Secretaria de Cidadania e Direitos Humanos de Vitória, optou-se por apresentar dois casos de mediação conduzidos pelo programa. Por razões evidentes, garantiu-se a efetivação do princípio da confidencialidade através da substituição do nome verídico das partes por nomes fictícios.

3.1. Primeiro caso: o posicionamento da janela da vizinha

Joana da Silva, de 37 anos, procurou o programa de mediação da SEMCID porque estava incomodada com uma janela construída na casa da vizinha Maria do Carmo, posicionada a menos de dois metros de sua casa e que supostamente violaria a sua privacidade e de sua família.

---

9. Impende anotar que as três mediadoras entrevistadas foram unânimes em sugerir, como medida de aprimoramento, que o programa incorpore também à equipe de mediação, profissionais formados em Direito, para que auxiliem na elaboração dos termos do acordo. Nas palavras da terceira mediadora: "[*a incorporação de bacharéis de Direito à equipe*] Seria extremamente importante, porque, como a formação das cinco mediadoras hoje é na área de Serviço Social, ainda que a gente tenha tido algumas capacitações na área de família, muitas vezes nós não temos condições de estar nos atualizando. Agora, principalmente, com os conflitos de vizinhança, a gente sente falta de orientação jurídica durante as sessões".

Joana há havia participado de um processo de mediação anteriormente, por meio do qual ela conseguiu se divorciar consensualmente e decidiu questões relacionadas à guarda e visitação da filha. Justamente em razão do êxito obtido na primeira mediação, Joana decidiu retornar ao programa para solucionar o problema de convivência com Maria.

A própria Joana assumiu a incumbência de entregar a carta-convite para a vizinha, convidando-a a participar do processo. No dia designado, ambas compareceram à sessão.

Ainda no início da sessão de mediação foi possível observar que as razões do conflito não se restringiam à existência da janela, mas também concerniam à forma como a casa foi adquirida. Originariamente todo o terreno pertencia à família de Joana. Contudo, seu tio acabou vendendo um pequeno sobrado localizado no local a uma terceira pessoa, que, por sua vez, construiu uma casa maior e a vendeu à senhora Maria do Carmo.

Portanto, os reais motivos da insatisfação de Joana estavam relacionados ao sentimento de invasão provocado pela presença daquela casa no terreno familiar. As palavras empregadas por ela para expor a sua versão dos fatos revelam com clareza as questões sentimentais subjacentes à demanda. Vejamos:

> (...) Esse terreno é da minha família! Na verdade, nós perdemos dois pedacinhos: o pedaço da casa dela e o pedaço do vizinho dela, que foi comprado legalmente. Não, quer dizer, não estou dizendo que ela comprou ilegal não, ela fez um trato com uma pessoa lá, entende? Mas esse nosso vizinho, ele só não tem escritura, mas ele comprou direitinho, tem recibo, tem tudo. E o meu tio falou: " – Eu vendi!, entende?" Só que o pedaço dela o meu tio perdeu... Trocou por uma mobilete com um senhor que mora em Andorinhas, aí esse senhor pegou o barraquinho que estava lá, destruiu e construiu uma casa enorme lá. Aí deu um problema muito sério com o sobrinho... Com meu primo, da casa da frente, aí esse senhor teve que sair às pressas de lá e vendeu o terreno, de qualquer jeito, acho que ele falou que era da prefeitura, claro que ele não falou que era residência, senão ele não ia conseguir vender... Os meninos iam fazer coisa ruim com ele, ele tinha que sair de qualquer jeito. Aí, acho que ele vendeu de qualquer jeito também. (...) [quanto à questão da janela] Eu realmente preciso que retire. Tanto que uma janela já foi retirada, porque esse problema não foi só comigo. A família de baixo também teve problema. Tanto que eles são amigos hoje porque não tem mais a janela. A senhora acha que se tivesse janela lá hoje, na frente da casa deles, eles seriam amigos ainda?

Joana da Silva, no entanto, reconheceu que a posição da janela não é incômoda apenas para a sua família, interferindo igualmente na qualidade de vida da vizinha e de sua família:

> [A janela] fica desconfortável para ela também. Porque a gente sabe que ela não gosta. Assim, da casa dela, minha escada é uma escada enorme, pra minha casa, casa da minha avó, são várias casas. E a gente, subindo e descendo, a gente olha sem querer pra casa dela e ela fica desconfortável, as filhas também ficam... Eu sei que a gente tá vendo isso, entende? Pra ela e pra gente também, fica muito ruim.

Maria do Carmo concordou o argumento de Joana de que a janela também retira a privacidade de sua família, além de expor com detalhes as dificuldades rotineiras enfrentadas por sua família para conviver pacificamente com os vizinhos e as concessões sacrificantes que precisa fazer para que isto seja possível. Ela também confidenciou que não teria comprado a casa se soubesse, à época, dos problemas familiares relacionados ao terreno. Nas suas palavras:

> Realmente, é muito difícil. Tanto que eu nem abro a minha janela mais. Quando eu abro a janela, sempre ouço uma piadinha, entendeu? Então, para evitar problema, eu não estou abrindo a janela. Eu estou com um neto operado, e eu não posso estar com a janela fechada por causa das bactérias do ar, e eu tenho que manter a janela fechada. [...] Tudo bem que essa janela está erradíssima, só que foi o único método de eu ter a minha própria janela, porque a janela da frente, no caso, ficaria dois metros distante da casa. Mas eu tirei a janela de lá porque o tio dela chegou e me pediu para tirar a janela, porque ele já tinha tido problema com o inquilino, seu Joel. Pra eu não ter problemas – e meu irmão, na época, estava separado e morava comigo, meu irmão falou assim: "– Não, Maria, tira essa janela, vê se pode botar ali". Aí, conversei com ela e a mãe dela e acabamos colocando para o outro lado. E para não ter problema com um vizinho, acabou arranjando com outro. (...) Aí, no caso, eu tenho que ficar numa casa sem janela? Por que se não incomoda um, incomoda o outro. E como eu vou ficar numa casa sem janela? (...) Eu nem sabia que ali era quintal de família, não conhecia ninguém. Por que quando eu fui comprar ninguém me avisou nada?

Após compreender as restrições impostas à rotina familiar da vizinha, Joana afirmou que preferiria manter o terreno exclusivamente com a família, mas reconheceu que isso não seria mais possível. Ela também admitiu que a vizinha havia investido muito dinheiro em benfeitorias na casa e que não seria justo puni-la por erros cometidos por sua família na administração do bem[10].

Joana aventou a possibilidade de alterar a posição da janela para outra parede, voltada para uma casa térrea, onde a construção da janela não ocasionaria prejuízos. Ela também se dispôs a conversar pessoalmente com o proprietário da casa contígua para explicar a situação e pedir autorização para a construção da janela.

A solução apresentada mostrou-se satisfatória para ambas. Maria do Carmo afirmou que não via problemas na mudança e que a única questão que lhe incomodava era ter que permanecer com as janelas fechadas, pois isto inviabilizada a circulação de ar pela casa. Joana, por sua vez, assegurou que isto não aconteceria novamente[11].

O conflito foi resolvido em apenas uma sessão de mediação, que durou cerca de quarenta e cinco minutos. Ao final do processo, observou-se que a conversa sobre as questões de fundo do conflito – a sensação de perda vivenciada por Joana; os problemas ocasionados pela falta de circulação de ar na casa de Maria; a ausência de conhecimento prévio sobre as peculiaridades do terreno; os investimentos financeiros feitos para melhorar as condições de habitabilidade da casa etc. – gerou um sentimento de empatia entre as vizinhas, o que foi determinante para a formação do entendimento.

Analisando-se objetivamente a questão, é possível inferir que, no contexto de um processo judicial, possivelmente as questões emocionais discutidas na mediação não emergissem à superfície e que o magistrado tivesse que decidir impositivamente o conflito. Noutras palavras, as reais motivações das partes permaneceriam ocultas, o que favoreceria o aparecimento de novos pretextos para o confronto no futuro.

A mediação do conflito de vizinhança favoreceu a construção de uma solução integral para o conflito. Além disso, o canal de diálogo aberto entre as partes dá sinais de que o acordo verbal celebrado ao final do processo será cumprido espontaneamente.

---

10. "Eu acho que sim [que existe possibilidade de acordo]. Tanto que eu vim aqui, eu procurei vocês, porque eu não quero ficar mais brigando, eu já discuti com ela no quintal, entende? Eu não quero mais isso. Eu quero uma coisa certa, direita, entende? Tudo bem, eu acho mesmo que ela foi passada para trás, entende? E nós fizemos errado de deixar ela construir, fazer aquele negócio todo... E a gente sabe que ela gastou muito dinheiro naquilo, entende? Mas ninguém falava nada, aí, deixou a situação chegar até esse ponto".
11. "Não, a gente vai dar um jeito, você não vai ficar sem janela. Você precisa de janela. Isso é pra não ter mais problemas, entendeu? Se é pra gente viver no mesmo quintal, vamos viver bem, não é verdade? É porque está muito desconfortável, não tá bom, não".

3.2. Segundo caso: o pensionamento do filho

Mariana dos Santos, 17 anos, manteve uma união estável com Pedro Souza, de 22 anos, durante quatro anos, e desse relacionamento nasceu Gabriel, de 4 anos.

Após o término do relacionamento, ocorrido há 7 meses, Mariana e Gabriel passaram a residir com Josi, avó de Gabriel. Como Mariana ainda se dedica apenas aos estudos, o sustento da família é custeado por Josi, que trabalha como costureira e aufere um salário-mínimo por mês.

Pedro é mecânico, mas atualmente está desempregado e presta serviços esporádicos em oficinas de reparos. Apesar das dificuldades financeiras, ele contribui espontaneamente com o sustento de Gabriel por meio de pequenas compras de supermercado.

Mariana e Pedro estavam de acordo quanto à necessidade de pensionamento do filho, mas dissentiam quanto à forma de pagamento e ao valor. Eles procuraram conjuntamente o SEMCID para participar do processo de mediação. Ambos compareceram à sessão no dia agendado, acompanhados também por Josi, uma vez que Mariana ainda não alcançou a maioridade civil.

Iniciada a sessão, a mediadora explicou as regras de funcionamento da mediação, ressaltando a necessidade de participação voluntária das partes no processo e o papel decisório das partes na resolução do litígio. Além disso, ela frisou que a responsabilidade pelo sustento da criança é compartilhada entre o pai e a mãe, e que o valor deve refletir as possibilidades do pai e as necessidades do filho.

O primeiro a se manifestar foi Pedro. Ele argumentou que trabalha como autônomo em uma oficina mecânica, não possui renda fixa e precisa auxiliar no sustento de sua mãe. Por esses motivos, disse que poderia contribuir com cerca de R$ 150,00 reais por mês para o sustento do filho.

Mariana, por outro lado, alegava que cento e cinquenta reais por mês não seria suficiente. Ela considerava justo que Pedro pensionasse o filho com, ao menos, duzentos e cinquenta reais por mês.

Diante do impasse quanto aos valores, a mediador passou a palavra para Josi. A avó da criança assumiu uma postura conciliatória, salientando que Mariana e Pedro possuíam razão em certa medida: por um lado, cento e cinquenta reais não seriam suficientes para custear a metade dos gastos de Gabriel; por outro lado, era preciso considerar que Pedro não possuía rendimentos fixos e que também precisava auxiliar a mãe com os gastos domésticos. Nas suas palavras:

> Eu vou ser sincera. Já que ele falou que não trabalha de carteira assinada... Criança gasta, mas não adianta ela querer [que ele contribua com] R$ 250,00 e ele [ofertar] RS 150,00. Cada um sabe do gasto. E [não adianta] falar R$ 250,00 e na hora não arcar com sua responsabilidade. Eu acho o seguinte... R$ 150,00 é pouco, mas eu sei que R$ 250,00 é muito para ele que não tem carteira assinada. Ele falou que ajuda na casa dele, mas aí ele também tem que ter a responsabilidade com a criança. Ele tem que pensar direitinho se R$ 150,00 vai fazer o custo do filho dele, entendeu?

Depois de ouvir os argumentos de Josi, Pedro concordou em contribuir com duzentos reais para o sustento do filho, mas Mariana ainda discordava do valor. Pedro, então, disse que não poderia se comprometer a depositar uma quantia maior e que se ela estivesse insatisfeita seria melhor discutirem a questão em juízo.

Para conter o ânimo exaltado das partes, a mediadora optou por intervir na mediação e esclarecer as vantagens do acordo para a Mariana:

> Mas Mariana, você entende que é a possibilidade dele hoje? Que ele trabalha sem carteira assinada, não tem uma comprovação de renda, né? Se vocês encaminharem uma ação sem um acordo, ele não tem comprovação de renda, então, a gente entende as despesas de vocês, a gente sabe quanto um filho gasta. Mas a gente tem que saber também a realidade de cada um. Quando sua mãe ia propor os R$ 200,00 – que eu já estava entendendo a proposta dela –, era justamente um meio-termo, né? Eu preciso que vocês duas tenham um acordo quanto a isso. E se ele ganhar mais, a pensão vai subir, porque esse valor que vocês estão determinando, a gente vai converter em percentual. Eu quero que você entenda que hoje, com a situação dele, seria essa a proposta. Eu sei que, às vezes, não é o ideal, eu também tenho filho e sei que filho gasta. Eu tenho um filho da mesma idade do seu, inclusive. Eu sei que gasta. Só que não adiante, também, pedir um valor muito alto, que ele não possa pagar.

Nesse contexto, Pedro reforçou que o valor oferecido ainda era muito alto em vista de suas possibilidades atuais, mas admitiu que os gastos com a criança eram elevados e que ele deveria assumir aquele encargo. Mariana concordou com o pagamento da pensão alimentícia no valor de duzentos reais, que seriam depositados diretamente na conta de Josi nos dias dez de cada mês.

A mediadora registrou os termos do acordo por escrito, incluindo a regulamentação da guarda e da visitação, e encaminhou a minuta para o Núcleo de Prática Jurídica responsável pela propositura da ação consensual.

O acompanhamento das sessões de mediação do SEMCID permitiu concluir que mesmo os conflitos mais sensíveis podem ser eficazmente solucionados pelas vias conciliatórias. Observe-se que o primeiro caso relatado, apesar das inúmeras questões de fundo existentes, foi resolvido em apenas uma sessão de mediação, com duração de cinquenta minutos. Ou seja, a aparente complexidade do conflito foi desconstruída mediante a abertura de espaço para o diálogo e o entendimento.

Por sua vez, o segundo caso relatado demonstrou que não apenas o papel do mediador é decisivo para o sucesso da mediação, mas também que a postura dialógica adotada por uma das partes pode influenciar positivamente no resultado processo.

Finalmente, cabe salientar que o programa estudado preza pela participação voluntária e consciente dos interessados nos processo de mediação. Desde o pré-atendimento as partes são informadas sobre as etapas procedimentais e sobre o papel decisivo das partes na composição do conflito. Além disso, o programa trabalha apenas com conflitos familiares e de vizinhança, que são, por natureza, propícios para a mediação.

3.3. O Impacto Social do Programa

O programa de mediação desenvolvido pela Secretaria de Cidadania e Direitos Humanos de Vitória atende à populacão hipossuficiente de Vitória (munícipes com renda individual de até três salários-mínimos) há dez anos e tornou-se centro de referência na região para a resolução consensual de conflitos.

Em 2006, quando a coordenação de Mediação de Conflitos foi implantada, foram realizadas 2244 mediações, sendo que, dessas, 567 foram finalizadas com acordo, o que significa que apenas um em cada três casos mediados alcançou a composição de vontade entre as partes.

Transcorridos apenas nove anos desde o início dos atendimentos, o percentual de acordos firmados após as sessões de mediação triplicou. Em 2014, dos 961 casos atendidos, apenas 235 não chegaram a uma solução consensual sobre o litígio (anexo IV).

Os números do programa indicam que apesar de a cultura da litigiosidade ainda estar fortemente enraizada na mentalidade dos brasileiros[12], a expansão

12. Como destaca a segunda mediadora, "a princípio, a parte que nos procuram com a intenção de judicializar. A maioria desconhece o processo de mediação, até da possibilidade de ficar no informal. Mas, quando vem o desdobramento, de ter um terceiro imparcial estar facilitando o diálogo, eles acabam ficando. Mas, o que a gente percebe que, no geral, fica a desconfiança no cumprimento deste acordo.

dos programas de mediação pode proporcionar o empoderamento das comunidades.

O êxito conquistado pelo programa de mediação da SEMCID demonstra que uma parceria entre o Executivo e o Judiciário poderia render bons frutos. Veja-se que não se trata do prenúncio de uma realidade distante ou inalcançável: há estudos sobre boas práticas de mediação vinculadas aos Tribunais em várias regiões do país, como é o caso do Centro Judiciário de Jundiaí e do Núcleo Permanente de Resolução de Conflitos do Mato Grosso do Sul[13].

Possivelmente o maior empecilho na celebração da parceria está na submissão dos mediadores conveniados às exigências de imparcialidade contidas no artigo 166 do NCPC. Na linha do que defendem Sara Cobb e Janet Rifkin[14],

---

Mas é uma questão cultural, de sempre delegar a uma pessoa a responsabilidade de resolver o seu problema. Porém, deixamos claro que, melhor do que ninguém, são eles que sabem o que é melhor para eles mesmos".

13. Os estudos estão relatados em *Estudo qualitativo sobre boas práticas em mediação no Brasil.* GRINOVER, Ada Pellegrini; SADEK, Maria Tereza; WATANABE, Kazuo; GABBAY, Daniela Monteiro; CUNHA, Luciana Gross (Coord.); BRAGA NETO, Adolfo [et al.]. (Colaboradores). Brasília: Ministério da Justiça, Secretaria de Reforma do Judiciário, 2014.

Também não se pode deixar de mencionar a experiência de acesso à justiça do Centro Integrado de Cidadania desenvolvido pela Secretaria de Justiça e Defesa da Cidadania de São Paulo que além de promover a resolução de conflitos, preocupa-se e educar os cidadãos para o exercício dos direitos humanos. Como explica o professor Guilherme Assis de Almeida, "a ausência quase completa de instituições de mediação institucional para constituição do sujeito de direito nas periferias de São Paulo pode ser vista como parte integrante de uma "ação política oficial" que não tem como prioridade a formação do cidadão, mas, pelo contrário, a repressão – de acordo com arbitrária avaliação do Estado – daqueles categorizados no rol de não sujeitos de direito. Diante desse quadro, o CIC deve ser encarado como uma presença não violenta do Estado nas periferias de São Paulo, em contraponto à atuação policial, que nas mais diversas ocasiões, mostra-se violenta, determinando a seu "bel prazer" quem é ou deixa de ser sujeito de direito. Nessa perspectiva, o CIC oferece outra gramática, radicalmente diversa, de acesso ao direito. Precisamente por essa diferenciada presença, o CIC possui a concreta possibilidade da construção de uma política de promoção dos direitos humanos e constituição do sujeito de direito que, fortalecendo e ampliando o Estado de Direito no âmbito local, seja capaz de oferecer à população das zonas de alta vulnerabilidade social da cidade de São Paulo o exercício de novas formas de emancipação". ALMEIDA, Guilherme Assis de. *Centro de Integração da Cidadania (CIC):* uma experiência inovadora de acesso à justiça e educação em direitos humanos. Artigo publicado no vol. VII, nº 02, jul.dez. 2012 da Revista *Meritum.* Disponível em: <http://www.fumec.br/revistas/meritum>. Acesso em 25 jul. 2014, p. 24.

14. A questão da imparcialidade do mediador foi o ponto central da atenção de Sara Cobb e Janet Rifkin no emblemático artigo "Practice and Paradox: Deconstructing neutrality in mediation". As professoras estadunidenses afirmam que embora a "neutralidade" seja um conceito central da teoria e prática da mediação, cultuado como um antídoto contra o preconceito condição sine qua non para a preservação do contexto comunicacional em que queixas possam ser ouvidas e acordos mutuamente construídos, contraditoriamente o seu conceito permanece indefinido pelas organizações profissionais e pouco debatido nos círculos escolares. Para Cobb e Rifkin, a ausência de contornos claros sobre como deveria funcionar a neutralidade na prática é uma função da retórica da neutralidade. Após analisar as definições de mediação usualmente empregadas no campo da mediação (neutralidade como sinônimo de imparcialidade ou de equidistância), assim como suas implicações concretas, as autoras concluem que a ideia de neutralidade deve ser entendida como uma prática no discurso. Veja-se o que elas dizem: "Neutrality becomes a practice in discourse, specifically, the management of persons' positions in stories, the intervention in the associated interactional patterns between stories, and the construction of alternative stories. These

será necessário um esforço para tornar o sentido de imparcialidade/neutralidade menos opaco, construindo-se um sentido adequado ao termo e consentâneo com as exigências de equilíbrio entre Poder e Justiça.

De toda entre, não restam dúvidas de que a iniciativa de aproximação entre o Poder Judiciário e as comunidades através das parcerias sedimenta o caminho para a construção de um novo paradigma de Direito, mais palpável e acessível a todos.

4. CONCLUSÃO

O presente artigo voltou-se ao estudo empírico do programa de mediação desenvolvido pela Secretaria de Cidadania e Direitos Humanos do Município de Vitória, e de como a celebração de uma parceria entre o Executivo e o Judiciário poderia contribuir para o êxito da mediação judicial capixaba.

Observou-se que ainda é necessário construir uma significação adequada para o termo "imparcialidade" – um conceito amplamente empregado no campo da mediação de conflitos e, por outro lado, tão pouco compreendido na prática.

A celebração de uma parceria entre o Tribunal de Justiça e a Secretaria de Direitos Humanos e Cidadania de Vitória permitirá a troca de experiências entre os órgãos públicos e criará um canal de diálogo eficaz entre o Judiciário e os cidadãos, o que será fundamental para conferir credibilidade e confiança à mediação judicial.

REFERÊNCIAS BIBLIOGRÁFICAS

ALMEIDA, Guilherme Assis de. Centro de Integração da Cidadania (CIC): uma experiência inovadora de acesso à justiça e educação em direitos humanos. Artigo publicado no vol. VII, nº 02, jul.dez. 2012 da Revista Meritum. Disponível em: <http://www.fumec.br/revistas/meritum>. Acesso em 25 jul. 2014.

COBB, Sara; RIFKIN, Janet. *Practice and Paradox: Deconstructing Neutrality in Mediation.* Law and Society Inquiry, n. 16, pp. 35- e 50, 1991.

GRINOVER, Ada Pellegrini; SADEK, Maria Tereza; WATANABE, Kazuo; GABBAY, Daniela Monteiro; CUNHA, Luciana Gross (Coord.); BRAGA NETO, Adolfo [et al.]. (Colaboradores). Brasília: Ministério da Justiça, Secretaria de Reforma do Judiciário, 2014.

processes require that mediators participate by shaping problems in ways that provide all speakers not only an opportunity to tell their story but a discursive opportunity to tell a story that does not contribute to their own delegitimization or marginalization (as is necessarily the case whenever one party disputes or contests a story in which the per- son is negatively positioned)". COBB, Sara; RIFKIN, Janet. Practice and Paradox: Deconstructing Neutrality in Mediation. Law and Society Inquiry, n. 16, pp. 35- e 50, 1991.

KANT, Immanuel. "Resposta à pergunta: Que é 'Esclarecimento'? (Aufklärung)". In: *Textos Seletos*. Tradução de Floriano de Sousa Fernandes. 3ª ed. Petrópolis: Editora Vozes, 2005.

SANTOS, Andrea Fachetti Vaillant Moulin dos; SILVA, Andressa Zenande da; MOTTA, Mauro Souza; BELTRAME, Regina Mara Ramos de Miranda; SILVA, Sheila Raquel Christo. Gerência de Resolução de Conflitos (GRC), p. 145. In: Vitória: Direitos Humanos no Cotidiano. SANA, João José Barbosa; COLOMBO, Christóvão; PEREIRA, Tiago Alves (Orgs.). Vitória: Semente Editorial, 2013.

CAPÍTULO 25

Mediação Privada – um Mercado em Formação no Brasil

Gabriela Assmar[1] *e Débora Pinho*[2]

SUMÁRIO: 1. A TRAJETÓRIA DA FORMAÇÃO DE MERCADO PARA A MEDIAÇÃO PRIVADA NUMA VISÃO SISTÊMICA; 2. A INTERDEPENDÊNCIA ENTRE A MEDIAÇÃO PRIVADA E A MEDIAÇÃO JUDICIAL; 3. O MOMENTO DE ESCOLHER A MEDIAÇÃO COMO MÉTODO DE RESOLUÇÃO DO CONFLITO; 4. OPORTUNIDADE EM TEMPOS DE CRISE; 5. OS DESAFIOS DO MERCADO; 6. O PAPEL DO ADVOGADO; 7. OS PRIMEIROS PASSOS PARA PROVER SERVIÇOS DE MEDIAÇÃO PRIVADA; 8. CONCLUSÃO.

1. A TRAJETÓRIA DA FORMAÇÃO DE MERCADO PARA A MEDIAÇÃO PRIVADA NUMA VISÃO SISTÊMICA

Nos Estados Unidos, a mediação comercial privada é o método preferido por empresas e advogados desde a década de 1970. A Comunidade Europeia obrigou todos os seus países-membros a regulamentarem a mediação privada no comércio a partir de 2008. No Brasil, esta ferramenta de gestão e resolução de problemas negociáveis está na "pauta do dia" graças a dois fatores sistêmicos: (i) o Judiciário não comporta, qualitativa e quantitativamente, todas as

1. Advogada e mediadora, com diploma de Mediação pelo InstitutUniversitaire Kurt Bösch, LL.M. pela NYU e MBA em gestão empresarial (FDC). Atuou como diretora jurídica e de Relações Institucionais em grandes empresas. Mediadora nas áreas escolar, familiar, penal, comunitária e empresarial no Brasil e no exterior. Supervisionou mediações no TJ-RJ, desde 2007 e atualmente atua como mediadora nos processos de Varas Empresariais neste Tribunal. Palestrante convidada de Mediação em diversas instituições, tais como: UFRJ, UERJ, FGV, diversas seccionais da OAB e TJs, Funenseg, CNSeg, ABERJ. É membro do Conselho Fiscal do CONIMA. Uma das fundadoras da Comissão de Mediação da OAB-RJ, Gabriela coordenou a prática vencedora do Prêmio Innovare 2009. Gabriela é WeinsteinFellow pelo JAMS e membro do prestigioso painel internacional de mediadores do CPR. Seu nome consta da publicação Who'sWho Legal – CommercialMediation desde 2012. No Brasil, fundou a Parceiros Brasil – Centro de Processos Colaborativos, OSCIP membro da rede global Partners for DemocraticChangeInternational, dedicada à mediação escolar em comunidades com alta violência armada,e a ProAcordo – Mediação de Conflitos Empresariais. Gabriela foi co-autora do texto original do PLS 517/11, a convite do Senador Ricardo Ferraço, e colaborou na redação das emendas ao PL 7169/14 propostas pelo Deputado Jutahy Júnior.
2. Advogada, mediadora, jornalista pós-graduada em Comunicação Empresarial, membro da Comissão Especial de Conciliação, Mediação e Arbitragem da OAB-MT e membro do Instituto Brasileiro de Práticas Colaborativas.

ações submetidas à sua decisão; e (ii) a Lei nº 13.140/15, específica de mediação, e o novo Código de Processo Civil (NCPC), entrarão em vigor respectivamente no final de 2015 e início de 2016, trazendo impactos irrefutáveis à resolução de controvérsias no nosso País.

É nítida a aceleração que este fenômeno adquiriu. Não obstante, algumas peculiaridades deste novo contexto legal no Brasil devem ser compreendidas à luz da comparação entre as melhores práticas mundiais e nossa cultura nacional.

A lógica da dominação, que viveu o Brasil no período de colonização, pode servir para explicar um pouco da desconfiança que muitas pessoas ainda têm quando o assunto é mediação – judicial ou extrajudicial. Na maioria das vezes, não se sentem aptas a adotar suas próprias decisões e assumir as responsabilidades decorrentes, preferindo delegar a tarefa a um representante do Estado – o juiz.

No Brasil, hoje um país considerado democrático, vigora o Direito Positivo, diferentemente do sistema consuetudinário, tipicamente anglo-saxão. Apesar de seu passado de colônia extrativista – com forte influência da religião católica, como ferramenta para dominar os índios e escravos africanos – durante a ocupação de Napoleão na Europa, foi o refúgio da família real e muitos nobres. Após a queda de Napoleão, D. João, o rei, viu-se obrigado a regressar a Portugal, porém deixou no Brasil seu filho e grande parte da Corte que, posteriormente, não aceitavam a condição de colônia. O príncipe, D. Pedro I, declarou a independência do Brasil de Portugal, sem uma única gota de sangue, enquanto outros países latino-americanos enfrentaram conflitos militares para conquistar a independência da Espanha. Desde então, o Brasil foi considerado um país bastante "pacifista".

Este método de tomada de decisão direta pela cúpula da sociedade, sem a participação ativa do povo, produziu como efeito colateral, a alienação da população, ainda notada em muitos processos decisórios.

Esse legado semeou o patrimonialismo que hoje nos castiga, na lógica bipolar de explorado e explorador. Nesta divisão alienante, há um desafio subliminar para a mediação: a cultura da desconfiança, aliada à acomodação de quem acredita não valer a pena o esforço para se assenhorar das rédeas da sua própria vida. Quem não acredita na sua própria voz tem motivos para preferir delegar ao Estado uma decisão que poderia ser construída por si e os demais envolvidos diretos na dada situação.

Nesta toada, o Brasil possui hoje cerca de 100 milhões de processos judiciais pendentes, de acordo com dados do levantamento Justiça em Números, do Conselho Nacional de Justiça (CNJ). Num país com cerca de 200 milhões de habitantes e cada ação judicial tendo, no mínimo, duas partes, isto significa que todos os brasileiros estão, potencialmente, judicializados. Este quantitativo foi impulsionado especialmente quando o conceito de acesso à Justiça foi compreendido como "passe livre" ao Poder Judiciário. Com uma porta de entrada não onerosa e a população não tendo de decidir por si própria, nosso Judiciário tornou-se sobrecarregado, em níveis que a maioria das nações não pode imaginar. Mesmo uma ação simples pode durar 10 anos, tempo incompatível com a expectativa de qualquer nação informatizada e conectada globalmente.

Ainda que a reboque de muitos outros países, o Sistema Jurídico brasileiro passou, nos últimos anos, a encarar a mediação como tábua de salvação. O NCPC foi aprovado incluindo a mediação como um princípio e a sua promoção como uma obrigação dos operadores do Direito. Embora o foco do NCPC seja a mediação dentro do Judiciário, o artigo 168 abre a possibilidade das partes, enviadas à mediação pelo juiz, optarem pela mediação privada. Este artigo mostra o caminho para a complementariedade do mercado privado de mediação, em relação ao impulso que o Judiciário promove. A visão ideal de qualquer mercado é que o sistema público sirva a todos com um padrão de qualidade razoável, mas que a qualidade "sob medida" para cada necessidade e cada possibilidade de pagar seja buscada na excelência do mercado privado, onde a "meritocracia" impera. A Lei 13.140 /2015 regula, com maior profundidade, alguns aspectos da mediação em geral e em cada ambiente em que ela deve se desenvolver: (i) judicial; (ii) extrajudicial; e (iii) envolvendo entes púbicos. No que tange o mercado privado (extrajudicial), são de grande relevância a regulamentação da confidencialidade e exequibilidade de cláusulas compromissórias de mediação em contratos.

A nova legislação é um portal de oportunidade para o desenvolvimento do mercado. Conhecer a mediação passou a ser pauta obrigatória para advogados. Muitos cursos de bacharelado em Direito já oferecem matérias de mediação. A Ordem dos Advogados do Brasil (OAB) já tem comissões de mediação espalhadas por diversas seccionais e está por incluir o tema mediação no Exame de Ordem. Mesmo antes da vigência da lei, os impactos já são perceptíveis. Há um *tsunami* de pessoas interessadas em se tornarem mediadores e a procura de profissionais experientes está crescendo rapidamente.

Analisando especificamente o ambiente empresarial, onde os contratos e a necessidade de previsibilidade das relações requerem maior controle dos processos decisórios, a regulamentação clara da opção antecipada pela mediação é comprovadamente eficaz e econômica, pois, após o conflito eclodido, a probabilidade das partes lograrem qualquer acordo – inclusive sobre o método de sua resolução – é muito reduzida.

Como exemplos mais óbvios dos enormes avanços ao mundo jurídico e às relações comerciais, podemos citar:

- Confidencialidade absoluta, inclusive entre as partes, com a consequente proteção da imagem dos envolvidos;
- Celeridade infinitamente superior a qualquer processo litigioso – muitas vezes obtemos a resolução de conflitos em uma semana, quando mesmo a arbitragem leva, no mínimo, dois anos;
- Custo incrivelmente menor, já que o tempo do processo é mais curto e toda a ineficiência da adversarialidade – custas judiciais, preparo de peças acusatórias, produção de provas, etc... – é evitada;
- Satisfação qualitativamente incomparável – já que as partes têm seu processo decisório focado no negócio e não na briga, melhor informado e otimizado.

Um contexto que oferece exemplos emblemáticos é o setor de seguros. Partamos das seguintes premissas:

- O negócio das seguradoras é PAGAR.
- Ninguém gosta de pagar mais do que o que considera justo.
- Todos querem receber o máximo a que têm direito, mas direitos são percebidos por lentes que incluem subjetividades.
- No mercado de seguros, existem parâmetros de "justiça" e "direito" baseados num longo histórico de casos resolvidos (administrativa ou judicialmente), condensados em estatísticas, num contexto fortemente regulado.
- Não obstante tais parâmetros, em hipóteses concretas, os segurados percebem seu problema como único (e, portanto, digno de análise isolada) ou pleiteiam um enquadre diferente do vislumbrado pela seguradora. Aí nascem conflitos.

Sendo a mediação método de resolução de conflitos no qual o terceiro interventor não tem poder decisório (como seria o caso de um juiz ou árbitro), mas zela pela busca de acordos nos quais as partes possam tomar decisões informadas e sair satisfeitas, este mediador potencializa a equação decisória e evita desgastes na relação entre os envolvidos. Vale notar que é o fato de o mediador não decidir que lhe permite a realização de reuniões privadas, sob confidencialidade, onde poderá gerar reflexões que exporiam uma parte diante da outra, e, assim, ajudá-las a melhor perceber suas reais possibilidades negociais e construir propostas que o outro lado possa aceitar.

Na modalidade dos seguros de massa, isso se traduz em três eixos: (i) fortalecimento da confiança entre as partes – já que as propostas podem ser melhor compreendidas e os parâmetros decisórios de ambos levados em consideração – propiciando a fidelização do cliente; (ii) menor custo administrativo para manutenção de reservas em aberto, para pagamento de sinistros, considerados os longos prazos do Judiciário; (iii) menor ou igual valor absoluto a pagar, já que, na mediação, outros fatores de satisfação podem ser negociados (prazos, necessidades subjetivas, outros serviços, etc) e os parâmetros objetivos (índices, jurisprudência e etc) não deixarão de ser levados em consideração.

Nos seguros de grandes empreendimentos, as empresas norte-americanas passaram a influenciar seus clientes, para que incluíssem mediação em seus contratos e se sentassem à mesa com eles, como terceiros interessados. Nos sinistros desta dimensão, a possibilidade das partes dialogarem, num processo estruturado, acarreta probabilidade muito maior de encontrarem soluções onde o fator financeiro seja uma das variáveis, mas não a única, como seria num processo adversarial.

A mediação não serve apenas para desafogar o Judiciário. Serve para que as empresas e indivíduos possam desenvolver soluções ótimas, qualitativamente superiores a qualquer outra unicamente baseada no Direito.

Este pode ser um "oásis" no "deserto" do custo Brasil.

2. A INTERDEPENDÊNCIA ENTRE A MEDIAÇÃO PRIVADA E A MEDIAÇÃO JUDICIAL

A lógica básica da mediação é ser um processo entre iguais, onde o terceiro, que intervém para auxiliar na resolução do conflito, não tem poder decisório no mérito, mas conduz o diálogo de forma a catalisar as melhores habilidades negociais das partes decisoras e seus assessores, a fim de que possam tomar decisões informadas e co-construirem uma solução que possa ser aceita por todos. O mediador deve ser escolhido ou aceito pelas partes, para tornar-se depositário da confiança necessária para ouvir sobre suas dúvidas, fragilidades e angústias e, assim, conduzir-lhes, num ambiente negocial seguro, rumo a soluções sustentáveis.

A mediação privada é um serviço em livre mercado. É importante esclarecer que falamos de "mediação privada" como quase sinônimo de "mediação extrajudicial" – expressão usada na legislação como diferencial da mediação realizada dentro do Judiciário, a partir de ação judicial já em curso. Embora o termo "extrajudicial" leve a crer que tudo aconteça fora dos edifícios do Poder

Judiciário, nossa legislação, de forma extraordinariamente criativa em relação à experiência mundial, criou uma figura híbrida, de mediação "extrajudicial" dentro do Judiciário. Para iniciá-la, basta que uma das partes – a que deseja a mediação – chegue ao Centro de Mediação Judicial e formalize este pedido antes de iniciar uma ação judicial. Nestes casos, a mediação dita extrajudicial será conduzida no mesmo espaço, e com os mesmos mediadores, destinados às mediações judiciais, mas sem haver processo em curso. Neste artigo temos por foco o mercado realmente privado, ou seja, externo e independente do Judiciário.

Embora a legitimidade do Poder Judiciário possa ser útil à decolagem da mediação privada, vez que muitos advogados e partes em conflito terão suas primeiras experiências graças à obrigatoriedade (absoluta nos casos de família e parcial nas demais naturezas de litígio), a qualidade destas inspira cautela.

Imaginemos que, nestas situações, a oportunidade de mediação não sirva às partes e seus advogados para avançar rumo ao consenso (ainda que não se obtenha acordo total), ou, pior, caso o mediador – despreparado ou sem mínima habilidade específica – exalte apenas os aspectos inconciliáveis da situação, levando-as a se afastarem ainda mais do entendimento...É muito frequente que mediadores inexperientes caiam em armadilhas e conduzam a mediação "patinando" na dança das posições, se envolvendo num leva e traz de barganhas, sem conseguir vislumbrar os interesses reais das partes. Quem, em sã consciência, vai desejar pagar por um serviço privado de mediação, quando cem por cento de sua experiência teve este gosto amargo?

Por outro lado, como formar para o Judiciário tantos mediadores quanto a recente legislação requer, com padrão de prontidão mínimo, em tão pouco tempo? Embora a lei preveja a possibilidade de remuneração dos mediadores judiciais, se as partes não puderem elegê-lo e o pagamento for tabelado, como realçar o mérito dos melhores? Como incentivá-los a buscar educação continuada e aprimorar constantemente sua performance? Toda questão de adaptabilidade, superação e sobrevivência das espécies sempre nos remete a Charles Darwin... Então, como zelar para que os padrões se estabeleçam pela excelência, e não pela mediocridade? As respostas estão inevitavelmente na interação com a "selva" do mercado privado, onde só os melhores sobrevivem.

É fácil imaginarmos essa lógica de mercado quando o assunto é saúde. Quem confiará a cirurgia de seu filho a um médico que leu todos os livros de medicina do mundo, mas nunca operou um ser humano? Quem optará por um hospital público, onde não se pode escolher o profissional, quando se tem uma doença grave e pode pagar o melhor, e mais experiente, especialista? Conflitos podem ser comparados a um câncer nas relações e, para completar a analogia, pergunta-se: se a relação é importante e ela está muito doente, você vai levá-la ao médico de plantão ou vai marcar hora com o melhor?

Não obstante, também como na medicina, até que um médico seja experiente o suficiente para se sustentar com clientela própria, disposta a pagar por seus serviços e sua infraestrutura, ele deve cumprir muitos plantões e ter vários empregos, onde aprenderá com colegas mais experientes, e, muitas vezes, mesmo depois de conquistar seu consultório bem sucedido, continua a trabalhar em hospitais públicos, para auxiliar quem não pode pagar e ensinar os mais jovens. Na atividade privada, os médicos menos experientes apenas auxiliam os mais tarimbados, pois os pacientes pagantes exigem a presença destes e não aceitariam pagar o mesmo para os inexperientes. Esta é a lógica de uma sociedade saudável, equilibrada nas complementaridades, sustentável. O sistema público alimenta o privado com a oportunidade da experiência e este retribui com a promessa de que os bons colherão frutos mais maduros[3]. O mesmo se aplica aos mediadores, "médicos de relações", "farmacêuticos do diálogo".

Há, portanto, inevitável interdependência entre os espaços judiciais e privados da mediação. Numa lógica sustentável, é importante que ambos existam e se alimentem mutuamente: a mediação judicial provendo os jovens mediadores de experiência e o mercado de mediação privada sinalizando a estes que vale a pena dar o seu melhor a cada mediação, para que se alcance o reconhecimento que laureará suas carreiras. A mediação decorrente da demanda pública é para muitos. A privada, eletiva, para poucos. Assim funciona em todos os países. Mesmo nos países com mediação obrigatória, privada, pré-processual, a grande massa de mediações é proveniente da intenção de ingressar no Judiciário. Isso faz perfeito sentido!

Algumas vezes, contextualizo a mediação – em geral – como: "um processo da sociedade, pela sociedade, para a sociedade". Só assim cabe a horizontalidade do processo decisório. A supremacia do Estado não combina com o altruísmo decisório requerido do mediador. Do momento em que o mediador se confunda com o papel do Estado (aqui pensando em Estado enquanto Judiciário, que, por natureza, precisa decidir e impor suas decisões às partes) perderá a neutralidade e, com ela, a dispensa do contraditório e da ampla defesa. Do momento em que o mediador se acredite superior às partes, ou apto a tomar lados, roubará destas o protagonismo e a confiança. Do momento em que o mediador use de seu julgamento (julgar é inevitável. A questão é o que se faz com este julgamento! Por isso, nos parece melhor a expressão "neutralidade" à

3. Obviamente, a presente analogia não se aplica aos juízes e demais servidores da atividade fim do Judiciário, que desempenham funções típicas do Estado.

"imparcialidade", que pode ser confundida com a postura de juízes e árbitros, que não têm interesse na solução, mas decidem com seus próprios "filtros" e escolhem quem está certo ou errado.) para dizer o que é melhor para as partes ou induzi-las a tal conclusão, já não servirá para atendê-las nas promessas da mediação.

Há, portanto, uma tensão permanente na mediação judicial, que requer ainda mais atenção e humildade dos mediadores, já que, não raro, as partes permanecem em mediação por desconhecimento de que podem encerrá-la ou mudar de mediador e com medo das consequências no processo judicial, onde serão oficialmente julgadas. Na mediação privada é mais fácil perceber quando o mediador perdeu sua capacidade de servir: as partes simplesmente vão embora. Ainda bem! Isso é livre mercado. Esse é o espírito da mediação. Um mediador judicial que passe pelo exercício de mediar privadamente, terá, provavelmente, aguçada a sua percepção de bem servir às partes.

3. O MOMENTO DE ESCOLHER A MEDIAÇÃO COMO MÉTODO DE RESOLUÇÃO DO CONFLITO

A primeira reunião é a oportunidade necessária para que o mediador use suas técnicas e amplie a compreensão das partes e advogados sobre os benefícios e alcances da mediação. Somente então a escolha do método (mediação, conciliação, arbitragem, Judiciário, um híbrido ou nenhum deles) pode ser considerada informada. Mesmo em mercados sofisticados, onde partes e advogados já conhecem todo o leque de opções, é nesta primeira oportunidade de estar diante do mediador, que muitas "fichas caem", e só então se pode avaliar os caminhos disponíveis em concreto. Se, a partir deste momento, as partes não desejarem continuar no procedimento de mediação, o princípio da autonomia da vontade prevalecerá e elas não serão obrigadas a negociar o conflito deste modo. Pedir que as partes já em conflito escolham um método colaborativo antes de serem expostas a ele em ambiente adequado, seria o mesmo que exigir a sanidade de um paciente, para que ele mesmo possa optar por tomar ou não uma medicação, sem jamais ter conversado com um médico a tal respeito.

A decisão conjunta, por qualquer método de solução de conflito, precisa ser anterior ou exterior ao conflito, já que as partes, uma vez submersas na percepção de que o diálogo não adianta, não conseguirão decidir nada em conjunto... Daí vem a hegemonia do Poder Judiciário em relação a qualquer método privado. Decidir pelo Judiciário é a única opção da parte escolher sozinha o próximo passo de sua luta. Vale refletirmos sobre o caso da arbitragem, que também é adversarial, semelhante ao Judiciário em termos de natureza decisória, onde um terceiro decide pelas partes. Apesar de existir em nossa legislação desde a Constituição Federal de 1824, a arbitragem só conseguiu avançar e criar mercado a partir da Lei 9.307/96, que tornou a cláusula compromissória exequível, ou seja, tornou possível que a opção pelo método fosse anterior ao conflito em concreto.

A decisão pela mediação, como método que pressupõe colaboração, em detrimento de uma solução que exclua a possibilidade de ganho do outro lado, precisa ainda mais, portanto, ser anterior ou exterior ao conflito. Ninguém que já está disposto a "matar ou morrer" cogita da possibilidade de um processo onde ambos os lados são decisores. A decisão pela mediação anterior ao litígio pode ser feita por previsão contratual, agora regulada pelos artigos 21 a 23 da Lei 13.140/15, ou por política interna a uma organização. A decisão exterior pode acontecer: (i) pelas vias desta norma e do NCPC, no que tange àmediação judicial; (ii) ainda quando os juízes encaminham casos à mediação apesar da lei não ter imposto tal procedimento; e, (iii) no encaminhamento de um psicólogo, advogado, líder comunitário, ou outra pessoa que influencie as partes.

Quando o conflito já ocorreu, a escolha pela mediação percorre um caminho decisório muito mais árduo. A opção colaborativa gera dúvidas nos negociadores. Convidar o adversário para um processo colaborativo gera receio de que o outro pense que se está com medo da briga judicial. É necessário poder alegar um motivo racional e impessoal para iniciar a mediação. Por isso, o melhor momento para se decidir pela mediação é o tempo de paz, quando se pode aferir claramente o valor da relação em questão. É exatamente neste contexto que se deve escrever um bom contrato com cláusula compromissória. Vale notar que mesmo contratos de adesão podem ter cláusulas de mediação, desde que adaptadas ao ambiente específico destas relações. Obviamente, nestes casos, a penalidade por não comparecimento à primeira reunião não poderia ser exigida dos consumidores.

A experiência dos países em que a mediação comprovadamente reduziu o congestionamento do Judiciário corrobora que a decisão de mediar deve ser, primordialmente, anterior ou exterior ao conflito. Mesmo na Argentina e Itália, onde se usa a expressão "mediação obrigatória", não se pode compelir nenhuma das partes a efetivamente engajar-se nela. O que se faz é somente tornar exequível a obrigatoriedade de comparecimento à primeira reunião de mediação. O poder de coerção, prerrogativa exclusiva do Estado, somente deve ser usado para complementar a previsão (legal ou contratual) de comparecimento à primeira reunião de mediação extrajudicial; nada além disso.

Embora o tema seja controverso, acreditamos que, ainda que haja cláusula compromissória ou previsão legal, deve haver possibilidade de se recorrer ao Judiciário, para exigir o comparecimento da outra parte à primeira reunião de mediação ou alguma penalidade pecuniária em caso de ausência. Não prever tais prerrogativas seria o mesmo que retornar à mera intenção de tentativa de mediação em caso de controvérsia, sem nenhuma força contratual. Ou seja, seria a inexequibilidade da cláusula compromissória. Como dizemos dos advogados contratualistas: escrever contratos requer pensar em tudo o que pode dar errado, exatamente para que isto não chegue a acontecer. A previsão de multa em caso de descumprimento de qualquer cláusula contratual é um lembrete necessário de que aquilo foi escrito de comum acordo entre as partes, e o foi para ser cumprido. Além disso, no contexto específico da mediação, que pressupõe o início de uma negociação em clima tenso de conflito, é a alegação do dever de comparecimento que traz um "motivo honroso"[4] para quem não quer parecer, diante do outro lado ou de um eventual julgador (juiz ou árbitro, em caso de não acordo em mediação), que foi à mediação por medo da briga.

4. OPORTUNIDADE EM TEMPOS DE CRISE

Em uma pesquisa informal feita[5] nos Estados Unidos, em 2011, acerca dos elementos formadores de mercado para a mediação, um sócio de contencioso de um grande escritório de advocacia, atuante em muitos países e, inclusive, no Brasil, disse: "Eu não comecei a levar clientes à mediação porque queria ser bonzinho ou porque era entusiasta da mediação, como você. Eu tive que recomendar mediação porque precisava apresentar uma alternativa mais inteligente do que os escritórios concorrentes estavam propondo." Esse relato se referia ao início da mediação empresarial nos EUA, no início da década de 1970.

De um modo geral, o Brasil tem diante de si muitos dos desafios da maioria dos países que iniciaram mudanças rumo à mediação: falta de conhecimento acerca da mediação, resistência dos operadores do Direito acostumados ao litígio, Judiciário como primeira referência, falta de mediadores experientes, etc. Em alguns destes países, como Argentina e Itália, a legislação tornou a mediação pré-processual obrigatória, fazendo com que o desconhecimento e falta de profissionais experientes fossem superados pela inevitável necessidade de mediar, ainda que experiências anteriores tivessem sido ruins. Nos EUA, a necessidade de ir à mediação veio de uma barreira natural ao Judiciário: o alto custo de entrada. Com estas premissas, houve tempo para os advogados aprenderem a escolher os melhores mediadores para seus clientes e para os mediadores aprenderam ser melhores mediadores.

---

4. O que o livro "Como Chegar ao Sim", de Ury, Fisher e Patton, chama de *"save face"* ou "salvar a imagem".
5. Feita por Gabriela Assmar em seu *fellowship* no JAMS (www.jamsadr.com).

No Brasil, a entrada no Judiciário não é cara, e, ao contrário, é muitas vezes gratuita. Caro é o custo, muitas vezes despercebido, da estagnação das relações, do longo tempo de espera por uma solução, de honorários advocatícios atrelados a esta demora, da impossível qualidade da maioria das decisões num universo de 100 milhões de demandas resistidas. Por outro lado, o Brasil já tem uma economia desenvolvida o bastante para ansiar por sofisticação e inovar quando a sobrevivência o requer. Ademais, vale notarmos que a atual crise política e econômica que estamos vivenciando é semelhante em relevância (embora de fundamentos bastante diversos) à que os EUA enfrentavam no final da década de 1960, início da década de 1970, quando a mediação lá se enraizou.

A maioria dos seres humanos sobre a Terra ainda não tem evolução espiritual para fazer reformas íntimas e escolher o caminho da mediação, em detrimento das brigas, por simples percepção de suas vantagens de longo prazo. No nosso mundo, as mudanças de paradigma ocorrem apenas quando o *staus quo* já não atende às necessidades mais básicas das pessoas. Em outras palavras: não mudamos porque queremos; mudamos porque precisamos. Essas mudanças sistêmicas e saltos quânticos acontecem sempre a partir de grandes rupturas e dificuldades. E é exatamente esta a fase que o Brasil vive.

Mesmo nos países com menor "distância do poder"[6], a maioria das pessoas preferiria não ter que se responsabilizar por decisões difíceis. Não obstante, uma vez que experimentem o lugar de tomador de decisões, que a mediação proporciona, um processo educacional transformador naturalmente se inicia. Quando uma mediação é bem sucedida, muitas pessoas aprendem mais sobre si e sua capacidade de diálogo, deixando de depender de outros para construir o próprio destino. Há uma frase de Fernando Pessoa que retrata bem esta trajetória. Diz ele: "Ser feliz é deixar de ser vítima dos problemas e se tornar um autor da própria história. É saber falar de si mesmo. É não ter medo dos próprios sentimentos". A mediação é, portanto, um caminho operacionalmente encurtado para que uma situação de infelicidade – o conflito – se transforme em felicidade – o protagonismo.

A mediação está ganhando força no mundo inteiro, e não é por acaso. Além de atender a necessidades comuns a todos os seres humanos, com a velocidade das mudanças e a gigantesca diversidade a que estamos expostos nos tempos recentes, neste mundo "líquido", segundo Zygmunt Bauman, a mediação, e sua capacidade única de agregar mais variáveis conscientes **à equação decisória** de múltiplas partes, ganha espaço como resposta inevitável à complexidade da vida. Ela proporciona decisões mais orgânicas, de muito menor

---

6. Referência às características de culturas nacionais segundo Geert Hofstede.

custo e muito melhor qualidade, desenvolvidas por quem melhor conhece o problema e viverá com as soluções: as partes. Ela ressalta a importância das margens legais no processo decisório – como melhores e piores alternativas à negociação – mas não se atém a elas, possibilitando que as reais necessidades e possibilidades dos negociadores sejam levadas em consideração.

Em vários países esta forma de resolver conflitos já é maior do que a arbitragem. O processo que vem ocorrendo no Brasil – seja pelo esforço do CNJ, com a Resolução nº 125, ou com a Lei da Mediação e o NCPC, seja pela rapidíssima resposta do mercado – busca alcançar, já com atraso, um patamar sustentável para o funcionamento da sociedade.

5. OS DESAFIOS DO MERCADO

A urgência da sociedade por melhores caminhos para resolver conflitos e o advento da nova legislação pertinente estão abrindo uma janela de oportunidades para o mercado de mediação no Brasil. Mas ainda não passamos por este portal completamente. As pessoas estão curiosas com o assunto, que passou a ter certo destaque na mídia, especialmente com a aprovação da Lei da Mediação e do NCPC.

O mercado pode ser promissor, mas, como nossas leis não criaram a obrigatoriedade da mediação prévia ao Judiciário, a formação da demanda por mediação privada depende, sobretudo, dos primeiros sabores que a sociedade registrar. A qualidade do que se vai experimentar é fundamental. É importante lembrar que, como já apontamos, a grande maioria de partes e seus advogados passará por essa experiência inicial no Judiciário.

Estamos plantando o mercado brasileiro de mediação nestes próximos anos. Temos algumas sementes, mas ainda falta arar o imenso solo e distribuir água e luz, para que os bons frutos possam germinar. O terreno ainda não é fértil o suficiente, apesar de a expectativa ser boa. Precisamos estar atentos à qualidade das raízes ainda pouco profundas das nossas árvores.

Os critérios de qualificação de mediadores ainda estão confusos. Embora o CNJ tenha estabelecido critérios mínimos para a capacitação de mediadores, como iremos medir as reais habilidades destes mediadores e declarar-lhes aptos a mediar, se não houver algum mecanismo de "seleção natural" como a escolha das partes ou provas práticas de aptidão?

Como a mediação é uma atividade que requer comportamentos muito diferentes dos que aprendemos a vida inteira (a neutralidade requerida do mediador e a conotação positiva que se espera dele são apenas dois exemplos de comportamentos contra-intuitivos), a preocupação não deve ser apenas com o número de horas de formação ou com um conteúdo que cabe em livros, mas especialmente com a prática supervisionada por mediadores experientes. A prática supervisionada equivale ao estágio dos advogados, à residência dos médicos, etc. Da mesma forma que parece ilógico pedir a um peixe que entenda a vida fora d'água, parece irreal pedir a um profissional, de qualquer origem, desenvolver o comportamento mediador sem ter a orientação presencial de um mediador já experiente.

Pedir que alguém faça uma mediação diante de outros iniciantes e tenha supervisão qualificada apenas por relato é colocar em risco a vida das relações cujos conflitos lhes são prematuramente confiados. É colocar em risco toda a reputação da mediação e permitir que ela se iguale à imagem desgastada que a conciliação mereceu em nosso país. Isto está acontecendo em diversos Estados brasileiros, no afã dos Tribunais produzirem mediadores em grandes quantidades para atenderem às premissas da legislação que em breve estará em vigor e na esperança de "desafogarem-se".

O grande perigo de o nosso sistema enxergar a mediação como solução para o Judiciário é que esta lógica é completamente ilusória. O melhor uso da mediação é resolver conflitos antes que cheguem aos Tribunais. Uma vez que já exista um processo judicial, o conflito estará escalado e a mediação precisará ter ainda maior qualidade para diluí-lo. Estes são casos típicos dos jargões: "A pressa é inimiga da perfeição", "A quantidade é inimiga da qualidade" e "Tiro no pé"!...

Ainda que a mediação posterior a uma petição inicial pudesse ser tão eficaz quanto a mediação prévia, que sentido faria buscar "desafogar" o Judiciário colocando-se mais uma atividade, de grandes proporções, dentro dele? Quando, acima neste artigo, falamos na complementariedade dos espaços judicial e privado da mediação, ressaltamos a necessidade de o Judiciário ser o impulso inicial da mediação na sociedade, mas isso não significa que as mediações precisem acontecer DENTRO dele. Nada impede que este impulso seja dado pelo envio dos casos de mediação para entidades privadas cadastradas, por meio de convênios bem elaborados, com exigência de alta qualidade em regras Darwinianas de sobrevivência. Esta hipótese cabe na interpretação da legislação recente, mas ainda precisamos esperar pelos inúmeros enunciados, doutrina e práticas que estão por vir.

6. O PAPEL DO ADVOGADO

A competição no mercado jurídico pode ser um dos fatores para que advogados resolvam levar seus clientes para a mediação. Para muitos clientes, o

Judiciário é um lugar ao qual jamais desejam chegar. Isso impulsiona o desenvolvimento da mediação privada.

Mesmo os advogados que não tenham especial interesse em resolver os processos de seus clientes em mediação, terão agora que conhecê-la e, em muitos casos enfrentá-la, ao menos no Judiciário. Como estarão na presença de seus clientes, terão que se preparar para a negociação, a ser protagonizada pelas partes. Não obstante, do momento em que tenham a obrigação de, ao menos, comparecer a uma reunião com tal propósito, advogados podem aproveitar a oportunidade para rever seu contrato de honorários e ganhar maior controle sobre o desfecho do processo.

Embora os honorários de êxito, baseados na premissa de ganhar do outro lado, e os honorários *pro labore*, baseados no tempo do processo, não combinem com a lógica da mediação, há muitas formas dos advogados passarem a ter maiores vantagens financeiras com um acordo do que com a briga prolongada. Não apenas o êxito pode ser pensado com base na vantagem total obtida pelo cliente (inclusive sobre o que ele deixar de gastar ou perder – que pode ser acessado por estimativa), como o recebimento dos honorários em curto prazo pode compensar o volume de trabalho adversarial (inúmeras peças processuais, produção de provas, acompanhamento, sustentações, etc) e os riscos acumulados ao longo do processo.

Uma função muito importante que a nova legislação confia aos advogados é a redação de cláusulas compromissórias de mediação sob medida para a realidade, necessidades e limitações de seus clientes. Para bem assessorar seus clientes, os advogados deverão se familiarizar com a experiência da mediação, códigos de ética e regulamentos praticados por instituições provedoras de serviços de mediação, além dos estilos de mediadores, entre outros fatores que podem colaborar para a obtenção de bons resultados em mediação ou a partir dela.

A presença do advogado nas sessões de mediação pode ser muito útil e em alguns casos é fundamental. É ele que garante a seu cliente estar fazendo as melhores opções dentro do que possa ser exequível juridicamente. Por não estar emocionalmente envolvido no caso, o advogado também pode servir como um bastião para a checagem de realidade do cliente, que já lhe deposita confiança. Além disso, o advogado é de grande importância na escolha do melhor mediador para o caso.

As maiores diferenças da atuação de um advogado em mediação, em relação à postura dele esperada num processo adversarial são: (i) o protagonista do diálogo é o cliente; o advogado é assistente do negociador; e (ii) ele não precisa convencer um interventor externo a dar razão a seu cliente em detrimento do outro lado; ele precisa ajudar seu cliente a convencer o outro lado a aceitar suas propostas.

Quando advogados chegam adequadamente preparados e colaborativos para a sessão de mediação, esse trabalho tem mais chances de evoluir e chegar a um desfecho esperado por todos: o acordo. Mesmo se não houver acordo, a mediação terá cumprido seu papel se a tensão entre as partes for ao menos reduzida, na ocasião ou futuramente, e a compreensão sobre os elementos negociáveis for ampliada.

Nestes primeiros passos de mercado, é extremamente útil que o mediador tenha oportunidade de conversar primeiro com os advogados, ajudando-os a preparar seus clientes para a primeira reunião de mediação. O advogado inexperiente em mediação – ainda a realidade da maioria – tende a rejeitá-la por não saber como manter sua função de guardião dos direitos do cliente neste novo cenário. O advogado não pode ser surpreendido diante de seu cliente. Ele precisa prepara-lo para a primeira reunião de mediação e para cada passo da negociação, ajudando-o, inclusive, a decidir que temas devem ser preservados na confidencialidade de reuniões privadas com o mediador e que temas podem ser tratados em reuniões conjuntas.

O mediador precisa ajudar os advogados a ajudarem seus clientes e vice-versa.

7. OS PRIMEIROS PASSOS PARA PROVER SERVIÇOS DE MEDIAÇÃO PRIVADA

A mediação privada já existe há vários anos no Brasil, mas não há dúvida de que o momento é de fermentação de um novo mercado.

O Tribunal de Justiça de São Paulo definiu recentemente as regras para a atuação de mediadores, conciliadores e câmaras privadas que desejam receber mediações encaminhadas pelo Judiciário. Os critérios foram fixados no Provimento nº 2287/2015. Outros tribunais do país devem adotar as suas próprias regras, com base no NCPC e na Lei 13.140/15. Além disso, o artigo 168 do NCPC prevê que a parte pode optar por uma câmara privada ou mediador privado quando o Judiciário enviar o processo para mediação judicial.

Com o nicho de mercado derivado da mediação judicial, o mercado ganhará um impulso relevante. Outra fonte de demanda serão as mediações privadas decorrentes de cláusulas compromissórias e encaminhamentos de outros profissionais influentes no processo decisório das partes. Muita gente quer se tornar mediador e abrir o seu próprio negócio, mas não sabe por onde começar.

Neste início de mercado, a tendência é que os próprios mediadores tentem criar suas práticas e buscar credibilidade nos setores de mercado em que já tenham pertencimento. A tendência é que façam isso individualmente, de forma autônoma ou em pequenas sociedades. Contam também com ajuda de instituições ou associações que lhes dão credibilidade, como o Conselho Nacional das Instituições de Mediação e Arbitragem – CONIMA, o CBar e o credenciamento nos Tribunais.

É interessante que esclareçamos o conceito das chamadas "câmaras de mediação e arbitragem". No Brasil, se convencionou chamar de "câmaras" os provedores privados de serviços de mediação e arbitragem, mas muitos não sabem de onde vem esta expressão. Os primeiros provedores de serviços dessa natureza eram apenas de arbitragem e nasceram como braços adicionais para servir aos membros de câmaras de comércio, como no caso da Câmara de Comércio Brasil-Canadá – CCBC (SP), FIESP (SP), CAMARB (MG), Centro Brasileiro de Mediação e Arbitragem – CBMA (RJ), AMCHAM (RJ e SP) e outras. As primeiras instituições dessa natureza já nasceram com membros com potencial para usar os serviços de arbitragem. Como todas estas câmaras são instituições sem fins lucrativos, puderam ter seu período pré-operacional financiado pelas câmaras originárias. Com o desenvolvimento do mercado, algumas delas – como a CCBC – se tornaram maiores que as câmaras de comércio que as fundaram.

Mais frequentemente que no caso da arbitragem, a mediação é um serviço que se pode procurar mesmo que não haja cláusula compromissória em contrato. Há a probabilidade de os clientes chegarem ao mediador por indicação de advogados e de outros profissionais, além das derivações do Judiciário, como visto acima. Apenas como parâmetro, já que para a mediação ainda não há estatísticas, no caso da arbitragem há dados empíricos, de várias das câmaras acima mencionadas, que mostram que a média do ciclo operacional – entre a colocação de uma cláusula compromissória num contrato e o início de uma arbitragem– é de três anos e meio. Embora nos casos de cláusulas compromissórias de mediação o ciclo tenta a ser conceitualmente semelhante, como a mediação é menos custosa e não litigiosa, a tendência é que as partes busquem a mediação num ponto anterior da escalada do conflito.

Algumas dessas câmaras, que inicialmente tinham a mediação apenas no nome, e praticavam apenas arbitragem, começam a se estruturar para oferecer também mediação. Ainda há bastante confusão entre mediação, conciliação e arbitragem e algumas cometem o erro de ter lista de árbitros idêntica a de mediadores, ignorando que mediadores precisam de capacitação específica. Tais equívocos devem ser suavizados com a nova legislação e o movimento de mercado.

Nos Estados Unidos, o primeiro provedor de arbitragem – AAA – passou a trabalhar posteriormente também com mediação. Hoje, 70% do seu faturamento são gerados da arbitragem e 30% da mediação. Por outro lado, a empresa que iniciou sua trajetória pela mediação comercial e hoje é o maior provedor de mediação no mundo – JAMS – oferece arbitragem na proporção inversa: 70% do faturamento decorrem da mediação e 30% da arbitragem. Vale notarmos que, nos Estados Unidos, não há o título de mediador ou árbitro. Todos se denominam "neutros", estando aptos a usar ambos os "chapéus". No mercado sofisticado em que estão, os neutros com agenda lotada tendem a deixar de fazer arbitragens para evitar conflitos de interesse, privilegiando a prática da mediação.

De um modo geral, no mundo inteiro, tem prevalecido a mediação *ad hoc*. Mediadores, que são profissionais liberais e podem ter um escritório para emitir nota fiscal, mas administram sozinhos todo o procedimento, logística e etc.

No entanto, para que seja aplicada a lógica da cláusula compromissória na mediação empresarial, serão necessárias instituições qualificadas maiores que qualquer pessoa individualmente. Elas devem ter um certo número de mediadores qualificados que possam atender seus clientes com a mesma excelência. É claro que o serviço do mediador pode ser considerado personalíssimo, mas quando as instituições são maiores que pessoas, congregam mediadores com características semelhantes que podem ser substituídos caso a primeira opção selecionada não possa servir numa dada mediação por qualquer motivo. Este deve ser o caminho mais sustentável e mais sofisticado para atender demandas empresariais em médio e longo prazo.

Outro ponto relevante é como cobrar por mediações privadas. O preço da mediação precisa ser estudado com cuidado. Não se pode cobrar tão pouco que o cliente não valorize o produto. E não se pode cobrar um valor tão alto que signifique uma barreira às primeiras experiências com o novo serviço.

Quando o mediador autônomo precisa desempenhar muitos papéis (vender, entregar, cobrar, organizar a logística, etc...), fica bastante desgastado e retira valor do seu tempo. Embora no início todo negócio comece pequeno e progrida aos poucos, o importante é que se estabeleça uma imagem sólida de mercado acerca do valor que a mediação agrega. Embora seja menos custosa por ser mais eficiente, a mediação não pode ser tomada por "barata". O trabalho do mediador é extremamente profundo, delicado, requer muita experiência e bagagem, justificando, portanto, ser bem remunerado.

Alguns critérios éticos da mediação são fundamentais também na hora da cobrança. O mediador jamais pode cobrar com base no êxito de uma parte em relação à outra, pois perderia a neutralidade que lhe dota da confiança de ambas as partes. Além da cobrança fixa, por hora de trabalho ou pacote de horas, pode-se cobrar com base em uma tabela de valor/hora escalonada, dependendo da quantia em jogo e da complexidade do assunto. O que não se pode fazer de jeito algum é cobrar de uma forma que seja influenciada pelo benefício de uma parte em relação aos demais.

8. CONCLUSÃO

O mercado de mediação privada responde à necessidade da humanidade frente aos desafios da complexidade sócio-econômica-cultural que atingimos na maioria das sociedades do planeta. Não obstante, entre a necessidade e a demanda, existe uma estrada em que o Brasil está iniciando sua caminhada. E os desafios são muitos, sobretudo no que tange qualidade nas grandes quantidades inerentes à nossa nação continental.

Além de resolver conflitos pontuais e sistêmicos, a mediação transforma pessoas, dotando-as de uma melhor percepção do equilíbrio poder/dever. Cabe a nós, pioneiros, a responsabilidade de abrir o caminho para que as gerações futuras encontrem um país digno para se viver.

CAPÍTULO 26

A Mediação nos Esportes: Aspectos Gerais e o Caso do Tribunal Arbitral do Esporte (TAS)

Pedro Fida[1] e *Marcos Motta*[2]

1. INTRODUÇÃO

Há tempos se estuda e discute a mediação como eficiente mecanismo alternativo para solução de controvérsias nas mais variadas indústrias e áreas de conhecimento. As técnicas e teorias são diversas, mas as questões de mérito que permeiam esses processos de resolução de conflitos se repetem com uma frequência às vezes surpreendente.

Por vezes adeptos da mediação se deparam com questões comerciais, familiares, societárias, contratuais, dentre outras, envolvendo as mais variadas indústrias no âmbito nacional e internacional. Talvez uma indústria ainda pouco explorada pela mediação seja a dos esportes.

Apesar de existirem iniciativas internacionais para se popularizar a mediação no mundo esportivo, como se verá no decorrer deste capítulo, nota-se que este mecanismo ainda sofre certa resistência entre os agentes que operam nesta peculiar indústria, em especial dos advogados.

Antes de se esmiuçar a estrutura e organização do Tribunal Arbitral do Esporte (*Court of Arbitration for Sport* ou *Tribunal Arbitral du Sport* – "TAS" na sua sigla em francês), em especial no tocante ao seu Centro de Mediação, buscar-se-á

1. Advogado (Brasil e Portugal), Sócio de Bichara e Motta Advogados e Ex-Conselheiro do Tribunal Arbitral do Esporte (TAS).
2. Advogado e Sócio de Bichara e Motta Advogados.

compreender alguns aspectos da indústria do esporte, a organização internacional dos esportes olímpicos e, principalmente, os tipos de conflitos mais recorrentes nessa indústria.

2. ESPORTE: UMA COMPLEXA INDÚSTRIA

No decorrer dos últimos anos identifica-se claramente uma evolução nos mais diversos setores da economia que, conjuntamente, integram o que se pode denominar indústria do esporte. Setores como o de patrocínios, vestuário, direitos de transmissão, marketing, infraestrutura e principalmente as confederações, os clubes esportivos, intermediários e atletas formam uma rede de empresas, instituições e indivíduos que se interligam em torno de uma ou mais modalidades esportivas.

Cada esporte apresenta características específicas que impactam, ora mais ora menos, distintas regiões do mundo, atraindo os mais diversos públicos e, principalmente, investimentos financeiros em maior ou menor grau. É curioso notar que o grau de popularidade de um esporte pode ser medido principalmente por seu tempo de exposição nas emissoras de televisão, além de a cobertura dada pela imprensa, dentre outros fatores ligados à própria gestão e marketing de entidades de administração do desporto (confederações ou federações) e clubes para suas respectivas modalidades esportivas. Neste sentido, resta evidente que esportes como o futebol no Brasil e o futebol americano nos Estados Unidos correspondam a esportes altamente populares e com elevadas taxas de audiência televisiva.

3. TIPOS DE CONFLITOS RECORRENTES NOS ESPORTES

Analisando-se o desenvolvimento do direito desportivo no contexto internacional[3], bem como decisões da Justiça Desportiva brasileira e a sua competência para julgar conflitos de ordem disciplinar nas mais diversas modalidades desportivas[4], constata-se a recorrência de alguns tipos de conflitos, incluindo conflitos decorrentes de: (i) violação de regras proibitivas de condutas[5]; (ii) decisões de entidades de administração do desporto no tocante à aplicação de suas regras; (iii) confronto ou desentendimento entre participantes de uma

3. LEWIS, Adam; TAYLOR Jonathan. **Sport: Law and Practice**, 2ª Edição, Wilts: Ed. Butterworths Lexis Nexis, 2003. p.167.
4. Vide disposições do Código Brasileiro de Justiça Desportiva – CBJD.
5. Confira-se a decisão CD/STJD – 001/2005 no âmbito do ciclismo, em que o atleta manifestou-se de forma desrespeitosa e ofensiva, infringindo o disposto no Artigo 188 (manifestação desrespeitosa ou ofensiva contra membro do Conselho Nacional de Esporte) do CBJD.

entidade de administração desportiva; (iv) discussões de natureza comercial relacionadas ao desporto[6], dentre outras.

Diante desta realidade, as principais esferas de relacionamento no desporto que estão diariamente sujeitas a conflitos[7] envolvem os atletas, as entidades de administração de desportos (ex.: as confederações e federações), clubes, patrocinadores, agentes, grupos de mídia entre outros, podendo tais disputas serem dirimidas por mecanismos autocompositivos ou adjudicantes.

3.1. CONFLITOS SUBMETIDOS A PROCESSOS ADJUDICANTES

a) Regras Disciplinares

De modo geral, identificam-se controvérsias relacionadas à *violação de regras disciplinares*, cuja apreciação deve ser submetida a mecanismos adjudicantes, tais como os tribunais de justiça desportiva, se nacional, ou os órgãos de resolução de conflitos das mais diversas federações desportivas internationais, cabendo, em alguns casos, um último recurso de apelação ao Tribunal Arbitral do Esporte (TAS), já que por exigência das mais importantes federações desportivas internacionais, existe a opção de se apreciar os fatos e o mérito de decisões de primeira instância por meio da arbitragem desportiva[8].

b) Dopagem

No âmbito das violações disciplinares anteriormente descritas, é comum surgirem casos de *dopagem* nos mais diversos esportes, fruto de violações de regras disciplinares internacionais que vedam o uso de substâncias proibidas que possam de alguma forma aumentar a performance de atletas. Nestes casos, resta evidente a proibição de qualquer mecanismo de autocomposição para dirimir conflitos, pois a sanção disciplinar passa a ser obrigatória e resultado de um processo adjudicante, imposto pelo próprio sistema de combate ao

6. Confira-se a decisão do Procedimento Arbitral *CAS 2008/A/1644 M. v. Chelsea Football Club Ltd.*, de 31 de julho de 2009, em que se discute a ocorrência de inadimplemento contratual por parte de um jogador.
7. Cf. BLACKSHAW, Ian. **Mediating Sports Disputes: National and International Perspectives.** 1ª Edição, Haia: T.M.C. Asser Press, 2002. p. 80.
8. Exemplo no caso do atletismo: conforme artigo 64, § 3º, do Estatuto da Confederação Brasileira de Atletismo, os atletas podem apelar para o TAS de quaisquer decisões da Comissão de Revisão de Dopagem, da IAAF ou do STJD.

doping conforme disposto no Código da Agência Mundial Antidopagem (WADA em sua sigla em inglês)[9].

c) Regras do Jogo

É comum, ainda, infrações em campo cometidas por atletas que violam *regras de jogo* durante os competições. Neste sentido, cabe destacar dentre outras infrações no rol do CBJD, aquelas de ordem moral e física cometidas contra outros atletas ou até mesmo árbitros e auxiliares[10]. Entretanto, nem toda violação, como por exemplo, faltas ou reversões, no caso do futebol, desencadeará na instauração de um processo disciplinar contra o atleta. Para cada modalidade esportiva existe uma gradação sobre as infrações que serão punidas em campo, no momento em que ocorreu, e aquelas que serão apuradas e decididas por meio de um processo disciplinar[11]. De qualquer modo, nestas hipóteses resta descartada qualquer possibilidade de se dirimir estes conflitos com métodos autocompositivos.

3.2. Conflitos Submetidos a Processos Autocompositivos

a) Decisões de Confederações referentes à Aplicação de suas Regras

Em paralelo aos conflitos detalhados anteriormente, destacam-se aqueles que podem resolvidos por meios autocompositivos, como a mediação. Neste sentido, é comum observar controvérsias que surgem a partir de decisões provenientes de entidades desportivas que geralmente acabam sendo contestadas por atletas em relação à maneira pela qual as regras da entidade são aplicadas.

Cumpre destacar que esses tipos de conflitos se originam a partir de questionamentos dos atletas sobre a forma como determinada entidade desportiva interpretou e aplicou uma norma em um caso específico. Portanto, descontentes, os atletas buscam nas próprias regras e normas, maneiras de contestar e

9. Código Mundial Antidopagem, Edição 2015. Último acesso em novembro de 2015: https://www.wada-ama.org/en/resources/the-code/world-anti-doping-code
10. Vide **o processo** ***75/2010*** do STJD, de sua 4ª Comissão Disciplinar, envolvendo o jogo entre *Botafogo FC (SP)* X *CENE (MS)* categoria profissional, realizado em 22 de agosto de 2010 – Campeonato Brasileiro – Serie D, em que foram denunciados Wenderson Antoniazzi Pereira, atleta do CENE, incurso no Art. 258 § 2º do CBJD; Márcio José Cerino, atleta do CENE, incurso no Art. 250 do CBJD. Como resultado, por unanimidade de votos, suspendeu-se o atleta Wanderson Antoniazzi Pereira, por 02 partidas, por infração ao Art.258, § 2º do CBJD (desrespeitar os membros da equipe de arbitragem) e o atleta Márcio José Cerino, por 01 partida, por infração ao Art.250 do CBJD (Praticar ato desleal ou hostil durante a partida, prova ou equivalente).
11. LEWIS, Adam e TAYLOR, Jonathan. **Sport: Law and Practice**, Ed. Butterworths Lexis Nexis, Wilts, 2003.

até apelar de decisões para tentar reverter situações que lhe possam causar danos materiais e frequentemente morais[12].

b) Conflitos Envolvendo Membros de uma Confederação

Confederações desportivas geralmente possuem procedimentos internos e/ou órgãos específicos para dirimir controvérsias envolvendo dois ou mais membros em determinada modalidade esportiva. Neste caso, as entidades não são partes diretas no conflito, mas sim atuam como intermediadoras, disponibilizando regras internas para resolvê-los. A ideia principal deste mecanismo reside na resolução interna de disputas, de modo a evitar a sua resolução pelo judiciário.

Um exemplo comum deste tipo de conflito consiste em disputas relacionadas à transferência de jogadores. Neste caso, é comum que existam regras internas da entidade que permitam a solução dessas controvérsias, como é o caso do futebol, em que isto ocorre por imposição da própria FIFA[13]. Nestas situações, às vezes procedimentos adjudicantes podem não ser suficientes ou até mesmo recomendável, abrindo-se a possibilidade para a mediação.

c) Conflitos de Natureza Comercial relacionados ao Desporto

Por fim, nesta seara de conflitos[14] geralmente as partes envolvidas são atletas, entidades de administração do desporto (federações, confederações) e principalmente clubes desportivos, atores do mercado como promotores de eventos, patrocinadores, empresas voltadas ao ramo esportivo, donos de clubes ou times, organizadores, licenciadores e agentes dos mais variados tipos.

Tais controvérsias geralmente têm por base relações contratuais que envolvem diversos temas de direito privado, como por exemplo, questões relacionadas à propriedade intelectual, ao patrocínio de um atleta por uma marca, à concessão de direitos de transmissão de jogos e eventos, à negociação de um

---

12. Confira-se os seguintes procedimentos arbitrais, que em suma analisam a eligibilidade de alguns jogadores nos Jogos Olímpicos de Beijing em 2008, que estão vinculados a clubes de futebol e, portanto, dependem de suas respectivas autorizações: CAS 2008/A/1622 FC Schalke 04 v. Fédération Internationale de Football Association (FIFA); CAS 2008/A/1623 SV Werder Bremen v. Fédération Internationale de Football Association (FIFA); e CAS 2008/A/1624 FC Barcelona v. Fédération Internationale de Football Association (FIFA).
13. Por imposição da FIFA, todos os membros que tiverem qualquer controvérsia relacionada à transferência de jogadores, deverá submetê-la à "Dispute Resolution Chamber" (DRC), órgão de solução de controvérsias da FIFA.
14. PAULSSON, Jan. Arbitration in International Sport Disputes. **Arbitration International**, Kluwer Law International, Ed. 09, v. 4, pp. 359-369, 1993.

atleta para integrar um time profissional, entre outros. Geralmente, esses contratos se pautam pela vontade das partes, sendo livremente negociados, sem a imposição de ninguém, possuindo frequentemente cláusulas de resolução de conflitos prevendo mecanismos alternativos como a mediação arbitragem, negociação ou outros mecanismo híbridos.

4. MEDIAÇÃO NOS ESPORTES

A mediação, como se sabe, envolve a submissão de um conflito a um terceiro imparcial, o mediador, que tenta auxiliar as partes a negociarem um acordo para a controvérsia em questão. Geralmente, as sessões de mediação são confidenciais e não são um empecilho para futura tentativa de acordo via judiciário ou arbitragem. Além disso, ao contrário do que se observa em processos judiciais e arbitrais, o mediador não necessariamente deve conhecer profundamente os argumentos de direito da disputa, bem como precisar de depoimentos de testemunhas para que facilite um acordo entre as partes. O mediador ora realiza reuniões informais e privadas com as partes envolvidas em uma controvérsia, ora com apenas uma delas, visando sempre facilitar o diálogo e um acordo, por meio de um contínuo esforço para se encontrar pontos de convergência entre os interesses das partes.

A mediação se enquadra em uma modalidade de autocomposição, mais especificamente a *autocomposição induzida*, como leciona Cândido Rangel Dinamarco[15], sendo "aquela a que se chega mediante a intercessão de uma terceira pessoa, dita *conciliador* ou *mediador*". Desta forma, o mediador não decide um litígio e nunca impõe decisão ou qualquer condição às partes. Ao contrário, cabe às partes adotarem uma solução e atingirem um acordo que as vinculem.

O papel do mediador é partir dos interesses das partes para alcançar uma solução conjunta e em um curto prazo para o conflito, de modo que ambas as partes estejam satisfeitas com o resultado.

Ao se analisar o procedimento comumente praticado no Brasil, ele é subdividido em duas fases: a pré-mediação e a mediação. O primeiro consiste em uma espécie de entrevista encabeçada por um "pré-mediador", que deverá esclarecer às partes detalhes a respeito do procedimento da mediação, seus benefícios, bem como lidará com as expectativas das partes em relação ao procedimento. Além disso, as partes deverão expor ao pré-mediador a controvérsia,

15. DINAMARCO, Cândido Rangel. **Instituições de Direito Processual Civil**. São Paulo: Malheiros Ed., 2002. v.1. pp.124-125.

suas expectativas, esclarecer dúvidas sobre o regulamento e assinar o termo de mediação.

O termo é muito importante para que sirva de guia em caso de dúvidas ou se façam necessários esclarecimentos, além de ser um contrato assinado pelas partes, demonstrando consentimento e compreensão do processo a que se submeterão. Seu conteúdo geralmente abarca a agenda de trabalho, as normas e procedimento, o sigilo, o lugar, idioma da mediação, os custos, entre outros.

Este primeiro momento é muito importante para que se reduzam as tensões entre as partes e possam iniciar a mediação de forma mais natural e colaborativa. Vale ressaltar que o pré-mediador e mediador são funções exercidas por pessoas distintas. Além disso, o mediador deve ser preferencialmente um profissional habilitado para tal função, tendo realizado os cursos de capacitação, bem como ter as horas necessárias para poder mediar conflitos.

Em relação à mediação propriamente dita, ela se desenvolve assim que a pré-mediação finaliza, sendo neste momento que a controvérsia passa a ser tocada a fundo pelas partes e o mediador. Assim, geralmente partindo dos interesses mútuos das partes, objetiva-se alcançar uma solução conjunta para o problema em questão. Como resultado do processo, quando as partes atingem um acordo, é de costume firmá-lo, ajustando os pontos pacíficos entre as partes.

No contexto do desporto, observa-se uma grande aceitação da mediação pelas federações e organizações de administração do desporto internacionais, existindo a previsão deste mecanismo de solução de conflitos em diversos estatutos[16].

De modo a ilustrar o panorama da previsão de mediação e arbitragem em estatutos de entidades internacionais de administração do desporto, é importante mencionar o resultado de uma pesquisa informal realizada em 2001 por Robert Siekmann[17], Diretor do Projeto sobre Direito Desportivo Internacional do TCM Asser Institute, em Haia, Holanda. Siekmann, por meio de um questionário enviado a diversas federações internacionais e nacionais, indagou esses organismos sobre a utilização da mediação em seus respectivos desportos.

16. Como exemplo da vasta utilização da mediação no contexto desportivo internacional, confira-se o seguinte dispositivo do estatuto da *International Federation of Associated Wrestling Styles (FILA)*:
"Na ocorrência de controvérsias desportivas envolvendo a Federação Nacional ou um atleta, a Corte de Arbitragem do Esporte (CAS) será a responsável por conduzir a mediação ou arbitragem, se necessário for."

17. Cf. BLACKSHAW, Ian S.. **Mediating Sports Disputes:** National and International Perspectives, cit., p. 169-170.

Constatou-se que maioria desses órgãos não possuía qualquer previsão sobre mediação no desporto, mas alguns previam ou já haviam utilizado as regras de arbitragem e mediação do TAS.

Como exemplo dos órgãos que previam a mediação, estava a Federação Internacional de Lutas Associadas (*International Federation of Associated Wrestling Styles*, FILA na sua sigla em inglês), cujo estatuto determina o seguinte:

> "In the event of a Sport dispute with a National Federation or an athlete, it is the CAS who is in charge of the mediation and of the arbitration, if necessary" [18]

Outro exemplo favorável à mediação consiste na Federação Francesa de Vela (FFV)[19], que prevê este mecanismo como prioritário para se dirimir quaisquer controvérsias. A FFV recomenda o uso da mediação em diversas situações para se reduzir conflitos, já que a instituição reconhece os benefícios da mediação, tais como a rapidez e a possibilidade de se obter uma solução mais consensual.

Outra organização que adotou mecanismos alternativos de solução de controvérsias foi o Comitê Olímpico Italiano (Comitato Olímpico Nazionale Italiano – CONI em sua sigla em italiano), que criou uma câmara de mediação e arbitragem para o esporte (Camera di Conciliazione e Arbitrato per lo Sport). Neste sentido, o artigo 3.5. do regulamento da referida Câmara prevê a obrigatoriedade de as partes se submeterem primeiramente à conciliação antes de submeter a controvérsia à arbitragem.

Como exemplo de que a mediação e mecanismos alternativos de resolução de conflitos podem ser aplicados no contexto desportivo e se obter resultados satisfatórios, confira-se abaixo uma breve relação de casos que já foram resolvidos por serviços fornecidos pelo Centre for Effective Dispute Resolution – CEDR nos últimos anos[20]:

- Disputa contratual envolvendo Frank Warren e Woodhall (adiante analisado): £300.000,00 – resolvida em um dia;
- Disputa relacionada às taxas cobradas por um clube de golfe: £20.000,00 – resolvida em um dia;
- Disputa relacionada a um contrato de leasing firmado com um clube de paraquedista: £340.000,00 – resolvida em dois dias;

18. Tradução livre para o português: "Caso surja uma disputa com uma federação nacional ou um atleta, será encarregado da mediação e da arbitragem, se necessário".
19. Fédération Française de Voile (FFV) – http://www.ffvoile.fr/ffv/web/.
20. Cf. BLACKSHAW, Ian S.. **Mediating Sports Disputes:** National and International Perspectives, *cit.*, p. 183.

- Disputa envolvendo um clube de rúgbi e a Rugby Football League: £340.000,00 – resolvida em um dia;
- Disputa relacionada a um contrato envolvendo um clube de iate: £1.500.000,00 – resolvida em um dia; e
- Disputa entre dois clubes de rúgbi: £500.000 – resolvida em um dia.

Ainda, citando-se exemplos bem-sucedidos de casos envolvendo a mediação nos desportos, vale mencionar alguns acordos mediados pelo ADR Group nos últimos anos[21]:

- Pleito relacionado a danos físicos sofridos por uma espectadora durante um evento esportivo, em que teve suas costas ferida em razão da quebra de um assento. A parte contrária neste caso era um truste responsável pelo estádio. Resolveu-se a controvérsia em três semanas, por um valor de £200.000,00;
- Pleito de um jogador de rúgbi contra seu clube, por quebra de contrato de trabalho. Controvérsia resolvida em um dia, por um valor de £75.000,00;
- Pleito relacionado ao inadimplemento de um contrato de construção/arquitetura relacionado à construção de um estádio de futebol. Resolveu-se a controvérsia em um dia, pelo valor de £450.000,00.

Como se pode observar, a mediação se mostrou eficiente em diversas ocasiões para solucionar controvérsias no âmbito do desporto. Naturalmente não será sempre que a mediação funcionará ou consistirá no mecanismo mais adequado, mas experiências internacionais como do CEDR e ADR Group deixam claro que muitos temas podem ser resolvidos por meio de meios alternativos de solução de controvérsias.

4.1. Estudo de caso: Woodhall v. Warren

De modo geral, pode-se dizer que a mediação teve uma melhora considerável em sua imagem no contexto desportivo após o emblemático caso internacional envolvendo Woodhall[22], um boxeador profissional, e de outro lado Frank Warren, agente desportivo dono de uma empresa de promoção e representação de atletas.

---

21. Cf. BLACKSHAW, Ian S.. **Mediating Sports Disputes:** National and International Perspectives, cit., p. 184.
22. BLACKSHAW, Ian. **Mediating Sports Disputes: National and International Perspectives**. 1ª Edição, Haia: T.M.C. Asser Press, 2002. p.182.

No caso em questão, ambos assinaram contratos prevendo exclusividade para os dois lados, em que Warren representaria apenas Woodhall e Woodhall lutaria somente para Warren. Entretanto, em 1991, Woodhall cogitou rescindir os contratos que possuía com o agente, alegando que (i) Warren inadimpliu os contratos e, portanto, (ii) não poderiam ser executados.

Ao que tudo indica, Woodhall teria lutado em um último episódio sob o comando de Warren e, em seguida, começou a sondar outros agentes. Warren, por outro lado, alegou não ter infringido qualquer cláusula dos contratos e buscou impedir a rescisão pleiteada por Woodhall. Entretanto, o boxeador protocolou uma ação, junto à Federação Mundial de Boxe, alegando que ele não estava vinculado aos referidos contratos; mas o tempo corria contra ele, pois em três meses Woodhall teria que disputar o título mundial em sua categoria. Cumpre destacar que os contratos continham cláusula arbitral prevendo sua administração pela *British Boxing Board of Control*.

Obviamente as partes se viram diante de custos elevados e, em especial, de um processo moroso, que provavelmente perduraria além da data avençada para a disputa do título por Woodhall. Assim, ambos concordaram em se submeter à mediação, que foi conduzida pela renomada instituição Centre for Effective Dispute Resolution – CEDR e em menos de dois dias a controvérsia foi resolvida. O acordo final consistiu na assinatura de um novo contrato entre Woodhall e Warren, permitindo a preservação do relacionamento que possuíam.

4.2. Vantagens da Mediação nos Esportes: Aspectos Gerais

a) Manutenção de Relacionamentos

A maior vantagem da mediação frente a processos adjudicantes consiste no poder de manutenção do relacionamento entre as partes, sem que uma controvérsia coloque fim a um relacionamento duradouro.

A este respeito, ressalta-se que o esporte é um nicho que envolve muitas relações pessoais, como relacionamentos entre atleta-agente, atleta-patrocinador, clube-atleta, dirigente de clube-atleta, entre outros. Dado isto, é importante prezar pela manutenção de vínculos, de modo a não fragilizar relações por conta de rupturas ou desgastes contratuais.

Assim, a mediação atende perfeitamente às demandas da indústria esportiva, como a preservação de relacionamentos, algo crucial em um mercado tão restrito a poucos – e recorrentes – atores, vide o exemplo do futebol em que poucos intermediários e agentes movimentam milhões em transferências de diversos jogadores a cada ano.

b) Confidencialidade

Além disso, tendo em vista a natureza confidencial da mediação, isto permite que atores da indústria desportiva discutam suas controvérsias com transparência e liberdade, sem que tais informações sejam utilizadas em procedimentos arbitrais ou até mesmo judiciais. Com o auxílio de um mediador e a garantia de confidencialidade, as partes tendem a discutir opções criativas para a solução de conflitos sem tantos entraves, permitindo-se que a discussão flua e um consenso seja atingido.

c) Custos e Tempo

Como se pode imaginar, os custos com um procedimento de mediação passam a ser reduzidos frente às custas processuais de procedimentos judiciais ou arbitrais, afora os honorários advocatícios. Como bem demonstrou o exemplo do caso *Woodhall v. Warren*, uma mediação bem executada – tanto pelo mediador como pelas partes e seus advogados – pode trazer grandes benefícios a todas as partes envolvidas, especialmente do ponto de vista financeiro, dada a economia de tempo e dinheiro que se pode obter.

5. TRIBUNAL ARBITRAL DO ESPORTE ("TAS"): ESTRUTURA E FUNCIONAMENTO

O Tribunal Arbitral do Esporte foi criado com o intuito de afastar da justiça comum as disputas internacionais relacionadas ao esporte e criar um foro altamente especializado onde controvérsias pudessem ser resolvidas de forma célere, eficiente, barata e flexível[23]. Além disso, considerando a dinâmica evolução no esporte de alto rendimento, tanto sob o aspecto das regras ou mesmo os aspectos mercadológicos que o torneiam, o TAS surgiu como uma instituição dinâmica, eficiente e capaz de absorver e solucionar as mais diversas demandas relacionadas ao mundo desportivo.

Desde sua criação, em 1984, o TAS vem adquirindo prestígio e o reconhecimento da comunidade esportiva internacional, especialmente do Comitê Olímpico Internacional, e hoje é reconhecido como a última instância de apelação

23. Reilly, Louise, An Introduction to the Court of Arbitration for Sport (CAS) & the Role of National Courts in International Sports Disputes, J. Disp. Resol. 63 (2012).

para partes envolvidas em diversas disputas relacionadas ao desporto, sejam relacionadas aos esportes olímpicos, não olímpicos ou controvérsias de caráter meramente comercial, mas que possuam algum vínculo com o desporto.

O TAS presta serviços de resolução de conflitos envolvendo atletas, clubes, agentes, federações, instituições esportivas, patrocinadores, empresas no geral e a uma série de entidades envolvidas com o desporto, sempre zelando por procedimentos eficazes, com baixos custos e visando uma solução final célere às centenas de disputas que administra anualmente[24].

De modo geral, o TAS atua como uma câmara internacional de arbitragem e mediação, cujo objetivo principal é dirimir controvérsias entre atores dos universos desportivo e olímpico.

No âmbito arbitral, o TAS possui uma estrutura bicameral, dividindo-se entre a Divisão de Arbitragem Ordinária e a Divisão de Arbitragem de Apelação. A primeira se encarrega de procedimentos arbitrais de única instância e de natureza comercial relacionados a esportes, cuja origem se encontra na cláusula compromissória geralmente acordada em um contrato entre duas ou mais partes. Já a Divisão de Arbitragem de Apelação lida com procedimentos arbitrais em caráter recursal, resultantes de uma decisão já proferida por um órgão desportivo, cujo conteúdo poderá ser confirmado, reformado ou mesmo anulado pelo TAS.

Além de administrar procedimentos arbitrais, o TAS se destaca como uma das instituições pioneiras ao possuir um centro de mediação dedicado exclusivamente a disputas no campo desportivo, como se observará a seguir.

6. MEDIAÇÃO NO TAS

Qualquer pessoa, sendo esta física ou jurídica poderá submeter uma questão à mediação do TAS, desde que as partes convencionem por escrito. Geralmente, este acordo poderá ser na forma de uma cláusula de mediação inserida em um contrato ou até mesmo um acordo de mediação assinado entre as partes.

Apesar de sua inauguração em 1985, apenas em 1999 a mediação foi introduzida no TAS, sendo regida pelo Regulamento de Mediação do TAS ("Regulamento

24. FIDA, Pedro. Resolução de Disputas no Esporte: o Tribunal Arbitral do Esporte (TAS). In: TIMM, Luciano; MOSER, Luiz Gustavo (Orgs.). **Arbitragem e Mediação – Em Propriedade Intelectual, Esportes e Entretenimento**. Curitiba: Appris, 2014.

de Mediação")[25] e pelas Diretrizes de Mediação do TAS[26], cuja essência está transcrita no Artigo 1º do Regulamento de Mediação:

> ***Artigo 10, § 1º – Regulamento de Mediação do TAS***
>
> "A Mediação no TAS é um procedimento não vinculativo e informal, baseado em um acordo de mediação em que cada parte se compromete a agir com boa-fé na tentativa de negociar com a outra parte, e com a assistência de um mediador do TAS, objetivando a resolução de uma disputa relacionada ao esporte.
>
> Em princípio, a Mediação TAS é oferecida para a resolução de disputas derivadas de procedimentos arbitrais em trâmite perante a Divisão de Arbitragem Ordinária do TAS. Controvérsias relacionadas a questões disciplinares, como dopagem, match-fixing e corrupção, são excluídas da Mediação TAS. Entretanto, em alguns casos cujas circunstâncias exijam e as partes estejam de acordo, controvérsias relacionadas a outras questões disciplinares poderão ser dirimidas por meio da Mediação TAS." [27]

Recentemente, em 2013, o TAS passou por um processo de modernização de sua prática de mediação, que consistiu na revisão de seu regulamento, diretrizes e lista de mediadores, muito em razão da necessidade de se adaptar às realidades e necessidades do mercado esportivo, cada vez mais aberto para este mecanismo.

Analisando-se os pormenores do Regulamento de Mediação, para se iniciar um procedimento de mediação perante o TAS, a parte interessada deve protocolar um requerimento de mediação, fornecendo os dados gerais sobre a controvérsia. Tão logo seja iniciado o procedimento de mediação, o Secretariado do TAS estabelecerá prazos processuais chave para a sua condução, além de estipular as custas administrativas aplicáveis.

As partes podem escolher livremente e de comum acordo o mediador a partir de uma lista fechada, mas havendo divergência a nomeação caberá ao

25. Regulamento de Mediação do TAS, Edição de setembro de 2013 (CAS Mediation Rules), disponível em www.tas-cas.org.
26. Diretrizes de Mediação do TAS, Edição de setembro de 2013 (CAS Mediation Guidelines), disponível em www.tas-cas.org/guideline.
27. Regulamento de Mediação TAS – Artigo 1º:
"CAS mediation is a non-binding and informal procedure, based on an agreement to mediate in which each party undertakes to attempt in good faith to negotiate with the other party with a view to settling a sports-related dispute. The parties are assisted in their negotiations by a CAS mediator.
In principle, CAS mediation is provided for the resolution of disputes submitted to the CAS ordinary arbitration procedure. Disputes related to disciplinary matters, such as doping issues, match-fixing and corruption, are excluded from CAS mediation. However, in certain cases, where the circumstances so require and the parties expressly agree, disputes related to other disciplinary matters may be submitted to CAS mediation."

Presidente do Conselho Internacional de Arbitragem no Esporte ("ICAS"), órgão supremo do TAS com funções semelhantes a de um conselho de administração.

Os mediadores no TAS assumem, como de praxe em outras instituições, o compromisso de disponibilidade de tempo para conduzir as sessões necessárias de mediação, além da imparcialidade e independência, sendo necessário expor todo e qualquer fato que possa colocar sob dúvida sua independência em relação a qualquer das partes. Na hipótese de impedimento ou conflito de interesses por parte de um mediador, este deverá se abster de conduzir a mediação e informar tal fato imediatamente ao Presidente do ICAS, quem permitirá uma nova nomeação pelas partes.

Uma vez nomeado o mediador, as partes poderão decidir pela forma de condução do processo de mediação e, caso não consigam defini-la, o mediador deverá determina-la juntamente ao Secretariado do TAS. De qualquer modo, o mediador determinará o calendário do procedimento, bem como o escopo dos breves memoriais que as partes poderão apresentar previamente à sessão de mediação, tais como um resumo dos fatos, do direito, incluindo-se uma relação dos principais pontos controvertidos aos olhos de cada parte.

Ressalta-se que na Mediação TAS, o mediador é encorajado a ter uma função mais ativa, no sentido de não apenas identificar as questões sob disputa e facilitar a discussão entre as partes, mas principalmente de propor e sugerir soluções às partes envolvidas.

Ainda, a confidencialidade é uma característica presente na mediação do TAS, prevista no próprio Regulamento TAS[28], devendo as partes se absterem de utilizar em qualquer processo arbitral ou judicial, toda e qualquer informação, dado ou prova obtido durante as sessões de mediação.

Caso as partes cheguem a um acordo definitivo, este deverá ser redigido pelo mediador e assinado pelas partes. Na hipótese de as partes não atingirem um acordo amigável por meio da mediação, nada impede que se instaure um procedimento arbitral ordinário junto ao próprio TAS para dirimir a

---

28. Regulamento de Mediação TAS (Confidencialidade) Artigo 10:
"[...] Any information given by one party may be disclosed by the mediator to the other party only with the consent of the former.
No record of any kind shall be made of the meetings.
Unless required to do so by applicable law and in the absence of any agreement of the parties to the contrary, the parties shall not rely on, or introduce as evidence in any arbitral or judicial proceedings:
1. *views expressed or suggestions made by a party with respect to a possible settlement of the dispute;*
2. *admissions made by a party in the course of the mediation proceedings;*
3. *documents, notes or other information obtained during the mediation proceedings;*
4. *proposals made or views expressed by the mediator; or*
5. *the fact that a party had or had not indicated willingness to accept a proposal."*

controvérsia, desde que exista uma cláusula compromissória ou compromisso arbitral entre as partes.

É comum ainda que partes iniciem um procedimento arbitral junto ao TAS e, no decorrer da arbitragem, solicitem a suspensão da mesma para que se possa iniciar uma mediação. Caso a mediação não seja bem-sucedida nada impede que o procedimento arbitral seja retomado e um laudo arbitral seja então proferido.

Como mencionado no início deste capítulo, existem dois tipos de disputas comumente submetidas ao TAS: as de natureza disciplinar e as de natureza comercial ou contratual. As disputas envolvendo questões disciplinares são de competência da arbitragem, não podendo ser resolvidas através da mediação, uma vez que os resultados destas disputas afetam não apenas as partes, como também terceiros, como seleções, confederações, times e até mesmo campeonatos nacionais e internacionais, além de haver a imposição de sanções à parte infratora.

Já as disputas de natureza comercial e contratual, são aquelas que geralmente estão relacionadas a direitos disponíveis e à execução de contratos comerciais, e que por afetarem apenas o direito disponível de cada parte do contrato, podem ser solucionadas através da mediação.

7. CONCLUSÃO

De modo geral, os meios alternativos de resolução de controvérsias se apresentam como eficazes mecanismos que permitem maior flexibilidade e controle pelas partes, preservando-se a autonomia das mesmas na forma de conduzir seus conflitos e maior eficiência na solução de disputas.

Como visto anteriormente, a indústria dos esportes possui peculiaridades e complexidades a nível nacional e internacional, que a tornam diferenciada e apta a se beneficiar das vantagens da mediação, tais como a confidencialidade e a preservação de relacionamentos.

No âmbito da mediação internacional o TAS se destaca como relevante câmara de resolução de conflitos e presta serviços de mediação no mundo dos esportes, possuindo um regulamento específico e diretrizes especiais para a mediação. Recentemente, seu regulamento passou por uma reforma, bem como sua lista de mediadores foi parcialmente renovada, de modo a se adaptar às necessidades do mercado e às peculiaridades deste mecanismo de solução de controvérsias, mostrando a preocupação do TAS com a modernização do instituto e atendimento aos usuários.

Assim como no Brasil, a mediação está se desenvolvendo e aprimorando na indústria do esporte, sendo ainda pouco utilizada diante da complexidade de assuntos e conflitos que são tratados rotineiramente pelos atores do mercado. A perspectiva de crescimento é notória, e o esporte, por se tratar de um dos mais mobilizadores e midiáticos ativos de todas as sociedades, concentrando demandas em caráter de urgência na maioria dos casos, oferece potencial para atuar como um dos principais catalizadores e promotores de sucesso deste mecanismo de resolução alternativa de disputa em todo o mundo.

CAPÍTULO 27

Justiça Restaurativa e Mediação Vítima-Ofensor no Sistema Criminal

Ilana Martins Luz[1]

SUMÁRIO: 1. CONSIDERAÇÕES INICIAIS: BREVES COMENTÁRIOS SOBRE O PARADIGMA RESTAURATIVO; 2. OS PROCESSOS RESTAURATIVOS; 2.1 O CONCEITO DE MEDIAÇÃO; 2.2 ESPÉCIES DE MEDIAÇÃO; 3. A MEDIAÇÃO E A JUSTIÇA RESTAURATIVA; 4. FASES DE UTILIZAÇÃO DO PROCESSO MEDIATIVO; 5. CONSIDERAÇÕES FINAIS.

1. CONSIDERAÇÕES INICIAIS: BREVES COMENTÁRIOS SOBRE O PARADIGMA RESTAURATIVO

O presente artigo objetiva tratar sobre a aplicação da mediação no sistema de Justiça Criminal, com foco na análise do processo de resolução dos conflitos penais sob a ótica da Justiça Restaurativa. Neste sentido, para que seja alcançado o fim proposto, é necessário tecer breves comentários sobre a Justiça Restaurativa e as características deste paradigma criminal para, na sequência, abordar a mediação penal vítima-ofensor.

Numa primeira aproximação, a Justiça Restaurativa pode ser explicitada como um *novo paradigma de resolução dos conflitos criminais, fundado, em linhas gerais, na inclusão da vítima, do ofensor e, quando apropriado, da comunidade, em um processo de diálogo conciliatório,* que busca outra resposta para o crime, distinta da comumente oferecida pelo sistema retributivista.

Na Justiça Restaurativa, o foco da responsabilização é distinto. Verificamos, aqui, uma alteração das lentes que utilizamos para enxergar o mundo a nossa volta[2]. Sob este viés, o modelo restaurativo pretende alterar os pressupostos

1. Doutoranda em Direito Penal pela Universidade de São Paulo (2014), Mestre em Direito Público pela Universidade Federal da Bahia (2012);Especialista em Direito Penal Econômico pela Universidade Castilla-La Mancha (2013); Especialista em Direito Penal Econômico pelo Instituto Brasileiro de Ciências Criminais (IBCCRIM) em parceria com o Instituto de Direito Penal Econômico e Europeu (IDPEE) (2010); Graduada em Direito Pela Universidade Federal da Bahia (2009). Professora dos cursos de graduação e pós-graduação em Direito Penal da Universidade Salvador (UNIFACS); Advogada Criminalista.
2. Cf. ZEHR, 2008, p. 167-168.

tradicioonais sobre o crime e justiça, com vistas a solucionar alguns problemas que não foram satisfatoriamente respondidos no modelo punitivo.

Estabelecidos estes critérios, cumpre asseverar que o primeiro passo para entender o conceito de Justiça Restaurativa é *a redefinição do conceito de crime*, o qual, no sistema restaurativo, assume conotação distinta. No modelo punitivista predominante, o delito sempre foi considerado uma transgressão a um preceito legal (tipo criminal) estatuído por uma norma; para a Justiça Restaurativa, *o delito assume uma dúplice conotação para ser, além de uma conduta contrária à norma criminal, um ato que afeta pessoas, causando danos e estremecendo relacionamentos.*

Essa nova compreensão do fenômeno delitivo é essencial para que se possa compreender a mudança proposta pelo paradigma restaurador. É o conceito de crime, enquanto lesão pessoal, o ponto de partida de todos os demais elementos restaurativos. Como decorrência da redefinição do conceito de crime, com vistas a considerá-lo como uma violência a pessoas, tem-se que a filosofia central deste novo modelo, consoante aduziu Sérgio Ramirez, são os três "R":

> Responsabilidade, restauração e reintegração (responsabilidade, restauração e reintegração). Responsabilidade do autor, porquanto cada um deve responder pelas condutas que assume livremente; restauração da vítima, que deve ser reparada, e deste modo sair de sua posição de vítima; reintegração do infrator, restabelecendo-se os vínculos com a sociedade que também se prejudicou com o delito (tradução nossa).[3]

Os três "R" destacados por Ramirez são bem elucidativos. *A restauração* é baseada na ideia de minorar ou curar as consequências advindas com o delito. Dessa forma, se o crime é mais do que uma violação legal, é um ato que ocasiona problemas concretos, conclui-se que o foco da justiça não é mais a violação à lei e às regras do Estado, ou a punição do infrator; o foco da justiça, aqui, no novo paradigma, é a *atenuação dos efeitos negativos do delito*. Partimos, então, do suposto de que a concentração excessiva nas regras processuais, na ofensa à norma, e na busca pelo culpado, desperdiça a energia que deveria ser dirigida para reparar o dano à vítima e à coletividade[4].

3. "Responsibility, Restoration and Reintegrations (responsabilidad, restauración y reintegración). Responsabilidad del autor, desde que cada uno debe responder por las conductas que asume libremente; restauración de la víctma, que debe ser reparada, y de este modo salir de su posición de victima; reintegración del infractor, restableciéndose los vínculos com la sociedad a la que también se há dañado com el ilícito". RAMIREZ apud SALIBA, 2009, p. 145.
4. "Quando um mal é cometido, a questão central não deveria ser 'o que devemos fazer ao ofensor?', ou 'o que o ofensor merece?', mas sim 'O que podemos fazer para corrigir a situação?'. Em vez de definir a justiça como retribuição, nós a definiremos como restauração. Se o crime é um ato lesivo, a justiça significará reparar a lesão e promover a cura. Atos de restauração – ao invés de mais violação – deveriam

Assim sendo, havendo uma lesão causada pelo delito, o objetivo precípuo de um sistema de gestão de crime deveria ser a restauração dos efeitos dessa lesão: "o crime cria um vazio, portanto a justiça é preencher o vazio"[5]. Essa é a distinção básica entre a "velha" (paradigma punitivo) e a "nova" resposta (paradigma restaurador): enquanto a justiça retributiva visa à punição, e ao estabelecimento de culpa como forma de justiça, o modelo restaurador objetiva recuperar os interesses da vítima, numa visão prospectiva[6].

Estabelecida a premissa de que um dos focos da justiça, nesse modelo restaurativo, é a reparação do dano causado, cumpre assinalarmos o modo pelo qual deverá ser realizada esta restituição. O primeiro passo para vislumbrarmos a reparação do prejuízo é a avaliação das necessidades da vítima. E, decerto, para que possa haver uma avaliação dos interesses do ofendido, é imprescindível a participação deste, no processo.

Cumpre salientar, outrossim, que o processo de reparação de danos não pode – nem deve – restringir-se ao âmbito material-financeiro. Não há como olvidarmos que muitos delitos ocasionam enormes prejuízos materiais para as vítimas, e estes devem ser reparados; não obstante, a reparação a que a Justiça Restaurativa faz menção vai além da meramente financeira, para abarcar uma dimensão simbólica e psicológica, como, por exemplo, a prática de atividades do ofensor em favor da vítima ou da comunidade ou uma petição de desculpas[7].

Estabelecida a meta da restauração, insta assinalarmos que o paradigma restaurador propõe, ainda, a *responsabilização do ofensor*. Esta característica é importante, e deve ser mencionada, *para demonstrar que a adoção de práticas*

contrabalançar o dano advindo do crime. É impossível garantir a recuperação total, evidentemente, mas a verdadeira justiça teria como objetivo oferecer um contexto no qual este processo pode começar". ZEHR, 2008, p. 175-176.

5. Ibid., p. 179.
6. Esse entendimento também se coaduna com o exposto pela Rede européia de Pontos de contacto nacionais para a Justiça Restaurativa: *"Artigo 2.º Definição e formas de justiça restaurativa:* Para efeitos da presente decisão, o termo 'justiça restaurativa' refere-se a uma visão global do processo de justiça criminal em que as necessidades da vítima assumem a prioridade e a responsabilidade do infractor é realçada de uma maneira positiva. A justiça restaurativa denota uma abordagem lata em que a reparação material e imaterial da relação confundida entre a vítima, a comunidade e o refractor constitui um princípio orientador geral no processo de justiça criminal. O conceito de justiça restaurativa abrange um conjunto de ideias que é relevante para diversas formas de sancionamento e de tratamento de conflitos nas várias fases do processo criminal ou com ele relacionados. Embora até à data a justiça restaurativa tenha encontrado expressão principalmente em diversas formas de mediação entre as vítimas e os infractores (mediação vítima-infractor), estão cada vez mais a ser aplicados outros métodos, como, por exemplo, o debate em família. Os governos, a polícia, os órgãos de justiça criminal, as autoridades especializadas, os serviços de apoio e assistência à vítima, os serviços de apoio ao infractor, os investigadores e o público estão todos implicados neste processo." UNIÃO EUROPEIA, 2002.
7. Cf. PALLAMOLLA, 2009, p. 89.

restaurativas não significa impunidade, tampouco leniência com o infrator. Com efeito, a Justiça Restaurativa não deixa de conceber que o crime gera obrigações para o ofensor, que deve ser responsabilizado, e deve, na medida do possível, reparar o dano causado a sua vítima.

Inclusive, a nova concepção do crime, aqui já salientada, auxilia na compreensão das obrigações do ofensor com relação a sua vítima. Com efeito, no paradigma punitivo, o infrator acredita que seu único interlocutor é o Estado, esquecendo-se, por completo, da sua vítima. Ao se deparar com o ofendido, no processo restaurativo, nasce a concepção de que o Estado é meramente secundário, e de que as responsabilidades do ofensor são voltadas para a sua vítima concreta. O infrator, então, nesta nova perspectiva, deixa de ver sua conduta como uma mera abstração formal (tipo criminal), para perceber que o seu ato trouxe lesões a uma pessoa concreta. A partir dessa nova visão, ele pode, portanto, "compreender e reconhecer o dano e agir para corrigir a situação"[8].

A responsabilidade, no contexto restaurador, difere substancialmente daquela que ocorreria dentro de um paradigma de natureza punitiva, porquanto, neste caso, esta responsabilização perpetrar-se-ia por meio da punição do infrator, ou, consoante explanou Howard Zehr, por meio do rebaixamento do "ofensor ao nível onde foi parar a vítima", uma "tentativa de vencer o malfeitor anulando sua alegação de superioridade"[9]. Esta dor infligida ao condenado, contudo, poderá não produzir qualquer bem à vítima, tampouco recuperará o seu prejuízo[10]. E, além de não trazer consequências positivas ao ofensor e ao ofendido, não produz, segundo pensamos, justiça[11].

No caso do modelo de gestão do crime, ora em comento, o que se observa é que a responsabilização é realizada com base na tentativa de soerguer a vítima a sua posição anterior, sem que o agressor necessite ser rebaixado. As atenções são voltadas para amenizar o sofrimento e as perdas causadas à vítima. Temos, verdadeiramente, uma mudança radical de conceitos.

---

8. ZEHR, 2008, p. 189.
9. Ibid., p. 182.
10. Cf. ROLIM, 2009, p. 246.
11. Consoante bem aduziu Marcos Rolim: "Em alguns casos, especialmente em crimes graves praticados com violência, o sofrimento do infrator pode oferecer algum tipo de "conforto" à vítima. *Nos EUA, por exemplo, familiares de pessoas que foram assassinadas possuem o direito de assistir à execução dos condenados à morte. Nesse ponto, o que devemos nos perguntar é se esse sentimento de conforto moral não é exatamente o mesmo que vingança e se, por decorrência, uma sociedade que permite que seus instrumentos de justiça sejam identificados com a vingança pode produzir, de alguma forma, Justiça* (grifo nosso). Na verdade, o que as punições produzidas pela Justiça Criminal permitem é que ambos, infrator e vítima, fiquem piores. *A retribuição tende a legitimar a paixão pela vingança e, por isso, seu olhar está voltado, conceitualmente, para o passado. O que lhe importa é a culpa individual, não o que deve ser feito para enfrentar o que aconteceu e prevenir a repetição do que aconteceu* (grifo nosso)". ROLIM, 2009, p. 247.

Por fim, cumpre mencionar a *reintegração*. Este último critério diz respeito à tentativa de restabelecer os relacionamentos lesados com a ocorrência do delito. Com propriedade, é inteligível que o delito causa danos não só à vítima, mas, também, à comunidade, e ao ofensor.

Causa prejuízos à comunidade, porque esta se vê desarmonizada, insegura e amedrontada com a ocorrência do crime, e, em outros termos, causa prejuízos, também, ao ofensor, que, em regra, necessita de apoio financeiro, psicológico e emocional para aprender a lidar com as consequências dos seus atos.

Por meio da reintegração, os envolvidos devem tentar, com ajuda de mediadores, uma reaproximação, com vistas a fortalecer os relacionamentos sociais lesados. Afirmemos que o objetivo precípuo da reintegração é afastar ideias maniqueístas sobre o crime – tais quais as defendidas no sistema punitivo tradicional.

Por óbvio, como salientou Howard Zehr, essa reintegração pode não ser total, mas qualquer ponto entre a extrema hostilidade e um forte relacionamento já é um progresso em termos de reintegração social.[12] Para finalizar essa primeira etapa, cumpre transcrever as elucidativas palavras de Marcos Rolim, que bem sintetiza o assunto:

> Para a Justiça Restaurativa o procedimento padrão das sentenças criminais contemporâneas impede que esse infrator seja colocado em face das circunstâncias de dor e prejuízo produzidas por seu ato. No processo criminal moderno, ele jamais se obrigará a conhecer essa realidade. Tampouco será confrontado pelo desafio de fazer algo que permita diminuir a dor da vítima ou repor o prejuízo que ele próprio causou. Em um sistema retributivo, o que se espera do infrator é que ele suporte sua punição; para a Justiça Restaurativa o que importa é que ele procure restaurar ativamente a relação social quebrada. Para isso, os procedimentos restaurativos deverão considerar a situação vivida pelo infrator e os problemas que antecederam e agenciaram sua atitude. Assim, paralelamente aos esforços que o infrator terá que fazer para reparar seu erro, caberá à sociedade oferecer-lhe as condições adequadas para que ele possa superar seus mais sérios limites como, por exemplo, déficit educacional ou moral ou condições de pobreza ou abandono.[13]

Ultrapassada a questão tripartida da resposta restaurativa, qual seja, a busca pela restauração, responsabilização e reintegração, cumpre observarmos

12. Cf. ZEHR, 2008, p. 177.
13. ROLIM, 2009, p. 245.

que, não só pela resposta, o novo modelo distingue-se do velho. Por certo, não se pode olvidar que, além de oferecer uma solução distinta, o principal traço desse novo modelo restaurativo é a *forma como essa nova resposta será construída*.

Ao contrário do que se concebe no sistema retributivo – no qual a resposta é verticalizada, imposta pelo Estado Juiz ao criminoso, sem qualquer participação da vítima e/ou da comunidade direta ou indiretamente[14] afetada pelo crime –, no novo modelo, a resposta tem que ser construída, mediante o diálogo entre as partes do conflito. O Estado atua, por intermédio de um mediador, como intérprete da vontade das partes, sem a imposição de uma decisão sobre o caso concreto. Reapropriação do conflito para os seus verdadeiros "donos", sem, no entanto, significar um retorno à justiça privada vingadora é, sem dúvidas, uma principal característica desse novo modelo.

Com efeito, consoante aduziu Howard Zehr:

> O importante não é apenas o que acontece, mas também o modo como se chega à decisão. A justiça precisa ser vivida, e não simplesmente realizada por outros e notificada a nós. Quando alguém simplesmente nos informa que foi feita justiça e que agora a vítima irá pra casa e o ofensor para a cadeia, isto não dá a sensação de justiça. Não é suficiente que haja justiça, é preciso vivenciar a justiça.[15]

No paradigma punitivo, é visível a marginalização da vítima e da sociedade no processo criminal. Isto porque, naquele modelo de gestão do crime, a vítima seria um expectador do processo, que atuaria neste, apenas, como uma simples informante, pouco importando suas reais aspirações e necessidades que nasceram com a prática delitiva. Em outros termos, a vítima era vista como coadjuvante de todo o processo, como um personagem que poderia, unicamente, assistir e observar os outros decidirem o justo castigo do sujeito causador do "problema".

No paradigma restaurador, a concepção é diametralmente oposta. A preocupação com a construção da resposta é fundamental, e demonstra a

14. No que concerne aos delitos cujos bens jurídicos são supraindividuais, atingindo toda a sociedade, existe discussão na doutrina acerca da admissibilidade dos procedimentos de justiça restaurativa. Isto porque, uma vez que os mencionados delitos não possuem vítima certa, e ocasionam prejuízos à coletividade, não haveria, em tese, a possibilidade de realização de acordo, mediante ofendido e ofensor. Segundo nos parece, malgrado sejam necessárias adaptações do procedimento restaurativo nos mencionados delitos, não se pode excluir a possibilidade de implementação de programas de restauração, nesses casos, porquanto a reparação dos danos e minoração das consequências danosas, bem assim as alternativas ao cárcere, são soluções que beneficiam toda a sociedade. Trata-se, contudo, de assunto que não é pacífico e que extrapola os limites do presente estudo, de modo que se trouxe à baila apenas à título ilustrativo.
15. ZEHR, 2008, p. 192.

necessidade de empoderamento das partes do conflito. O ofensor, a vítima e a comunidade devem tentar, mediante um processo restaurativo, encontrar a melhor solução que o caso determine[16]. São protagonistas do fenômeno delitivo e ao estado é delegado um papel de coadjuvante colaborador.

Por conseguinte, diante de tudo que foi assinalado, é perceptível a revolução que o paradigma restaurativo propõe. Há que se afirmar, contudo, que o objetivo precípuo do modelo restaurador não é a resolução de todos os problemas que advêm da criminalidade. Pode ser concebido como uma nova visão, que procura solucionar os conflitos mais prementes, mais urgentes, que não foram sanados pelo "paradigma punitivo tradicional"[17]. O objetivo precípuo da justiça restaurativa é controlar as consequências do crime, auxiliar que vítimas e ofensores sigam em frente, *apesar do crime*.

Cumpre destacarmos, outrossim, o caráter complementar do modelo em questão. Isto porque, não se trata, o presente paradigma de gestão do crime, na etapa de desenvolvimento atual, de um método substitutivo ao Direito Criminal tradicional. *De fato, o modelo restaurador é um modelo de justaposição, que deve ser colocado ao lado do modelo tradicional punitivo.*

Com efeito, não se olvida que, para situações-limite, cometidas por ofensores verdadeiramente temerários – crimes graves, cujo conceito vai ser encontrado em cada comunidade – e para aquelas situações nas quais as partes não queiram, voluntariamente, adotar o processo restaurador, é possível mantermos, ao menos por hora, um direito punitivo e repressor, que deve atuar com humanidade, pautado na legalidade estrita, na proporcionalidade, e deve, de igual sorte, permitir à vítima o direito de manifestar-se sobre as consequências do ato danoso.

Não obstante, para as ofensas cotidianas, de pequena e média gravidade, que, efetivamente, não coloquem em risco a sobrevivência da sociedade,

---

16. Esta forma de resolução participativa da justiça criminal foi assinalada pela ONU, como um dos princípios da justiça restaurativa: "Os programas de justiça restaurativa baseiam-se na crença de que as partes do conflito precisam estar ativamente envolvidas na resolução e na mitigação das consequências negativas deste. São baseados, também, em alguns casos, na vontade de retornar à decisão local, construída pela comunidade. Esses princípios são também vistos como uma maneira de encorajar a pacificação do conflito, para promover a tolerância e inclusão, construindo respeito pela diversidade e promovendo práticas de responsabilização comunitária (tradução nossa)". ORGANIZAÇÃO DAS NAÇÕES UNIDAS. Escritório das Nações Unidas sobre Drogas e Crime. **Handbook on restorative justice programmes.** New York: United Nations, 2006, p. 5.

17. "A justiça restaurativa *não tem como objetivo principal reduzir a criminalidade, mas reduzir o impacto dos crimes sobre os cidadãos, sem quaisquer aspirações retributivas ou pseudo-preventivas.* [...] o novo conceito é simples: as balanças da justiça não são mais vistas como uma ponderação entre o dano causado pelo criminoso e a aflição infligida ao criminoso em seguida, pois isto só aumenta a soma total e dano e aflição no mundo (1992, p. 525). *O paradigma restaurativo, assim, é construído a partir das falhas do sistema vigente, pois sua proposta é evitar o pior do velho sistema (o punitivo), sem introduzir novos problemas*". SICA, 2007, p. 37.

ou seja, para a criminalidade normal e ordinária, é necessário pensarmos em uma nova resposta, que consiga resolver os problemas, em vez de criar tantos outros.

Esta dialética da justaposição é fundamental para modificar a forma como a sociedade concebe o crime, e, decerto, contribuir para melhoria das condições em que (sobre)vivem ofensores e ofendidos. Por conta disto, o paradigma restaurador é parcialmente modificador do paradigma punitivo.

Para finalizar, cumpre esboçar um conceito de Justiça Restaurativa, que sintetize tudo que já foi exposto. Nesse diapasão, afirme-se que se entende por Justiça Restaurativa um novo modelo de gestão do crime, que se foca numa redefinição do fenômeno delitivo, com vistas a criar para o ofensor a obrigação de restaurar, material e simbolicamente, o dano causado ao ofendido e à comunidade. Esta responsabilização do ofensor será construída mediante um processo de diálogo conciliatório, que vai envolver todos aqueles que foram diretamente ofendidos com a prática delitiva. Ao final deste processo, buscar-se-á a reintegração das relações sociais lesadas pelo crime.

Concluímos, portanto, que a concepção restaurativista aqui apresentada é aquela focada no processo e na finalidade, é dizer, é uma visão construída por meio de "processos negociados e finalidades restaurativas"[18], numa visão mais restrita de Justiça Restaurativa. Malgrado existam outras duas concepções de Justiça Restaurativa, fundadas no processo ou na finalidade, segundo nos parece, a visão minimalista, aqui adotada, é a que mais se coaduna com o ideal restaurador de mudança de paradigma.

2. OS PROCESSOS RESTAURATIVOS

Feitas as pertinentes considerações sobre a Justiça Restaurativa e suas características, impende tratar das espécies de processo restaurativo, notadamente da mediação penal vítima ofensor. A Resolução nº 12/2002 da Organização das Nações Unidas define, como processos restauradores, a mediação vítima-ofensor, a conciliação, a reunião familiar ou comunitária (*conferencing*) e os círculos decisórios (*sentencing circles*).

A mediação entre a vítima e o ofensor é o processo mais antigo e conhecido[19] em termos de Justiça Restaurativa, o que justifica, portanto, sua maior uti-

18. JACCOUD, Mylène. Princípios, tendências e procedimentos que cercam a justiça restaurativa. In: SLAKMON, Catherine; DE VITTO, Renato Campos Pinto; PINTO, Renato Sócrates Gomes. **Justiça restaurativa**. Brasília: Ministério da Justiça e Programa das Nações Unidas para o Desenvolvimento – PNUD, 2005, p. 171.
19. Segundo Raffaella Pallamolla, países como Canadá e Estados Unidos, assim como alguns países europeus, já se utilizam da Mediação Criminal há, pelo menos, 20 anos. Cf. PALLAMOLLA, 2009, p. 107.

lização por parte dos países que adotam esse modelo[20].Conquanto a mediação criminal seja o processo restaurativo mais empregado, os outros procedimentos de Justiça Restaurativa, já citados, vêm, diuturnamente, ganhando espaço.

Apenas a título ilustrativo, os processos distintos da mediação criminal são: a reunião familiar ou comunitária, também conhecida como conferências de família (*family group conferencing*), consistente na participação, no processo restaurativo, da vítima, do ofensor, e, além destes protagonistas, de familiares e amigos de ambos; nas conferências, tal como na mediação criminal, vislumbra-se a presença de um facilitador, que interferirá na resolução do conflito. O procedimento é semelhante ao da mediação, apenas diferenciando-se desta no quesito participação, que, na conferência de família, é mais amplo do que na mediação vítima ofensor.

Os círculos restaurativos, por seu turno, envolvem a participação da vítima, do ofensor, dos seus respectivos familiares e amigos, e, ainda, do Magistrado, do Defensor (público ou privado), do Órgão Acusador e do Policial ou Delegado de Polícia. Neste programa restaurativo, todos os participantes sentam-se frente a frente, e devem alcançar um consenso sobre a melhor solução que o caso demande[21]. Os círculos restaurativos objetivam, outrossim, alcançar mecanismos de apoio ao infrator e à vítima, de forma a prevenir futuros inconvenientes.

Após apresentarmos, de forma sucinta, os demais programas restaurativos, de acordo com a ONU, passa-se, doravante, à conceituação da mediação, como procedimento aplicável em qualquer ramo do Direito. Após a conceituação, trataremos das espécies de mediação e do papel do mediador, para, então, relacionar a mediação e a Justiça Restaurativa.

2.1 O CONCEITO DE MEDIAÇÃO

A mediação criminal, consoante já se adiantou, trata-se do procedimento restaurativo mais antigo, e, por conseguinte, mais largamente utilizado. Precipuamente, antes de adentrar na "vertente" criminal da mediação, abordar-se-á o conceito genérico de mediação.

Por mediação entende-se um processo de resolução dos conflitos por meio do qual as partes diretamente envolvidas – vítima e ofensor, no caso criminal –, buscam resolver um determinado problema que as acomete, auxiliadas por uma terceira pessoa, imparcial e estranha à natureza conflitual. O terceiro,

20. De acordo com David Miers, a mediação vítima-agressor se expandiu no continente Europeu, passando a ser adotada pela República Checa, em 2000; a Noruega, em 2003; a Polónia, em 2003; Portugal, em 1999, a Eslovénia, em 2001; Espanha, em 2001 e a Suécia, em 2002. MIERS, 2003, p. p. 51.
21. Cf. ORGANIZAÇÃO DAS NAÇÕES UNIDAS, 2006, p. 22.

durante o procedimento, auxiliará as partes na busca de um possível acordo, que "possa ser verdadeiro e justo para elas"[22].

O traço predominante na mediação é a participação do terceiro sujeito, equidistante, que não possui interesse no conflito a ser solucionado. Este terceiro, chamado de mediador, deverá, apenas, auxiliar a comunicação das partes diretamente envolvidas no conflito, as quais deverão discutir e, a depender do caso, chegar a um acordo, que não deve ser obrigatório, tampouco imposto.

O acordo, quando ocorre, é firmado, unicamente, pelas partes, cabendo ao mediador a função meramente auxiliar, facilitadora. Por conseguinte, *percebemos que o traço predominante na mediação é a autonomia das partes, que deverão encontrar a melhor solução que o caso demande.*

Demais disso, na mediação, há o efeito de empoderamento das partes, as quais, atuando na qualidade de parceiros "corresponsáveis pela solução da disputa"[23] e não de adversários, são auxiliadas por uma terceira pessoa, apta a facilitar o diálogo e o possível pacto restaurativo.

A característica de empoderamento das partes, consubstanciada na autonomia e voluntariedade na gestão do seu próprio conflito, é o elemento distintivo entre a mediação e demais formas alternativas de resolução dos conflitos, a exemplo da conciliação e da arbitragem.

Conforme assentou Leonardo Sica, na arbitragem, a avença entre as partes restringe-se à designação de um "sujeito neutro, terceiro e competente"[24] ao qual é delegada a decisão do problema. De forma eventual, poderão, ainda, as partes decidirem sobre os "limites de eficácia da decisão"[25], mas nunca sobre qual a melhor solução para o conflito particularizado. *A decisão, na arbitragem, não é das partes, como na mediação, e sim do árbitro, terceiro escolhido por estas para o deslinde do problema.*

Sobreleve-se, por manifestamente oportuno, que a mediação tampouco se confunde com a conciliação, porque, nesta, o terceiro neutro sugere às partes a melhor forma de resolução do conflito, balanceando os interesses dessas[26].

O que percebemos, a claras luzes, é que a diferenciação basilar entre conciliação e mediação é a função do terceiro em ambos os procedimentos: na

---

22. AGUIAR, Carla Zamith Boin. **Mediação e justiça restaurativa**: a humanização do sistema processual como forma de realização dos princípios constitucionais. São Paulo: Quartier Latin, 2009, p. 95.
23. VASCONCELOS, Carlos Eduardo de. **Mediação de conflitos e práticas restaurativas**. São Paulo: Método, 2008, p. 37.
24. SICA, 2007, p. 50.
25. Ibid., loc. cit.
26. Ibid., loc. cit.

conciliação, o terceiro, além de facilitar a comunicação, tem um papel importante de direcionamento, consistente em apontar qual a melhor resolução, a mais adequada, para o caso concreto, ao passo que, na mediação, o terceiro não deve, na qualidade de mediador, direcionar a vontade das partes do conflito.

É imperioso destacarmos, outrossim, que não há semelhanças entre o procedimento em questão e a *plea bargaining*, do direito norte americano. De acordo com Raffaella Pallamolla, na *plea bargaining* "a negociação não se dá entre as partes diretamente envolvidas (vítima e ofensor), mas entre promotor e advogado de defesa"[27]. Por certo, a diferenciação da mediação para a *plea bargaining* é manifesta, porquanto no sistema norte-americano, somente o ofensor, por intermédio de seu advogado, "negocia" a acusação, não cabendo à vítima qualquer manifestação ativa.

Consoante sinaliza Luiz Alberto Warat:

> A mediação seria uma proposta transformadora do conflito porque não busca a sua decisão por um terceiro, mas, sim, a sua resolução pelas próprias partes que recebem auxílio do mediador para administrá-lo. A mediação não se preocupa com o litígio, ou seja, com a verdade formal contida nos autos. Tampouco tem como única finalidade a obtenção de um acordo. Mas, visa, principalmente, ajudar as partes a redimensionar o conflito, aqui entendido como conjunto de condições psicológicas, culturais e sociais que determinam um choque de atitudes e interesses no relacionamento das pessoas envolvidas. O mediador exerce a função de ajudar as partes a reconstruírem simbolicamente a relação conflituosa.[28]

Percebemos, portanto, que a característica principal da mediação, traço diferenciador, é a autonomia das partes quanto aos meios de solução do seus próprios conflitos.

Exposto o conceito de mediação, como procedimento autocompositivo de resolução de conflitos pelas partes diretamente envolvidas nele, cumpre tratar, adiante, das espécies suas espécies.

2.2 ESPÉCIES DE MEDIAÇÃO

O processo de mediação não é singular, e pode ser realizado de diversas formas. Dessa maneira, observamos que, a depender da singularidade procedimental observada, estaremos diante de uma espécie distinta de mediação.

---

27. PALLAMOLLA, 2009, p. 108.
28. WARAT, Luis Alberto. **O ofício do mediador**. Florianópolis, Habitus, 2001, p. 80.

No que concerne à maneira de participação dos envolvidos no conflito, podemos caracterizar a mediação em direta e indireta. A primeira, direta, consiste no encontro pessoal entre as partes, as quais, auxiliadas por um mediador, conversam sobre a melhor forma de resolver a questão controvertida. É a forma mais tradicional de mediação, mais largamente utilizada.

A mediação indireta, por seu turno, surgiu como uma variação da mediação direta. Com efeito, em muitas ocasiões, era comum que as pessoas envolvidas em um conflito não tinham interesse em se encontrar, frente a frente. Em outros casos, também de forma frequente, era visível um nítido desequilíbrio de poder entre as partes, de maneira que o diálogo entre estas, com vistas a atingir um determinado pacto, seria infrutífero. Dentro deste contexto, surgiu a mediação indireta, na qual não há o encontro entre a vítima e o ofensor, mas entre estes e o mediador, separadamente. Assim, o diálogo ocorre indiretamente, por meio de conversa com o mediador ou por cartas enviadas do ofensor para a vítima e vice-versa.

A mediação pode, ainda, ser caracterizada de forma distinta da sinalizada em linhas anteriores. Nesse caso, observamos não a maneira pela qual será realizada a mediação – direta ou indireta –, mas, sim, qual seria o objetivo almejado com a realização do processo mediativo.

Com efeito, tradicionalmente, a mediação era focada no acordo a ser avençado pelos participantes. Tratava-se, portanto, de uma "Mediação Satisfativa", desenvolvida pela Escola de Harvard.

Essa espécie de mediação, de cunho satisfativo, prioriza a natureza objetiva do conflito[29], e se baseia em técnicas de *negociação* dos conflitos. Neste diapasão, o foco mediativo estaria na separação das pessoas do problema; isto significa que *não há a preocupação em trabalhar com os sentimentos das partes, tampouco de melhorar a relação entre estes, mas, basicamente, em encontrar um acordo vantajoso para ambas as partes, que determine "ganhos mútuos"* [30].

Na espécie de mediação em questão, a emoção não tem valor preponderante, sendo utilizada, apenas, em momento inicial. Consoante asseverou Carla Aguiar, valoriza-se

> [...] a expressão das emoções no início do processo, como um efeito de catarse, para que as pessoas se acalmem e consigam pensar melhor. Não se trata de trabalhar com os sentimentos das pessoas, é apenas um instrumento utilizado para que os mediandos consigam extravasar todas as suas emoções. Tem como

29. Cf. VASCONCELOS, 2008, p. 74.
30. Ibid., p. 77.

> princípios a imparcialidade, a neutralidade e a eqüidistância, entendendo o conflito como um movimento caótico que precisa ser colocado em ordem.[31]

O processo baseia-se numa oitiva alternada, por meio da qual uma das partes ouve, silenciosamente, a outra parte abordar o seu ponto de vista da situação problemática; ao final, sem modificar as versões, as partes devem chegar, auxiliadas pelo mediador, a um acordo que melhor atenda aos interesses de ambas.

Exatamente por não focar no aspecto relacional, contentando-se, unicamente, com o quesito pactual, a mediação satisfativa da escola de Havard preocupa-se com aquela determinada situação problema, sem considerar questões remotas, que influenciaram na ocorrência do conflito. Decerto, nas palavras de Carla Aguiar, o principal objetivo é desvendar a simples causa, sem, contudo, contextualizar o problema.

A mediação satisfativa ou tradicional, justamente por não priorizar o componente relacional, vem, paulatinamente, sendo abandonada nos processos autocompositivos presentes, visto que a ausência de preocupação com as relações e com os "conflitos subjacentes ao conflito aparente"[32], podem culminar com o a ausência de comprometimento efetivo, e, demais disto, descumprimento do pactuado.

Com vistas a solucionar a lacuna oriunda da "mediação satisfativa" – consubstanciada na ausência de foco nas relações interpessoais das partes envolvidas –, surgiram as espécies de mediação focadas, não necessariamente no acordo a ser produzido, mas na relação a ser construída.

Neste contexto, destaquemos a "Mediação Circular Narrativa". Esta espécie corresponde a um processo que agrega, ao modelo tradicional de Harvard, premissas de teoria dos sistemas.

Como se infere da própria denominação, nesta espécie mediativa, há a *preocupação com a circularidade e a interdependência das pessoas.* A mediação, então, focaliza na necessidade de compreensão da outra parte, suas particularidades, interesses, objetivos e características. Com evidência, na espécie "Circular Narrativa", a causalidade não é mais imediata, tal como no modelo de Havard. Para que as partes compreendam uma a outra, mediante um processo conversação, facilitada por um terceiro estranho, é preciso analisar não a causa imediata que determinou aquela situação problema, mas o conjunto de causas remotas, anteriores, que, de alguma forma, contribuíram para o deslinde conflitual.

31. AGUIAR, 2009, p. 106.
32. Ibid., loc. cit.

Com espeque nas lições de Carla Aguiar:

> O modelo circular-narrativo propõe aumentar as diferenças. Ao contrário do entendimento do método identificado como de Havard, acredita que as pessoas chegam a uma Mediação em situação de ordem, assumindo posições rígidas que as impedem de encontrar alternativas e soluções às suas questões. A introdução do caos promove a flexibilização do sistema, possibilitando às pessoas encontrarem uma nova ordem de possibilidades. Fomenta reflexões, mudança de significados e busca a transformação das histórias trazidas nos encontros.[33]

Na vertente Circular-narrativa, as histórias inicialmente trazidas pelos participantes são desconstruídas, com vistas à construção de uma história nova, alternativa, obtida a partir de uma comunicação focada na interdependência entre as pessoas.

Importa destacarmos, ainda, a existência de uma terceira vertente, a chamada Mediação Transformativa. Aqui, observamos, também, a influência da Teoria Sistêmica, da mesma maneira que na "Mediação Circular-Narrativa".

A mediação transformativa possui características semelhantes à da forma anterior, Circular-Narrativa, especialmente no que concerne à busca da causalidade remota, à necessidade de trabalhar os sentimentos das pessoas, e, demais disto, na alteridade, ou seja, na descoberta de que o homem é um ser social, que depende dos demais seres a sua volta.

Na Mediação Transformativa,

> [...] o foco inicial está na apropriação ("capacitação", "auto-afirmação") dos mediandos, de modo que seus atores – pessoas, grupos, comunidades – recuperem reflexivamente seu próprio poder restaurativo, afastando-se de modelos em que um 'expert' decide "conceder" poder às pessoas "objeto".[34]

A espécie Transformativa recebe este adjetivo porque visa a modificar a característica destrutiva do conflito, com base na ética da alteridade. A despeito de possuir pontos em comum com a espécie Circular-Narrativa, não se confunde com esta.

Com efeito, na mediação transformativa, o processo não vislumbra a desestabilização das pessoas, com a desconstrução das histórias inicias e criação de uma história alternativa, como na mediação Circular-Narrativa. Nesta vertente em questão, o foco é o empoderamento das partes, com vistas a oferecer

---

33. AGUIAR, 2009, p. 108.
34. VASCONCELOS, 2008, p. 86.

"aos mediandos a oportunidade de desenvolver e integrar suas capacidades de autodeterminação e responsividade aos outros"[35].

Por conseguinte, o mérito da mediação transformativa é o incremento do poder das partes, que devem protagonizar o seu conflito e, por meio do processo mediativo, recuperar a sua autoestima, rompida com o problema vivenciado.

Explicitadas as espécies mediativas, compete, em linhas conclusivas, afirmar que a mediação de cunho transformativo parece ser a mais completa, dentre as espécies acima delineadas, porquanto objetiva a reconstrução da relação rompida, sem, contudo, negligenciar a importância do acordo. Decerto, as relações necessitam ser resgatadas, já que o homem é um ser social que necessita interrelacionar-se com os demais a sua volta. Concordamos, portanto, com Warat, quando afirma que "a mediação não tem como objetivo prioritário a realização de um acordo" mas, sim, "a produção da diferença, instalando o novo na temporalidade"[36].

Não obstante, não podemos olvidar que, em determinados casos, a reconstrução das relações pode ser particularmente difícil, em virtude do grau do conflito sinalizado. Por conta disto, ainda que a mediação da Escola de Harvard, focada, unicamente, no acordo, não seja o parâmetro ideal, não se pode desconsiderar que, em alguns casos, será ela o modelo ideal a ser utilizado, com vistas a resolver os inconvenientes do problema que envolve as partes mediadas.

3. A MEDIAÇÃO E A JUSTIÇA RESTAURATIVA

Após tratarmos do conceito e as espécies de mediação, bem assim o papel do mediador, cumpre traçar um paralelo entre esta forma autocompositiva de resolução dos conflitos e a Justiça Restaurativa.

Como elucidamos, a Justiça Restaurativa é um novo paradigma de resolução dos conflitos que busca outras respostas para a solução do fenômeno delitivo, distintas da pena aflitiva, comumente utilizada. A nova solução a ser alcançada objetiva, sobretudo, a reparação dos prejuízos – materiais, financeiros, emocionais, entre outros – ocasionados à vítima do delito, reparação esta que será feita por meio da responsabilização do ofensor.

Já destacamos, outrossim, que a Justiça Restaurativa propõe, além de uma distinta solução, uma diferente maneira de construção da resposta delitiva.

---

35. Ibid., p. 87.
36. WARAT, 2001, p. 84.

Sob este viés, o Restaurativismo oferece às partes diretamente afetadas com o delito – ofensor e vítima – a chance de atuarem, diretamente, no processo de resolução do problema.

Sob este ângulo, a relação entre Justiça Restaurativa e mediação consubstancia-se na ideia de que esta é uma das formas de conferir aos envolvidos no problema criminal o empoderamento necessário à resolução dos seus conflitos, mediante uma via alternativa de responsabilização.

Em outros termos, a mediação, enquanto processo de resolução de controvérsias, corporificado por meio de um diálogo facilitado, constitui uma das formas de se almejar a nova resposta ao conflito delitivo, propugnada pela Justiça Restaurativa.

Importa assinalarmos, contudo, que, consoante bem destacado por David Miers, os conceitos de justiça restaurativa e mediação podem ser, ao mesmo tempo, mais amplos e mais restritos. Nas palavras do autor:

> O conceito de justiça restaurativa é mais restrito do que o conceito de mediação, uma vez que se confina à área criminal. Mas é mais amplo pelo facto de contemplar uma variedade de possíveis respostas por parte do infractor que nada têm que ver com mediação, como sejam a indemnização (sic) determinada pelo tribunal ou a prestação de trabalho tendente à reparação, quer como medida de diversão quer como parte de um acordo, integrado na sentença, com uma entidade estatal. O conceito de mediação é mais amplo do que o de Justiça restaurativa uma vez que abrange conflitos em contextos não criminais. É no entanto mais restrito porquanto, em contexto criminal, se centra apenas nas relações estabelecidas entre vítima e infractor em sede de mediação. Mesmo aqui pode ser ainda mais restrito caso abranja apenas a mediação directa e não a indirecta.[37]

Observamos, assim, que a mediação pode ser utilizada para outros conflitos, extracriminais, enquanto que a Justiça restaurativa pode utilizar-se de outros métodos, distintos do mediativo. Resulta desta conclusão a assertiva de que ambos os conceitos são, ao mesmo tempo, mais amplos e mais restritos.

Estabelecida a assertiva acima assinalada, cumpre registrar a natureza da mediação criminal e do acordo restaurativo, no contexto da Justiça Restaurativa e do Sistema criminal.

Neste sentido, torna-se imperioso assinalar que a mediação criminal é instituto que guarda relação com o Direito Criminal e com o Direito Processual

37. MIERS, 2003, p. 53.

criminal. Isto porque, a mediação, enquanto processo focado na relação e no acordo, representa uma nova forma de processo criminal, de viés trilateral – Estado, vítima e ofensor – ao lado do processo criminal de natureza bilateral, típico do paradigma punitivo.

O processo criminal tradicional é bilateral, porque, no seu contexto, o Estado, representado pelo Ministério Público, atua na persecução criminal, no intuito de investigar e comprovar a materialidade e a autoria delitivas, para, ao final, aplicar uma pena aflitiva ao condenado. Nesse processo, há um nítido jaez contraditório, com o ofensor sempre pugnando resistir à pretensão estatal punitiva. Trata-se, ainda, de processo focado na estrita legalidade, com respeito a todas as *garantias negativas* que o acusado possui em face do poderio estatal. Por fim, observamos que a vítima, nesse processo, é uma mera coadjuvante, informante do sistema criminal, que não tem atuação relevante na solução do deslinde. O Processo bilateral é, pois um velho conhecido da doutrina e da prática processual criminal.

A mediação, por seu turno, é um novo tipo de processo criminal, trilateral, no qual a solução para o problema criminal é obtida mediante um acordo, firmado entre a vítima e o ofensor, com auxílio do Estado, responsável por propiciar, por exemplo, a mediação, o ambiente adequado e a capacitação dos mediadores. A responsabilização do ofensor, aqui, é consensual, obtida mediante um acordo entre este e o ofendido, com vistas a apaziguar, diminuir, os efeitos danosos do crime.

Assim, o processo restaurativo, instrumentalizado pela mediação, é um processo criminal colocado ao lado do procedimento bilateral, do paradigma punitivo. Observemos, nesse sentido, o pensamento de Selma Santana:

> Junto ao procedimento contraditório, figurará, cada vez mais, uma segunda forma procedimental, a consensual. Isso significa que o processo contraditório tradicional deve ser completado com regras independentes para um processo consensuado, uma vez que nesse tipo de processo deve-se chegar a acordos cuja conclusão, licitude, conteúdo e limites sejam determinados legislativamente, mediante um aparato especial de regras.[38]

Verificamos, portanto, que a mediação é vista como instrumento do processo, incluído no sistema criminal, demonstrada, assim, a relação da mediação com o Direito Processual Criminal.

38. SANTANA, Selma Pereira de. **A reparação como conseqüência jurídico-criminal autônoma do delito.** 2006. 533 f. Tese (Doutorado em Ciências Jurídico-Criminais) – Faculdade de Direito, Universidade de Coimbra, Coimbra, 2006, p. 115.

Consectário lógico da ideia de mediação, como instrumento de o processo criminal, de vertente trilateral, é a conclusão de que o acordo resultante desse processo configura, a todas as luzes, "solução jurídico-criminal autônoma do delito"[39]. Em outros termos, a reparação – que pode ser material ou simbólica –, obtida mediante processo restaurativo, é considerada resposta criminal, ao lado da pena e da medida de segurança.

A razão de assim ser considerada é óbvia. Por certo, se a mediação constitui instrumento do processo criminal, a solução dela advinda não poderia ter outra natureza, que não fosse a criminal. Diante desta conjuntura, descarta-se, desde logo, qualquer visão da reparação como forma de "privatização" do Direito Criminal, já que a resposta restaurativa é a terceira via da solução criminal.

Esta assertiva é corroborada por Roxin, quando dispõe que:

> Pessoalmente, entendo que a reparação, integrada ao Direito Criminal, não é uma pena; porquanto, o que quer que a pena possa ser, será, em qualquer caso, uma intervenção coercitiva nos direitos do autor do delito. A reparação, contudo, é sempre, ou com muita freqüência, uma prestação voluntária; e quando se exorta um autor de delito a cumprir com suas obrigações já civilmente fundamentadas, também não se está intervindo em seus direitos. A reparação, além disso, não constitui um objetivo da pena: se assim o fosse, então o Direito civil seria um objetivo da pena. Ela tampouco é medida de segurança. Porque as medidas de segurança têm uma orientação puramente de prevenção específica, enquanto que a reparação persegue os objetivos, no mínimo equivalentes, da prevenção genérica positiva. Considero-a uma sanção independente, ou seja, uma reação jurídico criminal com elementos em parte civis, que não resulta em um novo objetivo da pena, e sim serve aos objetivos tradicionais da pena, de prevenção integrativa e de prevenção especial.[40]

Advirta-se, ainda, que, a reparação obtida mediante acordo, enquanto resposta criminal que é, deve guardar intrínseca relação com as finalidades deste direito. Isso significa que a utilização da mediação criminal deve ser incentivada sempre que, com a sua realização, for possível encontrar as finalidades preventivas, que deve(riam) nortear o Sistema Criminal.

Desta forma, a reparação deve buscar a prevenção positiva, como reforço da crença da sociedade na possibilidade de reparação dos danos advindos do crime, e, por conseguinte, no respeito às normas. Deve almejar, ainda,

39. Expressão utilizada por Selma Pereira Santana, em sua tese de Doutorado na Faculdade de Direito da Universidade de Coimbra. Cf. Ibid.
40. ROXIN apud SANTANA, 2006, p. 286.

finalidades preventivo especiais negativas, de maneira a evitar a atuação do mesmo ofensor na prática de novos delitos[1]. Para a perfeita compreensão da matéria, é importante a transcrição dos ensinamentos de Selma Santana:

> A reparação do dano, segundo esta compreensão, não constitui uma questão jurídico-civil, mas algo que contribui fundamentalmente para a realização dos fins da pena: ela possui um importante efeito ressocializador, na medida em que obriga o autor do delito a enfrentar-se com as conseqüências de sua atitude, como, outrossim, a conhecer os legítimos interesses da vítima; viabiliza o fomento do reconhecimento das normas; pode conduzir a uma reconciliação entre autor-vítima, e, conseqüentemente, facilitar a reintegração do primeiro deles; contribui para a prevenção integradora, ao oferecer um caminho de restauração da paz jurídica, pois 'só quando se haja reparado o dano, a vítima e a comunidade considerarão eliminada – amiúde, inclusive, independentemente de um castigo –, a perturbação social originada pelo delito.[2]

Cumpre, ainda, assinalar que a mesma doutrina que concebe a reparação enquanto consequência jurídico criminal autônoma do delito sinaliza para a ideia de que a mediação criminal, e o acordo dela advindo, guarda relação intrínseca com o princípio da subsidiariedade criminal e da carência de tutela criminal. Isto porque, a reparação à vítima ocasionaria um afastamento do sistema criminal de controle, de maneira que este não se afiguraria mais necessário. Sob esta perspectiva, observem-se as palavras de Leonardo Sica:

> O acordo obtido através da mediação afeta os critérios de carência e necessidade de tutela criminal, de tal forma que o resultado seria a renúncia à tutela pela satisfação da vítima, pela reparação do dano ou pelo alcance de finalidades preventivas, derivado da estabilização das expectativas normativas. Mesmo a interpretação do princípio da ultima ratio, considerado como uma barreira para a intervenção criminal quando outros meios de tutela tenham tratado da situação satisfatoriamente, indica que a mediação deve ser compreendida como uma reação criminal autônoma que se inicia com a instauração dos procedimentos criminais judiciais.[3]

Venia concessa, não parece ser esta, contudo, a melhor hermenêutica. Sem embargo, por subsidiariedade criminal, entende-se a desnecessidade de

1. Importa destacar que excluímos do contexto das finalidades da reparação a prevenção especial positiva, porque, a nosso juízo, a ideia de ressocialização afronta completamente a dignidade da pessoa humana, uma vez que não respeita a individualidade dos cidadãos. Nesse sentido, ver as críticas à ideologia do tratamento, contidas no item 1.
2. SANTANA, op. cit., p. 103-104.
3. SICA, 2007, p. 78.

incidência deste próprio direito, uma vez que outras formas de controle social, jurídicas ou não, conseguiriam resolver o problema solicitado. O princípio da subsidiariedade é um desdobramento do Princípio da Intervenção Mínima, que concebe o direito criminal enquanto *ultima ratio*, do sistema, tendo em vista que sua violenta sanção só dever ser imposta nos casos mais graves de desvio de conduta social, que lesionem bens jurídicos relevantes.

Depreendemos, pois, que o princípio da subsidiariedade destina-se a afastar da *tutela criminal, do sistema criminal*, condutas que podem ser sancionadas por outros ramos do direito, a respeito do direito administrativo ou civil. Desta forma, não haveria incidência criminal com relação a estas situações particularizadas.

Estabelecida a premissa, importa ressaltar que a consequência lógica do tratamento do acordo restaurativo sob o viés da subsidiariedade criminal implicaria na assertiva de que este acordo não pertenceria ao sistema de controle criminal, por estar fora dele. Seria extrínseco ao direito criminal, com ele não se relacionando, por constituir outro patamar.

Essa ideia, todavia, parece-nos flagrantemente inconciliável com o padrão de Justiça restaurativa que que o concebe como um modelo de justaposição ao Sistema Penal Tradicional, sem pretensão alguma de substituí-lo. A intenção do novo modelo é de justaposição à atual ideia, de maneira que, se (e quando) as partes assim consentirem, a solução para o conflito não deve ser imposta, verticalizada, e sim almejada de forma horizontal, mediante um consenso.

O que se almeja com a Justiça Restaurativa é *a mudança do paradigma da resposta criminal e a construção de uma nova resposta, com a redefinição do crime como ato lesivo às pessoas e não ao Poder do Estado*. Não há, destarte, qualquer alusão abolicionista, de substituição do direito criminal, até mesmo porque, caso a mediação não redunde em acordo, o processo será imediatamente remetido às instâncias tradicionais de controle.

Afirmemos, outrossim, que, se o fato não detém a importância necessária para ser abrangido pelo direito criminal, porquanto outros ramos do direito satisfatoriamente o controlariam, o mesmo não deve, sequer, ser remetido ao processo restaurativo. Conforme já sinalizado, a Justiça Restaurativa, por meio de seus diversos procedimentos, destina-se a resolver *conflitos criminais*, por meio de um processo trilateral; se o conflito não é criminal, mas meramente civil ou administrativo, não há que se falar em utilização de procedimentos restaurativos, uma vez que esta atitude redundaria no agigantamento do sistema criminal de controle, contrariando, inclusive, a premissa de *ultima ratio*.

Desta forma, concluímos que a relação não é de subsidiariedade, enquanto princípio que visa afastar a tutela criminal, e sim de *desnecessidade de aplicação de uma pena tradicional, aflitiva*, em virtude da ocorrência de processo consensual que conseguiu reparar os efeitos danosos do crime.

4. FASES DE UTILIZAÇÃO DO PROCESSO MEDIATIVO

Explicitada a natureza jurídica da mediação e do acordo dela advindo, cumpre abordar a temática relativa à fase de encaminhamento do caso ao processo restaurativo.

Sob este viés, assevere-se que o envio do processo à mediação pode ocorrer em cinco momentos, conforme elucidou Raffaella Pallamolla[4]: Na Fase policial, pré-acusação, podendo ser realizado pelo Ministério Público ou pelo Polícia Judiciária; na fase pós-acusação, mas antes do processo. O envio é pelo Órgão Ministerial; na fase judicial, antes do julgamento; na fase judicial, no momento do julgamento; na fase prisional, utilizada como alternativa à prisão, ou como atenuação à pena privativa de liberdade.

Como forma de salvaguardar as garantias negativas do acusado em face do Estado, a melhor solução parece ser o encaminhamento do caso à Justiça Restaurativa, e à mediação criminal, na fase pós-acusação, e antes do processo criminal, como forma de evitar a ocorrência do processo, e, demais disto, de maneira a evitar o arbítrio policial.

Com efeito, a primeira hipótese de envio do processo à mediação é temerária, podendo resultar em arbitrariedades, especialmente no caso brasileiro. Isto porque a polícia brasileira, como regra, não se encontra suficientemente aparelhada para definir e qualificar o fato criminal, tampouco para fazer a necessária filtragem, entre os casos que merecem a tutela criminal e aqueles que a dispensam. Pensamos, por conseguinte, que à polícia judiciária competiria a colheita de elementos informativos acerca das circunstâncias fáticas que lastreiam o caso, com a necessária participação do ofensor, do ofendido e dos seus respectivos procuradores.

Após a colheita de informações, o caso seria encaminhado ao Ministério Público, Órgão responsável por verificar se a situação concreta possui os requisitos básicos para submeter-se ao processo criminal – conduta que constitui crime, lastro probatório idôneo, respeito à legalidade criminal, entre outros. Até aqui, não vislumbramos muita novidade com relação à fase preliminar do paradigma punitivo, com a diferença que, para a Justiça Restaurativa, é essencial que as partes integrem o processo de colheita de elementos informativos,

4. PALLAMOLLA, 2009, p. 100-101.

requerendo, inclusive, diligências – o que, no sistema investigativo brasileiro, no qual predomina a práxis inquisitiva, é uma grande novidade.

Finalizada a análise Ministerial, e concluindo-se pela necessidade de envio prosseguimento do processo criminal, o Ministério Público deve, ainda, observar se o caso é passível de envio aos programas restaurativos. Essa limitação vai depender da previsão existente em cada diploma legal. Em Portugal, apenas a título exemplificativo, foi editada a Lei nº 21/2007[5], cujo artigo 2º há a previsão de envio do processo à mediação em casos de crime com procedimento de queixa ou acusação particular. Mais adiante, a lei limita o envio dos casos, estabelecendo, por exemplo, que a mediação não poderá ser realizada no caso de crimes cuja pena abstrata prevista exceda o limite de 05 anos, crimes sexuais, de peculato, entre outros casos.

Vislumbradas as características exemplificadas, o Promotor deverá perguntar às partes se estas desejam participar do processo mediativo. Diante desta conjuntura, duas soluções podem haver: as partes, voluntariamente, concordam em participar do processo mediativo, e, ato contínuo, o caso é enviado a um mediador capacitado, ou, o revés, as partes não vislumbram qualquer possibilidade de mediação, e o processo segue o seu rito bilateral.

É fundamental, para a funcionalidade da medida, que as partes consintam em participar do programa, de forma livre, sem ordens ou qualquer tipo de pressão *psicológica*. A Justiça Restaurativa, enquanto novo paradigma que visa chamar as partes envolvidas à resolução do problema deve, por certo, ser compreendida como um *direito destas, e não como uma obrigação*. Se fosse procedimento obrigatório, todas as vantagens desse sistema seriam afastadas, já que não se pode obrigar alguém a se envolver diretamente com algo que não lhe interessa, minimamente. Demais disto, como já se destacou, a resolução nº 12/2002 da ONU[6] determina, em seu artigo 13, que a voluntariedade deve, sempre, nortear a inclusão de casos no sistema restaurativo.

O envio dos casos, nos moldes do explicitado alhures é, segundo pensamos, a melhor opção, o que, decerto, não impede que o processo seja enviado, consoante bem destacou Leonardo Sica, no momento anterior à sentença, mas posterior à acusação. Isto porque, como assevera o referido autor, "interessam (à Justiça Restaurativa) as entradas que evitam o processo e possibilitam uma

5. Cf. PORTUGAL. Lei nº. 21/2007, de 12 de junho. **Diário da República**, n. 112, Lisboa, 12 jun. 2007. Disponível em: ‹http://www.presidenciaue.parlamento.pt/CJustica/leis/212007.pdf›. Acesso em: 30 maio 2012.
6. Cf. ORGANIZAÇÃO DAS NAÇÕES UNIDAS. Conselho Econômico e Social. **Resolução nº. 12, de 2002**. Princípios básicos para utilização de programas de justiça restaurativa em matéria criminal. 24 jul. 2002. Disponível em: ‹http://justicarestaurativaemdebate.blogspot.com.br/2008/07/resoluo-200212-do-conselho-econmico-e.html›. Acesso em: 17 ago. 2009.

solução extra-processual"[7], solução esta que se afigura mais consentânea com a ideia restaurativa de mudança de paradigma, porquanto evita a "sobreposição e acumulação de dois modelos"[8] cujas bases são inconciliáveis.

Em linhas conclusivas, saliente-se que o envio do caso à mediação após a sentença condenatória não constitui, em regra, a melhor opção, uma vez que pode ocasionar *bis in idem*, já que o infrator pode ser submetido a duas responsabilizações – pena e acordo restaurativo –, e, além disso, porque não evita os custos do processo bilateral e a natureza excludente da vítima. Ademais, após a existência de sentença condenatória, afigura-se pouco provável que o infrator e a vítima pretendam solucionar a controvérsia, por meio da mediação.

Depreendemos, portanto, que as melhores fases de envio do processo à mediação ocorrem antes da acusação, ou antes da sentença, como maneira de encontrar uma solução restaurativa extraprocessual comum.

5. CONSIDERAÇÕES FINAIS

Diante do quanto exposto, à guisa de considerações finais, é possível apontar que:

a) a Justiça Restaurativa é o novo paradigma de resolução dos conflitos criminais pautado na existência de responsabilização do ofensor, restauração do prejuízo causado à vítima e reintegração das relações sociais lesionadas com a ocorrência do delito. O novo modelo visa a soluções prospectivas, mais preocupadas em minorar as consequências sociais advindas da ocorrência do crime do que em ideias punitivos, retrospectivos, que visam a imposição de culpa e pena. Trata-se, por conseguinte, de uma nova visão do crime, que procura solucionar os conflitos mais prementes advindos do delito, em vez de assumir preocupações pseudo-preventivas, que, em tese, almejam a exterminação do delito;

b) a Justiça Restaurativa pode ser realizada mediante procedimentos diversificados. Dentre os mais conhecidos, estão os listados na resolução nº 12/2002, da ONU: a mediação penal, os círculos restaurativos, e as conferências de família. Os dois últimos foram explicitados, e fogem à temática do presente trabalho. No que concerne à mediação penal, observa-se que esse processo restaurativo é o mais conhecido e utilizado pelos países que adotam a Justiça Restaurativa. Consiste na participação do ofendido e do ofensor em um processo de diálogo, com o auxílio de uma terceira pessoa, desinteressada no

7. SICA, 2007, p. 30.
8. Ibid., loc. cit.

conflito, que se limita a facilitar a comunicação entre as partes. Na mediação, os protagonistas da resposta conflitual são o ofendido e ofensor, e o terceiro limita a sua atuação para facilitar o diálogo, não impondo qualquer solução para o caso. A natureza impessoal do terceiro facilitador é o traço distintivo entre a mediação e os demais processos consensuais, como a conciliação – na qual o terceiro, além da função facilitadora, pode sugestionar o acordo –, da arbitragem – na qual a vontade das partes circunscreve-se à escolha do terceiro imparcial, que tem o poder de decisão sobre o conflito. A mediação, demais disto, não se confunde com o instituto norte-americano de *plea bargaining*, segundo o qual o réu e o Ministério Público acordam, antes do processo, os termos da acusação, sem a participação da vítima do delito;

c) a mediação penal pode ser dividida em espécies, de acordo com a forma de participação dos sujeitos ou de acordo com os objetivos almejados. No que concerne às espécies de mediação, classificadas pelo critério participação dos sujeitos, pode-se afirmar que existe a mediação direta, na qual as partes efetivamente dialogam a respeito do problema posto, e a mediação indireta, por meio da qual o diálogo, entre as partes, ocorre por intermédio da figura do mediador, sem o contato pessoal. Quanto às espécies de mediação classificadas por meio dos objetivos a serem almejados com o acordo, tem-se as formas de mediação de cunho satisfativo, na qual não há preocupação com os sentimentos das partes, e sim com a avença final; a mediação circular-narrativa, na qual, além da preocupação com o acordo final a ser firmado, há o foco na tentativa de melhoria das relações entre os participantes da mediação, com vistas a contribuir para que as partes compreendam umas ás outras; e a mediação transformativa, a qual, da mesma forma que a anterior, também se foca nas relações entre as partes, com vistas a substituir a natureza destrutiva do conflito, com base na ética da alteridade. Diante das formas de mediação acima sinalizadas, tem-se que a mediação a mediação de cunho transformativo parece ser a mais completa, dentre as espécies acima delineadas, porquanto objetiva a reconstrução da relação rompida, sem, contudo, negligenciar a importância do acordo. Decerto, as relações necessitam ser resgatadas, já que o homem é um ser social que necessita se inter-relacionar com os demais a sua volta;

d) no ponto relativo à relação entre a mediação e as ciências criminais, conclui-se que o processo mediativo é instrumento que se relaciona tanto com o direito penal material quanto com o direito processual penal. A relação da mediação com o direito processual penal resta evidenciada na assertiva de que o processo mediativo representa uma nova forma de processo penal, de viés trilateral – que inclui a participação da vítima, do ofensor e do Estado –, que deve ser posta ao lado do processo bilateral – entre Estado e ofensor –, velho conhecido da doutrina processual penal. Já no quesito relativo à interação entre a mediação e o direito penal, concluiu-se que o acordo obtido após o processo mediativo representa uma solução jurídico-penal autônoma do delito, a qual deve ser considerada uma terceira via de resposta penal – ao lado da pena e das medidas de segurança;

e) a conclusão de que o acordo resultante da mediação consiste em solução jurídico-penal autônoma do delito, enquanto terceira via de resposta penal resulta na assertiva de que o processo mediativo não pode ser visto à luz do princípio da subsidiariedade penal. Isto porque, por subsidiariedade, entende-se a desnecessidade de tutela penal, em virtude da existência de outros meios de controle jurídicos eficazes para aquela situação particularizada. Demais disto, admitir-se que a aplicação do processo mediativo deve ser pautada pelo princípio da subsidiariedade penal significa afirmar que a Justiça Restaurativa possui natureza abolicionista, o que, consoante já se demonstrou, não corresponde à verdade. Resulta evidenciado, portanto, que a subsidiariedade a que se alude é da aplicação da pena – uma vez que o caso pôde ser resolvido por meio de uma solução menos ofensiva –, e não do Direito Penal;

f) após assentarmos que a mediação tem natureza de processo penal, de vertente trilateral, e que o acordo resultante da mediação é verdadeira solução jurídico-penal autônoma, faz-se mister destacar qual seria a fase de utilização da mediação penal dentro do contexto processual. Neste quesito, conclui-se que, a despeito da possibilidade de utilização da mediação em qualquer fase da ação penal – 1. Na fase policial, pré-acusação; 2. Na fase pós-acusação, antes do processo; 3. Na fase pós-acusação, antes da sentença; 4. Na fase pós-acusação, no momento da decisão final; 5. Após à decisão final –, o melhor momento de envio do caso à mediação penal é antes da sentença penal, com vistas a evitar que o acordo restaurativo consubstancie verdadeiro ônus a mais ao condenado, em manifesta ofensa ao princípio do *"non bis in idem"*.

CAPÍTULO 28

A Mediação e os Conflitos de Consumo

Guilherme M. Martins[1]

SUMÁRIO: 1 – INTRODUÇÃO. A EVOLUÇÃO DA MEDIAÇÃO NO BRASIL; 2 – O DIREITO DO CONSUMIDOR COMO DIREITO FUNDAMENTAL E A VIABILIDADE DA APLICAÇÃO DAS TÉCNICAS ALTERNATIVAS DE SOLUÇÃO DE CONFLITOS; 4 – A EXPERIÊNCIA BRASILEIRA; 5 – CONCLUSÃO; 6 – BIBLIOGRAFIA.

1. INTRODUÇÃO. A EVOLUÇÃO DA MEDIAÇÃO NO BRASIL

No Brasil, a partir dos anos 90, começou a haver um maior interesse pelo instituto da mediação, sobretudo por influência da legislação argentina editada em 1995.[2] No novo Código de Processo Civil, oriundo do PL 166/2010 e já aprovado pelo Congresso Nacional (Lei 13.105, de 16 de

1. PROMOTOR DE JUSTIÇA TITULAR DA 3ª PROMOTORIA CÍVEL DA CAPITAL – RIO DE JANEIRO. PROFESSOR ADJUNTO DE DIREITO CIVIL DA FACULDADE NACIONAL DE DIREITO – UFRJ. DOUTOR E MESTRE EM DIREITO CIVIL PELA FACULDADE DE DIREITO DA UERJ. DIRETOR DO INSTITUTO BRASILCON.
2. Na Argentina, a Lei 24.573/95 cuida da mediação como um procedimento extrajudicial obrigatório, portanto fora do Poder Judiciário, e que se desenvolve previamente, conforme o respectivo art. 1º. :"Institúyese con carácter obligatorio Inmediación previa a todo juicio, la que se regirá por las disposiciones de la presente ley. Este procedimiento promoverá la comunicación directa entre las partes para la solución extrajudicial de la controvérsia. Las partes quedarán exentas del cumplimiento de este trámite si acreditaren que antes del inicio de la causa, existió mediación ante mediadores registrados por el Ministerio de Justicia".

março de 2015), há referência aos institutos da conciliação e mediação, nos artigos 165 a 175. [3-4]

---

3. PINHO, Humberto Dalla Bernardina de. A mediação judicial no novo CPC. *Revista dos Tribunais Rio de Janeiro*. V.6 , p. 159-177, jul./ago. 2014 . Lembra o autor que a primeira iniciativa legislativa no Brasil ocorreu com o PL 4.827/1998, oriundo de proposta da Deputada Zulaiê Cobra, tendo o texto inicial levado à Câmara uma regulamentação concisa, com a definição de mediação e algumas disposições a respeito: " Na Câmara dos Deputados, já em 2002, o projeto foi aprovado pela Comissão de Constituição e Justiça e enviado ao Senado Federal, onde recebeu o número PLC 94/2002. O Governo Federal, no entanto, como parte do Pacote Republicano, que se seguiu à EC 45, de 08.12.2004 (conhecida como "Reforma do Judiciário"), apresentou diversos projetos de lei modificando o Código de Processo Civil, o que levou à um novo relatório do PL 94.Foi aprovado o Substitutivo (Emenda n. 1-CCJ), ficando prejudicado o projeto inicial, tendo sido o substitutivo enviado à Câmara dos Deputados no dia 11 de julho. Em 1.º de agosto, o projeto foi encaminhado à CCJC, que o recebeu em 7 de agosto. Desde então, dele não se teve mais notícia até meados de 2013 quando voltou a tramitar, provavelmente por inspiração dos projetos que já tramitavam no Senado.4 O Projeto, em sua última versão, logo no art. 1.º, propunha a regulamentação da mediação paraprocessual civil , que poderia assumir as seguintes feições: (a) prévia; (b) incidental; (c) judicial; e (d) extrajudicial. A mediação prévia poderia ser judicial ou extrajudicial (art. 29). No caso da mediação judicial, o seu requerimento interromperia a prescrição e deveria ser concluído no prazo máximo de 90 dias. A mediação incidental (art. 34), por outro lado, seria obrigatória, como regra, no processo de conhecimento, salvo nos casos: (a) de ação de interdição; (b) quando for autora ou ré pessoa de direito público e a controvérsia versar sobre direitos indisponíveis; (c) na falência, na recuperação judicial e na insolvência civil; (d) no inventário e no arrolamento; (e) nas ações de imissão de posse, reivindicatória e de usucapião de bem imóvel; (f) na ação de retificação de registro público; (g) quando o autor optar pelo procedimento do juizado especial ou pela arbitragem; (h) na ação cautelar; (i) quando na mediação prévia não tiver ocorrido acordo nos cento e oitenta dias anteriores ao ajuizamento da ação.A mediação deveria ser realizada no prazo máximo de noventa dias e, não sendo alcançado o acordo, dar-se-ia continuidade ao processo. Assim, a mera distribuição da petição inicial ao juízo interromperia a prescrição, induziria litispendência e produziria os demais efeitos previstos no art. 263 CPC. Ademais, caso houvesse pedido de liminar, a mediação só teria curso após o exame desta questão pelo magistrado, sendo certo que eventual interposição de recurso contra a decisão provisional não prejudicaria o processo de mediação".
4. O teor daqueles dispositivos é o seguinte(Seção V – Dos conciliadores e mediadores judiciais):
Art. 165. Os tribunais criarão centros judiciários de solução consensual de conflitos, responsáveis pela realização de sessões e audiências de conciliação e mediação e pelo desenvolvimento de programas destinados a auxiliar, orientar e estimular a autocomposição.
§ 1º A composição e a organização dos centros serão definidas pelo respectivo tribunal, observadas as normas do Conselho Nacional de Justiça.
§ 2º O conciliador, que atuará preferencialmente nos casos em que não houver vínculo anterior entre as partes, poderá sugerir soluções para o litígio, sendo vedada a utilização de qualquer tipo de constrangimento ou intimidação para que as partes conciliem.
§ 3º O mediador, que atuará preferencialmente nos casos em que houver vínculo anterior entre as partes, auxiliará aos interessados a compreender as questões e os interesses em conflito, de modo que eles possam, pelo restabelecimento da comunicação, identificar, por si próprios, soluções consensuais que gerem benefícios mútuos.
Art. 166. A conciliação e a mediação são informadas pelos princípios da independência, da imparcialidade, da autonomia da vontade, da confidencialidade, da oralidade, da informalidade e da decisão informada.
§ 1º A confidencialidade estende-se a todas as informações produzidas no curso do procedimento, cujo teor não poderá ser utilizado para fim diverso daquele previsto por expressa deliberação das partes.
§ 2º Em razão do dever de sigilo, inerente às suas funções, o conciliador e o mediador, assim como os membros de suas equipes, não poderão divulgar ou depor acerca de fatos ou elementos oriundos da conciliação ou da mediação.
§ 3º Admite-se a aplicação de técnicas negociais, com o objetivo de proporcionar ambiente favorável à autocomposição.
§ 4º A mediação e a conciliação serão regidas conforme a livre autonomia dos interessados, inclusive no que diz respeito à definição das regras procedimentais.
Art. 167. Os conciliadores, os mediadores e as câmaras privadas de conciliação e mediação serão inscritos em cadastro nacional e em cadastro de tribunal de justiça ou de tribunal regional federal, que manterá registro de profissionais habilitados, com indicação de sua área profissional.

Coroando a evolução do tema, entrou em vigor a Lei 13.140, de 26.06.2015(Lei

---

§ 1º Preenchendo o requisito da capacitação mínima, por meio de curso realizado por entidade credenciada, conforme parâmetro curricular definido pelo Conselho Nacional de Justiça em conjunto com o Ministério da Justiça, o conciliador ou o mediador, com o respectivo certificado, poderá requerer sua inscrição no cadastro nacional e no cadastro de tribunal de justiça ou de tribunal regional federal.

§ 2º Efetivado o registro, que poderá ser precedido de concurso público, o tribunal remeterá ao diretor do foro da comarca, seção ou subseção judiciária onde atuará o conciliador ou o mediador os dados necessários para que seu nome passe a constar da respectiva lista, a ser observada na distribuição alternada e aleatória, respeitado o princípio da igualdade dentro da mesma área de atuação profissional.

§ 3º Do credenciamento das câmaras e do cadastro de conciliadores e mediadores constarão todos os dados relevantes para a sua atuação, tais como o número de processos de que participou, o sucesso ou insucesso da atividade, a matéria sobre a qual versou a controvérsia, bem como outros dados que o tribunal julgar relevantes.

§ 4º Os dados colhidos na forma do § 3º serão classificados sistematicamente pelo tribunal, que os publicará, ao menos anualmente, para conhecimento da população e para fins estatísticos e de avaliação da conciliação, da mediação, das câmaras privadas de conciliação e de mediação, dos conciliadores e dos mediadores.

§ 5º Os conciliadores e mediadores judiciais cadastrados na forma do caput, se advogados, estarão impedidos de exercer a advocacia nos juízos em que desempenhem suas funções.

§ 6º O tribunal poderá optar pela criação de quadro próprio de conciliadores e mediadores, a ser preenchido por concurso público de provas e títulos, observadas as disposições deste Capítulo.

Art. 168. As partes podem escolher, de comum acordo, o conciliador, o mediador ou a câmara privada de conciliação e de mediação.

§ 1º O conciliador ou mediador escolhido pelas partes poderá ou não estar cadastrado no tribunal.

§ 2º Inexistindo acordo quanto à escolha do mediador ou conciliador, haverá distribuição entre aqueles cadastrados no registro do tribunal, observada a respectiva formação.

§ 3º Sempre que recomendável, haverá a designação de mais de um mediador ou conciliador.

Art. 169. Ressalvada a hipótese do art. 167, § 6o, o conciliador e o mediador receberão pelo seu trabalho remuneração prevista em tabela fixada pelo tribunal, conforme parâmetros estabelecidos pelo Conselho Nacional de Justiça.

§ 1º A mediação e a conciliação podem ser realizadas como trabalho voluntário, observada a legislação pertinente e a regulamentação do tribunal.

§ 2º Os tribunais determinarão o percentual de audiências não remuneradas que deverão ser suportadas pelas câmaras privadas de conciliação e mediação, com o fim de atender aos processos em que deferida gratuidade da justiça, como contrapartida de seu credenciamento.

Art. 170. No caso de impedimento, o conciliador ou mediador o comunicará imediatamente, de preferência por meio eletrônico, e devolverá os autos ao juiz do processo ou ao coordenador do centro judiciário de solução de conflitos, devendo este realizar nova distribuição.

Parágrafo único. Se a causa de impedimento for apurada quando já iniciado o procedimento, a atividade será interrompida, lavrando-se ata com relatório do ocorrido e solicitação de distribuição para novo conciliador ou mediador.

Art. 171. No caso de impossibilidade temporária do exercício da função, o conciliador ou mediador informará o fato ao centro, preferencialmente por meio eletrônico, para que, durante o período em que perdurar a impossibilidade, não haja novas distribuições

Art. 172. O conciliador e o mediador ficam impedidos, pelo prazo de 1 (um) ano, contado do término da última audiência em que atuaram, de assessorar, representar ou patrocinar qualquer das partes.

Art. 173. Será excluído do cadastro de conciliadores e mediadores aquele que:

I – agir com dolo ou culpa na condução da conciliação ou da mediação sob sua responsabilidade ou violar qualquer dos deveres decorrentes do art. 166, §§ 1º e 2o;

II – atuar em procedimento de mediação ou conciliação, apesar de impedido ou suspeito.

§ 1º Os casos previstos neste artigo serão apurados em processo administrativo.

§ 2º O juiz do processo ou o juiz coordenador do centro de conciliação e mediação, se houver, verificando atuação inadequada do mediador ou conciliador, poderá afastá-lo de suas atividades por até 180 (cento e oitenta) dias, por decisão fundamentada, informando o fato imediatamente ao tribunal para instauração do respectivo processo administrativo.

Art. 174. A União, os Estados, o Distrito Federal e os Municípios criarão câmaras de mediação e conciliação, com atribuições relacionadas à solução consensual de conflitos no âmbito administrativo, tais como:

I – dirimir conflitos envolvendo órgãos e entidades da administração pública;

da Mediação), que dispõe sobre a mediação como meio de composição de conflitos entre particulares e no âmbito da administração pública, com a seguinte definição, no seu artigo 1º.:

> § 1º Considera-se mediação a atividade técnica exercida por terceiro imparcial e sem poder decisório, que, escolhido ou aceito pelas partes, as auxilia e estimula a identificar ou desenvolver soluções consensuais para a controvérsia".
>
> Não obstante a recente aprovação do Código de Processo Civil e da Lei 13.140/2015, deve ser dito que a mediação está largamente difundida no Brasil e já é exercida inclusive dentro dos órgãos do Poder Judiciário, na medida em que se funda na livre manifestação de vontade das partes, e na escolha por um instrumento mais profundo de solução do conflito.[5]
>
> Os métodos alternativos de solução de conflitos constituem uma área na qual a Fundação Ford já em 1978 promovia programa pioneiro, que desencadeou ampla procura daquilo a que se chamou "novos enfoques da solução de conflitos", com particular atenção para "conflitos complexos sobre políticas públicas", "conflitos regulatórios", "conflitos oriundos de programas de bem-estar social", tudo com a finalidade de " encontrar caminhos para tratar de conflitos fora do sistema formal".[6]

No direito comunitário europeu, já existe um grande avanço na matéria, a partir da Diretiva 2013/11 do Parlamento Europeu e do Conselho, de 21 de maio de 2013, relativa à mediação alternativa de litígios em matéria de consumo, [7]

II – avaliar a admissibilidade dos pedidos de resolução de conflitos, por meio de conciliação, no âmbito da administração pública;

III – promover, quando couber, a celebração de termo de ajustamento de conduta.

Art. 175. As disposições desta Seção não excluem outras formas de conciliação e mediação extrajudiciais vinculadas a órgãos institucionais ou realizadas por intermédio de profissionais independentes, que poderão ser regulamentadas por lei específica.

Parágrafo único. Os dispositivos desta Seção aplicam-se, no que couber, às câmaras privadas de conciliação e mediação".

5. PINHO, Humberto Dalla Bernardina de. A mediação na atualidade e no futuro do processo civil brasileiro. In: MARTINS, Guilherme Magalhães(coord.). *Temas de responsabilidade civil*. Rio de Janeiro: Lumen Juris, 2012. p.533.
6. CAPELETTI, Mauro. Os métodos alternativos de solução de conflitos no quadro do movimento universal de acesso à justiça. *Revista de Arbitragem e Mediação*.São Paulo, v.41, p.406, abr./jun. 2014
7. Assim estabelece o art. 1º da Diretiva, no tocante ao seu objetivo: "O objetivo da presente diretiva é contribuir, através da realização de um elevado nível de defesa do consumidor, para o bom funcionamento do mercado interno, assegurando que os consumidores possam apresentar, voluntariamente, queixas contra os comerciantes a entidades que facultem procedimentos independentes, imparciais, transparentes, eficazes, céleres e equitativos de resolução de litígios. A presente diretiva aplica-se sem prejuízo da legislação nacional que obriga à participação nesses procedimentos, desde que tal legislação não impeça as partes de exercer o seu direito de acesso ao sistema judicial".

que possui inclusive um regulamento relativo aos meios alternativos de solução de conflito *on line* em matéria de relações de consumo.

Na mediação[8], não se busca uma decisão que ponha um ponto final na controvérsia, até mesmo porque o mediador não tem poder decisório, o que, desde logo, o difere do árbitro.[9] O objetivo é a real pacificação do conflito por meio de um mecanismo de diálogo, compreensão e ampliação da cognição dos interessados sobre os fatos que os levaram àquela disputa. [10]

Baseia-se tal técnica de solução de conflitos na autocomposição, lastreada pelo pilar da autonomia da vontade das partes.[11]

Trata-se da interferência – em uma negociação ou em um conflito – de um terceiro com poder de decisão limitado ou não autoritário, que ajudará as partes envolvidas a chegarem voluntariamente a um acordo, mutuamente aceitável com relação às questões de disputa. A função fundamental do mediador, para José Luis Bolzan de Moraes e Fabiana Marion Spengler, é (re)estabelecer a comunicação. [12]

O renascer dos métodos alternativos de solução de conflitos deve-se, em grande parte, à crise atravessada pela Justiça, devida em grande parte ao

---

8. A mediação é definida por José Luiz Bolzan de Morais e Fabiana Marion Spengler como "a forma ecológica de resolução dos conflitos sociais e jurídicos na qual o intuito da satisfação do desejo substitui a aplicação coercitiva e terceirizada de uma sanção legal. Trata-se de um processo no qual uma terceira pessoa – o mediador – auxilia os participantes na resolução de uma disputa. O acordo final trata o problema com uma proposta mutuamente aceitável e será estruturado de modo a manter a continuidade das relações das pessoas envolvidas no conflito" MORAIS, José Luis Bolzan; SPENGLER, Fabiana Marion. *Mediação e arbitragem*; alternativas à jurisdição. 3.ed. Porto Alegre: Livraria do Advogado, 2012.
9. A distinção entre a conciliação e a mediação aparece nos parágrafos do art 145 do novo Código de Processo Civil:
"§ 1º O conciliador poderá sugerir soluções para o litígio, sendo vedada a utilização de qualquer tipo de constrangimento ou intimidação para que as partes conciliem.
§ 2º O mediador auxiliará as pessoas interessadas a compreenderem as questões e os interesses envolvidos no conflito e posteriormente identificarem, por si mesmas, alternativas de benefício mútuo".
10. PINHO, Humberto Dalla Bernardina de, op.cit., p.533
11. As características mais marcantes da mediação são as seguintes: 1-trata-se de uma negociação colaborativa facilitada por terceiro; 2- constitui uma técnica informal, mas estruturada – não está sujeita a regras processuais, mas segue um rito de eficácia que precisa ser seguido, sendo essa a ferramenta do mediador, que lembrará as partes do acordo inicial feito relativamente ao respeito ao procedimento; 3- proporciona a que as pessoas possam conhecer a diferença entre o que querem e o que necessitam; 4-ausência de coercitividade; 5-transformação: – são alteradas as relações entre os litigantes pelo controle da comunicação entre eles, a alteração das suas percepções, o equilíbrio de forças , a partir do empoderamento e educação sobre as técnicas de negociação, para que resolvam no futuro seus conflitos e reconhecimento mútuo de interesses e sentimentos para a aproximação e humanização pela empatia; 6 – proporciona a inversão de papeis entre os envolvidos; 7- controle das partes, a quem cabe o deslinde da decisão sobre a controvérsia; 8-Não opinativa, visto que o mediador não pode expressar opinião sobre o resultado do pleito; 7-Enfatizada no futuro, não se perquirindo da culpa dos envolvidos ou dos fatos pretéritos; 11- Confidencial- será desenvolvida em ambiente secreto, somente sendo o seu processo divulgado se for essa a vontade das partes; 12- Cooperativa; 13- Exige tempo de interlocução, pois normalmente envolve sentimentos, valores, diferenças culturais e necessidades existenciais.
12. MORAIS, José Luis Bolzan; SPENGLER, Fabiana Marion, op.cit., p.131.

elevado grau de litigiosidade próprio da sociedade moderna, levando à morosidade, alto custo e burocratização na gestão dos processos. [13]

Antes do novo Código de Processo Civil e da Lei de Mediação, a principal referência para a mediação nos Tribunais brasileiros era a Resolução 125, de 29 de novembro de 2010, do Conselho Nacional de Justiça, cujo artigo 1º. estabelece que "fica instituída a Política Judiciária Nacional de tratamento dos conflitos de interesses, tendente a assegurar a todos o direito à solução dos conflitos por meios adequados à sua natureza e peculiaridade".

Seguindo a mesma tendência do Conselho Nacional de Justiça, o Conselho Nacional do Ministério Público editou a Resolução n° 118/14[14], que dispõe sobre a Política Nacional de incentivo à autocomposição no âmbito do Ministério Público.

Por consistir a mediação um mecanismo consensual, as partes apropriam-se do poder de gerir seus conflitos, diferentemente da jurisdição estatal tradicional, na qual este poder é delegado aos profissionais do direito, em especial os juízes.[15]

Distingue-se da conciliação, termo proveniente do verbo latino *conciliare*, que é reunir, compor e ajustar os ânimos divergentes. A mediação é mais ritualística, demorada, enquanto a conciliação é mais ágil, informal e rápida. O conciliador faz propostas de soluções, intervindo diretamente para a obtenção do acordo, diversamente do mediador.

Ambas, mediação e conciliação, mais do que um meio de acesso à Justiça fortalecedor da participação social do cidadão, são políticas públicas[16] que vêm ganhando destaque e fomento do Ministério da Justiça, da Secretaria de

13. LUCHIARI, Valeria Ferioli Lagrasta. *Mediação judicial*. Rio de Janeiro: Forense, 2012. p.45.
14. Resolução n° 118/14 do CNMP. "Art. 1º Fica instituída a Política Nacional de Incentivo à Autocomposição no âmbito do Ministério Público, com o objetivo de assegurar a promoção da justiça e a máxima efetividade dos direitos e interesses que envolvem a atuação da Instituição. Parágrafo único. Ao Ministério Público brasileiro incumbe implementar e adotar mecanismos de autocomposição, como a negociação, a mediação, a conciliação, o processo restaurativo e as convenções processuais, bem assim prestar atendimento e orientação ao cidadão sobre tais mecanismos"
15. MORAIS, José Luis Bolzan; SPENGLER, Fabiana Marion, op.cit , p.132
16. Cabe ao Conselho Nacional de Justiça, ao implementar esta política pública, voltada para o tratamento e para a solução de conflitos de interesses com incentivo aos métodos autocompositivos, tornar obrigatória a utilização desses métodos por todos os Tribunais de Justiça dos Estados, estabelecendo diretrizes a serem observadas por estes, e regulamentar detidamente o trabalho dos servidores, dos conciliadores e dos mediadores, através: (a) do estabelecimento de critérios de capacitação mínima; (b) do estabelecimento de critérios de seleção; (c) da exigência de qualidade do serviço, com o estabelecimento de critérios de avaliação permanentes, não só quantitativa(número de usuários e de acordos – banco de dados) como também qualitativa (acompanhamento dos resultados – controle social) do sistema de solução de conflitos; (d) da instituição do Código de Ética para conciliadores e mediadores; e) da exigência de definição, pelos Tribunais, de remuneração condigna a conciliadores e mediadores(art. 6º., I a VIII, Resolução CNJ 125/2010). LUCHIARI, Valeria Ferioli Lagrasta, op.cit., p.83.

Reforma do Judiciário e do Conselho Nacional de Justiça, visto que comprovada empiricamente sua eficiência no tratamento de conflitos. [17]

A mediação é mais difundida nos casos de conflitos envolvendo pessoas que têm interesses ligados a relações continuadas[18], como é o caso das relações de vizinhança, família ou emprego, casos em que muito mais importante do que a indenização de um prejuízo é a restauração da convivência entre os envolvidos.[19]

Uma característica marcada pela doutrina é o equilíbrio das relações entre os envolvidos, sendo "fundamental que a todas as partes seja conferida a oportunidade de se manifestar e garantida a compreensão das ações que estão sendo desenvolvidas".[20]

Não é por outro motivo que a Lei de Mediação, no seu art. 2o., II, estabelece como um de seus princípios a isonomia entre as partes.[21]

As relações travadas no mundo pós-moderno demandam o desenvolvimento de formas efetivas e adequadas de pacificação social, a fim de reparar e prevenir a ocorrência de danos.

Surgem novos danos, não só do ponto de vista quantitativo como também qualitativo, decorrentes de fatores como a degradação do meio ambiente, as biotecnologias, a Internet e os respectivos meios de comunicação, novas doenças, o que fez com que houvesse um aumento no número de demandas perante o Estado-juiz, o qual, praticamente, não acompanhou essa transformação. Daí a importância dos meios não-adversariais com a participação da comunidade, como a mediação. [22]

17. MORAIS, José Luis Bolzan; SPENGLER, Fabiana Marion, op.cit, p.167.
18. Uma importante característica da mediação apontada pela doutrina é a existência de relações continuadas, quando as partes acreditam que há a possibilidade de acordo, ou seja, os envolvidos devem estar predispostos à negociação, devem querer encontrar a melhor solução para o conflito e negociar: " podemos dizer que é necessário que os envolvidos tenham afinidades para que através da comunicação facilitada sejam identificados os interesses comuns que permitiram chegar ao acordo; que estejam aptos ao diálogo, expondo seus pontos de vista e ouvindo o outro e suas experiências; que estejam dispostos a confiar no ´adeversário´e no mediador; que tenham consciênciada importância do fator tempo; e que compreendam o processso de ´dar e receber´, se dispondo a agir para encontrar uma solução apropriada com que se comprometam". MUNIZ, Tânia Lobo. O advogado no processo de mediação. In: LEITE, Eduardo de Oliveira. *Grandes temas da atualidade: mediação, arbitragem e conciliação.* v.7. Rio de Janeiro: Forense, 2008. P.342-343.
19. MORAIS, José Luis Bolzan; SPENGLER, Fabiana Marion, op.cit , p.133
20. MORAIS, José Luis Bolzan; SPENGLER, Fabiana Marion, op.cit , p.135
21. Lei 13.140/2015, "art. 2o. A mediação será orientada pelos seguintes princípios: I – imparcialidade do mediador; II – isonomia entre as partes; III- oralidade; IV –informalidade; V-autonomia da vontade das partes; VI –busca do consenso; VII-confidencialidade; VIII-boa-fé".
22. RUIZ, Ivan Aparecido; NOGUEIRA, Luis Fernando. A mediação como instrumento de efetivação do direito humano e fundamental do acesso à Justiça em uma nova face: o ser humano como seu construtor e

Não obstante serem os conflitos de consumo, por sua natureza, massificados, impessoalizados e marcados pela vulnerabilidade da parte mais frágil (art. 4o., I, Lei 8078/90), ao contrário das relações de emprego, família e vizinhança, onde há um maior equilíbrio entre as partes, o presente e o futuro sinalizam no sentido do aumento do uso da mediação na resolução de tais controvérsias.

O direito privado passa a conviver a valorizar as especificidades dos grupos vulneráveis, desenvolvendo instrumentos para compensar (não excluir, vitimizar ou acabar) com as diferenças, pois estas identificam os indivíduos da nossa sociedade. A partir dessas assertivas, encontramos a instrumentalidade maior desse paradigma, que não se contenta apenas em endereçar direitos aos vulneráveis, mas impõe que o Estado (este no exercício de qualquer dos poderes desempenhados na República) e os particulares concretizem formas de concretização destas diferenças.

2. O DIREITO DO CONSUMIDOR COMO DIREITO FUNDAMENTAL E A VIABILIDADE DA APLICAÇÃO DAS TÉCNICAS ALTERNATIVAS DE SOLUÇÃO DE CONFLITOS

A defesa do consumidor é consagrada nos artigos 5°, XXXII e 170, V, ambos da Constituição da República, cabendo àquelas duas normas, na visão de Fábio Konder Comparato, definir o lugar do consumidor no sistema constitucional brasileiro.[23]

Na sistemática constitucional, deve ser a defesa do consumidor, acima de tudo, coligada à cláusula geral de tutela da personalidade, a partir do princípio da dignidade da pessoa humana(art. 1°, III), considerado ainda o objetivo da República no sentido da erradicação da pobreza e marginalização, reduzindo-se as desigualdades sociais e regionais(art. 3°, III).[24]

---

protagonista. In: BENTES, Hilda Helena Soares; SALLES, Sergio de Souza. *Mediação e educação em direitos humanos*. Rio de Janeiro: Lumen Juris, 2012. p.121.

23. A proteção ao consumidor: importante capítulo do direito econômico. *Revista Forense*, Rio de Janeiro, v.255, p.68, jul./set. 1977 . Mesmo em outras oportunidades aparecem no bojo da Constituição da República disposições relativas à matéria do consumidor, só que de forma mais específica, como no art. 24, que estabelece o âmbito onde pode haver legislação concorrente entre a União, os Estados e o Distrito Federal, respeitada a lei federal, restando incluída aqui a normatização sobre produção e consumo e sobre a responsabilidade por dano ao consumidor.

Já no Título IV (relativo à tributação e ao orçamento), Seção II (limitações ao poder de tributar) , dispõe o art. 150, § 5° que "a lei determinará medidas para que os consumidores sejam esclarecidos acerca dos impostos que incidam sobre mercadorias e serviços" , demonstrando clara preocupação com o grau de informação que deve ser recebido pelo consumidor. ARRUDA ALVIM *et al. Código do Consumidor comentado*. 2.ed. São Paulo: Revista dos Tribunais, 1995. p.13-14.

24. Para Gustavo Tepedino, "o coligamento destes preceitos com os princípios fundamentais da Constituição, que incluem entre os fundamentos da República ' a dignidade da pessoa humana'(art. 1°, III), e entre os objetivos da República ´erradicar a pobreza e a marginalização, e reduzir as desigualdades sociais e

Dentre os princípios da Política Nacional das Relações de Consumo, prevê o art. 4º., V da Lei 8078/90 o "incentivo à criação pelos fornecedores de meios eficientes de controle de qualidade e segurança de produtos e serviços, assim como de mecanismos alternativos de solução de conflitos de consumo".

Como meio de efetivação do comando do art. 4º., V da Lei 8078/90, e com base na necessidade de proporcionar alternativas menos custosas e mais céleres para resolver os litígios, surge a técnica do *design* de sistemas de disputas, envolvendo métodos sistemáticos para solucionar conflitos complexos ou recorrentes. Trata-se de um sistema que envolve procedimentos elaborados sob medida para a resolução de controvérsias, com o objetivo de promover eficiência e reduzir os custos, além de incentivar a participação das partes na satisfação do fim pretendido. [25]

Outra norma principiológica inserida no artigo 4º da Lei 8078/90 é o seu inciso III, que prevê a harmonização dos interesses dos participantes das relações de consumo, buscando-se soluções consensuais, que evitem, como ocorre comumente em sede judicial, o acirramento de ânimos entre os envolvidos.

Da mesma forma, a Lei 8078/90, em seu art. 6º., II, prevê como direito básico dos consumidores a educação, necessária ao abandono dos meios adversariais de solução de litígios, que deverão ser empregados apenas em último caso.

Merecem ser destacadas, em seguida, as principais características dos programas de mediação.

A primeira e mais importante característica dos programas consiste na sua construção como um modelo de mediação aplicável a um caso ou a um grupo de casos específicos, garantindo, na solução de conflitos, o reconhecimento da peculiaridade de cada situação. [26]

---

regionais´(art. 3°, III), demonstra a clara intenção do legislador constituinte no sentido de romper a ótica produtivista e patrimonialista que muitas vezes prevalece no exame dos interesses dos consumidores. O constituinte, assim procedendo, não somente inseriu a tutela dos consumidores entre os direitos e garantias individuais, mas afirma que sua proteção deve ser feita do ponto de vista instrumental, ou seja, com a instrumentalização dos seus interesses patrimoniais à tutela de sua dignidade e aos valores existenciais. Trata-se, portanto, do ponto de vista normativo, de proteger a pessoa humana nas relações de consumo, não já o consumidor como uma categoria de *per se* considerada.

A proteção jurídica do consumidor, nesta perspectiva, deve ser estudada como momento particular e essencial de uma tutela mais ampla: aquela da personalidade humana; seja do ponto de vista de seus interesses individuais indisponíveis, seja do ponto de vista dos interesses coletivos e difusos.".TEPEDINO, Gustavo. A responsabilidade civil por acidentes de consumo na ótica civil-constitucional. In: ____. *Temas de Direito Civil*. Rio de Janeiro: Renovar, 1998.p.249-250.

25. MICHEL, Andressa. Programas de mediação e acidentes de consumo: um estudo prático de métodos alternativos de resolução de conflitos. *Revista de Direito do Consu midor*. São Paulo, v.80, p.242, out./dez. 2011. A autora aponta três blocos fundamentais para a criação de qualquer programa de mediação: (a) definição de critérios para determinar quem pode participar do programa; (b) forma de ingresso no programa; (c) desenvolvimento de mecanismos práticos para a condução do programa.

26. MICHEL, Andressa., op.cit., p.246-247.

Os responsáveis pela criação de programas de mediação devem levar em consideração o universo de lesados, além de empregar os melhores métodos e técnicas para atender ao caso concreto, sendo para tanto imprescindível identificar os temas sobre os quais os conflitos versam e suas consequências, sobretudo nos grandes acidentes de consumo[27], que envolvam interesses difusos e direitos coletivos ou individuais homogêneos(Código de Defesa do Consumidor, art. 81, I a III).

No caso de um famoso acidente aéreo com uma aeronave da TAM em 2007, foi realizado um programa de mediação extrajudicial(Câmara de Indenização 3054), com a participação da Defensoria Pública, do Ministério Público e do PROCON do Estado de São Paulo, além da Secretaria de Direito Econômico do Ministério da Justiça, proporcionando aos familiares das vítimas uma opção em relação à via judicial. [28]

A segunda característica da mediação, indispensável em matéria de relações de consumo, é a anuência de todos os envolvidos, vítimas e responsáveis. Logo, os consumidores devem ser dotados de autonomia para optar ou não por tais mecanismos, além de se desligar a qualquer tempo, migrando para a via judicial. [29]

A terceira característica é a previsão de parâmetros preestabelecidos para o cálculo das indenizações, que deverão ser divulgadas de antemão para que os lesados decidam se vão ou não participar, o que decorre do controle de ambas as partes sobre o procedimento e seus resultados. A compensação abrange tanto interesses patrimoniais quanto extrapatrimoniais, em consonância com o princípio da reparação integral (art. 6º., VI, Lei 8078/90).

A quarta característica apontada pela doutrina é a existência de parâmetros preestabelecidos no cálculo das indenizações, sendo a maioria dos programas disciplinada por um conjunto de normas ou por um regimento interno, aplicáveis somente se divulgados de antemão, para que os lesados decidam se desejam ou não participar.[30]

3. A EXPERIÊNCIA BRASILEIRA

Em 17.07.2007, o voo JJ 3054 da empresa TAM Linhas Aéreas, que saíra do Município de Porto Alegre em direção à cidade de São Paulo, ultrapassou o final da pista durante o pouso no Aeroporto de Congonhas, chocando-se com um depósito de cargas pertencente à mesma empresa. O resultado foi a morte de todos os 187 passageiros e tripulantes do avião e de 12 pessoas atingidas no solo, contabilizando o

27. MICHEL, Andressa., op.cit., p.245.
28. MICHEL, Andressa, op.cit., p.243.
29. MICHEL, Andressa, op.cit., p.246.
30. MICHEL, Andressa, op.cit. p.248.

total de 199 vítimas. Tendo em vista a comoção causada pelo acidente, bem como o grande número de envolvidos, a Secretaria de Direito Econômico do Ministério da Justiça, por intermédio do Departamento de Proteção e Defesa do Consumidor(-DPDC), iniciou estudos técnicos que viabilizaram o primeiro programa de mediação brasileiro, com clara inspiração na experiência norte-americana.

Em apenas 14 meses, o programa contou com cerca de 15 mil atendimentos a beneficiários e seus advogados e resultou na celebração de acordos em 92% dos casos, atendendo 207 familiares de 45 vítimas do acidente. [31]

Devido ao grande sucesso de tal iniciativa, realizou-se outro programa nos mesmos moldes por ocasião do acidente aéreo ocorrido com aeronave da Air France em 2009.

Em 31.05.2009, o voo 447 da empresa Air France, que partiu do Rio de Janeiro em direção a Paris, enfrentou turbulência durante passagem por uma tempestade ao cruzar o Oceano Atlântico. Após o envio de uma mensagem automática de pane elétrica, a aeronave desapareceu dos radares brasileiros, tendo sido o seu desaparecimento confirmado no dia seguinte.

Cerca de quatro dias após, os primeiros destroços do avião foram localizados e os corpos das vítimas começaram a ser resgatados. Faleceram 228 pessoas no mencionado acidente.[32]

Em 10.12.2009, o Ministério Público do Rio de Janeiro lançou o Programa de Indenização 447(PI 447), que contou com a participação da Fundação Procon do Estado do Rio de Janeiro e da Secretaria de Direito Econômico do Ministério da Justiça, com um regimento interno composto por 51 artigos, levando em conta, na quantificação do cálculo das indenizações, a quantidade de beneficiários da vítima, o grau de parentesco e o nível de dependência econômica(art. 15, parágrafo terceiro do regimento).[33]

Da mesma forma, o Projeto de Lei do Senado 283, de 2012, modifica o art. 5º., VI I da Lei 8078/90, para incluir dentre os instrumentos da Política Nacional das Relações de Consumo a " instituição de núcleos de conciliação e mediação de conflitos oriundos de superendividamento", como ocorreu em iniciativas pioneiras da Defensoria Pública do Estado do Rio de Janeiro e do Tribunal de Justiça do Rio Grande do Sul.

31. MICHEL, Andressa, op.cit., p.256-257.
32. MICHEL, Andressa, op.cit., p.2258-259.
33. MICHEL, Andressa, op.cit., p.260-261: " o valor final da indenização é fundamentado conforme parâmetros referenciais fixadoos com base na lei e nas decisões do STJ, tal como ocorria na CI 3054, mas com algumas modificações. Além disso, em ambos os procedimentos, a proposta de indenização tem validade apenas na seara do programa e é irrelevante para fins de prova em um processo judicial".

No entanto, trata-se ainda de iniciativas isoladas, destacando a doutrina que não se aplica a mediação aos casos em haja grande disparidade de poder[34], tendo em vista a vulnerabilidade do consumidor.

No entanto, a falência do processo judicial, nos moldes individualistas em que foi concebido, levou à falência dos chamados "campeões" na má prestação de produtos e serviços, como é o caso das operadoras de telefonia, planos de saúde e instituições bancárias, que dizem respeito a assuntos complexos e de alta especialização, quando nem sempre é fornecida aos consumidores a prévia informação (Código de Defesa do Consumidor, art. 46). Através da educação de ambas as partes, consumidor e sobretudo do fornecedor, devem ser superadas, através da mediação e dos demais meios alternativos de solução de conflitos, as barreiras da litigiosidade, por meio das técnicas de mediação.

O princípio da autonomia da vontade[35], consagrado em matéria de mediação pelo art. 166, *caput* do novo Código de Processo Civil e pelo art. 2º., V da Lei 13.140/2015, deve dialogar, nos contratos de adesão, com normas protetivas, como, por analogia, o art. 51, VII da Lei 8078/90, que considera abusivas as cláusulas que "determinem a utilização compulsória da arbitragem", caso em que faltaria o requisito da consensualidade.[36]

O Direito do Consumidor, portanto, tem muito a evoluir com o uso da mediação, cujo objeto não é de modo algum incompatível com os objetivos e princípios da Lei 8078/90, consoante o art. 3º da Lei 13.140/2015, que delimita o seu objeto: "pode ser objeto de mediação o conflito que verse sobre direitos disponíveis ou sobre direitos indisponíveis que admitam transação".

34. FIORELLI, José Osmir; FIORELLI, Maria Rosa; MALHADAS JÚNIOR, Marcos Julio Olivé. *Mediação e solução de conflitos*. São Paulo: Atlas, 2008. p.73.

35. Segundo José Luiz Bolzan de Moraes e Fabiana Marion Spengler: " (..)o princípio da autonomia da vontade, ao contrário dos demais, diz respeito ao poder de decidir das partes. A mediação ou a conciliação não conduzem à imposição de resultados, mas à condução para que elas, partes, encontrem a melhor forma de resolução do conflito. E isso, em especial ao tratar-se de mediação, somente poderá ser atingido quando os caminhos forem encontrados por meio de diálogo pessoal.
Além disso, a autonomia da vontade diz respeito também ao interesse e direito das pessoas de concordar e querer participar ou não da mediação/conciliação, de modo que tais procedimentos não são impostos, tão somente fomentados pela norma legal e pelos operadores do direito. Ainda, a autonomia também pode dizer respeito às decisões, dando às partes a opção de homologarem ou não o acordo construído. Compete às partes optarem pelo melhor para si mesmas". MORAES, José Luiz Bolzan; SPENGLER, Fabiana Marion, op.cit., p.198.

36. Acerca do tema, esclarece Bruno Miragem que "a simples previsão do recurso à arbitragem, por si, não caracteriza a abusividade, uma vez que a arbitragem só poderá recair sobre direitos disponíveis do consumidor. Todavia, não se deve perder de vista o perigo de o árbitro, nos contratos de consumo, vir a ser designado pelo contratante mais forte(o fornecedor). Daí a importância ressaltada pela norma do artigo 51, VI, de que se assegure, na hipótese de recurso à arbitragem de consumo, que a mesma seja voluntária e não compulsória, retirando os meios do consumidor recorrer ao Poder Judiciário visando à tutela dos seus direitos". MIRAGEM, Bruno. *Curso de Direito do Consumidor*. 4.ed. São Paulo: Revista dos Tribunais, 2013. p.356.

Na segunda hipótese acima, quando o consenso das partes envolve direitos indisponíveis, mas transigíveis, o fato de se tratar de relação de consumo não exige necessariamente a homologação judicial, com oitiva do Ministério Público(art. 3º,. Parágrafo segundo da Lei de Mediação), o que deve ser restrito às hipóteses de intervenção do *parquet*, hoje estabelecidas no art. 178 do novo Código de Processo Civil(Lei 13.105/2015).[37]

Salvo na hipótese do superenvidamento, quando a negociação é necessária ao recomeço (*"fresh start"*) do consumidor que assumiu compromissos impagáveis, à luz do princípio da boa-fé objetiva, as demais hipóteses de mediação acima apontadas dizem respeito a duas catástrofes, causadoras de grande clamor público, sensibilizando, por tal motivo, os fornecedores e vítimas em torno de um objetivo comum, e com a participação do Ministério Público e da Secretaria de Direito Econômico do Ministério da Justiça. Muito temos a aprender com a experiência europeia.

4. CONCLUSÃO

As transformações sociais e a massificação na aquisição de produtos e serviços originam novos conflitos, demandando formas de pacificação social que proporcionem soluções mais céleres e efetivas.

A mediação tem sido aplicada sobretudo aos grandes acidentes de consumo, que envolvem interesses difusos e direitos coletivos ou individuais homogêneos(Lei 8078/90, art. 81, I a III), embora sua aplicabilidade, no Brasil, ainda seja recente, em matéria de Direito do Consumidor.

Do ponto de vista da educação dos consumidores e da harmonização dos interesses dos participantes da relação de consumo, a mediação, decorrente de uma política pública e de um plano de ação governamental, traz boas expectativas de atender aos interesses e expectativas dos consumidores no Brasil.

5. BIBLIOGRAFIA

ARRUDA ALVIM *et al. Código do Consumidor comentado.* 2.ed. São Paulo: Revista dos Tribunais, 1995.

BASILIO, Ana Tereza Palhares. Mediação: relevante instrumento de pacificação social. *Revista de Direito Bancário e do Mercado de Capitais*.São Paulo, v.20. p. 309-324, abr./jun. 2003.

37. Lei 13.105/2015, art. 178. O Ministério Público será intimado para, no prazo de 30(trinta) dias, intervir como fiscal da ordem jurídica nas hipóteses previstas em lei ou na Constituição Federal e nos processos que envolvam: I-interesse público ou social; II- interesse de incapaz; III- litígios coletivos pela posse de terra rural ou urbana".

CAPELETTI, Mauro. Os métodos alternativos de solução de conflitos no quadro do movimento universal de acesso à justiça. *Revista de Arbitragem e Mediação.*São Paulo, v.41, p.405-423, abr./jun. 2014.

COMPARATO, Fabio Konder. A proteção ao consumidor: importante capítulo do direito econômico. *Revista Forense*, Rio de Janeiro, v.255, p.68, jul./set. 1977.

FIORELLI, José Osmir; FIORELLI, Maria Rosa; MALHADAS JÚNIOR, Marcos Julio Olivé. *Mediação e solução de conflitos*. São Paulo: Atlas, 2008.

LUCHIARI, Valeria Ferioli Lagrasta. *Mediação judicial*. Rio de Janeiro: Forense, 2012

MICHEL, Andressa. Programas de mediação e acidentes de consumo: um estudo prático de métodos alternativos de resolução de conflitos. *Revista de Direito do Consu midor.* São Paulo, v.80, p. 237-273, out./dez. 2011.

MIRAGEM, Bruno. *Curso de Direito do Consumidor*. 4.ed. São Paulo: Revista dos Tribnais, 2013.

MORAIS, José Luis Bolzan; SPENGLER, Fabiana Marion. *Mediação e arbitragem;* alternativas à jurisdição. 3.ed. Porto Alegre: Livraria do Advogado, 2012.

MUNIZ, Tânia Lobo. O advogado no processo de mediação. In: LEITE, Eduardo de Oliveira. *Grandes temas da atualidade: mediação, arbitragem e conciliação*. v.7. Rio de Janeiro: Forense, 2008.

PINHO, Humberto Dalla Bernardina de. A mediação na atualidade e no futuro do processo civil brasileiro. In: MARTINS, Guilherme Magalhães(coord.). *Temas de responsabilidade civil*. Rio de Janeiro: Lumen Juris, 2012.

________. A mediação judicial no novo CPC. *Revista dos Tribunais Rio de Janeiro*. v.6, p. 159-177, jul./ago. 2014.

________; PAUMGARTEN, Michele Pedrosa. Os desafios para a integração entre o sistema jurisdicional e a mediação a partir do novo Código de Processo Civil. Quais as perspectivas para a justiça brasileira? In: ALMEIDA, Diogo Assumpção Rezende de; PANTOJA, Fernanda Medina; PELAJO, Samantha. *A mediação no novo Código de Processo Civil*. Rio de Janeiro: Forense, 2015.

RUIZ, Ivan Aparecido; NOGUEIRA, Luis Fernando. A mediação como instrumento de efetivação do direito humano e fundamental do acesso à Justiça em uma nova face: o ser humano como seu construtor e protagonista. In: BENTES, Hilda Helena Soares; SALLES, Sergio de Souza. *Mediação e educação em direitos humanos*. Rio de Janeiro: Lumen Juris, 2012.

TEPEDINO, Gustavo. A responsabilidade civil por acidentes de consumo na ótica civil-constitucional. In: ______. *Temas de Direito Civil*. Rio de Janeiro: Renovar, 1998.p.249-250.

VASCONCELOS, Carlos Eduardo de. *Mediação de conflitos e práticas restaurativas*. 3.ed. São Paulo: Método, 2014.

CAPÍTULO 29

O Conflito e a Mediação nas Relações de Direito de Família: uma nova Perspectiva sob o viés da Alteridade e do Novo Código de Processo Civil

Camila Stangherlin[1] *e Rafael Calmon Rangel*[2]

CONSIDERAÇÕES INICIAIS

O natural processo evolutivo da sociedade desencadeou um crescente aumento nas relações sociais, e, em consequência a isso, geraram-se os mais diversos conflitos. Nesta seara, por apresentarem-se despreparados para tratar suas próprias contendas oriundas das variadas esferas de convívio social, os cidadãos bateram às portas do judiciário a fim de verem satisfeitas suas pretensões jurisdicionais por intermédio do ente estatal.

Todavia, os litígios do âmbito familiar, em que pese alcancem na decisão adjudicada uma resposta à lide e às questões pontuais, tendem a não obter na sentença a solução para o cerne do conflito, o que por sua vez, não restabelece

1. Procuradora Jurídica do Município de Porto Lucena, RS. Docente na instituição de educação profissional SENAC – Santa Rosa, RS (Serviço Nacional de Aprendizagem Comercial). Conciliadora Voluntária no JEC da comarca de Porto Xavier-RS. Especialista em Direito Processual Civil – A Práxis Jurídica Após Reformas pela UNINTER – Santa Maria, RS. Mestranda em Direito pela URI – Campus de Santo Ângelo/RS. Integrante do Grupo de Pesquisa CNPq *Tutela dos Direitos e sua Efetividade*. E-mail: camilastangherlin@hotmail.com
2. Mestre em Direito Processual Civil pela Universidade Federal do Espírito Santo (UFES). Juiz de Direito.

os laços rompidos, impossibilitando a pacificação social. Ademais, o princípio do acesso à justiça, arrimado na Constituição Federal, traz consigo a garantia da efetividade de uma justiça condizente com o exercício da cidadania e dos direitos e garantias fundamentais.

Nesta vertente, os métodos não adversariais para a solução de conflitos irrompem-se como alternativas tangíveis e salutares no ordenamento jurídico pátrio, em que o instituto da mediação passa a galgar espaço valorativo, mormente com a iminência de entrada em vigor no novo Código de Processo Civil (que prevê a mediação), e, mais precisamente, com a edição do diploma legal próprio do instituto, a Lei nº 13.140/2015. Ao que tange a seara das relações familiares, a mediação apresenta-se como caminho factível para a solução consensual do conflito, partindo-se do respeito às diferenças, na busca coletiva pela união de vínculos rompidos.

Assim, questiona-se: quais as contribuições que o instituto da mediação tende a ofertar ao direito de família diante da complexidade existente nas relações familiares? Assim, a partir da compreensão positiva do conflito, pretende-se contemplar a mediação como espaço possível de restauração do relacionamento familiar, e facilitador da construção de uma cultura de paz social por intermédio da alteridade.

O presente ensaio, primeiramente, abordará as principais nuances do acesso à justiça, bem como dos meios alternativos de tratamento de conflitos, ressaltando-se a significação de conflito. Em seguida, se procederá breve análise sobre o conceito de mediação, e seu emprego no direito de família como espaço ensejador do diálogo, a partir da percepção da condição do outro.

1. O ACESSO À JUSTIÇA E OS MEIOS ALTERNATIVOS PARA O TRATAMENTO DE CONFLITOS

1.1. Acesso à Justiça – Breves Considerações

A vivência em grupos, historicamente, sempre ocasionou divergências e contendas nas mais variadas esferas das relações humanas. Ao passo que as sociedades evoluíram e se tornaram complexas, adveio a necessidade de regramentos do exercício de arbítrio, ou seja, foi necessário institucionalizar o poder e as formas de acesso a ele. Desta necessidade surgiu o Estado e com ele regras sociais, que também passaram a ser institucionalizadas, dando origem à legislação estatal. Ao lado de tais normas de controle viu-se a premência - para evitar a ocorrência de conflitos - da criação de normas que definissem as formas pelas quais tais conflitos e insatisfações seriam resolvidos, bem como quem os resolveria, originando-se assim, a jurisdição.

Desde então, muito se tem debatido acerca do acesso à justiça e ao poder judiciário, sobretudo frente a consolidação dos direitos humanos, e a positivação desses nas respectivas constituições dos Estados[3]. No Brasil, a Constituição Federal de 1988 positivou o direito de acesso à justiça, em sentido lato, no art. 5º, inc. XXXV, que dispõe que "a lei não excluirá da apreciação do Poder Judiciário lesão ou ameaça a direito". Dentre os aspectos que perfazem a construção do termo acesso à justiça figuram-se diversos segmentos, tais como o acesso à informação; orientação por profissionais capacitados – incluindo-se aqui, além de informações técnicas oriundas de serventuários da justiça, a orientação por profissionais de outras esferas, como psicólogos, assistentes sociais, educadores, entre outros -; disponibilização de assistência jurídica (em questões judiciais e extrajudiciais); eficácia e eficiência diante dos trâmites processuais e extraprocessuais; o tratamento isonômico entre as partes; a instituição de uma tutela satisfatória, onde a jurisdição ultrapasse a seara processual, em face de uma justiça social; e, talvez, um dos mais importantes, o tratamento adequado a cada modalidade de conflito, respeitando-se as peculiaridades inerentes às relações existentes entre as partes.

Nesse sentido, bem define Francisco das Chagas Lima Filho[4]:

> [...] o termo 'acesso à justiça' abarca um conteúdo que parte da simples compreensão do ingresso do cidadão em juízo, passando por aquela que vê o processo como um instrumento para a realização dos direitos individuais, e, finalmente, aquela mais ampla que se encontra relacionada a uma das funções do próprio Estado a quem é acometida a missão não apenas de garantir a eficiência do ordenamento jurídico, mas, também, a de proporcionar a realização da justiça aos cidadãos.

Sendo assim, quando se coaduna a função de acesso à justiça com a realização de justiça a todos os cidadãos, apreende-se a magnitude que tal direito fundamental representa, pois assegurar o cumprimento de uma ordem justa demanda a aplicabilidade e a prestabilidade de setores diversos responsáveis pela estruturação de um Estado.

Percebe-se que o efetivo acesso à justiça, considerado uns dos mais básicos dos direitos humanos, e presente nos meios consensuais de resolução de

---

3. MORAES, Alexandre de. *Constituição do Brasil Interpretada e Legislação Constitucional.* 2 ed. São Paulo: Atlas, 2003.
4. LIMA FILHO, Francisco das Chagas. *Acesso à justiça e os mecanismos extrajudiciais de solução de conflitos.* Porto Alegre: Sergio Antonio Fabris Editor, 2003, p. 153

conflitos, visa cooperar não apenas com a função jurídica do Estado, mas, além disso, com a função política e social, nutrindo o exercício da cidadania em busca de uma cultura solidificada na paz.

1.2. Mas, afinal, o que é o Conflito?

Definir o que é o conflito, ainda que de maneira breve, não é uma tarefa simples, pois ultrapassa a fronteira de mera divergência de opiniões, ou de ideias antagônicas envolvendo grupos ou indivíduos. No entanto, atribuí-lo uma denotação pejorativa não parece ser a posição mais sensata, eis que "o conflito não constitui apenas um problema, mas uma possibilidade de realização da autonomia, por isso tem um caráter pedagógico" [5].

Neste desiderato, é congruente aperceber na desavença e na discórdia o momento oportuno de amadurecimento, porquanto abarca seres em constante desenvolvimento e aprendizado. Portanto, é sensato que o "conflito não é algo ontologicamente negativo; pode ser visto como uma oportunidade para reflexão sobre a relação da qual se originou, fazendo de forma circular, com que se altere a própria relação" [6].

Todavia, em que pese se fale em meios alternativos para soluções de conflitos (ou litígios, quando os conflitos adentram a seara judicial), é concebível que este (o conflito), de fato, não é solucionado por tais meios, pois os anseios e amarras que o ocasionaram mantêm-se lá, subsistindo. Fabiana Marion Spengler (2010) elege a expressão "tratamento de conflito" para melhor qualificar tais mecanismos, visto que assim, apresentam um distanciamento burocrático e, ainda, agregam referências significativas aos sentimentos dos envolvidos, condizendo com os anseios de uma pacificação social.

Neste contexto, Maria da Graça dos Santos Dias e Airto Chave Júnior[7] fazem uma alusão assaz significativa:

> O conflito, qual erupção vulcânica, não produz apenas destruição e morte, mas fertiliza o solo para que se plante a justiça e democracia nas relações humanas e sociais. Este pode ser visto

5. DIAS, Maria da Graça dos Santos; CHAVE JÚNIOR, Airto. Mediação: Uma terceira de caráter político-pedagógico. In: *Os (des) caminhos da Jurisdição*. SPENGLER, Fabiana Marion; BRANDÃO, Paulo de Tarso. (Org.) Florianópolis: Conceito Editorial, 2009, p. 220-221.
6. DEMARCHI, Juliana. Técnicas de conciliação e mediação. In: GRINOVER, Ada Pellegrini; WATANABE, Kazuo; LAGRASTA, Caetano Neto (Coord.). *Mediação e Gerenciamento do Processo*: Revolução na prestação jurisdicional. São Paulo: Editora Atlas, 2007, p. 51.
7. DIAS, Maria da Graça dos Santos; CHAVE JÚNIOR, Airto. Mediação: Uma terceira de caráter político-pedagógico. In: *Os (des) caminhos da Jurisdição*. SPENGLER, Fabiana Marion; BRANDÃO, Paulo de Tarso. (Org.) Florianópolis: Conceito Editorial, 2009, p. 225.

como manifestação da consciência crítico-reflexiva contra uma ordem totalitária, vivida seja nas relações pessoais, societárias ou estatais.

Portanto, pode-se afirmar que o conflito faz parte da condição humana, e, sobretudo, está inerente ao aspecto individualista e único de cada pessoa, sendo condição para seu tratamento o pensamento a partir da diferença, onde o diálogo é a grande chave para o alcance do bem-estar social. Abordá-lo de maneira ampliada, sob a perspectiva singular de cada parte envolvida é o início de uma prestação de serviço mais humanizada e consentânea às garantias constitucionais.

Ademais, a tão almejada pacificação da sociedade não se depara na ausência de situações conflituosas, mas sim na capacidade dos cidadãos de solucioná-las ou tratá-las. Como preceitua Luis Alberto Warat[8], "os conflitos nunca desaparecem, se transformam". Compreender a dimensão conceitual do conflito implica em submetê-lo ao apropriado mecanismo de solução, seja pela via da jurisdição, seja pela via da jurisconstrução[9].

1.3. Mecanismos Alternativos para o Tratamento de Conflitos

O sistema jurídico-processual brasileiro, imperado, essencialmente, pelas bases do normativismo, apresenta sintomas de ineficiência e ineficácia perante o volume demandante proveniente das relações sociais contemporâneas, bem como da cultura[10] arraigada à associação do Direito com o litígio. Em face disso, houve a premente necessidade de se alocar, dentre as normas jurídicas que compõem o ordenamento, a disponibilidade de mecanismos que privilegiem o consenso em detrimento do dissenso, visando distanciar, ao menos uma parcela dos conflitos, da busca pela prestação jurisdicional consubstanciada no famigerado binômio ganhador-perdedor.

Nesta seara, espaços que valorizam a formulação de uma decisão construída por seus destinatários, calcadas no diálogo, na autonomia, na cedência e no consenso esculpem uma tangível possibilidade para deslindar os conflitos, que sendo sintomas sociais, estão intrínsecos às relações humanas. Como acentua Petrônio Calmon[11], "constatando-se a inoperância dos mecanismos tradicionais,

---

8. WARAT, Luis Alberto. Surfando na Pororoca: O ofício do mediador. v. I. Florianópolis: Habitus, 2001, p. 26.
9. José Luis Bolzan de Morais, na obra Mediação e Arbitragem: Alternativas à Jurisdição! Porto Alegre: Livraria do Advogado,1999,p. 128, vale-se dessa expressão para caracterizar o gênero de solução consensual de conflitos. Jurisdição e consenso: jurisconstrução.
10. Apreende-se como cultura os valores, comportamentos, crenças e convicções que moldam e transpõem a sociedade.
11. CALMON, Petrônio. *Fundamentos da mediação e da conciliação*. Rio de Janeiro: Forense, 2007, p. 89.

a solução, à evidência, encontra-se no aperfeiçoamento da Justiça e, concomitantemente, na adoção de soluções alternativas".

No entanto, compreende-se que não são todos os conflitos sociais que podem ser submetidos às modalidades alternativas de tratamento de conflitos, devendo levar-se em consideração a natureza do litígio, bem como a natureza dos direitos que estão sendo debatidos. Todavia, "ainda restaria uma parcela considerável de conflitos que poderia ser resolvida pelas próprias partes, ou com a ajuda de um terceiro de sua conveniência" [12].

Nesta vertente, os mecanismos consensuais começam a adentrar aos tribunais, ao passo que o Poder Judiciário passa a compreender que é sua atribuição proporcionar aos jurisdicionados não apenas a viabilidade de uma solução de litígio por intermédio de um processo judicial, mas também meios alternativos, que lhes confiram a oportunidade de participar da solução da lide, sopesando as necessidades e interesses dos litigantes, com o arrimo da segurança estatal proveniente de uma homologação judicial.

Dentre a esfera dos métodos não adversariais (mecanismos consensuais), há direções distintas a serem traçadas, com institutos que se adéquam mais satisfatoriamente às relações continuadas, ao passo que outros são direcionados às relações transitórias. Quando se considera os conflitos de ordem familiar, está-se cuidando de relações continuadas, com forte teor afetivo, e com domínio na área subjetiva da contenda, o que requer a adoção de um caminho que possa transformar relações e modificar paradigmas. Nesta perspectiva, a mediação, por meio de adesão voluntária das partes, é uma via de oportunidades e de estímulos a uma comunicação aberta e convidativa à transfiguração.

Na contramão da justiça tradicional, o principal propósito do instituto da mediação encontra-se em restaurar a relação existente entre os envolvidos. Em face disso, o diálogo e o restabelecimento da escuta são grandes portas de passagem para se alcançar à pacificação do conflito, e, consequentemente, à justiça social. Denota-se que, ao proferir a sentença, a justiça habitual declara às partes, naquele caso concreto, o perdedor e o ganhador, todavia, ao retornarem ao seu âmbito de convívio, a relação permanece beligerante. Por intermédio da mediação, vislumbra-se o "encontro transformador entre as partes que, de algum modo, possuem diferenças, interesses opostos e coincidentes" [13].

---

12. BOLZAN DE MORAIS, José Luis. *Mediação e Arbitragem*: Alternativas à Jurisdição! Porto Alegre: Livraria do Advogado,1999, p. 107.
13. WARAT, Luiz Alberto. *Em nome do acordo*: a mediação no direito. Argentina: ALMED, 1988, p. 31.

2. A MEDIAÇÃO COMO MÉTODO EFICAZ PARA A SOLUÇÃO DE CONFLITOS

Indubitavelmente, determinados vínculos sociais da atualidade mostram-se excessivamente complexos, envolvendo sentimentos e relações interpessoais que refletem em diversos setores da vida privada. Neste diapasão, um método adequado para o tratamento de conflitos precisa resolver mais do que ideias contrárias ou posições divergentes – como a conciliação costuma realizar -, pois é necessário adentrar camadas mais profundas da índole humana em busca do restabelecimento do relacionamento pacífico afetado. Para entender o ideal da mediação é indispensável colocar a sensibilidade humana como protagonista da tarefa exercida pelo mediador de reconstruir laços rompidos; como salienta Fátima Nancy Andrighi[14], "a mediação é a forma de solucionar conflitos pensando no sentimento das pessoas".

Assim como na conciliação – método não adversarial com maior notoriedade no âmbito jurídico -, na mediação há o auxílio de um terceiro facilitador que intenta propiciar um ambiente favorável à conversação, dissolvendo-se a animosidade preestabelecida. O mediador, que atua como um facilitador na comunicação entre os envolvidos, labora por intermédio da interpretação simbólica, ao passo que uma decisão adjudicada busca tão somente a interrupção do litígio.

Pode-se apreender que um dos predicados primordiais na mediação é a empatia, a capacidade de projetar-se diante dos anseios da parte oposta, eis que a mediação "incentiva a reflexão sobre as atitudes dos indivíduos e a importância de cada ato para a sua vida e para a vida do outro" [15]. Contudo, não obstante as diversas tentativas de um mediador para tentar reaver relacionamentos exauridos, faz-se inafastável o respeito à deliberação e à autonomia das partes em fazer suas próprias escolhas, mesmo que isso implique na desestruturação de relações contínuas.

No Brasil, a solução consensual de conflitos por intermédio da mediação deu-se, inicialmente, de maneira extrajudicial, logrando profícuos efeitos. Logo, alguns tribunais passaram a adotar o mecanismo de forma extralegal, obtendo avanços inquestionáveis, sobretudo, perante os litígios que perpassavam pelos relacionamentos interpessoais, como atinentes às relações familiares. Assim, não tardou para que os avanços legislativos contemplassem a mediação diante do ordenamento pátrio, primeiramente com a edição da Resolução Nº 125, do Conselho Nacional de Justiça, em seguida, com a publicação da Lei Nº 13.105 de

14. ANDRIGHI, Fátima Nancy. In: GROSMAN, Claudia Frankel MANDELBAUM, Helena Gurfinkel (Orgs.). *Mediação do Judiciário*: teoria na prática e prática na teoria. São Paulo: Primavera Editorial, 2011, p. 13.
15. SALES, Lília Maia de Morais. *Mediação de conflitos*: família, escola e comunidade. Florianópolis: Conceito Editorial, 2007, p. 37.

2015, que instituiu o novo Código de Processo Civil, e, mais recentemente, com o advento da Lei Nº 13.140, de 26 de Junho de 2015, que dispõe, propriamente, acerca da mediação como meio de solução de controvérsias entre particulares (e ainda sobre a autocomposição de conflitos no âmbito da administração pública).

A legitimação da mediação por força da aludida lei é resultado de diversos debates e de longa tramitação no poder legislativo, trazendo consigo preceitos constitucionais, como o acesso à justiça, no afã de institucionalizar e nutrir métodos não adversariais de solução de conflitos, que, decerto, permeiam a evolução social e cultural de um país.

No entanto, para que não se perca a real essência da mediação perante os mencionados dispositivos legais que sucedem, faz-se mister frisar o que de fato ela aspira. A realização de um acordo não é senão a consequência de um instrumento orientado pelos vetores do diálogo, da harmonia, da autonomia das partes, da consensualidade e também do amor, e, primordialmente, pela compreensão do sentimento do outro, com um consequente resgate com o outro[16]. Nessa percepção:

> A mediação [...] é um processo de gestão humana de conflitos, no qual intervém um terceiro para construir uma situação possível ao (re) estabelecimento das condições para que o amor se faça efetivo na vida das pessoas, de modo a construir as bases sobre as quais se sustentará a realização da cidadania e a vida social.[17]

Dessa forma, percebe-se na mediação de conflitos, além de um mecanismo não adversarial de resolução de conflitos, um instrumento de realização democrática e cidadã, ao passo que a solução das contendas encontra-se na capacidade dos envolvidos de dialogarem e construírem a resposta ideal aos seus anseios, com o compartilhamento de escolhas. E vai além, pois propicia aos participantes a visão de que está dentro de cada um o aparato necessário para solucionar e prevenir futuros conflitos, o que, por conseguinte, resulta na inclusão social, no maior senso de responsabilidade e comprometimento, e pacificação da sociedade.

Nesse sentido:

> Julgar homens não pode ser uma atividade de massa, porque se sacrifica a humanização. Julgar é uma atividade artesanal, porque lida com sentimentos contrapostos. A tolerância, nesse contexto,

---

16. WARAT, Luis Alberto. *Surfando na Pororoca*: O ofício do mediador. v. I. Florianópolis: Habitus, 2001.
17. GAGLIETTI, Mauro; SILVA, Gabriele Albuquerque; GAGLIETTI, Natália Formagini. Mediação Comunitária em Passo Fundo (RS): saliências de uma experiência In: GAGLIETTE, Mauro; COSTA, Thaise Nara Graziottin; CASAGRANDE, Aline. (Org.). *O Novo no Direito*. Ijuí: Ed. Unijuí, 2014, p. 120.

> emerge como virtude fundamental, ao fazer brotar a percepção do espaço existente entre cada um dos envolvidos na cena conflituosa, permitindo, assim, que, no movimento das diferenças individuais, o mediador conduza-os pela mão ao encontro – e não de encontro – das soluções.[18]

Frente a isto, tem-se nesse procedimento hodierno a visão voltada para o relacionamento existente entre os envolvidos, onde não se aplica tão somente a fria letra da lei, sem importar-se com a relação futura, ou seja, com o momento vindouro, após a resolução da controvérsia. Na mediação, há um aprofundamento no tratamento do conflito, voltando-se para a interdisciplinaridade no afinco de alcançar soluções adequadas à realidade de cada caso concreto:

> "[...] a complexificação das relações sociais, alhada a falta de respostas eficazes pelo Poder Judiciário, em especial a morosidade dos processos, enseja a entrada em cena, ainda que lenta, da mediação, que pretende dar conta das controvérsias dos diretos disponíveis, atendendo as partes em conflito a atuar colaborativamente, na busca de alternativas que beneficiem, na medida do possível, espaços dialógicos para a reconstrução de vínculos afetivos rompidos, contrariamente da ideia de que o outro é um adversário que devemos vencer ou destruir.[19]

Derradeiramente, sob a instauração de um ambiente propicio ao diálogo, onde há um estado de cooperação entre os participantes, com a condução de um mediador capacitado, o caminho de encontro à pacificação torna-se suficientemente verossímil. Desta feita, quando se cuida em zelar pelo tratamento do vínculo relacional e as origens que desencadearam o conflito, previnem-se futuras contendas que, provavelmente, resultariam em demandas judiciais.

Sob esta ótica, uma vez compreendido que os conflitos sempre existirão, tem-se na mediação um instituto que estimula o crescimento e a evolução moral, fomentando o respeito ao próximo, e disponibilizando aos envolvidos as ferramentas necessárias para que a pacificação ocorra consensualmente. De outra forma, quando se detém à esfera familiar, onde a convivência converte-se em laços emocionais, percebe-se que o litígio e a consequente decisão proferida pela atividade jurisdicional é um caminho improdutivo.

Nesses casos, urge a superação de meras práticas individualistas em prol do estabelecimento de instrumentos e de espaços que oportunizem a

---

18. ANDRIGHI, Fátima Nancy. In: GROSMAN, Claudia Frankel MANDELBAUM, Helena Gurfinkel (Orgs.). *Mediação do Judiciário*: teoria na prática e prática na teoria. São Paulo: Primavera Editorial, 2011, p. 13.
19. BERTASO, João Martins; CACENOTE, Ana Paula. Mediação: Aspectos culturais nas relações familiares. In: *Diálogo e Entendimento*: direito e multiculturalismo & políticas de cidadania e resoluções de conflitos. BERTASO, João Martins; LOCATELLI, Liliana (Org). Volume 4. Rio de Janeiro: GZ Editora, 2012, p. 16.

reconstrução de relações dissolvidas, para que os vínculos de caráter subjetivo possam receber o devido tratamento e produzir efeitos a curto, médio e longo prazo, sobretudo como via de prevenção na busca pela paz social[20].

2.1 A Alteridade como Desafio

Quando se está lidando com sentimentos humanos, a complexidade em torno do conflito toma dimensões imensuráveis - não por acaso, a interdisciplinaridade é requisito essencial para que seja possibilitada aos mediandos a justiça em sentido amplo. Ao direcionar-se a mediação à seara familiar, percebem-se peculiaridades que evidenciam a condição de família, como a constante troca entre diferentes - seja no próprio núcleo, seja com o mundo exterior -, o que implica, permanentemente, em reações diversas. De acordo com Cynthia Andersen Sarti[21]:

> Assim, a família constitui-se pela construção de identidades que a demarcam, em constante confronto com a alteridade, cuja presença se fará sentir insistentemente, forçando a abertura, mesmo quando persistirem as resistências. A família, então, constitui-se dialeticamente. Ela não é apenas o "nós" que a afirma como família, mas é também o "outro", condição da existência do "nós".

Embora a estrutura familiar arrime-se, preponderantemente, em sentimentos solidificados, tal condição não exime a construção singular que cada indivíduo carrega consigo para sua particular formação perante a sociedade, mas que, por vezes, acaba traduzindo-se em individualismo. Negar o diferente constitui-se na incompreensão do outro, e quando isso ocorre em circunstâncias familiares reflete-se em conflitos que ferem e rompem relacionamentos estimáveis. Viver em grupo requer o exercício da solidariedade e da empatia, o que, de fato, só se alcança quando se está predisposto a considerar o ponto de vista alheio.

> No plano familiar temos a necessidade de consideração do outro, dando visibilidade à especificidade a qual se reflete no âmbito coletivo, contextualizando a realidade em que está inserido no mundo contemporâneo, visando ao fortalecimento ou formação da consciência do indivíduo, fazendo com que este se torne responsável pelas suas escolhas.[22]

---

20. FUGA, Marlova Stawinski. *Mediação Familiar*: quando chega ao fim a conjugalidade. Passo Fundo: UFP, 2003.
21. SARTI, Cynthia Andersen. *A família como ordem simbólica*. Psicologia USP, 2004, 15(3), 11-28, p. 19.
22. GAGLIETTI, Mauro; PFEIFER, Júlia; CARRÃO, Maria Francisca. Famílias Multiculturais, Acesso à Justiça e a Mediação de Conflitos. In: GAGLIETTI, Mauro; COSTA GRAZIOTTIN, Thaise Nara; CASAGRANDE, Aline. *O novo no direito*. Unijui: Ijui, 2014, p. 150.

O reconhecimento da alteridade e a abertura em relação às diferenças reafirmam a posição evolutiva da sociedade, sobretudo dentro das bases familiares, em que as atuais transformações sociais e culturais repercutem na ideia de família, não cabendo mais conceitos restritos apenas à consanguinidade, mas abrangendo, acima de tudo, a afetividade. Tais laços afetivos são a principal ferramenta na escolha de métodos não adversariais para manejar conflitos dessa ordem, vez que tratar o ocorrido no plano simbólico propicia aos envolvidos a prática do diálogo, a transformação da animosidade, e a harmonização dos sentimentos.

Desta feita, é patente que a mediação constitui um campo de amplitude muito superior aos demais métodos de solução consensual, pois os sentimentos humanos ganham o enfoque principal, o que demanda interdisciplinaridade, maior tempo destinado ao processo autocompositivo, e desprendimento das pretensões individuais - a compreensão do outro passa a ser fundamental. Ademais, o conflito e nós mesmos somos transformados pelo diálogo narrativo e poético que convida a olhar-nos a partir do olhar do outro, colocando-nos no lugar do outro para entendê-lo e a nós mesmos[23].

3. RELAÇÕES FAMILIARES: A MEDIAÇÃO COMO FORMA DE TRATAR CONFLITOS EM JUÍZO E FORA DELE

Antes que qualquer outra consideração seja feita a respeito da maneira pela qual a mediação se operacionalizará, é importante que se tenha em mente que a supramencionada Lei da Mediação (Lei n. 13.140/15), apesar de ter entrado em vigor anteriormente, não revogou todas as disposições que o novo CPC (Lei n. 13.105/15) havia consagrado a respeito da mediação; quando muito, promoveu a derrogação de algumas poucas regras que se mostraram com ela incompatíveis[24], ampliando, com isso, o aspecto de abrangência do assim chamado "minissistema brasileiro de métodos consensuais de solução judicial de conflitos"[25].

Portanto, a mediação encontra fundamento jurídico em três diplomas normativos, que se comunicam e se complementam entre si, naquilo em que forem conciliáveis: a Resolução n. 125 do CNJ, a Lei n. 13.140/15 e o novo CPC.

23. WARAT, Luis Alberto. *Surfando na Pororoca*: O ofício do mediador. v. I. Florianópolis: Habitus, 2001.
24. Nesse sentido, por exemplo: TARTUCE, Fernanda. *Interação entre Novo CPC e Lei de Mediação: primeiras reflexões*. Disponível em: ‹http://portalprocessual.com/interacao-entre-novo-cpc-e-lei-de-mediacao-primeiras-reflexoes/›. Acesso em 26.out.2015.
25. Em sentido próximo: GRINOVER, Ada Pellegrini. *Os métodos consensuais de solução de conflitos no novo Código de Processo Civil*. Disponível em: ‹http://estadodedireito.com.br/metodos-consensuais-de-solucao-de-conflitos-no-novo-codigo-civil/›. Acesso em 26.out.2015.

Inclusive, é sob essa tripla perspectiva que o estudo está sendo feito neste ensaio.

A atividade mediadora não se confunde, como seria natural supor, com a conciliadora. Isto porque, de acordo com o art. 165 do Código de Processo Civil, o conciliador atuará preferencialmente nos casos em que não houver vínculo anterior entre as partes, podendo, nesta condição, sugerir soluções para o litígio desde que, por óbvio, se abstenha de utilizar qualquer tipo de constrangimento ou intimidação para que as partes conciliem (§2º)[26]. Por seu turno, o mediador atuará preferencialmente nos casos em que houver vínculo anterior entre as partes, devendo auxiliar aos interessados a compreender as questões e os interesses em conflito, de modo que eles possam, pelo restabelecimento da comunicação, identificar, por si próprios, soluções consensuais que gerem benefícios mútuos (§3º).

Por isso a mediação parece ser a técnica mais recomendável para a abordagem e possível solução dos conflitos familiares.

Seja em juízo, seja fora dele, a atividade mediadora jamais será obrigatória, e sempre deverá ser exercida por terceiro imparcial sem poder decisório, que, escolhido ou aceito pelas partes, as auxiliará e estimulará a identificar ou desenvolver soluções consensuais para a controvérsia, conforme dispõem os arts. 1º, parágrafo único e 2º, §2º da Lei n. 13.140/15. A decisão a respeito, no entanto, caberá única e exclusivamente às partes, e não ao mediador[27].

Pois bem.

Inovando por completo em relação ao sistema revogado, o novo Código de Processo Civil consagra como uma de suas normas fundamentais, a promoção da solução consensual dos conflitos pelo Estado, sempre que isso se mostrar possível (art. 3º, §2º). Para tanto, estabelece que "a conciliação, a mediação e outros métodos de solução consensual de conflitos deverão ser estimulados por juízes, advogados, defensores públicos e membros do Ministério Público, inclusive no curso do processo judicial" (art. 3º, §3º).

Quando o conflito possui assento em relação familiar, seu texto é ainda mais incisivo. Impõe não apenas que se estimule, mas sim que se empreendam todos os esforços para que a solução consensual da controvérsia seja

26. Nesse sentido, inclusive, é o teor do Enunciado nº 187 do Fórum Permanente de Processualistas Civis, segundo o qual "no emprego de esforços para a solução consensual do litígio familiar, são vedadas iniciativas de constrangimento ou intimidação para que as partes conciliem, assim como as de aconselhamento sobre o objeto da causa".

27. Isso deixa claro que a mediação é um dos métodos de autocomposição, ao lado, por exemplo, da conciliação. Contrariamente, a arbitragem compõe o elenco dos métodos de heterocomposição, pois a decisão a respeito do conflito é atribuída a um terceiro imparcial.

alcançada, inclusive com o auxílio de profissionais de outras áreas do conhecimento para a mediação e conciliação (art. 694).

Isso, tanto na esfera judicial quanto na extrajudicial.

Com o objetivo de que tais atividades se desenvolvam da forma mais apropriada possível, tanto a Lei (art. 24) quanto o CPC (art. 165) impõem que os tribunais deverão criar centros judiciários de solução consensual de conflitos, responsáveis pela realização de sessões e audiências de conciliação e mediação, pré-processuais e processuais, e pelo desenvolvimento de programas destinados a auxiliar, orientar e estimular a autocomposição.

A Lei n. 13.140/15 estabelece, ainda, que a mediação pode ter por objeto apenas parte ou a integralidade do conflito que verse sobre direitos disponíveis, ou mesmo sobre direitos indisponíveis que admitam transação, com a ressalva de que o consenso das partes envolvendo estes últimos deve ser submetido à prévia oitiva do Ministério Público e à homologação judicial (art. 3º).

O Código de Processo Civil não regulamenta o procedimento da mediação extrajudicial, embora admita sua instauração mesmo durante o curso de ação judicial já proposta (arts. 175 e 694, parágrafo único). Portanto, seu regramento normativo advém exclusivamente da Lei n. 13.140/15, que, logo de início, assegura que as partes escolham livremente o mediador entre qualquer pessoa civilmente capaz que tenha sua confiança e seja capacitada para desempenhar a atividade, ainda que não integrante de qualquer tipo de conselho, entidade de classe ou associação (art. 9º). Não há sequer necessidade de que o escolhido possua graduação em nível superior de ensino, pois a confiança é o elemento preponderante neste método. Porém, antes de aceitar a designação, tal pessoa tem o dever de revelar qualquer fato ou circunstância que possa suscitar dúvida justificada em relação à sua imparcialidade para mediar o conflito, sendo facultado às partes recusá-la a qualquer momento (art. 5º, parágrafo único).

A eventual existência de demanda judicial em curso não impedirá que as partes se submetam à mediação, bastando que requeiram conjuntamente ao juiz a suspensão do curso do processo por prazo suficiente para a solução consensual do litígio (art. 16). Tal possibilidade, inclusive, encampa o rol de oportunidades abertas aos sujeitos do processo na promoção de todos os esforços para a solução consensual da controvérsia, na forma imposta pelo art. 694, parágrafo único do CPC, permitindo que a suspensão ultrapasse o prazo ânuo previsto pelo art. 313, §4º desse Código, por se tratar de hipótese que reclama prioridade absoluta de solução[28].

---

28. Neste sentido: AMARAL, Guilherme Rizzo. *Comentários às alterações do novo CPC*. São Paulo: Revista dos Tribunais, 2015, p. 750.

Embora a decisão que ordena a suspensão do procedimento seja irrecorrível, nada obsta a concessão de medidas de urgência pelo juiz, caso se vislumbre essa necessidade (art. 16, §§ 1º e 2º).

Caso o interesse pela mediação extrajudicial parta de apenas um dos sujeitos, o outro deve ser convidado para dizer se aceita participar das sessões. Tal convite poderá ser feito por qualquer meio de comunicação e deverá estipular o escopo proposto para a negociação, a data e o local da primeira reunião. Será considerado rejeitado, porém, se não for respondido em até trinta dias da data de seu recebimento (art. 21).

Ao que tudo indica a mediação dos conflitos familiares dificilmente contará com previsão contratual prévia, exceto na hipótese de os consortes contemplarem tal possibilidade no pacto antenupcial ou no contrato escrito a que se refere o art. 1.725 do Código Civil, quando então deverão ser observados os parâmetros estabelecidos pelo art. 22, caput e §1º da lei sob estudo[29]. Não havendo previsão contratual completa, o que possivelmente se mostrará mais comum na prática, deverão ser observados, no mínimo, os seguintes critérios para a realização da primeira reunião de mediação: I - prazo mínimo de dez dias úteis e prazo máximo de três meses, contados a partir do recebimento do convite; II - local adequado a uma reunião que possa envolver informações confidenciais; III - lista de cinco nomes, informações de contato e referências profissionais de mediadores capacitados, sendo certo que a parte convidada poderá escolher, expressamente, qualquer um dos cinco mediadores e, caso a parte convidada não se manifeste, considerar-se-á aceito o primeiro nome da lista; IV – a ciência de que o não comparecimento da parte convidada à primeira reunião de mediação acarretará a assunção por parte desta de cinquenta por cento das custas e honorários sucumbenciais caso venha a ser vencedora em procedimento judicial posterior, que envolva o escopo da mediação para a qual foi convidada (art. 22, §2º).

A mediação considera-se instituída justamente na data para a qual for marcada a primeira reunião, em cujo início, e sempre que julgar necessário, o mediador deverá alertar as partes acerca das regras de confidencialidade aplicáveis ao procedimento. Na hipótese de haver continuidade do procedimento, as reuniões posteriores somente poderão ser marcadas com a anuência das partes, caso seja necessária suas presenças (arts. 14, 17 e 18).

Durante todo o desenrolar do procedimento, as partes terão o direito de serem assistidas por advogados ou defensores públicos e, se apenas uma

29. Nesse sentido, inclusive, é o Enunciado nº 492 do Fórum Permanente de Processualistas Civis, segundo o qual "o pacto antenupcial e o contrato de convivência podem conter negócios processuais"

delas comparecer acompanhada por qualquer destes profissionais, o mediador deverá suspender o procedimento, até que todas estejam devidamente assistidas (art. 10). Mais do que isso, a norma possibilita que as partes ou o próprio mediador, contando com a anuência dessas, requeiram o ingresso de outros mediadores para funcionarem no mesmo procedimento, quando isso for recomendável em razão da natureza e da complexidade do conflito (art. 15). Sem prejuízo, o mediador poderá reunir-se com as partes, em conjunto ou separadamente, bem como solicitar delas as informações que entender necessárias para facilitar o entendimento mútuo (art. 19).

O procedimento será encerrado com a lavratura do seu termo final, seja na hipótese de ser encontrada solução para o conflito, seja quando não se justificarem novos esforços nesse sentido.

Na primeira hipótese, o termo constituirá título executivo extrajudicial, se a conflituosidade tiver girado em torno de direitos disponíveis, como aqueles relacionados ao patrimônio comum de casais sem filhos incapazes, por exemplo (art. 20, parágrafo único). Caso o que esteja em questão sejam direitos indisponíveis que admitam transação, como aqueles relacionados à forma de exercício do direito de convivência com filhos incapazes ou ao modo de pagamento dos alimentos a eles devidos, o termo deverá ser submetido à prévia análise do Ministério Público e à homologação pelo juiz, valendo como título executivo judicial a partir de então (Lei n. 13.140/15, art. 3º; CPC/15, art. 515, III).

Não há, por óbvio, obrigatoriedade na adoção prévia da mediação extrajudicial, pois é da essência da mediação ser facultativa sempre e em qualquer hipótese. Por isso as partes podem optar por promover diretamente alguma ação de família de índole contenciosa.

Nesse caso, o procedimento vem regulado tanto pelo novo CPC, quanto pela Lei de Mediação, que se intercomunicam e complementam a respeito.

De acordo com ambos, uma vez recebida a petição inicial correspondente, o juiz convocará as partes para a audiência de mediação. Nesse instante, o aplicador da norma tem que estar atento, pois se deparará com um aparente conflito normativo. Isso porque, de acordo com o regramento previsto pelo CPC, tão logo a demanda seja proposta e a petição inicial seja admitida, o juiz ordenará a citação do réu para comparecer a esse ato (art. 695, caput), ao passo que a Lei de Mediação estabelece que o juiz deva designar audiência de mediação sem citar o réu, para que, sendo o conflito solucionado antes da citação, as partes possam ser contempladas com a sanção premial da não cobrança de custas judiciais finais (arts. 27 e 29).

Diante dessa possível antinomia, talvez a solução que mais se coadune com o propósito do legislador seja a compreensão do termo "citação", contido neste último dispositivo legal[30], como sendo o "termo negativo de mediação" a que se refere seu art. 20, caput da mesma Lei[31], pois, de acordo com a nova sistemática processual civil, a citação não mais é o expediente vocacionado a chamar "a juízo o réu ou o interessado a fim de se defender", como ocorria no CPC/73 (art. 213), mas sim o ato destinado a convocar o réu ou o interessado para integrar a relação processual (CPC/15, art. 238), justamente com seu comparecimento à sessão de conciliação ou mediação a ser realizada em prazo razoável (CPC/15, art. 695, caput c/c Lei n. 13.140/15, art. 27)[32].

Logo, sua ciência a respeito ficaria absolutamente comprometida se ele não fosse, antes, citado.

Em regra, a citação para as ações de família será sempre pessoal (art. 695, §3º), não podendo, por isso, ser realizada na pessoa de procurador ou de representante legal do demandado, como ocorre no rito comum (art. 242). Uma segunda característica das ações de família advém da inexistência de prazo mínimo de intervalo entre a data de realização desta audiência e a do despacho inicial, como ocorre no rito comum (art. 334, caput), uma vez que o Código estabelece apenas prazo mínimo entre essa audiência e a citação (art. 695, §2º), o que leva à conclusão de que tal ato pode ser designado para qualquer data posterior à quinzena prevista por este artigo. Outra peculiaridade é que o ato citatório deverá ser concluído com antecedência mínima de quinze, e não de vinte dias da data designada para a audiência (art. 695, §2º). Embora pareça irrelevante, a diferença de cinco dias pode significar um verdadeiro adianto na vida das partes, pois todos os atos processuais são contados em dias úteis agora (art. 219).

Embora tenha que ser efetuada na pessoa do réu, deve ficar claro que a citação pode ser feita pelo correio, desde que ele seja civilmente capaz, possua endereço em localidade atendida pelo serviço postal, e não se trate de demanda versando sobre o estado da pessoa, pois nestes casos o ato deverá necessariamente ser praticado por oficial de justiça (arts. 246, I c/c 247, I e II).

Relembre-se, para tanto, que ações de família não se confundem necessariamente com ações de estado.

Qualquer que seja a modalidade pela qual o demandado seja citado, o mandado correspondente lhe deve ser encaminhado sem a contrafé (art. 695,

---

30. Art. 29. Solucionado o conflito pela mediação antes da citação do réu, não serão devidas custas judiciais finais.
31. Art. 20. O procedimento de mediação será encerrado com a lavratura do seu termo final, quando for celebrado acordo ou quando não se justificarem novos esforços para a obtenção de consenso, seja por declaração do mediador nesse sentido ou por manifestação de qualquer das partes
32. Exceto se se tratar de réu que faça jus à citação editalícia, que deverá ser citado e intimado sob este método, diretamente para oferecimento de contestação (art. 335, III).

§1º), sendo esta mais uma distinção para com o procedimento comum (arts. 248 e 251).

Ainda não se sabe se esta última medida atingirá o escopo almejado pela comissão encarregada de elaborar o anteprojeto que se transformou no novo CPC – aumento da probabilidade de êxito nas sessões de conciliação/mediação -, mas vem sendo recebida com bons olhos por respeitável parcela da doutrina, que enxerga na circunstância de o litigante não ter contato com as alegações feitas na inicial, excelente mecanismo voltado à criação de ambiente mais favorável e propenso ao acordo[33]. Seja como for, o próprio Código assegura a ele o direito de examinar o conteúdo da petição inicial e documentos que a instruem, a qualquer tempo (art. 695, §1º), sem que isso possa configurar seu comparecimento espontâneo para o fim de fazer fluir o prazo para apresentação de contestação, por exemplo (art. 239, §1º).

Questão intrigante diz respeito à obrigatoriedade do comparecimento das partes a essa sessão de mediação. Isso porque, no capítulo destinado ao tratamento das ações de família, o Código de Processo Civil é completamente omisso tanto a respeito da sanção aplicável para a hipótese de não comparecimento injustificado (art. 334, §8º), quanto a respeito da possibilidade de as partes deixarem de atender a esse chamamento judicial (art. 334, §4, I e §5º). Com a entrada em vigor da Lei da Mediação, no entanto, a tendência parece ser pela obrigatoriedade, para que as partes sejam, no mínimo, estimuladas à composição amigável[34].

A audiência em questão será realizada, preferencialmente, por profissionais integrantes dos centros judiciários de solução consensual de conflitos, a serem criados pelos Tribunais de Justiça, em obediência ao que prescreve o art. 24 da Lei n. 13.140/15. Talvez fosse até melhor que a mediação fosse conduzida, preferencialmente, por uma equipe transdisciplinar integrada, pelo menos, por "um mediador com formação em psicologia e um profissional do direito que será chamado, tão somente, para esclarecer dúvidas de caráter jurídico, notadamente sobre a validade de determinado acordo perante a Constituição e as demais normas do ordenamento"[35], muito embora nada impeça que o ato seja conduzido por profissionais de outras áreas.

---

33. DIAS, Maria Berenice. As ações de família no novo Código de Processo Civil. *Revista IBDFAM* n. 10, jul-ago/2015.
34. Aparentemente nesse sentido: CUNHA, Leonardo Carneiro da. Procedimento especial para as ações de família no novo Código de Processo Civil. Em, DIDIER JR. Fredie (coord.). *Novo CPC: doutrina selecionada*, v. 4: procedimentos especiais, tutelas provisórias e direito transitório. Salvador: Juspodivm, 2015, p. 475
35. COSTA FILHO, Venceslau Tavares; SILVA, Ana Carolina Alves da; SOUZA, Felipe Barros de. A conciliação e mediação de conflitos familiares no Código de Processo Civil Brasileiro de 2015. Em, DIDIER JR. Fredie (coord.). *Novo CPC: doutrina selecionada*, v. 4: procedimentos especiais, tutelas provisórias e direito transitório. Salvador: Juspodivm, 2015, p. 520.

Se as partes aceitarem se submeter ao procedimento de mediação, serão observadas as diretrizes traçadas por tal lei e pelo CPC, inclusive no que concerne à suspensão do curso do procedimento, o não transcurso do prazo prescricional e a não condenação das partes em custas judiciais finais na hipótese de o conflito ser solucionado antes da citação (Lei n. 13.140/15, art. 29).

Não se impede que, mesmo tendo sido frustrada a tentativa inicial, as partes pretendam novamente se submeter à mediação, desta vez extrajudicialmente, bastando que requeiram ao juiz a suspensão da tramitação do processo, como mencionado linhas acima.

Alcançando-se a solução do conflito, o termo correspondente deverá ser submetido à prévia oitiva do Ministério Público, caso haja necessidade de sua intervenção, sendo encaminhado, na sequência, à homologação por sentença (Lei n. 13.140/15, art. 28, parágrafo único). Não sendo exitosa a mediação em nenhuma dessas sessões, terá início a fase contenciosa do procedimento, que tramitará pelo rito comum, na forma prevista pelos arts. 697 e 335 do CPC.

CONSIDERAÇÕES FINAIS

O acesso à justiça assegurado pela Constituição Federal ultrapassa a acepção de acesso ao poder judiciário, vindicando por esferas (judiciais e extrajudiciais) em que os sujeitos sejam genuinamente os protagonistas, e, mais do que isso, em que os interesses das partes envolvidas estejam primeiramente amparados, e não o conflito propriamente dito. É inegável que os conflitos não podem ser extintos da sociedade de vertente multicultural, mas podem ser tratados de maneira que as relações rompidas tornem a ser estabelecidas, a partir do diálogo, respeito e compreensão do outro, como propõe a mediação.

Nas relações familiares, em razão do grande envolvimento sentimental existente, a mediação encontra campo propício para prática de seus princípios norteadores, sobretudo na necessidade de consideração do outro, e na manifestação da alteridade como quesito transformador. No anseio pela alteração de uma sociedade culturamente litigante para uma sociedade de cunho pacifista, o poder legislativo apresenta inovações que visam implementar métodos consensuais de solução de conflitos, como se verifica no advento do novo Código de Processo Civil, e na edição da Lei nº 13.140/2015, que contempla a legitimação da mediação, proporcionando a segurança jurídica aos acordos mediados.

Neste diapasão, o desafio maior da mediação nas relações familiares, imbuídas de sentimentos antagônicos, reside no compromisso de transmitir aos conflitantes a necessidade de ressignificar o conflito por meio da compreensão do outro e da percepção do coletivismo. A partir da percepção social de que a litigiosidade não produz respostas condizentes às necessidades inter-relacionais, passa-se a olhar o mesmo através de novas lentes, estas, envolvidas agora, pelo afeto e pelo amor.

Digna de aplausos, portanto, a incorporação da Lei da Mediação e do novo Código de Processo Civil ao sistema jurídico nacional, na medida em que ampliarão o espectro de abrangência do microssistema de métodos consensuais de solução judicial de conflitos.

REFERÊNCIAS

AMARAL, Guilherme Rizzo. **Comentários às alterações do novo CPC**. São Paulo: Revista dos Tribunais, 2015.

ANDRIGHI, Fátima Nancy. In: GROSMAN, Claudia Frankel MANDELBAUM, Helena Gurfinkel (Orgs.). **Mediação do Judiciário: teoria na prática e prática na teoria.** São Paulo: Primavera Editorial, 2011.

BERTASO, João Martins; CACENOTE, Ana Paula. Mediação: Aspectos culturais nas relações familiares. In: **Diálogo e Entendimento**: direito e multiculturalismo & políticas de cidadania e resoluções de conflitos. BERTASO, João Martins; LOCATELLI, Liliana (Org). Volume 4. Rio de Janeiro: GZ Editora, 2012.

BOLZAN DE MORAIS, José Luis. **Mediação e Arbitragem: Alternativas à Jurisdição!** Porto Alegre: Livraria do Advogado,1999.

BRAGA NETO, Adolfo. Alguns aspectos relevantes sobre a mediação de conflitos. In: GRINOVER, Ada Pellegrini; WATANABE, Kazuo; LAGRASTA, Caetano Neto (Coord.). **Mediação e Gerenciamento do Processo.** São Paulo: Editora Atlas, 2007.

BRASIL. Constituição (1988). **Constituição da República Federativa do Brasil.** Brasília, DF: Senado, 1988.

BRASIL, Lei Federal Nº 13.105, de 16 de março de 2015, publicada no Diário Oficial da União de 17/03/2015. Código de Processo Civil.

CALMON, Petrônio. **Fundamentos da mediação e da conciliação.** Rio de Janeiro: Forense, 2007.

COSTA FILHO, Venceslau Tavares; SILVA, Ana Carolina Alves da; SOUZA, Felipe Barros de. A conciliação e mediação de conflitos familiares no Código de Processo Civil Brasileiro de 2015. Em, DIDIER JR. Fredie (coord.). **Novo CPC**: doutrina selecionada, v. 4: procedimentos especiais, tutelas provisórias e direito transitório. Salvador: Juspodivm, 2015.

CUNHA, Leonardo Carneiro da. Procedimento especial para as ações de família no novo Código de Processo Civil. Em, DIDIER JR. Fredie (coord.). **Novo CPC**: doutrina selecionada, v. 4: procedimentos especiais, tutelas provisórias e direito transitório. Salvador: Juspodivm, 2015.

DEMARCHI, Juliana. Técnicas de conciliação e mediação. In: GRINOVER, Ada Pellegrini; WATANABE, Kazuo; LAGRASTA, Caetano Neto (Coord.). **Mediação e Gerenciamento do Processo:** Revolução na prestação jurisdicional. São Paulo: Editora Atlas, 2007.

DIAS, Maria Berenice. As ações de família no novo Código de Processo Civil. **Revista IBDFAM** n. 10, jul-ago/2015.

DIAS, Maria da Graça dos Santos; CHAVE JÚNIOR, Airto. Mediação: Uma terceria de caráter político-pedagógico. In: **Os (des) caminhos da Jurisdição**. SPENGLER, Fabiana Marion; BRANDÃO, Paulo de Tarso. (Org.) Florianópolis: Conceito Editorial, 2009.

FUGA, Marlova Stawinski. **Mediação Familiar: quando chega ao fim a conjugalidade**. Passo Fundo: UFP, 2003.

GAGLIETTI, Mauro; SILVA, Gabriele Albuquerque; GAGLIETTI, Natália Formagini. Mediação Comunitária em Passo Fundo (RS): saliências de uma experiência In: GAGLIETTE, Mauro; COSTA, Thaise Nara Graziottin; CASAGRANDE, Aline. (Org.). **O Novo no Direito**. Ijuí: Ed. Unijuí, 2014.

GAGLIETTI, Mauro ; PFEIFER, Júlia; CARRÃO, Maria Francisca. Famílias Multiculturais, Acesso à Justiça e a Mediação de Conflitos. In: GAGLIETTI, Mauro; COSTA GRAZIOTTIN, Thaise Nara; CASAGRANDE, Aline. **O novo no direito.** Unijui: Ijui, 2014.

GRINOVER, Ada Pellegrini; WATANABE, Kazuo; LAGRASTA, Caetano Neto (Org.). **Mediação e Gerenciamento do Processo.** 1ª Ed. São Paulo: Editora Atlas, 2008.

GRINOVER, Ada Pellegrini. **Os métodos consensuais de solução de conflitos no novo Código de Processo Civil**. Disponível em: ‹http://estadodedireito.com.br/metodos-consensuais-de-solucao-de-conflitos-no-novo-codigo-civil/›. Acesso em 26.out.2015.

LIMA FILHO, Francisco das Chagas. **Acesso à justiça e os mecanismos extrajudiciais de solução de conflitos.** Porto Alegre: Sergio Antonio Fabris Editor, 2003, p. 153.

MATOS, Simone Avila de. **Métodos não adversariais de solução de conflitos.** Disponível em: http://emnomedoacordoslg-rs.blogspot.com.br/2011/11/metodos-nao-adversariais-de-solucao-de.html Acesso em: 24 Abr 2015.

MORAES, Alexandre de. **Constituição do Brasil Interpretada e Legislação Constitucional.** 2 ed. São Paulo: Atlas, 2003.

SALES, Lília Maia de Morais. **Mediação de conflitos:** família, escola e comunidade. Florianópolis: Conceito Editorial, 2007.

SALES, Lília Maia de Morais. **Mediare**: um guia prático para mediadores. 3ª edição, rev., atual., e ampl. Rio de Janeiro: GZ Editora, 2010.

SARTI, Cynthia Andersen. **A família como ordem simbólica**. Psicologia USP, 2004, 15(3), 11-28.

SPENGLER, Fabiana Marion. **Da jurisdição à mediação: por uma outra cultura no tratamento dos conflitos.** Ijuí: Ed. Unijuí, 2010.

TARTUCE, Fernanda. **Interação entre Novo CPC e Lei de Mediação**: primeiras reflexões. Disponível em: ‹http://portalprocessual.com/interacao-entre-novo-cpc-e-lei-de-mediacao-primeiras-reflexoes/›. Acesso em 26.out.2015.

WARAT, Luiz Alberto. **Em nome do acordo**: a mediação no direito. Argentina: ALMED, 1988.

WARAT, Luis Alberto. **Surfando na Pororoca: O ofício do mediador.** v. I. Florianópolis: Habitus, 2001.

CAPÍTULO 30

Novo CPC, Lei de Mediação e os Meios Integrados de Solução dos Conflitos Familiares – Por um Modelo Multiportas

Dierle Nunes[1]*, Natanael Lud Santos e Silva*[2]*,*
Walsir Edson Rodrigues Júnior[3] *e Moisés Mileib de Oliveira*[4]

SUMÁRIO: 1. A FAMÍLIA EM (RE)CONSTRUÇÃO; 2. ESPECIFICIDADES DOS CONFLITOS FAMILIARES; 3. NOVO CPC E MODELO MULTIPORTAS; 4. LEI Nº 13.140/2015; 5. CONCLUSÃO; REFERÊNCIAS BIBLIOGRÁFICAS.

1. A FAMÍLIA EM (RE)CONSTRUÇÃO

Há muito se vive os riscos de uma desintegração em nível planetário, decorrente de ameaças nucleares, ecológicas e do relativismo imperante, situação em que os sujeitos de direito tentam se colocar como objetos de uma interação estratégica na qual se busca o êxito a todo custo, em uma perspectiva extremamente solitária.

1. Advogado. Doutor em direito processual (PUCMinas/Università degli Studi di Roma "La Sapienza"). Mestre em direito processual (PUCMinas). Professor permanente do PPGD da PUCMINAS. Professor adjunto na PUCMINAS e na UFMG. Secretário-Geral Adjunto do IBDP. Membro fundador do ABDPC. Diretor executivo do Instituto de Direito Processual (IDPro). Diretor do departamento de Direito Processual do IAMG. Membro de *Instituto Panamericano de Derecho Procesal*. Membro da Comissão dos Juristas que assessorou no Novo Código de Processo Civil na Câmara dos Deputados. Sócio do escritório CRON Advocacia.
2. Advogado. Mestrando em Direito Processual pela Pontifícia Universidade Católica de Minas Gerais. Advogado do escritório CRON Advocacia
3. Advogado. Doutor e Mestre em Direito pela PUC Minas. Professor de Direito Civil na PUC Minas, na UFMG e na FESMPDFT. Membro do Instituto Brasileiro de Direito de Família (IBDFAM) e do Instituto dos Advogados de Minas Gerais (IAMG). Sócio do escritório CRON Advocacia.
4. Advogado. Mestre em Teoria do Direito pela Pontifícia Universidade Católica de Minas Gerais. Professor de Direito das Sucessões da Escola Superior Dom Helder Câmara. Sócio do escritório CRON Advocacia.

A verdade é que as pessoas, por estarem inseridas num contexto histórico individualista, egocêntrico, violento, não cooperativo – e de uma certa forma amoral – buscam tão somente o seu sucesso pessoal e, quando sujeitam-se ao diálogo, tentam, estrategicamente, persuadir o outro de forma a obter o que é melhor para si, e não o consenso, mesmo que de índole procedimental, que resultaria do convencimento pelo sujeito que possuísse o melhor argumento, sem a utilização de força, violência ou vínculo hierárquico.

Em sendo assim, a possibilidade de enxergar e entender o outro como sujeito de iguais direitos e responsabilidades é praticamente inexistente.

Em contrapartida, discute-se a necessidade de assunção pelo homem da responsabilidade solidária pelas consequências em nível mundial de suas atividades coletivas e de busca da conversão dos componentes estratégicos – meio-fins – da atividade humana em elementos discursivos – consensuais – nas conversações e interações[5].

Percebe-se, pois, a necessidade fundamental da comunicação[6], de um discurso argumentativo como procedimento para se buscar o consenso de forma intersubjetiva e não solitária, visando à corresponsabilidade dos atos humanos, enxergando *o outro* como possível atingido por suas ações.

Neste contexto, é possível identificar a família (entidade histórica e cultural outrora caracterizada por ser um local de articulação e integração do ser humano), agora envolta e afetada pela violência e pelo egocentrismo, decorrentes, sobretudo, dos relativismos que dirigem e nortelam a sociedade.

A busca individualista pelo sucesso pessoal e de uma pseudo felicidade impede que a estrutura psíquica familiar[7] cumpra o seu papel de célula *mater* da sociedade, passando a ser somente mais uma decorrência e, seus membros, escravos dos modelos econômicos e de uma racionalidade estratégica voraz.

A família passa também a ser, então, um local de trapaças e de desconstrução.

Poder-se-ia argumentar que esse desarranjo que também atinge a família decorreria das alterações dos modelos pré-constitucionais[8], patriarcais e

5. APEL, Karl-Otto. *Teoria de la verdad y etica del discurso*. Barcelona: Paidos, 1991.
6. *"(...) a comunicação visa essencial e originariamente ao entendimento mútuo nos dois níveis, no nível da intersubjetividade e no nível dos objetos de que se fala"*. HERRERO, Francisco Javier. A pragmática transcendental como "filosofia primeira". In Síntese Nova Fase. Belo Horizonte. v. 24, n. 79, 1997. p. 501
7. Segundo Cunha Pereira, valendo-se dos ensinamentos de Lacan a família é uma estruturação psíquica onde cada uma dos seus membros ocupa um lugar, uma função. PEREIRA, Rodrigo da Cunha. A família – estruturação jurídica e psíquica. *In: Direito de Família contemporâneo*. Belo Horizonte: Del Rey, 1997, p.19.
8. *"A hostilidade do legislador pré-constitucional às interferências exógenas na estrutura familiar e a escancarada proteção do vínculo conjugal e da coesão formal da família, inda que em detrimento da realização*

alicerçados no casamento, para o atual modelo constitucional de família, que adota como princípio informador o pluralismo de entidades familiares[9], a dissolubilidade do vínculo matrimonial, a isonomia e o livre planejamento familiar.

Entrementes, este argumento apresenta-se como uma grande falácia, pois a família como estruturação psíquica deve permitir aos seus membros, como principal fator de construção de uma hígida estrutura de personalidade, um local de tranquilidade, intersubjetividade e consenso, somente assegurado por um *"pluralismo de entidades familiares"*, que não deve ser interpretado apenas como as entidades expressamente previstas na Constituição[10], mas sim como qualquer entidade familiar que preencha os requisitos de afetividade, estabilidade e ostensibilidade[11] ou, melhor dizendo, que expressem o afeto e dignidade recíprocos entre seus membros.

Quando qualquer construção afetiva que possua um mínimo de estabilidade e ostensibilidade é assegurada e garantida pelo sistema jurídico, o indivíduo afasta-se da pressão de ter que amoldar suas necessidades em nível de sexualidade e de comportamento a um "modelinho" predefinido e irreal de verdadeira felicidade, estando apto a assumir seu verdadeiro papel e responsabilidade na estrutura social.

Da mesma forma, ao se partir dos balizamentos constitucionais da isonomia, entre filhos e entre homens e mulheres, da dignidade da pessoa humana e da democracia, cria-se no âmbito familiar uma primeira instância de surgimento de uma visão pós-convencional[12] de mundo onde é possível vislumbrar *o outro*

---

pessoal de seus integrantes – particularmente no que se refere à mulher e aos filhos, inteiramente subjugados à figura do cônjuge-varão – justificava-se em benefício da paz doméstica. Por maioria de razão, a proteção dos filhos extraconjugais nunca poderia afetar a estrutura familiar, sendo compreensível, em tal perspectiva, a aversão do código civil à concubina. O sacrifício individual, em todas essas hipóteses, era largamente compensado, na ótica do sistema, pela preservação da célula mater da sociedade, instituição essencial à ordem pública e modelada sob o paradigma patriarcal. O constituinte de 1988, todavia, além dos dispositivos acima enunciados, consagrou, no art. 1§ , III, entre os princípios fundamentais da República, que antecedem todo o Texto Maior, a dignidade da pessoa humana, impedindo assim que se pudesse admitir a superposição de qualquer estrutura institucional à tutela de seus integrantes, mesmo em se tratando de instituições com status constitucional, como é o caso da empresa, da propriedade e da família." In TEPEDINO, Gustavo. A Disciplina Civil-Constitucional das Relações Familiares. Disponível em: ‹http://www.egov.ufsc.br/portal/sites/default/files/anexos/15079-15080-1-PB.pdf›. Acesso em: 20 abr. 2015.

9. Art. 226, CR/88
10. Casamento, união estável, famílias monoparentais.
11. "Em todos os tipos há características comuns, sem as quais não configuram entidades familiares, a saber: a) afetividade, como fundamento e finalidade da entidade, com desconsideração do móvel econômico; b) estabilidade, excluindo-se os relacionamentos casuais, episódicos ou descomprometidos, sem comunhão de vida; c) ostensibilidade, o que pressupõe uma unidade familiar que se apresente assim publicamente." In LÔBO, Paulo Luiz Netto. *Entidades familiares constitucionalizadas: para além do numerus clausus.* Disponível em: ‹ http://www.egov.ufsc.br/portal/sites/default/files/anexos/9408-9407-1-PB.pdf›. Acesso em: 20 abr. 2015.
12. KOHLBERG. *Psicologia del Desarrollo* Moral. Bilbao: Ed. Desclée de Brouwer. 1992.

e analisar a responsabilidade de todas as ações e possíveis implicações para com este *outro*.

Em igual perspectiva, ao se permitir a dissolubilidade do vínculo matrimonial impede-se que pessoas não mais ligadas por uma relação de afetividade fiquem submetidas a uma estrutura psíquica desarticuladora do ser humano e, consequentemente, prejudique o bem viver de pais e filhos.

A discursividade que busca o consenso deve nortear as relações interfamiliares e em decorrência trazer à ruína várias concepções ultrapassadas para o direito das famílias, incorporando-se o paradigma de Estado Democrático de Direito.

Percebe-se, assim, que a família não é um local de implementação da força ou da hierarquia, pois é nela que se deve começar a possibilitar a livre flutuação de temas e de contribuições, de informações e argumentos, assegurando um caráter discursivo em todas as conversas, eis que é inicialmente na família que devemos nos formar como sujeitos de afeto, de responsabilidade, de felicidade e de direito, e se ela não se adequa a estes fins, perde sua principal importância no contexto social, transformando-se em mais um local de desarranjo social.

Ao invés do que pensam alguns, a repressão do desejo do ser humano com atribuição de modelos preestabelecidos de família e de 'convicções' impostas[13] antes de possibilitar uma integração social é um dos maiores fatores das explosões dos instintos mais bárbaros e violentos da raça humana.

---

13. "(...)um homem pode atravessar a vida afastando sistematicamente de seus olhos tudo que fosse suscetível de conduzi-lo a alterar opiniões e se o consegue – apoiando seu método em duas leis psicológicas fundamentais – não sei o que possa ser dito contra o procedimento. Seria uma impertinência egotista objetar que é irracional a atitude referida pois só equivaleria a dizer que aquele método de firmar uma crença é diferente do nosso. O homem que o acolhe não se propõe a ser racional e, em verdade, se referirá frequentemente que está provavelmente escolhendo o caminho mais fácil. (...) Permitamos, pois, que opere a vontade do Estado e não a do indivíduo. Crie-se uma instituição que terá por meta oferecer à atenção do povo as doutrinas corretas, reiterando-as continuadamente, transmitindo-as a juventude e tendo, ao mesmo tempo o poder de impedir que doutrinas contrárias sejam ensinadas, advogadas ou proclamadas. Que todas as possíveis causas de mudança de ideias sejam afastadas, deixando de ser motivo de apreensão para os homens. Que eles se mantenham ignorantes e não conheçam razão alguma que os leve a pensar diversamente de como pensam. Que suas paixões sejam recenseadas para que eles possam encarar, com aversão e asco, opiniões individuais incomuns. Que todos os homens que repelem a crença estabelecida se vejam condenados ao silêncio. Que o povo aponte esses homens e os unte de alcatrão e cubra de penas ou que se institua uma inquisição para perquirir da maneira de pensar de pessoas suspeitas e que estas, declaradas culpadas de crenças proibidas, estejam expostas a punição exemplar. Quando não se consegue apoio completo por outra forma, o massacre de todos os que não pensem de certa maneira tem-se mostrado meio muito eficaz de igualar as opiniões de um país . Se o poder de assim agir não bastar, que seja preparada uma lista de opiniões – com a qual homem algum com alguma independência de pensamento poderia concordar – e que os fiéis sejam conclamados a aceitar essas opiniões, para que possam ver-se segregados tão radicalmente quanto possível da influência do resto do mundo." In PEIRCE, Charles Sanders *A fixação das crenças. in* Semiótica e filosofia. São Paulo, Cultrix, 1972, p. 80 e 81.

Lado outro, a aceitação da diversidade de entidades familiares e a implementação em cada uma delas de uma racionalidade comunicativo-consensual, que permita uma revisão constante dos conteúdos efetivamente debatidos, fornece ao ser humano um horizonte legítimo na busca de sua felicidade pessoal irradiando, socialmente, o princípio da corresponsabilidade.

Infelizmente, todo este quadro narrado conduz à ocorrência recorrente de dissensos no âmbito familiar (conflitos) que geram uma modalidade de litigiosidade antiga, mas de difícil dimensionamento em decorrência de todo o complexo quadro e pano de fundo que permeia(m) as relações familiares.

2. ESPECIFICIDADES DOS CONFLITOS FAMILIARES[14]

Segundo Nathan Ackerman[15], a família é uma entidade paradoxal que, basicamente, tem duas funções: assegurar a sobrevivência e a humanidade essencial do homem. Nesse sentido, a família pode ser observada como um sistema complexo de relações no qual cada membro ocupa um lugar, desempenha uma função.

Para Lacan[16], é a família que organiza os processos do desenvolvimento psíquico, ocupando lugar de destaque no que se refere à transmissão da cultura.

Giselle Câmara Groeninga define a família como um "caleidoscópio de relações que muda no tempo de sua constituição e consolidação em cada geração, que se transforma com a evolução da cultura, de geração para geração".[17]

Percebe-se, portanto, que a família é um complexo espaço relacional. Aliás, constata-se uma valorização e até mesmo uma supervalorização da família como um núcleo importante e responsável pelo crescimento e desenvolvimento da personalidade dos seus membros, tornando-se um espaço privilegiado para as vivências emocionais de toda ordem e ao mesmo tempo únicas. Com isso, a sua "desconstrução", tendo em vista uma separação judicial ou um divórcio, envolve inúmeros aspectos e conflitos que encarnam e exacerbam a ambivalência afetiva presente em todas as relações.

---

14. ALMEIDA, Renata Barbosa de; RODRIGUES JÚNIOR. *Direito Civil:* Famílias. 2.ed. São Paulo: Atlas, 2012. p. 563-565.
15. ACKERMAN, Nathan W. *Diagnóstico e tratamento das relações familiares.* Trad. Maria Cristina R. Goulart. Porto Alegre: Artes Médicas, 1986. p. 29-30.
16. LACAN, Jacques. *Os complexos familiares na formação do indivíduo.* Trad. Marco Antônio Coutinho Jorge e Potiguara Mendes da Silveira Júnior.Rio de Janeiro: Jorge Zahar, 2002. p.13
17. GROENINGA, Giselle Câmara. Família: um caleidoscópio de relações. In: GROENINGA, Giselle Câmara, PEREIRA, Rodrigo da Cunha (Coord.) *Direito de família e psicanálise* – rumo a uma nova epistemologia. Rio de Janeiro: Imago, 2003. p.125.

Por isso, na dissolução da sociedade conjugal não só os aspectos legais devem ser analisados, as questões mais íntimas e subjetivas que geralmente representam o verdadeiro motivo do conflito devem ser discutidas, já que, muitas vezes, é necessário planejar entre os membros da família o relacionamento futuro pós-separação ou pós-divórcio. Daí a necessidade dos laços afetivos serem discutidos, revistos e reestruturados.

Os conflitos, de modo geral, são associados a frustrações de interesses, necessidades e desejos, que podem, ou não, levar o sujeito a algum tipo de reação, evidenciando que os conflitos encerram em si uma dimensão cognitiva (objetiva) e outra afetiva (subjetiva), tanto os de ordem intrapessoal, quanto aqueles interpessoais. Nesse sentido, é possível apreender que a face externa de um conflito reflete apenas uma parte de sua realidade, ou seja, os conflitos manifestos são parte de um processo interno complexo e dinâmico.

A escalada do conflito associa-se, num primeiro momento, a uma deterioração perceptiva mútua entre as partes, podendo chegar, até mesmo, a uma ruptura entre elas, na qual cada parte passa a perceber que a solução do conflito não admite a inclusão da outra, vista como adversária, um obstáculo à satisfação de seus interesses ou necessidades. Assim, o foco passa a ser a outra parte, e não a questão inicial e, consequentemente, há um aumento da carga afetiva em relação ao conflito, para o qual a única resolução possível é a vitória sobre o outro.

De acordo com Roque Caivano, Marcelo Gobbi e Roberto Padilla[18], na medida em que há uma escalada do conflito e a sua intensidade é aumentada, torna-se mais difícil lidar com ele, a fim de se promover uma solução que satisfaça às partes.

Dada a forte carga de subjetividade que envolve os relacionamentos afetivos, os conflitos familiares tendem a ser mais complexos e de difícil solução. Por isso, diferentemente do que ocorre numa relação obrigacional ou comercial, nos conflitos familiares a identificação do certo e do errado, do justo e do injusto, é uma tarefa quase impossível. Para ilustrar esta assertiva, cabe, aqui, a citação de alguns trechos do conto "Sexo e Sonho" de Edgard de Moura Bittencourt:

> Quando o cliente terminou o relatório de seu delicado caso, o advogado viu logo que o assunto se afastava demasiadamente da rotina. [...] Não havia nele complexidade propriamente jurídica. Sem embargo, afigurava-se-lhe dificílimo. Reduzido à sua expressão mais simples, o cliente desejava o divórcio porque a esposa volta e meia lhe narrava sonhos adúlteros. Se se tratasse de qualquer cliente e

18. CAIVANO, Roque J.; GOBBI, Marcelo.; PADILLA, Roberto. E. *Negociacón y mediacón*. Buenos Aires: Ad-Hoc, 1997. p. 131.

> de qualquer advogado, o problema não exigiria mais do que uma breve explicação sobre as causas da separação, inexistentes no fato narrado. [...] Mas – dir-se-ia – ofendeu o marido contando o pecado. A confissão, contudo, poderia ter uma pitada de acinte ou uma tonelada de lealdade. [...] O advogado, portanto, não iria subestimar a aflição do cliente. Nem poderia simular que a subestimava, pois avaliou que, assim, faria o jogo daquela imaginação excitada. Fingiu dar importância à solução do divórcio e determinou que o cliente voltasse dois ou três dias depois. [...] Quando o cliente, cumprindo o prometido, retornou ao escritório, já o advogado havia construído um plano. Obteve daquele a afirmação sincera de que não duvidava da honra da esposa e obteve também autorização para entender-se com ela. Realmente, não concebia o divórcio sem tentativa de reconciliação e a do advogado é sempre melhor do que a formal do juiz. Mormente tratando-se de casal amigo. A entrevista entre a mulher e o advogado, breve tempo depois, foi surpreendente. Ela estranhou que o marido desejasse o divórcio; sentiu sua grave responsabilidade, porque, efetivamente, não eram verdadeiros os sonhos relatados ao esposo. Com exceção do primeiro – disse ela – os outros foram inventados. Contei-lhe o primeiro. Brigamos. Senti que qualquer coisa nova nos veio com a reconciliação, através de um amor diferente, mais forte, mais sexo. Cometi, então, a imprudência de inventar outros sonhos. O casal se recompôs, ciente o marido de que tudo não passara de fantasia. Vivem sossegados. O marido preocupa-se com o trabalho, alimenta-se bem e dorme tranqüilo. A mulher zela pelo lar. Perdeu a alegria, é verdade. Talvez tenha sido um pouco da mocidade que se foi, no modo como seu raciocínio finge uma explicação, para afastar a idéia de que é triste por alguma razão impura. O advogado ufana-se de sua habilidade, que evitou tratamentos psicanalíticos e que impediu o divórcio temerário. O casal recuperou a felicidade, – pensa ele, vaidoso de sua vitória.[19]

Na tentativa de se achar um culpado pela dissolução da sociedade conjugal, os conflitos de família, na maioria das vezes, são infindáveis. Seja qual for a decisão do juiz, certo é que pelo menos uma das partes não ficará satisfeita. Diz-se pelo menos uma das partes, porque é possível que a decisão do juiz consiga desagradar as duas partes. Por isso, não raro será o retorno aos tribunais para propor uma revisional de alimentos, uma modificação de guarda, horário de visita, entre outros pedidos de modificação do que já fora decidido.

Assim, diante das especificidades dos conflitos familiares, no lugar de o juiz impor uma decisão, o melhor é que permita que as próprias partes encontrem uma

19. BITTENCOURT, Edgard de Moura. *Família*. 5.ed. Campinas: Millennium, 2002. p. 62-63.

solução para o conflito, sem a necessidade de acusações recíprocas. Isso significa aplicar a autonomia privada que, em sentido amplo, é materializada no ordenamento jurídico brasileiro pelo princípio da liberdade nas relações existenciais.

Portanto, mostra-se pouco eficiente e legítima a solução adversarial convencional mediante a solução adjudicada, por meio da qual um terceiro decide sem uma ***ausculta*** adequada, ou seja, que leve em consideração o conflito familiar em todos os seus espectros.

Ou seja, há de se pensar novos modos de dimensionamento destes conflitos que ultrapassem os limites do que vem sendo implementado pela Resolução do CNJ 125/2010, especialmente quando o Novo Código de Processo Civil (Lei n. 13.015/2015) procura instituir um **modelo multiportas (*multi-door system*)** em consonância com outros sistemas estrangeiros que se valem de soluções integradas de conflitos mais consentâneas com as mudanças sociais das litigiosidades. Analisar esta tendência legislativa é o propósito deste breve ensaio.

3. NOVO CPC E MODELO MULTIPORTAS

Como se sabe, o Novo CPC, dentro dos limites do discurso legislativo, tenta promover uma nova racionalidade para o trato das litigiosidades.

Ao se analisar o disposto no art. 3° do Novo CPC[20], percebe-se notória tendência de se estruturar um modelo multiportas que adote a solução jurisdicional tradicional agregada à absorção de outros meios.

Busca-se, assim, a adoção de uma solução integrada dos litígios, como corolário da garantia constitucional do livre acesso à jurisdição constante do inc. XXXV do art. 5º da CRFB/88.

A mescla destas técnicas de dimensionamento de litígios se faz momentaneamente necessária pela atávica característica do cidadão brasileiro de promover uma delegação da resolução dos conflitos ao judiciário, fato facilmente demonstrável pela hiper judicialização de conflitos. Mesmo daqueles que, ordinariamente, em outros sistemas, são resolvidos pela ingerência das próprias partes (solução diádica) mediante autocomposição.

Como já informado em outra sede[21]:

---

20. **Art. 3º** Não se excluirá da apreciação jurisdicional ameaça ou lesão a direito. § 1º É permitida a arbitragem, na forma da lei. § 2º O Estado promoverá, sempre que possível, a solução consensual dos conflitos. § 3º A conciliação, a mediação e outros métodos de solução consensual de conflitos deverão ser estimulados por magistrados, advogados, defensores públicos e membros do Ministério Público, inclusive no curso do processo judicial.
21. THEODORO JR, Humberto; NUNES, Dierle; BAHIA, Alexandre Melo Franco; PEDRON, Flávio. *Novo Código de Processo Civil: Fundamentos e sistematização*. 2.ed. Rio de Janeiro: GEN Forense, 2015.

Isto induzirá uma necessária mudança do comportamento não cooperativo e agressivo das partes, desde o início, sob a égide do CPC/2015, em face da possibilidade inaugural de realização da audiência de conciliação ou mediação do art. 334. Esta situação deverá mudar o modo de elaboração das petições iniciais pelos autores, não por força do novo requisito da exordial (art. 319, VII),[22] mas pelo fato de que a inicial deverá ser vista como uma atividade preparatória de um potencial acordo, uma vez que, certamente, dependendo do modo como os argumentos forem apresentados, mesmo em uma ótica parcial e sob a potencialidade do acordo na fase da audiência de conciliação/mediação ser infrutífero, uma vez que se os argumentos forem suscitados de maneira agressiva as chances da autocomposição diminuirão. Pontue-se que **o sistema de autocomposição inaugural dependerá do interesse de apenas uma das partes** eis que para a inocorrência da audiência do 334 será necessário que o autor na exordial (art. 319,VII) diga de seu desinteresse e o réu, com 10 (dez) dias de antecedência, contados da data da audiência, faça o mesmo mediante simples petição. Certamente surgirão vozes a defender que a manifestação de uma das partes já induzirá a inocorrência da audiência do 334, em face do fortalecimento da autonomia privada das partes, no entanto, tal interpretação somente será possível caso se vislumbre uma potencial inconstitucionalidade na exigência de dupla manifestação de vontades para o afastamento do ato processual, o que não conseguimos vislumbrar. Em suma, a aludida audiência somente não será realizada "se ambas as partes manifestarem, expressamente, desinteresse na composição consensual" ou "quando não se admitir a autocomposição" (art. 334, § 4º), de modo que "o não comparecimento injustificado do autor ou do réu à audiência de conciliação é considerado ato atentatório à dignidade da justiça e será sancionado com multa de até dois por cento da vantagem econômica pretendida ou do valor da causa, revertida em favor da União ou do Estado" (art. 334, § 8º). Reitere-se, assim, que caberá ao advogado do autor repensar sua "escrita" da inicial de modo a favorecer e ampliar as possibilidades de realização de autocomposição, com ampliação óbvia da eficiência da atividade dialógico-processual. Isto demonstra que além de mudanças técnico-dogmáticas, o Novo CPC promoverá, desde que bem entendido, uma mudança da racionalidade dos sujeitos processuais de modo a aprimorar-se tecnicamente o uso do processo democrático. **Ademais, o uso desta audiência inaugural do CPC/2015 não deve se limitar à busca da**

22. Art. 319. A petição inicial indicará: [...] VII – a opção do autor pela realização ou não de audiência de conciliação ou de mediação.

solução autocompositiva no aspecto material do litígio, eis que, como ver-se-á mais à frente, será permitido seu uso para uma negociação processual dos sujeitos processuais para calendarização do procedimento e ajustes acerca de faculdades e ônus (arts 190 e 191). Ou seja, será possível o dimensionamento material do conflito ou, caso o mesmo não seja viável, o gerenciamento processual do caso mediante a negociação processual. Esta última hipótese, quando bem patrocinada pode evitar inúmeros percalços em decorrência das especificidades do litígio.

Desde a década de 1970 existe uma enorme tendência de uso cada vez mais recorrente das anteriormente chamadas ADRs (*Alternative dispute resolution* - técnicas alternativas de resolução de conflitos) como opção ao sistema jurisdicional tradicional. Essa inclinação se iniciou como uma tendência de permitir que conflitos de menor complexidade, que não necessitassem de conhecimento jurídico, pudessem ser dimensionados fora do sistema tradicional (jurisdição).[23]

O Brasil não ficou alienado a este fenômeno pós-Constituição de 1988 e ao fortalecimento de correntes de cariz socializador a partir da década de 1990.[24]

Em assim sendo, paralelamente à visão técnica do funcionamento da justiça oficial (fortemente inspirada em métodos forjados para enfrentar a *contenciosidade*), ganha terreno, no fim do século XX e início do século atual, a preocupação dos cientistas do direito processual com a implantação da chamada justiça *coexistencial*.

O pano de fundo deste fenômeno pode ser consultado em outra sede.[25]

Nos termos postos, vislumbra-se que para além de se pensar na jurisdição como última via para se dimensionar um conflito, hoje é possível se pensar que as chamadas técnicas *alternativas*, podem ser utilizadas como **vias plúrimas e adequadas** para a solução mais apropriada, quando bem estruturadas e levadas a cabo de modo profissional[26], independentemente do nível de complexidade do conflito que se apresente.[27]

No que tange às demandas familiares, a abertura de meios que congreguem a atuação técnica jurídica com outros saberes (v.g. psicologia, serviço

---

23. THEODORO JR, Humberto; NUNES, Dierle; BAHIA, Alexandre Melo Franco; PEDRON, Flávio. *Novo Código de Processo Civil: Fundamentos e sistematização*. 2.ed. Rio de Janeiro: GEN Forense, 2015.
24. NUNES, Dierle. *Processo jurisdicional democrático*. Curitiba: Juruá, 2008.
25. Para uma abordagem crítica do fenônemo, conferir: NUNES, Dierle; TEIXEIRA, Ludmila. Acesso à justiça democrático. Brasília: Gazeta Jurídica, 2013.
26. O Novo CPC viabiliza a necessidade de formação adequada de mediadores e de conciliadores no arts 166 a 174.
27. THEODORO JR., Humberto; NUNES, Dierle; BAHIA, Alexandre. Litigância De Interesse Público E Execução Comparticipada De Políticas Públicas. *Revista de Processo*. São Paulo: Revista dos Tribunais. Vol. 224. Out. /2013.

social) se torna imperativa para atuar nos níveis de complexidade ínsitos das relações interpessoais afetivas da atual quadra histórica.

Durante muito tempo se pensou nas *ADRs* tão só para conflitos mais singelos.

Porém, como já dizia Frank Sander em clássica preleção de **1976, deveriam ser pensados certos critérios na determinação do mecanismo apropriado de resolução de disputas.**

Naquela oportunidade, mesmo sem usar a atual nomenclatura corriqueira (*Multi-door Courthouse* – Tribunal multiportas), Sander já lançava as bases para um Centro de Justiça Global, que forneceria acesso a uma variedade de instalações de *ADRs* (mediação, arbitragem, *ombudsman, fact finding, small claims* etc), com a finalidade de se buscar a opção técnica mais adequada e que poderia, segundo ele, reduzir a quantidade de demandas do sistema jurisdicional. Criar-se-ia um lugar no qual métodos ecléticos de resolução de disputas estariam, de modo concentrado, à disposição dos cidadãos.

Tal modelo *multi-door* vem, apesar de vários percalços de implementação, obtendo bons resultados nos EUA e servindo de modelo para inúmeros outros países (v.g. Nigéria, Cingapura).

Esta experiência estrangeira mostrou que as negociações preliminares (*pre-trial negotiations*), etapa inicial do procedimento, seriam convenientes em quaisquer tipos de litígio, e que o "juiz" (ou profissional) a presidir a audiência não deveria ser o mesmo que haveria de promover a análise do litígio em sua fase de julgamento.

Inspirado nesta premissa, o Novo CPC determina a criação de centros judiciários de solução consensual de conflitos (art. 165), com profissionais formados para tal fim (art. 167), integrados ao próprio sistema jurisdicional; mas sem obstar o uso de câmaras privadas de conciliação e mediação, desde que habilitadas e cadastradas perante os Tribunais de Justiça.

Assim, claramente, a atual escolha pode trazer ferramentas plúrimas ao jurisdicionado, mas sem a pretensão de trazer maior celeridade e diminuição de custos, especialmente quando se percebe a necessidade que o Novo CPC traz de que os novos conciliadores e mediadores passem por uma capacitação obrigatória (que induz gastos – art. 167) para a profissionalização de suas funções e da necessidade de criação dos centros de autocomposição.

Pontue-se que no sistema americano, que inspira o Novo CPC, em face da adoção multiportas de técnicas, criou-se uma possibilidade de triagem de casos (*screening process*) a partir da noção de gerenciamento de litígios (não de processos) ou "*case management*".

A ideia parte da noção de que os litígios, especialmente dentro de um quadro de diversidade de tipos e de graus de complexidade, merecem ser geridos e direcionados para a via processual adequada para seu dimensionamento.

Nestes termos, no Novo CPC, verifica-se **que a mediação e a conciliação, de técnicas alternativas, passam a compor um quadro de soluções integradas**[28] **de modo que, uma vez proposta a demanda, haveria a possibilidade de escolha da técnica mais adequada para o dimensionamento de cada conflito.** Cria-se, ademais, um modelo próprio de triagem de casos (*screening process*) com:

a) Audiência inaugural de conciliação ou mediação (art. 334), logo após a análise da petição inicial, na qual o conciliador ou mediador profissional, onde houver, atuará necessariamente;

b) Ou mesmo, a remessa imediata aos centros judiciários de solução consensual dos conflitos para que mediante a ingerência de profissionais treinados se busque dimensionar o conflito.

Assim, apesar das duras críticas que se pode fazer à tendência de absorção destas técnicas no bojo do processo jurisdicional, o Novo CPC, buscando reduzir os déficits de sua eficiência, em face, inclusive, da ausência de profissionalismo no uso das técnicas, tenta promover um peculiar modelo multiportas no qual o processo judicial encampa a solução adjudicada (jurisdicional), além da possibilidade endoprocessual de uma conciliação e/ou mediação profissionalizada.

Isto permitirá, caso bem implementado, a mudança do atual perfil do dimensionamento dos conflitos em geral e, em especial, dos familiares.

28. Como elucida Leonardo Carneiro da Cunha e João Lessa: "[...] o projeto institucionaliza os ADR, disciplinando-os, na realidade, não como meios "alternativos" de resolução de disputas, mas como meios "integrados". Realmente, ao tratar da mediação e da conciliação, o projeto prevê sua realização no processo judicial, sem, todavia, eliminar sua independência e flexibilidade, criando, ademais, instrumentos de comunicação e de troca cooperativa com a arbitragem, como a carta arbitral. Há, no projeto, uma valorização do consenso e uma preocupação em criar no âmbito do Judiciário um espaço não apenas de *julgamento*, mas de *resolução de conflitos*. Isso propicia um redimensionamento e democratização do próprio papel do Poder Judiciário e do modelo de prestação jurisdicional pretendido. O distanciamento do julgador e o formalismo típico das audiências judiciais, nas quais as partes apenas assistem ao desenrolar dos acontecimentos, falando apenas quando diretamente questionadas em um interrogatório com o objetivo de obter sua confissão, são substituídos pelo debate franco e aberto, com uma figura que pretende facilitar o diálogo: o mediador ou o conciliador.Além de propiciar um redimensionamento e democratização do próprio papel do Poder Judiciário e do modelo de prestação jurisdicional pretendido, o projeto contribui para ampliar o acesso democrático à justiça, pois, como esclarecem Dierle Nunes e Ludmila Teixeira, "o acesso à justiça democrático exige que as autonomias do cidadãos sejam respeitadas não somente no momento da gênese do direito, mas sobretudo no momento aplicativo." CUNHA, Leonardo Carneiro da; LESSA, João. A mediação e a conciliação no projeto do novo CPC: meios integrados de resolução de disputas. NUNES, Dierle; DIDIER, Fredie. *Et al. Novas tendências do Processo civil: estudos sobre o projeto de novo CPC*. Vol.2. Salvador: Jus Podivm, 2014.

No campo dos procedimentos familiares não se pode olvidar que o CPC/2015 traz regramento mais detalhado para o uso destas técnicas nos conflitos familiares nos moldes dos arts. 693 a 699.

Incontroversa a efetiva alteração representada quanto às estruturas processuais, pelos contornos e conotações empreendidas pelo CPC/2015 em relação às vias integradas de resolução de conflitos. Como dito alhures, a possibilidade inaugural de realização da audiência de conciliação ou mediação do art. 334, poderá retardar a litigiosidade excessiva das partes, presente no atual sistema, que torna penosa e pouco produtiva qualquer tentativa de harmonização, permitindo um tratamento adequado aos conflitos que ocorrem no âmbito familiar.

A inserção deste modo de gestão de conflitos, que dá primazia à racionalidade comunicativa em detrimento da exacerbada litigiosidade, é garantida também pelo disposto no § 1º do art. 695, ao determinar que o mandado de citação esteja desacompanhado da cópia da petição inicial.

Cabe pontuar que foi Israel Rachid que embasou a citação sem contrafé nas ações de família. Durante a tramitação, tal premissa foi apresentada ao então relator do projeto, Dr. Sérgio Barradas Carneiro, que determinou a sua incorporação. Segundo Rachid, em texto publicado nos anais do IBDFAM de 1997: [29]

> As paixões explodem, amores nascem, naturalmente, sendo incabível qualquer legalidade para o seu surgimento. Está presente a figura do direito íntimo. Alguns desdobramentos dos sentimentos podem enfraquecer as paixões, diminuir o amor e trazer à tona o desamor. Deveriam os amantes buscar, eles próprios, suas soluções subjetivas, as quais não são oferecidas pelo Poder Judiciário. O juiz, este estranho, terceiro, a decidir sobre uma relação que não deu certo, dificilmente fará de um dos litigantes um destinatário de felicidade. **No plano processual, a tentativa de conciliação entre os cônjuges desavindos,** com o objetivo da transformação dos divórcios e separações judiciais litigiosos em consensuais, tem trazido resultados satisfatórios e menos traumáticos para os envolvidos. **Será salutar, no campo da legalidade, a permissão para que um cônjuge, ao formular um pedido de separação judicial ou divórcio, não apresente, de imediato, com a petição inicial, os fatos e o fundamento jurídico de sua pretensão, para que não fique inviabilizada uma conciliação entre as partes envolvidas.** Assim como é permitida, no prazo de dez (10) dias, a emenda da petição inicial (art. 283 do Código de Processo Civil), poderia a lei permitir, também, que os fatos e fundamentos jurídicos dos

29. RACHID, Israel Carone. A legalidade da Subjetividade. *In:* Cunha Pereira, Rodrigo da (coordenador). *Repensando o direito de família*. Belo Horizonte: Del Rey, 1999. p. 455-460.

> pedidos de divórcio e separação judicial só fossem levados ao conhecimento da parte requerida após a constatação da impossibilidade de reconciliação ou conciliação entre os cônjuges. Afinal, as normas de procedimento devem servir para fazer prevalecer os direitos substantivos, não para limitá-los. (Destacamos).

Pontue-se que nos termos do mesmo § 1º do art. 695, será garantido ao réu o direito de examinar a exordial a qualquer tempo. Mas, segundo um argumento pragmático, evita-se o acesso imediato de potenciais conteúdos que fomentem o embate que poderá desgastar desnecessariamente e inviabilizar as possibilidades de construção consensual da resolução do conflito.

O dispositivo em comento, além de eliminar a litigiosidade, visaria preservar a subjetividade dos envolvidos, não expondo, desnecessariamente, os fundamentos e razões dos pedidos, preservando, supostamente, as condições para a realização da conciliação ou mediação.

Assevere-se, no entanto, que muitas vozes já se insurgem à vedação de conhecimento imediato ao conteúdo da inicial pelo réu, em face de potencial vício de inconstitucionalidade por mitigação do contraditório como não surpresa, e até mesmo pela percepção de que, ordinariamente, o resultado mais efetivo (e legítimo) de uma autocomposição é fruto de um conhecimento mais pleno dos riscos do processo (como ocorre em sistemas estrangeiros, como v.g. o americano) no qual durante as tratativas todos os argumentos relevantes são "postos à mesa", diversamente da busca do acordo mediante ignorância.

Ademais, parece falsa a crença de que a parte não irá diligenciar na secretaria (gerando, talvez, um aumento destes serviços cartoriais) para conhecimento do teor da demanda, mesmo que movido pela curiosidade; especialmente quando o dispositivo viabiliza acesso ao conteúdo pela parte ré, bastando apenas que a mesma se dirija ao juízo competente.

Apesar desta relevante discussão percebe-se que a opção do CPC/2015, ao institucionalizar vias plúrimas de dimensionamento dos conflitos, visa proporcionar um campo de ação multidisciplinar, por meio do qual as pessoas construam, de modo comunicacional e relacional, a solução do conflito, respeitando as individualidades e as histórias de vida pessoal e familiar.

Ao determinar, no art. 694, que nas ações de família todos os esforços serão empreendidos para a solução consensual[30] da controvérsia, devendo o juiz valer-se de profissionais de diversas áreas, reconhece-se a necessidade de

30. Por determinação do art. 697 apenas diante da impossibilidade clara de acordo, o procedimento retomará a tramitação convencional, abrindo-se ao réu a possibilidade de apresentação de contestação, nos termos do art. 335.

descentralização e desierarquização dos mecanismos convencionais de solução de conflito, retirando do juiz a supremacia messiânica[31] de sua decisão, dando aos envolvidos a possibilidade de construírem, conjuntamente, resoluções que sejam verdadeiramente satisfatórias.

No entanto, para que a mediação seja uma porta verdadeiramente hábil de resolução de conflitos é fundamental que o mediador disponha, em primeiro lugar, de tempo suficiente para construir o ambiente de comunicação interpartes[32]. Considerando que a mediação é tanto ou mais dispendiosa do que a solução por via de decisão judicial, garante-se no art. 696[33], a realização de tantas sessões quantas sejam necessárias para a resolução consensual do conflito.

Neste contexto, é também essencial o instrumentário técnico, ou seja, o mediador precisa possuir as competências necessárias ao exercício de sua função, assentando-se a sua intervenção na criação de um quadro de comunicação entre os indivíduos envolvidos no conflito familiar, de modo a permitir que as pessoas sejam autoras de sua própria história[34].

Como pontuam Giselle Picorelli Yacoub Marques e Esther Benayon Yagodnik, o modelo tradicional de solução adjudicada não atende mais aos conflitos familiares, em termos:

> Com isso, tendo em vista sua natureza e sua fundamentação no afeto, os conflitos decorrentes das relações de família tendem a retornar ao Judiciário quando não são efetivamente desfeitos. Isto porque o modelo paternalista que circunda a decisão proferida pelo juiz de direito não dissolve o conflito interpessoal existente, não desconstrói o conflito real, apenas regulamenta um conflito aparente, seja uma disputa de guarda, crédito alimentar

---

31. MAUS, Ingeborg. O Judiciário como Superego da Sociedade: O papel da atividade jurisprudencial na "sociedade órfã". *Novos Estudos CEBRAP*, São Paulo, n.º 58, p. 183 – 202, novembro de 2000.
32. Sobre os meios alternativos pré-contenciosos mostra-se relevante a abordagem de Paula Costa e Silva: SILVA, Paula Costa e. O acesso ao sistema judicial e os meios alternativos de resolução de controvérsias: alternatividade efectiva e complementariedade, p. 303-319. *In:* WALD, Arnaldo (organizador). *Arbitragem e mediação*: mediação e outros modos alternativos de solução de conflitos. São Paulo: Editora Revista dos Tribunais, 2014 (Coleção Doutrinas Essenciais vol. 6).
33. Art. 696. A audiência de mediação e conciliação poderá dividir-se em tantas sessões quantas sejam necessárias para viabilizar a solução consensual, sem prejuízo de providências jurisdicionais para evitar o perecimento do direito.
34. Sobre as competências e habilidades dos mediadores parece pertinente a advertência feita por Paula Costa e Silva: "Uma mediação levada a cabo por recursos humanos não especializados e insuficientemente treinados será uma espécie de psico-drama mal dirigido, não um meio alternativo de resolução de controvérsias." SILVA, Paula Costa e. O acesso ao sistema judicial e os meios alternativos de resolução de controvérsias: alternatividade efetctiva e complementariedade, p. 303-319. *In:* WALD, Arnaldo (organizador). *Arbitragem e mediação*: mediação e outros modos alternativos de solução de conflitos. São Paulo: Editora Revista dos Tribunais, 2014 (Coleção Doutrinas Essenciais vol. 6).

ou um divórcio, acirrando, em muitos casos, a litigiosidade existente naquela relação social. Desta forma, não basta atribuir-se a guarda de um filho a pai ou mãe, exclusivamente, visto que o menor necessita destas duas figuras básicas para sua formação. É insuficiente atribuir-se parcela de bens ao alimentando, como componente da prestação alimentícia, se o filho ou seu guardião não conseguem administrar o patrimônio ou até mesmo a pensão e se o alimentante não estiver presente à formação e ao desenvolvimento da prole, acompanhando-a diariamente e, o que é mais importante, seja qualquer dos pais, parentes ou responsáveis, alienado ao convívio da criança ou adolescente. (LAGRASTA NETO, 2011, p.3)[...] O impasse familiar precisa ser abordado de maneira a esvaziar qualquer possibilidade de cronicidade, pois as relações persistem após o procedimento de abordagem de tal demanda. Caso contrário, a cristalização e o acúmulo de tais pelejas latentes podem gerar "patologias" psicológicas e sociais, atingindo toda a estrutura familiar e os elementos do tecido social, gerando danos e sofrimentos profundos àqueles envolvidos. Na jurisdição estatal, quando o juiz decide, o que se expressa é uma linguagem binária, apresentando única alternativa – vencedor e vencido. Neste modelo, um terceiro, supostamente com mais poder e conhecimento, tem a função de dirimir um conflito entre pessoas que, supostamente, não têm condição de fazê-lo. Na decisão judicial não há consenso, nem espaço de comunicação, o que há é imposição de uma regra a ser seguida. Todavia, nas relações de família, nem sempre, a solução é tão cartesiana. Por envolver subjetividades diversas a solução deve surgir da transformação do conflito, sendo a mediação uma alternativa eficaz, pois permite uma relação ternária, através da presença do mediador, aberta ao diálogo, superando este binômio cartesiano de certo e errado. É possível um redimensionamento das responsabilidades, com a compreensão do litígio e a criação de possíveis soluções mais adequadas à realidade daquela relação. O entendimento que pode ser gerado pela mediação poderá levar à administração do conflito, permitindo um acordo legitimado pelos mediandos, inexistindo a figura do vencedor e do vencido, com a possibilidade de uma relação social equilibrada posteriormente. O processo de mediação como instrumento transformador de relação adversarial em relação colaborativa e democrática, facilitando o descortinar de soluções criativas e proporcionando aprendizado e esclarecimento das partes para, inclusive, prevenção de futuros conflitos.[35]

35. MARQUES, Giselle Picorelli Yacoub; YAGODNIK Esther Benayon. A mediação no projeto do novo código de processo civil: um novo paradigma de acesso à justiça nos conflitos familiares? MIRANDA NETTO, Fernando

Ganha projeção, nesses termos, a conciliação/mediação familiar. "A mediação familiar é um procedimento de construção ou de reconstrução do vínculo familiar norteado pela autonomia e responsabilidade das pessoas concernentes em situação de ruptura ou de separação na qual um terceiro imparcial, independente, qualificado e sem poder de decisão – o mediador familiar – favorece, por meio da organização de sessões confidenciais, a comunicação, a gestão de seu conflito no domínio familiar compreendido em sua diversidade e na sua evolução."[36]

4. LEI Nº 13.140/2015

Corroborando a tendência multiportas estabelecida no ordenamento jurídico brasileiro com a sanção do Novo Código de Processo Civil – Lei nº 13.105/2015, entrou em vigor, no segundo semestre de 2015, a Lei nº 13.140/2015, que define parâmetros objetivos acerca da mediação judicial e extrajudicial entre particulares, além da autocomposição de conflitos no âmbito da administração pública.

A Lei nº 13.140/2015, logo em seu art. 1º, parágrafo único, tratou de normatizar uma definição acerca do que seja a mediação, estabelecendo que tal prática caracteriza-se como sendo *a atividade técnica exercida por terceiro imparcial sem poder decisório, que, escolhido ou aceito pelas partes, as auxilia e estimula a identificar ou desenvolver soluções consensuais para a controvérsia.*

Conforme disposto no art. 2º da mencionada Lei, a mediação é informada pelos princípios da imparcialidade do mediador; isonomia entre as partes; oralidade; informalidade; autonomia da vontade das partes; busca do consenso; confidencialidade; e boa-fé.

No âmbito dos conflitos familiares, calha ressaltar, dentre os princípios informadores da mediação, especialmente, os princípios da autonomia da vontade das partes (privada) e da confidencialidade.

O princípio da confidencialidade tem especial importância tendo em vista a natureza particular dos conflitos que envolvem questões familiares. O art. 30 da Lei 13.140/2015 determina que *toda e qualquer informação relativa ao*

Gama de (org). *Mediação nas comunidades e nas instituições* [livro eletrônico]. Niterói: PPGSD – Programa de Pós-Graduação em Sociologia e Direito, 2014. p. 174-175.

36. « La médiation familiale est un processus de construction ou de reconstruction du lien familial axé sur l'autonomie et la responsabilité des personnes concernées par des situations de rupture ou de séparation dans lequel un tiers impartial, indépendant, qualifié et sans pouvoir de décision – le *médiateur familial* – favorise, à travers l'organisation d'entretiens confidentiels, leur communication, la gestion de leur conflit dans le domaine familial entendu dans sa diversité et dans son évolution ». Conseil National Consultatif de la Médiation Familiale (2002). Disponível em: http://www.mediation-familiale.org/orange/index.aspx Acesso em: 25 Jan. 2016.

procedimento de mediação será confidencial em relação a terceiros, não podendo ser revelada sequer em processo arbitral ou judicial, abrangendo declarações, opiniões, sugestões, promessas, propostas, reconhecimento de fatos, documentos, dentre outros.

Pragmaticamente, significa dizer que apesar das tentativas de solução consensual do conflito empenhadas durante procedimento de mediação, caso não seja obtido o acordo entre as partes e eventualmente a controvérsia seja encaminhada à jurisdição ou a alguma câmara arbitral, as informações constantes do procedimento de mediação, seja judicial ou extrajudicial, não valerão como meio de prova, tendo em vista sua confidencialidade, a teor do disposto no § 2º do art. 30 da Lei nº 13.140/2015.

De outro modo, em relação ao princípio da autonomia privada das partes, há questões que merecem destaque. A Lei da Mediação – como vem sendo conhecida – quando confrontada com a norma ínsita no CPC/2015, encontra alguns problemas de harmonização[37], conforme apontado pela literatura jurídica. Isso porque os diplomas propõem regras conflitantes entre si.

Conforme se aludiu em outra sede, citando também Thiago Rodovalho:

> Há, pois, uma celeuma no meio doutrinário sobre as (in)compatibilidades entre ambas normas. Uma das questões iniciais é sobre a possibilidade de ambas as partes "dispensarem" a realização da audiência de mediação. Se, como mostrado acima, no Novo CPC a mediação era "quase obrigatória", nos termos da Lei n. 13140/2015 ela é colocada como obrigatória, sem qualquer relativização, em razão dos seus artigos 3º e 27:
>
> Art. 3º. Pode ser objeto de mediação o conflito que verse sobre direitos disponíveis ou sobre direitos indisponíveis que admitam transação.
>
> § 1º. A mediação pode versar sobre todo o conflito ou parte dele.
>
> § 2º. O consenso das partes envolvendo direitos indisponíveis, mas transigíveis, deve ser homologado em juízo, exigida a oitiva do Ministério Público.
>
> Art. 27. Se a petição inicial preencher os requisitos essenciais e não for o caso de improcedência liminar do pedido, ***o juiz designará audiência de mediação*** (grifos nossos).
>
> Não há, na Lei de Mediação, qualquer referência sobre outra possibilidade: estando perfeita a inicial e não sendo o caso de

37. THEODORO JÚNIOR, Humberto, NUNES, Dierle, BAHIA, Alexandre Melo Franco, PEDRON, Flávio Quinaud. Novo CPC – Fundamentos e sistematização – 3. ed. rev., atual. e ampl. – Rio de Janeiro: Forense, 2016.

> improcedência liminar (art. 332), o juiz tem o poder-dever de designar audiência de mediação.
>
> Sobre a harmonização entre as duas leis, Thiago Rodovalho, partindo já do suposto de que a Lei de Mediação – por ser posterior e por ser especial, prevalece – nos dá notícia de haver três correntes na doutrina:
>
> (i) a que entende que a mediação obrigatória é inconstitucional, pois viola a autonomia privada das partes; (ii) a que entende que não haveria incompatibilidade entre Lei de Mediação e NCPC; e, por fim, (iii) a corrente que adotamos, no sentido que a incompatibilidade efetivamente existe, com a revogação dessa parte no NCPC pela Lei de Mediação, instituindo-se, pois, no Brasil, a mediação obrigatória.[38]

A mediação é uma opção consensual – apesar de obrigatória, caso judicial – de resolução de controvérsias apartada à atividade jurisdicional ordinária, exercida através da influência do mediador judicial ou extrajudicial. Segundo a Lei nº 13.140/2015, o mediador extrajudicial será *pessoa capaz que tenha a confiança das partes e seja capacitada para exercer mediação* (art. 9º). Por outro lado, o mediador judicial será *pessoa capaz, graduada há pelo menos dois anos em curso de ensino superior de instituição reconhecida pelo Ministério da Educação e que tenha obtido capacitação em escola ou instituição de formação de mediadores* (art. 11).

Existem disposições comuns à mediação extrajudicial e à judicial (arts. 14 a 20), entretanto, a mediação extrajudicial será iniciada após convite formulado pela parte interessada que indicará a matéria, a data e o local da reunião inicial (art. 21), ao passo que a mediação judicial será designada obrigatoriamente caso a petição inicial apresente os requisitos essenciais e não for o caso de improcedência liminar do pedido (art. 27), conforme aludido.

Nos termos do art. 20 da Lei nº 13.140/2015, o procedimento de mediação será encerrado com a lavratura de termo final. Quando for obtido acordo, o termo final constituirá título executivo extrajudicial (se decorrente de mediação extrajudicial) ou título executivo judicial (se decorrente de mediação judicial).

Na seara dos conflitos familiares, a mediação poderá exercer papel fundamental na medida em que representa uma opção não litigiosa de solução de controvérsias através da presença de indivíduo dotado de habilidade capaz de facilitar a comunicação entre as partes, mas sem poder de decisão.

---

38. THEODORO JÚNIOR, Humberto, NUNES, Dierle, BAHIA, Alexandre Melo Franco, PEDRON, Flávio Quinaud. Novo CPC – Fundamentos e sistematização – 3. ed. rev., atual. e ampl. – Rio de Janeiro: Forense, 2016.

A figura do mediador servirá como orientador e elucidador da discussão empreendida, que, muitas vezes, torna-se litigiosa à vista dos vícios de cognição acometidos pela carga sentimental e emocional das questões tratadas no juízo familiar.

E mesmo questões que envolvam incapazes, v.g. guarda dos filhos comuns, pensão alimentícia de filhos menores, dentre outras, poderão ser objeto de mediação familiar.

Isso porque o § 2º do art. 3º da Lei 13.140/2015 traz a possibilidade de que seja buscado o consenso das partes envolvendo direitos indisponíveis, mas transigíveis, através da oitiva de representante do Ministério Público e homologação judicial.

5. CONCLUSÃO

Após esta breve análise do panorama dos conflitos familiares e das opções existentes para sua resolução, conclui-se que, apesar das incompatibilidades existentes, a litigiosidade familiar poderá ser modificada caso sejam bem interpretadas e aplicadas as disposições multiportas constantes do CPC/2015, bem como as possibilidades decorrentes dos procedimentos de mediação judicial e extrajudicial trazidas na Lei nº 13.140/2015.

O Novo CPC e a Lei de Mediação abrem espaço para a implantação, no Brasil, do chamado sistema "multiportas", idealizado nos Estados Unidos. Um sistema judicial ampliado mediante a introdução de múltiplos programas para resolver as disputas através de métodos diferenciados, que podem ser utilizados antes do processo judicial e durante ele; um *menu* de várias opções de resolução de conflitos que permite a utilização do mecanismo mais adequado para cada conflito em particular.

A mediação destaca-se no âmbito desse *menu*, principalmente para a solução de conflitos familiares, por ser um processo dinâmico que visa ao entendimento, buscando desarmar as partes envolvidas no conflito.

Diante da especialidade dos conflitos familiares, questiona-se qual a solução mais adequada: deixar que o Estado resolva o conflito ditando a solução para o caso concreto ou dar a oportunidade para que as próprias partes, com fulcro na autonomia que deve existir no seio de toda entidade familiar, decidam o que é melhor e assumam a responsabilidade pela decisão?

A verdadeira justiça com paz social só é alcançada quando todas as questões que envolvem o litígio são discutidas e tratadas de forma completa e satisfatória pelas próprias partes. É o que ocorre, quando se chega a um acordo por meio da mediação, pois representa a expressão do que cada parte aceita como "justo" e se compromete a cumprir, sendo, por isso, uma solução satisfatória e duradoura.

Com a mediação, portanto, abre-se a possibilidade para que o sujeito se autoconstitua por meio das oportunidades de transformação em seu ser singular, tornando-se sujeito de si mesmo, apropriando-se de sua experiência, estabelecendo, sobretudo por meio da escuta reflexiva, novos vínculos. As soluções são mais criativas e transformadoras, já que consideram a própria realidade vivenciada pelas partes e, reconhecendo-se e respeitando-se as diferenças, relacionamentos mais autênticos podem ser construídos.

A mediação sem dúvida representa espaço *"de"* e *"para"* a libertação e criação de novos modos de subjetivação. Contudo, entende-se que tal prática não é fácil, pois muitas vezes as próprias pessoas preferem que o Estado (Juiz) decida os rumos de suas vidas. Não é fácil para o indivíduo libertar-se da dominação do Estado e de outras formas de poder, dos discursos "verdadeiros" estampados nas normas e, de maneira livre e transformadora, criar novas formas de subjetividade e tornar-se autor de si próprio. Eis, então, o principal desafio a ser suplantado para a adoção efetiva do sistema multiportas no Brasil.

Cabe destacar, ainda, que o modelo multiportas do CPC/2015 almeja viabilizar a ausculta profunda dos conflitos familiares de modo a permitir que em um sistema processual prioritariamente imerso em metas de produtividade e busca desenfreada de eficiência quantitativa, os conflitos provenientes da nova família possam ser analisados em consonância com seus atuais desafios.

Na mesma toada, espera-se que a normatização dos procedimentos de mediação judicial e extrajudicial, no âmbito dos conflitos familiares, nos termos postos pela Lei nº 13.140/2015, traga à baila novas possibilidades de resolução de controvérsias pela via consensual, mediante a atuação de pessoa hábil e sem qualquer poder decisório que apenas auxiliará as partes interessadas a buscar solução conjunta para a questão posta em debate, afastando a incidência do litígio – muitas vezes decorrente da carga sentimental e emocional existente.

REFERÊNCIAS BIBLIOGRÁFICAS

ACKERMAN, Nathan W. *Diagnóstico e tratamento das relações familiares*. Trad. Maria Cristina R. Goulart. Porto Alegre: Artes Médicas, 1986.

ALMEIDA, Renata Barbosa de; RODRIGUES JÚNIOR. *Direito Civil:* Famílias. 2. ed. São Paulo: Atlas, 2012.

APEL, Karl-Otto. *Teoria de la verdad y etica del discurso*. Barcelona: Paidos, 1991.

BITTENCOURT, Edgard de Moura. *Família*. 5.ed. Campinas: Millennium, 2002.

CAIVANO, Roque J.; GOBBI, Marcelo.; PADILLA, Roberto. E. *Negociacón y mediacón*. Buenos Aires: Ad-Hoc, 1997.

CUNHA, Leonardo Carneiro da; LESSA, João. A mediação e a conciliação no projeto do novo CPC: meios integrados de resolução de disputas. NUNES, Dierle; DIDIER, Fredie. *Et al. Novas tendências do Processo civil: estudos sobre o projeto de novo CPC.* Vol.2. Salvador: Jus Podivm, 2014.

GROENINGA, Giselle Câmara. Família: um caleidoscópio de relações. In: GROENINGA, Giselle Câmara, PEREIRA, Rodrigo da Cunha (Coord.) *Direito de família e psicanálise* – rumo a uma nova epistemologia. Rio de Janeiro: Imago, 2003.

HERRERO, Francisco Javier. A pragmática transcendental como "filosofia primeira". In Síntese Nova Fase. Belo Horizonte. v. 24, n. 79, 1997.

LACAN, Jacques. *Os complexos familiares na formação do indivíduo.* Trad. Marco Antônio Coutinho Jorge e Potiguara Mendes da Silveira Júnior. Rio de Janeiro: Jorge Zahar, 2002.

LÔBO, Paulo Luiz Netto. *Entidades familiares constitucionalizadas: para além do numerus clausus.* Disponível em: ‹ http://www.egov.ufsc.br/portal/sites/default/files/anexos/9408-9407-1-PB.pdf›. Acesso em: 20 abr. 2015.

KOHLBERG. *Psicologia del Desarrollo* Moral. Bilbao: Ed. Desclée de Brouwer. 1992.

MARQUES, Giselle Picorelli Yacoub; YAGODNIK Esther Benayon. A mediação no projeto do novo código de processo civil: um novo paradigma de acesso à justiça nos conflitos familiares? MIRANDA NETTO, Fernando Gama de (Org). *Mediação nas comunidades e nas instituições* [livro eletrônico]. Niterói: PPGSD – Programa de Pós-Graduação em Sociologia e Direito, 2014.

MAUS, Ingeborg. O Judiciário como Superego da Sociedade: O papel da atividade jurisprudencial na "sociedade órfã". *Novos Estudos CEBRAP*, São Paulo, n.º 58, p. 183 – 202, novembro de 2000.

NUNES, Dierle. *Processo jurisdicional democrático.* Curitiba: Juruá, 2008.

NUNES, Dierle; TEIXEIRA, Ludmila. Acesso à justiça democrático. Brasília: Gazeta Jurídica, 2013.

PEIRCE, Charles Sanders *A fixação das crenças. in* Semiótica e filosofia. São Paulo, Cultrix, 1972.

PEREIRA, Rodrigo da Cunha. A família – estruturação jurídica e psíquica. *In: Direito de Família contemporâneo.* Belo Horizonte: Del Rey, 1997.

RACHID, Israel Carone. A legalidade da Subjetividade. *In:* Cunha Pereira, Rodrigo da (coordenador). *Repensando o direito de família.* Belo Horizonte: Del Rey, 1999. p. 455-460.

SILVA, Paula Costa e. O acesso ao sistema judicial e os meios alternativos de resolução de controvérsias: alternatividade efectiva e complementariedade, p. 303-319. *In:* WALD, Arnaldo (organizador). *Arbitragem e mediação:* mediação e outros modos alternativos de solução de conflitos. São Paulo: Editora Revista dos Tribunais, 2014 (Coleção Doutrinas Essenciais vol. 6).

TEPEDINO, Gustavo. A Disciplina Civil-Constitucional das Relações Familiares. Disponível em: ‹http://www.egov.ufsc.br/portal/sites/default/files/anexos/15079-15080-1-PB.pdf›. Acesso em: 20 abr. 2015.

THEODORO JR., Humberto; NUNES, Dierle; BAHIA, Alexandre. Litigância De Interesse Público E Execução Comparticipada De Políticas Públicas. *Revista de Processo*. São Paulo: Revista dos Tribunais. Vol. 224. Out. /2013.

THEODORO JR, Humberto; NUNES, Dierle; BAHIA, Alexandre Melo Franco; PEDRON, Flávio. *Novo Código de Processo Civil: Fundamentos e sistematização*. 2. ed. Rio de Janeiro: GEN Forense, 2015.

THEODORO JÚNIOR, Humberto, NUNES, Dierle, BAHIA, Alexandre Melo Franco, PEDRON, Flávio Quinaud. Novo CPC – Fundamentos e sistematização – 3. ed. rev., atual. e ampl. – Rio de Janeiro: Forense, 2016.

CAPÍTULO 31

Negociação Direta ou Resolução Colaborativa de Disputas (Collaborative Law): "Mediação sem Mediador"[1]

Antonio do Passo Cabral[2] *e Leonardo Carneiro da Cunha*[3]

1. APRESENTAÇÃO

Costumam-se chamar de "meios alternativos de resolução de conflitos" a mediação, a conciliação e a arbitragem (*Alternative Dispute Resolution – ADR*). Também são denominadas de "meios alternativos de resolução de controvérsias" – MASCs ou "meios extrajudiciais de resolução de controvérsias" – MESCs.

Estudos mais recentes demonstram que tais meios não seriam "alternativos", mas sim *adequados*, formando um modelo de sistema de justiça

---

1. Durante a fase de elaboração do texto, disponibilizamos uma versão para debate no www.academia.edu. A versão inicial ficou temporariamente disponível, já tendo sido retirada do referido *site*. Depois dos debates ali travados, aperfeiçoamos o texto e incorporamos sugestões feitas por diversos professores e profissionais do Direito, elaborando a versão final que ora é publicada. Todos os comentários foram valiosos e considerados na redação final. Agradecemos a todos os colegas que participaram das acesas discussões.
2. Livre-docente pela USP. Mestre e Doutor em Direito pela UERJ. Pós-doutorado na Universidade de Paris I. Professor Adjunto da UERJ, nos cursos de graduação, mestrado e doutorado. Procurador da República no Rio de Janeiro. Membro da International Association of Procedural Law, do Instituto Iberoamericano de Direito Processual, do Instituto Brasileiro de Direito Processual e da Associação Teuto-Brasileira de Juristas (Deutsch-Brasilianische Juristenvereinigung).
3. Mestre em Direito pela UFPE. Doutor em Direito pela PUC/SP. Pós-doutorado na Universidade de Lisboa. Professor Adjunto da Faculdade de Direito do Recife (UFPE), nos cursos de graduação, mestrado e doutorado. Procurador licenciado do Estado de Pernambuco. Advogado e consultor jurídico.

multiportas.[4] Para cada tipo de controvérsia, seria adequada uma forma de solução, de modo que há casos em que a melhor solução há de ser obtida pela mediação, enquanto outros, pela conciliação, outros, pela arbitragem e, finalmente, os que se resolveriam pela decisão do juiz estatal.

Há casos, então, em que o meio *alternativo* é que seria o da justiça estatal. A expressão *multiportas* decorre de uma metáfora: seria como se houvesse, no átrio do fórum, várias portas; a depender do problema apresentado, as partes seriam encaminhadas para a porta da mediação, ou da conciliação, ou da arbitragem, ou da própria justiça estatal.

Tais meios sempre foram examinados a partir do lugar de sua aplicação: toda a análise sempre levou em conta sua realização em ambiente judicial ou não. Sua adoção, ainda no início do século XX, era gerida pelo Poder Judiciário; havia um protagonismo do Judiciário na gestão e na condução da mediação, da conciliação e da arbitragem[5]. O juiz, muitas vezes, conduzia, ele mesmo, a sessão de mediação ou de conciliação ou encaminhava as partes à arbitragem.

O lugar de aplicação desses meios vem deixando de ocupar a centralidade de sua análise.[6] Daí a tendência de designá-los como meios de resolução *adequada* de disputas – RAD, ao lado da própria opção pelo Judiciário, adequado para inúmeros casos[7].

Ao longo do tempo, a escolha entre os vários meios alternativos de solução de controvérsias deu-se por diversos motivos, alguns deles utilitaristas, como a economia de tempo, simplificação, redução de custos.[8]

---

4. Expressão usada por SANDER, Frank. Varieties of dispute processing. *Federal Rules Decisions*, nº 70, 1976, p.131. Texto revisto e republicado em SANDER, Frank. Varieties of dispute processing. In: LEVIN, A. Leo; WHEELER, Russell R. *The pound conference: perspectives on justice in the future*. Saint Paul: West Publishing Co., 1979, p. 75.
5. CHASE, Oscar G. *Derecho, cultura y ritual: sistemas de resolución de controversias en un contexto intercultural*. Madrid: Marcial Pons, 2011, p. 136-139. Confira-se a crítica de SILVA, Paula Costa e. *A nova face da justiça: os meios extrajudiciais de resolução de controvérsias*. Lisboa: Coimbra, 2009, p.19, 35-38. Marc Galanter critica o "*legal centralism*", i.e. "a visão de que a justiça, para a qual buscamos acesso, é um produto porque produzida – ou pelo menos distribuída – exclusivamente pelo Estado ("the view that the justice to which we seek access is a product that is produced – or at least distributed – exclusively by the state"). GALANTER, Marc. Justice in many rooms: courts, private ordering, and indigenous law. *Journal of Legal Pluralism*, vol.19, 1981, p.1-2.
6. No estrangeiro, ainda vemos um candente debate sobre se alguns dos MASC deveriam ou mesmo se poderiam ser empreendidos no Judiciário. Acerca das vantagens e desvantagens da mediação interna nos tribunais, Cf. VON BARGEN, Jan Malte. *Gerichtsinterne Mediation: Eine Kernaufgabe der rechtsprechenden Gewalt*. Tübingen: Mohr Siebeck, 2008, *passim*; GREGER, Reinhard. Gerichtsinterne Mediation auf dem Prüfstand. *Zeitschrift für Konfliktmanagement*, 2013, p.9 ss.
7. VASCONCELOS, Carlos Eduardo. *Mediação de conflitos e práticas restaurativas*. 3ª ed. São Paulo: Método, 2014, p. 53.
8. ENGEL, Martin. *Collaborative law: mediation ohne mediator*. Tübingen: Mohr Siebeck, 2010, p. 42 ss.

Na realidade, a adoção dos *ADR's* não tem por finalidade reduzir a litigiosidade ou dar uma resposta racional ao forte crescimento de demandas judiciais; num primeiro momento, surgiu com essa finalidade, fortalecendo-se depois como uma resposta ao *hiperlegalismo* e, mais recentemente, como meios *adequados* a solução de determinadas disputas[9].

O direito brasileiro, a partir da resolução nº 125/2010 do Conselho Nacional de Justiça, da Lei nº 13.140/2015 (que dispõe sobre a mediação) e do Código de Processo Civil de 2015, caminha para a construção de um processo civil e sistema de justiça multiportas, com cada caso sendo indicado para o *método* ou *técnica* mais adequada para a solução do conflito. O Judiciário deixa de ser um lugar de *julgamento* apenas para ser um local de *resolução* de disputas. Trata-se de uma importante mudança paradigmática. Não basta que o caso seja julgado, não basta que se termine mais um processo; é preciso que seja conferida uma *solução* adequada que faça com que as partes saiam *satisfeitas* com o resultado[10].

Enquanto a arbitragem e a justiça estatal são meios adjudicatórios de solução de disputas, realizando-se mediante heterocomposição, a mediação e a conciliação consistem em meios destinados à obtenção da autocomposicao pelas partes em disputa.[11]

Ao lado da mediação e da conciliação, há também a negociação direta ou resolução colaborativa de litígios ou disputas, objeto do presente ensaio. Para que se possa tratar deste mecanismo, é preciso, antes, relembrar algumas normas aplicáveis à mediação e à conciliação.

2. BREVES NOTAS SOBRE MEDIAÇÃO E A CONCILIAÇÃO

A mediação e a conciliação não devem ser encaradas como medidas destinadas a desafogar o Poder Judiciário, mas como o melhor e mais adequado meio de resolução de disputas. Há disputas que são melhor e mais adequadamente resolvidas pela mediação, enquanto há outras que se resolvem mais apropriadamente pela conciliação, sendo certo que há outras ainda que só se resolvem mais adequadamente pelo julgamento realizado por um juiz.

9. CHASE, Oscar G. *Derecho, cultura y ritual: sistemas de resolución de controversias en un contexto intercultural.* Ob. cit., p. 143-155.
10. Sobre essa mudança e os diversos desafios para sua implementação, consultar, LESSA NETO, João Luiz. "O novo CPC adotou o modelo multiportas!!! E agora?!". *Revista de Processo*. São Paulo: RT, v. 244, jun/2015, p. 427-441.
11. Confira-se, sobre a mediação, TARTUCE, Fernanda. *Mediação nos conflitos civis*. 2ª ed. São Paulo: Método, 2015.

A mediação e a conciliação também não devem ser vistas como alternativas a quem não foi bafejado com as melhores condições de aguardar um desfecho demorado de um processo judicial. Constituem, na realidade, medidas aptas e adequadas a resolver conflitos em determinados casos. Há, efetivamente, casos que serão melhor resolvidos por esses meios.

A conciliação e a mediação constituem técnicas que se destinam a viabilizar a autocomposição de disputas ou litígios. Nelas, um terceiro intervém, contribuindo para que as partes componham por si mesmas a disputa que há entre elas.

A conciliação e a mediação não se confundem com a arbitragem. Esta é um meio de heterocomposição. O árbitro, assim como o juiz, decide a causa que lhe é submetida. Na conciliação e na mediação, o terceiro é convocado, não para decidir, mas para contribuir com as partes, a fim de que estas, por si, cheguem a uma solução, mediante autocomposição. Tanto na mediação como na conciliação, o terceiro, diferentemente do juiz ou do árbitro, não julga, não colhe provas e não precisa formar convencimento; não se discute direito na mediação ou conciliação. O que se busca é o entendimento para que se obtenha o consenso, a fim de se realizar a autocomposição.

O CPC prevê, em seu art. 166, que "a conciliação e a mediação são informadas pelos princípios da independência, da imparcialidade, da autonomia da vontade, da confidencialidade, da oralidade, da informalidade e da decisão informada".

Merece destaque a confidencialidade, que, aliás, está relacionada na Lei nº 13.140/2015 como um dos princípios da mediação (art. 2º, VII). As partes precisam estar à vontade para expor todos seus dramas, objetivos, expectativas, confiando no conciliador ou no mediador a condução segura, discreta e serena dos trabalhos destinados à obtenção de uma autocomposição. A confidencialidade, nos termos do § 1º do art. 166 do CPC, "estende-se a todas as informações produzidas no curso do procedimento, cujo teor não poderá ser utilizado para fim diverso daquele previsto por expressa deliberação das partes".

O que for narrado, conversado, discutido mantém-se em sigilo, não podendo ser divulgado pelo conciliador ou mediador, nem utilizado por qualquer das partes como argumento ou defesa em eventual disputa judicial posterior, caso frustradas as tentativas de autocomposição pelas partes. O conciliador e o mediador têm dever de sigilo, não podendo, inclusive, divulgar ou depor em juízo, seja como parte, seja como testemunha, sobre o que lhe foi confidenciado nas sessões realizadas com as partes. O dever de sigilo estende-se aos membros das equipes do conciliador ou mediador.

O conciliador ou mediador deve ser imparcial diante dos envolvidos, não podendo ter interesse no resultado em favor de qualquer deles. A aplicação de técnicas negociais pelo conciliador ou mediador, com o objetivo de proporcionar ambiente favorável à autocomposição, não ofende o dever de imparcialidade.

O mediador ou conciliador deve atuar com independência, para bem desempenhar suas funções, respeitando a autonomia da vontade das partes, inclusive no que respeita à definição das regras procedimentais.

A autonomia da vontade deve ser respeitada, reservando-se um espaço destinado para que os interessados possam decidir assuntos de seu interesse e construir a solução do seu conflito, sob a coordenação do conciliador ou mediador, cuja intervenção deve facilitar o restabelecimento da comunicação entre eles.

Os interessados devem receber informações quantitativas e qualitativas sobre a composição que podem realizar, sendo advertidas das possíveis implicações e dos riscos a serem assumidos. É necessário, enfim, que os interessados sejam bem informados para que não sejam surpreendidos por qualquer consequência inesperada da solução pela qual venham a optar.

Tudo deve realizar-se em ambiente informal, leve, com linguagem simples e de fácil compreensão, sem roupas solenes ou símbolos que inibam os interessados, transmitindo-lhes conforto e confiança, com respeito à oralidade e ao diálogo entre todos. É nesse ambiente que cabe ao conciliar ou mediador tranquilizar os envolvidos, demonstrando que é normal haver um conflito, devendo ser igualmente normal resolvê-lo da melhor forma possível.

A mediação ou conciliação não serão, como regra, conduzidas pelo magistrado. Evidentemente que as partes podem transigir durante a fase de instrução do processo e o magistrado, em uma atuação cooperativa, deve estimular o diálogo e facilitar a conciliação; mas haverá um profissional específico e devidamente qualificado para atuar no desenvolvimento da resolução consensual da disputa. Isso é salutar, pois, na presença do magistrado, que julgará impositivamente o conflito, as partes não podem falar abertamente, sob pena de, em alguma medida, minar a sua estratégia jurídica para a fase do contencioso[12].

O juiz deve sempre estimular a conciliação ou a mediação (inclusive na audiência de instrução – CPC, art. 359), embora essa atividade deva ser, por excelência, desenvolvida por um conciliador ou mediador habilitado. A preocupação do CPC é assegurar a imparcialidade do juiz e permitir um diálogo mais franco e flexível das partes nos esforços de autocomposição, já que o juiz que conduzir ativamente uma mediação ou conciliação pode, em alguma medida,

12. SANDER, Frank. Varieties of dispute processing. In: LEVIN, A. Leo; WHEELER, Russell R. *The pound conference: perspectives on justice in the future*. Saint Paul: West Publishing Co., 1979, p. 75.

acabar influenciado em seu julgamento pelas tratativas frustradas e pelo que for dito pelas partes no esforço de resolução amigável[13].

Sempre será possível, também, que as partes escolham qualquer terceiro (advogado, inclusive) para atuar como mediador ou conciliador em seu caso, independentemente de qualquer cadastro ou formalidade junto ao tribunal. Aqui vige plenamente a autonomia da vontade das partes e a flexibilidade, que são inerentes aos mecanismos consensuais de resolução de disputas.

Deve haver uma preferência pela flexibilidade e informalidade, para a construção do diálogo. A conciliação ou mediação não precisa sequer ocorrer no ambiente judiciário, podendo, se as partes preferirem ou caso se sentirem mais à vontade, ser realizada no escritório de um dos advogados ou em outro ambiente. O próprio CPC admite que as partes procurem câmaras privadas para esta finalidade. Deve sempre ser permitida a realização da audiência (encontro) fora do ambiente judiciário. Como o foco está na superação do dissenso, há o "empoderamento" das partes sobre o conflito: de meros expectadores do litígio conduzido pelos advogados e pelo magistrado, as partes passam a atores importantes de sua própria solução.

Todo o processo de mediação e conciliação será sigiloso, como já ocorre nas mediações e conciliações privadas. Nenhuma das alegações das partes, o teor das conversas e dos documentos eventualmente produzidos no esforço para a composição poderão ser disponibilizados a terceiros ou utilizados para fins de instrução em processo judicial. O objetivo é criar um ambiente de franqueza nas negociações e discussões; não pode haver debate franco e acertamento de interesse caso o julgamento puder basear-se no que for dito. De outro modo, a discussão seria falseada pela estratégia jurídica traçada para a vitória na fase litigiosa, impedindo a negociação, não se estabelecendo um mínimo de franqueza entre as partes.

O objetivo de uma solução consensual não é *aplicar a lei* ao caso, mas compor interesses, acomodando as intenções das partes. Daí a importância da confidencialidade nesse momento.

3. A NEGOCIAÇÃO DIRETA OU RESOLUÇÃO COLABORATIVA DE DISPUTAS: DO COMMON LAW AO BRASIL

Todas as pessoas são negociadoras. Diariamente, todos negociam. Segundo lembram María Cristina Cavalli e Liliana Graciela Quinteros Avellaneda, negociar é uma conduta própria da natureza humana, sendo uma realidade da

13. GOUVEIA, Mariana França. *Curso de resolução alternativa de litígios*. Coimbra: Almedina, 2011, p. 83-87.

vida[14]. Assim, quando um casal escolhe um restaurante para jantar ou decide a hora em que os filhos devem deitar-se para dormir, quando um empregado discute um aumento com o chefe, há negociação, como há também em várias outras situações diárias. A negociação, em todos esses casos, destina-se a uma decisão consensual, a uma solução conjunta.

Pode-se definir a negociação como um processo de resolução de conflitos mediante o qual uma ou ambas as partes modificam suas exigências até alcançarem compromisso aceitável para ambas[15].

A definição de negociação, sua realização e suas técnicas aplicam-se a qualquer meio de autocomposição. Tanto na mediação como na conciliação há negociação: chega-se ao consenso final pelo diálogo. A diferença entre a negociação e a mediação está apenas na presença de um terceiro imparcial nesta última. A negociação é, na realidade, uma "mediação sem mediador". Realmente, "[e]nquanto na mediação é essencial a existência de um mediador, terceiro imparcial que conduz as partes no caminho do consenso, na negociação as partes podem estar sozinhas a negociar. As próprias partes em conflito podem utilizar as técnicas da negociação, sem intervenção exterior"[16].

Por isso, há quem diga que a negociação seria apenas um componente dos meios de resolução de litígios, destinados à obtenção de autocomposição, não sendo um meio autônomo de solução de disputas[17].

A negociação é, de fato, utilizada no âmbito de outro mecanismo de solução de disputas, mas pode ser um meio autônomo de resolução de conflito.

Segundo esclarece Mariana França Gouveia, a negociação pode seguir modelos diversos. Há, nesse sentido, a negociação competitiva e a negociação cooperativa[18]. A diferença entre tais modelos está no resultado pretendido e na atitude assumida para o alcançar. Efetivamente, "[e]nquanto no modelo competitivo o negociador pretende ganhar a discussão, no modelo cooperativo o foco está na resolução do problema"[19].

14. *Introducción a la gestión no adversarial de conflictos*. Madrid: Editorial Reus, 2010, p. 79.
15. CUNHA, Pedro. *Conflito e negociação*. Porto: Edições Asa, 2001, p. 49.
16. GOUVEIA, Mariana França. *Curso de resolução alternativa de litígios*. Ob. cit., p. 36.
17. Ao elaborar sua proposta de programa para uma disciplina nesta área, Paula Costa e Silva não inclui a negociação como matéria autônoma (*A nova face da justiça: os meios extrajudiciais de resolução de controvérsias*. Coimbra: Coimbra editora, 2009).
18. GOUVEIA, Mariana França. *Curso de resolução alternativa de litígios*. Ob. cit., p. 36-39.
19. GOUVEIA, Mariana França. *Curso de resolução alternativa de litígios*. Ob. cit., p. 37.

A negociação competitiva ou "distributiva"[20] é ineficiente, pois os interessados estão mais preocupados em reclamar valor que criá-lo; nesse caso, a negociação é conduzida para que um ganhe e o outro perca, com estratégias encaradas como armas para enfrentar o problema. Já na negociação cooperativa, a estratégia tem por base não a posição de cada interessado, mas os interesses envolvidos; busca-se criar valor, que pode beneficiar ambas as partes, separando-as do problema[21].

A tendência atual é a de tentar conciliar ambas as perspectivas, com momentos, durante o processo negocial, de cooperação e momentos de competição[22].

Nesse cenário, a negociação direta ou resolução colaborativa de conflitos, conhecida também como *collaborative law*, tem sido nos últimos anos debatida no exterior como um dos mais promissores campos de estudo dos MASC's ou ADR's[23].

O termo *collaborative law* representa, do ponto de vista estrutural, uma "mediação sem mediador".[24] O mecanismo pretende também suprir uma lacuna de meios de solução de conflitos e permitir uma alternativa de um procedimento pré-processual para a solução amistosa de conflitos sem a presidência ou ajuda de uma figura central.[25]

A negociação direta ou resolução colaborativa desponta como uma forma comum de solução de disputas, sendo realizada de modo informal entre os próprios interessados ou envolvidos ou entre seus advogados ou representantes[26].

A resolução colaborativa de conflitos ou *collaborative law* funciona com o que se convencionou chamar de *"four-way settlement meetings"*, contando

---

20. Termo utilizado por CAVALLI, María Cristina; AVELLANEDA, Liliana Graciela Quinteros. Ob. cit., p. 79-83.
21. CAVALLI, María Cristina; AVELLANEDA, Liliana Graciela Quinteros. Ob. cit., p. 79-97.
22. GOUVEIA, Mariana França. *Curso de resolução alternativa de litígios*. Ob. cit., p. 39.
23. FAIRMAN, Christopher M. *A proposed model rule for collaborative law. in Ohio State Journal of Dispute Resolution*, n.21, 2005, p.73-122. Sobre a origem da prática colaborativa, que se iniciou em Minneapolis, nos Estados Unidos, no início dos anos 1990 com o advogado de direito de família Stuart Webb, confira-se MAXWELL JR., Lawrence. The development of collaborative law, disponível em http://www.collaborativelaw.us/articles/The_Development_of_Collaborative_Law.pdf, acessado em 28.03.2016.
24. ENGEL, Martin. *Collaborative law*. Ob.cit., *passim*.
25. ENGEL, Martin. *Collaborative law*. Ob. cit., p.80 ss. Na verdade, não se trata de uma interação necessariamente entre quatro sujeitos porque os advogados interagem entre si e as partes também, em algo que poderíamos identificar como diálogos em paralelo. Sobre o tema, LAWRENCE, James K.L. *Collaborative lawyering: a new development in conflict resolution. in Ohio State Journal on Dispute Resolution*, n.17, 2002, p.434; TESLER, Pauline H. *Collaborative law: achieving effective resolution in divorce without litigation*. 2ª ed. Chicago: American Bar Association, 2008, p. 81.
26. BLAKE, Susan; BROWNE, Julie; SIME, Stuart. *The Jackson ADR Handbook*. Oxford: Oxford University Press, 2013, n. 2.16, p. 14.

com a presença de advogados e mandantes de parte a parte. Os advogados comprometem-se, caso se verifique o fracasso do procedimento, a renunciar ao mandato e não representar as partes judicialmente.[27] Em outras palavras, os advogados têm como função apenas negociar e obter a autocomposição. Não havendo consenso e sendo o caso de judicializar a questão, eles não podem atuar no processo judicial.

Esse compromisso de não atuar no eventual processo judicial reforça a necessidade de a negociação ser sigilosa, não podendo ser levados ao conhecimento do juiz, em posterior processo judicial, elementos que foram apresentados apenas com a finalidade de obter a autocomposição.

Assim como ocorre com a mediação, a negociação ou o *collaborative law* deve ser conduzida sob a regra da confidencialidade.

Da mesma forma que os advogados comprometem-se a não atuar no eventual processo judicial que venha a ser instaurado, as partes comprometem-se por uma "cláusula de desqualificação" a não contratar os mesmos advogados caso o litígio siga o rumo de um processo judicial. Conforme salienta a doutrina, trata-se de uma forma de pressionar os advogados a pensarem no resultado na perspectiva de seus mandantes, e não no seus próprios interesses.[28] Essa é uma regra que valoriza a *negociação cooperativa*, evitando que se valha da *negociação competitiva*, pois se foca no resultado, separando as pessoas do problema a ser solucionado.

É realmente uma forma de atuação curiosa porque os advogados não atuam como "terceiro neutro", como na mediação, nem totalmente "parciais" (no sentido de comprometimento com o interesse material do mandante), mas como "condutores do procedimento" para cada uma das partes, e seus deveres restringem-se à condução adequada e legalmente permitida do procedimento, sem compromisso direto com o êxito da parte que o contratou.[29] A cláusula de desqualificação, portanto, funciona também para evitar o conflito de interesses que poderia ser imaginado entre a função que o advogado tem

27. ENGEL, Martin. *Collaborative law*. Ob. cit., p.77-78; TESLER, Pauline H. *Collaborative law: achieving effective resolution in divorce without litigation*. Ob. cit., p. 253, 257.

28. LANDE, John. *Possibilities for collaborative law: ethics and practice of lawyer disqualification and process control in a new model of lawyering. in Ohio State Law Journal*, n. 64, 2003, p. 1.352-1.353, 1.375. Sobre se esta cláusula é absolutamente necessária ou não ao método, existe discussão doutrinária, mas parece haver consenso de que sua presença é fundamental para a qualificação do procedimento como sendo *collaborative law*. Aliás, outro método muito similar, chamado de *cooperative law*, funciona quase da mesma forma mas não compreende nem a cláusula de desqualificação nem a proibição de ameaças judiciais. Cf. ENGEL, Martin. *Collaborative law*. Ob. cit., p.181 ss.

29. ENGEL, Martin. *Collaborative law*. Ob. cit., p.198-207, 238 ss. Confira-se o debate sobre se a mediação seria uma atividade compatível ou mesmo adequada à função do advogado em GREGER, Reinhard. Mediation und Schlichtung – Anwaltssache? *in Festschrift für Karl Eichele*. Baden-Baden: Nomos, 2013, p. 182 ss.

no procedimento e a origem de sua remuneração.[30] A cláusula tem efeito a contar do momento em que o procedimento termina sem acordo dos litigantes.[31]

Portanto, este método de solução de conflitos da justiça colaborativa permite que o consultor jurídico funcione ao mesmo tempo como advogado e condutor do processo de resolução da controvérsia.[32] O advogado não atua apenas no interesse material do cliente, mas sobretudo com um recomendador ou defensor da eficiência do procedimento de solução de controvérsias escolhido, a fim de que chegue a termo rapidamente e com êxito.[33] Os advogados atuam não como representantes do interesse do mandante. A reputação dos advogados, quando atuam nesta função, é um fator considerável a pressioná-los a uma atuação orientada para o sucesso do procedimento.[34]

As partes também convencionam que devem estar obrigadas a contribuir de maneira exclusivamente construtiva para a solução, em apresentar abertamente as informações solicitadas pela contraparte[35] e não ameaçar os demais envolvidos acenando com um possível acesso ao Judiciário.[36] As ameaças afastam uma negociação orientada à colaboração e à solução amistosa, além de custar tempo e energia aos participantes. Sem contar que a ameaça poderia levar a uma escalada do conflito, por vezes até irracional, que pudesse levar à impossibilidade da solução.[37] É difícil verificar o que seria efetivamente uma ameaça, mas se entende que as partes devem deixar claro quais são as opções e alternativas que as levariam ao ajuizamento de uma demanda judicial.

Nada do que vem a lume no procedimento de *collaborative law* poderá ser usado num processo judicial.[38] Este é um efeito da convenção, mas normalmente consta expressamente do instrumento de acordo.

O procedimento de *collaborative law* tem sido usado em algumas áreas com maior frequência, como nas questões de direito societário, direito de família (conflitos matrimoniais, alimentos), sucessões, bem assim em relações trabalhistas e

30. ENGEL, Martin. *Collaborative law*. Ob.cit., p.207-220.
31. ENGEL, Martin. *Collaborative law*. Ob.cit., p.85, 173 ss.
32. WINICK, Bruce. *Therapeutic jurisprudence and the role of counsel in litigation*. in *California Western Law Review*, n.37, p.105 ss; CHANEN, Jill Schachner. *Collaborative counselors: newest ADR option wins converts, while suffering some growing pains*. In *American Bar Association Journal*, n.92, 2006, p.52-57.
33. ENGEL, Martin. *Collaborative law*. Ob. cit., p.92; MACFARLANE, Julie. *The emerging phenomenon of collaborative family law (CFL): a qualitative study of CFL cases*. Ottawa: Department of Justice, p.26, 34.
34. Sobre o tema, ENGEL, Martin. *Collaborative law*. Ob. cit., p.148 ss.
35. ENGEL, Martin. *Collaborative law*. Ob. cit., p.70; SCHWAB, William H. *Collaborative law: a closer look at an emerging practice*. in *Pepperdine Dispute Resolution Law Journal*, n.4, 2004, p.358.
36. ENGEL, Martin. *Collaborative law*. Ob. cit., p.74 ss.
37. KRIESBERG, Louis. *Constructive conflicts: from escalation to resolution*. 3ª ed. Lanham: Rowman & Littlefield, 2007, p.266.
38. TESLER, Pauline H. *Collaborative law: achieving effective resolution in divorce without litigation*. Ob. cit., p.10, 59, 259.

nas de direito econômico. Também tem ganhado força nos procedimentos de solução de controvérsias internos de empresas (*inhouse collaborative law*).

Qualquer que seja a área do direito material em que tenha aplicação, a adesão consentida ao procedimento é fruto de vontade convencional que produz efeito no processo e, portanto, é um acordo processual, vinculativo para as partes que o firmaram e também para o juiz que deve aplicar as normas jurídicas válidas.[39] Nesta convenção, chamada nos EUA de *four-way agreement* ou *collaborative law participation agreement*, assim como ocorre às vezes na mediação, as partes podem acordar a respeito de um conjunto de princípios e regras aplicáveis ao procedimento.[40]

4. VANTAGENS DA RESOLUÇÃO COLABORATIVA

A negociação direta, resolução colaborativa de disputas ou *collaborative law* apresenta vantagens em relação a outros meios de solução de conflitos.

Há, em primeiro lugar, economia do pagamento de honorários a um terceiro (o mediador). Numa mediação, além de as partes terem de arcar com os honorários de seus respectivos advogados, devem pagar a remuneração do mediador, a não ser nos casos em que o mediador é voluntário.

Na negociação cooperativa, permite-se interação direta, atos praticados entre as partes sem intermediação, poupando tempo e evitando mal-entendidos.[41]

A resolução colaborativa orienta-se não apenas aos interesses das partes diretamente engajadas no procedimento, mas também aos interesses materiais de terceiros (mesmo não participantes); é o caso dos procedimentos em matéria familiar (quando se levam em conta interesses dos filhos).

Por outro lado, o *collaborative law* reforça e empodera os indivíduos e também os advogados, que ganham nova função. Isso fala a favor da eficiência do procedimento, mas pode, é verdade, atuar em prejuízo do interesse do constituinte (mandante).[42] Na verdade, essa é uma vantagem comum à mediação, pois nela também há empoderamento das partes e reforço à sua vontade na condução e solução do problema.[43]

39. KUPFER SCHNEIDER, Andrea. *Building a pedagogy of problem-solving: learning to choose among ADR processes. in Harvard Negotiation Law Review*, n.5, 2000, p.119 ss; ENGEL, Martin. *Collaborative law*. Ob. cit., p. 4, 192-194, 249.
40. ENGEL, Martin. *Collaborative law*. Ob.cit., p.193.
41. ENGEL, Martin. *Collaborative law*. Ob.cit., p.96.
42. ENGEL, Martin. *Collaborative law*. Ob.cit., p.92.
43. Essa é uma vantagem das convenções processuais em geral. Cf. CABRAL, Antonio do Passo. *Convenções processuais*. Salvador: Jus Podivm, 2016, p.171 ss, 196 ss.

A resolução colaborativa de conflitos tem, ainda, a vantagem de unir flexibilidade (própria da dinâmica informal) e segurança, porque permite adaptação dentro de uma moldura de expectativa de atitude colaborativa.[44] Daí a importância da adoção da negociação cooperativa no lugar da competitiva.

5. CONVENÇÃO DE PROCEDIMENTO PARTICIPATIVO FRANCESA

No sistema francês, existe previsão da "convenção de procedimento participativo", que consiste no acordo das partes num processo em que ainda não tenha sido designado juiz ou árbitro, pelo qual se comprometem a atuar conjuntamente e negociar de boa-fé para chegar a uma solução para seu litígio.[45]

Introduzida no Código Civil francês em 2010,[46] também disciplinada no *Code de Procédure Civile* (art. 1.545), foi declaradamente inspirada no direito québécois e nas práticas norte-americanas de justiça colaborativa.[47]

São convenções processuais intimamente relacionadas com os deveres de boa-fé não só de natureza contratual, mas também de natureza processual.[48]

O acordo deve ser firmado antes do processo judicial. Não é possível haver convenção de procedimento participativo incidental. A convenção deve ser celebrada por escrito, fixando precisamente o objeto da controvérsia, documentos necessários à discussão e sua forma de intercâmbio.[49] Deve haver presença de advogados, que asseguram o respeito à forma e conduzem o procedimento.[50] As partes, querendo, podem também se valer de técnicos.[51]

A convenção de procedimento participativo, no sistema francês, não pode ser celebrada quando a questão disser respeito a direitos indisponíveis. Além disso, a convenção é formal e o procedimento tem um tempo de duração fixo. Por isso, já foi chamada de um "pacto de não agressão por prazo determinado".[52]

Enquanto durar o prazo definido na convenção, as partes ficam vinculadas e não podem acessar o Judiciário. Assim, o principal efeito da convenção de

44. Neste sentido, ENGEL, Martin. *Collaborative law.* Ob.cit., p.139-140.
45. MATTOS, Olivier de. Une nouveauté: la convention de procédure participative. *Cahiers de Droit de L'entreprise*, n°1, jan, 2011, p.10.
46. Inserida no Código Civil nos arts.2062-2068, dentro do título XVII ("da convenção de processo participativo"), após os títulos XV ("da transação") e XVI ("do compromisso").
47. BONNET, Éric. La convention de procédure participative. *Procédures*, n.3, 2011, p.11.
48. PEULVÉ, Catherine. La dimension processuelle de la procédure participative. *Petites Affiches*, n.76, abr., 2012, p.7.
49. PEULVÉ, Catherine. La dimension processuelle de la procédure participative. Ob. cit., p.6.
50. CADIET, Loïc; JEULAND, Emmanuel. *Droit judiciaire privé*. Paris: Lexis Nexis, 8ª Ed., 2013, p.303-304.
51. PEULVÉ, Catherine. La dimension processuelle de la procédure participative. Ob. cit., p.8.
52. POIVEY-LECLERCQ, Hélène. La convention de procédure participative: "un pacte de non agression à durée déterminée". *JCP La Semaine Juridique, édition génerale*, n.4, jan., 2011, p.154.

processo participativo é a inadmissibilidade de demandas judiciais para deliberar sobre o litígio. Trata-se de uma inadmissibilidade temporária, que deve ser pronunciada durante o prazo de negociação estabelecido na convenção.[53]

Porém, a lei permite o acesso ao Judiciário no caso de medidas de urgência ou se não houver adimplemento do acordo.[54] Entende-se que, se uma das partes recusa-se a cumprir a cláusula, esta inexecução permite ao outro contratante de ir ao Judiciário buscar a solução do litígio também porque o ajuizamento da demanda não poderia ser compreendido como uma conduta logicamente incompatível com a convenção.[55] É possível, ainda, pela autonomia convencional, que as partes redijam o acordo de forma a prever etapas de negociação, entre as quais seja facultado, até mesmo unilateralmente, deixar o procedimento de negociação e ajuizar a demanda judicial. Isso é importante sobretudo nas negociações mais complexas, que podem demorar muito tempo.[56]

Outro efeito da celebração da convenção é a suspensão da prescrição desde o momento em que firmado o acordo.[57]

As partes podem convencionar a forma e as hipóteses de intervenção de terceiros no procedimento participativo.[58]

Em caso de haver transação, as partes podem optar por homologá-la judicialmente. Se houver transação apenas parcial, as partes devem direcionar a demanda ao Judiciário mediante requerimento conjunto (art. 57 do CPC francês), que deverá ser acompanhado do termo em que firmada a convenção por escrito, bem assim os documentos e peças dos autos do procedimento participativo, o que é um pouco diferente do *collaborative law* de base norte-americana porque não há confidencialidade de todos os atos.[59]

Uma grande diferença da convenção de procedimento participativo para os métodos estadunidenses do *collaborative law* diz respeito à natureza e deveres dos advogados. Embora sua obrigação também seja apenas de meio,[60] de maneira similar ao que acontece no método do *collaborative law*, aqui os advogados podem continuar a representar a parte no caso de fracasso da

53. BONNET, Éric. La convention de procédure participative. Ob.cit., loc.cit.
54. BONNET, Éric. La convention de procédure participative. Ob.cit., loc.cit.
55. CADIET, Loïc; JEULAND, Emmanuel. *Droit judiciaire privé*. Ob.cit., p.304.
56. SAUPHANOR, Samuel. La convention de procédure participative: aspects pratiques. *Gazzete du Palais*, n.1, jan-fev, 2011, p.23.
57. SAUPHANOR, Samuel. La convention de procédure participative: aspects pratiques. Ob.cit., p.22.
58. POIVEY-LECLERCQ, Hélène. La convention de procédure participative..., Ob.cit., p.155.
59. PEULVÉ, Catherine. La dimension processuelle de la procédure participative. Ob.cit., p.9; SAUPHANOR, Samuel. La convention de procédure participative: aspects pratiques. Ob.cit., p.24.
60. PEULVÉ, Catherine. La dimension processuelle de la procédure participative. Ob.cit., p.7.

resolução colaborativa.[61] Não há, portanto, obrigação de deixar a atividade no caso judicializado.[62] Por outro lado, em compensação, são maiores os deveres de confidencialidade deles exigidos, especialmente sobre as informações obtidas durante o procedimento de negociação participativa.[63]

Efeito interessante, que pode ser transposto para o direito brasileiro, é aquele em virtude do qual, se as partes se submetem a essa técnica, mesmo não havendo sucesso ao final do procedimento, e o litígio desaguar no Judiciário, deve ser dispensada a audiência de mediação.[64]

6. APLICABLIDADE DA RESOLUÇÃO COLABORATIVA DE CONFLITOS AO DIREITO PROCESSUAL BRASILEIRO

As técnicas de resolução colaborativa de conflitos podem ser aplicadas no direito processual brasileiro.

Por um lado, o CPC fomenta e estimula soluções autocompositivas dos conflitos (art. 3º, § 2º) e admite convenções processuais (arts. 190 e 200). Há um claro empoderamento das partes na solução da disputa. Além disso, o Código de Processo Civil consagra os princípios da cooperação e da boa-fé (arts. 5º e 6º). Ora, todas essas regras demonstram uma clara diretriz[65] favorável à aplicação da resolução colaborativa de conflitos.

Nesse quadro, não seria razoável inadmitir a negociação ou a resolução colaborativa apenas por falta de expressa previsão legal, como se o sistema de meios adequados de solução de controvérsias fosse *numerus clausus*. Ao revés, devem-se admitir outros instrumentos e técnicas de resolução de controvérsias que possam levar ao resultado consensual, sobretudo se forem protagonizados pelas partes e estas fizerem-no com menos custos para todos.

Na verdade, resolução colaborativa, como já afirmado, é uma "mediação sem mediador". Ora, se o sistema brasileiro incentiva a mediação, a ponto de haver, a partir da Resolução nº 125/2010 do CNJ, a instauração de uma política pública para estímulo, aperfeiçoamento e aparelhamento da mediação e da conciliação, é evidente que a resolução colaborativa insere-se nesse contexto, despontando como mais uma técnica adequada para a solução de disputas no Brasil.

61. PEULVÉ, Catherine. La dimension processuelle de la procédure participative. Ob.cit., p.7.
62. POIVEY-LECLERCQ, Hélène. La convention de procédure participative..., Ob.cit., p.155.
63. BONNET, Éric. La convention de procédure participative. Ob.cit., loc.cit.
64. Assim para a convenção de procedimento participativo francesa, é o que prevê expressamente o art. 2.066 do Código Civil. Na doutrina, SAUPHANOR, Samuel. La convention de procédure participative: aspects pratiques. Ob.cit., p.21; MATTOS Olivier de. Une nouveauté: la convention de procédure participative. Ob. cit., loc.cit.
65. CABRAL, Antonio do Passo. *Convenções processuais*. Ob. cit., p.131-132.

7. POSSIBILIDADE DE UTILIZAÇÃO DA TÉCNICA POR ÓRGÃOS PÚBLICOS: DEFENSORIAS PÚBLICAS, ADVOCACIA PÚBLICA, MINISTÉRIO PÚBLICO. APLICABILIDADE PELOS ESCRITÓRIOS-MODELO E NÚCLEOS DE PRÁTICA JURÍDICA DAS FACULDADES DE DIREITO

A resolução colaborativa de conflitos não é uma técnica a ser utilizada exclusivamente por litigantes abastados e somente operada pela advocacia privada. É possível também, com as devidas adaptações, estar à disposição dos órgãos públicos e das classes menos favorecidas economicamente.

Note-se que o próprio CPC e a lei de mediação são previdentes de regras para a mediação e conciliação pela Administração Pública. A resolução nº 118/2014 do Conselho Nacional do Ministério Público dispõe sobre mecanismos consensuais de solução de controvérsias aplicados pelo Ministério Público, prevendo expressamente a possibilidade de inserção de convenções processuais em termo de ajustamento de conduta.

Outros órgãos públicos também são naturalmente afetos ao uso do *collaborative law*, como as Defensorias Públicas e os Procons, que já têm inúmeras práticas bem sucedidas de utilização de técnicas autocompositivas.

Nessas hipóteses, se a autocomposição não for obtida e a questão vier a ser judicializada, é recomendável que o membro do Ministério Público, da Advocacia Pública ou da Defensoria Pública que tenha participado ou conduzido as negociações não atue no processo judicial, a fim de não comprometer a defesa da parte contrária, nem violar a regra de confidencialidade que deve marcar a resolução colaborativa.

Na linha de universalização dos instrumentos adequados de solução de conflitos para todos, inclusive para as camadas mais pobres da população, além da Defensoria Pública, a técnica pode ser mais um instrumento à disposição dos Escritórios-Modelo e Núcleos de Prática Jurídica das Faculdades de Direito, muitos dos quais já desenvolvendo importantes programas de fomento à autocomposição.

8. CONCLUSÃO

Objetivo do presente texto foi apresentar a técnica da resolução colaborativa de conflitos e mostrar suas potencialidades no sistema multiportas fomentado pelo Código de Processo Civil brasileiro.

Nos últimos anos, no Brasil, não se vê uma diversificação dos meios de solução de controvérsias. Constantemente, tem-se a impressão de que se ficou apenas na defesa e no estímulo à arbitragem, conciliação e mediação. Essa carência de variedade, de se admitirem outros tipos de mecanismos e técnicas, talvez seja derivada, de um lado, do ainda incipiente ambiente para a incorporação no cotidiano dos métodos mais conhecidos, como a mediação. Ou talvez, pelo menos em parte, pela inércia da comunidade jurídica em procurar, com criatividade, extrair das experiências estrangeiras novas técnicas que possam ser úteis ao processo brasileiro.[66]

Dentro do modelo multifacetário dos meios de solução de disputas do CPC, que admite uma abertura para outros instrumentos que não aqueles explicitamente positivados, a negociação colaborativa apresenta-se como mais uma possibilidade de obtenção da autocomposição, cujas vantagens, expostas no texto, recomendam maior atenção dos juristas para este mecanismo para a solução de conflitos.

9. BIBLIOGRAFIA

BLAKE, Susan; BROWNE, Julie; SIME, Stuart. *The Jackson ADR Handbook*. Oxford: Oxford University Press, 2013.

BONNET, Éric. La convention de procédure participative. *Procédures*, n. 3, 2011.

CABRAL, Antonio do Passo. *Convenções processuais*. Salvador: JusPodivm, 2016.

CADIET, Loïc; JEULAND, Emmanuel. *Droit judiciaire privé*. 8ª ed. Paris: Lexis Nexis, 2013.

CAVALLI, María Cristina; AVELLANEDA, Liliana Graciela Quinteros. *Introducción a la gestión no adversarial de conflictos*. Madrid: Editorial Reus, 2010.

CHANEN, Jill Schachner. *Collaborative counselors: newest ADR option wins converts, while suffering some growing pains*. In: *American Bar Association Journal*, n. 92, 2006.

CHASE, Oscar G. *Derecho, cultura y ritual: sistemas de resolución de controversias en un contexto intercultural*. Madrid: Marcial Pons, 2011.

CUNHA, Pedro. *Conflito e negociação*. Porto: Edições Asa, 2001.

ENGEL, Martin. *Collaborative law: mediation ohne mediator*. Tübingen: Mohr Siebeck, 2010.

FAIRMAN, Christopher M. *A proposed model rule for collaborative law. in Ohio State Journal of Dispute Resolution*, n.21, 2005.

GALANTER, Marc. Justice in many rooms: courts, private ordering, and indigenous law. *Journal of Legal Pluralism*, vol.19, 1981.

---

66. Não se ignora que existam, na prática, iniciativas no campo do *collaborative law* no Brasil, especialmente no campo do direito de família e inspiradas nas práticas de divórcio norte-americanas. Confira-se, p.ex., http://praticascolaborativas.com.br. Não obstante, pensamos que deva haver também uma preocupação acadêmica com os aspectos dogmáticos do instituto, que examine os arquétipos funcionais, os efeitos da técnica, os deveres de cada sujeito do processo, todos estes aspectos constantemente negligenciados na doutrina estadunidense, e que são praticamente ignorados no Brasil. Nosso escopo aqui foi apenas o de apresentar o tema, instigando seu aprofundamento teórico e desenvolvimento prático.

GOUVEIA, Mariana França. *Curso de resolução alternativa de litígios*. Coimbra: Almedina, 2011.

GREGER, Reinhard. Gerichtsinterne Mediation auf dem Prüfstand. *Zeitschrift für Konfliktmanagement*, 2013.

______. Mediation und Schlichtung – Anwaltssache? *in Festschrift für Karl Eichele*. Baden--Baden: Nomos, 2013.

KRIESBERG, Louis. *Constructive conflicts: from escalation to resolution*. 3ª ed. Lanham: Rowman & Littlefield, 2007.

KUPFER SCHNEIDER, Andrea. *Building a pedagogy of problem-solving: learning to choose among ADR processes*. In: *Harvard Negotiation Law Review*, n.5, 2000.

LANDE, John. *Possibilities for collaborative law: ethics and practice of lawyer disqualification and process control in a new model of lawyering*. In: *Ohio State Law Journal*, n. 64, 2003.

LAWRENCE, James K.L. *Collaborative lawyering: a new development in conflict resolution*. *in Ohio State Journal on Dispute Resolution*, n.17, 2002.

LESSA NETO, João Luiz. "O novo CPC adotou o modelo multiportas!!! E agora?!". *Revista de Processo*. São Paulo: RT, v. 244, jun/2015.

MACFARLANE, Julie. *The emerging phenomenon of collaborative family law (CFL): a qualitative study of CFL cases*. Ottawa: Department of Justice.

MATTOS, Olivier de. Une nouveauté: la convention de procédure participative. *Cahiers de Droit de L'entreprise*, n°1, jan, 2011.

MAXWELL JR., Lawrence. The development of collaborative law, disponível na internet em http://www.collaborativelaw.us/articles/The_Development_of_Collaborative_Law.pdf, acessado em 28.03.2016.

PEULVÉ, Catherine. La dimension processuelle de la procédure participative. *Petites Affiches*, n.76, abr., 2012.

POIVEY-LECLERCQ, Hélène. La convention de procédure participative: "un pacte de non agression à durée déterminée". *JCP La Semaine Juridique, édition génerale*, n.4, jan., 2011.

SANDER, Frank. Varieties of dispute processing. *Federal Rules Decisions*, nº 70, 1976.

______. Varieties of dispute processing. In: LEVIN, A. Leo; WHEELER, Russell R.. *The pound conference: perspectives on justice in the future*. Saint Paul: West Publishing Co., 1979.

SAUPHANOR, Samuel. La convention de procédure participative: aspects pratiques. *Gazzete du Palais*, n.1, jan-fev, 2011.

SCHWAB, William H. *Collaborative law: a closer look at an emerging practice*. In: *Pepperdine Dispute Resolution Law Journal*, n.4, 2004.

SILVA, Paula Costa e. *A nova face da justiça: os meios extrajudiciais de resolução de controvérsias*. Lisboa: Coimbra, 2009.

TARTUCE, Fernanda. *Mediação nos conflitos civis.* 2ª ed. São Paulo: Método, 2015.

TESLER, Pauline H. *Collaborative law: achieving effective resolution in divorce without litigation.* 2ª ed. Chicago: American Bar Association, 2008.

VASCONCELOS, Carlos Eduardo. *Mediação de conflitos e práticas restaurativas.* 3ª ed. São Paulo: Método, 2014.

VON BARGEN, Jan Malte. *Gerichtsinterne Mediation: Eine Kernaufgabe der rechtsprechenden Gewalt.* Tübingen: Mohr Siebeck, 2008.

WINICK, Bruce. *Therapeutic jurisprudence and the role of counsel in litigation.* in *California Western Law Review*, n.37.

CAPÍTULO 32

Punto de Vista: Marc/Adr Y Diversidad de Culturas: el ejemplo Latinoamericano[1-2]

Eduardo Oteiza[3]

SUMÁRIO: 1. LAS DIFICULTADES DE UNA VISIÓN QUE ABARQUE DIFERENTES PAÍSES Y SUBREGIONES; 2. AMÉRICA LATINA. DECEPCIONES Y ESPERANZAS; 3. IMPRECISIONES CONCEPTUALES. LA IMPOSICIÓN DE UN ACRÓNIMO Y LA RELATIVIDAD DE; 4. EL ACCESO A LA JUSTICIA COMO UN PROBLEMA DE POLÍTICA PÚBLICA CUYA SOLUCIÓN DEBE; 5. CRISIS DE CONFIANZA EN EL SERVICIO DE JUSTICIA Y LOS MECANISMOS ALTERNATIVOS COMO UNA PARTE DE UN PLAN DE REFORMAS. INICIATIVAS DE AYUDA INTERNACIONAL Y LOS MARC; 6. EL DESARROLLO DE LOS MARC EN AMÉRICA LATINA. LA INCIDENCIA DE LOS PROGRAMAS DE APOYO A LOS MARC; 7. CONCLUSIÓN.

1. LAS DIFICULTADES DE UNA VISIÓN QUE ABARQUE DIFERENTES PAÍSES Y SUBREGIONES

Trazar una perspectiva que intente abarcar a los países Latinoamericanos supone minimizar diferencias culturales, históricas, sociales, políticas y económicas. Ante la necesidad de englobar y anotar similitudes es inevitable emplear cierta arbitrariedade en la decisión sobre cuáles son los rasgos comunes. La tarea que emprenderé, además de soportar mis naturales limitaciones, asume la necesidad de describir un conjunto pleno de matices, lo cual significa reconocer un cierto margen de error al uniformar situaciones disímiles. Afortunadamente mi intervención reclama un punto de vista. Es tranquilizador saber que la pretensión de objetividad ha sido relativizada por la convocatoria. El espacio latinoamericano al que me referiré reconocerá que estoy hablando en la terminología kantiana de das Ding für mich. El hablar de las cosas para mí y no de las cosas en sí, además de reconocer la subjetividad del análisis, importa asumir que estoy escribiendo desde un rincón austral del Continente. La interpretación del contexto latinoamericano proviene de quien vive en la Argentina de los

1. Texto de la conferencia dictada en el Congreso de la Asociación Internacional de Derecho Procesal sobre Modos Alternativos de Solución de Conflictos en la Universidad París 1, Sorbonne, 21/25-9-2005.
2. Publicado originalmente na Revista Ibero Americana de Derecho Procesal, ano V, n. 8, 2005.
3. Professor de la Universidad Nacional de La Plata, Argentina.

comienzos de un nuevo milenio. La aguda crisis vivida en el pasado reciente, por ser indulgente com el presente e intentar ver con mayor fe el futuro, seguramente influyó en las meditaciones que volcaré aquí.

En la tarea de buscar cierta uniformidad he intentado respetar el valor de la individualidad y de cada conjunto como planes de vida que merecen ser reconocidos en su identidad. Al trabajar sobre Latinoamérica he reconocido la importancia de considerar tanto las visiones colectivas como las individualidades, en su más amplio sentido. Los hombres, los pequeños poblados, las áreas rurales, las poblaciones indígenas, las ciudades, las provincias, los Estados y las uniones de Estados en sus distintas formas, viven la tensión entre la búsqueda de su individualidad y la tendencia a la uniformidad. Taruffo[4] y Barbosa Moreira[5] reconocen el cruce entre aquellas tendencias al localismo y al minimalismo que conviven e interactúan con fenómenos generales que alientan la convergencia, la regionalización o, en términos más amplios, la globalización. Esas tendencias se reproducen y habitan en idénticos espacios culturales y territoriales. Es posible encontrar visiones que alientan el localismo y la fragmentación junto con otras que aspiran al globalismo y a la uniformidad. Los propios países exhiben diferencias notorias entre sus centros urbanos y las áreas rurales que generan comportamientos colectivos diferenciados. La interacción entre el reconocimiento de la individualidad y la búsqueda de la homogeneidad ocupará um papel central en estos desarrollos. En las últimas décadas la tensión de ambos movimientos se ha acrecentado. Mientras fenómenos idénticos ocurren en los países de la Región, al mismo tiempo coexiste una lucha por la reivindicación del reconocimiento de las diferencias.

Este informe respetará ambas pautas. Intentaré dar una perspectiva sobre los Métodos alternos de Solución de Conflictos (MARC) describiendo aquellos rasgos salientes que observo desde Argentina. Al mismo tiempo estaré atento al respeto por la individualidad conceptual. Como veremos América Latina ha sido tratada como um todo al reproducir proyectos que no respetaban las características propias de identidades que merecían un tratamiento diferenciado. La hoja de ruta consistirá en una breve descripción sobre la pobreza, la debilidad del proceso democrático y la falta de confianza en la justicia en América Latina. Con esse marco indagaré sobre la vaguedad conceptual de los MARC y la comprensión que de ellos se tiene en la Región. Mi intención es examinarlos como un problema de política pública vinculado al acceso a la justicia. Por último, indagaré sobre el efecto de las políticas internacionales de ayuda económica

4. TARUFFO, Michele, *Dimensioni transculturali della giustizia civile*, en *Sui confini, Scritti sulla giustizia civile*, il Mulino, Bologna, 2002, ps. 20 y ss.
5. BARBOSA MOREIRA, José Carlos, *O direito em tempos de globalizaçao*, en *Temas de Direito Processual*, Oitava Série, Saraiva, São Paulo, 2004, ps. 275 y ss.

que auspiciaron el desarrollo de los MARC para mejorar el servicio de justicia y afianzar el Estado de Derecho.

2. AMÉRICA LATINA. DECEPCIONES Y ESPERANZAS

La transición entre gobiernos autoritarios y democráticos ocurrida al finalizar la década de los años setenta mostró vulnerabilidad. La falta de una institucionalidad em Latinoamérica se caracteriza por la ausencia de reglas estables y comportamientos previsibles[6]. En términos de práctica política hay una marcada preponderancia del Poder Ejecutivo sobre el Poder Legislativo, producto de una arraigada forma de gobierno de carácter presidencialista. O'Donnell[7] llama "democracias delegativas" a las nacidas en los años ochenta, a las que caracteriza por:

> (i) Una fuerte delegación en el Poder Ejecutivo para tomar decisiones sin control una vez definida la elección;
>
> (ii) el intento de despolitizar a la población con excepción de los breves períodos en que se requiere su apoyo, y
>
> (iii) una pérdida del ejercicio concreto de los controles entre las instituciones políticas. En la búsqueda de las causas que determinan el descripto estado de cosas Alberti[8] considera que existe

6. GARZÓN VALDEZ, Ernesto, *What is Wrong with the Rule of Law?*, en *Seminario en Latinoamérica de Teoría Constitucional y Política 2000*, Editores del Puerto, Buenos Aires, 2001, p. 83. Allí señala que *el problema de la relación entre derecho y democracia en América Latina no reside tanto en la promulgación de nuevas Constituciones sino más bien em la aplicación efectiva de las ya existentes a través de una política jurídica que haga posible el establecimiento de una relación causal entre prescripción normativa y comportamiento humano.*
7. O'DONNELL, Guillermo, *¿Democracia delegativa?*, en *Contrapuntos. Ensayos escogidos sobre autoritarismo y democratización*, Paidós, Buenos Aires, 1997, ps 287 y ss.
8. ALBERTI, Giorgio, *"Movimientismo" and Democracy: An Analitical Framework and the Peruvian Case Study*, em *O desafio da Democracia na America Latina*, Denis, Elis, compilador, IUPERJ, 1997, ps. 253 y ss. Ver también: PRATS I CATALÁ, Joan, *Liderazgos, democracia y desarrollo: La larga marcha a través de las instituciones*, Institut Internacional de Governabilitat de Catalunya, en http://www.iigov.org/revista/, quien sintetiza ciertas notas del pasado latinoamericano que creo oportuno transcribir: *Ninguna región del mundo ha tenido un pasado colonial tan extenso e intenso como el de América Latina: tres siglos que siguen condicionando el presente y el futuro. De entre las experiencias coloniales sólo en América Latina y el Caribe los descubridores y colonizadores desarticularon o destruyeron los sistemas sociales preexistentes y construyeron nuevas civilizaciones. La institucionalidad informal de América Latina, su cultura cívica y política profundas, no pueden entenderse sin el legado colonial. A dos siglos ya de independencia, todavía no se han podido erradicar ciertos caracteres casi idiosincráticos, que por ello mismo no pueden abolirse por Decreto. A lo largo de tres siglos arraigaron instituciones y pautas culturales que provenían de la parte de Europa preliberal, premoderna, precientífica y preindustrial, de la Europa de la Contrareforma, centralizada, corporativa, mercantilista, escolástica, patrimonial, señorial y guerrera, donde la idea de libertad no deriva del derecho general sino de la obtención de un privilegio jurídico. El sistema colonial español ha sido caracterizado como "una red gigantesca de privilegios corporativos e individuales que dependían para su sanción y operatividad final de la legitimidad y autoridad del monarca"* (Wiarda: 1998). *Cuando se desintegró esta red de clientelismo, patrimonialismo y cuerpos corporativos interconectados que había procurado cierta cimentación política y social*

un problema de cultura política que atenta contra la democracia latinoamericana. Entiende que las democracias delegativas no son un fenómeno nuevo sino la reproducción de viejas prácticas en nuevos contextos. Encuentra Alberti que la cultura política que llama: "movimientismo" posee un carácter radicalmente opuesto a la consolidación institucional, con fuerte tendencia hegemónica, tributaria de una lógica de amigos y enemigos, de inclusión y exclusión, que identifica a los comportamientos políticos de muchos de los países de América Latina desde 1930[9].

Los problemas institucionales de América Latina han limitado su capacidad para generar bienestar a su población. La pobreza castiga a unos doscientos veinticinco millones de personas[10]; como consecuencia de ello la Región exhibe uno de los mayores niveles de desigualdad en el mundo. Los análisis económicos consideran que la debilidad institucional es una de las causas que provoca la falta de desarrollo de la mayoría de los países latinoamericanos[11].

---

al Imperio y al vasto y casi vacío territorio de América Latina, los padres fundadores de América Latina y Bolívar al frente de ellos, encararon un difícil dilema: por un lado, los ideales ilustrados, la lucha por la independencia, el deseo de libertad, el ejemplo norteamericano, todo los llevaba a adoptar la forma de gobierno republicana; por otro, reconocían realistamente las tendencias anárquicas y desintegradoras de sus pueblos. El compromiso a que se llegó consistió en concentrar el poder en el Ejecutivo, dotado con amplias facultades de emergencia, en detrimento del Legislativo y el Judicial, em restringir la representación a los propietarios, en restablecer privilegios corporativos especialmente a favor del Ejército y de la Iglesia, y en idear nuevos mecanismos de control para mantener a los de abajo en su sitio (Wiarda. 1990).

9. La noción de populismo vinculada a la democracia política en América Latina puede consultarse em ZERMEÑO, Sergio, *El regreso del líder, en Populismo y Neo-populismo en América Latina. Los complejos de la Cenicienta*, compiladores MACKINNON, María Moria y PETRONE, Mario Alberto, Eudeba, 1999, ps. 363 y ss. También puede consultarse sobre este tema al trabajo de WEFFORT, Francisco, *Nuevas democracias. ¿Qué democracias?*, Revista Sociedad, N° 2, Universidad de Buenos Aires, 1995, ps. 93 y ss.

10. Ver Programa de las Naciones Unidas para el Desarrollo (PNUD), *La Democracia en América Latina. Hacia uma democracia de ciudadanos y ciudadanas*, http://www.undp.org/, 2004, ps. 25 y 80.

11. BID, *Informe sobre el Progreso Económico y Social de América Latina 2001, La Competitividad Motor del Crecimiento*, Banco Interamericano de Desarrollo (ver en http://www.iadb.org/): *Las deficiencias de las instituciones públicas son posiblemente la principal causa de los problemas de competitividad de los países latinoamericanos... En ausencia de un sistema jurídico-legal estable y respetado, pueden faltar los incentivos para asimilar tecnologías nuevas que requieren inversiones a largo plazo, elevan los riesgos de incumplimiento de los contratos y, por consiguiente, los costos de transacción. También pueden limitar la capacidad del sistema financiero para apoyar el desarrollo de nuevas inversiones, ante la eventualidad de que sus derechos no sean respetados. La ineficacia del gobierno o un ambiente propicio a la corrupción puede desalentar la inversión extranjera y la transferencia de tecnologías, y puede desviar recursos de actividades productivas hacia atividades de búsqueda de rentas...* Con similar orientación El Foro de Economía Mundial, *The Global Competitiveness Report 2002-2003*, Oxford University Press (ver en http://www.weforum.org/) sostiene que las instituciones públicas son em gran medida responsables de las grandes deficiencias de competitividad de los países de América Latina. De acuerdo con el citado informe países como Uruguay y Chile con un alto grado de confianza en el Poder Judicial se encuentran en posiciones destacadas en el índice de instituciones públicas. Sobre 80 países Chile se ubica en el lugar 20 y Uruguay en el 19. La incidencia de la debilidad institucional y la economía en Latinoamérica puede consultarse en KÖNZ, Peider, *Rule of law for sustainable development: reflections on the Latin American institutional GAP*, Institut Internacional de Governabilitat de Catalunya http://www.iigov.org/revista/

A pesar que las nuevas democracias latinoamericanas no lograron superar el problema de la pobreza y la desigualdad, las sociedades continúan haciendo el intento de respetar los acuerdos constitucionales en lugar de volcarse a experiencias autoritarias. Informes recientes sostienen que seis de cada diez personas prefieren la democracia con respecto a otros regímenes políticos. No obstante cinco de cada diez apoyaría un gobierno autoritario si éste resolviera los problemas económicos del país[12].

El contexto descripto afecta a la prestación del servicio de justicia e incide en la percepción de la sociedad sobre él. El nivel de desconfianza en el Poder Judicial em Latinoamérica es muy alto[13]. El grado de apoyo al Poder Judicial varía de acuerdo com la situación interna de cada país. Así mediciones recientes muestran que en Argentina solamente una persona de cada diez manifiesta confianza en el Poder Judicial. Los países con mayor grado, de conformidad con sus Poderes Judiciales son: Costa Rica, Uruguay y Brasil. Una debilidad similar muestran los otros poderes del Estado, ya que en el 2002 solamente tres de cada diez personas confiaban en el desempeño de los Poderes Legislativo y Ejecutivo[14]. Coincido con Méndez en cuanto a que hay una clara insatisfacción ciudadana sobre los Poderes Judiciales Latinoamericanos que sólo presenta diferencias de grado en el nivel de desaprobación[15].

Un dato relevante en el contexto latinoamericano que debe examinarse en conjunto con la continuidad de los gobiernos democráticos, cuyas cartas constitucionales establecen la obligación de respetar la independencia del poder judicial y el derecho de acceso a la justicia, comprensivo del de debido proceso, es la adhesión a la Convención Interamericana de Derechos Humanos y a la competencia contenciosa de la Corte Interamericana. La Convención suscripta en San José de Costa Rica el 22 de noviembre de 1969, que entró en vigor el 18 de julio de 1978, cuenta con la ratificación de 24 Estados[16]. El número

12. Ob. cit., not. 7, PNUD, *La Democracia en América Latina...*, p. 80.
13. El nivel de desconfianza se sitúa en el 75% de acuerdo con el *Reporte sobre el Estado de la Justicia en las Américas 2002-2003*, Centro de Estudios de Justicia de las Américas, CEJA, consul tar em http://www.cejamericas.org/. La encuesta sobre la percepción de la ciudadanía puede consultarse em *Encuesta Latinobarómetro 2002- Informe de Prensa*, ver en http://www.latinobarometro.org/.
14. Los medios masivos de difusión y la iglesia reciben respuestas favorables del 50% de la población.
15. MÉNDEZ, Juan, *Reforma institucional: el acceso a la justicia. Una introducción*, en *La (in)efectividad de la ley y la exclusión en América Latina*, compiladores MÉNDEZ, Juan E.; O'DONNELL, Guillermo y PINHEIRO, Paulo Sérgio, Paidos, Buenos Aires, Barcelona y México, 2002, ps. 224 y ss. Sostiene que: *Sería inadecuado pintar de un solo trazo la situación del Poder Judicial en todo el continente. Existen grandes diferencias entre países, incluso, entre regiones y jurisdicciones de un mismo país. Hay también claras diferencias de profesionalismo e, incluso, de probidad entre el Poder Judicial de un país y el de otro. Pero son, en esencia, diferencias de grado... En grados variables, todas las ramas judiciales latinoamericanas padecen una seria necesidad de modernización y adaptación a los nuevos problemas sociales.*
16. Han ratificado o se han adherido a la Convención: Argentina, Barbados, Bolivia, Brasil, Colombia, Costa Rica, Chile, Dominica, Ecuador, El Salvador, Grenada, Guatemala, Haití, Honduras, Jamaica, México,

de adhesiones o ratificaciones es demostrativo de la aceptación del sistema de protección consagrado en el Tratado que, básicamente, parte del reconocimiento de ciertos derechos esenciales y el establecimiento de dos órganos com competencias específicas para determinar la existencia de violaciones, por parte de los Estados, a los derechos amparados. Así, la Comisión Interamericana, creada en 1959 y posteriormente reconocida como órgano de la Organización de Estados Americanos[17], y la Corte Interamericana, que recién pudo establecerse y organizarse en 1979, comparten la delicada misión de determinar, en los casos concretos planteados por los Estados o por los ciudadanos, la existencia de una violación a un derecho humano reconocido.

Para el funcionamiento pleno del sistema, con respecto al cual juega un papel esencial el equilibrio en las funciones de la Comisión y la Corte, era necesario quebrar con la reticencia de algunos Estados con respecto al reconocimiento de la competencia contenciosa de esta última. La aceptación de Brasil y México, en diciembre de 1998, y de la República Dominicana, en febrero de 1999, de la competencia de la Corte para resolver los casos en los que se discuta si existió responsabilidad concreta de algún Estado en la violación de los derechos reconocidos por la Convención Americana, de pleno derecho y con carácter obligatorio, es un síntoma claro de fortalecimiento.

La Convención Americana en el artículo 8° impone como obligación del Estado el garantizar el acceso a la justicia. Al describir las garantías dispone que toda persona tiene derecho a ser oída, con las debidas garantías y dentro de un plazo razonable[18], por un juez o tribunal competente, independiente

Nicaragua, Panamá, Paraguay, Perú, República Dominicana, Suriname, Trinidad y Tobago, Uruguay y Venezuela. Trinidad y Tobago denunció la Convención Americana sobre Derechos Humanos, por comunicación dirigida al Secretario General de la OEA, el 26 de mayo de 1998. Estados Unidos, no obstante haber firmado la Convención el 1° de junio de 1977, no la ha ratificado. Canadá no firmó la Convención.

17. La creación de la Comisión se remonta a la Resolución VIII de la V Reunión de Consulta de Ministros de Relaciones Exteriores de los Estados Americanos celebrada en Santiago de Chile en agosto de 1959. Fue reconocida como uno de los órganos principales de la OEA en la Carta Reformada en 1970. El Estatuto de la Comisión de 1979 resuelve el problema de su competencia con respecto a los Estados parte de la Convención y la de aquellos que siendo miembros de la OEA no han ratificado la Convención y se encuentran obligados a respetar los derechos consagrados en la Declaración Americana de Derechos Humanos. Ver BUERGENTHAL, Thomas, NORRIS, Robert y SHELTON, Dinah, *La protección de los derechos humanos en las américas*, Instituto Interamericano de Derechos Humanos, Civitas, reimpresión 1994, ps. 44-49. Hacemos referencia al relato general del profesor FIX ZAMUDIO, Héctor, *Judicial Protection of Human Rights in Latin America and the Inter-american Court of Human Rights*, que puede consultarse en *International Congress on Procedural Law for the Ninth Centenary of The University of Bologna, Judicial Protection at the national and international level*, Milano, Giuffrè Editore, 1991, ps. 435-437 en donde describe los orígenes y la competencia de la Comisión.

18. La Corte Interamericana en el caso "Gene Lacayo", sentencia dictada el 29-1-97, adhirió a la posición de la Corte Europea al sostener que para determinar la razonabilidad del plazo se debe realizar un "análisis global del procedimiento" para lo cual se debe tomar en cuenta: a) la complejidad del asunto; b) la actividad procesal del interesado, y c) la conducta de las autoridades judiciales.

e imparcial, establecido con anterioridade por la ley, en la sustanciación de cualquier acusación penal formulada contra ella, o para la determinación de sus derechos y obligaciones de orden civil, laboral, fiscal o de cualquier otro carácter, y a recurrir del fallo ante un juez o tribunal superior.

El artículo 25 integra el concepto de acceso a la justicia y de debido proceso legal al ocuparse, bajo el título de protección judicial, de consagrar que toda persona tiene derecho a un recurso sencillo y rápido o a cualquier otro recurso efectivo ante los jueces o tribunales competentes, que la ampare contra actos que violen sus derechos fundamentales reconocidos por la Constitución, la ley o la presente Convención, aun cuando tal violación sea cometida por personas que actúen en ejercicio de sus funciones oficiales.

Las disposiciones citadas fortalecen la noción de debido proceso legal al describir las distintas situaciones en las cuales toda persona debe contar con la posibilidad de acceder a un juez imparcial que pueda decidir sobre el quebrantamiento de sus derechos[19]. Esa noción liberal básica, según la cual los derechos deben tener adecuado resguardo ante un órgano jurisdiccional imparcial provisto por el estado democrático, ha sido materia de desarrollo por la intervención tanto de la Comisión como de la Corte[20].

La Corte Interamericana a fines del año 2002 dictó la primera sentencia considerando que el Estado Argentino violó la Convención Americana en el caso "Cantos"[21]. Uno de los *obiter dictum* de la Corte Interamericana en el caso "Cantos" ayuda a entender el alcance del acceso a la justicia como derecho humano desde la lectura que ella da a la Convención. Sostuvo que: *Según el artículo 8°de la Convención toda persona tiene derecho a ser oída con las debidas garantías y dentro de un plazo razonable, por um juez o tribunal competente, independiente e imparcial, establecido con anterioridad por la ley, em la sustanciación de cualquier acusación penal formulada contra ella, o para la determinación de sus derechos y obligaciones de orden civil, laboral, fiscal o de cualquier otro carácter. Esta disposición de la Convención consagra el derecho de acceso a la justicia. De ella se desprende que los Estados no deben interponer trabas a las personas que acudan a los jueces o tribunales em busca de que sus derechos sean determinados o protegidos. Cualquier norma o medida de orden interno que imponha costos o dificulte*

19. Ver HITTERS, Juan Carlos, *Derecho Internacional de los Derechos Humanos*, t. II, Ediar, 1993, capítulo IX em donde el autor realiza un profundo estudio sobre garantías judiciales y debido proceso legal en la Convención Americana. En http://www.wcl.american.edu/www.wcl.edu.pub/pub/humright/repertorio/ puede consultarse el extracto de los informes de la Comisión y de las sentencias y opiniones consultivas de la Corte que fijan critérios de interpretación sobre los arts. 7°, 8° y 25° de la Convención.
20. Los casos del sistema interamericano, aquí citados, pueden consultarse en http://www.oas.org/
21. Sentencia del 28-11-2002, publicado en Suplemento de Derecho Administrativo del 4-4-2003, anotado por GONZÁLEZ CAMPAÑA, Germán, *Juicio Internacional a la Justicia Argentina (tasas, honorarios, costas y plazos en la mira de la Corte Interamericana).*

de cualquier otra manera el acceso de los individuos a los tribunales y que no esté justificada por las razonables necesidades de la administración de justicia, debe entenderse contraria al precitado artículo 8.1 de la Convención.

En un escenario complejo en el que habitan grandes frustraciones, al menos los anhelos de lograr consolidar Cartas Constitucionales, en las cuales el acceso a la justicia y respeto del debido proceso juegan un papel central, continúan siendo partes esenciales de los acuerdos mínimos. El Estado de Derecho no ha sido interrumpido y las adhesiones a las normas trasnacionales se mantienen vigentes. De allí que los MARC corresponde estudiarlos con referencia a los valores que se ha decido respetar y como una ayuda que permita darles mayor efectividad.

3. IMPRECISIONES CONCEPTUALES. LA IMPOSICIÓN DE UN ACRÓNIMO Y LA RELATIVIDAD DE LAS FRONTERAS ENTRE LOS MARC

El uso del acrónimo, de origen anglosajón, ADR ha sido tomado de los Estados Unidos de Norteamérica. La tradición norteamericana considera que ellos tienen su origen en la conferencia pronunciada por Pound en 1906, en la Convención anual de la *American Bar Association* sobre las causas de insatisfacción con la administración de justicia[22]. La repercusión del pensamiento de Pound determinó que en 1976 la Conferencia que impulsó el resurgimiento de la implementación de los ADR llevara su nombre[23].

En América Latina se alude a ellos como: resolución alternativa de conflictos (RAC), medios alternativos de solución o resolución de conflictos (MASC o MARC) o sistemas alternos de resolución de conflictos (SARC). El concepto *carneluttiano* de los equivalentes jurisdiccionales[24] ha sido dejado de lado por la idea de búsqueda de alternativas al proceso frente a un juez profesional, independiente e imparcial, que forma parte de la estructura del Poder Judicial del Estado y aplica las normas y reglas adoptadas por los poderes constituidos.

Si bien hay consenso sobre el uso de la alternatividad como sinónimo de opciones al examen del conflicto por un juez, las categorías identificadas por

22. POUND, Roscoe, *The causes of Popular dissatisfaction with the administration of Justice*, ver en *Journal of The American Judicature Society*, vol. 46, N° 3, 1962, ps. 56-56.
23. Ver: *The Pound Conference: Perspective on Justice in the Future*, St. Paul, 1979. Sobre el origen del acrónimo en forma coincidente con lo aquí expresado ver: PUNZI, Carmine, *Relazioni fra lárbitrato e le altre forme non giurisdizionali di soluzione delle liti*, en XII Congreso Mundial de Derecho Procesal, México, 2003, ps. 122-203.
24. CARNELUTTI, Francesco, *Sistema de derecho procesal civil*, trad. de Alcalá Zamora, Niceto y Sentís Melendo, Santiago, Buenos Aires, 1944, t. I, p. 183.

los MARC gozan de cierta ambigüedad. Conceptos tales como: decisión o adjudicación, negociación, mediación, conciliación y arbitraje pueden representar categorías no bien diferenciadas.

Para Cover, Fiss y Resnik[25] la diferenciación entre las cuatro categorías mencionadas puede resultar un tanto artificial. James Jr., Hazard y Lebsdorf[26] destacan con razón que las partes suelen llevar adelante negociaciones simultáneas con el desarrollo del proceso y los jueces no limitan su actividad a la decisión de los casos ya que también hacen uso de sus atribuciones para mediar entre las partes o intentar una conciliación. Si bien se considera que el proceso concluye con una decisión que encontrará un ganador y um perdedor, usualmente tienen lugar una suerte de solución de compromiso entre los intereses en juego que intenta balancear la situación de las partes. Finalmente, sostienen que en virtud del alto porcentaje de casos que los procesos concluyen por un acuerdo o un desistimiento voluntario, podría hablarse que la resolución jurisdiccional es la excepción y no la regla.

Un ejemplo de la relatividad de las categorías de MARC es el uso que en algunos países se realiza de los conceptos mediación y conciliación. En Argentina, Brasil Uruguay y Paraguay sea alude a la conciliación cuando ella es llevada a cabo por um juez y a la mediación cuando interviene un tercero que no forma parte de la jurisdicción estatal. En el caso de Colombia y Venezuela se utiliza la voz conciliación com independencia que intervenga un juez. Ecuador, Costa Rica y Bolivia emplean como sinónimos los términos mediación y conciliación[27].

En cuanto al arbitraje, el Libro Verde de la Comisión de la Unión Europea sobre las modalidades alternativas de solución de conflictos[28], no lo incluye por entender que ante la crisis de eficacia de los sistemas judiciales se deben buscar métodos de apaciguamiento de los conflictos más consensuales que el recurso al juez o al árbitro.

Las dificultades para encontrar las fronteras entre la resolución del conflicto por um tercero imparcial o aquella que asume la posibilidad que las partes prescindan de su ayuda por intermedio de la mediación, como dos

25. COVER, Robert, FISS, Owen y RESNIK, *Procedure*, Foundation Press, New York, 1988, ps. 31-36.
26. JAMES Jr., FLEMING, Hazard Jr., LEUBSDORF, John, *Civil Procedure*, Foundation Press, New York, 2001, p. 344, destacan que en Estados Unidos solamente un 7% de los casos civiles se resuelven por intermedio de un proceso.
27. POLANIA, Adriana, *Los mecanismos de controversias en la Región*, http://www.iadb.org/mif/v2/speeches/polania.html. Consultar, también, ÁLVAREZ, Gladys Stella, *La mediación y el acceso a justicia*, Rubinzal-Culzoni, 2003, ps. 193-225.
28. Aprobado por la Comisión en el 2000. http://europa.eu.int/abc/doc/off/bull/es/ 200204/p104018htm, PUNZI, Carmine, *Relazioni fra l'arbitrato e le altre forme non giurisdizionale di soluzioni delle liti*, ob. cit., not. 20, p. 163, coincide en su relato general sobre el uso indiferente de las expresiones mediación y conciliación.

claros opuestos, fueron analizadas por Shapiro[29] tomando el ejemplo de la tradición de las ideas de Confusio y su aplicación en China. Shapiro examina el valor asignado a la mediación y la correspondencia que ella muestra con el valor de la armonía que caracteriza la filosofía de Confusio. De acuerdo con esas bases culturales, cuando las partes se encuentran en conflicto el deber moral impone restablecer la armonía en lugar de determinar quien estuvo equivocado y quien acertado en la disputa. Sobre esa tradición se edificó la figura de la mediación. Shapiro logra demostrar que no obstante la fuerza de la cultura que exalta los valores de la mediación, en la práctica de la atención de los conflictos es ineludible el empleo de la resolución por un tercero imparcial. La experiencia de China a su juicio muestra como se subvierte la figura de la mediación para asignarle al supuesto mediador la atribución de decidir. El nominalmente identificado como mediador en realidad cuenta con verdaderos poderes de decisión cuando es necesario imponer una solución al conflicto.

En una investigación reciente Faundez[30] analizó sistemas de solución de conflitos mediante la aplicación de normas cuya fuente de autoridad primaria no es el Estado. Describe cómo distintas comunidades recurren a mecanismos diversos a los tradicionalmente analizados. En las áreas rurales del Perú habitan 20 millones de personas, entre las cuales un 70% pertenece a grupos étnicos indígenas. La mayoría de la población indígena vive en pequeñas comunidades. En la zona Andina se las denomina *Comunidades Campesinas* y en la zona amazónica se las llama *Comunidades Nativas*. Sus explicaciones se concentran en la Comunidad Campesina de Calahuyo, cuya población asciende a 372 habitantes y es una de las 86 pequeñas comunidades de campesinos cuya lengua es el Aymará. En Calahuyo los conflictos familiares y vinculados con cuestiones referidas a propiedades y reclamos monetarios son atendidos por las propias familias o los consejos de ancianos y se intenta resolverlos por intermedio de la conciliación, aplicando los principios de armonía social. En otras localidades del Perú como Cajamarca, desde 1970 se han desarrollado las llamadas *Rondas Campesinas* que nacieron para controlar el robo de ganado. Las Rondas Campesinas fueron expandiendo sus funciones y han intervenido en la resolución de disputas familiares. Los jueces de paz fueron establecidos por la Constitución del Perú de 1823 y tienen un papel activo en la administración de justicia, que difiere con el de los jueces profesionales. Ellos actúan fundamentalmente como

29. JAMES Jr., FLEMING, Hazard Jr., LEUBSDORF, John, *Civil Procedure*, Foundation Press, New York, 2001, p. 344, destacan que en Estados Unidos solamente un 7% de los casos civiles se resuelven por intermedio de un proceso.
30. FAUNDEZ, Julio, *Non-State Justice Systems in Latin Arnerica. Case Studies: Peru and Colombia*, University of Warwick, 2003, http://www.grc_exchange.org/g_themes/ssaj_workshop0303.html.

conciliadores y tienen a su cargo decidir sobre deudas impagas, violencia doméstica y casos menores. Faundez ha encontrado que en Cusco los jueces de paz[31] cuentan con un apoyo enorme debido a la accesibilidad y a la informalidad con que resuelven los conflictos. Los Centros Rurales de Administración de Justicia establecidos en Ayacucho en 1997 fueron creados para reconstruir la sociedad civil mediante un mayor acceso a la justicia luego de las luchas contra Sendero Luminoso.

Las distintas experiencias comentadas por Faundez difieren de la jurisdicción Estatal de tutela coactiva de derechos. En muchos casos encontramos formas similares a la mediación y en otros no se aplica un derecho formalmente reconocido por el Estado, sino criterios de equidad o costumbres locales. No obstante una de las características comunes de los sistemas comentados reside en el intento de obtener soluciones de consenso prescindiendo de la autoridad del Estado. En ese sentido ellos pueden ser alcanzados por la noción de MARC.

Para abarcar la multiplicidad de opciones que pueden ser brindadas a las partes de un conflicto por intermedio de los MARC es útil la metodología propuesta por Blakenburg y Taniguchi[32], quienes sostienen que ellos pueden ser identificados por oposición al proceso formalmente regulado por la autoridad Estatal en el que interviene un juez independiente. Ello nos permitirá examinar opciones tan variadas como las examinadas por Faundez.

Vuelvo sobre la tensión entre las expresiones mínimas que identifican lo individual y lo local con aquellas que aluden a la convergencia, la regionalización o la globalización. Los MARC son tributarios de una tendencia a brindar opciones y expandir el tipo de respuestas a la conflictividad. El uso del acrónimo ADR revela la recepción de la tentativa globalizada de presentar alternativas a la respuesta jurisdiccional. No obstante las distintas comunidades adaptan esa tendencia a sus propias culturas y comportamientos sociales. El arbitraje puede no integrar el conjunto de los MARC en la Unión Europea, mientras sí es empleado en ese sentido en América Latina. Los jueces de paz pueden ser vistos como jueces de equidad en otras latitudes mientras en la Región pueden constituirse en una pieza clave para permitir el acceso a un tipo de justicia, proclive a la conciliación de intereses y el logro de la paz social. Destaco de este modo el operar convergente de ambas tendencias y la necesidad de respetar las instituciones arraigadas en el plano local, no siempre comprendido en su real dimensión.

31. Hay unos 4000 jueces de paz ubicados mayormente en áreas rurales.
32. BLAKENBURG, Erhard y TANIGUCHI, Yauhei, *Informal alternatives to and within formal procedures*, en *8th World Conference on Procedural Law, Justice and Efficiency*, Utrecht, 1987, vol. II.

4. EL ACCESO A LA JUSTICIA COMO UN PROBLEMA DE POLÍTICA PÚBLICA CUYA SOLUCIÓN DEBE TENER PRESENTE RAZONES SUSTANTIVAS Y CONTEMPLAR DESIGUALDADES

Para dar satisfacción a la demanda de acceso a la justicia el Estado debe destinar una parte del gasto público para afrontar el costo que representa el mantenimiento de la estructura del servicio de justicia. Como la capacidad del Estado para sostener los gastos totales es escasa y el costo del servicio de justicia compite con otras necessidades sociales como la salud o la educación se deben fijar prioridades. Para Peña González[33] el Estado enfrenta la encrucijada entre dotar de mayores recursos al servicio de justicia a los fines de expandirlo, de modo tal que la mayor cantidad posible de conflictos sea atendido, o bien implementar mecanismos alternativos que sustituyan la acción estatal directa. En su opinión dadas las actuales rutinas de gestión la creación de cada nuevo tribunal tiene una utilidad marginal decreciente.

La justicia es un bien público que compite con otros requerimientos de la sociedade de similar relevancia. Es correcto, en consecuencia, fijar prioridades y trazar estratégias para atender requerimientos sociales que compiten frente a la escasez de recursos. Desde la citada perspectiva la justicia, al igual que otras áreas del Estado debe optimizar su respuesta, para lo cual es razonable interrogarse sobre cuál es la opción más eficiente para atenderla al tratarse de un problema de política pública. Es insuficiente declarar que el Estado cumplirá con su obligación de garantizar el acceso a la justicia, debe preverse cuáles son los recursos aptos para cumplir con la citada finalidad. Incluyo como recursos, a las respuestas que a modo de opciones pueden presentarse a las personas que enfrentan un conflicto.

Brindar la oportunidad de acceder a los MARC por su mayor eficiencia para el tratamiento del conflicto significa que su implementación no está fundada sólo en la imposibilidad del Estado de distribuir recursos escasos entre todos los potenciales requirentes de esos bienes, sino en desatacar que hay razones sustantivas que lo justifican. Así puede sostenerse que las formas que depositan en las partes la autocomposición del conflicto permiten el desarrollo de soluciones que un juez que deba adjudicar la razón a una de ellas difícilmente podría lograr. La presencia de um juez de paz que producto del conocimiento de las relaciones entre vecinos logre acercar sus diferencias puede dar una

33. PEÑA GONZÁLEZ, Carlos, *Notas sobre la profesión jurídica y el acceso a la justicia*, en *Seminario Internacional Nuevas formas de resolución de conflictos y el rol del abogado, La Habana 3 y 4 de marzo de 1998*, Editorial Universitaria de Buenos Aires, 1998, ps. 15 y ss. El mismo autor desarrolla similares argumentos en *Notas sobre la justificación del uso de sistemas alternativos*, Revista Jurídica de la Universidad de Palermo, Año 2, N° 1 y 2, 1997, ps. 109-132.

respuesta de mayor calidad que una sentencia fundada en las normas que regían un debate limitado a sus aspectos normativos. El arbitraje puede proporcionar ventajas adicionales para determinadas personas. La mayor flexibilidad y celeridad, la posibilidad de elegir a los árbitros, la reducción de los costos o el beneficio de lograr una mayor reserva sobre cuestiones que por distintas razones las partes no deseen divulgar puede justificar la preferencia por este mecanismo em lugar de iniciar un proceso judicial[34].

Como sostiene Cappelletti[35] la solución contenciosa de la controversia puede alentar los contrastes y las pasiones mientras una justicia conciliadora o coexistencial puede ser más eficaz, ella puede conseguir el acercamiento de las posiciones y acercar uma solución sin ganadores y perdedores, en la cual se privilegie la comprensión y uma modificación bilateral de los comportamientos.

Sin embargo, la recepción de los MARC no puede hacer perder de vista el carácter central de la obligación del Estado de garantizar el acceso a la justicia y el derecho al debido proceso. Se trata de un presupuesto esencial del Estado de Derecho y de um derecho humano básico. Los MARC no pueden ocupar el lugar del proceso judicial como resguardo final de los derechos. Ellos tienen capacidad para completar la respuesta del Estado por constituir una opción legítima, ya que en determinadas situaciones otorga mayores beneficios a los sujetos del conflicto. Es un error presentar el problema en términos de una supuesta elección entre el proceso judicial y los ADR. Las formas alternativas muestran un límite a la protección y en múltiples circunstancias ellas son inadecuadas.

Las debilidades de los MARC fueron puntualizadas por Fiss[36], al señalar que sus sostenedores se apoyan en una supuesta igualdad, la mayoría de las veces inexistente entre las partes. La disparidad de recursos entre quienes participan en el conflicto es um elemento que puede provocar que los más débiles vean lesionados sus derechos. En la tensión de fuerzas que supone el conflicto la parte más débil encontrará una menor protección ante sistemas de solución distintos al judicial en los cuales sus desventajas no pueden ser compensadas adecuadamente. Fiss sostiene que ante la referida desigualdad no hay un legítimo consentimiento. Agrega que el proceso judicial debe ser

---

34. VARGAS, Juan Enrique, *Problemas de los sistemas alternos de resolución de conflictos como alternativa de política pública en el sector judicial*, en *Sistemas Judiciales*, Centro de Estudios de Justicia de las Américas (CEJA), Año 1, N° 2, 2002, ps. 11-19.
35. CAPPELLETTI, Mauro, *Dimensioni della giustizia nelle societá contemporanee*, Il Mulino, Bologna 1994, ps. 90-93. Ver: DENTI, Vittorio, *Un progetto per la Giustizia civile*, Il Mulino, Bologna, 1982, ps. 317 y ss.; HITTERS, *La justicia conciliadora y los conciliadores*, en *La Justicia entre dos épocas*, Platense, 1983, ps. 159-180.
36. FISS, Owen, *Against Settlement*, en The Yale Law Journal, 1984, 93, p. 1073, también puede consultarse Cover, Robert, Fiss, Owen y Resnik, *Procedure*, ob. cit., not. 22. Fue publicado en español, *Contra el acuerdo extrajudicial*, por la Revista Jurídica de Palermo, Año 3, N° 1, 1998, ps. 59-70.

visualizado por su incidencia en el debate público de problemas de interés general. Con ejemplos propios del derecho norteamericano[37], que desde luego encontramos em otros países en las democracias modernas[38], destaca el papel del Poder Judicial para resolver cuestiones sociales que trascienden al caso individual.

Una adecuada política pública de justicia requiere examinar el problema de la desigualdad de las partes en el conflicto. El Estado puede, como con claridad há desarrollado Damaska[39], actuar en forma reactiva (o de *laissez faire*) o asumir un papel activista (o Estado de bienestar). El desarrollo de una sociedad y la capacidad o incapacidad de las personas que la conforman para debatir en posiciones de relativa igualdad constituyen un aspecto a ser tenido en cuenta. En situaciones de marcada desigualdad el Estado al ser reactivo acentúa las ventajas para quien cuenta con mejores posiciones y las desventajas de los menos favorecidos[40]. De allí que una política de justicia deba ofrecer distintas oportunidades que se adecuen a los requerimentos sociales. Las características de cada sociedad determinan el menú de opciones que el Estado debe brindar. Áreas rurales o zonas urbanas con niveles acuciantes de pobreza que exijan restaurar el tejido social requieren soluciones diversas a aquellas que deben articularse para sectores medios de la sociedad con menores restricciones o los actores del desarrollo económico.

37. FISS, ob. cit., not. 31, menciona la relevancia de decisiones como "Brown vs. Board of Education" (347 U.S. 483, 1954, 349, U. S. 294, 1955) sobre segregación racial.
38. En Argentina, por ejemplo, en el caso "Sejean" (Fallos de la Corte Suprema, t. 308, vol. 2, 2269, 1883) la Corte Suprema se pronunció sobre la inconstitucional idad de la legislación que prohibía la disolución del vínculo matrimonial que constituía un problema que afectaba a una parte importante de la población.
39. DAMASKA, Mirjan (1986), *The faces of Justice and State Authority: A comparative approach to the legal process*, Yale University, consultada la traducción de MORALES VIDAL, Andrea y RUIZ-TAGLE, Vidal, *Las dos caras de la justicia y el poder del Estado. Análisis comparado del proceso legal*, Editorial Jurídica de Chile, 2000, p. 137. Allí Damaska plantea: *Para la resolución de la controversia, ¿deberían elegirse formas conciliadoras o de confrontación? Nuevamente la respuesta debe surgir del carácter del Estado reactivo. Su idea de la autogestión lo hace, básicamente, confiar en la sociedad civil para resolver disputas: si los contendientes pertenecen a la misma asociación o son parte de la misma institución social, será mejor que sus desacuerdos se resuelvan internamente. En ese marco se puede entender que la resolución de disputas implica una búsqueda de posiciones intermedias de reconciliación y mediación entre las demandas en competencia: las apelaciones por objetivos compartidos o las exhortaciones al sacrificio mutuo para preservar relaciones que se valoran, toman el lugar que les corresponde. Recurrir a un foro del Estado se imagina como último recurso, cuando los medios privados menos "drásticos" han fracasado. Pero cuando un contendiente decide llevar su caso ante un juez, su acción implica el rechazo a subordinar éste a los valores compartidos y objetivos, o reconocer un terreno intermedio.*
40. James Jr. Fleming, Hazard Jr. Geoffrey y Leubsdorf, John, *Civil Procedure* ob. cit., not. 23, ps. 344-350, coinciden en que los MARC brindan mayores ventajas a las partes con mejores recursos.

5. CRISIS DE CONFIANZA EN EL SERVICIO DE JUSTICIA Y LOS MECANISMOS ALTERNATIVOS COMO UNA PARTE DE UN PLAN DE REFORMAS. INICIATIVAS DE AYUDA INTERNACIONAL Y LOS MARC

América Latina a fines del siglo veinte inició un proceso de retorno a las formas democráticas de gobierno. Los países de la Región habían pasado por experiências autoritarias y sus economías mostraban una nítida falta de desarrollo. La renovada vigencia de las cartas constitucionales, cuya estructura institucional había sido cercenada, alentó esperanzas de que imperara la igualdad ante la ley y que todos los habitantes tuvieran posibilidades de acceder a la justicia. Las carencias estructurales de los Poderes Judiciales, manifestadas en su insuficiencia numérica y de estructura y el continuado apego a un formalismo procedimental, acuñado en las leyes españolas cuyas raíces se encuentran en el derecho colonial y en la legislación del novecientos, demostraron que era imprescindible producir un cambio orientado a mejorar la efectiva prestación del servicio de justicia. Podría decirse que esa visión aspiraba a una mayor calidad de vida democrática al exigir una mejor justicia. Al mismo tiempo el retraso em el desarrollo económico despertó el interrogante sobre cómo volver a crecer. Para lograrlo se inició un camino caracterizado por la desregulación de las economías y el intento de inserción en el intercambio comercial globalizado. Para obtener un desarrollo económico sustentable las inversiones reclamaban seguridad jurídica. Como anota com razón Garro[41], había más de una razón para preocuparse por el acceso a la justicia, además de la esperanza de cumplir con las metas constitucionales debía satisfacerse el requerimiento de seguridad reclamado por los agentes de la economía.

El requerimiento de reglas más sólidas y una justicia capaz de atender la conflictividad que plantea el cambio de una economía cerrada, hegemónicamente conducida por el Estado, a una abierta en el cual el capital privado juega un papel esencial, intentó ser satisfecho por intermedio de un aumento de los presupuestos judiciales y del número de tribunales. Se desarrollaron proyectos de reformas para mejorar los procesos judiciales, la organización de los tribunales y analizar la incorporación de los MARC. Al existir consenso sobre la necesidad de producir uma mejora en la institución judicial que reforzara la efectividad de la ley, América Latina recibió apoyo económico para instrumentar las reformas. Entre 1985 y 1995 la Agencia Estadounidense para el Desarrollo Internacional (USAID) otorgó unos 200 millones de dólares para la modernización de la justicia en Costa Rica, Honduras, Guatemala, El Salvador

41. GARRO, Alejandro, *El acceso de los pobres a la justicia*, en *La (in)efectividad de la ley*... cit., not. 12, ps. 278-303.

y Panamá, Argentina, Chile, Uruguay, Bolivia, Colombia y Paraguay[42]. El Banco Mundial (BM) durante la década de los noventa participó en el proceso de reforma legal y judicial. Su intervención partía de la concepción según la cual para alcanzar um desarrollo sustentable el proceso debía tener un alcance general que comprendiera reformas legales y judiciales, consideradas críticas[43]. La ayuda a la Región alcanzó los 121 millones de dólares[44]. La evaluación sobre el proyecto del BM sobre reforma legal y judicial permitió arribar a las siguientes conclusiones: i) se trata de um proceso que demanda un tiempo considerable; ii) la iniciativa debe provenir de cada Estado y responder a necesidades específicas; iii) requieren un alto nivel de compromiso por parte de los Gobiernos; iv) debe ser conducida con un enfoque participativo que incluya a todos los sectores, particularmente lo más débiles y aquellos contra los cuales exista una tendencia a excluirlos; v) el transplante de sistemas legales no resulta conveniente; vi) las reformas judiciales son difíciles de evaluar en el corto plazo[45]. Entre las conclusiones del BM encontramos que la reforma legal no se agota con la revisión de la legislación existente y la introducción de nuevas regulaciones, debe también tomar medidas para implementar medidas que mejoren los procesos para asegurar el adecuado funcionamiento de las instituciones y el acceso a la justicia[46].

En la década de 1990 la transición a la democracia se había concretado en prácticamente toda la Región. Las ideas de esa década alentaban la apertura de los mercados y confiaban en que por su intermedio se lograría un mayor bienestar que traería a su vez un mayor bienestar[47]. Las reformas en buena medida apuntaban a dar reglas más claras a las transacciones comerciales sin prestar la debida atención a problemas de cultura política que debieron ser más profundamente debatidos. Como luego se reconoció las reformas esenciales requerían involucrar a amplios sectores sociales y un mayor compromiso de

42. CORREA SUTIL, Jorge, *Reformas judiciales en América latina: ¿buenas noticias para los desfavorecidos?*, en *La (in)efectividad de la ley...* cit., not. 12, ps. 260 y ss.
43. BM Vicepresidencia Legal, *Initiatives in Legal and Judicial Reform*, Edición 2004, en http://www.grcexchange.org/info_data/
44. BM Vicepresidencia Legal, *Initiatives in Legal and Judicial Reform*, Edición 2004, en http://www.grcexchange.org/info_data/, ps. 58-67.
45. BM Vicepresidencia Legal, *Initiatives...* ob. cit., not. 32 ps. 13-14.
46. BM Vicepresidencia Legal, *Initiatives...* ob. cit., not. 32, p. 16.
47. CORREA SUTIL, Jorge, *Reformas judiciales en América latina: ¿buenas noticias para los desfavorecidos?*, en *La (in)efectividad de la ley...* ob. cit., not. 12, ps. 268 y ss. Con una visión crítica sobre la forma de implementar las reformas destaca que: *Una conclusión preliminar y no muy optimista sería que las reformas judiciales que se están ensayando en América Latina están definitivamente ligadas más a la apertura de los mercados que a cualquier otro factor. No están siendo provocadas por grupos desfavorecidos y no tienen a esos grupos como objetivo. Sólo cabría esperar algunos efectos laterales menores que pudieran beneficiar a grupos desfavorecidos. Sin embargo, semejante conclusión debe matizarse, ya que se pone demasiado énfasis en la reforma judicial y probablemente demasiado poco en la clase de transformación que essas reformas podrían en última instancia producir.*

los Gobiernos. Cuanto menos los procesos de ayuda que contaron con la participación de USAID y del BM permitieron identificar el carácter absolutamente relevante de la solidez del sistema institucional.

En el desarrollo de los MARC en América Latina tuvo particular incidencia el programa para su promoción e implementación que inició a partir de 1995, el Banco Interamericano de Desarrollo (BID) a través del Fondo Multilateral de Inversiones (FOMIN). Bajo ese auspicio se financiaron 18 proyectos por un total aproximado de 20 millones de dólares[48]. La estrategia consistió en alentar la adopción de centros de mediación y arbitraje para ofrecer a los sectores privados la posibilidad de superar sus disputas. Así el modelo desarrollado en Colombia por intermedio de la Cámara de Comercio de Bogotá que auspició la creación de Centros de Arbitraje y Mediación intentó emplearse en el resto de los países[49]. Las mayores fortalezas del programa consisten en la difusión de los MARC en una Región que contaba con mínimos desarrollos en la materia. Por su intermedio se entrenó un gran número de personas y se informó sobre las ventajas de los MARC. Medir la incidencia futura de dichas fortalezas es uno de los desafíos. Su debilidad más evidente es el intento de realizar um transplante uniforme de un idéntico modelo en realidades diversas. En un contexto complejo marcado por un signo ostensible que antes he mencionado, la creciente desconfianza hacia el Poder Judicial, un dato surge con bastante nitidez: la situación de la justicia es un tema de marcada preocupación en América Latina. Las cumbres de Ministros de Justicia o Procuradores Generales, celebradas desde el año 1997[50] han propiciado la incorporación de los MARC y coincidido en que se deben desarrollar mecanismos que permitan el fácil y oportuno acceso de las personas a la justicia. Posiblemente, independientemente de los propósitos iniciales y de los errores en la ayuda, el proceso de debate que reconoce, como punto de partida, que resulta imperioso superar el actual estado de cosas haya sido en sí mismo el principal beneficio. Todo depende ahora del balance que se realice sobre el camino emprendido. Uma mirada escéptica sólo percibirá los errores. Otra con un espíritu responsable, ya que em última instancia detrás de las abstracciones está la gente que sufre los fracasos y aspira la superación, y constructivo, entendido como el impulso que lleva al mejoramiento, procurará repensar lo sucedido en un balance de errores y aciertos.

48. FOMIN, *Conferencia Métodos alternos de solución de controversias comerciales: el camino a recorrer para América Latina y el Caribe*, ver palabras del Presidente del BID, Iglesias, Enrique, en http://iadb.org/mif/v2/speeches/iglesias.html.
49. En Colombia unos 70 Centros son coordinados por la Cámara de Comercio. La Cámara de Comercio Argentina apoya el desarrollo de 32 Centros. En Brasil operan 45 Centros.
50. Ver sus desarrollos en http://www.oas.org/juridico/spanich/quinta-reunión_de_moj.htm.

6. EL DESARROLLO DE LOS MARC EN AMÉRICA LATINA. LA INCIDENCIA DE LOS PROGRAMAS DE APOYO A LOS MARC

En la Región se advierte un cambio con respecto a los MARC a partir de la última década. La orientación de los sucesivos gobiernos latinoamericanos, que intentaron por intermedio de las desregulaciones económicas fortalecer la iniciativa privada, alentaron difundirlos e instaron reformas legislativas y el desarrollo de instituciones que propiciaron su empleo. La difusión de las ventajas de los MARC y la capacitación de sus operadores determinó que la atención se volviera sobre ellos y se comenzaran a percibir sus beneficios. La independencia que las nuevas normas les asignaron, al retirarlos de los Códigos Procesales, que en su mayoría conservaban la influencia de la legislación española del novecientos, con su marcado formalismo, les otorgó mayor eficacia. Por otra parte la insatisfacción por la respuesta del Poder Judicial acrecentó el interés en su desarrollo.

Una de las notas características del citado movimiento en América Latina fue que los MARC se concentraron en la mediación, la conciliación y el arbitraje. Sin la pretensión de realizar un seguimiento detallado de la experiencia de los MARC en los diecisiete países latinoamericanos me ocuparé solamente de algunas de las reformas. Haré una breve referencia primero de la mediación y la conciliación para luego citar algunos lineamientos comunes en materia de arbitraje. En Argentina se llevó adelante un Plan Nacional de Mediación a partir de 1992[51]. En una primera etapa se realizó una prueba piloto en la cual la mediación funcionaba en forma anexa a los juzgados civiles. En el año 1995 se sancionó la ley que estableció la mediación prejudicial obligatoria[52], cuyo ámbito de aplicación se circunscribe a los tribunales civiles y comerciales de Buenos Aires. Un año más tarde se dictó la ley de conciliación prejudicial obligatoria en materia laboral[53]. Se han matriculado ante la Dirección Nacional de Métodos Participativos de Justicia 4000 mediadores y 180 conciliadores laborales[54]. De acuerdo con los informes de los registros oficiales el 80% de las causas civiles y el 70% de las comerciales concluyen en la etapa de mediación[55].

---

51. El decreto 1480/92 declaró de interés nacional la mediación, a la que caracterizó como un proceso informal, voluntario y confidencial, aplicable a conflictos.
52. Ley 24.573. La legislación establecía que la mediación sería obligatoria por un período de cinco años. En el año 2000 el período fue extendido por cinco años más.
53. Ley 24.635.

51 Ver *Reporte sobre el Estado de la Justicia en las Américas 2002-2003*, ob. cit., not. 10, Informe sobre Argentina.

54. Ver *Reporte sobre el Estado de la Justicia en las Américas 2002-2003*, ob. cit., not. 10, Informe sobre Argentina.
55. Datos consignados en *Reporte sobre el Estado de la Justicia en las Américas 2002-2003*, ob. cit., not. 10, Informe sobre Argentina. Un análisis de la descongestión de los tribunales producto de la mediación puede consultarse em ÁLVAREZ, Gladys Stella, *La mediación y el acceso a justicia*, ob. cit., not. 24, ps. 290-298. En el ámbito provincial adoptaron la mediación: Chaco, Jujuy, Santa Fe, Santiago del Estero, Mendoza, Córdoba

La Constitución Colombiana de 1991 menciona la atribución de los particulares de actuar como conciliadores[56]. En el mismo año la legislación adoptó un programa de descongestionamiento de la justicia a través de la conciliación en equidad[57] que luego fue reformado en el año 1998[58]. Fueron creados 129 centros que están a cargo en su mayoría de universidades y de cámaras de comercio. Los informes muestran que el impulso inicial ha ido perdiendo fuerza ya que la progresión en la creación de centros disminuyó notablemente. A fines de los años noventa el número de conciliadores em equidad era de 1500, con 93.000 casos atendidos[59]. El Ministerio de Justicia se encarga del monitoreo de los centros de conciliación y arbitraje.

En Costa Rica a partir de 1993 se desarrolló el plan nacional de modernización judicial, dentro del cual la Corte Suprema creó el programa de resolución alternativa de conflictos. En el año 1997 fue sancionada una legislación sobre conciliación, mediación y arbitraje, que incluye una declaración sobre el derecho de los ciudadanos a una educación para la paz y para resolver los conflictos patrimoniales por medios privados[60].

La sanción de legislación específica sobre mediación y conciliación fue sancionada entre otros países en Bolivia[61], Ecuador[62], Perú[63] y Venezuela[64]. Los ejemplos citados revelan una tendencia en el tratamiento de los MARC en la Región. La tendencia impuesta por el modelo implementado tenía como

---

y Neuquén. La Provincia de Buenos Aires en el año 1994 sancionó la ley 11.453 en materia de tribunales y procesos de familia. Entre sus instituciones destaco a los conciliadores o consejeros de familia que actúan como instancia intraprocesal. Ver BERIZONCE, Roberto, BERMEJO, Patricia y AMENDOLARA, Zulma, *Tribunales y proceso de familia*, Librería Editora Platense, 2004.

56. Art. 116. En el art. 247 la Constitución Colombiana autoriza la creación de jueces de paz encargados de resolver en equidad conflictos individuales.
57. Ley 23 del año 1991. Ver PARAFÁN, Betsy y SPAGGÓN, Celia, *La justicia comunitaria dentro de la informalización de la justicia en Colombia durante la última década*, en *Sistemas Judiciales*, ob. cit., not. 31, ps. 58-77.
58. Ley 446. Dicha ley reglamenta también el funcionamiento de la justicia de paz.
59. Ver *Reporte sobre el Estado de la Justicia en las Américas 2002-2003*, ob. cit., not. 10, Informe sobre Colombia. Una evaluación sobre el desarrollo de los MARC puede consultarse en PARRA QUIJANO, Jaime, *Informe Colombiano*, en *El Juez y la Magistratura (tendencias en los albores del siglo XXI), Relatorio general y Relatorios nacionales XI Congreso Nacional de Derecho Procesal*, Viena, Austria, 1999, Coordinador, Berizonce, Roberto, Rubinzal-Culzoni, 1999, ps. 222 y 223.
60. Ley 772. Ver art. 1°.
61. Ley 1770 de 1997.
62. La Constitución de Ecuador de 1996 establece los MARC y en el año 1997 se sancionó la ley sobre arbitraje doméstico e internacional y la mediación.
63. Ley 26.876 de conciliación extrajudicial obligatoria que en el año 2001 entró en vigencia sólo parcialmente. Ver CASTILLO CLAUDETT, Eduardo, *Dossier sobre resolución alternativa de conflictos en América*, en *Sistemas Judiciales*, ob. cit., not. 31.
64. La Constitución le otorgó rango constitucional a los MARC en su art. 258 que dispone que la ley promoverá el arbitraje, la conciliación, la mediación y cualesquiera otros medios para la solución de conflictos. La ley orgânica del trabajo regula la mediación y la conciliación.

premisa cierta independencia de la mediación con respecto a la instancia judicial y su desarrollo con técnicas propias autónomas de las utilizadas tradicionalmente por los jueces para lograr la conciliación intraprocesal. Un objetivo de las reformas era lograr que las partes llegaran a um acuerdo privado sobre su disputa.

Los jueces de paz, institución de larga trayectoria en el continente fue en buena medida ignorada. La tradición europea de los jueces pacificadores de Holanda y la idea del juez de paz animada por Voltaire, en la revolución francesa de 1790, también recibida en España en el *Fuero Juzgo* que regulaba la actuación de los mandaderos de paz -*pacis adsertores*-, que debían procurar la avenencia en un asunto determinado cuando el rey los comisionaba a ese efecto para lograr la paz[65], tuvo una amplia repercusión en América Latina. En Argentina los jueces de paz fueron perdiendo su función netamente conciliadora. Al exigirse que los jueces tuvieran el diploma de abogado y asignarles competencias en conflictos de menor entidad se modificaron sus objetivos primarios que consistían, como resalta Berizonce, en: deslegalizar, desprofesionalizar, desdramatizar y desformalizar la resolución de conflictos[66]. Em Uruguay la Constitución de 1830 incorpora a la justicia de paz como necesaria instancia conciliadora previa a la sustanciación del proceso. El actual texto constitucional[67] estableció la obligatoriedad de la instancia previa de conciliación ante el juez de paz. No obstante el carácter obligatorio la conciliación cayó en desuso, transformándose en um simple paso formal[68]. En 1998 fue modificada la competencia de los jueces de paz em materia conciliatoria. La legislación le ha otorgado a la Corte Suprema la facultad de asignarle a los juzgados de paz competencia exclusiva en materia de conciliación[69]. En

Perú la justicia de paz no letrada tiene una importancia significativa. Ella es ejercida por unos 4000 jueces de paz no letrada, que son miembros de la

65. Libro II, Título 1, XV.
66. BERIZONCE, Roberto, *Derecho Procesal Civil Actual*, Abeledo-Perrot, Buenos Aires, 1999, ps. 613-631. Ver también SOSA, Gualberto, *Instituciones de la moderna justicia de paz letrada*, Librería Editora Platense, 1993.
67. Art. 254. *No se podrá iniciar ningún pleito en materia civil sin acreditarse que se ha tentado previamente la conciliación ante la justicia de paz, salvo las excepciones que estableciere la ley.*
68. Ver JARDI ABELLA, Martha, *Recientes tendencias en la posición del juez. Informe nacional uruguayo*, ob. cit., not. 56.
69. Ley 16.995. Comentan los alcances de la reforma: CALVO CARBALLO, Loreley, *Pasado, presente y futuro de la conciliación en Uruguay*, en *XVII Jornadas Iberoamericanas de Derecho Procesal*, Costa Rica, 2000, vol. I, ps. 285-301. De la misma autora *Jueces conciliadores. Asistencia letrada ob ligatoria en las instancias de conciliación, arbitraje y mediación. Creación de la instancia de mediación*, en *Estudios de Derecho Procesal en homenaje a Adolfo Gelsi Bidart*, Fundación de Cultura Universitaria, Uruguay, 1999, ps. 592-606. Ver Torello, Luis, *Mediación, negociación y conciliación*, Poder Judicial, Suprema Corte de Justi cia, 1997, donde da los fundamentos de las reformas luego instrumentadas.

comunidad sin formación legal que intervienen en la resolución de conflictos menores aplicando los usos y costumbres[70].

Con respecto al arbitraje las legislaciones de América Latina anteriores a la década de 1990 la incorporaban a sus códigos procesales y presentaban dos deficiencias que obstruían su utilización. En primer lugar, la cláusula compromisoria contaba com relativa eficacia y presentaba dificultades para integrar el Tribunal a menos que se extendiera un compromiso ante autoridad judicial. El segundo obstáculo consistía em la necesidad de homologar el laudo ante la jurisdicción para asignarle fuerza ejecutiva.

La Comisión Interamericana de Arbitraje Comercial (CIAC) se constituyó en 1933. Su actividad fue bastante modesta hasta la última década, en la cual auspició el desarrollo del arbitraje por las Cámaras de Comercio de los países de la Región. El principal efecto del citado auspicio coordinado con los proyectos del BID y del BM a que me he referido fue la constitución de Centros dedicados, también, al arbitraje. Ello dio apertura a una nueva forma de arbitraje institucional en el cual distintos sectores privados y públicos adhirieron a este tipo de respuesta[71]. Se emprendieron reformas legales siguiendo la Ley Modelo de UNCITRAL sobre arbitraje comercial de 1985. Como ejemplos de la mencionada corriente reformadora cito el caso de: México (1988), Colombia (1989)[72], Guatemala (1995), Brasil (1996), Perú (1996), Ecuador (1997), Venezuela (1998)[73], Panamá (1999), Honduras (2000), El Salvador (2002), Paraguay (2002) y Chile (2004).

70. Art. 152 de la Constitución de 1993. El art. 149 acepta el pluralismo legal y se pronuncia favorablemente sobre la experiencia de las Rondas Campesinas estudiadas por Faundez (ob. cit., not. 27) y por la justicia de paz. El citado artículo establece que *Las autoridades de las Comunidades Campesinas y Nativas, con el apoyo de las Rondas Campesinas, pueden ejercer las funciones jurisdiccionales dentro de su ámb ito territorial de conformidad con el derecho consuetudinario, siempre que no violen los derechos fundamentales de la persona. La ley establece las formas de coordinación de dicha jurisdicción especial con los Juzgados de Paz y con las demás instancias del Poder Judicial.* Ver *Reporte sobre el Estado de la Justicia en las Américas 2002-2003*, ob. cit., not. 10, Informe sobre Perú.

71. Ver BERIZONCE, Roberto, *El arbitraje institucional en iberoamérica*, en *XVII Jornadas Iberoamericanas de Derecho Procesal*, Costa Rica, 2000, vol. I, ps. 125-138.

72. El decreto 2279 de 1989 fue modificado en 1991 (decreto 265 1) y en 1998 (decreto 1818). En el año 2002 fue presentado al Congreso de Colombia un proyecto de ley general de arbitraje, que intentaba replicar la Ley Modelo de UNCITRAL, que encendió una gran pol émi ca. El Instituto Colombiano de Derecho Procesal comunicó al Congreso que el proyecto resultaba altamente inconveniente por la libertad que se les concede a los árbitros de dirigir el proceso de acuerdo con las formas que consideren más convenientes. En la publicación del *XXV Congreso Colombiano de Derecho Procesal*, 2004, pueden consultarse las posiciones antagónicas expresadas por BERNAL GUTIÉRREZ, Rafael, *Reflexiones sobre el arbitraje en Colombia*, ps. 253-273 y GAMBOA SERRANO, Rafael, *Estado actual del arbitraje en Colombia*, ps. 275-317. Ver también la respuesta a la posición de Bernal Gutiérrez formulada por BEJARANO GUZMÁN, Ramiro, *El sofá del arbitraje*, en Revista del Instituto Colombiano de Derecho Procesal, N° 30, 2004, ps. 237-244.

73. Ver HENRÍQUEZ LA ROCHE, Ricardo, *Conciliación y Arbitraje. Presente y futuro (Relación nacional venezolana)*, en *XVII Jornadas Iberamericanas...* cit., nota 68, vol. I, ps. 303--315. Una visión general sobre el arbitraje en Iberoamérica puede consultarse en ZEPEDA, Jorge Antonio, *Relato General*, en *XVII Jornadas Iberoamericanas...*, ps. 9-87.

Los países de la Región han ratificado la Convención de Nueva York (1958) sobre reconocimiento y ejecución de sentencias arbitrales extranjeras, con la excepción de Brasil, Nicaragua y República Dominicana. La Convención Interamericana sobre arbitraje internacional (1975) sólo resta ser ratificada en la Región por Nicaragua.

En materia arbitral, al igual que al hablar de la mediación, encontramos el conflicto de tradiciones, ideas y proyectos. La ley modelo de UNCITRAL representa la tendencia a la uniformidad en un mundo cuyas fronteras parecieran desdibujarse. El desarrollo comercial tiene escala mundial y las formas de producción y de organización de las empresas requieren cierta unicidad de procesos. La Región Latinoamericana necesita mayores fuentes de trabajo y generar más riqueza. Uno de los obstáculos para invertir en la Región está dado por la debilidad institucional. La falta de reglas sólidas respetadas a través del tiempo resta previsibilidad. Los problemas que enfrentan los Poderes Judiciales también son un aspecto negativo que incrementa el riesgo de las inversiones. La fortaleza del arbitraje consiste en la posibilidad de evitar enfrentar las dificultades del proceso judicial. En ese sentido los países de la Región deberían prestar particular atención a la regulación del arbitraje, teniendo en cuenta sus propias tradiciones, el comportamiento de los usuarios del sistema y la independencia e idoneidad de los árbitros. No hacerlo supone enfrentar dos peligros. El primero, consiste en el incremento del costo o la ausencia de inversiones. El segundo, la posibilidad que la fuga de la justicia estatal al arbitraje se traduzca en un nuevo escape, esta vez hacia el arbitraje internacional. Prueba de ello es el incremento de casos que se resuelven ante la Corte Internacional de Arbitraje de la Cámara de Comercio Internacional (CCI).

7. CONCLUSIÓN

Los MARC y la justicia requieren análisis conjuntos. La justicia no puede dar respuesta a todos los conflictos por limitaciones propias, ya que es inadecuada para restaurar determinadas situaciones. Los MARC son simplemente una alternativa al derecho humano esencial de acceder a la justicia y contar con el debido proceso legal. La justicia y los MARC tienen dimensiones complementarias y deben ser empleados para beneficio de la gente como opciones posibles para paliar situaciones diversas.

Ambos responden a idiosincrasias particulares de cada sociedad. La ambición de uniformidad puede verse frustrada por visiones sobre la propia realidad que deben ser respetadas. Transplantar modelos sin consenso suele ser un camino al fracaso. Frente a la falta de confianza en la justicia, que hoy es un síntoma de las dificultades por las que atraviesan los Estados de la Región, corresponde debatir y lograr consenso sobre las reformas que se precisan.

América Latina ha mantenido con dificultades el Estado Derecho; su mayor desafío es fortalecerlo. En ese sendero mejorar la justicia y establecer opciones a ella es uma prioridad.

CAPÍTULO 33

La Mediazione Nelle Legislazioni Straniere

Remo Caponi[1]

In verità, non sembrerebbe più utile ormai parlare della disciplina di altri Paesi ora che c'è una nuova disciplina nazionale. Si tratta piuttosto di cercare di interpretare la nuova norma. Tuttavia, il senso della comparazione non è quello del supermarket degli ordinamenti per cercare di importare la giusta norma per noi, bensì è quello di indossare occhiali con i quali possiamo guardare alla nostra normativa vedendone i pregi e i difetti. Importare una norma serve a poco, non si avrebbero altro che parole su un pezzo di carta, prive della mentalità che sorregge l'applicazione si cercano di analizzare le norme prodotte dal legislatore in un panorama più complesso.

Occorre premettere che l'analisi verterà sulla comparazione dell'istituto della mediazione nei Paesi europei che per tradizione culturale e giuridica possono considerarsi più vicini a noi, ma si può già dire che il panorama della soluzioni che i vari ordinamenti hanno dato al problema della mediazione è molto più variegato di quello che si potrebbe pensare.

È probabile, inoltre, che questa differenziazione perduri nonostante la direttiva Ue in materia, perché questa tocca solo alcuni aspetti.

La Francia

La scelta più importante del legislatore francese risale al 1995 e risulta in favore della mediazione delegata del giudice su accordo delle parti, quindi, non mediazione stragiudiziale anteriore, non obbligatorietà, ma innanzi tutto contatto della controversia con il giudice.

Interviene prima l'analisi in sede di giurisdizione statale e successivamente il giudice stesso formula l'invito a rivolgersi ad un mediatore. Fondamentalmente

---

1. Professor de Direito Processual Civil na Universidade de Firenze/Itália. Pós-Doutor em Direito pela Universidade de Bologna/Itália.

ci troviamo dinanzi ad una mediazione delegata dal giudice nel corso del processo già instaurato.

L'Inghilterra

La scelta inglese si caratterizza per tratti di particolare interesse, nel senso che il legislatore inglese dalla fine degli anni '90 ha incentivato il ricorso alla mediazione prima del contatto della controversia con l'ufficio giudiziario.

Qui si coglie il tratto di fondo della cultura procedurale inglese che indubbiamente vede il ricorso al giudice come ultima risorsa, che in quel paese è particolarmente costosa.

Fra i diversi strumenti con cui incentivare il ricorso alla mediazione non si è scelta l'obbligatorietà, bensì l'obbligo dello scambio di informazioni fra le parti prima dell'inizio della controversia.

Le parti devono scambiarsi i cosiddetti *pre action protocols* con cui cominciano a comunicare e prendere visione dei documenti più rilevanti. In questo quadro, le parti cominciano a prendere in considerazione la possibilità di risolvere la controversia attraverso il ricorso ad un mediatore individuabile nel mondo professionale.

Il giudice interviene successivamente sanzionando a livello di spese il comportamento di quelle parti che non hanno, a suo giudizio, messo a frutto questa possibilità.

La Germania

La scelta della Germania è più vicina alla nostra cultura di *civil law* e punta sul giudice, facendo gravare su di esso un obbligo di svolgere un'udienza *ad hoc* diretta a tentare la conciliazione.

Si potrebbe obbiettare che in Italia questo meccanismo era già presente e non ha funzionato, tuttavia così non è in Germania, in quanto la scelta legislativa si colloca in una determinata cultura ed in un determinato contesto giuridico.

In Germania il giudice arriva preparato all'udienza, conosce le carte, perché è un giudice che ha normalmente 250 cause sul ruolo e quindi ha il tempo di potersi preparare per la causa e tutto ciò è a conoscenza delle parti.

Quindi il tentativo di conciliazione si riempie di contenuto, perché il giudice non solo deve ma lo "può" fare, vi sono le condizioni ordinamentali per farlo.

L'Austria

Si potrebbe parlare anche di Svezia e Spagna ma è utile sottolineare la scelta dell'Austria che opera nel senso di una conciliazione delegata – la controversia prende sempre prima contatto con l'ufficio giudiziario -.

La legislazione austriaca in materia (del 2004) colpisce per il grande impegno rivolto alla formazione del mediatore. Gli aspiranti mediatori devono seguire un corso di minimo 200 ore, gli organismi deputati a fare questa formazione sono altamente qualificati e sono solo 25, quindi, si punta molto sulla preparazione specifica del mediatore.

Riflessioni

Da questo panorama appena esposto possono svolgersi alcune riflessioni.

Innanzitutto si può notare che la propulsione, il *trend* verso la mediazione è una linea evolutiva europea, che si coglie in tutti i Paesi indipendentemente dalle condizioni di maggiore o minore efficienza dell'amministrazione della giustizia.

Il fatto che la mediazione trovi terreno di sviluppo anche nei Paesi caratterizzati da una giustizia civile statale "tradizionalmente efficiente", come la Germania (in cui il processo di cognizione si chiude normalmente nell'arco di un anno) o l'Austria, porta a ritenere che le ragioni del ricorso a questo istituto non possono risiedere – come da noi erroneamente si tende a ritenere – nella soddisfacimento della sola esigenza deflattiva.

È vero che da tale esigenza non si può prescindere quando si analizza il decreto 28 ma dal punto di vista della propulsione della mediazione in Italia, sarebbe un errore appiattirne il ruolo a solo strumento di deflazione. Ciò porterebbe ad un sicuro insuccesso.

In realtà l'esperienza degli altri Paesi ci dimostra che deve esistere uno spazio della mediazione anche nel contesto di una giurisdizione statale al massimo della sua efficienza.

La sfida è questa. Cercare di cogliere le controversie in relazione alle quali la soluzione attraverso l'opera del mediatore è una soluzione più proporzionata ed adeguata anche rispetto al processo civile che funzioni al massimo della sua efficienza.

Non siamo in presenza quindi di una risposta generalizzata, ma è necessaria l'individuazione di alcune categorie di controversie che meglio si prestano alla mediazione.

In particolare si ci riferisce alle categorie di controversie tra parti che già si conoscono, che sorgono nell'ambito di relazioni durevoli nel tempo derivanti sia dalla titolarità di diritti reali (che strutturalmente hanno la caratteristica di proiettarsi nel tempo) che dall'appartenenza ad un condominio, ad un gruppo ecc.

L'opera del mediatore può probabilmente essere risolutiva in queste categorie di controversie perché il processo civile ha dei limiti strutturali con riferimento a tali casi, infatti è una macchina che funziona solo verso il passato, è un accertamento e quindi è tendenzialmente privo di una visione prospettica ed assillato oltre misura dall'esigenza di limitazione del rapporto controverso (limiti oggettivi, soggettivi, temporali), mentre in queste categorie di controversie il rapporto deve essere inserito in un quadro più ampio, operazione che il processo civile – anche al massimo della efficienza – non è atto a fare, esso restringe e delimita mentre in questi casi occorre allargare.

Con questa analisi differenziale fra le categorie di controversie è possibile risolvere anche i problemi di costituzionalità relativi al fatto che il tentativo obbligatorio non può essere anche oneroso, tuttavia, anche questo problema risulta essere diverso rispetto ad ogni categoria di controversia: se si tratta di incidente stradale è chiaro che non essendoci spazio per l'opera di un mediatore creativo – in tale ipotesi non c'è un rapporto da ricostruire – allora è rilevabile l'incostituzionalità, poiché si scaricano sulle parti quei costi che invece un apparato della giustizia efficiente dovrebbe fare propri, adottando accorgimenti interni.

Probabilmente tale problematica di incostituzionalità si stempera se il tentativo di conciliazione obbligatorio ed oneroso per le parti è limitato a categorie precedentemente indicate, in cui effettivamente un mediatore preparato è in grado di dimostrare alle parti che la mediazione basandosi sugli interessi, su un allargamento di prospettive, ha un valore aggiunto rispetto all'amministrazione statale della giustizia e che quindi deve essere ricompensata anche con il beneficio economico proprio in virtù di quel valore aggiunto.

Bisogna, quindi, distinguere frequentemente e non generalizzare sul tema dell'obbligatorietà e quindi, anche alla luce delle esperienze degli altri Paesi, individuare le categorie di controversie in cui tale obbligatorietà è più funzionale al raggiungimento dello scopo perseguito con la mediazione.

CAPÍTULO 34

Notas sobre Conciliadores e Conciliação[1]

Mauro Cappelletti[2]

(Trad. e Revisado por Hermes Zaneti Jr.[3]*)*

SUMÁRIO: PRELIMINAR. – 1. CAUSAS DO DECLÍNIO DO JUIZ CONCILIADOR NA ITÁLIA. – 2. A FUNÇÃO DA JUSTIÇA DE CONCILIAÇÃO OU "CO-EXISTENCIAL" E A FORTE CORRENTE INOVADORA VOLTADA PARA A SUA EXPANSÃO EM NUMEROSOS OUTROS PAÍSES. – 3. A CRISE DA LEGISLAÇÃO E DO APARATO BUROCRÁTICO NO MODERNO WELAFARE STATE, E A EMERGENTE EXIGÊNCIA DE UMA JUSTIÇA "DESLEGALIZADA" E "DESPROFISSIONALIZADA". – 4. INSUFICIÊNCIA DE SOLUÇÕES EFICIENTÍSTICAS NOS ESQUEMAS TRADICIONAIS DA "JUSTIÇA DE PEQUENAS CAUSAS": A NECESSIDADE E A SUPERIOR QUALIDADE DE UMA MENDING JUSTICE NAS RELAÇÕES INTERPESSOAIS COMPLEXAS, DURÁVEIS E OBRIGATÓRIAS; O IDEAL DA "PACÍFICA CO-EXISTÊNCIA" CONTRA AQUELE DA "LUTA CONTÍNUA"; JUSTIÇA CO-EXISTENCIAL E PRIVACY. – 5. A EXIGÊNCIA MODERNA DE TORNAR EFETIVOS (E "JUSTICIALIZÁVEIS") OS "NOVOS DIREITOS" DO ESTADO SOCIAL: SUA COMPATIBILIDADE COM A JUSTIÇA CO-EXISTENCIAL; CARÁTER NÃO ABSOLUTO DOS DIREITOS SOCIAIS, COLETIVOS E DIFUSOS. – 6. CONCLUSÕES.

O último encontro da Associação Italiana de Estudiosos do Processo Civil[4] foi dedicado aos temas do juiz conciliador e da conciliação, com relatórios, respectivamente, de Nicola Picardi e de Vittorio Denti. O presente escrito, baseado em uma intervenção naquele congresso, pretende ser um comentário crítico aos dois relatórios já publicados.[5]

1. Farei, antes de tudo, um rápido comentário sobre o relatório de Picardi, o qual nos ofertou uma pesquisa abrangente sobre aquele que foi e que é o

1. Publicado originariamente em CAPPELLETTI, Mauro. Processo, Ideologias e Sociedade. Trad. e Revisão Hermes Zaneti Jr. Apresentação Prof. Dr. Carlos Alberto Alvaro de Oliveira. Porto Alegre: Sergio Antonio Fabris Editor, 2010, p. 183/200. Autorizada a publicação pelo Dr. Sergio Fabris, editor da tradução em português. Para acesso ao livro, cf. http://www.fabriseditor.com.br/site/livro.asp?idProduto=10676. N.T.:Traduzido de: CAPPELLETTI, Mauro. "Appunti su conciliatore e conciliazione". In: *Scritti in onore di Egidio Tosato*, vol. III. Milano: Giuffrè, 1984. (separata).
2. Doutor em Direito pela Universidade de Florença. Professor de Direito na Universidade de Florença e na Universidade de Stanford.
3. Pós-Doutor em Direito pela Università degli Studi di Torino. Doutor em Direito pela Universidade Federal do Rio Grande do Sul. Doutor em Direito pela Università degli Studi di Roma Tré. Mestre em Direito pela Universidade Federal do Rio Grande do Sul, Graduado em Ciências Jurídicas e Sociais pela Universidade do Vale do Rio dos Sinos. Professor da Graduação e Pós Graduação (Mestrado) da Universidade Federal do Espírito Santo (UFES). Promotor de Justiça no Estado do Espírito Santo.
4. Acontecido em Milão nos dias 15-16 de dezembro de 1979. O volume dos atos do congresso está em curso de impressão.
5. O relatório de N. Picardi foi publicado, com o título *Il giudici conciliatore. Costruzione e crisi di um modello*, in Giust. Civ., XXX, 1980, II, 56-82; aquele de V. Denti, com o título *I procedimenti non giudiziale di conciliazione come istituzioni alternative*, foi publicado na Riv. Dir. Proc., XXXV, 1980, 410-437.

instituto do juiz conciliador na Itália. Particularmente interessante foi a análise que Picardi fez das causas do progressivo e impressionante declínio da figura do conciliador no panorama jurídico italiano, no qual o conciliador tornou-se, de agora em diante, um elemento quase que irrelevante. O relator nos disse, em substância, que existem quatro causas principais de tal declínio: *a*) a duração excessiva e *b*) os custos excessivos (também) dos processos diante dos conciliadores, *c*) a mudança da relação entre o limite da competência pelo valor atribuída ao conciliador e o rendimento médio *per capita* dos italianos (uma observação, esta, particularmente válida e interessante), e, ao final, *d*) a desvalorização monetária.

Eu gostaria, porém, de sugerir que existem causas ulteriores e não menos importantes de tal fenômeno. Acima de tudo me parece que seja de grande relevo a perda da *autoridade social* do conciliador em razão do que esse instituto foi se tornando nos últimos decênios. O conciliador não é mais notável, respeitado, muitas vezes mesmo temido, no âmbito da sua comunidade local; ele, em suma, não tem mais aquela *legitimação social* – política, econômica, moral e muitas vezes também religiosa e, em *senso lato*, cultural – que tinha em um outro contexto social. Eis, portanto, uma causa ulterior que deve ser levada em consideração e será aprofundada.

Existe, ainda, uma outra causa que me parece ser também central. Essa causa consiste no defeito, até mesmo na contradição, de querer unir na mesma pessoa e no mesmo órgão funções de caráter jurisdicional e funções que não são jurisdicionais, porque obviamente a conciliação verdadeira e própria – aquela que os arts. 321 e 322 do Código de Processo Civil Italiano chamam de "conciliações em sede não contenciosa"- não são de fato funções jurisdicionais. Conciliação e jurisdição consistem bem assim o mesmo problema da realidade, ou seja, o problema da resolução ou composição das controvérsias, mas resta o fato que os modos e os fins da conciliação são assaz diversos dos modos e fins da função jurisdicional. E esta combinação de funções e papéis diversos no mesmo órgão, segundo a análise que pude controlar sobre os dados de vários países,[6] dá quase sempre lugar a resultados muito dúbios e geralmente negativos. Existem algumas exceções, particularmente nos países de língua alemã onde se pode verificar que a composição "conciliativa" das controvérsias advém com uma certa frequência também no âmbito da justiça ordinária, isto porque as pressões que podem exercitar sobre as partes um juiz de tipo austríaco-alemão – juiz mais burocratizado, autorizado e autoritário – são mais fortes

6. É este o tema de um amplo estudo comparado em curso junto ao Instituto Universitário Europeu, confiado ao juiz alemão Walther Gottwald e que será presumivelmente publicado em 1981. Cfr. um já interessante desenvolvimento da matéria em RADBRUCH, Gustav. *Das Güteverfahren und das deutsche Rechtsgefühl*, in 4, nº 5 *Die Gemeinnützige Rechtsauskumpft*, Febr. 1919, 39, 42 in fine. Ver em sentido próximo V. Denti, *op. cit.*, *supra* nota 2, 432.

do que aquelas que exercita o juiz italiano. Este último, além de tudo, entra em contato direto com as partes assaz menos que o juiz austríaco ou alemão, e naturalmente se não existe um contrato direto com as partes, a função conciliativa não pode ser eficazmente exercitada. É esta uma outra causa que mereceria, creio, ulteriores meditações.

2. Na realidade, vai desde logo dito, que as duas contribuições apresentadas ao congresso milanês discutiram temas muito diversos entre si, uma vez que, enquanto o relatório de Denti tratou da *conciliação* como função, o relatório de Picardi tratou, ao contrário, o tema do *juiz conciliador*, que na Itália é "conciliador" apenas por modo de dizer, visto que este é muito mais um *juiz menor*. E de fato, como é ilustrado eficazmente nos dados e diagramas apresentados pelo colega Picardi,[7] a conciliação verdadeira e própria, existe, e existiu sempre, como uma parte mais limitada daquilo que é a atividade do juiz. O que falou Denti é, ao contrário, como repito, uma outra coisa, é a função conciliativa, isto é *um tipo de justiça não jurisdicional* (e obviamente, como afirma também o art. 22 do Ordenamento Judiciário, *não contenciosa*).

Sobre este tema, da função conciliativa, gostaria de fazer aqui algumas observações, em parte adesivas, mas em parte de dissenso, com relação à conferência de Vittorio Denti.

Me parece, antes de tudo, que seja correto, e plenamente aceitável, tudo aquilo que ele disse a respeito da existência de uma potente corrente inovadora reencontrável em muitos países, corrente direcionada para engrandecer e estender as figuras da justiça conciliativa com relação aqueles meios da justiça jurisdicional (ou contenciosa).[8] Parece-me, outrossim, correta e incontrovertida a observação que na Itália tal corrente inovadora não se traduziu em realidade,

7. PICARDI, N. *op. cit., supra*, nota 2, 77-78; ver também V. Denti, *op. cit. supra*, nota 2, 431.
8. V. Denti, *op. cit., supra*, nota 2, 412 e ss. Sobre esta corrente inovadora existe já agora ampla literatura. Cfr., por exemplo, o belo estudo de SMITH, David N. "A Warmer Way of Disputing: Mediation and Conciliation". *The American Journal of Comparative Law: Law in the U.S.A. in the Bicentennial Era* (J.N. Hazard & W.J. Wagner, orgs.). XXVI (suplemento). p. 205-216, 1978, e também os ulteriores desenvolvimentos. Ver também CAPPELLETTI, Mauro. "Giudici laici. Alcune raggioni attuali per uma loro maggiore utilizzazione in Italia". Riv. Dir. Proc., XXXIV, 1979, 698, 707-713. Um autorizado e iluminado precursor de tal corrente inovadora foi Gustav Radbruch, ver especialmente o escrito *cit. supra*, nota 3, 39-43. Radbruch, que como é sabido, foi também Ministro da Justiça da República de Weimar nos anos 1921-1923, se bateu com grande dignidade e firmeza, mesmo que, naquela época, com duvidoso resultado, para substituir na Alemanha o espírito contencioso do ideal jheringhiano da "Kampf ums Recht"[Luta pelo Direito], por um espírito social de conciliação, no qual a solução equitativa, remetida às mais váriadas figuras dos juízes laicos, deveria ter a prevalência sobre a solução de estrito direito. "...[F]ür die rechtlichen Uneinigkeiten des Alltags wird statt Rechskampf Rechtsfriede die Lösung sein, Güte, nicht Streit... Da die Aufgabe des Güteverfahrens nicht Rechtsanwendung, sondern Friedewirkung ist, genügt es seinem Zwecke, wenn es zur Befriedigung beider Teile den Rechtsstreit vergleicht, gleichgültig ob der Vergleichsvorschlag auf den Grundsätzen des positiven Rechts oder auf abweichenden Gerechtigkeitsanschauungen beruht." *Op. cit.*, 41, 42.

pelo menos não até agora,[9] enquanto também aquelas poucas experiências que fizemos ou estamos fazendo, apresentam comumente aqueles defeitos, ou alguns daqueles defeitos, que eu mencionei acima – escassa legitimação social, etc.-, e são contudo de assaz modesta dimensão. Por exemplo, também a Lei n. 392 de 1978 (sobre o "*equo canone*"), que muitas vezes passa por uma lei que procurou exaltar a função conciliativa, representa aquele defeito *supra* lamentado de querer confiar a mesma pessoa tarefas – de conciliação e de juízo – que sendo profundamente diversas entre elas solicitam técnicas e atitude diversas que raramente se reúnem no mesmo órgão ou individuo.

Junto ao meu consenso sobre os pontos mencionados, gostaria também de exprimir a minha gratidão ao relator pelas extensas referências feitas por ele ao Projeto Internacional de Pesquisa sobre o Acesso à Justiça, que dirigi nos últimos seis anos e que foi recentemente concluído com a publicação de vários volumes.[10] Desejo acrescentar, antes de passar para a formulação de qualquer nota de dissenso, que ainda uma vez admirei em Vittorio Denti, para além da vastidão da informação que se espalha nos vários ordenamentos jurídicos, a tentativa, que sempre caracteriza os seus estudos, de inserir esta informação em um quadro histórico-comparativo e político-social, isto que torna os seus escritos (e este seu relatório) particularmente fascinante e estimulante.

Eu permaneço perplexo, porém, seja diante de algumas afirmações específicas que fez Denti em seu relatório, seja, sobretudo, diante das suas conclusões.

Depois de ter feito referência a vários institutos, quase todos de criação recente ou recentíssima, que refletem a forte tendência evolutiva para a expansão em vários países do papel da conciliação – tais como a ÖRA (*offentliche Rechtsauskuntft und Vergleichsstellen*, escritórios públicos de informação jurídica e de conciliação) em Hamburgo e na Alemanha como um todo, os tribunais de fábrica ou *Betriebsgerichte*, sempre na Alemanha Federal, as Comissões sociais de conciliação na Polônia, os Centros jurídicos de vizinhança nos Estados Unidos, os *Conciliateurs*, criados em 1978, na França, etc.[11] -, Vittorio Denti nos disse que se tratam de figuras muito diversas entre si para se sujeitarem a um esforço de classificação e de inserção no âmbito de modelos comparativos.[12] Ora, eu não creio que isto seja de todo correto. Parece-me claro que todas estas instituições são acumuláveis, de fato, naquela grande tendência evolutiva pouco

9. Cfr. V. Denti, *op. cit., supra*, nota 2, 420-421.
10. CAPPELLETTI, Mauro (org. geral). *Access to Justice*, 4 volumes, Milano/Alphen aan den Rijn: Giuffrè/Sijthoff, 1978-79. Cfr. V. Denti, *op. cit. supra*, nota 2, 418 ss.
11. Estas e outras instituições são analizadas nos volumes *Access to Justice*, cit., e especialmente na *Part Two* do vol. 2º, entitulada *Alternatives do Adjudication: Mediation and Conciliation*, como também na apresentação geral redigida por mim em conjunto com Bryant Garth e incluída no vol. 1º, p. 3 ss. e 59 e ss.
12. V. Denti, *op. cit., supra*, nota 2, 419.

tempo atrás mencionada, tendência que se revela não somente nos países do "capitalismo avançado" ou "maduro" (Denti usa estas fórmulas com menos perplexidade do que eu, não obstante a sua aproximatividade), mas também nos países da Europa Oriental (dos quais a Polônia é somente um exemplo, mesmo que considerado o mais interessante), e, portanto, lá aonde andaram se impondo certas formas econômico-sociais que não são de fato típicas ou exclusivas dos modernos países ocidentais.[13] Nestes países como naqueles do assim chamado "socialismo real" se manifesta uma exigência de introduzir e exaltar certas formas conciliativas, não contenciosas, e se se quer "coexistenciais" de justiça. É isto, dessarte, um comum denominador que torna similares e comparáveis os vários institutos acima mencionados.

3. Insatisfeito, acima de tudo, me deixaram as conclusões finais, em chave benthaminiana, do relatório de Denti.[14] Se, em verdade, existe um jurista que, levando em consideração todo o seu gênio, é totalmente distante e estranho a um tipo de justiça coexistencial ou conciliativa este é o próprio Jeremy Bentham. Bentham conduziu ou preparou numerosas batalhas pela reforma do direito e das instituições, na Inglaterra e também em outros países, em muitas ele venceu. Mas a grande batalha perdida por ele foi aquela para a codificação da *Common Law* e para a supressão, ao menos a radical limitação, daquela que ele chamava a *judiciary law*, isto é: o direito de formação judiciária, ou seja, o *law-making power* dos juízes. Por que tal batalha? Exatamente porque Bentham via o futuro do direito nas mãos do legislador, do legislador racional, iluminísta, se quisermos. Esta era a sua impostação política-filosófica, e é claro que tal impostação tinha uma sua validade naquele tempo, isto é, na mudança dos Oitocentos e para os vários decênios sucessivos. Mas tal impostação está em completo conflito, por outro lado, com estas formas de justiça "deslegalizada" e conciliativa que se manifestaram recentemente de forma potente em tantos países, as quais pertencem os institutos *supra* relembrados (Alemanha, Polônia, Estados Unidos, França) e outras numerosas formas que se poderia mencionar (Suécia, Inglaterra, etc.). Ora, é certo que se nós partíssemos de uma impostação positivista-legalista, como aquela de Bentham, não poderíamos aceitar este tipo de evolução; mas a nossa rejeição seria abstrata e, em um certo senso, irreal ou irrealística. O nosso dever é, ao contrário, de sermos fiéis estudiosos da realidade, e de procurar entender esta realidade (seja ela agradável ou não), e não ao contrário de partir de certas premissas teóricas para depois concluir,

13. NT. A observação tem conteúdo histórico, sendo relevante relembrar a queda da Cortina de Ferro no início da década de 1990 e aconsequente alteração do regima da maior parte destes países do leste europeu.
14. *Op. cit., supra*, nota 2, 436-437.

como faz Denti citando Bentham,[15] que uma forma de justiça não potivista-legalista seria uma "meia justiça".

Fato está que a referência a Bentham tem o seu significado, mesmo que implícito, que não pode ser esquecido e que, em um estudioso culto e excepcionalmente atualizado como é Vittorio Denti, não pode ser casual. Bentham era, como é sabido, por muitos aspectos do seu pensamento e da sua atividade político-reformadora, um "reacionário" (uso aqui evidentemente de uma outra palavra-símbolo, extremamente sintética e portanto aproximativa); ele era porém também, por muitos aspectos, um profeta, projetando para o futuro. Desde a época da Revolução Francesa Bentham vê e presencia tudo que será a grande utopia daquela que qualquer um hoje chamaria a "esquerda jurídica" (ou "esquerda reformista") do nosso século, ou seja, a filosofia político-jurídica do Estado Social, l'*Etat Providence* ou *Welfare State*. O Estado do bem estar social teve uma grande fé, a fé na lei, isto é que o levou aquilo que Gilmore[16] e Calabresi[17] chamaram de "orgia da legislação", uma orgia de leis primárias e secundárias, leis e "leizinhas" de intervenção nos mais disparatados setores da vida econômico-social, voltadas de fato para a transformar a realidade no sentido de uma maior justiça social. Mas esta orgia de leis, "leizinhas" e regulamentos, que foi inevitavelmente acompanhada de um crescente gigantismo do aparato administrativo-burocrático direcionado para a atuação de tais leis, portou a uma reação, particularmente acentuada na Itália e no exterior (se pense na Inglaterra de Thatcher, na Suécia que depois de tantos anos reduziu a minoria a esquerda social-democrática, e aqueles que estão por tornar-se os Estados Unidos de Reagan). Se trata, de fato, da reação contra os excessos daquilo que Lawrence Friedman, André Tunc e outros em um recente congresso florentino[18] chamaram "Estado Administrativo", que ameaça desta forma degenerar em um opressivo "Estado Burocrático" ou ainda mais grave em uma "administrative tyranny".[19] É exatamente esta reação contra o mito da onipotência e onipresença da lei e contra o gigantismo do Estado-aparato, que estimulou o emergir deste novo fenômeno de uma Justiça "Deslegalizada", que é também ou pode ser, aos olhos de muitos, uma Justiça mais humana e mais acessível, e

15. *Op. et loc. ult. cit.*
16. GILMORE, G. *The Ages of American Law.* Yale University Press, 1977, 95.
17. CALABRESI, G. Incentives, Regulation and the Problem of Legal Obsolecence. CAPPELLETTI, Mauro (org.). *New Perspective for a Common Law of Europe.* Leyden/Bruxelles: Sijthoff/Bruylant, 1978, 299.
18. Faço alusão ao congresso sobre o tema "Access to Justice and the Welfare State", por mim organizado em outubro de 1979 junto ao Instituto Universitário Europeu. Ver CAPPELLETTI, Mauro (org.). *Access to Justice and the Welfare State.* Alphen aan den Rijn/Bruxelles/Stuttgart/Firenze: Sijthoff & Noordhoof/Bruylant/Klett Cotta/Le Monnier, 1981.
19. Entre a ampla literatura sobre o argumento me limito a citar o excelente artigo de DAUDT, Hans. "The Political Future of the Welfare State". *The Netherland's Journal of Sociology*, 1977, 89-106.

subtraída, tendencialmente, à profunda crise da lei e dos parlamentos modernos, os quais, querendo fazer muito, terminaram por fazer tarde e mal.

É, em verdade, difícil não reconhecer qualquer justificação a tal reação. Basta o simples exemplo de trinta anos de legislação – tipicamente "social"- sobre habitação na Itália, provisoriamente conclusas com a mencionada Lei de 1978 sobre o "*equo canone*": como não admitir que tal legislação portou a perversões que são claras aos olhos de todos, efeitos perversos sobre a economia, sobre a sociedade, sobre os centros urbanos, sobre a indústria das construções.

Eis portanto uma das razões fundamentais desta crise da legislação e do Estado-aparato, e, portanto, da necessidade da emergência de formas diferentes e "alternativas" de Justiça, que é depois o *pendant* do emergir, ou reemergir, de formas "alternativas" e (como lhe chamou Marc Galanter no congresso florentino a pouco relembrado) "indígenas" de direito[20] – um direito, de fato, que encontra suas origens não no Estado e na sua legislação, mas em formações "espontâneas" e descentralizadas. É isto que tipicamente advém (nos ensinou Calamandrei em um estudo fundamental, já faz mais de sessenta anos)[21] com as assim chamadas jurisdições de equidade, as quais implicam não somente, e não tanto, uma diferenciação sobre o plano processual – simplificação e economicidade do processo -, mas, sobretudo, uma diferenciação que ocorre sobre o plano do direito aplicado (a "equidade") e também sobre o plano do órgão aplicador. Este normalmente será tal que refletirá, quanto mais possível, aquelas que até agora eu venho chamando de formações espontâneas e descentralizadas: nas quais ocorre o fenômeno, também analisado por Calamandrei, da usual *participação laica* em tais jurisdições.[22]

Mas o discurso, neste ponto, poderia conduzir muito longe, envolvendo em particular o tema da conexão, que me parece assaz estreita, entre a justiça equitativa e a justiça que eu denominei coexistencial. Não é este o momento para uma análise deste tema. Gostaria, ao contrário, de retornar para as conclusões do relatório de Denti.

4. Ao final de sua preleção, Vittorio Denti afirma que a tendência contemporânea para introdução ou valorização dos procedimentos conciliativos de composição de controvérsias decorre de duas anteriores exigências fundamentais: *a*) uma exigência de *maior eficiência e racionalização do parato da justiça,*

20. GALANTER, M. *Justice in Many Rooms*, no vol. *Access to Justice and the Welfare State, cit, supra* nota 14, 147-181.
21. CALAMANDREI, Piero. *Il significato costituzionale delle giurisdizioni di equità* (discorso inaugurale dell'anno acc. dell'Istituto di Scienze Sociale "Cesare Alfieri" di Firenze, letto il 21 novembre 1920). In.: *Opere Giuridiche* (a cura di M. CAPPELLETTI), III, Napoli: Morano, 1968. p. 3-51.
22. Ver o meu escrito *Giudici laici*, cit., *supra* nota 5, especialmente pp. 702-704.

exigência que (com ou sem razão) se satisfaz mediante a adoção de formas alternativas, em particular conciliativas, de justiça para as controvérsias menores ou de bagatela, reservando assim o tempo e a atividade das cortes para as controvérsias de maior relevância; e *b*) uma exigência de *"privatização" dos conflitos*, voltada para garantir o ingresso da atividade mediadora dos "grupos econômicos e sociais", cujo o número e cuja a importância tiveram uma extraordinária expansão nas "sociedades do capitalismo avançado".[23]

a) Sobre a primeira exigência – aquela "eficientística"- Denti exprime "forte perplexidade". Ele parece entender que o problema da "justiça menor" possa e deva ser resolvido, em linha geral, sem recurso à "formas alternativas *de caráter conciliativo*". A sua receita é: decentralização da justiça menor, informalidade, exclusão dos advogados – com consequente acentuamento das funções "assistenciais" do juiz, etc.[24]

Eu não tenho objeções contra esta receita, apenas entendo que ela seja parcial e insuficiente. Ela oferece um válido sistema de processo para pequenas causas, similar a tantos sistemas experimentados com sucesso no curso da história dos ordenamentos judiciários. O que não se concilia com a receita dentiana, porém, é tudo o que há de mais novo e diferente nas sociedades contemporâneas em relação àquelas sociedades nas quais a receita poderia ser suficiente e eficaz. A justiça de pequenas causas permanece, de fato, sobre o plano da justiça *contenciosa*: trata-se de decidir quem está errado e quem tem razão – *"trancher"*, como dizem os franceses. Mas em muitos aspectos da vida contemporânea é exatamente este caráter contencioso que muitas vezes não se justifica e que vai, o quanto mais possível, evitado. É isto que ocorre sempre que se suscitam entre as partes relações duráveis, complexas, e que necessitam ser conservadas, em relação às quais a lide não é mais que um momento ou sintoma de uma tensão que deve sempre que possível ser curada. A decisão judicial emitida em "sede contenciosa" se presta perfeitamente para resolver – "definir"- relações isoladas e meramente interindividuais: esta remete a um episódio do passado que não é destinado a perdurar. A justiça mediativa e coexistencial, ao contrário, é voltada não para *trancher*, para dividir e definir, mas muito mais para "remendar" (em outro local falei neste ponto de uma *mending justice*)[25]: remendar uma situação de ruptura ou de tensão em vista da preservação de um valor mais durável, a pacífica convivência de sujeitos que fazem parte de um grupo ou de uma relação complexa, a qual dificilmente podem subtrair-se. A justiça de pequenas causas do meu amigo Denti mal se adapta a preservação destes valores; ela é direcionada para o passado, não prospectivamente

23. V. Denti, *op. cit, supra* nota 2, 430 ss. (cfr. também as pp. 421-430).
24. *id.* 431.
25. Ver a Apresentação [*Foreword*] ao vol. *Access to Justice and the Welfare State*, cit., *supra* nota 14, pp. V, VII.

sobre o futuro; ela vale para as relações intersubjetivas de tipo tradicional, não para aquelas que são mais típicas e frequentes nas sociedades contemporâneas (ocidentais e *não-ocidentais*). Imagine-se, em particular, aquelas que os sociólogos chamam de *total institutions*, que caraterizam a vida moderna: instituições "integrais" no sentido de que nesssas nós, enquanto membros de várias comunidades políticas, econômicas, sociais, culturais, sejamos constrangidos a desenvolver qualquer aspecto da nossa vida, atual ou potencialmente, como: fábricas, escolas, condomínios edilícios, supermercados, hospitais. A "fuga" (ou *voidance*) dessas ditas instituições é impossível ou, no mínimo, comportaria um custo muito pesado: a) o custo psicológico do isolamento ou aquele da transferência em um outro quarteirão ou edifício, se estou em colisão comos meus vizinhos de casa; b) o custo de mudar escola ou de trabalho, se estou em conflito com os colegas ou os superiores; c) o custo de servir-me em um supermercado mais distante e incômodo. O ideal oitocentista da "luta pelo direito", ou aquele, mais exasperado e moderno (mas idealmente não menos arcaico) da "luta contínua", mal se adapta a essas situações da vida, nas quais sobre a busca do erro e ou da razão (no passado) deve prevalecer, de regra, a busca da possibilidade de permanência e convivência (no futuro): sobre a justiça do caso controverso –legal, técnica, profissional – deve prevalecer aquela que Nader chamou *situational justice*,[26] uma justiça que obeserva toda situação complexa na qual o episódio isolado vem inserido.

Todas estas instituições integrais, típicas, em larga medida, da vida moderna, transportam portanto consigo não já o encontro casual de indivíduos, mas situações complexas, permanentes, e em última análise forçadas, de coexistência dos indivíduos no âmbito da comunidade. Aqui tensões e rupturas vão diminuídas, não exasperadas, e para diminuí-las se quer uma justiça ("triádica" também essa, porque também nessa há intervenção de um "terceiro", mas) conciliativa ou mediativa, deixando a justiça contenciosa aos casos extremos, lá aonde a *mending justice* não seja mais possível. É óbvio que o sucesso de tal justiça coexistencial dependerá em larga medida da autoridade do "conciliador", uma autoridade que não será jamais aquela oficial do juiz – la *potestas ius dicendi* do Estado -, mas deverá ser uma autoridade *social* – moral, religiosa, cultural, política -, a autoridade do amigo, do vizinho, de quem é socialmente legitimado para representar um dado grupo ou comunidade. Na qual se encontrarão, necessariamente, as formas mais diferenciadas de mediadores ou conciliadores (ou de *ombudsmen*): *do quarteirão, da fábrica, da escola, do hospital*.[27]

---

26. NADER, Laura. "The Directions of Law and the Development of Extra-Judicial Processes in Nation State Societies". In.: GULLIVER, P.H. ed. *Cross-Examinations. Essays in Memory of Max Gluckman*. Leiden: Brill, 1978. 78, 86.
27. Em uma passagem de seu relatório, Denti parece reconhecer a validade desta proposta. *Op. cit., supra* nota 2, 432-433 *in*. Mas, em contraste, ressurge nas conclusões, não somente em relação à valoração *qualitativa* (a "meia justiça" de Bentham, sobre a qual remeto ao § 3º, *supra*), mas tambémcom relação à valoração *quantitativa* do fenômeno em exame. Observa Denti, de fato, que "as prospectivas de difusão

Não por acaso se fala, dessa feita, em "justiça social" e de "cortes sociais" para contrapor, no ponto, aquelas "jurídicas" ou "legais".

Encontramo-nos, deve ser observado, diante de um fenômeno que não pode ser ignorado. Muitas das exasperações, das "alienações" e frustrações da vida moderna dependem exatamente do fato que a justiça tradicional não é idônea para "garantir justiça" em todas aquelas inumeráveis situações, e por outro lado, que a intervenção do juiz ou é raramente possível – se trata, de fato, muitas vezes de situações de pouca relevância (e netes sentido também essas de pequenas causas "bagatelares") se isoladamente percebidas, e por várias vezes irrelevantes sobre o plano jurídico formal -, ou, se tal intervenção é possível, esta é porém incapaz de resolver o problema da permanente necessidade de coexistência, já que destinada exclusivamente para o passado. Nestas situações a justiça conciliativa é muito mais do que uma "meia justiça". Esta é, ao contrário, a forma mais idônea, *também sobre o plano qualitativo*, para resolver as controversias coinvolvendo de fato situações de coexistência no âmbito de situações integrais.

Pode ser interessante observar que temos aqui, nesta forma de justiça que insisto definir coexistencial, um fenômeno de grande modernidade, nascido das formas de vida típica das economias mais avançadas (também no locto ouro peu, onde o fenômeno ocorre sobre vários nomes: tribunais de companheiros, comissões de conciliação, etc.), fenômeno que, porém, paradoxalmente, nos recorda formas de justiça prevalentes nas sociedades mais primitivas, passadas e presentes. Típica, de fato, destas sociedades, é a necessidade da coexistência dos indivíduos no ambiente da comunidade – tribos, clans, vilarejos, também esses "instituições integrais" dos quais o indivíduo não pode fugir, porque a fuga ou o isolamento pode significar ostracismo, exílio, fome, morte -, onde também aqui a justiça é voltada muito mais frequentemente para a conciliação que para o juízo. Não por acaso antropólogos como Laura Nader começeram a voltar a sua atenção ao tema das afinidades entre sociedades modernas e sociedades primitivas, e em particular ao emergir, neste meio tempo, desta profunda exigência de uma justiça conciliativa;[28] ao qual propósito me permito

das formas institucionalizadas de mediação das controvérsias são muito exíguas" (*op. cit.*, p. 436), enquanto eu entendo, ao contrário, que se trata de um fenômeno de extraordinária importância real ou potencial, como é explicitado em seguida no texto.

28. *Op. cit. Supra* nota 22. Ver também a minha *Apresentação* [Foreword] ao 4º vol. da série *Access to Justice, cit. supra* nota 7; e cfr., por exemplo, S.CONN & A.E. HIPPLER, *Conciliation and Arbitration in the Native Village and the Urban Ghetto*, em 58, nº 5, *Judicature*, 1974, 229-235; nas pp. 233-234 estes autores escrevem que uma rápida justiça conciliativa é particularmente importante para os membros das comunidades primitivas "because most remain neighbors for life and look to each other for help and support in collective economic endeavors such as ... fishing or ... hunting ... wich require crews of village men to work together under situations of comparative harmony."

de reenviar ao 4º volume da Série *Acess to Justice*, dedicado exatamente para a "perspectiva etnológica" do problema do acesso à justiça.[29]

A crítica mais séria que se moveu contra a adoção e expansão destas formas de justiça conciliativa, ou "social", ou "de vizinhança" nas sociedades modernas, é aquela feita, também recentemente – ao congresso florentino já relembrado –, por um insígne jurista, historiador e sociólogo, Lawrence Friedman.[30] Ele vê nestas formas de justiça um eminente perigo para a *privacy* dos indivíduos, que são sujeitados à interferência e ao controle da parte de "tribunais" informais – comissões, delegações de quarteirão, de vizinhança, de fábrica, de escola, etc. – não mais ou não somente sobre o plano das relações jurídicas, mas mais em geral, sobre o plano dos seus comportamentos sociais. Friedman afirma preferir a perturbação do vizinho muito barulhento, à interferência de um representante de quarteirão que se arrogue a autoridade de chamar o vizinho ou que lhe faça visitas para "instruí-lo" sobre o modo como deve usar o seu aparelho de som ou o seu televisor.

Não existe dúvida que estas formas de justiça social refletem uma certa *coletivização* da vida humana. Temo, contudo, que a crítica de Friedman espelhe muito claramente a preferência e, porque não, os privilégios deste meu amigo e colega americano. Ele conduz a sua intensa e admirável vida profissional em uma Escola de *elite*, na qual entre os milhares de candidatos são admitidos anualmente somente algumas dezenas de estudantes altamente selecionados, e vive a sua refinada e culta vida de família em uma típica casa californiana, que uma luxuriante vegetação separa das habitações vizinhas. Verdadeiro é que também quaisquer um de nós vivemos em uma "casa com piscina", mas esta, por demais, não é outra que a rara exceção, e não somente na Itália. Se vivessemos em um superlotado conglormerado urbano onde as paredes não filtrassem os rumores, então sentiríamos a nossa *privacy* violada assaz mais frequentemente pelo vizinho desrespeitoso do nosso repouso noturno ou da nossa concentrada meditação, que do *ombudsman* do quarteirão ou do condomínio

---

29. *Access to Justice*, Vol. IV: *The Anthropological Perspective. Patterns of Conflict Management: Essays in the Ethnography of Law*, K. F. Koch. Milano: Giuffrè & Sijthoff, 1979. O escrito citado na nota precedente é baseado sobre duas pesquisas empíricas, uma concernente a uma metrópole urbana e outra em um vilarejo primitivo, CONN e HIPPLER concluíram que "in any community where individuals live in close daily contact with each other, whether it is located in an urban ghetto or in the Alaskan tundra, bitter and potenttialy violent disputes will arise. These disputes are generally exacerbated rather than healed by the traditional, formal justice machinery. As has been demonstrated in Philadelphia and in Alaska, the community can be strengthened when minor litigation is handled trough a conciliation or arbitration process". *Op. cit.*, p. 230-231. NT.: No Brasil não se deve esquecer do trabalho de SANTOS, Boaventura de Souza. . Sergio Antonio Fabris, .
30. FRIEDMAN, L.M. *Claims, Disputes, Conflicts and the Modern Welfare State* no vol. *Access to Justice and the Walfare State*, cit., *supra* nota 14, 251-271.

que, com a autoridade da comunidade que o delegou, venha nos dar qualquer lição de convivência civilizada.

5. *b)* Sobre a segunda exigência Denti é ainda mais decisivamente negativa minha intervenção. Ele entende que a "privatização" e "deslegalização" das controvérsias está em contraste com uma tendência fundamental da época contemporânea, ou seja, a tendência para a *judicialização*, que é pois, a tendência para confiar ao juiz a tarefa de tornar mais efetivos os "novos direitos": direitos sociais e *welfare rights*, direitos (ou interesses) coletivos e difusos.[31]

Estou perfeitamente de acordo com Denti seja sobre a existência de uma tendência para a judicialização, seja sobre a necessidade que os "novos direitos" sejam realizados efetivamente através – entre outros – da sua "justiciabilidade".[32] Solicito a concessão para recordar o título, que me parece bastante expressivo, do relatório geral que redigi em conjunto com Bryant Garth para a conclusão do projeto supra relembrado: *"Acess to Justice: The Worldwide Movement do Make Rights Effective"*.[33] O ponto sobre o qual não estou de acordo é que estes "novos direitos" possam ser tornados efetivos somente, ou também principalmente, mediante os tribunais tradicionais e o seu processo contencioso.

Uma aproximação "contenciosa", da "luta pelo direito", pode aparecer justificável e atraente em uma primeira fase de descoberta e afirmação daqueles direitos. Os *welfare rights* se estão afirmando, nesta primeira fase, como indisponíveis e inderrogáveis, e, portanto, como direitos alheios a formas de justiça conciliativa. Mas esta característica da indisponibilidade, sobre a qual Denti insiste como se se tratasse de um dado adquirido e permanente,[34] reflete ao contrário, exatamente, somente uma fase inicial e por assim dizer assim pioneirística do movimento destinado ao Estado Social. Essa reflete a duplice idéia que se trata de direitos os quais transcendem o indivíduo, muitas vezes o próprio interessado, e que este indivíduo não tem suficiente *bargaining power* frente ao seu oponente, o qual é normalmente uma entidade econômica privada ou um ente do governo, uma e outro tecnicamente e financeiramente assaz mais fortes que o indivíduo em si mesmo.

Mas com a passagem desta primeria fase pioneirística e radicalizadora a uma mais racional e madura, a *equality of arms* vem gradualmente realizada

31. Ver Denti, *op. cit., supra* nota 2, 433-435.
32. NT.: A questão da justiciabilidade ou "justicialidade" dos direitos fundamentais está empolgando uma nova tendência pela possibilidade de criação de direitos através do jusidiciário, mesmo nos países voltados para a tradição romano-germânica.
33. O relatório está nas páginas 3-124 do 1º vol. da série citada acima, nota 7. Sobre o fenômeno da *judicialization* ver também o meu relatório geral no vol. CAPPELLETTI, M.; TALLON, D. *Fundamental Guarantees of the Parties in Civil Litigation*, Milan & Dobbs Ferry N.Y.: Giuffrè & Oceana, 1973, 661 e ss., especialmente nas páginas 691-724.
34. *Op. cit., supra* nota 2, 433-434.

sobre o plano extrajudicial: o trabalhador se valerá do *bargaining power* dos sindicatos; o consumidor e o "conservacionista" daquele das associações para a proteção dos consumidores e do ambiente; e análogo discurrso se poderá fazer para o deficiente físico, o pensionista, e assim por diante. E no momente em que este fenômeno associativo encontrará a sua plena afirmação, a lide judiciária retornará a ser não mais a metade, mas somente *o horizonte eventual*, infrequente e ocasional, enquanto a verdadeira finalidade principal será a tratativa, na qual os vários valores contrapostos serão balanceados em vista de compromissos reciprocamente aceitáveis. Se tratará então de balancear, por exemplo, o valor da criação de novas indústrias e portanto de novos postos de trabalho e de novas riquezas, de frente aos custos que tais criações poderão comportar para o meio ambiente e a qualidade de vida; se tratará de balencear os benefícios e os custos de métodos diferentes de produção, de embalagem, de publicidade, de troca; se tratará de balancear os riscos e vantagens de novas formas de energia, e assim por diante, exemplificando. Tudo que emergirá nesta fase mais madura, será em suma a percepção de que *aos novos direitos – exatamente porque sociais, coletivos, difusos – não comvém o absoluto*. Esses mal se prestam para a justiça *tranchante*, típica das situações meramente inter-individuais. Com relação a estes, a justiça contenciosa, também aquela das ações "coletivas" e de "classe", representará a cura final, a intervenção do cirurgião; mas, antes de chegar a esta intervenção, entes, grupos e comunidades deverão discutir em conjunto, "negociar" – que é pois o verdadeiro mode de "participação democrática" nas sociedades modernas -, e em tal fase a forma triádica, mas não contenciosa, da "justiça co-existencial" irá se impor como fundamental.

Reconheço, por outro lado, que no atual estado que se encontra nosso país, nesta matéria, a minha versão pode ter um sabor um pouco futurista. De um lado, os sindicatos são muitas vezes incapazes de assumir uma impostação madura: prevalesce frequentemente na sua ação o aparelho demagógico e pouco construtivo do antagonismo institucional, da permanente "luta de classes". Por outro lado, muitas formas associativas são até agora inexistentes ou embrionárias, e falta, de qualquer modo, aquilo que em outros países já se tornou um dado aceito e que atua apenas como suporte eventual para as tratativas e para a mediação, quer dizer, o reconhecimento da legitimação das associações, as mais variadas possíveis, que se fazem porta-vozes, também em juízo, dos interesses difusos.[35] Reconheço que, portanto, nesta fase da evolução

35. Ver sobre o tema os meus estudos *Formações sociais e interesses de grupo diante da justiça civil*, na *Riv. Dir. Proc.* (XXX), 1975, 361-402; *Vindicating the Public Interest Through the Courts*. In.: *Access to Justice*, vol.III, cit. *Supra* nota 7, 513-564; *Governmental and Private Advocates for the Public Interest in Civil Litigation: A Comparative Study*. In.: *Access to Justice*, vol, II, cit., *supra* nota 7, 767-865; *La protection d'intérêts collectifs et de groupe dans le procès civil* (*Métamorphoses de la procédure civile*), na *Rev. Intern. Dr. Comp.* (XXVII), 1975, 571-597.

político-jurídica do nosso país, a impostação de Denti permanece em parte válida, mesmo que essa não seja mais ou seja assaz menos importante em outros países, mas é destinada, mantenho a posição, a ser sempre menos válida mesmo na Itália.

6. A minha conclusão é, portanto, que nas sociedades de economia avançada (não importa se se trata de economia "capitalista" ou não) existe uma grande e crescente exigência de justiça conciliativa ou coexistencial; e que no nosso país, em particular, desta justiça existe uma vastíssima necessidade latente, largamente insatisfeita.

Não se pense que tal afirmação esteja em contraste – até mesmo em trágico contraste – com os fenômenos de exasperado antagonismo e de intolerância, também violenta, que caracterizam desgraçadamente a vida recente do nosso país. Falar de conciliação e de justiça mediativa é toda uma outra coisa que um modo de se afastar desta dolorosa realidade de um mundo que, às vezes, parece estar por perder o controle. Se olhamos a fundo as coisas, o tema escolhido para o congresso milanês da Associação Italiana para os Estudiosos do Processo revela-se, em verdade, tudo menos abstrato ou irreal. Se o mundo do trabalho, da escola, da política ameaça descontrolar-se é exatamente porque não é suficientemente penetrada, ainda, na nossa sociedade, uma visão da convivência feita – mais do que de rupturas, de tensões, e de uma arcaica, mesmo se sob o pretesto de moderna, "luta contínua" dos bons contra os maus ou, se se prefere, dos Guelfos contra os Guibelinos, dos brancos contra os pretos – da razoável e construtiva negociação, mediação e conciliação. Aquele mundo que se descontrola, se reflete na visão de uma justiça que "fratura", que crê poder dividir com corte preciso o bem e o mal, o razoável e o irrazoável, que olha o passado mais do que procura "cuidar" tendo em vista o futuro. Mas a vida de hoje é necessariamente a vida de de cohabitação e de comunidade: o indivíduo não pode isolar-se na própria torre, na sua "casa com piscina". Deve viver e conviver, nas fábricas, nos escritórios, nas escolas, nas estradas, nos hospitais. E o mesmo vale, obviamente e ainda com maior razão, no plano da relações internacionais, nas quais a guerra não é mais pensável, salvo que se queira mergulhar em um passado sem esperança. É justamente porque o mundo ameaça perder o controle, que esta nossa discussão sobre conciliação e justiça conciliativa pode ser a resposta mais razoável e mais realística que nós possamos dar aos problemas do nosso tempo, como estudiosos do direito, e exatamente porque, estudiosos, não somos estranhos ao mundo real, mas neste estamos imersos e empenhados.

CAPÍTULO 35

O Acesso ao Sistema Judicial e os Meios Alternativos de Resolução de Controvérsias: Alternatividade Efectiva e Complementariedade

Paula Costa e *Silva*[1]

SUMÁRIO: 1. PONTO DE ORDEM; 1. O TEMA; 2. OS MEIOS ALTERNATIVOS PRÉ-CONTENCIOSOS; 3. O PRINCÍPIO DE MINIMIS NON CURAT PRAETOR E A JURISDIÇÃO DOS JULGADOS DE PAZ; 4. A PREFERÊNCIA DA AUTONOMIA FACE À HETERONOMIA; 5. A ARBITRAGEM E O SISTEMA JUDICIAL; 6. O ACTUAL PONTO DE RUPTURA DO DIREITO DE ACÇÃO: O DIREITO À SATISFAÇÃO EFECTIVA.

1. PONTO DE ORDEM

O texto que se publica em seguida tem um tempo[2]; aliás, como tudo quanto fazemos enquanto é o nosso tempo.

Esta – simples – observação suscita duas outras observações.

A primeira, a de que o texto não reflete os elementos a que pudemos – e a que se pode, em absoluto – aceder ao longo de quase uma década uma vez que foi pela primeira vez pensado em 2007. E não falamos de uma década que seja irrelevante para a área temática que tratamos: foram anos decisivos na implementação e recurso a instâncias de composição de conflitos não estaduais. Quer por bloqueio dos sistemas formais de realização do Direito – os dados estatísticos disponíveis revelam uma pendência crescente, com tempos cada vez mais alongados de resposta, pelo menos ao nível da primeira instância -,

1. Doutora em Direito pela Universidade de Lisboa. Professora Catedrática em Ciências Jurídicas na Faculdade de Direito da Universidade de Lisboa.
2. SILVA, Paula Costa e. O acesso ao sistema judicial e os meios alternativos de resolução de controvérsias: alternatividade efectiva e complementariedade. *Revista de Processo*. São Paulo: Revista dos Tribunais. v. 33. n. 158. p. 93-106. abr. 2008.

quer por necessidade de contração dos gastos públicos com a máquina judicial e consequente implementação de incentivos no recurso a sistemas não estaduais de resolução de litígios, quer por desconfiança nas estruturas estaduais de decisão quer, por último, por prevalência de ponderações que apelam à resolução por via autónoma em vez da clássica decisão heterônoma, os últimos anos têm sido de crescimento exponencial tanto da arbitragem, quanto da mediação e da conciliação. Expandindo-se a zonas tão improváveis quanto o domínio fiscal – como sucede, em Portugal, com a expressa consagração por via legal da arbitragem tributária- ou penal – com a criação de sistemas de mediação penal -, os meios não estaduais de realização do Direito estão na ordem do dia. Após a publicação do estudo que se segue, retornámos frequentemente quer ao tema geral das instâncias não estaduais de realização da Justiça – As novas faces da Justiça. Os meios extrajudiciais de resolução de litígios -, quer à arbitragem, sendo lícito concluir que este percurso consolidou a convicção com que pela primeira vez olhámos pela primeira vez no ano letivo de 1987/88: nenhuma razão impõe que a função jurisdicional somente por juízes possa ser exercida – esta conclusão é inequívoca em face da Constituição da República Portuguesa que prevê, no capitulo dedicado aos Tribunais, os tribunais arbitrais ao lado dos demais tribunais estaduais – e que a falha de funcionamento da autonomia privada na resolução de controvérsias não possa ser superada pela criação de condições que conduzam as partes a soluções autónomas dos seus conflitos.

A segunda observação diretamente ligada à datação do texto prende-se com a necessidade de fazer um ponto de ordem: as conclusões a que ali chegamos foram derrotadas por novas conclusões trazidas com a evolução dos sistemas jurídicos? É porque supomos que a resposta a esta interrogação seja negativa que acedemos ao gentilíssimo convite do nosso Colega e Amigo, Doutor Hermes Zaneti Jr., para procedermos a uma republicação. Ainda que haja novas estatísticas, ainda que, em Portugal, tenha entrado em vigor, em 2013, um novo Código de Processo Civil, ainda que tenha sido reconhecida a competência exclusiva dos julgados de paz – símiles dos juizados especiais -, os problemas e as soluções aportadas têm ainda reflexo na atualidade.

Antes de prosseguirmos, mais duas notas. Uma prende-se com uma das zonas problemáticas em que a mediação pré-processual obrigatória foi debatida, provocando, inclusivamente, um conflito aberto entre a Corte Constitucional italiana e o Tribunal de Justiça. Depois de declarado inconstitucional – por razões estritamente formais – o diploma que, em 2010, visava implementar a mediação pre-processual nos campos civil e comercial, a mediação volta a ser tema em Itália num contencioso que opôs o Tribunal de Justiça à Corte Constitucional italiana (sobre este tema, cfr. Remo Caponi, Immunità dello Stato dalla giurisdizione, negoziato diplomatico e diritto di azione nella vicenda delle pretese risarcitorie per i crimini nazisti, disponível em academia.edu, acedido, por último, em 20.03.2016).

A segunda, para justificar a publicação de um texto sobre instâncias não estaduais de resolução de conflitos, neste momento, no Brasil. O Brasil é, desde há uns anos, um dos principais centros de investigação e de publicação de trabalhos na área da arbitragem e da mediação. Provavelmente por impulso da realidade e uma vez superada a questão da conformidade constitucional da arbitragem voluntária, é já quase inabarcável a publicação quer de artigos científicos quer de monografias especializadas na área da arbitragem. O presente texto não tem a pretensão de trazer novidades ou de chamar a atenção para problemas ainda não tratados. No entanto, supomos que o repto que nos foi lançado se prenda com a muito recente entrada em vigor do novo CPC. Este prevê logo no Capítulo dedicado às normas fundamentais do processo civil e em sede de tutela judicial efetiva, uma regra que, dispondo a inafastabilidade da apreciação jurisdicional de ameaça ou lesão a direito, abre o acesso à jurisdição arbitral (art. 3º, § 1º) e impõe ao Estado a promoção consensual de litígios, inclusivamente intraprocessual, quer através dos titulares dos seus órgãos, quer através de advogados (art. 3º, §§ 2º e 3º). Regras ulteriormente desenvolvidas, quer no próprio Código, quer em diplomas especiais, têm estas a potencialidade de captar imediatamente a atenção do aplicador deste diploma central para a vigência de uma espécie de supranorma no que se refere à tutela efetiva de situações jurídicas: os conflitos são suscetíveis de resolução por uma de entre diferentes instâncias, criando-se, como se veio a designar na gíria, uma espécie de sistema multiportas.

Com estas indicações prévias, passemos então ao artigo tal como originariamente na RePro.

2. O TEMA[3]

1. Acedemos muito recentemente a um texto de Peter Gottwald[4] que veio confortar-nos quanto ao acerto de uma intuição ou percepção que fomos formando nos últimos anos: o direito de acesso ao Direito, pilar fundamental do Estado de Direito, vem sofrendo profundas transformações. Dependendo da maturidade e de uma série de circunstâncias sócio-políticas, até entre os anos

3. O presente texto serviu de apoio à intervenção ocorrida em 19.10.2007, em Brasília, no âmbito das comemorações dos 200 anos do Poder Judiciário independente, organizadas pelo Supremo Tribunal Federal do Brasil.
4. *Mediation und gerichtlicher Vergleich*: Unterschiede und Gemeinsamkeiten, FS Akira Ishikawa zum 70. Geburtstag, org. Gerhard Lüke/Takehiko Mikami/Hanns Prütting, Walter de Gruyter, Berlin/New York 2001, 137-155.

70 e 90 do século passado, quando se falava em direito de acesso ao Direito e à prestação jurisdicional efetiva pensava-se, imediatamente, num direito de acesso aos tribunais. E quando se referiam os tribunais, referiam-se os órgãos jurisdicionais de base estadual. A *ratio* deste modelo era intuitiva: num Estado de Direito, o indivíduo troca, queira ou não, a justiça privada pela justiça pública. Por seu turno, o Estado permuta a anarquia pela organização e prestação de serviços de Justiça, assim se garantindo que todo o conflito seja decidido por um juiz que, tendo o seu estatuto informado pelo princípio do juiz natural, ditará a solução do caso concreto em consonância com os dados do sistema.

Desde então, muito tem mudado nesta forma de compreender o acesso à Justiça. Um dos aspectos porventura mais curiosos reside naquelas que são as causas aparentes desta mutação. A busca de uma alternativa não terá sido induzida por uma reponderação descomprometida das diversas funções cometidas aos tribunais por referência ao núcleo da função jurisdicional, mas antes pelo peso financeiro da máquina judicial e pela sua impossibilidade de dar resposta atempada a uma procura crescente. Os tribunais implicam necessariamente custos elevados. Basta pensarmos nos seus recursos humanos, altamente qualificados. Por outro lado, o acesso efetivo à Justiça impõe, ainda e num tempo em que a repercussão do processo electrónico se não faz sentir de forma clara no alívio de custos com as infra-estruturas, a manutenção e ampliação de espaços físicos. O peso relativo das despesas com a máquina judicial agudiza-se em épocas de contração das receitas diretas e indiretas do Estado. A impossibilidade de as estruturas cresceram em ritmo idêntico ao do aumento exponencial da litigiosidade, determina a procura de esquemas alternativos de realização da Justiça. Seguramente por influência mais ou menos imediata do relatório elaborado por Mauro Cappeletti e Bryant Garth, houve que percorrer três caminhos distintos, mas confluentes. Em primeiro lugar, houve que repensar a competência funcional dos tribunais, preservando-os para o exercício daquela que é sua função constitucional: a função de julgar perante a existência de um conflito. Em segundo lugar, houve que criar mecanismos que dissuadissem fortemente a litigação inútil porque referente a conflitos cuja resolução pode resultar, com ganho de tempo e sem perda de benefícios reais para as partes, de atos de autocomposição. Neste sector, a arma de que o legislador lança mão são as custas e as multas processuais, devendo ser ponderada a possibilidade de adopção de vias como a *offer to settle* e o *payment to court* do direito inglês[5]. Em terceiro lugar, houve que incrementar esquemas alternati-

5. Um esquema que, tal como o da *offer to settle* e o do *payment to court*, visa penalizar a falta de cooperação extra-processual entre as partes, foi acolhido no regime processual experimental no que respeita à responsabilidade do réu pelos custos quando este recuse a colaboração devida ao autor, rejeitando a apresentação de uma petição conjunta. Cfr. art. 9/3 do Dec.-lei 108/2006, de 8 de junho. Estranhamente,

vos de resolução de conflitos, quer estes pressupusessem a heterocomposição por órgãos jurisdicionais de base não estadual, quer estimulassem a autocomposição.

Neste balanço, pensamos não estar longe da realidade se concluirmos que, se as décadas de 60 e 70 do século passado poderão ficar conhecidas como o período de ouro do direito de acesso aos tribunais[6], de lá para cá assiste-se a uma reiterada dissuasão do recurso a esquemas formais e de base estadual de resolução de controvérsias e de satisfação efetiva de situações jurídicas prestacionais. Perante o custo, aparentemente exorbitante, de sistemas de Justiça que, alegadamente, já não funcionam, vem-se reconduzindo a competência dos tribunais ao seu núcleo duro: a resolução de litígios, com ou sem recurso necessário a esquemas prévios que permitam identificar exatamente a situação em que se impõe o exercício da função jurisdicional, ou seja, as situações em que é inelutável a prática de um ato heterónomo vinculante.

Portugal não foge a esta tendência. Atualmente convivem, no sistema de resolução de conflitos e de real satisfação de situações jurídicas violadas, múltiplas instâncias que entre si acabam por se distinguir através dos meios de ação que lhes podem e são efetivamente conferidos.

2. E como se articula o acesso ao sistema judicial com os demais meios alternativos de resolução de controvérsias?

Talvez de um modo artificial e pouco eficiente. A colocação inicial do tema desta intervenção rapidamente permite compreender por quê. Se a relação desejável entre as diversas formas e meios de resolução de controvérsias for de verdadeira alternatividade, ideia que se não subscreve na medida em que, como se verá, cada meio permite responder a diferentes necessidades, sempre se dirá, na esteira de Michele Taruffo, que a alternatividade pressupõe escolha livre pelas partes[7]. Ora, só haverá livre escolha se todos os meios em concurso forem funcionalmente equivalentes. Se a Justiça pública nem é eficiente, nem é acessível, para além da evidente violação de garantias constitucionais, os meios chamados de alternativos acabam por ser meios necessários e inevitáveis, minando-se a respectiva legitimidade com a supressão da liberdade

a solução legal apenas penaliza o réu não cooperante uma vez que nada se dispõe quanto ao autor que não propõe a esta parte a apresentação de petição conjunta. Sobre esta matéria, cfr. o nosso A Ordem do Juízo de D. João III e o regime processual experimental, em publicação nos *Estudos em homenagem ao Professor Doutor Martim de Albuquerque*.

6. Peter Gottwald, *Mediation und gerichtlicher Vergleich*, cit., p. 138, afirma que o movimento "access to justice" determinou uma alteração das regras relativas ao acesso aos tribunais por hipossuficientes.

7. Un'alternativa alle alternative: modelli di risoluzione dei conflitti, *RePro* 152, ano 32. São Paulo: Revista dos Tribunais, out. 2007, p. 319-331 (328 e ss.).

de escolha efetiva. A alternatividade passa a termo retórico. No entanto, a sua manutenção no discurso é crucial enquanto salvaguarda formal da constitucionalidade dos novos modelos propostos.

Em que relação se devem encontrar os diversos meios que permitem resolver conflitos e restaurar a paz social?

Permitam-me que comece a minha resposta pelo relato de dois episódios. Soube, há poucos anos, como decorrera a avaliação psicológica de uma amiga de infância aquando do seu ingresso no jardim infantil da escola que ambas frequentámos, desde os quatro anos de idade até à conclusão do 12.º ano. Uma das fases da avaliação consistia em confrontar as crianças com o teste de encaixe de peças. Para grande constrangimento do pai, que a observava juntamente com a psicóloga, a minha amiga ter-se-á mantido sentada e imóvel por longo tempo frente à caixa e às peças coloridas e de diferentes formas. Até que, sem uma hesitação, foram por ela encaixadas nos lugares certos todas e cada uma das peças. O tempo de aparente imobilidade foi afinal tempo de intensa atividade intelectual: ao invés de usar o método ensaio/erro, ao invés de dar uma resposta qualquer, decorrente de tentativas mais ou menos arbitrárias, a criança ponderou os diferentes problemas (tantos quantas as peças em jogo), tendo revelado a capacidade para os resolver através de uma complexa e integrada conjugação de dados. Avanço apenas mais dois factos, que possivelmente satisfarão a sã curiosidade de quem me escuta e que justificam as teorias da transmissão e conformação genética da personalidade. A criança de então, que é hoje uma conceituadíssima médica, submeteu-se, enquanto adolescente, a uma rigorosa prova oral de matemática para conclusão do curso: foi classificada com 20 valores, a nota máxima na escala de valoração então vigente. Segundo facto. Enquanto mulher, teve uma filha. Num sábado, cumprindo um ritual institucionalizado de visita a livrarias, a criança foi confrontada com a necessidade de optar entre um livro que ela escolhera e aquele que lhe era proposto. A criança tinha, à data deste episódio, três anos. Deu a seguinte resposta: "Vou ponderar." Tal como a mãe, anos antes, ponderara antes de agir, a filha ponderava agora antes de escolher.

3. Por que associo estes episódios à minha intervenção?

O tema a tratar nesta ocasião é o do "Acesso ao sistema judicial e meios alternativos de solução de controvérsias". Esta matéria, como possivelmente qualquer outra, pode ser vista com ou sem ligação a uma dada realidade concreta. Pareceu-me mais interessante dar aqui nota do que se passa, neste contexto, em Portugal, descrever como é que nesse ordenamento se processa o acesso ao sistema judicial em ligação com os meios alternativos de solução de controvérsias.

E foi exatamente quando nos decidimos por este rumo que recordámos a ponderação da criança colocada perante a necessidade de optar entre dois livros.

No momento em que discorremos acerca do sistema judiciário e para-judiciário português não podemos deixar de lembrar que este se encontra em alteração. Esta não é superficial, pois arranca de uma mudança de paradigma quanto ao critério de resolução de larga percentagem dos conflitos (preferencialmente uma solução não contenciosa, mas transaccionada), acompanhada da concentração das intervenções do juiz togado nos casos em que é necessário o exercício da função jurisdicional. Vão sendo cada vez mais escassas as competências judiciais de controlo de legalidade de atos de auto-composição.

Neste contexto, ecoam-nos na cabeça algumas observações que sugerem um certo erratismo e experimentalismo das soluções já implementadas ou a implementar. Não cremos que a crítica deva ser levada tão longe quanto pode pretender-se. Mas o certo é que, conforme advertem Wagner/Harbst, no final do estudo em que se interrogam acerca das virtualidades e possibilidades de transposição da Parte 36 das CPR inglesas[8] para o direito alemão[9], não pode deixar de questionar-se se é efetivamente correto que, num Estado de Direito, as partes sejam compelidas, através dos esquemas mais variados, a aceitar soluções negociadas em troca da demanda pela preservação do direito objetivo[10].

Supomos não nos enganarmos se dissermos que o ponto de partida para a alteração por que passa o sistema judiciário português entronca na necessidade de contração de despesas com um sistema de justiça alegadamente caro e que terá, também alegadamente, deixado de dar resposta em tempo útil aos cidadãos. Cremos que o mais absoluto lugar comum é atualmente constituído pela expressão "Crise da Justiça". E quando se fala em crise da Justiça logo se sustenta que os sistemas de Justiça são lentos e caros, que as estruturas processuais constantes dos tradicionais Códigos de Processo Civil são pesadas, rígidas e obsoletas; avança-se, de imediato, a solução: a Justiça, institucionalmente entendida, deve sofrer grandes e profundas reformas. Este estado de coisas induziria diretamente a necessidade de repensar a função dos tribunais

8. As regras que prevêem o regime aplicável à *offer to settle* e ao *payment to court*, na versão que lhes foi dada, por último, pela reforma de 06.04.2007.
9. Offers to settle – Ein Modell für das deutsche Zivilprozessrecht?, ZZP 120 (set. 2007), p. 269-302.
10. É com esta pergunta e com a sua aparente falta de actualidade que os autores terminam o citado artigo Offers to settle – Ein Modell für das deutsche Zivilprozessrecht? (cfr. p. 302).

judiciais e o reconhecimento de instâncias alternativas de resolução de conflitos dentro dos parâmetros constitucionais.

Ensaiaremos, aqui, a apresentação de uma imagem fiel e verdadeira dos esquemas de resolução de controvérsias tal como vigentes em Portugal. Lamentavelmente, a relativa escassez de dados empíricos disponíveis, quer porque algumas soluções são muito recentes, quer porque determinados índices não foram analisados, apenas nos permitirá fazer juízos de prognose quanto ao efetivo impacto na estrutura judicial dos diferentes meios alternativos reconhecidos pela Constituição da República (LGL\1988\3) Portuguesa.

Certo é que o sistema assenta ainda na alternatividade entre meios de resolução de controvérsias. Pergunta-se: não estará a razão do lado daqueles que, como Taruffo[11], apontam como caminho correto o da integração desses diversos meios? Não deverá tomar-se como paradigma para uma reforma, não as expressões *processo ou arbitragem, processo ou mediação*, mas ao invés a ideia de *multi-door court*?

No entanto, e antes de prosseguirmos, não podemos deixar de registar alguma perplexidade perante as razões que induzirão a mudança na cultura judiciária.

Quando se afirma que os tribunais são caros, pergunta-se: são caros por referência a quê? E afinal quanto custam e quanto custarão estruturas que cumpram exatamente a mesma função? Porque, como é evidente, não serve comparar o custo do tribunal com o custo de outra estrutura se ambas exercerem funções diferenciadas ou se, exercendo idênticas funções, as exercerem relativamente a situações de bem diversa complexidade.

Por outro lado, quando se diz que os tribunais são lentos, pergunta-se: qual o tempo ideal de decisão? É evidente que é possível responder em abstrato: o tempo ideal é demarcado pela efetiva utilidade da decisão quando é proferida. Mas a concretização deste parâmetro não é fácil de realizar.

Pergunta-se, ainda: e podem os tribunais responder mais rapidamente do que respondem perante as contingências em que trabalham? Colocando a pergunta mais simplista de todas, pode um juiz que, segundo estatísticas oficiais, tem em média distribuídos aproximadamente 1.350 processos por ano, decidir mais rapidamente do que decide?[12] Foi dada resposta ao aumento exponencial

11. Un'alternativa alle alternative: modelli di risoluzione dei conflitti, cit., p. 328 e ss.
12. Apesar de revelar uma manifesta sobrecarga relativamente à contingentação razoável, este dado estatístico esconde os desequilíbrios concretos, decorrentes da afectação de magistrados a tribunais com bem diferenciadas pendências e com muito diversificadas competências. Este aspecto é expressamente assumido pela *Associação Sindical dos Juízes Portugueses* que, em estudo elaborado sob o título "A construção

da litigiosidade através da adopção de medidas que permitiriam uma melhoria do tempo de resposta? As reformas processuais implementadas induziram realmente essa melhoria? Os meios humanos afetos ao exercício da função jurisdicional, aqui se incluindo a magistratura togada e os juízes de paz, cresceram na mesma proporção em que cresceu a litigiosidade?

Quanto às estruturas processuais e com exceção da efetiva alteração representada, no processo de conhecimento, pela injunção (que não é um procedimento de conhecimento, mas um procedimento de criação de um título executivo não recondutível à categoria das sentenças)[13], terão estas uma tão acentuada potencialidade para induzir uma simplificação dos ritos que se encontram no Código de Processo Civil (LGL\1973\5)? Não é o procedimento de conhecimento dotado de elasticidade? Não têm os princípios da cooperação e da adequação formal e os poderes de condução do processo conferidos ao julgador a virtualidade de adaptar cada procedimento às efetivas necessidades da causa?

4. Não é este o tempo de analisar as diferentes respostas a dar às interrogações que aqui ficam em aberto. Em contraponto, perguntar-se-á, antes: não é preciso alterar nada? Deve manter-se a situação imutável? Serão negativas todas as soluções entretanto implementadas, que apontam para esquemas alternativos de resolução ou de absorção de litigiosidade? Não é adequado o caminho de concentração da intervenção judicial nos casos de exercício efetivo da função jurisdicional? Apesar de os próprios tribunais judiciais terem, em processos contenciosos, competência para conciliar as partes, não devem criar-se instâncias especificamente vocacionadas para a resolução autónoma dos conflitos? Não deve aceitar-se, com base numa interpretação racional do brocardo *de minimis non curat praetor*[14] e na transposição para a litigiosidade civil da distinção entre a grande e a pequena criminalidade, uma diferença nos critérios preferenciais de resolução dos litígios em situações de baixo impacto económico, mas de forte impacto social[15] atendendo à intensa proximidade entre as partes?

---

do novo mapa dos tribunais: enraizamento, efectividade e mudança", já em abril de 2007, sustenta: "A racionalização da oferta é essencial e implica extinguir unidades jurisdicionais onde não se justificam e criar outras onde são necessárias. Implica distribuir os meios de forma mais adequada a conseguir mais ganhos na resposta à procura". Quanto à contingentação, cfr. o *Estudo de contingentação processual*, apresentado pela mesma associação de juízes, em março de 2007.

13. Sobre esta questão, o nosso Processo de execução, v. 1. *Títulos executivos europeus*, Coimbra: Coimbra Ed., 2006.

14. Sem que aí se faça apelo directo ao brocardo, parece ser esta uma das propostas da *Associação Sindical dos Juízes Portugueses*, no já referido estudo "A construção do novo mapa dos tribunais: enraizamento, efectividade e mudança". Cfr. p. 96.

15. A litigação a que, no estudo elaborado pelo *Observatório Permanente da Justiça Portuguesa*, com vista à apresentação de uma proposta sobre a reorganização territorial da justiça – " *A geografia da justiça* – Para um novo mapa judiciário", se dá a designação de litigação nuclear de baixa intensidade.

Seguramente que a maioria destas questões merece uma resposta positiva, apesar de não nos podermos deixar impressionar pela ferocidade da crítica a que sempre se sujeita quem fala contra a corrente[16]. Não obstante, qualquer processo de mudança da estrutura judiciária deve pressupor, conforme escreve Stephan Weth[17], que o legislador tenha em vista a pessoa dos juízes. Isto porque, e ainda de acordo com o mesmo autor, num Estado de Direito Democrático (ou num Estado Democrático de Direito), só é eficaz a implementação de reformas quando verificadas duas condições. Em primeiro lugar, que aqueles sobre os quais tais reformas se repercutem e que devem desenvolvê-las as consideram adequadas. A não ser assim, oferecer-lhes-ão resistência, umas vezes ostensiva, outras, sibilinamente. Em segundo lugar, que lhes sejam concedidos os meios necessários à integral implementação das reformas antes de ser operada nova mudança, quer isto dizer, que lhes sejam concedidas todas as condições de que depende o efetivo sucesso da reforma sem que esteja já num horizonte mais ou menos próximo a necessidade de retocar o quadro normativo delineado. Temos, infelizmente, em Portugal um exemplo acabado deste tipo de intervenção político-normativa: a grande reforma da ação executiva, que deveria resolver o flagelo da pendência de execuções. Entrou em vigor em 2003, estavam então pendentes 450.000 execuções. Logo aquando da publicação do diploma em Diário da República advertimos para o seu maior problema: a falta de programação e de estruturação de meios técnicos e de recursos humanos necessários ao funcionamento do novo modelo, cuja valia é inquestionável. Tudo quanto foi dito não foi escutado: a dinâmica deve ser de sucesso! Lamentavelmente, o tempo deu-nos razão: o número de pendência na execução em 2004 era já de 750.000. Conclusão: apesar de ter sido publicada em 2003, a reforma da ação executiva está novamente sob a mira da reforma, depois de, entretanto, haverem sido introduzidas medidas para o seu desbloqueamento. Uma reforma que, nos seus vectores fundamentais, é boa termina em insucesso por pura precipitação.

5. Face ao que antecede, diremos que são exatamente as diferentes respostas a dar às várias questões colocadas que devem determinar o sentido das reformas a operar nos sistemas judiciário e processual de modo a tornar-se a aplicação da Justiça mais racional e ágil. Partindo essencialmente dos arts. 202 e 209 da Constituição da República Portuguesa que, respectivamente, nos apontam o núcleo da função jurisdicional e reconhecem os órgãos que a podem exercer, e do art. 20 da mesma Constituição, que regula a relevantíssima matéria do acesso

16. Dando nota desta circunstância quanto à atitude assumida por parte da comunidade jurídica relativamente aos críticos da reforma do sistema judiciário alemão, Stephan Weth, Die Grosse Justizreform in Deutschland – Ein Bericht aus Sicht der Wissenschaft, ZZP 120 (2/2007), 135-157 (153).
17. Die Grosse Justizreform in Deutschland, cit., 135-157 (156).

ao direito e à tutela jurisdicional efetiva, deverá, então, desenhar-se a distribuição de competências entre os tribunais judiciais e as demais jurisdições que colaboram na resolução de conflitos civis (tribunais arbitrais, institucionalizados ou *ad hoc*, julgados de paz), entre os tribunais judiciais e as estruturas para-judiciais (conservatórias do registo civil, conservatórias do registo comercial, agentes de execução), entre os meios contenciosos e os meios não contenciosos (mediação). A interligação entre os diversos sistemas foi expressamente assumida em estudo entregue ao Ministério da Justiça, em março de 2007 e por este encomendado, que concluiu por uma "proposta de revisão do mapa judiciário"[18].

É, assim, num contexto de alguma instabilidade que passarei a descrever o sistema português no que tange ao acesso ao sistema judicial e aos meios alternativos de resolução de controvérsias.

3. OS MEIOS ALTERNATIVOS PRÉ-CONTENCIOSOS

6. Estamos habituados a encarar, em Portugal, a relação entre o sistema judicial e os meios alternativos enquanto relação de verdadeira alternatividade: sendo as situações jurídicas disponíveis, cabe às partes fazer a opção pelo sistema de composição que lhes parecer mais adequado. Neste contexto, a justiça estadual concorre com a arbitragem e com a mediação extrajudicial.

No entanto, uma das atuais tendências do direito processual aponta no sentido da existência de uma relação de antecedência dos meios alternativos relativamente aos meios contenciosos. Estes surgem, simultaneamente, como meios não contenciosos e como meios prévios ao recurso a tribunal. Sendo meios prévios à propositura de uma ação, não devem ser confundidos nem com a conciliação que o juiz deve tentar no decorrer de um qualquer processo judicial, com os procedimentos de mediação extrajudiciais, mas intraprocessuais. Caso típico de um sistema ao que ao juiz é cometida a função de conciliação das partes é constituído pelo sistema português. Infelizmente, por falta de tempo operacional, esta solução não leva, regra geral, à auto-composição das partes. Já o sistema francês constitui exemplo do segundo tipo: segundo o art. 131 do NPCP, o juiz pode, em qualquer altura do processo, suspender a instância e remeter as partes para uma mediação extrajudicial. Segundo os dados recolhidos, a eficácia desta medida vem estando, de algum modo, comprometida, porque a sua adopção depende da obtenção, pelo tribunal, do acordo das partes para a mediação.

18. O estudo foi realizado por uma equipa do Departamento de Engenharia Civil da Universidade de Coimbra (DEC-UC), coordenada pelo Professor Doutor António Pais Antunes, em colaboração com os serviços do Ministério da Justiça. Lê-se no referido estudo que "f) a reforma do mapa judiciário não poderia ser dissociada da redefinição da política pública de justiça, ampliando os mecanismos extrajudiciais de resolução de litígios".

7. Regressando aos meios pré-contenciosos, a sua natureza jurídica varia muito significativamente na Europa e mesmo no espaço de alguns Estados-membros. Ainda vigentes de modo muito incipiente, são apontados como uma solução de futuro. Deste facto é claro indício a circunstância de haverem sido escolhidos como um dos temas centrais do Congresso Mundial de Direito Processual, que decorreu em Salvador, entre os dias 16 e 20 de setembro.

No sistema inglês, vêm sendo instituídos, desde finais da década de 90 do século passado, os chamados *pre-action protocols*[19]. Estes podem ser genericamente definidos como procedimentos padronizados e extrajudiciais de composição autónoma de conflitos. Se emergente um litígio submetido ao âmbito de aplicação de um dos protocolos em vigor, a parte não deve recorrer, de imediato, à via judicial, devendo antes encetar o procedimento que se destina à obtenção de uma solução negociada ou, na sua impossibilidade, a preparar a ulterior propositura da ação. Se a parte recorre diretamente a tribunal, a ação não é julgada inadmissível, mas ser-lhe-ão impostas as penas civis que o tribunal entender adequadas. A pena mais frequente traduz-se na imposição de elevadas custas e multas. Por outro lado, tem o tribunal o poder de remeter as partes para o procedimento extrajudicial de composição, suspendendo, entretanto, a instância. Conforme se lê na regra 4.7 das *Practice Directions on pre-action protocols*, "the courts take the view that litigation should be a last resort, and that claims should not be issue prematurely when a settlement is still actively being explored. Parties are warned that if the protocol is not followed, than the court must have regard to such conduct when determining the costs".

Também a lei alemã veio admitir, através do recente § 15a EGZPO[20], a adopção de procedimentos pré-contenciosos nas legislações processuais civis dos diferentes Estados[21]. Justificados com a necessidade de racionalização do recurso aos tribunais, estes procedimentos constituem, de acordo com a posição do BGH[22], verdadeiras condições de admissibilidade da ação. Porém, o BGH tem sido sujeito a dura crítica pela doutrina ao ter decidido, num caso concreto,

19. Actualmente encontram-se em vigor os seguintes *pre-action protocols*: *protocol for personal injury*, que entrou em vigor em 26.04.1999, *protocol for clinical negligence*, que entrou em vigor em 26.04.1999, *protocol for construction and engineering disputes*, que entrou em vigor em 02.10.2000, *protocol for defamation*, que entrou em vigor em 02.10.2000, *protocol for professional negligence*, que entrou em vigor em 16.07.2001, *protocol for judicial review*, que entrou em vigor em 04.03.2002, *protocol for disease and illness*, que entrou em vigor em 08.12.2003 e *protocol for housing disrepair*, que entrou em vigor em 08.12.2003.

20. Introduzido pela lei de promoção da resolução extrajudicial de litígios (Gesetz zur Förderung der aussergerichtlichen Streitbeilegung), de 15.12.1999, publicada em BGBl. I, p. 2.400, acessível em[www.rechtliches.de], e que entrou em vigor em 01.01.2000.

21. Até ao presente, instituíram procedimentos pré-contenciosos Bayern, Baden-Würtenberg, Nordrhein-Westfalen, Brandenburg, Hessen, Saarland, Sachsen-Anhalt e Schleswig-Holstein. Dados recolhidos em Becker/Nicht, Einigungsversuch und Klagezulässigkeit, ZZP 120 (2/2007), 159-197, nota 10.

22. BGHZ 161, 145-151.

que tais procedimentos devem ter-se por infrutiferamente percorridos antes da propositura da ação. No caso sob exame, a parte recorrera a tribunal antes de propor a ação, sendo confrontada com uma decisão de inadmissibilidade desta ação. Requereu, então, que esta decisão fosse revogada e que fosse permitida a suspensão da instância para que se encetasse o procedimento pré-contencioso. O BGH manteve a decisão de inadmissibilidade, sustentando que o procedimento pré-contencioso é uma condição de admissibilidade que, ao invés das demais, não deve estar apenas verificada aquando da conclusão da segunda audiência, mas aquando da propositura da ação. Ao afastar-se tanto do regime aplicável aos procedimentos de mediação pré-contenciosa quer em processo administrativo (cfr. § 68 e seguintes da VwGO), quer em processo de trabalho (§ 54 ArbGG), como do regime genericamente aplicável às condições de admissibilidade, o BGH acaba por reconduzir a função dos procedimentos pré-contenciosos a razões estritamente economicistas: o único objetivo da mediação prévia é o de afastar a litigiosidade potencial dos tribunais e não a de obter, através da via negociada, uma solução que contribua diretamente para a paz social.

8. Em Portugal, os procedimentos pré-contenciosos foram previstos no Anteprojecto do Código do Consumidor. Dispõe este Anteprojecto, no seu art. 535, que sempre que o litígio estiver em condições de ser submetido à apreciação de entidades extrajudiciais, que tenham instituídos procedimentos de resolução de conflitos de consumo, o exercício do direito de ação dependerá da prova de que as partes, há menos de seis meses, tentaram por aquela via a composição dos seus interesses.

4. O PRINCÍPIO DE MINIMIS NON CURAT PRAETOR E A JURISDIÇÃO DOS JULGADOS DE PAZ

9. Numa implementação racional do princípio *de minimis non curat praetor*[23], o legislador português veios criar uma rede de julgados de paz, órgãos paralelos aos juizados especiais brasileiros.

Com origem em regimento do séc. XVI[24], obtiveram expresso reconhecimento constitucional (cfr. art. 209/2 da CRP), pretendendo-se que, num futuro relativamente próximo, venham a ter cobertura universal (cfr. Resolução do Conselho

23. Sobre este princípio, Phillip Schmieder, *De minimis non curat praetor*. Erheblichkeit als Zulässigkeitsschrancke, ZZP 120 (2/2007), 199-217 (199-201). Sobre a sua eventual vigência no direito romano pós-clássico, cfr. D. 4.1.4. (*" Scio illud a quibusdam observatum, ne propter fatis minima rem, vel summam, si maiori rei, vel summae praeiudicetur, audiatur is qui in integrum restitui postulat."*)

24. Regimento dos Concertadores de Demandas, de 1519, publicado in: J. O. Cardona Ferreira, *Justiça de paz.* Julgados de paz. Abordagem numa perspectiva de justiça, ética, paz, sistemas, historicidade. Coimbra:

de Ministros, n. 172/2007, de 11.10.2007, publicada no *Diário da República* 213, Série I, de 06.11.2007, nos termos da qual se prevê a instalação de quatro julgados de paz até final de 2007 e de outros quatro até final de 2008).

Atualmente, existem 15 julgados de paz. Nos tribunais já instalados e com exceção de um caso pontual, crê-se que em vias de resolução, o tempo de pendência média de um processo perante estes tribunais é de 55 dias. Mais se verifica uma baixa taxa de recursos interpostos de decisões proferidas por esta jurisdição, sendo ainda mais baixa a taxa de revogação das decisões proferidas.

A competência dos julgados de paz é delimitada pelo valor da causa (só podem conhecer de questões de valor igual ou inferior à alçada da primeira instância, ou seja, aproximadamente 15.000,00 Euros; cfr. arts. 8 da Lei 78/2001, de 13 de julho, e 24/1, da Lei 3/99, de 13 de janeiro) e pela matéria (cfr. art. 9 da Lei 78/2001, de 13 de julho; diremos, simplisticamente, que o traço característico quanto à competência dos julgados de paz acaba por ser subjetivo, pois que vem a delimitar-se quanto ao tipo de frequência da obrigação pecuniária incumprida por exclusão dos litígios que envolva pessoas coletivas).

Tramitando as ações segundo procedimentos extremamente simples (porque vocacionados para uma litigiosidade de baixa complexidade), os julgados de paz funcionam em rede com serviços de mediação que procedem à mediação extrajudicial. Também esta acaba por absorver muita conflitualidade. Pela simplicidade de funcionamento e leveza de estrutura, os julgados de paz colaboram na realização da justiça (que aqui é essencialmente de paz) com um custo relativamente baixo. A este aspecto é atualmente muito sensível qualquer sistema de justiça.

10. Um dos problemas não resolvidos pelo legislador aquando da criação desta jurisdição respeita à respectiva articulação com uma das estruturas da justiça estadual formal, a saber, com os juízos de pequena instância cível. Sendo tribunais presididos por um juiz togado e de carreira, a competência destes juízos coincide largamente com a competência dos julgados de paz. Desde sempre que se colocou a questão da relação existente entre a jurisdição estadual e a justiça de paz em zonas territoriais cobertas pelos dois tipos de jurisdição. Recentemente, o Supremo Tribunal de Justiça proferiu acórdão em que se decidiu pela existência de um concurso de competências materiais entre juízos de pequena instância cível e julgados de paz[25]; a escolha por uma ou por outra jurisdição

Coimbra ed., 2005, p. 113-120, instrumento que previa já a confidencialidade da audiência que ocorria entre o concertador e as partes.

25. STJ, Proc. 07B881, n. 11/2007, j. 24.05.2007 (Salvador da Costa), disponível em[www.dgsi.pt.] e publicado no *Diário da República* 142, série I, de 25.07.2007, p. 4.733.

depende de escolha da parte. Este dado poderá concorrer para uma diminuição do impacto que os julgados de paz têm no acesso à jurisdição estadual, sendo eventualmente menor a percentagem de litigiosidade que virão a absorver.

5. A PREFERÊNCIA DA AUTONOMIA FACE À HETERONOMIA

12. Outro dos slogans na construção das relações entre o sistema formal de justiça e os meios alternativos visa tornar manifestas as vantagens da mediação e reza: "Negociação em vez de decisão". Nesta sua formulação, o *slogan* é neutro, mas faz-nos recordar o adágio popular de que "mais vale um mau acordo do que uma boa demanda".

A aproximação do slogan ao adágio não deve ser entendida como traduzindo qualquer hostilidade relativamente à mediação. A mediação tem seguramente vantagens (maior celeridade na obtenção de uma solução; regra geral, e porque ambas as partes aceitam a solução, maior rapidez de cumprimento das obrigações fundadas no acordo; maior adequação de uma solução que, ao invés do *tudo ou nada*, pondera o *tanto quanto* possível a uma ulterior convivência entre as partes; confidencialidade), mas tem, também, inconvenientes, quer para as partes em concreto (ausência de poderes de autoridade do mediador que implica a falência do procedimento quando as partes não são cooperantes ou não o são em termos que permitam uma solução autónoma, com recurso ulterior necessário a tribunal, onde, aparentemente, se parte do ponto zero; ausência de esquemas de composição provisória do conflito), quer para o sistema de aplicação da Justiça em geral (descrédito dos esquemas formais de Justiça sempre que a mediação ou qualquer outro meio surge associada à resolução de problemas que os tribunais são incapazes, quer por falta de preparação técnica, quer por falta de meios, de resolver)[26].

Se há situações em que a mediação apresenta enorme potencial de pacificação das partes em conflito e, através desta pacificação, de resolução autónoma da controvérsia, outras há em que a mediação pouco ou nada pode prestar. Bastam dois exemplos para ilustrar um e outro polo: se a mediação tem um papel crucial na resolução de conflitos relativos ao exercício do poder paternal, ela pouco pode prestar na litigação de massas. A compreensão deste limite é absolutamente determinante para que a mediação não venha a aparecer, nomeadamente no discurso político, como mais um meio de salvação da Justiça que, por esforço dos seus limites, acaba por não responder adequadamente nem sequer ao tipo de litigiosidade em que pode apresentar grandes vantagens.

26. Quanto às vantagens e inconvenientes específicos da mediação na área económica, Jörg Risse, Wirtschaftsmediation, *NJW* 2000, 1.614-1.620 (1.618-1.620).

E num ponto deve assentar-se já para que se tenha uma percepção exacta do que a mediação, quando processada em termos adequados, realmente representa em termos de custos: ela é tanto ou mais dispendiosa do que a solução por via de decisão judicial. Se for realizada por referência às vantagens que se lhe apontam, a mediação requer técnicos altamente especializados. E não se esqueça que as partes, tendo alternativa, apenas recorrerão à mediação caso esta lhes garanta a adequação do processo de busca da solução. Uma mediação levada a cabo por recursos humanos não especializados e insuficientemente treinados será uma espécie de psico-drama mal dirigido, não um meio alternativo de solução de controvérsias. E lembre-se que a mediação, com a imensa desvantagem da falta de poderes de autoridade do mediador quando é impossível atingir o consenso, concorre com a mediação intraprocessual, de que está incumbido o juiz[27].

Com efeito, não pode perder-se de vista que todo o juiz deve, ao longo do processo, tentar a conciliação entre as partes. Esta tentativa de conciliação é uma mediação. Quer isto dizer que a atividade de mediação, enquanto esquema de resolução de conflitos, também compete ao juiz. Ora, para que a mediação seja um meio verdadeiramente alternativo de resolução de controvérsias é fundamental que o mediador tenha, em primeiro lugar, o tempo necessário à criação de uma boa comunidade de comunicação e, em segundo lugar, disponha do instrumentário técnico que lhe permita, sem incorrer no risco da manipulação[28], ajudar na busca de uma solução com a qual, uma vez findo o procedimento, ambas as partes estejam efetivamente satisfeitas.

13. Pelo que pudemos apurar, não há dados específicos quanto à percentagem de litígios que vêm a ser resolvidos através de mediação extrajudicial. Apenas podemos dar aqui nota de uma informação que nos chegou oficiosamente: a percentagem, não sendo significativa em termos de alívio do sistema judicial, aumentou aquando da instalação de centros de mediação para conflitos de direito privado junto dos julgados de paz. Por outro lado, a mediação tem tido algum sucesso nos conflitos de consumo que, tendencialmente, não chegam ao sistema judicial (o baixo valor da prestação alegadamente incumprida ou da indemnização devida não justificam, da óptica da parte, o recurso a tribunal, atendendo aos custos que a ação implica). Ainda não há elementos mínimos quanto à mediação penal. No entanto, atendendo às vantagens económicas que envolve para o lesado, supõe-se que, na sua área de atuação, venha a ser medida de grande impacto.

27. Acerca das vantagens e inconvenientes da mediação intra-processual, Manfred Wolf, Normatie Aspekte richterlicher Vergleichstätigkeit, *ZZP* 89 (1976), 260-293 (262-267).
28. Peter Gottwald, *Mediation und gerichtlicher Vergleich*, cit., p. 154.

6. A ARBITRAGEM E O SISTEMA JUDICIAL

14. Para o fim ficou a arbitragem. Tendo a sua intervenção confinada ao campo dos direitos disponíveis, numa certa indistinção dos diferentes limites da autonomia privada (relaciona-se diretamente a autonomia para a escolha da jurisdição com a autonomia para a celebração de transação, quando aquela não implica esta), a arbitragem vem tendo dois espaços privilegiados de atuação[29]: a conflitualidade de baixo impacto económico e a litigiosidade ou altamente especializada ou que deve ser rodeada de confidencialidade.

Cada um destes dois paradigmas de conflitos determina uma configuração diversa do procedimento e das estruturas arbitrais. A conflitualidade de baixo impacto económico, regra geral, não chegaria ao sistema judicial: a arbitragem, assegurada por Centros tendencialmente subsidiados por ordens profissionais, permite garantir a vigência efectiva do direito de acesso à justiça. No pólo oposto, a conflitualidade altamente especializada ou que deve ser mantida sob sigilo tende igualmente a ser subtraída ao sistema formal de justiça. Neste caso, a arbitragem, com as suas vantagens (confidencialidade, possibilidade de escolha do decisor, possibilidade de postergação de regras substanciais de direito estrito) é o meio escolhido.

Se atendermos aos dois tipos de frequência de litígios que são decididos por via arbitral, podemos extrair a seguinte conclusão: porque um e outro tendem a não ser submetidos à decisão por um magistrado, a arbitragem, mais do que um meio alternativo é o meio adequado à solução dos litígios que a ela acedem. Quanto a estes dois tipos de litígios, a relação de alternatividade inverte-se na sua formulação: é sistema judicial que funciona como meio alternativo, de existência necessária, relativamente à arbitragem.

7. O ACTUAL PONTO DE RUPTURA DO DIREITO DE ACÇÃO: O DIREITO À SATISFAÇÃO EFECTIVA

15. Os diversos esquemas de resolução de controvérsias até aqui analisados permitem uma ilação: no âmbito do processo de conhecimento vem sendo possível implementar vias alternativas de decisão, que, de algum modo, aliviam o sistema judicial.

Infelizmente e se, acrescendo ao que já se disse, se lembrar o sistema de criação de títulos executivos consubstanciado pela injunção, intuir-se-á que

29. Para uma visão da arbitragem como corolário do Estado-dos-cidadãos, Diogo Leite de Campos, A arbitragem voluntária, jurisdição típica do Estado-dos-direitos e dos-cidadãos. *Estudos em homenagem ao Professor Arnoldo Wald*. Coimbra: Almedina, 2007, p. 39-53 (n. 5).

grande parte dos problemas acaba por ser transferida para a fase de execução. Se é verdade que, também quanto a esta vertente da proibição de autotutela, foram implementadas medidas que visam desbloquear os tribunais que contatam com a execução, reduzindo a respectiva intervenção às situações em que é necessário o exercício do poder jurisdicional, certo é, também, que estas medidas foram postas em vigor num tempo em que todas as estruturas tendem a contrair-se. Para além do prognóstico feito em tempos, é, já hoje, possível fazer parte do diagnóstico da reforma da execução: algumas das causas da atual doença foram já identificadas, estando, acima de todas elas, a falta de estruturas tecnológicas, logísticas e humanas, necessárias ao bom funcionamento da lei.

CAPÍTULO 36

The Modern Civil Process in England: Links Between Private and Public Forms of Dispute-Resolution

Neil Andrews[1]

SUMÁRIO: 1. INTRODUCTION; 2. 'NEED FOR MORE FOCUS': COURT LITIGATION AND THE WOOLF REFORMS; 3. MEDIATION AND ARBITRATION DISTINGUISHED; 4. LINKS BETWEEN MEDIATION, ARBITRATION, AND COURT LITIGATION; 5. ARBITRATION; 6. MEDIATION; 7. CONCLUSION.

1. INTRODUCTION

This paper will examine the relationship between alternative civil justice and traditional court litigation. The court system and the non-court system – ADR, including arbitration and mediation – are complementary and entwined. This is without doubt the case in England. Together they have considerable strength. The vitality of civil justice in Europe and elsewhere requires lawyers and policy-makers to strengthen and refine these complementary systems.

Part II examines the main features of the Woolf reforms, that is, the Civil Procedure Rules ('the CPR'), a new procedural code introduced in 1999.[2] One reason why ADR has truly 'taken off' in England is dissatisfaction with traditional court litigation. Despite the Woolf reforms, many aspects of which are excellent, there has not been consistent judicial insistence on 'focus' in litigation. Nor has the monster of excessive costs been slain (Lord Justice Jackson's 'Review of

1. Educated at Brasenose College, Oxford, (B.A., 1st class in Law, 1980; B.C.L., 1st Class, 1982), and a member of the teaching staff, Cambridge University since 1983. Called to the English Bar in 1981; Bencher of Middle Temple, 2007, and a member of the American Law Institute. Also a Council Member of the International Association of Procedural Law.
2. D Dwyer (ed), *The Civil Procedure Rules Ten Years On* (Oxford University Press, 2009) (a conspectus of opinion on the success, or shortcomings, of the new procedural code in England); throughout this text, the place of publication London, unless otherwise stated.

Civil Litigation Costs',[3] December 2009, contains recommendations for possible reform).

The alternative methods of arbitration and mediation, and connections between them, are examined in Parts III to VI. The three[4] main 'alternatives' to civil litigation before the English courts are: (i) party-to-party negotiation leading to settlement (this is the most common way in which a dispute or claim is terminated); (ii) mediation; (iii) arbitration. Of these, this paper is mostly concerned with (ii) and (iii) because these are the main forms of 'alternative dispute resolution' involving neutral third parties. But some brief references will be made to settlement, notably the use of pre-action protocols and settlement offers (see text at Section II (1) below). Part VII of the paper contains some concluding reflections on the vitality of the private and public relationship between alternative civil justice and traditional court litigation.[5]

2. 'NEED FOR MORE FOCUS': COURT LITIGATION AND THE WOOLF REFORMS

Comparative legal research is growing amongst mature systems (for example, English-language treatments of civil law systems have emerged[6] and are

3. The final report was published in December 2009: www.judiciary.gov.u (at http://www.judiciary.gov.uk/about_judiciary/cost-review/jan2010/final-report-140110.pdf)
4. On these alternatives, Neil Andrews, *The Modern Civil Process* (Tübingen, Germany, 2008), ch's 1, 10 to 12.
5. A magisterial discussion is Peter L Murray (Harvard), 'The Privatization of Civil Justice' (2007) 12 ZZP Int 283-303 (contending that there is a 'dark side' to private justice and that the transparent and rigorous values of 'public civil justice' must be preserved and promoted).
6. These include: JA Jolowicz, *On Civil Procedure* (Cambridge University Press, 2000) (hereafter in chronological order): M Cappelletti (ed), *International Encyclopaedia of Comparative Law* (The Hague, and Tübingen, 1976), volume XVI 'Civil Procedure'; J Langbein, 'The German Advantage in Civil Procedure' (1985) 52 Univ of Chi LR 823-66; M Damaska, *The Faces of Justice and State Authority: A Comparative Approach to the Legal Process* (New Haven, 1986); M Cappelletti, *The Judicial Process in Comparative Perspective* (Oxford University Press, 1989); M Storme (ed), *Approximation of Judiciary Law in the EU* (Dordrecht, 1994); M Cappelletti and J Perillo, *Civil Procedure in Italy* (The Hague, 1995); AAS Zuckerman (ed), *Civil Justice in Crisis: Comparative Perspectives of Civil Procedure* (Oxford up, 1999); W Rechberger and Klicka (eds), *Procedural Law on the Threshold of a New Millennium, XI. World Congress of Procedural Law*, (Center for Legal Competence, Vienna 2002); D Asser et al, 'A summary of the interim report on Fundamental Review of the Dutch Law of Civil Procedure' (2003) 8 ZZPInt 329-87; M Storme (ed), *Procedural Laws in Europe – Towards Harmonization*, (Maklu, Antwerpen/Apeldoorn, 2003); M Storme and B Hess (eds), *Discretionary Power of the Judge: Limits and Control* (Kluwer, Dordrecht, 2003); PL Murray and R Stürner, *German Civil Justice* (Durham, USA, 2004); CH van Rhee, *European Traditions in Civil Procedure* (Intersentia and Hart, Oxford, 2005); N Trocker and V Varano (eds), *The Reforms of Civil Procedure in Comparative Perspective* (Torino, 2005); CH van Rhee (ed), *The Law's Delays: Essays on Undue Delay in Civil Litigation* (Antwerp and Oxford, 2007); Oscar Chase, Helen Hershkoff, Linda Silberman, Vincenzo Varano, Yasuhei Taniguchi, Adrian Zuckerman, *Civil Procedure in Comparative Context* (Thomson West, 2007); A Pellegrini Grinover and R Calmon (eds), *Direito Processual Comparado: XIII World Congress of Procedural Law* (Editora Forense, Rio de Janeiro, 2007), 201-42; A Uzelac and CH van Rhee (eds), *Public and Private Justice* (Antwerp and Oxford, 2007); M Deguchi and M Storme (eds), *The Reception and Transmission of Civil Procedural Law in the Global Society* (Maklu, Antwerp, 2008).
And on 'transnational principles', M Storme (ed), *Approximation of Judiciary Law in the European Union* (Gent, 1994) and ALI/UNIDROIT's *Principles of Transnational Civil Procedure* (Cambridge University Press,

increasing).[7] And so it is fitting to offer some brief observations on the first decade of the Woolf Reforms, the new system of civil procedure.

The most conspicuous change introduced by the CPR system in 1999 was that English judges were granted wide-ranging powers to manage the development of civil cases, especially in large actions, during the pre-trial stages of the case. But even this idea had been developing before Lord Woolf's reports in 1995 and 1996. Thus case management had already emerged as a convenient and necessary technique in some branches of the High Court, notably the Commercial Court.[8] Before examining the main facets of the Woolf changes, let us get our bearings by noting the central features of English civil litigation before the 1999 procedural code.

Traditional Features of English Civil Litigation: As I explained in 1997,[9] and explored in detail in *Principles of Civil Procedure* (1994),[10] the pre-CPR system had six main characteristics. These have not been swept away under the present system. First, nearly all first instance English civil trials are adjudicated by professional judges sitting alone, lacking support both from fellow judges and from a civil jury (jury trial in civil matters have been confined for decades to specific tort claims, namely actions for defamation, malicious prosecution, or false imprisonment).[11] Secondly, large actions involve a segmented passage through various pre-trial stages and remedies.[12] Thirdly, litigation is conducted under the

2006); on this project, H Kronke (ed), special issue of the Uniform Law Review (2002) Vol VI; M Andenas, N Andrews, R Nazzini (eds), *The Future of Transnational Commercial Litigation: English responses to the ALI/UNIDROIT Draft Principles and Rules of Transnational Civil Procedure* (British Institute of Comparative and International Law, 2006); R Stürner, 'The Principles of Transnational Civil Procedure...' (2005) *Rabels Zeitschrift* 201-254.

7. Forthcoming contributions will include: (1) 'Civil Procedure' in the European Casebook, 'Ius Commune', series; and national treatises from (2) Finland, (3) Spain, (4) Italy, (5) Hungary and (6) France in the Nagoya/Freiburg project on 'A New Framework for Transnational Business Litigation', a project led by Professor Masanori Kawano.
8. On the CPR system from the perspective of the traditional principle of party control, Neil Andrews, 'A New Civil Procedural Code for England: Party-Control "Going, Going, Gone"' (2000) 19 CJQ 19-38; Neil Andrews, English Civil Procedure (Oxford University Press, 2003), 13.12 to 13.41; 14.04 to 14.45; 15.65 to 15.72.
9. Neil Andrews, 'Development in English Civil Procedure: How Far Can the English Courts Reform their Own Procedure?' (1997) 2 ZZP Int (*Zeitschrift Für Zivilprozess International*: Germany), 3 to 29.
10. Neil Andrews, *Principles of Civil Procedure* (1994) (Sweet & Maxwell, 596 pp text; discussion of *pre-CPR* system).
11. Thus jury trial in England is now confined to serious criminal cases (for example, murder, rape, armed robbery) and the torts listed above: Neil Andrews, *English Civil Procedure* (Oxford University Press, 2003), 34-06 ff; as long ago as 1966, it became clear that the courts will unwilling to back-track on the modern trend to confine jury trial to these special categories of claim, *Ward v James* [1966] 1 QB 273, CA (applied *H v Ministry of Defence* [1991] 2 QB 103, CA; *Heil v Rankin* [2001] QB 272 at [25], CA); for the constitutional guarantee of jury trial in most civil claims in the USA, G Hazard and M Taruffo, *American Civil Procedure* (Yale University Press, 1993), 128 ff. In *Scotland* jury trial is still available for personal injury litigation. This has the effect of increasing the amount of some awards: A Hajducki, *Civil Jury Trials* (2nd edn, 2006).
12. For example, Sir Leonard Hoffmann, 'Changing Perspectives on Civil Litigation' (1993) 56 MLR 297, noting the increasing resort to pre-trial summary procedures, pre-action disclosure, witness statements, and

shadow of the principle that each litigant is at risk of an order to pay the legal costs reasonably incurred by the opponent, if the latter emerges victorious from the fray.[13] This cost-shifting rule operates intensively because English legal costs are high (Lord Justice Jackson's 'Review of Civil Litigation Costs',[14] December 2009, contains numerous and quite complex recommendations for possible reform). Fourthly, the division between different types of litigation lawyers has been maintained: overall control of the case resting with solicitors, who delegate specific tasks, such as advocacy or an advice on law or evidence, to specialists, namely barristers. Fifthly, trial is a statistically rare event in relation to the number of cases formally commenced. The reason for this is that most cases settle, the parties nearly always accommodating themselves to the wisdom of compromise, or the action is dismissed because it is hopeless or lacking in factual support, or the claim succeeds by virtue of summary judgment or default judgment. Finally, appeal is discouraged, a phenomenon now starkly enshrined by the distinctively English rule that there is no right to appeal: merely the opportunity to petition the trial judge and the appellate court for permission to appeal. Thus nearly all appeals require the court to give its permission (formerly known as 'leave'),[15] in response to the appellant's speedy request to the first instance court (normally the request for permission is made within fourteen days of the relevant judgment;[16] and this period cannot be extended by party agreement).[17] If the lower court refuses permission, a fresh application for permission can be made to the appeal court. In practice, permission is granted whenever a case is felt to be problematic. This severe constraint upon appeal might seem, from a comparative perspective, highly controversial. But the 'permission to appeal' portcullis has not caused public clamour in England and Wales. Indeed the underpinning presumption that the court at first instance has 'got it right' reflects the high quality of first instance decision-making: trials are conducted by judges who are former barristers or litigation lawyers. It should be noted that,

---

provisional and protective relief; since 1998, to this list must be added, 'pre-action protocols', expansion of pre-action disclosure orders, the CPR's imposition of case-management, and judicial stays and costs orders to promote mediation.

13. Generally on costs, Neil Andrews, *The Modern Civil Process* (Tübingen, Germany, 2008), ch 9; Neil Andrews, *English Civil Procedure* (Oxford University Press, 2003), ch's 35 to 37; MJ Cook, *Cook on Costs* (annual editions); P Hurst, *Civil Costs* (4th edn, 2007); AAS Zuckerman *Civil Procedure* (2nd edn, 2006), ch 26.
14. Sir Rupert Jackson's 'Review of Civil Litigation Costs', December 2009, contains numerous and quite complex recommendations for possible reform: www.judiciary.gov.u (at http://www.judiciary.gov.uk/about_judiciary/cost-review/jan2010/final-report-140110.pdf)
15. CPR 52.3(1): except decisions affecting a person's liberty; on the system requiring 'permission' in nearly all cases, IR Scott (1999) 18 CJQ 91.
16. CPR 52.4(2); appeals out of time will only exceptionally be permitted: *Smith v Brough* [2005] EWCA 261; [2006] CP Rep 17.
17. CPR 52.6(1) (2).

subject to only a handful of exceptions,[18] High Court judges are former barristers. In principle, solicitors might be competent to act as adjudicators, but many of the high-flying City solicitors will have 'burned out' through over-work, or have gained sufficient revenue to be uninterested in elevation even to the prestigious High Court bench. Furthermore, solicitors engaged in transactional work will not have gained experience of litigation and the peculiarities of court-room life.

Leading Aspects of the Civil Procedure Rules (1998): Within this new system, four topics deserve special attention: (1) settlement; (2) case-management; (3) expertise; (4) and the diminishing demand for court litigation.

(1) *Settlement*: A culture of settlement has emerged. This has also been officially supported. The emphasis, intensified by the rise of the parallel ADR movement, is upon settlement and avoidance of trial. Undoubtedly the mandarins of the English system (notably, members of the Ministry of Justice and high-ranking judges) are wise not to pretend that (beyond the small claims jurisdiction)[19] the court system can offer the mass of disputants a full-blown 'day in court'. As the author has explained elsewhere, most English litigants gain access to consensual justice, rather than adjudicated decision: most cases settle without trial and indeed without any preliminary judicial consideration of the merits of the parties' rival positions.[20] One might idealistically quarrel with this. But in England the fact that settlement is overwhelmingly predominant is regarded as brute reality. Indeed the English system bends over backwards to maximize the rate of settlement.

Two aspects of the settlement process deserve mention here. First there is the distinctively English system of stimulating and enhancing settlement by use of *pre-action protocols*. As explained by Andrews (2007)[21] and (2008),[22] a leading aim of the English scheme of pre-action protocols is to promote early and informed settlement, avoiding the expense and inconvenience of formal litigation. This is rooted in the philosophy that formal litigation, notably trial, is a form of dispute resolution which should be treated as a matter of 'last resort'. The rules contained in the protocols are largely self-executing and require the disputants to

---

18. The distinguished jurist, Lord Collins, LLD (Cantab) and FBA, is a notable exception: formerly partner of Herbert Smith (and has been appointed to become a Justice of the Supreme Court in the United Kingdom, which first sat on I October, 2009).
19. Neil Andrews, *English Civil Procedure* (Oxford University Press, 2003), ch 22; Eva Storskrubb, *Civil Procedure and EU Law* (Oxford University Press, 2008), ch 13, on 'European Small Claims Procedure' (EC) No 861/2007.
20. Neil Andrews, *The Modern Civil Process* (Mohr & Siebeck, Tübingen, Germany, 2008), ch 10; Neil Andrews, *English Civil Justice and Remedies: Progress and Challenges: Nagoya Lectures* (Shinzan Sha Publishers, Tokyo, 2007), ch 6.
21. Neil Andrews, 'general report' (examining nearly 20 jurisdictions) on this topic for the world congress on procedural law in Brazil, in A Pellegrini Grinover and R Calmon (eds), *Direito Processual Comparado: XIII World Congress of Procedural Law* (Editora Forense, Rio de Janeiro, 2007), 201-42.
22. Neil Andrews, *The Modern Civil Process* (Mohr & Siebeck, Tübingen, Germany, 2008), 2.26 ff.

co-operate. The courts become involved in the pre-action phase of litigation only retrospectively, once proceedings have begun. The judges are then prepared to criticise parties who have failed to comply with the pre-action protocol. The courts have a wide discretion to adjust costs orders to reflect this criticism.

The second aspect concerns the procedural reinforcement of *settlement offers* under CPR Part 36 with costs sanctions (the system is described elsewhere,[23] and it is interesting that the American Law Institute/UNIDROIT project endorses Canadian and English use of such settlement leverage).[24] Settlement offers, whether made *by defendants or claimants, or by potential litigants*, cannot be simply ignored by settlement offerees. The CPR uses the (often severe) leverage of potential costs liability to concentrate the recipient's attention upon the merits of accepting a partial victory, rather than rejecting the settlement proposal and instead fighting for complete vindication of the claim or defence at trial. The CPR's innovation was to introduce 'costs leverage' to support such offers not only by defendants (as had long since been possible) but by claimants (before the CPR such costs leverage had been confined to defendants, the old rule requiring a defendant furthermore to make a payment into court of the money contained in the settlement proposal; but now a money *offer* by a defendant is enough,[25] and the cash can be held back until the offer is accepted).

(2) *Case Management*:[26] English litigants and their legal advisors are no longer trusted to navigate efficiently the pre-trial channels of the complex civil system. Instead the CPR system (1998) places considerable control over the case's development in the hands of judges. They have become the pre-trial 'managerial' helmsman. This was a major and necessary change of philosophy

23. ibid, 10.15 ff.
In essence: Under the English CPR system, Part 36, the **claimant's costs risk** arises if he does not accept the **defendant's settlement offer**. In that situation, if the claimant at trial 'fails to obtain a judgment more advantageous than a defendant's Part 36 offer', then, 'unless [the court] considers it unjust to do so', the claimant must pay the defendant's costs incurred after the date when the claimant should have accepted the settlement offer. The defendant will only be liable for the claimant's costs incurred before that date. **The defendant's costs risk** arises if he does not accept **the claimant's settlement offer**. If 'judgment against the defendant is at least as advantageous to the claimant as the proposals contained in a claimant's Part 36 offer', then, 'unless [the court] considers it unjust to do so', the defendant will be liable to pay the claimant not just the ordinary measure of costs (standard costs) but an aggravated measure (so-called 'indemnity costs'), with the further possibility of a high level of interest on those costs.
24. ALI/UNIDROIT's *Principles of Transational Civil Procedure* (Cambridge University Press, 2006), rule 16.6 at pages 118, 120.
25. CPR 36.1; 36.4.
26. Neil Andrews, 'A New Civil Procedural Code for England: Party-Control "Going, Going, Gone"' (2000) 19 CJQ 19-38; Neil Andrews, English Civil Procedure (Oxford University Press, 2003), 13.12 to 13.41; 14.04 to 14.45; 15.65 to 15.72; for an overview of case management, Neil Andrews, English Civil Justice and Remedies: Progress and Challenges: Nagoya Lectures (Shinzan Sha Publishers, Tokyo, 2007), ch 3; for recent changes within the Commercial Court, Report and Recommendations of the Commercial Court Long Trials Working Party (December 2007).

and of the 'style' of litigation. Before 1999, too many cases had been left to drift without official direction. These disputes had become the (lucrative) play-thing of rival teams of lawyers.

Lord Woolf, in his reports of 1995-6,[27] adopted case management as the mainstay for medium-sized or large claims ('multi-track' actions),[28] thus including all High Court litigation.[29] The court must ensure that matters are properly focused, procedural indiscipline checked, expense reduced, progress accelerated, and that just outcomes are facilitated or awarded. Case management has three main functions:[30] to encourage the parties to pursue mediation, where this is practicable; [31] secondly, to prevent the case from progressing too slowly and inefficiently; finally, to ensure that judicial resources are allocated proportionately, as required by 'the Overriding Objective' in CPR Part I. That opening statement instructs both the court and parties to consider the competing demands of other litigants who wish to gain access to judges. For it is judicial time and energy, manifesting itself in judges' court-room availability, which represents the court's 'scarce resources'.[32]

Appellate courts show considerable deference to judges' case management decisions, unless the judge has acted incorrectly in principle.[33] As Lord Woolf said in the *Biguzzi* case (1999): '*judges have to be trusted to exercise the wide discretions which they have fairly and justly...[Appeal courts] should not interfere unless judges can be shown to have exercised their powers in some way which contravenes the relevant principles.*'[34]

(3) *Expertise*:[35] Under the CPR system the main rule is that no expert evidence can be presented in a case unless the court has granted permission.[36] English law allows matters of expert evidence to be admitted by use of a

27. Lord Woolf's two reports are: *Access to Justice: Interim Report* (1995) and *Access to Justice: Final Report* (1996): for comment, A Zuckerman and R Cranston, *The Reform of Civil Procedure: Essays on 'Access to Justice'* (Oxford University Press, 1995); R Cranston, *How Law Works: The Machinery and Impact of Civil Justice* (Oxford University Press, 2006), ch 5.
28. Neil Andrews, *The Modern Civil Process* (Mohr & Siebeck, Tübingen, Germany, 2008), 3.04.
29. eg, Neil Andrews, *English Civil Procedure* (Oxford University Press, 2003), chs 13, 14, 15; *Zuckerman on Civil Procedure* (2006), 1.74 ff, 10.01 ff, and 11.53 ff.
30. On case management and settlement, S Roberts, 'Settlement as Civil Justice' (2000) 63 MLR 739, 745-7.
31. Neil Andrews, *The Modern Civil Process* (Mohr & Siebeck, Tübingen, Germany, 2008), ch 11.
32. Neil Andrews, *English Civil Procedure* (Oxford University Press, 2003), chs 13, 14, 15; *Zuckerman on Civil Procedure* (2006), at 1.74 ff, ch 10, 11.53 ff.
33. *Thomson v O'Connor* [2005] EWCA Civ 1533 at [17] to [19], per Brooke LJ; *Three Rivers DC v Bank of England* [2005] EWCA Civ 889; [2005] CP Rep 46, at [55]; and authorities cited in Neil Andrews, *English Civil Procedure* (Oxford University Press, 2003), 13.61 to 13.68, 38.49; *Zuckerman on Civil Procedure* (2006), 23.193 ff.
34. *Biguzzi v Rank Leisure plc* [1999] 1 WLR 1926, 1934 F, CA.
35. The most recent examination of this topic is D Dwyer, *The Judicial Assessment of Expert Evidence* (Cambridge University Press, 2008), containing comparative discussion at 188 ff; Neil Andrews, *The Modern Civil Process* (Mohr & Siebeck, Tübingen, Germany, 2008), ch 7; Neil Andrews, *English Civil Procedure* (Oxford University Press, 2003), ch 32; L Blom-Cooper (ed), *Experts in Civil Courts* (Oxford University Press, 2006).
36. CPR 35.4(1) to (3).

'single, joint expert', or by party-appointed experts, or by court assessors.[37] Use of 'single, joint experts' is a major innovation of the CPR system. Such an expert acts jointly for the parties and his fees are shared by the parties. Like all experts under the CPR system, he owes an overriding duty to the court, and to the interests of justice, to present evidence which he honestly believes to be accurate.

There are obvious benefits in this resort to a shared expert. Compared with the system of party-appointed experts, a 'single, joint expert' is more likely to enjoy neutrality and objectivity. It has often been suspected that party-appointed experts' evidence might be tailored to suit the appointing party. Another benefit is that a 'single, joint expert' is normally cheaper than using two (or more) party-appointed experts. However, the major problem with the 'single, joint expert' system is the danger of inaccuracy, for experts are fallible. For this reason, the better view is that English law is correct to have retained the system of party-appointed experts for large or complex litigation (where the more expensive system of expertise is not disproportionate).[38]

Arguably, this combination within the CPR system of shared experts and party-appointed experts is attractively pragmatic: larger cases justify the more expensive and intellectually more searching process of rival expert evidence, taking advantage of the parties' competition to undermine each other's 'expert accounts'.

Summary of Procedural Reform: The Woolf reforms sharpened interest in judicial management of a case's development. The courts' response has been positive and enthusiastic, but unfortunately there have been some gross examples of failure to manage complex litigation and appellate reversal of sensible decisions to dismiss hopeless litigation.[39] The two-tiered system of shared experts and party-appointed experts is an attractive compromise and appears to have worked well. English lawyers now feel comfortable with the absence of a right to appeal from a civil judgment. This reflects the sense that trial should be final. Permission to appeal is an attractive safeguard against delay and expense engendered by hopeless appeals.

(4) Diminishing Demand for Court Litigation: There has been a decrease in the amount of litigation in England under the CPR (1998) system. At the time of writing (September 2009), it is no longer possible to refer to listing crises and chronic

37. The court assessor system is of minor significance, being confined to maritime collisions, patent disputes, and costs issues: Neil Andrews, *The Modern Civil Process* (Mohr & Siebeck, Tübingen, Germany, 2008), 7.04; more generally on the use of experts within adjudicative panels, examining Icelandic practice, S Magnusson, 'Experts on the Bench-Reflections on Pragmatic Solutions from Up-North' (2009) 28 CJQ 261-72.
38. Neil Andrews, *The Modern Civil Process* (Mohr & Siebeck, Tübingen, Germany, 2008), 7.13, 7.14.
39. ibid, at 3.19 to 3.22.

congestion (except in the Administrative Court[40] where the demand for claims for judicial review of immigration and asylum decisions has outstripped judicial supply). In general, therefore, the ordinary public, even large companies and government departments, no longer wish to spend large sums on litigation. Commercial or other complex litigation requires expensive legal representation. The CPR (1998), although excellent in many respects, did not alter the system of remuneration for lawyers. The financial background is well known. Law firms require revenue. Litigation is a source of fees. Individual lawyers have 'billing targets'. Billing clients by the hour naturally leads to the search for more 'billable' hours in preparation for trial. Besides expense, other factors render litigation unattractive. Litigation is normally conducted by lawyers. As a result, the client can lose control, sometimes all control. Furthermore, the system of all-or-nothing victory at judgment, with costs liability for the defeated litigant, introduces a high risk.

In short, for even moderately difficult cases, the formal litigation process before the courts is expensive, alien, alienating, and fraught with risk. 'High rollers at Vegas' might find this environment appealing, but Government, business, and citizens have united in seeking alternative methods of either resolving their dispute *inter se* or procuring the assistance of a neutral arbitrator to make a decision, or a mediator to assist the parties themselves to reach a settlement. Perhaps this 'flight to privatised ADR' is a phase, and litigants might return one day to the public service provided by the court system. But to reverse this exodus from the court system, the formal system must become much more attractive: more focused and cheaper (what is true for education and health is true also for civil justice, provided the private option is within economic reach); furthermore, and crucially for the reputation of English civil justice, judges must be more robust in exercise of their powers to maintain clarity and time-discipline, and appellate courts should be slow to reinstate cases which have been struck out during the pre-trial phase because they seem to lack any credible factual basis (it is notorious that there have been at least two examples of such appellate reversal of sensible decisions to dismiss hopeless litigation).[41]

3. MEDIATION AND ARBITRATION DISTINGUISHED

A third party neutral can intervene in three main ways. He might act as:

facilitator: the mediator might endeavour to act as a mutual confidant to the parties, for the purpose of brokering a settlement, without commenting on the

40. *The Times* 9 April 2009 reported that the 'hugely overburdened Administrative Court in London...struggles with the caseload that requires extra judges for its 8,000 asylum and immigration cases a year.'
41. ibid, at 3.19 to 3.22.

merits of the parties' respective positions; or **evaluator**: the mediator might make a non-binding, perhaps persuasive, evaluation of one or more of the parties' claims or position (whether at the request of the parties, or of his own accord); as Stitt has commented, 'a facilitative mediator tries to enable the disputants to reach consensus on what they think is a fair outcome, while an evaluative mediator tries to lead [them] to his...own assessment of what is fair';[42] or **decision-maker**: he might impose a binding decision, as a judge in court or as a private arbitrator (in the latter situation, the neutral is appointed, by agreement, to decide a specific dispute by issuing a binding award, and clothed with full statutory powers under the Arbitration Act 1996, see Section V of this paper).[43]

4. LINKS BETWEEN MEDIATION, ARBITRATION, AND COURT LITIGATION

Mediation As a Mandatory Prelude to Arbitration: Many corporations now prefer to use international arbitration along with other ADR mechanisms. Such a combination of techniques will be specified in a 'multi-tiered' dispute resolution clause.[44] The leading English decision concerning mediation clauses[45] is *Cable & Wireless v IBM United Kingdom Ltd* (2002).[46] In this case the relevant clause was a so-called 'tiered' provision. It initially required the parties to endeavour to negotiate a resolution by considering the relevant dispute within their own organisations. The clause stated that mediation would be obligatory if these negotiations collapsed.[47] Thereafter, the parties to this clause contemplated that, if the dispute were still unresolved, proceedings before a court could take place. After negotiation had failed, one party decided to by-pass the stipulated stage of mediation, and prematurely brought a claim before the English High Court. The other party challenged this. Colman J found that there had been a breach of the dispute resolution agreement, because a party had 'jumped' the mediation stage and proceeded straight to litigation. To remedy this, the judge placed a 'stay' upon those formal court proceedings. The stay

42. AJ Stitt, *Mediation: A Practical Guide* (2004), 1.4; D Spencer and M Brogan, *Mediation: Law and Practice* (Cambridge University Press, 2006), 104-7.
43. eg, A Redfern and M Hunter, *The Law and Practice of International Commercial Arbitration* (Oxford University Press, 5th edn, 2009); M Mustill and S Boyd, *Commercial Arbitration* (2nd edn, 1989, and companion volume, 2002).
44. The School of International Arbitration, Queen Mary, University of London, report (2005), available on-line at: http://www.pwc.com/Extweb/pwcpublications.nsf/docid/0B3FD76A8551573E85257168005122C8. I am grateful to Stephen York for this reference.
45. D Joseph, *Jurisdiction and Arbitration Agreements and their Enforcement* (2005), Part III; K Mackie, D Miles, W Marsh, T Allen, *The ADR Practice Guide* (2007), ch 9; Centre for Effective Dispute Resolution at: www.cedr.co.uk/library/documents/contract_clauses.pdf; D Spencer and M Brogan, *Mediation: Law and Practice* (Cambridge University Press, 2006), ch 12 for Australian material.
46. [2002] 2 All ER (Comm) 1041, Colman J.
47. Generally, K Mackie, D Miles, W Marsh, T Allen, *The ADR Practice Guide* (2007), 9.6.4.

would be lifted if a party returned to court and demonstrated that the mediation attempt had been unsuccessful. But, although the stay was appropriate in this case, the judge said that this would not always be so: '*For example, there may be cases where a reference to ADR would be obviously futile and where the likelihood of a productive mediation taking place would be so slight as not to justify enforcing the agreement. Even in such circumstances ADR would have to be a completely hopeless exercise.*'

Although in the *Cable & Wireless* case (2002) just examined, the parties had stipulated that mediation should be a mandatory prelude to *court proceedings*, other dispute resolution clauses might stipulate that mediation should be the compulsory stage before commencement of *arbitration proceedings*. If so, a similar analysis is possible. The *Cable & Wireless* case demonstrates that the contractual commitment to mediate is legally enforceable: if a party, in breach of the resolution clause, fails to pursue mediation, and instead prematurely commences arbitration or court proceedings, the remedy may be to halt the relevant premature adjudicative process.

In fact a court has a range of remedies available in this context. It can make one of the the following orders: (i) an 'anti-suit injunction' aimed at halting, by an *in personam* order, the offending party's continuation of premature arbitration proceedings; or (ii) an foreign 'anti-suit injunction' to halt premature foreign civil proceedings (provided those proceedings take place outside the zone covered by the European Jurisdiction Regulation: on that qualification, see discussion at the end of Section V of the '*West Tankers*' case, 2009, European Court of Justice);[48] or (iii) a 'stay' of premature English civil proceedings (a 'stay', as illustrated by the relief granted in the *Cable & Wireless* case itself, – see discussion above – is an order prohibiting further activity in the English civil proceedings; this suspensive bar remains effective until lifted by the court).

Arbitration if Mediation Fails: So-called 'Med-Arb' '*recognises that mediation may not resolve all the issues...If no agreement, or only partial agreement, is reached, the mediator changes roles and becomes an arbitrator empowered to impose a binding decision on them.*'[49] However, this interesting hybrid has not been much used in the UK. There are three problems. First, there is the question whether the switch to arbitration might not be premature. Secondly, the spectre of supervening arbitration might have a 'chilling' effect on mediation sessions.

48. *Allianz SpA etc v West Tankers* (C-185/07) [2009] 1 All ER (Comm) 435; [2009] 1 Lloyd's Rep. 413; [2009] 1 CLC 96; [2009] ILPr 20; *The Times*, 13 February, 2009.
49. P Newman, in M Liebmann (ed), *Mediation in Context* (2000, London and Philadelphia), 185-6; DC Elliott, 'Med/Arb: Fraught with Danger or Ripe with Opportunity' (1996) 62 Jo of Chartered Inst of Arbitrators 175-83; D Spencer and M Brogan, *Mediation: Law and Practice* (Cambridge University Press, 2006), 471 ff.

Furthermore, the third party neutral might try to avoid arbitration and coerce the parties into accepting a settlement.[50]

Mediation during Arbitration: The Model Law produced by UNCITRAL contains no provision for this. However, the Japanese *arbitration legislation* does allow consensual mediation.[51] One problem arises if the arbitrator himself acts as mediator but fails to achieve a conciliated settlement. There is then a question whether he is incapacitated from continuing to act. Perhaps the parties' express or implied agreement should be taken to pre-empt subsequent objection by one party on this basis. Another question is whether a mediated settlement in this context will be recognised under the New York Convention (1958).[52] It might be argued that a 'consent award' is not the same as an arbitral tribunal's imposed 'award'. If so, the settlement reached in the arbitration will need to make specific reference to the question of its enforcement in foreign jurisdictions.

Mediation During Court Proceedings Concerning Foreign Proceedings Ostensibly Brought in Contravention of an Arbitration Clause: Here all three of the dispute-resolution systems are engaged: (i) a judicial suggestion is made in court (ii) that the parties should resort to mediation (iii) in order to overcome an impasse arising in submitting the dispute to arbitration, normally because the validity or scope of the arbitration clauses has become disputed, and perhaps that preliminary arbitral dispute has arisen in more than one forum. In *C v RHL* (2005)[53] an application was made to a Commercial Court judge, Colman J, sitting in London, for an anti-suit injunction to prevent court litigation from proceeding in Russian courts concerning a share purchase agreement and a group of companies. The main agreement contained an arbitration clause, nominating London as the 'seat' for arbitral proceedings. If the arbitration clause appeared to be valid and applicable, the usual response to this problem would have been to issue an 'anti-suit' injunction to halt the Russian proceedings (such an injunction would be addressed to the party in breach of the London arbitration clause). But Colman J considered that this was not the appropriate order on the present complicated facts. Instead he issued an order, modelled on the English Commercial Court's 'ADR order',[54] requiring the parties to pursue mediation in order to resolve the tangle of disputes arising

50. ibid at 186.
51. Y Sato and H Kobayashi, 'Combination of Arbitration and Conciliation' (distributed by K Matsaura at Nagoya February 2007 symposium).
52. New York Convention on the Recognition and Enforcement of Foreign Arbitral Awards 1958 (in Mustill and Boyd, *Commercial Arbitration: Companion Volume* (2001), appendix 3).
53. [2005] EWHC 873 (Comm), Colman J.
54. Now Admiralty and Commercial Courts Guide (2009), section G and appendix 7.

from the arbitration clause and the Russian proceedings. The salient parts of his order are cited in this note.[55]

Hybrid Arbitration and Jurisdiction Clauses Nominating Courts: The English High Court has upheld so-called 'hybrid' dispute-resolution clauses. These enable one party to opt out of court proceedings in England by taking the case to arbitration or, conversely, such a clause can permit a party to opt out of arbitration and instead bring proceedings before an English court.[56]

Freezing Relief and Arbitration: In *Mobil Cerro Negro Ltd v Petroleos De Venezuela SA* (2008)[57] Walker J emphasised that worldwide freezing orders,[58] issued by the English High Court, should be made 'only sparingly' in support of arbitration and, usually, only where there is 'compelling evidence of serious international fraud.'[59] In January 2008, the English court had granted Mobil Cerro Negro (Mobil) a temporary worldwide freezing order covering assets of up to $12 billion against the Venezuelan national oil company, Petroleos de Venezuela SA (PDVSA). This order was in support of an International Chamber of Commerce arbitration between Mobil and PDVSA, the seat being New York, and the parties being Bahamian and Venezuelan. The governing law of the main contract was Venezuelan. PDVSA successfully applied to set aside the freezing order. Walker J found that there was no evidence that the respondent was likely to dissipate its assets. That was sufficient to resolve the matter. But he gave three *additional* reasons for setting aside the freezing injunction:[60] (1)'*Mobil cannot surmount the…hurdle [in section 44(3) of the Arbitration Act 1996 and] show that the case is one of "urgency"*'; (2) '*in the absence of any exceptional feature such as fraud, [Mobil] would have had to demonstrate a link*

55. ibid, at [8] '… I have no doubt that the overall interests of all parties, including RHL's associated companies and beneficial owners, would be best served if the whole group of disputes between C and RHL was referred to mediation before any further substantial costs are incurred either in pursuing or defending satellite litigation such as this application…In many respects this series of disputes with its particular commercial background is the paradigm of a case which is likely to be settled by mediation. That procedure provides scope for the kind of commercial solution to these disputes which it is beyond the power of this court or of the ICC arbitrators to engender…' [10] '…the parties should be given 28 days to appoint a mediator or panel of mediators and to conclude their mediation meetings.' [11] '…an ADR order should be prepared which expressly provides for the selection of the neutral or neutrals, expressly requires the parties, including their fully authorised decision-takers to attend such meetings as the neutral(s) may appoint and to provide to the neutral(s) such evidence as may be required.'
56. *NB Three Shipping Ltd v Harebell Shipping Ltd* [2004] EWHC 2001(Comm) [2005] 1 All ER (Comm) 200; [2005] 1 Lloyd's Rep 509, Morison J; *Law Debenture Trust Corp plc v Elektrim Finance BV and others* [2005] EWHC 1412 (Ch); [2005] 2 All ER (Comm) 476; [2005] 2 Lloyd's Rep 755, Mann J; on these developments, S Nesbitt and H Quinlan, 'The Status and Operation of Unilateral or Optional Arbitration Clauses' (2006) 22 Arbitration International 133; D Joseph, *Jurisdiction and Arbitration Agreements and their Enforcement* (2005), 4-29; R Merkin, *Arbitration Law* (2006).
57. [2008] EWHC 532 (Comm); noted Adam Johnson (2008) CJQ 433-444.
58. Neil Andrews, *The Modern Civil Process* (Mohr & Siebeck, Tübingen, Germany, 2008), 4.03 ff.
59. ibid, at [5].
60. ibid, at [28].

with this jurisdiction in the form of substantial assets of PDV located here', but 'Mobil cannot demonstrate such a link'; and (3) in the absence of any exceptional feature such as fraud, and in the absence of substantial assets of PDV located here, the fact that the seat of the arbitration is not here makes it inappropriate to grant an order under section 2(3) of the Arbitration Act 1996...'.

5. ARBITRATION[61]

Nature: Arbitration[62] is a means by which two or more parties can refer a dispute to a neutral decision-maker for a final decision (an 'award'). The award is binding on the parties. The arbitrator[63] must respect the parties' right to present points of claim, defence, to adduce evidence, and to make submissions concerning substantive norms. Supporting material will be marshalled, opposed, and tested. The parties must enjoy an equal opportunity to present their cases. The tendency is for the matter to be considered in an intense and focused way.

The English Arbitration Act 1996 reflects the UNCITRAL Model Law,[64] for example, by adopting the sequence of topics covered by the Model Law. But the

61. There is a massive literature concerning international arbitration, including under English rules: J Tackaberry and A Marriott (eds), *Bernstein's Handbook of Arbitration and Dispute Resolution Practice* (4th edn, 2003); WL Craig, WW Park, J Paulsson, *International Chamber of Commerce Arbitration* (3rd edn, 2000, Oceana/ICC Publishing); R Merkin, *Arbitration Law* (2006); M Mustill and S Boyd, *Commercial Arbitration: Companion Volume* (2001); WW Park, *Arbitration of International Business Disputes: Studies in Law and Practice* (Oxford University Press, 2006); J-F Poudret and S Besson, *Comparative Law of International Arbitration* (2nd edn, 2007); A Redfern and M Hunter, *The Law and Practice of International Commercial Arbitration* (Oxford University Press, 5th edn, 2009); *Russell on Arbitration* (23rd edn, 2007); A Tweeddale and K Tweeddale, *Arbitration of Commercial Disputes: International and English Law and Practice* (Oxford University Press, 2005); also important is *Dicey, Morris, and Collins on the Conflict of Laws* (14th edn, 2006), ch 16 (and referring to other literature); and *Chitty on Contracts* (30th edn, 2008), ch 32.
There are many on-line bibliographies, including the following: http://www.uncitral.org/uncitral/en/uncitral_texts/arbitration_biblio.html; http://libpweb1.nus.edu.sg/llb/pubns/arbitrn.html; http://www.peacemakers.ca/bibliography/bib10arbitration.html; http://www2.lib.uchicago.edu/~llou/intlarb.html.
62. **Abbreviations**: **MB (2nd edn, 1989)**: Mustill and Boyd, *Commercial Arbitration* (2nd edn, 1989); **MB (2001)**: Mustill and Boyd, *Commercial Arbitration: Companion Volume* (2001); **AA**: Arbitration Act 1996 (reproduced with commentary in **MB (2001)** Part III); **DAC 1996**: Departmental Advisory Committee of Arbitration Law Report on the Arbitration Bill (in **MB (2001)**, appendix 1); **DAC 1997**: Departmental Advisory Committee of Arbitration Law Supplementary Report on the Arbitration Bill (in **MB (2001)**, appendix 2); **NYC 1958**: New York Convention on the Recognition and Enforcement of Foreign Arbitral Awards 1958 (in **MB (2001)**, appendix 3); **UML**: UNCITRAL Model Law on International Commercial Arbitration (in **MB (2001)**, appendix 4).
63. The singular 'arbitrator' is used throughout, rather than 'tribunal'; although English arbitration is accustomed to arbitration panels consisting of two or more (normally, nowadays, an uneven number), most references are heard by a single arbitrator.
64. UNCITRAL's web-site records that the following have produced arbitration codes 'based on' the Model Law: 'Australia, Austria, Azerbaijan, Bahrain, Bangladesh, Belarus, Bermuda, Bulgaria, Cambodia, Canada, Chile, in China: Hong Kong Special Administrative Region, Macau Special Administrative Region; Croatia, Cyprus, Denmark, Egypt, Germany, Greece, Guatemala, Hungary, India, Iran, Republic of Ireland, Japan, Jordan, Kenya, Lithuania, Madagascar, Malta, Mexico, New Zealand, Nicaragua, Nigeria, Norway, Oman,

English legislation covers many more facets of arbitration than that Model Law.[65] The 2006 'Report on the Arbitration Act 1996' reveals that the English legislation is perceived as effective.[66] No changes were recommended. As for Scotland, a new approach has been introduced in the Arbitration (Scotland) Act 2010, which is conveniently summarised by Hew Dundas.[67]

Under English arbitral principles, the arbitrator must examine the dispute judiciously and reach a decision (an 'award'). The arbitrator should give reasons in support of his award, unless the parties have 'contracted out' of this requirement.[68] In fact most awards are reasoned. Subject to possible appeal, the arbitral award on the merits becomes *res judicata*. And so it is binding on the parties and their successors in title.[69]

There is a (heavily qualified) power to challenge the award before the court on the basis of an error of law.[70] It is possible, but not easy, to contract out of this curial appeal process concerning points of law. Thus Gloster J in *Shell Egypt West Manzala GmbH* v *Dana Gas Egypt Ltd* (2009) held that the formula 'final, conclusive and binding', contained in the arbitration clause (and clearly intended to bestow some form of finality on an award) did not render an arbitration award secure from appeal to the High Court on a point of law.[71]

The award can be made a judgment and enforced within the English judicial system of enforcement or the award can be enforced outside England under the New York Convention 1958 to which many nations are party.[72]

Paraguay, Peru, the Philippines, Poland, Republic of Korea, Russian Federation, Singapore, Spain, Sri Lanka, Thailand, Tunisia, Turkey, Ukraine; within the United States of America: California, Connecticut, Illinois, Louisiana, Oregon and Texas; Zambia, and Zimbabwe.'

See: http://www.uncitral.org/uncitral/en/uncitral_texts/arbitration/1985Model_arbitration.html.

65. **MB (2001)**, 14-15; ibid, 7-9 for discussion of the decision not to adopt the Model Law in England, Wales and Northern Ireland, but instead to combine some of the UNCITRAL Model Law's main ideas and produce a more detailed national arbitration statute. For details of the position in other common law jurisdictions, with regard to the Model law, K Uff, 'Common Law Arbitration – An Overview' (2004) IDR (Jo of Int Dispute Resolution) 10, 11.
66. 'Report (2006) on the Arbitration Act 1996'; report prepared for the Commercial Court Users' Committee, the British Maritime Law Association, the London Shipping Law Centre, and other bodies (the authors were various barristers, solicitors, and other arbitration specialists—see Appendix A of report for details); for the text, see www.idrc.co.uk/aa96survey/Report_on_Arbitration_Act_1996.pdf.
67. H Dundas, 'The Arbitration (Scotland) Act 2010: Converting Vision into Reality' (2010) 76 *Arbitration* 2-15.
68. s 69 **AA**; if 'reasons' are dispensed with, by agreement, there is no such right of appeal: s 69(1), **AA**: '*Unless otherwise agreed by the parties, a party to arbitral proceedings may (upon notice to the other parties and to the tribunal) appeal to the court on a question of law arising out of an award made in the proceedings. An agreement to dispense with reasons for the tribunal's award shall be considered an agreement to exclude the court's jurisdiction under this section...*'; and s 45(1), **AA**.
69. s 58(1), **AA**.
70. s 69 **AA** 1996.
71. [2009] EWHC 2097 (Comm).
72. New York Convention on the Recognition and Enforcement of Foreign Arbitral Awards 1958 (in MB (2001), appendix 3).

There have been interesting recent English decisions[73] concerning the converse process, when the English court is asked to recognise and enforce a non-English award under the New York Convention. In *Dallah Real Estate & Tourism Holding Co v Pakistan* (2009)[74] an application had been made to the English High Court to recognise an award made in France concerning a commercial transaction performed in Saudi Arabia. The English Court of Appeal noted that if, as on the present facts, a purported party to arbitration has consistently opposed the arbitrators' jurisdiction, alleging that it is not in fact a party to the arbitration agreement, and the award falls for recognition or enforcement under the New York Convention (1958), the English High Court, as the court of recognition, can re-open the disputed issue of law and or fact whether the 'losing party' in the arbitration was truly a party to the relevant arbitration agreement. In this case the Court of Appeal affirmed Aikens J's decision, made in the Commercial Court in London, not to recognise and enforce the award made in France against the Government of Pakistan. The English Court of Appeal, in accordance with New York Convention principles,[75] applied French law as the law governing the arbitration agreement (in default of a different chosen law). The French arbitration panel had instead applied 'transational principles' to determine whether the Government of Pakistan was a party to the arbitration agreement. The English court's conclusion was that the Government of Pakistan was not in fact a party to this original agreement, and had not later become a party to it. And so refusal to permit enforcement in England was justified, even though the French arbitration panel had concluded that Pakistan was a party to the relevant arbitration clause.

English arbitration law shares with court adjudication two core procedural values or principles: (1) a duty to hear the other's case – *audi alteram partem*; and (2) impartiality of the arbitrator—*nemo iudex in sua causa*.[76] As for (2), the neutral arbiter, in order to preserve his appearance of impartiality, should not become enthusiastic in pursuing his initial perception of the case's merits. He must wait until all the relevant material is assembled.

73. For the process in England of recognition and enforcement of a New York Convention award, s 101 AA; eg, *Svenska Petroleum Exploration AB v Government of the Republic of Lithuania (No 2)* [2006] EWCA Civ 1529; [2007] QB 886; *Dallah Real Estate & Tourism Holding Co v Pakistan* [2009] EWCA Civ 755; [2009] 2 CLC 84.
74. [2009] EWCA Civ 755; [2009] 2 CLC 84.
75. Under the New York Convention (1958), Article V.1(a), enacted as section 103, Arbitration Act 1996 in England, the question whether he was a party to that agreement falls to be determined in accordance with either the parties' chosen law (but in this case the arbitration agreement did not contain any such choice of law), or the law of the jurisdiction in which the award was made (here French law).
76. For detailed examination of these fundamental procedural principles, Neil Andrews, *English Civil Procedure* (Oxford University Press, 2003), 4.28 ff, 5.01 ff.

Confidentiality: However, arbitration does *not* embody the principle of publicity.[77] This is because arbitration proceedings are not held in public but are instead confidential. The topic of arbitral confidentiality was not covered by the Arbitration Act 1996 because English advisors on this statute regarded the subject as too fluid for consolidation.[78] The leading case on this topic is *Michael Wilson & Partners Ltd v Emmott* (2008).[79] The Court of Appeal's erudite discussion contains reference to foreign courts' decisions,[80] as well as the relevant rules adopted by leading arbitration bodies (and literature discussing these rules)[81] on the question of 'privacy of hearings'[82] 'confidentiality of documentation',[83]

77. On this principle, in the context of English civil court proceedings, Neil Andrews, ibid, 4.49 ff.
78. The Departmental Advisory Committee on Arbitration Law, Report on the Arbitration Bill, 1996, at [10] (in **MB (2001)**, appendix 1).
79. [2008] EWCA Civ 184; [2008] Bus LR 1361; [2008] 1 Lloyd's Rep 616; noted H Dundas, 'Confidentiality in English Arbitration: The Final Word? *Emmott v Michael Wilson & Partners*' (2008) 74 Arbitration 458-66. For background discussion of this topic: Redfern and Hunter, *International Commercial Arbitration* (5th edn, Oxford University Press, 2009), 2.145 to 2.176; *Russell on Arbitration* (23rd edn, 2007), 5-172 to 5-180; Mustill and Boyd, *Commercial Arbitration* (2001 Companion Volume), 112-3; various authors, (1995) 11 Arb Int 3, 319; F Dessemontet, 'Arbitration and Confidentiality' (1996) 7 Am Rev Int'l Arb 299; P Neill, 'Confidentiality in Arbitration' (1996) 12 Arb Int 287; Rogers and Miller, 'Non-Confidential Arbitration Proceedings' (1996) 12 Arb In 319; M Pryles, 'Confidentiality', in LW Newman and RD Hill (eds), *The Leading Arbitrators' Guide to International Arbitration* (Juris Publishers, Bern, Switzerland, 2004), ch 19.
80. Lawrence Collins LJ, in *Michael Wilson & Partners Ltd v Emmott* [2008] EWCA Civ 184; [2008] Bus LR 1361, at [74], cited these foreign cases: 'In *United States v Panhandle Eastern Corpn* 1988 US Dist Lexiz 1177 it was held, in a civil action by the US Federal Maritime Administration, that the defendant was not entitled to withhold from discovery documents generated in a Swiss ICC arbitration. One of the grounds of the decision was that the defendant had not shown that the effect of the ICC Rules was to impose an obligation of confidentiality: see also *Caringal v Karteria Shipping Ltd* 2001 US Dist Lexis 1312; *Contship Containerlines Ltd v PPG Industries, Inc* 2003 US Dist Lexis 6857 and *Lawrence E Jaffe Pension Plan v Household International, Inc* 2004 US Dist Lexis 16174.' For other discussion of non-English case law, Redfern and Hunter, *International Commercial Arbitration* (5th edn, Oxford University Press, 2009), 2.145 ff, noting (1) Australian decisions, *Esso Australia Resources Ltd v Plowman* (1995) 193 CLR 10, H Ct Aust (criticised P Neill, 'Confidentiality in Arbitration' (1996) 12 Arb Int 287); *Commonwealth of Australia v Cockatoo Dockyard Pty Ltd* (1995) 36 NSWLR 662; (2) US decisions (Redfern & Hunter, ibid at 2.155); (3) Swedish law, ibid, 2.162; (4) French law, ibid, 2.164; (5) ICSID decisions, ibid, 2.167 ff; (6) World Intellectual Property Organization decisions, ibid, 2.172 to 2.174; (7) Spanish legislation, ibid, 2.175.
81. *Michael Wilson* case, ibid, at [66], citing *ICC Commission on Arbitration, Forum on ICC Rules /Court: Report on Confidentiality as a Purported Obligation of the Parties in Arbitration* (2002); Fouchard, Gaillard, Goldman, *International Commercial Arbitration* (1999), para 1412; Lew, Mistelis & Kröll, *Comparative International Commercial Arbitration* (2003), paras 24- 99 ff; for other references, Redfern and Hunter, *International Commercial Arbitration* (5th edn, Oxford University Press, 2009),2.147, 2.148.
82. *Michael Wilson* case, ibid, at [64], Lawrence Collins LJ stating: *'The privacy of arbitration is almost universally recognised by institutional rules. Thus the privacy of the hearings is provided for in article 19(4) of the Rules of London Court of International Arbitration (" LCIA"); article 21(3) of the Rules of the Court of Arbitration of the International Chamber of Commerce (" ICC"); article 53(c) of the arbitration rules of the World Intellectual Property Organisation (" WIPO"); and article 25(4) of the UNCITRAL Rules.'*
83. *Michael Wilson* case, ibid, at [67] to [70], Lawrence Collins LJ noting: (1) rules expressly governing this: Article 30.1 of the LCIA Rules; the Swiss Rules of International Arbitration, January 2006, Section VI, article 43; the World Intellectual Property Organisation Arbitration Rules, article 52(a)(iii))—concerning 'intrinsic' confidentiality protection, and articles 73, and 74(a) concerning procedural confidentiality. (2) And

'confidentiality of awards',[84] and literature discussing these rules.[85] The *Michael Wilson* case (2008)[86] confirms that an obligation of confidentiality arises as a matter of law in arbitration references conducted in accordance with English law (such an implied term has been recognised by the Court of Appeal in *Ali Shipping Corporation v Shipyard Trogir*, 1999).[87] In the *Michael Wilson* case Lawrence Collins LJ (now Lord Collins) summarised the position as follows:[88] *'there is an obligation, implied by law and arising out of the nature of arbitration, on both parties not to disclose or use for any other purpose any documents prepared for and used in the arbitration, or disclosed or produced in the course of the arbitration, or transcripts or notes of the evidence in the arbitration or the award, and not to disclose in any other way what evidence has been given by any witness in the arbitration. The obligation is not limited to commercially confidential information in the traditional sense. ...[T]his is in reality a substantive rule of arbitration law reached through the device of an implied term.'* He also noted that arbitral confidentiality can involve a mix of privacy, procedural confidentiality and 'intrinsic' confidentiality, such as in trade secrets.[89] As for exceptional contexts in which arbitral confidentiality will not prevail, Lawrence Collins LJ explained:[90] *'the principal cases in which disclosure will be permissible are these: the first is where there is consent, express or implied; second, where there is an order, or leave of the court (but that does not mean that the court has a general discretion to lift the obligation of confidentiality); third, where it is reasonably necessary for the protection of the legitimate interests of an arbitrating party;*[91] *fourth, where the interests of justice require disclosure, and also (perhaps) where the public interest requires disclosure'*. And he added:[92]

---

noting that 'some important arbitral rules are silent on confidentiality, such as the ICC Rules and the UNCITRAL Rules'.

84. *Michael Wilson* case, ibid, at [65], Lawrence Collins LJ stating:*'The confidentiality of the award is provided for by article 30(1) of the LCIA Rules and also by the principle of non-publication of the award in article 30(3) ; by article 28(2) of the ICC Rules ; by article 75 of the WIPO Rules ; and by article 32(5) of the UNCITRAL Rules.'* The Privy Council's decision in *Associated Electric and Gas Insurance Services Ltd v European Reinsurance Co of Zurich* [2003] UKPC 11; [2003] 1 WLR 1041 is also important here; see also *Hassneh Insurance Co of Israel v Mew* [1993] 2 Lloyd's Rep 242; and Redfern & Hunter (5th edn, Oxford University Press, 2009), 2.158 ff.
85. In the *Michael Wilson* case, at [66], Lawrence Collins LJ cites *ICC Commission on Arbitration, Forum on ICC Rules /Court: Report on Confidentiality as a Purported Obligation of the Parties in Arbitration* (2002); *Fouchard, Gaillard, Goldman on International Commercial Arbitration* (1999), para 1412; *Lew, Mistelis & Kröll, Comparative International Commercial Arbitration* (2003), paras 24– 99 et seq.
86. [2008] EWCA Civ 184; [2008] Bus LR 1361; [2008] 1 Lloyd's Rep 616.
87. [1999] 1 WLR 314, 326 D, CA.
88. *Michael Wilson* case, ibid, [2008] EWCA Civ 184; [2008] Bus LR 1361; [2008] 1 Lloyd's Rep 616, at [105], [106].
89. ibid, at [79].
90. ibid, at [107].
91. ibid, at [101], Lawrence Collins LJ adding: *'disclosure is permissible when, and to the extent to which, it was reasonably necessary for the establishment or protection of an arbitrating party's legal rights vis-à-vis a third party in order to found a cause of action against that third party or to defend a claim, or counterclaim, brought by that third party. It would be this exception which would apply where insurers have to be informed about the details of arbitral proceedings...'*
92. ibid, at [111].

'The interests of justice are not confined to the interests of justice in England. The international dimension of the present case demands a broader view.' The fourth of these exceptions was held to apply in the present litigation, otherwise foreign courts would be in danger of being misled in closely related litigation arising from the same facts and involving the same circle of parties.

Arbitration's Attractiveness to Disputants: Arbitration business is reported to be booming in England. The London Chartered Institute of Arbitration comments:[93] *'Increasingly, commercial parties have been resorting to arbitration. ...Most of the disputes involve foreign parties who have chosen to arbitrate in England and Wales as opposed to elsewhere.'*

A 2005 London report stated that companies gave the following reasons for preferring international commercial arbitration to court proceedings:[94] flexibility of procedure, the privacy afforded by the process, the opportunity for parties to select arbitrators, ready enforcement of awards (including enforcement in foreign jurisdictions, applying the New York Convention, 1958).[95]

Choice of Decision-Maker and of Substantive and Procedural Law: In particular, the parties can agree upon who is to sit as arbitrator (arbitrators often sit alone in 'English' arbitration proceedings) or members of the panel. Arbitrators need not be lawyers (although appointment of a legally qualified chairman is common). They can be selected on the basis of specialist knowledge and experience.[96] The English legislation also enables the parties to agree whether the substance of the dispute will be subject to (i) English law or (ii) a foreign system of law (the latter can apply even if the 'seat' of the arbitration is in England) or (iii) norms drawn from general principles of equity or religious law.[97] The procedure adopted in individual arbitration references can be tailor-made to suit the dispute's specific features. It has been suggested that, where necessary, 'every case demands its own procedure'.[98]

93. http://www.arbitrators.org/Institute/PR_international_dispute.asp.
94. Available on-line at: http://www.pwc.com/Extweb/pwcpublications.nsf/docid/0B3FD76A8551573E8525716800 5122C8
95. New York Convention on the Recognition and Enforcement of Foreign Arbitral Awards 1958 (in **MB (2001)**, appendix 3).
96. On expertise and arbitration, L Blom-Cooper (ed), *Experts in Civil Courts* (Oxford University Press, 2006), ch 10.
97. (1) (i) and (ii) are covered by the reference to 'the law chosen by the parties as applicable to the substance of the dispute' in s 46 (1)(a), **AA**; (iii) is admitted by the reference in s 46(1)(b), **AA** to 'such other considerations as are agreed by them or determined by the tribunal'; **MB (2001)**, 326-8 (and 124-127). (2) The point at (iii) (non-English and non-foreign state law) renders arbitration practice under English rules more flexible that other contractual choices of law; this was acknowledged in *Halpern v Halpern (No 2)* [2007] EWCA Civ 291; [2008] QB 195, at [37].
98. The need for arbitrators not simply 'to copy the CPR' (or Commercial Court Guide) is echoed in a recent report on the operation of the Arbitration Act 'Report (2006) on the Arbitration Act 1996', at [43] to [45];

Speed and Economy? Parties to arbitration also hope that the process will be swifter and cheaper, but no less accurate than, court litigation. The 1996 Act injects the discipline of time-management and cost-effectiveness into the arbitral process, while respecting the parties' interest in gaining a fair result. It states: *'The tribunal shall...adopt procedures suitable to the circumstance of the particular case, avoiding unnecessary delay or expense, so as to provide a fair means for the resolution of the matters falling to be determined.'*[99] There is little doubt that this arbitral 'mission statement' exerted an intellectual influence on the drafting of a similar 'Overriding Objective' in the Civil Procedure Rules of 1998 (it should be recalled that Lord Woolf's reports, providing the blue-print for the CPR (1998) were composed in 1995 and 1996, when the Arbitration Bill, as it then was, was being debated).

Arbitration Clauses:[100] The English Arbitration Act 1996 requires the arbitration agreement to be in writing.[101] The arbitration clause *might be valid* even though the main contract might not be. This notion, the so-called principle of 'separability' (contained in section 7, Arbitration Act 1996), entails that the main transaction, the substantive source of the dispute, normally a contractual document, is separate from the arbitration agreement, even though that clause is (nearly always) included in the same document. In short, the invalidity of the main contract does *not necessarily* entail the invalidity of the arbitration agreement (see the remarks of Lord Hoffmann in *Fiona Trust and Holding Corporation v Privalov*, 2007).[102] This detachment of the contract for decision-making (the arbitration clause) from the principal contract enables 'one stop' arbitration to occur: the arbitral panel is competent to determine the validity of both the arbitration clause and the main transaction.

Breach of Arbitration Clauses by Resort to Court Proceedings Outside Europe: The English courts have a long-established jurisdiction to compel a defendant,

---

report prepared for the Commercial Court Users' Committee, the British Maritime Law Association, the London Shipping Law Centre, and other bodies; accessible at www.idrc.co.uk/aa96survey/Report_on_Arbitration_Act_1996.pdf

99. s 33(1)(b), **AA**.

100. D Joseph, *Jurisdiction and Arbitration Agreements and their Enforcement* (2005); an agreement to arbitrate is subject to the traditional analysis of repudiatory breach and 'acceptance' by the innocent party: J Levy (2007) NLJ 1036, noting *Bea Hotels NV v Bellway LLC* [2007] EWHC 1363 (Comm), Cooke J and *Downing v Al Tameer Establishment* [2002] EWCA Civ 721, at [21], [25], [26], also noting the seminal 'contractual' analysis of arbitration agreements in *Bremer Vulcan v South India Shipping Corporation Limited* [1981] AC 909, HL; *''The Hannah Blumenthal'* [1983] 1 AC 854, HL; *'The Splendid Sun'* [1981] QB 694, CA and *'The Leonidas D'* [1985] 1 WLR 925, CA (on this stream of authority, **MB (2001)**, 503 ff).

101. s 3, **AA**; **MB (2001)**, 16, 258 ff; for an important discussion of arbitration clauses affecting sovereign states, *Svenska Petroleum Exploration AB v Government of the Republic of Lithuania (No 2)* [2006] EWCA Civ 1529; [2007] QB 886, considering s 9(1), State Immunity Act 1978.

102. [2007] UKHL 40; [2007] 4 All ER 951: the quotations in the latter part of the present paragraph are from Lord Hoffmann's speech at [17] to [19]; otherwise known as *Premium Nafta Products Ltd v Fili Shipping Co Ltd.*

over whom the court has jurisdiction, to refrain from issuing or continuing foreign civil proceedings, or from participating in arbitration. Such an injunction will be granted if that litigious activity will involve a breach of either an exclusive jurisdiction clause nominating England as the only chosen forum, or breach of an arbitration clause.

The English Court of Appeal's decision in *C v D* (2007) is an example of an injunction to prevent foreign proceedings and in support of a 'London arbitration' clause.[103] The court held that an English anti-suit injunction was appropriate to restrain a party from bringing proceedings in New York designed to 'second guess' the London arbitration award's application of New York insurance law. Thus in *C v D* (2007), (i) the proper law of the insurance contract was New York; (ii) the curial law, or *lex fori*, was English law, since London was the 'seat' of the arbitration; (iii) and there were strong indications that the law governing the arbitration agreement was also English law.[104] During the London arbitration, a 'partial award' had been made against the insurer, applying substantive New York insurance law. The English Court of Appeal held that it would be improper, and a 'recipe for chaos', to allow this award to be challenged in New York proceedings. And so the English arbitral award could only be challenged in accordance with the judicial remedies prescribed and regulated under the (restrictive) scheme contained in the English Arbitration Act 1996. In short, *'a choice of seat for the arbitration must be a choice of forum for remedies seeking to attack the award'*.[105] In fact an appeal from an award to the London High Court on a question of law is confined to errors of *English* law (questions of foreign law not covered).[106] As for an appeal based on the allegation that there has been a 'serious irregularity' by the arbitration tribunal, the House of Lords has held in the *Lesotho* case (2005) that 'serious irregularity' is not the same as an error of law.[107]

Anti-suit Injunction to Restrain English Arbitration Proceedings: An example is *Kazakhstan (Republic of) v Istil Group Inc* (2007),[108] where English arbitration proceedings had been commenced concerning non-payment of the price of steel to be delivered from Kazakhstan. The English arbitrators had held that they had jurisdiction under an arbitration clause to hear the dispute. They made a 'partial

103. [2007] EWCA Civ 1282; [2008] 1 Lloyd's Rep 239.
104. ibid, at [24].
105. ibid, at [17], *per* Longmore LJ.
106. This is the result of the definition of 'question of law' in s 82(1), Arbitration Act 1996; affecting scope of s 69, Arbitration Act 1996 (appeal to court on a 'question of law arising out of an award made in the [arbitration] proceedings'; choice of substantive law covered by s 46(1), 1996 Act.
107. s 68, Arbitration Act 1996 (serious irregularity); an error of law is not an excess of power for the purpose of s 68(2)(b), as Lord Steyn held in *Lesotho Highlands Development Authority v Impregilo SpA* [2005] UKHL 43; [2006] 1 AC 221, at [31] and [32] (Lords Scott, Rodger, and Hoffmann concurring on this point; Lord Phillips dissenting).
108. [2007] EWHC 2729 (Comm); [2008] 1 Lloyd's Rep 382; [2007] 2 CLC 870; [2008] BLR 37.

award' declaring this. They later made a final award in which they reached the same conclusion regarding jurisdiction. The final award, including the finding that the arbitration panel had jurisdiction, was successfully challenged in the High Court in London. The question then arose whether the reversal of the final award had left intact the partial award, permitting the parties to resume arbitration in London. Tomlinson J held that the partial award had been invalidated by the High Court decision because the High Court had held for all purposes that the arbitrators lacked jurisdiction. And so Tomlinson J held that there should be an injunction to prevent any wasteful and unnecessary further recourse to London arbitration:[109] *'it would be invidious to leave the arbitrators to decide whether they should give preference to their own earlier decision [the partial award] over that of the supervisory court [the High Court] on precisely the same subject matter. The High Court has held ...that there is no basis upon which the arbitrators have been invested with jurisdiction to determine the dispute between those parties. That should be an end of the matter.'*

Inability of Issue Anti-suit Injunctions within Europe: It has become notorious that a party to an arbitration agreement can slow down the arbitral process, sometimes quite cynically, by bringing a pre-emptive case in a court having jurisdiction over the matter (the latter's jurisdiction, however, appearing inconsistent with the relevant arbitration clause). In practice it takes a long time for the courts to renounce jurisdiction in favour of the chosen arbitration process. This is the background to the decision of the European Court of Justice in *Allianz SpA etc v West Tankers* (2009).[110] This case makes clear that Member State courts (notably English court) cannot issue 'anti-suit injunctions' to restrain a party to an arbitration from continuing such wrongful judicial proceedings in the courts of a Member State within the EU jurisdictional zone, for: *'It is incompatible with the Council Regulation (EC) No 44/2001 of 22 December 2000 on jurisdiction and the recognition and enforcement of judgments in civil and commercial matters for a court of a Member State to make an order to restrain a person from commencing or continuing proceedings before the courts of another Member State on the ground that such proceedings would be contrary to an arbitration agreement.'* This rather terse reasoning rejects Lord Hoffmann's analysis, in the House of Lords' decision in the *West Tankers* case (2007)[111] (the House of Lords had made this reference to the European Court of Justice to obtain clarification). The main argument (unsuccessfully) employed by the House of Lords was that the Jurisdiction Regulation

---

109. ibid, at [46]
110. *Allianz SpA etc v West Tankers* (C-185/07) [2009] 1 All ER (Comm) 435; [2009] 1 Lloyd's Rep 413; [2009] 1 CLC 96; [2009] ILPr 20; *The Times*, 13 February, 2009.
111. *West Tankers Inc v RAS Riunione Adriatica di Sicurta SpA* [2007] UKHL 4; [2007] 1 All ER (Comm) 794; [2007] 1 Lloyd's Rep 391; [2007] ILP 20.

(2001)'s exclusion (see Article 1(2)(d)) from the scope of the Regulation matters concerning arbitration (the 'arbitration exclusion') meant that it was acceptable for the English courts to issue anti-suit injunctions for the purpose of upholding arbitration agreements.

The English Court of Appeal in *National Navigation Co v Endesa Generacion SA ('The Wadi Sudr'* (2009),[112] applying the European Court of Justice's decision in the *West Tankers* case (2009),[113] has acknowledged that a Member State court's decision on a preliminary point, concerning the existence, validity, or scope of an arbitration clause, is binding on the English courts, provided this foreign court's decision is made within the Jurisdiction Regulation (2001).[114] As Waller LJ said:[115] *'a judgment on a preliminary ruling is a judgment within the regulation if it takes place in proceedings the main scope of which brings them within the regulation.'* And so the Court of Appeal has acknowledged that English courts cannot defiantly second-guess or reject Member State 'Regulation' decisions concerning the existence, validity, or scope of arbitration clauses. Such defiance would have clashed with the EU jurisdictional system's emphasis upon 'mutual trust' towards Member State courts' determinations of their jurisdiction, and towards their judgments.

6. MEDIATION

The Mediation Process and of Mediators: The mediator's role is to act as an independent and disinterested third party, and to encourage the parties to move towards a possible agreed settlement. It is usual for a mediator to be paid jointly by the parties to the dispute. The flexible practice of conducting mediation sessions is fully explained in specialist manuals.[116]

Many UK mediators are 'accredited'. This means that they have received professional training from one of the private organisations offering training in this field.[117] There is no need for the mediator to have a legal training or qualification. However, in England many commercial mediators are 'lawyers': former barristers, solicitors, or judges, or current lawyers. Paul Newman (not the

112. [2009] EWCA Civ 1397.
113. *Allianz SpA etc v West Tankers* (C-185/07) [2009] 1 AC 1138; [2009] 1 All ER (Comm) 435; [2009] 1 Lloyd's Rep 413; [2009] 1 CLC 96; [2009] ILPr 20; *The Times*, 13 February, 2009.
114. Council Regulation 44/2001 of 22 December 2001 on 'jurisdiction and the recognition and enforcement of judgments in civil and commercial matters').
115. [2009] EWCA Civ 1397, at [46].
116. K Mackie, D Miles, W Marsh, T Allen, *The ADR Practice Guide* (2007), especially ch's 11 ff; AJ Stitt, *Mediation: A Practical Guide* (2004); M Liebmann (ed), *Mediation In Context* (2000, London and Philadelphia); D Spencer and M Brogan, *Mediation: Law and Practice* (Cambridge University Press, 2006), especially ch 2.
117. K Mackie et al, *The ADR Practice Guide* (2000), 15.3 (not in 2007 edn).

famous actor) has suggested that a truly effective mediator should display the following qualities:[118] *'empathy – the ability to get on with the parties, understand their position, even if he does not agree with them, and the ability to deflect parties from their fixed views; ingenuity – the capacity to ...propose novel solutions for the parties to think about and promote as their own ideas; stamina and patience--the mediation sessions may take place over an extended period.'*

Mediation's Growth in England:[119] Senior Master Robert Turner (now retired) suggested that twenty-first century English court litigation has become the 'alternative dispute resolution' system.[120] Similarly, the CPR's pre-action protocols state:[121] *'litigation should be a last resort, and claims should not be issued prematurely when a settlement is still likely...'*[122] The European Commission has now issued a mediation directive (2009). Confining oneself to England, why has there been this growth in mediation, including within the heartland of commercial disputes? One reason for the rise in ADR is that the mediation process is now better understood within the commercial sector. Secondly, English High Court litigation remains an expensive means of resolving many types of civil dispute. Thirdly, Government recognises that ADR permits disputes to be resolved less expensively than civil litigation. Fourthly, the English court system directly encourages litigants to pursue mediation in appropriate cases.

Mediation Agreements:[123] The leading case is *Cable & Wireless v IBM United Kingdom Ltd* (2002),[124] which was examined in Part IV above.[125] It will be recalled that Colman J found that there had been a breach of the dispute resolution agreement because a party had 'jumped' the mediation stage and proceeded straight to litigation. The judge placed a 'stay' upon those formal proceedings because the claimant had begun them in defiance of the contractual commitment to attempt to mediate the dispute. But Colman J

118. P Newman, in M Liebmann (ed), *Mediation In Context* (2000, London and Philadelphia), 183-4.
119. Useful general surveys include: D Gladwell, 'Alternative Dispute Resolution and the Courts', Butterworths' Civil Court News in June 2004; M Partington, 'Alternative Dispute Resolution Developments: Future Challenges' (2004) 23 CJQ 99; M Nesic, 'Mediation – on the Rise in the United Kingdom' (2001) 13 Bond Law Review, issue 2, December: all three articles are available on-line at www.adr.civiljusticecouncil.gov.uk.
120. Senior Master Robert Turner, Queen's Bench Division, (who retired from that post in 2007, after 20 years), cited K Mackie, D Miles, W Marsh, T Allen, *The ADR Practice Guide* (2007), 5.
121. Neil Andrews, *English Civil Procedure* (Oxford University Press, 2003), 3.13 to 3.18, 23.07, 26.63 to 26.66; for an empirical study, T Goriely, R Moorhead and P Abrams, *More Civil Justice? The Impact of the Woolf Reforms on Pre-Action Behaviour* (Law Society and Civil Justice Council, 2001).
122. Practice Direction-Protocols, at 4.7.
123. D Joseph, *Jurisdiction and Arbitration Agreements and their Enforcement* (2005), Part III; K Mackie, D Miles, W Marsh, T Allen, *The ADR Practice Guide* (2007), ch 9; Centre for Effective Dispute Resolution at: www.cedr.co.uk/library/documents/contract_clauses.pdf; D Spencer and M Brogan, *Mediation: Law and Practice* (Cambridge University Press, 2006), ch 12 for Australian material.
124. [2002] 2 All ER (Comm) 1041, Colman J.
125. Generally, K Mackie, D Miles, W Marsh, T Allen, *The ADR Practice Guide* (2007), 9.6.4.

acknowledged that a 'stay' would not be automatic in all cases: *'For example, there may be cases where a reference to ADR would be obviously futile and where the likelihood of a productive mediation taking place would be so slight as not to justify enforcing the agreement. Even in such circumstances ADR would have to be a completely hopeless exercise.'*

Mediation: Procedural and Judicial Encouragement:[126] The English courts' overall responsibility includes 'helping the parties to settle the whole or part of the case'[127] and 'encouraging the parties to use an alternative dispute resolution procedure if the court considers that appropriate.'[128] To sum up this aspect: the English position involves *selective* judicial *recommendation* of mediation.[129] The practice in the Commercial Court is that a judge will not require the parties to mediate unless one party makes such a request and the suggestion seems to the judge to be reasonable. Parties to litigation in that court are regarded as 'sophisticated' and they enjoy legal advice concerning the range of dispute-resolution available to them. It would be unduly heavy-handed, therefore, for a judge to insist on a stay if neither party has an interest in mediation (2009 conversation with a Commercial Court judge). However, a different approach has emerged at the stage of permission for appeal. In both *Dunnett v Railtrack plc* (2002)[130] (discussed in text below) and *McMillan Williams v Range* (2004)[131] a member of the Court of Appeal (Schiemann LJ in the *Dunnett* case, and Tuckey LJ in the *McMillan* case) issued an unsolicited recommendation that, instead of proceeding straight to appeal, *both parties* should pursue mediation. If one party fails to respond positively to such a recommendation, the appeal court, when considering the question of costs at the conclusion of the appeal, might deny that party the costs of the appeal even if he has been successful on the merits of the appeal. If both parties spurn the judicial recommendation and proceed straight to appeal without attempting mediation, the decision in the *McMillan* case (2004) indicates that the Court of Appeal might (as in that case) declare

---

126. For a typology of court-assisted modes of ADR, WD Brazil and J Smith, 'Choice of Structures...' (1999) 6 Dispute Resolution Magazine 8, cited in O Fiss and J Resnik, *Adjudication and Its Alternatives* (Foundation Press, New York, 2003), 468: court employs full-time in-house neutrals; or contracts with non-profit making organisations for such a programme; or directly pays firms to serve as neutrals; or orchestrates voluntary mediations; or refers parties to neutrals (whether selected by the court or by the parties) who charge; this last is the general English model, and furthermore, the parties select the neutral.
127. CPR 1.4(2)(f).
128. CPR 1.4(2)(e); Chancery Guide (2005), ch 17; Admiralty and Commercial Courts Guide (2009), section G and appendix 7.
129. For sceptical discussion of any form of mandating or coercing resort to mediation, Matthew Brunsdon-Tully 'There is an A in ADR but Does Anyone Know What it Means Anymore?' (2009) CJQ 218-36.
130. [2002] 1 WLR 2434, CA, at [13] ff.
131. [2004] EWCA Civ 294; [2004] 1 WLR 1858, at [29], [30].

that each party will bear its own costs for that stage of the proceeding, with no opportunity for costs-shifting in favour of the victorious party to the appeal.[132]

Staying Proceedings: Even in the absence of a mediation agreement (see discussion above of such contractual commitments), an English court can direct that the proceedings be stayed for a month at a time[133] while the parties pursue ADR or other settlement negotiations.[134] A stay merely places the proceedings in a state of suspense. Proceedings can be resumed when this becomes appropriate. The stay can be issued either at the parties' request or on the initiative of the court.

Costs Sanctions: The courts are prepared, where appropriate, to register censure of a party's unreasonable refusal to engage in mediation. That refusal might be *in response to the opponent's call for mediation, or the court's own suggestion, that mediation be contemplated.* It will be more common to apply a costs sanction against a party who not only refused to consider mediation *but lost the substantive case* (or appeal). This type of 'refusenik' might be ordered[135] to pay the other side's costs on an 'indemnity basis' rather than 'standard basis'[136] (indemnity costs, although not punitive, are a full measure of compensatory costs; whereas standard basis costs are a substantial but incomplete measure of such compensation; and the difference between the two measures can be very large, given the high levels of costs incurred by parties in England).

Therefore, the more usual example of a costs order adverse to a defeated party will concern a party who has rejected a *judicial recommendation for mediation.* However, a costs decision *adverse to a victorious party* is not unknown. In this context, however, the 'mediation offeror' (who has lost the

132. McMillan Williams v Range [2004] EWCA Civ 294; [2004] 1 WLR 1858, per Ward LJ: '[29] *Tuckey LJ gave this information for or directions to the parties when he granted permission to appeal: "The costs of further litigating this dispute will be disproportionate to the amount at stake. ADR is strongly recommended." ...The parties should have written to each other along the lines that, "Lord Justice Tuckey has very sensibly suggested ADR. My client thinks that is a splendid idea. Please can we get on with it as soon and as cheaply as possible? Despite our different views of the strengths and weaknesses of our respective cases, we should have faith in the process which we know works and just hope for the best." Instead of that the parties launched into argumentative correspondence...[30] ...My [Ward LJ] attitude is best summed up as "a plague on both your houses". Of course negotiating positions are bound to be taken and asserted prior to and in the course of mediation but the lesson to be learned from the process is that the true bottom line is never known until the mediation is concluded, usually successfully, and unusually when one party finally closes the door of the negotiating chamber. In my judgment this is a case where we should condemn the posturing and jockeying for position taken by each side of this dispute and thus direct that each side pay its own costs of their frolic in the Court of Appeal. I would allow the appeal with no order for costs.'*

133. CPR 26.4(3).

134. CPR 3.1(2)(f); CPR 26.4(1)(2).

135. *Virani Ltd v Manuel Revert y Cia SA* [2003] EWCA Civ 1651; [2004] 2 Lloyd's Rep 14.

136. On the difference between standard basis and indemnity costs, Neil Andrews, The Modern Civil Process (Tübingen, Germany, 2008), 9.12.

case) will bear the burden of showing (on the balance of probabilities) that the mediation would have had a reasonable prospect of success, assuming the mediation offeree (who eventually won the case) would have participated in the mediation in a co-operative fashion.[137] Satisfying this burden of proof will be an uphill task.

A more obvious context in which an adverse costs decision might be made against an ultimately victorious party is when the latter has spurned a (seemingly sound) judicial suggestion that mediation might be employed to resolve pending legal proceedings. This occurred in *Dunnett v Railtrack plc* (2002)[138] where the defendant company had been victorious both at trial and on appeal. After the trial, the defeated claimant sought permission to appeal. This application was considered by reference to docuemtns, without an oral hearing. Schiemann LJ granted permission but added a recommendation that the parties should pursue ADR. However, the defendant company rejected this recommendation. Although successful on appeal, the defendant company, Railtrack, was denied the costs of that appeal. In greater detail, the facts of the *Dunnett* (2002) case were as follows. The claimant alleged that, as a result of the defendant company's negligence, her three horses had escaped from their field onto the defendant's track and had then been killed by an express train. However, at trial the claimant lost. A Lord Justice had given the defeated claimant permission to appeal, but this judge wrote to both parties suggesting that mediation was appropriate. In response to this suggestion, it appears that the claimant had expressed some willingness to pursue this path. This is not surprising because she had already lost at first instance, had no legal representation, and would be liable for extensive legal costs if she lost a second time, on appeal. But the defendant company flatly rejected this judicial suggestion, considering (adopting an objective and forensic perspective) that the formal legal merits of the dispute were clearly in its favour. Although that company was successful in the appeal, the Court of Appeal considered that the railway company's decision to resist ADR had been unjustified.[139] The court held that it should be denied its costs (it appears that this denial was confined to the costs of the appeal; and the costs decision stopped short of requiring the defendant company to pay the claimant's costs—in fact she was not legally represented, and was a 'litigant-in-person'). The judicial decision that mediation was appropriate in this case would have been sound if the claimant had been truly interested only in gaining an apology from the defendant, rather than obtaining compensation. In short, the fairness of the costs decision

137. *Halsey v Milton Keynes General NHS Trust* [2004] EWCA Civ 576; [2004] 1 WLR 3002.
138. [2002] 1 WLR 2434, CA, at [13] ff.
139. ibid, at [16], per Brooke LJ (in exercise of the broad discretion concerning costs contained in CPR Part 44); for a similar decision, *McMillan Williams v Range* [2004] EWCA Civ 294; [2004] 1 WLR 1858.

in that case turns on whether the claimant was mainly interested 'in the money' rather than in a symbolic acknowledgement of moral responsibility.

In determining the unreasonableness of a party's refusal to pursue mediation, the Court of Appeal in *Halsey v Milton Keynes General NHS Trust* (2004) listed the following criteria:[140] '*... the nature of the dispute; the merits of the case; the extent to which other settlement methods have been attempted; whether the costs of the ADR would be disproportionately high; whether any delay in setting up and attending the ADR would be prejudicial; whether the ADR had a reasonable prospect of success.*'

Conclusion on Mediation: Mediation is a valuable substitute for civil proceedings, or at least a possible exit from such proceedings. The rise of mediation, not just in England, is largely attributable to four factors: (1) the perception (and nearly always the reality) that court litigation is hazardous and unreasonably expensive; (2) there is only one winner in most law-suits which culminate in judgment by the court; (3) the court-based adjudicative process (and extensive preparation for the final hearing) involves a heavy-handed fight for justice, and (4) court litigation offers little scope for direct participation by the parties, as distinct from outside legal representatives and in-house lawyers.

7. CONCLUSION

Limits of Alternative Dispute Resolution: The court system of civil litigation is sometimes needed because some types of dispute are unsuitable for the co-operative style of mediation or even the consensually authoritative award-making process of arbitration. This is because courts enjoy much greater coercive powers than arbitrators or mediators, whose powers are subtler and largely moral. Thus state-supported litigation before the civil courts is subject to strong sanctions: courts can compel witnesses to attend, punish perjury, enforce judgments, and apply their contempt of court power if injunctions are flouted; and the court system can protect parties against the other's non-compliance or bad faith, including provision of protective measures such as freezing injunctions. For these reasons, the formal civil process is important, even indispensable, in some contexts.[141]

Furthermore, the judicial process can establish legal precedents. And it can be used to obtain effective justice against fraudsters and deliberate defaulters. Neither category of defendant is likely to participate constructively in mediation,

140. [2004] EWCA Civ 576; [2004] 1 WLR 3002, at [16] ff; for a strong application of this costs regime, in which the *Halsey* criteria were fully considered, *P4 Ltd v Unite Integrated Solutions plc* [2006] EWHC 2924 (TCC), Ramsey J.
141. K Mackie, D Miles, W Marsh, T Allen, *The ADR Practice Guide* (2007), 3.4.1.

other than as a cynical means of postponing judgment day. Furthermore, civil litigation before the courts, especially trial within the Anglo-American tradition, involves important attributes of 'public' justice: an accessible demonstration of forensic integrity and rigour, and the opportunity for wrongdoers to be held publicly accountable.[142]

Potential Litigants' Choice: The legal process, like the political system, is a democracy. If voters prefer one political party to another, they can do so at the ballot-box. If the court system, or a particular type of court, proves unattractively expensive, or its process lacks proper focus, those who have a choice – citizens, companies, including foreign companies, and even public authorities – will elect to go elsewhere. It is for this reason that Committees of 'Courts Users' are important. For judges can then receive critical feedback on the quality of their general administration of civil justice—avoiding, of course, official comment on individual cases. Admittedly, not everyone can choose to avoid the court system. But among those with the power of choice, there is a clear tendency for potential litigants in England to prefer to avoid formal civil litigation before the courts by inclusion of arbitration clauses, or mediation clauses, or by *ex post facto* resort to either technique, Furthermore, disputants can decide to reach a settlement, with or without mediation, arbitration, or adjudication.

142. For comment (and further references to literature) on the 'public' dimensions of the civil court process, H Genn, 'Understanding Civil Justice' (1997) 50 CLP 155, 186-7 and Peter L Murray (Harvard), 'The Privatization of Civil Justice' (2007) 12 ZZP Int 283-303.

CAPÍTULO 37

Acesso à justiça e solução pacífica dos conflitos de interesses

Kazuo Watanabe[1]

SUMÁRIO: I. IMPORTÂNCIA DO ESTUDO DOS CONFLITOS DE INTERESSES E DAS ESTRATÉGIAS E TÉCNICAS ADEQUADAS DE SUA PREVENÇÃO E SOLUÇÃO COMO CAPÍTULO DO DIREITO PROCESSO CIVIL - II. CONFLITOS DE INTERESSES NÃO CANALIZADOS PARA O JUDICIÁRIO; III. POLÍTICA JUDICIÁRIA NACIONAL DE TRATAMENTO ADEQUADO DOS CONFLITOS DE INTERESSES; IV. ATUALIZAÇÃO DO CONCEITO DE ACESSO À JUSTIÇA (ACESSO À ORDEM JURÍDICA JUSTA) - V. TRANSFORMAÇÃO DA "CULTURA DA SENTENÇA" EM "CULTURA DA PACIFICAÇÃO".

I. IMPORTÂNCIA DO ESTUDO DOS CONFLITOS DE INTERESSES E DAS ESTRATÉGIAS E TÉCNICAS ADEQUADAS DE SUA PREVENÇÃO E SOLUÇÃO COMO CAPÍTULO DO DIREITO PROCESSUAL CIVIL

1. Há ainda muita resistência à adoção dos chamados meios alternativos, em especial dos métodos consensuais, que são a negociação, a mediação e a conciliação, por parte não somente dos operadores do direito, como também dos próprios jurisdicionados, que são os beneficiários de sua correta utilização. Certamente, isto decorre da forte dependência que o brasileiro sempre teve do paternalismo estatal. Muitos ainda acham que os meios consensuais de solução de conflitos são mecanismos menos nobres, próprios de povos de cultura menos evoluída, e que o método mais nobre é o da adjudicação de solução por meio de sentença do juiz, proferida em processo contencioso.

Mesmo nas faculdades de direito, é ainda acanhada a percepção da elevada importância dos meios alternativos de solução de conflitos, tanto que poucas delas têm disciplinas específicas para iniciar seus alunos nesses mecanismos de tratamento e solução de conflitos. Apenas a arbitragem vem merecendo uma atenção maior, em razão da aprovação, em 1.996, da Lei n. 9.307, que a disciplinou por completo, e pela sua utilização cada vez mais frequente na solução dos conflitos de natureza comercial de valor mais expressivo e naqueles em que a solução depende de conhecimentos especializados do julgador.

1. Professor-Doutor Sênior da Faculdade de Direito da USP Desembargador aposentado do Tribunal de Justiça do Estado de São Paulo.

2. É necessário que se aceite, sem temor de estar cometendo qualquer impropriedade científica, que o estudo dos chamados meios alternativos de resolução de conflitos constitui um capítulo importante do Direito Processual Civil, e não um mero apêndice dele para ser estudado em disciplina coadjuvante, por exemplo, de práticas judiciárias, ou senão em disciplina autônoma como sociologia jurídica.

Hoje, não podemos mais considerar o Direito Processual Civil como ramo do direito que estuda exclusivamente a "técnica de solução imperativa de conflitos". Há vários outros métodos de resolução de conflitos igualmente eficientes e até mais adequados, em especial os consensuais. Aliás, para certos tipos de conflitos, em especial naqueles em que as partes estão em contato permanente, os métodos consensuais são até mais adequados e eficazes do que a solução sentencial.

Os conflitos de interesses, suas causas, suas características, as formas mais adequadas de prevenção e solução, devem ser objeto de estudo específico na disciplina de Direito Processual Civil, pois a adequação dos métodos de prevenção e solução deles depende do perfeito conhecimento de sua natureza e de suas peculiaridades.

Num plano mais amplo, de busca de solução para a intensa conflituosidade que acomete a sociedade brasileira, que é a causa da sobrecarga que compromete o adequado desempenho do nosso Judiciário, há a necessidade do envolvimento, além do Direito, de outras ciências, em especial da Política, Sociologia, Economia, Psicologia e Psiquiatria.

3. CÂNDIDO RANGEL DINAMARCO, consagrado processualista das Arcadas, traz as seguintes preciosas observações a respeito do tema: *"Todo o discurso sobre o* ***acesso à justiça****, seja mediante a tutela jurisdicional de que se encarrega o Estado ou por obra dos* ***meios alternativos*** *(arbitragem, mediação, conciliação), insere-se na* ***temática dos conflitos e da busca de soluções****. O processo civil, como técnica pacificadora, deita raízes na existência de conflitos a dirimir (ou crises jurídicas) e é daí que recebe legitimidade social e política como instituição destinada a preservar valores vivos da nação".* (*Instituições de Direito Processual Civil*, vol. I, Malheiros Editores, 2001, p. 116).

Prossegue DINAMARCO sublinhando a equivalência funcional em relação à jurisdição e o valor social dos *meios alternativos de solução de conflitos*: *"A crescente valorização e emprego dos meios não-jurisdicionais de pacificação e condução à ordem jurídica justa, ditos* ***meios alternativos,*** *reforça a ideia da equivalência entre eles e a atividade estatal chamada* ***jurisdição****". (...) "Mas o que há de substancialmente relevante no exercício da jurisdição, pelo aspecto social do proveito útil que é capaz de trazer aos membros da sociedade, está presente* *também nessas outras atividades; é a busca de pacificação das pessoas e grupos mediante a eliminação de conflitos que os envolvam. Tal é o* **escopo social magno da jurisdição,** *que atua ao mesmo tempo como elemento legitimador e propulsor da atividade jurisdicional"* (op. cit., § 46, p. 121).

4. A saudosa Profa. ADA PELLEGRINI GRINOVER, em seu último livro, também destaca a importância do estudo dos conflitos como capítulo destacado da Teoria Geral do Processo. Anota que "o estudo do direito processual a partir da análise de um campo específico da realidade social para determinar a melhor resposta processual para a crise do direito em jogo. Isso significa – sublinha a processualista – **examinar os conflitos** que existem na sociedade, para chegar à tutela processual adequada" (*Ensaio sobre a processualidade, Gazeta Jurídica, 1916, p. 3*).

Esclarece que, aplicando ***o método da instrumentalidade metodológica,*** consegue se construir "*a ideia* de processualidade a **partir dos conflitos existentes na sociedade,** *para se chegar ao processo e procedimentos adequados para solucioná-los de modo a atingir uma tutela jurisdicional e processual efetiva e justa"*.

Mas lembra que ***"a Justiça estatal não é o único caminho pelo qual se procura oferecer solução aos conflitos"***. *Esclarece que avança no mundo todo, inclusive no Brasil, "a ideia de que outros métodos adequados de solução de conflitos, não estatais, podem ser utilizados para pacificar com justiça e com maior eficiência. Tais são os chamados meios alternativos de solução de conflitos (alternative dispute resolution)" (p. cit., pp.; 61-62).*

5. O ponto de partida para a **mudança de mentalidade** dos operadores do Direito (juízes, promotores, advogados, procuradores, defensores públicos), transformando a atual **"cultura da sentença"** em **"cultura da pacificação"**, está na adequada formação dos futuros profissionais do Direito, preparando-os não somente para a solução contenciosa dos conflitos de interesses, como também para a solução negociada e amigável, com o uso dos chamados meios consensuais de solução de controvérsias (negociação, conciliação e mediação). Mais do que isso, o importante é a mudança do método de ensino do Direito, em especial do Direito Processual Civil, nele incluindo não somente o estudo dos conceitos, categorias e institutos processuais aplicáveis à solução contenciosa dos conflitos, mas também, de forma aprofundada, o estudo dos conflitos de interesses e dos métodos adequados de sua prevenção e solução.

II. CONFLITOS DE INTERESSES NÃO CANALIZADOS PARA O PODER JUDICIÁRIO

6. Dos conflitos que ocorrem na sociedade, apenas uma parte mínima (que não sabemos estimar com exatidão, mas calculamos seja inferior a 10%, ou até

menos), é canalizada para o Judiciário. A grande maioria deles é solucionada pelas próprias partes, diretamente ou com a intervenção de terceiro, no próprio ambiente em que eles ocorrem (família, vizinhança, condomínio, escolas, clubes, repartições, empresas, trânsito, meios de transporte, enfim, em todos os espaços e oportunidades de relacionamento social). Ainda, por razões várias, como a ausência do Estado, risco à vida, submissão, etc , alguns desses conflitos não encontram qualquer solução, sendo simplesmente renunciados pelos seus titulares.

Ao tempo da concepção dos **Juizados Especiais de Pequenas Causas**, no início da década de "1980", a renúncia aos direitos violados em razão de dificuldades várias que impediam o acesso à Justiça, como morosidade, custo elevado, excessivo formalismo e necessidade de prévia contratação de advogado, era bastante frequente, fenômeno que denominamos de ***"litigiosidade contida"***. Com a criação, sua multiplicação e a ampla utilização desses Juizados, principalmente depois da Constituição Federal de 1988, que tornou obrigatórias a criação e a instalação desses Juizados por todas as unidades da Federação, determinando a ampliação de sua competência, inclusive para a área criminal, a "litigiosidade contida" tornou-se bem menor. Alguns estudiosos procuram atribuir a situação atual de intensa litigância, que até exageradamente chamam de "litigiosidade explosiva", à criação desses Juizados, em razão da grande facilitação do acesso à Justiça, em especial pela sua gratuidade. Houve, com toda a certeza, a facilitação do acesso, o que era de elevada necessidade em razão da situação até então imperante, de extrema dificuldade de acesso à Justiça, em especial por parte da camada mais humilde da população, mas não foi a criação desses Juizados a causa da situação atual de intensa judicialização dos conflitos de interesses.

Na análise das causas dos problemas atualmente enfrentados pelo nosso Judiciário, é importante que não se deixe levar pelo fascínio das análises superficiais e conclusões precipitadas. O que ocorreu, após a Constituição de 1.988, com a aprovação da Lei n. 9.099, de 1.995, foi a ampliação excessiva da competência dos Juizados Especiais (que passaram a ser denominados de Juizados Especiais para Causas Cíveis de Menor Complexidade), dobrando a sua competência pelo valor da causa, passando de 20 para 40 salários mínimos, dando-lhe ainda a competência para a execução de seus próprios julgados e recebeu, além disso, a competência para a execução de títulos executivos extrajudiciais, para ações de despejo e, o que é sumamente preocupante, para demandas das microempresas.

7. Fato da maior importância ocorrido após a década de 1.980, em especial com a promulgação da Constituição Federal de 1.988, foi a ***ampliação do direito material***. A própria Constituição consagrou um elenco enorme de direitos

fundamentais sociais, econômicos e culturais, como direitos à saúde, à educação, à moradia, ao trabalho, à proteção à maternidade e à infância, ao acesso à justiça, e outros mais, e muitos deles passaram a ser reclamados em juízo em razão de seu descumprimento, em especial pelos Poderes Públicos, e também em virtude da edição de leis infraconstitucionais por determinação da própria Constituição, como o **Código de Defesa do Consumidor** e **leis de criação de políticas públicas** para a implementação de vários direitos fundamentais sociais, econômicos e culturais, que também têm dado origem à judicialização de inúmeros conflitos, em virtude do descumprimento dos direitos nele assegurados.

Houve além disso, após a Constituição de 1988, a possibilidade de privatização de números serviços públicos, como de telecomunicação e de distribuição de energia elétrica, com a concessão da exploração deles às empresas privadas, assumindo as concessionárias as obrigações de universalização e melhoria dos serviços, obrigações essas que não vem sendo cumpridas adequadamente, dando origem a inúmeras reclamações dos usuários, que não encontrando solução amigável no âmbito extrajudicial, vêm judicializando os conflitos em grande quantidade.

8. É extremamente importante o tratamento adequado desses conflitos em momento anterior à sua judicialização. A correta organização de política pública e de estratégias privadas a respeito deles é até mais importante que os cuidados com os conflitos judicializados, pois dizem com a estabilidade social e com a formação de nova cultura. Com efeito, da correta estruturação das práticas voltadas ao tratamento dos conflitos nos vários segmentos da sociedade brasileira, com vistas à sua solução adequada, é que poderá nascer a "**cultura da pacificação**" e a consequente redução dos conflitos judicializados, influindo poderosamente na redução da "**cultura da sentença**".

9. É há, além disso, os **macro conflitos**, como invasões de propriedades rurais e urbanas por movimentos sociais que reivindicam a reforma agrária e a implementação de política habitacional urbana, ou de manifestações sociais contrárias às reformas do ensino, da previdência social, da legislação trabalhista, e inúmeras outras manifestações políticas, com ocupação de espaços públicos e privados. Apenas parte mínima desses conflitos é judicializada, porque são eles de natureza mais política do que jurídica, e o Judiciário tem competência apenas para solução de parte mínima deles, somente aquela porção solucionável por meio da aplicação do direito existente. Muitos desses conflitos não buscam reparar as lesões ocorridas no passado, mas se voltam para o futuro, buscando a implementação de soluções para vários problemas relacionados aos direitos fundamentais sociais, econômicos ou culturais, reclamando a **justiça distributiva** de bens e valores coletivos, que são escassos, e não a **justiça retributiva**, de reparação de lesões ocorridas no passado.

Esses macro conflitos de natureza política não serão objeto deste trabalho, que está voltado apenas ao estudo dos conflitos sociojurídicos que são ou poderão ser canalizados para o Judiciário.

A grande maioria dos macro conflitos tem natureza eminentemente política e como tal devem ser estudados fundamentalmente pela ciência Política e as soluções devem ser buscadas pelos Poderes competentes, e não pelo Judiciário. Certamente, a omissão na implementação de políticas públicas adequadas ou sua incorreta implementação, poderão ser objeto de controle pelo Poder Judiciário. Mas, aí o tema é outro e não cabe ser tratado nos limites deste trabalho.

10. As ponderações que desenvolveremos a seguir, com a indicação de soluções adequadas, segundo o nosso entendimento a respeito do tema, dizem respeito aos conflitos já judicializados ou na iminência de judicialização.

Em relação aos conflitos judicializados, no ***Relatório Justiça em Números*** publicado neste ano (2017), constam as seguintes preocupantes informações do **Conselho Nacional da Justiça**:

"O número de processos em tramitação não parou de crescer, e, novamente, houve aumento do estoque de processos que aguardam por solução definitiva. Ao final do ano de 2009, tramitavam no judiciário 60,7 milhões de processos. Em sete anos o quantitativo cresceu para quase 80 milhões de casos pendentes, variação acumulada no período de 31,2%, ou crescimento médio de 4,5% a cada ano. A demanda pelos serviços de justiça também cresceu esse ano, numa proporção de 5,6%, não se verificando a tendência de redução pela retração de 4,2% observada em 2015, comparativamente a 2014. Em 2016, ingressaram na justiça 29,4 milhões de processos – o que representa uma média de 14,3 processos para cada 100 habitantes". (grifos nossos) E prossegue o Relatório: ***"A taxa de congestionamento permanece em altos patamares e quase sem variação em relação ao ano de 2015, tendo atingido o percentual de 73,0% em 2016. Isto significa que apenas 27% de todos os processos que tramitaram foram solucionados. Mesmo se fossem desconsiderados os casos que estão suspensos, sobrestados ou em arquivo provisório aguardando alguma situação jurídica futura, a taxa de congestionamento é de 69,3% (3,7 pontos percentuais a menos que a taxa bruta" (grifos nossos).***

Um ponto importante a ser consignado é que o Relatório do CNJ anota expressamente que ***"isso não significa que os juízes brasileiros produzem pouco. Pelo contrário, o índice de Produtividade dos Magistrados (IPM) foi de 1.749 processos. Considerando apenas os dias úteis do ano de 2016, excetuadas as férias, tal valor implica a solução de mais de sete processos ao dia. O índice de Produtividade dos Servidores da Área Judiciária cresceu 2%, o que significa***

uma média de dois casos a mais baixados por servidor em relação à 2015"(grifos nossos).

E conclui o Relatório: ***"A alta taxa de produtividade da justiça brasileira fica evidenciada também a partir do índice de atendimento à demanda, que foi de 100,3% em 2016 – ou seja, o Judiciário concluiu quantidade de processos ligeiramente superior à quantidade de casos novos ingressados".***

III. POLÍTICA JUDICIÁRIA NACIONAL DE TRATAMENTO ADEQUADO DOS CONFLITOS DE INTERESSES.

11. O Conselho Nacional de Justiça, em 2010, instituiu a importante Política Judiciária Nacional de Tratamento Adequado de Conflitos, enfrentando os problemas gerados pela "cultura da sentença" e estruturando, em termos de direito dos jurisdicionados e consequente obrigação do Judiciário, a utilização de outros mecanismos adequados de solução de conflitos além do método tradicional da solução adjudicada por meio de sentença, em especial os meios consensuais, como a conciliação e a mediação.

Esses mecanismos ditos "alternativos" de resolução de controvérsias devem ser estudados e organizados **não** como solução para a crise de morosidade da Justiça, como uma forma de reduzir a quantidade de processos acumulados no Judiciário, e **sim** como métodos para dar tratamento mais adequado aos conflitos de interesses que ocorrem na sociedade. A redução dos processos será uma resultante necessária do êxito de sua adoção, mas não seu escopo primordial.

Para a solução de muitos desses conflitos, pela sua natureza e especificidade - e sobre isto não se tem mais dúvida atualmente - é por vezes muito mais adequado um meio alternativo, em especial a conciliação ou a mediação, do que uma sentença do juiz. Nas chamadas relações jurídicas continuativas, que têm duração no tempo, em que as partes estão em contato permanente (conflitos de natureza subjetiva), a solução do conflito deve ser promovida com a preservação da relação pré-existente entre as partes, pondo-se em prática a chamada *"justiça coexistencial"*, com a pacificação das partes, o que a solução sentencial dificilmente terá condições de promover.

12. Foi precisamente por essa razão que o Conselho Nacional de Justiça declarou, no introito da Resolução 125/2010, que a política judiciária nacional instituída é respeitante ao *"tratamento adequado dos conflitos de interesses no âmbito do Poder Judiciário"*. Certamente nessa política pública têm particular relevância os meios alternativos de solução de conflitos, em especial os consensuais, que são a conciliação e a mediação. Mas, seu objetivo é mais abrangente, não se esgota na mera institucionalização da mediação e da conciliação.

Os meios alternativos de solução de conflitos, hoje, fazem parte do próprio processo, o que ocorre nas mediações e conciliações intraprocessuais, ou nas anexas (as promovidas fora do iter processual, mas em função de processos ajuizados, por um órgão encarregado disso - v.g., Setores de Conciliação de 2º Grau e de 1º Grau, no Estado de São Paulo, hoje transformados em Cejusc). Ou podem ser organizados sem qualquer vínculo com o processo, como está ocorrendo atualmente na parte referente às conciliações e mediações pré-processuais nos chamados CEJUSCs (Centros de Resolução de Conflitos e Cidadania), que estão sendo organizados em todo o país, com base na Resolução 125 do CNJ.

Há, também, os *meios alternativos* organizados fora do Judiciário, pelas Câmaras de Arbitragem, Mediação e Conciliação das organizações privadas ou por entes públicos (Defensoria Pública, Ministério Público, Procuradorias do Estado ou dos Municípios, etc.).

IV. ATUALIZAÇÃO DO CONCEITO DE ACESSO À JUSTIÇA

13. O art. 1º da Resolução declara expressamente que todos os jurisdicionados têm direito *"à solução dos conflitos por meios adequados à sua natureza e peculiaridade"*, incumbindo aos órgãos judiciários oferecer *"outros mecanismos de solução de controvérsias, em especial aos chamados meios consensuais, como a mediação e a conciliação"*. E menciona também o direito de obter *atendimento e orientação*, não somente em situações de conflitos de interesses, como também em seus problemas jurídicos, em situações de dúvida e de desorientação. E se é direito dos jurisdicionados ter a oferta desses serviços, o Estado tem, inquestionavelmente, a obrigação de organizá-los de forma adequada.

14. A política judiciária adotada pela Resolução 125 trouxe uma profunda mudança no paradigma dos serviços judiciários e por via de consequência atualizou o conceito de *acesso à justiça*, tornando-o muito mais *acesso à ordem jurídica justa*, e não *mero acesso aos órgãos judiciários* para a obtenção de solução adjudicada por meio de sentença (nesse sentido, nosso trabalho ***"Acesso à Justiça na Sociedade Moderna"***, *in* **Participação e Processo, RT, 1988, págs. 128-135,** obra coordenada por ADA PELLEGRINI GRINOVER, CÂNDIDO RANGEL DINAMARCO e KAZUO WATANABE)

IV. TRANSFORMAÇÃO DA "CULTURA DA SENTENÇA" EM "CULTURA DA PACIFICAÇÃO"

15. Temos hoje, ainda, o que denominamos de **"cultura da sentença"**, mencionado repetidas vezes neste trabalho, que é decorrente da valorização excessiva da solução dos conflitos por meio da sentença do juiz.

Com a valorização da solução amigável, encontrada pelos próprios conflitantes, com ou sem a ajuda de terceiros facilitadores, que são os mediadores e os conciliadores, ocorrerá certamente o nascimento da **"cultura da pacificação"**.

Reforçando essa esperança, temos a firme atuação do CNJ, junto às instituições públicas e privadas de ensino, procurando estimulá-las à criação de disciplinas específicas voltadas à capacitação dos alunos, futuros profissionais do direito, na atuação não somente em processos contenciosos, como também em negociação e no manejo de mecanismos alternativos de solução de conflitos.

14. A Resolução 125/2010 tem vários outros pilares.

Um deles é a respeitante à qualidade dos serviços a serem oferecidos. Em relação aos meios consensuais de solução de conflitos, a Política Judiciária Nacional adotada pela Resolução 125 e seus Anexos trazem normas explícitas sobre a capacitação dos mediadores e conciliadores, exigindo deles, além da capacitação inicial, treinamentos e aperfeiçoamentos posteriores.

Essa Política Judiciária Nacional, enfim, procura enfrentar a crise de morosidade da justiça atacando suas causas, e não seus efeitos.

A estratégia de aperfeiçoamento do sistema de solução dos conflitos por meio, apenas, da alteração das leis processuais, sem se preocupar com a adequada estruturação da organização judiciária e sem a adoção dos mecanismos alternativos de solução dos conflitos, ataca apenas os efeitos dos graves problemas que provocam a crise de desempenho da Justiça, deixando de enfrentar as suas causas.

É chegada a hora de se dar mais valor ao estudo dos chamados meios alternativos de solução de controvérsias, com a preocupação voltada mais à pacificação dos conflitantes, e por via de consequência a solução dos conflitos, e não para a solução da crise de desempenho de nosso Judiciário.

A redução do número de conflitos judicializados será uma consequência necessária da adequada organização dessa estratégia.

Com a valorização da solução amigável encontrada pelos próprios conflitantes, com ou sem a ajuda de terceiros facilitadores, que são os mediadores e os conciliadores, ocorrerá certamente a disseminação da "cultura da pacificação".

Acreditando nessa esperança, temos sustentado, de há muito, que as instituições públicas e privadas de ensino procurem assumir, com a criação de disciplinas específicas voltadas à capacitação dos alunos, futuros profissionais do direito, na negociação, não somente no processo contencioso, mas também em negociação e no manejo de mecanismos alternativos de solução de conflitos.

14. A Resolução 125/2010 tem vários outros pilares.

Um deles é a preocupação com a qualidade dos serviços a serem oferecidos em relação aos meios consensuais de solução de conflitos. A Política Judiciária Nacional adotada pela Resolução 125 e seus Anexos traz normas explícitas sobre a capacitação dos mediadores e conciliadores, exigindo deles, além da capacitação inicial, treinamentos e aperfeiçoamentos posteriores.

Essa Política Judiciária Nacional, enfim, procura enfrentar a crise de morosidade da justiça atacando suas causas, e não seus efeitos.

A [illegible] dos conflitos por meio apenas da alteração das leis processuais, sem se preocupar com a adequada estruturação da organização judiciária e sem a adoção dos mecanismos alternativos de solução dos conflitos, ataca apenas os efeitos dos graves problemas que provocam a crise de desempenho da Justiça, deixando de enfrentar as suas causas.

É chegada a hora de se dar mais valor ao estudo dos chamados meios alternativos de solução de controvérsias, com a preocupação voltada mais à pacificação dos conflitantes, e por via de consequência à solução dos conflitos, e não para a solução da crise de desempenho de nosso Judiciário.

A redução do número de conflitos judicializados será uma consequência necessária da adequada organização dessa estratégia.

CAPÍTULO 38

Gestão judicial e solução adequada de conflitos: um diálogo necessário[1]

Henrique Ávila[2]

Trícia Navarro Xavier Cabral[3]

SUMÁRIO: 1. INTRODUÇÃO – 2. GOVERNANÇA JUDICIAL – 3. O FORTALECIMENTO DE MECANISMOS LEGÍTIMOS DE SOLUÇÃO ADEQUADA DE CONFLITOS – 4. REFLEXOS DA POLÍTICA JUDICIÁRIA NACIONAL DE TRATAMENTO ADEQUADO DOS CONFLITOS – 5. ANÁLISE PROSPECTIVA DO TEMA – 6. REFERÊNCIAS.

1. INTRODUÇÃO

O Brasil tem cerca de 76,7 milhões de processos em tramitação. A edição de 2017 do relatório Justiça em Números do Conselho Nacional de Justiça (CNJ) mostra que o estoque de processos só aumenta, com um crescimento acumulado de 31,2% nos últimos 07 anos.

A esse diagnóstico desanimador podem ser imputadas diversas causas sociais, políticas e jurídicas, mas também se deve a uma postura comportamental que se desenvolveu nas últimas décadas no ordenamento pátrio.

A Constituição da República, em seu art. 5º, XXXV, assegura o amplo acesso à justiça ao dizer que: *"A lei não excluirá da apreciação do Poder Judiciário lesão ou ameaça a direito."*. Trata-se do chamado princípio da inafastabilidade do controle jurisdicional, que permite a postulação de tutela jurisdicional, preventiva ou reparatória, versando sobre direitos individuais ou coletivos.

Essa garantia constitucional ganhou outros reforços legislativos e estruturais, como o inciso LXXIV do art. 5º da própria Constituição que estabelece a

1. O artigo foi originalmente publicado em: CURY, Augusto (Org.). *Soluções pacíficas de conflito*. Rio de Janeiro: Forense, 2018.
2. Conselheiro do Conselho Nacional de Justiça. Advogado licenciado. Doutorando em Direito Processual pela PUC/SP. Mestre em Direito Processual pela PUC/SP. Professor de processo civil do Instituto Brasiliense de Direito Público.
3. Pós-Doutoranda em Processo Civil pela USP. Doutora em Direito Processual pela UERJ. Mestre em Direito Processual pela UFES. Juíza Estadual no Espírito Santo. Membro da Comissão Acadêmica do FONAMEC. Membro-efetivo do IBDP

assistência judiciária integral e gratuita aos que comprovarem insuficiência de recursos.

Ainda no campo legislativo, a Lei 9.099/95 trouxe grandes avanços aos jurisdicionados, ao possibilitar - nas hipóteses em que a lei especifica - o direito de ação sem a presença de advogado, de forma gratuita e com um procedimento mais simples.

Ademais, a estruturação da Defensoria Pública também foi importante fator de facilitação do acesso à justiça, já que proporcionou a concretização da assistência jurídica aos cidadãos mais necessitados, tanto no âmbito extrajudicial quanto na esfera judicial.

Por sua vez, esses fenômenos foram acompanhados de uma alteração no comportamento de consumo do brasileiro e do crescimento dos conflitos de massa, cuja proteção já havia sido devidamente regulamentada, especialmente pelo Código de Defesa do Consumidor (Lei n. 8.078/1990).

Outro fator que também contribuiu para uma mudança no papel do Poder Judiciário no contexto nacional foi o incremento da judicialização da vida pública (interferência em políticas públicas) e uma politização do poder judicial (tensão política entre magistrados e políticos). O equilíbrio está na releitura da governança do poder judicial e nos órgãos de controle externo, garantindo a independência da judicatura e dos demais Poderes e a qualidade judicial, bem como responsabilidade e responsabilização dos atores.

Observa-se, pois, que essas são apenas algumas circunstâncias responsáveis pelo caos que se formou no Poder Judiciário, que se viu impotente em sua missão de solucionar os conflitos e pacificar a sociedade, causando recorrente frustração ao jurisdicionado.

E como consequência interna, o que se tem no cotidiano forense é uma latente falta de credibilidade na instituição judiciária, que acaba refletindo no comportamento dos profissionais do direito, por meio de desestímulo com a carreira, constantes problemas de saúde - físico e mental -, inadequação no tratamento ao próximo, baixa produtividade, numerosas reclamações perante os órgãos de controle, só para citar alguns dos efeitos colaterais. E nessa situação se encontram os juízes, advogados, promotores, servidores, estagiários, e outros atores que compõem e atuam no sistema judicial.

Nesse contexto, foi necessário repensar uma nova forma de gestão e tratamento dos conflitos, o que acabou ensejando mudanças na política judiciária, incluindo a adoção de uma mais sofisticada gestão administrativa e processual, além da utilização de variados e eficientes métodos de resolução de controvérsias, capazes de conferir a esperada qualidade e humanização aos que necessitam da Justiça.

2. GOVERNANÇA JUDICIAL

O formato do nosso Poder Judiciário, tradicionalmente formal e burocrático, precisava de um choque de realidade para se reinventar diante de tantos fatores sociais que impactaram a sua estrutura e a sua eficiência. Por isso, a palavra de ordem passou a ser "gestão", especialmente em relação aos maiores gargalos: custo-lentidão-complexidade.

Não foi difícil identificar que o modelo de gestão até então presente não só no campo administrativo, mas também jurídico, não mais atendia ao jurisdicionado e nem aos próprios integrantes do Poder Judiciário.

E para além de se pretender imprimir gestão em aspectos eminentemente processuais[4], a necessidade de gerenciamento pelo magistrado passou incluir os aspectos periféricos à atividade jurisdicional, relacionados à estrutura administrativa, pessoal e material da unidade judiciária, já que também possuem o condão de influenciar no bom andamento do processo e prejudicar a eficiência do sistema judiciário.

A governança é um mecanismo analítico de compreensão e controle dos fatores que envolvem todos os meios pessoais, materiais e estruturais no alcance dos objetivos[5]. Por conseguinte, a gestão judicial é o conjunto de tarefas que garante o uso eficaz de recursos do Poder Judiciário visando uma prestação jurisdicional eficiente.

Não obstante, tem-se por práticas governamentais o conjunto de medidas e comportamentos para o planejamento, acompanhamento e controle das atividades judiciais e judiciárias. Assim, a governança judicial inclui as seguintes dimensões: independência judicial, *accountability* (controle externo – responsabilidade e responsabilização), acessibilidade à Justiça, estrutura do Poder Judiciário e recursos estratégicos do Poder judiciário. Importante, ainda, é o estabelecimento de um ambiente institucional, com práticas de interação com outros órgãos e atores do sistema judicial.[6]

Assim, o modelo de juiz-gestor constitui um novo paradigma[7], já que essa postura otimiza o funcionamento das unidades judiciárias, por meio de

4. Ver interessante análise do tema, por: ALEXANDRE, Isabel. *O dever de gestão processual do juiz na proposta de lei relativa ao novo CPC*. Disponível em: http://www.cej.mj.pt/cej/recursos/ebooks/ProcessoCivil/Texto_intervencao_Isabel_Alexandre.pdf. Acesso em 02.08.2017.
5. AKUTSU, Luiz; GUIMARÃES, Tomas de Aquino. *Dimensões da governança judicial e sua aplicação ao sistema judicial brasileiro*. Disponível em: ‹http://www.scielo.br/scielo.php?pid=S1808-24322012000100008&script=sci_arttext ›. Acesso em: 07 jan. 2015.
6. Confira interessante artigo sobre o assunto. In: AKUTSU, Luiz; GUIMARÃES, Tomas de Aquino. *Governança judicial*: proposta de modelo teórico-metodológico. Disponível em: ‹http://www.trt7.jus.br/pe/files/noticias_publicacoes/arquivos/governanca_judicial.pdf›. Acesso em: 07 jan. 2015.
7. REIS, Wanderlei José dos. *Juiz-gestor*: um novo paradigma. Disponível em: http://www.ibrajus.org.br/revista/artigo.asp?idArtigo=215. Acesso em: 07 jan. 2015.

decisões racionais e fundamentadas que buscam a satisfação das necessidades dos jurisdicionados.

Para tanto, o juiz-gestor utiliza indicadores e metas de desempenho no exercício de sua profissão. Planos estratégicos e operacionais, bem como um efetivo acompanhamento e controle de gestão garantem a eficiência da prestação jurisdicional, especialmente em unidades judiciárias doentes[8].

Nesse contexto, foi criado o Conselho Nacional de Justiça - CNJ, que é um órgão de controle externo, inserido na Emenda Constitucional 45/2004, e que tem por missão ser instrumento efetivo de desenvolvimento do Poder Judiciário, e contribuir para a efetividade da prestação jurisdicional. Seus valores são: agilidade, ética, imparcialidade, probidade e transparência. O órgão é composto por 15 conselheiros, com direitos e deveres estabelecidos pelo Regimento Interno do CNJ.

O CNJ, como é mais conhecido, foi o principal responsável pela transformação da estrutura administrativa e judicial no Brasil, embora tenha tido grande resistência no início pelos juízes, pois a figura de um órgão externo controlador poderia interferir na questão da independência dos magistrados, além de representar mais uma instância de punição. A sensação era de desconfiança e até de indignação.

Com o tempo, o CNJ foi se mostrando imprescindível para a boa gestão e eficiência do Poder Judiciário. Atualmente o referido órgão passa por críticas e certo desalinhamento quanto aos seus objetivos e atribuições, especialmente porque as prioridades mudam a cada Presidência. Isso também ocorre nas Presidências e nas Corregedorias de Justiça dos Tribunais brasileiros: a cada administração altera-se naturalmente a ideologia e o perfil do gestor, ora mais rígido, ora mais brando.

De qualquer modo, a governança judicial ganhou força no Brasil especialmente após a criação do Conselho Nacional de Justiça – CNJ.

Para esse fim, o CNJ utiliza a Gestão de Processos como metodologia para acompanhar, avaliar e redesenhar os processos de trabalho, visando à melhoria contínua destes e o alcance dos objetivos estratégicos da organização.

As ações são divididas em 11 macroprocessos, relacionados à governança judiciária (promoção da cidadania, do acesso à justiça e da modernização do Judiciário) e também à correição e fiscalização, permitindo uma visão sistêmica e abrangente da atuação do CNJ[9], ajudando, inclusive, na solução das dificuldades quantitativas e qualitativas dos Tribunais brasileiros.

---

8. REIS, Wanderlei José dos. *Juiz-gestor*: um novo paradigma. Disponível em: http://www.ibrajus.org.br/revista/artigo.asp?idArtigo=215. Acesso em: 07 jan. 2015.
9. Disponível em: ‹ http://www.cnj.jus.br/sobre-o-cnj/macroprocessos›. Acesso em: 08 jan. 2015.

Outro desafio é fazer com que os servidores do Poder Judiciário entendam a nova filosofia e aceitem caminhar em direção a um objetivo comum, que é gerir uma unidade judiciaria de forma correta e dinâmica.

Isso porque o poder de gestão do juiz passa também pela administração das secretarias e dos servidores, principalmente no que se refere às novas técnicas como o calendário e as convenções processuais, sem contar no atendimento às metas do CNJ que anualmente estabelecem prioridades e exigem relatórios periódicos.

Também na doutrina, o gerenciamento pelo juiz vinha sendo estudado somente sob a perspectiva judicial, ou seja, quanto à gestão das técnicas processuais capazes de conferir mais efetividade à prestação jurisdicional, sem, contudo, se preocupar com uma mudança comportamental dos juízes e demais profissionais do direito também fora do processo.

Contudo, a gestão administrativa (judiciária) aliada à judicial, é muito mais eficaz na garantia da coerência estrutural do sistema.

Portanto, constata-se que a maior eficiência tanto na gestão administrativa como na condução processual, observadas de maneira simultânea e com igual relevância, pode proporcionar a efetividade jurisdicional[10], eliminando, por consequência, a morosidade das ações judiciais e a baixa eficácia de suas decisões, trazendo, por consequência, a esperada satisfação do jurisdicionado.

3. O FORTALECIMENTO DE MECANISMOS LEGÍTIMOS DE SOLUÇÃO ADEQUADA DE CONFLITO

O Conselho Nacional de Justiça também foi certeiro ao diagnosticar que a tentativa de se resolver todos os conflitos sociais por meio de uma decisão judicial já não mais atendia à estrutura do Poder Judiciário e nem aos próprios consumidores da Justiça.

Assim, por meio da paradigmática Resolução 125, de 2010, o Conselho Nacional de Justiça instituiu a Política Judiciária Nacional de tratamento adequado dos conflitos de interesses no âmbito do Poder Judiciário, chamando para o órgão julgador a responsabilidade de incrementar as atividades de conciliação e mediação[11], incluindo-as como legítimos mecanismos de resolução de controvérsias, sejam litígios pré-processuais ou aqueles já judicializados.

---

10. Cf.: CAHALI, Cláudia Elisabete Schwerz. *O gerenciamento de processos judiciais*: em busca da efetividade da prestação jurisdicional (com remissões ao projeto do novo CPC). Brasília: Gazeta Jurídica, 2013. (Coleção Andrea Proto Pisani, vol. 10).
11. Sobre a origem e evolução do instituto da mediação, cf.: CHASE, Oscar G. I metodi alternativi di soluzione dele controversie e la cultura del processo: il caso degli Stati Uniti D'America. In: VARANO, Vincenzo (Org.).

Essa iniciativa ganhou apoio do legislador nacional que, inspirado na Res. 125/2010, do Conselho Nacional de Justiça, incluiu a matéria em outros projetos de lei.

Já seguindo esta linha, a Lei nº. 13.105/15, que instituiu o novo Código de Processo Civil, estabeleceu como uma de suas premissas o incentivo ao uso de formas não adjudicatórias de solução de conflitos, como a mediação e a conciliação. Em seguida foi promulgada a Lei n. 13.129/15, que alterou a Lei n. 9.307/96 e aperfeiçoou o uso da arbitragem. Posteriormente, foi publicada a Lei nº 13.140/15 que trata da mediação nas esferas pública e privada, formando, assim, um verdadeiro microssistema de meios *adequados* de solução de controvérsias (não mais *alternativos*, como acertadamente prefere a Res. 125/2010 do CNJ).

E devido a essas adesões legislativas, O Conselho Nacional de Justiça, em 08 de março de 2016, publicou a Emenda 2, que alterou e acrescentou artigos e Anexos à Resolução 125/10, compatibilizando o referido ato normativo ao aprimoramento das novas Leis.

Assim, em 2015, o ordenamento jurídico brasileiro passou por uma mudança de paradigma legislativo digna de especial reflexão pelos profissionais do direito no tocante à consolidação dos institutos da conciliação e da mediação como mecanismos adequados de solução de conflitos, tanto no âmbito público como no privado, trazendo novas perspectivas para as relações jurídicas e sociais.

Esse aparato legal deu um contorno contemporâneo ao acesso à justiça, disponibilizando amplos mecanismos de ingresso no Poder Judiciário, mas também diferentes maneiras de sair dele, com o uso da técnica que melhor atender às particularidades do litígio. Trata-se do modelo de Justiça Multiportas[12], que oferece aos litigantes variadas opções de resolução das controvérsias, além da sentença adjudicada.

Essa realidade indica que é preciso um novo olhar para os formatos tradicionais de enxergar os conflitos, o que inclui experimentar o uso de mecanismos mais adequados de tratá-los.

Portanto, importante se faz reconhecer o empenho do Poder Legislativo em regulamentar instrumentos de transformação de uma sociedade mais

L'altragiustizia: il metodi alternativi di soluzione dele controversie nel diritto comparato. Milano: Dott. A. Giuffrè Editore, 2007, p. 129-156.

12. ZANETI JR., Hermes; CABRAL, Trícia Navarro Xavier. *Justiça Multiportas*: mediação, conciliação, arbitragem e outros meios de solução adequada de conflitos. (Coleção Grandes Temas do Novo CPC – vol. 9). Salvador: JusPODIVM, 2017.

autônoma e independente, com liberdade para resolver seus conflitos de forma mais adequada, dentro ou fora do Poder Judiciário.

4. REFLEXOS DA POLÍTICA JUDICIÁRIA NACIONAL DE TRATAMENTO ADEQUADO DOS CONFLITOS

A adoção pelo legislador de uma Política Nacional que objetivasse tratar adequadamente os conflitos surtiu efeitos imediatos no Poder Judiciário.

No âmbito processual, a nova lei da mediação e o fomento ao uso de métodos adequados de solução de disputas introduzido no Código de Processo Civil, ensejaram o estabelecimento de uma etapa autocompositiva logo no início do processo (art. 334, do CPC), proporcionando um primeiro diálogo entre as partes antes de se prosseguir com a demanda, já que, na maioria das vezes, elas não tiveram - ou não quiseram ter - a oportunidade de conversar em momento anterior à judicialização.

Aliás, este fator está diretamente relacionado ao formato de ensino nos cursos de direito, em que os profissionais são preparados para o litígio e não para a solução amistosa das controvérsias, onde todos saem ganhando.

Contudo, a boa intenção legislativa em instituir uma cultura da pacificação esbarrou, na prática, em dificuldades físicas, estruturais e pessoais que demandam uma rápida atenção e solução pelos Tribunais, sob pena de comprometimento do sistema autocompositivo.

De qualquer forma, os benefícios já são identificáveis na prática forense, já que a propagação das novas técnicas de resolução de conflitos já tem gerado um acréscimo no número de acordos judiciais e extrajudiciais[13], e isso pouco tempo após a vigência da nova legislação.

Outro setor que pode se beneficiar com o novo cenário legislativo é a Administração Pública, já que passa a ser possível que os conflitos - individuais e coletivos - envolvendo os entes públicos sejam resolvidos por meio da mediação ou da conciliação. Exemplo disso são os mutirões de execução fiscal, em que o Executivo e o Judiciário formam parcerias para resolver de modo definitivo questões tributárias de contribuintes, aliviando tensões sociais e proporcionando uma arrecadação fiscal imediata e significativa para o ente público.

Ademais, no campo da Administração Pública, tanto a Lei de Mediação quanto o CPC/2015 tratam da utilização da mediação e da conciliação em

13. Cf.: http://www.cnj.jus.br/noticias/judiciario/84469-conciliacoes-aumentam-em-vitoria-es-apos-novo-cpc. Acesso em 16.03.2017.

conflitos envolvendo os entes públicos, e entre estes e os privados. Sem dúvida essa previsão legal representa uma quebra de paradigmas sobre a possibilidade de disputas que envolvam interesse público sejam resolvidas mediante autocomposição, com benefícios para todos os participantes. O assunto, que sempre foi alvo de intensos debates na doutrina pela questão da indisponibilidade dos bens públicos, começa a ter uma interpretação condizente com o grau de interesse público envolvido no conflito, permitindo que controvérsias transacionáveis, ainda que referentes a direitos outrora indisponíveis sejam passíveis de autocomposição, sepultando, assim, restrições injustificáveis e sem efetividade.

Saliente-se, nesse contexto, o papel da advocacia, do Ministério Público e da Defensoria Pública, que acabam sendo essenciais na interlocução entre os órgãos públicos e a população. Indispensáveis à Justiça, todos eles aos poucos estão aderindo ao novo modelo de solução de conflitos sociais. Não por outra razão o art. 3º, §3º, do CPC, dispõe que: *"A conciliação, a mediação e outros métodos de solução consensual de conflitos deverão ser estimulados por juízes, advogados, defensores públicos e membros do Ministério Público, inclusive no curso do processo judicial."*.

Na esfera privada há inúmeras possibilidades de uso dos meios adequados de solução de controvérsias para resolver as divergências pessoais internas e externas das empresas. De fato, várias entidades privadas têm modificado o seu estilo de gestão para inserir na sua administração uma política conciliatória. Essa estratégia tem gerado bons resultados práticos, econômicos e de marketing, além de influenciar os instrumentos contratuais, que passaram a incluir cláusulas de mediação e conciliação para evitar a judicialização do conflito ou, ao menos, tentar não utilizá-la como primeira opção.

Não obstante, de acordo com a legislação em vigor, poderão ser criadas câmaras privadas, instituídas por profissionais de diversas áreas do conhecimento, desde que tenham em seus quadros conciliadores e mediadores capacitados de acordo com as diretrizes do Conselho Nacional de Justiça, para que possam ser habilitadas perante o NUPEMEC do tribunal e indicadas aos CEJUSCS, bem como para que seus acordos sejam devidamente homologados.

As câmaras também podem funcionar em parceria com os Procons, Centros de Cidadania, cartórios, empresas privadas, entre outros, podendo, ainda, oferecer o serviço de capacitação de conciliadores e mediadores, desde que sigam os parâmetros curriculares estabelecidos no Anexo I, da Resolução 125/10, do CNJ. Tanto as câmaras como seus facilitadores devem atender ao Código de Ética do CNJ e estão sujeitos a sanções pelo cometimento de eventual infração.

Surge então, um novo mercado de trabalho, não só para os profissionais autônomos no âmbito do direito privado, mas também para a estrutura da

Administração Pública, que poderá criar câmaras de prevenção e resolução administrativa dos conflitos para dirimir controvérsias envolvendo somente os órgãos públicos, ou entre estes e o particular.

Outra novidade foi o lançamento recente pelo Conselho Nacional de Justiça da Mediação Digital[14], plataforma dirigida aos conflitos de massa, podendo ser utilizada, ainda, em créditos tributários. O objetivo é evitar a judicialização e reduzir o número de processos, e, ainda, quebrar o paradigma da educação contenciosa. A ferramenta funciona aproximando as partes por meio de troca de mensagens e informações virtuais, cujo acordo poderá ser homologado judicialmente.

Ademais, no FONAMEC (Fórum Nacional de Mediação e Conciliação) realizado nos dias 14 e 15 de abril de 2016 em Cuiabá/MT, o Conselho Nacional de Justiça anunciou a criação do Escritório Digital, plataforma capaz de agregar e compatibilizar os diferentes sistemas de informática para auxiliar os advogados, contendo, ainda, a possibilidade de acesso a um link que permite a realização de mediação ou conciliação extrajudicial, cujo resultado poderá ser vinculado ao processo em tramitação para a homologação do acordo pelo juiz competente.

A resistência dos advogados ao uso da mediação e conciliação também será amenizada com a entrada em vigor das alterações do Código de Ética da categoria, uma vez que seu artigo 48 regulamenta de forma expressa os honorários conciliatórios e seu tratamento junto aos clientes.[15]

De qualquer forma, são inúmeros os benefícios do uso destes meios autocompositivos em relação ao processo judicial: o tempo de resolução da controvérsia; o custo do procedimento; e a satisfação dos envolvidos, já que constroem, por si próprios, a melhor solução para o conflito, o que, por conseguinte, refletirá no maior cumprimento das obrigações assumidas.

Assim, o conceito contemporâneo de jurisdição abrange a justiça estatal, a justiça arbitral e a justiça conciliativa, uma vez que todas elas constituem meios legítimos de pacificação social.[16]

5. ANÁLISE PROSPECTIVA DO TEMA

O Brasil tem sido prestigiado com um amplo acervo legislativo que autoriza e estimula a mudança de paradigma, de cultura e de atitude pelos atores e participantes dos conflitos sociais e de sua resolução.

14. Disponível em: <http://www.cnj.jus.br/mediacaodigital/> . Acesso em: 23 de maio de 2016.
15. Disponível em: http://www.oab.org.br/arquivos/resolucao-n-022015-ced-2030601765.pdf. Acesso em: 23 de maio de 2016.
16. Cf.: GRINOVER, Ada Pellegrini. *Ensaio sobre a processualidade*: fundamentos para uma nova teoria geral do processo. Brasília: Gazeta Jurídica, 2016, p. 18-20.

A judicialização excessiva das controvérsias criou graves problemas quantitativos e qualitativos na forma de se atender ao jurisdicionado, de modo que somente a adoção de um novo modelo de justiça - o que inclui a participação do setor privado - com diferentes possibilidades de resolução dos conflitos, será capaz de equilibrar os papéis das instituições no alcance da pacificação social.

Um último detalhe, mas não menos importante, é o caráter humanizador desses mecanismos adequados de solução de controvérsias, que se preocupa não só com o conflito em si, mas também com os sentimentos das pessoas e o resgate dos relacionamentos e da credibilidade dos entes envolvidos.

Essa característica é essencial para a compreensão da relevância desses institutos autocompositivos e da necessidade de assimilação e implementação de forma célere da política nacional de tratamento dos conflitos de interesses, pelos diferentes segmentos da sociedade civil.

Portanto, a expectativa é de que, a médio prazo, o formato da justiça brasileira ganhe e o comportamento dos profissionais de direito caminhem para uma maior autonomia e satisfação nas formas de resolução das controvérsias, o que poderá, reflexamente, contribuir para um Judiciário mais efetivo.

6. REFERÊNCIAS

AKUTSU, Luiz; GUIMARÃES, Tomas de Aquino. *Dimensões da governança judicial e sua aplicação ao sistema judicial brasileiro*. Disponível em: ‹http://www.scielo.br/scielo.php?pid=S1808-24322012000100008&script=sci_arttext ›. Acesso em: 07 jan. 2015.

______. *Governança judicial*: proposta de modelo teórico-metodológico. Disponível em: ‹http://www.trt7.jus.br/pe/files/noticias_publicacoes/arquivos/governanca_judicial.pdf›. Acesso em: 07 jan. 2015.

ALEXANDRE, Isabel. *O dever de gestão processual do juiz na proposta de lei relativa ao novo CPC*. Disponível em: http://www.cej.mj.pt/cej/recursos/ebooks/ProcessoCivil/Texto_intervencao_Isabel_Alexandre.pdf. Acesso em 02.08.2017.

CAHALI, Cláudia Elisabete Schwerz. *O gerenciamento de processos judiciais:* em busca da efetividade da prestação jurisdicional (com remissões ao projeto do novo CPC). Brasília: Gazeta Jurídica, 2013. (Coleção Andrea Proto Pisani, vol. 10).

CHASE, Oscar G. I metodi alternativi di soluzione dele controversie e la cultura del processo: il caso degli Stati Uniti D'America. In: VARANO, Vincenzo (Org.). *L'altragiustizia*: il metodi alternativi di soluzione dele controversie nel diritto comparato. Milano: Dott. A. Giuffrè Editore, 2007, p. 129-156.

GRINOVER, Ada Pellegrini. *Ensaio sobre a processualidade*: fundamentos para uma nova teoria geral do processo. Brasília: Gazeta Jurídica, 2016.

REIS, Wanderlei José dos. *Juiz-gestor*: um novo paradigma. Disponível em: http://www.ibrajus.org.br/revista/artigo.asp?idArtigo=215. Acesso em: 07 jan. 2015.

ZANETI JR., Hermes; CABRAL, Trícia Navarro Xavier. *Justiça Multiportas*: mediação, conciliação, arbitragem e outros meios de solução adequada de conflitos. (Coleção Grandes Temas do Novo CPC – vol. 9). Salvador: JusPODIVM, 2017.

CAPÍTULO 39

A alegação de existência da convenção de arbitragem antes da contestação no CPC/2015

Suzana Santi Cremasco[1]

Daniel Freitas Drumond Bento[2]

Leonardo Sette Abrantes Fioravante[3]

SUMÁRIO: 1. CONSIDERAÇÕES INICIAIS. 2. O SISTEMA ARBITRAL BRASILEIRO: 2.1. EFEITOS POSITIVOS E NEGATIVOS DA CONVENÇÃO DE ARBITRAGEM. 2.2. O PRINCÍPIO DA COMPETÊNCIA-COMPETÊNCIA. 2.3. PODER JUDICIÁRIO E ARBITRAGEM: AS RARAS HIPÓTESES AUTORIZADAS DE INTERVENÇÃO. 3. A ARBITRAGEM NO CÓDIGO DE PROCESSO CIVIL DE 2015. 3.1. A FALTA DA EXCEÇÃO DE ARBITRAGEM. 4. A NECESSIDADE DE COMBATE DAS MEDIDAS ANTIARBITRAIS NO CÓDIGO DE PROCESSO CIVIL DE 2015. 4.1. MEDIDAS ANTIARBITRAIS COMO VIOLAÇÃO DA BOA-FÉ CONTRATUAL E PROCESSUAL. 4.2. A POSSIBILIDADE DE ALEGAÇÃO DE EXISTÊNCIA DA CONVENÇÃO DE ARBITRAGEM ANTES DA CONTESTAÇÃO COMO MEDIDA EFETIVA DE COMBATE ÀS MEDIDAS ANTIARBITRAIS. 5. CONCLUSÕES. 6. REFERÊNCIAS.

1. CONSIDERAÇÕES INICIAIS

A arbitragem, nas palavras de Francisco José Cahali[4], é uma forma de composição extrajudicial de conflitos, eleita de comum acordo pelas partes,

1. Doutoranda em Direito pela Universidade de Coimbra. Mestre em Direito Processual pela UFMG. Professora Assistente de Arbitragem e de Direito Processual Civil da Faculdade de Direito Milton Campos. Diretora Científica do IDPro – Instituto de Direito Processual. Secretária Adjunta do IBDP – Instituto Brasileiro de Direito Processual para Minas Gerais. Membro do CBAr – Comitê Brasileiro de Arbitragem. Membro do Conselho Deliberativo e Vice-Presidente de Comunicação da CAMARB - Câmara de Arbitragem Empresarial-Brasil. Advogada sócia do escritório Suzana Cremasco Advogados, com atuação específica em arbitragem e em contencioso judicial estratégico. E-mail: suzana.cremasco@gmail.com.
2. Mestrando em Direito Empresarial e Bacharel em Direito pela UFMG. Coordenador Adjunto do Núcleo de Estudos em Solução de Conflitos da Faculdade de Direito Milton Campos. Membro do CBAr - Comitê Brasileiro de Arbitragem, da Comissão de Arbitragem da OAB/MG, da ICC-YAFF e da Young ICCA. Membro da Comissão Organizadora da Competição Brasileira de Arbitragem (2015-2016). Advogado da área de arbitragem, mediação e contencioso estratégico do escritório Tolentino Advogados. E-mail: dfdb0405@gmail.com.
3. Mestre em Direito Empresarial e Bacharel em Direito pela Faculdade de Direito Milton Campos. Pesquisador do Núcleo de Estudos em Solução de Conflitos da Faculdade de Direito Milton Campos. Coach da equipe de Competição de Arbitragem da Faculdade de Direito Milton Campos na Competição Brasileira de Arbitragem da CAMARB e na Willem C. Vis International Commercial Arbitration Moot. Membro da Comissão de Arbitragem da OAB/MG. Advogado do escritório Magalhães e Chegury Advogados Associados. E-mail: leo7fioravante@yahoo.com.br.
4. CAHALI, Francisco José. **Curso de arbitragem** [livro eletrônico]: mediação: conciliação: resolução CNJ 125/2010. 4. ed. São Paulo: Editora Revista dos Tribunais, 2015.

mediante o estabelecimento de uma convenção – seja na modalidade cláusula compromissória, seja na forma de compromisso arbitral. Por meio dela, as partes delegam a um ou mais terceiros, como se juiz fossem, a solução de controvérsia que verse sobre direitos patrimoniais e disponíveis, tendo a sua decisão força de título executivo judicial, passível de execução compulsória e imediata perante o Poder Judiciário.

A tal método de solução de conflitos se atribuem vantagens substanciais quando comparado ao processo estatal, em especial a celeridade, a confidencialidade, a flexibilidade do procedimento, além da melhor experiência dos julgadores no objeto do litígio – que normalmente envolve pessoas coletivas e cuida de questões complexas, especializadas e de conteúdo econômico expressivo.

A arbitragem não é um instituto novo no Brasil, sendo certo que as primeiras previsões legislativas a seu respeito remontam aos tempos imperais[5]. Não obstante, historicamente, o reconhecimento da arbitragem no país não se deu de forma rápida ou pacífica e mesmo após a edição de um marco legal específico – a Lei 9.307, de 23 de setembro de 1996 – surgiram polêmicas e questionamentos sobre a sua constitucionalidade[6], a sua jurisdicionalidade[7] e a força vinculante e obrigatória da convenção[8] firmada entre as partes para sua utilização.

Pouco a pouco, porém, as sólidas decisões proferidas pelos Tribunais Superiores[9], notadamente pelo Superior Tribunal de Justiça, no sentido de privilegiar a arbitragem proporcionaram uma crescente superação da desconfiança

5. Assim é que foi prevista tanto na Constituição do Império de 1824 (art. 160), como no Regulamento 737 de 1850 (art. 411/ss).
6. Reconhecida pelo Supremo Tribunal Federal no julgamento do Agravo Regimental na Sentença Estrangeira 5.206, em 2001, oportunidade em que se afirmou o alinhamento dos artigos 6°, parágrafo único, 7° e seus parágrafos, 41 e 42 da Lei n° 9.307/96 com o texto da Constituição Federal de 1988.
7. Reconhecida pelo Superior Tribunal de Justiça em diversas oportunidades. A propósito, cf. CC 111.230/DF, Rel. Min. Nancy Andrighi, 2ª Seção, j. 08/05/2013, DJe 03/04/2014; REsp 1277725/AM, Rel. Min. Nancy Andrighi, 3ª Turma, j. 12/03/2013, DJe 18/03/2013, REsp 1302900/MG, Rel. Min. Sidnei Beneti, 3ª Turma, j. 09/10/2012, DJe 16/10/2012, entre outros.
8. Em pesquisa realizada pelo Comitê Brasileiro de Arbitragem (CBAR), sob a temática "Arbitragem e Poder Judiciário", constatou-se que várias decisões do Tribunal de Justiça do Rio Grande do Sul (TJRS) "foram no sentido de que as partes não podem ser privadas do livre acesso à prestação jurisdicional, e a cláusula compromissória não as inibe de optar pela jurisdição estatal, sob pena de restar afastada a garantia constitucional de acesso à justiça". "Entendeu o TJRS que a Lei 9.307/96 conferiu às partes a faculdade de resolverem suas disputas por arbitragem. Assim, ainda que o contrato contenha cláusula compromissória as partes podem recorrer ao Judiciário porque a cláusula traduz mera liberalidade e não obrigatoriedade. Isso fez com que houvesse a reforma de decisões que em 1ª instância foram favoráveis à extinção do processo em razão da existência de convenção arbitral, não sendo reconhecido este efeito negativo em sede recursal". Disponível em: http://cbar.org.br/PDF/Validade_Eficacia_e_Existencia_da_Convencao_Arbitral.pdf. Acesso em: 18. Jan. 2017.
9. Nesse sentido, pode-se citar os julgados mencionados na nota de rodapé nº 7 acima.

e dos questionamentos jurídicos em torno do instituto, que teve como contrapartida um aumento na sua utilização[10]. O apoio da jurisdição estatal no reconhecimento, aplicação e preservação da arbitragem foi, de fato, fundamental para a consolidação desse sistema de solução de conflitos, na medida em que encontrar no Poder Judiciário ambiente tecnicamente adequado e favorável ao instituto fez com que a sua previsão pelas partes e sua utilização, com segurança, se tornassem sempre – e cada vez mais – frequentes.

A autonomia da arbitragem em relação ao Poder Judiciário, contudo, não é absoluta. A intervenção estatal no juízo arbitral é autorizada em determinadas situações, raras e específicas, que podem ocorrer antes, durante ou após o procedimento arbitral, sendo necessário, porém, que tanto árbitro quanto juiz togado respeitem as suas respectivas competências a fim de evitar situações conflituosas que podem refletir negativamente para a solução do litígio.

Algumas dessas situações excepcionais se caracterizam como "medidas antiarbitrais" porquanto consistem no requerimento e na obtenção de ordens judiciais destinadas a impedir o início ou sobrestar a tramitação processual de determinado procedimento arbitral, com a adoção de instrumentos de "anti-processo" ou "*anti-suit injunctions*"[11/12/13].

2. O SISTEMA ARBITRAL BRASILEIRO

A arbitragem, como já se pontuou, é regulada no Brasil pela Lei 9.307/96 – Lei de Arbitragem, com as alterações trazidas pela Lei 13.129/2015 – texto legal com pouco mais de quarenta artigos que instituiu, modernamente, o chamado sistema arbitral brasileiro. Entre outras questões, esse sistema traz consigo três premissas fundamentais cujo conhecimento e compreensão são essenciais para que se possa melhor entender os impactos das medidas antiarbitrais no nosso ordenamento jurídico: *(i)* os efeitos da convenção de arbitragem sobre os litigantes; *(ii)* o princípio da competência-competência; e *(iii)* as hipóteses nas quais o Poder Judiciário é autorizado a intervir no procedimento arbitral.

10. LEMES, Selma Ferreira. **Análise da Pesquisa Arbitragem em números de 2010 a 2013.** Disponível em: http://selmalemes.adv.br/artigos/An%C3%A1lise%20da%20Pesquisa%20Arbitragem%20em%20N%C3%BAmeros%20-2010-2013.pdf. Acesso em: 18. Jan. 2017.
11. ALVES, Rafael Francisco. **A inadmissibilidade das medidas antiarbitragem no direito brasileiro.** São Paulo: Atlas, 2009. p. 95.
12. BOISSESON, Mathieu de. As anti-suit injunction e o princípio da "competência-competência". In: **Revista de Arbitragem e Mediação,** ano 2, vol., 7, out-dez 2005, p. 138-145.
13. MARQUES, Ricardo Dalmaso. O STJ, as medidas antiarbitragem e o princípio da competência-competência na Lei 9.307/1996 – Comentário às decisões da MC 17.868/BA. In: **Revista de Arbitragem e Mediação,** ano 9, vol., 32, jan-mar 2012 p.293.

2.1. Efeitos positivos e negativos da convenção de arbitragem

A convenção de arbitragem é gênero do qual são espécies a cláusula compromissória e o compromisso arbitral. Por meio dela, as partes pactuam a utilização da arbitragem para solucionar seus conflitos atuais e certos – compromisso arbitral – ou futuros e incertos – cláusula compromissória. A convenção de arbitragem é, na sua essência, um contrato celebrado entre as partes que gera obrigações na esfera civil e processual dos litigantes.

Da celebração da convenção de arbitragem decorrem dois efeitos principais, o positivo e o negativo. Este exclui, *prima facie*, a apreciação do conflito pelo Poder Judiciário Estatal das questões atinentes ao julgamento do litígio. Aquele, por sua vez, impõe às partes a solução do(s) litígio(s) obrigatoriamente pela via arbitral. Se diz *prima facie*, uma vez que é facultada às partes pleitearem a nulidade da sentença arbitral nas hipóteses elencadas no art. 32 da Lei de Arbitragem[14].

O efeito negativo é dirigido ao Estado-Juiz, na medida em que impede o magistrado de apreciar o mérito da controvérsia submetida à arbitragem. Tanto é assim que a existência de convenção de arbitragem é causa de extinção do processo sem resolução de mérito nos termos do art. 485, VII do Código de Processo Civil de 2015[15]. Em outras palavras, afasta-se da jurisdição estatal – como regra – a análise do litígio objeto da convenção, comportando-se, portanto, como verdadeiro pressuposto processual negativo. O efeito positivo, a seu turno, é direcionado aos litigantes, que, de um lado, devem obrigatoriamente submeter eventual litígio ao juízo arbitral, salvo as autorizações legais concedidas ou novo acordo entre as partes que permitam eventual desvinculação à previsão; e, de outro, têm assegurada a possibilidade de arguir a existência da convenção de arbitragem – e, por conseguinte, a inviabilidade de processamento e julgamento da controvérsia perante o Poder Judiciário, no caso de eventual descumprimento do pactuado, pelo outro contratante.

Assim, a convenção de arbitragem ao mesmo tempo que obriga as partes a levarem seus litígios ao juízo arbitral, desautoriza o ajuizamento de ações judiciais sobre o objeto acordado e, em princípio[16], impede a análise da controvérsia pelo Poder Judiciário.

---

14. Art. 32. É nula a sentença arbitral se: I - for nula a convenção de arbitragem; II - emanou de quem não podia ser árbitro; III - não contiver os requisitos do art. 26 desta Lei; IV - for proferida fora dos limites da convenção de arbitragem; VI - comprovado que foi proferida por prevaricação, concussão ou corrupção passiva; VII - proferida fora do prazo, respeitado o disposto no art. 12, inciso III, desta Lei; e VIII - forem desrespeitados os princípios de que trata o art. 21, § 2º, desta Lei.
15. Que, quanto a esse aspecto, mantém a sistemática prevista no art. 267, VII, do Código de Processo Civil de 1973.
16. Diz-se, aqui, em princípio, na medida em que a alegação de existência de convenção de arbitragem depende de manifestação expressa da parte interessada, não sendo dado ao juiz argui-la de ofício.

2.2. O princípio da competência-competência

Ao lado dos efeitos da convenção de arbitragem, um dos eixos estruturais do sistema arbitral brasileiro é a adoção do princípio da competência-competência (*Kompetenz-Kompetenz*), que vem definido na melhor doutrina como a "competência dos árbitros para decidirem sobre sua própria competência e o impedimento, *a priori*, do juiz togado"[17]. Ele é expressamente consagrado no parágrafo único do art. 8º da Lei de Arbitragem.

Tal princípio está intimamente ligado aos efeitos da convenção de arbitragem, uma vez que se não tivesse o árbitro competência para decidir sobre sua própria competência, de nada valeria afastar a atuação do Poder Judiciário no caso concreto, uma vez que ele seria inevitavelmente chamado a decidir questão preliminar – competência do juízo arbitral – para que, em seguida, se remetesse às questões de mérito ao tribunal arbitral.

Grande parte das alegações contidas nos pedidos de medidas antiarbitrais apresentados perante o Poder Judiciário versam exatamente sobre a existência, validade e eficácia da convenção de arbitragem. Não raras são as alegações no sentido de que a convenção de arbitragem é nula, não existe ou não tem efeitos sobre determinado conflito ou sobre determinada pessoa. Diante dessa situação – alegação da falta de jurisdição arbitral por uma das partes – o sistema arbitral brasileiro dá ao árbitro a competência primeira para decidir sobre tal questão, não podendo, portanto, as partes valerem-se do Poder Judiciário para solucionar tal pendência antes de os árbitros se manifestarem sobre o tema. Frise-se que o Código de Processo Civil de 2015 reconhece, em definitivo, o princípio da competência-competência do juízo arbitral ao incluir, na parte final do art. 485, VII, como causa de extinção do processo sem resolução de mérito a situação na qual "o juízo arbitral reconhece sua competência".

Desse modo, o ordenamento jurídico brasileiro, "ao conferir caráter jurisdicional à arbitragem, acolheu a regra do *Kompetenz-Kompetenz* como meio de assegurar a efetividade da arbitragem"[18].

Isso ocorre na medida em que, em sendo a convenção um contrato, o rompimento do pactuado pelos contratantes, com recurso ao Poder Judiciário sem qualquer contestação importaria em novação e em consequente distrato tácito da manifestação de vontade anterior, sobre a qual o juízo estatal não tem qualquer ingerência. Tal entendimento foi expressamente encampado no NCPC, conforme se vê do disposto no art. 337, parágrafos 5º e 6º.

17. PITOMBO, Eleonora Coelho. Os Efeitos da Convenção de Arbitragem – Adoção do Princípio Kompetenz-kompetenz no Brasil In: LEMES, Selma Maria Ferreira; CARMONA, Carlos Alberto; MARTINS, Pedro Batista. (coords.). **Arbitragem** – Estudos em Homenagem ao Professor Guido Fernando da Silva Soares, In Memoriam. São Paulo: Atlas, 2007. p. 327.
18. PITOMBO, Eleonora Coelho. Os Efeitos da Convenção de Arbitragem – Adoção do Princípio Kompetenz-kompetenz no Brasil In: LEMES, Selma Maria Ferreira; CARMONA, Carlos Alberto; MARTINS, Pedro Batista.

2.3. Poder Judiciário e Arbitragem: as raras hipóteses autorizadas de intervenção

Em respeito ao seu caráter inequivocamente jurisdicional e a autonomia que é inerente à cada uma das jurisdições, são poucas – pouquíssimas – as hipóteses nas quais o Poder Judiciário é autorizado a intervir quando há convenção de arbitragem firmada entre as partes. A articulação entre a arbitragem e justiça estatal pode ocorrer em diferentes situações, mas sempre no sentido de "intervenções eficacizantes"[19], ou seja, sempre com o intuito de dar eficácia à convenção de arbitragem, às decisões e às sentenças arbitrais e sempre de forma a estabelecer um sistema de cooperação necessário entre o juízo arbitral e o juízo estatal.

É o caso, por exemplo, do disposto no art. 7º da Lei de Arbitragem, quando o Poder Judiciário é convocado para compelir uma das partes da convenção de arbitragem a celebrar o compromisso arbitral quando há resistência à instituição da arbitragem e a cláusula compromissória, por ser vazia[20], não fornece elementos suficientes para iniciar o procedimento arbitral sem a cooperação e a presença da parte resistente.

O Poder Judiciário também pode intervir quando há a necessidade de medidas cautelares e de urgência antes da instituição da arbitragem nos termos dos arts. 22-A e 22-B da Lei 9.307/96. E por fim, nos casos de nulidade da sentença arbitral, no qual se faz o controle de legalidade – e não de mérito – da decisão do tribunal arbitral e, ainda, com vistas a dar execução forçada às decisões do tribunal arbitral, quando são descumpridas por seus respectivos destinatários.

Todas as previsões insertas em lei de intervenção do Poder Judiciário na arbitragem são, consoante já se pontuou, no sentido de privilegiar o instituto, seja dando início ao procedimento, no caso de resistência de uma das partes, seja no sentido da determinação de medidas urgentes quando ainda não há arbitral constituído, seja de modo a praticar atos para os quais o Tribunal Arbitral não detém jurisdição para exercê-los..

Com efeito, é digno de nota que não há intervenção do Poder Judiciário na tramitação do procedimento arbitral, quando ele está em curso, sendo que as

(coords.). **Arbitragem** – Estudos em Homenagem ao Professor Guido Fernando da Silva Soares, In Memoriam. São Paulo: Atlas, 2007. p. 333.

19. WARDE JÚNIOR, Walfrido Jorge; CUNHA, Fernando Antônio Maia da. A arbitragem e os limites à atuação do judiciário nos litígios societários. In: **Processo Societário**. São Paulo: Quartier Latin, 2012. p. 728.
20. Cláusula arbitral vazia é aquela cláusula compromissória que não possui todas as informações necessárias ao início do procedimento arbitral, trazendo, portanto, uma lacuna, como por exemplo, a câmara arbitral eleita pelas partes.

previsões dos arts. 22, §2º e do art. 22-C da Lei de Arbitragem são no sentido de dar efetividade às decisões do tribunal arbitral, as quais somente podem ser executadas por meio do Poder Judiciário, que é detentor exclusivo do uso de métodos coercitivos.

Em síntese, não há qualquer previsão legal que autorize a intervenção do Poder Judiciário na arbitragem com vistas a obstar o início ou sobrestar a tramitação do procedimento, de modo que as medidas antiarbitrais não possuem guarida ou amparo no sistema arbitral proposto pela legislação brasileira, embora se reconheça que têm sido frequentes as tentativas sucessivamente levadas a efeito por alguns litigantes no sentido de se socorrer de tal intervenção, indevidamente.

3. A ARBITRAGEM NO CÓDIGO DE PROCESSO CIVIL DE 2015:

Para uma correta análise do cabimento das medidas antiarbitrais no Brasil, não se deve restringir o objeto de estudo à sistemática da Lei de Arbitragem. O Código de Processo Civil de 2015 introduziu um novo sistema processual no país e, como tal, incorporou a responsabilidade de lidar com as medidas antiarbitrais, uma vez que essas, invariavelmente, têm origem no Poder Judiciário[21].

Já no capítulo dedicado às normas fundamentais do processo civil – uma das grandes novidades constantes no novo sistema – percebe-se uma "notória tendência de estruturar um modelo multiportas que adota a solução jurisdicional de conflitos tradicional agregada à absorção dos meios alternativos"[22]. Nota-se, inclusive, que o art. 3º, §1º[23] do novo diploma – especialmente quando analisado em conjunto com o disposto no art. 42[24] – põe fim às discussões – a nosso ver, ultrapassadas – no sentido de que arbitragem não seria jurisdição.

De fato, o CPC de 2015, bem mais do que o CPC de 1973, não só estimula a utilização de métodos adequados de solução de conflitos – notadamente

21. A escolha pelo Poder Judiciário para obter essas medidas não é aleatória e decorre fundamentalmente, de um lado, do receio dos envolvidos com o procedimento – Câmaras, árbitros, partes e advogados – de serem responsabilizados – em âmbito civil e criminal – por descumprimento de ordem judicial; e, de outro, da certeza da excessiva morosidade da justiça brasileira em pôr fim às controvérsias submetidas à sua apreciação. Assim, uma vez judicializada a controvérsia e obtida liminar com vistas a impedir o início ou sobrestar o prosseguimento do procedimento arbitral, a parte que recorreu ao juízo estatal passa a contar com o ônus do tempo do processo judicial a seu favor, em detrimento de todos os preceitos que envolveram a sua manifestação de vontade anterior.

22. THEODORO JÚNIOR, HUMBERTO, et. al. **Novo CPC** – fundamentos e sistematização. Rio de Janeiro: Forense, 2015. p. 213.

23. Art. 3º Não se excluirá da apreciação jurisdicional ameaça ou lesão a direito. § 1º É permitida a arbitragem, na forma da lei.

24. Art. 42. As causas cíveis serão processadas e decididas pelo juiz nos limites de sua competência, ressalvado às partes o direito de instituir juízo arbitral, na forma da lei.

mediação e conciliação, como também cria uma estrutura legislativa para que isso seja possível, partindo da premissa, acertada, de que esses mecanismos não só podem, como devem existir em conjunto com o processo judicial e com ele atuar em cooperação.

Especificamente no que pertine à arbitragem, o novo texto manteve o viés do Código anterior, permitindo um tratamento econômico e conciso de questões pontuais de interface entre o sistema judicial e arbitral. Todavia, trouxe algumas modificações importantes, no sentido de dar maior proteção e eficácia à arbitragem, como é o caso da carta arbitral (art. 69, §1º c/c art. 237, IV) e da previsão expressa de segredo de justiça para os processos relacionados à arbitragem (art. 189, IV).

Permaneceram no Código as disposições anteriores relativas à extinção do processo sem resolução de mérito (art. 485, VII), a natureza de título judicial executivo concedida à sentença arbitral (art. 515, VIII) e à eficácia imediata da sentença que deferiu o pedido de instituição de procedimento arbitral (art. 1.012, §1º, IV).

Desse modo, a estrutura do Código de Processo Civil de 1973 foi praticamente mantida, existindo, todavia, acréscimos no sentido de se dar maior efetividade ao instituto.

3.1. A falta da exceção de arbitragem

O substitutivo do Projeto de Novo Código de Processo Civil aprovado na Câmara dos Deputados em março de 2014 trazia especial avanço no tocante ao combate das medidas antiarbitrais ao contemplar a disciplina da chamada "exceção de arbitragem".

Previam os artigos 345 e 346 daquela versão do Projeto de NCPC[25] um momento processual específico para a apreciação pelo magistrado da existência da convenção de arbitragem firmada entre as partes.

25. "Art. 345. A alegação de existência de convenção de arbitragem deverá ser formulada, em petição autônoma, na audiência de conciliação. § 1.º A alegação deve estar acompanhada do instrumento da convenção de arbitragem, sob pena de rejeição liminar. § 2.º O autor será intimado para manifestar-se imediatamente sobre a alegação. Se houver necessidade, a requerimento do autor, o juiz poderá conceder prazo de até quinze dias para essa manifestação. § 3.º A alegação de incompetência do juízo, se houver, deverá ser formulada na mesma petição a que se refere o caput deste artigo, que poderá ser apresentada no juízo de domicílio do réu, observado o disposto no art. 341. § 4.º Após a manifestação do autor, o juiz decidirá a alegação. Intimadas as partes da decisão que a rejeita, o prazo da contestação começará a fluir. § 5.º Se, antes da audiência de conciliação, o réu manifestar desinteresse na composição consensual, terá de, na mesma oportunidade, formular a alegação de convenção de arbitragem, nos termos deste artigo.
Art. 346. Não tendo sido designada audiência de conciliação, a alegação da existência de convenção de arbitragem deverá ser formulada, em petição autônoma, no prazo da contestação. § 1.º A alegação deve

De acordo com a sistemática então proposta, a existência da convenção deveria ser informada pela parte interessada por meio de petição autônoma, logo no início do processo, sendo que, nesse caso, o prazo para apresentação de defesa – em relação às demais questões processuais e às questões de fundo – seria interrompido, devendo o magistrado analisar primeiramente a exceção proposta, e, por conseguinte, a possibilidade ou não de que a controvérsia fosse submetida à apreciação do Poder Judiciário.

A previsão continha um avanço significativo ao desvincular a alegação de existência da convenção de arbitragem da contestação – como previa o art. 301, IX, do CPC/73 – e, assim, romper com a necessidade de que, por força do princípio da eventualidade, a matéria sempre viesse acompanhada dos demais pontos de defesa – inclusive de mérito. Tal vinculação é responsável por forçar uma antecipação absolutamente inconveniente de fundamentos e documentos de defesa, que muitas vezes não são analisados pelo Poder Judiciário em virtude da existência de um ponto prejudicial central: a ausência de jurisdição do juiz estatal para processar e julgar a controvérsia em virtude da convenção de arbitragem firmada entre as partes e do princípio da competência-competência.

A proposta contemplada no substitutivo da Câmara dos Deputados foi afastada no Relatório Final da Comissão Especial e pelo plenário do Senado Federal sob alegação de que não seria justificável criar um incidente processual novo – e até então desconhecido – quando um dos preceitos do novo texto é, exatamente, a simplificação procedimental. A proposta iria na contramão da exclusão de todos os demais incidentes de defesa previstos na sistemática anterior – exceção de incompetência relativa, impugnação ao valor da causa e impugnação à assistência judiciaria – e representaria, na verdade, um atraso para a tramitação do processo, especialmente quando o tratamento da existência da convenção poderia ser feito em preliminar de contestação.

A justificativa dada, porém, não se sustenta, pois a exceção prevista muito antes de contrariar, imprimiria simplicidade e celeridade ao processo, uma vez que, acolhida a alegação de convenção de arbitragem, ele seria extinto e o escopo de análise do magistrado seria restrito à existência ou não de convenção de arbitragem e a nenhuma questão mais.

Ao encampar a exceção de arbitragem, o legislador criava, ainda, um importante mecanismo de combate às medidas antiarbitrais, pois estabelecia um

estar acompanhada do instrumento da convenção de arbitragem, sob pena de ser rejeitada liminarmente e o réu ser considerado revel. § 2.º A alegação de incompetência do juízo, se houver, deverá ser apresentada na mesma petição a que se refere o caput deste artigo, que poderá ser apresentada no juízo de domicílio do réu, observado o disposto art. 341. § 3.º Após a manifestação do autor, o juiz decidirá a alegação. Intimadas as partes da decisão que a rejeita, o prazo da contestação recomeçará por inteiro".

regramento próprio, em virtude do qual não seria necessário que se aguardasse o cumprimento de toda a fase postulatória, inclusive com a realização de providências preliminares – para que só então se permitisse a análise da questão prejudicial, com um ganho de tempo considerável.

Não foi, porém, o que prevaleceu no texto final aprovado, que manteve a disciplina do Código de Processo Civil de 1973 e elencou a existência de convenção de arbitragem entre as matérias de contestação (art. 337, X).

4. A NECESSIDADE DE COMBATE DAS MEDIDAS ANTIARBITRAIS NO CÓDIGO DE PROCESSO CIVIL DE 2015

4.1. Medidas antiarbitrais como violação da boa-fé contratual e processual

A utilização do expediente das medidas antiarbitrais, para além de contrariar o sistema arbitral e o sistema processual brasileiro nos moldes em que foram estruturados, atenta também contra a boa-fé contratual e processual.

A convenção de arbitragem é, consoante já se apontou, um contrato no qual as partes elegem a arbitragem para a solução de conflitos relativos a determinada relação jurídica. Assim, os litigantes contratam obrigação de fazer, qual seja, a de serem parte de um procedimento arbitral – efeito positivo –, o que as impede de recorrer ao Poder Judiciário para solução desse conflito – outro lado também do efeito positivo.

Assim, quando uma parte ajuíza demanda no Poder Judiciário visando a suspensão ou obstacularização do procedimento arbitral, descumpre frontalmente a obrigação de fazer da qual se incumbiu quando da celebração do contrato. Viola, portanto, o *pacta sunt servanda* e o dever de boa-fé previsto no art. 422 do Código Civil[26]. Age, portanto, em verdadeiro *venire contra factum proprium*, assim entendido como "toda pretensão lícita, mas objetivamente contraditória em relação ao comportamento anterior praticado pelo mesmo agente"[27].

Por mais que o recurso ao Poder Judiciário seja, em primeiro plano, uma alternativa lícita, pois, por disposição constitucional expressa, "a lei não excluirá da apreciação do Poder Judiciário lesão ou ameaça a direito" (art. 5º, XXXV), não é possível, dentro da teoria da boa-fé, notadamente do art. 187 do Código Civil[28], compreender tal comportamento contraditório, que rompe com

26. Art. 422. Os contratantes são obrigados a guardar, assim na conclusão do contrato, como em sua execução, os princípios de probidade e boa-fé.
27. BORBA, Alejandro. **La teoria de los actos próprios**. Buenos Aires: Abeledo-Perrot, 1987, p. 11.
28. Art. 187. Também comete ato ilícito o titular de um direito que, ao exercê-lo, excede manifestamente os limites impostos pelo seu fim econômico ou social, pela boa-fé ou pelos bons costumes.

toda a expectativa licitamente gerada quando da celebração da convenção de arbitragem de que o litígio fosse solucionado por um método mais célere, mais técnico, mais flexível e, não raras vezes, de cunho sigiloso.

Além de se caracterizar como inequívoca má-fé contratual – o que tem tornado cada vez mais comum a previsão, pelas partes, de sanções em caso de descumprimento da previsão, a utilização das medidas antiarbitrais também pode ser considerada como má-fé processual, devendo a parte que a provocar sofrer as penalidades previstas no art. 79 do NCPC[29].

O requerimento ao Poder Judiciário de uma medida antiarbitragem vai, como visto, contra os dispositivos da Lei 9.307/96, enquadrando-se na hipótese do art. 80, I, do NCPC que define como uma das hipóteses de litigância de má-fé"deduzir pretensão ou defesa contra texto expresso de lei ou fato incontroverso".

Pedir que o Poder Judiciário declare, por exemplo, a nulidade, inexistência, ineficácia da convenção de arbitragem, assim como a inarbitrabilidade da demanda ou a constituição indevida do Tribunal Arbitral é ir contra o texto expresso do parágrafo único do art. 8º da Lei de Arbitragem, que dá ao árbitro a competência primeira exclusiva para tanto e, como tal, deve ser prontamente reconhecido e sancionado, até mesmo de forma a coibir a conduta e impedir que a prática se torne frequente e reiterada.

4.2. A desvinculação da alegação de existência da convenção de arbitragem da contestação como medida efetiva de combate às medidas antiarbitrais[30]

O Código de Processo Civil de 2015 manteve a disciplina constante no Código de Processo Civil de 1973 no sentido de que a existência de convenção de arbitragem firmada entre as partes é matéria de defesa, que deve ser suscitada pelo interessado como preliminar de contestação (art. 337, X). Disso decorre que, uma vez pactuada a convenção de arbitragem entre os signatários a ruptura desse acordo por qualquer delas, com o ajuizamento de demanda perante o Poder Judiciário, cria para a parte contrária a prerrogativa de vir aos autos e invocar a matéria na sua defesa.

---

29. Art. 79. Responde por perdas e danos aquele que litigar de má-fé como autor, réu ou interveniente.
30. Quanto a esse ponto, cumpre ressaltar que a primeira autora tem posicionamento firmado nas anotações ao art. 337, X, dos Comentários ao Código de Processo Civil da Editora Saraiva, no sentido de inviabilidade de antecipação, o que é compreensível considerando a controvérsia em torno do tema, o público alvo e a finalidade daquela publicação. As ideias lançadas neste estudo refletem o avanço das suas reflexões no tocante à matéria, a partir do diálogo estabelecido, e buscam lançar luzes na discussão em torno do tema.

A disciplina da forma como foi posta pelo legislador é objeto de inúmeras críticas por parte da comunidade arbitral, na medida em que, consoante já se consignou, – por força do princípio da eventualidade (art. 336) – não raras vezes o réu se vê obrigado a suscitar a existência de convenção de arbitragem e, por conseguinte, a necessidade de extinção do processo sem resolução de mérito (art. 485, VII), mas, sucessivamente, acaba por antecipar toda a defesa de fundo – inclusive documentos (art. 434) – em relação à questão controvertida, defesa esta que, tecnicamente, só deveria ser efetivamente apresentada no bojo do procedimento arbitral.

Isso fere – e fere de forma grave, o princípio da igualdade entre as partes – um dos mais caros princípios da arbitragem, positivado no direito brasileiro no art. 21, §2º, da Lei 9.307/96 – na medida em que o acolhimento da alegação de convenção de arbitragem e a consequente extinção do processo sem resolução de mérito, com a remessa das partes ao juízo arbitral, faz com que o autor da demanda judicial conheça, previamente, os fatos, fundamentos e provas que o réu dispõe para contrapor a sua pretensão.

Considerando tratar-se de pressuposto processual negativo, à luz do disposto no art. 485, §3º[31], a questão que se coloca é se estaria o réu autorizado a suscitar a matéria fora da contestação, seja de forma antecipada – para ser decidida pelo juiz de imediato – ou, ainda, de forma postergada, durante a marcha processual.

Quanto à segunda hipótese não se tem dúvida de que a arguição da existência de convenção de arbitragem de forma postergada encontra vedação no disposto no art. 337, §6º, que é expresso ao consignar que o silêncio do réu na sua contestação acerca do tema importa em aceitação da jurisdição estatal e renúncia ao juízo arbitral, porquanto haveria verdadeiro distrato tácito entre as partes quanto a tratativa anteriormente firmada.

Com efeito, a convenção de arbitragem, por conter manifestação de vontade das partes em submeter uma determinada controvérsia à solução pela via arbitral, é, no seu cerne, um contrato – assim entendido como um acordo de vontades para a consecução de um determinado fim. A sua assinatura pelas partes tem o condão de obrigá-las a se submeter ao juízo arbitral, independentemente de decisão do Poder Judiciário nesse sentido. A partir do momento, porém, que uma das partes descumpre deliberadamente com o pactuado e apresenta sua demanda ao juízo estatal sem que tal conduta seja objeto de impugnação, a tempo, modo e forma, pela parte contrária, o legislador lê essa

31. Art. 485, §3º O juiz conhecerá de ofício da matéria constante dos incisos IV, V, VI e IX, em qualquer tempo e grau de jurisdição, enquanto não ocorrer o trânsito em julgado.

postura das partes como emissária de uma nova manifestação de vontade – tácita, silenciosa, mas nem por isso, irrelevante ou sem significados – no sentido de distratar o acordo anterior e, por conseguinte, submeter a contenda ao juízo estatal.

Por outro lado, tratando-se de medida ajuizada no Poder Judiciário com vistas a impedir o início ou sobrestar a tramitação de processo judicial, dificilmente ela escaparia de ter a sua admissibilidade e a sua inadequação questionadas pelo réu já em sede de contestação.

A primeira hipótese é, sem dúvida, mais controvertida. Embora a existência da convenção e a consequente remessa dos autos ao juízo arbitral possa ser objeto de conciliação entre as partes na audiência inicial designada para tanto (art. 334), saber se a questão é ou não passível de ser apresentada pelo réu como modalidade de defesa prévia nos autos, em apartado da contestação, com o intuito de que ela seja examinada pelo magistrado de antemão é medida que se impõe, especialmente de forma a combater o uso do processo judicial em prejuízo da convenção de arbitragem anteriormente pactuada.

A grande preocupação, quanto a esse ponto, reside no fato de que com o prazo de defesa previsto para se iniciar, em regra, da data da audiência de tentativa de mediação/conciliação (art. 335, I) haveria um ganho de tempo considerável por parte do autor até que o réu pudesse lançar a questão concernente à existência de convenção de arbitragem – e, por conseguinte, a ausência de jurisdição do Poder Judiciário para processar e julgar a controvérsia, com inequívoco prejuízo ao procedimento arbitral, especialmente se concedida liminar com vistas impedir ou limitar a sua tramitação.

E aqui o primeiro ponto que merece reflexão diz respeito ao fato de o legislador ter criado uma fase obrigatória de tentativa de solução consensual do conflito no Poder Judiciário, o que impediria que a questão fosse previamente suscitada – especialmente quando a própria Lei de Arbitragem, ao tratar sobre o procedimento judicial para obtenção/suprimento de compromisso arbitral, prevê expressamente a obrigatoriedade de o juiz tentar obter a conciliação das partes acerca do litígio existente entre elas (art. 7º, §2º).

A nosso ver, as duas questões não se confundem, absolutamente. Quanto o art. 7º, §2º da Lei de Arbitragem impõe ao juiz o dever de tentar conciliar as partes no curso do procedimento para a obtenção de compromisso arbitral, há previsão legal que autoriza que ele o faça, sendo certo que o magistrado detém jurisdição e é competente para processar e julgar o procedimento. Abre-se, portanto, uma exceção dentro da sistemática da Lei de Arbitragem – que, como tal, vem expressa – para possibilitar que, diante daquele caso específico, se tente a composição junto à jurisdição estatal.

Essa não é a hipótese do processo judicial indevidamente iniciado perante o Poder Judiciário, especialmente quando intentado para tumultuar e gerar embaraços no procedimento arbitral. Não parece razoável submeter os litigantes a uma estrutura de tentativa de composição amigável obrigatória perante alguém que não detém jurisdição para tanto e, mais grave, em prejuízo ao andamento do procedimento que foi oportunamente acordado entre eles.

Para além dessa questão, dois outros pontos centrais devem ser necessariamente analisados: a eventual violação do princípio da unicidade da contestação e, ainda, a preclusão consumativa. Destarte, a partir do momento em que o réu apresenta nos autos petição contendo matéria de defesa – mesmo que não denomine sua manifestação de contestação e apenas invoque a existência da convenção de arbitragem, juntando a prova respectiva – haveria o risco de que esta manifestação viesse a ser reputada pelo magistrado como sua contestação, sem possibilidade de que – rejeitada a arguição de convenção de arbitragem – futuramente se renovasse o prazo para defesa quanto ao mais. E tudo isso porque à luz do art. 336, a contestação do réu deve conter toda a matéria de defesa que ele entender cabível frente ao caso, inclusive aquelas relativas à condições da ação e pressupostos processuais, entre as quais a existência de convenção de arbitragem se insere.

Quanto a esse aspecto, o primeiro ponto que nos ocorre é que a leitura do disposto no art. 337, X e seus parágrafos 5º e 6º, e do texto do art. 485, parágrafo 3º, deve ser feita, necessariamente, à luz das normas fundamentais do NCPC – segundo as quais "o processo civil será ordenado, disciplinado e interpretado". Deve ser feita, ainda, conforme os preceitos estabelecidos na Constituição Federal.

E tanto o CPC de 2015 (art. 4º[32] e art. 6º[33]), quanto o texto constitucional (art. 5º, LXXVIII[34]) trazem a duração razoável do processo – com o recurso a todos os meios que lhe são inerentes – como princípio fundamental. Com efeito, a própria Exposição de Motivos do Anteprojeto de Novo Código de Processo Civil elaborado pela Comissão de Juristas apontou a preocupação com a questão ao deixar claro que na elaboração do novo texto "levou-se em conta o princípio da razoável duração do processo. Afinal a ausência de celeridade, sob certo ângulo, é a ausência de justiça"[35].

---

32. Art. 4º As partes têm o direito de obter em prazo razoável a solução integral do mérito, incluída a atividade satisfativa.
33. Art. 6º Todos os sujeitos do processo devem cooperar entre si para que se obtenha, em tempo razoável, decisão de mérito justa e efetiva.
34. Art. 5º, LXXVIII a todos, no âmbito judicial e administrativo, são assegurados a razoável duração do processo e os meios que garantam a celeridade de sua tramitação.
35. Exposição de Motivos do Anteprojeto de Novo Código de Processo Civil, p. 16. Disponível em http://www.senado.gov.br/senado/novocpc/pdf/Anteprojeto.pdf.

Nesse contexto, não nos parece adequada qualquer interpretação de qualquer texto do Código no sentido de permitir condutas protelatórias de qualquer dos agentes do processo, de modo que, muito antes de estabelecer a contestação como marco único no qual a existência da convenção de arbitragem pode ser alegada, o que o legislador pretendeu foi estabelecer um termo final até o qual a questão pode ser suscitada. E tanto é assim que fez constar expressamente no §6º do art. 337 que não sendo alegada a questão haveria preclusão da matéria, com renúncia ao juízo arbitral e aceitação da jurisdição estatal.

Nenhuma vedação legal há no sentido de que a parte pudesse fazê-lo anteriormente, sendo que o próprio Código prevê o dever de a parte interessada denunciar vícios eventualmente existentes no processo na primeira oportunidade que tenha para falar nos autos (art. 278) e, ainda, a possibilidade de indeferimento da petição inicial quando contiver vícios que inviabilizem a continuidade do processo, notadamente ausência de interesse processual (art. 330, III) e pedidos incompatíveis entre si (art. 330, I, c/c art. 330, §1º, IV).

Em que pese normalmente o réu fale nos autos, primeiro, na contestação, certo é que, na nova sistemática proposta, ele tem duas outras oportunidades nas quais lhe é dado falar no processo: (*i*) por petição, apresentada com até 10 (dez) dias de antecedência contados da data da audiência inicial (art. 334, §5º) e (*ii*) na própria audiência inicial, não sendo compreensível – à luz de todos os princípios que norteiam o novo processo brasileiro – que não possa se valer desses dois momentos para invocar (e provar, de antemão) a existência de convenção de arbitragem e, por conseguinte, a ausência de jurisdição do juízo estatal para processar e julgar a controvérsia existente entre as partes. Uma vez constatada tal situação a hipótese é de extinção do processo sem resolução de mérito, sendo certo que qualquer discussão que eventualmente se pretenda travar acerca da convenção deve ser levada – necessariamente e salvo nulidades absolutas reconhecíveis *prima facie* – ao conhecimento do juízo arbitral.

De forma a evitar eventual alegação de preclusão consumativa – ou violação dos princípios da eventualidade ou da unicidade da defesa – o ideal seria que o réu, quando da sua manifestação escrita (na petição) ou oral (na audiência) ressalvasse, expressamente, o seu direito de apresentar defesa no prazo legal, caso a questão da existência de convenção de arbitragem viesse a ser superada.

Com isso, não se está propondo a criação de uma "exceção de arbitragem às avessas" e contrariando deliberadamente a vontade do legislador. Mas se buscando criar uma interpretação consentânea com os próprios preceitos do Código e, assim – conforme as lições precisas do Professor Carlos Alberto Carmona outrora – "evitar a todo custo interpretações tacanhas, limitadoras ou cerebrinas que imponham peias à arbitragem" e que, evidentemente, estimulem o uso indevido de medidas judiciais com vistas a obter intervenções descabidas no procedimento arbitral, com inúmeros transtornos – inclusive de ordem econômico-financeira – a todos aqueles envolvidos no litígio.

5. CONSIDERAÇÕES FINAIS

Diante do exposto, são conclusões necessárias:

(a) O ordenamento jurídico brasileiro reconhece o caráter jurisdicional da arbitragem e lhe dá autonomia em relação à jurisdição estatal que, embora não seja absoluta, faz com que as hipóteses de intervenção do Poder Judiciário na arbitragem sejam raras e específicas;

(b) O sistema previsto na legislação nacional não comporta o uso de medidas antiarbitrais, embora venha se tornando recorrente, por parte de alguns litigantes, o recurso a essas medidas no Poder Judiciário, com vistas a impedir o início ou sobrestar o prosseguimento de procedimentos arbitrais em curso;

(c) O Código de Processo Civil de 2015 mantém, na sua essência, a estrutura prevista no Código de Processo Civil de 1973 no tocante à arbitragem, com a regulação de questões pontuais relativas à interface de ambas as jurisdições. Traz, contudo, algumas inovações importantes – como a carta arbitral e o segredo de justiça para procedimentos judiciais relacionados a procedimentos arbitrais de cunho sigiloso – sempre com o escopo de prestigiar e imprimir efetividade e eficácia à arbitragem;

(d) A disciplina do Código de Processo Civil pecou ao não manter a proposta do Substitutivo da Câmara dos Deputados para criação do incidente de exceção de arbitragem, que previa um procedimento específico e adequado para que a parte interessada pudesse, de antemão e de início, arguir junto ao Poder Judiciário a existência de convenção de arbitragem e, por conseguinte, pleitear a extinção do processo sem resolução de mérito, sem a necessidade de apresentar contestação e, assim, expor previamente em juízo os seus fundamentos de fato e de direito para se contrapor à pretensão do autor, o que fere o princípio da isonomia;

(e) A utilização de medidas antiarbitrais pelas partes atenta contra a boa-fé contratual e processual e, como tal, deve ser devidamente sancionada, tanto por meio de penalidades insertas nas cláusulas compromissórias firmadas entre as partes, quanto pela aplicação das penas de litigância de má-fé previstas no NCPC;

(f) A utilização de medidas antiarbitrais pelas partes deve ser combatida, ainda, por meio da desvinculação – consonante com as normas fundamentais e os princípios fundantes do NCPC – da alegação de existência de convenção de arbitragem da defesa que não deve ser considerado marco único para que a questão seja suscitada, mas termo final para tanto.

6. REFERÊNCIAS

ALVES, Rafael Francisco. *A inadmissibilidade das medidas antiarbitragem no direito brasileiro.* São Paulo: Atlas, 2009.

BOISSESON, Mathieu de. As anti-suit injunction e o princípio da "competência-competência". In: *Revista de Arbitragem e Mediação*, ano 2, vol., 7, out-dez 2005, p. 138-145.

BORBA, Alejandro. *La teoria de los actos próprios.* Buenos Aires: Abeledo-Perrot, 1987.

CAHALI, Francisco José. *Curso de arbitragem* [livro eletrônico]: mediação: conciliação: resolução CNJ 125/2010. 4. ed. São Paulo: Editora Revista dos Tribunais, 2015.

LEMES, Selma Ferreira. *Análise da Pesquisa Arbitragem em números de 2010 a 2013.* Disponível em: http://selmalemes.adv.br/artigos/An%C3%A1lise%20da%20Pesquisa%20Arbitragem%20em%20N%C3%BAmeros%20-2010-2013.pdf. Acesso em: 18. Jan. 2017.

MARQUES, Ricardo Dalmaso. O STJ, as medidas antiarbitragem e o princípio da competência-competência na Lei 9.307/1996 – Comentário às decisões da MC 17.868/BA. In: *Revista de Arbitragem e Mediação*, ano 9, vol., 32, jan-mar 2012.

PITOMBO, Eleonora Coelho. Os Efeitos da Convenção de Arbitragem – Adoção do Princípio Kompetenz-kompetenz no Brasil In: LEMES, Selma Maria Ferreira; CARMONA, Carlos Alberto; MARTINS, Pedro Batista. (coords.). *Arbitragem – Estudos em Homenagem ao Professor Guido Fernando da Silva Soares, In Memoriam.* São Paulo: Atlas, 2007.

THEODORO JÚNIOR, HUMBERTO, et. al. *Novo CPC – fundamentos e sistematização.* 1. ed. Rio de Janeiro: Forense, 2015.

WARDE JÚNIOR, Walfrido Jorge; CUNHA, Fernando Antônio Maia da. A arbitragem e os limites à atuação do judiciário nos litígios societários. In: *Processo Societário.* São Paulo: Quartier Latin, 2012.

CAPÍTULO 40

Análise crítica do discurso do secretário de reforma do Poder Judiciário: sobre a necessidade de formação de um exército de mediadores

Fernando Gama de Miranda Netto[1]
Stela Tannure Leal[2]

SUMÁRIO: 1. INTRODUÇÃO – 2. FUNDAMENTAÇÃO TEÓRICA – 3. QUEBRA-CABEÇAS NA ANÁLISE DO DISCURSO CRÍTICA – 3.1. ANÁLISE TEXTUAL – 3.2. ANÁLISE DA PRÁTICA DISCURSIVA – 3.3 ANÁLISE DA PRÁTICA SOCIAL – 4. DOMINAÇÃO DA PROFISSÃO DO MEDIADOR PELA VOZ DA TOGA – 5. UM FABULOSO MERCADO – 6. CONSIDERAÇÕES FINAIS – 7. REFERÊNCIAS.

1. INTRODUÇÃO

Em entrevista para o portal eletrônico Jota no dia 29 de junho de 2015, o Secretário da Reforma do Poder Judiciário, Flávio Caetano, do Ministério da Justiça, comenta a institucionalização da mediação pelo novo Código de Processo Civil e pela Lei 13.140/2015. A inserção da mediação dentro do Poder Judiciário, agora com a previsão de remuneração, estabelece um novo mercado de trabalho com a formação de uma nova categoria de profissionais. Tais profissionais, no entanto, ainda precisam se afirmar no campo jurídico, que será redesenhado para acomodar mediadores (que podem ser bacharéis de outras áreas) em um espaço tradicionalmente ocupado por magistrados, advogados, membros

---

1. *Doutor e Mestre em Direito pela UGF/RJ. Professor Associado de Direito Processual da Universidade Federal Fluminense nos Cursos de Graduação em Direito e de Pós-Graduação Stricto Sensu em Sociologia e Direito (PPGSD) e Direito, Instituições e Negócios (PPGDIN). Líder do Laboratório Fluminense de Estudos Processuais (LAFEP/UFF). Membro da Comissão de Mediação da OAB-RJ. fernandojuris@yahoo.com.br*
2. *Mestre e Doutoranda pelo Programa de Pós-Graduação em Sociologia e Direito (PPGSD/UFF). Professora Adjunta de Direito Processual no CESVA/FAA. Integrante do Laboratório Fluminense de Estudos Processuais (LAFEP/UFF). Bolsista CAPES. stela_tannure@hotmail.com*

da Defensoria Pública e do Ministério Público. A regulamentação estatal da profissão de mediadores poderá inclusive fomentar disputas entre os próprios mediadores, na medida em que a ordem jurídica exige que pessoas sejam capacitadas e, sobretudo, identificadas pelas suas habilidades.

A pesquisa possui caráter qualitativo e busca, a partir dos aportes teóricos da Análise Crítica do Discurso, descrever e decifrar um sistema complexo de significados e representações, bem como indicar o contexto em que se insere o discurso oficial de implementação do instituto da mediação no Brasil. O trabalho será estruturado em duas partes. Para empreender essa tarefa, em um primeiro momento, será explicada a opção pela Análise de Discurso Crítica. Na sequência, focar-se-á na entrevista do secretário.

2. FUNDAMENTAÇÃO TEÓRICA

A pesquisa trabalha com a Análise do Discurso Crítica a partir da obra de Norman Fairclough. Tal abordagem se preocupa com a relação estabelecida entre a linguagem e a sociedade. Entende-se que a linguagem que se manifesta no discurso não apenas serve para descrever uma realidade, mas nela interfere como prática social. Neste enfoque, pode-se perceber como a linguagem está condicionada a certas estruturas sociais (família, classe social, legislação), mas, ao mesmo tempo, constitui e transforma o mundo.

Observe-se que a análise linguística está atrelada ao caráter social dos textos, isto é, ao contexto no qual a linguagem se manifesta. Todo discurso tem uma história, mas nem tudo é registrado na fala ou no texto. Elementos explícitos podem ser descritos e interpretados, mas elementos implícitos precisam ser revelados. Assim, por meio do discurso, representa-se uma realidade prenhe de sentidos, na medida em que pode, por exemplo, sustentar relações de poder, reproduzir ideologias, transformar crenças e estigmatizar identidades. Nesta linha, pode-se perceber que a Análise Crítica do Discurso problematiza práticas sociais que se expressam por meio de discursos.

Ocorre que as relações que se estabelecem entre linguagem e sociedade são complexas e a perspectiva transdisciplinar da Análise Crítica do Discurso permite o empréstimo de conceitos de outras áreas, como da Filosofia (Foucault), da Semiótica (Charles Peirce), da Sociologia (Bourdieu, Habermas e Giddens) e da linguística sistêmico-funcional (Halliday). Nesta linha, optou-se pelo diálogo da obra de Norman Fairclough com as obras de Michael Foucault e de Michael Halliday. Este último autor descreve a linguagem e seu uso em determinado contexto e trabalha com a noção de metafuncionalidade da linguagem para representar o mundo (função ideacional). Norman Fairclough lembra que um aspecto discursivo relevante é o vocabulário, pois os discursos 'lexicalizam' o mundo. Neste sentido, quando o discurso afirma que o conflito precisa ser tratado ou eliminado, pode-se perceber um sentido negativo de conflito. É de se notar que a representação de conflito depende da identidade que cada um constrói para si e a que outros discursos se vincula. Isto quer dizer que o conflito, em outro contexto, especificamente para a Teoria Transformativa da Mediação, pode ser concebido positivamente, como uma oportunidade de crescimento e desenvolvimento relacional.

Como se pode perceber, a Análise de Discurso Crítica propõe a desnaturalização ou estranhamento dos discursos hegemônicos. Tal desnaturalização pressupõe não apenas descrever os eventos da linguagem, mas também investigar a ideologia internalizada nos discursos. Isto permite uma conscientização das relações de poder e ideologias camufladas na linguagem que procuram impor algum tipo de dominação ou concepção de mundo. De tal arte, o discurso pode servir para ampliar o poder de pessoas ou instituições, manter a ordem social e até mesmo para impedir que opiniões dissonantes, diferentes do discurso oficial, encontrem eco em certos contextos.

3. QUEBRA-CABEÇAS NA ANÁLISE DO DISCURSO CRÍTICA

Para Norman Fairclough (2001, p. 91), o discurso é uma forma de ação das pessoas no mundo (permite agir sobre os outros) e, ao mesmo tempo, um modo de representação. Através do gênero entrevista, publicada no Portal Jota, busca-se examinar qualitativamente o discurso do Secretário da Reforma do Poder Judiciário, isto é, sua visão de mundo e os efeitos que sua fala pretende ter sobre o sistema judicial reformado.

Na perspectiva da Análise de Discurso Crítica, destacam-se as três dimensões do discurso: a) dimensão textual (explica-se a produção do texto por meio do vocabulário empregado, da ligação de orações e frases, bem como a organização textual); b) dimensão discursiva (interpreta-se como o autor do discurso produz, reproduz ou modifica o contexto a partir de uma situação temporal e espacial determinada); c) dimensão social (interpretam-se as relações de dominação que redundam em ideologia e hegemonia. Aqui o discurso está moldado por estruturas sociais, mas também é capaz de remodelar relações, práticas sociais e identidades). Enquanto a dimensão textual é predominantemente descritiva, as dimensões discursiva e social situam-se no espaço da interpretação, na medida em que buscam não tanto descrever, mas compreender criticamente o discurso.

Pode-se perceber, portanto, o esforço de reunião de três tradições analíticas (análise textual e linguística, análise da prática social-estrutura social, análise da prática discursiva). Tal quadro teórico tridimensional pretende "reunir a análise de discurso orientada linguisticamente e o pensamento social e político relevante para a linguagem" que será útil para a pesquisa científica social e pode ser utilizado por qualquer pessoa sem experiência prévia em determinados campos do saber como a Sociologia e a Linguística (FAIRCLOUGH, 2001, p. 89 e 100, 102).

3.1. Análise textual

Em primeiro lugar, considera-se o discurso como texto. A análise textual pode ser organizada em quatro itens que podem ser concebidos em escala ascendente (FAIRCLOUGH, 2001, p. 103): a) vocabulário (palavras e seus sentidos); b) gramática (combinação de palavras em orações e frases); c) coesão (ligação entre orações e frases); d) estrutura textual (propriedades organizacionais do texto).

a) Vocabulário

O texto da entrevista repete 84 (oitenta e quatro) vezes a palavra mediação, embora em nenhum momento apresente uma definição clara daquilo que seja mediação. Ao ser indagado em quais casos a mediação judicial seria mais apropriada, o entrevistado responde: "Acho que atinge grande parte dos casos porque a mediação é usada, *ao contrário da conciliação*, em relações pretéritas e duradoras. É usada, por exemplo em contratos de aluguel, prestação de serviços, consumo, por exemplo, e muito nas relações de família. Grande parte das questões da Justiça Estadual são casos que, em tese, poderão ser objeto de mediação" [grifos nossos].

O entrevistado, embora não diga o que entende por mediação, estabelece um contraste com a conciliação. A razão é que ele pressupõe que com o novo Código de Processo Civil, a diferença entre esses dois institutos possa ser estabelecida a partir do objeto, ao se referir a "relações pretéritas e duradoras". De fato, o novo Código de Processo Civil estabelece nos parágrafos do art. 165:

> § 2º O conciliador, que atuará preferencialmente nos casos em que não houver vínculo anterior entre as partes, poderá sugerir soluções para o litígio, sendo vedada a utilização de qualquer tipo de constrangimento ou intimidação para que as partes conciliem.
>
> § 3º O mediador, que atuará preferencialmente nos casos em que houver vínculo anterior entre as partes, auxiliará aos interessados a compreender as questões e os interesses em conflito, de modo que eles possam, pelo restabelecimento da comunicação, identificar, por si próprios, soluções consensuais que gerem benefícios mútuos.

É de se observar que mesmo no principal diploma legal a mediação não é definida e a diferença que se estabelece com a conciliação diz respeito a alguns aspectos relacionados à atuação do conciliador e do mediador: a possibilidade de sugerir uma solução consensual para o fim do litígio e a duração de vínculos.[3] Isto, na verdade, esconde algumas disputas teóricas.

Antes da aprovação do Código de Processo Civil, Humberto Dalla Bernardina de Pinho (2005, p. 111-112), amparado no direito norte-americano, chegou a empregar as expressões "mediação ativa" e "mediação passiva" para designar o que comumente são conhecidas a conciliação e a mediação, e ensinou que "na mediação passiva, o terceiro apenas ouve as partes, agindo como um facilitador", enquanto na "mediação ativa, o mediador funcionará como uma espécie de conciliador; ele não se limita a facilitar; terá ele também a função de apresentar propostas, soluções alternativas e criativas para o problema". Este pensamento ainda encontra eco no Manual da Mediação Judicial (AZEVEDO, 2015, p. 187-188), publicado pelo Conselho Nacional de Justiça, embora com outro rótulo: "mediação avaliativa" (*rectius*: conciliação) e "mediação facilitadora". Neste sentido, mediação seria gênero e conciliação seria espécie. Interessante notar, no entanto, que a Corregedora Nacional de Justiça, Nancy Andrighi, em entrevista para Bárbara Mengardo do Portal Jota (2015), asseverou que a "mediação nada mais é do que uma forma do gênero conciliação" e, ao responder a outra pergunta reforçou que "a mediação é uma forma mais sofisticada de conciliação".

Além da confusão conceitual, a experiência ruim com a conciliação poderá significar o fracasso do instituto. Com efeito, é perceptível o esgotamento pelo qual passa a conciliação dentro do Poder Judiciário, passando de uma possibilidade de construção de acordos inteligentes a um momento processual em que alguém – magistrado, juiz leigo ou conciliador – limita-se a perguntar "tem acordo?", sem qualquer credibilidade entre os atores do processo, uma vez que esta inserção se deu sem nenhuma sensibilização sobre a necessidade de mudanças culturais sobre as suas práticas. Recorde-se com Kazuo Watanabe (2012, pp. 90-91) que:

> No início da vigência do Código de Processo Civil de 1973, a utilização da conciliação era facultativa, a critério do juiz da causa. Somente a partir de 1995, a audiência de conciliação no processo

3. No que tange ao tempo do vínculo, Mauro Cappelletti e Bryant Garth (2002, p. 87) relaciona a conciliação ao tempo prolongado: "Aqui, novamente, precisamos ser cuidadosos. A conciliação é extremamente útil para muitos tipos de demandas e partes, especialmente quando consideramos a importância de restaurar relacionamentos prolongados, em vez de simplesmente julgar as partes vencedoras ou vencidas. Mas, embora a conciliação se destine, principalmente, a reduzir o congestionamento do Judiciário, devemos certificar-nos de que os resultados representam verdadeiros êxitos, não apenas remédios para problemas do Judiciário, que poderiam ter outras soluções."

> sumário (art. 277, CPC) passou a ser de designação obrigatória. Na mesma época, o art. 331 passou a determinar a realização de audiência preliminar, versando a causa sobre direitos que admitam a transação. Porém, a mentalidade dos operadores do direito, formalista e presa às práticas do passado, procurou relativizar a obrigatoriedade da tentativa de conciliação, levando alguns juízes, com o aplauso dos advogados, a buscarem quase exclusivamente a solução sentenciada, consolidando-se assim, de modo assustador e prejudicial à correta política de administração da justiça, a "cultura da sentença", em detrimento da "cultura da pacificação".

Pelo texto, a mediação é concebida pelo entrevistado como uma "forma de resolução de conflito", que tem por objetivo o acordo. Isto ignora outras Escolas de Mediação que têm por escopo a desconstrução do conflito ou o restabelecimento do diálogo. Isto, na verdade, atende aos interesses explicitados no texto de fazer uso da mediação para "reduzir em pelo menos 70% o estoque de 100 milhões de processos".

Percebe-se, portanto, que além da disputa conceitual com a conciliação, há diferentes *Escolas de Mediação* (Harvard, Transformativa e Circular Narrativa) que concebem o instituto de modo diferente. Recorde-se que a representação de conflito depende da identidade que cada um constrói para si e a que outros discursos se vincula. Para muitos, o conflito traz aspectos apenas negativos. Mas para a *Escola Transformativa da Mediação* (BUSH; FOLGER, 2008), por exemplo, o conflito pode ser concebido positivamente, como uma oportunidade de crescimento e desenvolvimento relacional. Não há espaço aqui para desenvolver cada uma dessas escolas, mas fundamental aqui é pensar que o emprego da palavra 'exército' pelo entrevistado para referir-se à formação de mediadores remete à noção de guerra e isto traz implicações importantes.

Realmente, a "metáfora da guerra" (FAIRCLOUGH, 2001, p. 143) sugere, em primeiro lugar, a militarização do discurso, o que também conduz à militarização do pensamento e da prática social (CHILTON *apud* FAIRCLOUGH, 2001, p. 242). A "formação de um exército" exige, por outro lado, um treinamento rígido de pessoas que não podem questionar a hierarquia. Isto pode impedir uma postura reflexiva por parte do mediador, o que poderia comprometer a sua independência em certas situações. Soa estranho que a metáfora dominante para a promoção de um instituto que está inserido em um contexto de práticas colaborativas seja a guerra. Assim, pode-se anotar a presença de elementos contraditórios (Cf. FAIRCLOUGH, 2001, p. 128) no discurso do entrevistado. Se existe um exército, que inimigos devem ser derrotados?

Por fim, atente-se para a advertência de Norman Fairclough (2001, p. 241), no sentido de que a construção de sentido na forma de uma metáfora, e não de outro modo, significa construir nossa realidade de um jeito que exclui outros modos de perceber o mundo. Não só a forma como pensamos e agimos, mas os nossos sistemas de conhecimento e crença são estruturados por metáforas.

b) Gramática

Segundo item da análise textual, a gramática tem como unidade principal a oração ou o enunciado. Os efeitos constitutivos do discurso são perceptíveis pela oração que possui uma natureza multifuncional: a) ideacional; b) interpessoal; c) textual, nos termos da Linguística Sistêmico-Funcional proposta por Halliday (2013, cap. 3, 4 e 5). Para este autor, a linguagem constrói o contexto social e é por ele constituído. Nesta perspectiva, o modo como os participantes do discurso organizam o texto irá influenciar na rede de significados que poderão ser identificados nas metafunções da linguagem. A metafunção ideacional considera o da linguagem na oração para representar a experiência no mundo, configurada pelo sistema da *transitividade* que evolve participantes (identifica quem age, fala ou sente), processo (verbo ou comportamento que expressa uma ação, evento ou sentimento) e circunstâncias (indica modo, tempo, lugar etc.); a metafunção interpessoal define os papéis ou as identidades dos envolvidos no evento comunicativo; e a metafunção textual indica o papel desempenhado pela linguagem no contexto social. Tais metafunções se relacionam de modo dialético.

Lembra Norman Fairclough (2001, p. 104) que as pessoas escolhem como estruturar suas orações e isto acarreta na atribuição de sentidos e definição de papéis, estabelecimento de relações sociais, além da produção de conhecimento e crença. O autor, diferentemente de Halliday, diferencia duas funções dentro da metafunção interpessoal: a) relacional, que indaga como as relações são pensadas e negociadas; b) ident itária, que investiga como as identidades são estabelecidas no discurso.

Parece claro que o Secretário endossa um forte controle da mediação judicial pelo Poder Judiciário ao acentuar: "É óbvio que o mediador não substitui o juiz, aliás as mediações na Justiça deverão passar por homologação judicial". Aqui o entrevistado estabelece, sem vacilar ("é óbvio") uma hierarquia entre mediador e juiz. Em seguida, recorda que, no que tange à remuneração, "a lógica será definida pelos tribunais e pelo CNJ." Mesmo com a incerteza da remuneração, e admitir que há "recursos limitados", o Secretário estabelece a meta de formar 17 mil mediadores, o que indica que para cada magistrado exista um mediador.

O Secretário percebe como "problema" não existir um órgão de coordenação para a mediação extrajudicial: "Houve a preocupação de toda a comunidade de mediação de que não tivesse amarra de coordenação, mas tem que ter alguma coisa (...). Será uma regulação do mercado, mas achamos que é nosso dever colaborar com isso." Pelo discurso parece existir uma certa desconfiança em relação à mediação extrajudicial, pois o Secretário afirma: "queremos colocar nossa Escola Nacional de Mediação e Conciliação como sendo um órgão de formação em todo país, mais fortemente na formação de mediadores que atuam fora do Judiciário."

Assim, tudo parece indicar que a profissão do mediador judicial ou extrajudicial será fortemente controlada pelo Poder Judiciário. Ao se referir à "nossa Escola Nacional de Mediação e Conciliação", escola controlada pelo CNJ (órgão do Poder Judiciário), o Secretário confirma que adota em seu discurso a voz da magistratura.

c) Coesão

A forma mais eficaz de coesão textual é pela repetição (HALLIDAY, 2013, p. 644).

Na arquitetura do texto, o entrevistado estabelece a necessidade de uma lei de mediação como causa necessária para a implementação da mediação: "A mediação era feita com base em resolução do CNJ e agora ganha status de lei. O Brasil tem a cultura de que precisa de lei para tornar algo obrigatório. A partir do momento em que colocamos a mediação como lei, isso obrigará os poderes a se prepararem para implementá-la. Eles terão que se estruturar para isso, principalmente o Poder Judiciário. Para o Brasil, era fundamental que tivéssemos uma lei para termos o avanço que a mediação vai trazer".

Em um segundo momento, o entrevistado traz alguns conectivos de argumentação de (cf. FAIRCLOUGH, 2001, p. 219):

a) *elaboração* (oração seguinte reformula, exemplifica, esclarece sentido, no caso, da "segunda etapa de Reforma do Judiciário" e "mudança de cultura"): "Isso é para mudar a cultura. Por isso chamamos de segunda etapa. Enquanto a primeira foi de planejamento e organização, agora é a mudança da cultura jurídica para que não tenhamos apenas a cultura de judicialização, mas que possamos resolver os conflitos de forma consensual ou não adversarial." Na frase seguinte, encontramos o conectivo de argumentação de

b) *realce*: temporais (A depois B), condicionais (Se A então B), espaciais (A onde B), comparação (A como B): "Isso coloca o Brasil em patamar que mundialmente é aceito, *como* é na Europa, nos EUA, na Argentina. O Brasil *antes* estava atrasado".

c) *extensão*: oração ou período expande o sentido de outra com elemento novo ("e", "além disso", "mas", "porém", "aliás"): "o mediador não substitui o juiz, *aliás* as mediações na Justiça deverão passar por homologação judicial".

A coesão textual pode ser identificada nesses exemplos a partir do conjunto de argumentos que são apresentados para reforçar a ideia de que o instituto da mediação é absolutamente necessário (mudança de mentalidade, necessidade de atualização do sistema brasileiro com relação a outros países etc.), mas o controle fica a cargo da magistratura.

d) Estrutura textual

O gênero entrevista envolve a tomada de turno em que convenções são estruturadas para abrir e fechar conversas (FAIRCLOUGH, 2001, p. 106 e 192). Pode-se dizer que o controle interacional foi realizado de maneira colaborativa entre os participantes com troca significativa de informações (pergunta-resposta) sobre a implementação da mediação judicial no Brasil.

Nesta troca de informações, os enunciados circularam em um campo que envolve: a) correlações do enunciado com o seu referencial real ou virtual; b) posicionamento dos sujeitos no discurso; c) valor e localização do enunciado no passado, presente e futuro; d) estratégias de uso do enunciado. É por meio do conhecimento da organização dos enunciados no texto que se pode individualizar uma *formação discursiva*, entendida como o plano geral das coisas ditas que não são ocultas, porém, também não estão visíveis na leitura dos enunciados (FOUCAULT, 2014, p. 163).

No que concerne ao campo referencial, o instituto pode ser analisado em sua *emergência* e em sua *instância de delimitação* (FOUCAULT, 2014, p. 78-79, 133). De fato, percebe-se que o instituto da mediação ligado a práticas colaborativas, *emerge* no Brasil em uma época em que os tribunais – centros de práticas adversariais – não conseguem dar uma resposta satisfatória à sociedade. O entrevistado marca no texto o momento e o espaço do seu surgimento: "O *congestionamento monstruoso no Judiciário* mostra que precisa haver saída. Nos parece que a formação do *brasileiro* é propícia para fazer mediação porque buscamos resolver os problemas por acordo" (grifos nossos). É o próprio Poder Judiciário que aparece como *instância de delimitação do instituto*, ao estabelecer o local da mediação, como será o acesso à atividade do mediador (concurso ou parceria com câmaras privadas?), a remuneração, a capacitação, bem como o cadastro de mediadores.

Já no que diz respeito ao posicionamento dos sujeitos do discurso (FOUCAULT, 2014, p. 88-90), devemos, primeiramente, questionar: quem fala? Qual é o estatuto das pessoas que detêm o poder reconhecido ou não na lei para proferir certo discurso? Neste caso, temos um entrevistado que é portador do discurso considerado oficial. É oficial, porque ocupa uma posição institucional. Não é simplesmente Flávio Caetano que fala, mas o Secretário da Reforma do Poder Judiciário, ligado ao Ministério da Justiça.

O campo enunciativo comporta também formas de coexistência (FOUCAULT, 2014, p. 96-97) que atribuem valor e permitem a localização do enunciado em:

1) *campo de presença:* enunciados formulados em outros lugares são retomados no discurso como verdade pressuposta ou aceitação justificada pela autoridade. Indagado sobre o impacto inicial da mediação sobre o Judiciário, o entrevistado afirma: "Onde a mediação foi implementada os números iniciais são de 70% a 90% de redução de processos. Com o tempo, baixa para média mais realista de 40%." Curioso notar que o estabelecimento de programas envolvendo a arbitragem e a mediação de modo anexo aos Tribunais em outros países com esses objetivos não foi alcançado. Assim, recorda Oscar Chase (2014, p. 147-8):

> Em 1975, quando os clamores pelos meios alternativos eclodiram, inexistia prova empírica de sua efetivação serviria para uma melhor equalização no tempo do Judiciário. Afinal, como isto seria possível, tendo em conta que eles sequer teriam sido efetivamente testados? Realmente, estudos posteriores relacionados aos efeitos da ADR levam a conclusões intrigantes, expondo que a crença na sua efetividade como ferramenta de gerenciamento processual é muito superior ao seu impacto concreto nesta fronte. Advogados e juízes compartilham amplamente a ideia de que a nova estrutura dos Tribunais reduziria custos e permitiria uma economia de tempo, enquanto os dados empíricos indicam exatamente o contrário.

2) *campo de concomitância*: enunciados que se referem a domínios completamente diferente de objetos e que pertencem a tipos completamente diferentes de discursos, mas que servem para ratificar analogicamente uma asserção ou estabelecer as premissas de um raciocínio. O entrevistado relaciona mediação e Juizados Especiais: "Quando fizemos juizados especiais em 1995, foi uma loucura. Alguns falavam: 'finalmente chegou a Justiça rápida'. São causas de valores baixos, do dia-a-dia, sem necessidade de advogado. Temos hoje o fracasso pelo sucesso. As pessoas hoje estão preferindo não ir para os juizados, houve uma inversão. Não dá pra fracassar pelo sucesso." O entrevistado, portanto, como o sucesso (pretérito) dos Juizados, que obedece a uma lógica adversarial, com o sucesso (eventual) da mediação, que obedece a uma lógica consensual. Observe-se que a "Justiça Rápida" dos Juizados pode significar 6 (seis) meses de espera em duas audiências que duram normalmente entre 20 e 30 minutos, enquanto a rapidez da mediação pode significar apenas um encontro de cinco horas ou mesmo 2 (dois) meses de espera em possíveis quatro sessões de duas horas cada.

3) *campo de memória*: enunciados que não são admitidos ou discutidos, porque perderam a validade ou não correspondem à verdade. O entrevistado fala de "mudança de cultura jurídica para que não tenhamos apenas a cultura

da judicialização". Com efeito, a partir dos meios alternativos de resolução de litígios, incluindo aí a mediação, ninguém mais poderá sustentar a ideia de que o monopólio da resolução de litígios pertence exclusivamente ao Judiciário, muito embora o Judiciário tenha estrategicamente inserido a conciliação e a mediação como etapa prévia ou dentro da cadeia procedimental do juízo a partir da noção de Tribunal Multiportas.

Por fim, o *campo de utilização do enunciado* comporta o regime e os processos de apropriação do discurso, que se vincula ao direito de falar, competências para compreender, poder de acesso ao *corpus* de enunciados já formulados, bem como a capacidade de transformar o discurso em decisões e práticas (FOUCAULT, 2014, p. 108). A identidade do enunciado corre neste contexto alguns riscos, porque seu uso é reservado a um grupo determinado de indivíduos. "O enunciado circula, serve, esquiva-se, permite ou impede a realização de um desejo, é dócil ou rebelde perante interesses, entra na ordem da contestação e das lutas, torna-se tema de apropriação e rivalidade" (Ibidem, p. 150). De fato, a mediação se encontra hodiernamente inserida em diferentes discursos que podem afetar decisivamente a sua implementação no Brasil, no que concerne ao seu esquema dogmático-conceitual, ao seu plano organizativo dos tribunais, ao comando da magistratura que lhe dita as regras, ao campo dos desejos de quem pretenda trabalhar com a mediação.

3.2. Análise da prática discursiva

A prática discursiva envolve os processos de produção, distribuição e consumo textual (FAIRCLOUGH, 2001, p. 106). O texto ora em comento pertence ao gênero entrevista e é produzido em um contexto de Reforma do Sistema Judicial em que o novo Código de Processo Civil (Lei 13.105/2015) estabelece para os tribunais a obrigação de instalação "centros judiciários de solução consensual de conflitos, responsáveis pela realização de sessões e audiências de conciliação e mediação" (art. 165). Ademais, a Lei 13.140/2015, além de conter normas sobre a mediação judicial, traz a disciplina da mediação extrajudicial. Gize que o entrevistado é o Secretário de Reforma do Poder Judiciário, o que não só confere o caráter de oficialidade ao discurso, como também gera a expectativa que tal discurso (enquanto modo de agir no mundo) tenha alguma eficácia transformativa no mundo real.

A *distribuição* do texto é facilitada, na medida em que o mesmo está hospedado em um domínio virtual,[4] encontrando-se também disponível no Portal

4. DANTAS, Iuri; POMBO, Bárbara. "Brasil terá 'verdadeiro exército' de mais de 17 mil mediadores a partir de 2015 [Entrevista com Flávio Caetano], disponível em: http://jota.info/brasil-tera-verdadeiro-exercito-de-mais-de-17-mil-mediadores-a-partir-de-2015, acessado em: 14.09.2015.

da Associação Nacional de Defensores Públicos (ANADEP).[5] Além disso, o texto parece alcançar diferentes públicos, porque pode ser lido por estudantes, professores, mediadores, candidatos a mediadores, advogados, defensores públicos, magistrados, promotores, pessoas leigas ou de outras áreas de conhecimento etc. O seu *consumo* pode assumir perspectivas muito variadas, podendo ser associado à crença em uma melhora do sistema judicial ou do nascimento de um novo mercado de trabalho. Supõe-se que haja, portanto, um número significativo de leitores que pretendam consumir textos que expliquem a nova *ordem do discurso* normativo (Leis 13.105/2015 e 13.140/2015) atrelada ao instituto da mediação.

Na análise da prática discursiva, considera-se (FAIRCLOUGH, 2001, p. 111 e ss.):

a) *Força dos enunciados*: aborda os tipos de atos de fala, como promessas, pedidos, ameaças, perguntas. O entrevistado, portador do discurso oficial, estabelece uma *causalidade*: "Para o Brasil, era fundamental que tivéssemos uma lei para termos o avanço que a mediação vai trazer"; faz *previsão*: "Se tivermos mediadores mal treinados, centrais mal montadas e sem comunicação, a mediação não terá o impacto que queremos e precisamos"; realiza *promessa*: "Conseguiremos resolver conflitos em até seis meses e com índice muito maior de satisfação das partes, o que gerará estabilidade nas relações sociais"; formula *pedido*: "Precisa-se de investimento físico, de dinheiro, de estrutura senão não vai dar certo"; impõe *dever*: "Temos a obrigação legal de formular em conjunto as diretrizes curriculares dos cursos de formação de mediador judicial". Perceptível, portanto, o compromisso que o entrevistado tem com a implementação da mediação no Brasil, mas alerta que há a necessidade de serem direcionados recursos financeiros para que a implementação com cursos de capacitação, local para que a atividade aconteça etc. sejam viáveis.

b) *Coerência*: o secretário põe em evidência o fato de estarmos vivendo uma "segunda etapa" na reforma do Judiciário, e que pode ser identificada a partir de um "pacote de três normas": 1) Novo CPC; 2) Atualização da Lei de Arbitragem; 3) Lei de Mediação. Esses diplomas legais buscam o estímulo aos "métodos consensuais de solução de conflito". Vislumbrou-se, todavia, uma possível contradição. Se, por um lado, o Secretário assevera que "O Brasil tem a cultura de que precisa de lei para tornar algo obrigatório"; por outro lado, o Secretário revela que "nos parece que a formação do brasileiro é propícia para fazer mediação porque buscamos resolver os problemas por

5. http://www.anadep.org.br/wtk/pagina/materia?id=23191, acessado em 29 de setembro de 2015.

acordo." Ele indica, na sequência, a taxa histórica de 45% de conciliação na Justiça do Trabalho para sustentar o seu ponto de vista. Questiona-se, portanto, a necessidade de se tornar a mediação obrigatória, já que, de acordo com o entrevistado, resolver litígios pelo acordo seria algo muito comum para o brasileiro. Estranhamente, a Justiça do Trabalho recusou o instituto da mediação, pois, de acordo com o Secretário, "Há um temor de que a mediação mal usada poderia representar a volta dos classistas." Na verdade, pode-se interpretar de outro modo. Poderia ocorrer uma tensão no campo da Justiça do Trabalho, já que nela são os próprios juízes que realizam a conciliação. Permitir a implementação da mediação na Justiça do Trabalho poderia significar perda de poder para que os magistrados participem das práticas colaborativas.

c) *Intertextualidade*: é a propriedade atribuída a certos textos de portarem fragmentos de outros textos; ela considera os textos historicamente, transformando o passado (convenções e textos prévios) no presente" (FAIRCLOUGH, 2001, p. 114-115). Embora vá entrar em vigor apenas em março de 2016, é possível perceber que o entrevistado incorpora algumas disposições da Lei 13.105/2015: "Agora é obrigatório criar as centrais de mediação em todas as comarcas, formar mediadores, ter escolas de mediação, cadastrar todo mundo e ter a estrutura para fazer mediação. Tudo isso no prazo de seis meses. Isso é obrigação do CPC e da lei de mediação." Na verdade, não existe esse prazo de seis meses em nenhum dispositivo do novo Código de Processo Civil, tampouco na Lei 13.140/2015 (que o entrevistado se refere como lei de mediação). As leis entrarão em vigor em momentos distintos, mas, de fato, obrigam que tribunais criem as centrais de mediação. No que diz respeito à União, Estados e Municípios, o comando é contraditório. O art. 32 da Lei 13.140 assevera que esses entes "poderão criar" câmaras de conciliação e mediação, enquanto o art. 174 da Lei 13.105 dispões que eles "criarão". Tal interpretação do entrevistado talvez possa ser explicada pela relação estabelecida entre hegemonia e intertextualidade. A produtividade dos textos pela intertextualidade ou como os textos podem transformar textos anteriores (ex.: um discurso político pode virar uma reportagem). Tal produtividade na prática não está disponível, todavia, de modo ilimitado, mas se restringe de acordo com as relações de poder (FAIRCLOUGH, 2001, p. 135). Neste sentido, mais do que interpretar, o entrevistado age para que ocorra a implementação da política pública no prazo de 6 (seis) meses. Práticas particulares realizadas no interior de instituições são associadas a cadeias intertextuais. Assim como a consulta médica se transforma em registro médico, espera-se que a audiência de mediação se transforme em termos de acordos. (Cf. Ibidem, p. 166). Paralelamente, é interessante notar o discurso da propaganda judicial (o entrevistado se refere à divulgação), expresso em forma de cartazes contribui para a constituição dos sujeitos como consumidores dessas audiências colaborativas (cf. FAIRCLOUGH, 2001, p. 152, 170-1).

Norman Fairclough (2001, p. 115) explica ser possível empreender uma microanálise das relações do texto com os discursos existentes (explica como participantes produzem e interpretam textos a partir da noção de intertextualidade) e uma macroanálise das relações de poder e estruturas sociais (revela a natureza dos recursos dos membros para produzir e interpretar textos). Neste sentido, a microanálise se reporta ao discurso como prática discursiva, enquanto a macroanálise situa-se no discurso como prática social, mas há um nexo de complementariedade entre elas.[6] A seguir explicar-se-á a análise da prática social.

3.3. Análise da prática social

Terceira dimensão da teoria tridimensional, a análise da prática social aborda o discurso como relação de poder, a partir do binômio ideologia hegemonia.

a) Ideologia

A ideologia constrói a realidade a partir de determinada visão de mundo. Quando internalizada na linguagem, a ideologia se torna muito eficaz como estratégia de manutenção da ordem. Quando, no entanto, observam-se práticas discursivas contrastantes, há o indício de que existe uma luta ideológica que aponta para a reestruturação e transformação das relações de dominação.

A comissão de notáveis que participou da elaboração do anteprojeto depositou na ideologia da celeridade o fundamento justificador do novo diploma legal. Neste sentido, vejam-se as palavras de Luiz Fux (2009, p. 2),

6. É de se ressaltar a importância da macroanálise para "que se conheça a natureza dos recursos dos membros (como também das ordens de discurso) a que se recorre para produzir e interpretar os textos e se isso precede de maneira normativa eu criativa. Na verdade, não se pode realizar microanálise sem esse conhecimento. E, naturalmente, a microanálise e a melhor maneira de expor tais informações: desse modo, fornece evidências para a macroanálise. Portanto, a microanálise e a macroanálise são requisites mútuos. E devido a sua inter-relação que a dimensão da pratica discursiva em minha teoria tridimensional pode mediar a relação entre as dimensões da pratica social e do texto: e a natureza da pratica social que determina os macroprocessos da pratica discursiva e são os microprocessos que moldam o texto" (FAIRCLOUGH, 2001, p. 115).

Presidente da Comissão de Juristas encarregada de elaborar o Anteprojeto do novo CPC: "A ideologia norteadora dos trabalhos da Comissão foi a de conferir maior celeridade à prestação da justiça, por isso que, à luz desse ideário maior, foram criados novéis institutos e abolidos outros que se revelaram ineficientes ao longo do tempo, mercê da inclusão de ônus financeiro aptos a desencorajar as aventuras judiciais que abarrotam as Cortes Judiciais do nosso país."

Ainda que se possa problematizar tal ideologia, o fato é que a celeridade aparece como *categoria legitimante* no discurso dos membros da Comissão de Reforma do Código de Processo Civil. Embora a palavra celeridade não apareça no texto, a ideologia que ela sustenta é pressuposta. Isto nada mais é que uma forma de incoporar outros textos: "Enquanto a asserção está aberta ao debate, a pressuposição não" (FAIRCLOUGH, 2001, p. 155 e 229:). O novo Código de Processo Civil estabelece a *ordem do discurso* jurídico e aparece como recurso para produzir e interpretar textos nessa perspectiva ideológica. Neste sentido, a Lei 13.105/2015 estabelece:

> § 3º Do credenciamento das câmaras e do cadastro de conciliadores e mediadores constarão todos os dados relevantes para a sua atuação, tais como o número de processos de que participou, o sucesso ou insucesso da atividade, a matéria sobre a qual versou a controvérsia, bem como outros dados que o tribunal julgar relevantes.
>
> § 4º Os dados colhidos na forma do § 3º serão classificados sistematicamente pelo tribunal, que os publicará, ao menos anualmente, para conhecimento da população e para fins estatísticos e de avaliação da conciliação, da mediação, das câmaras privadas de conciliação e de mediação, dos conciliadores e dos mediadores.

É de se observar que a ideologia possui existência material na prática das instituições e que não é de hoje que os textos processuais estão sendo colonizados com significados associados ao produtivismo; a uma perspectiva neoliberal que concebe o tribunal dentro de uma lógica e cultura empresarial (cf. FAIRCLOUGH, 2001, p. 169), agora não tanto focado na produção de decisões céleres, mas na celebração de acordos rápidos. É assim que o novo diploma processual civil afere "o sucesso da atividade". É de se mencionar, por fim, que a mediação já aparecia sugerida em publicação "Instituições para os mercados" do Banco Mundial (2002, cap, 6, p. 117-118) que buscava estabelecer padrões para os tribunais nacionais.

b) Hegemonia

Hegemonia significa liderança e dominação nas esferas política, jurídica, econômica, cultural e ideológica na sociedade, isto é, o poder sobre a sociedade

(FAIRCLOUGH, 2001, p. 122). Não se pode negar que é o Poder Judiciário a estrutura social concebida para ser o centro de resolução de litígios. Neste sentido, a incorporação de "meios alternativos de resolução de litígios", sugere que as alternativas à decisão judicial, notadamente a mediação e conciliação, estão incorporadas dentro do próprio tribunal. Daí a noção de "tribunal multiportas". É, portanto, dentro do tribunal (e não fora dele) que os "meios alternativos" ao processo judicial, notadamente a mediação, serão implementados. Neste sentido, quem dita as regras da mediação é o tribunal; quem controla a profissão do mediador que atua nos tribunais é, portanto, a magistratura. Por isso, não é de se estranhar que participam do Fórum Nacional de Mediação e Conciliação (FONAMEC) apenas magistrados (29 desembargadores de Tribunais de Justiça, 1 Ministro do STJ e 1 Juiz de Direito), e não conciliadores e mediadores.

Mas a tese de que a mediação poderá ser útil ao tribunal não é aceita integralmente no campo jurídico. Neste sentido, o Portal Jota emprega polêmico título retirado de um dos enunciados da entrevista dada pela Corregedora Nacional de Justiça, Nancy Andrighi (2015): "'Mediação não vai solucionar' juizados especiais abarrotados". Lembra Norman Fairclough (2001, p. 156) que as frases que utilizam a negação para contestar ou rejeitar outros textos possuem tipos especiais de pressuposição e, por essa razão, intertextualidade.

4. DOMINAÇÃO DA PROFISSÃO DO MEDIADOR PELA VOZ DA TOGA

Para compreender as *relações de dominação* provocadas pelas práticas discursivas dos grupos sociais, faz-se uso do quadro conceitual de John Thompson (2002, p. 91 e ss) acerca dos modos de operação da ideologia, que concebe essas relações: a) representadas como justas e dignas (legitimação); b) ocultadas, negadas ou obscurecidas (dissimulação); c) construídas de uma unidade ou identidade coletiva (unificação o); d) capazes de segregar indivíduos ou grupos opositores ou que tragam algum tipo de ameaça (fragmentação); e) classificadas como transitórias ou atemporais (reificação).

Interessa nesse tópico tratar das vozes contraditórias da magistratura. De um lado, a magistratura deseja a mediação; de outro, a magistratura rejeita a mediação por medo. No primeiro caso temos *unificação* (THOMPSON, 2002, p. 97), que abarca um conjunto extraordinário de indivíduos em uma identidade coletiva, ainda que seja pensada pelo entrevistado a partir da noção um tanto paradoxal de "exército". Na representação do entrevistado, esse exército de mediadores é, de fato, controlado, possui um comando: a voz da toga. Os mediadores são treinados, cadastrados, avaliados por seu desempenho pela magistratura. Os espaços de trabalho e os tempos das audiências obedecem a uma lógica do tribunal. Formam-se enunciados (FONAMEC) definindo as possibilidades e restrições à mediação judicial.

No segundo caso, temos *fragmentação* (THOMPSON, 2002, p. 98), quando pretende-se afastar um grupo que poderia representar um desafio efetivo ao exercício do poder pelo grupo dominante. Uma estratégia típica de construção simbólica é a *diferenciação*, que realça as distinções existentes entre os grupos e que impedem que ambos participem do exercício do poder. Neste grupo, pode-se acomodar a magistratura trabalhista que teme a implementação da mediação na Justiça do Trabalho. Ao ser indagado o porquê de a Justiça do Trabalho ter ficado de fora da lei de mediação, respondeu o entrevistado: "A Justiça trabalhista não quer fazer parte. Ela tem um modelo em que se faz muita conciliação. Há um temor de que a mediação mal-usada poderia representar a volta dos classistas. Então eles quase imploraram." Pode-se, portanto, perceber que a magistratura trabalhista com o intuito de evitar que a mediação seja implementada, usa o instituto da conciliação como justificativa para manutenção do *status quo*. É verdade que o entrevistado afirma que, ao final, foi feito um acordo para que a mediação trabalhista seja tratada à parte. No entanto, isto pode ser visto como uma estratégia para que um projeto de lei deste tipo nunca se viabilize ou que, caso seja convertido em lei, seja a expressão de um desejo da magistratura trabalhista, isto é, a mediação que os juízes trabalhistas querem.

5. UM FABULOSO MERCADO

O Secretário menciona existir um "mercado fabuloso", já que temos "850 mil advogados, 3 milhões de bacharéis em direito que não tem carteira da OAB". Recorda que "não *fizemos* reserva de mercado para quem é da área jurídica" [grifos nossos]; e que "foi uma discussão dura dentro da comissão" (que discutia a lei no Congresso) admitir que pessoas formadas em outras áreas pudessem atuar como mediadores.

A fala do entrevistado revela que a implementação do instituto da mediação responde não apenas a uma demanda da sociedade pela resolução de litígios em uma lógica consensual, mas fundamentalmente a necessidade de se estabelecer uma nova atividade de trabalho. Isto encontrou resistência.[7] Na

7. 1.1. Em entrevista ao Portal Consultor Jurídico no dia 17 de julho de 2015, o Secretário de Reforma do Poder Judiciário, Flávio Caetano, ao ser perguntado sobre as dificuldades de se criar este novo mercado que poderia significar a retirada de exclusividade de certos profissionais, respondeu: "Quando a gente começou essa história nos disseram o seguinte: "Vocês vão ter muito problema em duas categorias; a OAB, porque achava que ia perder mercado, e o Judiciário, porque achava que ia perder poder. Nós chamamos para a comissão juízes, ministros e a OAB e não houve resistência. Os juízes perceberam que não conseguem dar vazão ao enorme número de processos e ficam agoniados com isso, porque sabem que têm de prestar um serviço essencial e porque sabem que os processos que chegam a eles não precisariam chegar. Já os advogados trabalham com esse mercado litigioso porque recebem por ato ou por etapa processual. Mas percebem que o processo é eterno, e se puderem resolver o problema mais

Justiça do Trabalho, por exemplo, o instituto da mediação não é aceito, pois, de acordo com o entrevistado, "há um temor de que a mediação mal usada poderia representar a volta dos classistas." Recorde-se, no entanto que na Justiça do Trabalho são os próprios magistrados que realizam a conciliação e permitir a implementação da mediação por "novos profissionais" poderia significar perda de poder, impedindo que os magistrados participem das práticas colaborativas. A decepção com as comissões de conciliação prévia pode também justificar a rejeição da mediação trabalhista, já que as noções de conciliação e mediação não restam esclarecidas no discurso oficial.

Norman Fairclough (2001, p. 255) menciona o fenômeno da comodificação, segundo o qual as instituições sociais que não se destinam a produzir mercadorias para venda, acabam sendo referenciados e identificadas como "indústrias" que produzem, comercializam, e vendem mercadorias de natureza das mais variadas para clientes e consumidores. Assim, teríamos, por exemplo, bens culturais, serviços educacionais ou judiciais comercializados. Na linha do pensamento do autor, poderíamos compreender a comodificação como a colonização de ordens de discurso institucionais, como a ordem do discurso judicial, por discurso associados à circulação de serviços e produção de mercadorias.

Não se trata apenas de conceber o tribunal dentro de uma lógica e cultura empresarial focado na produção de decisões céleres e na celebração de acordos rápidos. Trata-se de vender cursos de capacitação, precificar o cadastro do mediador no tribunal e no CNJ, investir na Escola Nacional de Mediação, construir novos espaços ou mesmo prédios para as práticas colaborativas, custear os encontros de magistrados no Fórum Nacional de Mediação e Conciliação e outros eventos, divulgar a ideia de que a mediação esvaziará as prateleiras do Poder Judiciário através de palestras arrojadas, manuais oficiais, cartazes coloridos e prêmios vultuosos em dinheiro. Afinal, como disse o entrevistado: "Precisa-se de investimento físico, de dinheiro, de estrutura senão não vai dar certo."

6. CONSIDERAÇÕES FINAIS

A pesquisa se direcionou a compreender qualitativamente a entrevista do Secretário da Reforma do Poder Judiciário. Percebeu-se, através de estratégias discursivas, que o enunciador busca reforçar o seu discurso pela experiência em outros países e validá-lo por diplomas legais. Os seus pontos de vista fazem

---

rápido podem receber honorários de maneira diferente, sem precisar esperar dez anos para resolver um problema. Por isso não tivemos problemas. Claro que o advogado é indispensável e tem de ser." (CANÁRIO, Pedro. "Com novas leis, Brasil entrou na segunda fase da reforma do Judiciário" [Entrevista com Flávio Caetano], disponível em: http://www.conjur.com.br/2015-jul-17/entrevista-flavio-caetano-secretario-reforma-judiciario, acessado em: 30.09.2015.

parte de um discurso hegemônico de controle da mediação judicial e extrajudicial pelo Poder Judiciário, em especial pelo CNJ.

Entre os objetivos, procurou-se desvelar ideologias que informam a implementação do instituto da mediação no Brasil, notadamente os caminhos ideológicos de celeridade e aqueles que postulam o controle do perfil, remuneração, capacitação, cadastro de mediadores pelo Poder Judiciário. Paralelamente, identificaram-se vozes contraditórias da magistratura que promovem ou rejeitam o instituto da mediação.

Nota-se que o enfoque do entrevistado, ao se referir à mediação, orienta-se para aspectos de estrutura, pessoal, remuneração e formação de mediadores e, sobretudo, controle; preocupações essas presentes e repetidas em outros discursos oficiais. Contudo, permanecem invisíveis as pessoas que serão "recepcionadas" por este exército de 17 mil mediadores. Nesta linha, constata-se que os serviços judiciários têm sofrido dramáticas vicissitudes nos últimos anos. É possível que a Análise de Discurso Crítica possa contribuir significativamente para a avaliação do peso dessas mudanças com o objetivo de auxiliar que reformas judiciais possam melhorar a vida dos cidadãos e permitir que a profissão de novos atores do cenário judicial possa se desenvolver adequadamente.

7. REFERÊNCIAS

AZEVEDO, André Gomma de (Org.). Manual de Mediação Judicial, 5ª Edição, Brasília: Conselho Nacional de Justiça, 2015.

BOURDIEU, Pierre. *O Poder Simbólico*. Trad. Fernando Tomaz. Rio de Janeiro: Bertrand, 1989.

BANCO MUNDIAL. *Informe sobre el desarrollo mundial 2002: instituciones para los mercados*. World development report. Madrid: Mundi Prensa, 2002, disponível em http://documents.worldbank.org/curated/en/2002/01/6418134/world-development-report-2002-building-institutions-markets-informe-sobre-el-desarrollo-mundial-2002-instituciones-para-los-mercados. Acesso em 05.10.2015.

BRASIL. Conselho Nacional de Justiça. "Composição do Fonamec 2015", disponível em: http://www.cnj.jus.br/files/conteudo/destaques//arquivo/2015/08/8386e619acadc97b793e78a0c972e605.pdf, acessado em 5 de outubro de 2015.

BUSH, Robert A. Baruch; FOLGER, Joseph P. La Promesa de Mediación. trad.: Aníbal

Leal, Buenos Aires: Granica, 2008.

CANÁRIO, Pedro. "Com novas leis, Brasil entrou na segunda fase da reforma do Judiciário" [Entrevista com Flávio Caetano], disponível em: http://www.conjur.com.br/2015-jul-17/entrevista-flavio-caetano-secretario-reforma-judiciario, acessado em: 30.09.2015.

CAPPELLETTI, Mauro, GARTH, Bryant. *Acesso à justiça*. Ellen Gracie Northfleet (trad.). Porto Alegre: Sergio Antonio Fabris, 2002.

CHASE, Oscar G. *Direito, cultura e ritual: sistemas de resolução de conflitos no contexto da cultura comparada*. Trad. Arenhart e Osna. São Paulo: Marcial Pons, 2014.

DANTAS, Iuri; POMBO, Bárbara. "Brasil terá 'verdadeiro exército' de mais de 17 mil mediadores a partir de 2015 [Entrevista com Flávio Caetano], disponível em: http://jota.info/brasil-tera-verdadeiro-exercito-de-mais-de-17-mil-mediadores-a-partir-de-2015, acessado em: 14.09.2015; http://www.anadep.org.br/wtk/pagina/materia?id=23191, acessado em 29 de setembro de 2015.

FAIRCLOUGH, Norman. *Discurso e Mudança Social*. Coord. de tradução: Izabel Magalhães. Brasília: UnB, 2001.

FOUCAULT, Michel. *A Arqueologia do Saber*. Trad. da edição francesa de 1969: Miguel Serras Pereira. Lisboa: Edições 70, 2014.

FUX, Luiz. *Cartilha elaborada pela Comissão de Juristas do Novo Código de Processo Civil*. Senado Federal: Brasília, 2009, disponível em: http://www.oab.org.br/pdf/Cartilha1afase.pdf, acesso em 09.09.2014.

HALLIDAY, M.A.K. *Halliday's Introduction to Functional Grammar*. 4th. ed., revised Christian Matthiessen. London and New York: Rutledge, 2014.

MENGARDO, Bárbara. "'Mediação não vai solucionar' juizados especiais abarrotados" [Entrevista com Nancy Andrighi], disponível em: http://jota.info/mediacao-nao-vai-solucionar-juizados-especiais-abarrotados, acessado em 30.09.2015.

PINHO, Humberto Dalla Bernardina de. "Mediação: a redescoberta de um velho aliado na solução de conflitos". In: *Acesso à Justiça e efetividade do processo* (coord. PRADO, Geraldo Luiz Mascarenhas). Rio de Janeiro: Lúmen Juris, 2005.

THOMPSON, John B. *Ideología y Cultura Moderna: Teoría Crítica Social en la era de la comunicación de masas*. 2ª ed., 2ª reimpr., México: Universidad Autónoma Metropolitana, 2002.

WATANABE, Kazuo. "Acesso à Justiça e meios consensuais de solução de conflitos", in: *Tribunal Multiportas: investindo no capital social para maximizar o sistema de solução de conflitos no Brasil*. Rafael Alves de Almeida, Tania Almeida, Mariana Hernandez Crespo (org.) Rio de Janeiro: Editora FGV, 2012.

CAPÍTULO 41

Conciliações e arbitragens no Brasil do Século XIX

Adriana Pereira Campos[1]

SUMÁRIO: 1. INTRODUÇÃO. 2. CONCILIAÇÃO E ARBITRAGEM: A TRADIÇÃO LUSITANA. 3. A CONCILIAÇÃO E A ARBITRAGEM COMO ATO JUDICIAL. 4. A PRÁTICA DA CONCILIAÇÃO E DA ARBITRAGEM NO BRASIL IMPÉRIO. 5. CONCLUSÕES

1. INTRODUÇÃO

O novo Código de Processo Civil brasileiro (CPC - 2015) consolidou o marco da jurisdição convencional, materializada nas técnicas e procedimentos consensuais de solução de conflitos. O litígio deve receber o tratamento mais adequado, abandonando-se a ideia de métodos principais ou acessórios no campo da justiça. Utiliza-se, com razão, o artigo 334 do CPC como fundamento dessa compreensão:

> Se a petição inicial preencher os requisitos essenciais e não for o caso de improcedência liminar do pedido, o juiz designará audiência de conciliação ou de mediação com antecedência mínima de 30 (trinta) dias, devendo ser citado o réu com pelo menos 20 (vinte) dias de antecedência [2].

Esse marco do direito brasileiro reforça os métodos colaborativos e de autocomposição e coloca-os no mesmo patamar das tradicionais técnicas adversariais da jurisdição contenciosa. Em oportuna decisão, o Conselho Nacional de Justiça (CNJ) decidiu, por meio da Resolução n. 125/2010, "Fica instituída a Política Judiciária Nacional de tratamento dos conflitos de interesses, tendente a assegurar a todos o direito à solução dos conflitos por meios adequados à sua natureza e peculiaridade"[3].

Neste capítulo, pretende-se destacar a antiguidade das conciliação e arbitragem tradição jurídica brasileira e discutir o caráter desses métodos no século XIX quando se estruturou a justiça depois da Independência de Portugal.

---

1. Doutora em História pela Universidade Federal do Rio de Janeiro. Professora permanente dos Programas de Pós-Graduação *stricto sensu* em Direito e em História da Universidade Federal do Espírito Santo. Pesquisadora Produtividade (2) do CNPq e Coordenadora do Projeto *Opinio Doctorum* financiado pela Fundação de Amparo à Pesquisa e Inovação do Espírito Santo – FAPES.
2. *Código do Processo Civil*, 2015, Art. 334.
3. BRASIL, *Resolução n. 125/2010 do Conselho Nacional de Justiça*, grifa-se.

2. CONCILIAÇÃO E ARBITRAGEM: A TRADIÇÃO LUSITANA.

Não se pode obliterar a tradição jurídica lusitana e sua forte presença nos institutos do direito brasileiro do Oitocentos. Especialmente em relação ao tema deste artigo, os portugueses conheciam métodos de autocomposição desde o século XVI, pelo menos. A conciliação, por exemplo, surgiu em Portugal como demanda das Cortes ao Rei D. João II (1455-1495):

> Outro si Senhor muitas demandas se não começariam e começadas cessariam e discórdias se acabariam se houvesse alguns homens de bem medianeiros que se entremetessem em meio à pacificar e meter concórdia e paz entre os desacordados e aquele que se mal querem [...] seja vossa mercê de mandardes às cidades e vilas de vossos Reinos que elejam dentre si dois bons homens ou mais se necessário for segundo os lugares forem que tanto que souberem alguns que se mal querem e andam desauridos ou para entrarem em demanda sobree algumas dívidas e heranças ou para julgarem as punhadas e irem a mal se metam a concordar e se trabalhem quanto puderem para meter entre eles paz e por si aqui se escusarem muitas demandas em vossos Reinos e morte e arruídos se evitarem [4].

A proposta, entretanto, aguardou o novo século para se consubstanciar em norma por meio das Ordenações Manuelinas, em seu livro 3º, título XV, item I, como se observa no excerto abaixo:

> E no começo das demandas dirá o Juiz a ambas as partes, que antes que façam despesas, e se entre ele os ódios e dissensões, se devem de concordar, e não curar de gastar suas fazendas por seguirem suas vontades, porque o vencimento da causa sempre é muito duvidoso: e isto, que dizemos de induzirem as partes à concórdia, não é de necessidade, mas somente de honestidade nos casos em que o bem poderem fazer; porém isto não terá lugar nos feitos crimes, quando os casos forem tais, que segundo as Ordenações a Justiça haja lugar [5].

Para a realização da "concórdia" entre as partes, o monarca D. Manuel instruiu, em 25 de janeiro que Assim ocorreu com a reconciliação das partes disciplinada pelas ordenações. D. Manuel ordenou, em 25 de janeiro de 1519, que "em cada cidade vila ou lugar haja uma pessoa [...] boa e virtuosa ou bem entendida [...]se responsabilizasse por tentar concertar as partes litigantes, sem o que não teria início qualquer demanda judicial"[6]. Embora as antigas Ordenações

---

4. *apud* RIBEIRO, José Silvestre. *Resoluções do Conselho de Estado da secção do contencioso administrativos colligidas e explicas por José Silvestre Ribeiro*. Lisboa: Imprensa Nacional, 1855, p. 179-180.
5. *Ordenações Manuelinas*, L. 3, Tít. 15, § 1 - Transcreveu-se do português Seiscentista.
6. *apud* RIBEIRO, 1855, p. 181.

Manuelinas tenham se reformado sob o governo de Felipe, durante a União Ibérica, o instituto manteve-se.[7] Consoante Ribas[8], a conciliação não se configurava numa obrigação ou necessidade, mas sim num "dever de honestidade", pois se consideravam os longos processos mais prejudiciais às partes do que o perde e ganha próprio do contencioso.

Além dos "concertadores", o Direito português continha ainda o instituto do "arbitramento" e dos "arbitradores". De acordo com as Ordenações Filipinas, o arbitramento decidia apenas sobre os fatos segundo o costume geral da terra[9]. Não se pode, contudo, confundir arbitradores com árbitros no Direito luso, pois os últimos são verdadeiramente juízes que conhecem do fato e do direito. Nas causas cíveis, as partes podiam nomear juízes árbitros, obrigando-se a cumprir a sentença sem dela apelar ou agravar. Considerava nula a renúncia do direito de apelação, mas no caso de o tribunal decidir correta a sentença arbitral, o apelante pagava ao vencedor a pena contida na cláusula do compromisso[10]. Os juízes árbitros, desde que estabelecidos em comum pelas partes, possuíam jurisdição sobre a causa convencionada. O ato entre as partes de colocar o objeto em contestação sob a autoridade dos juízes arbitrais denominava-se "compromisso". Se a sentença proferida não fosse apelada, tinha lugar a execução. O juízo arbitral podia ser formado por um, dois ou três árbitros, mas os escolhidos deveriam decidir sem a ausência de nenhum, salvo cláusula em contrário[11]. Como se observa, portanto, a arbitragem surgiu em Portugal como ato voluntário, estabelecendo-se a jurisdição civil convencional. Já a conciliação colocava-se na perspectiva da ordem pública, pois deveria ser promovida pelos juízes por dever de honestidade, consoante palavras de Antônio Ribas[12].

É correto afirmar, como se viu, que o direito português contemplava formas não contenciosas de resolução de conflitos tanto na modalidade de "concertação" quanto de arbitragem. Nenhuma das técnicas, porém, possuía caráter de "necessidade" que pudesse anular o processo que não observasse algum desses métodos. Ainda assim, o livro 3 das Ordenações Filipinas reservou amplo espaço aos procedimentos de autocomposição das controvérsias com o intuito de evitar as longas e demoradas formalidades dos atos judiciais. Não se perdeu de vista recursos e apelações em relação aos possíveis prejuízos causados às partes pelo encaminhamento equivocado das autoridades conciliatórias ou arbitrais. O fato demonstra o interesse da monarquia lusa no monopólio e

7. *Ordenações Filipinas*, L. 3, Tít. 20, § 1.
8. RIBAS, Antonio Joaquim; RIBAS, Júlio Adolpho. *Consolidação das leis do processo civil*. Rio de Janeiro: Dias da Silva Junior, 1879, p. 149.
9. *Ordenações Filipinas*, L. 3, Tít. 17.
10. *Ordenações Filipinas*, L. 3, Tít. 16.
11. *Ordenações Filipinas*, L. 3, Tít. 16, § 1 ao 8.
12. RIBAS, RIBAS, 1879.

centralização da justiça, sem abrir mão de formas ágeis e simplificadas de controvérsias entre seus súditos.

3. A CONCILIAÇÃO E A ARBITRAGEM COMO ATO JUDICIAL

Com a nova ordem constitucional implantada em 1824, o instituto da conciliação recebeu papel de destaque como procedimento prévio e obrigatório para se ajuizar demanda judicial. A tradição lusitana da "concertação" se manteve em solo brasileiro mesmo depois do rompimento político. Inovou-se, contudo, a autoridade responsável por realizar o procedimento de conciliação e seu caráter de condição essencial para a lide:

> Art. 161. Sem se fazer constar, que se tem intentado o meio da reconciliação, não se começará Processo algum.
>
> Art. 162. Para este fim haverá juízes de Paz, os quais serão eletivos pelo mesmo tempo, e maneira, por que se elegem os Vereadores das Câmaras. Suas atribuições, e Distritos serão regulados por Lei[13].

A conciliação tornou-se, assim, preceito constitucional e não processual, pois nenhum processo podia ser iniciado sem que se intentasse estabelecer a composição das partes. Houve grande influência francesa e espanhola na constitucionalização da prática de concertação dos conflitos. Na Constituição francesa de 1791, no capítulo sobre a organização do poder judiciário, definiu-se no artigo 6 que "Os tribunais ordinários não podiam receber nenhuma ação civil, sem que lhes fosse justificado que as partes tivessem comparecido ou que o recorrente tenha citado a sua parte oposta contra mediadores para chegar a uma conciliação"[14]. A Constituição espanhola de 1812 também possuía dispositivo semelhante: "Sem fazer constar que se tentou um meio de conciliação, não se estabelecerá nenhum pleito"[15]. Observa-se, portanto, que a cultura constitucional do período transformava a conciliação num princípio organizador da justiça liberal.

Curiosamente, a Constituição lusa previa a conciliação apenas nas causas que competiam aos juízes eletivos[16]. Já o Brasil antecipou-se, em relação aos lusitanos, na criação dos juízes de paz com a função conciliadora, que somente sobrevieram em Portugal no ano de 1832[17]. Tal como posto pela tradição de

13. BRASIL, *Constituição Política do Império do Brazil*, de 25.03.1824, Art. 161 – 162, grifa-se.
14. FRANÇA, *La Constitution de 1791*. s.d, Art. 6.
15. ESPANHA, *La Constituicion Española de 1812*. s.d, Art. 284.
16. PORTUGAL, *Constituição portuguesa de 1822*, Art. 181.
17. CARVALHO, Jorge Brandão. *Tensões numa comunidade rural do Baixo-Minho*: Adaúfe e o seu juízo de Paz (1835-1880). Braga: Universidade do Minho, 1999.

concertadores, a função do juiz de paz cabia aos cidadãos eleitores, sem necessidade de formação jurídica ou conhecimento das leis, eleitos diretamente por votantes de primeiro grau da paróquia[18].

Para José Murilo de Carvalho[19], o caráter eletivo do juiz de paz deve ser observado como elementar na construção da cidadania, pois significava a participação direta do cidadão no poder judiciário, independente de vínculo profissional. Nesse mesmo sentido, as eleições diretas para o cargo de juiz de paz favoreceram a interiorização da política em lugares mais remotos do país e a formação da comunidade política[20]. Andrea Slemian considerou ainda que o instituto favoreceu a efetivação do poder judiciário "[...] por meio do reforço da descentralização do sistema, mediante à eleição de representantes locais."[21].

Entre 1827 e 1841, o papel dos juízes de paz ganhou enorme alcance, pois a ordem pública passou a ser responsabilidade dessas autoridades. Além da conciliação, os magistrados eletivos acumulavam funções policiais, judiciais (em casos menores), administrativas (como a divisão dos quarteirões e a nomeação de inspetores) e eleitorais (como a qualificação de votantes e eleitores da paróquia e o deferimento de justificativas de ausências)[22]. Em 1841, porém, a reforma do código processual criminal esvaziou as atribuições dos juízes de paz, principalmente aquelas ligadas à disciplina social, repassando-as aos delegados de polícia e juízes de Direito. Permaneceu, porém, sob sua autoridade a função constitucional de conciliar as partes antes do estabelecimento da causa na esfera contenciosa[23].

Segundo Thomas Flory[24], na primeira das reformas jurídicas liberais do Império, o juizado de paz foi sempre mais vulnerável à crítica conservadora, pois os juízes frequentemente abusavam de seu poder, faziam inimigos ou se convertiam em figuras chave nas disputas locais. Talvez se possa somar a essa explicação o fato de, no contexto da Regência, novas clivagens políticas

18. CAMPOS, Adriana Pereira. Juízes de paz no Brasil do Oitocentos: uma experiência cidadã. In FERREIRA, Fátima Moura; MENDES, Francisco Azevedo; CAPELA, José Viriato. *Justiça na res publica* (sécs. XIX-XX): ordem, direitos individuais e defesa da sociedade. Braga: Citem, 2011.
19. CARVALHO, José Murilo. Cidadania: tipos e percursos. *Estudos Históricos*. Rio de Janeiro, n.18, 1996, p. 337-360. P. 341.
20. CAMPOS, Adriana Pereira; VELLASCO, Ivan. Juízes de Paz, mobilização e interiorização da política. CARVALHO, José Murilo; CAMPOS, Adriana (Org.). *Perspectivas da cidadania no Brasil Império*. Rio de Janeiro: Civilização Brasileira, 2011.
21. SLEMIAN, Andréa. *Sob o império das leis: constituição e unidade nacional na formação do Brasil* (1822-1834). São Paulo: Hucitec/FAPESP, 2009, p. 186.
22. MOTTA, Kátia Sausen. *Juiz de paz e cultura política no início do Oitocentos* (Província do Espírito Santo, 1827-1842). Dissertação (Mestrado em História). Programa de Pós-Graduação em História, Universidade Federal do Espírito Santo, Vitória, 2013, p. 64-65.
23. FLORY, Thoma. *El juez de paz y el jurado en el Brasil imperial, 1808-1871, control social y estabilidad política en el nuevo Estado*. México: Fondo de Cultura Económica, 1986, p. 266 – 277.
24. FLORY, 1986, p. 209.

como caramurus e exaltados terem assumido postos de juízes de paz. Esses agrupamentos de oposição aos moderados logravam, muitas vezes, êxito nas eleições para o cargo. Assim, parte dos juízes de paz eleitos divergia do conceito de ordem imposta pelo governo regencial. Os moderados perceberam, ademais, que os chefes de polícia e juízes de direito possuíam enormes limitações diante de autoridades locais com autonomia garantida em diversos corpos legislativos, como o Regimento dos Juízes de Paz, de 1828, e o Código de Processo, de 1832.

O então presidente da Província do Grão-Pará, Soares d'Andréa, vinculava os juízes de paz aos cabanos, de modo que, em suas correspondências com a Corte, denunciava a "brandura" daqueles magistrados com as queixas e denúncias de sedição[25]. Em Porto Alegre, Rio Grande do Sul, certo magistrado eletivo, Manoel Vaz Pinto, foi processado e denunciado por conluio com os rebeldes, apesar dos avisos e ordens enviados pelo promotor da província[26]. É razoável supor, com efeito, a profunda relação entre os movimentos rebeldes e a diminuição de poder e crítica feroz às atribuições policiais e judiciais estendidas aos juízes de paz.

Apesar da perda, em 1841, de parte de suas atribuições adquiridas na década de 1830, a conciliação seguiu sob autoridade dos juízes de paz, enquanto "necessidade" para o início de qualquer processo judicial. Acertadamente José Mendonça interpretou a conciliação como instituição de ordem pública[27], pois se destinava a evitar os litígios e manter a harmonia entre os cidadãos. Sem sua observância não podia ser suprida e nem renunciada e a inobservância importava em nulidade absoluta. Havia, porém, três limitações à conciliação: a) incapacidade das partes em conciliar; b) quando é ociosa ou repugnante; c) quando a citação para a audiência frustrar o direito de ação. Interessa destacar que a segunda limitação se refere às causas arbitrais, inventários, execuções, entre outras[28].

A conciliação precedia as ações cíveis e comerciais e não se confundia com essas últimas e se constituía em ato judicial, mas não processual. Na Consolidação das Leis do processo civil [29], em seu artigo 185 a 200 (parte primeira), prescrevia-se a conciliação como procedimento prévio e "necessário" ao processo

25. MOURA, Danielle Figuerêdo. Defensores de cabanos? A imagem dos juízes de paz em questão. Pará, 1836-1839. In: *Anais do II Seminário Internacional da Sociedade Brasileira de Estudos do Oitocentos*.V.2, Rio de Janeiro: SEO, 2017.
26. CODA, Alexandra. *Os eleitos da Justiça*: a atuação dos juízes de paz em Porto Alegre (1827-1841). Dissertação (Mestrado em História) – Programa de Pós-Graduação em História, UFRGS, Porto Alegre, 2012, p. 94 e 99.
27. MENDONÇA, José Xavier de Carvalho de. *Tratado theorico e prático das justiças de paz*. Rio de Janeiro: Garnier, 1889.
28. RIBAS; RIBAS, 1879, p. 387.
29. RIBAS; RIBAS, 1879.

judicial, promovida pelos Juízes de Paz. Releva a opinião dos Ribas, pois se utilizava a aludida consolidação como referência de Código de Processo Civil, a partir da Resolução Imperial de 28 de dezembro de 1876, que lhe atribuiu força de lei.

Conforme Ribas e Mendonça o processo[30], no século XIX, restringia-se ao contencioso. A conciliação e a arbitragem consistiam em atos constitucionalmente previstos para promover a ordem pública, via mediação dos conflitos. Como explicou Baptiste[31], o juízo arbitral manteve-se em razão da vigência das Ordenações Filipinas e do reconhecimento proporcionado pela Constituição do Império, art. 160: "Nas civeis, e nas penaes civilmente intentadas, poderão as Partes nomear Juizes Arbitros. Suas Sentenças serão executadas sem recurso, se assim o convencionarem as mesmas Partes".

Existia ainda outra modalidade de arbitramento também nomeada de louvação. Este arbitramento tinha lugar quando a decisão final judicial carecia de informação ou avaliação de "pessoas experimentadas", instruídas, peritas, isto é, *louvadas* sobre o assunto controverso[32]. Não se tratava, como no direito lusitano, de decisões que envolvesse o Direito, mas unicamente o fato. Pode-se afirmar que a louvação ocorresse como a eleição de peritos pelas partes no curso do processo. Enfim, não deve confundir o arbitramento com a arbitragem no direito brasileiro do Império.

A Constituição de 1824, portanto, institucionalizou a jurisdição convencional no Brasil. Em 1850, o código comercial conferiu natureza "necessária" ao juízo arbitral em questões e controvérsias relativas: 1) à locação mercantil[33]; 2) à liquidação ou partilha de sociedades ou companhias; 3) aos salários e prêmios de empregados de navio ou carga[34]; 4) pagamento de salvados em naufrágios[35]; 5) aos danos em caso de abalroamento de um navio por outro[36]; 6) à regulação, repartição ou rateio de avarias em navios[37]; e 7) à contestação de crédito em concordata[38]. Em 26 de junho de 1867, por meio do Decreto 3.900, derrogou-se o juízo arbitral "necessário", previsto apenas como "voluntário" em que as partes podiam instituí-lo antes ou na pendência de qualquer causa[39].

---

30. RIBAS; RIBAS, 1879; MENDONÇA, 1889.
31. BAPTISTE, Francisco de Paula . *Compendio de theoria e pratica do processo civil comparado com o commercial.* 3a ed. Recife: Livraria Academica/Livraria Industrial, 1872, p. 58.
32. BRASIL, *Decreto 737/1850*, Art. 189.
33. *Código Comercial do Império do Brasil*, 1850, Art. 245.
34. *Código Comercial do Império do Brasil*, 1850, Art. 736.
35. *Código Comercial do Império do Brasil*, 1850, Art. 739.
36. *Código Comercial do Império do Brasil*, 1850, Art. 749.
37. *Código Comercial do Império do Brasil*, 1850, Art. 783.
38. *Código Comercial do Império do Brasil*, 1850, Art. 846.
39. BRASIL, *Decreto n.3900 de 26 de junho de 1867*, Art. 2.

Para Baptiste[40], o juízo arbitral ganhou, desse modo, exclusiva natureza voluntária e converteu-se em prerrogativa da liberdade civil. A convenção das partes em torno da arbitragem, o "compromisso", podia incluir muitas clásulas para a composição das partes no encaminhamento da contestação, assim como da execução da decisão. O ato alcançava duas dimensões, pois resultava em "compromisso judicial", se estabelecido no curso da demanda diante de um juízo ordinário, ou "extrajudicial", se estipulado por escritura pública ou particular, assinada pelas partes e, pelo menos, duas testemunhas[41].

A mesma legislação assegurou diversos dispositivos para impedir ilegalidades ou prejuízo às partes. Sem a nomeação de árbitros, por exemplo, não existia "compromisso", apenas "promessa" que permanecia na dependência para sua perfeição de novo e especial acordo das partes para cumprimento das formalidades previstas pelo Dec. 3.900. Podia ocorrer a recusação em vista das previsões constantes no artigo 15 do Dec. 3.900, como ser pessoa amiga íntima de uma das partes ou inimigo capital.

4. A PRÁTICA DA CONCILIAÇÃO E DA ARBITRAGEM NO BRASIL IMPÉRIO

Importa aquilatar o peso das conciliações na solução das controvérsias no Império. A Constituição de 1824 logrou três formas de jurisdição no campo judicial: a contenciosa, administrativa e a convencional. No organograma abaixo, tentamos esclarecer cada uma delas:

Figura 1. Organograma das Jurisdições no Brasil Império

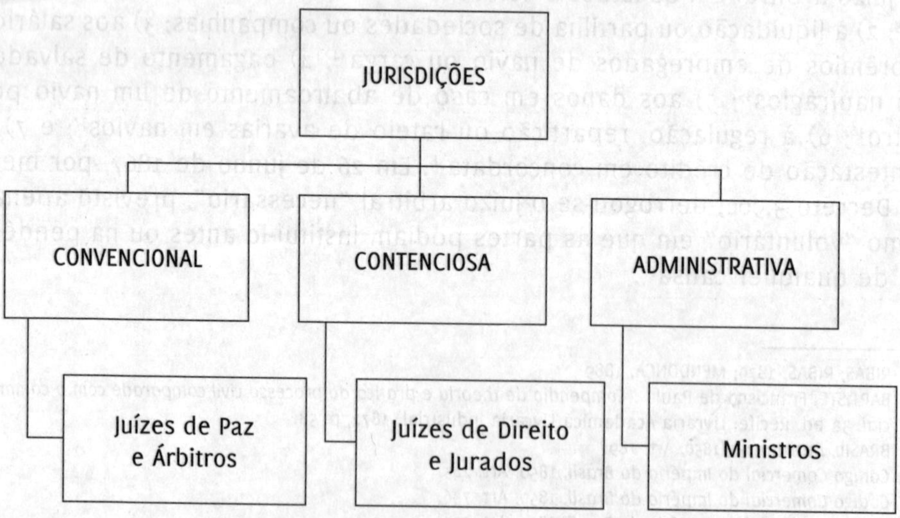

40. BAPTISTE, 1872, p. 58.

41. BRASIL, *Lei n.1350/1866; Decreto n.3900 de 26 de junho de 1867*, Art. 5.

Embora juízes e árbitros compusessem a jurisdição convencional, distinguiam-se em relação à obrigatoriedade da autocomposição. As conciliações possuíam caráter "necessário", pois nenhum processo se iniciava no contencioso sem a tentativa de composição das partes pelos Juiz de Paz. Já arbitragem, desde a Lei 1.350/1866 e o Decreto 3.900/1867, passou a possuir natureza exclusivamente "voluntária". Na prática, ambos os institutos funcionavam com regularidade para pacificar as contendas no país. O sucesso das conciliações no Brasil Império pode ser medida pelos dados organizados na tabela abaixo.

Tabela 1. Conciliações e ações cíveis intentadas no Brasil – 1865-1874

ANO	CONCILIAÇÕES				AÇÕES CÍVEIS			
	Verificadas	%	Não verificadas	Totais	Ordinárias	Sumárias	Executivas	Totais
1865	1.498	16,5	4.823	6.321	315	85	290	375
1866	2.623	32,1	6.444	9.067	318	1.388	995	2383
1867	2.384	25,9	5.789	8.173	s/infor.	s/infor.	s/infor.	3.460
1869	2.671	33,2	6.548	9.219	759	1.293	353	2.405
1870	4.656	74,1	3.395	8.051	801	1.331	490	1.989
1871	1.813	27,0	4.468	6.281	433	1.159	227	1819
1872	2.016	26,6	4.690	6.706	ilegível	ilegível	ilegível	2.167
1873	2.776	36,6	4.816	7.592	873	1.295	805	2.622
Totais				61.410				17.220

Fonte. BRASIL. *Relatórios do Ministro e Secretário d'Estado dos Negócios da Justiça*. 1865-1873.

Observa-se na tabela acima o significativo afluxo por justiça através das audiências de conciliações. Enquanto se intentaram cerca de 61 mil conciliações no Brasil nos anos de 1865 a 1873, pouco mais de 17 mil casos foram submetidos aos procedimentos processuais civis. O gráfico abaixo demonstra a diferença da frequência entre as duas técnicas de resolução de conflito:

Gráfico 1. Conciliação e contencioso – 1865-1873

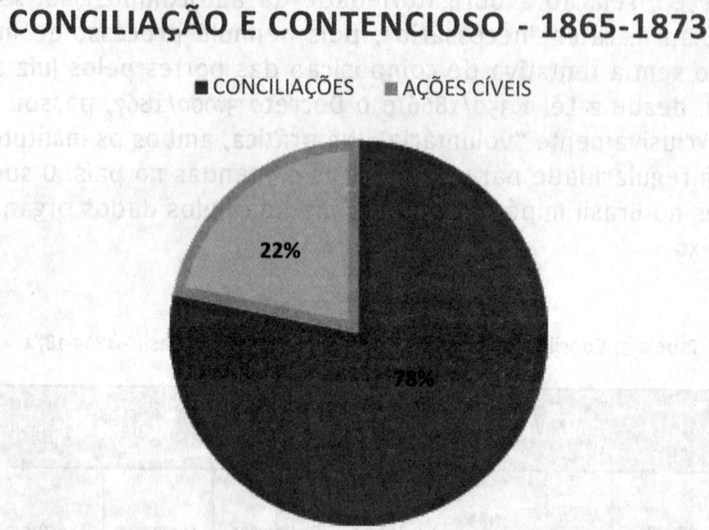

Fonte. BRASIL. *Relatórios do Ministro e Secretário d'Estado dos Negócios da Justiça*. 1865-1873.

Majoritariamente, portanto, levavam-se aos juizados de paz conflitos sociais como alternativa de resolução. Veja abaixo o gráfico:

Gráfico 2. Conciliações verificadas e não-verificadas

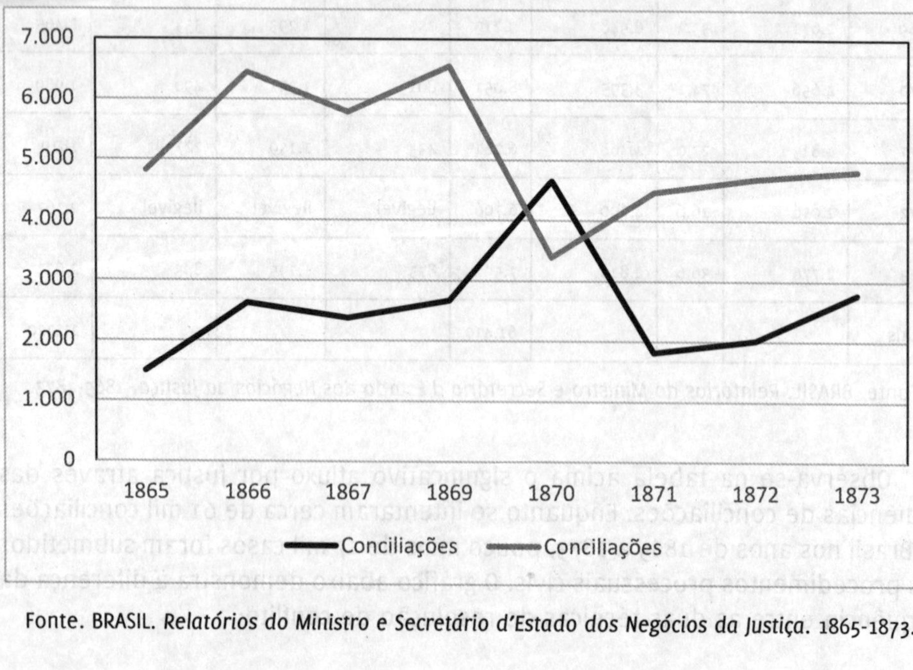

Fonte. BRASIL. *Relatórios do Ministro e Secretário d'Estado dos Negócios da Justiça*. 1865-1873.

As conciliações, embora intentadas com frequência, alcançavam êxito parcial. O procedimento alcançava, em média, a composição de cerca de um terço dos casos. Como na França, o instituto encontrava barreiras importantes para sua exequibilidade. A revelia revelou-se empecilho relevantíssimo. Do ponto legislativo, buscou-se contornar o problema com o Decreto 737/1850, por meio de seu artigo 31, que prescrevia a condenação nas custas do réu que faltasse à audiência de conciliação. A revelia, no entanto, não implicava em consideração das partes reconciliadas, mas o autor podia obter junto ao escrivão declaração para ser levada a causa ao juízo contencioso[42].

A doutrina prescrevia passos detalhados das conciliações de modo a torná-las mais adequadas tecnicamente. Na segunda metade do século, José Marcelino Vasconcellos descreveu em minúcias os passos a serem observados no exercício de suas diferentes atribuições[43]. Ensinava que o juiz deveria mandar citar o réu, para ouvir junto ao autor a contenda durante a audiência, quando ambos poderiam apresentar documentos. Para realizar a composição das partes, ao magistrado era facultado dilatar o ato conciliatório para outro dia, se assim concordassem os querelantes. Havendo a conciliação, o juiz lavraria o termo; em caso contrário, apenas o escrivão redigiria uma simples declaração para constar no juízo contencioso[44].

Carlos Carneiro recomendava que as audiências fossem realizadas com frequência mínima semanal e em local público[45]. Na ausência de espaço apropriado, os encontros poderiam ocorrer na residência do juiz ou em qualquer outro lugar que este julgasse apropriado. Deveriam, sobretudo, ser públicas, de portas abertas, com a presença do escrivão e do oficial de justiça, em hora e dia certos, cujo início devia ser anunciado pelo toque de campainha. Vários juízes de paz veicularam no *Aurora Fluminense* e no *Diário do Rio de Janeiro*, entre outros periódicos, anúncios com essas informações. Em 23 de dezembro de 1837, publicou-se o seguinte:

> O cidadão Manoel Ferreira de Araujo Pitada, Juiz de Paz do 20. Distrito da candelária nesta Corte.
>
> Faço saber que me acho exercendo as funções de Juiz de Paz deste Distrito, e que as audiências das sessões do Juízo, serão nos dias do costume, a saber: às 10 horas, e sendo feriado, ou dia Santo, no dia antecedente, e se de infração de Posturas nas

42. BRASIL, *Decreto n. 737/1850*, Art. 35.
43. VASCONCELLOS, José Marcelino Pereira de. *Atos, atribuições e obrigações dos Juízes de Paz.* Rio de Janeiro: Eduardo & Henrique Laemmert, 1862, p. 5 – 11.
44. CAMPOS, Adriana Pereira e SOUZA, Alexandre de Oliveira Bazílio. A Conciliação e os Meios Alternativos de Solução de Conflitos no Império Brasileiro. *Dados* [online]. 2016, vol.59, n.1, p.271-298.
45. CARNEIRO, Carlos Antonio. *Diretor do juízo de paz.* Rio de Janeiro: Garnier, 1864, p.127 – 136.

> Quartas feiras, na casa de minha residência rua do Rosário n. 25, aonde me acharão sempre pronto para os despachos. E para que chegue ao conhecimento de todos mandei passar o presente. Rio 22 de Dezembro de 1837.
>
> E eu Pedro Peixoto de Albuquerque Sany, o escrevi. – Manoel Ferreira de Araujo Pitada[46].

Não há registros tão sistemáticos sobre o juízo arbitral para aferição da frequência de suas decisões. Nos jornais cariocas encontraram-se parte da prática da arbitragem no Brasil do Oitocentos. Em 4 de janeiro de 1860, a publicação de certa "escritura de contrato para juízo arbitral" no *Jornal do Commercio* ilustra os procedimentos adotados no período:

> Que eles vendedores Etienne e C. venderam a Fonseca Bastos e C., conforme o contrato passado pelo corretor E. Hime, um carregamento de vinho, acontecendo que no intervalo do contrato de compra e venda que fizeram, e a chegada do gênero vendido ao porto, houve um aumento de direitos na pauta da alfandega para mais 120 rs, sobre [ilegível] de vinho.
>
> Que esse aumento de direitos deu nascimento a uma questão entre os contratantes, a saber: eles vendedores entendem que este aumento deve recair sobre os compradores, que afinal o terão de haver dos consumidores; [...]; os compradores, porém, entendem que o aumento dos direitos deve recair sobre os vendedores. E para decidir esta questão, acordam em submetê-la ao juízo arbitral, e por parte dos vendedores foi oferecido o Sr. conselheiro Joaquim Pereira de Faria, e por parte dos compradores o Sr. José Romaguera, e em terceiro lugar o Sr. Militão Máximo de Souza, para decidir em esse de discordância dos dois Srs. Árbitros, a todos foram aprovados pelos contraentes que se obrigam a sujeitar-se à sua decisão qualquer que seja, sem poderem interpor recurso algum. Outrossim pelos contratantes foi dito que nenhum deles ficaria sujeito por nenhum prejuízo, dano ou degeneração do objeto em questão, nem tampouco por juro algum durante a decisão dos árbitros, até que seja o carregamento ativo entregue a quem de direito for etc[47].

5. CONCLUSÕES

Como se observou a jurisdição convencional, ou as técnicas e métodos de autocomposição existiram com grande força legal e doutrinária no Brasil do

46. BIBLIOTECA NACIONAL, *Diário do Rio de Janeiro*, n. 19, 1837.
47. BIBLIOTECA NACIONAL, *Jornal do Commercio*, n. 4, 1860.

Oitocentos. Buscou-se discutir a sua natureza "necessária", no caso das conciliações sem as quais nenhum processo tinha início no Brasil. Verificou-se igualmente o caráter "necessário" conferido à arbitragem pelo código comercial de 1850, mas superado em 1866 quando a Lei 1.350 a considerou "exclusivamente voluntária".

Pelo levantamento empírico apresentado, notou-se a grande extensão das conciliações como alternativa de solução de conflitos no país. Sabe-se também que a revelia demarcou a grande dificuldade do instituto. Mesmo sem poder aquilatar a expressividade dos dissensos atendidos pela arbitragem no país em razão de seu caráter voluntário, o *Jornal do Commercio* publicou diversas convenções societárias com a previsão da arbitragem para a solução de controvérsias.

Cabe ainda ressaltar que a conciliação e a arbitragem gozavam ainda da posição de preceito constitucional (Art. 160 e 161) que os colocava a salvo das mudanças políticas num período em que a própria carta magna sofreu duas reformas com características bastante distintas.

REFERÊNCIAS

Documentos

BIBLIOTECA NACIONAL. *Diário do Rio de Janeiro*, 1837. Disponível em: ‹ http://bndigital.bn.gov.br/hemeroteca-digital/›. Acesso em dez. 2017.

BIBLIOTECA NACIONAL. *Jornal do Commercio*, 1860. Disponível em: ‹ http://bndigital.bn.gov.br/hemeroteca-digital/›. Acesso em dez. 2017.

BRASIL. *Código Comercial do Império do Brasil*, 1850. Disponível em: ‹ http://www2.camara.leg.br/legin/fed/leimp/1824-1899/lei-556-25-junho-1850-501245-publicacaooriginal-1-pl.html›. Acesso em dez. 2017.

BRASIL. *Código do Processo Civil*, 2015.

BRASIL. *Constituição Política do Império do Brazil*, de 25.03.1824. Rio de Janeiro, 1824. Disponível em: ‹http://www.planalto.gov.br/ccivil_03/constituicao/constituicao24.htm›. Acesso em jan. 2017.

BRASIL. *Decreto n. 737, de 25 de novembro de 1850*. Disponível em ‹ http://www.planalto.gov.br/ccivil_03/decreto/historicos/dim/dim737.htm›. Acesso em dez. 2017.

BRASIL. *Decreto n. 3900, de 26 de junho de 1867*. Disponível em ‹ http://www.planalto.gov.br/ccivil_03/decreto/historicos/dim/dim3900.htm›. Acesso em dez. 2017.

BRASIL. *Lei n. 1350, de 14 de setembro de 1866*.

BRASIL. *Relatórios do Ministro e Secretário d'Estado dos Negócios da Justiça*. 1865-1873.

BRASIL. *Resolução n. 125/2010 do Conselho Nacional de Justiça*. Disponível em: ‹ http://www.cnj.jus.br/busca-atos-adm?documento=2579›. Acesso em dez. 2017.

ESPANHA. *La Constitucion Española de 1812*. Disponível em: ‹https://es.wikisource.org/wiki/Constituci%C3%B3n_espa%C3%B1ola_de_1812#CAP.C3.8DTULO_II._De_la_Administraci.C3.B3n_de_Justicia_en_lo_Civil›. Acesso em set. 2017.

FRANÇA. *La Constitution de 1791*. Disponível em: ‹http://www.conseil-constitutionnel.fr/conseil-constitutionnel/francais/la-constitution/les-constitutions-de-la-france/constitution-de-1791.5082.html›. Acesso em set. 2017.

ORDENAÇÕES MANUELINAS, livros indicados.

ORDENAÇÕES FILIPINAS, livros indicados.

PORTUGAL. *Constituição portuguesa de 1822*. Disponível em: ‹http://www.arqnet.pt/portal/portugal/liberalismo/c1822t5.html›. Acesso em set. 2017.

RIBEIRO, José Silvestre. *Resoluções do Conselho de Estado da secção do contencioso administrativos colligidas e explicas por José Silvestre Ribeiro*. Lisboa: Imprensa Nacional, 1855. Tomo III.

Bibliografia

BAPTISTE, Francisco de Paula. *Compendio de theoria e pratica do processo civil comparado com o commercial*. 3a ed. Recife: Livraria Academica/Livraria Industrial, 1872.

CAMPOS, Adriana Pereira. Juizes de paz no Brasil do Oitocentos: uma experiência cidadã. In FERREIRA, Fátima Moura; MENDES, Francisco Azevedo; CAPELA, José Viriato. *Justiça na res publica (sécs. XIX-XX)*: ordem, direitos individuais e defesa da sociedade. Braga: Citem, 2011.

____; VELLASCO, Ivan. Juízes de Paz, mobilização e interiorização da política. CARVALHO, José Murilo; CAMPOS, Adriana (Org.). *Perspectivas da cidadania no Brasil Império*. Rio de Janeiro: Civilização Brasileira, 2011.

____; SOUZA, Alexandre de Oliveira Bazílio. A Conciliação e os Meios Alternativos de Solução de Conflitos no Império Brasileiro. *Dados* [online]. 2016, vol.59, n.1, p.271-298.

CARNEIRO, Carlos Antonio. *Diretor do juízo de paz*. Rio de Janeiro: Garnier, 1864.

CARVALHO, Jorge Brandão. *Tensões numa comunidade rural do Baixo-Minho*: Adaúfe e o seu juízo de Paz (1835-1880). Braga: Universidade do Minho, 1999.

CARVALHO, José Murilo. Cidadania: tipos e percursos. *Estudos Históricos*. Rio de Janeiro, n.18, 1996. p. 337-360.

CODA, Alexandra. *Os eleitos da Justiça*: a atuação dos juízes de paz em Porto Alegre (1827-1841). Dissertação (Mestrado em História) – Programa de Pós-Graduação em História, UFRGS, Porto Alegre, 2012.

FLORY, Thomaz. *El juez de paz y El jurado em El Brasil imperial (1808-1871)*. México: Fondo de Cultura Economia, 1986.

MENDONÇA, José Xavier de Carvalho de. *Tratado theorico e prático das justiças de paz*. Rio de Janeiro, Garnier, 1889.

MOTTA, Kátia Sausen. *Juiz de paz e cultura política no início do Oitocentos (Província do Espírito Santo, 1827-1842)*. Dissertação (Mestrado em História). Programa de Pós-Graduação em História, Universidade Federal do Espírito Santo, Vitória, 2013.

MOURA, Danielle Figuerêdo. Defensores de cabanos? A imagem dos juízes de paz em questão. Pará, 1836-1839. In: *Anais do II Seminário Internacional da Sociedade Brasileira de Estudos do Oitocentos*. V.2, Rio de Janeiro: SEO, 2017. Disponível em: ‹www.seo.uff.br›. Acesso em jan. de 2017.

RIBAS, Antonio Joaquim; RIBAS, Júlio Adolpho. *Consolidação das leis do processo civil*. Rio de Janeiro: Dias da Silva Junior, 1879.

SLEMIAN, Andréa. *Sob o império das leis*: Constituição e unidade nacional na formação do Brasil (1822-1834). São Paulo: Hucitec/Fapesp, 2009.

VASCONCELLOS, José Marcelino Pereira de. *Atos, atribuições e obrigações dos Juízes de Paz*. Rio de Janeiro: Eduardo & Henrique Laemmert, 1862.

CAPÍTULO 42

O novo CPC e o modelo multiportas: observações sobre a implementação de um novo paradigma[1]

João Luiz Lessa Neto[2]

SUMÁRIO: 1. INTRODUÇÃO; 2. O MODELO MULTIPORTAS NO NCPC; 3. A IMPLEMENTAÇÃO DOS MEIOS ALTERNATIVOS: OS DESAFIOS; 3.1. O DESAFIO ESTRUTURAL; 3.2. O DESAFIO EDUCACIONAL OU DE FORMAÇÃO; 3.3. O DESAFIO CULTURAL; 4. ALGUMAS OBSERVAÇÕES SOBRE A IMPLEMENTAÇÃO DO MODELO MULTIPORTA E A POSIÇÃO DOS TRIBUNAIS NA VIGÊNCIA DO NCPC; 5. CONCLUSÕES: ENFRENTANDO OS DESAFIOS.

1. INTRODUÇÃO

O sistema processual civil brasileiro, a partir de uma decisão política que culmina com o Novo Código de Processo Civil - NCPC, passou a seguir o modelo multiportas de resolução de disputas. Consoante este modelo, cada disputa deve ser encaminhada para a técnica ou meio mais adequado para a sua solução. A mediação e a conciliação passam a ser fortemente estimuladas, num esforço de aproximação das partes e de empoderamento dos cidadãos, como atores da solução de seus conflitos.

Trata-se de uma alteração de grande envergadura em todo o funcionamento do sistema de justiça civil brasileiro, isso reclama uma mudança na estrutura funcional e física dos fóruns e tribunais brasileiros e que, igualmente, requer uma modificação cultural e de formação dos operadores jurídicos.

Nos últimos anos se verificou, por parte do Poder Judiciário, uma série de medidas importantes para a implementação do modelo. Contudo, como se

1. O presente trabalho consiste em versão atualizada e expandida do artigo "O Novo CPC adotou o modelo multiportas!!! E agora?!", publicado na: *Revista de Processo*. São Paulo: RT, 2015, v. 244, p. 427-441.
2. Doutorando pela Universidade de São Paulo. Mestre pela Universidade Federal de Pernambuco/Queen Mary, University of London. Bacharel pela Faculdade de Direito do Recife (UFPE). Membro da Associação Norte e Nordeste de Professores de Processo, do Centro de Estudos Avançados em Processo e do Instituto Brasileiro de Direito Processual. Advogado.

pode observar de vários precedentes editados na vigência do NCPC, para que o modelo multiportas venha a funcionar adequadamente, há um longo caminho a ser percorrido.

É indispensável a continuidade e expansão das medidas adotadas para a implementação do sistema multiportas. São necessários mais profissionais habilitados para assistir à negociação das partes, advogados capazes de entender, estimular e assessorar adequadamente os seus clientes durante as audiências de mediação ou conciliação[3], sem falar na criação de novos espaços físicos adequados e próprios para a aplicação destas técnicas, bem como na capacitação e cadastramento de mediadores e conciliadores judiciais.

A segmentação do procedimento comum em duas fases e o estímulo para que os cidadãos sejam atores da resolução de seus conflitos é uma proposta interessante e segue a tendência mundial de valorização dos meios consensuais de resolução de disputas. Contudo, sem que sejam vencidos alguns desafios ou entraves, o sistema multiportas não poderá funcionar adequadamente no Brasil.

A mediação e a conciliação não são uma novidade em nosso sistema jurídico. Pelo contrário, historicamente, na tradição luso-brasileira[4], há diversos exemplos legislativos que tratam de mediação e conciliação, às vezes como fase prévia à admissibilidade do processo judicial. A lei dos Juizados Especiais Cíveis cuida do tema, como, aliás, fazem outros diplomas legais, incluindo o próprio Código de Processo Civil de 1973[5]. A novidade não está em conhecer a existência da mediação e conciliação ou mesmo de que podem as partes transacionar.

O que é novo é o impulso decisivo pela implementação dessas técnicas, desenvolvidas por pessoal próprio e profissionais habilitados (mediadores e conciliadores), como parte da justiça civil e a preocupação com o direcionamento das disputas para o meio mais adequado à sua solução. A novidade está na preocupação em efetivamente *resolver* os conflitos.

É relativamente recente a ideia de incentivar os meios de resolução de disputas, com a identificação de que são meios mais adequados em muitos casos. O ponto central está na superação da percepção de que existe o julgamento judicial impositivo e tudo mais são meros meios alternativos, para a noção de que há um conjunto de meios possíveis para resolver uma disputa, em igualdade de importância com o processo civil tradicional.

3. VASCONCELOS, Carlos Eduardo. *Mediação de Conflitos e práticas restaurativas* 3. ed. São Paulo: Método, 2014, p. 80-81.
4. GOUVEIA, Mariana França. *Curso de resolução alternativa de litígios*. Coimbra: Almedina, 2011, p. 28.
5. Cf. CARNEIRO, Athos Gusmão. A conciliação no Novo Código de Processo Civil. In: *Revista de Processo*. São Paulo: RT, 1976, v. 2, p. 95-96.

A resolução 125 de 29 de novembro de 2010 do Conselho Nacional de Justiça estabeleceu uma política nacional para o tratamento adequado de conflitos no âmbito do Poder Judiciário. Ou seja, o Poder Judiciário não é mais um local apenas para o julgamento, mas para o *tratamento adequado de conflitos*. Tratamento adequado significa perceber as particularidades de cada caso e as potencialidades de cada técnica e meio. Não se trata de uma mera questão semântica, mas do próprio paradigma organizacional da justiça civil.

Na verdade, os esforços para a integração procedimental dos meios consensuais ao processo tradicional vêm de algum tempo. A definição de quais seriam os contornos adequados para esta integração foi alvo de acendrado debate, inclusive durante a tramitação legislativa do NCPC[6].

O Novo Código de Processo Civil adotou e aprofundou essas reformas para a maioria dos casos transacionáveis. Como regra, antes do caso prosseguir para uma solução adjudicatória, ele deverá ser submetido aos processos de solução consensual. Na verdade, o Artigo 3º do NCPC, estabelece que a solução adequada de conflitos é uma norma fundamental do processo. É fundamental, portanto, dentro do modelo processual adotado a criação de espaços adequados para a negociação das partes, que retomam o protagonismo na solução da disputa, o que explica a conformação dada ao procedimento comum.

O NCPC institucionalizou as carreiras de mediador e de conciliador e criou um espaço processual próprio para a aplicação dessas técnicas. Os métodos de solução consensual passaram a ser parte da rotina do Poder Judiciário, com uma integração entre mecanismos adjudicatórios e consensuais de resolução de disputas. Não se deve mais, considerando o modelo no NCPC, falar *no meio* de resolução e suas *alternativas*, deve-se observar sempre o meio mais *adequado* para cada caso. Trata-se de uma modificação que alcança um grande número de casos judiciais: todos aqueles passíveis de autocomposição.

A mudança de concepção proposta pelas tendências reformatórias do sistema civil de justiça passa por um redimensionamento do processo e do próprio papel do fórum e do juiz. Ao invés de se criar um modelo preocupado exclusivamente com a aplicação da lei pelo juiz, com o julgamento de conflitos, cria-se um modelo no qual as partes detêm uma maior autonomia na escolha do meio pelo qual querem resolver o seu conflito. Resolver conflitos assume um significado mais amplo e rico que o de julgar um litígio.

Trata-se de uma mudança paradigmática. Redimensiona-se o papel do processo e do Poder Judiciário.

6. GRINOVER, Ada Pellegrini. Conciliação e Mediação Endoprocessuais na Legislação Projetada. In: *Revista Síntese de Direito Civil e Processual Civil*. São Paulo: IOB, v. 13, n. 91, set./out. 2014, p. 71-77.

2. O MODELO MULTIPORTAS NO NCPC

O NCPC adotou o modelo multiportas de processo civil. Cada demanda deve ser submetida à técnica ou método mais adequado para a sua solução e devem ser adotados todos os esforços para que as partes cheguem a uma solução consensual do conflito.

É norma fundamental do processo civil brasileiro a prioridade na utilização das técnicas para facilitar a resolução consensual dos conflitos (NCPC – art. 3º). É dever do Estado promover, divulgando e fornecendo os meios necessários, e dos operadores jurídicos estimular, esclarecendo a população, a difusão e utilização dos meios adequados de resolução de disputas.

O procedimento comum no NCPC está organizado em duas fases. A primeira fase é de esforço para a resolução consensual da disputa. Apenas se não for possível a solução consensual, o processo seguirá para a segunda fase, litigiosa, voltada para instrução e julgamento adjudicatório do caso.

A primeira fase será conduzida pelo mediador ou conciliador, sem a participação direta do juiz. Distribuída a petição inicial, o juiz verificará o preenchimento dos seus requisitos e, não sendo caso de improcedência liminar, determinará a realização de uma audiência de mediação ou conciliação, designada com antecedência mínima de 30 (trinta dias). A audiência será de mediação nos casos em que houver vínculo anterior entre as partes e de conciliação quando inexistir tal vínculo (NCPC - art. 165 §§ 2º e 3º).

O réu será citado para comparecer à audiência de conciliação ou mediação – e não para contestar, como ocorria no código antigo. O réu não apresentará sua contestação até que todos os esforços para a solução consensual do litígio tenham sido adotados. O objetivo é evitar o agravamento do conflito, decorrente da apresentação da resposta do réu.

A realização da audiência de mediação ou conciliação é a regra para o procedimento comum e a presença das partes é obrigatória. A ausência injustificada de qualquer das partes, que devem estar acompanhadas por advogados, representa ato atentatório à dignidade da justiça e será sancionada com a multa, pelo juiz, de até dois por cento da vantagem econômica pretendida ou do valor da causa, revertida em favor da União ou do Estado. A parte poderá constituir preposto ou mandatário com poderes específicos para negociar e transigir.

Apenas excepcionalmente a audiência não será realizada. Para que não se realize a audiência é preciso que o direito não seja passível de autocomposição ou que as duas partes manifestem o desinteresse na sua realização. As partes têm que expressamente requerer por escrito para que a audiência não seja realizada. Caso exista litisconsórcio, será necessário que todas as partes manifestem o desinteresse na realização da audiência para que ela seja dispensada. Basta uma delas não se pronunciar ou requerer sua realização, que será designada audiência.

Como se vê, no NCPC a audiência de mediação e conciliação é a regra e apenas excepcionalmente não será realizada. O objetivo é implementar efetivamente o modelo multiportas e levar as partes a terem efetivo contato com as técnicas de negociação assistida, propiciando a efetiva solução adequada dos conflitos.

A audiência deve ser realizada no centro judiciário de solução consensual de conflitos (NCPC – art. 165). A audiência será conduzida pelo mediador ou conciliador, sem a participação, presença ou conhecimento do juiz em relação ao que for dito, discutido e apresentado.

A audiência não deverá ser realizada na vara ou serventia judicial. Ela deve ser conduzida em um centro judiciário de solução consensual de conflito, que pode ser mantido pelo Poder Judiciário ou pertencer à instituição privada credenciada. O objetivo é que a audiência de mediação ou conciliação seja realizada em um local adequado, informal, que permita que as partes se sintam confortáveis para negociar francamente sobre o caso.

Além disso, para as ações de família, a audiência de mediação será, de modo geral, obrigatória. A especificidade do procedimento especial das ações de família é justamente a obrigatoriedade do esforço de resolução consensual[7]. Realmente, nenhum terceiro, estranho ao núcleo familiar, pode resolver o conflito melhor que os próprios envolvidos. As relações e conflitos familiares são exemplos típicos para os quais o julgamento impositivo não consegue adequadamente responder aos reais interesses dos envolvidos.

3. A IMPLEMENTAÇÃO DOS MEIOS ALTERNATIVOS: OS DESAFIOS

O modelo multiportas é essencialmente democrático e participativo. Ele parte da noção de empoderamento e de que o cidadão deve ser o principal ator da solução de seu conflito. No processo civil tradicional, a parte é um sujeito passivo, que não se manifesta ou atua no processo. De modo geral, apenas fala através de seu advogado, por petições escritas. No modelo multiportas ela tem a chance de falar diretamente, de expor suas preocupações, objetivos

7. CUNHA, Leonardo Carneiro da. Procedimento especial para as ações de família no Projeto do Novo Código de Processo Civil. In: FREIRE, Alexandre; DANTAS, Bruno; NUNES, Dierle; DIDIER JR., Fredie; MEDINA, José Miguel Garcia; FUX, Luiz; CAMARGO, Luiz Henrique Volpe de; OLIVEIRA, Pedro Miranda de. *Novas Tendências do Processo Civil*: estudos sobre o Projeto de Novo Código de Processo Civil. Salvador: Juspodivm, 2013, p. 31-32.

e interesses, para que possa diretamente construir a solução de seu conflito. Adotar este modelo é uma alteração na própria lógica tradicional de atuação do Poder Judiciário perante a sociedade. As perspectivas que se descortinam têm sentido e alcance democrático.

Do ponto de vista teórico, embora a opção por um modelo de audiência de mediação quase-obrigatória seja passível de críticas, o NCPC criou um desenho adequado para a implantação do modelo multiportas no Brasil. Contudo, a lei, por si só, não basta. Ela é não capaz de efetivamente implantar o modelo no país. É preciso avançar em diversos sentidos.

Não é fácil o caminho para o bom funcionamento dos mecanismos adequados de resolução de disputas de maneira integrada ao processo adjudicatório tradicional. Há uma resistência velada e uma dificuldade de implantação desses mecanismos, além da inadequada formação do profissional jurídico para lidar com uma maneira de encarar o conflito que não foca apenas na solução jurídica, mas nos diversos interesses dos envolvidos.

Em outras palavras, há desafios de ordem: a) estrutural; b) educacional; e c) cultural a serem superados para que o modelo multiportas possa vir a ser efetivamente exitoso no Brasil.

3.1. O desafio estrutural

O NCPC prevê que todos os casos transacionáveis, exceto aqueles em que ambas as partes expressamente se manifestem em sentido contrário, serão submetidos à fase de esforço de resolução consensual da disputa. A audiência de mediação ou conciliação será designada pelo juiz e será realizada nos centros judiciários de solução consensual de conflitos ou, ainda, em câmaras privadas de conciliação e mediação, cadastradas junto aos Tribunais[8].

É preciso expandir a estrutura física para recebimento de todos os processos judiciais. Com o NCPC, muitos esforços foram envidados nesse sentido. Contudo, é necessário criar, montar, estruturar mais centros judiciários e propiciar e estimular a habilitação e credenciamento de mais centros privados de mediação e conciliação que desejem manter convênio com o Poder Judiciário.

É necessário contratar mais pessoal, organizar rotinas, conceber os serviços. Há um desafio de ordem física e gerencial a ser enfrentado pelos Tribunais, para que o modelo legal seja implantado plenamente. No modelo do NCPC, a audiência de mediação ou conciliação não será realizada nas varas judiciais,

8. VASCONCELOS, Carlos Eduardo. *Mediação de Conflitos e práticas restaurativas* 3. ed. São Paulo: Método, 2014, p. 88.

mas em um espaço próprio, pensado e adequado para um momento informal e capaz de colocar as partes em uma situação confortável para a negociação e empoderamento.

Os Tribunais brasileiros avançaram muito neste sentido, tendo diversos Centros Judiciários de Solução Consensual de Controvérsias – CEJUSCs sido instalados. Mas ainda há uma carência de infraestrutura para atender a demanda. É preciso continuar a construção (no sentido físico e literal) ou expansão de tais locais em muitas comarcas do Brasil. Não basta, aliás, construir o espaço, é preciso designar servidores, criar infraestrutura de abastecimento, de tecnologia da informação, organizar as rotinas e procedimentos. Há, ainda, um grande caminho a ser percorrido até que os Centros Judiciários de Solução Consensual de Conflitos venham a efetivamente funcionar adequadamente e de modo a abarcar toda a demanda de processos.

Não há como conceber o adequado funcionamento do procedimento comum no NCPC sem a criação da estrutura adequada para absorver a demanda por seções ou audiências de mediação e conciliação.

3.2. O desafio educacional ou de formação

O desafio educacional ou de formação é duplo. Precisa-se preparar os operadores jurídicos desde a faculdade e é indispensável, de imediato, educar e atualizar os profissionais formados e treinar e capacitar adequadamente os mediadores e conciliadores para que desenvolvam o seu mister.

É preciso formar profissionais habilitados e capazes de conduzir adequadamente uma negociação, com ou sem a participação de um terceiro facilitador. Faz-se necessário reformular o ensino nas faculdades de direito.

Ainda são poucas as faculdades de direito que oferecem as disciplinas relativas aos meios adequados de resolução de disputas como parte de suas grades curriculares. As aulas de processo, por outro lado, de modo geral, estão ligadas à exegese e análise do próprio Código de Processo Civil. Há uma deficiência de formação do profissional jurídico. Os alunos aprendem a litigar, mas não são ensinados a negociar adequadamente, a partir de uma compreensão das circunstâncias, das necessidades reais e análise jurídica dos possíveis desfechos do caso.

As faculdades de Direito, permeadas pelo paradigma legalista e cientificista, ainda passam, muitas vezes, ao aluno a noção de que o conflito é, para o direito e para o jurista, um problema exclusivamente jurídico a ser resolvido com a aplicação da lei. Nessa perspectiva tradicional, que o NCPC busca superar, ao Judiciário não importa o conflito, mas, tão somente, resolver a lide processual. Este é um paradigma arraigado em nosso direito e no processo civil.

Negociar é parte da vida humana, não há atuação humana sem negociação[9]. Nas profissões jurídicas isso é agudizado. Os profissionais jurídicos não apenas negociam para si, mas o fazem para os outros, sempre há o esforço pelo convencimento e pela persuasão.

É necessária a reformulação do modelo de ensino dos cursos jurídicos para que as potencialidades propiciadas pelo modelo multiportas possam ser adequadamente exploradas. É preciso formar os bacharéis para que conheçam as técnicas de negociação e que sejam aptos para a atuação em sessões ou audiências de mediação e de conciliação.

A própria disciplina tradicional de Teoria Geral do Processo precisa ser readequada para que apresente os elementos da Teoria Geral da Resolução de Disputas. Não se trata de uma mudança meramente semântica. É preciso que, desde a introdução do conteúdo processual, sejam apresentados os possíveis desfechos de uma demanda e a percepção de que há mais em qualquer conflito do que uma análise puramente jurídica, de que é preciso identificar os interesses subjacentes para que se possa, adequadamente, estabelecer uma estratégia para a resolução do conflito, contemplando a diversidade de técnicas e meios disponíveis.

Em suma, é preciso aprofundar o movimento que já se observa de inclusão das disciplinas de negociação, mediação e conciliação nos currículos das faculdades de direito e, igualmente, introduzir nas grades a disciplina da arbitragem.

Além disso, é preciso atualizar e (re)educar os profissionais que já estão formados. O NCPC exige uma formação mínima para o cadastro dos mediadores ou conciliadores que atuarão vinculados ao Poder Judiciário. É preciso que o mediador ou conciliador se submeta a curso realizado por entidade credenciada, conforme parâmetro curricular definido pelo Conselho Nacional de Justiça em conjunto com o Ministério da Justiça, para que possa se inscrever no cadastro nacional e no cadastro de Tribunal de Justiça ou de Tribunal Regional Federal (art. 167, § 1º)[10]. Sem dúvida, trata-se de uma boa medida para garantir uma mínima capacitação daqueles que conduzirão as audiências judiciais de mediação ou conciliação.

Nos últimos anos, vários cursos e atividades de capacitação foram realizados por todo o país, tendo crescido muito o número de profissionais devidamente capacitados. Houve iniciativa da Ordem dos Advogados do Brasil, do Conselho Nacional de Justiça e de muitos Tribunais. Não há como negar o avanço verificado.

9. FISHER, Roger; URY, William; PATTON, Bruce. *Getting to yes*: negotiating agreement without giving in. 3. ed. Londres: Penguin Books, 2011, p. xxvii.
10. Sobre diretrizes para capacitação vide: VASCONCELOS, Carlos Eduardo. *Mediação de Conflitos e práticas restaurativas* 3. ed. São Paulo: Método, 2014, p. 68-76.

Contudo, é preciso avançar ainda mais. Não basta formar os mediadores e conciliadores e atualizar parcela da advocacia: é preciso habilitar e preparar *todos* os profissionais jurídicos. É preciso preparar os advogados para o seu papel durante o esforço de resolução consensual de um conflito e para que possam, adequadamente, aconselhar os seus clientes sobre as possibilidades e caminhos de resolução que podem ser adotados. Este é um dever do advogado[11] e uma norma fundamental do processo civil brasileiro (art. 3º NCPC).

Os advogados ainda são vistos com personagens que, por vezes, dificultam a negociação e o acordo de seus clientes, por uma série de motivos, incluindo a maneira como, muitas vezes, é feita a contratação de honorários advocatícios. É preciso habilitar o advogado para o novo cenário que se descortina pela centralidade do seu papel enquanto agente conhecedor do caso e dos interesses de seu cliente. Como agente apto a melhor analisar as potencialidades do caso e a estabelecer os limites da negociação[12].

O advogado precisa perceber que continua atuando na defesa do melhor interesse de seu cliente. Entretanto, para fazê-lo, não precisa necessariamente ganhar a causa, mas encontrar a melhor saída para o caso. Nem sempre ganhar o processo é o melhor para o interesse do cliente; pode ser ou não. O advogado precisa ser capaz de avaliar as reais possibilidades do caso e, em conjunto com o cliente, discutir as soluções possíveis e desejáveis[13].

É preciso, igualmente, continuar os esforços e investimentos na preparação dos servidores do judiciário, juízes e membros do ministério público para o papel da mediação e da conciliação no processo civil e sobre as funções que devem desenvolver.

Sem a formação dos profissionais jurídicos, a previsão de uma fase inicial no processo civil brasileiro de esforço de resolução consensual do caso, com a designação de uma audiência própria para isso, corre o risco de virar "letra morta" ou, pior, tornar-se uma etapa ritual sem sentido.

3.3. O desafio cultural

O desafio cultural, talvez, seja o de mais difícil enfrentamento. Ele decorre de uma percepção arraigada e distorcida que se construiu sobre os meios consensuais de resolução de disputas. Em outras palavras, o desafio cultural

11. BLAKE, Susan; BROWNE, Julie; SIME, Stuart. *A practical approach to alternative dispute resolution*. 2. ed. Oxford: Oxford University Press, 2012, p. 36-38.
12. MNOOKIN, Robert H.; PEPPET, Scott R.; TULUMELLO, Andrew S.. *Beyond winning*: negotiation to create value in deals and disputes. Cambridge: Harvard University Press, 2000, p. 93-94.
13. BROWN, Henry; MARRIOTT, Arthur. *ADR: principles and practice*. Londres: Sweet & Maxwell, 2011, p. 405.

passa pela quebra de um pré-conceito que envolve a visão corrente sobre os meios consensuais.

Certamente a expressão "desafio cultural" remete a um espectro demasiadamente amplo de enfoques. Contudo, há dois vetores que são particularmente preocupantes: a) a noção de que a solução consensual é uma "justiça de segunda linha"; b) a ideia de que os meios consensuais devem ser implantados para ajudar a "desafogar" o Poder Judiciário.

O desafio cultural está diretamente relacionado ao desafio educacional. O que é desconhecido repugna. O desconhecimento sobre as possibilidades e técnicas de solução consensual de litígios gera uma visão, equivocada, de que elas seriam uma justiça de segunda linha[14].

Na verdade, este tipo de pensamento revela uma concepção estatista e mesmo autoritária de Direito e de processo. As partes seriam incapazes de resolver os seus próprios problemas, dependeriam sempre da intervenção do Estado[15] para encontrar uma solução justa.

Evidentemente, é desejável um processo judicial adjudicatório célere e efetivo e existem casos que só podem ser adequadamente tratados através de uma decisão impositiva (basta pensar na situação em que uma das partes simplesmente se recusa a negociar ou nas implicações criminais de um caso). Reconhecer a importância dos meios consensuais de resolução de disputas em nada significa desconhecer a relevância do processo adjudicatório[16].

A noção discursiva subjacente de que as partes necessariamente *desistem* de alguma coisa ao transacionar ou ao construir uma solução negociada é equivocada. As partes certamente poderão encontrar uma solução distinta daquela que seria obtida pelo julgamento impositivo, mas isso não significa, necessariamente, que desistem de algo; apenas que elas construíram um desfecho diferente. A questão passa pela premissa filosófica sobre o que é uma solução justa[17].

O paradigma racionalista[18] e legalista impõe a noção de que a aplicação do Direito retornaria as partes a uma situação de justiça, turbada pela prática de

14. WALKER, Janet; FRICKER, Nigel. Alternative dispute resolution - state responsibility or second best? In: *Civil Justice Quarterly*. Londres: Sweet & Maxwell, 1994, v. 13, p. 48-49.
15. Sobre a apropriação estatal da resolução de disputas, vide: MORAIS, José Luis Bolzan de; SPENGLER, Fabiana Marion. *Mediação e Arbitragem:* alternativas à jurisdição. 2. ed. Porto Alegre: Livraria do Advogado, 2008, p. 57 e ss.
16. Tal ponto é percebido pelo próprio Frank Sander, um dos principais pensadores do modelo multiportas de processo. SANDER, Frank; ALLEN, H. William; HENSLER, Deborah. Judicial (mis)use of adr? A debate. In: *University of Toledo Law Review*. Toledo: University of Toledo, 1996, n. 27, p. 893.
17. MENKEL-MEADOW, Carrie. Pursuing settlement in an adversary culture: a tale of innovation co-opted or "the law of ADR". In: *Florida State University Law Review*. Tallahassee: FSU, v. 19, n. 1, p. 12.
18. Sobre o tema: SILVA, Ovídio Baptista da. *Processo e ideologia:* o paradigma racionalista. 2. ed. Rio de Janeiro: Forense, 2006.

um ato ilícito. Sob este viés, apenas o julgamento impositivo, aplicando a lei, é que seria capaz de encontrar *a solução certa* para o caso.

Evidentemente, tal concepção é distorcida. Primeiramente por não existir *uma e somente uma* solução juridicamente correta para um dado caso, como pretendia o racionalismo moderno. Em segundo lugar, a negociação (e as técnicas que lhe facilitam) não trabalha exclusivamente com a noção de *direito* ou num código binário de licitude e ilicitude. Pelo contrário, ela lida com a noção de *interesses*, o que pressupõe a análise mais ampla do conflito e de seus desdobramentos. Ela lida, portanto, com uma série de externalidades em relação ao conflito puramente jurídico. Por isso, é possível construir uma solução que não é do tipo perde-ganha e que poderá ser substancialmente distinta daquela obtida pelo julgamento.

Não é o simples fato de se encontrar uma solução diferente daquela que se obteria pelo julgamento impositivo que significa que as partes *perdem* algo ao transacionar. Tal visão é reducionista. Rigorosamente, encontra-se ou constrói-se algo distinto, lidando-se com as externalidades que incidem sobre o caso.

Além disso, é necessário desenvolver a percepção de que as técnicas de apoio à solução consensual de conflitos funcionam de maneira distinta e, até certo ponto, independente da fase litigiosa. O risco ao se institucionalizar a mediação e a conciliação em uma etapa do processo judicial é que esses métodos venham a ser contaminados pela percepção litigiosa e legalista do conflito[19]. Isso, naturalmente, desvirtua uma das principais possibilidades abertas pelas técnicas de negociação assistida: encontrar uma solução *diferente* daquela que se encontraria pelo julgamento impositivo.

A noção de alternatividade está vinculada à concepção de que o processo adjudicatório estatal é *"o"* meio de resolução de disputas, os outros são alternativas a este. Essa visão é própria da identificação paradigmática entre direito e lei, o paradigma racionalista, próprio da modernidade, de um direito ideal(izado) a ser aplicado enquanto abstração.

A lei não está ausente dos processos de mediação e conciliação (e nem mesmo na negociação direta entre as partes). Pelo contrário, ela representa fortemente uma baliza para as negociações, particularmente quando as partes estão assistidas por advogados. Por isso, diz-se que as partes barganham na sombra da lei[20]. As prescrições legais influenciam de maneira determinante o comportamento

19. MENKEL-MEADOW, Carrie. Pursuing settlement in an adversary culture: a tale of innovation co-opted or "the law of ADR". In: *Florida State University Law Review*. Tallahassee: FSU, v. 19, n. 1, p. 17-18.
20. Mnookin e Kornhauser, no final da década de 1970, publicaram um texto, hoje célebre, sobre como a sombra da lei influencia a tomada de decisão num processo de negociação (ainda que assistida por um terceiro, como ocorre na mediação) em uma fase pré-processual. Vide: MNOOKIN, Robert. H.;

das partes no processo negocial. O desfecho decorrente de uma mediação ou a transação obtida não está à margem da lei, ao contrário, é reconhecido juridicamente e o seu próprio teor sofre uma influência da legislação estatal.

Isso tudo, naturalmente, influencia e deve ser levado em consideração pelo mediador em sua atuação de facilitar a negociação. Embora ele não deva induzir as partes a um dado desfecho, ele deve, em atenção ao princípio da decisão informada, esclarecer as partes sobre as implicações do caso, inclusive as repercussões jurídicas. Por isso, ele deve considerar o possível desfecho do caso, na hipótese de julgamento impositivo, para adequadamente esclarecer as partes[21].

O resultado de um processo consensual de resolução de disputas não é, nem precisa ser, uma cópia da sentença que se obteria no processo adjudicatório. São processos diferentes, com lógicas diferentes. A condução adequada de um processo de solução consensual pode levar a uma solução muito mais satisfatória para as partes, por envolver consenso e aceitação e por trabalhar sobre *a disputa* e o *conflito* e não sobre a *lide*.

É preciso alterar a percepção que se têm dos meios consensuais. Muitas das críticas que recaem sobre o estímulo ao uso dos meios adequado de resolução de disputas versam sobre o risco de as partes serem forçadas a transigir. A crítica recai sobre a distorção. Se há coação não há consenso, nem vontade livre. A crítica análoga seria dizer que a sentença e o processo judicial tradicional não trazem justiça, pois os juízes podem ser subornados. Se há juízes corruptos, que sejam punidos, mas isso não diminui em nada a importância do processo adjudicatório, considerado em si mesmo.

Entretanto, há uma preocupação na implementação dos mecanismos adequados de resolução de disputas no ambiente judiciário, que merece uma reflexão: é a alegação corrente de que a mediação e a conciliação importarão em celeridade processual e trarão economia de recursos[22].

Tal concepção é perigosa e potencialmente prejudicial ao próprio desenvolvimento dos mecanismos adequados de resolução de disputas[23]. A

KORNHAUSER, Lewis. Bargaining in the Shadow of the Law: The Case of Divorce. In: *Yale Law Journal*. New Haven: Yale University, 1979, v. 88.

21. MUNROE, Carla E.. Court-based mediation in family law disputes: an effectiveness rating and recommendations for change. In: *Probate Law Journal*. v. 13, p.131.
22. Na verdade, estudos demonstram que a institucionalização da mediação no ambiente judicial nos Estados Unidos levou a uma relação complexa entre a mediação e o julgamento impositivo, alterando a percepção dos juristas e jurisdicionados sobre o papel da mediação ligada ao Poder Judiciário. Vide: BUSH, Robert A. Baruch. Staying in orbit, or breaking free: the relationship of mediation to the Courts over four decades. In: *North Dakota Law Review*. Grand Forks: UNDSL, 2008, v. 84, n. 3, p. 705-708.
23. PRESS, Sharon. Institutionalization: savior or saboteur of mediation? In: Florida State University *Law Review*. Tallahassee: FSU, 1997, v. 24, n. 4, 904-906.

implementação de centros judiciários e a difusão dos mecanismos adequados de resolução de disputas pode até trazer a consequência de reduzir o volume de processos judiciais. Mas esse não pode ser o motivo e a razão para a adoção do modelo multiportas.

O que se deve procurar é a construção de um espaço dialético que estimule a resolução da disputa. Deve-se mediar e conciliar para encontrar uma composição dos interesses, não para evitar que processos sejam julgados. Há uma grande diferença entre o entrelaçamento construtivo, que pressupõe diálogo e alternativas e a massificação que ocorre em muitos "mutirões de conciliação"[24].

O foco na implementação dos meios adequados de resolução de disputas deve estar em oferecer um melhor sistema de justiça civil, mais amplo e completo. Um sistema de justiça que seja capaz de entender as demandas sociais e a complexidade envolvida em cada conflito e oferecer alternativas de tratamento. Os meios adequados de resolução de disputa não são a solução para os problemas do processo judicial, são uma complementação do sistema de justiça civil.

4. ALGUMAS OBSERVAÇÕES SOBRE A IMPLEMENTAÇÃO DO MODELO MULTIPORTA E A POSIÇÃO DOS TRIBUNAIS NA VIGÊNCIA DO NCPC

O modelo multiportas é uma das grandes novidades do NCPC, e sua implementação foi acompanhada por um importante esforço do Poder Público, somado à diversas iniciativas para capacitação de pessoal. Entretanto, vários foram são as dificuldades observadas para o funcionamento adequado do sistema.

Com a vigência do NCPC, as questões relativas à quase-obrigatoriedade da realização da audiência de mediação e conciliação passaram a ser enfrentadas pelos tribunais de todo o país. Várias decisões seguiram o rito expressamente contido no NCPC, só cogitando da dispensa da audiência na hipótese de manifestação expressa das partes envolvidas[25-26]. Contudo, vários precedentes entenderam poder a realização da audiência ser afastada, em atenção à

24. PINHO, Humberto Dalla Bernardino; PAUMGARTTEN, Michele Pedrosa. O Papel da Mediação no Século de Vocação da Jurisdição e no (Re)dimensionamento da Democratização do Processo Civil. In: SPENGLER, Fabiana Marion; PINHO, Humbeto Dalla Bernardino (org.). *Acesso à justiça, jurisdição (in)eficaz e mediação: a delimitação e a busca de outras estratégias na resolução de conflitos*. Curitiba: Multideia, 2013, p. 172.
25. Tribunal de Justiça de Alagoas – AI 0803796-57.2017.8.02.0000, Rel. Des. Fábio José Bittencourt Araújo, 1ª Câmara Cível, DJe 10/11/2017.
26. AGRAVO DE INSTRUMENTO. COBRANÇA. AUDIÊNCIA. CONCILIAÇÃO. POSSIBILIDADE. NOVA SISTEMÁTICA PROCESSUAL. RESOLUÇÃO DE CONFLITOS. EFETIVIDADE. CELERIDADE. 1. O Novo Código de Processo Civil, que visa prestigiar os princípios da efetividade, da celeridade processual e fomentar instrumentos extrajudiciais de resolução de conflitos, prevê de forma expressa a obrigatoriedade da audiência de conciliação. 2. Cabe ao juiz, quando deferida a inicial, designar audiência de conciliação ou de mediação com antecedência mínima de 30 (trinta) dias, devendo ser citado o réu com pelo menos 20 (vinte) dias de antecedência. 3. Recurso

necessidade de duração razoável do processo, quando a data de designação da audiência resultasse em retardamento do andamento do processo[27]. Além disso, em alguns casos, se entendeu por não haver nulidade processual pelo afastamento da audiência, caso uma das partes houvesse se manifestado por não ter interesse na sua realização[28] ou, ainda, pela falta de efetivo prejuízo às partes[29].

Por outro lado, na vigência do NCPC, se observou que um grande movimento foi feito para a implementação do Centro Judiciários de Solução Consensual de Controvérsias, com mobilização dos Tribunais por todos o país e a implantação ou expansão de muitos desses espaços. Contudo, foram observados problemas estruturais em alguns casos e, em outros, uma possível resistência cultural no encaminhamento de casos para a tentativa de solução consensual.

A questão chegou a ser discutida na imprensa nacional, em reportagem relatando resistência dos magistrados em designar os processos para as audiências de mediação e de conciliação, mesmo em locais com Centros Judiciários instalados para tanto[30]. Além disso, o funcionamento do sistema enfrentou problemas operacionais, como greve no âmbito do Tribunal de Justiça de São Paulo, em decorrência da falta de pagamento aos mediadores e conciliadores judiciais[31].

---

conhecido e provido. (Tribunal de Justiça do Distrito Federal e Territórios – AI 0033574-86.2016.8.07.0000, Rel. Des. Maria de Lourdes Abreu, 3ª Turma Cível, DJe 10/03/2017)

27. Corretagem – Cobrança – Cerceamento de defesa – Inocorrência – Partes apelantes que não atenderam à determinação do Juízo a quo sobre a justificação da pertinência e utilidade da prova requerida. 2. Ausência de designação de *audiência* de conciliação que não gera nulidade – Partes que podem se compor a qualquer tempo e não dependem do juízo para este fim – Inexistência, portanto, de *obrigatoriedade* da previsão do artigo 334 do CPC – Finalidade de resolução célere do conflito que, ademais, seria desvirtuada com o reconhecimento de nulidade. 3. Réus que deram causa à não concessão do financiamento, enquadrando-se claramente em previsão contratual que dispõe sobre o ônus do pagamento da comissão pela *mediação* – Montante que deve observar o valor determinado em contrato e com o qual todas as partes concordaram – Improvimento. (Tribunal de Justiça de São Paulo – AC 1018988-70.2015.8.26.0602 , Rel. Des. Vianna Cotrim, 26ª Câmara de Direito Privado, DJe 11/01/2018.)

28. RESCISÃO CONTRATUAL CUMULADA COM REINTEGRACÃO DE POSSE – PRELIMINARES DE CERCEAMENTO DE DEFESA – ALEGAÇÃO DE NULIDADE DE SENTENÇA - Alegação da ré de nulidade de sentença em razão de não ter havido designação de *audiência* conciliatória – Não acolhimento – Manifestação expressa da autora afirmando não ter interesse na *audiência* de conciliação - As partes podem transigir a qualquer momento para por fim à demanda – Indenização por benfeitorias. (Tribunal de Justiça de São Paulo – AC 1006858-60.2016.8.26.0037, Rel. Des. Angela Lopes, 9ª Câmara de Direito Privado, DJe 29.08/2017.)

29. Tribunal de Justiça de São Paulo – AC 1002909-68.2017.8.26.0562, Rel. Des. Porto Ferreira, 12ª Câmara de Direito PRivado, DJe 27/11/2017.

30. Vide: Juízes ignoram fase de conciliação e descumprem novo código. Reportagem do G1 – globo.com de 16/08/2016. Disponível em: ‹http://g1.globo.com/politica/noticia/2016/08/juizes-ignoram-fase-de-conciliacao-e-descumprem-novo-codigo.html›. Acesso em 04/02/2018.

31. Vide: Conciliadores do TJSP paralisam atividades por falta de pagamento. Disponível em: https://www.jota.info/consenso/conciliadores-tj-sp-paralisam-atividades-por-falta-de-pagamento-23082016› Acesso em 04/02/2018.

Assim, no início da vigência do NCPC pôde-se observar um grande esforço para a implementação do modelo multiportas de justiça civil, sendo perceptível o comprometimento institucional dos Tribunais e o avanço em vários aspectos. Contudo, o sistema ainda está longe de funcionar adequadamente, ou de produzir os efeitos pretendidos.

Assim, o sistema multiportas ainda não atingiu a sua maturidade e funcionamento adequado em todo o país, persistindo a necessidade de enfrentamento dos desafios estruturais, deducionais e culturais. Não se pode negar o progresso e os esforços, mas ainda há muito o que ser feito.

5. CONCLUSÕES: ENFRENTANDO OS DESAFIOS

O NCPC, consolidando o caminho que timidamente já se trilhava no Brasil, adotou uma estrutura procedimental multiportas, com a previsão da realização de audiências de mediação ou conciliação em um formato quase-obrigatório. É um modelo interessante e que poderá ter um impacto significativo e positivo no sistema brasileiro de justiça civil.

Apesar do importante avanço na implementação do modelo, com iniciativas relevantes em todo o país, ainda se observam entraves para seu adequado funcionamento. É preciso investimento público em larga escala para que se possa ter o sistema multiportas funcionando adequadamente. Está-se falando em, virtualmente, *todos* (ou grande parte) dos processos judiciais transacionáveis serem direcionados para mediação ou conciliação. É preciso construir os espaços onde serão conduzidas as audiências, é preciso capacitar pessoal e, além de tudo isso, criar um ambiente favorável e com uma percepção adequada sobre os métodos e técnicas de solução consensual de disputas.

Não é suficiente a alteração legislativa que se observou, mas é preciso manter e expandir os investimentos para a criação das condições necessárias ao bom funcionamento do modelo multiportas. Na verdade, se os desafios não foram enfrentados, rápida e energicamente, há o sério risco do modelo multiportas virar "letra morta" ou, por não se conseguir sequer acolher a demanda decorrente do número de casos judiciais encaminhados para mediação ou conciliação, entravar o funcionamento do Poder Judiciário.

CAPÍTULO 43

Novamente o princípio da adequação e os métodos de solução de conflitos

Diogo Rezende de Almeida[1]

SUMÁRIO: 1. PRÓLOGO. 2. INTRODUÇÃO. 3. MÉTODOS DE SOLUÇÃO DE CONFLITOS. 4. MEDIAÇÃO COMPULSÓRIA. 4. PRINCÍPIO DA ADEQUAÇÃO. 4.1. DAS LIMITAÇÕES DOS MÉTODOS IMPOSITIVOS. 4.2. APLICAÇÃO DO PRINCÍPIO DA ADEQUAÇÃO NOS MÉTODOS DE SOLUÇÃO DE CONFLITOS. 4.2.1. OS SISTEMAS DE MÉTODO ÚNICO E DE MULTIPORTAS. 4.2.2. A IMPOSIÇÃO LEGAL DE BUSCA DO MÉTODO ADEQUADO. 5. CONCLUSÃO. 6. REFERÊNCIAS BIBLIOGRÁFICAS.

1. PRÓLOGO

Em 2006, quando realizava meus estudos no curso de mestrado em direito processual na Universidade do Estado do Rio de Janeiro, tive meu primeiro contato com o instituto da mediação, ainda pouquíssimo desenvolvido e aplicado no Brasil.[2] No entanto, já se percebia entre estudiosos um crescente interesse pelo "novo" mecanismo, o qual vinha apresentando bons resultados na vizinha Argentina e sendo objeto de debates legislativos no Congresso Nacional brasileiro.[3]

Nessa época, outro método autocompositivo de solução de conflitos servia a milhares de processos, como ferramenta incidental na tentativa de obtenção de acordo. Instituída pela legislação processual e impulsionada pela Lei dos Juizados de Pequenas Causas (Lei n. 7.244/1984) – substituída pela Lei n. 9.099/1995 –, a conciliação era largamente utilizada nos processos brasileiros. Do mesmo modo, em crescente ganho de mercado, a arbitragem desenvolveu-se em virtude das inovações trazidas pela Lei n. 9.307/1996. A autonomia conferida à

---

1. Professor Adjunto de Processo Civil da Fundação Getúlio Vargas (FGV Direito Rio). Mestre e Doutor em Direito Processual pela Universidade do Estado do Rio de Janeiro. Advogado.
2. Fui "apresentado" à mediação na disciplina ministrada pelo professor Humberto Dalla Bernardina de Pinho. O trabalho desenvolvido por ele e pelo corpo discente resultou na obra Teoria Geral da Mediação à Luz do Projeto de Lei e do Direito Comparado. Rio de Janeiro: Editora Lumen Juris Ltda., 2008.
3. A Argentina, pela Lei n. 24.573/1996, introduziu mediação prévia obrigatória para determinadas demandas. Em 1998, a deputada Zulaiê Cobra apresentou o Projeto de Lei n. 4827, que jamais foi aprovado, mas serviu de embrião para iniciativas legislativas posteriores.

arbitragem pela lei possibilitou que o método se distanciasse do Poder Judiciário, tornando-se forma mais célere, especializada e controlável de solução de conflitos se comparada com a jurisdição estatal.

O avanço desses meios no cenário nacional foi bem recebido, quando não fomentado, pelo Estado. Concomitantemente ao incremento dessas alternativas à jurisdição, o número de processos pendentes de julgamento nas cortes brasileiras crescia vertiginosamente.[4] Não por coincidência, portanto, foi elaborado o "*II Pacto Republicano de Estado por um Sistema de Justiça mais acessível, ágil e efetivo*", no qual se estabeleciam alguns compromissos, entre eles o fortalecimento da mediação e da conciliação, "*voltados à maior pacificação social e menor judicialização*".[5]

Não obstante louvável a iniciativa, o pacto evidenciou a intenção de combate do constante crescimento do número de litígios judicializados por meio dos chamados métodos autocompositivos. Esse e outros fatos chamaram a atenção dos entusiastas da mediação, que se preocupavam em vê-la desvirtuada para atender ao escopo do direcionamento dos conflitos para fora do Judiciário.

Nesse ambiente, escrevi em agosto de 2009 o artigo intitulado "O princípio da adequação e os métodos de solução de conflitos".[6] O estudo teve a intenção de demonstrar que a forma de escolha do meio de solução adequado para cada conflito deve levar em consideração as peculiaridades do caso e as ferramentas oferecidas pelo método, em vez de se pautar na necessidade do Judiciário em diminuir o (exorbitante) número de demandas que o soterra. Seria como se os hospitais empregassem reformas e tratamentos a fim de atender aos anseios dos médicos, e não às necessidades dos pacientes.[7]

Pois bem. Passados quase nove anos da elaboração do estudo, muito mudou acerca das formas de enfrentamento dos conflitos no Brasil. Em 2010, o Conselho Nacional de Justiça elaborou a Resolução n. 125, a qual "dispõe sobre a Política Judiciária Nacional de tratamento adequado dos conflitos de interesses no âmbito do Poder Judiciário e dá outras providências". O Código de Processo Civil de 2015 estabeleceu a mediação e a conciliação incidentais como etapas obrigatórias no rito comum e a Lei n.

---

4. Em 2009, segundo o relatório "Justiça em números", do CNJ, havia 61,1 milhões de processos pendentes tramitando nos tribunais brasileiros. Em 2014, o número de processos aguardando julgamento ultrapassaria a barreira dos 100 milhões. Disponível em http://www.cnj.jus.br/programas-e-acoes/pj-justica-em-numeros/relatorios.
5. Disponível em http://www.planalto.gov.br/ccivil_03/outros/iipacto.htm. Acesso em 30.01.2018.
6. Publicado originalmente na Revista de Processo. São Paulo: RT, v.195, p.185 - 208, 2011.
7. CIPRIANI, Franco. I problemi del processo di cognizione tra passato e presente. In: *Il processo civile nello stato democratico*. Napoli: Edizioni Scientifiche Italiane, 2006, p. 35.

13.140/2015 dispôs "sobre a mediação entre particulares como meio de solução de controvérsias e sobre a autocomposição de conflitos no âmbito da administração pública".

Em que pese a preocupação do legislador na questão da escolha adequada do método, com a recomendação legal de emprego dos meios dependendo das características do conflito,[8] o tema apresenta-se ainda mais atual e relevante. O presente trabalho revisita o estudo de 2009, com trechos da redação original complementados e atualizados.

2. CONSIDERAÇÕES INICIAIS

Conflitos são inerentes ao convívio humano e no decorrer da história da humanidade buscaram-se formas de solucioná-los. Como consectário da necessidade de anteverem-se instrumentos capazes de obtenção da pacificação social, o Estado assumiu a responsabilidade de disponibilizar uma atividade aos governados que, enquanto trazia uma solução para as hipóteses de impossibilidade de autocomposição, também possibilitava a vedação da autotutela como meio de pôr fim à disputa.

Essa atividade do Estado é representada pela jurisdição. Os seus escopos são motivo de célebres discussões em sede doutrinária, bem representadas pelo embate entre as ideias de Chiovenda[9], da atuação da vontade concreta da lei, e de Carnelutti[10], da justa composição da lide. De acordo com os objetivos traçados pelo Estado, variam-se as feições da atividade jurisdicional e seus escopos[11]. A motivação, antes de resultar de opção jurídica, é uma escolha ideológica.[12] Uma visão privatista tende a dar prevalência à solução do conflito entre os particulares, enquanto o enfoque publicista confere à jurisdição o objetivo primeiro de alcance dos interesses do Estado.[13]

---

8. CPC, art. 165. (...) § 2º O conciliador, que atuará preferencialmente nos casos em que não houver vínculo anterior entre as partes, poderá sugerir soluções para o litígio, sendo vedada a utilização de qualquer tipo de constrangimento ou intimidação para que as partes conciliem. § 3º O mediador, que atuará preferencialmente nos casos em que houver vínculo anterior entre as partes, auxiliará aos interessados a compreender as questões e os interesses em conflito, de modo que eles possam, pelo restabelecimento da comunicação, identificar, por si próprios, soluções consensuais que gerem benefícios mútuos".
9. CHIOVENDA, Giuseppe. *Instituições de Direito Processual Civil.* 1º volume. 2ª Edição. São Paulo: Editora Saraiva, 1965, p. 40.
10. CARNELUTTI, Francesco. *Sistema del Diritto Processuale Civile.* Vol. 1. Padova: Cedam, 1936, p. 247.
11. DAMASKA, Mirjan R. *The faces of justice and state authority.* Yale: University Press, 1986.
12. TARUFFO, Michele. Cultura e processo. *Rivista Trimestrale di Diritto e Procedura Civile.* Milano: Giuffrè Editore, anno LXIII, n.º 01, p. 63-92, 2009, p. 70.
13. GRECO, Leonardo. Publicismo e privatismo no processo civil. *Revista de Processo.* São Paulo: RT, n. 164, ano 33, p. 29-56, 2008; FISS, Owen. Contra o Acordo. In: *Um novo processo civil.* Trad. Carlos Alberto de Salles. São Paulo: Ed. RT, 2004.

Não se observa, porém, o exercício da jurisdição que não englobe mais de um escopo. Com efeito, as ideias preconizadas por Chiovenda e Carnelutti mais se complementam do que se repelem.[14]

É possível, no entanto, definir aquilo que não pode faltar no rol de objetivos da jurisdição no Estado Democrático de Direito. Não se nega a sua inclinação para a composição de litígios apresentados pelos jurisdicionados. Na busca desse fim, contudo, hão de ser observados direitos e garantias que oportunizem a efetiva participação dos interessados, a imparcial cognição do juiz e a apuração profícua da verdade,[15] que possibilite conferir a tutela jurisdicional àquele cuja pretensão encontra-se abrangida pela norma abstrata de direito material.

Disponibilizar a atividade jurisdicional aos cidadãos é, indiscutivelmente, essencial para a preservação da paz social. O que se deve questionar é se a jurisdição é o método adequado para a solução de todos os conflitos surgidos em sociedade. A resposta é certamente negativa.

O movimento mundialmente deflagrado em prol do acesso à justiça trouxe inúmeros benefícios aos jurisdicionados, como a assistência judiciária gratuita, a proteção a direitos coletivos e a maior preocupação com a tempestividade e a efetividade da tutela. A maior proximidade do cidadão com o método estatal de solução de conflitos gerou, por conseguinte, um aumento despropositado dos litígios que chegam às portas do Poder Judiciário. Especialmente em países como o Brasil, no qual a precariedade de instrução da população eleva o nível de falta de responsabilidade social, o número de demandas ajuizadas alcançou níveis capazes de acionar todas as luzes vermelhas dos poderes do Estado, gerando reflexos imediatos nos projetos de reforma da legislação processual encaminhados ao Congresso Nacional.

Além de alterações legislativas, outra saída encontrada é o incentivo à utilização dos denominados métodos alternativos de solução de conflitos. Como a jurisdição ainda é vista na sociedade brasileira como a principal forma de solucionar os litígios, a arbitragem e os mecanismos autocompositivos são adjetivados de "alternativos", visto que funcionam como válvula de escape ao instrumento padrão, que é a atividade jurisdicional do Estado. Ademais, a alcunha "alternativa" advém da tradução de *Alternative Dispute Resolution* (ADR), do direito norte-americano.

14. GRECO FILHO, Vicente. Direito Processual Civil Brasileiro, 16ª ed. atual., v. 1. São Paulo: Saraiva, 2003.
15. GRECO, Leonardo. Garantias Fundamentais do Processo: o Processo Justo. *Revista Jurídica*. São Paulo: Ed. Notadez, ano 51, nº 305, p. 61-99, 2003, p. 62; COMOGLIO, Luigi Paolo. *Etica e tecnica del "giusto processo"*. Torino: G. Giappichelli Editore, 2004, p. 12-13.

Países como Estados Unidos[16] e Japão[17] apresentam vasta experiência na utilização dos ADRs, enquanto recebemos notícias de resultados interessantes da adoção da mediação na nossa vizinha argentina.

Nem sempre, contudo, o incentivo e a utilização de outros instrumentos de solução de conflitos estão relacionados à eficácia desses métodos na diminuição de litígios de determinada natureza. Pelo contrário, a incitação à cultura de ADR vem perigosamente atrelada à inidoneidade da atividade jurisdicional para dar resposta ao número cada vez maior de demandas que recebe.[18]

Essa indesejada equação é o tema do presente estudo.

3. MÉTODOS DE SOLUÇÃO DE CONFLITOS.

Muito antes de se imaginar uma atividade estatal que, dentre outras finalidades, visasse solucionar conflitos, já se praticavam cotidianamente métodos capazes de dirimi-los. A negociação é atividade habitual nas relações humanas e se tem notícia da utilização de mediação na solução de litígios de povos da antiguidade,[19] como a China de Confúcio.[20]

Em apressada síntese, podem-se dividir os métodos de solução de conflitos em três grupos: (i) autocompositivos; (ii) impositivos; (iii) mistos ou híbridos.

No primeiro grupo estão a negociação, a mediação e a conciliação.[21] Diferencia-se primordialmente a negociação das demais pela ausência de terceiro no procedimento. O diálogo ainda está presente entre os participantes, que

16. GOLDBERG, Stephen B., SANDER, Frank E.A., ROGERS, Nancy H., COLE, Sarah R. *Dispute Resolution – Negotiation, Mediation, and Other Processes*, 4th edition. New York: Aspen Publishers, Inc, 2003.
17. FUNKEN, Katja. Comparative Dispute Management: Court-connected Mediation in Japan and Germany. *German Law Journal*, v. 3, n. 2, 01 February 2002, p. 04; NISHIKAWA, Rieko. Alternative Dispute Resolution in Japan. Disponível no site do Banco Interamericano de Desenvolvimento: http://www.iadb.org/int/jpn/japanese/activities/publications/workingpapers/1.pdf, Acesso em 11.03.2009, p. 08.
18. CABRAL, Antonio do Passo; CUNHA, Leonardo Carneiro da. Negociação direta ou resolução colaborativa de disputas (collaborative law): 'mediação sem mediador'. *Revista de Processo*. São Paulo: RT, vo. 259/2016, p. 472: "A mediação e a conciliação não devem ser encaradas como medidas destinadas a desafogar o Poder Judiciário, mas como o melhor e mais adequado meio de resolução de disputas. Há disputas que são melhor e mais adequadamente resolvidas pela mediação, enquanto há outras que se resolvem mais apropriadamente pela conciliação, sendo certo que há outras ainda que só se resolvem mais adequadamente pelo julgamento realizado por um juiz".
19. MOORE, Christopher W. *The Mediation Process: pratical estrategies for resolving conflict*. 3rd Edition. San Francisco: Jossey Bass Inc., Publishers, 2003, p. 20-22.
20. FOLBERG, Jay; TAYLOR, Alyson. *Mediation: A Comprehensive Guide to Resolving Conflicts Without Litigation*. San Francisco: Jossey Bass Inc., Publishers, 1984, p. 1: "In ancient China, mediation was the principal means of resolving disputes (Brown, 1982). The Confucian view was that optimum resolution of a dispute was achieved by moral persuasion and agreement rather than sovereign coercion. Confucian beliefs proposed the existence of a natural harmony in human affairs that should not be disrupted".
21. Rol meramente exemplificativo.

podem, assim, buscar uma solução para o conflito sem auxílio externo. A negociação é uma forma direta de comunicação. Na hipótese, porém, de ausência de interlocução ou de sua ineficácia para a composição do litígio, as partes podem socorrer-se de profissional detentor de técnicas capazes de auxiliar na recuperação do diálogo ou na sua facilitação, permitindo, por conseguinte, que os participantes do procedimento de mediação voltem a exercer os papéis de protagonistas na solução do conflito.

O mediador é apenas um facilitador[22], que direciona seus esforços no aprimoramento da comunicação das partes. Não lhe é lícito oferecer opções de acordo. Essa característica passiva[23] do mediador é o principal diferencial entre a mediação e a conciliação. Esta tem como condutor um profissional ativo, que dirige uma atividade mais dinâmica. Não tem a intenção de recuperar o diálogo entre os participantes, concentrando-se exclusivamente na questão objetiva, isto é, no conflito. Esgotadas sem sucesso as opções e propostas sugeridas pelos participantes da sessão de conciliação, o conciliador, diferentemente do mediador, poderá oferecer novas alternativas, levando em consideração sua perspectiva externa do conflito ou critérios objetivos, também externos, que sejam aceitos pelas partes.

Enquanto na mediação a autoria das partes na construção do acordo é absoluta, na conciliação poderá ser mitigada pela participação ativa do conciliador no momento de negociação. O conciliador não tem a preocupação com a restauração do diálogo. Inexistindo, destarte, comunicação entre as partes, impõe-se-lhe um papel mais participativo, que preencha a lacuna decorrente da ausência de negociação direta. Na conciliação, restringe-se parcialmente, pois, uma das vantagens dos métodos autocompositivos, que é a colaboração das partes na construção de acordo que entendam adequado aos seus interesses.

Ao lado dos métodos autocompositivos estão os impositivos ou adversariais, que pressupõem a presença de terceiro incumbido de poder decisório. Como exemplos desse grupo, podem ser citadas a arbitragem e a jurisdição. Em ambas as hipóteses a solução para o conflito será imposta às partes. O diálogo é travado entre cada parte e o terceiro, normalmente representados por advogados, o que mitiga a comunicação direta.

Tanto na jurisdição quanto na arbitragem, as partes assumem postura adversarial e buscam durante o procedimento aduzir fundamentos capazes de

22. No presente estudo está-se tratando da mediação facilitativa. Existem outras abordagens de mediação, como a avaliativa, a transformativa, a narrativa e a circular narrativa que se diferenciam em seus escopos e na postura do mediador.
23. A passividade a que se refere o texto não se traduz na condução do procedimento de mediação, mas na impossibilidade de sugerir opções de acordo.

gerar o convencimento do Estado-juiz ou do árbitro, respectivamente. A decisão final, em ambos os métodos, não é mera sugestão. Os envolvidos estão adstritos ao resultado declarado pelo terceiro. Não há protagonismo nem autoria. A solução do conflito das partes não é concebida por elas, cuja atividade se limita à veiculação de razões de convencimento dirigidas àquele a quem elas próprias ou o Estado outorgou poderes de decisão.

Diferenciam-se a jurisdição e a arbitragem na medida em que aquela é exercida por um órgão do Estado, por meio de um procedimento pouco flexível, pautado por princípios como a publicidade dos atos e o duplo grau de jurisdição. Na arbitragem, por sua vez, participam profissionais eleitos pelos disputantes, num procedimento mais flexível quanto à forma, mas, em contrapartida, rígido no que concerne ao seu tempo de duração. Após a promulgação da Lei n.º 9.307/96, por meio da qual se impôs a utilização da arbitragem aos signatários de cláusula compromissória quando ao menos um deles assim desejasse e eliminou-se a necessidade de homologação judicial da sentença arbitral, convencionou-se equipará-la à atividade jurisdicional.[24]

Mistos ou híbridos são os métodos que apresentam características de ambos os grupos anteriores. Divide-se o procedimento em etapas, utilizando-se inicialmente um instrumento de solução de conflitos; na hipótese de seu insucesso, prevê-se a imediata aplicação de outro método já estabelecido. É o caso da mediação-arbitragem, arbitragem-mediação, minijulgamento, *dispute boards*[25] etc. Os interessados pactuam previamente que, *v.g.*, encerrado o procedimento de mediação sem que se tenha obtido sucesso integral, prosseguirão na busca pela composição do litígio por meio da arbitragem.

4. MEDIAÇÃO COMPULSÓRIA

É inegável a ideia de que os conflitos surgidos em sociedade sejam preferencialmente solucionados por meios autocompositivos. Os sujeitos da relação de direito material são os mais adequados juízes de suas próprias causas. São eles que conhecem o conflito em todos os seus meandros e os efeitos práticos que a decisão, seja qual for, terá em suas vidas.

---

24. CARMONA, Carlos Alberto. *Arbitragem e Processo*. 2ª edição. São Paulo: Atlas, 2007, p. 45. DIDIER JR., Fredie. *Curso de Direito Processual Civil*. Vol. 1. 19ª Edição. Salvador: JusPodivm, 2017, p. 194.

25. *Dispute Board* é método autocompositivo ou híbrido em que uma junta de profissionais especializados é formada e recebe a competência para auxiliar na dirimição de eventuais conflitos surgidos na vigência de determinado contrato. A junta de especialistas pode emitir recomendações e/ou decisões, dependendo da prévia escolha dos contratantes. Tem-se notícia da adoção desse método em três contratos administrativos referentes à expansão do sistema de metrô da cidade de São Paulo, conforme VAZ, Gilberto José. *Breves Considerações sobre os Dispute Boards no Direito Brasileiro*. Artigo apresentado no Workshop "Regras da ICC sobre *Dispute Board*", da Câmara de Comércio Internacional.

No entanto, algumas razões podem levar os interessados a buscarem um meio impositivo para a resolução do litígio. Nem sempre o diálogo é possível ou profícuo. O fracasso na utilização de métodos consensuais acarretará a necessidade de um terceiro substituir a atividade das partes e definir uma solução para o impasse. A lei também pode instituir que determinadas espécies de litígios sejam obrigatoriamente dirimidas pelo Poder Judiciário, o que se justifica nas hipóteses, eventualmente, de direitos indisponíveis.

Ademais, o desconhecimento acerca dos métodos autocompositivos, tanto pelas partes como por seus advogados, pode também levar à provocação da atividade jurisdicional do Estado, sem que se tenha buscado anteriormente a solução consensual. A formação do profissional do Direito em nosso país, por muito tempo, voltou-se quase que exclusivamente para a atividade contenciosa, mormente a desenvolvida em processo judicial. Poucas universidades ofereciam disciplinas acerca dos demais métodos de solução de conflitos e, quando as disponibilizavam aos bacharelandos, eram inseridas na grade curricular como eletivas.[26] Como a nossa cultura leva os disputantes a buscarem serviços de advogados ou da defensoria pública e estes, por sua vez, desenvolvem sua atividade no âmbito do Poder Judiciário, a jurisdição se tornou o principal mecanismo de solução de litígios.

Partindo da premissa de que inúmeros conflitos encaminhados ao Poder Judiciário poderiam ser (mais bem) dirimidos através da adoção de métodos autocompositivos ou até mesmo por meio da arbitragem, alguns países vêm introduzindo em seus ordenamentos jurídicos a regulamentação legal desses mecanismos. A lei serve não apenas como forma de estabelecer normas para a atividade, tornando mais segura e eficaz a operacionalização dos mecanismos consensuais, mas também como forma de divulgação e *criação de cultura*. A normatização, frise-se, não é pré-requisito da utilização dos métodos autocompositivos e, por conseguinte, a criação da lei não visa instituí-los.[27] A transação obtida por meio de negociação, mediação ou conciliação é válido independentemente de lei que as regule.

---

26. De 2009 para cá, esse quadro mudou. Muitos cursos de direito passaram a oferecer aos alunos as disciplinas de mediação, negociação e arbitragem. Na FGV Direito Rio, onde leciono desde 2014, esses temas são estudados em disciplinas obrigatórias, enquanto os recursos cíveis, os procedimentos especiais e de execução são examinados em disciplinas eletivas.

27. Comentando a lei que regulamentou a mediação na província de Buenos Aires, Caivano, Gobbi e Padilla fazem a ressalva: "Aunque parezca innecesario, conviene aclarar algunos conceptos, que en ocasiones generan confusión. La mencionada ley no ha creado la mediación, ni la mediación depende de la sanción de una ley: para su utilización como instrumento de solución de conflictos basta que las partes hayan acordado someterse voluntariamente a un proceso en el que – a mayor abundamiento – la permanencia y la finalización son también estrictamente voluntarias". CAIVANO, Roque J.; GOBBI, Marcelo; PADILLA, Roberto E. *Negociación y Mediación: Instrumentos apropiados para la abogacía moderna*. 2.ª edición actualizada y ampliada.Buenos Aires: Ad-Hoc, 2006, p. 289.

A lei, nesses casos, serve como instrumento de controle (procedimento, prazos, respeito a garantias fundamentais) e de difusão dos mecanismos ou de um deles especificamente, visando a sua maior aplicabilidade. Em interessante estudo, o professor norte-americano Oscar G. Chase menciona a importância da legislação no desenvolvimento dos ADRs nos Estados Unidos. Entre os anos de 1980 e 1998, o congresso daquele país promulgou ao menos cinco atos legislativos em prol do crescimento dos ADRs, encorajando estados, governos locais e ONGs no progresso de mecanismos de solução de conflitos mais efetivos, justos, céleres e menos custosos.[28]

A normatização, no entanto, pode não ser bastante para alcançar esse objetivo, haja vista serem métodos cuja adoção é voluntária. Os disputantes continuam podendo escolher qual a forma de composição de seus conflitos e a jurisdição ainda é mais atrativa, no sentido de que depende apenas da vontade de um deles para que passe a ser exercida.

Antevendo o insucesso de lei que apenas regulamente os métodos autocompositivos, facultando seu uso aos interessados, alguns países introduziram o regime compulsório, que ainda é atrelado à atividade jurisdicional. Explica-se: por essa modalidade, caso o disputante queira utilizar o serviço de solução de conflitos do Estado, a jurisdição, deverá comprovar que participou previamente de alguma forma preestabelecida de tentativa de composição não adversarial. Na falta dessa prova, o Estado-juiz não presta o serviço da jurisdição ou suspende o processo, ressalvados, obviamente, os casos em que medidas urgentes devam ser tomadas, sob pena do perecimento do direito.

A compulsoriedade pode ser estabelecida de outra forma, ainda vinculada à atividade jurisdicional, mas incidentalmente. Nesse sistema, cabe ao juiz, no decorrer do procedimento, determinar a suspensão do processo e encaminhar as partes a outros métodos de solução de conflitos, se entender inadequada a jurisdição para o caso concreto. Esse é o sistema adotado na Austrália[29], na Inglaterra[30] e em alguns estados norte-americanos.

---

28. CHASE, Oscar G. *Law, Culture, and Ritual*: Disputing Systems in Cross-Cultural Context. New York and London: New York University Press, 2005, p. 99.
29. *Family Law Act* 1975, s 16A, e *Federal Court of Austrália Act*, s 53A
30. Regra 1.4, das *Civil Procedure Rules*. ZUCKERMAN, Adrian. *Zuckerman on Civil Procedure*: principles of practice. Second Edition. London: Sweet & Maxwell, 2006, p. 535-536: "A stay may amount to a refusal to exercise jurisdiction, as where the court stays proceedings in order to make way for arbitration or for the dispute to be tried abroad. A stay may give effect to a settlement agreement whereby the parties have agreed to bring proceedings to an end while keeping open the possibility of applying to court if disputes arose about the implementation of the settlement. A stay order may express a case management decision, as where the court orders a stay pending a settlement attempt, or where the court imposes a stay until a party fulfils a process obligation, such as giving disclosure or agreeing a medical examination. Finally, a stay may be imposed not in the action itself but on its consequential effects, such as a stay of execution of judgment".

Dentre os chamados ADRs, o método que vem sendo eleito para a regulamentação legal e para adoção compulsória é a mediação. A mediação é regulamentada no Japão[31], em diversos estados norte-americanos[32], na França[33], na Espanha[34], na Itália[35], na Alemanha,[36] dentre outros. A diretiva do Parlamento Europeu[37], que sugeriu a regulamentação, divulgação e adoção da mediação, serviu de impulso ao desenvolvimento da mediação nas nações europeias.

Mas é na Argentina que está a principal fonte de inspiração para os estudiosos brasileiros. O país vizinho, pela Lei n. 24.573/1996, introduziu a mediação obrigatória, como um requisito de admissibilidade da ação.[38] Assim, a compulsoriedade está atrelada à mediação prévia. Anteriormente ao exercício do direito de ação, o interessado deve buscar um dos mediadores registrados no Ministério da Justiça. Como a mediação depende da vontade dos disputantes (não se pode obrigá-los a transacionar), o que se lhes impõe efetivamente é a realização de uma sessão de pré-mediação, momento no qual serão instruídas acerca do que consiste a mediação e quais são suas vantagens. Caso aceitem continuar, iniciar-se-á o procedimento propriamente dito. Na hipótese, porém, de qualquer das partes a recusar, a mediação não será realizada.[39]

---

31. Civil Conciliation Act (1951), Law for the Determination of Family Affairs (1947), Labour Union Law (1949), Labour Relations Adjustment Law (1946), Pollution Dispute Settlement Law (1970) e Construction Business Law (1949), segundo FUNKEN, Katja. Ob. cit., p. 04.
32. Na Califórnia, por exemplo, existe previsão de adoção de mediação no *Code of Civil Procedure*, no *California Evidence Code* e no *Civil Code*. Dispõe o código civil californiano, na seção 919: "Section 928. "If the builder has invoked this chapter and completed a repair, prior to filing an action, if there has been no previous mediation between the parties, the homeowner or his or her legal representative shall request mediation in writing. The mediation shall be limited to four hours, except as otherwise mutually agreed before a nonaffiliated mediator selected and paid for by the builder. At the homeowner's sole option, the homeowner may agree to split the cost of the mediator and if he or she does so, the mediator shall be selected jointly. The mediator shall have sufficient availability such that the mediation will occur within 15 days after the request for mediation is received and shall occur at a mutually convenient location within the county where the action is pending. In the event that a mediation is used at this point, any applicable statutes of limitations shall be tolled from the date of the request to mediate until the next court day after the mediation is completed, or the 100-day period, whichever is later.".
33. Nouveau Code de Procédure Civile, arts. 131-1 a 131-15.
34. Lei n. 5/2012, de Mediación en Asuntos Civiles y Mercantiles.
35. Decreto Legislativo n. 28/2010, alterado pela Lei n. 98/2013. Sobre a lei italiana, BESSO, Chiara. La mediazione italiana: definizioni e tipologie. *Revista Eletrônica de Direito Processual*. V. 6, 2010; HILL, Flavia Pereira. A nova lei de mediação italiana. *Revista Eletrônica de Direito Processual*. V. 6, 2010.
36. Lei de Mediação, de 21.07.2012. Sobre a norma alemão, PEREZ, Adriana Hahn. A nova lei alemã de mediação. *Revista de Processo*. São Paulo: RT, vol. 243/2015.
37. Diretiva nº 52/2008 da União Europeia.
38. "Art. 1º: Institúyese con carácter obligatorio la mediación previa a todo juicio, la que se regirá por las disposiciones de la presente Ley. Este procedimiento promoverá la comunicación directa entre las partes para la solución extrajudicial de la controversia. Las partes quedarán exentas del cumplimiento de este trámite si acreditaren que antes del inicio de la causa, existió mediación ante mediadores registrados por el Ministerio de Justicia".
39. FALCÓN, Enrique M. *Manual de derecho procesal*. Vol. 2. Buenos Aires: Editorial Astrea, 2005, p. 443.

A lei de 1996 foi substituída pela Lei n. 26.589/2010. Além de criar requisito de admissibilidade da ação, o legislador argentino previu outra forma de compelir as partes a comparecerem à primeira sessão, ainda de pré-mediação. O art. 10 da Lei 24.573/1996 dispunha que frustrada a mediação em decorrência da ausência de qualquer das partes na primeira audiência, ao faltante seria imposta multa equivalente ao dobro da remuneração devida ao mediador. A Lei n. 26.589/2010 suavizou a penalidade. Seu artigo 25 não prevê mais multa, mas a ausência injustificada da parte requerente a obriga a reiniciar o procedimento de mediação prévia, para que possa propor a demanda.[40]

A criação desse sistema de mediação compulsória na Argentina teve o manifesto propósito de combater a crise pela qual passava a Justiça local.[41] Como comumente ocorre, num primeiro momento, a alteração legislativa sofreu resistência, originada tanto pelo desconhecimento dos operadores do direito acerca da mediação, como também em razão da criação de nova etapa no já extenso procedimento judicial. A constitucionalidade da norma também foi posta à prova. Em outubro de 1998, a Câmara Nacional de Apelaciones a declarou inconstitucional, em decisão que viria ser reformada pela declaração de constitucionalidade exarada pela Corte Suprema de Justicia de la Nación, em setembro de 2001.[42]

Na doutrina, mesmo aqueles que consideram inconstitucional a norma que introduziu a mediação prévia obrigatória, entendem que a declaração de sua constitucionalidade prioriza interesses e ideologia.[43]

No que diz respeito à eficácia do novo sistema, as estatísticas não deixam dúvidas. Em que pese o fato de que a mediação é realizada sob o princípio da confidencialidade, o que dificulta a reunião de dados oficiais, pesquisas realizadas no ano de 2007 apontavam que o número de ações ajuizadas caíra 34% (trinta e quatro por cento) em doze anos de vigência da

40. "Art. 25. Incomparecencia de las partes. Si una de las partes no asistiese a la primera audiencia con causa justificada, el mediador fijará una nueva audiencia. Si la incomparecencia de la parte requerida fuera injustificada, la parte requirente podrá optar por concluir el procedimiento de la mediación o convocar a nueva audiencia. Si la requirente incompareciera en forma injustificada, deberá reiniciar el procedimiento de mediación prejudicial obligatoria".
41. CAIVANO, Roque J.; GOBBI, Marcelo; PADILLA, Roberto E. Ob. cit., p. 290. GIANNINI, Leandro. ¿Es la mediación obligatoria em Argentina un instrumento de acceso a la justicia? *Revista Iberoamericana de Derecho Procesal*. Vol. 2/2015, p. 94: "No hay otro fundamento en la presentacíon de la iniciativa que permita afirmar que el sistema de mediación haya sido pensado originalmente con un propósito diverso, como – por ejemplo – el acceso a la justicia. Sólo la descongestión y la necesidad de dotar de más eficiencia y celeridade a um sistema de judicial colapsado motivaron la reforma. De este modo, el Estado reconocía las deficiencias del servicio de Justicia y proponía solucionarlo a mediano plazo, pero, entre tanto, le daba a la ciudadanía un mecanismo para negociar con la contraparte una salida más ágil y expedita: la mediación".
42. Idem, p. 297-298.
43. FALCÓN, Enrique M. Ob. cit. p. 443.

lei.[44] Esses resultados certamente aguçaram o interesse de juristas e parlamentares brasileiros.

Em 1998, a Deputada Zulaiê Cobra (PSDB/SP) apresentou na Câmara de Deputados o Projeto de Lei n.º 4.827/1998, de poucos artigos e que visava normatizar o instituto da mediação. Enviado ao Senado Federal, acabou alterado pela Emenda Substitutiva aprovada em 11 de julho de 2006, recebendo o n.º 94/2002 e retornando para a aprovação na Câmara dos Deputados. Com a Emenda Substitutiva do Senado, o projeto ganhou novos dispositivos, passando a conter 47 artigos. O projeto visava introduzir o que denominava de "mediação incidental obrigatória", impondo a suspensão do processo por noventa dias no momento da distribuição da ação, para que as partes buscassem a composição do litígio por meio da mediação antes do efetivo exercício da atividade jurisdicional. Regulava, outrossim, a atividade do mediador, a sua fiscalização e a mediação realizada fora do âmbito do judiciário.[45]

O projeto, inegavelmente, teve a legislação argentina como fonte principal de inspiração. No entanto, pecou, dentre outras disposições, pela confusão de institutos – denomina como mediação judicial aquela que tem como mediador um advogado, independentemente de realizar-se dentro do âmbito do Poder Judiciário[46] –, pelos moldes instituídos para a fiscalização da atividade[47] e ao excepcionar os litígios da regra geral de compulsoriedade da mediação pelo seu rito, e não pela sua natureza.[48]

Com a edição posterior do CPC/2015 e da Lei n. 13.140/2015, não me parece que o referido projeto redundará em lei. Diferentemente das leis aprovadas, o projeto de 1998 estabelecia a mediação prévia compulsória. No entanto, a experiência brasileira demonstrava resistência pretoriana à adoção de mecanismo que obstasse o ingresso imediato no Judiciário. O Supremo Tribunal Federal, no julgamento de medida cautelar em ação direta de inconstitucionalidade, decidiu pela inconstitucionalidade da obrigatoriedade de a parte, em uma etapa pré-processual, passar pelas denominadas Comissões de Conciliação Prévia da Justiça do Trabalho, como condição ao ajuizamento da reclamação trabalhista.[49]

---

44. Pesquisa realizada por ABREVAYA, Sergio Fernando. Evaluación del sistema de mediación prejudicial. *La Trama: revista interdisciplinaria de mediación e resolución de conflictos*. Buenos Aires: n.º 23, dezembro de 2007.
45. Ver obra da qual sou coautor, que traz comentários acerca das normas que o projeto de lei visa introduzir no ordenamento jurídico brasileiro: PINHO, Humberto Dalla Bernardina (coord.). *Teoria Geral da Mediação: à luz do Projeto de Lei e do Direito Comparado*. Rio de Janeiro: Lúmen Júris Editora, 2008.
46. Arts. 10 e 11 do PL n.º 9.827/1998.
47. Arts. 17 a 28 do PL n.º 9.827/1998.
48. Art. 34 do PL n.º 9.827/1998.
49. Supremo Tribunal Federal. ADI n. 2.139. Rel. Min. Carmem Lúcia. Acórdão de 13 de maio de 2009. Disponível em:

Não obstante a divergência entre os ministros, com bons argumentos favoráveis à tentativa de conciliação prévia compulsória,[50] o STF considerou a criação de requisito adicional de admissibilidade da ação como norma violadora da garantia constitucional de acesso à justiça, prevista no art. 5º, inc. XXXV da Constituição.

Outras leis brasileiras também inserem a adoção de métodos autocompositivos como etapa obrigatória dos procedimentos que regulam.

Pela Lei n.º 9.099/95, a conciliação incidental é obrigatória no procedimento desenvolvido no âmbito dos juizados especiais cíveis. Dispõe o art. 20 que o não comparecimento do demandado à sessão de conciliação redundará na observância dos efeitos da revelia, com a presunção de veracidade dos fatos suscitados na petição inicial. No caso de não comparecimento do autor, será julgado extinto o processo sem exame do mérito, condenando-lhe ao recolhimento das custas processuais (art. 51, inc. I).

O CPC/73 já previa, nos procedimentos ordinário e sumário, a realização de audiência, cujo objetivo era, entre outros, a realização de conciliação. Todavia, não havia previsão de penalidade na hipótese de não comparecimento, o que retirava o caráter compulsório da utilização do método.[51] A conciliação realizada na vigência do Código revogado carecia de melhores resultados em razão da forma por meio da qual foi implementada. No Estado do Rio de Janeiro, por exemplo, a atividade de conciliação era voluntária, bastando que o candidato a conciliador tivesse boa vontade. Não havia, no recrutamento dos voluntários, exigência de comprovação de formação técnica. Os conciliadores não recebiam treinamento sobre as técnicas necessárias ao exercício da função.

---

http://jurisprudencia.s3.amazonaws.com/STF/IT/ADI_2139_DF_1278961677134.pdf? Signature=4iHHkp6k4EDqWneVs45N5puPjqw%3D&Expires=1448886597&AWSAccessKeyId=AKIAIPM2XEMZACAXCMBA&response-content-type=application/pdf&x-amz-meta-md5-hash=de1cda70ce2 0e99396d8d0afe336e72d. Consultado em 30 de novembro de 2015.

50. Idem. Voto divergente do Ministro Cezar Peluzo: "(...). Acho que, com o devido respeito, a postura da Corte em restringir a possibilidade da tentativa obrigatória de conciliação está na contramão da história, porque em vários outros países, hoje, se consagra a obrigatoriedade do recurso às chamadas vias alternativas de resolução de conflitos, até porque o Poder Judiciário – e não é coisa restrita à experiência brasileira, mas fenômeno mais ou menos universal – não tem dado conta suficiente da carga de processos e com isso tem permitido a subsistência de litígios que são absolutamente contrários à paz social. Em segundo lugar, a mim parece-me também, com o devido respeito, que não há nenhum bloqueio nem impedimento, nem exclusão do recurso à universalidade da jurisdição. O que há é simplesmente tentativa preliminar de conciliar e de resolver pacificamente o conflito, com a vantagem de uma solução não se imposta autoritariamente, que sempre causa contrafeição, constrangimentos, alguma forma de resistência às decisões do Poder Judiciário. As soluções consensuais são, em todas as medidas, as melhores do ponto de vista social. (...)".

51. No procedimento sumário, a ausência do réu na primeira audiência gerava a presunção de veracidade dos fatos alegados na petição inicial (art. 277, § 2º). No entanto, como tal audiência também englobava o ato de defesa do demandado, entendo que, na verdade, não era a ausência do réu na sessão de conciliação que acarretava a revelia e seus efeitos, mas sim a falta de sua resposta (art. 278).

Como consequência, a atividade conciliatória que se desenvolvia no âmbito do Poder Judiciário, salvo raras exceções, carecia de especialização, não tendo efetiva relação com o método da conciliação, que pressupõe a presença de profissional preparado, conhecedor das técnicas que visam à obtenção da solução consensual para o litígio.

Esse panorama começou a se alterar com a Resolução n. 125, do Conselho Nacional de Justiça, de 2010. A norma determinou que os tribunais criassem Núcleos Permanentes de Métodos Consensuais de Conflito (NUPEMEC) e Centros Judiciários de Solução de Conflitos e Cidadania (CEJUSC), estimulassem o uso da mediação e da conciliação e promovessem a capacitação dos profissionais que serviriam de mediadores e conciliadores. O CNJ ficou responsável pela criação de um conteúdo programático mínimo para a formação dos profissionais. Desse modo, o sistema iniciou uma nova fase na qual a prática de mediação e conciliação deve passar a ser exercida por profissionais capacitados.

Em seguida, no ano de 2015, novas leis passaram a regrar a utilização desses métodos autocompositivos. O CPC/2015 e a Lei n. 13.140/2015, em virtude do precedente do Supremo Tribunal Federal, não impuseram a participação pré-processual em mecanismo autocompositivo como requisito necessário ao ajuizamento da demanda. No entanto, os novos diplomas legais encontraram uma forma de determinar a utilização de tais métodos com o processo já iniciado. O art. 334, do CPC, estabelece que as partes sejam encaminhadas, nos processados que utilizam o rito comum, à mediação ou à conciliação no início do procedimento, antes mesmo do transcurso do prazo para oferecimento de defesa pelo réu. A audiência prevista no aludido dispositivo somente não ocorrerá na hipótese de ambas as partes manifestarem expressamente o desinteresse pela sua realização ou se a natureza do conflito indicar a impossibilidade de autocomposição. Em caso de ausência injustificada das partes, lhe é aplicada multa de até dois por cento da vantagem econômica pretendida ou do valor da causa (art. 334, § 8º).

Como se tratam de formas autocompositivas, a obrigatoriedade não está atrelada à efetiva utilização do mecanismo designado pelo legislador. Prevalece a autonomia da vontade, não se podendo obrigar a participação. O art. 334, § 8º, ao impor penalidade pelo não comparecimento injustificado, torna compulsória a presença dos disputantes em sessões de pré-mediação e pré-conciliação, nas quais devem ser instruídos das características do método e, aí sim, possam optar pela sua utilização, ou buscar um meio impositivo, como a jurisdição. Conhecer o método autocompositivo é obrigatório, utilizá-lo, não.[52]

---

52. Lei n. 13.140/2015: "Art. 2º, (...) § 2º Ninguém será obrigado a permanecer em procedimento de mediação".

No mesmo sentido, o art. 23 da Lei n. 13.140/2015 dispõe que das partes é exigido respeito a eventual previsão contratual de cláusula de paz, não lhes sendo lícito o início de procedimento arbitral ou o ajuizamento de demanda perante o Poder Judiciário antes da tentativa de autocomposição por meio de mediação.[53] Caso descumpram a disposição contratual, o árbitro ou o juiz suspenderá o curso da arbitragem ou da ação pelo prazo previamente acordado ou até a realização da mediação.

Essa foi a forma encontrada pelo legislador de impor respeito à cláusula de mediação sem conflitar com o entendimento do Supremo Tribunal Federal.[54] A lei não impede o acesso à justiça, mas condiciona o prosseguimento da ação ou da arbitragem à execução da cláusula. Ainda com vistas ao respeito à garantia constitucional, o parágrafo único autoriza expressamente a apreciação de medidas de urgência no período em que o processo se encontra suspenso.

A introdução da chamada mediação compulsória no Brasil, como se pode verificar da narrativa desenvolvida no presente estudo, consiste em mais uma tentativa de provocar a solução consensual do conflito e de desenvolver, por meio das leis, uma cultura de utilização dos métodos autocompositivos.

---

53. Semelhante indicação consta das Regras da Câmara de Arbitragem de Londres (London Court of International Arbitration - LCIA): Article 1 Commencing Mediation – prior existing agreements to mediate. 1.1 Where there is a prior existing agreement to mediate under the Rules (a "Prior Agreement"), any party or parties wishing to commence a mediation shall send to the Registrar of the LCIA Court ("the Registrar") a written request for mediation (the "Request for Mediation"), which shall briefly state the nature of the dispute and the value of the claim, and should include, or be accompanied by a copy of the Prior Agreement, the names, addresses, telephone, facsimile, telex numbers and e-mail addresses (if known) of the parties to the mediation, and of their legal representatives (if known) and of the mediator proposed (if any) by the party or parties requesting mediation. 1.2 If the Request for Mediation is not made jointly by all parties to the Prior Agreement, the party requesting mediation shall, at the same time, send a copy of the Request for Mediation to the other party or parties. 1.3 The Request for Mediation shall be accompanied by the registration fee prescribed in the Schedule, without which the Request for Mediation shall not be registered. 1.4 Where there is a Prior Agreement, the date of commencement of the mediation shall be the date of receipt by the Registrar of the Request for Mediation and the registration fee. 1.5 The LCIA Court shall appoint a mediator as soon as practicable after the commencement of the mediation, with due regard for any nomination, or method or criteria of selection agreed in writing by the parties, and subject always to Article 8 of the Rules.
54. O legislador brasileiro adotou solução semelhante encontrada nas leis portuguesa e espanhola. Lei portuguesa, art. 12º - (...) 4 - O tribunal no qual seja proposta ação relativa a uma questão abrangida por uma convenção de mediação deve, a requerimento do réu deduzido até ao momento em que este apresentar o seu primeiro articulado sobre o fundo da causa, suspender a instância e remeter o processo para mediação"; lei espanhola, art. 10 "(...) 2. Las partes sujetas a mediación actuarán entre sí conforme a los principios de lealtad, buena fe y respeto mutuo. Durante el tiempo en que se desarrolle la mediación las partes no podrán ejercitar contra las otras partes ninguna acción judicial o extrajudicial en relación con su objeto, con excepción de la solicitud de las medidas cautelares u otras medidas urgentes imprescindibles para evitar la pérdida irreversible de bienes y derechos. El compromiso de sometimiento a mediación y la iniciación de ésta impide a los tribunales conocer de las controversias sometidas a mediación durante el tiempo en que se desarrolle ésta, siempre que la parte a quien interese lo invoque mediante declinatoria".

A regulamentação legal da mediação demonstrou-se recomendável para a consecução do objetivo de difusão do método em larga escala e em curto espaço de tempo. A lei torna-se uma aliada imprescindível. Criar programas de incentivo à utilização da mediação e inserir o ensino obrigatório dos ADRs nas grades curriculares dos cursos universitários podem trazer resultados a longo prazo e, embora sejam recursos idôneos para a consolidação da cultura de adoção de métodos distintos da jurisdição, não se mostram capazes de gerar uma reviravolta na solução de conflitos em curto espaço de tempo.

No caso específico da mediação, ainda há um desconhecimento entre os cidadãos leigos e entre os próprios profissionais do direito. Ora é confundida com a arbitragem, ora com a conciliação. A lei é, pois, uma oportunidade de distinguir os métodos e suas técnicas, viabilizando, na prática, o desenvolvimento adequado de cada um deles.

A adoção de um sistema de participação compulsória dos disputantes em processo de solução extrajudicial de conflitos pode, destarte, trazer resultados rapidamente, desde que um programa de qualidade esteja acessível[55] e que exclua determinados conflitos da utilização obrigatória, como nas hipóteses de necessidade de tutela de urgência.

Frise-se, no entanto, que a utilização compulsória da mediação é acompanhada de inúmeros inconvenientes a serem enfrentados, como, por exemplo, a mitigação da autonomia da vontade – essencial ao método -, a necessidade de capacitação de um sem número de profissionais para atender à demanda instantânea e às diferenças estruturais entre as comarcas de um país continental com o nosso. Contudo, para a criação de cultura em curto prazo, as leis – CPC/2015 e Lei n. 13.140/2015 - que introduziram regras de obrigatoriedade na observância de métodos autocompositivos, são indispensáveis.

5. PRINCÍPIO DA ADEQUAÇÃO.

5.1. Das limitações dos métodos impositivos

Na ciência processual, cada procedimento é pensado com a finalidade de melhor servir ao bem da vida que pretende tutelar. Ao lado do procedimento comum, o legislador criou outros ritos - alguns mais céleres[56], outros

55. GOLDBERG, Stephen B., SANDER, Frank E.A., ROGERS, Nancy H., COLE, Sarah R. Ob. cit., p. 393: "Mandatory participation should be used only when a high quality program (i) is readily accessible, (ii) permits party participation, (iii) permits lawyer participation when the parties wish it, and (iv) provides clarity about the precise procedures that are being required".
56. O rito previsto na Lei n.º 9.099/95, por exemplo.

com previsão de concessão imediata da tutela jurisdicional[57] -, com intuito de tornar o processo instrumento adequado para a composição do conflito e para a proteção de todas as situações jurídicas garantidas pelo direito material. Em outras palavras, a multiplicidade de procedimentos tem o condão de tornar o processo instrumento idôneo para a consecução dos escopos traçados para a jurisdição.

A atividade jurisdicional, no entanto, ainda que auxiliada por um processo que possibilite a eleição de vários ritos previstos em lei, encontra limitações justamente na falta de flexibilidade desses ritos e na criatividade controlada da atividade decisória do juiz, que deve ater-se aos limites do pedido e às fórmulas legais de provimento judicial. Ainda que se tenha observado uma preocupação de processualistas, refletida em reformas legislativas, no sentido de privilegiar a prestação da tutela na forma específica[58], a jurisdição, principalmente, e os demais métodos impositivos apresentam limitações na definição de soluções satisfatórias e adequadas aos interesses dos disputantes em algumas espécies de conflitos.[59] A postura adversarial e a consequente necessidade de declarar uma das partes vencedora[60] eliminam uma análise que possibilite encontrar a alternativa que, antes de indicar ganhadores e perdedores, atenda aos interesses de todos.

Caivano, Gobbi e Padilla asseveram que a decisão adjudicada não considera, na sua formação, os aspectos pessoais das partes, tais como seus temperamentos, as consequências do conflito sobre sua futura relação e o modo como percebem os aspectos da disputa. O juiz não se interessa em conhecer como cada parte percebe ou define o conflito, porque não necessita desse elemento para a tomada de decisão, bastando-lhe a análise das pretensões, a verificação acerca da utilidade da prova para a comprovação dos fatos e a conclusão sobre qual norma se enquadra na solução.[61] Concluem que a adjudicação não é uma ferramenta apropriada para as áreas nas quais a efetividade das relações humanas seria destruída numa categorização entre certo e errado.[62]

---

57. Rito especial da ação de alimentos, Lei n.º 5.478/68, por exemplo.
58. V. o meu Jurisdição e Tutela Específica. *Revista Dialética de Direito Processual*.
59. FULLER, Lon L. The Forms and Limits of Adjudication. *Harvard Law Review*, n.º 353, Dezembro de 1978, p. 22-28.
60. RISKIN, Leonard L., WESTBROOK, James E. *Dispute Resolution and Lawyers*, 3rd. Edition.Thomson West, 2005, p. 28: "From this vantage point, adjudication is seen as a technique that can both distract and confuse. Legal rules operate to frame debates in a fashion that obscure parties' goals and that results in either wins or losses, rather than a richer set of possible resolutions. In contrast, ADR is seen as focusing on issues, relaxing the law, and thus providing more 'just' results".
61. Ob. cit., p. 70.
62. Idem, p. 74.

Cappelletti, analisando as vantagens operacionais daquilo que chama de "justiça conciliatória ou coexistencial", rende-se aos benefícios qualitativos da sua utilização, em detrimento do socorro à atividade jurisdicional, nos casos em que o conflito nasce de um episódio inserido em uma relação complexa e permanente. A justiça conciliatória é capaz de preservá-la, enxergando o conflito como perturbação passageira, e não como ruptura da própria relação.[63]

Nessa esteira, é possível concluir que a jurisdição não é o mais idôneo mecanismo de composição para todas as espécies de conflito. Outros métodos disponíveis, como a arbitragem, a mediação, a conciliação, a avaliação neutra de terceiro a negociação etc. podem demonstrar-se mais adequados dependendo da natureza do conflito e das características de cada caso. Com efeito, cada mecanismo de solução possui peculiaridades específicas, que mais bem se adaptam a determinada espécie de litígio. Os melhores resultados são alcançados se a escolha do método é adequada.

5.2. Aplicação do princípio da adequação nos métodos de solução de conflitos

Na qualidade de instrumentos oferecidos aos interessados para auxiliá-los na composição de litígios, os métodos – tanto os autocompositivos como os impositivos – obterão melhores resultados se servirem à solução daqueles conflitos cujas especificidades se encaixem com o procedimento e com as técnicas de cada um deles. Se, consoante salienta Taruffo, pretende-se vencer um grande prêmio de fórmula 1, será mais eficiente construir um carro que supere 300 km/h do que competir guiando um Fiat 500.[64]

A escolha do mais eficiente e apropriado método de composição observa, pois, um princípio, aqui denominado de *princípio da adequação*, cuja observância leva os disputantes a elegerem o mecanismo que representa o mais adequado instrumento para a solução do conflito surgido entre eles.[65]

O princípio da adequação orienta a aplicação dos métodos de solução de conflitos na medida em que cada um deles foi concebido e estruturado para a solução de determinada espécie de conflito. Suas técnicas e ferramentas foram

---

63. CAPPELLETTI, Mauro. Os métodos alternativos de solução de conflitos no quadro do movimento universal de acesso à justiça. *Revista de Processo*. N.º 74, 1994.
64. Ob. cit., p. 70.
65. O princípio aqui sugerido não informa a atividade jurisdicional, mas momento anterior, qual seja, de eleição pelo interessado ou pelo legislador, se for o caso, do método adequado de solução do conflito. Difere-se, portanto, do *princípio da adequação* a ser observado na escolha do procedimento (GAJARDONI, Fernando da Fonseca. *Flexibilização procedimental*: um novo enfoque para o estudo do procedimento em matéria processual. São Paulo: Atlas, 2008, p. 136; DIDIER Jr., Fredie. Ob. cit., p. 48) e da *adequação* entre a função processual e a estrutura do procedimento (OLIVEIRA, Carlos Alberto Álvaro. *Do Formalismo no Processo Civil*. 2ª edição. São Paulo: Saraiva, 2003, p. 120).

pensadas para socorrer situações específicas, habitualmente observadas em alguns litígios. O uso indiscriminado e descuidado dos métodos, sem a observância dessa conexão entre particularidade do conflito ou da relação subjacente e as técnicas utilizadas pode, na melhor das hipóteses, deixar de alcançar o resultado esperado e, no pior cenário, acarretar no acirramento do litígio e na disseminação de insatisfações pelas partes, frustradas com o uso de mecanismo inapropriado às idiossincrasias de seu conflito.

Evidente, entretanto, que o respeito ao princípio da adequação não é obrigatório para tramite válido do método eleito. Deixar de observá-lo acarreta unicamente na eleição de mecanismo menos eficaz (e nos riscos inerentes à escolha indevida).

Em países como o Brasil e outros de *civil law*, não é comum se observar uma cultura de conciliação, com a consequente busca por métodos autocompositivos. Diversamente, sempre se constatou o predomínio de uma cultura de controvérsia[66], ou, mais especificamente, de solução adjudicada. Nessa conjuntura, cresce em importância o papel do advogado moderno, que deve conhecer e oferecer aos seus clientes não só o caminho da atividade jurisdicional. Como destinatário dos conflitos surgidos na sociedade, compete ao profissional do direito avaliar qual a via mais adequada para a questão que lhe é trazida.

Os interesses das partes nem sempre serão atendidos de forma mais satisfatória com a solução judicial do litígio. No atual estado de crise em que se encontra o Poder Judiciário e considerando-se as naturais limitações da jurisdição, há quem inverta a assertiva, concluindo que quase nunca a atividade jurisdicional produz os melhores resultados.[67]

Compete, pois, ao advogado conhecer os métodos de solução de conflitos, suas vantagens e desvantagens, e aplicar esse conhecimento às situações concretas trazidas por seus clientes, a fim de que a eleição recaia sobre o mecanismo mais adequado.

5.2.1. Os sistemas de método único e de multiportas.

Alguns sistemas, como o argentino, por exemplo, priorizam o uso de um método autocompositivo específico para servir de alternativa à jurisdição. Não se discute a já constatada idoneidade da mediação como instrumento de

66. TARUFFO, Michele. Cultura e processo. Ob. cit., p. 86. Kazuo Watanabe cunhou entre nós a expressão "cultura da sentença e cultura da pacificação": WATANABE, Kazuo. Cultura da Sentença e Cultura da Pacificação. In: *Estudos em Homenagem à Professora Ada Pellegrini Grinover* (org. Flávio Luiz Yarchell e Maurício Zanoide de Moraes). São Paulo: DPJ, 2005, p. 684/690.
67. CAIVANO, Roque J.; GOBBI, Marcelo; PADILLA, Roberto E. Ob. cit., p. 69.

composição de determinados conflitos. No entanto, sua imposição como mecanismo de utilização obrigatória para conflitos de toda natureza não é apropriada. A mediação é método que exige dos participantes uma maior entrega, com dispêndio maior de tempo e grande comprometimento. O mediador funciona apenas como um facilitador, que busca restaurar ou estabelecer o diálogo entre os mediandos, que são os verdadeiros protagonistas do procedimento e autores da decisão.

Dependendo da natureza do conflito, a mediação pode ser um tiro de canhão para matar uma formiga. E essa pesada munição pode gerar efeito inverso. Em vez de incentivar os disputantes a buscarem a solução consensual, poderá desmotivá-los e obstar a composição que poderia ser obtida por meio do uso de outro método autocompositivo. É o caso, por exemplo, de um conflito surgido em uma relação descartável, como um acidente de trânsito. Os disputantes não pretendem despender muito tempo, com a presença em várias sessões, para buscar reestabelecer um diálogo que nunca existiu. Nessa hipótese, a negociação e a conciliação podem apresentar-se como instrumentos mais adequados.[68]

Esquivando-se desse sistema de oferta de apenas um método autocompositivo, existe uma opção que apresentou resultados satisfatórios em alguns estados norte-americanos.

Em um congresso realizado no ano de 1976, Frank Sander, professor da Faculdade de Direito de Harvard, sugeriu a adoção daquilo que batizou de *multi-doored courthouse*. A proposta indicava que, quando o jurisdicionado se dirigisse ao Estado para se servir do instrumento de solução de conflitos disponibilizado, não encontrasse somente a jurisdição, mas outras "portas", com outros mecanismos disponíveis, como a mediação, a conciliação e a arbitragem. A ideia concebida por Sander visava que a jurisdição fosse reservada para casos em que se mostrasse mais apropriada, evitando-se a sobrecarga e a paralisação dos tribunais com casos em que suas habilidades específicas não são necessárias.[69]

A proposta do sistema multiportas não se restringe à forma de anexo do tribunal. Pode também ser idealizada pelo Estado ou por empresas privadas

68. FOLBERG, Jay; TAYLOR, Alyson. Ob. cit., p. 18: "Mediation is a process that can be used to resolve many different conflict situations because of the universal nature of conflict. Mediation is only one of several acceptable conflict resolution methods, however; persuasion, problem solving, consensus building, voting, negotiation, arbitration, and litigation are other ways people settle their differences. Each process has different steps, and some more effective or desirable than others for a particular conflict. Mediators should understand other methods of resolving conflict an may at times need to refer to them or use them. To be an effective mediator, one should have a conceptual understanding of conflict".
69. RISKIN, Leonard L., WESTBROOK, James E. Ob. cit., p. 22-23.

para que funcione totalmente independente do Poder Judiciário. É possível, ainda, que seja instalada e aplicada em grandes empresas, universidades e hospitais, com a finalidade de compor os conflitos surgidos nas suas dependências ou entre essas instituições e terceiros.[70]

O sistema multiportas é a implementação efetiva do princípio da adequação, porquanto parte da premissa de que existem vantagens e desvantagens na utilização de cada um dos processos de solução de conflitos e, por conseguinte, oferece ao interessado as diversas opções existentes.

Ao prever a sessão de mediação ou a audiência de conciliação logo no início do procedimento comum, antes da resposta do réu (art. 334), o CPC/2015 disponibiliza outras "portas", diferentes da jurisdição. O Código fomenta, pois, a criação de cultura de conciliação, que pode ser um caminho à diminuição dos conflitos solucionados por sentença. Sem dúvida, a legislação recente avançou na direção de tornar as cortes nacionais centros de resolução de conflitos, e não mais meros produtores de sentença.[71]

Parece-me, ainda, apropriada a opção inicial pela mediação e pela conciliação como únicas vias paralelas à sentença, porquanto a disponibilização de "portas" demais, em momento no qual a sociedade ainda carece de conhecimento sobre os novos métodos, poderia frustrar a iniciativa. No futuro, se o plano de criação de cultura atingir o resultado esperado, o sistema pode ser aprimorado com a inclusão de métodos mais sofisticados e que atenda com mais especificidade determinadas espécies de litígios. Países já acostumados ao uso de outras formas de solução de conflitos estão abertos a um leque maior de opções, incluindo mecanismos como *mini trial*, *dispute boards*, avaliação neutra de terceiro, além de abordagens diferentes dentro de um mesmo método, como ocorre com a mediação, que pode seguir as linhas transformativa, linear, circular-narrativa, avaliativa etc.[72]

Além de promover e regular as atividades desenvolvidas, a lei deve prever um mecanismo de triagem, através do qual cada conflito seja, de acordo com sua natureza, dirigido ao método de composição que a experiência indique ser o mais adequado. Essa seleção pode ser realizada de mais de uma forma. A primeira delas é umbilicalmente atrelada à atividade jurisdicional: o

70. GOLDBERG, Stephen B., SANDER, Frank E.A., ROGERS, Nancy H., COLE, Sarah R. *Dispute Resolution – Negotiation, Mediation, and Other Processes*. Ob. cit., nota p. 383.

71. PINHO, Humberto Dalla Bernardina de. *Jurisdição e Pacificação*. Curitiba: Editora CRV, 2017, p. 126: "Essas conclusões permitem evidenciar que o exercício de uma jurisdição possível no contexto atual deve viabilizar a opção das partes em submeterem a resolução do seu conflito a múltiplas estruturas ofertadas".

72. Sobre as escolas de mediação, ALMEIDA, Diogo Assumpção Rezende de Almeida; PANTOJA, Fernanda Medina. Técnicas e Procedimento de Mediação no novo Código de Processo Civil. In: *A Mediação no novo Código de Processo Civil*. 2ª. Edição. Rio de Janeiro: Forense/Grupo GEN, 2016, p. 142-146.

juiz faz incidentalmente ao processo essa análise e determina que as partes busquem determinado método extrajudicial de solução do conflito. Faz parte dos poderes de *case management* do juiz essa atividade.[73]

Em uma segunda hipótese, outorgar-se-ia essa função ao advogado, que demonstra ao seu cliente quais são e como funcionam os métodos de solução de conflito disponíveis, para que possibilite sua escolha ciente das vantagens e desvantagens de cada um. Caso, ainda assim, opte pelo endereçamento de sua pretensão ao Poder Judiciário, cabe ao jurisdicionado declarar por escrito que lhe foram informadas as características dos demais métodos e, ainda assim, optou pela jurisdição.[74]

É possível, ainda, a criação de um novo cargo, a ser exercido por profissional instruído na disciplina dos ADRs, a quem sejam encaminhados os conflitos. Teria como função a identificação da essência de cada conflito, direcionando os envolvidos ao método que considerar mais adequado. Esse sistema, no entanto, tem a desvantagem de aumento de custos.

No caso do direito brasileiro, acredito que a melhor opção seja a realização por lei dessa ligação entre métodos e conflitos, de acordo com suas naturezas. A já relatada ausência de formação adequada dos profissionais do direito no que diz respeito aos ADRs inviabilizaria, em um primeiro momento, a triagem realizada genericamente por juizes e advogados. Por outro lado, a criação de uma função de seleção a ser exercida por profissional distinto dos atuais sujeitos pode criar mais uma etapa na busca de tutela pelo jurisdicionado, além de impor um vínculo indispensável com o Poder Judiciário.

Em sede doutrinária já se apresentam classificações de espécies de conflitos e os respectivos meios adequados para sua solução. Caivano, Gobbi e Padilla recomendam a mediação ou a negociação aos conflitos: (i) policêntricos, entendidos como aqueles que apresentam múltiplas situações de tensão, (ii) originados em relações continuadas, (iii) cuja solução recomende um mecanismo que ofereça confidencialidade; (iv) nos quais estão presentes questões culturais, que a jurisdição não levaria em consideração; (v) cujo mérito relacione-se com matérias altamente específicas, as quais o juiz não conseguiria compreender adequadamente para decidir; (vi) em que a solução jurídica é controvertida, tornando imprevisível a solução adjudicada; (vii) que geram custos excessivos se solucionados por meio da jurisdição; (viii) que demandem solução rápida.[75]

---

73. É o que se observa no direito inglês e no norte-americano. GAJARDONI, Fernando da Fonseca. A flexibilização do procedimento processual no âmbito da commom law. *Revista do Processo*. São Paulo: RT, 163, Ano 33. P. 161-178, 2008, p. 168.
74. Essa forma de triagem foi sugerida pela professora Samantha Pelajo, no grupo de estudos da Comissão de Mediação da OAB-RJ.
75. Ob. cit., p. 78-83.

Por outro lado, consideram os métodos impositivos mais apropriados para o conflito: (i) em que a pretensão de uma das partes apresenta maior probabilidade de sucesso na jurisdição ou na arbitragem; (ii) em que não se tem verdadeiro interesse de vê-lo solucionado, pois a solução não satisfará nenhum dos interessados; (iii) que serve de estratégia de postergação da solução, para se obter recursos para o cumprimento da obrigação; (iv) em que se busca um precedente judicial ainda não existente; (v) no qual está configurada a ausência de boa-fé de pelo menos um dos disputantes.[76]

Goldberg, Sander, Rogers e Cole apresentam classificação mais simples, pela qual propõem que os conflitos oriundos de relações continuadas devem ser encaminhados para a mediação, enquanto que aqueles originados de relações descartáveis, isto é, surgidas de um só fato, devem ser submetidos à arbitragem ou à avaliação neutra de terceiro. Surgindo, porém, espécie de conflito nunca antes analisado pelo Poder Judiciário, entendem que deve ser solucionado pela jurisdição, com o intuito de criação de precedente.[77]

Mauro Cappelletti[78], já citado, bem como Humberto Dalla[79] também reforçam a tese de que a mediação constitui o método mais adequado para solucionar conflitos surgidos em relações interpessoais continuadas.

O CPC/2015 buscou prever abstratamente os critérios para a triagem dos conflitos, dirigindo-os para mediação ou conciliação, conforme o caso. Os parágrafos 2º e 3º, do art. 165, são reflexos dessa preocupação e são orientados pelo princípio da adequação. Nos referidos dispositivos, o Código recomenda que a conciliação seja ferramenta dos litígios em que não houver vínculo anterior entre as partes, enquanto a mediação servirá preferencialmente aos casos em que houver vínculo anterior entre as partes.

6. CONCLUSÃO

O desenvolvimento de atividades e mecanismos em prol do acesso à justiça e a massificação das relações de consumo geraram um incremento do número de conflitos que aguardam solução pela atividade jurisdicional de diversos países. A resposta dos tribunais não acontece na mesma velocidade e, por conseguinte, a celeridade e a qualidade da prestação da tutela

76. Idem, p. 83-84. Essa classificação sugerida pelos autores foi traçada sob o ponto de vista do advogado que busca o melhor para o interesse de seu cliente.
77. Ob. cit., p. 383. Cabe a ressalva de que o entendimento dos autores reflete o sistema da *common law*, no qual vigora a teoria do *stare decisis*, isto é, o precedente como norma cogente.
78. Ver nota 41. Menciona a "justiça conciliatória".
79. PINHO, Humberto Dalla Bernardina de. Mediação – a redescoberta de um velho aliado na solução de conflitos. In: *Acesso à Justiça: efetividade do processo* (org. Geraldo Prado). Rio de Janeiro: Lumen Juris, 2005, p. 105/124.

jurisdicional vêm decaindo ano após ano. Essa crise pela qual passa a justiça não é privilégio do Brasil.

Pressionados, diversos países vêm buscando formas alternativas de resposta a essa demanda e têm enxergado nos ADRs uma saída para a crise. No Brasil, programas em âmbito nacional e alterações legislativas vêm sendo concebidos com o intuito de desenvolver a cultura de ADR. No entanto, esse esforço não tem como fundamento a maior adequação de métodos distintos da jurisdição na solução de conflitos. O incentivo vem da ineficiência do processo.[80]

Não obstante, abre-se uma grande oportunidade de se embarcar nesse movimento e servir-se da força do Estado para gerar uma cultura em curto prazo de utilização de métodos adequados, fornecendo aos jurisdicionados outras formas mais apropriadas de comporem seus conflitos.

As recentes leis editadas no Brasil, que normatizam e incentivam o uso de mediação e conciliação possuem o potencial de catapultar o emprego desses métodos e disseminar seu uso fora do processo.[81] No entanto, a previsão de obrigatoriedade de participação das partes – ainda que apenas na fase de pré-mediação e de pré-conciliação – deve ser enxergada como uma ajuda temporária. A própria natureza desses métodos, nos quais a solução do conflito advém de decisão das próprias partes, demanda o respeito a voluntariedade. Consoante dispõe o art. 2º, § 2º, da Lei n. 13.140/2015, ninguém é obrigado a manter-se em processo de mediação.

A imposição de participação das partes prevista no art. 334, do CPC, serve como muleta no estágio inicial de desenvolvimento da cultura, conferindo espaço e oportunidade dentro do processo nos quais as partes conhecerão melhor as vantagens dos métodos autocompositivos. Porém, a obrigatoriedade não se sustenta no longo prazo. É preciso que as partes percebam os benefícios das soluções consensuais, de modo a buscá-las sempre como primeira opção e, preferencialmente, fora dos muros do Poder Judiciário.

Para tanto, é indispensável que, nesse primeiro momento, sejam orientadas e utilizem os métodos mais adequados aos seus conflitos e que encontrem profissionais capacitados para o direcionamento do procedimento. Caso contrário, de nada adianta forçá-las ao comparecimento em sessões de pré-mediação

80. TARUFFO, Michele. Ob. cit., p. 65 e 86.
81. CABRAL, Trícia Navarro Xavier. A Evolução da Conciliação e da Mediação no Brasil. REVISTA FONAMEC, v. 1, p. 368-383, 2017: "Já a mediação, embora reconhecida e aplicada na teoria e na prática forense, ainda necessitava de força normativa para que seus efeitos tivessem legitimação social e pudessem proporcionar relevantes benefícios à sociedade, o que só se concretizou em 2015. Isso porque o instituto possuía sua aplicação limitada por questões culturais e legislativas, embora aos poucos fosse quebrando resistências e se inserindo em nosso meio jurídico".

ou de pré-conciliação, com o escopo de divulgação de seus benefícios, se a inadequação da ferramenta eleita ou baixa qualidade do serviço funcionam como desincentivo para a utilização em casos futuros.

O primeiro passo para a disseminação do uso de uma multiplicidade de mecanismos de solução de conflito foi dado nos últimos 10 anos, com incentivos estatais, alterações legislativas e adaptações dos conteúdos programáticos das faculdades de direito. Se, contudo, o serviço prestado não for condizente com a expectativa criada, dificilmente o objetivo maior, de criação de cultura, será alcançado e a sociedade brasileira continuará encontrando na sentença o modelo preferencial de resolução dos seus conflitos.

7. REFERÊNCIAS BIBLIOGRÁFICAS

ABREVAYA, Sergio Fernando. Evaluación del sistema de mediación prejudicial. *La Trama: revista interdisciplinaria de mediación y resolución de conflictos.* Buenos Aires: n.º 23, dezembro de 2007.

ALMEIDA, Diogo Assumpção Rezende de. Jurisdição e Tutela Específica. *Revista Dialética de Direito Processual.* São Paulo: Dialética, V.48, p.18 - 19, 2007.

ALMEIDA, Diogo Assumpção Rezende de Almeida; PANTOJA, Fernanda Medina. Técnicas e Procedimento de Mediação no novo Código de Processo Civil. In: *A Mediação no novo Código de Processo Civil.* 2ª. Edição. Rio de Janeiro: Forense/Grupo GEN, 2016.

BARBOSA MOREIRA, José Carlos. *O futuro da Justiça: alguns mitos.* In: Temas de direito processual: oitava série. São Paulo: Editora Saraiva, 2004, p. 1-14.

BESSO, Chiara. La mediazione italiana: definizioni e tipologie. *Revista Eletrônica de Direito Processual.* V. 6, 2010.

CABRAL, Antonio do Passo; CUNHA, Leonardo Carneiro da. Negociação direta ou resolução colaborativa de disputas (collaborative law): 'mediação sem mediador'. *Revista de Processo.* São Paulo: RT, vol. 259/2016.

CABRAL, Trícia Navarro Xavier. A Evolução da Conciliação e da Mediação no Brasil. REVISTA FONAMEC, v. 1, p. 368-383, 2017.

CAIVANO, Roque J.; GOBBI, Marcelo; PADILLA, Roberto E. *Negociación y Mediación: Instrumentos apropiados para la abogacía moderna.* 2.ª edición actualizada y ampliada. Buenos Aires: Ad-Hoc, 2006.

CAPPELLETTI, Mauro. Os métodos alternativos de solução de conflitos no quadro do movimento universal de acesso à justiça. *Revista de Processo.* N.º 74, 1994.

CARMONA, Carlos Alberto. *Arbitragem e Processo.* 2ª edição. São Paulo: Atlas, 2007.

CARNELUTTI, Francesco. *Sistema del Diritto Processuale Civile.* Vol. 1. Padova: Cedam, 1936.

CHASE, Oscar G. *Law, Culture, and Ritual*: Disputing Systems in Cross-Cultural Context. New York and London: New York University Press, 2005.

CHIOVENDA, Giuseppe. *Instituições de Direito Processual Civil.* 1º volume. 2ª Edição. São Paulo: Editora Saraiva, 1965.

COMOGLIO, Luigi Paolo. *Etica e tecnica del "giusto processo".* Torino: G. Giappichelli Editore, 2004.

DAMASKA, Mirjan R. *The faces of justice and state authority.* Yale: University Press, 1986.

DIDIER JR., Fredie. *Curso de Direito Processual Civil.* Vol. 1. 19ª Edição. Salvador: JusPodivm, 2017.

GAJARDONI, Fernando da Fonseca. *Flexibilização procedimental*: um novo enfoque para o estudo do procedimento em matéria processual. São Paulo: Atlas, 2008.

GOLDBERG, Stephen B., SANDER, Frank E.A., ROGERS, Nancy H., COLE, Sarah R. *Dispute Resolution – Negotiation, Mediation, and Other Processes*, 4th edition. New York: Aspen Publishers, Inc, 2003.

GRECO, Leonardo. Publicismo e privatismo no processo civil. *Revista de Processo.* São Paulo: RT, n. 164.

______. Garantias Fundamentais do Processo: o Processo Justo. *Revista Jurídica.* São Paulo: Ed. Notadez, ano 51, n° 305, p. 61-99, 2003.

GRECO FILHO, Vicente. Direito Processual Civil Brasileiro. 16ª ed. atual., v. 1. São Paulo: Saraiva, 2003.

FALCÓN, Enrique M. *Manual de derecho procesal.* Vol. 2. Buenos Aires: Editorial Astrea, 2005.

FISS, Owen. Contra o Acordo. In: *Um novo processo civil.* Trad. Carlos Alberto de Salles. São Paulo: Ed. RT, 2004.

FOLBERG, Jay; TAYLOR, Alyson. *Mediation: A Comprehensive Guide to Resolving Conflicts Without Litigation.* San Francisco: Jossey Bass Inc., Publishers, 1984.

FULLER, Lon L. The Forms and Limits of Adjudication. *Harvard Law Review*, n.º 353, Dezembro de 1978.

FUNKEN, Katja. Comparative Dispute Management: Court-connected Mediation in Japan and Germany. *German Law Journal*, v. 3, n. 2, 01 February 2002.

GIANNINI, Leandro. ¿Es la mediación obligatoria em Argentina un instrumento de acceso a la justicia? *Revista Iberoamericana de Derecho Procesal.* Vol. 2/2015.

HILL, Flavia Pereira. A nova lei de mediação italiana. *Revista Eletrônica de Direito Processual.* V. 6, 2010.

MOORE, Christopher W. *The Mediation Process: pratical estrategies for resolving conflict.* 3rd Edition. San Francisco: Jossey Bass Inc., Publishers, 2003.

NISHIKAWA, Rieko. Alternative Dispute Resolution in Japan. Disponível no site do Banco Interamericano de Desenvolvimento: http://www.iadb.org/int/jpn/japanese/activities/publications/workingpapers/1.pdf, Acesso em 11.03.2009.

OLIVEIRA, Carlos Alberto Álvaro. *Do Formalismo no Processo Civil.* 2ª edição. São Paulo: Saraiva, 2003.

PEREZ, Adriana Hahn. A nova lei alemã de mediação. *Revista de Processo.* São Paulo: RT, vol. 243/2015.

PINHO, Humberto Dalla Bernardina (coord.). *Teoria Geral da Mediação: à luz do Projeto de Lei e do Direito Comparado.* Rio de Janeiro: Lúmen Júris Editora, 2008.

______. Mediação – a redescoberta de um velho aliado na solução de conflitos. In: *Acesso à Justiça: efetividade do processo* (org. Geraldo Prado). Rio de Janeiro: Lumen Juris, 2005, p. 105/124.

______. *Jurisdição e Pacificação.* Curitiba: Editora CRV, 2017.

RISKIN, Leonard L., WESTBROOK, James E. *Dispute Resolution and Lawyers,* 3rd. Edition. Thomson West, 2005.

TARUFFO, Michele. Cultura e processo. *Rivista Trimestrale di Diritto e Procedura Civile.* Milano: Giuffrè Editore, anno LXIII, n.º 01, p. 63-92, 2009.

VAZ, Gilberto José. *Breves Considerações sobre os Dispute Boards no Direito Brasileiro.*

WATANABE, Kazuo. Cultura da Sentença e Cultura da Pacificação. In: *Estudos em Homenagem à Professora Ada Pellegrini Grinover* (org. Flávio Luiz Yarchell e Maurício Zanoide de Moraes). São Paulo: DPJ, 2005, p. 684/690.

CAPÍTULO 44

O papel do juiz na tentativa de pacificação social após o advento do novo CPC e a Lei de Mediação

A importância das técnicas de conciliação e mediação a serem empreendidas pelo próprio magistrado. O juiz pode ser conciliador ou mediador?

José Herval Sampaio Júnior[1]

SUMÁRIO: DELIMITAÇÃO DO TEMA E CONSIDERAÇÕES INICIAIS SOBRE A ATIVIDADE JUDICIAL COM VISTA À OBTENÇÃO DA PACIFICAÇÃO SOCIAL. MEIOS CONSENSUAIS DE SOLUÇÃO DE CONFLITOS E SUAS VANTAGENS. DA CONDIÇÃO DE ALTERNATIVOS A PREFERENCIAIS E OBRIGATÓRIOS. DISTINÇÃO BÁSICA ENTRE CONCILIAÇÃO E MEDIAÇÃO. TÉCNICAS DE MEDIAÇÃO E CONCILIAÇÃO A SEREM EMPREGADAS PELOS JUÍZES. MEDIAÇÃO FAMILIAR E DESAFIOS CONTEMPORÂNEOS. LIMITES FORMAIS E MATERIAIS PARA USO DA CONCILIAÇÃO E MEDIAÇÃO PELOS JUÍZES. CONSIDERAÇÕES FINAIS EM ARREMATE. BIBLIOGRAFIA.

1. DELIMITAÇÃO DO TEMA E CONSIDERAÇÕES INICIAIS SOBRE A ATIVIDADE JUDICIAL COM VISTA À OBTENÇÃO DA PACIFICAÇÃO SOCIAL

A jurisdição hodiernamente vem sofrendo profundas alterações na sua compreensão e, por conseguinte, condicionando os seus resultados, principalmente o atinente a tentativa de obter a almejada pacificação social e para tanto suas premissas estão sendo repensadas, já que esta, pelo menos através da sentença, só poderia ser satisfeita, evidentemente, para somente a parte vencedora, por uma efetiva tutela dos direitos violados ou ameaçados, na forma do preconizado no artigo 5º inciso XXXV de nossa Carta Magna.[2]

---

1. Professor da Universidade do Estado do Rio Grande do Norte - UERN, Universidade Potiguar - UNP, Escola da Magistratura do Rio Grande do Norte - ESMARN. Especialista em Processo Civil e Penal ESMARN/UNP. Mestre em Direito Constitucional pela Universidade de Fortaleza - UNIFOR. Doutorando em Direito Constitucional pela Universidade Del Pais Basco/UNP. Membro do Instituto Brasileiro de Direito Processual - IBDP. Membro da Associação Norte Nordeste de Professores de Processo (ANNEP). Membro da Associação Brasileira de Direito Processual Constitucional (ABDPC). Membro da Associação Brasileira de Direito Processual (ABDPRO). Autor de diversas obras jurídicas. Palestrante e Juiz de Direito no Estado do Rio Grande do Norte.
2. Para um aprofundamento da compreensão da nova concepção de jurisdição, indicamos o nosso livro Processo Constitucional nova concepção de jurisdição, Grupo Gen Editora Método Forense, 2008.

Entretanto, em que pese todo esse esforço para se alcançar uma atividade jurisdicional que se preocupe, em cada caso concreto, com uma substancial proteção dos direitos, talvez, a solução consensual dos conflitos seja um modo mais eficiente, pelo menos, no aspecto de se atingir a uma verdadeira pacificação social, pois em não havendo vencedor e perdedor, as chances de uma continuidade de relação pós-lide são bem maiores e mesmo em casos que não se exige a continuidade do relacionamento, o acordo gera uma sensação de maior satisfatividade[3] e muitas vezes a certeza do cumprimento da obrigação, eis que para sua obtenção prevaleceu o diálogo e a vontade das partes devidamente empoderadas.

É nesse sentido que se prega a necessidade de que o Juiz passe a se preocupar com a pacificação social em todas as suas decisões, ou melhor, esclarecendo, nas suas atitudes dentro do processo, pois como a direção é sua, mesmo com as limitações do novo CPC, nada mais lógico de que se conduza sempre com a visão de que não é com a sentença, mesmo de mérito, que aquele conflito, no plano fático, estará materialmente solucionado, já que a ideia de que a sentença põe fim ao litígio é ilusória, pois sabemos que muitas vezes a jurisdição clássica não resolve e ainda cria outros conflitos que na prática somente a jurisdição consensual teria reais condições de encontrar uma solução boa para ambas às partes.

Desta forma, a preocupação constante com uma efetiva satisfação social dos contendores deve ser uma busca incessante da autoridade judiciária e a sentença, ao qual infelizmente se encontra falida[4] na consecução desse objetivo, somente deve ser utilizada quando não for possível qualquer forma de negociação em sentido amplo, já que não existe vedação legal nesse tocante, pelo contrário, as legislações atuais trazem os meios consensuais como preferenciais

3. Pela primeira vez a legislação passa efetivamente a se preocupar com tal valor, que por muito tempo restou olvidado, não só na lei, bem como na própria prática, logo atualmente, pelo artigo 4º do novo CPC, todos os operários do Direito em ambas as jurisdições, tradicional e consensual devem se ater em tal escopo, senão vejamos: "Art. 4o As partes têm o direito de obter em prazo razoável a solução integral do mérito, incluída a atividade satisfativa." Grifo nosso.

4. Também comunga desse entendimento o Desembargador Francisco de Assis Filgueira Mendes, ao se pronunciar na apresentação do livro Mediação Familiar, tendo assim se manifestado, ressaltando inclusive a pertinência dos meios hoje consensuais de solução dos conflitos: *"Na visão aguçada de Kazuo Watanabe, existe, com efeito, uma "litigiosidade contida", abrangendo toda a pletora de insatisfação do povo, seja pela dificuldade do acesso à Justiça, seja pela demora da Organização Judiciária, no deslinde das demandas que lhe são apresentadas. Ante esse quadro dantesco, de verdadeira falência da máquina estatal, especialmente no que tange à prestação jurisdicional, em boa hora começaram a ser utilizadas soluções do Direito norte-americano, conhecidas como Alternative Dispute Resolution (ADR), quais sejam o Juízo Arbitral, a Conciliação e a Mediação.* Lília Maia de Morais Sales e Mônica Carvalho Vasconcelos, Mediação Familiar: Um estudo histórico- social das relações de conflitos nas famílias contemporâneas, 1ª Edição, Fortaleza: Expressão Gráfica e Editora Ltda, 2006, Apresentação. Registre-se que tal visão já prevalecia para alguns poucos juízes, antes mesmo das leis que positivaram a política consensual.

e obrigatórios em relação à própria sentença, devendo os Juízes não só se utilizarem de tais meios quando for o caso, mas como gestores de suas unidades, fazerem com que os seus auxiliares exercitem na prática a atividade de consenso, bem como encaminhando para os Centros de Soluções Consensuais (Cejuscs) os feitos que admitam a autocomposição das lides. Não é uma faculdade e sim uma obrigação legal.[5]

A realidade é dura, mas tem que ser encarada por todos aqueles que laboram com o Direito, pois, na maioria das vezes, a sentença não só não resolve o problema específico do litígio, mas ainda cria outros conflitos, que inviabilizam completamente qualquer possibilidade de solução amigável, criando um ambiente de litigiosidade, que dificilmente vai ser desconstruído, logo, a perspectiva deve ser sempre de paz e harmonia, mesmo entre os que litigam, pois o conflito é ínsito ao ser humano e tem o seu lado bom, na qual o Juiz, como intermediário das partes, deve estimulá-las a reconhecerem e encontrarem a melhor solução ou até mesmo sugerir essas resoluções em alguns peculiares casos.

Os Juízes precisam se desprender dessa concepção de que sua tarefa precípua é decidir e que a tentativa de consenso prevista nas diversas leis que trazem a temática é somente uma formalidade. Ora, o processo não pode ser compreendido, nunca como um fim em si mesmo, daí porque todas suas previsões têm um objetivo claro e definido, qual seja assegurar que os contendores solucionem a sua pendenga de forma que a pacificação social reste atingida.[6] Essa premissa não vem sendo sentida pelos operários do direito[7], o que pode ser amenizada com a inserção de todos os meios consensuais de solução dos conflitos nos processos já instaurados e os implementando para evitar a judicialização, talvez o maior desafio da política consensual.

---

5. O novo CPC e a lei de mediação revolucionaram a política consensual em nosso país, tendo as duas no ano de 2015, positivado uma luta de muitos anos para que os meios consensuais deixassem de ser facultativos, logo hodiernamente, além da própria resolução do CNJ 125/2010 que deu no Poder Judiciário o pontapé inicial, temos duas leis federais que prestigiaram os meios consensuais, prevendo não só o chamado pré-processual e criando no procedimento único, quando for instaurado o processo uma audiência obrigatória em que se deve utilizar as técnicas autocompositivas com o diálogo franco e aberto, e reprimindo as partes que não comparecerem com uma penalidade processual. Essas mudanças impactam toda a atividade jurisdicional, criando, para nós, uma outra espécie de jurisdição, a consensual.
6. *"É inquestionável que o principal objetivo da jurisdição, o que lhe faz a essência, é seu caráter de pacificação. Neste sentido, é muito mais salutar que se encontrem fórmulas de consenso, para que a pretensão resistida chegue a bom termo, atingindo-se o ideal de justiça das partes."* Fernando Horta Tavares, Mediação & Conciliação, 1ª Edição, Editora Mandamentos, 2002, pág. 17.
7. Entende-se que esta expressão representa melhor essa nova atividade de efetiva proteção dos direitos e na qual todos os que laboram com o direito não podem continuar sendo mecânicos frios da lei, daí porque o termo operário, sem sombra de dúvida, simboliza uma atuação mais ativa e ao mesmo tempo menos ligada às formalidades que infelizmente ainda dominam o meio jurídico.

Acrescente-se, ainda, que essa preocupação constante com a pacificação social efetiva, por meio de uma solução consensual, resolve outro problema grande da prestação jurisdicional, qual seja a morosidade infensa a todos os procedimentos e que inquieta sobremaneira à sociedade quanto à atuação judicial, pois o que interessa para alguém que seja reconhecido como titular de um dado direito, é o pronto restabelecimento de forma específica e a Justiça infelizmente não vem conseguindo e muitas vezes em razão da demora da entrega da prestação jurisdicional, esta não é efetiva no sentido de satisfazer pelo menos ao vencedor.[8]

Por todos esses motivos, não resta dúvida alguma de que o prestígio a jurisdição consensual não traz nenhum malefício aos desígnios dessa função tão cara a sociedade, devendo, por conseguinte, ser prestigiada em todos os sentidos, como felizmente vislumbrou há muito tempo atrás o Conselho Nacional de Justiça, ao lançar o dia nacional da conciliação e ao instituir um projeto de estruturação de todo o Poder Judiciário para obtenção de uma solução amigável entre os litigantes judiciais, até mesmo antes de o processo formalmente ser instaurado, fazendo com que hoje não só todo dia seja o do consenso, mas toda a hora, minuto e segundo têm preferências dadas por leis a esta política.

Pensar em uma atividade jurisdicional que não vise obrigatoriamente à pacificação social é tratar essa função pública com descaso, pois todo o agir das autoridades em geral devem aspirar ao bem comum e este só é atingido com uma solução efetivamente satisfatória para ambas as partes, mesmo que uma das partes perca processualmente falando, mas que fique consciente de seus erros, de forma que em eventual nova situação possa agir diferente, o que engrandece a pessoa em relação a sua vida e os próprios desafios que surgirão.

Destarte, quando se utiliza das formas de autocomposição, as partes chegam a um consenso, ciente destes erros e infelizmente a sentença quase nunca os transmite, substancialmente falando, principalmente por sua linguagem técnica excessiva, na maioria das vezes, sequer compreendida pelos envolvidos,

8. Em nosso livro Medidas Liminares no Processo Civil: Um novo enfoque, O ministro José Augusto Delgado em seu prefácio atesta para a necessidade inadiável de uma pronta entrega da prestação jurisdicional, bem assim chama a atenção para o fim harmonioso que o processo deve perseguir, consoante pode se vê a seguir: *"Os estudiosos do Direito Processual Civil estão convencidos de que técnicas novas devem ser introduzidas na legislação brasileira formal para que sejam atendidas, com eficácia, segurança e efetividade, esse anseio da cidadania. Há de se gerenciar o processo de modo que instrumentos de ação alcancem esse objetivo, sem se afastar do respeito ao princípio democrático informador do devido processo legal. Urge que o Direito Processual Civil consagre, do modo mais evidente e convencedor, o querer constitucional representativo do sentimento da Nação, que é o do Estado Brasileiro tornar vivo e constante o objetivo primordial posto em sua Carta Magna, no seu preâmbulo, que é a entrega da paz com a rápida solução dos conflitos vivenciados pelo cidadão em suas relações comuns e extraordinárias no ambiente social, familiar, financeiro, comercial, industrial e institucional"*. José Luiz Carlos de Lima e José Herval Sampaio Júnior, Medidas Liminares no Processo Civil Um novo enfoque, 1ª Edição, Editora Atlas, 2005, pág. 14.

logo quando estes passam a dialogar de forma franca e aberta, a comunicação flui naturalmente e o entendimento também pode surgir de forma espontânea.

Nessa conjuntura, acredita-se que a Justiça de um modo geral, ou seja, todos aqueles que laboram com o direito e até mesmo os próprios litigantes devem se imiscuir de um espírito de pacificação social, pois não se pode sempre tratar o conflito como algo negativo, sendo imperiosa a análise de que, através de um bom diálogo quase sempre se atinge uma boa solução e principalmente a satisfação dos que contendem é cristalina, daí porque nosso problema, hodiernamente, é muito mais cultural.

2. MEIOS CONSENSUAIS DE SOLUÇÃO DE CONFLITOS E SUAS VANTAGENS. DA CONDIÇÃO DE ALTERNATIVOS A PREFERENCIAIS E OBRIGATÓRIOS

Já ficou evidente pelas colocações firmadas, que infelizmente a sentença não vem conseguindo atingir a almejada pacificação social, indispensável quando do surgimento de um conflito, daí porque se apresentam com esse desiderato alguns meios que antes eram tidos como alternativos e hoje pelas duas leis já mencionadas, são preferenciais e obrigatórios, primando pelo aspecto da democracia participativa, responsabilizando-se os próprios envolvidos pela solução, que devidamente empoderados a encontram, sendo essa a premissa, que por si só, já se alinha com o escopo de satisfação social.

Nesse contexto, interessa ao presente escrito a análise dos meios consensuais de solução dos conflitos - ditos democráticos em razão das próprias partes em disputa resolverem as diferenças - o que se convencionou chamar de autocomposição e na qual se depreende que, dentre eles destacam-se a conciliação e a mediação, que para nós tem possibilidade de direta aplicação na atividade dos Juízes, desde que seja desconstruída a ideia de adversariedade e surja em consequência a eficaz cooperação entre os interessados.

Esse desafio não é difícil de ser cumprido, pois as condições normativas são amplamente favoráveis, inclusive de nossa Carta Magna[9], daí porque o que falta é a conscientização dessa eficácia quanto ao resultado harmonioso da solução e se começar a aplicar as técnicas existentes na praxe forense, sem se descurar evidentemente de sua posição diretiva, contudo, esta não inviabiliza a adoção dessa nova postura que justamente nas partes o seu comando.

9. *"Nós, representantes do povo brasileiro, reunidos em Assembléia Nacional Constituinte para instituir em Estado democrático, destinado a assegurar o exercício dos direitos sociais e individuais, a liberdade, a segurança, o bem-estar, o desenvolvimento, a igualdade e a Justiça como valores de uma sociedade fraterna, pluralista e sem preconceitos, fundada na harmonia social e comprometida, na ordem interna e internacional,* ***com a solução pacífica das controvérsias****, promulgamos, sob a proteção de Deus, a seguinte Constituição da República Federativa do Brasil"* Grifo nosso. Preâmbulo da Constituição Federal de 1988.

A negociação é por excelência a forma mais conhecida de solução dos conflitos, em que as próprias partes, sem qualquer tipo de interferência de uma terceira pessoa - daí a sua distinção com a conciliação e mediação – resolvem o seu litígio através de um acordo após conversação das diferenças. Temos atualmente o prestígio de uma política iniciada por algumas plataformas digitais e que o CNJ já criou a sua, mediação digital, em que os próprios envolvidos sem o terceiro encontram a solução e este tão somente ao final, acaso as partes queiram a homologam. Historicamente, a negociação, é o modo mais antigo de resolução de desavenças e tem a nítida vantagem de propiciar a continuidade do relacionamento entre os envolvidos, pois sequer foi necessário um interventor.[10]

Por outro lado, percebe-se, numa primeira análise, a impossibilidade da utilização pelo Magistrado dessa via, justamente em razão de que mesmo existindo um processo, a iniciativa e efetiva solução é dos próprios envolvidos, logo, o que pode ser feito pelo Juiz é uma instigação a que as partes se sentem numa mesa de negociação para chegarem a um consenso, inclusive evitando a instauração de processos como fazem os juízes que coordenam e executam a política consensual em seus respectivos Tribunais, logo, hodiernamente, o Juiz tem uma importância vital para a materialização dessa política.

Já a conciliação é a maneira clássica de solução amigável dos litígios quando já existe um processo ou até mesmo antes dele, principalmente pelas propostas já enunciadas do Conselho Nacional de Justiça, em que um terceiro, na qual pode ser o Juiz – essa é a ideia principal – formule uma resolução que seja aceita pelas partes, através de propostas das mesmas, ou também por sugestão de outro terceiro, sendo bastante prestigiada na legislação, inclusive penal.

Essa forma de solução vem sendo largamente aplicada e com muito sucesso no que tange à pacificação social e rápida resolução, devendo, por isso, ser mais bem estudada para que se crie a almejada cultura de consensualização dos litígios como prioridade. E não se continue na prática somente se indagando das partes se tem possibilidade de acordo. Não se criou um momento próprio e obrigatório, no início do processo para que o Juiz ou seu auxiliar não desenvolva as técnicas consensuais para se chegar a um acordo.

10. *"Sem intervenção de terceiros, as partes procuram resolver as questões, resolvendo disputas mediante discussões que podem ser conduzidas pelas partes autonomamente, ou por representantes. Por isso, alguns autores, não a consideram uma forma de solução de conflitos propriamente dita. A negociação é usada para qualquer tipo de disputa e faz parte do dia-a-dia transacional. É uma atividade constante entre advogados. É um método apropriado a ser utilizado quando as partes continuam a ter relações comerciais, cotidianamente, ou quando é possível solução criativa, sendo certo que tal vínculo caracteriza-se pela confiança mútua e credibilidade entre as partes."* Fernando Horta Tavares, Mediação & Conciliação, 1ª Edição, Editora Mandamentos, 2002, pág.42.

A mediação, por sua vez, não se preocupa tão-somente com a resolução do conflito posto em evidência e a sua característica principal consiste de que a participação do terceiro, que também pode ser o Juiz, é estimuladora para que os interessados encontrem a melhor solução, prestigiando a continuidade do relacionamento. Sua eficácia de satisfação social é bem mais evidente do que na conciliação e para nós mesmo com o princípio da confidencialidade pode ser desenvolvida pelo magistrado, desde que ele não julgue mais o processo em caso de não se ter êxito, ressaltando ainda que o Juiz poderá ser mediador nos termos da política ora implementada pelo CNJ.

A par dessas considerações, vislumbra-se que esses meios democráticos de solução dos conflitos devem permear a atividade jurisdicional de modo que se transforme em uma prática constante e não somente se cumpra mais uma formalidade, pois como já sentido nessas primeiras linhas, a sua efetividade quanto à pacificação social é bem mais intensa do que a sentença, o que por si só, já justificaria essa mudança de paradigma, contudo, outras vantagens podem ser percebidas, dentre elas, a já citada, mas sempre importante celeridade na resolução do litígio, valor dos mais buscados pela sociedade em geral.

Por fim, ainda se pode trazer como vantagens da utilização desses meios consensuais de solução dos conflitos, a responsabilização dos envolvidos pela decisão, o que prestigia a democracia, a igualdade de tratamento, a solidariedade, a prevenção de novos litígios, a harmonização e talvez a mais significativa, a própria transformação social, pois quando as partes resolvem amigavelmente uma contenda, acabam retirando muitas lições que representam um avanço nos seus ideais, construindo uma nova realidade.

Desta forma, patente que esses meios são muito eficientes em várias nuances, o que já legitima a adoção integral dos mesmos pelo aspecto substancial, contudo agora com o novo CPC e a lei de mediação, os temos, não só a conciliação e mediação, mas todos os demais meios consensuais, como formalmente obrigatórios já no início do processo e preferenciais em relação à jurisdição clássica, bem como sendo utilizados para se evitar a judicialização excessiva.[11]

Fechando o raciocínio, trazemos a fala contundente de Trícia Navarro e Hermes Zaneti Jr. na apresentação do livro do qual esse capítulo faz parte:

---

11. *"Assim, o espírito de conciliação deve nortear os envolvidos nas disputas judiciais, uma vez que, por melhores que sejam as leis e a prestação da atividade jurisdicional, ninguém decide os conflitos mais adequadamente aos respectivos interesses do que os próprios litigantes. A mediação frutífera proporciona aos profissionais da área do Direito a rara satisfação de poder rapidamente resolver o problema. O aperto da mão ao término da audiência, em que a conciliação foi atingida, representa o retorno das partes à normalidade social. O que mais poderiam pretender advogados e Juízes?* João Baptista de Mello e Souza Neto, Mediação em juízo Abordagem prática para obtenção de um acordo justo, 1ª Edição, Editora Atlas, 2000, pág. 101.

> "Não se trata de esperar do Poder Judiciário uma segurança que intervenha a cada momento e a tudo corrija, de uma segurança centralizadora, da qual claramente este modelo abre mão; trata-se de uma segurança que garante o devido processo legal, mesmo para além de suas portas, que assegura que direitos fundamentais serão preservados em sua fundamentalidade e que não se pode falar de justiça consensual ou heterocomposição onde o equilíbrio das partes não seja adequadamente dimensionado, onde os direitos não tenham tutela constitucionalmente adequada"

3. DISTINÇÃO ENTRE CONCILIAÇÃO E MEDIAÇÃO

No tópico anterior propositadamente foram expostas de modo perfunctório a compreensão dos institutos da conciliação e mediação, tendo se ressaltado as suas convergências e apontado algumas das diferenças, sendo imperioso que se debruce com mais vagar nesse tocante.

Primeiro, foi visto que na conciliação o terceiro acaba propondo o acordo, ou seja, de alguma forma participa, mesmo que indiretamente da solução, que é aceita pelas partes, enquanto que na mediação essa solução é encontrada, através do diálogo constante pelos próprios envolvidos, só havendo intermediação do terceiro, enfatizando, por obvio, que o Magistrado se encaixa nesses dois perfis em nosso entender.

Na conciliação[12], que tem como objetivo precípuo tão-somente a solução específica do conflito, o terceiro sempre está propondo as alternativas de resoluções, a partir das peculiaridades de cada caso, o que denota sua maior intervenção na solução propriamente dita e por consequência uma participação mais intensa quanto à responsabilidade da solução do conflito, sem evidentemente, se impor qualquer decisão, já que a consensualidade é inerente a ambos os institutos.

Já no que concerne à mediação, vislumbra-se que a importância das partes com relação ao terceiro é bem mais evidente, visto que a responsabilização pela solução encontrada pelos mesmos é deles, o que informa uma maior participação, ressaltando-se, destarte, que esse modo ainda é mais democrático que o primeiro.

---

12. *"Despido o magistrado do preconceito contrário quanto a se dedicar francamente à tarefa de obter a conciliação e, também ele, desprovido da vaidade de ver sua "bela" sentença elogiada pelos Tribunais, estará livre para perceber, na fase de conciliação, o que significa incorporar a lei, o arquétipo do pai e que, aos olhos das partes interessadas sua palavra impressiona, é contundente. A fala inicial do magistrado nas audiências de conciliação penetra a consciência dos envolvidos e com eles mantém contato direito. É um desperdício perder esse momento por ignorar sua importância e eficácia."* João Baptista de Mello e Souza Neto, Mediação em juízo Abordagem prática para obtenção de um acordo justo, 1ª Edição, Editora Atlas, 2000, pág. 48.

Também é de se apontar que como os interessados são estimulados a dialogar e tentar entender o lado do outro, a solução, quase sempre, prima não só pela resolução em específico do litígio, mas com a continuidade do relacionamento.[13] Aqui temos a maior vantagem da mediação.

A par dessas primeiras ponderações de distinção, já se verifica que os dois modos devem ser utilizados de acordo com o objeto da lide, pois se não há um relacionamento anterior entre os envolvidos, como por exemplo, um acidente de trânsito entre desconhecidos, a conciliação parece ser o meio mais eficaz e até mesmo, dependendo do modo de condução e técnicas usadas, pode se estimular uma amizade.

Noutro quadrante, se a lide trata de um conflito interpessoal entre pessoas ligadas por um sentimento e que acaba envolvendo uma relação patrimonial, a mediação se afigura como o instrumento mais eficaz, já que a visão do mediador não deverá ser somente solucionar aquele problema, porém, permitir que os litigantes possam, entendendo suas diferenças, manter uma relação, no mínimo, amistosa, atingindo, com mais sucesso, a pacificação social e se discutindo todas as pretensões e não só os conflitos aparentes externados nas peças processuais.

Desta forma, analisando com essa visão mais acurada, pode-se depreender facilmente que esses meios consensuais de se compor um conflito tanto pode ser utilizado se já houver um processo, pelo Juiz ou auxiliar da Justiça, ou até mesmo antes de se instaurar um processo, o que se afigura ainda mais benéfico, ressalvando, que se por acaso, dentro de um processo judicial se tentar a solução, por um desses meios, deve se despir daquela ideia de adversariedade, prestigiando sempre a cooperação e o diálogo franco e aberto.

Ainda é oportuno salientar que a mediação também previne com muita mais eficácia a possibilidade de novos conflitos, já que a conversação é priorizada e a decisão é das próprias partes, logo, a dificuldade para não haver seu cumprimento é bem menor do que na conciliação, até mesmo, pela natureza das causas que a ela são submetidas.

Ressalve-se, por ser esse o objetivo desse artigo, que tanto a conciliação como a mediação quanto ao cumprimento do acordado, são mais eficazes,

---

13. *"Outra vantagem importante da mediação é a contínua e intensa discussão sobre o conflito. Aqui, não se objetiva apenas a consecução do acordo, mas o melhoramento e a continuação do relacionamento dos mediados. Nesta discussão, as pessoas são consideradas como seres únicos, devendo ser respeitadas como tais...Em suma, a mediação é bastante vantajosa. Seus objetivos não atingem apenas os problemas, refletindo seus efeitos nos mediados e na sociedade, fortalecendo e preservando o relacionamento existente entre as pessoas".* Lília Maia de Morais Sales e Mônica Carvalho Vasconcelos, Mediação Familiar: Um estudo histórico- social das relações de conflitos nas famílias contemporâneas, 1ª Edição, Fortaleza: Expressão Gráfica e Editora Ltda, 2006, págs. 94/95.

nesse quadrante, do que as decisões jurisdicionais, o que deve ser levado em consideração em razão do movimento de algum tempo pela efetividade do direito material via processo.

Na esteira do preconizado acima, em que pese as diferenças entre os dois institutos, duas conclusões parecem cristalinas; a primeira no sentido de que as suas características, em momento algum, inviabiliza a sua profícua utilização pelos juízes; a segunda é de que os conflitos, mesmo aqueles já judicializados devem ser analisados sob a ótica positiva, pois como ambos institutos prestigiam o diálogo - com mais veemência a mediação – sempre consegue se obter ganhos para os envolvidos[14], que crescem a cada conflito e principalmente quando encontram, por si sós, a solução.

Por fim, ainda é oportuno reforçar que a mediação proporciona uma maior participação[15] dos envolvidos na solução dos conflitos, dando-os auto confiança e autodeterminação para a execução de suas demais tarefas pessoais, já que quando se envolvem valores e sentimentos, como patente restou esclarecido quanto à mediação, os conflitos reais surgem em detrimentos dos aparentes, desconstruindo aquela infame ideia de que no final existe um vencedor e por conseguinte um perdedor e isto não é realidade, já que na mediação, com mais clareza, verifica-se que a ideia é o ganha-ganha para os dois lados.

4. UTILIZAÇÃO PELO MAGISTRADO DAS TÉCNICAS DE CONCILIAÇÃO E MEDIAÇÃO

De tudo quanto já fora dito, vislumbra-se que a conciliação e mediação não são instrumentos que venham a competir com o Poder Judiciário, principalmente agora com novo tratamento legal dado pelo novo CPC, pois não há qualquer elemento, que de um modo geral, possa excluir suas aplicações, ressalvando,

14. *"A mediação procura valorizar esses laços fundamentais de relacionamento, incentivar o respeito à vontade dos interessados, ressaltando os pontos positivos de cada um dos envolvidos na solução da lide para, ao final, extrair como consequência natural do procedimento os verdadeiros interesses em conflito"*. Fernando Horta Tavares, Mediação & Conciliação, 1ª Edição, Editora Mandamentos, 2002, pág. 64.
15. *"Em outras palavras, a mediação inclui na sociedade na medida em que aumenta a autodeterminação e a responsabilidade dos mesmos. Assim, por meio desse procedimento, os indivíduos passam a ter voz mais ativa dentro da sociedade, uma vez que possuem autonomia e são responsáveis por solucionar suas controvérsias. Como ressaltamos em outro momento: A mediação apresenta-se, pois, com o objetivo de oferecer aos cidadãos participação ativa na resolução de conflitos, resultando no crescimento do sentimento de responsabilidade civil, cidadania e de controle sobre os problemas vivenciados. Dessa maneira, apresenta forte impacto direto na melhoria das condições de vida da população – na perspectiva do acesso à justiça, na concretização de direitos, enfim, no exercício da cidadania"*. Lília Maia de Morais Sales e Mônica Carvalho Vasconcelos, Mediação Familiar: Um estudo histórico-social das relações de conflitos nas famílias contemporâneas, 1ª Edição, Fortaleza: Expressão Gráfica e Editora Ltda., 2006, págs. 90/91.

contudo, os limites que serão analisados no tópico seguinte, já que uma certeza parece evidente, de que nada é absoluto.

Além disso, responder a indagação é possível que o próprio Juiz atue como conciliador ou mediador e em caso positivo, quais as condições para sua atuação nessa qualidade?

Desta maneira, em havendo total permissividade e conveniência para suas utilizações, faz-se necessário e até mesmo imprescindível, em termos de resultados positivos para se atingir a pacificação social, de que os Juízes conheçam as técnicas de conciliação e mediação que os orientarão para um bom desempenho dessa atividade, utilizando-as diretamente quando esteja devidamente preparado e voluntariamente entenda conveniente.

Em que pese os estudiosos não se referirem a esse primeiro elemento como técnica, entende-se pertinente que para ambos os institutos, deve a autoridade judiciária ou auxiliares da justiça se preocuparem em criar um ambiente para a solução amigável, de modo que aquela postura e indicações de adversariedade sejam esquecidas e os envolvidos se sintam bem à vontade para dialogar, quebrando os protocolos formais que acabam os intimidando, para tanto, devem se despir daquele sentimento de superioridade e tentar conversar de igual para igual.

Nesse sentido, ainda se deve pensar que o espaço físico seja agradável e que a posição de um em frente ao outro pode inibir o acordo, logo, o ideal é que todos fiquem sentados em círculo como se estivessem conversando normalmente, sem aquele ar de litígio, muito comum nas salas de audiência dos fóruns. Não está se dizendo que deve necessariamente se criar uma sala em específico para esses diálogos, mas, na medida do possível, mudar o ambiente tradicional já vai ser um grande passo, ressalvando que hoje os Cejuscs já trazem essa estrutura diferenciada.[16]

Desta forma, faz-se necessário que o Poder Judiciário adapte-se a essa nova realidade, que como dito, não tem qualquer elemento de exclusão quanto

16. Em compromisso de palestra na cidade de Barbacena, verificou-se que um Juiz daquela comarca, "vibrador" por excelência, com a certeza de que essas vias consensuais são a melhor forma para compor os litígios, principalmente os de família, onde o mesmo jurisdiciona, sem qualquer ajuda financeira do Tribunal, deu um passo significativo quanto à ambientação do espaço físico a ponto de criar 04(quatro) salas, nominadas de conciliação, para junto com seus auxiliares servir exclusivamente para esse fim, incluindo aí evidentemente, as mediações. Para tanto, comprou sofás, mesas de centro, aparelho de som, etc., Dispôs a sala da forma em que as partes ficavam entre si se olhando mutuamente sentadas no sofá, tendo ao centro uma mesinha onde havia café, bolachas, bombons, etc., tudo isso com um som ambiente que tranquilizava os ânimos. Depois de uma longa conversa com o citado Juiz, este contou que o índice de acordo chegava a 90 % (noventa por cento) e o que as partes sentiam necessidade era de conversar, se abrir, serem ouvidas, serviço que tecnicamente parece ser de outro profissional, mas que nessas técnicas constitui uma das maiores habilidades. Essa técnica hoje é reproduzida na maioria dos Cejuscs.

aos procedimentos já existentes na Justiça, motivo pelo qual os Juízes, antes mesmo das técnicas, precisam saber de modo cristalino seus desafios na conciliação e mediação, ficando claro que para a primeira, as coisas são mais simples, pelo seu próprio objetivo e natureza dos conflitos que a envolvem, e essa distinção, no final das contas, vai fazer a diferença, não somente quanto às técnicas, mas principalmente pelo modo de condução e objetivo final de cada instituto.

A conciliação tem uma vantagem sobre a mediação em termos legais para fins de sua imediata aplicação, ou melhor, dizendo, completa observação, pois se constitui como direito das partes de exigirem o diálogo com o fim de se chegar a um acordo, já que em todos os procedimentos judiciais deve o Juiz tentá-la a qualquer momento, além do momento inicial obrigatório, não sendo lógico que essa atividade se subsuma a perguntar as partes se tem acordo. Pensar dessa maneira é tratar o processo como desprezivo à própria dignidade da pessoa humana. A mediação, por sua vez, para ser eficaz tem que contar com a voluntariedade das partes em relação a aceitação de serem encaminhadas ao procedimento.

Entretanto, alguns desafios são bem claros, pelo menos quanto à conciliação: primeiro, como se preparar tecnicamente quando você não tem muito tempo; segundo, como descobrir os verdadeiros interesses envolvidos no conflito e saber o que realmente o outro lado quer; terceiro, como se posicionar diante de um não - que é tão comum pelo menos no início das conversações -; quarto, como criar uma opção que facilite a outra parte dizer sim, sem entrar no mérito e de nenhum modo forçar a parte; quinto, como gerar soluções para se obter ganho mútuo, dentre outros, que surgem em cada caso.

Desta forma, parece que somente a utilização correta das técnicas conduzirá a uma eficaz solução e esses obstáculos serão facilmente enfrentados e transpostos. Os estudiosos do tema trazem inúmeras técnicas, muitas vezes, distintas umas das outras, somente pela nomenclatura, as vezes com acréscimos não vistos em uma técnica, por conseguinte, criando outras, motivo pelo qual, a experiência do subscritor comungada com essas ideias é o que se vislumbrará nesse trabalho.

Quanto à conciliação, podem-se enunciar as seguintes: primeiro, as pessoas devem ser conscientizadas da importância e o resultado prático do ato de conciliar, principalmente a satisfação social e o consequente cumprimento do acordado, para tanto, o Juiz deve conversar genericamente nesse sentido; segundo, saber resumir as ideias, de modo a destacar as convergências, terceiro, ser bastante flexível ao lidar com o nível cultural das partes; quarto, dar o direito de todos falarem, mas respeitando sempre que cada um fala, sem interrupção do outro; quinto, ter a mente aberta e receptiva para ouvir, sem que seus juízos de valores, de algum modo, inibam as partes de se abrir, já que essa escuta, chamada de ativa, também pode ser eficaz na conciliação, visto que na mediação é imprescindível.

Sexto, a linguagem deve ser a mais simples possível, evitando os "juridiquês"; sétimo, deve ter uma postura calma e serena, em que a sua autoridade não se imponha pelo cargo e sim pelo modo de conduzir e se portar perante as partes; oitavo, deve estudar previamente o caso antes do encontro, de modo que conhecendo os anseios e resistência, tenha melhores condições de propor uma solução; nono, na medida do possível e sem exageros ou emissão de posição pessoal, destacar como a jurisprudência e a lei tratam da situação em tese, pois essa explicação esclarece muitos dos pontos controvertidos, que inclusive devem ser fixados antes mesmo da tentativa de conciliação, evidentemente sem preocupação técnica, já que servirá tão-somente para subsidiar o ato consensual; décimo, quando for o caso, com o mesmo escopo da anterior, enunciar conciliações anteriores sobre a mesma situação jurídica, sem contudo emitir qualquer posição meritória, ou seja, tudo em tese.[17]

Ressalve-se, contudo, que essas são algumas das técnicas e dependendo da situação, outras específicas devem ser implementadas em cada caso concreto, contudo, o mais importante é a conscientização dos Juízes do uso dessas técnicas e do espírito de conciliação na qual deve reinar até o último momento em que se possa atingir o acordo, logo tanto o Juiz deve ser o gestor da política consensual em si e querendo ele mesmo executar a própria política.

Por fim, quanto à conciliação e até mesmo já servindo para a mediação, é imperioso que se destaque o que o Juiz, no exercício dessas funções consensuais, não pode ser: confuso, indeciso, agressivo e emotivo, visto que tais situações emocionais deixam as partes instáveis e descredibilizam a atuação judicial, podendo gerar desconfiança e com isso, uma das partes ou todas, não quererem sequer começar ou continuar o ato de tentativa da solução amigável.

Também, não podem os Juízes realizar algumas condutas, como, por exemplo; de modo algum, coagir as partes a acordar sobre o que não desejam;

17. Interessante que se transcrevam neste momento as reflexões de Fernando Horta, baseado nas lições de Luiz Fernando Keppen sobre a importância desse movimento pela solução amigável com uma técnica da atividade jurisdicional, ressaltando o valor da tentativa: *"Voltando à indagação sobre a validade do esforço nas tentativas de conciliação, temos que a resposta não poderia ser outra, que não em sentido afirmativo. Indubitável que tal método pacifica as relações conflituosas, humanizando o direito, devendo, por isto mesmo, ser assimilado como técnica, a de propiciar melhores resultados, tudo em benefício dos atores no palco judicial e da sociedade que servimos. E se afinal, este resultado não for alcançado? "Se não houver frutos, valeu a beleza das flores. Se não houver flores, valeu a sombra das folhas. Se não houver folhas, valeu a intenção da semente"*. Fernando Horta Tavares, Mediação & Conciliação, 1ª Edição, Editora Mandamentos, 2002, págs. 127/128.

redigir o acordo de forma que não expresse a real vontade das partes; não entregar o termo de acordo para as partes assinarem, sem que seja lido em voz alta; propor acordo que tem ciência que uma das partes não pode cumprir; permitir acordo que tenha clausula leonina; não permitir composição em processo na qual estejam as partes dele se servindo para fins escusos ou ilegais; conduzir o debate de forma atribulada, indo e voltando a pontos já discutidos; sugerir, de plano, sem provocação das partes, acordo que possa ser bom para as partes, já que nesse caso, dependendo dos litigantes, pode ser que um deles fique desconfiado de que o Juiz esteja prestigiando uma das partes.[18]

Enfim, percebe-se que a atuação judicial, do mesmo modo de que em sua atividade precípua de julgar e materializar suas decisões, bem assim tomar providências acauteladoras, deve transmitir aos interessados uma posição de equilíbrio e neutralidade, tudo para que a confiança no Juiz seja uma premissa básica e intangível em todo o processo de tentativa de se obter o acordo.

A par dessas colocações, parece que não é tão difícil que os Juízes passem a ter essa consciência e com ela pratiquem o hábito de tentar a conciliação em todos os momentos, inclusive até mesmo antes da citação ou deliberação de uma medida liminar, como já visto ocorrer em alguns processos com bastante êxito, desde que não se esqueçam que as técnicas lhe auxiliarão não só para se realizar e materializar o acordo, bem como para a garantia de que o mesmo se concretizou a partir da livre vontade dos envolvidos.

Ainda é oportuno que se esclareça na linha de tudo quanto já foi ponderado, que os Juízes não podem ter aquela ideia infame de que um processo conciliado não conta como pronunciamento judicial para fins de estatística, visto que tal pensamento é muito pequeno para sopesar com os escopos da atividade jurisdicional, que até mesmo não se limita ao aspecto jurídico, incluindo-se o político e econômico, afora o mais importante, que é a busca pela efetiva pacificação social e a jurisdição tradicional não a vem obtendo já há algum tempo, enquanto a consensual a obtém e é bem mais difícil.[19]

18. Essas ponderações foram colhidas, com alguns complementos do já citado livro de Fernando Horta, mais precisamente na página 126.

19. Além do mais é de se esclarecer que a ideia amplamente divulgada de que a conciliação é uma atividade simples e que não tem qualquer dificuldade não corresponde à realidade, pois tenho quase vinte anos como Juiz e como tenho consciência constante de minha ignorância, sempre estou estudando e tenho capacidade para estudar qualquer assunto técnico, logo, sem qualquer menosprezo a matéria jurídica, tenho condições de confeccionar qualquer tipo de decisão judicial, porém não posso falar o mesmo sobre uma atividade de conciliação e mediação. Desta forma, não tenho dúvidas de que essa atividade requer um preparo técnico constante, contudo não é o lado racional que domina, daí porque os juízes devem se desprender desses dogmas e procurar sempre a composição amigável do litígio, podendo inclusive ficar horas conversando nesse sentido, o que pessoalmente já faço há muito tempo, antes mesmo de ter ocupado por dois anos a gestão de toda a política consensual no TJRN.

No que tange à mediação, instrumento infelizmente pouco conhecido da prática judicial, só tendo sido disciplinada na legislação pelo novo CPC e a lei específica ainda não totalmente incorporada à prática forense, o que dificulta ainda mais a sua operabilidade, deve-se, com mais intensidade, se desprender dos preconceitos e passar o Juiz a entender que o processo lida com vida humana e, por conseguinte, com emoções, dramas, sentimentos, ou seja, tudo que envolve as subjetividades, logo, nesses casos, principalmente de família, somente o diálogo constante e cooperativo vai encontrar uma solução duradoura para o conflito, que na maioria das vezes é aparente, dificultando até mesmo a solução amigável.

Como já visto, a mediação é tida como uma atividade de intermediação, logo, o Juiz não pode ser Juiz e nem sequer árbitro, ou melhor, nem mesmo conciliador, já que a solução deve ser encontrada naturalmente pelas partes envolvidas nos conflitos, sem qualquer tipo de imposição, o que se apresenta como uma peculiaridade que marca todo esse procedimento e na qual, desde já, se vislumbra que algumas das técnicas de conciliação não podem ser usadas pelo Mediador.

Antes de se tecer os comentários sobre as técnicas propriamente ditas, torna-se imprescindível que se fale sobre os princípios que a regem, bem assim as fases desse procedimento, que pode ser judicial ou não, contudo, não se pode ter qualquer tipo de formalidade. Quanto aos princípios, é sábia a lição de Fernando Horta:

> *"A mediação pode ocorrer dentro de um processo judicial, ou fora dele, aquela endoprocessual, esta, extra processual, e se caracteriza pela observância dos seguintes princípios, assim resumidos: - **Voluntariedade**: aceitação por livre iniciativa ou aceitação das partes. Significa a disposição de cooperação para o objetivo da mediação.- **Não adversariedade:** não competição das partes, as quais não objetivam ganhar ou perder, mas solucionar o problema.- **Intervenção neutra de terceiros**: terceira parte, catalisadora das soluções. – **Neutralidade**: não interferência no mérito das questões. – **Imparcialidade:** isto é, ausência de favoritismo ou preconceitos com relação a palavras, ações ou aparência, significando, por parte do mediador, um compromisso de ajuda a todas as partes, por parte do mediador, um compromisso de ajuda a todas as partes e na manutenção desta imparcialidade no levantamento de questões, ao considerar temas como justiça, equidade e viabilidade de opções propostas para acordo. - **Autoridade das partes:** poder de decisão sobre as questões em disputa, já que são elas as responsáveis pelos resultados e pelo próprio andamento do processo. – **Flexibilidade do processo:** a mediação não é um processo rígido, uma vez que não está restrita à aplicação de normas genéricas e*

> *pré-estabelecidas e sua estruturação depende, basicamente, das partes e dos procedimentos por elas próprias escolhidas. –* ***Informalidade,*** *que se caracteriza pela ausência de estrutura e inexistência de conformidade a qualquer norma substantiva ou de procedimento. –* ***Privacidade:*** *a vontade das partes se manifesta de maneira autônoma, baseadas em interesse privados, no âmbito privado. –* ***Consensualidade,*** *no sentido de não haver uma decisão imposta às partes. Leva-se em consideração o resultado de deliberação das partes e desta vontade é que extrairá a sujeição ao acordo daí surgido. –* ***Confidencialidade,*** *que é um dos princípios norteadores da mediação. As informações são restritas ao âmbito das partes e do interventor. Salvo restritas eventualidades (por exemplo, os próprios sujeitos darem publicidade ao processo ou às decisões, visto que tem liberdade para tal), nada pode ser utilizado em juízo ou ter publicidade.* Negrito nosso.[20]

Vê-se, que esses princípios não podem ser olvidados em nenhum momento pelos Juízes, já que a mediação possui um objetivo que nunca foi a preocupação central da Justiça, qual seja, a continuidade do relacionamento entre os contendores, daí porque, o Juiz como mediador, além de se despir da visão tradicional de compor o litígio pela decisão, deve também atuar um pouco como analista[21], tudo para compreender as diferenças junto com as partes, pois a atividade de estimulação da solução necessita do que se chama de uma escuta ativa, ou seja, uma participação que não é central, mas decisiva para o sucesso do diálogo e do acordo a ser implementado.

Afora a importância desses princípios, também é imperioso que o Juiz, enquanto mediador atente para as fases materiais desse procedimento, em que pese a sua informalidade e não especificação legal, ressalvando, desde já, que a sua rigorosa observação não se faz necessária, visto que alguns casos podem determinar a supressão de algumas dessas etapas, ou até mesmo o estilo do Mediador.[22]

---

20. Fernando Horta Tavares, Mediação & Conciliação, 1ª Edição, Editora Mandamentos, 2002, págs.67/68.
21. *"Analistas e juízes tem muito em comum, embora as diferenças os façam como água e vinho. Os dois lidam com processos iniciados há muito e a cujos fatos só tem acesso limitado. Atuamos com os elementos que nos chegam por meio das partes envolvidas, de acordo com seus interesses. Se nas pelejas jurídicas as partes "brigam" e no consultório o cliente é a única parte interessada, não devemos subestimar a capacidade que o conflito interno tem de sonegar informações, obstruir o processo, insistir na ideia de ganhar quando o fundamental é o acordo entre as partes, já que lutamos contra nós mesmos".* Essas ponderações são de Henrique L.M Torres, disposta como apresentação do livro já citado de João Baptista. João Baptista de Mello e Souza Neto, Mediação em juízo Abordagem prática para obtenção de um acordo justo, 1ª Edição, Editora Atlas, 2000, pág. 14.
22. *"Ressalte-se que, dependendo do conflito e da concepção de cada mediador, algumas etapas podem ser suprimidas, ao passo que outras possam ser introduzidas."* Lília Maia de Morais Sales e Mônica Carvalho Vasconcelos, Mediação Familiar: Um estudo histórico-social das relações de conflitos nas famílias contemporâneas, 1ª Edição, Fortaleza: Expressão Gráfica e Editora Ltda, 2006, pág 96.

Primeiro, deve o Juiz se apresentar como mediador e expor detalhadamente as regras, esclarecendo bem que o mesmo não vai decidir nada e que sua atuação naquela situação difere totalmente de suas ações ou omissões como Juiz propriamente dito, sendo o mais claro possível nessa explicação, pois como tudo é novo, as pessoas terão dificuldade de ver o juiz sem qualquer poder decisório.

Depois, os envolvidos do processo expõem os seus problemas e não necessariamente deve se cingir às colocações da inicial ou contestação, se houver, já que não há qualquer vinculação com o processo e suas formalidades e neste aspecto talvez resida a maior distinção com a jurisdição tradicional, pois as partes envolvidas no conflito poderão conversar sobre tudo e principalmente a origem remota do conflito, entendendo-o e tratando adequadamente do mesmo.

Em seguida, o Magistrado faz um resumo minucioso e sem qualquer conotação pessoal, ressalvando as convergências e ordena pela primeira vez o problema, já tentando acertar quanto ao conflito real, se houver, já que muitas vezes a conversa franca, por si só, em casos menos complexos, resolve o conflito, justamente porque se compreende o que aconteceu e as pessoas passam a agir diferente.

Complementado a fase anterior, o Juiz deverá descobrir os interesses ainda ocultos, pois como se trata, na maioria das vezes, de sentimentos e valores magoados ou pelo menos esquecidos, os conflitos aparentes podem esconder verdadeiramente o problema, logo, a percepção do magistrado deve ser acurada, daí porque deve ter uma escuta ativa e acolher todos os sentimentos, validando-os e empoderando os envolvidos para que eles mesmos encontrem a solução.

Empós, a fase mais importante e que na realidade não necessariamente deve ser seguida essa ordem cronológica, qual seja, a estimulação propriamente dita, com a atividade de se permitir que as partes iniciem a geração das ideias para a resolução dos problemas, começando os acordos parciais, tudo de forma muito natural e sem que haja qualquer tipo de imposição, já que se o diálogo for bem conduzido, teremos a solução surgindo automaticamente.

Por fim, deve ser materializado o acordo final, em que as partes acabam chegando ao consenso justamente porque passam a entender suas diferenças e se sentem importantes, porque acabam se descobrindo e entendendo como chegaram a situação do conflito em específico levado à Justiça.[23]

23. Essas reflexões foram trazidas após leitura da obra de Juan Carlos Vezzulla, Teoria e Prática da Mediação, V Edição Comentada e Corrigida, editado pelo Instituto de Mediação e Arbitragem no Brasil, mas como já

Após essas considerações, é relevante que se destaquem algumas das técnicas de mediação, devendo ser feita a mesma ressalva das já enunciadas quanto à conciliação, pois vários autores tratam do tema e não há uniformidade, motivo pelo qual se priorizou aquelas que os Juízes, com certeza, podem realizar com mais facilidade, ressaltando que a partir das leis mencionadas teremos outras técnicas sendo empreendidas com a prática.

As técnicas que podem ser utilizadas pelos Magistrados, levando em consideração as premissas já postas, são as seguintes: apontar, descrever e investigar os pontos de atrito, de forma que não se discuta o que já seja aceito pelos litigantes; coordenar a discussão entre as partes mediadas, cooperando e ajudando a discutir com respeito; ressaltar as convergências e divergências, sugerindo opções para o superamento destas, contudo, não se deve propor de imediato a solução, porque nesse caso seria uma conciliação; Motivar a criatividade, na procura de soluções.[24]

Auxiliar as partes a descobrirem seus reais interesses, permitindo que o acordo seja justo, equitativo e duradouro, logo não há como pensar em desigualdade entre as partes; permitir a livre expressão emocional, motivo pelo qual não deve o Juiz interferir na fala da parte, sem que seja um esclarecimento, pois a sua principal função é ouvir, de forma ativa evidentemente; utilizar uma escuta ativa para verificar a sinceridade das emoções, em alguns casos, utilizar sessões privadas com apenas uma das partes, desde que também o outro tenha o mesmo contato – é o que se chama de "caucus", sempre tendo o cuidado de ouvir separadamente pelo mesmo tempo para objetivamente não haver qualquer tratamento distinto[25].

É importante não perder o controle da situação; também deve manter a ordem mediante uma regra basilar: "uma pessoa fala de cada vez; utilizar parafraseamento: ouvir e repetir conceitos usando palavras diferentes; trabalhar

---

ressalvado, essas etapas podem ser suprimidas ou até acrescidas, dependendo da situação, bem como não há qualquer rigidez para a sua sequência, todavia, percebe-se que pelo menos as primeiras são indispensáveis, mas o Juiz não pode, em nenhum momento, querer atuar como Juiz, Advogado, Arbitro, Promotor, etc, sua função é meramente de auxílio e deve contar com um conhecimento interdisciplinar, daí porque, a atividade de Mediador não é necessariamente realizada por um profissional do direito.

24. Ressalte-se que em tese as leis que regulam a mediação acabam permitindo que o mediador também proponha a solução, mas isto deve ser compreendido como excepcional a sua atuação e como já externando, marca a distinção com o conciliador.

25. *"Em todo o procedimento o mediador realiza uma escuta ativa dos problemas, ou seja, permanece atento para captar todas as linguagens, associando as verbais com as simbólicas e não verbais. O corpo realmente fala; as expressões demonstram sentimentos"*. Lília Maia de Morais Sales e Mônica Carvalho Vasconcelos, Mediação Familiar: Um estudo histórico-social das relações de conflitos nas famílias contemporâneas, 1ª Edição, Fortaleza: Expressão Gráfica e Editora Ltda, 2006, pág. 98. Ainda nesse assunto, entende-se que durante todo o procedimento de mediação não deve o Juiz, sob hipótese alguma, deixar que suas expressões sejam transmitidas para a parte, ou seja, o seu equilíbrio emocional deve perdurar durante toda sua atuação, sem que qualquer postura diferente seja realizada, sob pena das partes perderem a confiança no Mediador.

uma questão de cada vez; conclamar as partes para expressarem seus sentimentos com lealdade de forma que o conciliador possa sugerir uma opção de solução que atenda as partes; sugerir uma parada nas negociações quando o clima estiver tenso.[26]

Ressalve-se, que todas essas técnicas - apesar de extremamente importantes – não devem ser valorizadas, da mesma forma que as vezes se prestigiam as formalidades, pois o fim maior deve ser sempre lembrado, qual seja, que as partes consigam encontrar uma solução de consenso que evidencie a continuidade do relacionamento e a autodeterminação das mesmas, visto que esse instrumento se perfectibiliza como um elemento concretizador da democracia, logo se as partes e o mediador quiserem tratar de forma distinta desde que se atinja o objetivo, não se vislumbra qualquer problema.[27]

A par de todas essas colocações sobre os princípios, técnicas e até mesmo fases ou etapas com relação à mediação e conciliação – as quais acabam se imbricando – justamente por seus elementos comuns, vislumbra-se, de forma clarividente, que os Juízes, de um modo geral, mesmo naqueles casos em que envolvam direitos indisponíveis, devem utilizar essas formas consensuais de solução dos conflitos, sem as suas tradicionais regras[28], pois se assim ocorrer, pode-se afirmar, que tal atitude vai ser igual a não tentativa de uma solução amigável, o que hoje não se deve ter como aceitável.

5. MEDIAÇÃO FAMILIAR E DESAFIOS CONTEMPORÂNEOS

O conflito é inerente à própria convivência humana e como visto deve ser matizado pelos envolvidos a fim de que seus aspectos positivos possam ser otimizados e a partir dessa visão, se evitem novos conflitos, ao mesmo tempo

---

26. Essas técnicas são trazidas por Fernando Horta em obra já citada várias vezes nesse trabalho, complementadas com as experiências do subscritor como mediador, principalmente em conflitos de família, logo, muitas outras técnicas podem ser implementadas, desde que haja sempre a prioridade para o constante diálogo, o cooperativismo, a efetiva participação das partes, a não imposição da decisão, ou seja, todos os princípios já também expostos por esse autor.

27. Nesse sentido se indica, para aprofundamento do estudo, a obra o Discurso e o Poder, de Boaventura de Souza Santos, que ressalta a importância de se criar mais instrumentos de democracia participativa, complementando a representativa, a fim de que essa junção possa de fato fazer que o povo verdadeiramente decida as questões de seu interesse.

28. *"Há pouco tempo, em uma aula de mediação, um juiz perguntou-me como se pode executar um acordo obtido mediante um processo de mediação. Ficou abalado com a minha resposta: "os afetos nunca podem ser executados." Minha resposta o surpreendeu porque estava raciocinando com os mitos, as crenças, o senso comum dogmático que organiza as cabeças dos juristas em geral. A mediação precisa ser entendida, vivida, acionada com outra cabeça, a partir de outra sensibilidade, refinada e ligada com todas as circunstancias, não só do conflito, mas do cotidiano de qualquer existência. Quem vai mediar, precisa estar ligado com a vida"*. Luis Alberto Warat, O ofício do Mediador, Florianópolis: Habitus Editora, 2001. Esses, com certeza, são um dos maiores desafios dessa nova postura dos Juízes nessa função de tentativa de se chegar a uma solução amigável, principalmente agora com a incremento da mediação nas legislações.

em que a sua solução em específico, leve em consideração, na medida do possível, todos os sentimentos e emoções, sendo clarividente que nas relações familiares a intensidade e complicação dos mesmos é bem maior do que em outros relacionamentos, conforme será analisado nesse tópico, constatando-se, ao final, que para tais conflitos a mediação é a forma por excelência de solução que atende ao escopo da pacificação social.

Desta forma, nas relações familiares, pode-se afirmar que é quase impossível que não haja conflitos, todavia, o problema não reside nesse aspecto, e sim na supervalorização dos mesmos, bem assim nos sentimentos egoístas que infelizmente um dos envolvidos sempre ressalta, dificultando a sua composição e muitas vezes inviabilizando a continuidade do relacionamento, logo, somente pela via do diálogo e da cooperação mútua entre os envolvidos, os efeitos maléficos serão minimizados, ressalvando-se sempre o lado positivo das coisas.

A família de um modo geral passou por várias transformações no século passado e que tende a continuar nesse século, o que causa uma instabilidade natural, conduzindo, por conseguinte, há mais conflitos do que o natural, o que deve ser sempre levado em consideração, pois além das diferenças normais entre as pessoas que se relacionam; casal; pais e filhos; irmãos; etc., essa insegurança quanto aos papéis de cada membro familiar geram discussões que outrora inexistia, justamente porque antes, a certeza das funções e até mesmo a posição hierárquica, com o pai sendo o chefe da família, propiciava um controle mais rígido do conflito.[29]

Por outro lado, ainda existe uma complicação em razão da crescente violência doméstica que muitos dos conflitos familiares desembocam, principalmente contra as mulheres, crianças e idosos, em que pese as recentes legislações protetivas dessas pessoas, contudo, infelizmente parece que o ser humano não consegue mais resolver seus problemas com conversa e calma, havendo uma perturbação natural que também origina e incrementa esses conflitos, dificultando, desta feita, a solução dos mesmos não só pela via jurisdicional e infelizmente até mesmo pela consensual, contudo, esta tem maiores chances de obter a almejada satisfação social, porque os pilares de condução do encaminhamento do conflito são outros.

---

29. *"Como já salientado, hoje não mais existe apenas o modelo patriarcal de família. Na verdade, coexistem diversas formas, que são marcadas pelos traços de igualdade, individualidade e afetividade. As famílias enfrentam um processo de instabilidade, uma vez que as mudanças ainda não foram assimiladas por toda a sociedade. Homens, mulheres, idosos, crianças e adolescentes ainda não conseguem administrar as diferenças que estão surgindo em meio a essas" famílias eudemonistas". Como não mais existem papéis pré-estabelecidos, verifica-se a necessidade de constantes negociações no seio familiar".* Lília Maia de Morais Sales e Mônica Carvalho Vasconcelos, Mediação Familiar: Um estudo histórico-social das relações de conflitos nas famílias contemporâneas, 1ª Edição, Fortaleza: Expressão Gráfica e Editora Ltda, 2006, pág. 116.

Neste tocante, é imperioso que se registre as ponderações de Lilia Maia e Mônica Carvalho, em livro já bastante citado e na qual se debruçou especificadamente sobre o tema:

> *"O relato dos índices de violência doméstica cresceram consideravelmente nos últimos anos, devido aos mais variados fatores: desemprego, falta de diálogo, adultério, alcoolismo etc. A violência doméstica constitui o abuso físico, emocional, sexual ou mental de uma pessoa por outra, com quem teve ou tem um relacionamento íntimo; familiar. Pode acontecer com qualquer indivíduo, independente da sua idade, classe social, raça, capacidade ou estilo de vida...Nas relações familiares, a violência muitas vezes é caracterizada pela agressividade como um meio de defesa. Quando se sentem ameaçados, os integrantes da família não argumentam ordenadamente para defender seus propósitos, assumindo uma conduta agressiva, violenta. Além dos agravos para a saúde física e mental, a convivência cotidiana vai minando o desenvolvimento dos indivíduos, os quais vivem com medo, camuflando a situação de violência de que são vítimas".*[30]

Nesse viés, percebe-se, também, que a ausência de comunicação ordinária nas relações familiares faz com que os conflitos, ao surgirem, sejam intensificados e quase sempre sucumbindo à violência, ficando a situação muito difícil e as vezes insustentável para a continuidade de qualquer tipo de relacionamento, quiçá a efetivação de um acordo, sendo cristalino que o Estado-Juiz não é um "salvador da pátria", que ao decidir encontrará uma solução que restabeleça a paz social, logo quando passa a agir de outro modo, mesmo com os problemas supra, a solução pode ser encontrada.

Desta forma, com essa percepção de que é muito difícil, nos conflitos familiares - quer instados à violência ou não – o pronto retorno à paz social pela via impositiva da jurisdição[31], o estímulo à conversação, com a manutenção do

30. Idem, págs. 118/119.
31. Interessante abordagem sobre a impossibilidade de a jurisdição tradicional conseguir resolver efetivamente os conflitos familiares, foi feita por Fernando Horta, em livro já citado, na qual o mesmo conclui nesse sentido, após estudo em sala de aula, com vários estudiosos do direito, que atestaram à eficácia da mediação nesses conflitos. São suas as seguintes digressões: *"Guarda dos filhos – a resposta jurisdicional a controvérsia tende a seguir parâmetros pré-estabelecidos de conduta do pai ou da mãe, aplicando cegamente a este ou àquele princípios pautados pela moral e pelo comportamento social. Tal determinação pode ser nefasta para a criança ou desatender à sua expectativa, ou deixar a descoberto suas reais necessidades. Na mediação são exatamente estas necessidades que pautarão o acordo sobre a guarda, levando os pais a se entenderem, visando ao maior conforto físico e espiritual de seus filhos. Neste sentido, a mediação conduz a um questionamento principal: quais as necessidades das criança? E à indagação seguinte: qual a melhor maneira de atender a essas necessidades? O procedimento da mediação, cuidará, então, para resolver a questão da guarda dos filhos: que futuros planos de paternidade podem vocês entabular, de forma a continuar o trabalho de educação e amor com seus filhos?* Fernando Horta Tavares, Mediação & Conciliação, 1ª Edição, Editora Mandamentos, 2002, pág. 72. A continuidade de suas reflexões no mesmo diapasão se

diálogo constante, parece ser a solução para se minimizar os efeitos maléficos do término de um relacionamento ou até mesmo nas crises familiares cotidianas, que a par dessa prevenção, quando surgir o inevitável, qual seja o conflito, esse será bem compreendido e maturado a ponto de se fortificar o próprio relacionamento.

Essa visão pode numa análise perfunctória conduzir ao raciocínio de enfraquecimento da jurisdição tradicional, contudo, não é dessa maneira que deve se enfrentar a situação, pois é cediço, conforme sobejamente demonstrado, que a pacificação social, via prestação jurisdicional tradicional, por suas próprias características, tem grande dificuldade de materialização e em especial nos conflitos familiares, em que os sentimentos e emoções se afloram com mais veemência, logo a jurisdição consensual através da mediação se amolda como uma luva.[32]

Nesse contexto é que se defende a viabilidade técnica da mediação nos conflitos familiares, justamente porque o diálogo é um elemento muito forte e que deve existir durante o próprio relacionamento e com mais intensidade no conflito, daí a constatação atual que infelizmente na Justiça tradicional esse fator não vem sendo privilegiado, nem sequer formalmente e muito menos na essência.

A jurisdição consensual ora defendida vem sendo implicitamente realizada por advogados nas questões familiares quando o mesmo, após contato inicial, com o seu cliente, chama o outro lado ao seu escritório e ali, após conversação, acabam chegando a um bom termo, que posteriormente segue para homologação do juízo.

Nessa situação, realiza-se uma mediação se porventura o causídico não formula diretamente qualquer proposta, o que, na maioria das vezes, acontece pelo menos nos conflitos familiares.[33]

---

referem à eficácia social com relação também a pensão para os filhos, pensão do ex-cônjuge e divisão de bens, abarcando enfim quase todos os conflitos familiares, pelo menos os mais comuns atritos.

32. *"A decisão imposta, fruto da análise do arcabouço legal vis-à-vis à verdade formal que se apresenta nos autos, acaba, no mais das vezes, gerando um resultado semelhante àquele que, nas negociações, é conhecido por "barganhas baseada nas posições", levando a uma partilha de perdas e ganhos entre os litigantes (mesmo a vitória total terá consumido tempo, dinheiro e energias, sendo provável que ainda haverá resistência na fase de execução). A decisão obtida com a mediação judicial tem mais probabilidade de conseguir resultado eficiente com a chamada barganha de interesses, obtendo "soluções integrativas que satisfaçam o maior número possível das necessidades de ambas as partes"* João Baptista de Mello e Souza Neto, Mediação em juízo Abordagem prática para obtenção de um acordo justo, 1ª Edição, Editora Atlas, 2000, pág. 53.

33. Fernando Horta em estudo já referido chama a atenção para tal fato, acrescentando que tal função também é exercida pelo Ministério Público: *"Na realidade, revelou-se no citado trabalho, embora sem se observar adequadamente seus princípios, a mediação já é manejada cotidianamente pelos advogados em seus escritórios, e pelos Promotores de Justiça, quando atuam nos litígios de família. Dessas mediações, geralmente derivam as petições de acordo de separação consensual, nada impedindo que da mesma forma se*

Esta situação é tão interessante, que o legislador há muito tempo vem retirando da jurisdição tradicional, como, por exemplo, fez através da Lei 11.447/06, a análise de pleitos consensuais quanto à separação, divórcios, inventários e partilhas, acertadamente passando essa atuação para a esfera dos Cartórios, que agora podem formalizar esses desejos de por fim à sociedade conjugal, ao matrimônio e a transferência de bens, se porventura já houver consenso dos próprios interessados, ou seja, quando os mesmos apagam, por si sós, as arestas, evitando, por conseguinte, a necessidade da intervenção judicial, ganhando tempo[34] e desafogando o Judiciário, situação ratificada pelo novo CPC e na realidade ampliada, pois como vimos o mesmo privilegia em todos os aspectos a política consensual.

A par dessas reflexões, vê-se, de forma cristalina que hodiernamente existe um movimento de implementação de uma Justiça que busque, na medida do possível, o consenso, o diálogo, a responsabilidade dos interessados, a harmonia e principalmente a continuidade do relacionamento, pois quando essa solução advém das partes, tais elementos se apresentam de forma evidente, o que infelizmente não ocorre no procedimento tradicional de jurisdição, que sequer, como já dito, prioriza na prática a oralidade, fato que o procedimento único do novo CPC também não prestigiou afora a própria busca do consenso em audiência.

Existem diversos Tribunais[35] que regulamentaram expressamente a mediação em conflitos familiares antes mesmos das leis que hoje a trazem como instrumento prioritário e obrigatório, justamente porque vislumbraram a ineficácia do Estado-Juiz há muito tempo, ou melhor, a impossibilidade real de que esses agentes consigam, por exemplo, descobrir quem deu causa a dissolução da sociedade ou o cúmulo de poderem afirmar que a continuidade do relacionamento se impõe como a solução para o problema.[36]

operem as modificações de cláusula da separação, ou de guarda dos filhos, majoração ou minoração de pensão etc, tudo isso gerando tão-somente a celebração de novo acordo (ou aditivo a outro) e transformando-se em nova obrigação". Fernando Horta Tavares, Mediação & Conciliação, 1ª Edição, Editora Mandamentos, 2002, pág. 71.

34. *"Pois tudo toma tempo e o tempo é inimigo da efetividade da função pacificadora. A permanência de situações indefinidas constitui, como já foi dito, fator de angústia e infelicidade pessoal. O ideal seria a pronta solução, tão logo apresentados ao juiz. Mas como isso não é possível, eis a demora na solução dos conflitos como causa enfraquecimento do sistema"* Antonio Carlos de Araújo Cintra, Ada Pelegrini Grinover e Cândido Rangel Dinamarco, Teoria Geral do Processo, 20ª Edição, Editora Malheiros, 2004, pág. 26.

35. Cita-se como exemplo o Tribunal de Justiça de Santa Catarina, que expressamente regulamentou a questão da mediação por resolução.

36. Por muitas vezes os Juízes se deparam com a seguinte situação: o marido ou a esposa pedem ao magistrado que o outro seja obrigado a voltar o relacionamento ou coisa parecida, o que como se sabe é impossível, não só pelo fato de que não se pode obrigar a duas pessoas ficarem juntas, bem como pela inexistência de fatores objetivos que apontem para a certeza de que essa é a melhor decisão. Nesse tocante, parece que também é impossível se imaginar que um terceiro, que não conhece as partes e

Todas essas situações apontadas como óbices para que a jurisdição tradicional tenha êxito nos conflitos familiares, justificaram sobremaneira que os próprios Juízes possam promover a mediação nesses casos, pois como já asseverado, não há qualquer incompatibilidade, pelo contrário, as circunstâncias e características desses conflitos propiciam a sua resolução por obra e responsabilidade das próprias partes, que se sentirão mais capazes nos futuros problemas, dando-lhes a autoestima porventura perdida no decorrer da relação.

Mais uma vez, é oportuno que se transcrevam as lições das professoras Lília Maia e Mônica Carvalho, atinentes à total adequação da mediação, inclusive realizada pelos Juízes, nos conflitos familiares:

> *"É nas questões de família que a mediação encontra sua mais adequada aplicação. Há muito, as tensas relações familiares careciam de recursos adequados, para situações de conflito, distintos da negociação direta, da terapia e da resolução judicial. A mediação vem-se destacando como uma eficiente técnica que valoriza a co-participação e a coautoria. Como já analisado, a mediação consiste em um método eficaz de composição de conflitos, em que um terceiro capacitado e imparcial, denominado mediador, auxilia as partes na consecução de um acordo mutuamente satisfatório, melhorando o diálogo e a comunicação entre as mesmas. A pacificação social e a prevenção são objetivos da mediação. Na verdade, por sua grande aplicação nas questões familiares, esse procedimento constitui um importante instrumento de combate à violência doméstica...A mediação introduz a cultura do diálogo, ressaltando a importância da comunicação. Na mediação não existem adversários, as partes devem buscar a solução do problema de forma pacífica, construindo conjuntamente uma solução satisfatória".*[37]

Não há como se fugir dessa realidade, pois a mediação judicial nos conflitos familiares foi expressamente trazida pelo novo CPC e a lei 13.140/2005 com a previsão de que o Juiz deverá contar com os auxiliares da Justiça e sem vedar sua atuação, logo esses auxiliares poderão ser um psicólogo, psiquiatra, terapeuta ou assistente social, dependendo do caso em específico, para auxiliar nesse processo de estímulo às partes na criação da melhor solução.

---

muitos menos as suas intimidades, os seus conflitos internos, as suas dificuldades de relacionamento, as diferenças, etc. possa dizer quem é o culpado da separação e a partir daí determinar várias providências. Esse simples raciocínio já é suficiente para apontar que nesses conflitos, somente os próprios envolvidos podem encontrar a melhor solução para os seus problemas, visto por mais competentes que sejam os advogados, não conseguirão exprimir em suas petições todos os valores envolvidos naquele conflito, muito menos os Juízes terão elementos objetivos para aferir com exatidão em suas sentenças todas as problemáticas.

37. Lília Maia de Morais Sales e Mônica Carvalho Vasconcelos, Mediação Familiar: Um estudo histórico-social das relações de conflitos nas famílias contemporâneas, 1ª Edição, Fortaleza: Expressão Gráfica e Editora Ltda, 2006, págs.122/123.

Em se tratando especificamente dos casos mais comuns de conflitos familiares, quais sejam os divórcios e separações judiciais, a mediação se amolda como uma luva como já frisado, visto que nessas situações as partes estão emocionalmente abaladas e as angústias e decepções do relacionamento se apresentam bem evidentes, sendo necessária a intervenção de uma pessoa, preparada tecnicamente, que propicie o restabelecimento da comunicação, na maioria das vezes, já se encontra interrompida, através de um diálogo, em pé de igualdade, com o uso da boa-fé e pensamento firme na manutenção do relacionamento, principalmente se houver filhos, que não podem ser prejudicados nessa ruptura, logo, o acordo prioriza tais valores.[38]

Além do mais, é de se frisar que a jurisdição tradicional procura quase sempre um culpado pelo rompimento da sociedade conjugal, quando a realidade demonstra que é quase impossível se imputar a somente um dos cônjuges a culpa, já que na essência todo relacionamento é difícil, por si só, em razão das diferenças de comportamento e a falta de compreensão.

Destarte, como na mediação, o diálogo é a sua força motriz, os envolvidos passam a perceber que o mais importante não está no que ocorreu e sim no presente e futuro do relacionamento, que apesar de não ser o escopo necessariamente a continuidade da relação amorosa, no mínimo, deve se buscar a amizade, visto que quando existem filhos, a ruptura total é inaceitável.

Dentro dessas peculiaridades dos conflitos familiares, principalmente os que envolvem diretamente o casal e a possível separação de fato, quando já não presente tal fato, a mediação consegue adentrar no âmago dos problemas, priorizando o presente e futuro, mostrando às partes que o acordo obtido pelos mesmos, responsabiliza-os de uma forma mais intensa para o constante cumprimento do acordado.

Por outro lado, propicia que o respeito prevaleça acima de tudo, já que um dia, os mediados estiveram juntos e formaram uma família, por conseguinte,

38. *"Em muitos casos, é intenso o sofrimento de um casal que decide pelo rompimento, havendo filhos ou não. Durante este processo, geralmente a sensação de fracasso vem acompanhada de depressão, ódio, angústia, sentimento de traição, humilhação, além das dificuldades financeiras, decorrentes da repartição de rendas e despesas. Haim Grunspun aponta as fases de desconstrução da família: I-Desilusão de uma das partes, II-A manifestação de insatisfações, III-A decisão de se divorciar, IV-Agindo na decisão, V-Aceitação crescente. Desse modo, o sofrimento inicia-se com a desilusão. Insatisfeitos com a relação conjugal, os esposos trocam ameaças de separação e de divórcio, demonstrando sua insatisfação. Geralmente, percebe-se a existência de ressentimentos que foram acumulados ao longo da convivência, que se exprimem por sentimentos como: amor, culpa, ansiedade etc. Uma vez decididos a tornar concreta a separação, os cônjuges vivenciam uma nova realidade permeada por tensão e angústia. Em um primeiro instante, é normal que um dos cônjuges ou ambos enfrentem um momento de negação, recusando-se a aceitara separação, afirmando que se trata apenas de uma situação passageira".* Lília Maia de Morais Sales e Mônica Carvalho Vasconcelos, Mediação Familiar: Um estudo histórico-social das relações de conflitos nas famílias contemporâneas, 1ª Edição, Fortaleza: Expressão Gráfica e Editora Ltda, 2006, pág.125.

podem manter, pelo menos, uma relação amistosa que deixe de lado o que aconteceu e passe a tratar o problema não como uma coisa ruim, mas na realidade uma inevitabilidade do destino, que não necessariamente traz somente efeitos maléficos.

Essa percepção pode facilmente ser obtida através das sessões de mediação, pois nesta, o comprometimento é transferido para os próprios envolvidos, com tão-somente a intermediação de uma pessoa que não se encontra emocionada, logo, a solução é descurada das picuinhas infelizmente existentes quando do rompimento, já que o desabafo em conjunto alivia em muito toda essa carga emocional e quando esses sentimentos são deslocados, e a primazia passa a ser outra, o acordo é uma questão quase que automática, eis que os mesmos percebem claramente que um terceiro não vai ter condições de decidir por eles.[39]

Nesse diapasão, a mediação familiar é com certeza a melhor forma de se compor os conflitos surgidos de qualquer tipo de relação familiar, justamente porque, ao considerar todas as situações emocionais, as diferenças existentes entre os envolvidos, conseguem estimular naturalmente o acordo.

Destarte, o que o mediador familiar deve fazer, principalmente se for o Juiz, é compreender essas peculiaridades e a partir delas, de modo imparcial e sem expressar qualquer emoção, conduzir todo esse processo serenamente, até que os próprios envolvidos encontrem a melhor solução para o seu conflito em específico.

6. LIMITES FORMAIS E MATERIAIS PARA O USO DA MEDIAÇÃO E CONCILIAÇÃO PELOS JUÍZES

Como tudo na vida é relativo, nada mais natural de que haja limitações nessa atividade dos magistrados, em que pese todas as vantagens desses institutos e suas informalidades, todavia, muitas situações inviabilizam por completo, tanto a conciliação quanto a mediação, não só pela natureza desses

39. *"A mediação oferece ao casal separado uma oportunidade de reorganização das suas relações parentais de modo pacífico. A partir da escuta da realidade e dos anseios do outro, verifica-se a possibilidade de restauração da confiança rompida. Nessa reorganização, o procedimento busca ressaltar a importância da co-parentalidade, demonstrando a necessidade dos filhos de manter a ligação com seus pais. Nesse enfoque, a mediação melhora o relacionamento entre o casal rompido e, consequentemente, facilita a convivência dos filhos...Note-se que a mediação familiar facilita a manutenção dessas relações continuadas, propondo uma verdadeira mudança de paradigma. Esse processo incentiva as partes a observarem positivamente os conflitos, entendendo-os como fatos naturais. A partir destas transformações, os parentes passam a conviver melhor, evitando novas contendas".* Lília Maia de Morais Sales e Mônica Carvalho Vasconcelos, Mediação Familiar: Um estudo histórico-social das relações de conflitos nas famílias contemporâneas, 1ª Edição, Fortaleza: Expressão Gráfica e Editora Ltda, 2006, págs. 129/130.

métodos, bem como a própria essência de algumas matérias dos conflitos e a própria estrutura do Poder Judiciário, logo, essa análise torna-se imprescindível, visto que em alguns casos a almejada pacificação social somente vai ser alcançada por uma atuação mais firme e decisiva da Justiça, que, como percebido, não se coaduna com os institutos em exame.

Nesse sentido, nem sempre é possível que os Juízes se utilizem desses meios consensuais de solução dos conflitos, quer por limitação formal quer material. Quanto ao primeiro aspecto, é cediço que o ordenamento jurídico, em relação a algumas matérias, não admite conciliação e muito menos mediação, como por exemplo, a maioria esmagadora dos delitos penais.[40]

Quando ocorre tal tipo de ilícito, por mais que vítima e acusado tenham chegado a um consenso quanto ao fato analisado na Justiça, somente essa tem competência para solucionar esse caso, pois a sociedade se sente lesada e esse bem jurídico é protegido pela legislação, logo o acordo não vai, de um modo geral, influir na atuação jurisdicional *stricto sensu*.[41]

Ressalte-se que já se discute dentro do Judiciário a mediação penal e a justiça restaurativa, que podem em alguns crimes serem bem trabalhados quanto a se evitar novos delitos e envolver a vítima para restabelecimento quando possível pelo menos da convivência social.

Por outro lado, é de se destacar que até mesmo em casos que outrora não se admitia transação, como por exemplo, os direitos indisponíveis[42] e aqueles que envolviam o Poder Público, para ser bem específico, hodiernamente, já se permitem que por acordo, se finde processos que tenham tais objetos,

40. *"Em matéria criminal, a conciliação vinha sendo considerada inadmissível, dada a absoluta indisponibilidade da liberdade corporal e a regra nulla poena sine judicio, de tradicional prevalência na ordem constitucional brasileira. Nova perspectiva abriu-se com a Constituição de 1988, que previu a instituição de Juizados Especiais providos por Juízes togados, ou togados e leigos, competentes para a conciliação, o julgamento e a execução..de infrações penais de menor potencial ofensivo...permitidos, nas hipóteses previstas em lei, a transação e o julgamento de recursos por turma de juízes de primeiro grau."* Antonio Carlos de Araújo Cintra, Ada Pelegrini Grinover e Cândido Rangel Dinamarco, Teoria Geral do Processo, 20ª Edição, Editora Malheiros, 2004, págs. 27/28.
41. Ressalve-se que as Leis dos juizados especiais, quer estadual quer federal, preveem a possibilidade de que alguns ilícitos penais possam ser resolvidos mediante composição civil entre as partes e até mesmo transação direta com o Ministério Público, o que demonstra que a justiça consensual vem ampliando seu espectro de atuação em todos as searas, inclusive penal.
42. *"Trata-se dos chamados" direitos da personalidade "(vida, incolumidade física, liberdade, honra, propriedade intelectual, intimidade, estado). Quando a causa versar sobre interesses dessa ordem, diz-se que as partes não têm disponibilidade de seus próprios interesses (matéria penal, direito de família etc.). Mas, além dessas hipóteses de indisponibilidade objetiva, encontramos aqueles casos em que é uma especial condição da pessoa que impede a disposição de seus direitos e interesses (indisponibilidade subjetiva); é o que se dá com os incapazes e com as pessoas jurídicas de direito público".* Antonio Carlos de Araújo Cintra, Ada Pelegrini Grinover e Cândido Rangel Dinamarco, Teoria Geral do Processo, 20ª Edição, Editora Malheiros, 2004, pág. 29.

demonstrando, por conseguinte, que a Justiça consensual vem ganhando espaço e quem sabe cada vez mais se amplie para atingir outros objetos, até mesmo penal, evidentemente, em caso de reconhecimento pelo acusado da culpa e a aplicação direta da pena privativa de liberdade.

Pode se pensar que hoje é inimaginável, mas é possível, pois a consciência do malfeitor será o elemento que justificará a pena, até mesmo sem o devido processo legal, mas nunca como regra geral e sim exceção sob condicionantes rígidas.[43]

Quanto às limitações materiais, pode-se enunciar, primeiramente, que a boa-fé é a mais importante, pois como se admitir que os envolvidos possam conciliar e principalmente se submeterem à mediação se estiverem ocultando a verdade ou até mesmo mentindo, como infelizmente é muito comum na *praxe forense*, logo, é imprescindível que essa cultura de litígio e suas amarras sejam deixadas de lado quando as partes quiserem resolver os seus problemas pela via consensual.[44]

Outra grande limitação para o desenrolar dessas atividades junto à Justiça diz respeito à necessidade imanente de que as partes estejam em condições de igualdade e para tanto a atividade do Juiz, utilizando-se do seu chamado poder assistencial[45], é vital, pois em caso das partes não estarem nessa posição, o diálogo, com certeza, vai ser infrutífero, podendo haver coações ou por qualquer forma imposição, o que vai de confronto aos princípios que informam a conciliação e mediação.

Destarte, somente o equilíbrio entre as partes conduzirá a um resultado efetivo quanto à pacificação social, visto que patente, ser a igualdade, uma condição indeclinável para o sucesso e até mesmo início das conversações, logo, esse limite deve necessariamente ser transposto, pelo menos em relação à mediação, na qual a atividade do Juiz é mais limitada do que na conciliação,

---

43. Esclareça-se que a Constituição Federal prevê como direito e garantia fundamental do cidadão o devido processo legal, contudo, o que se prega é que esse direito possa ser renunciado em caso de pleno reconhecimento da ilicitude, logo, em havendo aceitação, lhe seja imposto a pena, suprimindo algumas etapas do processo, tudo pela via consensual.

44. *"A mediação, para ser bem sucedida, pressupõe boa-fé de ambas as partes. Os mediadores devem estar dispostos para assimilar os princípios da mediação, sobretudo para agir de modo solidário e verdadeiro. Infelizmente, em nossa sociedade, ainda predomina a arcaica mentalidade de cultura do litígio, em que às partes interessa obter vantagens – ganhar"*. Lília Maia de Morais Sales e Mônica Carvalho Vasconcelos, Mediação Familiar: Um estudo histórico- social das relações de conflitos nas famílias contemporâneas, 1ª Edição, Fortaleza: Expressão Gráfica e Editora Ltda, 2006, pág.95.

45. Este poder é amplamente utilizado pelos operários do direito a par do princípio da igualdade das armas, mesmo tendo ciência de que no exercício dessa atividade consensual não qualquer espaço para a cultura de litígio propriamente dito, o juiz não pode deixar de estar atento às diferenças econômicas e sociais das partes e quando a mesma for discrepante deve adotar medidas que busquem igualar pelo menos nessa conversa, o que é difícil na prática, contudo, não impossível.

pois nesta, em havendo essa desigualdade, a proposta do Juiz já pode levar em consideração tal aspecto.

Outro limite que muitas vezes pode impedir uma efetiva conciliação ou mediação é a própria atuação do Juiz nessas funções, pois a sua capacidade técnica, a par das ponderações já feitas, bem assim o cuidado para que não haja qualquer interferência no mérito das questões, principalmente na mediação, é imprescindível para o êxito das conversações e consequente feitura do acordo.

Desta forma, quando o Juiz perceber que, de alguma forma, já acabou se intrometendo no âmago do problema, emitindo a sua posição pessoal, o melhor a fazer é declinar de tal atividade e dependendo do caso e a intensidade da interferência, remeter os autos ao seu substituto, que poderá tentar continuar com a negociação ou então infelizmente ter que decidir pelas vias tradicionais, o que implicará, com certeza, em um grau de eficácia social bem menor.

Essa projeção infelizmente se retrata como uma realidade que precisa ser combatida, pelas vias ora comentadas, bem assim a própria competência técnica dos Juízes em assimilar melhor as relações humanas que envolvem todo processo atinentes aos sentimentos e valores envolvidos, já que infelizmente, por melhor que sejam os peticionantes, a forma escrita não consegue transmitir, com a segurança necessária, tais valores, que bem compreendidos, podem ser desprezados ou levados em consideração, dependendo da situação, pois é cediço que muitas vezes esses fatores condicionam todo o conflito e a sentença não os enxerga.

Desta forma, esse limite material deve, por conseguinte, ser transposto com muita serenidade e calma pelos Juízes, enquanto conciliadores e mediadores, bem assim até na sua missão de julgar, acaso seja possível, para tanto, o princípio da oralidade[46] é um instrumento eficiente.

Nesse viés, para que os Juízes possam superar esses limites da atividade consensual, principalmente os materiais, devem os mesmos ampliar, sobremodo, a sua atuação para além da ciência jurídica, tentando compreender as inquietudes e incoerências das relações humanas, utilizando-se dos saberes das outras ciências, através da interdisciplinaridade.[47]

---

46. Essa acepção do princípio da oralidade inclui, evidentemente, os seus subprincípios, quais sejam a concentração, a imediatividade, a identidade física do Juiz e a irrecorribilidade das decisões interlocutórias, que quando aplicados, na prática, privilegiam a percepção dos sentimentos e emoções, que infelizmente não são repassados pelo princípio da escritura. Desta forma, não só o movimento pela efetividade e o mais recente da consensualização são importantes, pois a adoção na íntegra do princípio da oralidade, com certeza, aproximará a Justiça da verdade real e, por conseguinte, nos casos de tentativa de solução amigável, esse contato é imprescindível.

47. *"Uma tarefa básica dos processualistas modernos é expor o impacto substancial dos mecanismos de processamento de litígios. Eles precisam, consequentemente, ampliar sua pesquisa para mais além dos tribunais e*

Por outro lado, por mais que os Juízes, enquanto mediadores e conciliadores se capacitem tecnicamente e mudem o paradigma de sua atuação, tudo para transpor esses limites e com sucesso resolverem os conflitos aos mesmos submetidos, é cediço que a sua própria natureza de ser humano, já é por si só, uma limitação insuperável e que os seus atos são passiveis de falhas, logo, essa compreensão facilita o seu regular exercício nessa atividade, pois a consciência de suas limitações e a virtude da modéstia quanto ao conhecimento, são armas eficientes para a superação de todos os obstáculos dessa atividade de busca do consenso.

7. CONSIDERAÇÕES FINAIS EM ARREMATE

A principal função da atividade jurisdicional é, sem sombra de dúvidas, a pacificação social e infelizmente esta não vem sendo alcançada pelas vias tradicionais, logo, se faz necessária a utilização dos meios consensuais, não mais alternativos, agora obrigatórios e preferenciais, sendo os mais democráticos possíveis, para solução dos conflitos, visto que os mesmos possuem características que se afinam com a satisfação social, principalmente pela efetiva participação dos próprios interessados.

Afora o fator de eficácia social do acordado pelas partes, as formas de autocomposição também prestigiam a questão da celeridade e até mesmo efetividade do próprio direito material envolvido, bem como quando os acordos são realizados, evita-se perda de tempo e economiza-se financeiramente, daí porque, esses fatores devem ser levados em consideração pelo Juiz a fim de que passem a utilizar tais meios, sem que haja qualquer demérito à atividade jurisdicional propriamente dita, pelo contrário a deixa para os casos em que realmente se torna imprescindível o mister por força do artigo 5º inciso XXXV de nossa Carta Magna.

A conciliação e a mediação não podem ser compreendidas como institutos que irão excluir a atividade jurisdicional clássica, pois na realidade, elas atualmente são espécies de atividades também jurisdicionais junto com a sentença, devendo serem divulgadas como produtos da Justiça, que não mais age somente pela via da sentença, registrando-se ainda além desse aspecto formal que são mais eficazes em relação à satisfação social dos contendores, escopo maior do Direito e na qual há algum tempo a jurisdição tradicional vem esquecendo pela supervalorização do processo, na qual o próprio CPC também o simplifica

utilizar os métodos de análise da sociologia, da política, da psicologia e da economia, e ademais, aprender através de outras culturas". Mauro Cappelletti e Bryan Garth, Acesso à Justiça, 1ª Edição, Porto Alegre: Sergio Antonio Fabris Editor, 1998, pág. 13.

e traz a autonomia das vontades das partes como uma de suas principais premissas. Portanto, a sentença não é mais o único produto da atividade jurisdicional, temos a conciliação, mediação e outros meios consensuais.

Na conciliação, o Juiz tem uma participação mais intensa em relação ao resultado, pois pode propor soluções que serão aceitas pelas partes. Já na mediação, a sua participação é mais intensa no procedimento, visto que a sua condução neutra e imparcial, estimula o surgimento da solução e é preponderante, todavia, nesse caso, em tese, não pode propor a resolução, esta é alcançada naturalmente pelas partes, através do diálogo e cooperação mútua, desconstruindo a ideia de litígio.

A mediação, por sua vez, tem a vantagem de não só se preocupar em resolver o litígio em específico, mas sim permitir, dentro da realidade de cada caso concreto, a continuidade do relacionamento, logo, sua aplicação é mais eficaz nos conflitos que envolvem sentimentos e valores, aos quais infelizmente tendem a esconder os conflitos reais e que a Justiça tradicional, atualmente, só vem resolvendo os aparentes.

Não se pode afirmar que o princípio da confidencialidade impede de todas as formas a realização de mediação pelo Juiz, primeiro porque a forma de exercício de tal atividade segundo a política do CNJ é a mais ampla possível, desde que haja a devida qualificação e treinamento padronizado com o seguimento rigoroso do conteúdo programático estabelecido, segundo porque acaso o Juiz que também haja como mediador não consiga obter o acordo, basta remeter aos autos ao substituto e terceiro o Juiz poderá agir como mediador em processos que não estejam sob seu crivo dentro da jurisdição clássica.

Tanto a conciliação quanto a mediação se preocupam com a capacidade de deliberação dos conflituosos, desfazendo aquela concepção de que somente a decisão imposta por um terceiro pode solucionar o problema, bem como evidencia de forma intensa a responsabilidade dos mesmos, o que propicia automaticamente uma maior satisfação social, já que a solução foi aceita e as vezes até encontrada pelos mesmos.

Os Juízes devem, portanto, se capacitar tecnicamente e da mesma forma que na entrega da prestação jurisdicional, não podem expressar qualquer tipo de emoção, que possa causar desconfiança das partes em relação ao seu único desejo de obter a satisfação social via consenso, estimulando sempre a comunicação dos envolvidos.

Na realidade, faz-se necessário uma mudança de paradigma na atuação judicial, de modo que a conscientização das partes quanto à eficácia social do acordo, seja precedida da do Juiz nesse mesmo sentido, para tanto, as amarras da tutela jurisdicional não podem se imiscuir nessa jurisdição consensual.

Como toda atividade, essa também possui limites, tanto os formais quanto materiais, logo, nem todos os objetos dos conflitos podem ser solucionados via acordo, como por exemplo, a maioria dos delitos penais e alguns casos de direito indisponíveis, bem assim as partes e o Juiz devem possuir as condições indispensáveis para que a solução amigável seja encontrada, ressaltando ainda o crescimento da Justiça Restaurativa e Mediação Penal.

O Juiz não pode em nenhum momento, dessa atividade consensual, agir como Juiz propriamente dito, já que quando assim proceder, coloca em risco a feitura do acordo, desacreditando a própria Justiça quanto à sua função pacificadora, em especial quando se trata de conflitos familiares, que como cediço se referem às desilusões e insatisfações de pessoas diferentes que acreditaram numa relação amorosa, o que sempre deve ser considerado.

Não há dúvida de que os meios democráticos de solução dos conflitos são bem mais eficientes do que a sentença, logo, essa divulgação deve ocorrer entre os operários do Direito como um todo, de modo que a conciliação e a mediação deixem de ser exceção também na prática, tornando-se como previstos no CPC e lei de mediação, regra geral e preferenciais, já que indiscutivelmente toda a razão de ser do Direito é a pacificação social com Justiça e esta inarredavelmente não vem, infelizmente, sendo realizada pelas vias tradicionais, que não tratam o conflito do modo adequado como os meios consensuais.

BIBLIOGRAFIA

CAPPELLETI, Mauro e GARTH, Bryant. Acesso à Justiça. 1ª Edição, Porto Alegre: Sérgio Antonio Fabris Editor, 1988.

MARINONI, Luiz Guilherme. Teoria Geral do Processo. 1ª Edição, São Paulo: Editora RT, 2006.

ROCHA, José de Albuquerque. Teoria Geral do Processo. 7ª Edição, São Paulo: Editora Atlas, 2006.

SALES, Lília Maia de Morais. Justiça e mediação de conflitos. Belo Horizonte: Del Rey, 2004.

SALES, Lília Maia de Morais. VASCONCELOS, Mônica Carvalho Mediação Familiar: Um estudo histórico-social das relações de conflitos nas famílias contemporâneas, 1ª Edição, Fortaleza: Expressão Gráfica e Editora Ltda, 2006.

SAMPAIO, José Herval Júnior. Processo constitucional nova concepção de jurisdição, São Paulo, Grupo Gen, 2008.

SILVA, Vírgilio Afonso da. A Constitucionalização do Direito. Os direitos fundamentais nas relações entre particulares, 1ª Edição, São Paulo: Editora Malheiros, 2005.

SOUZA NETO, João Baptista de Mello e. Mediação em juízo Abordagem prática para obtenção de um acordo justo, 1ª Edição, São Paulo: Editora Atlas, 2000.

TARTUCE, FERNANDA. Mediação nos conflitos civis. São Paulo: Grupo Gen, 2016.

TAVARES, Fernando Horta. Mediação & Conciliação, 1ª Edição, Belo Horizonte: Editora Mandamentos, 2002.

VEZZULLA, Juan Carlos. Teoria e Prática da Mediação, V Edição Comentada e Corrigida, Florianópolis: Editado pelo Instituto de Mediação e Arbitragem no Brasil, 2001.

WARAT, Luis Alberto. O ofício do Mediador Florianópolis: Habitus Editora, 2001.

XAVIER CABRAL. Trícia Navarro e ZANETI JR. Hermes. Justiça Multiportas. Mediação, conciliação, arbitragem e outros meios de solução adequada dos conflitos. Salvador: Juspodvim, 2016.

TARTUCE, FERNANDA. Mediação nos conflitos civis. São Paulo: Grupo Gen, 2016.

TAVARES, Fernando Horta. Mediação e conciliação. 1ª edição. Belo Horizonte: Editora Mandamentos, 2002.

VEZZULLA, Juan Carlos. Teoria e prática da Mediação. V edição Comentada e Corrigida. Florianópolis: Editado pelo Instituto de Mediação e Arbitragem do Brasil, 2001.

WARAT, Luis Alberto. O ofício do Mediador. Florianópolis: Habitus Editora, 2001.

XAVIER CASPAR, Trícia Navarro e ZANETI JR., Hermes. Justiça Multiportas: Mediação, conciliação, arbitragem e outros meios de solução adequada dos conflitos. Salvador: JusPodivm, 2016.

CAPÍTULO 45

Breves considerações sobre os métodos de resolução de controvérsias no âmbito da Convenção das Nações Unidas sobre o Direito do Mar

Fernanda Vasconcelos Gueiros Bernardes de Azevedo[1]
Maria Carolina Vargas Simões[2]

Abreviaturas e Siglas

CIJ – Corte Internacional de Justiça
CNUDM – Convenção das Nações Unidas sobre Direito do Mar ONU – Organização das Nações Unidas
SRFC - Comissão de Pescas Sub-Regional
TIDM – Tribunal Internacional para o Direito do Mar ZEE – Zona Econômica Exclusiva

SUMÁRIO: INTRODUÇÃO. 1. SISTEMA DE SOLUÇÃO DE CONTROVÉRSIAS INTERNACIONAIS. 2. A CONVENÇÃO DAS NAÇÕES UNIDAS SOBRE O DIREITO DO MAR E O SISTEMA DE SOLUÇÃO DE CONTROVÉRSIAS. 2.1. LIMITES E EXCEÇÕES À APLICAÇÃO DA SEÇÃO 2 RELATIVA AOS PROCEDIMENTOS COMPULSÓRIOS CONDUCENTES A DECISÕES OBRIGATÓRIAS. 2.2 O TRIBUNAL INTERNACIONAL PARA O DIREITO DO MAR. 3. CONSIDERAÇÕES FINAIS.

INTRODUÇÃO

A solução pacífica de controvérsias é um conceito central para a sociedade internacional, estando previsto em inúmeras convenções. Sendo um princípio do direito consuetudinário internacional[3], a Carta das Nações Unidas[4] traz

1. Mestre (*LL.M*) em Direito Marítimo pela *Tulane University*. Advogada do escritório de advocacia Kincaid | Mendes Vianna Advogados.
2. Mestre em Ciências Jurídico-Internacionais pela Universidade de Lisboa. Pós-Graduada em Direito Internacional pela PUC-SP e em Direito Marítimo e Portuário pela FDV. Advogada do escritório de advocacia Kincaid | Mendes Vianna Advogados.
3. Há quem entenda, ainda, tratar-se de princípio fundamental na condição de norma geral imperativa (*jus cogens*). Neste sentido, MAZZUOLI. Valério de Oliveira. *Curso de Direito Internacional Público*. 10 ed. São Paulo: RT, p. 1.147.
4. Disponível em: <http://www.planalto.gov.br/ccivil_03/decreto/1930-1949/d19841.htm >. Acesso em 03 abril 2017.

como um de seus objetivos a manutenção da paz e segurança internacionais e tomar, coletivamente, medidas "para evitar ameaças à paz e reprimir os atos de agressão ou outra qualquer ruptura da paz e chegar, por meios pacíficos e de conformidade com os princípios da justiça e do direito internacional, a um ajuste ou solução das controvérsias ou situações que possam levar a uma perturbação da paz".

Até o final do século XIX, no entanto, o conflito armado revelava-se como um dos principais meios de resolução de litígios entre Estados. Este conceito sofreu inúmeras restrições como resultado de uma longa evolução histórica, a exemplo das Conferências de Haia[5] que tiveram como "lastro instigador a ideia de paz"[6].

O sistema de solução de controvérsias no campo do direito internacional envolve o uso de métodos tradicionais tais como diplomáticos e políticos, além da arbitragem. Nesse contexto, ao lado dos mecanismos clássicos, a criação de tribunais com competência para decidir sobre conflitos de interesse existentes entre os Estados tem se multiplicado.

Vale notar que uma das características do sistema internacional consiste na excepcionalidade da jurisdição compulsória, significando dizer que a criação de tribunais e consequente aceitação contenciosa são produtos da vontade dos Estados. O surgimento de diversas instâncias compulsórias reflete, ademais, a ausência de uma autoridade internacional dotada de centralidade e supremacia, ou seja, a existência de uma sociedade internacional descentralizada.

No que tange às disputas relativas ao direito do mar, a Corte Internacional de Justiça, principal órgão judicial da ONU, contribuiu significativamente para o desenvolvimento da matéria[7], desempenhando um papel crucial no processo de codificação de regras e princípios que atualmente estão previstas na Convenção das Nações Unidas sobre o Direito do Mar de 1982.

Esta Convenção, por sua vez, estabelece um sistema de solução de controvérsias relativamente complexo, com pluralidade de instâncias competentes para dirimir conflitos, principalmente ao instituir o Tribunal Internacional para o Direito do Mar, caracterizando-se, outrossim, como um importante quadro jurídico normativo para o tema.

5. Sobre o tema, ver dentre outros, BAKER. Betsy. *Hague Peace Conferences (1899 and 1907)*. Max Planck Encyclopedia of Public International Law [MPEPIL]. 2009. Disponível em: ‹ http://opil.ouplaw.com/view/10.1093/law:epil/9780199231690/law-9780199231690-e305›. Acesso em 14 março 2017.
6. LAFER, Celso. *Conferências da Paz de Haia (1899 e 1907)*. Disponível em: ‹http://cpdoc.fgv.br/sites/default/files/verbetes/primeira-republica/CONFER%C3%8ANCIAS%20DA%20PAZ%20DE%20HAIA.pdf ›. Acesso em 14 set 2016.
7. Com um posicionamento mais restrito, ver QC LOWE, Vaughan; TZANAKOPOULOS, Antonios. *The Development of the Law of the Sea by the International Court of Justice*, Paper n. 74/2012, Nov 2012. Disponível em: ‹http://ssrn.com/abstract=2180634›. Acesso em 14 março 2017.

Com o intuito de refletir esta temática, sem pretensão de exaurir, a presente pesquisa tem por objetivo estudar, partindo de uma breve reflexão acerca da solução de controvérsias internacionais, os mecanismos previstos no âmbito da Convenção das Nações Unidas sobre o Direito do Mar para resolução de disputas e o papel do Tribunal Internacional para o Direito do Mar.

1. O SISTEMA DE SOLUÇÃO DE CONTROVÉRSIAS INTERNACIONAIS

A manutenção da paz e da segurança internacionais são considerados como objetivos fundamentais desde a criação da Liga das Nações (1919) e posteriormente da Organização das Nações Unidas (1945)[8].

Uma das principais questões do direito internacional contemporâneo consiste na tentativa de limitação do uso da força armada pelos Estados. O movimento internacional principalmente após as duas grandes Guerras Mundiais, no sentido de evitar o uso da força bélica em situações de graves crises, teve por objetivo estabelecer a solução de controvérsias mediante procedimentos pacíficos, baseado na cooperação e na boa-fé internacionais.

Deste modo, um grande número de documentos reafirma a necessidade de os Estados em resolver suas disputas exclusivamente por meios pacíficos, a fim de evitar ações e hostilidade militares, para a promoção de uma política de cooperação, de paz e segurança internacionais[9].

A Carta das Nações Unidas, atualmente o documento mais relevante sobre o assunto, formula um dever geral de aplicação do princípio da solução pacífica de litígios (Capítulo 1, artigo 2), dedicando um capítulo próprio sobre os métodos e procedimentos a serem adotados pelos Estados (Capítulo VI, artigo 33).

Na concepção clássica posta pela Corte Permanente de Justiça Internacional, em 1924, no caso *Mavrommatis*[10] e reafirmada pela Corte Internacional de Justiça[11], uma *controvérsia* é um desacordo a respeito de determinada questão de direito ou de fato, uma contradição, entre dois ou mais sujeitos, consistindo

---

8. Conforme BRANT, Leonardo Nemer Caldeira (*A Corte Internacional de Justiça:* A Construção do Direito Internacional. Belo Horizonte: O Lutador, 2005, p. 21), o alcance da interdição do recurso à força nas relações entre Estados encontrou um ponto definitivo com a ratificação do Pacto Briand-Kellog, em 1928, e, posteriormente, com a retomada do debate quando da criação do sistema da ONU, reconhecendo-se como princípio universal.
9. Ver Declaração de Manila sobre a Solução Pacífica de Disputas Internacionais, aprovada pela Assembleia Geral da ONU em 1982. UN Doc. A/RES/37/10. Disponível em: ‹http://www.un.org/documents/ga/res/37/a37r010.htm›. Acesso em 19 out 2016.
10. Disponível em: ‹ http://www.icj-cij.org/pcij/serie_A/A_02/06_Mavrommatis_en_Palestine_Arret.pdf›. Acesso em 27 set 2016.
11. Caso *Certain Property* (Liechtenstein v. Germany), Preliminary Objections, Judgment, I.CJ. Reports 2005, p. 6. Disponível em: ‹http://www.icj-cij.org/docket/files/123/8234.pdf›. Último acesso em 11 abril 2017.

na divergência de teses jurídicas ou de interesses. Sua natureza pode ser mista, ou seja, jurídica e não jurídica (política), de maneira que, como ressalta Carlo Santulli[12], uma controvérsia com caráter internacional não é fácil de se estabelecer.

Denota-se que a obrigação que os Estados têm em resolver suas disputas por métodos não bélicos é de extrema importância, já que "previne o recurso ao uso privado da força armada"[13], e muito embora esteja detalhado no artigo 33 da Carta da ONU, este dever não impõe um acordo entre as partes, por se tratar de uma obrigação de meio e não de resultado.

A solução de controvérsias no campo do direito das gentes tem se tornado cada vez mais institucionalizada e envolve a faculdade que os Estados possuem em levar suas disputas perante um tribunal, na medida em que uma ampla gama de obrigações baseadas na ideia de cooperação tem se intensificado[14]. De se observar, conforme Leonardo Nemer Caldeira Brant[15] que a limitação do uso da força está intimamente vinculada "à criação de mecanismo apropriados para a solução pacífica de controvérsias de natureza internacional".

Lado outro, é oportuno lembrar que uma das características do sistema jurídico internacional é a excepcionalidade da jurisdição compulsória[16], isto é, a criação de tribunais e consequente aceitação contenciosa são produtos da vontade dos Estados[17]. Logo, o surgimento de várias instâncias reflete a inexistência de uma autoridade internacional dotada de *centralidade* e *supremacia*.

Nesse contexto, os tribunais permanentes e *ad hocs* têm contribuído significativamente para a formação de conceitos e questões gerais em matérias

12. *Droit du Contentieux International*. 2005: LGDJ – Montchrestien, Paris, p.06-07.
13. MAZZUOLI, Valério de Oliveira. *Curso de Direito Internacional Público*. 10 ed. São Paulo: Editora Revista dos Tribunais, 2016, p. 1148.
14. PETERS, Anne. *International Dispute Settlement*: A Network of Cooperational Duties. EJIL, 2003, Vol. 14, N. 1, 1-34, p. 33: *"The international law of dispute settlement, which is becoming increasingly institutionalized, may be imagined as a network of obligations. The network idea builds on, and intensifies, the concept of cooperation. While inter-state cooperation still presupposes horizontal relationships between sovereign actors, the network idea allows for hierarchy in the international legal system"*.
15. *A Corte Internacional de Justiça*: A Construção do Direito Internacional. Belo Horizonte: O Lutador, 2005, p. 26.
16. CAPUCIO, Camila. *O Tribunal para o Direito do Mar e o Sistema de Solução de Controvérsias da OMC*: Interseção de Competência em Litígios sobre Medidas Comerciais Ligadas ao Meio Ambiente. In: Wagner Menezes. (Org.). Direito do Mar: Desafios e Perspectivas. Belo Horizonte: Arraes Editores, 2015, p. 498.
17. Em 1923, a CPJI no caso *Status of Eastern Carelia* (Advisory Opinion, p. 42) entendeu: *"It is well established in international law that no State can, without its consent, be compelled to submit its disputes with other States either to mediation or to arbitration, or to any other kind of pacific settlement. Such consent can be given once and for all in the form of an obligation freely undertaken, but it can, on the contrary, also be given in a special case apart from any existing obligation"*. Disponível em: ‹http://www.icj-cij.org/pcij/serie_B/B_05/Statut_de_la_Carelie_orientale_Avis_consultatif.pdf›. Acesso em 14 out 2016.

diversas, tal como no âmbito do direito do mar. Como explica James Harrison[18], as instituições judiciais colaboram para a formação de um conjunto abrangente e organizado de regras neste campo, além de uma contribuição expressiva através da determinação do conteúdo e de conceitos do direito internacional consuetudinário.

A importância da busca pela solução pacífica de disputas no domínio do direito do mar é incontestável, tendo em vista o amplo leque de questões sensíveis aos Estados que envolve a delimitação de fronteiras marítimas, os direitos de soberania em zonas marítimas, a exploração de recursos vivos, o direito de acesso ao mar, bem como a preservação e proteção do ambiente marinho, dentre outros.

2. A CONVENÇÃO DAS NAÇÕES UNIDAS PARA O DIREITO DO MAR E O SISTEMA DE SOLUÇÃO DE CONTROVÉRSIAS

A Convenção das Nações Unidas sobre o Direito do Mar, também conhecida como Convenção de Montego Bay[19], é considerada um dos mais completos e complexos instrumentos multilaterais firmados no âmbito do direito internacional do mar, sendo a fonte primária e originária para a compreensão do tema.

A doutrina internacionalista, como Paulo Borba Casella[20], afirma que um longo caminho foi percorrido[21] até o entendimento e consolidação pela comunidade internacional do regramento de cada uma das áreas do domínio marítimo que a Convenção trata, sobretudo em decorrência dos interesses da livre navegação dos mares contra a necessidade do exercício de soberania dos estados costeiros.

Com efeito, tratando-se de matéria fundamentalmente de caráter consuetudinário, a positivação de regras no domínio do direito do mar que incluem os aspectos da soberania dos Estados costeiros, direitos e deveres com relação ao uso dos oceanos, utilização de espaços marítimos e regras para a proteção e preservação do ambiente marinho, foi importante para suprir o "vácuo legal" que havia a nível mundial até então:

---

18. HARRISON, James. *Evolution of the law of the sea*: developments in law making in the wake of the 1982 law of the Sea Convention, p. 204. School of Law, University of Edinburg, 2007.
19. Aprovada pelo Congresso Nacional, por meio do Decreto Legislativo de 9 de novembro de 1987, tendo entrado em vigor para o Brasil em 16 de novembro de 1994, consoante dispõe o Decreto Executivo nº 1.530 de 22 de junho de 1995.
20. *Manual de Direito Internacional*. 20 ed. São Paulo: Saraiva, 2012, p. 606.
21. Segundo MENEZES, Wagner (*O direito do mar*. Brasília: FUNAG, 2015, p. 27), a primeira tentativa de sistematização do Direito do Mar se deu em 1856, com a realização do Congresso de Paris, relativo ao regime de navios durante conflito, e, posteriormente, com a Convenção de Genebra de 1864, sobre as condições dos feridos em mar.

> A Convenção tratou de conceituar e estabelecer extensões para cada uma das áreas antes tratadas costumeiramente, procurando dirimir as controvérsias existentes sobre o Direito do Mar e preenchendo um vácuo legal há muito tempo existente[22].
>
> A importância da entrada em vigor da Convenção está em que estabeleceu um marco jurídico comum aos Estados e proporcionou a pacificação do entendimento sobre a delimitação dos espaços para utilização e exploração do mar, sua superfície, solo e subsolo, espécies vivas, bem como sua conservação. Além disso, regulamentou obrigações, direitos e deveres dos Estados, no compartilhamento de responsabilidades sobre a utilização do espaço comum, alto-mar e área[23].

Longas rodadas de negociação foram realizadas até o texto final da CNUDM ser aprovado[24] em 10 de dezembro de 1982 em Montego Bay, Jamaica, composto de um Preâmbulo, 320 artigos, 17 partes e 9 anexos, trazendo em sua Parte XV um sistema próprio e flexível[25] de solução de controvérsias e, em seu Anexo VI, o Estatuto do Tribunal Internacional para o Direito do Mar[26].

Durante a Terceira Conferência das Nações Unidas para o Direito do Mar, a adoção de um sistema de resolução de litígios adequado para assegurar a aplicação da Convenção foi tema de grande preocupação[27]. O Embaixador

---

22. BADARÓ, Rui Aurélio de Lacerda; WEIGERT, Fernanda. *A Convenção das Nações Unidas para o Direito do Mar*: Breves Considerações sobre a Instituição do Tribunal Internacional para o Direito do mar. In: Wagner Menezes. (Org.). Direito do Mar: Desafios e Perspectivas. Belo Horizonte: Arraes Editores, 2015, p. 454.
23. MENEZES, Wagner. *O direito do mar*. Brasília: FUNAG, 2015, p. 35.
24. Nas palavras de MIRASSOU, Martín Cabrera. *Entendiendo el rol del Tribunal Internacional del Derecho del Mar en el Sistema de Solución de Controversias de la Convención de Naciones Unidas sobre el Derecho del Mar*. ANALES Nº 41 - Facultad de Cs. Jurídicas y Sociales. U.N.L.P., 2011, p. 131. *"La Convención es fruto de varios compromisos cuyo fin era lograr un consenso en el texto final"*. A CNUDM foi aberta à assinatura em 1982 e entrou em vigor 12 anos mais tarde, em 1994.
25. Afirma TANAKA, Yoshifumi (*The International Law of the Sea*. 2 Ed. Cambridge, 2015, p. 418): *"... the LOSC creates a flexible system allowing the States Parties to choose one or more of the different procedures for compulsory settlement set out in Part XV of the Convention. This is a unique mechanism for reconciling the principle of free choice of means with compulsory procedures for dispute settlement"*. Cf. também MIRASSOU, Martín Cabrera. *Entendiendo el rol del Tribunal Internacional del Derecho del Mar en el Sistema de Solución de Controversias de la Convención de Naciones Unidas sobre el Derecho del Mar*. ANALES Nº 41 - Facultad de Cs. Jurídicas y Sociales. U.N.L.P., 2011, p. 131-132: *"El sistema de solución de controversias de la Convención regulado en la Parte XV, se caracteriza por ser flexible, detallado y de fácil aplicación (user friendly). Es flexible porque permite a los Estados la opción de elegir entre diferentes fueros para solucionar sus controversias, detallado ya que en principio todas las controversias relativas a la interpretación y aplicación de la Convención y acuerdos relacionados pueden someterse a este sistema y "user friendly" por la posibilidad de acceso a entidades diferentes a los Estados y a sus mecanismos de fácil utilización"*.
26. Disponível em: ‹ https://www.itlos.org/basic-texts-and-other-documents/›. Acesso em 27 março 2017.
27. MIRASSOU, Martín Cabrera. *Entendiendo el rol del Tribunal Internacional del Derecho del Mar em el Sistema de Solución de Controversias de la Convención de Naciones Unidas sobre el Derecho del Mar*. ANALES Nº 41 - Facultad de Cs. Jurídicas y Sociales. U.N.L.P., 2011, p. 131.

Amerasinghe[28], então Presidente da aludida Conferência, ressaltou naquela oportunidade que a obrigação geral de resolver os litígios por meios pacíficos conferiria total liberdade às partes para utilizarem o método de sua escolha, incluindo a negociação direta, os bons ofícios, a mediação, a conciliação, a arbitragem ou a resolução por meio judicial. Estabeleceu-se, assim, um mecanismo que tem como base o princípio fundamental da livre escolha dos procedimentos, consoante se infere dos artigos 279 e 289:

> PARTE XV
>
> SOLUÇÃO DE CONTROVÉRSIAS SEÇÃO 1. DISPOSIÇÕES GERAIS
>
> ARTIGO 279
>
> Obrigação de solucionar controvérsias por meios pacíficos
>
> Os Estados Partes devem solucionar qualquer controvérsia entre eles relativa à interpretação ou aplicação da presente Convenção por meios pacíficos, de conformidade com o parágrafo 3º do artigo 2 da Carta das Nações Unidas e, para tal fim, procurar uma solução pelos meios indicados no parágrafo 1º do artigo 33 da Carta.
>
> ARTIGO 280
>
> Solução de controvérsias por quaisquer meios pacíficos escolhidos pelas partes
>
> Nenhuma das disposições da presente Parte prejudica o direito dos Estados Partes de, em qualquer, momento, acordarem na solução de uma controvérsia entre eles relativa à interpretação ou aplicação da presente Convenção por quaisquer meios pacíficos de sua própria escolha.

Nesse contexto, nota-se que a CNUDM "incentiva que a qualquer tempo e por qualquer um dos meios as partes possam chegar a um acordo"[29], salvo se houver acordos gerais, regionais ou bilaterais firmados entre os Estados e que estabeleçam procedimento próprio para solução das controvérsias, nos termos do artigo 282:

> ARTIGO 282
>
> Obrigações decorrentes de acordos gerais, regionais ou bilaterais
>
> Se os Estados Partes que são partes numa controvérsia relativa à interpretação ou aplicação da presente Convenção tiverem ajustado, por meio de acordo geral, regional ou bilateral, ou de

---

28. Memorando de 1976. UN Doc. A/CONF.62/WP.9/Add.1, p. 122. Disponível em: ‹http://legal.un.org/diplomaticconferences/lawofthesea-1982/Vol5.html›. Acesso em 27 março 2017.
29. MENEZES, Wagner. *O direito do mar*. Brasília: FUNAG, 2015, p. 198.

> qualquer outra forma, em que tal controvérsia seja submetida, a pedido de qualquer das partes na mesma, a um procedimento conducente a uma decisão obrigatória, esse procedimento será aplicado em lugar do previsto na presente Parte, salvo acordo em contrário das partes na controvérsia.

A Parte XV da Convenção que trata especificamente sobre a solução de controvérsias é composta por três seções bem estruturadas[30]: a primeira traz as disposições gerais nos artigos 279 a 285, a segunda dispõe sobre os procedimentos compulsórios conducentes a decisões obrigatórias previstos nos artigos 286 a 296 e a terceira estabelece os limites e exceções à aplicação da seção anterior (artigos 297 a 299).

Além dos procedimentos previstos na Parte XV, a Seção 5 da Parte XI preceitua o sistema de solução de controvérsias e pareceres consultivos no âmbito da Câmara de Controvérsias dos Fundos Marinhos do Tribunal Internacional do Direito do Mar (artigos 186 e ss), e os Anexos V, VII e VIII prescrevem sobre a conciliação, arbitragem e arbitragem especial, respectivamente.

De se observar que a CNUDM não cria um único órgão competente para dirimir todas as disputas no campo do direito do mar. Essa alternativa decorreu do fato de que os Estados participantes da Terceira Conferência sobre o Direito do Mar não chegaram a um consenso sobre qual fórum deveria prevalecer em relação ao mecanismo de solução de litígios no âmbito da Convenção[31]. Assim, a aceitação dessas disposições estava condicionada à inclusão de certas exceções e limitações.

Preleciona Yoshifumi Tanaka[32] que a Convenção de Montego Bay estabelece um sistema que concilia o princípio da livre escolha dos procedimentos e a necessidade de se estabelecer meios obrigatórios para a solução de controvérsias.

Num primeiro momento, os Estados devem buscar resolver suas disputas relativas à intepretação ou aplicação da CNUDM por meios pacíficos de sua própria escolha. Estabeleceu-se a obrigatoriedade de uma troca de opiniões (*exchange of views*) para fins de decidir a controvérsia por meio de negociação ou outros meios pacíficos, havendo a possibilidade do Estado envolvido no litígio

---

30. Segundo RAO, Patibandla Chandrasekhara (*Law of the Sea, Settlement of Disputes*. Max Planck Encyclopedia of Public International Law - MPEPIL. March 2011, p. 03): *"Part XV UN Convention on the Law of the Sea contains three sections; they evolve logically from one to the other and are thus well structured"*.
31. Ressalta HARRISON, James (*Evolution of the law of the sea*: developments in law making in the wake of the 1982 law of the Sea Convention. School of Law, University of Edinburg, 2007, p. 206): *"The Convention does not create a single dispute settlement organ competent to decide all ocean disputes. Participants at UNCLOS III were unable to agree on which forum should decide disputes arising under the Convention"*.
32. *The International Law of the Sea*. 2 Ed. Cambridge, 2015, p. 420.

convidar a outra parte ao procedimento de conciliação[33], previsto no Anexo V, conforme se observa no artigo 283:

ARTIGO 283

Obrigação de trocar opiniões

1. Quando surgir uma controvérsia entre Estados Partes relativa à interpretação ou aplicação da presente Convenção, as partes na controvérsia devem proceder sem demora a uma troca de opiniões, tendo em vista solucioná-la por meio de negociação ou de outros meios pacíficos.

2. As Partes também devem proceder sem demora a uma troca de opiniões quando um procedimento para a solução de tal controvérsia tiver sido terminado sem que esta tenha sido solucionada ou quando se tiver obtido uma solução e as circunstâncias requeiram consultas sobre o modo como será implementada a solução.

O Tribunal Internacional para o Direito do Mar se manifestou em diversas decisões acerca da obrigatoriedade da troca de opiniões entre as partes. No caso *MOX* Plant[34] (Irlanda v. Reino Unido), por exemplo, a Corte entendeu ser suficiente a troca de opiniões por comunicação escrita (correspondência), afirmando que um Estado Parte não é obrigado a prosseguir na negociação quando concluir que as possibilidades de se chegar a um acordo estão esgotadas[35].

Em sentido parecido, o Tribunal asseverou, no caso *Land Reclamation in and around the Straits of Johor*[36] (Malásia v. Singapura), que a Convenção apenas requer que as partes devam proceder sem demora a uma troca de opinião (*expeditious exchange of views*) e que essa obrigação recai igualmente sobre todos os participantes da disputa.

Importante sublinhar que o artigo 286 da CNUDM dispõe que qualquer controvérsia relativa à interpretação ou aplicação da Convenção, quando não tiver sido solucionada mediante a aplicação da Seção 1, será submetida, a pedido de qualquer das partes na controvérsia, à corte ou tribunal que tenha jurisdição nos termos da Seção 2 (procedimentos compulsórios conducentes a decisões obrigatórias) salvo o disposto na Seção 3 (limites e exceções à aplicação da Seção 2).

33. Existe a submissão obrigatória ao procedimento compulsório de conciliação previsto no art. 297, item 2, alínea "b", item 3, alínea "b" e art. 298 e na Seção 2 do Anexo V.
34. Disponível em: ‹www.itlos.org›. Acesso em 24 março 2017.
35. Cf. também, os casos *"Ara Libertad"* (Argentina v Ghana): Order of 15 December 2012), § 69 e ss.; *Artic Sunrise* (Kingdom of the Netherlands v Russian Federation): Order of 22 November 2013, § 76. Disponível em: ‹www.itlos.org›. Acesso em 27 março 2017.
36. Disponível em: ‹www.itlos.org›. Acesso em 24 março 2017.

O principal objetivo desta disposição é garantir que os litígios relativos à intepretação ou aplicação da CNUDM sejam apenas sujeitos ao procedimento judicial quando não possam ser resolvidos por outros meios pacíficos de acordo com a Seção 1 da Parte XV[37].

Vale dizer que, caso os litigantes não consigam resolver a questão, aplica-se algum dos diversos meios com procedimentos de decisão obrigatória, ou seja, em conformidade com a Seção 2 da Parte XV da Convenção, de modo que os procedimentos obrigatórios são essencialmente residuais:

> ... tem-se aqui um sistema de solução de controvérsias que pode ser definido como supletivo, isto é, primeiramente, as partes exercem a faculdade que lhes é atribuída pela seção 1, afastando-se os procedimentos da seção 2; se não for possível uma conciliação, aplicam-se alguns dos diversos meios com procedimentos de decisão obrigatória[38].

Diante disso, o artigo 287 estabelece que um Estado ao assinar ou ratificar a CNUDM ou a ela aderir, ou em qualquer momento ulterior, pode escolher livremente, por meio de declaração escrita, um ou mais dos meios previstos para a solução das controvérsias relativas à interpretação ou aplicação do Tratado, o que não afeta, entretanto, a jurisdição da Câmara de Controvérsias dos Fundos Marinhos, consoante Parte XI, Seção 5 de seu texto[39].

Portanto, ao exerceram a faculdade que lhes é atribuída pela Seção 1 e não sendo possível uma conciliação, aos Estados aderentes da CNUDM são oferecidos quatro meios alternativos para solução de suas disputas, quais sejam: (i) o Tribunal Internacional do Mar, (ii) a Corte Internacional de Justiça, (iii) o Tribunal Arbitral, constituído de acordo com o anexo VII da própria Convenção, ou (iv) o Tribunal Arbitral Especial, constituído conforme o anexo VIII.

Cumpre salientar que, se os sujeitos não tiverem aceito o mesmo procedimento para a solução da disputa, esta só poderá ser submetida a arbitragem (*ad hoc*), de conformidade com o Anexo VII da Convenção, salvo acordo em contrário entre as partes. De outro lado, a aceitação pelo mesmo procedimento

---

37. Cf. AZNAR, Mariano J. *The Obligation to Exchange views before the International Tribunal for the Law of the Sea: A Critical Appraisal*. Revue Belge de Droit International 2014/1 – Éditions Bruylant, Bruxelles, p. 245.
38. ZANELLA, Thiago. *O sistema de solução de controvérsias implementado pela Convenção das Nações Unidas sobre o Direito do Mar, sua aplicação e consequências para a proteção do meio marinho*. In: Wagner Menezes. (Org.). Direito do Mar: Desafios e Perspectivas. Belo Horizonte: Arraes Editores, 2015, p. 488.
39. Destaca RAO, Patibandla Chandrasekhara (*Law of the Sea, Settlement of Disputes*. Max Planck Encyclopedia of Public International Law - MPEPIL. March 2011, p. 07): *"The choice of procedure may be affected by means of a written declaration submitted when signing, ratifying, or acceding to the UN Convention on the Law of the Sea or 'at any time thereafter'. Such declarations do not, however, affect the jurisdiction of the Seabed Disputes Chamber of the ITLOS as provided for in Part XI, section 5 UN Convention on the Law of the Sea"*.

somente a ele condiciona a resolução do conflito, exceto acordo firmado em sentido diverso. Vejamos:

> ARTIGO 287
>
> Escolha do procedimento
>
> 1. Um Estado ao assinar ou ratificar a presente Convenção ou a ela aderir, ou em qualquer momento ulterior, pode escolher livremente, por meio de declaração escrita, um ou mais dos seguintes meios para a solução das controvérsias relativas à interpretação ou aplicação da presente Convenção:
>
> a) o Tribunal Internacional do Direito do Mar estabelecido de conformidade com o Anexo VI;
>
> b) a Corte Internacional de Justiça;
>
> c) um tribunal arbitral constituído de conformidade com o Anexo VII;
>
> d) um tribunal arbitral especial constituído de conformidade com o Anexo VIII, para uma ou mais das categorias de controvérsias especificadas no referido Anexo.
>
> ...
>
> 4. Se as partes numa controvérsia tiverem aceito o mesmo procedimento para a solução da controvérsia, esta só poderá ser submetida a esse procedimento, salvo acordo em contrário das partes.
>
> 5. Se as partes numa controvérsia não tiverem aceito o mesmo procedimento para a solução da controvérsia, esta só poderá ser submetida a arbitragem, de conformidade com o Anexo VII, salvo acordo em contrário das partes.

Em resumo, o artigo 287 que trata da escolha do procedimento preceitua que uma disputa será submetida a um determinado órgão aceito por ambos Estados, salvo acordo em contrário. Ademais, se as escolhas dos Estados não coincidirem, a disputa será submetida à arbitragem *ad hoc*, sendo este o fórum padrão para a maioria das disputas relacionados à Convenção, com algumas exceções, contudo.

A primeira ressalva diz respeito aos requerimentos de medidas provisórias (*provisional measures*). A CNUDM prevê que estes pedidos podem ser submetidos a qualquer corte ou tribunal, escolhido de comum acordo ou, na falta de tal acordo, ao Tribunal Internacional para o Direito do Mar, caso as partes não tenham chegado ao consenso sobre um fórum responsável para apreciar o pedido dentro de duas semanas subsequentes, consoante preceitua o artigo 290.

Isto significa que na hipótese de demora na constituição do tribunal arbitral, uma das partes pode requerer medida provisória diretamente ao TIDM e, se o conflito envolver as atividades na Área[40], será competente a Câmara de Controvérsias dos Fundos Marinhos. Nota-se que o papel do Tribunal neste caso é limitado, pois sua jurisdição é restrita para lidar com o pedido de medidas provisórias até a composição do tribunal arbitral, não havendo qualquer julgamento quanto ao mérito da controvérsia.

Outrossim, a CNUDM traz uma exceção que abrange os pedidos de libertação imediata (*prompt release*) de embarcações e de suas tripulações presas por um Estado costeiro na chamada Zona Econômica Exclusiva (ZEE): se não houver acordo entre o Estado costeiro que efetuou o apresamento da embarcação de pavilhão de outro Estado após caução idônea ou outra garantia prestada[41], o Estado de bandeira do navio pode requerer diretamente ao TIDM[42] a sua imediata libertação, salvo acordo em sentido contrário entre as partes, dentro de dez dias da detenção, conforme preceitua o artigo 292.

Impõe destacar, ademais, uma ressalva no âmbito da Parte XI, especificamente no que tange à jurisdição compulsória da Câmara de Controvérsias dos Fundos Marinhos, criada para lidar com uma série de categorias referentes a atividades na Área, assinaladas no artigo 187 da CNUDM: a possibilidade de submeter a controvérsia a uma câmara *ad hoc* da Câmara de Controvérsias dos Fundos Marinhos ou a uma arbitragem comercial obrigatória.

Por fim, na hipótese de controvérsia sobre jurisdição de um determinado Tribunal, a questão será resolvida por decisão das próprias instituições (artigo 288 (4)), significando dizer que os julgadores têm o direito exclusivo de decidir sobre sua própria jurisdição e interpretar para esse fim conforme o caso, de modo a configurar o princípio *kompetenz- kompetenz* ou *competénce de la competénce*[43].

---

40. Nos termos do artigo 1º, para efeitos da CNUDM, "Área" significa o leito do mar, os fundos marinhos, e o seu subsolo além dos limites da jurisdição internacional.

41. Os artigos 73, item 2 e 216, item 1.b da Convenção indicam que as embarcações e tripulações devem ser libertadas após prestada fiança idônea ou outra garantia apropriada.

42. O TIDM manteve o entendimento no sentido de que sua jurisdição nesses casos é estritamente limitada a decidir se o Estado costeiro cumpriu sua obrigação de libertar o navio e/ou tripulação apreendidos. Cf. HARRISON, James (*Evolution of the law of the sea:* developments in law making in the wake of the 1982 law of the Sea Convention. School of Law, University of Edinburg, 2007, p. 207). Ver casos *The Camouco* (Prompt Release) (Panamá v. França), 2000, §§ 59-60; *The Volga* (Prompt Release) (Rússia v. Austrália) 2002, § 83.

43. Cf. *Nottebohm case (Preliminary Objection)*, Judgment of November 18th, 1953: I.C.J. Reports 1953, p. III, p. 119. O ex-presidente do TIDM, Shunji Yanai, destacou perante a Assembleia Geral da ONU em 2013 o princípio *competénce de la competénce*: *"5. ...In accordance with the well-established "principle of the compétence de la compétence", it is the responsibility of the court or tribunal concerned to determine whether or not it has jurisdiction in a dispute relating to the interpretation and application of these provisions". Statement made by H.E. Judge Shunji Yanai, President of the International Tribunal for the Law of the Sea (ITLOS), on Agenda item 75*

2.1. LIMITES E EXCEÇÕES À APLICAÇÃO DA SEÇÃO 2, RELATIVA AOS PROCEDIMENTOS COMPULSÓRIOS CONDUCENTES A DECISÕES OBRIGATÓRIAS

A aplicação da Seção 2 que diz respeito aos procedimentos compulsórios conducentes a decisões obrigatórias (artigos 286 a 296) está sujeita a certas restrições e exceções previstas na Seção 3 da Parte XV da Convenção de Montego Bay[44]. Estas limitações foram imprescindíveis para que o sistema criado pela Convenção fosse aceito pelos Estados aderentes, na medida em que para determinadas matérias, principalmente aquelas mais sensíveis, "a intervenção de terceiro fica sujeita a vontade soberana dos Estados"[45]. Prescreve o artigo 297, item 1 da Seção 3:

> SEÇÃO 3. LIMITES E EXCEÇÕES à APLICAÇÃO DA SEÇÃO 2 ARTIGO 297
>
> Limites à aplicação da seção 2.
>
> 1. As controvérsias relativas à interpretação ou aplicação da presente Convenção, no concernente ao exercício por um Estado costeiro dos seus direitos soberanos ou de jurisdição previstos na presente Convenção, serão submetidas aos procedimentos estabelecidos na seção 2 nos seguintes casos:
>
> a) quando se alegue que um Estado costeiro atuou em violação das disposições da presente Convenção no concernente às liberdades e direitos de navegação ou de sobrevoo ou à liberdade e ao direito de colocação de cabos e dutos submarinos e, outros usos do mar internacionalmente lícitos especificados no artigo 58; ou
>
> b) quando se alegue que um Estado, ao exercer as liberdades, os direitos, ou os usos anteriormente mencionados, atuou em violação das disposições da presente Convenção ou das leis ou regulamentos adotados pelo Estado costeiro, de conformidade com a presente Convenção e com outras normas de direito internacional que não sejam com ela incompatíveis; ou
>
> c) quando se alegue que um Estado costeiro atuou em violação das regras e normas internacionais específicas para a proteção e preservação do meio marinho aplicáveis ao Estado costeiro

---

(a), *"Oceans and the law of the sea", at the Plenary of the sixty-eighth session of the United Nations General Assembly, New York, 9 December 2013*. Disponível em: ‹https://www.itlos.org/fileadmin/itlos/documents/statements_of_president/yanai/GA_091213_en.pdf›. Acesso em 12 abril 2017.

44. Cf., dentre outros, HARRISON, James. *Evolution of the law of the sea*: developments in law making in the wake of the 1982 law of the Sea Convention. School of Law, University of Edinburg, 2007, p. 208; MENSAH, Thomas A. *The Dispute Settlement Regime of the 1982 United Nations Convention on the Law of the Sea*. Max Planck Encyclopedia of Public International Law - MPEPIL. July 1997, p. 314.

45. ZANELLA, Thiago. *O sistema de solução de controvérsias implementado pela Convenção das Nações Unidas sobre o Direito do Mar, sua aplicação e consequências para a proteção do meio marinho*. In: Wagner Menezes. (Org.). Direito do Mar. Belo Horizonte: Arraes Editores, 2015, p. 489.

> e que tenham sido estabelecidas pela presente Convenção ou por intermédio de uma organização internacional competente ou de uma conferência diplomática de conformidade com a presente Convenção.

Para Robert Beckman[46] o artigo 297, item 1 não constitui efetivamente uma limitação da aplicabilidade dos procedimentos obrigatórios, mas reforça as situações que podem ser objeto da aplicação da Seção 2, ou seja, hipóteses que serão submetidas aos mecanismos compulsórios conducentes a decisões obrigatórias.

A primeira limitação quanto à aplicação da Seção 2 está prevista, deste modo, nos itens 2 e 3 do artigo 297, os quais dizem respeito ao exercício dos direitos soberanos e jurisdição do Estado costeiro na Zona Econômica Exclusiva (ZEE) e na Plataforma Continental sobretudo no que tange à investigação científica marinha e aos recursos marinhos vivos.

O item 2 estabelece que as disputas relativas à interpretação ou aplicação das disposições da CNUDM quanto à investigação científica marinha estão sujeitas aos procedimentos obrigatórios da Seção 2, salvo nos casos de litígios decorrentes do exercício pelo Estado costeiro dos seus poderes discricionários nos termos dos artigos 246 e 253, senão vejamos:

> 2. a) As controvérsias relativas à interpretação ou aplicação das disposições da presente Convenção concernentes à investigação científica marinha serão solucionadas de conformidade com a seção 2, com a ressalva de que o Estado costeiro não será obrigado a aceitar submeter aos procedimentos de solução, qualquer controvérsia, que se suscitem por motivo de:
>
> i) o exercício pelo Estado costeiro de um direito ou poder discricionário de conformidade com o artigo 246; ou
>
> ii) a decisão do Estado costeiro de ordenar a suspensão ou a cessação de um projeto de investigação de conformidade com o artigo 253.
>
> b) A controvérsia suscitada quando o Estado que realiza as investigações alegar que, em relação a um determinado projeto, o Estado costeiro não está a exercer, de modo compatível com a presente Convenção, os direitos que lhe conferem os artigos 246

46. Destaca BECKMAN, Robert (*The UNCLOS Dispute Settlement System*. International Conference of "The South China Sea: UNCLOS and State Practice". Haikou, October 2013, p. 6): *"Article 297(1) is actually not a limitation on the applicability of the compulsory procedures in section 2 of Part XV. Instead, it expressly provides that a dispute on the interpretation or application of certain provisions of UNCLOS will be subject to the compulsory procedures entailing binding decision. The reason for this is that the language of articles 56 and 58 on the EEZ contain a number of carefully crafted compromises. The drafters of the Convention anticipated that disputes were likely to arise on the interpretation and application of articles 56 and 58"*.

> e 253, será submetida, a pedido de qualquer das partes, ao procedimento de conciliação nos termos da seção 2 do Anexo V, com a ressalva de que a comissão de conciliação não porá em causa o exercício pelo Estado costeiro do seu poder discricionário de designar as áreas específicas referidas no parágrafo 6º do artigo 246, ou do seu poder discricionário de recusar o seu consentimento, de conformidade com o parágrafo 5º do artigo 246.

Vale dizer que o artigo 246 confere aos Estados costeiros a faculdade de suspender a realização de um projeto de investigação na ZEE ou na plataforma continental em determinadas circunstâncias, e, o artigo 253 preceitua o direito de o Estado exigir a suspensão de quaisquer atividades de investigação científica marinha em curso nessas áreas[47].

O artigo 297, item 3, a seu turno, institui que qualquer controvérsia relativa aos direitos soberanos dos Estados referentes aos recursos vivos da zona econômica exclusiva ou ao exercício de tais direitos soberanos não se submetem aos procedimentos obrigatórios da Seção 2:

> 3. a) As controvérsias relativas à interpretação ou aplicação das disposições da presente Convenção concernentes à pesca serão solucionadas de conformidade com as seção 2, com a ressalva de que o Estado costeiro não será obrigado a aceitar submeter aos procedimentos de solução qualquer controvérsia relativa aos seus direitos soberanos referentes aos recursos vivos da sua zona econômica exclusiva ou ao exercício desses direitos, incluídos os seus poderes discricionários de fixar a captura permissível, a sua capacidade de captura, a atribuição dos excedentes a outros Estados e as modalidades e condições estabelecidas nas suas leis e regulamentos de conservação e gestão.
>
> b) Se a aplicação das disposições da seção 1 da presente Parte não permitiu chegar a uma solução, a controvérsia será submetida, a pedido de qualquer das partes na controvérsia, ao procedimento de conciliação nos termos da seção 2 do Anexo V, quando se alegue que um Estado costeiro:
>
> i) tenha manifestamente deixado de cumprir as suas obrigações de assegurar, por meio de medidas apropriadas de conservação e gestão, que a manutenção dos recursos vivos da zona econômica exclusiva não fique seriamente ameaçada;

47. 47Essas disputas, entretanto, estão sujeitas à conciliação obrigatória nos termos da Seção 2 do Anexo V da Convenção, conforme dispõe o item 2.b, do artigo 297, com a ressaltava de que "*a comissão de conciliação não porá em causa o exercício pelo Estado costeiro do seu poder discricionário de designar as áreas específicas referidas no parágrafo 6º do artigo 246, ou do seu poder discricionário de recusar o seu consentimento, de conformidade com o parágrafo 5º do artigo 246*".

> ii) tenha arbitrariamente recusado fixar, a pedido de outro Estado, a captura permissível e a sua própria capacidade de captura dos recursos vivos, no que se refere às populações que este outro Estado esteja interessado em pescar; ou
>
> iii) tenha arbitrariamente recusado atribuir a qualquer Estado, nos termos dos artigos 62, 69 e 70, a totalidade ou parte do excedente que tenha declarado existir, segundo as modalidades e condições estabelecidas pelo Estado costeiro compatíveis com a presente Convenção.
>
> c) Em nenhum caso a comissão de conciliação substituirá o seu poder discricionário pelo do Estado costeiro.
>
> d) O relatório da comissão de conciliação deve ser comunicado às organizações internacionais competentes.
>
> e) Ao negociar um acordo nos termos dos artigos 69 e 70, os Estados Partes deverão incluir, salvo acordo em contrário, uma cláusula sobre as medidas que tomarão para minimizar a possibilidade de divergência relativa à interpretação ou aplicação do acordo e sobre o procedimento a seguir se, apesar disso, a divergência surgir.

Nota-se que a pesca e a investigação científica marinha são temas sensíveis e de grande interesse dos Estados, de modo que as limitações previstas buscam preservar o amplo poder de apreciação e discricionariedade nestas matérias[48].

Além disso, algumas exceções são facultativas e dependem da expressa manifestação da vontade pelo Estado para a sua aplicação, por meio de declaração por escrito: ao assinar ou ratificar a Convenção ou a ela aderir, ou em qualquer outro momento ulterior, um Estado pode declarar por escrito não aceitar um ou mais dos procedimentos estabelecidos na Seção 2, com respeito a uma ou várias das categorias de controvérsias, assinaladas nas alíneas "a" a "c", item 1 do art. 298, abaixo destacado:

> ARTIGO 298
>
> Exceções de caráter facultativo à aplicação da seção 2
>
> 1. Ao assinar ou ratificar a presente Convenção ou a ela aderir, ou em qualquer outro momento ulterior, um Estado pode, sem prejuízo das obrigações resultantes da seção 1, declarar por escrito não aceitar um ou mais dos procedimentos estabelecidos na seção 2, com respeito a uma ou várias das seguintes categorias de controvérsias:

48. Cf. TANAKA, Yoshifumi. *The International Law of the Sea*. 2 Ed. Cambridge, 2015, p. 428.

> a) i) as controvérsias relativas à interpretação ou aplicação dos artigos 15, 74 e 83 referentes à delimitação de zonas marítimas, ou às baías ou títulos históricos, com a ressalva de que o Estado que tiver feito a declaração, quando tal controvérsia, surgir depois da entrada em vigor da presente Convenção e quando não se tiver chegado a acordo dentro de um prazo razoável de negociações entre as partes, aceito, a pedido de qualquer parte na controvérsia, submeter a questão ao procedimento de conciliação nos termos da seção 2 do Anexo V; além disso, fica excluída de tal submissão qualquer controvérsia que implique necessariamente o exame simultâneo de uma controvérsia não solucionada relativa à soberania ou outros direitos sobre um território continental ou insular;
>
> ii) depois de a comissão de conciliação ter apresentado o seu relatório, no qual exporá as razões em que se fundamenta, as partes negociarão um acordo com base nesse relatório; se essas negociações não resultarem num acordo, as partes deverão, salvo acordo em contrário, submeter, por mútuo consentimento, a questão a um dos procedimentos previstos na seção 2;
>
> iii) esta alínea não se aplica a nenhuma controvérsia relativa à delimitação de zonas marítimas que tenha sido definitivamente solucionada por acordo entre as partes, nem a qualquer controvérsia que deva ser solucionada de conformidade com um acordo bilateral ou multilateral obrigatório para essas partes;
>
> b) as controvérsias relativas a atividades militares, incluídas as atividades militares de embarcações e aeronaves de Estado utilizadas em serviços não comerciais, e as controvérsias relativas a atividades destinadas a fazer cumprir normas legais tendo em vista o exercício de direitos soberanos ou da jurisdição excluídas, nos termos dos parágrafos 2º ou 3º do artigo 297, da jurisdição de uma corte ou tribunal;
>
> c) as controvérsias a respeito das quais o Conselho de Segurança das Nações Unidas esteja a exercer as funções que lhe são conferidas pela Carta das Nações Unidas, a menos que o Conselho de Segurança retire a questão da sua ordem do dia ou convide as partes a solucioná-las pelos meios previstos na presente Convenção.

Por outro lado, o artigo 298 descreve ainda a possibilidade de um Estado Parte retirar a qualquer momento a declaração de exclusão dos mecanismos da Seção 2 e concordar em submeter a controvérsia a qualquer dos procedimentos previstos na CNUDM:

> 2. O Estado Parte que tiver feito uma declaração nos termos do parágrafo 1º poderá retirá-la em qualquer momento ou convir

> em submeter a controvérsia, excluída em virtude dessa declaração, a qualquer dos procedimentos estabelecidos na presente Convenção.
>
> 3. Um Estado Parte que tiver feito uma declaração nos termos do parágrafo 1º não pode submeter a controvérsia pertencente à categoria de controvérsias excluídas, a qualquer dos procedimentos previstos na presente Convenção, sem o consentimento de qualquer outro Estado Parte com o qual estiver em controvérsia.
>
> 4. Se um dos Estados Partes tiver feito uma declaração nos termos da alínea a) do parágrafo 1º, qualquer outro Estado Parte poderá submeter, contra a parte declarante, qualquer controvérsia pertencente a uma das categorias executadas ao procedimento especificado em tal declaração.
>
> 5. Uma nova declaração ou a retirada de uma declaração não afetará de modo algum os procedimentos em curso numa corte ou tribunal nos termos do presente artigo, salvo acordo em contrário das partes.
>
> 6. As declarações e as notificações de retirada das declarações nos termos do presente artigo serão depositadas junto do Secretário Geral das Nações Unidas, o qual enviará cópias das mesmas aos Estados Partes.

Diante do exposto, a exclusão das matérias acima assinaladas revela "a preferência dos Estados de resolver estas questões pelos meios políticos ou diplomáticos, como as negociações bilaterais e as consultas"[49].

2.2. O TRIBUNAL INTERNACIONAL PARA O DIREITO DO MAR

Como visto anteriormente, às partes aderentes da CNUDM são oferecidos quatro meios alternativos para solução de suas disputas: (i) o Tribunal Internacional do Mar, (ii) a Corte Internacional de Justiça, (iii) o Tribunal Arbitral, constituído de acordo com o anexo VII da própria Convenção, ou (iv) o Tribunal Arbitral Especial, constituído conforme o anexo VIII.

As Nações Unidas, por meio de sua Assembleia Geral[50], ao salientar o caráter universal da CNUDM e sua fundamental importância para a manutenção e reforço da paz e da segurança internacionais, bem como para a utilização e

---

49. BADARÓ, Rui Aurélio de Lacerda; WEIGERT, Fernanda. *A Convenção das Nações Unidas para o Direito do Mar*: Breves Considerações sobre a Instituição do Tribunal Internacional para o Direito do mar. In: Wagner Menezes. (Org.). Direito do Mar: Desafios e Perspectivas. Belo Horizonte: Arraes Editores, 2015, p. 464.
50. Resolução A/RES/54/31, de 18 de janeiro de 2000. Disponível em: ‹http://www.un.org/en/ga/search/view_doc.asp?symbol=A/RES/54/31›. Acesso em 10 jan 2017.

desenvolvimento dos mares, oceanos e seus recursos, reforçou o papel e autoridade do TIDM para a resolução pacífica de litígios.

Apesar de não ser um órgão da ONU[51] trata-se de uma das mais recentes instituições judiciais independentes de âmbito internacional, composto por 21 membros eleitos entre pessoas que gozam de alta reputação de imparcialidade e integridade e de reconhecida competência no campo do direito do mar[52], com mandato de 9 anos, admitindo-se a reeleição.

O Tribunal tem sua sede em Hamburgo, Alemanha, cidade conhecida por sua tradição portuária e do transporte marítimo internacional e foi oficialmente inaugurada no dia 18 de outubro de 1996.

Até a presente data, 25 (vinte e cinco) casos foram submetidos ao TIDM[53], com destaque para as questões relativas à libertação imediata de navios e tripulações com base no artigo 292 da CNUDM[54], delimitação de zonas marítimas[55], bem como situações concernentes à liberdade de navegação[56] e o ambiente marinho[57].

A atuação do Tribunal pode ser consultiva ou contenciosa. Quanto aos procedimentos consultivos, estes podem ser exercidos tanto pela Câmara de Controvérsias dos Fundos Marinhos[58] (a pedido da Assembleia Geral da ONU ou do Conselho da Autoridade Internacional dos Fundos Marinhos) quanto pelo próprio TIDM como Tribunal Pleno.

É oportuno mencionar que os procedimentos para submissão dos pareceres consultivos (*advisory opinions*) na Câmara de Controvérsias dos Fundos Marinhos estão delineados no artigo 188 da CNUDM:

> ARTIGO 188
>
> Submissão de controvérsias a uma câmara especial do Tribunal Internacional do Direito do Mar ou a uma câmara ad hoc da Câmara de Controvérsias dos Fundos Marinhos ou a uma arbitragem comercial obrigatória

---

51. Tanto é assim que, de acordo com o artigo 19 do Estatuto do Tribunal, as despesas serão custeadas pelos Estados Aderentes da CNUDM e pela Autoridade, nos termos e condições a determinar em reuniões dos Estados Partes.
52. Artigo 21 do Estatuto do TIDM, anexo VI da CNUDM.
53. Fonte extraída do site oficial do Tribunal, disponível em: ‹www.itlos.org›. Acesso em 24 março 2017.
54. Dentre eles, *The M/V "Saiga" Case* (São Vicente e Granadinas v. Guine), Prompt Release; *The "Camouco" Case* (Panamá v. França), Prompt Release; *The "Monte Confurco Case"* (Seychelles v. França), Prompt Release; *The "Hoshinmaru" Case* (Japão v. Rússia), Prompt Release.
55. Dentre eles, *Dispute concerning delimitation of the maritime boundary between Bangladesh and Myanmar in the Bay of Bengal* (Bangladesh/Myanmar) e *Dispute concerning delimitation of the maritime boundary between Ghana and Côte d´Ivoire in the Atlantic Ocean* (Gana/Costa do Marfim).
56. *The M/V "Saiga" Case (No. 2)* (São Vicente e Granadinas v Guiné), Julgamento de 1999.
57. *The M/V "Louisa" Case* (São Vicente e Granadinas v. Espanha).
58. Artigo 159 (10) e 191 da CNDUM.

1. As controvérsias entre Estados Partes referidas na alínea a) do artigo 187 podem ser submetidas:

a) a pedido das partes na controvérsia, a uma câmara especial do Tribunal Internacional do Direito do Mar constituída de conformidade com os artigos 15 e 17 do Anexo VI; ou

b) a pedido de qualquer das partes na controvérsia, a uma câmara ad hoc da Câmara de Controvérsias dos Fundos Marinhos constituída de conformidade com o artigo 36 do Anexo VI.

2. a) As controvérsias relativas à interpretação ou execução de um contrato referidas na subalínea i) da alínea c) do artigo 187 serão submetidas, a pedido de qualquer das partes na controvérsia, a uma arbitragem comercial obrigatória, salvo acordo em contrário das partes. O tribunal arbitral comercial, a que a controvérsia seja submetida, não terá jurisdição para decidir sobre qualquer questão de interpretação da presente Convenção. Quando a controvérsia suscitar também uma questão de interpretação da Parte XI e dos Anexos com ela relacionados relativamente às atividades na Área, essa questão será remetida à Câmara de Controvérsias dos Fundos Marinhos para decisão.

b) Se, no início ou no decurso de tal arbitragem, o tribunal arbitral comercial determinar, a pedido de uma das partes na controvérsia ou por iniciativa própria, que a sua decisão depende de uma decisão da Câmara de Controvérsias dos Fundos Marinhos, o tribunal arbitral remeterá tal questão à Câmara para esta se pronunciar. O tribunal arbitral proferirá em seguida sentença de conformidade com a decisão da Câmara de Controvérsias dos Fundos Marinhos.

c) Na ausência de disposição no contrato sobre o procedimento arbitral a aplicar a uma controvérsia, a arbitragem processar-se-á de conformidade com as Regras de Arbitragem da Comissão das Nações Unidas sobre o Direito Comercial Internacional (UNCITRAL) ou com quaisquer outras regras de arbitragem sobre a matéria estabelecida nas normas, regulamentos e procedimentos da Autoridade, salvo acordo em contrário das partes na controvérsia.

No que tange às opiniões consultivas perante o TIDM como Tribunal Pleno, nota- se que ao contrário do que dispõe o Estatuto da Corte Internacional de Justiça[59], no sentido de se emitir parecer consultivo sobre qualquer questão jurídica a pedido de órgãos que, de acordo com a Carta da ONU ou por ela

59. Disponível em: ‹ http://www.icj-cij.org›. Acesso em 27 março 2017.

autorizado, estiver em condição de solicitar tal requerimento (Capítulo IV, artigo 65), a CNUDM e o Estatuto do TIDM foram silentes quanto ao tema.

Instituiu-se, então, com base no artigo 21 do Estatuto do Tribunal, o seu Regulamento (*Rules*)[60] que prescreve no artigo 138 os requisitos para proferir parecer sobre determinada questão legal: um acordo ou tratado internacional[61] relacionado com os efeitos e objetivos da CNUDM deve estabelecer especificamente a submissão ao TIDM de um pedido de uma opinião.

Em 2015, o TIDM emitiu pela primeira vez um parecer consultivo a pedido da Comissão de Pescas Sub-Regional (*Sub-Regional Fisheries Commission* - SRFC) sobre a pesca ilegal, não declarada e não regulamentada nas zonas econômicas exclusivas dos Estados-Membros da SRFC, que incluem Cabo Verde, Gambia, Guiné, Guiné-Bissau, Mauritânia, Senegal e Serra Leoa. Na ocasião, destacou-se que a competência de se emitir pareceres consultivos tem como base os artigos 16 e 21 do Estatuto do TIDM e 138 de seu Regulamento, nos seguintes termos:

> *II. Jurisdiction*
>
> 37. *The Tribunal will first consider whether it has jurisdiction to give the advisory opinion requested by the SRFC.*
>
> 38. *The Tribunal wishes to draw attention to articles 16 and 21 of the Statute and article 138 of the Rules with regard to the jurisdiction of the Tribunal to deliver advisory opinions.*
>
> (...)
>
> 39. *While some participants have argued in favour of the jurisdiction of the Tribunal to entertain the Request, other participants have contended that the Tribunal is not competent to entertain the Request. The Tribunal will proceed to examine these arguments.*
>
> (...)
>
> 59. *The argument that it is article 138 of the Rules which establishes the advisory jurisdiction of the Tribunal and that, being a procedural provision, article 138 cannot form a basis for the advisory jurisdiction of the Tribunal is misconceived. Article 138 does not establish the advisory jurisdiction of the Tribunal. It only furnishes the prerequisites that need to be satisfied before the Tribunal can exercise its advisory jurisdiction.*
>
> 60. *These prerequisites are: an international agreement related to the purposes of the Convention specifically provides for the*

60. Disponível em: ‹ https://www.itlos.org/basic-texts-and-other-documents/›. Acesso em 27 março 2017.
61. Explica TANAKA, Yoshifumi (*The International Law of the Sea*. 2 Ed. Cambridge, 2015, p. 445), que a existência de um tratado internacional deve ser com base na definição trazida pelo artigo 1 (a) da Convenção de Viena sobre o Direito dos Tratados.

> *submission to the Tribunal of a request for an advisory opinion; the request must be transmitted to the Tribunal by a body authorized by or in accordance with the agreement mentioned above; and such an opinion may be given on "a legal question".*
>
> *61. In the present case, the prerequisites specified in article 138 of the Rules are satisfied.*

Ressalte-se que os pareceres consultivos "não são considerados obrigatórios, pois não possuem força de *res judicata*"[62], mas são dotados de validade e desempenham papel essencial na interpretação da lei. Possuem, na verdade, um escopo mais amplo do que uma sentença internacional e constituem ferramenta valiosa a fim de dar cumprimento aos objetivos e propósitos da Convenção de Montego Bay[63].

Outrossim, como anteriormente explicado, a CNUDM prevê a possibilidade de requerimentos de medidas provisórias ou cautelares (*provisional/interim measures*) que podem ser feitos diretamente ao TIDM[64]. Essas medidas, ao contrário das opiniões consultivas, possuem natureza obrigatória[65] e devem ser aplicadas, sem demora, pelas partes na controvérsia.

Com efeito, adverte Thomas A. Mensah[66] que as disposições da Convenção estabelecem que as medidas provisórias são vinculativas e constituem instrumento excepcional, apropriado apenas para situações de urgência, objetivando preservar o direito das partes e prevenir danos ao ambiente marinho. O artigo 290 assim institui:

> ARTIGO 290
>
> Medidas provisórias
>
> 1. Se uma controvérsia tiver sido devidamente submetida a uma corte ou tribunal que se considere, prima facie, com jurisdição nos termos da presente Parte ou da seção 5 da Parte XI, a corte ou tribunal poderá decretar quaisquer medidas provisórias

62. BADARÓ, Rui Aurélio de Lacerda; WEIGERT, Fernanda. *A Convenção das Nações Unidas para o Direito do Mar*: Breves Considerações sobre a Instituição do Tribunal Internacional para o Direito do mar. In: Wagner Menezes. (Org.). Direito do Mar. Belo Horizonte: Arraes Editores, 2015, p. 467.
63. MIRASSOU, Martin Cabrera. *La Competencia Consultiva del Tribunal Internacional del Derecho del Mar en el contexto del régimen de los océanos*. Revista de la Secretaría del Tribunal Permanente de Revisión (RSTPR), Año 2, Nº 4; agosto 2014; pp. 93-108, p. 99 e 107.
64. Ver, dentre outros casos, *Case Concerning Land Reclamation by Singapore in and around the Straits of Johor (Malásia v. Singapura)* de 2003; *The "ARA LIBERTAD" Case (Argentina v. Gana)* de 2012; *The Arctic Sunrise Case (Países Baixos v. Rússia)*, de 2015; *The "Enrica Lexie" Incident (Itália v. Índia)*, de 2015.
65. Artigo 95 do Regulamento do TIDM.
66. *Provisional Measures in the International Tribunal for the Law of the Sea (ITLOS)*. 2002, Max-Planck- Institut für ausländisches öffentliches Recht und Völkerrecht. Disponível em: ‹www.zaoerv.de›. Acesso em 28 março 2017.

que considere apropriadas às circunstâncias, para preservar os direitos respectivos das partes na controvérsia ou impedir danos graves ao meio marinho, até decisão definitiva.

2. As medidas provisórias podem ser modificadas ou revogadas desde que as circunstâncias que as justificaram se tenham modificado ou deixado de existir.

3. As medidas provisórias só podem ser decretadas, modificadas ou revogadas, nos termos do presente artigo, a pedido de uma das partes na controvérsia e após ter sido dada às partes a oportunidade de serem ouvidas.

4. A corte ou tribunal notificará imediatamente as partes na controvérsia e, se julgar apropriado, outros Estados Partes, de qualquer medida provisória ou de qualquer decisão que a modifique ou revogue.

5. Enquanto não estiver constituído o tribunal arbitral ao qual uma controvérsia esteja a ser submetida nos termos da presente seção, qualquer corte ou tribunal, escolhido de comum acordo pelas partes ou, na falta de tal acordo, dentro de duas semanas subsequentes à data do pedido de medidas provisórias, o Tribunal Internacional do Direito do Mar, ou, tratando-se de atividades na Área, a Câmara de Controvérsias dos Fundos Marinhos, pode decretar, modificar ou revogar medidas provisórias nos termos do presente artigo, se considerar, prima facie, que o tribunal a ser constituído teria jurisdição e que a urgência da situação assim o requer. Logo que estiver constituído, o tribunal ao qual a controvérsia foi submetida pode, atuando de conformidade com os parágrafos 1º a 4º, modificar, revogar ou confirmar essas medidas provisórias.

6. As partes na controvérsia devem cumprir sem demora quaisquer medidas provisórias decretadas nos termos do presente artigo.

Outro ponto a ser enfatizado consiste nos requerimentos de libertação imediata de embarcação e tripulação (*prompt release*)[67] que devem ser analisados pelo TIDM prioritariamente, conforme determina o artigo 112 (1) do seu Regulamento. Os requisitos necessários para tais pedidos estão previstos no artigo 292, abaixo transcrito:

ARTIGO 292

Pronta libertação das embarcações e das suas tripulações

1. Quando as autoridades de um Estado Parte tiverem apresado uma embarcação que arvore a bandeira de um outro Estado

67. A Convenção dispõe ainda que os Estados não devem reter uma embarcação estrangeira por mais tempo que o indispensável para os efeitos de investigações referente à poluição marinha (artigo 226, 1, b).

> Parte e for alegado que o Estado que procedeu à detenção não cumpriu as disposições da presente Convenção no que se refere à pronta libertação da embarcação ou da sua tripulação, mediante a prestação de uma caução idônea ou outra garantia financeira, a questão da libertação poderá ser submetida, salvo acordo em contrário das partes, a qualquer corte ou tribunal escolhido por acordo entre as partes ou, não havendo acordo no prazo de dez dias subseqüentes ao momento da detenção, à corte ou tribunal aceito, nos termos do artigo 287, pelo Estado que fez a detenção ou ao Tribunal Internacional do Direito do Mar.
>
> 2. O pedido de libertação só pode ser feito pelo Estado de bandeira da embarcação ou em seu nome.
>
> 3. A corte ou tribunal apreciará imediatamente o pedido de libertação e ocupar-se-á exclusivamente da questão da libertação, sem prejuízo do mérito de qualquer ação judicial contra a embarcação, seu armador ou sua tripulação, intentada no foro nacional apropriado. As autoridades do Estado que tiverem efetuado a detenção continuarão a ser competentes para, em qualquer altura, ordenar a libertação da embarcação ou da sua tripulação.

Além disso, no âmbito do TIDM pode-se criar três tipos de Câmaras Especiais, nos moldes do artigo 15 de seu Estatuto, com a possibilidade de indicação de juízes *ad hocs*: (i) Câmara para lidar com determinadas categorias de controvérsias composta por três ou mais dos membros eleitos do Tribunal, observando-se o disposto no artigo 29 do Regulamento[68]; (ii) Câmara *ad hoc* para conhecer uma determinada controvérsia que tenha sido submetida ao Tribunal, com base no artigo 30 do Regulamento[69]; (iii) Câmara anual de cinco membros para deliberar sobre controvérsias em procedimento sumário, incluindo questão de libertação imediata de embarcação e tripulação (*prompt release*), nos termos do artigo 28 do Regulamento.

Releva notar também que o TIDM fez referência em diversas decisões à jurisprudência da Corte Internacional de Justiça. No caso da Delimitação Marítima da Baía de Bengali (Bangladesh v. Myanmar), por exemplo, o Tribunal citou os conceitos e considerações da CIJ nos casos *Territorial and Maritime Dispute between Nicaragua and Honduras in the Caribbean Sea* (Nicarágua v. Honduras)

---

68. Até o momento, o Tribunal formou (i) uma Câmara para Disputas relativas à conservação dos recursos marinhos vivos; (ii) uma Câmara responsável por lidar com questões relacionadas à proteção e preservação do ambiente marinho; e (iii) uma Câmara para litígios que envolvem delimitação marítima.
69. Em 2000, o Tribunal constituiu uma Câmara Especial para tratar do caso entre Chile e União Europeia relativo à conservação e exploração sustentável de peixe espada no Sudoeste do Oceano Pacífico. Em 2015, foi instituída uma Câmara Especial para resolver a disputa relativa à delimitação da fronteira no Oceano Atlântico entre Gana e Costa do Marfim.

e *Maritime Delimitation in the Black Sea* (Romênia v. Ucrânia); já no Parecer Consultivo de 2011, por meio da Câmara de Fundos Marinhos, mencionou-se diversas decisões, dentre elas, *Accordance with International Law of the Unilateral Declaration of Independence in Respect of Kosovo, Advisory Opinion, 22 July 2010, Oil Platforms* (Irã v. Estados Unidos) e *Pulp Mills on the River Uruguay* (Argentina v. Uruguai).

Pode-se afirmar, em termos gerais, que a jurisdição *ratione materiae* do TIDM recai sobre qualquer litígio relativo à interpretação ou aplicação da CNUDM e sobre todos os assuntos previstos em qualquer outro acordo multilateral que confira competência ao Tribunal, nos termos do artigo 21 de seu Estatuto.

Assim, não obstante o TIDM seja um fórum especializado e limitado para lidar com questões relacionadas ao direito do mar[70], isto não significa que sua jurisdição esteja restrita aos litígios relativos à interpretação ou aplicação da Convenção, tendo em vista a possibilidade de apreciar qualquer controvérsia atinente à interpretação ou aplicação de um tratado ou acordo sobre matérias cobertas pela CNUDM[71].

Ademais, outras entidades que não sejam Estados Partes podem ter acesso ao Tribunal nos casos expressamente previstos na Parte XI (Seção 5) da Convenção ou em qualquer questão submetida nos termos de outro acordo que confira ao Tribunal jurisdição que seja aceita pelas partes na questão, consoante se infere dos artigos 291 da CNUDM e 20 do Estatuto do Tribunal (jurisdição *ratione personae*). O artigo 37 do Estatuto prescreve ainda que os Estados Partes, a Autoridade Internacional dos Fundos Marinhos e as outras entidades referidas na Seção 5 da Parte XI terão acesso à Câmara de Controvérsias dos Fundos Marinhos[72].

Sobre o assunto, Wagner Menezes[73] afirma ser este um ponto característico que distingue o Tribunal Internacional para o Direito do Mar de outras jurisdições internacionais, já que pode ser acessível às entidades, empresas privadas, órgãos governamentais ou empresas governamentais, além de pessoas naturais ou jurídicas, o que certamente alarga seu poder de atuação.

70. MIRASSOU, Martín Cabrera. *Entendiendo el rol del Tribunal Internacional del Derecho del Mar en el Sistema de Solución de Controversias de la Convención de Naciones Unidas sobre el Derecho del Mar.* ANALES Nº 41 - Facultad de Cs. Jurídicas y Sociales. U.N.L.P., 2011, p. 135.

71. Artigo 22 do Estatuto do TIDM.

72. O artigo 187 da Convenção prescreve que a Câmara de Controvérsias dos Fundos Marinhos terá competência para solucionar as disputas referentes a atividades na Área, dentre outros, *(i)* entre partes num contrato, quer se trate de Estados Partes, da Autoridade ou da Empresa, de empresas estatais e de pessoas físicas ou jurídicas; *(ii)* entre a Autoridade e um Estado Parte, uma empresa estatal ou uma pessoa física ou jurídica patrocinada por um Estado Parte.

73. *O direito do mar.* Brasília: FUNAG, 2015, p. 205.

3. CONSIDERAÇÕES FINAIS

O presente artigo pretendeu analisar as principais características do sistema de solução pacífica de disputas previsto no âmbito da Convenção das Nações Unidas sobre o Direito do Mar, abordando o papel do Tribunal Internacional para o Direito do Mar.

A análise dos mecanismos adotados pela Convenção nos possibilita adotar algumas conclusões. Em primeiro lugar, o histórico de elaboração do texto do tratado tem sua importância, na medida em que se buscou conciliar os variados compromissos das partes negociadoras para alcançar e aprovar um sistema aceitável que permitisse aos interessados a escolha do procedimento para lidar com litígios relacionados ao direito do mar. Estabeleceu-se, portanto, um sistema relativamente complexo, com diversas instâncias competentes para dirimir conflitos, essencialmente baseado na liberdade dos Estados em escolher um dos meios pacíficos ali previstos.

Observa-se, além disso, que a Convenção privilegia uma solução negociada, incentivando a utilização de métodos que incluem a negociação direta, os bons ofícios, a mediação, a conciliação, de modo que os litígios relativos à intepretação ou aplicação da CNUDM sejam apenas sujeitos ao procedimento judicial quando não possam ser resolvidos por outros meios pacíficos de acordo com a Seção 1 da Parte XV.

De se notar que a aplicação dos procedimentos obrigatórios previstos na Seção 2 da Parte XV está sujeita a limites previstos na Seção 3. Com efeito, os Estados deixaram de fora da intervenção compulsória de terceiros determinadas questões consideradas mais sensíveis, dando preferência para soluções diplomáticas. Duas importantes categorias, nomeadamente, os direitos soberanos com relação à pesca (recursos vivos) na ZEE e a investigação científica marinha na ZEE e na plataforma continental, não se submetem automaticamente aos procedimentos obrigatórios.

Por fim, cumpre ressaltar que as disposições estabelecidas no texto da Convenção especialmente quanto à jurisdição do Tribunal Internacional para o Direito do Mar também refletem as longas rodadas de negociação e compromissos para se chegar a um consenso sobre o sistema de solução de controvérsias. Este órgão judicial permanente e especializado difere de outras instituições judiciais internacionais em muitos aspectos, como a Corte Internacional de Justiça, não significando dizer que sua instituição contribuiu para a fragmentação do direito internacional. Apesar da atuação do TIDM ser mais limitada, é certo que contribui sobremaneira para o desenvolvimento do direito do mar, com destaque para decisões relativas às medidas provisórias e de pronta libertação de embarcação e tripulantes, além de garantir coerência e unidade nesse campo.

4. REFERÊNCIAS BIBLIOGRÁFICAS

AZNAR, Mariano J. *The Obligation to Exchange views before the International Tribunal for the Law of the Sea:* A Critical Appraisal. Revue Belge de Droit International 2014/1 – Éditions Bruylant, Bruxelles, pp. 237-254.

BADARÓ, Rui Aurélio de Lacerda; WEIGERT, Fernanda. *A Convenção das Nações Unidas para o Direito do Mar*: Breves Considerações sobre a Instituição do Tribunal Internacional para o Direito do mar. In: Wagner Menezes. (Org.). Direito do Mar. Belo Horizonte: Arraes Editores, 2015, pp. 451-471.

BAKER. Betsy. *Hague Peace Conferences (1899 and 1907)*. Max Planck Encyclopedia of Public International Law [MPEPIL]. 2009. Disponível em: ‹http://opil.ouplaw.com/view/10.1093/law:epil/9780199231690/law-9780199231690-e305›. Acesso em 14 março 2017.

BRANT, Leonardo Caldeira Nemer. *A Corte Internacional de Justiça*: A Construção do Direito Internacional. Belo Horizonte: O Lutador, 2005.

BRASIL, Presidência da República, Casa Civil, Subchefia para Assuntos Jurídicos. *Decreto nº 19.841, de 22 de outubro de 1945, que Promulga a Carta das Nações Unidas da qual faz parte integrante o anexo Estatuto da Corte Internacional de Justiça, assinada em São Francisco, a 26 de junho de 1945, por ocasião da Conferência de Organização Internacional das Nações Unidas.* Disponível em: ‹http://www.planalto.gov.br/ccivil_03/decreto/1930-1949/d19841.htm›. Último acesso em 03 abril 2017.

BRASIL, Presidência da República, Casa Civil, Subchefia para Assuntos Jurídicos. *Decreto nº 99.165, de 12 de março de 1990, que Promulga a Convenção das Nações Unidas sobre o Direito do Mar.* Disponível em: ‹http://www.planalto.gov.br/ccivil_03/decreto/1990-1994/D99165impressao.htm›. Último acesso em 03 abril 2017.

BECKMAN, Robert. *The UNCLOS Dispute Settlement System*. International Conference of "The South China Sea: UNCLOS and State Practice", organized by National Institute for South China Sea Studies. Haikou, October 2013.

CASSELA, Paulo Borba. *Manual de Direito Internacional*. 20 ed. São Paulo: Saraiva, 2012.

CAPUCIO, Camila. *O Tribunal para o Direito do Mar e o Sistema de Solução de Controvérsias da OMC:* Interseção de Competência em Litígios sobre Medidas Comerciais Ligadas ao Meio Ambiente. In: Wagner Menezes. (Org.). Direito do Mar: Desafios e Perspectivas. Belo Horizonte: Arraes Editores, 2015, pp. 498-509.

CORTE INTERNACIONAL DE JUSTIÇA. Disponível em: ‹ http://www.icj-cij.org/›. Último acesso em 04 abril 2017.

________. *Nottebohm case* (Preliminary Objection), Judgment of November 18th, 1953: I.C.J. Reports 1953. Disponível em: ‹www.icj-cij.org›. Último acesso em 11 abril 2017.

________. *Certain Property* (Liechtenstein v. Germany), Preliminary Objections, Judgment, I. CJ. Reports 2005, p. 6. Disponível em: ‹http://www.icj-cij.org/docket/files/123/8234.pdf›. Último acesso em 11 abril 2017.

CORTE PERMANENTE DE JUSTIÇA INTERNACIONAL. *The Mavrommatis Palestine Concessions*. Series A – N. 2, August 30th, 1924. Disponível em: ‹http://www.icj- cij.org/pcij/serie_A/A_02/06_Mavrommatis_en_Palestine_Arret.pdf›. Acesso em 27 set 2016.

_______. *Status of Eastern Carelia*. Advisory Opinion of 23 July 1923. Disponível em: ‹ http://www.icj-cij.org/pcij/serie_B/B_05/Statut_de_la_Carelie_orientale_Avis_consultatif.pdf›. Acesso em 14 out 2016.

HARRISON, James. *Evolution of the law of the sea*: developments in law making in the wake of the 1982 law of the Sea Convention. School of Law, University of Edinburgh, 2007.

LAFER, Celso. *Conferências da Paz de Haia (1899 e 1907)*. Disponível em: ‹ http://cpdoc.fgv.br/sites/default/files/verbetes/primeira- republica/CONFER%C3%8ANCIAS%20DA%20PAZ%20DE%20HAIA.pdf ›. Acesso em 14 set 2016.

LOWE QC, Vaughan; TZANAKOPOULOS, Antonios. *The Development of the Law of the Sea by the International Court of Justice*, Paper n. 74/2012, Nov 2012. Disponível em: ‹http://ssrn.com/abstract=2180634›. Acesso em 14 março 2017.

MAZZUOLI. Valério de Oliveira. *Curso de Direito Internacional Público*. 10 ed. São Paulo: RT, 2016.

MENEZES, Wagner. *O direito do mar*. Brasília: FUNAG, 2015.

_______. *Direito do Mar*: Desafios e Perspectivas. Belo Horizonte: Arraes Editores, 2015.

MENSAH, Thomas. MENSAH, Thomas A. *The Dispute Settlement Regime of the 1982 United Nations Convention on the Law of the Sea*. Max Planck Encyclopedia of Public International Law - MPEPIL. July 1997.

_______. *Provisional Measures in the International Tribunal for the Law of the Sea (ITLOS)*. 2002, Max-Planck-Institut für ausländisches öffentliches Recht und Völkerrecht. Disponível em: ‹www.zaoerv.de›. Acesso em 28 março 2017.

MIRASSOU, Martín Cabrera. *Entendiendo el rol del Tribunal Internacional del Derecho del Mar en el Sistema de Solución de Controversias de la Convención de Naciones Unidas sobre el Derecho del Mar*. ANALES Nº 41 - Facultad de Cs. Jurídicas y Sociales. U.N.L.P., 2011.

_______. *La Competencia Consultiva del Tribunal Internacional del Derecho del Mar en el contexto del régimen de los océanos*. Revista de la Secretaría del Tribunal Permanente de Revisión (RSTPR), Año 2, Nº 4; agosto 2014; pp. 93-108.

ORGANIZAÇÃO DAS NAÇÕES UNIDAS. *Manila Declaration on the Peaceful Settlement of International Disputes*. UN Doc. A/RES/37/10. Disponível em: ‹http://www.un.org/documents/ga/res/37/a37r010.htm›. Acesso em 19 out 2016.

_______. UN Doc. A/CONF.62/WP.9/Add.1. *Memorandum by the President of the Conference on document A/CONF.62/WP.9*. Disponível em: ‹http://legal.un.org/diplomaticconferences/lawofthesea-1982/Vol5.html›. Acesso em 27 março 2017.

_______. Resolução A/RES/54/31, de 18 de janeiro de 2000. *Oceans and the law of the sea*. Disponível em: ‹http://www.un.org/en/ga/search/view_doc.asp?symbol=A/RES/54/31›. Acesso em 10 jan 2017.

_______. *Statement made by H.E. Judge Shunji Yanai, President of the International Tribunal for the Law of the Sea (ITLOS), on Agenda item 75 (a), "Oceans and the law of the sea", at the Plenary of the sixty-eighth session of the United Nations General Assembly, New York,*

9 December 2013. Disponível em: ‹https://www.itlos.org/fileadmin/itlos/documents/statements_of_president/yanai/GA_091213_e n.pdf›. Acesso em 12 abril 2017.

PETERS, Anne. *International Dispute Settlement:* A Network of Cooperational Duties. EJIL, 2003, Vol. 14, N. 1, 1-34.

RAO, Patibandla Chandrasekhara. *Law of the Sea, Settlement of Disputes*. Max Planck Encyclopedia of Public International Law - MPEPIL. March 2011.

SANTULLI, Carlo. *Droit du Contentieux International*. 2005: LGDJ – Montchrestien, Paris. TANAKA, Yoshifumi. *The International Law of the Sea*. 2 Ed. Cambridge, 2015.

TRIBUNAL INTERNACIONAL PARA O DIREITO DO MAR. Disponível em: ‹www.itlos.org›. Último acesso em 04 abril 2017.

_______. *Statute of the International Tribunal for the Law of the Sea (Annex VI of the United Nations Convention on the Law of the Sea)*. Disponível em: ‹ https://www.itlos.org/basic-texts- and-other-documents/›. Último acesso em 11 abril 2017.

_______. *Rules of the Tribunal (ITLOS/8)*. Disponível em: ‹https://www.itlos.org/basic-texts-and-other-documents/›. Último acesso em 11 abril 2017.

_______. *The M/V "Saiga" Case (Saint Vicent and the Grenadines v. Guinea), Prompt Release*.

Case n. 1. Disponivel em: ‹https://www.itlos.org/cases/list-of-cases/case-no-1/›.

_______. *The M/V "Saiga" (N. 2) Case (Saint Vicent and the Grenadines v. Guinea)*. Case n. 2. Disponível em: ‹ https://www.itlos.org/cases/list-of-cases/case-no-2/›.

_______. *The "Camouco" Case (Panama v. France), Prompt Release*. Case n. 5. Disponível em: ‹https://www.itlos.org/cases/list-of-cases/case-no-5/›.

_______. *The "Monte Confurco Case" (Seychelles v. France), Prompt Release*. Case n. 6. Disponível em: ‹ https://www.itlos.org/cases/list-of-cases/case-no-6/›.

_______. *The MOX Plant Case (Ireland v. United Kingdom), Provisional Measures*. Case n. 10. Disponível em: ‹ https://www.itlos.org/cases/list-of-cases/case-no-10/›.

_______. *The "Volga" Case (Russian Federation v. Australia), Prompt Release*. Case n. 11. Disponível em: ‹ https://www.itlos.org/cases/list-of-cases/case-no-11/›.

_______. *Case concerning the Land Reclamation by Singapore in and around the Straits of Johor (Malaysia v. Singapore), Provisional Measures*. Case n. 12. Disponível em: https://www.itlos.org/cases/list-of-cases/case-no-12/›.

_______. *The "Hoshinmaru" Case (Japan v. Russian Federation), Prompt Release*. Case n. 14. Disponível em: ‹ https://www.itlos.org/cases/list-of-cases/case-no-14/›.

_______. *Dispute concerning delimitation of the maritime boundary between Bangladesh and Myanmar in the Bay of Bengal (Bangladesh/Myanmar)*. Case n. 16. Disponível em: ‹https://www.itlos.org/cases/list-of-cases/case-no-16/›.

_______. *The M/V "Louisa" Case (Saint Vincent and the Grenadines v. Kingdom of Spain)*. Case n. 18. Disponível em: ‹https://www.itlos.org/cases/list-of-cases/case-no-18/›.

________. *The "ARA Libertad" Case (Argentina v. Ghana), Provisional Measures*. Case n. 20. Disponível em: ‹https://www.itlos.org/cases/list-of-cases/case-no-20/›.

________. *Request for an advisory opinion submitted by the Sub-Regional Fisheries Commission (SRFC)*. Case n. 21. Disponível em: ‹ https://www.itlos.org/cases/list-of-cases/case-no-21/›.

________. *The Arctic Sunrise Case (Kingdom of the Netherlands v. Russian Federation), Provisional Measures*. Case n. 22. Disponível em: ‹https://www.itlos.org/cases/list-of- cases/case-no-22/›.

________. *Dispute concerning delimitation of the maritime boundary between Ghana and Côte d´Ivoire in the Atlantic Ocean. Case n. 23*. Disponível em: ‹https://www.itlos.org/cases/list-of- cases/case-no-23/›.

________. *The "Enrica Lexie" Incident (Italy v. India), Provisional Measures*. Case n. 24. Disponível em: ‹https://www.itlos.org/cases/list-of-cases/case-no-24/›.

ZANELLA, Tiago. *Nações Unidas sobre o Direito do Mar, sua aplicação e consequências para a proteção do meio marinho*. In: Wagner Menezes. (Org.). Direito do Mar. Belo Horizonte: Arraes Editores, 2015, pp. 484-497.

Anotações

EDITORA
JusPODIVM
www.editorajuspodivm.com.br